CHINESE WHISPERS

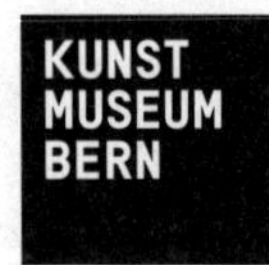

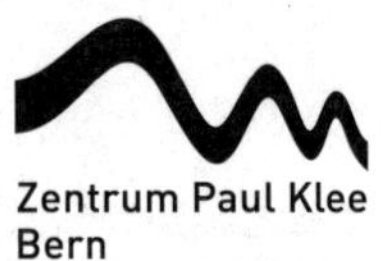

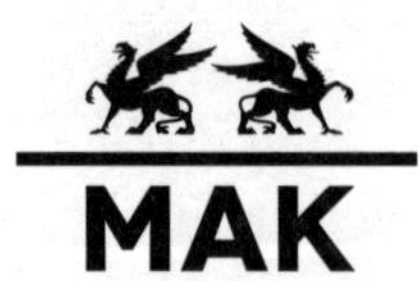

PRESTEL
MUNICH | LONDON | NEW YORK

CHINESE WHISPERS

Neue Kunst aus den Sigg und M+ Sigg Collections

Recent Art from the Sigg and M+ Sigg Collections

Eine Ausstellung organisiert von
Kunstmuseum Bern und Zentrum Paul Klee
im Dialog mit M+ West Kowloon Cultural District,
Hongkong, und Dr. Uli Sigg
in Kooperation mit dem MAK Wien

Exhibition organized by
Kunstmuseum Bern and Zentrum Paul Klee
in dialogue with M+, West Kowloon Cultural District,
Hong Kong, and Dr. Uli Sigg
in cooperation with the MAK Vienna

Herausgeber / Editor
Kathleen Bühler, Kunstmuseum Bern,
Zentrum Paul Klee und / and MAK Wien / Vienna

Inhalt / Contents

Grußworte der Sponsoren / Greetings by the Sponsors

China fasziniert den Westen seit Marco Polo: als Hort technischer Erfindungen, als Stätte hoch entwickelter Kulturen, als Quell östlicher Weisheit. Heute präsentiert es sich uns als rasend schnell voranschreitende Wirtschaftsmacht, von deren Wohlergehen der Rest der Welt profitiert. Doch auch rund siebeneinhalb Jahrhunderte nachdem Marco Polo das erste Mal in China war, gibt uns dieses Land immer noch Rätsel auf.

»Chinese Whispers«, der englische Name für die bei Kindern beliebte »Stille Post«, wo beim Letzten in der Kette meist nur noch eine sehr verzerrte Variante der ursprünglichen Nachricht ankommt, beschreibt in gewisser Weise auch das im Westen vorherrschende Chinabild – ein Bild geprägt von Pauschalisierungen, Erwartungshaltungen und Missverständnissen. Wie aber sollen wir uns adäquat mit chinesischer Kunst auseinandersetzen, wenn der Weg zum Verständnis dieses 1,3-Milliarden-Einwohner-Reichs mit über fünfzig verschiedenen Volksgruppen noch so weit ist? Man bräuchte fast wieder einen Marco Polo als Wegbegleiter.

In der Schweiz haben wir das Glück, mit Uli Sigg einen »Entdecker« und zugleich profunden Kenner Chinas unter uns zu wissen. Seit seiner ersten Reise nach China in den 1970er-Jahren hat Sigg die weltweit größte Sammlung zeitgenössischer chinesischer Kunst zusammengetragen – heute umfasst sie rund 2200 Werke. Er hat zu herausragenden Künstlern wie Ai Weiwei eine Beziehung aufgebaut, als sie noch nicht weltberühmt waren.

In der Ausstellung *Chinese Whispers,* die das Kunstmuseum Bern, das Zentrum Paul Klee und das MAK – Österreichisches Museum für angewandte Kunst / Gegenwartskunst in Wien zusammen präsentieren, sind rund einhundert teils monumentale Werke aus der Sammlung Sigg zu sehen. Als Besucher haben wir die Chance, uns einem faszinierenden Kunstkosmos durch die Augen eines der renommiertesten Experten und Liebhaber anzunähern. Dem Kunstmuseum Bern gelingt es auch mit dieser Ausstellung, den Blick des Betrachters in neue Richtungen zu lenken. Kunst soll uns nicht zuletzt dazu anregen, um die Ecke zu denken und auch einmal unsere Positionen zu hinterfragen. Vielleicht wird ja aus einem chinesischen Geflüster plötzlich schweizerischer Klartext?

Es freut uns und wir sind stolz, dass die seit 1996 bestehende Partnerschaft zwischen der Credit Suisse und dem Kunstmuseum Bern dazu beiträgt, auch länderübergreifende Ausstellungen wie diese zu ermöglichen. Wir wünschen allen Besucherinnen und Besuchern interessante Einsichten in eine grandiose Welt, die sich dank der jahrzehntelangen, kenntnisreichen Arbeit eines großen Sammlers vor uns auftut.

Hans Baumgartner, Credit Suisse, Leiter Region Mittelland

China has captivated the West since Marco Polo as a center of technical invention, a place of highly developed cultures, and a source of Eastern wisdom. These days its image is that of a fast-growing economic powerhouse that brings benefits for the rest of the world. But even around seven and a half centuries after Polo visited China for the first time, it's a country we still find puzzling at times.

Chinese Whispers, the popular children's game, in which the last player in the chain usually receives a highly distorted version of the original message, to some extent describes the prevalent image of China in the West—a picture characterized by generalizations, preconceived ideas, and misunderstandings. But how are we supposed to fully grapple with Chinese art when the road to understanding this country of some 1.3 billion people from more than 50 different ethnic groups is still such a long one? It's almost as if we need Marco Polo back to guide us.

In Switzerland, we are fortunate in having Uli Sigg as an explorer as well as a leading expert on China within our midst. Since his first trip to China in the 1970s, Sigg has gathered the world's largest collection of contemporary Chinese art—now comprising around 2,200 pieces. He forged relationships with outstanding artists such as Ai Weiwei at a time when they were not yet known around the world.

The *Chinese Whispers* exhibition staged jointly by the Kunstmuseum Bern, Zentrum Paul Klee, and the MAK – Austrian Museum of Applied Arts / Contemporary Art in Vienna features around 100 works of art—in some cases monumental—from the Sigg Collection. As visitors we will have the opportunity to gain insight into this fascinating art universe through the eyes of one of the most renowned experts and art lovers. With this exhibition, the Kunstmuseum Bern once again succeeds in guiding the observer's eyes in new directions. At the very least, art should inspire us to think outside the box and also to question ourselves every now and then. Perhaps these Chinese whispers will suddenly result in a bout of plain speaking in Switzerland?

We are pleased and proud of the fact that the partnership that has existed between Credit Suisse and the Kunstmuseum Bern since 1996 has helped facilitate international exhibitions such as this. We hope all visitors will gain an interesting insight into the magnificent world opening up before us thanks to the meticulous work of a major collector over the decades.

Hans Baumgartner, Credit Suisse, Head Region Mittelland

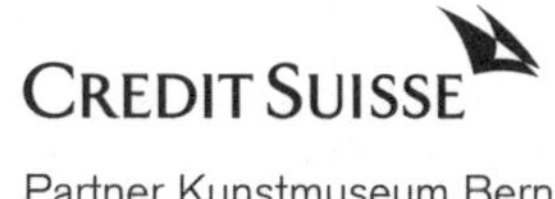

Partner Kunstmuseum Bern

Wir gratulieren dem Zentrum Paul Klee und dem Kunstmuseum Bern zu ihrer einzigartigen Ausstellung *Chinese Whispers*.

Seit der Gründung des Zentrum Paul Klee (ZPK) im Jahr 2005 ist die Mobiliar sowohl mit dem ZPK wie auch dem dazugehörigen Kindermuseum Creaviva partnerschaftlich verbunden. Mit großer Überzeugung unterstützt die Mobiliar deshalb auch die Ausstellung *Chinese Whispers*.

Die wertvolle und vorbildliche Vermittlungsarbeit von Uli Sigg ist ein außergewöhnliches Beispiel dafür, wie Kunst tragfähige Verbindungen zwischen verschiedenen Kulturen, Ansichten und Haltungen entwickelt. Dass die Sammlung Sigg eine bleibende Heimat am geschichtsträchtigen Ort Hongkong erhält, ist ein symbolischer Akt, auf den nicht genug hingewiesen werden kann.

Die Wahrnehmung unternehmerischer Verantwortung gegenüber der Gesellschaft ist seit Gründung der Mobiliar im Jahr 1826 ein fester Bestandteil unserer Unternehmenskultur. Die Förderung von Kunst und Kultur spielt dabei eine zentrale Rolle. Hinter diesem Engagement steht unsere Überzeugung, dass Kulturschaffende mit ihren Werken ein produktives Instrumentarium für die positive Entwicklung gesellschaftlicher Prozesse bereitstellen – zugunsten sowohl jedes Einzelnen wie auch der Allgemeinheit.

Um neue Lösungen zu finden und sich weiterzuentwickeln, ist es wichtig, bewährte Strukturen und Handlungsfelder zu hinterfragen, gewohnte Umgebungen und Pfade zu verlassen. Kunst und Kultur sind dafür wertvolle Impulsgeber. Die Mobiliar sucht daher immer wieder die enge Zusammenarbeit mit Künstlerinnen und Künstlern, um – individuell wie gesellschaftlich – positive Entwicklungen anzuregen, die Wahrnehmung zu schärfen und das Bewusstsein für Nachhaltigkeit zu fördern. Wir sind der Überzeugung, dass nur durch die Vernetzung und Bündelung verschiedener Kompetenzen kluge, nachhaltige Lösungen entstehen können. Wir fördern daher bewusst den aktiven Austausch zwischen Wissenschaft, Wirtschaft, Kunst und Gesellschaft, um so neuen Raum für Visionen und Ideen zu schaffen.

Wir wünschen dem Projekt *Chinese Whispers* den großen Erfolg, der dieser einzigartigen Ausstellung gebührt. Die Beschäftigung mit künstlerischen Prozessen öffnet neue Perspektiven und hilft uns, fit für die Zukunft zu bleiben: Kunst kann berühren, anregen, Visionen fördern, etwas in Bewegung setzen. Kunst kann Fragen aufwerfen, Lösungen bereitstellen und neue Ideen zünden. Die Innovationskraft der Kunst ist ein wesentlicher Bestandteil jedes Zukunftsprozesses.

Markus Hongler, CEO Die Mobiliar

We congratulate the Zentrum Paul Klee and the Kunstmuseum Bern on the occasion of their unparalleled exhibition *Chinese Whispers*.

Since the founding of the Zentrum Paul Klee (ZPK) in 2005, Die Mobiliar has maintained a close partnership with both the ZPK as well as its Kindermuseum Creaviva. We therefore confidently support the exhibition *Chinese Whispers*.

Uli Sigg's valuable work is an extraordinary example of how art develops sustainable connections between different cultures, points of view, and attitudes. The fact that the Sigg Collection is gaining a permanent home in the history-charged city of Hong Kong is a symbolic act that cannot be pointed out often enough.

A sense of responsibility toward society has been an inherent part of our corporate culture since the founding of Die Mobiliar in 1826. At the same time, the promotion of art and culture plays a key role. This commitment is borne by our conviction that with their works, creative artists provide a productive set of tools for the positive development of social processes—for the benefit of each individual as well as the public at large.

In order to find new solutions and evolve, it is important to scrutinize established structures and spheres of activity, to leave familiar surroundings and paths, behind which art and culture are valuable driving forces. Die Mobiliar therefore repeatedly seeks the close collaboration of artists for the purpose of encouraging positive individual and social development, heightening perception, and facilitating awareness for sustainability. We are convinced that smart, sustainable solutions can only come about through the networking and pooling of different competencies. For this reason, we support the active exchange between science, the economy, art, and society and thus the creation of new space for visions and ideas.

We wish *Chinese Whispers* the huge success that this unparalleled exhibition deserves. The involvement with artistic processes opens up new perspectives and helps us to stay fit for the future: Art can be touching, inspiring, stimulate visions, set something in motion. Art can prompt questions, provide solutions, and spark new ideas. The innovative power of art is an important part of any future-oriented process.

Markus Hongler, CEO Die Mobiliar

Die **Mobiliar**
Versicherungen & Vorsorge

Vorwort / Preface

Peter Fischer, Direktor / Director Zentrum Paul Klee, Bern; Matthias Frehner, Direktor / Director Kunstmuseum Bern; Christoph Thun-Hohenstein, Direktor / Director MAK Wien / Vienna

Für die ambitionierte Doppelausstellung *Chinese Whispers* in den beiden großen Kunstinstitutionen Berns, dem Kunstmuseum und dem Zentrum Paul Klee, sowie danach im MAK – Österreichisches Museum für angewandte Kunst / Gegenwartskunst in Wien gibt es viele gute Gründe. 2005 präsentierte das Kunstmuseum Bern unter dem Titel *Mahjong* – kuratiert von Bernhard Fibicher und Ai Weiwei – eine umfangreiche Ausstellung der Sammlung Sigg und überraschte das internationale Kunstpublikum mit einem bislang in dieser Dimension nicht bekannten Kapitel der Gegenwartskunst. Etwas mehr als zehn Jahre nach *Mahjong* hat sich nicht nur China weiterentwickelt, sondern es ist auch eine neue Künstlergeneration herangewachsen, die von Uli Sigg mit unvermindertem Engagement gesammelt wurde, sodass *Chinese Whispers* sozusagen nahtlos an *Mahjong* anknüpft.

Uli Sigg hat große Teile seiner Sammlung kürzlich dem neuen Museum für visuelle Kultur M+, das 2019 in einem Neubau von Herzog & de Meuron in Hongkong eröffnet werden wird, vermacht. Sie bildet dort als M+ Sigg Collection den Grundstock der sich im Aufbau befindenden Museumssammlung. Die Sigg Collection (enthält die Werke, die in Siggs Privatbesitz verbleiben) und die M+ Sigg Collection umfassen heute ungefähr 2200 Kunstwerke beziehungsweise Werkgruppen von rund 350 Künstlerinnen und Künstlern, die in allen Medien tätig sind.

In Bern besteht *Chinese Whispers* aus zwei Hauptkapiteln. Der Ausstellungsteil im Kunstmuseum Bern legt dar, wie sich die chinesischen Kunstschaffenden eine künstlerische Position zwischen Osten und Westen, Fortschritt und Tradition erarbeiten, welche weder im Exotischen oder Provinziellen verharrt, noch einem globalen Einerlei zum Opfer fällt. Der Ausstellungsteil im Zentrum Paul Klee dagegen thematisiert die Auswirkungen des drastischen Wandels im chinesischen Stadtraum, im Umgang mit Ressourcen, die Dokumentation der jüngsten Geschichte sowie die Persiflage des politischen Systems oder emotionale Innensichten. Die Berner Doppelausstellung nutzt das Potenzial der beiden großen Berner Kunstinstitutionen, die sich seit Mitte 2015 unter einer neuen Dachstiftung zu einer engen Zusammenarbeit bekennen. Im MAK Wien hingegen verzahnen sich die beiden Ausstellungsteile zu einer einzigen Präsentation. Das MAK pflegt seit einiger Zeit das sogenannte Globallabor der Kulturen mit Schwerpunktsetzung auf dem kulturellen und künstlerischen Austausch zwischen Europa und Asien. Das Globallabor versteht sich als Ort der Begegnung verschiedener Kulturen und ihnen zuzurechnender künstlerischer Positionen und Strategien auf Augenhöhe. Eine ambitionierte Ausstellung über chinesische Gegenwartskunst ist somit geradezu eine Kernaufgabe des MAK, zu der die bestehende Asiensammlung des Museums reizvolle und aufschlussreiche Kontraste liefert. Dies auch vor dem Hintergrund, dass angewandte Kunst heute generell wieder zunehmend zur Inspirationsquelle für bildende Gegenwartskunst wird.

Die drei Museen danken an erster Stelle Rita und Uli Sigg sowie ihrem Sammlungsmanagement, insbesondere Marianne Heller und Christiane Ostertag, sodann dem Direktor des M+ in Hongkong, Lars Nittve, sowie dem M+ Sigg Sammlungskurator Pi Li und dem gesamten Team für ihre Großzügigkeit, uns die Werke zu leihen, sowie ihre unermüdliche Bereitschaft, uns mit Rat und Tat zur Seite

There are many good reasons for the ambitious double exhibition *Chinese Whispers* at the two major art institutions in Bern, the Kunstmuseum Bern and the Zentrum Paul Klee, and thereafter at MAK – Austrian Museum of Applied Arts / Contemporary Art in Vienna. In 2005 the Museum of Fine Arts Bern presented *Mahjong*—curated by Bernhard Fibicher and Ai Weiwei—an extensive exhibition of the Sigg Collection, surprising the international art public with a chapter of contemporary art previously unknown in this dimension. A little more than ten years after *Mahjong*, not only has China continued to develop, but a new generation of artists has also come of age whose works Uli Sigg has collected with unabated commitment, with the result that in a manner of speaking, *Chinese Whispers* seamlessly takes up where *Mahjong* left off.

Uli Sigg recently bequeathed a large share of his collection to the new M+ Museum for Visual Culture, which will open its doors in Hong Kong in 2019 in a new building designed by Herzog & de Meuron. As the M+ Sigg Collection, they will provide the foundation for the museum collection, which is currently being assembled. Today, the Sigg Collection, which includes those works that remain in Sigg's personal possession, and the M+ Sigg Collection comprise approximately 2,200 works of art and groups of works by about 350 artists active in all types of media.

In Bern, *Chinese Whispers* is made up of two main chapters. The part of the exhibition being presented at the Museum of Fine Arts Bern demonstrates how Chinese artists develop an artistic stance between East and West, progress and tradition, that neither remains in the exotic or the provincial nor falls victim to global monotony. In contrast, the part being shown at the Zentrum Paul Klee addresses the impact of the drastic change in China's urban space, the country's exploitation of resources, and the documentation of recent history, as well as the persiflage of the political system or emotional insider views.

The double exhibition in Bern takes advantage of the potential of the city's two major art institutions, which since mid-2015 have committed themselves to a close collaboration under a new umbrella foundation. The two parts of the exhibition join at the MAK Vienna to constitute a single presentation. For some time now, MAK has cultivated the so-called global laboratory of culture with a focus on cultural and artistic exchange between Europe and Asia. The global laboratory sees itself as a venue where different cultures and their associated artistic stances and strategies can meet on equal footing. An ambitious exhibition on contemporary Chinese art is therefore literally one of the core responsibilities of the MAK, which the museum's existing Asia collection furnishes with exciting and illuminating contrasts. And this occurs against the background that in general, applied art is increasingly becoming a source of inspiration for contemporary visual art.

The three museums would above all like to thank Rita and Uli Sigg and their collection management staff, in particular Marianne Heller and Christiane Ostertag; the director of M+ in Hong Kong, Lars Nittve; and M+ Sigg Collection curator Pi Li and the entire team for having been so generous to lend us works, as well as for their tireless willingness to be on hand with help and advice. We furthermore want to extend our thanks to the curator of the exhibition, Kathleen Bühler (concept and realization), as well

zu stehen. Zudem danken wir der Kuratorin der Ausstellung, Kathleen Bühler, für das Konzept und die Realisierung, sowie den Projektassistentinnen Sarah Merten und Kai-Inga Dost für ihren großen Einsatz bei der Umsetzung der Ausstellungsidee und der Publikation. Wir danken den Künstlerinnen und Künstlern, den Autorinnen und Autoren sowie den jeweiligen Museumsteams für ihr starkes Engagement und die gute Zusammenarbeit. Besonderer Dank gebührt zudem dem Prestel Verlag, namentlich Constanze Holler in München, für die Begleitung und Umsetzung dieser von Marie Louise Suter (Kunstmuseum Bern) gestalteten Publikation.

Ohne die Unterstützung von Dritten hätte das ambitionierte Vorhaben nicht in die Tat umgesetzt werden können. Dafür danken wir in Bern unserem Subventionsgeber, dem Kanton Bern, unseren langjährigen Sponsoren und Förderern, der Credit Suisse, Die Mobiliar Versicherungen & Vorsorge, der Burgergemeinde Bern, der Stiftung GegenwART und ihrem Mäzen, Dr. h. c. Hansjörg Wyss sowie zahlreichen weiteren uns zugewandten und unterstützenden Partnern und Privatpersonen.

as to project assistants Sarah Merten and Kai-Inga Dost for their commitment to implementing the exhibition and producing the catalogue. We want to say thank you to the artists and authors, as well as to the respective museum teams for their dedication and the wonderful collaboration. Special thanks go out to the Prestel Verlag, in particular to Constanze Holler in Munich, for her support and the realization of the catalogue, which was designed by Marie Louise Suter (Kunstmuseum Bern).

It would not have been possible to bring this ambitious undertaking to fruition without the support of third parties, for which we extend our thanks to our longstanding sponsors Credit Suisse, Swiss Mobiliar Insurance & Pensions, the Burgergemeinde Bern, and the Stiftung GegenwART and its patron, Dr. h. c. Hansjörg Wyss, as well as numerous other sponsors.

Chinese Whispers. Einführung in die Ausstellung / Chinese Whispers: Introduction to the Exhibition

Kathleen Bühler, Kuratorin der Ausstellung / Curator of the exhibition

»Oft hören wir am Ende das, was wir hören wollen – wie im Spiel ›Stille Post‹.«[1]

Ben Chu

Lustvolle Missverständnisse und verzerrte Echos

»Chinese Whispers«[2] (wörtlich »chinesisches Geflüster«), »Telefon« oder »Stille Post« heißt das Spiel, bei dem sich im Kreis aufgereihte Kinder durch Flüstern eine Nachricht weitergeben. Das Spielvergnügen entsteht durch die zunehmende Verfälschung der Ausgangsnachricht vom ersten bis zum letzten Flüstern. Als pädagogische Übung demonstriert das Spiel die Entstehung von Gerüchten oder Missverständnissen und macht die Unbeständigkeit von mündlichen Überlieferungen im Allgemeinen deutlich. Deshalb eignet es sich in besonderem Maß als Metapher für die Beschäftigung mit zeitgenössischer Kunst aus China – einer Kunst, welche uns einerseits durch kulturelle, historische und politische Differenzen fremd ist und andererseits zunehmend vertraut wird, weil die weltweite Vernetzung sowie der Hunger des Kunstmarkts nach neuen Ausdrucksformen die chinesische Gegenwartskunst längst in den ›Westen‹ gebracht haben.[3]

Auch das Prinzip des ›verzerrten Echos‹ im Kinderspiel kann in vieler Hinsicht für das kulturelle Verhältnis zwischen dem Westen und China, jedoch auch für die vielfältigen und parallelen Erscheinungen in der chinesischen Gegenwartskunst in Anspruch genommen werden. Sei es für die Künstlerinnen und Künstler der chinesischen ›New-Wave‹-Bewegung, die während der zaghaften Öffnung Chinas in den 1980er-Jahren unter Deng Xiaoping westliche Einflüsse vom Impressionismus bis zum Action-Painting als zeitlich verschobenen Widerhall einzubinden begannen. Sei es für die radikalen, politisch gefärbten Äußerungen des ›cynical realism‹ (zynischer Realismus), der ›gaudy art‹ (so viel wie grelle Kunst) oder des ›political pop‹ (politischer Pop), die 1989 – nach der herben Enttäuschung durch die gewaltsame Niederschlagung von Protesten aus der Bevölkerung am Platz des Himmlischen Friedens – eine angemessene Antwort auf die deprimierende politische Situation suchten.

Chinesische Gegenwartskunst drang wie ›chinesisches Flüstern‹ in den Westen. Als Geburtsjahr für globale Kunst, welche den Moment bezeichnet, in dem sich der Westen gegenüber ›anderer‹ Gegenwartskunst zu öffnen begann, gilt gemeinhin das von Umsturzbewegungen geprägte Jahr 1989.[4] Es war nicht nur das Jahr, in dem der Studentenaufstand in Beijing zu einem abrupten Ende kam, die Berliner Mauer fiel, der Kalte Krieg zu Ende ging und die Auflösung des Ostblocks begann, im Centre Pompidou in Paris wurde unter dem Titel *Les Magiciens de la terre* erstmals auch Gegenwartskunst von verschiedenen Kontinenten gezeigt.[5] Als Absage an die eurozentrische Sicht in der Kunst stellte Jean-Hubert Martin genauso viele westliche wie nicht-westliche Künstler aus, darunter drei Chinesen.[6] Kurz danach traten chinesische Künstler erstmals auf der Biennale von Venedig in Erscheinung.[7] Chinesische Gegenwartskunst wurde als Sammelbecken von vitalen und ausdruckstarken künstlerischen Äußerungen wahrgenommen. 1999 und 2001 zeigte Harald Szeemann erneut eine Auswahl von chinesischen Kunstschaffenden auf der Biennale von Venedig und 2005 wurde dann mit der Ausstellung *Mahjong* im Kunstmuseum Bern die Privatsammlung von Uli Sigg zum ersten Mal und umfangreich im Westen präsentiert – womit eine überzeugende Überblicksdarstellung chinesischer Kunst von

"Often, just as in a game of Chinese Whispers, we end up hearing what we want to hear."[1]

Ben Chu

Amusing Misunderstandings and Distorted Echoes

Chinese whispers,[2] or telephone, is the name of a game in which children arrange themselves in a line or a circle, and one child whispers a message to the next child until the last player says it out loud. The amusement comes about through the increasing corruption of the original message. As an educational exercise the game demonstrates the development of rumors or misunderstandings and reveals the volatility of oral transmissions in general. It therefore lends itself all the more as a metaphor for dealing with contemporary art from China—art that is foreign to us due to cultural, historical, and political differences yet which is becoming progressively familiar, because global networking and the art market's voracious appetite for new forms of expression have long since brought contemporary Chinese art to the West.[3]

The principle of the distorted echo in the children's game can in many respects also be applied to cultural relations between the West and China, as well as to the multifaceted and parallel manifestations in contemporary Chinese art, whether it be artists of the Chinese "New Wave" movement, who began incorporating Western influences ranging from Impressionism to Action Painting in their art as a kind of postponed echo during the cautious opening of China in the early 1980s under Deng Xiaoping; or the radical, politically biased commentary of Cynical Realism, Gaudy Art, or Political Pop, which in 1989, expressing bitter disappointment after the violent suppression of protests at Tiananmen Square, sought an appropriate response to the depressing political situation.

Contemporary Chinese art advanced into the West like Chinese whispers. Nineteen eighty-nine, which was informed by revolutionary movements, is generally considered the year of the birth of global art, as it marks the moment at which the West began opening itself up to "other" contemporary art.[4] It was not only the year in which the student uprising in Beijing came to an abrupt halt: the Berlin Wall fell, the Cold War ended, and the dissolution of the Eastern Bloc set in; it was also the year that contemporary art from different continents was presented for the first time in the exhibition *Magiciens de la terre* at the Centre Pompidou in Paris.[5] As a rejection of the Eurocentric point of view in art, Jean-Hubert Martin exhibited just as many Western as non-Western artists, including three from China.[6] Shortly thereafter, Chinese artists made appearances at the Venice Biennale for the first time.[7] Contemporary Chinese art was perceived as a reservoir of vital and expressive artistic commentary. In 1999 and 2001, Harald Szeemann again presented a selection of Chinese artists at the Biennale in Venice, and 2005 saw the very first extensive presentation in the West of Uli Sigg's private collection in the exhibition *Mahjong* at the Kunstmuseum Bern—a convincing survey exhibition of Chinese art from the 1970s to the twenty-first century. *Mahjong* traveled for four years to various venues in Europe and the United States and attracted attention not only in the West, but also in Asia.[8] Numerous collectors oriented themselves toward the catalogue, which has been out of

den 1970er-Jahren bis ins 21. Jahrhundert geleistet wurde. *Mahjong* reiste vier Jahren lang an verschiedene Orte in Europa und den USA und fand nicht nur im Westen, sondern auch in Asien starke Beachtung.[8] Viele Sammler haben sich am Katalog, der seit Jahren vergriffen ist, orientiert und die repräsentierten Künstlerinnen und Künstler gehören seither zum Kanon der chinesischen Gegenwartskunst. Während sich chinesische Kunst also langsam im Westen zu etablieren begann, stellte sich zunehmend die Frage, welcher Stellenwert ihr beigemessen werden soll?

Westliche Bestimmungsmacht und globale Herausforderungen

Spätere Ausstellungen wie *The Real Thing* (Tate Liverpool, 2007), die 2008 von Sarat Maharaj kuratierte Guangzhou Triennale *(Farewell to Post-Colonialism)* sowie kritische Beiträge in chinesischen Kunstzeitschriften stellten die westlichen Rezeptionsmuster zunehmend infrage. So kritisiert Hou Hanru die Haltung vieler Kunstbetrachter, welche Bilder undifferenziert konsumieren, statt die komplexe Realität dahinter zu reflektieren.[9] Zeitgenössische Globalisierung sei eine Form des neoliberalen Kapitalismus, welcher nach größtem Profit strebe, die Ausbeutung von Menschen und ihrer Ressourcen in Kauf nehme und dabei Solidarität mit Schwächeren, soziale Verantwortung und Wahrung von Chancengleichheit zerstöre. Der Kunstmarkt gehöre zu den dereguliertesten globalen Märkten und oftmals werde diese wirtschaftliche Tatsache mit scheinbarem politischem Bewusstsein, das sich etwa bei der Verhaftung Ai Weiweis in oberflächlich politischen Gesten äußere, kompensiert.[10] Auf diese Weise könne auch das Interesse des Westens an politischen chinesischen Kunstströmungen wie beispielsweise dem ›cynical realism‹ erklärt werden. Denn während jene vermeintlich politisch gesinnten Künstler das Selbstbild des Westens als ideologisch überlegene Region zementieren, profitierten sie gleichzeitig vom neoliberalen Boom. Denn ein Großteil der chinesischen Künstler und der globalen Kunstwelt produzierten generell Kunst, welche dem ›Kunstmarktgeschmack‹ entspreche. Dieser Kunst fehle es dann an Substanz, Unabhängigkeit, Integrität und einer wirklich kritischen Haltung.[11] Um verstanden und erkannt zu werden, müssten viele Kunstschaffende ihre intellektuelle Freiheit und Kreativität aufgeben, und alles, was wirkliche Kenntnisse einer Kultur oder eines persönlichen Hintergrundes erfordere, werde übergangen.

Die Ausstellung *Chinese Whispers* geht dieses Spannungsfeld zwischen globaler Kunst und ideologischen Tendenzen von verschiedenen Seiten an. Sie stellt zwei große Themenfelder in den Mittelpunkt: die historische, politische und soziale Situation Chinas im Neuen Millennium, wie sie anhand der von Uli Sigg gesammelten Werke reflektiert wird, sowie die formalen Dinge rund um die Frage nach globaler Kunst beziehungsweise ihrer regionalen Entsprechung. Denn einerseits ist die chinesische inzwischen längst in der globalen Gegenwartskunst angekommen, und andererseits fragen sich chinesische Künstlerinnen und Künstler vermehrt, was denn das spezifisch ›Chinesische‹ sein soll?[12]

Während das Chinesische – wie der Titel *Chinese Whispers* nahelegt – im (westlichen) Volksmund für das schlechthin Fremde und Unverständliche steht, findet die heutige Kunstproduktion vor dem Hintergrund einer immer näher zusammenrückenden Welt sowie einer immer stärker

print for years, and the artists it features have belonged to the canon of contemporary Chinese art ever since. Thus while Chinese art slowly began to establish itself in the West, the question increasingly arose concerning the importance that should be assigned to it.

Western Power and Global Challenges

Later exhibitions such as *The Real Thing* (Tate Liverpool, 2007), the 2008 Guangzhou Triennale curated by Sarat Maharaj *(Farewell to Post-Colonialism),* as well as critical contributions in Chinese art journals are calling Western patterns of reception into question to an increasing extent. Hou Hanru, for instance, criticizes the attitude of the numerous art viewers who consume images indiscriminately instead of reflecting on the complex reality behind them.[9] He argues that contemporary globalization is a form of neoliberal capitalism that seeks maximum profit, condones the exploitation of human beings and their resources, and in doing so destroys solidarity with the disadvantaged, social responsibility, and the maintenance of equal opportunity. Moreover, the art market is one of the global markets with the least amount of regulation, an economic fact often compensated for with an ostensible political consciousness, as expressed, for example, in superficially political gestures when Ai Weiwei was placed under arrest.[10] This may also explain the West's interest in Chinese political art movements such as, for example, Cynical Realism. Because while those apparently politically disposed artists cement the West's self-image as an ideologically superior region, they profit from the neoliberal boom at the same time—a major share of Chinese artists and the global art world in general produce art that corresponds with the "taste of the art market." This kind of art lacks substance, independence, integrity, and a genuinely critical stance.[11] In order to be understood and recognized, many artists had to relinquish their intellectual freedom and creativity, and anything that requires real knowledge of a culture or a personal background is ignored.

The exhibition *Chinese Whispers* approaches this field of tension between global art and ideological tendencies from different angles. It focuses on two major ranges of topics: the historical, political, and social situation of China in the new millennium as reflected in Uli Sigg's collection; and the formal questions surrounding the issue of global art or its regional equivalent. For on the one hand, contemporary Chinese art has arrived on the global contemporary art scene, and on the other hand, more and more Chinese artists are asking themselves what Chineseness is supposed to be anyway.[12]

Whereas in the (Western) vernacular the Chinese language—as the title *Chinese Whispers* suggests—stands for anything foreign and unintelligible as such, today's art production takes place against the backdrop of a world that is moving ever closer together and of China's strengthening economic and political dominance.[13] Moreover, critical discussions of the definition of *global art* have been on the rise since the beginning of the twenty-first century. On the one hand, what is meant by this is that the Western model of the progressive development of modern art to become postmodern and contemporary art has served its time, and that room now has to be made for other concepts that previously had a lesser share in art affairs.[14] On the other

werdenden wirtschaftlichen und politischen Dominanz Chinas statt.[13] Seit Anfang des 21. Jahrhunderts mehren sich zudem kritische Diskussionen zur Definition von ›globaler Kunst‹. Damit ist einerseits gemeint, dass das westliche Modell der progressiven Entwicklung von moderner Kunst zu postmoderner und zeitgenössischer Kunst ausgedient habe und nun auch anderen Auffassungen, welche weniger Anteil am bisherigen Kunstgeschehen hatten, Platz gemacht werden müsse.[14] Andererseits geht damit in vielen außerhalb des Westens prosperierenden Kunstszenen eine verstärkte Identitätspolitik einher, im Zuge derer Traditionen wieder aufleben und eigene ›Kunstgeschichten‹ entwickelt werden. Einhellig besteht die Meinung – und diese bestätigt sich beim Studium der Künstlerlisten von internationalen Galerien und Kunstmessen stets von Neuem –, dass wer heute erfolgreich am internationalen Kunstmarkt und in internationalen Diskursen teilnehmen und sichtbar werden will, sich immer noch dem westlichen Modell und westlichen Geschmack anpassen müsse.[15] Legitimiert wird dieser Anpassungsdruck mit sogenannten Qualitätskriterien,[16] die jedoch immer weniger standhalten, weil sie Ausdruck eines auf Europa oder den Westen zentrierten Diskurses sind und damit nicht als wirklich ›global‹ gelten können. Für den deutschen Kunstwissenschaftler Hans Belting ist die zeitgenössische Kunst an sich global, so wie das World Wide Web global sei, weil es überall bestehe, ohne jedoch überall dasselbe ausdrücken zu wollen.[17] Globale Kunst basiere weder auf einer ihr innewohnenden ästhetischen Qualität noch auf einem globalen Kunstkonzept. Anstatt einen neuen Kontext zu repräsentieren, werde der Verlust des Kontextes oder des Fokus thematisiert und der Blick zurück auf das Regionale gerichtet – sei es nun national, kulturell oder religiös begründet. Darin bestehe die klare Abweichung vom selbst auferlegten Universalismus und Anspruchsdenken moderner Kunst.[18] Wenn also verbindliche universalistische Kriterien wegfallen, mit denen man weltweit zeitgenössische Kunst bewerten könnte,[19] was bleibt dann als Bewertungsgrundlage? Wie kann vermieden werden, dass das eigene im Westen geprägte Geschmacksempfinden die Wahrnehmung dominiert und sich dann als Qualitätsurteil tarnt?

Was ist das Chinesische an der zeitgenössischen chinesischen Kunst?

Aus chinesischer Sicht ist die Fremdbestimmung durch den westlichen Kunstmarkt und westliche Kuratoren auch hausgemacht.[20] Der Kunstkritikerin und Kuratorin Carol Yinghua Lu zufolge betonen viele kommerziell erfolgreiche chinesische Künstler stärker ihre nationale statt ihre professionell-künstlerische Identität und es wäre ihrer Meinung nach ein großer Fehler, auf Identitätspolitik basierende künstlerische ›Qualität‹ zu fördern, ohne deren wahren Hintergrund zu kennen. Der Ausstellungsboom mit zeitgenössischer chinesischer Kunst habe nicht wirklich den künstlerischen Diskurs im Land verbessert, sondern sei vor allem Ausdruck der wachsenden ökonomischen und politischen Bedeutung Chinas. Es stelle sich nun vielmehr die Frage, inwiefern und unter welchen Bedingungen gegenwärtige chinesische Kunstpraktiken auch für den Westen wichtig werden könnten?[21] Seit den 1990er-Jahren wird chinesische Kunst im Westen als »globale Ware, die von transnationalen Galerien beworben und von ausländischen Sammlern und Museum gekauft wird«, gezeigt und rezipiert.[22] Während diese Kunst also seit fünfundzwanzig

hand, in many of the prospering art scenes in non-Western countries this is accompanied by strengthened identity politics, in the course of which traditions are revived and independent art histories are developed. The opinion is unanimous—and this consistently proves to be true if one studies the lists of artists represented by international galleries and at art fairs—that today, those who want to successfully participate and be visible in the international art market and international discourses still have to adapt to the Western model and Western tastes.[15] This pressure to adapt is justified by so-called quality criteria,[16] which, however, bear up less and less, because they are the expression of a discourse that centers on Europe or the West and thus cannot really be considered global. For the German art scholar Hans Belting, contemporary art is per se global, just as the World Wide Web is global because it exists everywhere, without, however, wanting to express the same thing everywhere.[17] Global is based neither on an inherent aesthetic quality nor on a global concept of art. Instead of representing a new context, the loss of the context or the focus is addressed and attention is directed toward the regional—be it nationally, culturally, or religiously motivated. Therein lies the clear deviation from the self-imposed universalism and entitlement mentality of modern art.[18] So when the binding universalist criteria according to which one was able to evaluate contemporary art worldwide cease to exist,[19] what remains as a basis for evaluation? How can it be avoided that one's own sense of taste, which is influenced by the West, dominates one's perception and then disguises itself as a judgment of quality?

What Is Specifically Chinese about Contemporary Chinese Art?

From the Chinese point of view, the heteronomy of the Western art market and Western curators is also homemade.[20] According to the art critic and curator Carol Yinghua Lu, many commercially successful Chinese artists place more emphasis on their national than on their professional artistic identity, and in her opinion it would be an even greater mistake to promote artistic quality based on identity politics without knowledge of their background. The exhibition boom with contemporary Chinese art has not really improved the artistic discourse in the country but is primarily an expression of China's growing economic and political significance. Instead, the question now arises concerning the extent to which and under what circumstances contemporary Chinese art practices might also be important for the West.[21] Since the 1990s, Chinese art has been shown and received in the West "as a global commodity, promoted by transnational commercial galleries and auction houses, and collected by foreign collectors and museums."[22] Thus while for twenty-five years this art has been circulating in international exhibitions in which the Chinese context can at most be communicated in fragments, Chinese art criticism promotes recontextualization and attempts to write a history of its own development that does not even attempt to make the mistake of defining the Chineseness of this art in the first place. The field is already overrun with attempts to underscore the cultural and social singularity of today's China and to justify any artistic stance that

Jahren in internationalen Ausstellungen kursiert, in denen der chinesische Kontext höchstens in Bruchstücken vermittelt werden kann, treibt die chinesische Kunstkritik die ›Rekontextualisierung‹ voran und versucht, eine eigene Entwicklungsgeschichte zu schreiben, die gar nicht erst den Fehler zu machen versucht, ›das Chinesische‹ an dieser Kunst zu definieren. Das Feld sei jetzt schon überlaufen mit Versuchen, die kulturelle und gesellschaftliche Besonderheit des heutigen China hervorzuheben und jegliche von westlichen Standards abweichende Kunsthaltung mit ›Chineseness‹ zu begründen.[23] Das führe nur dazu, dass solch abweichende Kunstauffassungen generell mit ›chinesischer Identität‹ begründet würden, anstatt diese als neue globale Entwicklung und Beitrag zur Kunst im Allgemeinen zu würdigen. Dagegen hilft offenbar nur der von Hans Belting angedeutete Weg, dieses Kunstschaffen daraufhin zu untersuchen, inwiefern die Themen, Motive und die künstlerischen Ausdrucksweisen zum Verständnis von künstlerischen und anderen Anliegen unserer Zeit beitragen. Wenn das Zeitgenössische in den Fokus rückt, können das leichtfertige Bemühen von nationalen Klischees sowie die westliche Bestimmungsmacht in den Hintergrund gedrängt werden. Dieser Einschätzung schließt sich auch Carol Yinghua Lu an, wenn sie schreibt, dass statt kulturelle Einzigartigkeit zu betonen, besser die eigenen kulturellen Rahmenbedingungen und Kontexte innerhalb eines globalen Diskurses untersucht und aktiviert werden sollten. Dabei helfe die internationale Aufmerksamkeit nicht weiter, sondern Selbstdisziplin und kritische Auseinandersetzung mit den eigenen Praktiken und Ideen. Zu aktiver Teilnahme an der globalen Kunstszene kämen nur Kunstschaffende, welche den Rest der Welt nicht aus den Augen verlören.[24]

Die Neuerwerbungen der Sigg und M+ Sigg Collections der letzten fünfzehn Jahre spiegeln diese Diskussionen rund um das ›Chinesische‹ und ›Globale‹ wider. Die in der Ausstellung *Chinese Whispers* gezeigten Werke stammen mehrheitlich von einer jüngeren Künstlergeneration, welche in den 1960er- und 1970er-Jahren geboren wurde und die Kulturrevolution nicht mehr selbst erlebt hat. Diese Künstler leben in der Großstadt, wurden international ausgebildet und haben zeitweise in aller Welt gearbeitet. Sie erachten einen globalen Kunstmarkt sowie eine globale Vernetzung als selbstverständlich. Ihre Werke reflektieren die Bedingungen des globalen Lebens, wenngleich aus der Perspektive einer ›turbokapitalistischen‹ Gesellschaft.[25]

Das Themenfeld der Ausstellung gliedert sich deshalb in vier Themen, die zu zwei Bereichen gehören. Diese zeigen einerseits, wie sich die chinesischen Künstlerinnen und Künstler eine künstlerische Position zwischen Westen und Osten sowie Fortschritt und Tradition erarbeiten, welche nicht einem globalen Einerlei zum Opfer fällt, sondern selbstbewusst beides zu vereinen sucht, ohne provinziell zu wirken (S. 16–133). Während andererseits die Auswirkungen des drastischen Wandels in China im Stadtraum, im Umgang mit Ressourcen, in der Dokumentation der jüngsten Geschichte sowie in der Persiflage des politischen Systems oder emotionalen Innenschauen zum Ausdruck kommen (S. 134–319).

Da es uns ein Anliegen war, nicht unsere eigene Sicht auf die Werke zu projizieren und damit unsere Vorurteile zu perpetuieren, haben wir die Künstlerinnen und Künstler zu ihren Werken befragt und mithilfe chinesischer Autorinnen und Autoren ihre Antworten dazu zusammengetragen. Zwei

deviates from Western standards with Chineseness.[23] This only leads to general explanations of deviating concepts of art with Chinese identity instead of acknowledging this as a new global development and a contribution to art in general. The only way to remedy this is evidently the one suggested by Hans Belting, namely to examine this artistic work with respect to the extent to which the themes, motifs, and artistic modes of expression contribute to the understanding of contemporaneity, current artistic, and other concerns. If the focus is placed on the contemporary, the frivolous efforts of national clichés as well as Western power can be pushed into the background. Carol Yinghua Lu also subscribes to this estimation when she writes that instead of emphasizing cultural singularity, it would be better to examine and activate one's own cultural framework conditions and contexts within a global discourse. This is not helped along by international attention, but by self-discipline and the scrutiny of one's own practices and ideas. Only those artists who do not lose sight of the rest of the world will be able to actively participate in the global art scene.[24]

The new works of art acquired by the Sigg and M+ Sigg collections over the past fifteen years reflect these discussions about what is Chinese and global. The major share of the works shown in the exhibition *Chinese Whispers* stem from a younger generation of artists born in the 1960s and 1970s who did not experience the Cultural Revolution. These artists live in big cities, were trained internationally, and have at times worked around the world. They take a global art market as well as a global network for granted. Their works reflect the conditions of global life, albeit from the perspective of a "turbo-capitalist" society.[25]

The exhibition is therefore divided into four themes that belong to two areas. On the one hand, these demonstrate how Chinese artists work out an artistic stance between the West and the East as well as between progress and tradition that does not fall victim to global monotony but self-confidently seeks to unite both without seeming provincial (pp. 16–133). On the other hand, expression is given to the impact of the drastic changes in China's urban space, in the handling of resources, and in the documentation of recent history, as well as in the persiflage of the political system or emotional introspection (pp. 134–319).

Because our objective was not to project our own perspective onto the works and thus perpetuate our biases, we asked the artists about their works and, with the aid of Chinese authors, assembled their answers. Two essays by M+ senior curator Pi Li as well as the critic Carol Yinghua Lu and an extensive interview with collector Uli Sigg contextualize these conversations and place the artists' opinions alongside our own points of view. The preparation of the exhibition and the catalogue was an ambitious undertaking that self-reflexively leads back to the heart of the matter of the exhibition. Due to the numerous translation processes from Mandarin and Cantonese into English and German and back, it cannot be ruled out that new Chinese whispers have arisen. Yet we are confident that these Chinese whispers will stimulate playful curiosity and (self-)insightful thought and will lead to a productive examination of art itself.

Essays, vom M+-Sammlungskurator Pi Li sowie der Kritikerin Carol Yinghua Lu, und ein ausführliches Interview mit Uli Sigg kontextualisieren diese Gespräche und stellen den Einschätzungen der Künstlerinnen und Künstler unseren eigenen Sichtweisen zur Seite. Die Vorbereitung von Ausstellung und Katalog war ein ambitiöses Unterfangen, das selbstreflexiv ins Herz des Ausstellungsthemas zurückführt. Durch die vielen Übersetzungsvorgänge von Hochchinesisch und Kantonesisch ins Englische und Deutsche und zurück kann nicht ausgeschlossen werden, dass neue ›Chinese Whispers‹ entstanden sind. Doch vertrauen wir darauf, dass die ›chinesischen Geflüster‹ spielerische Neugier auf (selbst-)erkenntnisreiches Nachdenken auslösen und zu einer produktiven Auseinandersetzung mit der Kunst selbst führen.

1 Ben Chu, *Chinese Whispers. Why Everything You've Heard About China Is Wrong* London 2013, S. 18 [Übersetzung der Autorin].

2 Der Begriff wird offenbar häufiger im britischen als im amerikanischen Sprachraum genutzt und vermehrt für seine impliziten rassistischen Untertöne kritisiert. Historiker vermuten den Ursprung des westlichen Gebrauchs von ›chinesisch‹ für alles Unverständliche im 16. Jahrhundert während der ersten Kontakte zwischen Europäern mit Chinesen. Allerdings gibt es in jedem Sprachraum ähnliche Redewendungen, welche die Grenzen des eigenen Verständnisses thematisieren, etwa »It's all greek to me«, »Questo per me è ostrogoto« oder »Das kommt mir spanisch vor«.

3 Vgl. dazu Chu 2013 (wie Anm. 1).

4 Zur Kritik an der Bestimmung von 1989 als Zäsur in der westlichen Kunstgeschichte vgl. Michaela Ott, »Die kleine ästhetische Differenz«, in: *Texte zur Kunst*, Heft 91: »Globalismus«, September 2013, S. 101–109.

5 »It was a fortunate setup for Chinese contemporary artists – the relevance of their practice, which had previously developed in isolation, destined to circulate only within China, was situated and viewed in an international context for the very first time«: Carol Yinghua Lu, »Back to Contemporary. One Contemporary Ambition, Many Worlds«, in: Hans Belting, Jacob Birken u. a. (Hrsg.), *Global Studies. Mapping Contemporary Art and Culture*, Ostfildern 2011, S. 108.

6 Hou Hanru, »In Defense of Difference. Notes on *Magiciens de la terre*. Twenty-five Years Later«, in: *Yishu. Journal of Contemporary Chinese Art*, Bd. 13, Nr. 3, 2014, S. 7–18.

7 Zur Kritik am kuratorischen Vorgehen vgl. Wang Lin, »Oliva Is Not the Savior of Chinese Art«, in: Wu Hung, *Contemporary Chinese Art. A History, 1970s–2000s*, London 2014, S. 366–368.

8 Kunstmuseum Bern 2005; Kunsthalle Hamburg 2006/07; Museum der Moderne Salzburg 2007; Fundació Joan Miró, Barcelona 2008; Berkeley Art Museum / Pacific Film Archive 2008; Peabody Essex Museum, Salem, MA, 2009.

9 Hou Hanru, »Urgent Is to Take a Distance«, in: *Yishu. Journal of Contemporary Chinese Art*, Bd. 10, Nr. 5, 2011, S. 6–10.

10 Ebd., S. 9.

11 Ebd.

12 J. P. Park, »The Cult of Origin. Identity Politics and Cultural Capital in Contemporary Chinese Art«, in: *Yishu. Journal of Contemporary Chinese Art*, Bd. 9, Nr. 4, 2010, S. 63–72.

13 Tobias ten Brink, *Chinas Kapitalismus. Entstehung, Verlauf, Paradoxien*, Frankfurt am Main 2013; Henry Kissinger, Fareed Zakaria u. a., *Wird China das 21. Jahrhundert beherrschen? Eine Debatte*, München 2012.

14 Hans Belting, »Contemporary Art as Global Art«, in: Hans Belting und Andrea Buddensieg (Hrsg.), *The Global Art World*, Ostfildern 2009, S. 42–43.

15 Ingrid Pett, *Annäherungen an den ›Rest der Welt‹. Probleme und Strategien im Umgang mit ›fremder‹ zeitgenössischer Kunst*, Münster 2002, S. 32.

16 Die Teilnahmebedingungen der Kunstmesse Art Basel in Hongkong beispielsweise basieren auf Qualitätskriterien, die weder definiert noch gerechtfertigt werden, vgl. https://d2u3kfwd92fzu7.cloudfront.net/asset/cms/ABHK16_Regulations_Exhibition.pdf (17.09.2015).

17 Belting 2009 (wie Anm. 14), S. 40.

18 Ebd.

19 Zu den Fallstricken und Grenzen dieses Vorhabens vgl. Christian Kravagna, »Für eine postkoloniale Kunstgeschichte des Kontakts«, in: *Texte zur Kunst* 2013 (wie Anm. 4), S. 111–132.

20 Carol Yinghua Lu, »The Intellectuals. Where are the Intellectuals?«, in: BSI Art Collection (Hrsg.), *Free Zone. China*, Zürich 2008, S. 114–136.

21 Lu 2011 (wie Anm. 5), S. 112. Vgl. dazu auch Gao Minglu, »A Crisis of Contemporary Art in China?«, in: *Yishu. Journal of Contemporary Chinese Art*, Bd. 10, Nr. 5, 2011, S. 11–18.

22 Hung 2014 (wie Anm. 7), S. 13 [Übersetzung der Autorin]. Zur Kritik am leichtfertigen Konsum chinesischer Kunst durch den internationalen Kunstmarkt sowie zur Bereitschaft, sich dessen Geschmack anzupassen, vgl. Hanru 2011 (wie Anm. 9), S. 6–10.

23 Park 2010 (wie Anm. 12), S. 63–72.

24 Lu 2011 (wie Anm. 5), S. 118–119.

25 Deshalb konnte im Hinblick auf die Werkauswahl das Label ›chinesisch‹ großzügig gehandhabt werden und Kunstschaffende aus Hongkong oder Taiwan genauso mit einbezogen werden wie etwa Adrian Wong, der in den USA geboren und ausgebildet wurde. Wichtig war, in welchen Zusammenhängen ihre Werke zirkulieren und inwiefern sie thematisch in die Kapitel passten.

[1] Ben Chu, *Chinese Whispers: Why Everything You've Heard about China Is Wrong* (London, 2013), p. 18.
[2] The term is apparently used more frequently in British than in American language regions and is increasingly criticized for its implicit racist overtones. Historians believe that the Western use of "Chinese" for anything that is unintelligible originated in the sixteenth century, when Europeans first made contact with the Chinese. However, there are similar phrases in all language regions that address the limitations of one's own understanding, such as "It's all Greek to me," "Questo per me è ostrogoto," or "Das kommt mir spanisch vor."
[3] See Chu 2013 (see note 1).
[4] On the criticism of designating 1989 as a caesura in Western art history, see Michaela Ott, "The Small Aesthetic Difference," *Texte zur Kunst*, no. 91, "Globalism" (September 2013), pp. 100–108.
[5] "It was a fortunate setup for Chinese contemporary artists—the relevance of their practice, which had previously developed in isolation, destined to circulate only within China, was situated and viewed in an international context for the very first time." Carol Yinghua Lu, "Back to Contemporary: One Contemporary Ambition, Many Worlds," in *Global Studies: Mapping Contemporary Art and Culture*, ed. Hans Belting et al. (Ostfildern, 2011), p. 108.
[6] Hou Hanru, "In Defense of Difference: Notes on *Magiciens de la terre*: Twenty-five Years Later," *Yishu: Journal of Contemporary Chinese Art* 13, no. 3 (2014), pp. 7–18.
[7] On the criticism of the curatorial approach, see Wang Lin, "Oliva Is Not the Savior of Chinese Art," in *Contemporary Chinese Art: A History, 1970s–2000s*, ed. Wu Hung (London, 2014), pp. 366–368.
[8] Kunstmuseum Bern, 2005; Kunsthalle Hamburg, 2006/07; Museum der Moderne Salzburg, 2007; Fundació Joan Miró, Barcelona, 2008; Berkeley Art Museum / Pacific Film Archive, 2008; Peabody Essex Museum, Salem, MA, 2009.
[9] Hou Hanru, "Urgent Is to Take a Distance," *Yishu: Journal of Contemporary Chinese Art* 10, no. 5 (2011), pp. 6–10.
[10] Ibid., p. 9.
[11] Ibid.
[12] J. P. Park, "The Cult of Origin: Identity Politics and Cultural Capital in Contemporary Chinese Art," *Yishu: Journal of Contemporary Chinese Art* 9, no. 4 (2010), pp. 63–72.
[13] Tobias ten Brink, *Chinas Kapitalismus: Entstehung, Verlauf, Paradoxien* (Frankfurt am Main, 2013); Henry Kissinger et al., *Does the 21st Century Belong to China? The Munk Debate on China* (Toronto, 2011).
[14] Hans Belting, "Contemporary Art as Global Art," in *The Global Art World*, ed. Hans Belting and Andrea Buddensieg (Ostfildern, 2009), pp. 42–43.
[15] Ingrid Pett, *Annäherungen an den "Rest der Welt": Probleme und Strategien im Umgang mit "fremder" zeitgenössischer Kunst* (Münster, 2002), p. 32.
[16] The conditions for participating in the Art Basel art fair in Hong Kong, for example, are based on quality criteria that are neither defined nor justified; see https://d2u3kfwd92fzu7.cloudfront.net/asset/cms/ABHK16_Regulations_Exhibition.pdf (accessed September 17, 2015).
[17] Belting 2009 (see note 14), p. 40.
[18] Ibid.
[19] On the pitfalls and limitations of this undertaking, see Christian Kravagna, "Toward a Postcolonial Art History of Contact," *Texte zur Kunst*, no. 91, "Globalism" (September 2013), pp. 110–131.
[20] Carol Yinghua Lu, "The Intellectuals: Where Are the Intellectuals? in *Free Zone: China*, ed. BSI Art Collection (Zurich, 2008), pp. 114–136.
[21] Lu 2011 (see note 5), p. 112. See also Gao Minglu, "A Crisis of Contemporary Art in China?" *Yishu: Journal of Contemporary Chinese Art* 10, no. 5 (2011), pp. 11–18.
[22] Hung 2014 (see note 7), p. 13. On the criticism of the frivolous consumption of Chinese art by the international art market as well as the willingness to adapt to its taste, see Hanru 2011 (see note 9), pp. 6–10.
[23] Park 2010 (see note 12), pp. 63–72.
[24] Lu 2011 (see note 5), pp. 118–119.
[25] With regard to the selection of works, the label "Chinese" could therefore be handled generously and also include artists from Hong Kong or Taiwan, such as Adrian Wong, for example, who was born and trained in the United States. What was important were the contexts in which their works circulate and to what extent their themes corresponded to the chapters.

Globale Kunst aus China / Global Art from China

Kathleen Bühler

Seit dem mehrfach proklamierten Ende der (westlichen) Kunstgeschichte[1] finden weltweit Diskussionen um eine globale Kunst statt. Vor dem Hintergrund verschiedener historischer Ereignisse soll sich diese vom westlichen Diktat befreien, allen internationalen Kunsttraditionen offenstehen und zu einer Geschichte der Austauschbeziehungen statt einer des westlichen Einflusses auf nicht-westliche Haltungen beitragen.[2] Manche Autoren meinen, die zeitgenössische Kunst sei nun das erste Mal überhaupt wirklich Weltkunst, weil sie von der ganzen Welt stamme und die Welt als differenziertes, jedoch zusammenhängendes Ganzes darzustellen versuche.[3] Demgegenüber sehen andere Autoren die Gefahr, dass sie ortlos wirke, weil sie von überall und damit von nirgends komme. Dagegen ist zu halten, dass das Herstellen von Kunst eine materiell bestimmte Praxis bleibt und damit immer durch einen lokalen Kontext geprägt wird.[4] Für das bessere Verstehen und Einordnen von globaler Kunst biete sich auch das anthropologische Prinzip des ›Translokalen‹ (›translocality‹) an, weil dieses nicht den alten Gegensatz des Lokal-Rückständigen gegenüber dem Global-Modernen zelebriere.[5] Stattdessen akzentuiere das Translokale Aspekte des Verankert-Seins, während es gleichzeitig unterstreiche, dass wir in Netzwerken leben. Translokalität halte die Spannung zwischen dem Lokalen und Globalen aufrecht, indem sie deren Vermischung offenlege und auf parallel existierende verschiedene Versionen zeitgenössischer Kultur hinweise.[6] Darin steckt die Erkenntnis des britischen Kulturwissenschaftlers Stuart Hall, dass Globalisierung nie als einfacher Prozess der kulturellen Homogenisierung verlaufe, sondern immer einer Artikulation des Verhältnisses zwischen dem Lokalen und dem Globalen gleichkomme. Wir sprächen zwar mit unterschiedlichen Stimmen, doch innerhalb der Logik einer globalen Kultur, welche ein Gespräch zwischen ihren Akteurinnen und Akteuren eröffne, das es anderweitig nicht gegeben hätte.[7]

Während also die Angst vor der ›McDonaldisierung‹ der Kultur in Schach gehalten wird durch das Aufzeigen der neuen und größeren Einflussmöglichkeiten, die nicht mehr nur einseitig von einer Richtung, nämlich dem Westen, ausgehen müssen, bleibt abzuwarten, inwiefern sich die einzelnen Kulturräume tatsächlich vom bisherigen hegemonialen Anspruch des Westens auf die Führungsposition in der Gegenwartskunst emanzipieren können. Für eine Untersuchung dieser Beziehung zwischen dem Lokalen oder Spezifischen und dem Globalen eignet sich Malerei ganz besonders, weil Malerei seit Jahrhunderten weltweit praktiziert wurde und sich in unterschiedlichste lokale Traditionen ausdifferenziert hat, die nun als gleichwertige Stimmen zu gelten haben und nicht als ortsgebundene Abweichung

Since the repeatedly proclaimed end of (Western) art history,[1] discussions have been taking place throughout the world on global art. Against the backdrop of various historical events, it is supposed to liberate itself from Western dictates, be open to all international art traditions, and contribute to a history of exchange relationships instead of a history of the Western influence on non-Western positions.[2] Some authors believe that contemporary art is now even really world art for the first time, because it stems from the entire world and seeks to depict it as a differentiated yet coherent whole.[3] In contrast, other authors see the danger of it appearing to be placeless, because it comes from everywhere and therefore from nowhere. This can be countered by the fact that the creation of art always remains a practice that is defined by material and is thus always influenced by a local context.[4] The anthropological principle of "translocality" also presents itself for better understanding and classifying global art, because this does not celebrate the outdated contradiction of the locally underdeveloped as opposed to the globally modern.[5] Instead, the translocal aspect accentuates the quality of being anchored, while it at the same time underscores the fact that we live in networks. Translocality maintains the tension between the local and the global by revealing their blending and pointing out different coexisting versions of contemporary culture.[6] Therein lies the insight gained by the British cultural theorist Stuart Hall that globalization never proceeds as a simple process of cultural homogenization but is always tantamount to an articulation of the relationship between the local and the global. We may speak with different voices, yet we do so within the logic of a global culture that initiates a discussion between its actors that would have otherwise not taken place.[7]

Thus while the fear of the "McDonaldization" of culture is kept at bay by pointing out new and greater opportunities of influence that do not have to proceed unilaterally from one direction, namely the West, it remains to be seen to what extent individual cultural regions can in fact emancipate themselves from the previous hegemonic claim of the West to the leading position in contemporary art. Painting lends itself particularly well to an examination of this relationship between the local or the specific and the global, because painting has been practiced for centuries and become differentiated in a wide range of highly diverse local traditions, voices that must now be regarded as being on equal footing and not as place-bound deviations from the mainstream. Moreover, painting has been absolved worldwide of its traditional representational responsibilities due to new media (photography, video, film), so that the status

1 Arthur Danto, *After the End of Art. Contemporary Art and the Pale of History*, Princeton 1995; Hans Belting, *Das Ende der Kunstgeschichte?*, Berlin 1983; ders., *Das Ende der Kunstgeschichte. Eine Revision nach zehn Jahren*, München 2002.

2 Christian Kravagna, »Für eine postkoloniale Kunstgeschichte des Kontakts«, in: *Texte zur Kunst*, Heft 91: »Globalismus«, September 2013, S. 111, 125.

3 Terry Smith, *Contemporary Art. World Currents*, London 2011, S. 8.

4 Anne Ring Petersen, »The Artist as Migrant Worker? Framing Art in an Age of Intensified Globalization and Migration«, in: *Migration. Contemporary Art from India (Arken Bulletin*, Vol. 6), Ishøj 2013, S. 44.

5 Ebd., S. 41.

6 Ebd.

7 David Morley und Kuan-Hsing Chen (Hrsg.), *Stuart Hall. Critical Dialogues in Cultural Studies*, London und New York 1996, S. 407.

vom Mainstream. Malerei wurde zudem auf der ganzen Welt durch die Neuen Medien (Fotografie, Video, Film) von ihren traditionellen darstellenden Aufgaben entbunden, sodass mit ihr und in ihr nun der Status des Bildes an sich zur Diskussion gestellt werden kann. Die Frage nach diesem Status gewinnt heute neue Bedeutung, weil digitale Bilder weltweit als manipulierbare Wirklichkeitsverfälscher zirkulieren, während Malerei von Anfang an eine Konstruktion ist, die ihren fiktionalen Zustand weder verbergen kann noch will. Von Interesse sind einerseits die Erzählungen, die von allen Weltteilen kommen, und andererseits die neuen Bildinhalte, die sich mit unterschiedlichen Traditionen von Abstraktion, Ornament oder Schrift artikulieren.

In den großformatigen Gemälden von Xue Feng etwa entpuppt sich die vermeintlich reale Landschaft als abstrakte Variation der Kategorie ›Landschaftsbild‹. Xue lässt sich beispielsweise vom Titelbild einer Tourismusbroschüre inspirieren, doch wiederholt er im Malprozess einzelne Bestandteile des Gemäldes zu Mustern und löst auf diese Weise ihre Gegenständlichkeit auf. Die Produktionsbedingungen von Malerei als Industrie oder ›Business‹ untersuchen Liu Ding, Liu Wei und Xu Zhen (MadeIn Company). Liu Ding und Xu Zhen lassen die Gemälde von anderen herstellen, kommentieren auf diese Weise den Ruf Chinas als ›Kopierer des Westens‹ und thematisieren den Produktionsprozess an sich, der in Ausstellungen normalerweise unsichtbar bleibt. Liu Wei spielt mit dem Einfluss von digitalen Medien auf die Malerei: einerseits, indem er digitale Bildvorlagen benutzt, und andererseits, indem er Störfunktionen in Fernsehmonitoren zu elektronischen Tableaus zusammenstellt.

Tian Wei, Liang Yuanwei und Adrian Wong gehen verschiedenen Abstraktionsverfahren nach: Tian Wei bezieht sich bewusst auf amerikanische und chinesische Traditionen (Action-Painting und Kalligrafie), Liang Yuanwei imitiert einfache Dekore von Wachstischtüchern, um damit weibliche Tätigkeitsfelder in die Malerei einzubringen, während Adrian Wong die zufällig entstandenen Nagespuren von Ratten ausstellt. Ma Ke, Wang Xingwei und Duan Jianyu arbeiten mit unterschiedlichen Formen der erzählerischen Malerei – sei es als verschlüsselte ›Historienmalerei‹, sei es als persönliche Fortführung folkloristischer Traditionen –, sie befreien sich vom westlichen Kult um Stildiktate und pflegen verschiedene Kunstrichtungen nebeneinander. Shao Fan hingegen strebt, basierend auf traditionellen Ausdrucksformen der klassischen chinesischen Malerei, eine vorsichtige Aussöhnung von Geschichte und Gegenwart an.

of the image as such can be put up for discussion with painting and within it. The issue of this status achieves new importance today, because digital images circulate through the world as manipulable distortions of reality, while from the very beginning painting is a construction that neither can nor wants to conceal its fictitious state. On the one hand, what are interesting are the narratives coming from all corners of the earth, and on the other hand the new visual contents that articulate themselves with different traditions of abstraction, ornament, and writing systems.

Xue Feng's large-format paintings reveal the seemingly real landscape as an abstract variation of the landscape painting genre. Xue draws his inspiration, for example, from the cover illustration of a tourism brochure, but during the painting process he repeats individual components of the painting to create patterns, and by doing so dissolves their representationalism.

Liu Ding, Liu Wei, and Xu Zhen (MadeIn Company) examine the production conditions of painting as an industry or business. Liu Ding and Xu Zhen have others create their paintings, and in this way comment on China's reputation as a "copier of the West" and address the production process as such, which in exhibitions normally remains invisible. Liu Wei plays with the influence of digital media on painting: on the one hand by using digital pictorial source material, and on the other by using disturbance functions in television monitors to assemble electronic tableaus.

Tian Wei, Liang Yuanwei, and Adrian Wong pursue various methods of abstraction: Tian Wei deliberately makes reference to American and Chinese traditions (Action Painting and calligraphy), Liang Yuanwei imitates simple decorations on wax tablecloths for the purpose of incorporating female spheres of activity into painting, while Adrian Wong exhibits random gnaw marks made by rats. Ma Ke, Wang Xingwei, and Duan Jianyu work with different forms of narrative painting—be it as encrypted "history painting" or as a personal continuation of folklore traditions; they liberate themselves from the Western cult surrounding style dictates and cultivate different art movements alongside one another. By contrast, Shao Fan seeks a cautious reconciliation of history and the present based on traditional forms of expression in classic Chinese painting.

1 Arthur Danto, *After the End of Art: Contemporary Art and the Pale of History* (Princeton, 1995); Hans Belting, *Das Ende der Kunstgeschichte?* (Berlin, 1983); idem, *Das Ende der Kunstgeschichte: Eine Revision nach zehn Jahren* (Munich, 2002).

2 Christian Kravagna, "Toward a Postcolonial History of Contact," *Texte zur Kunst*, no. 91, "Globalism" (September 2013), pp. 112, 126.

3 Terry Smith, *Contemporary Art: World Currents* (London, 2011), p. 8.

4 Anne Ring Petersen, "The Artist as Migrant Worker? Framing Art in an Age of Intensified Globalization and Migration," in *Migration: Contemporary Art from India* (Arken Bulletin, vol. 6) (Ishøj, 2013), p. 44.

5 Ibid., p. 41.

6 Ibid.

7 David Morley and Kuan-Hsing Chen, eds., *Stuart Hall: Critical Dialogues in Cultural Studies* (London and New York, 1996), p. 407.

Duan Jianyu

Interview: Venus Lau

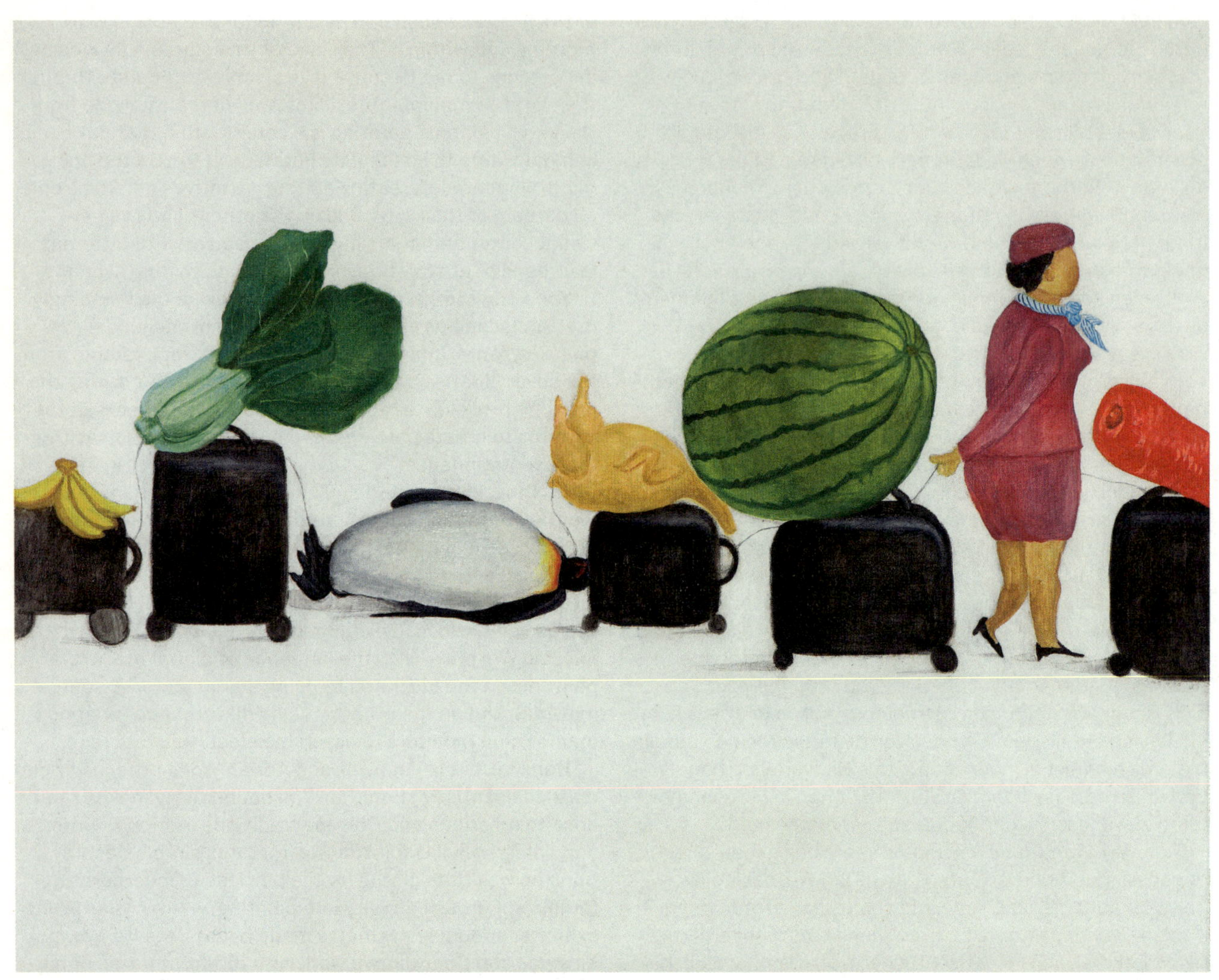

Duan Jianyu wurde 1970 in Henan geboren und schloss 1995 ihr Studium in Ölmalerei an der Guangzhou Academy of Fine Arts ab. 2010 bekam sie den Chinese Contemporary Art Award in der Kategorie »Best Artist«. Heute unterrichtet sie an der Kunstabteilung der South China Normal University. Ihre auf den ersten Blick kindlich wirkenden Szenen und Sujets bilden einen ›geheimen emotionalen Code‹, der auf persönliche Texte zurückgeht, die ihr als Inspirationsquelle dienen. Sie kombiniert Motive aus unterschiedlichen Kulturen und Regionen Chinas in eleganter Malweise und kommentiert damit ihre Beobachtungen zur heutigen Welt. Duan wechselt zwischen naivem Realismus und Abstraktion und schmückt ihre hermetischen Erzählungen mit romantischen und oft humorvollen Bildtiteln. Sie lebt und arbeitet in Guangzhou.

Die präsentierten Werkgruppen weisen sehr unterschiedliche visuelle Stile und Themen auf. Welche Absicht verbindet sie miteinander?

Diese Werkgruppen gehen auf meine Textarbeit *Guide to Life on the Plateau* (2008) zurück, die eine Fortsetzung meiner früheren Textarbeit *Guide to Life* (2001) ist. Damals wollte ich Fragmente des Lebens miteinander vermengen, eine Enzyklopädie des Lebens neben einigen kunsthistori-

Duan Jianyu was born in 1970 in Henan and completed her study of oil painting at the Guangzhou Academy of Fine Arts in 1995. In 2010 she received the Chinese Contemporary Art Award in the Best Artist category. She currently teaches in the art department of South China Normal University. Her scenes and subjects, which at first glance seem child-like, form a "secret emotional code" that can be traced back to personal texts and which serve her as a source of inspiration. Duan combines motifs from different cultures and geographic regions of China in an elegant Chinese manner of painting, and in doing so comments on her observation of today's world. She alternates between naïve realism and abstraction, and she emblazons her hermetic narratives with romantic and often humorous titles. Duan lives and works in Guangzhou.

These groups of works are of very different visual styles and themes; what is the intention connecting them?

These groups of work come from my text work *Guide to Life on the Plateau* (2008). This is a continuation of my earlier text work, *Guide to Life* (2001). At the time I wanted to mix together fragments of life, an encyclopedia of life alongside some strands of art history and random fabrications. The preface reads as follows: "This book was pub-

↙ Duan Jianyu, *Sister No. 4*, 2005

Duan Jianyu
Add Blue to Green, Feeling Serious and Seasoned, 2008
Add Yellow to Green, Feeling Lively and Friendly, 2008
Add White to Green, Feeling Fresh and Clean, 2008

Duan Jianyu, *Complicated Graphic Change No. 1*, 2008
Duan Jianyu, *Complicated Graphic Change No. 3*, 2008

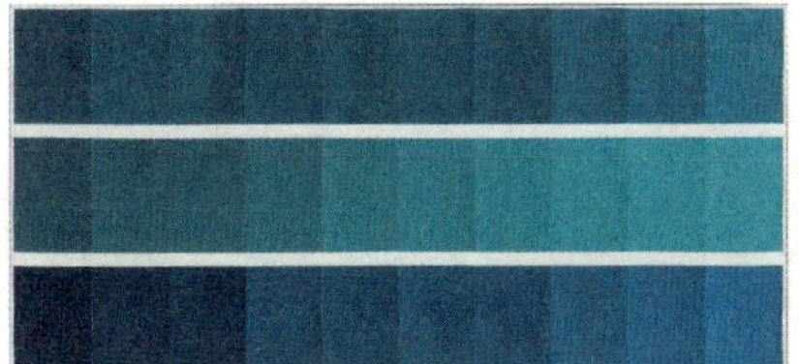

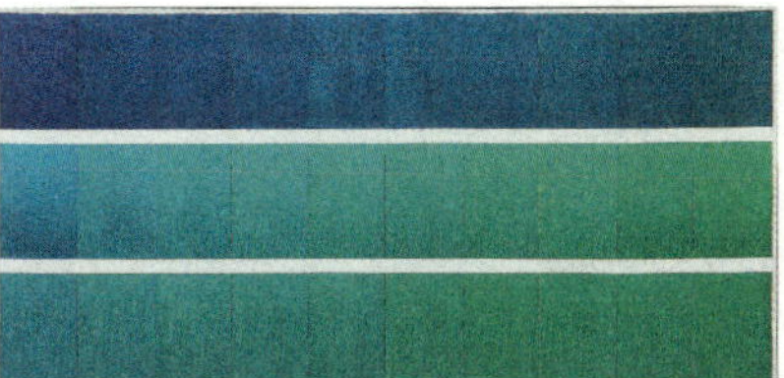

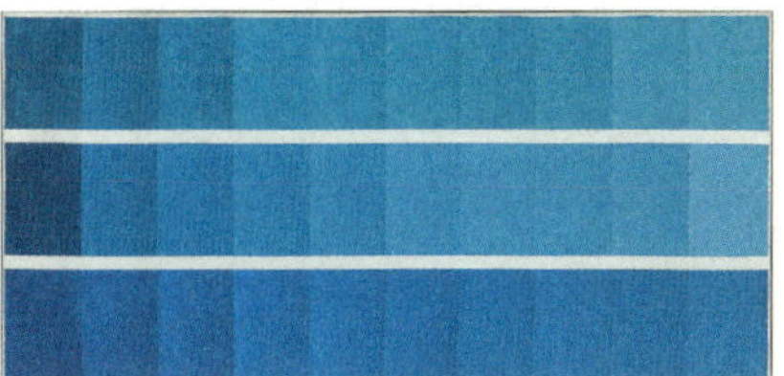

schen Strängen und Zufallserzeugnissen. Im Vorwort zum *Guide to Life on the Plateau* heißt es: »Dieses Buch wurde ganz zufällig veröffentlicht, und es ist selbst jetzt noch wie eine Geschichte. Um Materialien für meine wichtigste thematisch ausgerichtete Schöpfung zu sammeln, suchte ich häufig Gegenden in der Provinz Qinghai auf, um Figuren und Landschaften zu skizzieren. Jedes Mal, wenn ich dort Skizzen anfertigte, war ich von Ortsansässigen umgeben, die den ganzen Nachmittag um mich herumhockten, sodass ich mich daran gewöhnte. Eines Tages, als ich einen Basar in der Stadt Xining skizzierte, bemerkte ich, dass eine elegant gekleidete Frau mittleren Alters lange Zeit hinter mir saß. Sie lächelte, als sie das Papier betrachtete, mit dem ich die Pinsel reinigte; es war ein Pamphlet des *Guide to Life*. Ich hatte es mehrere Jahre zuvor verfasst, und es basierte auf meinen Gefühlen hinsichtlich der Beziehung von Leben und Kunst sowie einigen dem gesunden Menschenverstand entspringenden Inhalten, etwa wie man kocht und so weiter. Nach seiner Veröffentlichung fand das Pamphlet keine Leser. Hinter meinem Rücken hieß es, das Buch habe weder das Leben der Leute geschildert noch sei es ästhetisch. Einige höhnten sogar, ich wolle damit an der Vorauswahl für die nationale Kunstausstellung teilnehmen. Erst machte mich das wütend, doch nach einiger Zeit nahm ich es einfach hin. Die beiden in meinem kleinen Schlafzimmer aufgestapelten Kisten mit den Pamphleten waren mit Staub bedeckt. Daher benutzte ich diese, um meine Farbpinsel zu reinigen (zum Glück war das Papier weich). Als ich sah, dass das Papier, mit dem ich die Pinsel reinigte, die Frau zum Lächeln brachte, grüßte ich sie höflich und fragte sie, warum sie nicht zur Arbeit gegangen sei. Sie antwortete mir, sie arbeite in der städtischen Regierung und käme hier raus, um die Umgebung der Stadt zu inspizieren. Sie fragte mich, ob ich einen Führer über das Leben in der Provinz Qinghai zusammenstellen wolle. Ich fühlte mich sehr geschmeichelt. Dann lud sie mich zu einigen lokalen Gerichten in ein nahegelegenes Lanzhou-Nudelrestaurant ein. Wir stellten uns einander vor und ich erfuhr, dass sie mit Nachnamen Guo hieß, sodass ich sie von nun an »Direktor Guo« nannte. Wir plauderten lange miteinander und sprachen über Familie, Karriere, Liebe, örtliche Bräuche und Anekdoten. Aufgrund dieses Gesprächs erfuhr ich, dass sie in der städtischen Regierung für die Angelegenheiten von Frauen zuständig war und sich an der Öffentlichkeitsarbeit beteiligte. Kein Wunder, dass sie so viel wusste! Am Schluss ermutigte sie mich, indem sie sagte, diese Arbeit sei von großer Bedeutung und ich solle sie ohne Angst ausüben. Offen gesagt war ich zunächst nicht sehr zuversichtlich (das lag teilweise daran, weil ich misstrauisch hinsichtlich des Zweckes dieser Zusammenstellung war), doch das Vertrauen von Direktor Guo und meine Gefühle für die Menschen aus dem Südwesten Chinas inspirierten mich dazu, die Aufgabe fortzusetzen und einige kleinere Schwierigkeiten zu überwinden. Mehrere Monate

lished quite by chance, and it is still like a story even now. In order to collect materials for my major themed creation, I often went to the areas around Qinghai Province for sketching some figures and landscapes. Every time when I practiced sketching there, I was surrounded by the local residents, who would squat by me the whole afternoon, and I was used to that. One day, while I was sketching at a bazaar in the city of Xining, I noticed that a middle-aged woman in elegant clothes was sitting behind me for a long time. She smiled while she watched my brush-cleaning

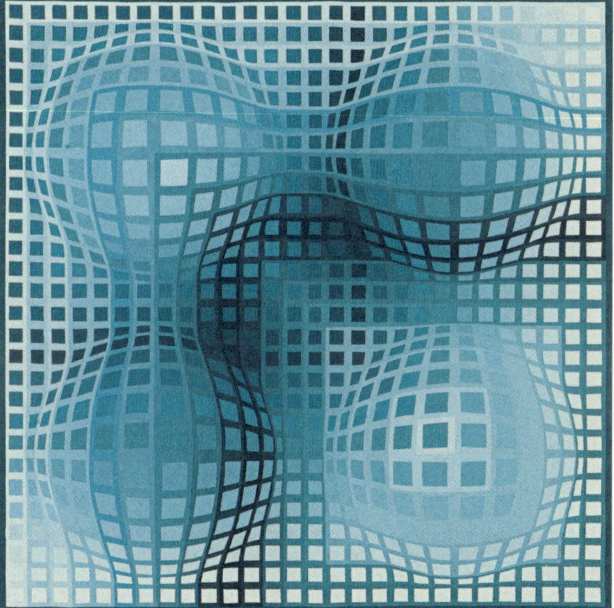

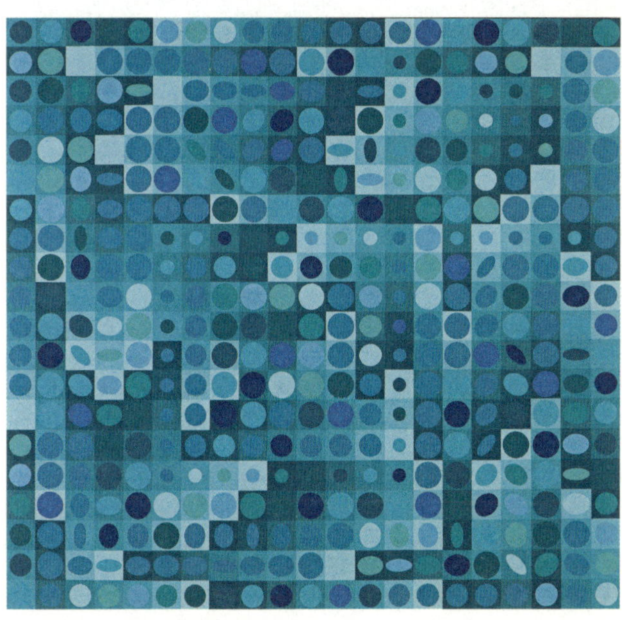

Duan Jianyu, *How to Relax on the Plateau – Milk an Ewe*, 2007
Duan Jianyu, *Homesickness No. 1*, 2012
Duan Jianyu, *The Story of an Art Lover, No. 1*, 2008

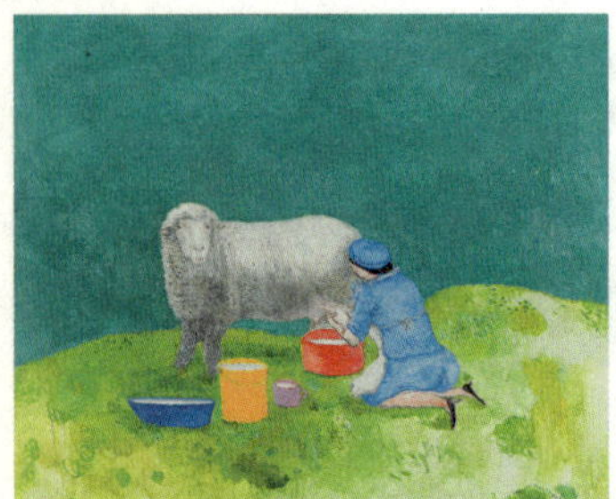

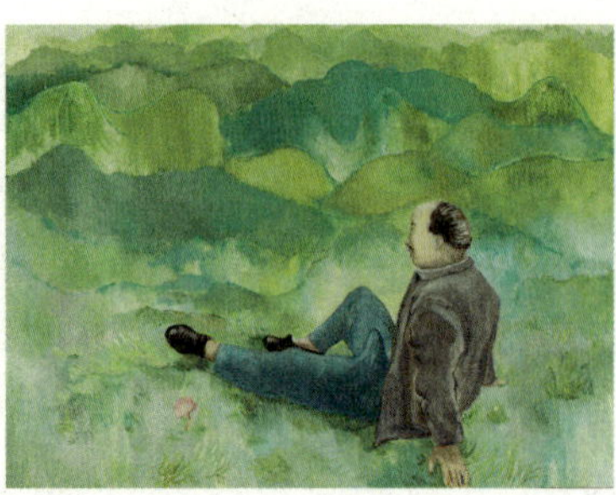

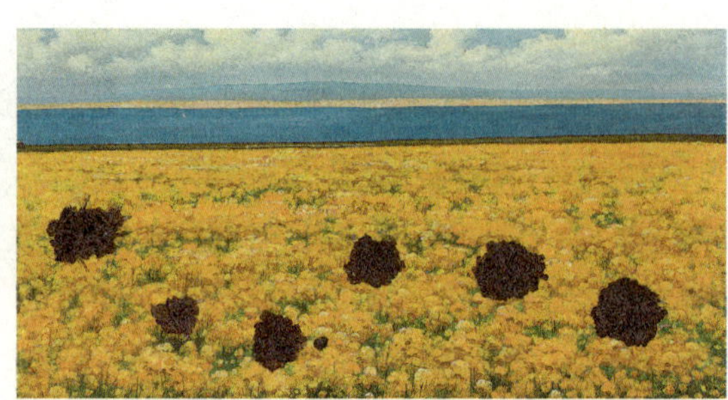

später und nach wiederholten Änderungen schloss ich die Zusammenstellung dieses Buches schließlich ab.«
Wie in diesem Vorwort beschrieben, versucht das Buch *Guide to Life on the Plateau* mit allen Aspekten des Lebens in Berührung zu kommen. Inhaltlich geht es dabei um die folgenden Gebiete: Wie das Plateau die Augen schult; Wie man auf dem Plateau entspannt; Wie man eine Gartenschere benutzt; Ein Dichter: Chang Yao; Wie man eine Nacht im Grasland verbringt; Wang Kefu, die Geschichte eines Kunstliebhabers; Giftpilze auseinanderhalten; Online-Führer zu den Fahrplänen der Qinghai-Eisenbahn; die Gedichte »Sich Erbrechen«, »Bitte stellen Sie sich in einen 45°-Winkel zum Wind«, »Wie man Qinghai-Speisen zubereitet« und andere.

Ihre Gemälde werden normalerweise in Serien präsentiert, darunter Sisters *(2005–2008),* Sino-European Still Collection *(2013),* Artistic Chicken *(2003/04),* Back to Home *(2009),* A Basket of Eggs *(2010),* Hey Hello Hi *(1999–2001),* Beautiful Dream *(2008) und* Homesickness *(2012). Arbeiten Sie in Ihrer Malerei immer in Reihen?*

Abgesehen von dieser Textarbeit produziere ich den größten Teil meiner Gemälde in Serien. Bei einem Thema können es mehr als ein Dutzend Werke oder auch nur zwei sein. Ich betrachte sie als Fäden, die sich immer überschneiden und das größere Bild meiner Arbeit ergeben.

Gibt es unter allen diesen Gemälden mit ihren vielfältigen Narrativen ein Thema, das die Bilder miteinander verbindet?

Ich möchte in meinem Werk einen komplexen und vielschichtigen Raum konstruieren, der von chaotischen Begegnungen, einzigartigen Verknüpfungen, Logiken und Temporalitäten überflutet ist, die aber alle auf eine höfliche, friedliche, zuvorkommende oder auch unbeholfene Weise präsentiert werden. Die Themen meiner Arbeit umfassen Dinge, deren ich nie müde werde: Blumenstücke wie *Plum Blossom, Bamboo and Chrysanthemum* (2008) ebenso wie Landschaften und Szenen aus der etablierten oder offiziellen Malerei wie *The Mountains and Waters Always Echo Our Love* (2010) und *A Basket of Eggs* (2010), Elemente der ländlichen chinesischen Ästhetik und andere Werke in *Beauty and the Path of Beauty* (2012), *Muse and Museum* (2011) und *The Muse Has Awoken* (2011).

Erfinden Sie die Narrative in Ihren Gemälden oder entlehnen Sie sie aus vorhandenen Texten wie Volksmärchen und Groschenliteratur?

Ich interessiere mich sehr für Geschichten und Volksmärchen, vor allem für ihre Unkorrektheit, Randständigkeit und ihren volkstümlicher Charakter, der eine gewisse Lebhaftigkeit und Vitalität offenbart. In den Narrativen meiner Textarbeit versuche ich ein Gleichgewicht zwischen den

paper, which was a pamphlet of *Guide to Life*. It had been written several years before, based on my feelings about the relationship between life and art, with some common-sense content, such as how to cook, etc. The pamphlet had no readers after its publication: some commented behind my back that the book had neither depicted people's lives nor possessed aesthetics. Some even jeered that I wanted to take this to the preliminary selection for the national art exhibition. I got angry in some way at first, but took it for granted as time passed. Piled in my little bedroom, the two cases of pamphlets were covered with dust. So I used them to clean my paintbrushes (luckily the paper was soft). Seeing that the brush-cleaning paper made the middle-aged woman smile, I politely greeted her asking why she hadn't been to work. She replied that she was working in the municipal government, and she came out to inspect the city environment. She asked me whether I would be interested in compiling a guide to living in Qinghai Province, about the daily life. I was too flattered. Then she invited me to a nearby Lanzhou noodle restaurant for some local dishes. We exchanged our names, and I got to know that her surname was Guo, so I called her Director Guo thereafter. We had a long chat, discussing family, career, love, and local customs as well as anecdotes. From the dialogue, I learned that she was responsible for women's affairs in the municipal government, and partook in publicity work. No wonder why she knew so many things. In the end, she encouraged me that this work was of great significance, and asked to do it without fear. Frankly speaking, I didn't have much confidence at first (partly because I was suspicious of the meaning of recompiling this book), yet the trust of Director Guo and my feelings for the people of the Southwestern area inspired me to continue the task, and overcome some minor difficulties. Several months later, after repeated modifications, I finally completed the compilation of this book."

As with this preface, the book *Guide to Life on the Plateau* tries to get in touch with all aspects of life, with content touching upon the following areas: How the Plateau Trains the Eyes; How to Relax on the Plateau; How to Use Shears; A Poet: Chang Yao; How to Pass a Night on the Grasslands; Wang Kefu, the Story of an Art Lover; Differentiating Poisonous Mushrooms; Online Guide to Qinghai Railway Timetables, the poems "Vomiting," "Please Stand 45 Degrees to the Wind," "How to Make Qinghai Foods," and others.

Your paintings are usually presented in series, including Sisters *(2005–2008)*, Sino-European Still Collection *(2013)*, Artistic Chicken *(2003/04)*, Back to Home *(2009)*, A Basket of Eggs *(2010)*, Hey Hello Hi *(1999–2001)*, Beautiful Dream *(2008), and* Homesickness *(2012). Do you always work on painterly practice in a collective form?*

Elementen Wahrheit und Dichtung herzustellen, aber am meisten interessiert es mich, die einfachen und schlichten Seiten des Lebens offenzulegen, weder übertrieben noch einzigartig. In Werken mit verschiedenen Themen habe ich unterschiedliche Narrative aufgebaut. *Back to Home* etwa beruht auf einzelnen Strängen der etablierten chinesischen Kultur und bedient sich einer realistischen Grammatik und eines realistischen Kontexts, wenn auch mit einer kleinen, allerdings nicht so offenkundigen oder extremen Abweichung. In dieser Beschreibung, einem durchdringenden und ironischen Vergleich, ziehe ich es vor, die Frage auf friedliche Weise umzudrehen. Andere Serien sind undurchsichtiger, so etwa bei *Mother's Sister's Mother's Cousin's Husband Is a Chef* (2012). In den meisten Fällen beeinflussen und verwandeln sich die Geschichten und Werke aber gegenseitig oder gehen auseinander hervor.

Wer sind die ›Schwestern‹ in der Serie Sisters? *Spiegeln sich in ihnen echte Menschen aus Ihrem Alltagsleben?*

Die *Sisters*-Serie ist eine besonders entspannte Werkgruppe, in der ich die Figur der Flugbegleiterin verwende, die eine gewisse irdische Schönheit und ein warmes Image hat. Ich schicke die Figur an verschiedene Orte, wo sie allen möglichen Menschen oder Dingen begegnen kann. Sie steckt nicht in der Wirklichkeit fest und kann vollständig erfunden sein. In *Guide to Life on the Plateau* bringe ich diese Figur zurück. Sie bewegt sich auf eine Weise über das Plateau, die mich an Haizis Gedicht »Sister, Tonight I'm in Delingha« erinnert. Es gibt hier eine gewisse Überschneidung von Bedeutungen. *How to Relax on the Plateau – Milk an Ewe* (2007) und andere Werke wurden in diesem Kontext produziert.

Welche Geschichte liegt der Story of an Art Lover *(2008) zugrunde? Wer hat sie geschrieben und was erzählt sie? Beruht sie auf Ihrer persönlichen Erfahrung?*

Das ist eine Geschichte aus dem *Guide to Life on the Plateau*. Um Material für mein Projekt über die Mainstream-Ästhetik zu sammeln, bin ich in die Vorstädte von Xining in der Provinz Qinghai gegangen, wo ich beim Skizzieren auf den lokalen Kunstliebhaber Wang Kefu traf. Obwohl er relativ verarmt ist, setzt er seine künstlerischen Anstrengungen fort. Er verehrt Vincent van Gogh und ist entschlossen, etwas Neues zu machen; so hat er versucht, in seinen Gemälden Kuhmist und getrocknetes Gras zu

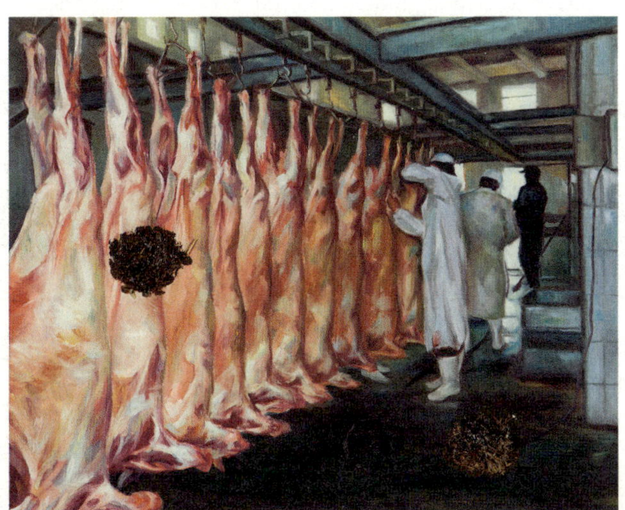

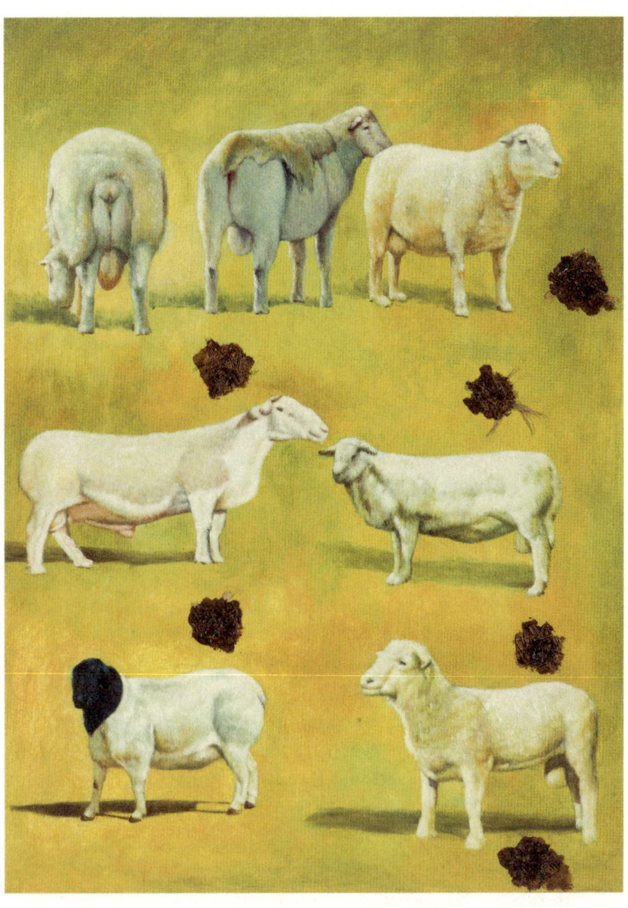

Aside from this text work, most of my painting work is produced in series. One theme might involve more than a dozen pieces or as few as two. I see them as threads always intersecting, forming the larger picture of my practice.

Among all these paintings with diverse visual narratives, is there a theme that connects them?

I want to construct a complex and multilayered space in my work, flooded with chaotic encounters, unique links, and logics and temporalities, but all presented in a polite, peaceful, courteous, or even a clumsy way. The themes of my practice include things I never tire of: floral pieces like *Plum Blossom, Bamboo, Chrysanthemum* (2008), as well as landscapes and scenes drawn from mainstream or official painting, like *The Mountains and Waters Always Echo Our Love* (2010) and *A Basket of Eggs* (2010), elements of Chinese rural aesthetics, and other pieces in *Beauty and the Path of Beauty* (2012), *Muse and Museum* (2011), and *The Muse Has Awoken* (2011).

Do you invent the narratives in your paintings, or do you borrow them from existing texts like folktales and pulp fiction?

I am very interested in stories and folktales, particularly their incorrectness, marginality, and folk nature, which reveals a certain liveliness and vitality. In the narratives of my text work, I try to balance the elements of truth and fabrication, but I am most interested in revealing the simple and plain sides of life, neither exaggerated nor unique.

Duan Jianyu, *The Story of an Art Lover, No. 3*, 2008
Duan Jianyu, *The Story of an Art Lover, No. 5*, 2008
Duan Jianyu, *The Story of an Art Lover, No. 6*, 2008

verwenden. Er wird von einem Widerspruch gequält: In seinem Werk folgt er nicht gerne Regeln, doch in der Praxis wünscht er sich so sehr die Billigung und Wertschätzung offizieller Museumsinstitutionen. Nachdem er dem Vorsitzenden des offiziellen regionalen Kunstverbands geschrieben hatte, ohne eine Antwort zu erhalten, gelang es ihm, ihn am Eingang seines Gebäudes anzusprechen. Häufig hat er seine Briefe dabei und zieht sie hervor, wenn er unterwegs auf Geistesverwandte trifft, um darüber zu diskutieren. Neben der Analyse von Wangs Werken und Ratschlägen für die Zukunft enthalten die Briefe auch viele Parolen des offiziellen Diskurses: »Kunst muss erst der Nation gehören, bevor sie der Welt gehören kann«, »Kunst beginnt im Leben, ist aber größer als das Leben«, »Um ein gutes Gemälde zu machen, muss man eine gute Person sein.« Dieser erfundenen Geschichte wohnen bestimmte reale Elemente inne. Wang Kefu ist einfach, aber clever. Ich weiß nicht, ob er von den Regeln und der Zeit verschlungen wird. *The Story of an Art Lover 1–7* besteht aus Werken von Wang Kefu.

Stützen Sie sich auf traditionelle Malerei oder beziehen Sie sich auf das im Westen gebräuchliche ›bad painting‹?

In einigen meiner Werke sieht man Spuren von ›bad painting‹. Wenn man ein Gemälde als ›schlecht‹ bezeichnen möchte, dann geht es dabei nicht um ein bestimmtes Etikett oder einen bestimmten Stil; es ist ein tiefes inneres Bedürfnis, zu versuchen, die Regeln zu brechen, die man mit einem bestimmten Thema assoziiert.

Warum stellen Sie Abstraktion und Figuration nebeneinander? Benutzen Sie in Ihren Werken Fotografien als Bezugspunkt?

Meine Arbeit geht häufig mit der Adaptation und Revision der Stile anderer Werke einher. Im Vorwort zu *Guide to Life on the Plateau* schreibe ich: »Bedankt seien Jeff Wall, Charlotte Moorman und Victor Vasarely, deren Gedichte mich inspiriert haben. Ich möchte Zhaxi danken, der mir geduldig gezeigt hat, wie man Schafe schert, ohne auch nur eine Pause zum Rauchen zu machen. Dankbar bin ich auch meiner Studentin Wang Mei, die ihre Sommerferien mit der Erforschung der Vogelgrippe an verschiedenen Orten in Qinghai zubrachte, und mir Wärme schenkte, indem sie sich um mich kümmerte, als ich mich infolge der großen Höhe erbrach. Details erübrigen sich. Die Leistung besteht aus all diesen kleinen und gewöhnlichen Details. Mittelmäßigkeit

I established different narratives in works of different themes. *Back to Home,* for instance, is based on strands of Chinese mainstream culture, using a realist grammar and context, even with a little divergence, though not that obvious or extreme. In this description, a penetrating and ironic comparison, I prefer to peacefully flip the question around. Other series are more obscure, as with *Mother's Sister's Mother's Cousin's Husband Is a Chef* (2012). In most cases the stories and works influence, transform, and grow out from one another.

Who are the "sisters" in the titular series? Are their images mirroring real people in your daily life?

The *Sisters* series is a particularly relaxed group of work using the figure of the flight attendant, who has a certain earthly beauty and warm image. I send the figure to different places where she might run into anyone or anything. She is not stuck in reality, and can be fabricated completely. In *Guide to Life on the Plateau,* I bring this character back. She moves across the plateau in a way that reminds me of Haizi's poem "Sister, Tonight I'm in Delingha." There is a certain intersection of meanings here. *How to Relax on the Plateau – Milk an Ewe* (2007) and other works were produced in this context.

What is story behind Story of an Art Lover *(2008)? Who wrote it and what does it tell? Is it based on your personal experience?*

This is a story from within *Guide to Life on the Plateau*. In order to collect materials for my mainstream aesthetics project I went to the suburbs of Xining in Qinghai Province, where I ran into the local art lover Wang Kefu while I was sketching. Although relatively impoverished he persists in his pursuit of art. He worships Vincent van Gogh and is determined to innovate, and has tried to use cow manure and dried grass as materials in his paintings. He is racked by contradiction: in his work he does not like to follow the rules, but in practice he very much wants the approval and appreciation of official museum institutions. After writing to the chairman of the official regional art association without response, he managed to accost him at the entrance to his building. He often carries his letters with him, and brings them out for discussion when he runs into like-minded acquaintances. In addition to analysis of Wang's work and guidance for the future, the letters

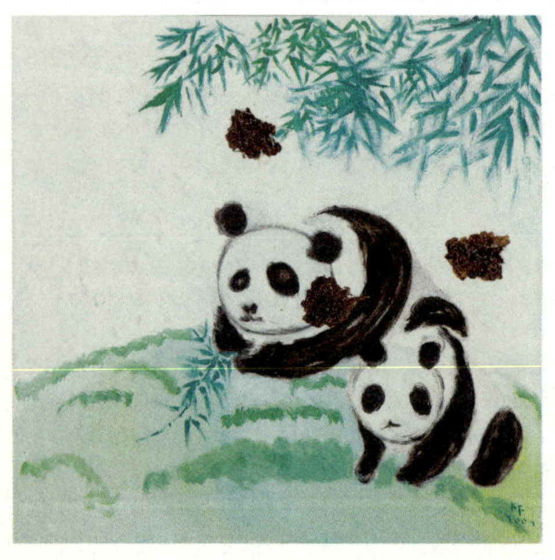

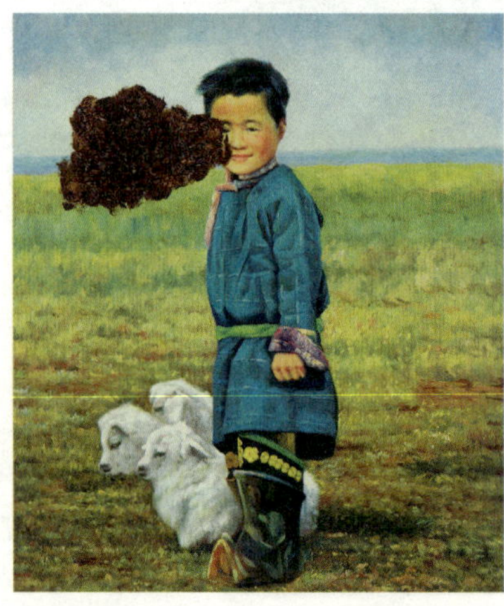

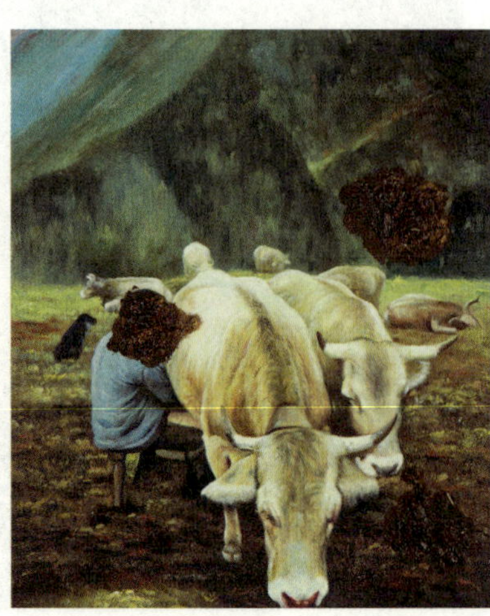

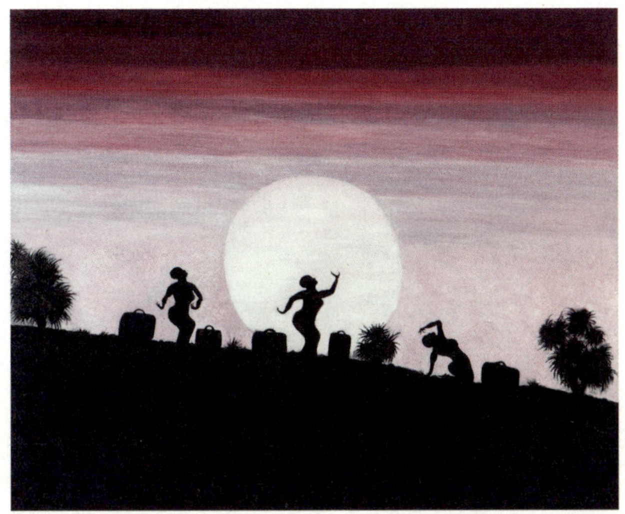

lässt mich häufig die Grenze zwischen Wissenschaft und den Details des Lebens verkennen, sodass sie durcheinandergeraten und miteinander interagieren, wie ein Topf mit Hammelsuppe, der besser schmeckt, wenn er geriebenen Koriander enthält.« In der zeitgenössischen Kunst ist die Verwendung mehrerer Stile bereits Alltagskost. Die Malerei dreht sich nicht mehr um einen spezifischen Stil. Aber es entsteht ein neues Problem, wenn die Vielfalt der Stile die neue Normalität wird. Die Suche nach neuen Wegen bleibt für immer die Verantwortung des Künstlers.

Apropos ›bad painting‹: Was meinen Sie zum Konzept des ›Geschmacks‹?

Geschmack erinnert mich an das, was Susan Sontag über ›Camp‹ gesagt hat. Es hängt mit dem Empfindungsvermögen jedes Einzelnen zusammen.

also include many of the slogans of official discourse: "art must first belong to the nation before it can belong to the world"; "art begins in life but is greater than life"; "to make a good painting, one must be a good person." There are certain real elements to this fabricated story. Wang Kefu is simple but astute. I don't know whether he will be swallowed up by rules and time. *The Story of an Art Lover 1–7* consists of work by Wang Kefu.

Are you relying on traditional painting or is it referring to Western Bad Painting?

You do see traces of Bad Painting in some of my work. When a painting could be called Bad, it's not in order to pursue a certain tag or style; it's a deep internal need, trying to break the rules associated with a certain topic.

Why do you put abstraction alongside figuration? Do you use photography as a reference in your work?

My work often involves adapting and revisiting the styles of other works. In the preface to *Guide to Life on the Plateau*, I write: "Thanks are given to Jeff Wall, Charlotte Moorman, and Victor Vasarely whose poems gave me inspiration. I would thank Zhaxi who patiently showed me how to shear the sheep, without even taking the time to smoke. I am also grateful to my student Wang Mei, who spent her summer holiday researching bird flu around places in Qinghai, and made me feel warm by taking great care of me when I threw up due to a reaction to the high altitude. It is unnecessary to go into details. The accomplishment is made of all those minor and common details. Mediocrity often makes me confuse the limit between science and life details, making them mix together and interact with each other, just like a pot of mutton soup, which tastes better with shredded coriander." In contemporary art, using multiple styles is already an everyday meal. Painting no longer revolves around one specific style. But it creates a new problem when this diversity of styles itself becomes the new normal. Looking for new routes is forever the responsibility of the artist.

Talking about Bad Painting, what is your comment on the concept of taste?

Taste reminds me of what Sontag said about camp. It's tied to everyone's sensibility.

Liang Yuanwei

Interview: Venus Lau

Liang Yuanwei wurde 1977 in Xi'an (Provinz Shaanxi) geboren und machte 2001 ihren Master-Abschluss an der Central Academy of Fine Arts. Sie befasst sich mit den Schnittstellen von Glück und Unterdrückung im Alltagsleben und setzt dabei in ihren Fotografien, Gemälden und Installationen eine sprachliche Semiotik ein. Ein Großteil ihres Werks konzentriert sich auf Privatheit, zwischenmenschliche Kommunikation, persönliche Gefühle und die daraus folgende Zuneigung. Liang lebt und arbeitet seit 2006 in Beijing.

Liang Yuanwei was born in Xi'an (Shaanxi Province) in 1977 and received her Master's Degree of Fine Arts at China Central Academy of Fine Arts in 2001. Since 2006, she has lived and worked in Beijing as a freelance artist. As an artist she is concerned about the wiring points of happiness and repression in our daily life with the use of linguistic semiotics in her photography, paintings, and installations. Most of her work focuses on privacy, communication among people, personal feelings, and the consequent affection that they bring.

Gibt es eine Geschichte zu dem Titel Piece of Life *(2007)? Ein Stück von wessen Leben?*

Der Titel *Piece of Life* bezieht sich auf die Tatsache, dass die Motive in meinen Gemälden auf Alltagsobjekte, und zwar vor allem auf Stoffe, zurückgehen. Die Tatsache, dass diese Gemälde reflektierende Seide oder Tapete reproduzieren, führt dazu, dass die fertigen Arbeiten wie Readymades aussehen. Das ist die Materialität von einem ›Stück Leben‹. Die Muster werden gemalt, bevor die darunterliegende Schicht trocken ist, und da sich die meisten Werke nicht innerhalb eines Tages fertigstellen lassen, weist das fertige Werk von oben bis unten eine deutliche Zeitlichkeit auf. Die Arbeit eines Tages ist jener Teil, der sich in diesem Raum auftut, ohne verdeckt zu werden. Ein ›Stück Leben‹ ist eine Materialisation des Lebens.

Warum wählen Sie diese besonderen, dekorativen Flächen? Woher stammen sie?

Für mich haben diese Werke nichts mit Dekoration zu tun. Ich nehme mir Stoffstücke aus meiner Umgebung und reproduziere sie dann auf der Leinwand. Ich beobachte gerne die Unterschiede, die bei organisierter Wiederholung auftreten.

Wie viele Pieces of Life *gibt es? Warum die annähernd quadratische Gestalt?*

Ich interessiere mich für ihre Materialität, nicht für ihren literarischen Charakter. Ich weiß nicht mehr, wie viele Werke es gibt. Bei den meisten meiner Werke vor der Serie, die ich 2013 in meiner Londoner Einzelausstellung gezeigt habe, habe ich diesen Titel verwendet. Der Großteil der Bilder in der M+ Sigg Collection stammt aus meiner ersten Einzelausstellung; die insgesamt zwölf Bilder messen jeweils 120 mal 140 Zentimeter. Jeden Monat habe ich eines fertiggestellt. Ihre Form stammt von einer Serie aus dem Jahr 2003, die aus fünfzig Bildern besteht, die jeweils 12 mal 14 Zentimeter messen. Das war die Größe einer CD-Hülle, also des Gegenstands, der mir in meinem Leben am vertrautesten war, und ein Ding in der mir geläufigsten Größe, in der ich kulturelle Information durch ein Bild vermitteln konnte. 2003 schnitt ich in einen DIN-A4-Bogen ein Loch in Form einer CD-Hülle; wie beim Sucher einer Kamera konnte ich mir damit Stoffstücke in meiner Umgebung ansehen und so Punkte finden, um sie in die Komposition eines Gemäldes aufzunehmen, bevor ich sie auf die Leinwand übertrug. Nach jenen fünfzig Gemälden dieser Größe übertrug ich den Prozess auf eine hundert Mal größere Leinwand im Format von 120 mal 140 Zentimeter. Bei diesem größeren Format konnte ich intensiver über die Wiederholung von Bildelementen nachdenken. Das ist der Ursprung der Werke aus meiner ersten Einzelausstellung.

Gibt es in diesem Werk spezifisch chinesische Anspielungen?

Einige der vorrangigen visuellen Themen in diesem Werk sind Muster, Wiederholung und die Textur von Seide, und sie alle veranlassten mich dazu, mich an der klassischen chinesischen Kunst zu orientieren. Zunächst praktizierte ich einige Monate lang Kalligrafie, bis meine Hand stark und genau genug war, um den Entwurf einer großen, aus feinen Mustern bestehenden Arbeit in einem einzigen Durchgang zu vollenden. Landschaftsbilder der Song-Dynastie (960 –1279) bringen ihre Tiefe durch die Wieder-

Is there a story on the title of Piece of Life *(2007)? A piece of whose life?*

The title *Piece of Life* comes from the fact that the images in my paintings are drawn from everyday objects, fabric in particular. The fact that these paintings reproduce reflective silk or wallpaper makes the finished works look like ready-mades. This is the materiality of a "piece of life." The patterns are painted before the underpainting is dry, and, because most pieces cannot be finished within a day, the final work displays a clear sense of temporality from top to bottom: the work of a day is that portion that opens up in this space without being covered up. A "piece of life" is a materialization of time.

Why choose these particular decorative surfaces? Where do they come from?

I don't think of these works in terms of decoration. I grab onto pieces of fabric I can find around me and then reproduce them on canvas. I enjoy observing the differences that appear in organized repetition.

How many Pieces of Life *exist? Why the square shape?*

I am interested in their materiality, not their literary nature. I don't remember how many works there are. Most of my works before the series I showed at my 2013 London solo exhibition used this title. Most of the paintings in the M+ Collection come from my first solo exhibition, measuring 120 × 140 cm each, twelve paintings in total. I completed one a month. Their form came from a 2003 series of fifty paintings of 12 × 14 cm each. That was the size of a CD case, the most familiar kind of object in my life, and the most familiar size of thing in which I knew how to convey cultural information through an image. In 2003 I cut out a hole in a sheet of A4 paper in the shape of a CD case, like a viewfinder I could use to look at pieces of fabric around me, finding points to enter into the composition of a painting before copying them on canvas. After those fifty paintings at that size I transferred the process to a canvas one hundred times larger, at 120 × 140 cm. With this larger size I could think more deeply about the repetition of pictorial elements. This is where the works from my first solo exhibition came from.

Are there any specific Chinese allusions in the work?

Some of the primary visual issues in this work include patterns, repetition, and the texture of silk, all of which led me to look to classical Chinese art for help. First I practiced calligraphy for a few months until my hand had the strength and accuracy to complete the layout of a large piece consisting of delicate patterns in a single go. Song dynasty (960–1279) landscape paintings express their depths in the repetition of trees and stones and became an important source of technique for me. Finally, I borrowed from the palettes of Song and Yuan (1272–1368) painting to produce the thick visual textures of silk.

What is your other work like?

In this series each piece uses a different pattern, palette, brushwork, and technique. I call them "pieces" because the series focuses on this "sampling" of the world, because of their mimicry of the ready-made. They remove narrative from painting and focus on its materiality, a

holung von Bäumen und Steinen zum Ausdruck und wurden so eine wichtige Quelle für meine künstlerische Technik. Außerdem orientierte ich mich an den Paletten der Malerei der Song- und Yuan-Dynastie (1272–1368), um die dicken visuellen Seidentexturen zu erzeugen.

Wie sind Ihre anderen Werke beschaffen?

Das Muster, die Palette, der Pinselduktus und die Technik sind in jedem Werk dieser Serie jeweils verschieden. Ich nenne sie ›pieces‹, weil sich die Serie auf dieses ›Sampeln‹ der Welt konzentriert, weil diese ›pieces‹ das Readymade nachahmen. Sie entfernen das Narrativ aus der Malerei und konzentrieren sich auf ihre Materialität, eine physische Dokumentation der Malaktion. Das ist die Phase, in der ich den zeitgenössischen und konzeptuellen Charakter meines künstlerischen Systems festgelegt habe.

Ihr Werk befasst sich häufig mit Materialien, die mit dem Körper oder der Haut in Berührung kommen: Laken, Tischtücher, Lippenstift. Wie trennt die Distanz der Malerei diese Materialien von der körperlichen Erinnerung?

Piece of Life kopiert Stoff auf den Stoff der Leinwand in der Ölmalerei. Eine andere Serie verwendet unterschiedliche Varianten derselben Industrieprodukte (rötliche Lippenstifte in Schattierungen, die von der Marke bestimmt wurden statt von mir) auf zerknittertem Papier, um so die Schatten des Lichts auf gefaltetem Papier nachzubilden. Lippenstift habe ich deshalb benutzt, weil mir eine Firma zufällig einige Proben geschickt hatte. Mein Ausgangspunkt hat nichts mit dem Körper zu tun. Indem ich das Narrativ aus dem Werk entferne, rücke ich seine Materialität in den Vordergrund. Für mich ist dies eine Befreiung des Musters und des Materials, das ich verwende, da es sie von den sozialen Eigenschaften löst, von denen das Werk ausgeht. Dies ist Freisetzung weiblicher Materialität. Mein Motiv für den Einsatz von floralen Mustern und rotem Lippenstift

↙ Liang Yuanwei, *Piece of Life*, 2007

physical documentation of the action of painting. This is the phase in which I established the contemporary and conceptual nature of my artistic system.

Your work often looks at materials that come into contact with the body or the skin: sheets, tablecloths, lipstick. How does the distance of painting separate them from the memory of the body?

Piece of Life copies cloth on the cloth of canvas in oil painting. Another series uses different shades of the same industrial products—reddish lipsticks in shades defined by the brand rather than by me—on crumpled paper to re-create the shadows of light on folded paper. I used lipstick because a company sent me some samples by chance. My starting point doesn't have to do with the body. By removing narrative from the work I push its materiality to the fore. I see this as liberation of the pattern and material I use, freeing them from the set social properties it starts out with. This is a release from female materiality. My motive in using floral patterns and red lipstick as a woman is like Jasper Johns using the materialized Stars and Stripes or targets as an American. If you still see my work with lipstick and floral patterns as a commentary on women, I think you've heard more about my work than you have actually looked at it. My work is bringing the "how" out in front of the "what."

You use a lot of garment fabric in your paintings, so what are the reasons to use them in your works?

When I paint the textile patterns on canvases, I don't pay much attention to the corporeality suggested in the fabric. My choice of materials is based on the concept of appropriation as a methodology of Pop Art. I don't want to make new images, I just transfer an image from one surface to another. When I paint wallpaper patterns onto the canvas, I think it should look no different from wallpaper, but this is not an element that I would like to work with. I have experimented on a wide range of materials—from couch fabric to wallpaper—and found that the repetitive visual patterns on wallpaper are easier to duplicate. The visual repetition on garment fabric is way more complicated. The textile patterns on attire are designed on the basis of the visual effect on the human body, so when these patterns are applied on a scale transcending the human scale, they may become something beyond our expectations. For example the dimensions for garment fabric are usually around 40 × 50 cm; when it is reproduced on a surface of 2 × 2.5 m, the outcome is usually unanticipated. The transformation of sizes is not a simple, smooth alteration; sometimes it is whimsical. A very "harmonious" pattern on a dress can look monstrous when being duplicated on a big canvas. My paintings attempt to present the different relationships between human and scales, and to explore new forms on the linkages between these new dimensions.

How do you extend your exploration on dimensions and scales from painterly surfaces to spatial relations in exhibition venues?

In every solo exhibition of mine I have a specific design for the exhibition space. I fill up the space with paintings of different sizes, so when the audience walks through the exhibition, they also go through the changing relation-

als Frau entspricht Jasper Johns' Verwendung der materialisierten ›Stars and Stripes‹ oder der Zielscheiben als Amerikaner. Wenn man in meinem Werk mit Lippenstift und floralen Mustern immer noch einen Kommentar zu Frauen sieht, dann hat man wahrscheinlich mehr über mein Werk gehört als es sich tatsächlich angesehen zu haben. Mein Werk hebt das ›Wie‹ gegenüber dem ›Was‹ hervor.

Warum verwenden Sie in Ihren Gemälden so viele Kleiderstoffe?

ships between their bodies and the dimensions of the images.

Song dynasty paintings and Paul Cézanne's works play an important role in your recent practice.Why?

I made a big decision in 2011, the year I represented China at Venice Biennale—it was a turning point for my career. Before that I always regarded painting as a material, a vehicle for my thoughts on the connections between daily objects and artistic context—just like the artist

Liang Yuanwei, *Piece of Life*, 2007
Liang Yuanwei, *Piece of Life*, 2007

Wenn ich die Muster der Textilien auf die Leinwände male, dann achte ich nicht sehr auf die durch den Stoff suggerierte Körperlichkeit. Die Art, wie ich meine Materialien auswähle, beruht auf einem Konzept der Aneignung als einer Methode der Pop-Art. Ich möchte keine neuen Bilder machen, sondern übertrage einfach ein Bild von einer Oberfläche auf eine andere. Wenn ich Tapetenmuster auf die Leinwand male, dann soll sich das Bild für mich nicht von der Tapete unterscheiden, aber das ist kein Element, mit dem ich arbeiten möchte. Ich habe mit einer Vielzahl von Materialien experimentiert, von Sofastoff bis zu Tapeten, und festgestellt, dass sich das repetitive visuelle Tapetenmuster leichter reproduzieren lässt. Die visuelle Wiederholung auf Kleiderstoffen ist wesentlich komplizierter. Die Gestaltung der textilen Muster auf Kleidung beruht auf der visuellen Wirkung, die diese auf dem menschlichen Körper hat; wenn diese Muster also in einem Maßstab aufgebracht werden, der den menschlichen übersteigt, dann können sie zu etwas werden, das unsere Erwartungen übersteigt. Die Größe eines Kleidungsstoffes etwa beträgt in der Regel 40 mal 50 Zentimeter; wenn man das auf einer Fläche von 2 mal 2,5 Meter reproduziert, dann lässt sich das Ergebnis normalerweise noch nicht antizipieren. Die Verwandlung der Größe ist keine einfache, glatte Änderung, sondern ist manchmal skurril. Ein Muster, das auf einem Kleid ›harmonisch‹ wirkt, kann monströs aussehen, wenn man es auf einer großen Leinwand reproduziert. Meine Gemälde versuchen, die verschiedenen Beziehungen zwischen Menschen und Maßstäben zu präsentieren und neue Formen hinsichtlich der Verbindungen zwischen diesen neuen Dimensionen zu erkunden.

Wie weiten Sie Ihre Erkundung der Dimensionen und Maßstäbe von Gemälde-Oberflächen auf die räumlichen Verhältnisse in den Ausstellungsorten aus?

Bei jeder meiner Einzelausstellungen gibt es eine spezifisches Gestaltung des Ausstellungsraums. Ich fülle den Raum mit Gemälden unterschiedlicher Größe, sodass die Leute, wenn sie durch die Ausstellung laufen, auch durch die sich verändernden Beziehungen zwischen ihren Körpern und den Dimensionen der Bilder laufen.

Warum spielen Gemälde aus der Song-Dynastie und Paul Cézannes Werke in Ihrer künstlerischen Praxis der letzten Zeit eine so wichtige Rolle?

2011 – das Jahr, in dem ich China auf der Biennale von Venedig vertrat – habe ich eine bedeutende Entscheidung getroffen; das war ein Wendepunkt in meiner Laufbahn. Davor hatte ich Malerei immer als ein Material betrachtet, als ein Vehikel für meine Gedanken über die Verbindungen zwischen Alltagsgegenständen und künstlerischem Kontext (so wie der Maler Rudolf Stingel, der Farbe benutzt, aber kein Maler ist), aber ich habe nie viel Zeit damit zugebracht, über Malerei an sich nachzudenken. 2011 beschloss ich, Malerin zu sein und stellte die Malerei in den Mittelpunkt meiner Arbeit. In Anbetracht dieses neuen Entschlusses musste ich die malerische Seite meiner Werke weiterentwickeln, ohne den ursprünglichen Rahmen meiner Praxis über den Haufen zu werfen. Zunächst untersuchte ich die künstlerischen Besonderheiten der Landschaftsbilder der Song-Dynastie im Hinblick auf ihr schieres Ausmaß, von denen einige durch repetitive Muster, etwa von Felsen

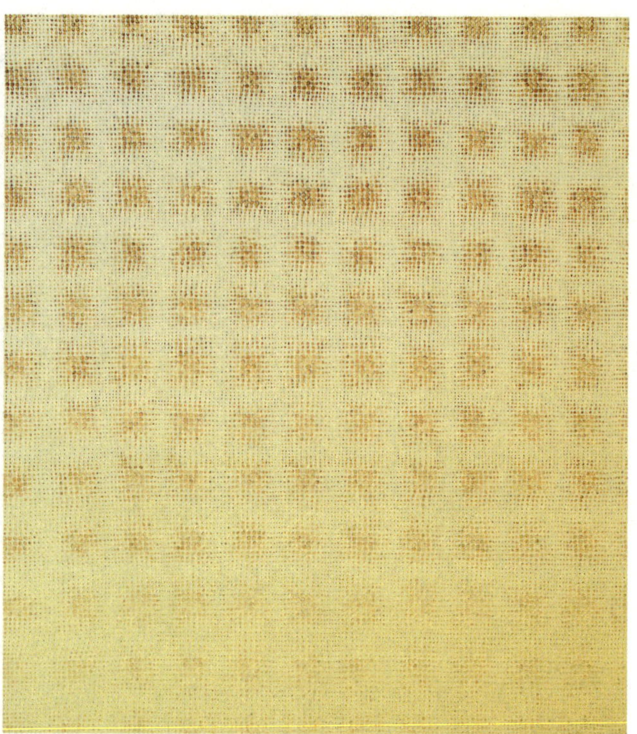

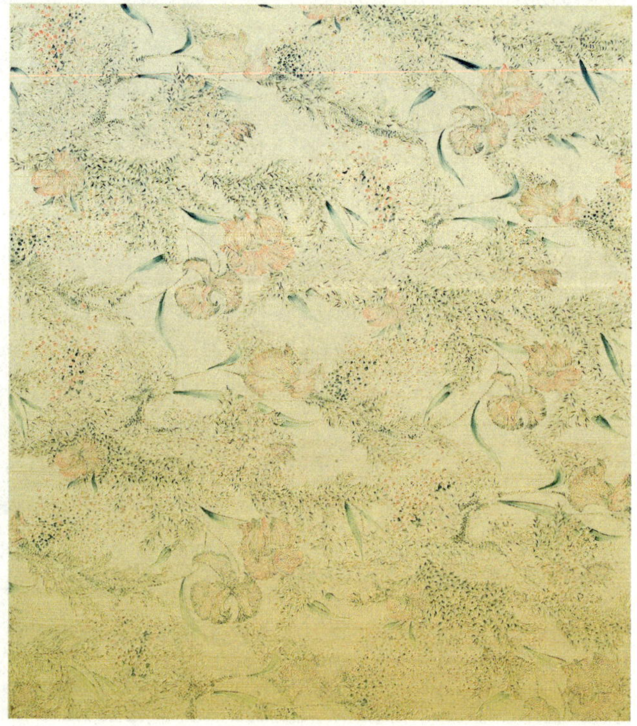

Rudolf Stingel, who uses paint but is not a painter—but I never spent much time contemplating on painting per se. I decided to be a painter in 2011, making painting the core of my practice. Facing this new resolution I had to develop the painterly aspect of my works without overthrowing the original framework of my practice. At first I researched the skills of Song landscape paintings, as some of them are characterized by repetitive patterns—for example, of rocks and trees—on sheer scales. I made reference to the works of Fan Kuan, Guo Xi, and Li Cheng: the sense of flat-

und Bäumen, gekennzeichnet sind. Ich bezog mich auf Werke von Fan Kuan, Guo Xi und Li Cheng; die Anmutung der Flachheit in ihren Werken findet einen Widerhall in meinen eigenen. Ich bin zu einem vertieften Verständnis der Malerei gelangt. Ich betrachte diese Kunstform nicht mehr von einem utilitaristischen Standpunkt aus und eigne mir die visuellen Stile nicht mehr einfach an. Von meinen Recherchen zu den Gemälden der Song-Dynastie ging ich zu den Meisterwerken aus der Yuan-, Ming- (1368 –1644) und Qing-Dynastie (1644 –1911) und auch zu einigen westlichen Gemälden über. Diese Untersuchung ebnete mir den Weg zu einem eigenen malerischen Bereich. Der Einfluss Paul Cézannes rührt von seinen Landschaftsbildern her, die eine bestimmte charakteristische Flachheit besitzen.

Außer Mustern auf Stoffen haben Sie auch visuelle Texturen von anderen Alltagsgegenständen entlehnt, etwa Holz in Ihrem Werk Early Spring *(2010).*

Statt Leinwänden habe ich in *Early Spring* Klapptische benutzt (solche, die man zusammenklappen und beiseitestellen kann, wenn man sie nicht braucht). Ich habe in diesem Werk versucht, die Alltagslogik in die Logik der künstlerischen Sprache zu überführen. Die Tische wurden bemalt, zusammengeklappt und wie Bergketten zusammengestellt, sodass sie eine künstliche Landschaft bildeten. Die Klapptische sind möglichst platzsparend gestaltet, um das häusliche Umfeld für diejenigen, die über kein geräumiges Zuhause verfügen, vielfältiger nutzbar zu machen. Bis zu einem gewissen Grad ist *Early Spring* ein Bild des täglichen Kampfes der Menschen.

Literatur ist eine der charakteristischen Komponenten Ihres Werks. In welcher Beziehung steht das Schreiben zu Ihrer künstlerischen Arbeit?

In China gibt es eine Redewendung, ›shu hua tong yuan‹, »Kalligrafie (Schreiben) und Malerei haben denselben Ursprung«, denn in beiden Fällen wird die Kunstfertigkeit des Pinselstrichs auf einer Oberfläche ausgeübt. Wenn sich der Betrachter ein Gemälde ansieht, muss er das Bild mit seiner epistemologischen Struktur ›lesen‹; es ist kein einfaches Betrachten. Chinesische Malerei und Dichtung konzentrieren sich einfach auf das Schildern der Teile statt eines großen Ganzen.

ness in their works resonates with mine. My understanding about painting has been deepened; I no longer view the art form from a utilitarian angle, I no longer simply appropriate the visual styles. I proceeded in my research from Song paintings to the masterpieces from the Yuan, Ming (1368–1644), and Qing (1644–1911) dynasties and also some Western paintings—the investigation paved a path to a painterly realm for me. The influence from Paul Cézanne is from his landscape paintings, which bear a distinct sense of flatness.

Apart from patterns on fabrics, you also borrowed visual textures from other everyday objects, like wood in your work Early Spring *(2010).*

Instead of canvases, foldable tables (the ones that can be folded and put aside when not in use) were used for *Early Spring*, where I tried to relocate the logic of everydayness to the logic of artistic language. The tables were painted, folded, and placed together like mountain ranges to form an artificial landscape. The foldable tables are designed for the economies of space, making the domestic environment more versatile for those who can't afford the luxury of ample home space. *Early Spring* to a certain extent is a picture of people's daily struggles.

Literature is one of the distinct components in your work. How is writing related to your painterly practice?

In China we have a saying, *shu hua tong yuan*, which means "calligraphy (writing) and painting share the same origin" because in both cases the skill of stroke is exerted on a surface. When the viewer looks at a painting, he or she has to "read" the image with his/her epistemological structure, it is not a simple viewing. Chinese painting and poetry solely focus on delineating the parts instead of the big picture.

Liu Ding

Interview: Kathleen Bühler

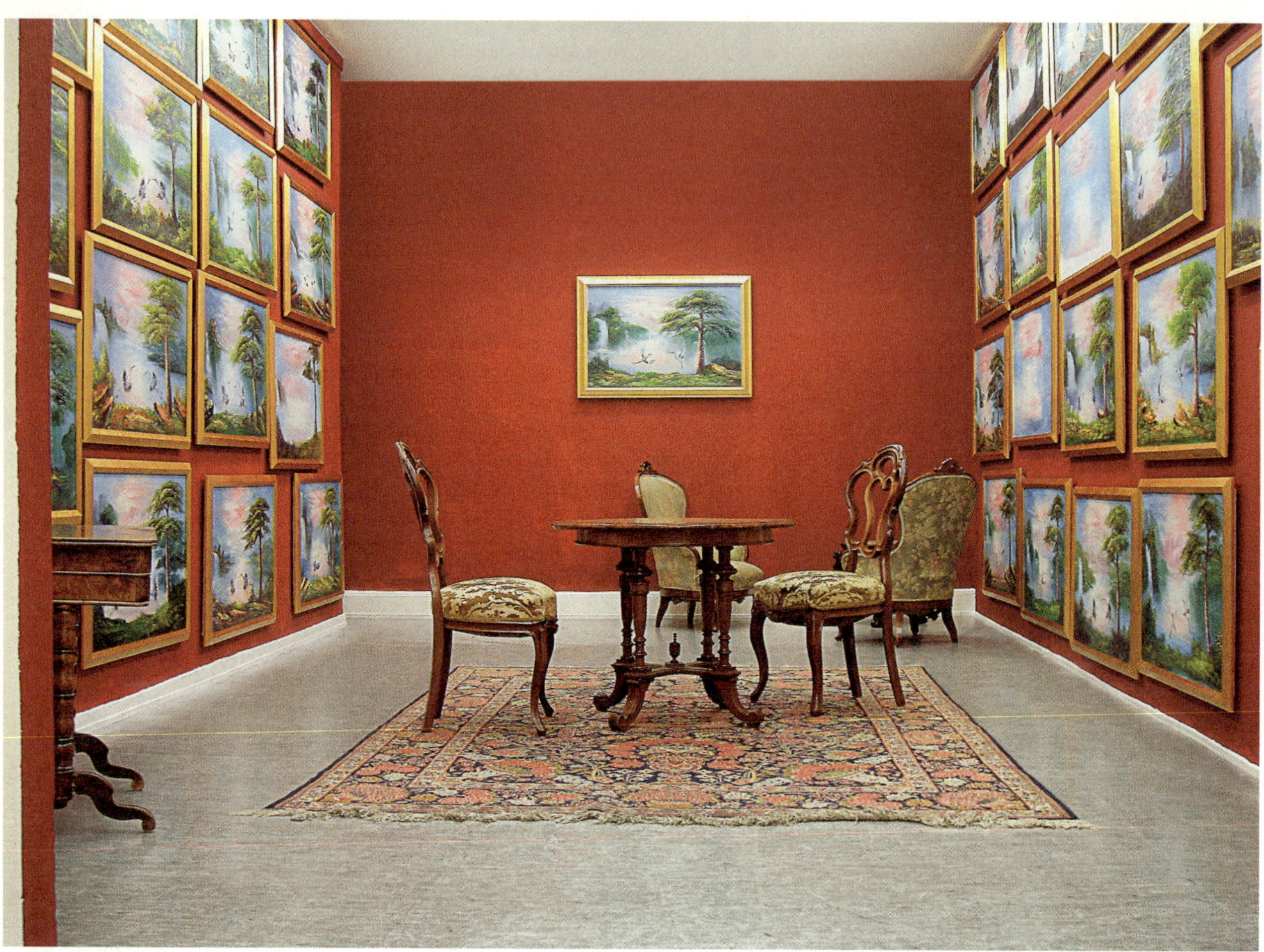

Der Konzeptkünstler und Kurator Liu Ding wurde 1976 in Changzhou (Provinz Jiangsu) geboren. Der Künstler nutzt Installation, Malerei, Fotografie und Performance als Medien und befragt in seinen Werken den konventionellen Status des Künstlers sowie den Produktionsprozess von Kunst. 2001 gründete er in Shanghai Pink Studio und 2011 zusammen mit Carol Yinghua Lu das Office of Art and Theory in Beijing. Liu lebt und arbeitet in Beijing.

Was können Sie uns über Products *(2005) erzählen?*

Dieses Werk besteht aus zwei Teilen. Der erste Teil war eine Performance. Als Auftragsarbeit für die zweite Triennale in Guangzhou im Jahr 2005 lud ich dreizehn Maler aus Dafen – dem Dorf, in dem Gemälde fabrikmäßig kopiert werden – ins Museum ein, um Landschaften zu malen. Viele Kritiker haben über das Verhältnis der Performance/Installation zur Gesellschaft und zu Fragen der Massenproduktion geschrieben. Sicherlich gibt es da einen gewissen gesellschaftlichen Zusammenhang, aber als ich die Performance machte, ging es mir mehr um die Kunstproduktion, das Produktions- oder Kunstsystem, innerhalb dessen wir operieren.

Warum haben Sie den sachlichen Titel Products *gewählt?*

Zunächst gab es den Untertitel *Sample from the Transition*. Das war ein Verweis auf einige meiner Serien mit dem Titel *Sample*. Dieses Werk war ein weiteres ›Sample‹ des Übergangs, aber später habe ich den Titel zu *Products* vereinfacht.

The conceptual artist Liu Ding was born in Changzhou (Jiangsu Province) in 1976. His media include installations, painting, photography, and performance, and in his works he questions the conventional status of the artist as well as the process of producing art. In 2001 he founded Pink Studio in Shanghai, and along with Carol Yinghua Lu cofounded the Office of Art and Theory in Beijing in 2011. He lives and works in Beijing.

What can you tell us about Products *(2005)?*

This work consists of two parts. The first part was a performance. As a commission for the second Guangzhou Triennial in 2005, I invited thirteen painters from Dafen—the painting factory village—in the museum to paint landscapes. Many critics have written about the relation of the performance/installation to society and issues of mass production. Certainly these have a certain social implication, but when I was making the performance, I was more considering the art production, the production or art system within which we operate.

Why the factual title Products?

Before, there was a subtitle *Sample from the Transition*. It was referring back to some of my series with the title *Sample*. This was another sample of the transition, but later on I simplified it to *Products*.

Von welchem Übergang [›transition‹] sprechen Sie?

Ich meine das in einem umfassenden Sinne, der sich sowohl auf die Gesellschaft als auch auf meine persönliche Erfahrung im Kunstsystem bezieht: sich ändernde Bedingungen.

Als ich das Werk zum ersten Mal sah, hatte ich den Eindruck, Sie würden damit den Eifer kommentieren, mit dem China alles, was aus dem Westen kommt, kopiert, inklusive der zeitgenössischen Kunst.

Tatsächlich spielt das Motiv keine Rolle. Als ich die Fabrik besuchte, haben die Maler mir ihre Lieblingsmotive gezeigt. Ich wählte einen bestimmten Baum, einen bestimmten Himmel und machte im Grunde eine Collage aus ihren populärsten und meistproduzierten Modellen. Ich stellte also die weißen Leinwände auf und dann ging jeder der professionellen Maler von Leinwand zu Leinwand. Einer malte den Himmel, einer den Baum, einer die Vögel und so weiter. Sie sind darin geschult, jeweils ein spezifisches Element zu malen. Hauptsächlich musste ich ein Motiv wählen, das sie in zwei Stunden vierzig oder fünfzig Mal produzieren konnten. So lange dauerte die Performance bei der Eröffnung der Triennale.

Was war Ihr Ziel, als Sie sich für zwei Stunden und vierzig Gemälde entschieden? Warum diese spezifische Anordnung?

Das ist das Tempo, mit dem sie normalerweise in der Fabrik arbeiten. Daher hab ich das bei der Eröffnung in den Ausstellungsraum übertragen. Das brachte auch viel Intensität und Spektakel. Wenn Sie sich die 46 Gemälde anschauen, dann werden Sie sehen, dass sie ähnlich aussehen, aber wenn sie genau hinschauen, stellen Sie fest, dass einige davon unvollständig sind, mal der Baum oder der Himmel fehlt. Die Maler konnten sie nicht rechtzeitig beenden und haben daher aufgehört.

Das war die Performance. Wie sind Sie sich darüber klar geworden, auf welche Weise die Bilder in der Installation präsentiert werden?

Ich glaube, das liegt in der Natur des Kunstsystems, wie wir im Kunstsystem agieren, dass das Ergebnis häufig vom Prozess abgeschnitten ist. Wenn man den Prozess sieht, dann sieht man nicht zwangsläufig das Ergebnis. Und wenn man das Endergebnis sieht, dann sieht man den Prozess nicht. Wenn etwas in einen neuen Kontext versetzt wird, dann wird seine ursprüngliche Bedeutung häufig ausgelöscht. Mit der kulturellen Interpretation ist es dasselbe. Wir bekommen nur das Ergebnis zu sehen, aber nicht die ursprüngliche Motivation der historischen oder kulturellen Ereignisse.

Ich verstehe das Werk jetzt als einen Kommentar zur künstlerischen Praxis. Aber wenn wir versuchen, den ursprünglichen kulturellen Kontext zu verstehen, wie würden sie es dann erklären?

Die Realisierung des Werks zwischen der Performance und der Installation dauerte eineinhalb Jahre. Der erste Teil erforderte viel Nachdenken darüber, wie sich diese Produktionsweise in einem Museumskontext thematisieren ließe, und auch der Kreislauf der Triennale in Guangzhou, denn es war ja eine Auftragsarbeit. Während des Prozesses dachte

Which transition?

I mean it in a broad sense, referring to society as well as my personal experience in the art system: shifting conditions.

When I saw the work for the first time I had the impression you were commenting on China's eagerness to copy everything from the West, including contemporary art.

Actually the image doesn't matter. When I went to visit the factory they showed me their favorite motifs. I picked a certain tree, a certain sky, and basically made a collage of their most popular and most produced models. So I set up the white canvases and then each of the professional painters moved from canvas to canvas. One did the sky, one did the tree, one did the birds, etc. They were trained to paint just one particular element. Basically I had to choose a model that they could produce forty or fifty times in two hours. That's how long the performance lasted, in the opening of the Triennial.

What was your aim, when you said, two hours and forty paintings? Why this particular setup?

This is the speed that they normally operate at in the factory. Thus I brought this to the exhibition space at the opening. It also gave a lot of intensity and spectacle. When you look at the forty-six paintings you will see that they appear similar, but when you look closely, some of them are incomplete, missing the tree or the sky. They could not finish in time, so they stopped.

That was the performance. How did you figure out how to present them in the installation?

I think it's the nature of the art system, of how we practice in the art system, that often the result is cut off from the process. When you see the process you don't see necessarily the result. When you see the final outcome, you don't see the process. When something is shifted to a new context its original meaning is often erased. This is the same with cultural interpretation. We only get to see the outcome but not the original motivation of historical or cultural events.

Now I understand the work as a comment on artistic practice. But if we try to understand the original cultural context, how would you explain it?

The realization of the work between the performance and the installation took a year and a half. The first part

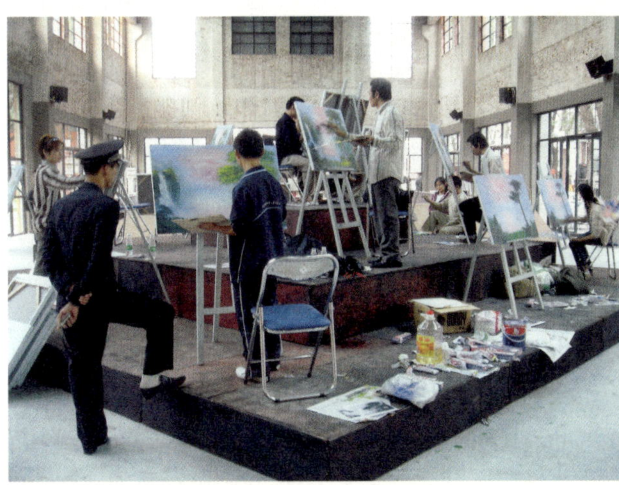

Liu Ding, *Products*, 2005

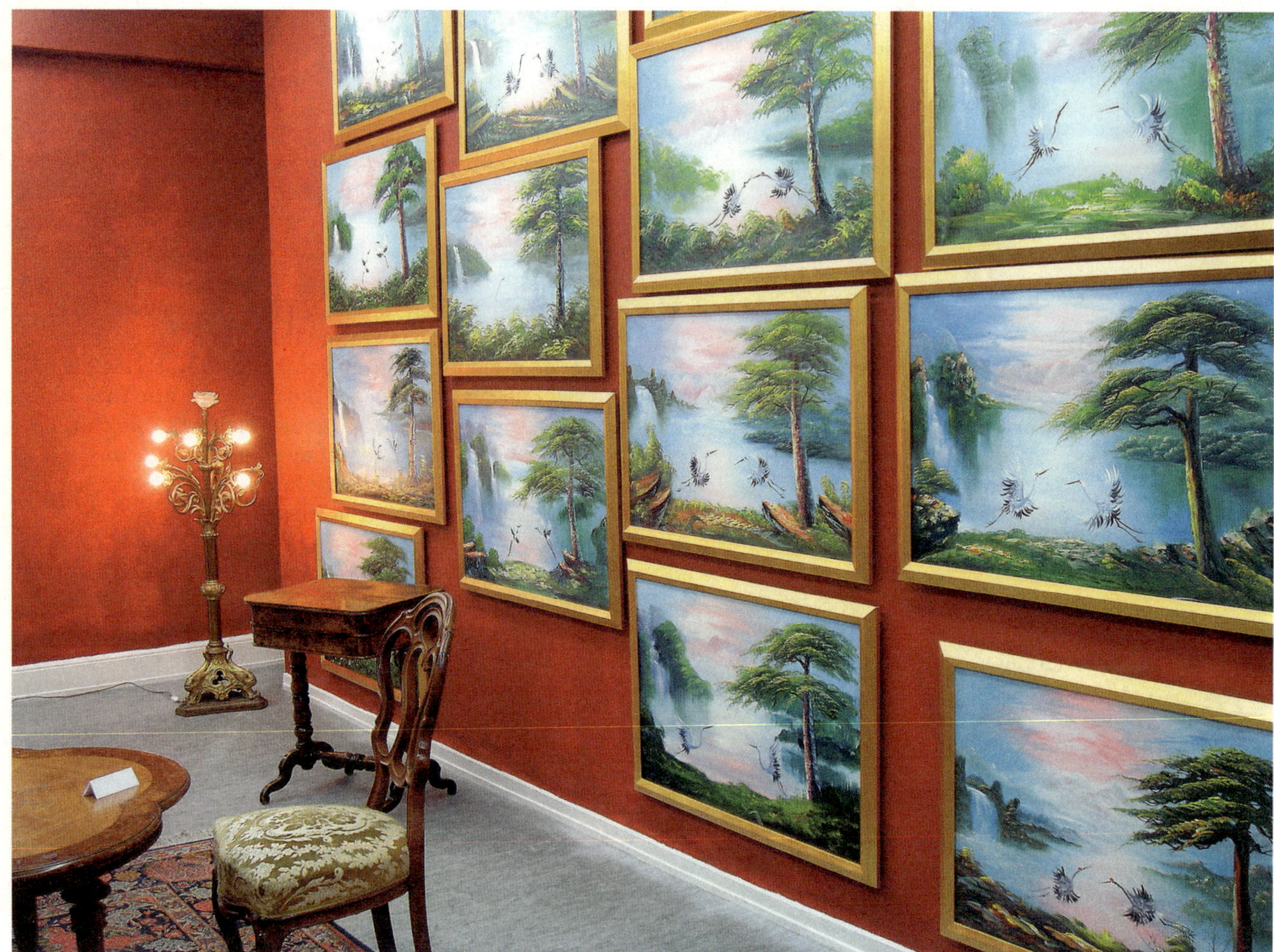

ich also über dieses ›Abschneiden‹ nach, das sich im Prozess der kulturellen Interpretation und Wissensproduktion ereignet. Es kam mir in den Sinn, dass ich aus dem, was eigentlich ein Werk war, zwei Teile machen sollte. Als die Arbeit in eine Einzelausstellung in eine Frankfurter Galerie ging, habe ich beschlossen, aus dem Projekt ein anderes Werk zu machen.

Ist dieses Werk typisch für Ihre Arbeit?

Es ist ganz typisch für mein Werk, dass ich Kapitel benutze, wie in einem Roman. Ein Kapitel ist mit dem nächsten verknüpft, in Folgen. Außerdem arbeite ich viel mit Performances und Installationen.

Welchen spezifisch chinesischen Kontext sollten wir bei diesem Werk kennen?

Es gibt keinen bewussten solchen Kontext. Die Art, wie ich mich der Fabrik nähere und dort hingehe, wie dies jeder neue Kunde machen würde, und das Bild wähle und die Performance in Auftrag gebe – diese Art, als Künstler zu handeln, ist bereits in den chinesischen Kontext hier eingebettet. Ich denke nicht darüber nach, ob das Motiv eine Reproduktion ist oder nicht. Das spielt keine Rolle. Die Art, wie ich mich mit den Leuten auseinandersetze, ist in eine chinesische Erfahrung eingebettet. Ich muss darüber kein visuelles Statement abgeben. Aber wenn wir über unsere Arbeit sprechen, dann neigen wir eigentlich nicht dazu, über die Verhaltensweisen und Gesten bei der Herstellung

was thinking a lot about how to address that mode of production in a museum context, and also how to address the Triennial circuit in Guangzhou, since this was a commissioned work. So then during the process I thought about the cutoff that happens during the process of cultural interpretation and knowledge production. It occurred to me that I should make two parts of actually one work. So when the work went to a solo show in Frankfurt in a gallery, I decided to make a different work out of the project.

Is this a typical work of yours?

It's quite common in my work that I use chapters, like in a novel. One chapter linked to another, in sequences. Also I work a lot with performances and installations.

What specific Chinese context do we need to know with this work?

It's not deliberate. My way of approaching the factory, going there like any novel customer would and choosing the image and commissioning the performance, this mode of acting as an artist is already embedded in the Chinese context here. I would not think of whether the image is a reproduction or not. That's not of concern. My way of engaging with people is embedded in a Chinese experience. I don't need to make a visual statement about this. But actually when we talk about our work, we tend not to think about the behaviors and gestures in making this work. There is a logic in here, which would be open to dif-

dieses Werks zu sprechen. Dem wohnt eine Logik inne, die verschiedenen Deutungen offenstünde, wenn die Werke unter anderen Umständen hergestellt würden, etwa die Frage des Urheberrechts. Wenn man das in einem anderen Kontext machen würde, würde das Hauptaugenmerk darauf liegen.

Versteht das chinesische Publikum Ihre konzeptuelle Position?

Es geht hier nicht einmal um die Frage des Verständnisses. Den Leuten ist es egal, Urheberrecht ist für sie kein Thema. Für mich ist es so, wie wenn ein Architekt ein Gebäude entwirft: Die Bauarbeiter errichten es, aber es ist trotzdem das Werk des Architekten. In diesem Sinne ist es also kein spezifisch chinesisches Thema. Aber so um 2004/05 war die Frage des Urheberrechts in China tatsächlich sichtbarer geworden und die Leute in der Kunstwelt fingen an, mehr darüber nachzudenken. Doch dabei ging es mehr um die Angst, zu sehr von westlichen Künstlern, Modellen oder Fragen in der Kunst beeinflusst zu werden. Aber tief drinnen ging es dabei mehr um mangelndes Selbstvertrauen. Es ging nicht wirklich um den Schutz des Urheberrechts. Man hat den Begriff lediglich als zeitgenössischen Ausdruck verwendet, um die eigene Angst zum Ausdruck zu bringen.

Wie empfinden Sie das heute?

Persönlich hatte ich in dieser Zeit eine heftige Auseinandersetzung mit Kollegen in der Kunstwelt [siehe hierzu auch den Essay von Carol Yinghua Lu in diesem Band, S. 340–341]. 2008 wurde ich wegen dieses Themas heftig angegriffen. Aber ich glaube, das ändert sich. In dem Augenblick, indem ich das Werk realisiert hatte, bedeutete es bereits, dass sich die Dinge änderten, weil ich Teil dieses Kontexts bin. Vor einiger Zeit wurde Ai Weiwei nach dem Unterschied zwischen New Yorker und chinesischen Künstlern gefragt. Er antwortete, dass es keinen Unterschied gibt, da alle Menschen seien. Zu diesem Zeitpunkt war das sehr wichtig für mich. Es löste ein großes Echo in mir aus. Mir wurde klar, dass ich den Ehrgeiz habe, international zu arbeiten.

ferent interpretations if they took place in other circumstances, for instance the issue of copyright. If you were to do it in another context, that would be the main focus.

Does the Chinese audience understand your conceptual position?

Here it's not even a matter of understanding. People don't care about it, they don't think of it as an issue. For me it's more like an issue of an architect designing a building: the workers build it, but it's still the work of the architect. So in this sense it's not a specific Chinese issue. But around 2004/05 the issue of copyright actually had become more visible in China and people in the art world began to think more about it. But that was more about the anxiety of being influenced too much by Western artists, models, or questions in art. Deep down this was more about the lack of confidence. It wasn't really about the protection of copyright. They only used the word as a contemporary idiom to articulate their anxiety.

How do you feel about this today?

Personally at that period I had a big fight with colleagues in the art world (see Carol Yinghua Lu's essay, pp. 339–340). I was under fierce attack in 2008 on this issue. But I believe it's changing. The moment I realized this, it already meant things were changing, because I'm part of this context. Some time ago Ai Weiwei was asked about the difference between New York and Chinese artists. He answered, everyone is a human being, there is no difference. At the time, that was very important for me. It had a big resonance with me. I realized that I have the ambition to work internationally.

Liu Wei

Interview: Venus Lau

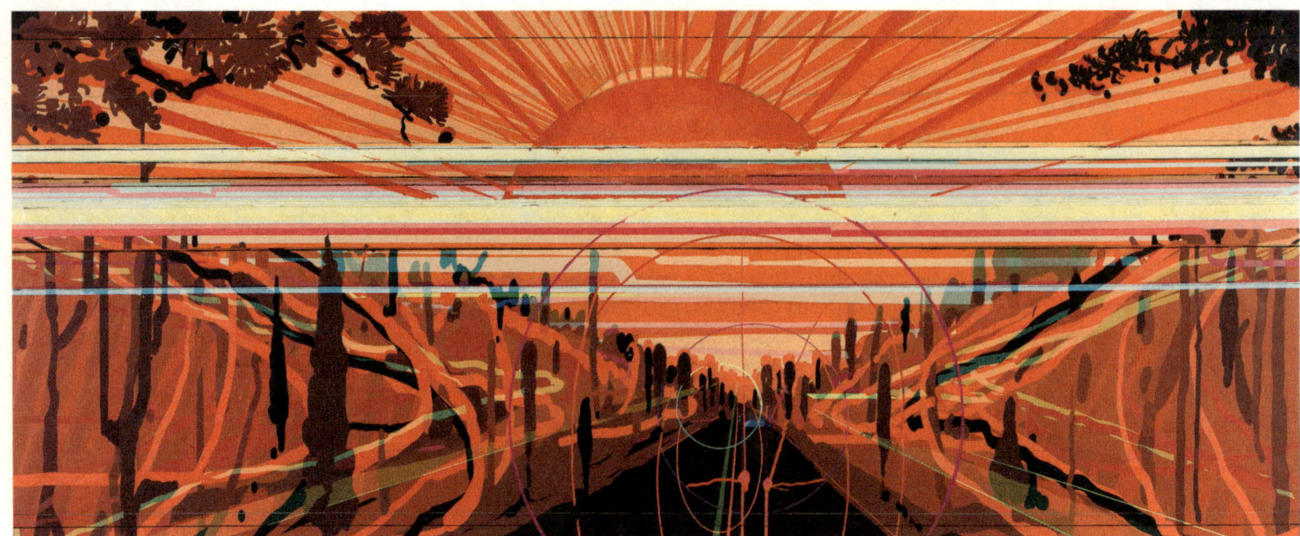

Liu Wei wurde 1972 in Beijing geboren. 1996 schloss er sein Studium an der China Academy of Art in Huangzhou ab. Danach kehrte er in seine Heimatstadt zurück, wo er sich von der Malerei ab- und Experimenten mit anderen Medien wie Video, Installation, Zeichnung und Skulptur zuwandte. In den 1990er-Jahren zählte er zur ›Post-Sense-Sensibility‹-Gruppe, einer Gruppe subversiver Künstler, die nicht-künstlerische Materialien wie menschliche und tierische Körperteile verwendeten. Heute arbeitet Liu vor allem konzeptuell und hat Teams von Assistenten und Ateliermitarbeitern, mit deren Hilfe er seine Kunstwerke produziert. Selbst seine gegenständlichen Gemälde werden von dem Künstler digital erzeugt und dann auf eine Leinwand übertragen, wo sie von Ateliermitarbeitern ausgeführt werden. 2008 erhielt er den Chinese Contemporary Art Award in der Kategorie »Best Artist«. Liu lebt und arbeitet in Beijing.

Was hat Sie zu den Gemälden Eastward *und* Westward *(beide 2010) inspiriert?*

Es hat mit ganz einfachen Motiven angefangen: Um sich vorzustellen, dass man im Mittelpunkt steht und wieder an den Ursprung zurückgekehrt ist, sind die Gegenstände auf dem Gemälde dieselben, aber aus verschiedenen Blickwinkeln betrachtet.

Die Bilder spiegeln und reflektieren einander also?

Man sollte diese Gemälde als ein Kontrastpaar sehen; alles in ihnen ist identisch.

Was waren die Vorlagen für diese Gemälde? Haben Sie Fotografien, Filmclips oder Werbeschnipsel verwendet?

Nein, sie basieren nicht auf fotografischen Bildern. Ich möchte nichts Objektives in meinen Gemälden, denn das, womit ich mich befasse, ist vollständig subjektiv. Ich mache ungern Fotografien, selbst wenn mir etwas Interessantes begegnet. Nur die Dinge, die mir im Gedächtnis haften bleiben, wenn ich sie gesehen habe, zählen, ansonsten sind sie bedeutungslos. Die Wirklichkeit zu schildern oder gar sie zu dokumentieren ist ein objektiver Akt. Ich bin aber gerne subjektiv.

Liu Wei was born in 1972 in Beijing. He graduated from the China Academy of Art in Huangzhou in 1996. After his graduation, he came back to his hometown, where he turned from painting to experimenting in other media like video, installation, drawing, and sculpture. In the 1990s he was involved with the Post-Sense-Sensibility group, a group of subversive artists who used nonartistic materials like human and animal body parts. Today he mainly works conceptually and has teams of assistants and studio workers to produce his artworks. Even Liu's representational paintings are digitally generated by the artist and then transferred to a canvas, where they are filled in by studio workers. In 2008 he received the Chinese Contemporary Art Award for Best Artist. Liu Wei works and lives in Beijing.

What is the inspiration for the paintings Eastward *(2010) and* Westward *(2010)?*

They started with very simple motives: to imagine being in the center and back to the origin, the objects in the painting are the same but they are scenes from different angles.

So they are mirroring and reflecting each other?

These paintings should be seen as a pair of contrasts; everything is the same in both.

What were the models for these paintings? Did you use photographs, film clips, or bits of advertisements?

No, they are not based on any photographic images. I don't want anything objective in my paintings, because what I am dealing with is totally subjective. I don't like taking photographs, even when I encounter something interesting. Only things that stay in my mind after the action of seeing them matter, or else they are meaningless. To depict or even document reality is an objective act. But I like being subjective.

You have brought up the concept of the origin, or the initial point (yuan dian)*, something like a tabula rasa, but these paintings are extremely figurative scenes. Were they produced before or after your* Purple Air *series (2011–2014)?*

I started painting them after *Purple Air*. The two groups of painterly works are like lines that run separately but some-

Sie haben an anderer Stelle den Begriff des Ursprungs oder des Ausgangspunkts (›yuan dian‹) erwähnt, so etwas wie eine Tabula rasa, doch bei diesen Gemälden handelt es sich um ganz figurative Szenen. Haben Sie sie vor oder nach Ihrer Purple-Air-*Serie (2011–2014) produziert?*

Ich habe nach *Purple Air* angefangen, sie zu malen. Die beiden Gruppen mit malerischen Werken sind wie Linien, die getrennt voneinander verlaufen, aber manchmal konvergieren. *Purple Air* hat auf figurative Weise begonnen, obwohl es sich um abstrahierte Muster von nach oben strebenden vertikalen Linien handelt, die eine Stadt schildern, als würde man sie durch das rasterartige Muster von Jalousien sehen.

Sie wurden in Beijing geboren und sind dort aufgewachsen. Die Nord-Süd-Achse Beijings kennzeichnet die Symmetrie der Stadt. Gibt es neben Eastward *und* Westward *auch die entsprechenden Gemälde* Southbound *und* Northbound*?*

Als Kind musste ich den Staatsbürgerunterricht besuchen, wo es Diskussionen über die »Kluft zwischen Nord und Süd« und die »Dichotomie von Ost und West« gab. Das sind Dualismen, die auf den ideologischen und wirtschaftlichen Diskrepanzen im globalen Maßstab beruhen, sodass dies eine andere Richtungen und Städte betreffende Perspektive ist.

Die Motive des Sonnenauf- und des Sonnenuntergangs gehen direkt auf die Ideen von Ost und West zurück. In Purple Air *spielt die Sonne ebenfalls eine entscheidende Rolle, doch statt die anderen Figuren in den Bildern zu illuminieren und zu akzentuieren, zerfrisst sie dort die Konturen und Texturen der auf der Leinwand geschilderten Stadtlandschaften, sprich sie verstellt die Sichtbarkeit. Bei* Eastward *und* Westward *fungiert die Sonne als zentraler Punkt, um sich die eigene Umgebung anzusehen. Sie ist ein Kern wie das Motiv der Sonne in der Kunst des chinesischen sozialistischen Realismus während der Revolutionsjahre, als der Mittelpunkt des Sonnensystems (oder das eigentliche teleologische Ziel) die Kommunistische Partei Chinas war.*

In der *Purple-Air*-Serie sind die Sonne und ihr Licht Werkzeuge der Unterteilung, um Dinge in dem Bild voneinander zu trennen, während die Sonne in *Eastward* und *Westward* ein Kern ist. Sie bildet die Koordinaten, ohne sie ergibt das Konzept der Richtungen keinen Sinn.

Was ist der Hintergrund von Yes. That's All! *(2009)? Die Gemälde und Installationen in dieser Serie werden durch das visuelle Rauschen der Fernseher miteinander verbunden. Warum?*

Die Serie hat mit einer Ausstellung in einer Galerie begonnen, deren räumliche Konfiguration wie diejenige eines öffentlichen Platzes war. Das visuelle Rauschen wurde das zentrale Bild, da für mich das Erscheinungsbild immer von einer kulturellen Parallaxe beeinflusst und verzerrt wird, die auf bestimmten Zwecken und Bedeutungen beruht. Alle Subjekte und Objekte sind mit Ideologien verflochten. Wenn wir ein Bild auf einer Zeitschriftenseite oder auf einem Fernsehbildschirm betrachten, dann spielen Ideologien eine entscheidende Rolle bei dem, was wir uns ansehen. Jedes Mal wenn sich die Architekturstile in einer Stadt verändern, handelt es sich nicht nur um eine pragmatischen Wandel, bei dem Gebäude für größere

times converge. *Purple Air* began in a figurative manner, even though they are abstracted patterns of upward-reaching vertical lines, which delineate a city as though seen through the grid-like patterning of venetian blinds.

You were born and raised in Beijing. The north–south axis of Beijing marks the symmetry of the city. Apart form Eastward *and* Westward*, are there also paintings about Southbound and Northbound?*

When I was a kid, I had to attend civic lessons in which the discussions on the "North–South divide" and "East–West dichotomy" were raised. They are dualisms based on the ideological and economic discrepancies on a world scale, so this is another perspective concerning directions and cities.

The imagery of sunrise and sunset are direct derivations from the ideas of the East and West. In Purple Air *the sun also plays a crucial role, but instead of illuminating and accentuating the other figures in the images, it erodes the outlines and textures of the cityscape delineated on the canvas—it becomes a blockage to visibility. In* Eastward *and* Westward*, the sun is a central point to look at one's surroundings. It is a core, like the imagery of the sun in Chinese Socialist Realist art in the revolution years when the center of the solar system was a symbol of the CCP (or an ultimate teleological end).*

In the *Purple Air* series, the sun and its light are tools of partitions for separating things in the picture, while the sun of *Eastward* and *Westward* is a core. It is the coordinates; without it the concept of directions do not make sense.

What is the background of Yes. That's All! *(2009)? The paintings and installations in this series are connected by the visual noise on televisions. Why?*

The series began with an exhibition in a gallery whose spatial configuration was like a public square. The visual noise became the core image because to me appearance is always intervened and twisted by cultural parallax based on certain purposes and meanings. All subjects and objects are entwined with ideologies. When we see an image on a magazine page or television screen, ideologies play a key role in what we are looking at. Whenever there is a shift in architectural styles in a city, it is not merely a pragmatic change where buildings are pulled down for larger constructions and more space; instead it is all in the aftermath of an ideological change. Everything I represent and present is not a certain image of reality, but the reality that all images are meaningless as all visual experiences are distorted to a certain extent. There are different layers to this series of works and the alterations between these layers form the works. It is in the same logic with Ryoji Ikeda's artworks, where lights and numerals keep changing on a screen. The production of images never interests me, and it is not the purpose of this series, as images are prone to interventions and distortions, the abstract images in these artworks just happen in their natural course. When objects and situations are being presented on a canvas, it can't be too figurative, as meanings vanish in the concreteness.

You have mentioned "the square" a couple times in this dialogue. In Western history, the square, like the agora in ancient Greece, is a physical space of economic and political activities constructing the identity of the citizens.

↙ Liu Wei, *Yes. That's All!-9*, 2009
Liu Wei, *Yes. That's All!-1*, 2009

Baukomplexe und um mehr Raum zu schaffen abgerissen werden, sondern es ist auch die Folge eines ideologischen Wandels. Alles, was ich repräsentiere und präsentiere, ist kein bestimmtes Bild der Realität, sondern die Realität, dass alle Bilder bedeutungslos sind, da sämtliche visuellen Erfahrungen bis zu einem gewissen Grade verzerrt sind. Bei dieser Serie gibt es unterschiedliche Schichten und die Veränderungen zwischen diesen Schichten bilden die

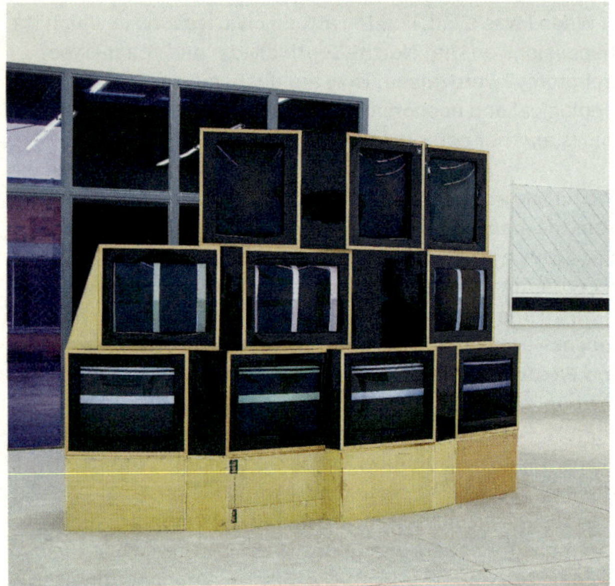

Werke. Es handelt sich um dieselbe Logik wie in den Werken des japanischen Klang- und Videokünstlers Ryōji Ikeda, bei denen sich die Lichter und Ziffern auf einem Bildschirm ständig verändern. Die Produktion von Bildern interessiert mich nie und sie ist auch nicht der Zweck dieser Serie; da Bilder zu Interventionen und Verzerrungen neigen, ereignen sich die abstrakten Bilder in diesen Kunstwerken einfach in ihrem natürlichen Verlauf. Wenn in einem Bild Objekte und Situationen präsentiert werden, dann darf es nicht zu figurativ sein, da Bedeutungen in der Konkretheit verschwinden.

Sie haben in Gesprächen mehrfach ›den Platz‹ erwähnt. In der Geschichte des Westens ist der Platz, wie die Agora im antiken Griechenland, ein physischer Raum wirtschaftlicher und politischer Aktivitäten, die die Identität der Bürger ausmachen. Diese Idee eines Raums gab es im antiken China nicht, als ein Platz normalerweise einer anderen architektonischen Struktur untergeordnet, einer bestimmten räumlichen Hierarchie unterworfen war. Paul Virilio hat einmal gesagt, das öffentliche Bild sei ein öffentlicher Raum, während Sie den fließenden Charakter der Bilder betonen. Was also haben Sie gemeint, als Sie die Kunsträume, in denen Sie zuvor gearbeitet haben, mit einem Platz verglichen?

Im alten China hat die Idee eines öffentlichen Platzes nicht exisitert, und wenn ich das Wort ›Platz‹ ausspreche, dann spreche ich über eine konzeptuelle Leerstelle, die in einem Bild durch einen Mangel an Bildinhalten oder das Fehlen des ›Realen‹ gebildet wird.

Diese Leere ist also mit dem Widerhall des visuellen Rauschens erfüllt, ein kleiner Störimpuls, der von dem lesbaren

This idea of a square did not exist in ancient China, when a square was usually subordinate to another architectural structure, subject to a certain spatial hierarchy. Paul Virilio once stated that the public image is a public space, while you stress a lot the fluidity of the images. So what did you mean when you compare the art spaces you worked in before with a square?

In ancient China, the idea of a public square did not exist, and when I say the word *square*, I am talking about a conceptual void formed by a lack of image content, or an absence of the "real" in an image.

So this void is resonating with the visual noise, a glitch that is excluded from the readable symbolic system? Can you tell us more about how you manipulate and present the idea of a glitch, or an unreadable sign, in Yes. That's All!-1 *(2009)?*

I made the paintings in the series by squeezing stripes and lines of paint straight from the tube.

It is a very mechanical way of working. How about the installations made of old televisions in Yes. That's All!-9, *how were they made?*

There is a chip interfering with the signal reception of the televisions; six types of technical interventions are designed by professionals to create different visual noises.

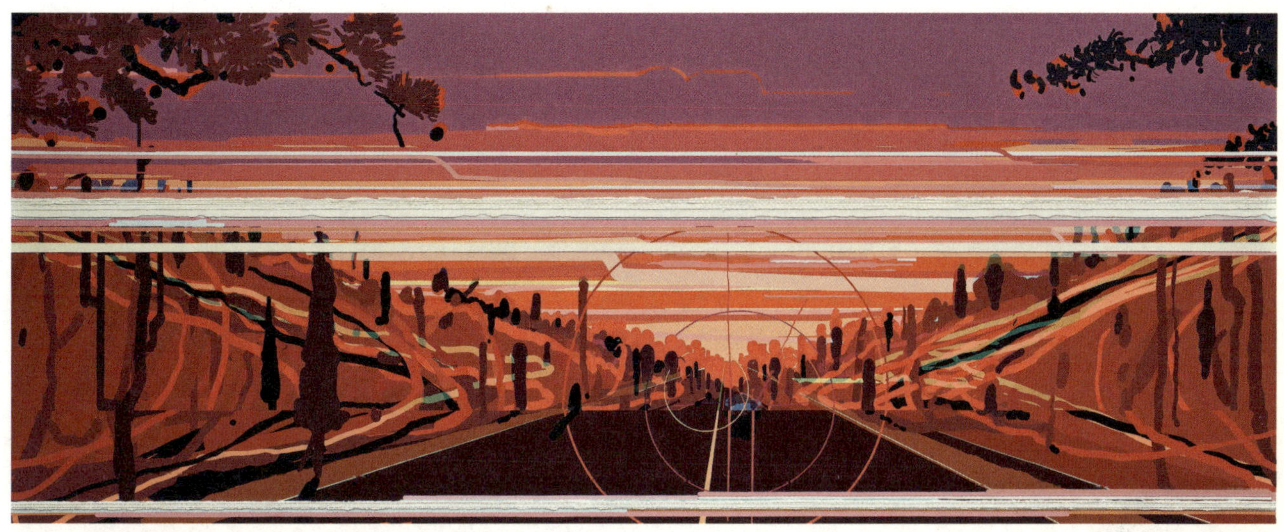

symbolischen System ausgeschlossen ist? Können Sie noch etwas mehr darüber sagen, wie Sie die Idee eines Störimpulses, oder eines nicht lesbaren Zeichens, in Yes. That's All!-1 *(2009) manipulieren und präsentieren?*

Ich habe die Gemälde in der Serie gemacht, indem ich Farbstreifen und -linien direkt aus der Tube auf die Leinwand gepresst habe.

Das ist eine sehr mechanische Arbeitsweise. Wie verhält es sich mit den Installationen aus alten Fernsehern in Yes. That's All!-9 *(2009), wie sind diese entstanden?*

Es gibt da einen Chip, der mit dem Empfang der Fernseher interferiert; Profis haben sechs Typen technischer Interventionen gestaltet, um verschiedenes visuelles Rauschen zu erzeugen.

Ma Ke

Interview: Wu Mo

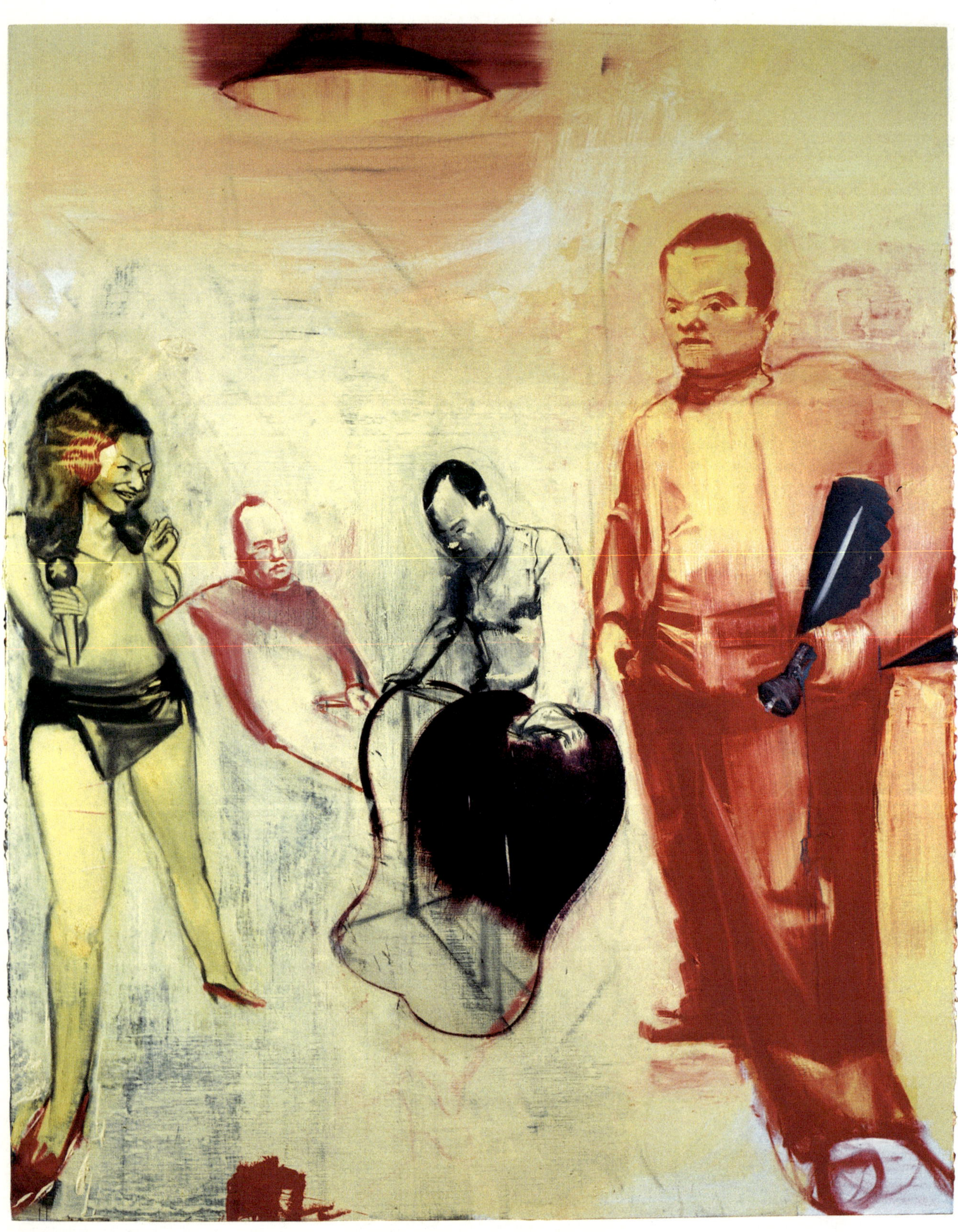

Der Maler Ma Ke wurde 1970 in Zibo (Provinz Shandong) geboren. 1994 erhielt er seinen Bachelor von der Tianjin Academy of Fine Arts und seinen Master von der Central Academy of Fine Arts in Beijing. Ma lebt und arbeitet in Beijing.

Painter Ma Ke was born in 1970 in Zibo (Shandong Province). He received his bachelor's degree from the Tianjin Academy of Fine Arts in 1994, and his master's degree from the Central Academy of Fine Arts. He lives and works in Beijing.

Sie haben an der Tianjin Academy of Fine Arts und der China Central Academy of Fine Arts studiert, dann haben sie Ihren Job innerhalb des Systems aufgegeben. Haben diese Erfahrungen Ihre Einstellung zur Malerei verändert?

Ich habe das System verlassen, weil es mir wie die Fortsetzung des Musters der Verbotenen Stadt vorkam, innerhalb derer nur der Kaiser das Paarungsrecht hatte. Menschen, die sich innerhalb des Systems befinden, neigen dazu, Wahrheit und Freiheit bewusst zu meiden. Gemälde innerhalb des Systems, egal ob sie abstrakt oder realistisch sind, stehen daher in einem engen Zusammenhang zur Idee der Schöpfung, und alle ›Schöpfungen‹ spiegeln die Notwendigkeit von Überlegenheit oder Korrektheit wider. Mich jenseits des Systems zu befinden erlaubt es mir, in meinen Gemälden näher an der Dringlichkeit des Selbstausdrucks und der wahren Existenz des individuellen Geistes dran zu sein.

Nach Ihrem Studium haben Sie sich für längere Zeit in Afrika aufgehalten. Inwiefern haben die dortigen Gebräuche und Verhältnisse Ihre Malweise beeinflusst?

Das Kulturministerium hat mich nach Asmara, die Hauptstadt von Eritrea, geschickt, und ich bin ein Jahr lang dortgeblieben, um mich an der Kunstausbildung vor Ort zu beteiligen. Die archaische Atmosphäre und Leidenschaft Afrikas ließen mich zum ersten Mal Erfahrungen machen, die sich sehr stark von der asiatischen Kultur unterschieden. Außerdem haben mich diese Erfahrungen veranlasst, nach innen zu blicken. Der Krieg und die Armut in Eritrea haben in mir ein gesteigertes Gefühl für das Leben geweckt und ein Bewusstsein für die Kolonialkultur aus einer anderen Perspektive.

Sind diese Gemälde gleichzeitig entstanden oder nacheinander?

Meine Werke entstehen oft parallel. Die Entwicklung und Komposition der Gemälde hat häufig mit Denkpausen und anderen unerwarteten Vorkommnissen zu tun. Meist muss ich warten, muss auf die Veränderung in mir selbst warten.

Welchen Hintergrund haben diese Werke?

In *Under the Light* (2008) stammen die Figuren des Gemäldes aus Bildern meiner Freunde. Jede Figur hat irgendetwas Seltsames, die abstrakte Anmutung der Materialien wurde also bereits Teil meines Gemäldes. Ich wollte die sinnlose Existenz der Menge vermitteln: weder drinnen noch draußen, weder Handeln noch richtig Sein. Das ist der Nihilismus in einer Diktatur. *Embrace* (2012) hingegen möchte tiefe und persönliche Gefühle und Lebenserfahrungen zeigen, unter denen Liebe, in einer Gesellschaft des Begehrens, das ewige Thema ist.

Mark the Boat to Locate the Sword *(2010) scheint mir ein seltsamer Titel zu sein. Was drückt er aus?*

Es ist eine alte ironische Redewendung [für einen dummen Ansatz zur Lösung eines Problems], die noch heute gültig ist. Doch es gibt trotz des Verstreichens der Zeit fast keine Veränderungen im menschlichen Geist. Was das Thema des traditionellen kulturellen Erbes angeht, so kann man eine traditionelle Position niemals nur mit kulturellen Symbolen lokalisieren. Schließlich ist nicht jedes Publikum mit dieser chinesischen Redewendung vertraut. Diejenigen,

You studied at the Tianjin Academy of Fine Arts and the Central Academy of Fine Arts in China, then you quit your job within the system. Did these experiences affect your attitude toward painting?

I quit the system because it seemed to me like the continuation of the pattern of the Forbidden City, within which only the emperor has a mating right. People within the system tend to avoid the truth and freedom deliberately. Paintings within the system, no matter whether they are abstract or realistic thus are all closely related to the idea of creation, and all "creations" reflect the requirement of superiority or correctness. Consequently, being beyond the system allows my paintings to be closer to the urgency of self-expression and the true existence of individual spirit.

After your studies you were in East Africa for a prolonged stay. How did the local customs and conditions affect your way of painting?

I was sent by the Ministry of Culture to Asmara, the capital city of Eritrea, and stayed there for to assist local art education. The archaic sense and passion of Africa brought me experiences that were quite different from Asian culture for the first time. Furthermore, these experiences made me introspect: both the war and poverty of Eritrea awakened my heightened sense of life and an awareness of the colonial culture from a different perspective.

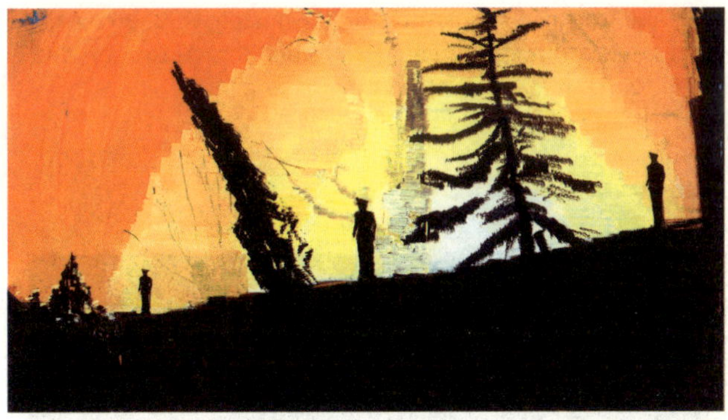

Are these paintings parallel or do they follow one another?

My works are often parallel. The development of painting is frequently composed by breaks in thinking and other unexpected happenings. I need to wait most of the time, wait for the change in myself.

What is the background of these specific works?

In *Under the Light* (2008) the figures of the painting are from my friends' images. There is a kind of strangeness in each figure, that is to say, the abstract feature of the materials already became one part of my painting. I wanted to convey the meaningless existence of the crowd: neither in nor out, neither acting nor quite being. This is nihilism under dictatorship. *Embrace* (2012), on the other hand, wants to show deep and personal feelings and life experiences, among which love is the eternal theme, in a society of desire.

Mark the Boat to Locate the Sword *(2010) seems a strange title, what is it expressing?*

↙ Ma Ke, *Walloping*, 2012

die sie nicht kennen, deuten dieses Gemälde möglicherweise anders, nämlich als die spirituelle Einsamkeit und Verzweiflung eines Individuums.

Der Titel Walloping *(2012) [Verprügeln] hingegen scheint nur auf den ersten Blick direkt und buchstäblich zu sein.*

Hier schlagen mehrere uniformierte Männer das Licht in der Dunkelheit, was die Betrachter möglicherweise wütend macht. Traditionelle Gemälde der Ming- (1368–1644) und der Qing-Dynastie (1644–1911) stellten nur selten Gewalt und die unerträglichen Leiden anderer Menschen dar. Das gilt insbesondere für die Gemälde der Literaten, die sich kaum mit den Problemen der Gesellschaft befasst haben. Daher hat sich in China nie ein soziales Bewusstsein entwickelt, das auf der Koexistenz der Individuen gründen sollte. Ich meine, die Kunst solle angesichts der gesellschaftlichen Wirklichkeit und Probleme des heutigen China Verantwortung übernehmen. Wie hier in *Heavy Curtain* (2013), wo zwei uniformierte Männer vor einem lilafarbenen Vorhang stehen, sich auf sinnlose Weise bewegen und so lächeln, dass dem Betrachter die Luft wegbleibt.

Ist das eine reale oder eine symbolische Situation?

Manchmal ist Kunst wie ein Spiegel, sie reflektiert mich und meine Umgebung, und Malerei ist keine Kritik, sondern eine kontemplative Innenschau. Wie das Gemälde *Dawn* (2012), das die Situation reflektiert, dass unsere Regierung die freie Meinungsäußerung immer stärker einschränkt und die Polizei allgegenwärtig ist. Ich habe einen Mann in Polizeiuniform an der Wand gemalt, dessen Rücken dem Licht zugewandt ist, und so die tatsächliche Situation des Individuums in einer Autokratie symbolisiert.

Warum sehen Ihre Szenen wie Standbilder von Filmen oder Theaterstücken aus?

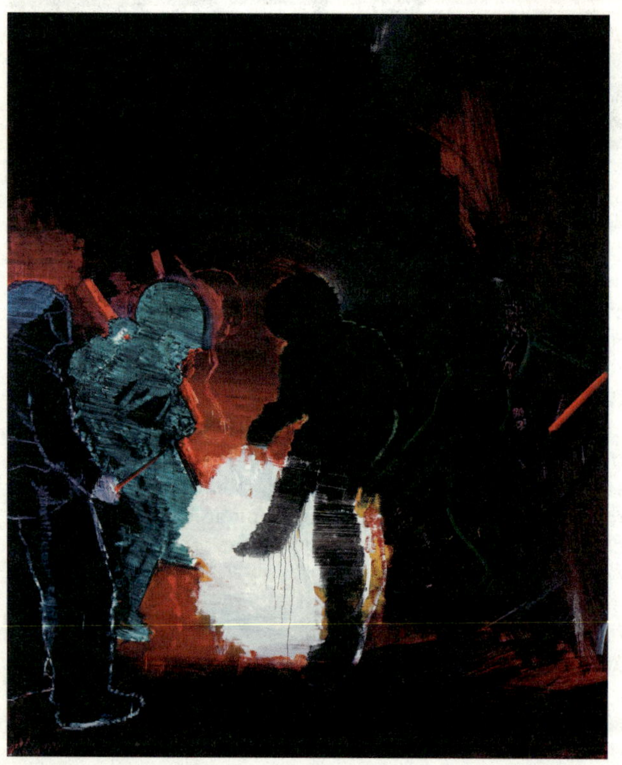

It's an ancient ironical idiom that is still valid today. However, there are almost no changes in the human spirit with the passage of time. On the issue of traditional culture inheritance, one can never locate a position of tradition with only cultural symbols. After all, not every audience is familiar with this Chinese idiom, to them this painting might be interpreted in another way: the spiritual loneliness and despair of an individual.

Walloping *(2012), on the other hand, only seems at first sight straightforward and literal.*

Here, several uniformed men are beating the light in the darkness, which might make viewers feel angry. Chinese traditional paintings of the Ming (1368–1644) and Qing (1644–1911) dynasties rarely represented violence and agony of others, especially the literati paintings that were hardly involved in social problems. Therefore, China has never set up the democratic consciousness that should be based on the coexistence of individuals. I think art should take its responsibility in the face of social reality and problems in China today. Like in *Heavy Curtain* (2013) here, two uniformed men are standing in front of a purple curtain and moving in a meaningless way with suffocating smiles on their faces.

Is this a real or a symbolical situation?

Sometimes art is just like a mirror, it reflects me and my surroundings, and painting is not criticism but contemplative introspection. Like the painting *Dawn* (2012) which reflects the situation that our government's control of speech is becoming ever tighter and that police can be seen everywhere. I painted a man in a police uniform on the wall with his back to the light, thereby symbolizing the actual circumstances of individuals under autocracy.

Why do your scenes look like film stills or theater plays?

I borrowed this style from the display of traditional Chinese landscape paintings, which was guided by the philosophical concept of harmony between nature and humans. The landscape scrolls are often mounted with decorative brocade silk borders and the artworks are in the middle of the scrolls that echo the interior decoration. In addition, traditional Chinese landscape paintings were created for the purpose of a spiritual journey in private studios, that is why the ancient artists employed atmospheric perspective. In my opinion, a painting in an interior space should be like a theater scene not like an open window.

Are there any specific Chinese contexts that are important in these paintings?

Art is a mirror from which we can see who we are. There we can recognize our spirits and souls. But today, the most difficult thing is to find an answer to the identity question. I consider myself spiritually exiled from both traditional Chinese and Western culture. On the one hand I'm trying to get rid of the bounds of national culture, while on the other hand I'm attempting to escape from the shadow of the colonializing culture. Chinese-specific political, historical, and literary contexts impact the content of my paintings. And from my point of view, the content is more important than the forms in the present

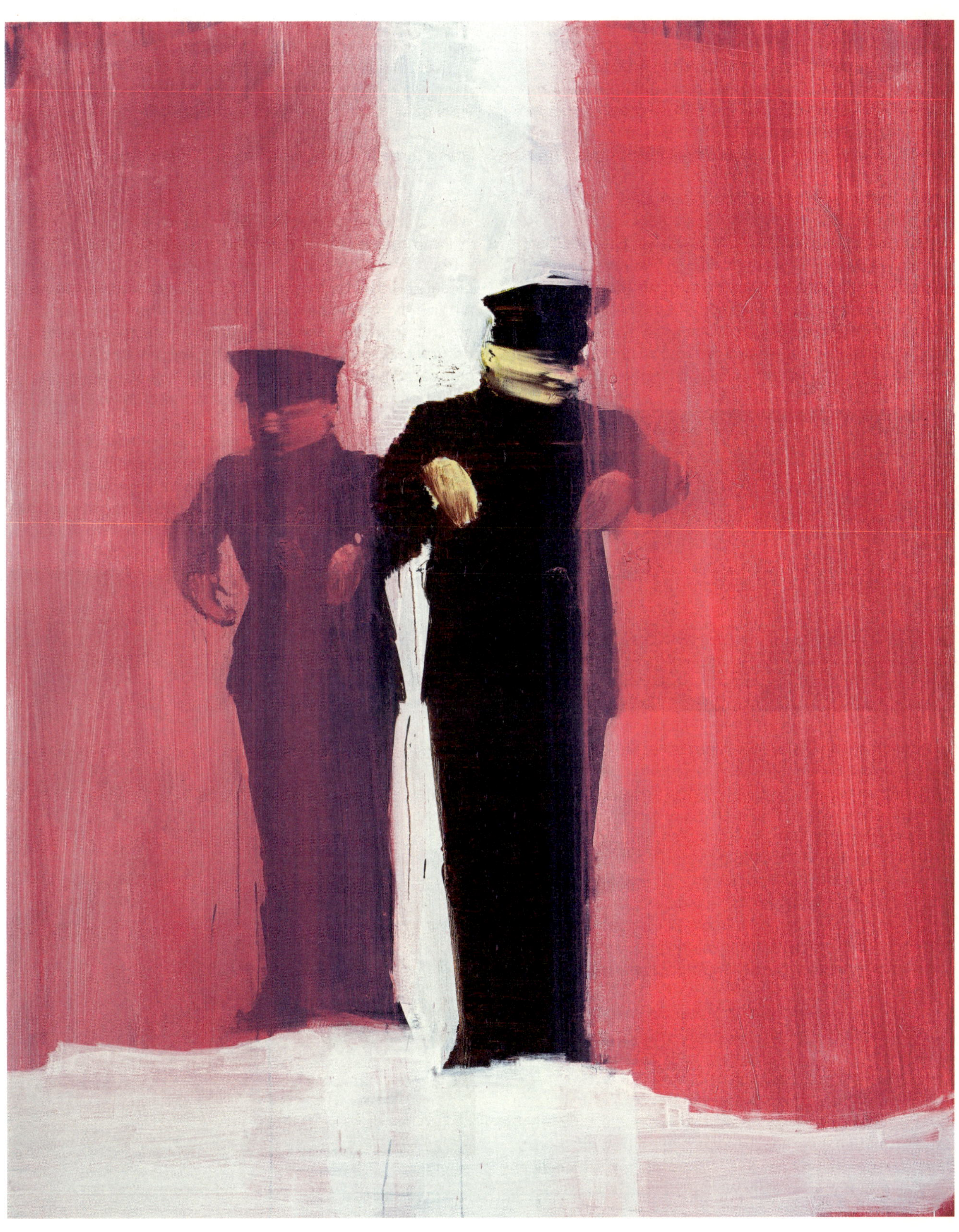

Ich habe diesen Stil der traditionellen chinesischen Landschaftsmalerei entlehnt, die von dem philosophischen Konzept der Harmonie von Natur und Mensch geleitet wird. Die Rollbilder mit Landschaftsszenen werden häufig mit dekorativen Brokat- und Seidenbordüren montiert; die Kunstwerke befinden sich in der Mitte der Rollen, die einen

art world. I want to keep a distance from the history of traditional Chinese painting or Western painting. Taking the urgency of self-expression as my starting point, I need to try my best to represent the authenticity of my spiritual and physical existence in present society.

↙ Ma Ke, *Embrace*, 2012
Ma Ke, *Mark the Boat to Locate the Sword*, 2010

Widerhall auf die Innenausstattung bilden. Darüber hinaus wurden traditionelle chinesische Landschaftsbilder in der Absicht geschaffen, dass man damit in privaten Räumen auf eine spirituelle Reise gehen kann. Deshalb bedienten sich die damaligen Künstler der Luftperspektive. Meiner Meinung nach sollte ein Gemälde in einem Innenraum wie eine Theaterszene sein und nicht wie ein offenes Fenster.

Gibt es irgendwelche spezifisch chinesischen Kontexte, die in diesen Gemälden von Bedeutung sind?

Kunst ist ein Spiegel, der uns zeigt, wer wir sind. Dort können wir unsere Geister und Seelen erkennen. Doch heute ist das Schwierigste, eine Antwort auf die Identitätsfrage zu finden. Ich betrachte mich selbst sowohl hinsichtlich der traditionellen chinesischen als auch hinsichtlich der westlichen Kultur als jemand, der im Exil lebt. Einerseits versuche ich, mich der Bindungen der nationalen Kultur zu

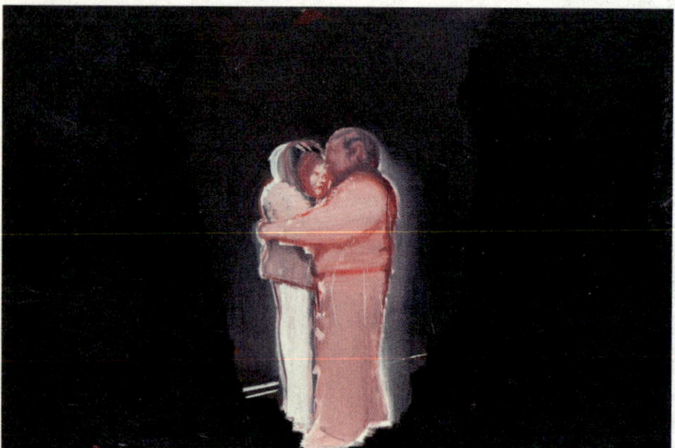

entledigen, und andererseits, dem Schatten der kolonisierenden Kultur zu entkommen. Die spezifischen politischen, historischen und literarischen Kontexte Chinas beeinflussen den Inhalt meiner Bilder. Und aus meiner Sicht ist der Inhalt in der gegenwärtigen Kunstwelt wichtiger als die Form. Ich möchte Abstand halten zur Geschichte der traditionellen chinesischen und der westlichen Malerei. Indem ich die Dringlichkeit des Selbstausdrucks zu meinem Ausgangspunkt mache, muss ich mein Bestes geben, um die Authentizität meiner spirituellen und physischen Existenz in der gegenwärtigen Gesellschaft darzustellen.

Ihre Malweise erinnert mich an Peter Doig, Neo Rauch oder Daniel Richter. Waren diese Künstler eine Inspirationsquelle?

Auch wenn diese drei Künstler einer älteren Generation angehören, üben sie weltweit Einfluss aus. In jeder Generation traten Meister auf, die die Idee der Malerei neu definiert haben. Ich habe anfangs den Beitrag dieser drei Meister studiert, was mir dabei geholfen hat, meine eigene Malweise zu finden und die Welt, in der ich lebe, wiederzuentdecken.

Nach welcher Methode gehen Sie üblicherweise vor?

Das Leben zu malen ist wie ein Marathon, und wie man das angeht, ist für jeden Maler die entscheidende Frage. Malerei steht also in einem engen Zusammenhang mit dem eigenen Leben. Ich beginne meine Gemälde immer, indem ich die Kohle und das Papier wähle, die ich leicht handha-

Your way of painting reminds me of Peter Doig, Neo Rauch, or Daniel Richter. Were they a source of inspiration?

Even though these three artists are from an earlier generation, their influence is worldwide. Masters appear from generation to generation to redefine the notion of painting. I was initially studying from the contribution of these three masters, which helped me to find my own way of painting and rediscover the world I live in.

What is your usual methodical approach?

Painting life is very much like a marathon, and how to enter it is the key issue of every painter. Thus, painting is closely related to one's own life. I always start my painting with choosing the charcoal and paper that I can easily control, then the colors. The surface is composed by the natural traces of strokes following my thoughts. However, compared with the above elements, I usually pay more attention to the atmosphere and sense of movement.

All your paintings are of considerable size. How come?

Paintings of a large size can make the audience feel like being surrounded, and to me it is a challenge and training process. A large size can also deconstruct the interestingness of the painting and make it closer to self-expression.

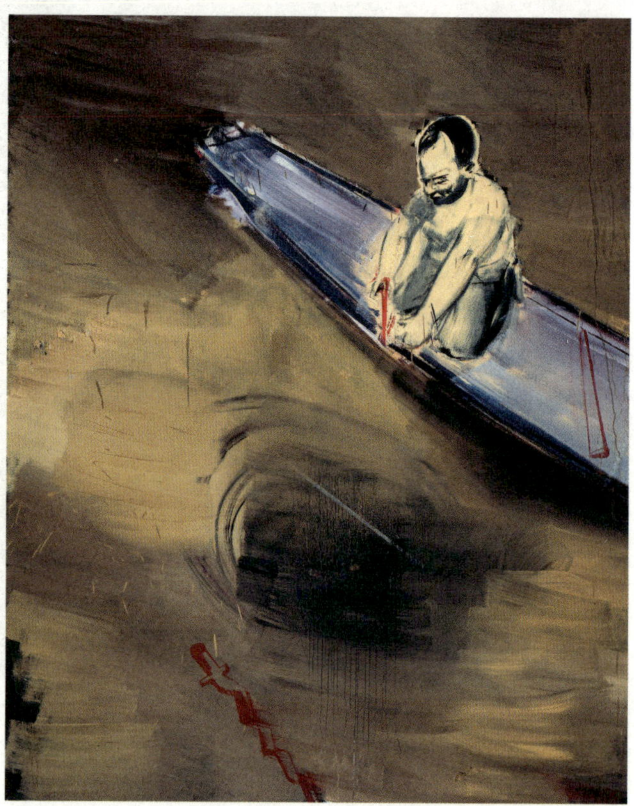

ben kann, und dann die Farben. Die Oberfläche komponiere ich mit den natürlichen Spuren meiner Striche, mit denen ich meinen Gedanken folge. Aber verglichen mit den oben genannten Elementen achte ich normalerweise stärker auf die Atmosphäre und das Gefühl der Bewegung.

Alle Ihre Gemälde haben ein beachtliches Format. Wie kommt das?

Großformatige Gemälde können beim Publikum das Gefühl erzeugen, von etwas umgeben zu sein, und für mich sind sie eine Herausforderung und ein Lernprozess. Ein großes Format kann auch die Interessantheit des Gemäldes dekonstruieren und es dem Selbstausdruck näherbringen.

MadeIn Company / Xu Zhen

Interview: Li Qi

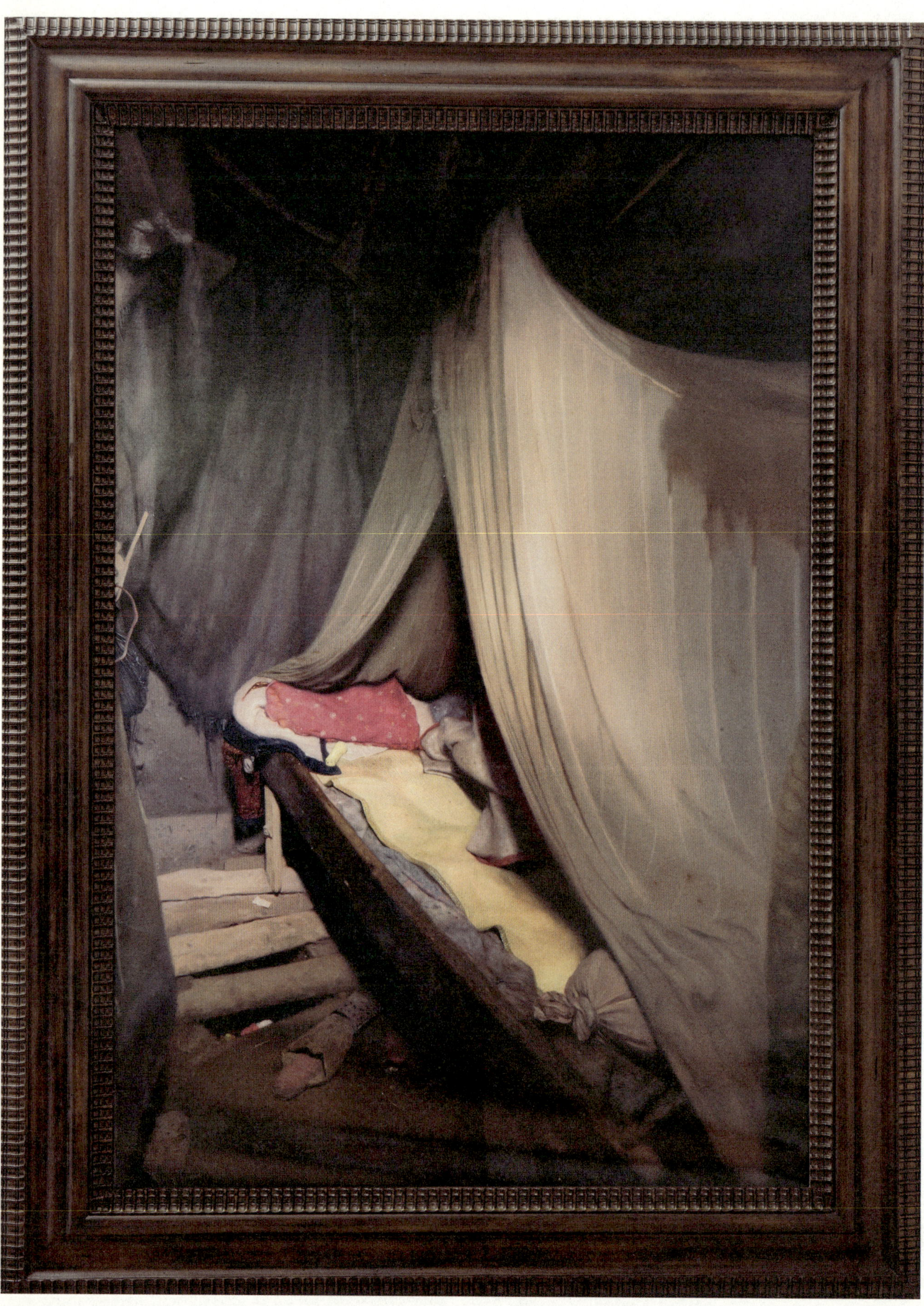

Xu Zhen wurde 1977 in Shanghai geboren und machte seinen Abschluss an der Shanghai Art and Design Academy. Xu Zhen arbeitet als Konzeptkünstler, dessen Werk häufig die Form provokanter Skulpturen, Installationen und Interventionen annimmt, die sich mit gesellschaftspolitischen Tabus im zeitgenössischen China auseinandersetzen und nach Belieben westliche Erwartungen an chinesische Kunst und den Handel manipulieren. Seine Projekte gehen mit theatralischem Humor und Gesellschaftskritik einher, sind weder völlig ernst gemeint noch offenkundig ironisch. Das sehr vielfältige Korpus seiner Werke umfasst Malerei, Skulptur, Fotografie, Installationskunst und Video – häufig kombiniert in nur einem einzigen Werk. Seit 2009 arbeitet Xu Zhen unter dem Firmennamen MadeIn Company. Dieses viele Sparten umfassende Kulturunternehmen widmet sich der Erzeugung, Produktion, Bewerbung, Unterstützung und dem Kuratieren von Kunst. MadeIn konzentriert sich auf die innere Struktur des Kunstsystems und versucht, seinen Einzugsbereich über die bloße Anhäufung von Erfahrungen oder des individuellen Auskommens auszuweiten und eine neue Richtung zu eröffnen. MadeIn geht es vor allem darum zu generieren und nicht zu produzieren. Auch wenn er als Geschäftsführer des Unternehmens fungiert, ist der Umstand, dass der Künstler auf seinen eigenen Namen verzichtet, Ausdruck seiner Ablehnung einer von der eigenen Persona angetriebenen Kunstwelt und zugleich eine Anerkennung der Tatsache, dass seine Werke immer das Ergebnis eines gemeinsamen Bemühens sind. Xu lebt und arbeitet in Shanghai.

Warum sollte ein Künstler ein Unternehmer sein?

Ich glaube, heute ist das Unternehmen der Künstler und der Künstler das Unternehmen. Der Künstler wird multifunktionaler, ist nicht mehr auf das kreative Schaffen reduziert. Werbung ist ebenfalls kreatives Schaffen, und Technologie ist es auch. Das Internet hat so viele Dinge sowie früher feststehende Beziehungen zwischen den unterschiedlichen Lebensbereichen und ihr ursprüngliches Konzept verändert. Die Dinge gehen inzwischen über die Fähigkeit eines Einzelnen hinaus. Es ist ein Zeitalter der Zusammenarbeit. Im Zeitalter der Zusammenarbeit gibt es kein besseres Beispiel für multifunktionale Dienstleistungen als ein Unternehmen. Es ist an der Zeit, dass wir unseren Intelligenzquotienten miteinander teilen.

Wie erklären Sie den Namen des Unternehmens, MadeIn Company?

Ein Name ist ein von einigen grundlegenden Bedürfnissen abgeleitetes Ergebnis. Er muss prägnant und eingängig sein, und es muss etwas in ihm impliziert sein. Wir waren der Ansicht, dass MadeIn ein Name ist, den man sich gut merken kann. Einige Leute empfanden den Klang des Namens zunächst als unangenehm, doch nach einer Weile kamen sie damit klar und fanden ihn ziemlich einzigartig. Chinesisch ausgesprochen ist die Bedeutung des Namens ziemlich nüchtern. Er bedeutet »kein Dach«, »kein Ende« und »voller Möglichkeiten«. Der englische Name, *MadeIn*, implizierte das Konzept der Produktion und betont, dass Produktion nicht die Aufgabe eines Einzelnen ist.

Wie wurden die großen Gemälde Miao Residence, Malin Village, Xishui District, Guizhou Province, China *und* Changqui

Xu Zhen is a conceptual artist whose work often takes the form of provocative sculptures, installations, and interventions that confront sociopolitical taboos in contemporary China and freely manipulate Western expectations of Chinese art and commerce. Born in 1977 in Shanghai, he is a graduate of the Shanghai Art and Design Academy. Xu Zhen's projects entail theatrical humor as well as social critique, neither entirely serious nor obviously ironic. His extensive body of work includes painting, sculpture, installation, photography, installation art, and video, often within a single piece. Since 2009 Xu Zhen has worked under the company name MadeIn Company. This multidisciplinary cultural company is devoted to art creation, production, promotion, support, and curation. MadeIn focuses on the inner structure of the art system, seeking to expand its domain beyond the mere accumulation of experiences or individual subsistence, and to open a new direction. MadeIn's central concern is to generate and not to produce. Even acting as the CEO of the company, the artist's withdrawal from his own name marks a rejection of the persona-driven contemporary art world while acknowledging that his artwork has always been a collaborative effort. Xu lives and works in Shanghai.

Why should an artist be an entrepreneur?

I think today the company is the artist, the artist is the company. The artist is becoming more multifunctioning, not being limited to creation. Promotion is also a creation; so is technology. The Internet has changed so many things and their formerly established relation and original concept. Things have gone beyond the capability of one individual. It is an age of collaboration. There's no better example than a company in the age of collaboration. It is time to share our intelligence quotient collectively.

How do you explain the artist's company name MadeIn Company?

A name is the result derived from some basic needs. It has to be catchy, easy to remember, and have something implied. We reckoned that this is a name people could remember. Some people found it unpleasant to hear in the beginning, but after a while, they came around and found it rather unique. The meaning of the name—if spoken in Chinese—is quite literal. It means "no roof," "no end," and "full of possibilities." The English name, MadeIn, implied the concept of production, emphasizing that production is not the job of one individual.

How were the big paintings Miao Residence, Malin Village, Xishui District, Guizhou Province, China *(2011) and* Changqui Village, Chishui Town, Guizhou Province, China *(2011) produced?*

I really don't find those paintings big at all. I always find it problematic with the issue of the edge of a painting, the boundary of scale, and how big it should be. Giving an example, nowadays computers have become our most frequently used device, and the dimension of the computer screens has shaped and established our perception of the scale of images. The screens of mobiles and computers have become the primary display of most of the images that we encounter. When we apply this concept to images, it challenges the perception of "large

Village, Chishui Town, Guizhou Province, China *(beide 2011) hergestellt?*

Ich finde überhaupt nicht, dass diese Gemälde groß sind. Diese Frage nach dem Rand des Gemäldes, der Grenze des Formats und danach, wie groß es sein sollte, scheint mir immer problematisch. Ein Beispiel: Heute sind Computer zu dem von uns am häufigsten verwendeten Gerät geworden, und die Maße der Computerbildschirme haben unsere Wahrnehmung des Formats der Bilder geprägt und festgelegt. Die Bildschirme von Mobiltelefonen und Computern sind zur primären Präsentationsform der meisten Bilder, denen wir begegnen, geworden. Wenn wir dieses Konzept auf Bilder anwenden, dann fordert das die Wahrnehmung des ›großen Formats‹ heraus. Ich habe keinen spezifischen Begriff von groß oder klein. Tatsächlich definiert das Gemälde selbst, welches Format am besten passt.

Was bedeuten die Titel der eben erwähnten Gemälde und von Sponge Piano *(2011)?*

Die Gemälde stammen aus der Serie namens *Quarries*. Der Begriff selbst bezieht sich auf den Gegenstand der Jagd. Wir haben hier durchblicken lassen, dass die Kunstwerke die Beute sind. Wenn die Leute sie sehen, wollen sie sie besitzen. Das ist so, wie wenn der Urmensch in einem Wald auf ein Tier zielte. Manchmal betrachten wir arme Menschen ebenfalls als Beute. Die beiden Titel bestehen aus Ortsangaben, die auf einige sehr arme Dörfer in der Provinz Guizhou verweisen. Als wir uns aufgemacht haben, wollten wir Dörfer finden, die so arm wie möglich sein sollten. Je ärmer sie sein würden, desto besser würde das Gemälde die Textur zur Geltung bringen. In Gemälden bringt die Ästhetik der Armut eine Textur und Schönheit zum Ausdruck. *Sponge Piano* war einfach eine Beschreibung des Materials und des im Bild Dargestellen.

Warum haben Sie die goldenen Rahmen gewählt?

Die goldenen Rahmen sind ein Ausdruck der Macht und des gesellschaftlichen Status. Sie bedeuten Gebundenheit und Beschränkungen. Sie rahmen die Beute in den Gemälden, wie ein Käfig. Der Käfig repräsentiert etwas Totalitäres.

Wer hat die Bilder gemalt: Sie, das Unternehmen oder jemand anderes?

Der Künstler ist das Unternehmen selbst. Es macht keinen Sinn mitzuteilen, ob der Künstler die Werke mit seinen eigenen Händen gemalt hat. Ihr Schöpfer ist die Marke, nicht irgendeine spezifische Einzelperson. Eine Marke hat ihren eigenen Standards und Ansprüche. In dieser Struktur ist es nicht wichtig, die Person zu identifizieren, die die Arbeit gemacht hat. Die Marke stellt ihre Ansprüche und ihre Angestellten erfüllen diese Ansprüche. Das ist in diesem Fall die logische Beziehung.

Was bedeutet das Klavier in Sponge Piano?

Das Klavier steht für klassische Kunst und Kultur. Ein aus Schwamm gefertigtes Klavier lässt sich zusammendrücken. Der Schwamm selbst versinnbildlicht die Idee der Konzentration. Ein Schwamm, der einen Kubikmeter groß ist, ließe sich zu einem Kubus mit den Abmessungen 50 mal 50 mal 50 Zentimeter zusammendrücken. Das impliziert, auf Kunst und Kultur bezogen, den Schaum der modernen Zivilisation.

scale." I don't hold any specific concept of big or small. It is really the painting itself that defines the most suitable scale.

What do the titles of the paintings and Sponge Piano *(2011) signify?*

The paintings came from the series called *Quarries*. The term itself refers to the object of hunting. What we implied here was that the artworks were the quarry. When people see them, they want to occupy them. It was identical to the situation when the primitive targeted an animal in a forest. Sometimes we see people in poverty as quarry as well. The rest of the titles were an address which pointed to some very poor villages in Guizhou Province. When we set out to find them, we reckoned that they should be as poor as possible. The poorer they were, the better the painting revealed the texture. In paintings, the aesthetic of poverty expresses a texture and beauty. *Sponge Piano* was simply a description of the material and the image of the work.

Why the golden frames?

The golden frames were statements of power and social status. The frames signified bondages and restrictions. They framed the quarry in the paintings, like a cage. The cage represented something totalitarian.

Who painted them: you, the company, or someone else?

The artist is the company itself. There's no point of identifying whether the artist painted the works with his own hands. The body of creation is the brand, rather than specifying it as an individual. A brand has its own standard and demand. Under this structure, it is not important to identify the person who is doing the job. The brand establishes its demand, and its employees meet the demand. That is the logical relation in this case.

What does the piano in Sponge Piano *signify?*

The piano represents classical art and culture. A piano made of sponge can be compressed. The sponge itself symbolizes the idea of concentration. A sponge of one cubic meter could be squeezed into a 50 × 50 × 50 cm cube. It implies, in reference to art and culture, the foam of modern civilization.

Is there a specific Chinese context involved?

The scenarios in *Quarries* came from poor areas in China. However, it was not a specific Chinese context. The state of poverty is universal, as is the attempt to solve it. It is the same everywhere in the world. This was just one example that we discovered in China.

In what way are these pieces global art?

Our company is a global company. That is how we define it. The sarcasm, the symbolization of modern reality, and everything else in our works are global. You, as an individual, are a case of globalization, so am I. We are putting our endeavors toward the direction of globalization. It is a fragile foam, but also a motivation. In its nature, globalization signals our desire to be mutually understood and respected. When I attempt a dialogue, I select topics, materials, and expressions that are globally comprehensible. This is globalization, and it's perfectly normal.

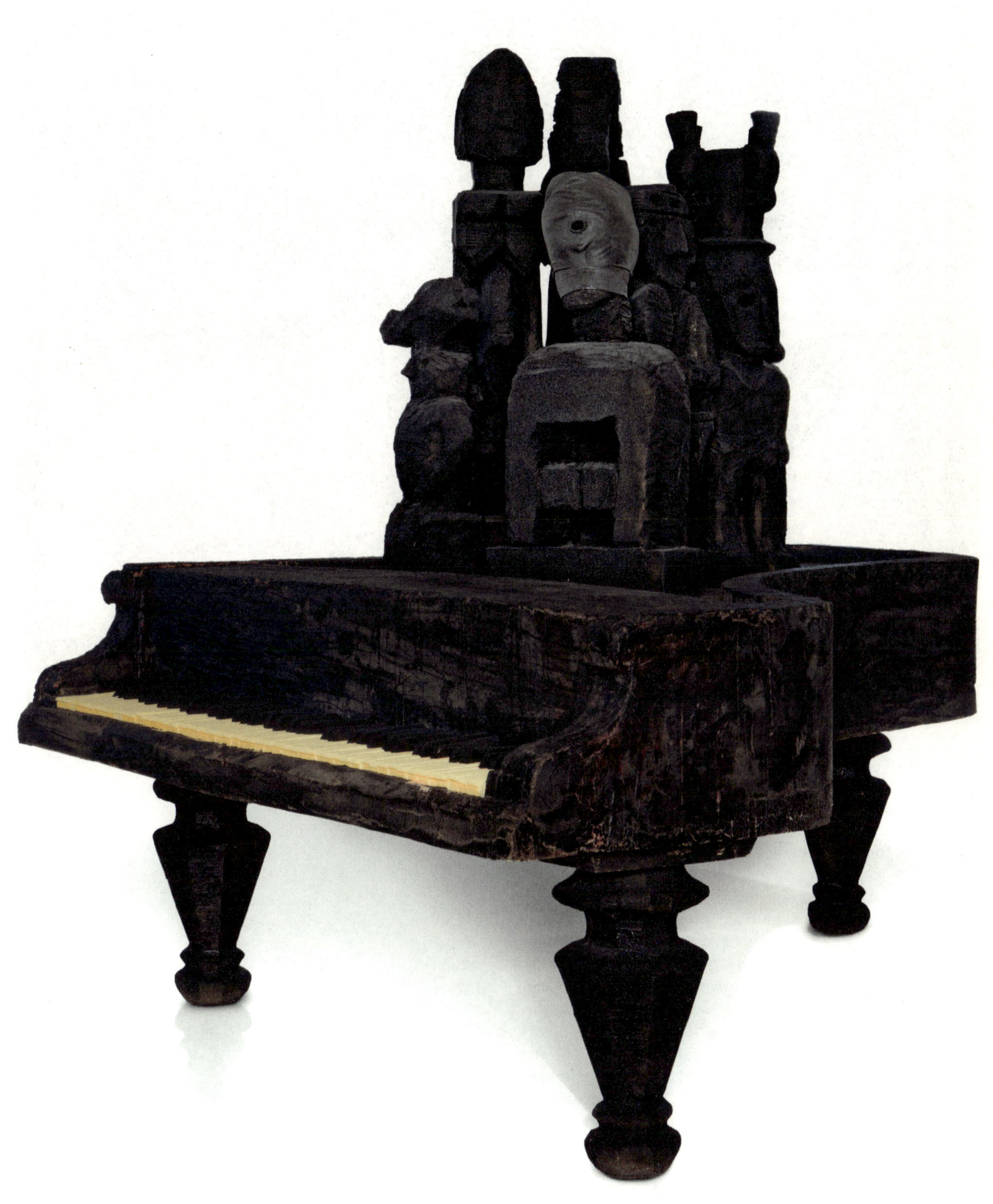

MadeIn Company / Xu Zhen, *Changqi Village, Chishui Town, Guizhou Province, China*, 2011

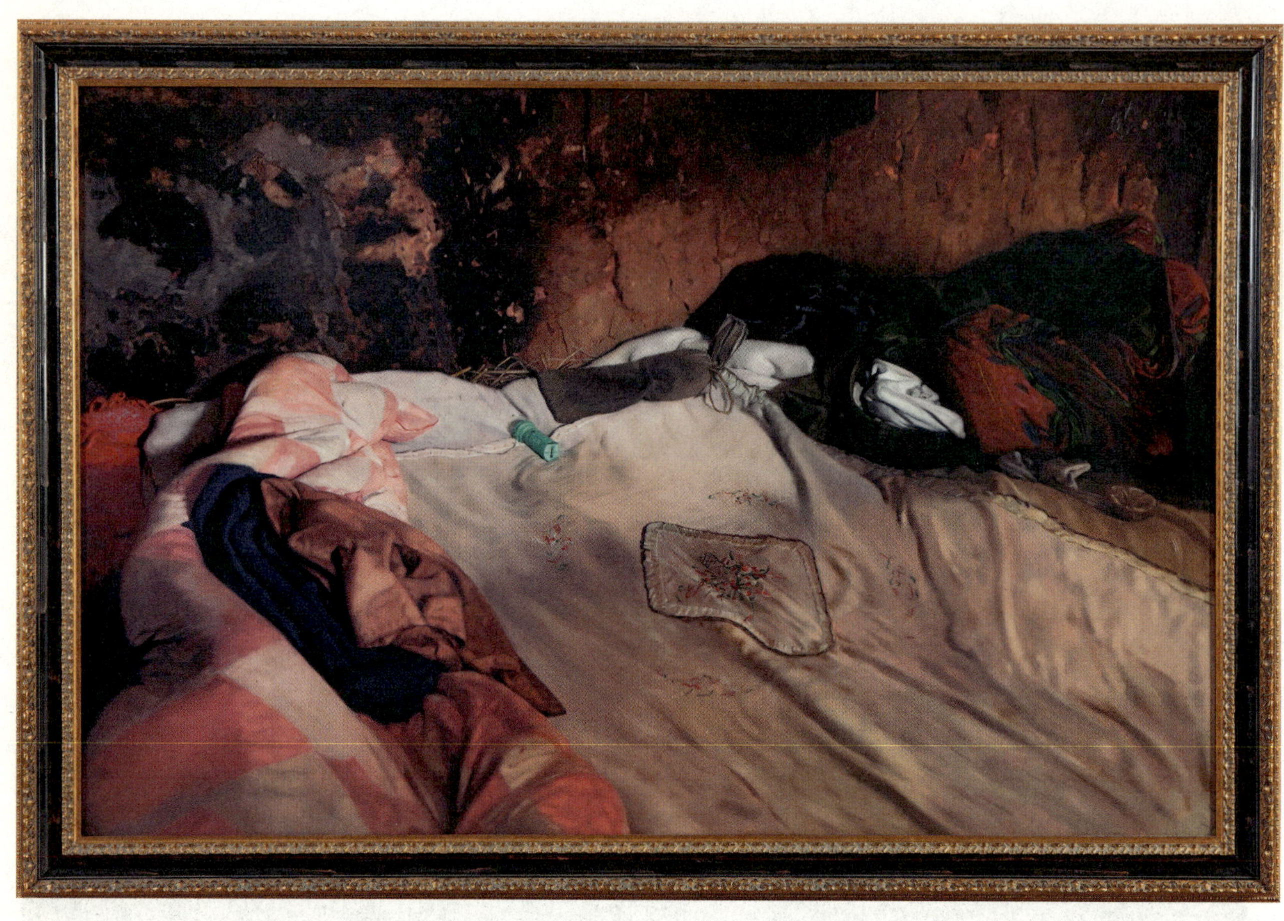

Gibt es in Ihren Werken einen spezifisch chinesischen Kontext?

Die Szenarien in der Serie *Quarries* stammen aus armen Gegenden in China. Gleichwohl war das kein spezifisch chinesischer Kontext. Der Zustand der Armut ist universell, so wie der Versuch, ihn zu überwinden. Das ist überall auf der Welt gleich. Es handelt sich einfach um ein Beispiel, das wir in China entdeckt haben.

Inwiefern sind diese Werke globale Kunst?

Unser Unternehmen ist ein globales Unternehmen. So definieren wir es. Der Sarkasmus, die Versinnbildlichung der modernen Wirklichkeit und alles andere in unseren Werken ist global. Sie, als ein Individuum, sind ein Fall von Globalisierung, und dasselbe gilt für mich. Wir konzentrieren uns bei unseren Bemühungen in Richtung der Globalisierung. Das ist ein fragiler Schaum, aber auch eine Motivation. Seiner Natur nach bringt die Globalisierung unseren Wunsch zum Ausdruck, uns gegenseitig zu verstehen und zu respektieren. Wenn ich versuche, in einen Dialog einzutreten, dann wähle ich Themen, Materialien und Ausdrücke, die weltweit verständlich sind. Das ist die Globalisierung, und das ist völlig normal.

Shao Fan

Interview: Kathleen Bühler

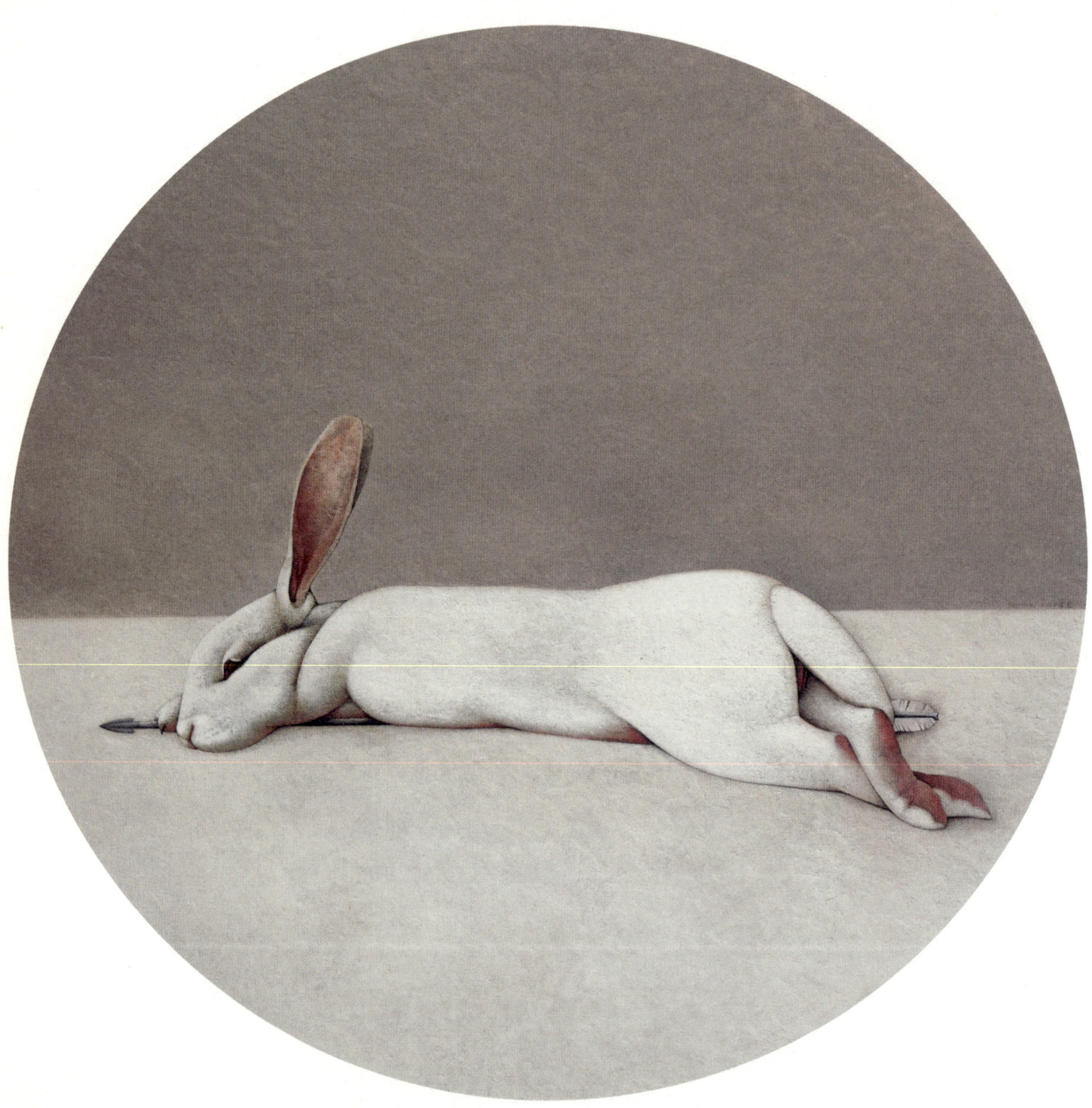

Der Maler und Zeichner Shao Fan wurde 1964 in Beijing in eine renommierte Künstlerfamilie – seine Eltern waren beide Kunstprofessoren im Dienste der Kulturrevolution – hineingeboren. Er bekam schon als Kind Kunstunterricht und schloss sein Studium 1984 am Arts and Crafts College in Beijing ab. Neben klassischer Tuschmalerei malt er auch in Öl und verfertigt Skulpturen aus den Bestandteilen von antiken Holzmöbeln. Während Shaos stilisierte, monochrome Tierporträts eine gleichberechtigte Begegnung zwischen Mensch und Tier anstreben, widmet er sich in seiner Beschäftigung mit ›dekonstruierten‹ Möbeln seit den 1990er-Jahren der Aussöhnung von Tradition und Moderne. Shao lebt und arbeitet in Beijing.

Die Stuhlskulpturen Project No. 1 of Year 2004 *(2004/05) und* Project No. 1 *(2006) wirken auf mich wie explodierende Kalligrafie. Welche Idee liegt diesen Stühlen zugrunde?*

The painter and draftsman Shao Fan was born in Beijing in 1964 into a well-known family of artists—both of his parents were art professors in the service of the Cultural Revolution. He received art lessons as a child and graduated from the Arts and Crafts College in Beijing in 1984. Besides classic ink painting, Shao also paints in oil and produces sculptures from antique wooden furniture segments. He lives and works in Beijing. While Shao's stylized portraits of animals strive toward man and animal encountering one another on equal footing, in his "deconstructed" antique furniture, which he has been dealing with since the 1990s, he dedicates himself to the reconciliation of tradition with mo dernity.

These chair sculptures Project No. 1 of Year 2004 *(2004/05) and* Project No. 1 *(2006) look to me like exploding calligraphy. What is the idea behind these chairs?*

The series started in 1995 with Ming-style (1368–1644) chairs. The traditional Chinese chair is reduced to its struc-

Die Serie begann 1995 mit Stühlen im Stil der Ming-Dynastie (1368–1644). Der traditionelle chinesische Stuhl ist auf seine Grundstruktur reduziert; alle Gelenkstücke sind herausgelöst. Die einzelnen Elemente schweben in einem gleichmäßigen Abstand von 20 Zentimeter voneinander in der Luft. Alle Teile sind auseinandergenommen, sodass die übrig bleibende Struktur ihre Kraft entfaltet. Es ist wie bei einer Explosion: Die Kraft im Inneren kommt heraus und bringt die innere Macht der Ming-Dynastie zum Ausdruck.

Was war Ihre Absicht bei der Arbeit mit antiken Möbeln?
Für Künstler oder Wissenschaftler gibt es kaum noch etwas Neues zu entdecken. Wir müssen die Dinge überdenken und neu entdecken.

Sie benutzen den ganz neutralen Titel Project. *Warum keinen deskriptiveren oder erläuternden Titel?*
Nach mehr als zwanzigjähriger Arbeit verwende ich Titel kontinuierlich. Mit einem deskriptiveren Titel würde ich die Fantasie der Betrachter einschränken.

Die elegante Linie der Stühle wiederholt sich in der Silhouette der Gemälde. Welche symbolische Bedeutung haben die von Ihnen benutzten Tiere? Gibt es einen ikonografischen Kontext?
Kaninchen oder Affen spielen in der chinesischen Ikonografie keine große Rolle und ich möchte in meinen Bildern nicht auf irgendwelche symbolischen Bedeutungen Bezug nehmen. Auch wenn viele meiner Ansätze sich auf chinesische Traditionen beziehen, sind die Verbindungen nicht sehr direkt, weil ich meine eigene Art und Weise benutzen möchte, um meine Gedanken und Gefühle auszudrücken. Diese Gemälde bringen meine Werte zum Ausdruck. In meinen Bildern sehen wir das Kaninchen als menschliches Wesen. Ich möchte, dass man das Kaninchen aus Sicht des Kaninchens sieht. Zwischen Menschen und Tieren gibt es keine Hierarchie mehr. Es sind keine Haustiere, sondern ebenbürtige Persönlichkeiten. Wir bringen ihnen Achtung entgegen und blicken nicht auf sie herab. In der traditionellen chinesischen Kultur sind die Menschen nicht die Beherrscher der Welt, sondern ein Teil von ihr. Nur wenn man sich selbst wirklich vergisst, kann man im Einklang mit der Natur stehen. Ich habe mich in ein Kaninchen verwandelt, um die Welt wie ein Kaninchen zu betrachten. Mit der Zeit wird sich das Publikum ebenfalls in Kaninchen verwandeln.

Es gibt da auch die Grandmother Rabbit *(2012) mit sehr charakteristischen menschlichen und tierischen Zügen. Geht es dabei um menschliche Eigenschaften von Tieren oder um tierische von Menschen?*
Bedeutende Gelehrte wie Konfuzius betonen, dass Menschen wie Tiere werden müssen, da sie das Bescheidene suchen und Tiere sehr bescheiden sind. Wir vergessen leicht unseren bescheidenen animalischen Teil.

Vielleicht könnten Sie Ihre Maltechnik in Rabbit Portrait Jiawu1 *(2014) ein wenig erläutern?*
Bei der Ölmalerei kann man immer Material hinzufügen, um eine Illusion von Tiefe zu erzielen. Im Vergleich zur Tuschmalerei befindet sich das Wesentliche darunter und innen. Das Gemälde besteht aus Grundelementen, die ich endlos wiederhole, Hunderte oder Tausende von Malen.

ture: all the links are unhinged. The single elements float in the air, 20 cm equidistant from one another. All the parts are torn apart, so that the remaining structure releases its power. It's like an explosion: The power inside comes out and expresses the inner power of the Ming dynasty.

What was your intention to work with antique furniture?
There are hardly any new things to discover for artists or scientists. We need to rethink things and rediscover them.

You use the very neutral title Project. *Why not a more descriptive or explanatory title?*
After more than twenty years of work I use titles continually. With a more descriptive title I restrict the imagination of the viewers.

The elegant line of the chairs comes back in the silhouette of the paintings. What is the symbolic meaning of the animals you use? Is there an iconographic context?
Rabbits or monkeys are not very important in Chinese iconography, and I don't want to refer to any symbolic meanings in my paintings. Even though many of my approaches are related to Chinese traditions, the relationships are not very direct, because I want to use my own way to express my thoughts and feelings. These paintings express my values. In my paintings we see the rabbit as a human. I want you to see the rabbit from the point of view of a rabbit. There is no hierarchy between humans and animals anymore. They're not pets, but equal personalities. We pay them respect and don't look down on them. In Chinese traditional culture, humans are not the rulers of the world but part of it. Only when you truly forget about yourself can you get in harmony with nature. I changed myself to a rabbit to look at the world like a rabbit. In time the audience will also become rabbits.

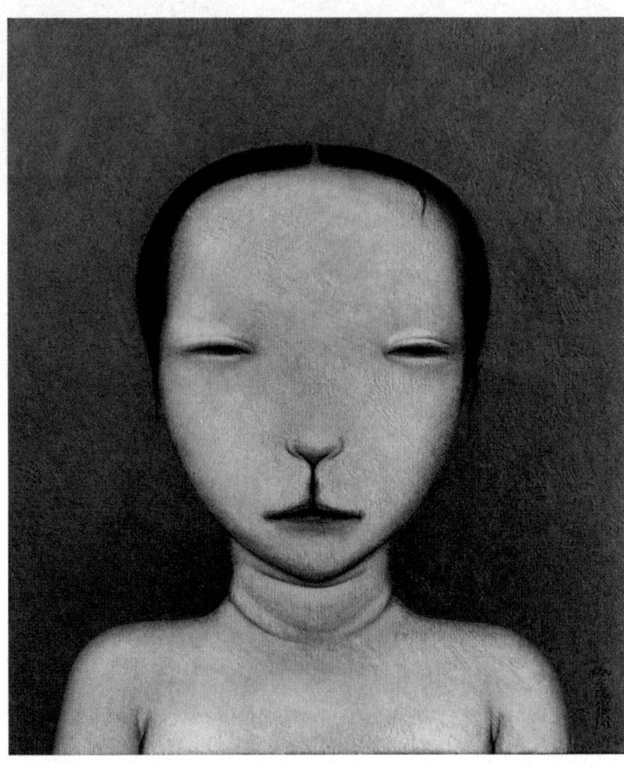

Shao Fan, *You*, 2011

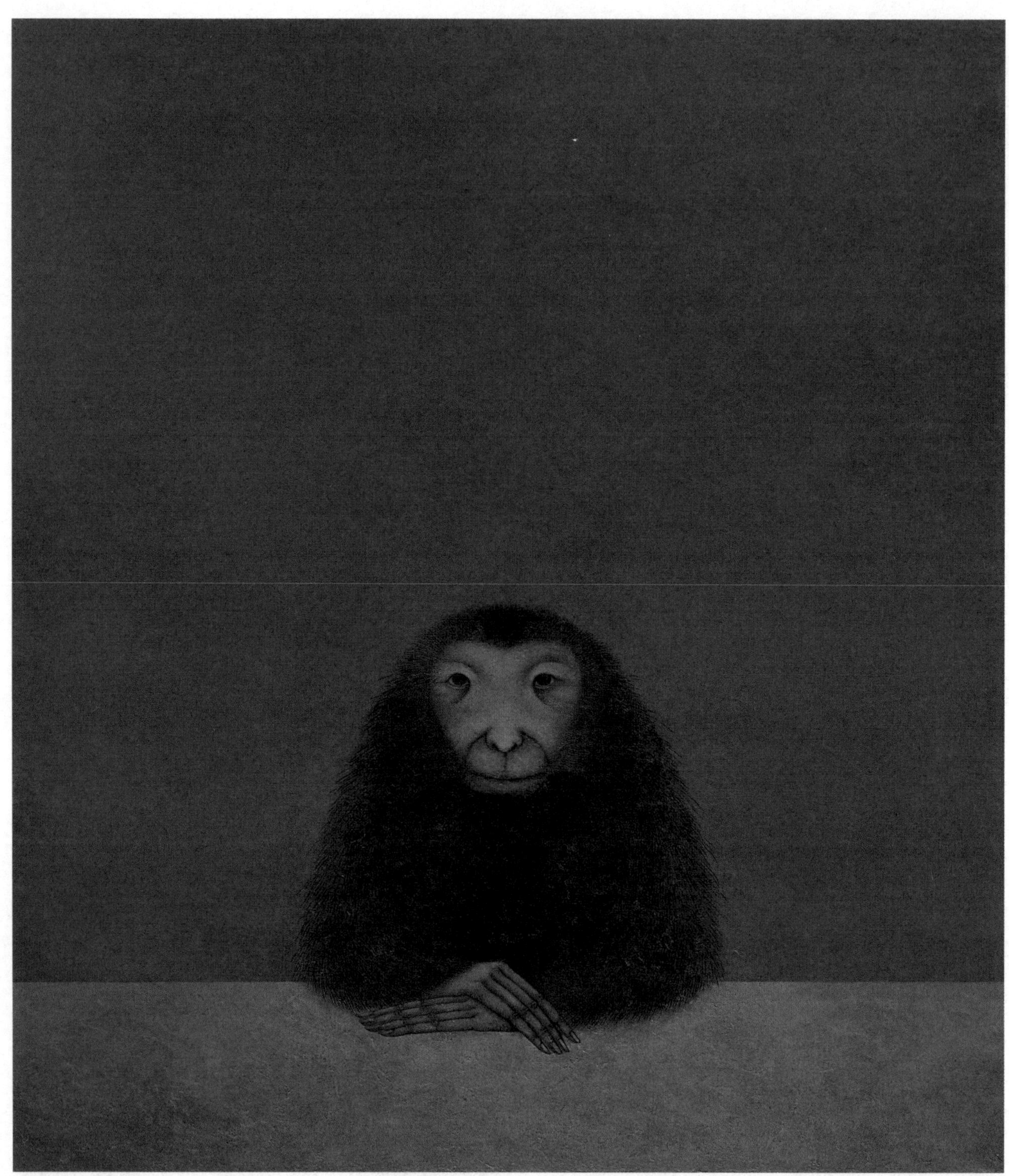

Die Pinselstriche sind so fein, dass man nicht sagen kann, wo sie beginnen und wo sie enden. Und auch wenn es um den Hasen herum eine markante Silhouette gibt, ist der Gesamteindruck nicht flach, sondern dreidimensional.

Auch das ist wieder ein Effekt der Wiederholung. Es ist wie eine Übung in Meditation: Leere den Geist und wiederhole.

Was passiert mit den Stühlen in den Skulpturen?

In der chinesischen Kultur bestehen Architektur und Möbel aus vielen verschiedenen Bestandteilen. Die Gelenk-

There is also the Grandmother Rabbit *(2012) with very distinctive human and animal features. Is this about human characteristics in animals or animal characteristics in humans?*

Master scholars like Confucius emphasize that humans need to become more like animals, since they are seeking the humble and animals are very humble. We forgot a lot about our humble, animal part.

Maybe you could explore your painting technique in Rabbit Portrait Jiawu1 *(2014) a bit?*

stücke sind sehr wichtig, denn wenn sie zu klein sind, kann man die Teile nicht ineinanderstecken und sie halten nicht. Und wenn sie zu dick sind, passen sie nicht. Außerdem gibt es in der chinesischen Kultur ein altes Sprichwort: »Man kann das Ganze in einem einzelnen Teil eines Objekts symbolisieren und das Ganze der Bestandteile kann als Eines angesehen werden.«

Diese Möbelskulptur ist also nicht in dem Sinne fragmentarisch, dass sie nie wieder vollständig ist, sondern im Gegenteil kann jedes einzelne Teil das Ganze bedeuten?

Während einer Revolution kann man eine Welt in einer Blume sehen. Man kann das Ganze anhand eines kleinen Stücks daraus sehen. Dasselbe gilt für diese Stühle. Westliche Ölmalerei ist wie die Musik von Johann Sebastian Bach; sie ist vollständig und ein Ganzes. Man kann sich nicht einfach nur einzelne Akkorde herauspicken. In der chinesischen Ölmalerei kann man einen einzelnen Teil isolieren, der das Ganze symbolisiert.

Warum kann ich nie einen einzelnen Strich in Ihrer Ölmalerei erkennen? Ist das ein ähnlicher Ausdruck dieses Gedankens?

In meiner Ölmalerei möchte ich die Gedanken ausdrücken und meistern, die ich in meiner Tuschmalerei finde. Doch in der Praxis fällt mir das wegen des Materials sehr schwer. In meiner Ölmalerei gibt es kein Spiel von Licht und Schatten, sondern ich möchte einfach größere Aufmerksamkeit auf die Lichter richten.

Warum hat das Gemälde Moon Rabbit *(2010) eine runde Form?*

Ich habe es rund gemacht, weil ich beim Malen an das buddhistische Märchen von dem Hasen gedachte habe, der sich selbst geopfert hat, um Buddha zu retten. Als vollkommenes Vorbild für Selbstaufopferung und als eine ständige Erinnerung für die Menschen, wird das Bild des

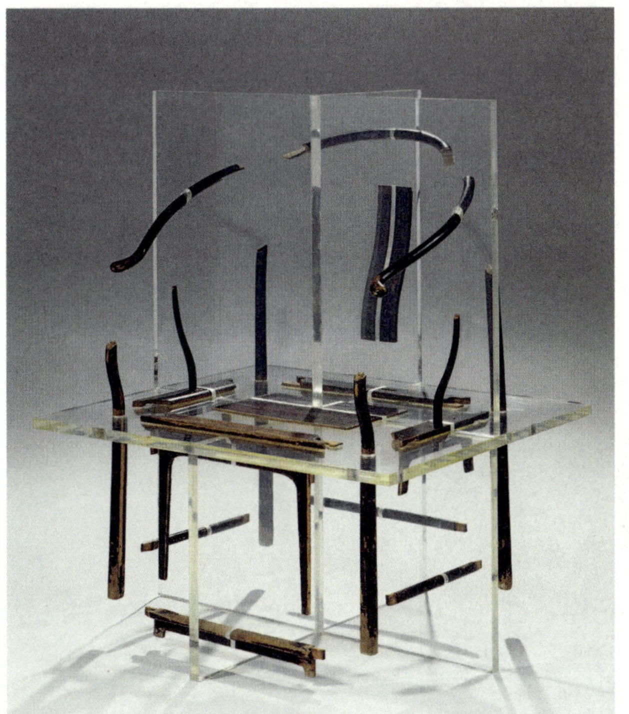

With oil painting you can always add material to get illusionary depth. Compared to ink painting, the essential is underneath and inside. The painting consists of basic elements that I repeat endlessly, a hundred or a thousand times.

The brushstrokes are so delicate that you can't tell where they begin or end. And even though there is a distinctive silhouette around the hare, the overall impression is not flat but three-dimensional.

Again this is an effect of repetition: It's like an exercise in meditation: empty the mind and repeat it.

What happens with the chairs in the sculptures?

In Chinese culture architecture and furniture are composed of many different constituents. The hinge is very important, because when they're too small, you can't put one into another, it won't hold. When they're too fat, they won't fit. And also there is an old saying in Chinese culture: you can symbolize the whole in a single part of an object, and the whole of the components can be seen as one.

So this furniture sculpture is not fragmentary in the sense that it's never complete again, but on the contrary, each of the parts can signify the whole?

In the revolution you can see a world in a flower. You can see the whole through a small piece of it. The same goes with these chairs. Western oil painting is like Bach's music, it is complete and whole. You can't just pick out single chords. In Chinese oil painting you can isolate a single part that symbolizes the whole.

Why can I never detect a single stroke in your oil painting? Is it a similar expression of this thought?

In my oil painting I want to express and master the thoughts that I found in my ink painting. But I found this very hard in practice, because of the material. There is no light-shadow play in my oil painting. I just want to pay more attention to the lights.

Why has the painting Moon Rabbit *(2010) a round shape?*

I made it round because when I was painting I was thinking of the Buddhist fairy tale of the hare, which sacrificed itself to save Buddha. As a perfect role model for self-sacrifice and as a constant reminder for humans, his image got transferred onto the Moon. In another myth, the hare with his bow shot down eight of nine burning suns. In my paintings the rabbit stands for humans.

There is another painting in Uli Sigg's collection, the portrait of a monkey with the title You *(2011). Can you explain more about this?*

It's the same thought as with the rabbit. When you are facing the monkey you get into a direct dialogue with the animal. It reminds you that you are an equal. It doesn't matter whether it is a hare or a monkey or a horse. When you're looking at it, you are looking in the mirror. That's why it's at eye level.

Shao Fan, *Rabbit Portrait Jiawu1*, 2014

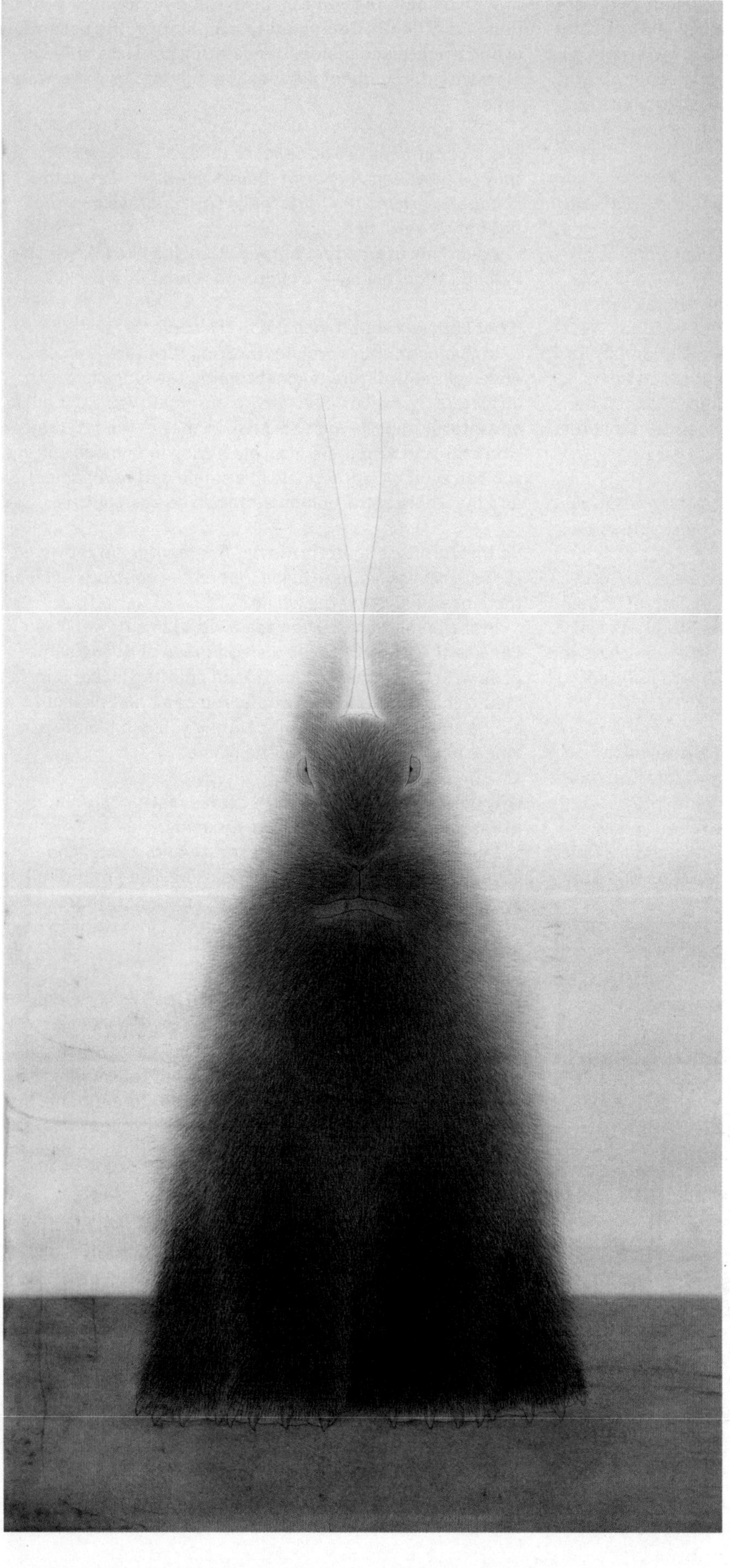

Hasen auf den Mond übertragen. Einem anderen Mythos zufolge schießt der Hase mit seinem Bogen acht von neun brennenden Sonnen ab. In meinen Gemälden steht das Kaninchen für die Menschen.

In Uli Siggs Sammlung gibt es noch ein anderes Gemälde, das Porträt eines Affen mit dem Titel You *(2011). Können Sie das noch ein bisschen erläutern?*

Es handelt sich um denselben Gedanken wie bei dem Kaninchen. Wenn man sich dem Affen gegenübersieht, dann tritt man in einen direkten Dialog mit dem Tier. Es erinnert einen daran, dass man einander ebenbürtig ist. Es spielt keine Rolle, ob es ein Hase oder ein Affe oder ein Pferd ist. Wenn man es anblickt, blickt man in einen Spiegel. Deshalb befindet es sich auf Augenhöhe.

Warum haben Sie diese Farbpalette gewählt, die Reduktion auf Schwarz, Weiß und Grau?

Das hat mit meiner persönlichen Ästhetik zu tun, die durch eine traditionelle Palette in der chinesischen Malerei bestimmt wird. Für mich gibt es zwei Möglichkeiten oder Zwecke, die zeitgenössische Sprache mit der traditionellen chinesischen Kultur zu verbinden. Aus der Tradition schöpfen und sie in die Gegenwart integrieren oder Dinge aus der Gegenwart schöpfen und sie in die Tradition integrieren. Ich versuche immer zurückzugehen, um mich zu orientieren. Ich hoffe, Dinge aus der Vergangenheit auszugraben, die die Menschen heute benötigen, und eine andere zeitgenössische Kunst zu schaffen, die sich von der westlichen zeitgenössischen Kunst unterscheidet, und nicht einen westlichen Ansatz zu übernehmen und einfach nur ein chinesisches Symbol einzufügen. Ich versuche, die zeitgenössische Kunstwelt mit dem, was ich tue, zu bereichern.

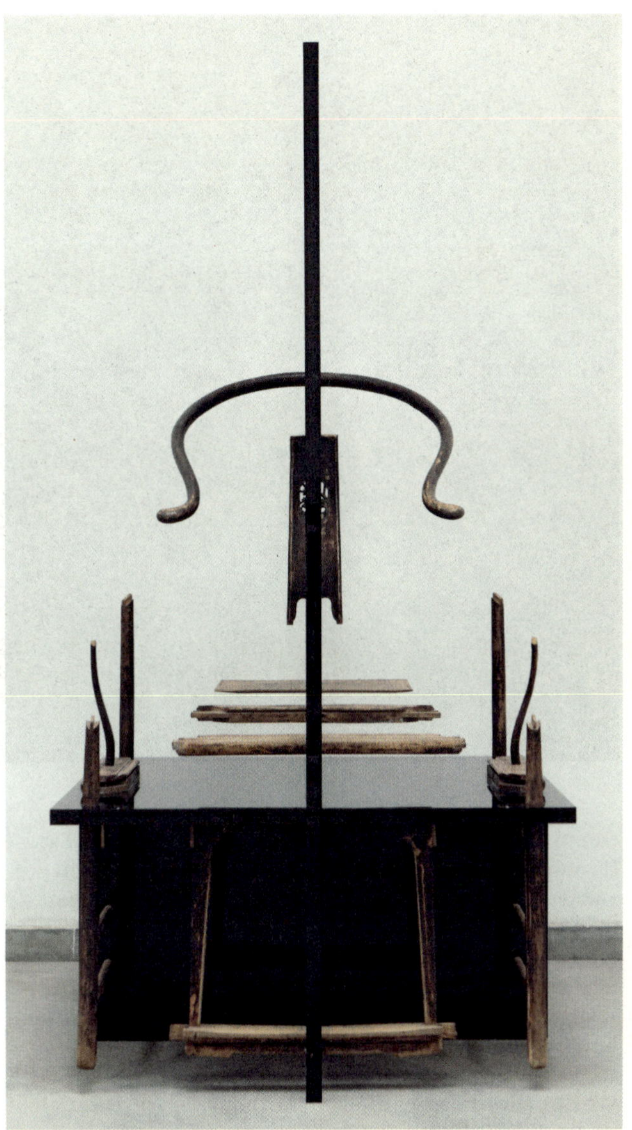

Why the color palette, the reduction to black-white-gray?

It has to do with personal aesthetics that are guided by a traditional palette in Chinese painting. For me there are two ways or purposes to link contemporary language to traditional Chinese culture: Collect from the tradition and bring that into the present; or collect things from the present and bring them to tradition. I always seek to go back for orientation. I hope to dig out things from the past that people need today and create another contemporary art different from Western contemporary art, not to adapt a Western approach and only put a Chinese symbol there. I seek to enrich the contemporary art world with what I do.

Tian Wei

Interview: Kathleen Bühler

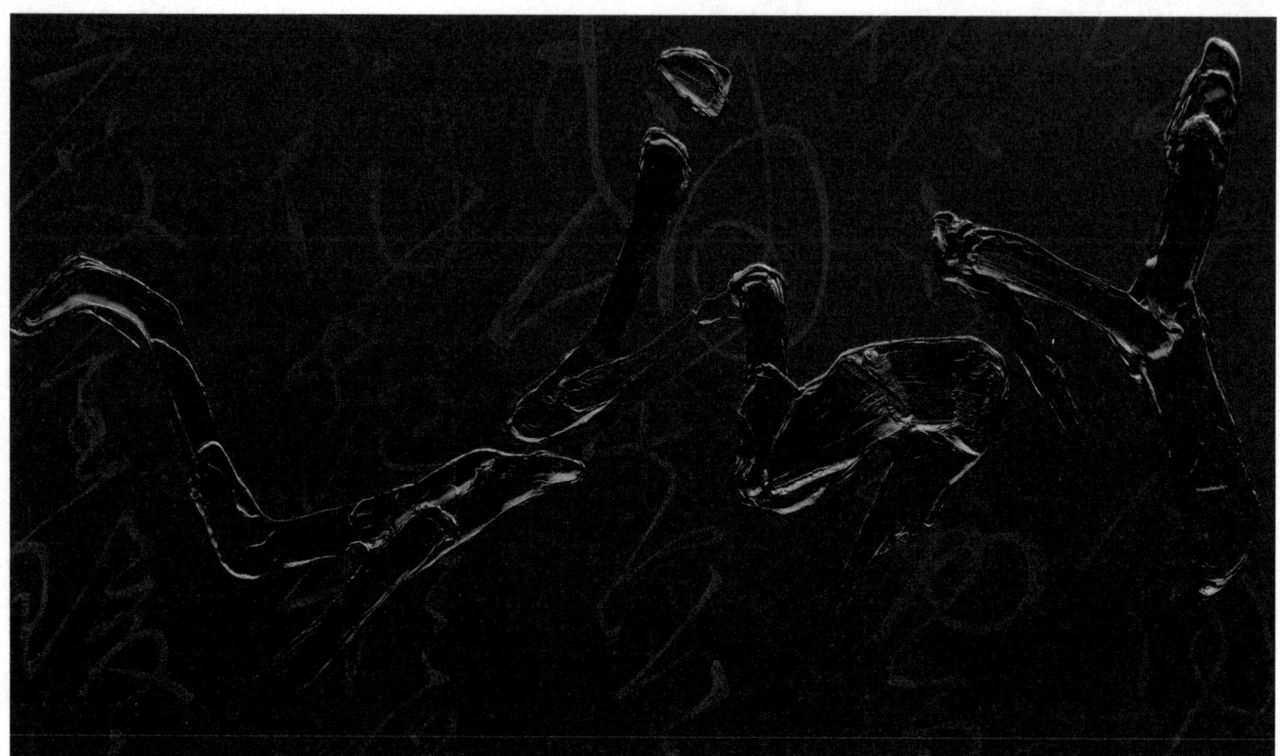

Der Maler und Bildhauer Tian Wei wurde 1955 in Xi'an (Provinz Shaanxi) geboren und verließ China im Jahr 1986, um am Art Department der University of Hawaii in Honolulu zu studieren. 1990 erlangte er den Master of Fine Arts und arbeitete dann einige Jahre in Los Angeles. In seinen Werken verbindet er Erfahrungen mit chinesischer Kalligrafie und dem amerikanischen Abstrakten Expressionismus. Tians auf den ersten Blick chinesisch wirkenden Schriftzeichen entpuppen sich als englische Wörter wie ›dream‹, ›money‹, ›mind‹ oder ›sex‹. Tian lebt und arbeitet seit 2011 in Beijing.

Was können Sie mir über Ihre künstlerische Ausbildung sagen?

Mein Vater hat mir den Weg, die Welt der Kunst zu erkunden, geebnet. Selbst in der Zeit der Kulturrevolution unternahm er alles, damit mich die besten Lehrer in verschiedenen Fächern unterrichteten. Noch bevor ich in die Grundschule kam, lernte ich Lesen, Schreiben und selbst das Rezitieren von Gedichten. Dann lernte ich chinesische Malerei, Zeichnen, Kampfsport, Musik, Literatur, Englisch und so weiter. Bevor ich 1986 an der University of Hawaii angenommen wurde, wusste ich sehr wenig über westliche Kunst. Neben dem, was ich in der Schule lernte, begann ich nach New York und Los Angeles zu reisen, um mir Museen und Galerien anzusehen. Das war die Zeit, als ich mich zum ersten Mal durch die Macht der westlichen Kunst befreit fühlte. 1990 erhielt ich meinen Master of Fine Arts und begann, in Los Angeles als freier Künstler zu arbeiten.

Könnten Sie kurz Ihre Beziehung zur Kalligrafie beschreiben?

Ich wuchs in Xi'an auf, das dreizehn Dynastien und 11 000 Jahre lang die chinesische Hauptstadt der Kalligrafie war. In Xi'an gibt es ein einzigartiges Kunstmuseum, wo ich viel

The painter and sculptor Tian Wei was born in Xi'an (Shaanxi Province) in 1955 and left China in 1986 to study in the art department of the University of Hawaii. He received his MFA in 1990, after which he worked in Los Angeles for several years. He has been living and working in Beijing since 2011. In his works he combines his experiences with Chinese calligraphy and American Abstract Expressionism. His characters, which at first glance appear to be Chinese ideograms, actually turn out to be the English words *dream*, *money*, *mind*, and *sex*.

What can you tell me about your artistic education?

My path to explore the artistic world was built by my father. He made every effort, even during the Cultural Revolution time, to provide me with the very best teachers of different subjects. I learned to read, write, and even recite poems before I went to elementary school. Then I learned Chinese painting, drawing, martial arts, music, literature, English, etc. I had very little idea of Western art until I was formally accepted at the University of Hawaii in 1986. Besides school learning, I started to travel to New York and Los Angeles to see museums and galleries. That was the time I felt liberated under the power of Western art for the first time. In 1990 I received my MFA and started working in Los Angeles as a free artist.

Could you shortly describe, what is your relation to calligraphy?

I grew up in Xi'an, which was the Chinese capital for calligraphy for thirteen dynasties during 11,000 years of history. There is a unique calligraphy art museum in Xi'an where I spent a lot of time studying calligraphy. In 1966, at the time of the Cultural Revolution, suddenly my skills in calligraphy were in great demand. All over were written

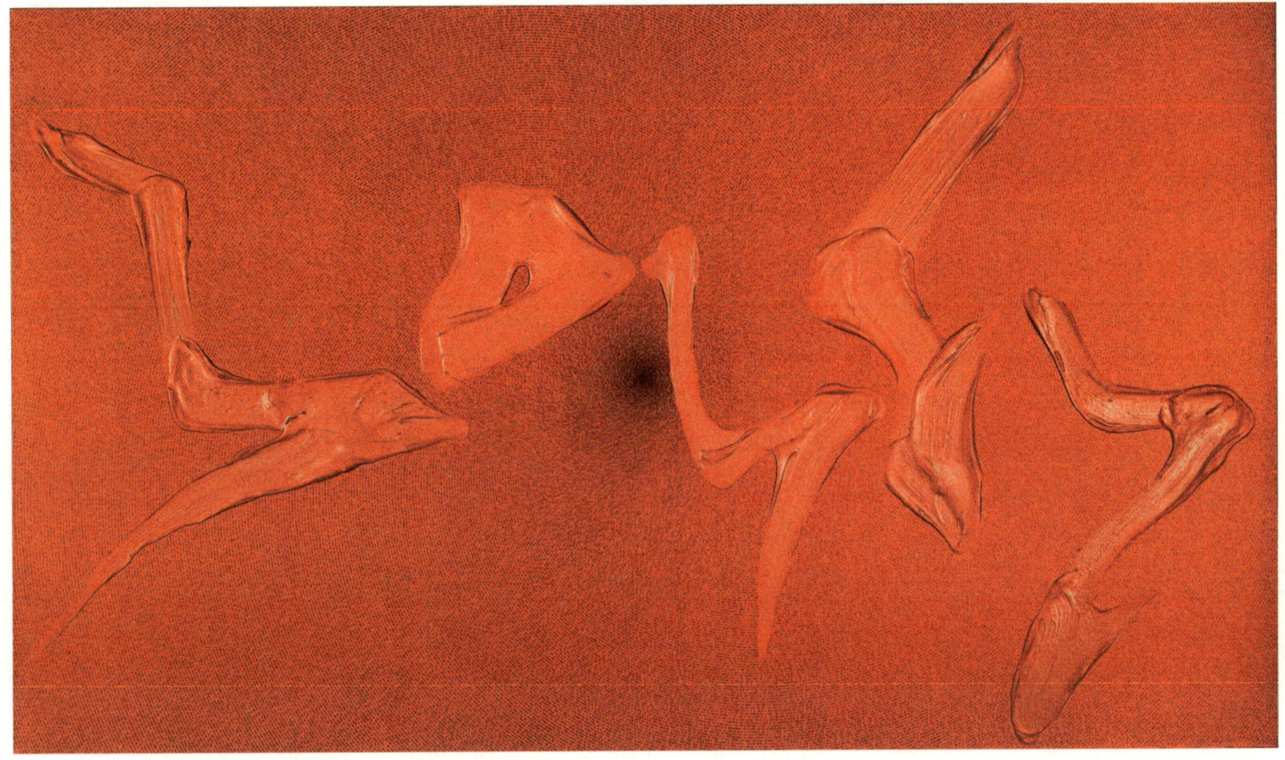

Zeit mit dem Studium der Kalligrafie zugebracht habe. 1966, zur Zeit der Kulturrevolution, waren meine kalligrafischen Fertigkeiten plötzlich sehr gefragt. Überall standen Denunziationen, Bekenntnisse und Aufrufe zu diesem oder jenem geschrieben.

Was ist das Besondere an der Kalligrafie?

Kalligrafierte chinesische Zeichen sind keine Abstraktionen, sondern von der Natur abgeleitet. Die Natur bildet ihre Ästhetik und ihre Muster. Kalligrafen sehen, wie Vögel tanzen, Schlangen kämpfen, andere Tiere sich bewegen, und dann erfassen sie den Augenblick, die Gebärde, die Energie. Es ist eine chinesische Abstraktion. Unter all den Schriftzeichensystemen in der Welt hat sich die chinesische Kalligrafie als ein ästhetisches Objekt der Kunstpraxis entwickelt und ein System der plastischen Kunst herausgebildet. Schriftzeichen werden verwendet, um Ideen und Gedanken zum Ausdruck zu bringen. Die Kalligrafie wurde in der chinesischen Gesellschaft weitergegeben und respektiert, da sie die Philosophie ergänzt; beide interpretieren das ›Chinesischsein‹ auf vollkommene Weise.

Wie hat das Ihre künstlerische Praxis beeinflusst?

Ich möchte die Erfahrung des täglichen visuellen Lebens in meine künstlerische Praxis verwandeln. Es geht mir darum, die dynamische innere Kraft der Natur einzufangen oder die Beziehung zwischen Schönheit und Hässlichkeit, Kompliziertheit und Einfachheit et cetera offenzulegen. Bei den englischen Wörtern ist es leicht und zugleich schwieriger, da Englisch nur 26 Buchstaben hat, Chinesisch hingegen mehr als 26 000 Schriftzeichen. Der schwierige Teil bei 26 Buchstaben ist die Frage: Wie viel kann man damit spielen? Wenn ich etwa das Wort ›love‹ male, dann ist es so, als würde ich versuchen, einen Augenblick einzufangen:

denunciations, confessions, and exhortations against this or that.

What is special about calligraphy?

Chinese calligraphic signs are not abstractions but derived from nature. Nature forms their aesthetic and patterns. Calligraphists see birds dancing, snakes fighting, more animals moving, and then they catch the moment, the gesture, the energy. It's a Chinese abstraction. Among all the character systems in the world, Chinese calligraphy has evolved as an aesthetic object of art practice, and formed a plastic art's system. Characters are used to express ideas and thoughts. It was passed down and respected in Chinese society, because it complements philosophy, and both perfectly interpret "Chineseness."

How did that affect your practice?

I want to transform the daily visual life experience into my artistic practice. I am interested in capturing the dynamic inner power of nature or revealing the relationship between beauty and ugliness, complicity and simplicity, etc. With English words it's easy and also more difficult, because English has only twenty-six letters but Chinese has more than 26,000 characters. The difficult part is, with twenty-six letters how much can you play? So when I paint the word *love,* it's like I try to catch a moment—one you might dream of, the emotion you feel before a first kiss with the love of your life—a life experienced through energy captured. When I make a painting, I'm not merely playing with the meaning of English words but also expressing my inner feelings about China's culture by using composition, brushstrokes, the rhythm of body movement, and colors, etc.

 Tian Wei, *Dream*, 2006

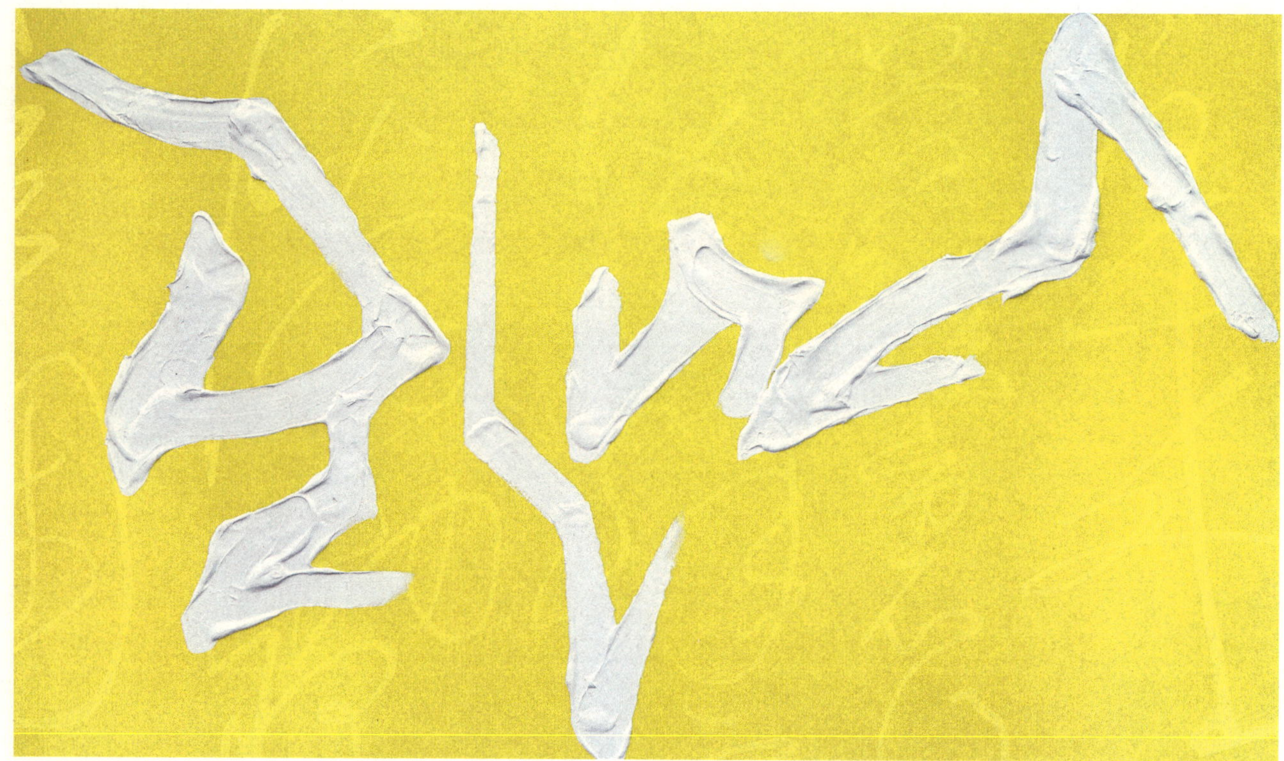

jemand, von dem man träumt, die Emotion, die man empfindet, bevor man die Liebe seines Lebens zum ersten Mal küsst – ein Leben, das man durch die festgehaltene Energie erlebt. Wenn ich ein Bild male, dann spiele ich nicht nur mit der Bedeutung der englischen Wörter, sondern drücke auch meine inneren Gefühle über Chinas Kultur aus, indem ich Komposition, Pinselstriche, den Rhythmus der Körperbewegung und Farben und so weiter einsetze.

Hat die Malerei des Abstrakten Expressionismus Ihre Verwendung von englischen Wörtern und Buchstaben beeinflusst?

Natürlich gibt es Einflüsse hinsichtlich der freien Geste, des emotionalen Ausdrucks, der Einfachheit der Farbe und der Körperbewegung. Ich versuche, die chinesische Abstraktheit aus der alten chinesischen Kalligrafie herauszunehmen, um andere Möglichkeiten zu finden. Es ist eine spezielle interkulturelle Atmosphäre. Aufgrund meiner Ausbildung kann ich einer Perspektive folgen, bei der ich beide Seiten einer Münze betrachte. Mich fasziniert, dass es da einen ständigen Wechsel, ja vielleicht sogar eine Kontinuität zwischen beiden Seiten geben kann.

Welche künstlerischen Absichten verfolgen Sie bei Ihrer Verwendung von Sprache und Farbe?

Sprache ist extrem mächtig. Man kann sie benutzen, um etwas zu übermitteln, um klar zu kommunizieren – und wenn nicht, können die Botschaft und die Bedeutung missverstanden werden. Im Hinblick auf mein Werk suche ich ständig nach der Bedeutung von Wörtern und denke über ihre innere Schönheit nach, das, was darin ignoriert wurde; ich stelle ihre dynamische Kraft aus und denke schließlich über das Unsichtbare nach. Ich möchte Bilder schaffen, bei denen man die ausgewählte Schlichtheit und Komplexität, Alt und Neu, Ost und West, all diese Arten philosophischer

Did abstract expressionist painting influence your use of English words and letters?

Of course there are influences from the free gesture, emotional expression, the simplicity of the color, and the body movement, etc. I am trying to take Chinese abstractness out of the ancient Chinese calligraphy in order to find different ways. It's a special intercultural atmosphere. Because of my training I can follow a perspective of looking at two sides of a coin. What fascinates me is that there can always be a switching, perhaps even a continuity between both sides.

What are your artistic intentions with your use of language and paint?

Language is extremely powerful. It can be used to transmit, to communicate clearly—and when not, the message and meaning can be misconstrued. Regarding my work, I am constantly searching for the meaning of words and reflecting on their inner beauty of what has been ignored, exposing their dynamic power and finally reflecting upon the invisible. I want to create images where you can see the selected simplicity and complexity, old and new, East and West, all these kinds of philosophic contradiction issues at the same time through the visual image. For me, calligraphy is not a system of simple ideographic symbols. Shapes and strokes of calligraphy movement precisely are the embodiment of my individual volition and social attitudes toward Chinese society today. You could also say it's the conceptual idea behind the work, since we have different traditions to look at color. I bring them together.

The words you picked for the paintings in Uli Sigg's collection are very suggestive: money, mind, dream. *How did you choose their colors, and why did you pick these heavy topics?*

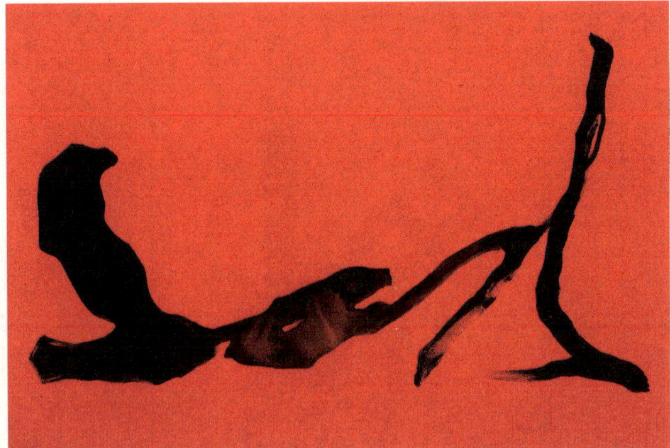

Gegensätze gleichzeitig durch das visuelle Bild sehen kann. Für mich ist Kalligrafie kein System einfacher ideografischer Symbole. Formen und Striche der kalligrafischen Bewegung sind genau die Verkörperung meines individuellen Wollens und sozialer Standpunkte gegenüber der heutigen chinesischen Gesellschaft. Man könnte sagen, dass dies die konzeptuelle Idee hinter dem Werk ist; da wir verschiedene Traditionen der Farbbetrachtung haben, bringe ich sie zusammen.

Die Wörter, die Sie für die Gemälde in der Sammlung von Uli Sigg gewählt haben, sind sehr suggestiv: ›money‹, ›mind‹, ›dream‹. Wie haben Sie die Farben dafür ausgesucht und warum haben Sie diese gewichtigen Themen gewählt?

In dieser Zeit meines Lebens war ich sehr daran interessiert, meine Reaktion auf diese Wörter zu untersuchen und ihre allgemeine Bedeutung im zeitgenössischen Leben auszudrücken. Was die Farben betrifft, habe ich mich im Allgemeinen für kräftige Farbtöne entschieden. Manche Leute können die enorme Komplexität eines einzelnen Wortes spüren, und andere empfinden schließlich nur Leere. Beim Wort ›money‹ etwa wird eine endlose Linie entweder unendlich groß oder unendlich klein, und das ergab den Hintergrund des Bildes. Infolgedessen glaube ich, dass der Betrachter die Kompliziertheit der Hintergrundinformation und die Einfachheit des Wortes ›money‹ im Zusammenspiel mit diesem unglaublichen leuchtenden, fluoreszierenden Rot begreifen kann, das sicherlich unterschiedliche Reaktionen bei den Betrachtern auslösen wird. Was ist Geld? Hat Geld im Leben eine endgültige Bedeutung? Im Hinblick auf mein Werk müssen Sie verstehen, dass ich ständig nach der Bedeutung von Wörtern suche und über ihre Schönheit nachdenke, ihre Kraft herausstelle und schließlich über das Unsichtbare nachdenke. Ich möchte Bilder schaffen, bei denen man in derselben Sekunde Einfachheit und Komplexität aus unterschiedlichen Blickwinkeln sehen kann. Das möchte ich erreichen. Ich möchte, dass meine Bilder etwas über chinesische und über westliche Kultur sagen, über ihre unterschiedlichen philosophischen Konzepte. Hinten hat man den chinesischen Text und das chinesische Konzept von Sprache und Worten und vorne die freie westliche Idee des Schreibens.

At that time in my life, I was very much interested in investigating my response to these words and also to express their general importance in today's life. In terms of color, I generally went for a strong color. Some people can feel the enormous complexity of a separate word and others can eventually sense only emptiness. For example with "money": an endless line goes either infinitely great or infinitely small, and these composed the painting's background. As a result, I believe the viewer can feel the complicity of the background information and the simplicity of single word, *money,* matched with this incredible, bright, fluorescent-red color which certainly will bring different responses from viewers. What is money? Is money an ultimate question in life? Regarding my work, you have to understand that I am constantly searching for the meaning of words and reflecting on their beauty, exposing their power and finally reflecting upon the invisible. I want to create images where you can see simplicity and complexity at the same second though from different angles. That's what I want to reach. I want my paintings to talk about Chinese culture, about Western culture, about their different philosophical concepts. You have the Chinese text and the Chinese concept of language and words in the back, and the free Western idea of writing in the forefront.

Wang Xingwei

Interview: Li Qi

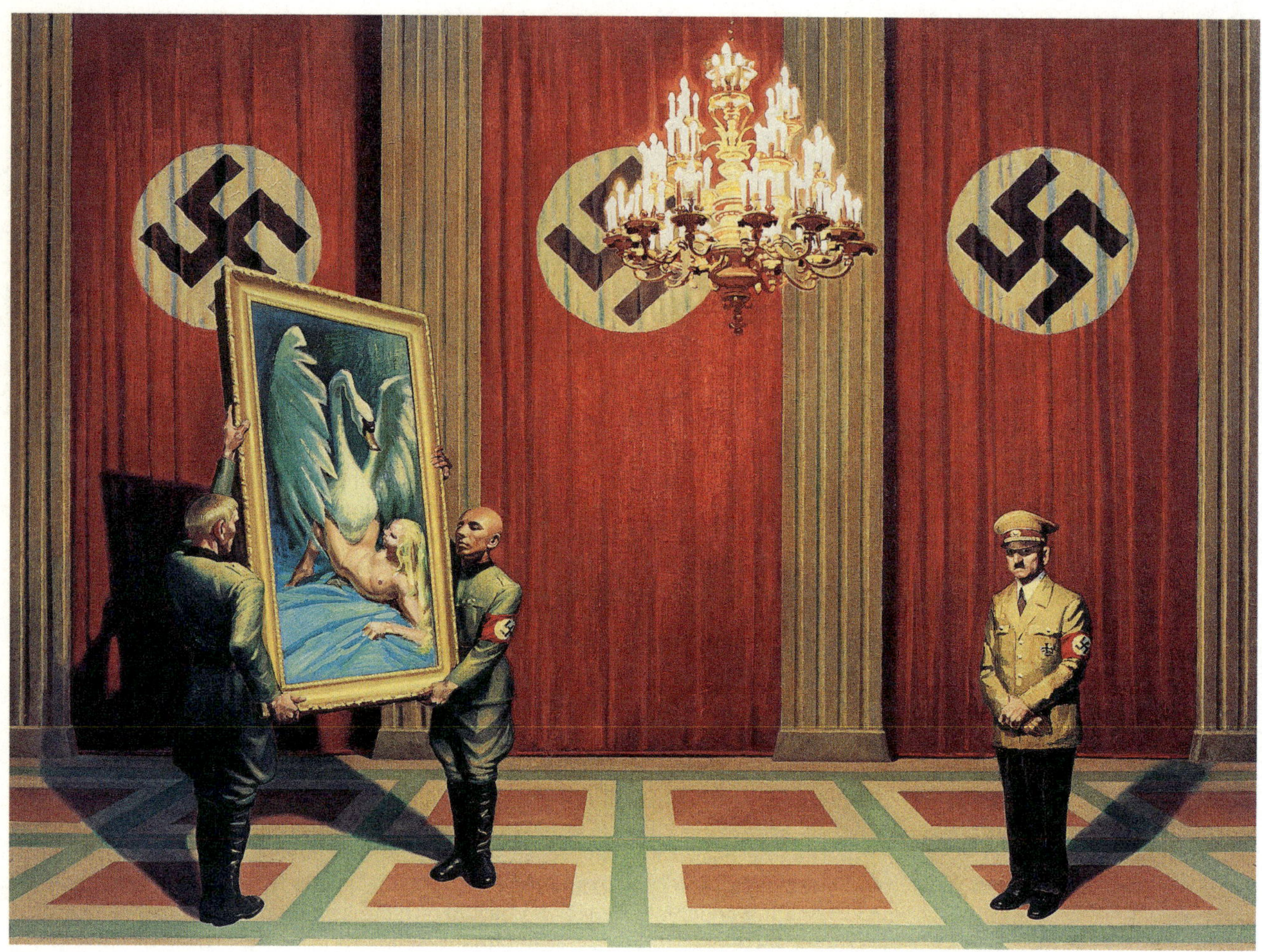

Der Maler Wang Xingwei wurde 1969 in Shenyang (Provinz Liaoning) geboren und absolvierte eine Ausbildung in figürlicher Malerei an der Shenyang Normal University. Doch statt die formalen Modelle, die ihm seine Ausbildung vorschrieb, zu befolgen, unterhielt er einen kritischen Dialog mit seiner Ausbildung, indem er die gelernten Techniken nutzte, um deren interne Logik zu befragen. Auch wenn er sich einer Vielzahl von Stilen bedient, wird sein Werk meistens mit einem hohen Maß an Theatralität und performativem Kitsch assoziiert. In der Pose einer der Figuren seiner Gemälde verkörpert Wang alle möglichen Verweise auf visuelle und kunsthistorische Praktiken Chinas und des Westens und wirft sie in hyperrealistischen, exzessiven Pastiches zusammen. Durch seine Verwendung bekannter künstlerischer Bezüge möchte er eine Art Unabhängigkeit für das Kunstwerk erreichen. Wang lebt und arbeitet in Beijing.

Welche Absichten liegen den Werken Untitled (Large Rowboat) *(2006),* Leda and the Swan *(2007) und* A Sunday Afternoon in the Youth Park *(2009) zugrunde? Was sind ihre Themen?*

Die drei Gemälde stehen in einem sehr engen Zusammenhang. Ich habe sie geschaffen, als ich mich von 2002 bis 2008 in Shanghai aufhielt. Das letzte ist dann in Beijing (2009) entstanden. Das Bild *Untitled (Large Rowboat)* stammt aus einer Serie von Gemälden, die sehr ähnlich aussehen. Mich hat dabei eine Printwerbung für irgendeine

The painter Wang Xingwei was born in 1969 in Shenyang (Liaoning Province) and completed his training in figurative painting at the Shenyang Normal University. But he maintained a critical dialogue with his training rather than following the formal models dictated by it, using the techniques he learned to question their internal logic. While he uses a variety of styles, his work is most often associated with a high degree of theatricality and kitsch performativity. Posing as one of the protagonists of his paintings, Wang adopts all kind of visual references from both Chinese and Western visual and art historical practices, tossing them together in hyperrealistic pastiches of excess. By using well-known artistic references, Wang wishes to establish a kind of independence for the work of art. Wang lives and works in Beijing.

What intentions are behind the works Untitled (Large Rowboat) *(2006),* Leda and the Swan *(2007), and* A Sunday Afternoon in the Youth Park *(2009)? What are the topics?*

These three paintings are very close to one another. I created them during the time when I was in Shanghai from 2002 to 2008. The last one was made in Beijing (2009). The *Untitled (Large Rowboat)* was one of a series of paintings that look close to one another. I was inspired by a printed commercial advertisement of some sort of entertainment, where someone was rowing a boat. But all the figures and characters were redesigned. Overall, the

Form von Unterhaltung inspiriert, auf der jemand in einem Boot ruderte. Aber ich habe alle Figuren und Charaktere neu gestaltet. Insgesamt erscheint der Stil des Gemäldes wie eine Karikatur; nicht wie ein moderner Cartoonstil, sondern eher wie ein Stil, der mir während meiner Schulzeit in den 1980er-Jahren begegnet ist. Um das zu malen, folgte ich meinen Instinkt. Der Junge in diesem Gemälde rudert das Boot. Um dem Mädchen zu gefallen, steht er im Wasser und stößt das Boot mit seinem Körper vorwärts. Natürlich wäre das in Wirklichkeit nicht möglich gewesen, es war einfach nur ein bestimmtes Konzept. Als ich in Shanghai war, sagten die Leute, dass dieses Gemälde eine Satire auf die Männer dieser Stadt sei, die sehr nett und aufmerksam zu Frauen seien. Da, wo ich herkomme, im Nordosten Chinas, gelten alle Männer als rüde Machos, im großen Gegensatz zu denen in Shanghai. Es war also ein Witz und eine Satire über die Männer in Shanghai.

Wie gehen Sie vor? Was ist Ihr Ausgangsmaterial?

Vor 2002 hatten fast alle meine Werke einen realistischen Stil. Doch dieser Stil ist in technischer Hinsicht zu kompliziert und stellt auch eine gewisse inhaltliche Beschränkung dar. Die Verwendung dieses neuen karikaturistischen Stils mit vereinfachten Charakteren half mir dabei, die Grenze des Realistisch-Seins zu durchbrechen. Das ermöglicht Schauplätze, die absurd sind und jenseits der Wirklichkeit liegen. *A Sunday Afternoon in the Youth Park* war auch Teil dieser Serie. Doch es entstand einige Jahre später auf improvisierte Weise. Auf diesem Bild rudert ein Paar in einem sehr speziellen gemieteten Boot. Das Boot hat die Form einer öffentlichen Toilette angenommen. Das wird man so in Wirklichkeit nicht finden. Nochmals, mich hat dabei eine Karikatur inspiriert, eine Satire auf das unzivilisierte Verhalten des Paares, das Abfälle in den See wirft und so weiter. Das Sujet hier war absurder als seine Vorgänger: Die Technik war akribischer, konstruierter und extrem verdichtet. Das Gemälde *Leda and the Swan* entstand 2007, doch die Idee hatte ich schon fünf Jahre davor gehabt. Ich habe die farbige Skizze nicht ganz vollendet, als ich diese Idee zum ersten Mal hatte. Nach einer Weile brachte ich sie zu einer Ausstellung von Skizzen in Nanjing. Mao Yan (geb. 1968), ein Maler, mit dem ich befreundet bin, mochte sie sehr und überredete mich schließlich, ein Gemälde daraus zu machen. Bei der Komposition dieses Bildes orientierte ich mich am klassizistischen Stil, vor allem an Jacques-Louis David. Zwei Soldaten halten das Gemälde so, dass Hitler es betrachten kann, doch seine Augen sind auf das Publikum außerhalb des Gemäldes gerichtet. Hitler war kunstbegeistert und wenn ich mich recht erinnere, war ›Leda und der Schwan‹ eines der von ihm sehr geschätzten Sujets. Eine Fassung davon befand sich in der Sammlung der Nazis. Das fand ich sehr interessant. Die meisten totalitären Staaten folgten dem Beispiel der Sowjetunion, darunter auch China während der Kulturrevolution. Alle diese Länder lehnten Erotik ab. Doch die Naziregierung bevorzugte ›Leda und der Schwan‹, das ziemlich erotisch ist. Ich fand das sehr interessant.

Was können Sie uns über dieses ziemlich spezielle Werk mit dem Titel Untitled (Spittoon) *(2008) sagen?*

Diese Frau hier kauert am Boden, das Bild ist in einem volkstümlichen Stil gehalten, der sich in vielen meiner

style of the painting appears as caricature, not a modern cartoon style, but rather a style that I came across during my school days in the 1980s. When I painted this painting, I was a grass root. I used my instinct to paint this. The guy in this painting is rowing the boat. In order to please the girl, he stands in the water, and pushes the boat forward with his body. Of course it wouldn't be possible in reality, it was just a certain kind of concept. When I was in Shanghai, people said this painting was a satire on Shanghainese men who were very nice to women and very thoughtful. Where I am from, northeast China, men are always considered of rough machismo, in great contrast to those in Shanghai. So it was a joke and a satire on Shanghainese men.

How do you proceed? What is your source material?

Before 2002 almost all my works tended to have a realistic style. But this kind of style is technically too complicated and also puts a certain limitation on the content. Using this new caricatured style with simplified characters helped me break through the boundary of being realistic. That enables settings that are absurd and beyond reality. *A Sunday Afternoon in the Youth Park* was also part of this series. But it was made a few years later, in an improved way. In this painting, a couple is rowing a very special rented boat. The boat took the shape of a public toilet. You won't find it in reality. Again, I was inspired to make a caricature, a satire on the couple's uncivilized behavior, throwing garbage into the lake, etc. The subject here was more absurd than its predecessors; the technique was more meticulous, constructed, and highly summarized. *Leda and the Swan* was painted in 2007, but I had conceived the idea five years earlier. I didn't quite finish the colored sketch when I first had it. After a while I took it to a sketch show in Nanjing. Mao Yan (b. 1968), a painter friend, liked it very much, and he talked me into eventually making it into a painting. The composition of this painting followed the Neoclassical style, especially that of Jacques-Louis David. Two soldiers are holding the painting for Hitler to observe it, but his eyes are looking at the audience outside the canvas. Hitler was enthusiastic about art, and as I recall, *Leda and the Swan* was one of the topics he highly regarded. There was one in the Nazi's collection. I found this very interesting. Most of the total-

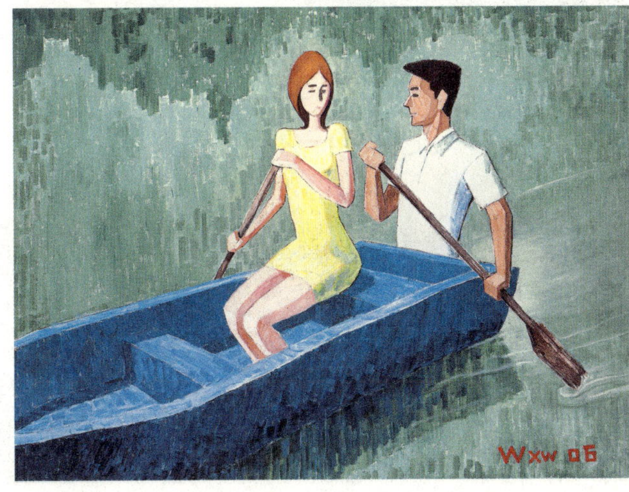

Gemälde findet. Es gibt andere, beispielsweise mit einem Blumentopf. Zu der Frau in diesem Bild gibt es eine einzigartige Geschichte. 2003, als ich in Shanghai war, habe ich diesen Porträtmaler gefunden, der in einer Gasse in der Nähe des Shanghai Art Museum kommerzielle Bilder malte. Ich habe zwanzig abstrakte und vier figurative Gemälde bei ihm bestellt und ihm gesagt, er könne malen, was er wolle – jedes beliebige Sujet, was auch immer –, aber er müsse es

itarian countries followed the formation of the Soviet, including China during the Cultural Revolution. These countries all rejected eroticism. But the Nazi government favored *Leda and the Swan,* which is rather erotic. I found this very interesting.

What can you tell us about this rather special work with the title Untitled (Spittoon) *(2008)?*

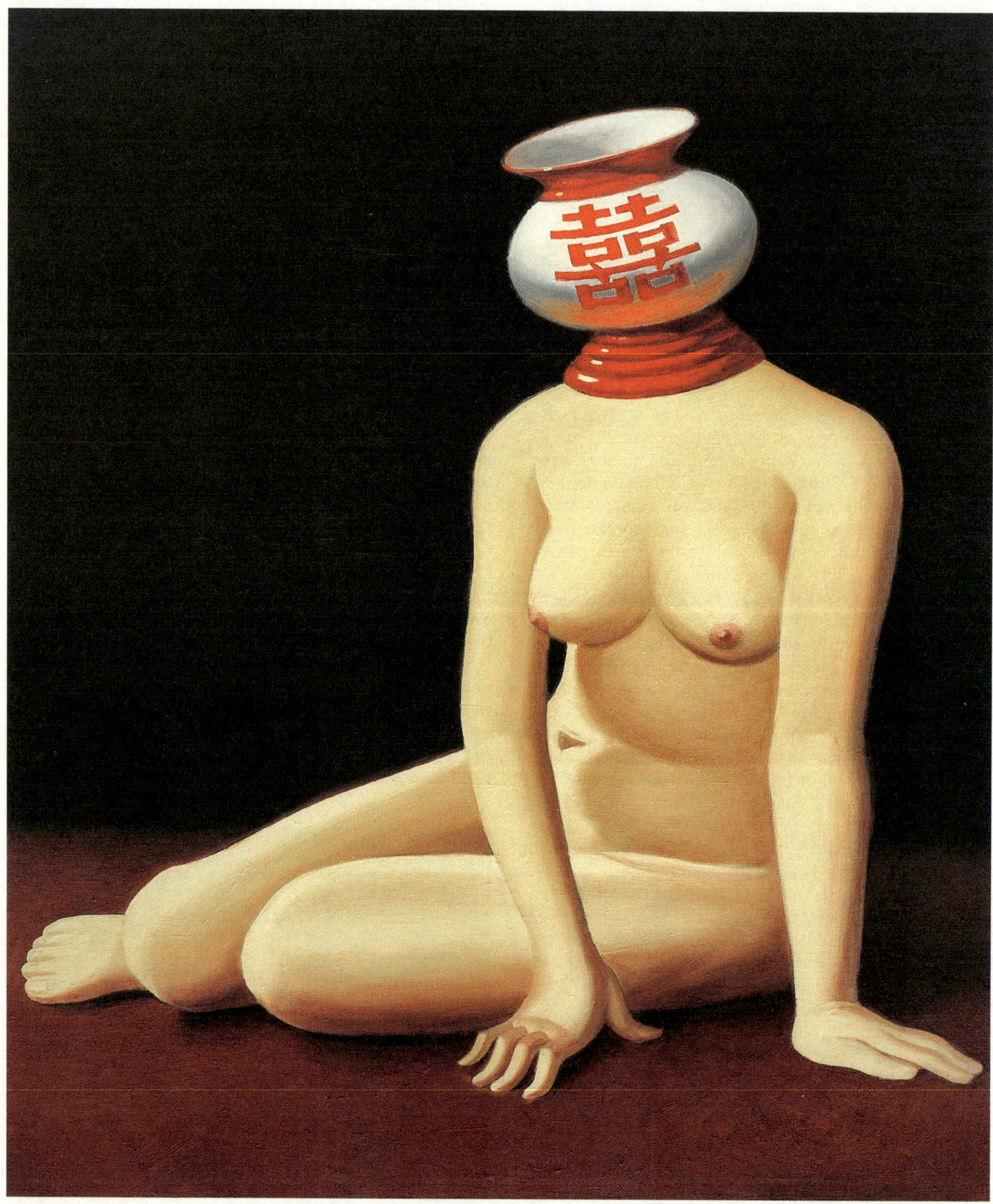

unter meinem Namen tun. Er hat sich darauf eingelassen und einen Vertrag unterzeichnet. Für die abstrakten Bilder machte ich eine Ausstellung mit dem Titel *Adoption*, so als ob es Babys wären. Auf einem der figurativen Gemälde gab es diese nackte Frau, die genauso posierte wie die, die Sie auf *Untitled (Spittoon)* sehen. Der Porträtmaler übernahm diese Figur von einem alten Kalenderbild von Hang Mingshi (geb. 1931), dem Sohn des sehr berühmten kommerziellen Künstlers Hang Xiying (1900–1947). Das Original von Hang Mingshi war eine schöne Farbstiftzeichnung. Die Hangs waren berühmt für ihre schönen Werke. Diese posierende Figur wurde also eigentlich gleich zweimal ›adoptiert‹.

Warum der Spucknapf (Spittoon)?

Das begann 2007 mit einem früheren Werk, auf dem ich statt eines Kopfes eine quadratische Box benutzt habe. Das war der Beginn meiner Idee, Köpfe durch eine Art Behälter oder Gefäß zu ersetzen. Diese Objekte hatten genau das gleiche Volumen wie der Kopf, sodass sie austauschbar waren. Außerdem stehen verschiedene Behälter für die soziale Identität verschiedener Menschen. Die Schriftzeichen, die bei *Spittoon* auf dem Objekt stehen, bedeuten »doppeltes Glück«, was normalerweise eine Hochzeitsfeier meint. Die nackte Frau hat keine soziale Identität, während Spucknäpfe gängige und alltägliche Gegenstände von niedrigerem Rang sind.

Gibt es einen spezifisch chinesischen oder anderen kulturellen Kontext, den wir kennen sollten?

Bei *Untitled (Spittoon)* muss man den Gegenstand erkennen und das Schriftzeichen, das »doppeltes Glück« bedeutet. Menschen in Ostasien erkennen das problemlos, andere natürlich nicht. Bei den karikaturistischen Bildern muss man nichts über den Hintergrund wissen. Selbst wenn man noch nie zuvor so etwas gesehen hat, wird man die Stimmung auf den ersten Blick erkennen. Man muss nicht genau wissen, was dargestellt ist.

Und wie verhält es sich mit Leda auf dem Gemälde mit Hitler? Meinen Sie, die Betrachter müssen die Zusammenhänge kennen?

Nein. Die Figur wurde von Anfang an als populäre und alltägliche geschaffen. Sie hatte nichts Besonderes an sich, außer dass sie alles in sich vereinte, was als schön und feminin an einer Frau galt. Tatsächlich weiß man, dass Hitler volkstümliche Kunst bewundert hat.

Vertrauen Sie auf die traditionelle Malerei oder beziehen Sie sich auf das Phänomen, das im Westen als ›bad painting‹ bezeichnet wird?

Tatsächlich stehen meine Bilder in einer engeren Beziehung zu klassischen Gemälden als zum ›bad painting‹. Die Stile mögen unterschiedlich wirken, aber es ist ihnen eine einheitliche Konsequenz der kompositorischen und malerischen Logik gemein. Die Skizze muss durch Linie und Form gerechtfertigt sein, die Farbe muss durch die Skizze gerechtfertigt sein. Selbst beim ›bad painting‹ ist das so. Auch wenn sie ›schlecht‹ ist, muss die Malerei ausbalanciert und vereinheitlicht werden. Die fein gemalten und die grob und roh gemalten Werke sind nicht so weit voneinander entfernt. Es ist wie bei der Topologie: Ganz egal, wie man einen Kubus zu einer Kugel umformt oder eine Kugel zu einer Olivenform dehnt, die Gesamtmasse bleibt unverändert.

This woman here is sitting on the ground; the image is in a folk style that is consistent in many of my paintings. There are others with a flowerpot, among other things. The woman in the painting came with a unique story. It was in 2003 when I was in Shanghai, I found this limner who produced commercial paintings in an alley near Shanghai Art Museum. I ordered twenty abstract paintings and four figurative paintings from him. I told him to paint whatever he liked, whatever subjects, all there was, but in my name. These paintings would be my work. So he went ahead and signed a contract. I made a show for the abstract ones, it was titled "Adoption," like they were babies. In one of the figurative ones, there was this nude woman, posing just like you see in this one. The limner adapted this figure from some old calendar picture made by Hang Mingshi (b. 1931) who is the son of very famous commercial artist Hang Xiying (1900–1947). The original piece by Hang Mingshi was a beautiful crayon drawing. The Hangs were famous for their beautiful works. So this posing figure was actually adopted twice.

Why the spittoon?

It started with an earlier work in 2007, where I put a square box instead of a man's head. That was the start of my idea of replacing the head with some kind of container or vessel. These objects had the same volume of the head, so they were replaceable. Also, different containers represented the social identity of different people. In *Spittoon*, the character written on the object reads "double happiness," which usually represents the celebration of a marriage. The naked woman has no social identity, whereas spittoons are common and daily objects of a lower rank.

Are there specific Chinese or other cultural contexts that we need to know?

With *Untitled (Spittoon)*, one needs to recognize the object, the character meaning "double happiness." People in East Asia recognize it just fine; others of course won't. With the caricature paintings it is not necessary to know the background. Even if you've never seen it before, you'll recognize the mood at first sight. One doesn't need to know exactly what it is.

And Leda in the painting with Hitler? Do you think the public needs to know where it came from?

No. The figure was created as a popular and common one in the very beginning. There wasn't anything special about her other than assembling all that was considered beautiful and feminine about a woman. Actually, Hitler is known to have bowed to popular tastes.

Are you relying on traditional painting or referring to the phenomenon that in the West is called "Bad Painting"?

Actually my paintings have a closer connection to classical paintings than to Bad Painting. The styles may appear different, but they share a unified consistency of compositional and painterly logic: the sketch has to be justified by the line and shape, the color has to be justified by the sketch. Even with Bad Painting, it is justified as well. It has to be balanced and unified while being "bad." Those painted refined, and those painted rough and raw, they are not so far apart. It's just like topology: no matter

Warum verwenden Sie gleichzeitig diese verschiedenen Stile? Was bedeutet diese Gleichzeitigkeit?

Normalerweise arbeite ich in einer bestimmten Periode nur in einem Stil und gehe dann zu einem anderen über, wenn ich das Gefühl habe, dass ich mit dem einen fertig bin. Gleichzeitigkeit kommt vor, ist aber selten. *Leda and the Swan* war ein besonderer Fall; ich habe darin eine ältere, aber damals nicht realisierte Idee nachgeholt. Kurzum, das war ein Nachzügler, das passiert. Solche Werke sollten zeitlich als Teil der Serie kategorisiert und angesehen werden, für die sie konzipiert worden sind.

Welche Bedeutung hat ›Geschmack‹ für sie?

Ich schenke dem, was wir normalerweise als ›Geschmack‹ bezeichnen, keine große Aufmerksamkeit. Für gewöhnlich verwende ich solche Begriffe eher selten. Ich würde ›Skizze‹ oder ›bildende Kunst‹ oder ›Emotion‹ oder ›Status‹ sagen, aber nicht ›Geschmack‹. Ich denke nicht in diesen Begriffen, da sich mit ihnen keine direkte Verbindung zu den Techniken herstellen lässt. Alle meine Gemälde benötigen diese direkte Verbindung zur ›bildenden Kunst‹. Sie verlangen geradlinige Praxis. ›Geschmack‹ oder ›Stil‹ kommen gelegen, wenn ein anderer sich an einer Beschreibung oder Narration versucht, aber für einen Künstler sind sie nicht sehr nützlich.

Welche Rolle spielt Hitler hier? Welche spezifische Situation ist dargestellt?

Ich habe drei Gemälde gemacht, die etwas mit Hitler zu tun haben. Eines entstand 1997; auf dem stehe ich mit Hitler in dem Bild. Hitler hält ein Buch von Gandhi in der Hand und weint. Es gab noch ein anderes mit einem verschwommenen Hitler ganz weit im Hintergrund. Vor ihm befindet sich Weideland und ein Hund springt über eine Hürde. Vielleicht habe ich Hitler einfach als die interessanteste historische Figur im Westen empfunden. Man könnte ihn als ein Symbol betrachten, als eine sehr Furcht einflößende Person, während er für uns in China völlig ohne Belang ist. Für mich war seine spezifische Identität nicht das Entscheidende. Er war nicht nur böse, sondern eine finstere Macht. Auf diesem Gemälde war es eine Situation, die sich damals hätte ereignen können. Stellen Sie sich vor, Hitler begutachtet eine Neuerwerbung, doch er blickt den Betrachter außerhalb der Leinwand an. Ich konnte kein Originalgemälde von ›Leda und dem Schwan‹ von Nazikünstlern finden und habe daher meine eigene Version erfunden. Das chinesische Publikum oder das Publikum allgemein wäre der Meinung, dass die von den Nazis geschätzte Kunst auch das Image dieses Landes darstellt. Aber wie kommt es, dass es so viele Gemälde zu den Themen Mythos und Erotik gab? Einer der Gründe war wahrscheinlich die ethnische Herkunft. Wie auf dem Gemälde hatte das Mädchen Leda blonde Haare. Sie repräsentierte eine bestimmte ›Rasse‹ und ihren mythischen oder adeligen Ursprung.

Warum haben Sie diese spezifische Größe und diesen bestimmten Stil für Ihre Gemälde gewählt?

Die beträchtlichen Maße, 3 bis 4 Meter in der Länge, sind nicht diejenigen eines Gemäldes für eine Privatwohnung. Sie waren immer für den öffentlichen Raum gedacht. Möglicherweise könnten sie ihren Platz in einem Rathaus finden. Dieser an der Öffentlichkeit orientierte Charakter steht

how you reshape a cube into a ball, or stretch a ball into an olive shape, the overall mass is unchanged.

Why the simultaneousness of these different styles? What does it signify?

I usually only do one style in a certain period of time, then change to another after I feel I'm done with it. The simultaneousness happens, but rarely. *Leda and the Swan* was a special case, it caught up with a formerly conceived but unrealized idea. In short, it was late. This happens. This kind of work should be categorized and seen as part of the series when it was conceived.

What meaning has taste for you?

I don't pay much attention to what we usually call taste. Usually I don't even use these terms very much. I would say "sketch" or "fine art" or "emotion" or "status." No "taste." I don't think with these terms, as they can't establish a direct connection to techniques. All my paintings need this direct connection to *fine art*. They require straightforward practice. "Taste" or "style" come in handy when someone else tries to make a description or a narration, but for a practitioner, they are not very useful.

What role does Hitler play here? What specific situation is depicted?

I produced three paintings that had to do with Hitler. One was in 1997, where I'm standing with Hitler in the painting. Hitler holds a book of Gandhi in his hand, and he is weeping. There was another one with Hitler in the far backdrop, blurred. In front of him is grassland, and a dog jumping over a hurdle. Perhaps I found him the most interesting historical figure in the West. He could be considered a symbol, someone who was very intimidating, while being totally irrelevant to us in China. For me, his specific identity was not the most crucial part. He was someone with not just evilness, but also a dark power. In this painting, it was a situation that could happen back then. Imagine, Hitler inspecting a new acquisition. But he is looking at the viewer outside the canvas. I couldn't find an original painting of *Leda and the Swan* by Nazi artists and came up with my own version. To the Chinese audience, or to the audience in general, they would find the art cherished by the Nazis also represented the image of that country. But how come there were so many paintings on the subject of myth and eroticism? One of the reasons was probably the ethnic origin. As in the painting, Leda the girl had blond hair. It represented a certain race, and its mythic or noble origins.

Why the specific size and style of your paintings?

The considerable dimensions, 3 to 4 meters in length, are not those of a painting for a private residence. They were always meant for the public realm. Perhaps they could find their place in a city hall. This public-oriented nature is closely related to the features of Neoclassical paintings, whose dimensions were impressive as well. They were placed at certain venues that are accessible to the public. Again the style has to do with Neoclassical realism, and socialistic realism. No matter what, whether it was Hitler's preference, the USSR's historical paintings, or China's revolutionary realism, they all had a realistic foundation.

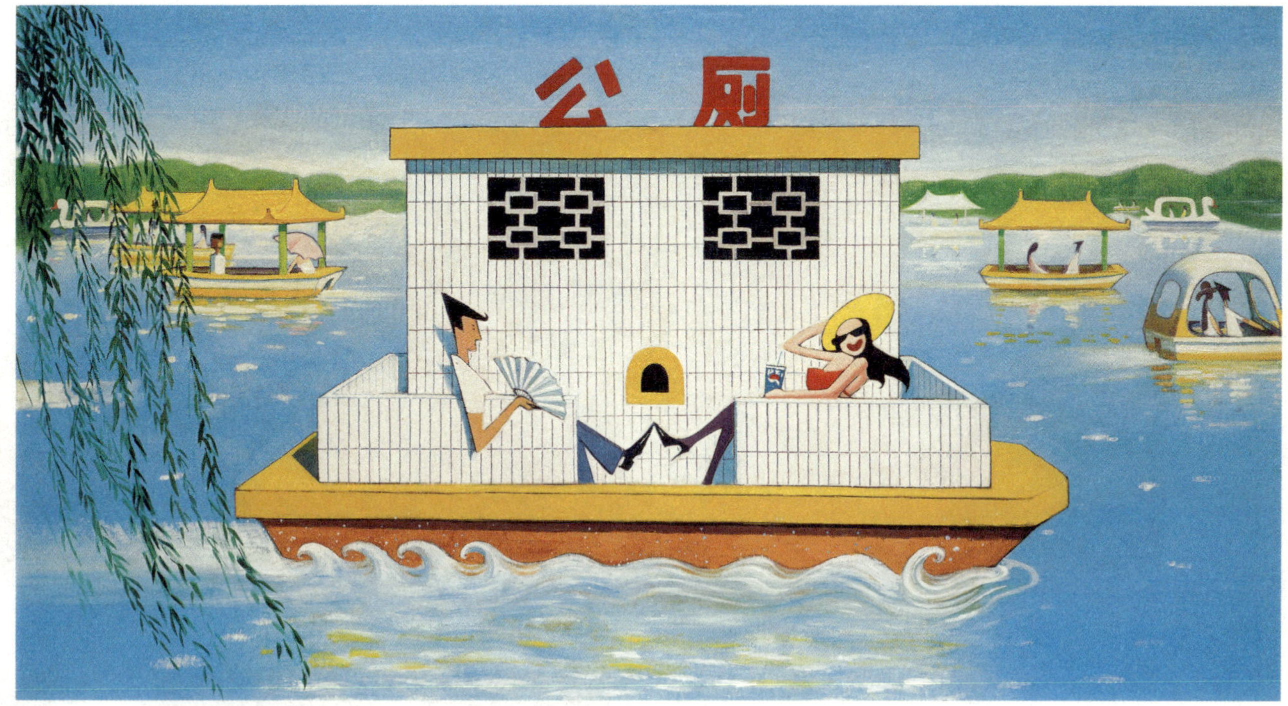

in engem Zusammenhang mit den Merkmalen klassizistischer Gemälde, deren Maße ebenfalls eindrucksvoll waren. Sie wurden an bestimmten, der Öffentlichkeit zugänglichen Schauplätzen platziert. Um es nochmals zu sagen: Der Stil hat mit klassizistischem und sozialistischem Realismus zu tun. Ganz egal, ob es sich um Hitlers Vorliebe, die Historienbilder der UdSSR oder Chinas revolutionären Realismus handelt, sie alle hatten ein realistisches Fundament.

Und was hat es mit Ihrer Farbpalette auf sich?

Rot und Rötlichbraun waren die Hauptfarben, die bei *Leda and the Swan* von den drei roten Hakenkreuz-Bannern vorgegeben waren. Es war bedrückend. Auch der Kronleuchter gab dem Ganzen einen prächtigen Anstrich. Hitlers Augen liegen in dem Schatten, den der Kronleuchter wirft. Man kann aber die Einschüchterung und Bedrohung spüren, die von ihm ausgehen.

And the color palette?

Red and maroon were the main colors in *Leda and the Swan,* set by the three red swastika banners. It was very oppressive. The chandelier also gave a touch of magnificence. Hitler's eyes are in the shadow casted by the chandelier. But you can feel the intimidation and threats that emanate from him.

Adrian Wong

Interview: Venus Lau

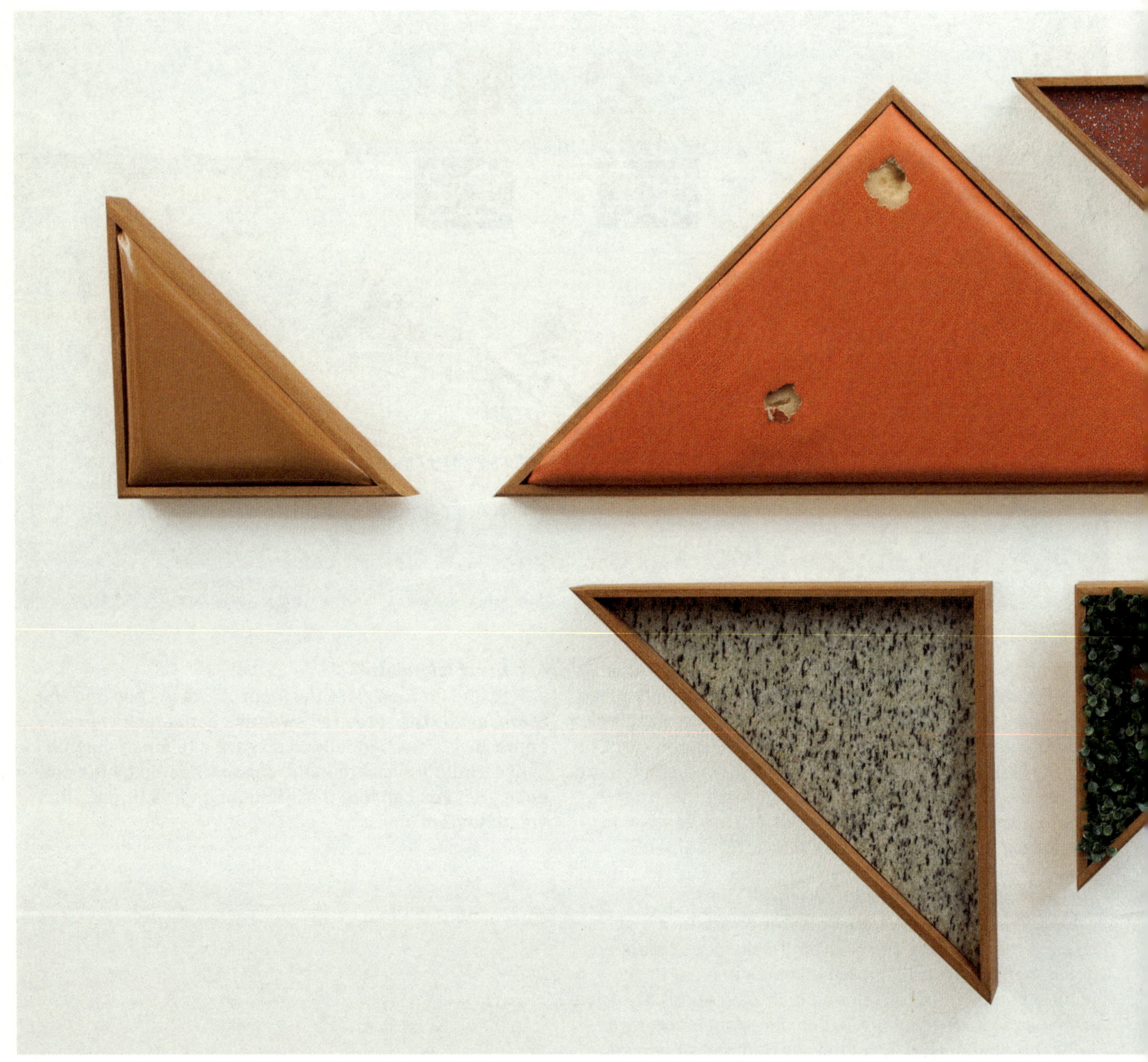

Adrian Wong wurde 1980 in Chicago geboren und studierte zunächst Psychologie an der Stanford University, bevor er seinen Master of Fine Arts von der Yale University in New Haven erhielt. Seine künstlerischen Ausdrucksmittel umfassen Skulptur, Installation und Videokunst. Adrian Wong unterrichtet Skulptur und kritische Theorie an der University of California in Los Angeles sowie an der Virginia Commonwealth University in Richmond. Wong lebt und arbeitet in Hongkong und Los Angeles.

Sie finden für Ihre Kunstwerken immer gute Namen. Welche Geschichten stecken hinter Titeln wie The Irrevocable Sadness of Colette's Thank You *und* Gilbert's Downward Gaze *(beide 2012)?*

Die Titel dieser Werke gehen auf meine Erfahrungen zurück, als ich über einen Monat lang mit einer Vielzahl kleiner Säugetiere in einem temporären Atelier zusammengelebt habe. Colette war eine ganz spezielle Ratte, die ich

Adrian Wong was born in Chicago, Illinois, in 1980. He initially studied psychology at Stanford University before receiving his MFA from Yale University. His artistic means of expression include sculpture, installation, and video. Wong teaches sculpture and critical theory at the University of California in Los Angeles as well as at the Virginia Commonwealth University in Richmond. He lives and works in Los Angeles and Hong Kong.

You are always good at naming your artworks. What are the stories behind the titles The Irrevocable Sadness of Colette's Thank You *(2012) and* Gilbert's Downward Gaze *(2012)?*

The titles of these works were derived from my experiences over a month spent living with a variety of small mammals in a temporary studio. Colette was a very special rat that I trained to walk across various obstacles placed onto the surface of the painting. The most notable thing about Colette was her habit of retrieving a treat,

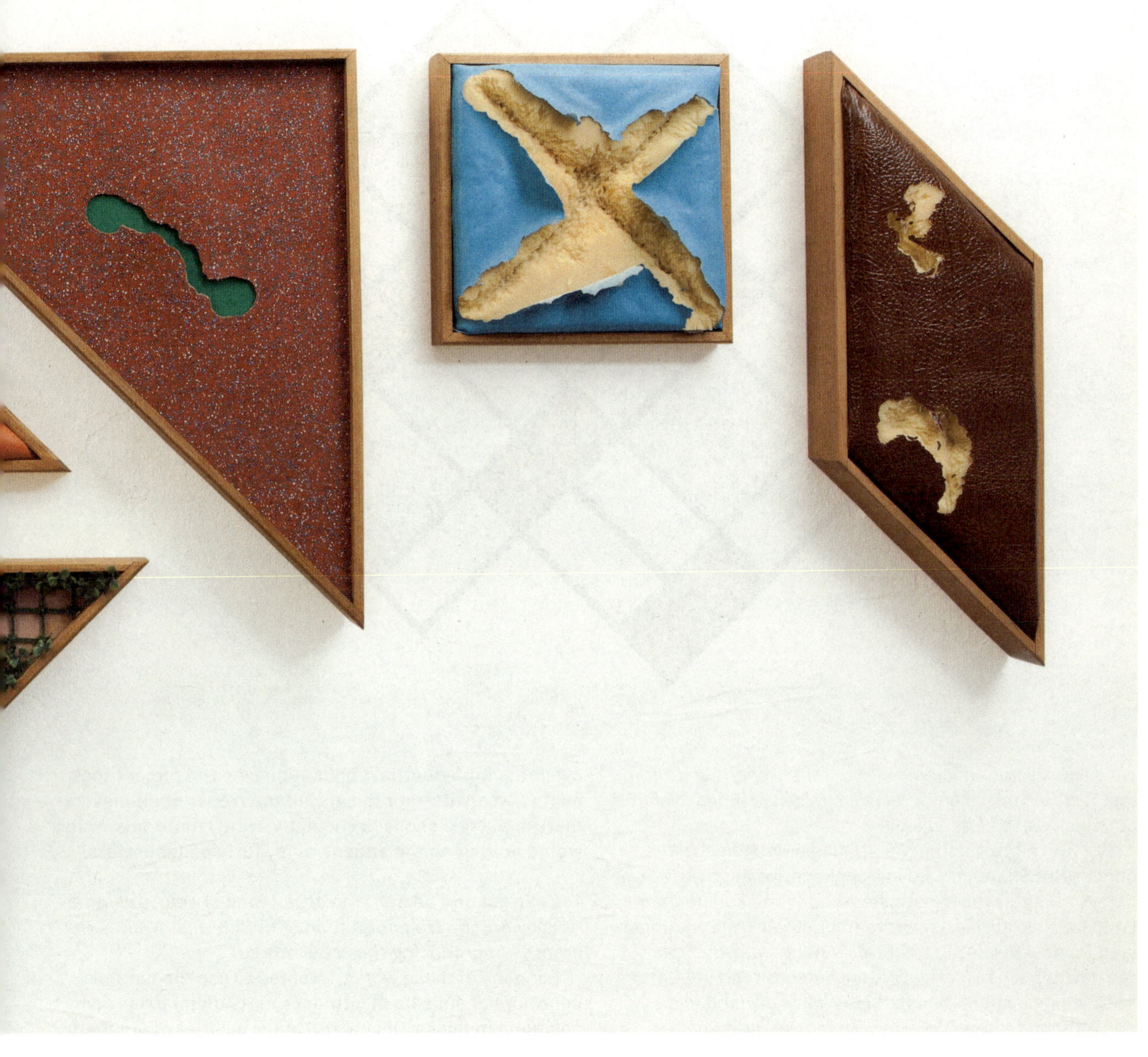

trainiert habe, über verschiedene Hindernisse zu laufen, die ich auf ein Gemälde gelegt hatte. Am bemerkenswertesten an Colette war ihre Gewohnheit, sich einen Leckerbissen zu holen, davonzueilen, ihn zu verspeisen und dann zurückzukehren, um den Erhalt unverzüglich und beinahe feierlich zu bestätigen. Gilbert war ein Hamster, der an der Polsterkomposition gearbeitet und auf pathologische Weise jeglichen Blickkontakt gemieden hat.

Ihre künstlerische Arbeit erstreckt sich über die unterschiedlichsten Materialien und Techniken, von den gewöhnlichen, darunter Holz und Stahl, bis hin zu Animatronik-Enten, getrocknetem Fisch, Oolongtee, Bambus und taoistischem Exorzismus, und Sie haben häufig mit Objekten gearbeitet, wobei Sie urbane Strukturen in Hongkong errichtet haben. Können Sie etwas mehr zur Wahl Ihrer Materialen sagen, vor allem in Bezug auf die beiden Werke The Irrevocable Sadness of Colette's Thank You *und* Gilbert's Downward Gaze,

scurrying away to eat it, then returning to momentarily acknowledge the receipt—almost solemnly. Gilbert was a hamster who worked on the upholstery composition and pathologically avoided eye contact.

Your artistic practice stretches over a kaleidoscope of materials, from the common ones including wood and steel, to animatronic ducks, dried fish, oolong tea, bamboo, and Taoist exorcism, and you have frequently worked with objects constructing urban textures in Hong Kong. Can you explain more on your material choices, especially for The Irrevocable Sadness of Colette's Thank You *and* Gilbert's Downward Gaze, *which both attract viewers with their distinct structures and textures? In addition, where did you source the materials from?*

The materials that I used were all sourced from the Sham Shui Po district of Hong Kong—where I was particularly taken by the variety of artificial leathers and foliage

Adrian Wong, *The Irrevocable Sadness of Colette's Thank You*, 2012

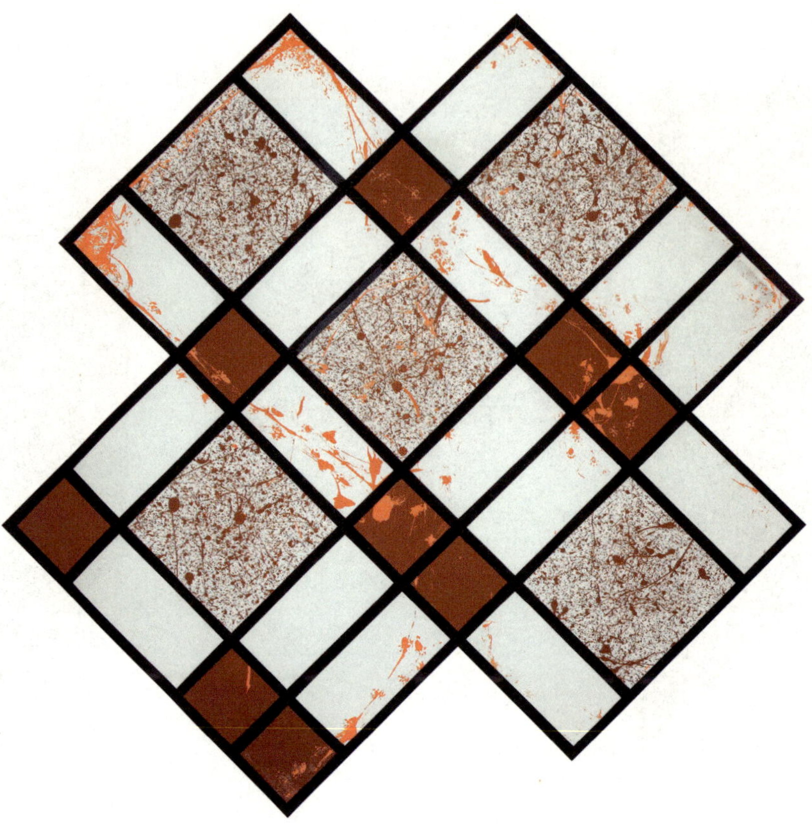

die die Betrachter mit ihren charakteristischen Strukturen und Texturen anziehen? Zusätzlich folgende Frage: Woher stammen diese Materialien?

Die von mir benutzten Materialien stammen alle aus dem Bezirk Sham Shui Po in Hongkong, wo mich besonders die Vielfalt von künstlichem Leder und künstlichem Laub faszinierte, die es dort für industrielle Anwendungen gibt. Da das Ziel des Projekts ein Versuch war, die Spuren des tierischen Markierungen-Setzens festzuhalten, habe ich besonders robuste Materialien gewählt, die den Aktionen meiner pelzigen Mitarbeiter standhalten würden.

Sie extrahieren und präsentieren die Objekthaftigkeit der ausgewählten Materialien durch eine drastische Verwandlung ihrer Formen. Mit welchen Verfahren haben Sie diese beiden Werke produziert?

Bei jedem dieser Werke wollte ich das natürliche Verhalten der Tiere nutzen, damit es innerhalb des Kompositionsprozesses zu Überraschungen und zufälligen Entdeckungen kommen konnte. Natürlich habe ich zunächst eine Reihe ästhetischer Entscheidungen getroffen, doch mit jeder Entscheidung, die ich getroffen hatte, habe ich auch eine den Tieren überlassen und wir sind in einen Dialog getreten, der auf ihrem Verhalten beruhte. Bei *Gilbert's Downward Gaze* etwa habe ich zunächst Formen aus Polsterkomponenten hergestellt und sie jeden Abend in das Gehege eines anderen Tieres gelegt. Ich habe ihr Kauverhalten mit einer Vielzahl von Zusätzen an der Oberfläche und unter jedem Teil manipuliert, doch das Endergebnis war nicht vollständig vorhersehbar.

available for industrial applications. As the project took as its aim an attempt to capture the traces of animal mark-making, I chose particularly sturdy materials which would hold up to the actions of my furry collaborators.

You extract and present the objecthood of selected materials by drastic transformation of their forms. What is the process of producing these two works?

For each of these works, I wanted to use the natural behaviors of animals to introduce serendipity to my compositional process. Of course, I made a series of aesthetic decisions to begin with—but with each decision that I made, I offered one up to the animals, and we would engage in a dialogue based on their behaviors. For example, in *Gilbert's Downward Gaze*, I began by creating shapes out of upholstered components and placed them each night into a different animal's enclosure. I manipulated their chewing behavior with a variety of applications to the surface and undersides of each piece, but the final result was not something entirely predictable from the outset.

You have pet rabbits and hamsters in your studio, and the imagery of rodents and lagomorphs appear in a lot of your recent works, even though most of the time they are presented as an absence, such as is suggested by the title of your past solo exhibition Rodentia in Absentia. *Why rats and rabbits?*

Rodents and lagomorphs were chosen because of their instinctive chewing and scratching behavior. Rats in particular were particularly well suited due to their innate intelligence, as well as their ability to rotate their incisors

Sie haben in Ihrem Atelier Hauskaninchen und Hamster und die Motive von Nagetieren und Hasenartigen erscheinen in vielen Ihrer neueren Werke, obwohl sie meist als etwas Abwesendes präsentiert werden, wie dies der Titel Ihrer letzten Einzelausstellung, Rodentia in Absentia, *nahelegt. Warum Ratten und Kaninchen?*

Die Nagetiere und Hasenartigen habe ich wegen ihres instinktiven Kau- und Kratzverhaltens gewählt. Insbesondere Ratten waren wegen ihrer angeborenen Intelligenz und wegen ihrer Fähigkeit, ihre Nagezähne zu drehen, um auf diese Weise unverdauliche Materialien von ihrem Mund wegzuleiten, besonders gut geeignet. Aus diesem Grund wurde die Mehrzahl der in den Werken verwendeten anorganischen Materialien den Ratten zugeteilt.

Sie wurden in Chicago geboren und sind dort aufgewachsen und leben momentan in Hongkong und Los Angeles. Gibt es irgendwelche spezifisch urbanen Kontexte, auf die Sie sich beziehen?

Ich glaube, dass ich viele der gestalterischen und materiellen Bezüge unbewusst aus meiner Umwelt zu der Zeit, in der das Werk geschaffen wurde, erhalten habe. Mein Atelier befand sich in einem Bezirk, in dem eine überproportional hohe Anzahl von Gebäuden stand, die abgerissen werden sollten. Ich habe in diesen morschen Bauten, temporären Strukturen und dem allgemeinen Verfall sehr viel Schönheit und überraschende Momente von Eleganz gefunden. Das war ein Ausdruck des Fortschritts in Hongkong und dem Pearl River Delta [Großregion um die Metropolen Hongkong, Macau, Guangzhou, Shenzhen u. a.] allgemein, das in die Zukunft zu rasen scheint, ohne sich viele Gedanken über die Bewahrung der alltäglichen Artefakte zu machen, die in seinem Fahrwasser zurückbleiben.

Gibt es in Ihren Werken in irgendeinem Sinne einen Kommentar zur zeitgenössischen Malerei? Wenn dem so ist, wie lautet er?

Ich glaube, es ist schwierig, in einem Werk, in dem es um das Anbringen von Markierungen geht, keine Beziehung zur zeitgenössischen Malerei zu sehen. Für mich waren diese Werke eher das Ergebnis eines unausgegorenen Versuchs, die ›malerischen‹ Gesten von Tieren zu katalogisieren, Wesen, denen wir selten einen ästhetischen Antrieb zuschreiben.

Sie haben einen Masterabschluss in Entwicklungspsychologie von der Stanford University und eine Reihe Ihrer Werke beziehen sich offenkundig auf Fälle dieser Disziplin, etwa Kaspar Hauser in der Installation Kaspar Hauser, Ramachandra, and Natascha the Dog Girl of Chita *(2011), wo drei pelzige Animatronik-Köpfe miteinander sprechen. Wie verbinden Sie die psychologische Tiefe und die Oberflächen urbaner Strukturen in Ihren Werken?*

Ich begreife die Stadt als eine Erweiterung des Selbst und benutze ihre Oberflächen, um mich in ihr Unbewusstes einzugraben. Die Markierungen, die wir täglich setzen, erreichen selten die Ebene konkreter Bewusstheit, doch sie häufen sich trotzdem an. Wir ›malen‹ unsere Umwelt im Wesentlichen mit unseren Handlungen, ganz ähnlich wie die Hamster und Ratten, die bei der Herstellung dieser Werke mitgewirkt haben.

to funnel nondigestible materials away from their mouths. The majority of the inorganic materials used in the works was relegated to rats for this reason.

You were born and raised in Chicago and are currently based in Hong Kong and Los Angeles. Are there any specific urban contexts you are referring to?

I think a lot of the design and material references were subconsciously drawn from my surroundings at the time that the work was created. My studio was located in a district populated with a disproportionate number of older buildings slated for demolition. I found a lot of beauty and surprising moments of elegance in the ramshackle constructions, temporary structures, and general dilapidation around me. It spoke to the state of progress in Hong Kong, and the Pearl River Delta [the greater metropolitan area that includes Hong Kong, Macau, Guangzhou, and Shenzhen, among others] in general, which seems to barrel on toward the future without much concern for conservation of the everyday artifacts left in its wake.

Is there a commentary on contemporary painting in any sense in your works? If so, how?

I think it's hard not to see a relationship with contemporary painting in any work that involves mark-making. For me, these works were more the product of a half-baked effort to catalogue the "painterly" gestures of animals—beings that we rarely assign an aesthetic drive to.

You obtained a master's degree in developmental psychology from Stanford University, and a number of works obviously refer to cases in the discipline, such as Kaspar Hauser in the installation Kaspar Hauser, Ramachandra, & Natascha the Dog Girl of Chita *(2011), where three furry animatronic heads talk to one another. How do you connect the psychological depths and the surfaces of urban textures in your works?*

I see the city as an extension of the self, and use its surfaces as a way of digging into its subconscious. The marks that we make on a daily basis rarely rise to the level of conscious awareness, but they accrete nonetheless. We are essentially "painting" our surroundings with our actions, much like the hamsters and rats that were used to create these works.

Xue Feng

Interview: Wu Mo

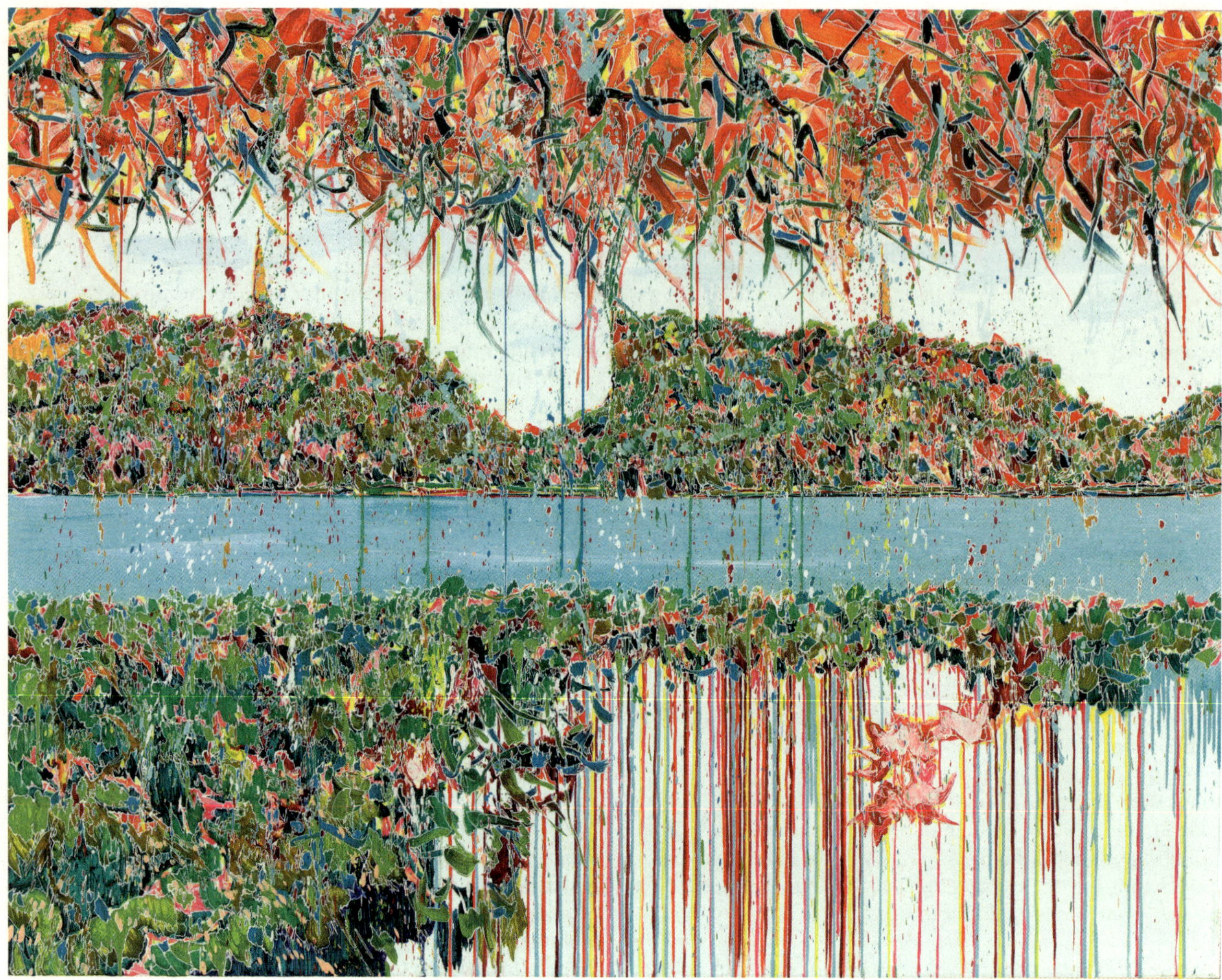

Xue Feng wurde 1973 in Ninghai (Provinz Zhejiang) geboren. 1997 machte er seinen Studienabschluss an der Fakultät für Ölmalerei der China Academy of Art in Hangzhou und studierte anschließend von 2001 bis 2003 an der Kunstakademie Düsseldorf. 2003 begann er, an der China Academy of Art zu unterrichten. Am bekanntesten ist Xue Feng für seine dunklen, atmosphärischen Bilder, deren dichte Pinselstrichlagen ein Gefühl des Verlusts verströmen. Bei seinen neueren Werken gibt es eine klare Abkehr von der Nacht und eine Hinwendung zum Tag, und tumultuöse farbige Pinselstriche verkörpern die Freude und Leuchtkraft des Frühlings. Xue lebt und arbeitet in Hangzhou.

Worauf beziehen sich die Titel Background 1 *(2011),* Background 19 *(2012),* Transform 5 *(2011) und* Flashback 27 *(2012)?*

Im Fall der *Background*-Serie geht der Titel auf die Idee des Hintergrunds von einem Bühnenbild zurück. Obwohl diese Serie wie eine Art Landschaft wirkt, war mein erster Gedanke, Landschaften wie Hintergründe zu machen, einfach wie Logos. Sie haben völlig feststehende Bildmuster. Manchmal ist es nur ein Muster, manchmal sind es zwei, drei oder auch dreizehn Muster nebeneinander.

Xue Feng was born in 1973 in Ninghai (Zhejiang Province). He graduated in 1997 from the oil painting department at the China Academy of Arts, and studied at the Düsseldorf Academy of Art from 2001 to 2003. He began teaching at the China Academy of Visual Arts in 2003. Xue Feng is best known for his dark, atmospheric canvases, where dense layers of brushstrokes exude a sense of loss. His new works see a clear departure from night to day, with a riot of colorful strokes depicting the joy and vibrancy of spring. Xue lives and works in Hangzhou.

What are the titles Background 1 *(2011),* Background 19 *(2012),* Transform 5 *(2011) and* Flashback 27 *(2012) referring to?*

For the *Background* series, I borrowed the title from the notion of the stage setting background. Although the appearance of this series is like some kind of landscape, my first thought was to make landscapes like backgrounds, just like logos. They have totally fixed image patterns. Sometimes it's only one pattern, sometimes two, three, or even thirteen patterns in juxtaposition.

What are these paintings depicting?

The visual effect of the background is in a state of flux, but always revolves around the same image. The first stage

Was stellen diese Gemälde dar?
Die visuelle Wirkung des Hintergrunds befindet sich im Fluss, doch sie dreht sich stets um dasselbe Bild. Das erste Stadium der *Background*-Serie bestand darin, sich auf dasselbe Landschaftsmuster zu konzentrieren: ein Hügel mit einer Pagode darauf, umgeben von Wasser. Mein Ziel war es, durch ständige Wiederholung einen persönlichen visuellen Stil zu finden. Später hat sich die Landschaft dann langsam in die Ferne zurückgezogen und vorne ist eine Szenerie mit Objekten erschienen. Die *Background*-Serie hat mich fünf Jahre lang beschäftigt.

Welche Rolle spielen die kleineren ornamentalen Elemente in Ihren Gemälden?
Bei *Background 1* habe ich zwei identische Bilder miteinander verbunden, habe aber beim einen Details variiert. *Background 19* wurde auf dieselbe Weise gemalt, aber mit größeren visuellen Unterschieden: die eine Pagode ist offensichtlich, die andere ganz subtil, das eine Boot ist größer, das andere kleiner. Das größere Boot kommt aus dem Wasser an Land und bildet eine neue Szene mit einer Kiefer und Gelehrtensteinen, was den oberen Teil des Bildes zu einem Hintergrund werden lässt. Die *Flashback*-Serie ist aus der *Background*-Serie hervorgegangen. Sie ist eine abstrakte Kombination innerer Strukturen: Ihre Konturen sind verschwunden. Allerdings verbirgt sich die Abstraktion in der Konkretisierung. Ich habe die Details vergrößert, um den abstrakten Stil zur Geltung zu bringen, und ich habe mich sehr bemüht, die Formen so zu beschreiben, dass die Perspektive abgeflacht und die visuelle Wirkung dekorativ wird. Ohne Narrativ sollte das Gemälde solch unzweideutige, manuelle, strapaziöse, willentliche, zeitliche und rein visuelle Merkmale aufweisen. Ein gutes Beispiel hierfür ist *Flashback 27* mit seinen Spuren eines Farbspachtels einerseits und Farbflüssen andererseits. Beide liegen im Grenzbereich zwischen Malerei und Dekoration und betonen den inneren Widerspruch der Abstraktion. *Transform* ist meine früheste Serie, in der ich versucht habe, die Beziehung zwischen Malerei und Raum zu erkunden, indem ich eine Atelierszene schuf, bei der die Perspektive frei gedehnt werden kann.

Wie bauen Sie üblicherweise die Komposition Ihrer Gemälde auf?
Der Aufbau der *Background*-Serie ähnelt sehr zwei ›quadratischen Musterrapporten‹; es gibt da eine Vielzahl sich wiederholender und neu angeordneter Bilder. Bei der *Flashback*-Serie handelt es sich vor allem um Punkte, Linien und Oberflächen.

Arbeiten Sie immer in Reihen? Entstehen diese Serien gleichzeitig oder nacheinander?
Früher habe ich in Reihen gearbeitet. Diese drei Werkgruppen verlaufen parallel zueinander, denn es gibt eine komplementäre Beziehung zwischen ihnen; *Background* und *Flashback* thematisieren das Verhältnis zwischen Abstraktion und Konkretion, während *Transform* eine Brücke zwischen Zwei- und Dreidimensionalität bildet.

Warum sind die Formate derart monumental?
Weil mir die monumentalen Formate sehr entgegenkommen. Meiner Meinung nach hilft ein sehr großes Format,

of the *Background* series was to focus on the same landscape pattern—a hill with a pagoda on it, surrounded by water. The purpose was to find a personal visual style through constant repetition. Later, the landscape slowly drew back into the distance; in front appeared a scenery with objects. The *Background* series lasted five years.

What role do the smaller ornamental elements play in your paintings?
In *Background 1* I connected the same two images together, but varied one in the details. *Background 19* was also painted the same way but with more visual differences: one pagoda is obvious, the other one is quite subtle; one boat is bigger, the other one is smaller. The bigger boat comes from water to the ground, and composes a new scene with a pine and scholar stones, which made the upper part of the image a background. The *Flashback* series comes out of the *Background* series. It is an abstract combination of internal structures, its outlines have disappeared. However, the abstraction hides in the concretization—I enlarged the details to establish the abstract style and tried hard to depict the shapes, so that

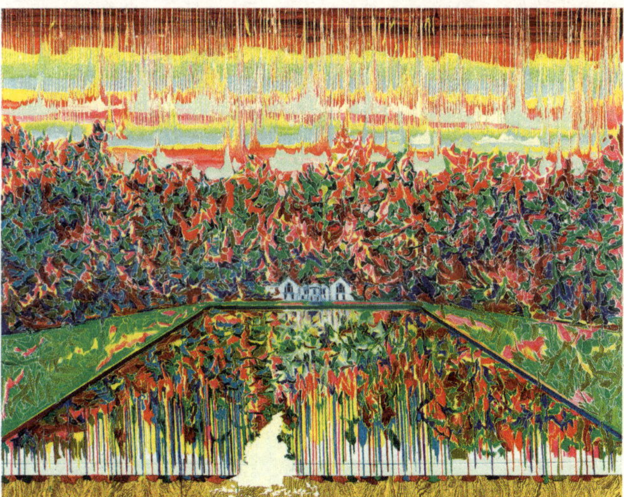

the perspective became flattened and the visual effect became decorative. Without narrative, the painting thus would present unambiguous, manual, strenuous, volitional, temporal, and purely visual features. As a good example you can take *Flashback 27*, with its traces of painting scraper on the one hand, color flows on the other. Both together divide the border between painting and decoration, and emphasize the internal contradiction of abstraction. *Transform* is my earliest series, where I tried to explore the relationship between painting and space by creating a studio scene, where the perspective can be stretched freely.

How do you usually build the composition of your paintings?
The compositions of the *Background* series are very similar to the two square repeat patterns, there is a variety of repeated and newly arranged images. With the *Flashback* series it's mostly points, lines, and surfaces.

Do you always work in series? Are these series parallel or do they follow each other?

umfassendere Kunstthemen zu illustrieren und erzeugt generell stärkere visuelle Effekte. Es hat eine starke räumliche Wirkung. Ich bin davon umgeben und kann mich in meinem eigenen Gemälde bewegen.

Haben Sie sich von digitalen Bildern inspirieren lassen und wenn ja, von was für Bildern?

Ich habe das Umschlagbild des *Hangzhou Guidebook* verwendet, einer kostenlosen Touristenbroschüre. Meine Gemälde wurden nicht von der Idee der ›Landschaft‹ oder ›Schönheit‹ an sich inspiriert, sondern von dem Umschlagbild der Touristenbroschüre mit der berühmtesten lokalen Szenerie. Ein solches offizielles Bild ist die effektivste Werbung für eine populäre Landschaft. Ich komme immer wieder auf die Geschichte der Landschaftsbilder zurück, denn selbst wenn man sich dieselbe Landschaft ansieht, verändert sich ihr Bild mit den Jahren. Aber für mich ist es ganz natürlich, dass ich das Umschlagbild des *Hangzhou Guidebook* gewählt habe, da ich in Hangzhou lebe. Für mich geht es nicht darum, Schönheit zu zeigen, sondern sie zu konsumieren, wenn Hunderte dieser Führer gemeinsam ausgestellt werden, so wie einige Pop-Art-Drucke.

In Ihren Gemälden gibt es oft große Bereiche fließender oder tropfender roter Farbe. Welche Rolle spielt die Farbe Rot?

Die tropfende Farbe fließt von einem bestimmten Bild zu einem unbestimmten und wächst ihm bei diesem Prozess entgegen. Ich habe keine besondere Vorliebe für Rot, denn jede Farbe, die ich verwende, wird auf meinen Gemälden

Xue Feng, *Flashback 27*, 2012

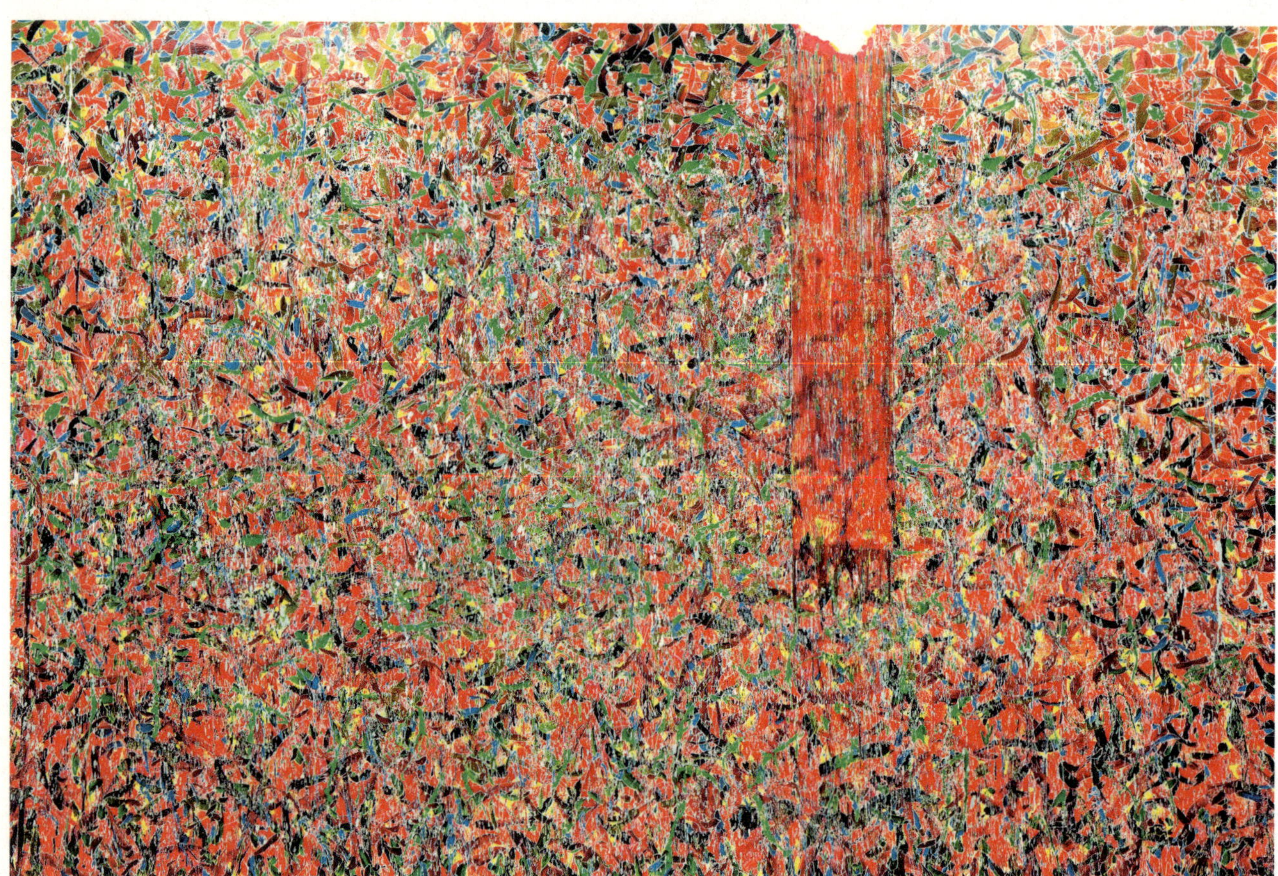

I used to work in series. These three series are parallel, for there is a complementary relationship among them—*Background* and *Flashback* are negotiating the relation between abstraction and concretization, while *Transform* builds a bridge between 2-D and 3-D.

Why are the formats so monumental?

Because the monumental formats suit me well. In my opinion, a monumental format helps to illustrate bigger art issues and generally has stronger visual effects. It has a spatial impact. I'm surrounded by it and can move within my own painting.

Did you use digital images as inspiration and if so what kind of images?

I used the cover image of the *Hangzhou Guidebook*, which is a free tourist brochure. It wasn't the notion of landscape or beauty per se that inspired my paintings but the cover image of the tourist brochure with the most famous local scenery. Such an official image is the most effective propaganda for a popular landscape. I keep coming back to the history of scenery images, because even if you look at the same scenery, its image changes over the years. But it's quite natural for me to choose the cover image of *Hangzhou Guidebook,* for Hangzhou is the city I live in. For me it is not about showing but consuming beauty when hundreds of these guidebooks are displayed together, just like some Pop Art prints.

Your paintings often have large areas of flowing or dripping red color. What role does the color red play?

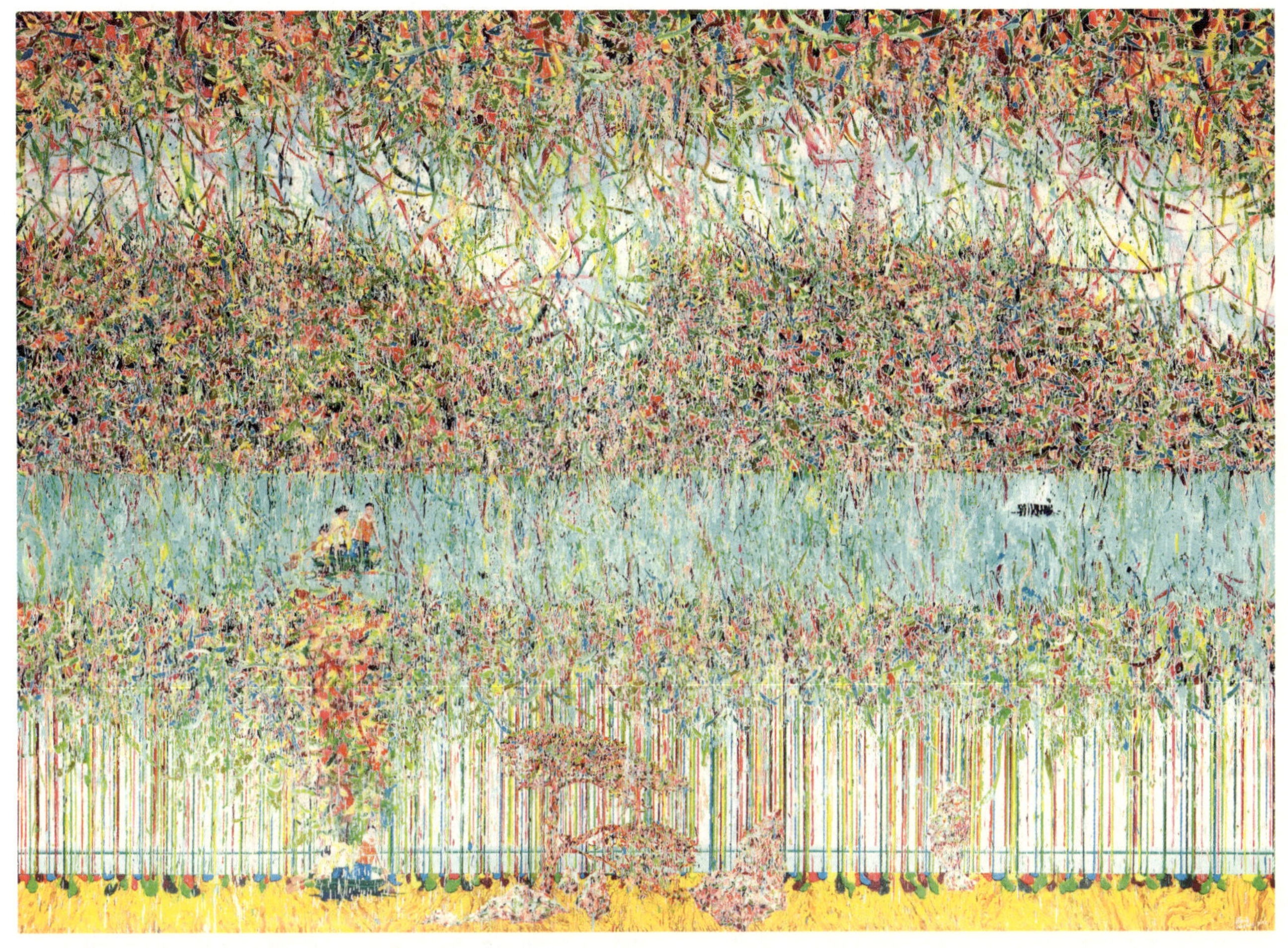

auf diese Weise fließen. Diese Farben haben einen Ort, wo sie hinmüssen; jetzt fließen sie einfach herunter, aber wo sie in Zukunft hinfließen werden, ist noch unbekannt.

The dripping color is flowing from a certain image to an uncertain one, and is growing toward it in this process. I have no special preference for red, because every color that I use will flow on my paintings in this way. These col-ors have a place to go—now they just go down, but where they will go in the future is still unknown.

Vom Umgang mit der Tradition / On Dealing with Tradition

Kathleen Bühler

Vor dem Hintergrund der Globalisierung, die auch in der Kunstwelt Einzug hält, und der Angst vor einer ›McDonaldisierung‹ – also Angleichung des weltweiten Kunstschaffens an kommerzielle westliche Standards sowie der Ausverkauf des eigenen kulturellen Erbes – erhält die künstlerische Auseinandersetzung mit regionalen oder nationalen Kunsttraditionen neue Wichtigkeit. Während im westlichen Kulturraum die Beschäftigung mit Tradition oftmals die postmoderne Form eines ironischen Zitats annimmt oder im Ruch der Rückwärtsgewandtheit steht, wird in asiatischen Kontexten die Authentizität nationalen Kunstschaffens als Selbstbehauptung gegenüber dem Westen oder als Ausdruck von konservativen gesellschaftlichen Tendenzen in den Vordergrund gerückt. Gerade in postkolonialen Gesellschaften sei das Bewahren von bildnerischen Traditionen eng gekoppelt an Vorstellungen von kultureller Identität.[1] Eine Variation davon kann einerseits darauf verweisen, dass diese Identität sich verändert sowie andererseits sich Künstlerinnen und Künstler die Freiheit nehmen können, das auch zu äußern. Je strenger eine Tradition ausgelegt werde, desto geschlossener und rigider sei diese Gesellschaft. Das Spielen mit Traditionen kann jedoch auch auf Kommerzialisierung von kultureller Differenz hinweisen, im Zuge einer ›Selbst-Orientalisierung‹ oder der sarkastischen Kritik daran (was genauso lukrativ sein kann).[2] Jedoch gilt entschieden, dass Tradition nicht einfach das Gegenteil von Zeitgenossenschaft bedeuten muss,[3] wie es auch Ai Weiwei formuliert: »Tradition ist, wo das Bewusste und das Unbewusste ineinanderfließen.«[4] Während die entstehenden Hybride aus traditionellen und zeitgenössischen Kunstelementen einerseits versuchen, aus scheinbar unverträglichen Einzelteilen eine neue Einheit zu schmieden, verweisen sie andererseits oftmals gerade auf die spannungsgeladene Unvereinbarkeit der zeitgenössischen und historischen Bruchstücke und damit auch auf das Weltbild, welches dahintersteht. Auseinandersetzung mit der Tradition bedeutet im chinesischen Kontext vor allem Beschäftigung mit Landschafts- und Tuschmalerei. Es darf nicht vergessen werden, dass Tuschmalerei und Kalligrafie zur Grundausbildung oftmals bereits auf Grundschulniveau gehören. Allerdings ist auch diese Tradition unglaublich dynamisch und hat sich in ihrem jahrtausendealten Bestehen immer wieder

The artistic examination of regional or national art traditions has gained new importance against the backdrop of globalization, which has also found its way into the art world, and the fear of "McDonaldization"—that is, the conformation of worldwide artistic work to commercial Western standards as well as the sellout of one's own cultural legacy. While in the Western cultural sphere dealing with tradition frequently assumes the postmodern form of an ironic quote or is reputed to be retrogressive, in Asian contexts the authenticity of national artistic work is given priority as assertiveness toward the West or as an expression of conservative social tendencies. In postcolonial societies in particular, the preservation of artistic traditions is closely linked with notions of cultural identity.[1] On the one hand, one variation of this can indicate that this identity is changing, and on the other that artists can take the liberty of expressing it as well. The more rigorous a tradition is interpreted, the more closed and more rigid this society is. However, playing with traditions can also indicate the commercialization of cultural difference, in the course of a "self-Orientalization" or the sarcastic criticism of it (which can be equally lucrative).[2] Yet it is considered decided that tradition does not simply have to mean the opposite of contemporaneity,[3] as Ai Weiwei also puts it: "Tradition is where the conscious and the unconscious merge."[4] While the hybrids that develop out of traditional and contemporary art elements attempt to forge a new union out of apparently incompatible individual parts, at the same time they frequently point out the highly charged incompatibility of contemporary and historical fragments and thus the worldview behind it.

In the Chinese context, the examination of tradition above all means dealing with landscape and ink painting. It should not be forgotten that ink painting and calligraphy often belong to basic education, even at the primary school level. However, this tradition is also incredibly dynamic and has time and again transformed itself over the course of its millennia-old existence.[5] Yet it is not only a vitalizing continuation that can be discerned in dealing with tradition, as many Chinese artists do not come back to it until after "processing Western and global influences."[6] These artists "recognize China's traditional intellectual heritage and the aesthetics of the East as an approach to bring tradition up to date and use this creatively," which reveals a new element: "the search for one's own cultural

[1] Salima Hashmi, »Radicalizing Tradition« [2000], in: Melissa Chiu und Benjamin Genocchio (Hrsg.), *Contemporary Art in Asia. A Critical Reader*, Cambridge (MA) und London 2011, S. 285.

[2] Mit ›Selbst-Orientalisierung‹ wird im Hinblick auf Edward Saids Thesen in *Orientalism* (1976; deutsch: *Orientalismus*, 1981) die Tendenz angesprochen, sich den klischeehaften westlichen Vorstellungen des »Asiatischen« bzw. »Orientalischen« zu beugen, oder sich diese aktiv anzueignen, um sie auszuschlachten oder die Bestimmungsmacht darüber zurückzuerobern. Zu dieser Tendenz im Bereich Gegenwartskunst vgl. Gennifer Weisenfeld, »Reinscribing Tradition in a Transnational Art World« [2007], in: Chiu und Genocchio 2011 (wie Anm. 1), S. 372.

[3] Ebd., S. 373.

[4] Ai Weiwei, »Shan ist nicht Shan, Shui nicht Shui«, in: *Shanshui. Poesie ohne Worte? Landschaft in der chinesischen Gegenwartskunst*, hrsg. von Peter Fischer, Ausst.-Kat. Kunstmuseum Luzern, Ostfildern 2011, S. 43.

[5] Übrigens entstand das chinesische Wort für ›Tradition‹ erst zu Beginn des 20. Jahrhunderts aus einer Definitionsnot gegenüber der Moderne. Vgl. Hu Mingyuan, »Was sie schon immer über Shanshui wissen wollten«, in: *Shanshui. Poesie ohne Worte?* 2011 (wie Anm. 4), S. 36.

[6] Fan Di'an, »Kunst zwischen globaler Kultur und lokalen Realitäten«, in: *China 8. Zeitgenössische Kunst aus China an Rhein und Ruhr*, hrsg. von Walter Smerling u. a., Köln 2015, S. 112.

[7] Ebd.

[8] Zitiert nach: Philip Tinari, »›In der Tat frei, Werke zu schaffen‹«, in: *China 8* 2015 (wie Anm. 6), S. 118.

transformiert.[5] Dennoch ist in der Beschäftigung mit der Tradition nicht nur eine vitalisierende Fortführung zu erkennen, da viele chinesische Künstler erst nach »der Verarbeitung westlicher und globaler Einflüsse« wieder zu ihr zurückkehren.[6] Jene Künstler »erkennen Chinas traditionelles Gedankengut und die Ästhetik des Ostens als Ansatz dazu, die Tradition zu aktualisieren und kreativ zu nutzen«, worin sich ein neues Element offenbare: »die Suche nach den kulturellen Wurzeln«.[7] Dass dies gerade eine jüngere Generation interessiert, die in den 1970er- und 1980er-Jahren geboren wurde, erklärt sich dem chinesischen Kunstkritiker Sun Dongdong zufolge damit, dass erst »die zunehmende Integration Chinas in einen transnationalen Diskurs und das neue ökonomische Selbstbewusstsein« den Begriff der zeitgenössischen Kunst im Sinne einer globalen Gleichzeitigkeit in China aufgebracht habe und diese jüngere Generation sich deshalb frei fühle, »Werke zu schaffen, die sich nicht mit den zahlreichen Traumata der jüngeren chinesischen Geschichte befassen«.[8]
Wenn sich Ni Youyu oder Li Xi mit Landschaftsmalerei oder Zhang Jian Jun und Peng Wei mit dem Gelehrtenstein beschäftigen, schreiben sie bestehende Muster in die Gegenwart fort, während Ye Xianyan sich von jeglichem Gedanken der Abbildung in der Malerei verabschiedet hat. Ihre landschaftlichen Erlebnisse finden in Form von diagrammartigen Notationen ins Bild. Jin Jiangbo versetzt Tuschmalerei mithilfe einer interaktiven Videoinstallation in Bewegung und damit den Betrachter mit ins Bild, während Feng Mengbo in seiner dreiteiligen Projektion *Not Too Late* die Bewegungsmuster eines Ego-Shooter-Videospiels in zeitgenössische Kalligrafie übersetzt. Das Landschaftsmotiv erlaubt es jedoch auch, Bedenken zum Umgang mit der Natur zu formulieren, wie die Stadtlandschaften von Li Dafang und die Leuchtkästen mit manipulierten Tieren von Li Shan eindrücklich demonstrieren, während die Verwendung des Bonsai-Motivs bei Shen Shaomin sowie bei Charwei Tsai auf die Gewalt hinter dem kunstvollen Verstümmeln verweisen.

roots."[7] According to the Chinese art critic Sun Dongdong, that this especially interests those born in the 1970s and '80s can be explained by the fact that it was not until "the increasing integration of China into a transnational discourse and its new economic self-confidence" that the concept of contemporary art in terms of global contemporaneity was introduced in China, and this younger generation therefore felt free "to create work unburdened by the expectation that it [...] approaches the various traumas of modern Chinese history."[8]

When Ni Youyu or Li Xi deal with landscape painting or Zhang Jian Jun and Peng Wei address the scholar rock, they uphold existing patterns in today's world, while Ye Xianyan has dismissed any thought of depiction in painting. Their landscape-related experiences find their way into the picture in the form of diagram-like notations. Jin Jiangbo sets ink painting—and the viewer—in motion with the aid of an interactive video installation, while in his three-part projection *Not Too Late,* Feng Mengbo translates the movement patterns of a first-person shooter video game into contemporary calligraphy. However, the landscape motif also permits formulating concerns about the handling of nature, as demonstrated by the urban landscapes of Li Dafang and the light boxes with manipulated animals of Li Shan, while Shen Shaomin or Charwei Tsai's use of the bonsai motif points out the violence behind artistic mutilation.

1 Salima Hashmi, "Radicalizing Tradition" [2000], in *Contemporary Art in Asia: A Critical Reader*, ed. Melissa Chiu and Benjamin Genocchio (Cambridge, MA, and London, 2011), p. 285.
2 In view of Edward Said's theories in *Orientalism* (1976), "self-Orientalization" addresses the tendency to yield to cliché-ridden Western notions of the "Asian" or "Oriental" or to actively appropriate them for the purpose of exploiting them or reclaiming the power to define them. On this tendency in the area of contemporary art, see Gennifer Weisenfeld, "Reinscribing Tradition in a Transnational Art World" [2007], in Chiu and Genocchio 2011 (see note 1), p. 372.
3 Ibid., p. 373.
4 Ai Weiwei, "Shan Is Not Shan, Shui Not Shui," in *Shanshui: Poetry without Sound? Landscape in Chinese Contemporary Art*, ed. Peter Fischer, exh. cat. Kunstmuseum Luzern (Ostfildern, 2011), p. 41.
5 By the way, the Chinese word for "tradition" was not coined until the early twentieth century out of a need to define it compared to the modern era. See Hu Mingyuan, "What You Always Wanted to Know about Shanshui," in Fischer 2011 (see note 4), pp. 24–26.
6 Fan Di'an, "Art between Global Culture and Local Realities," in *China 8: Contemporary Art from China along the Rhine and Ruhr*, ed. Walter Smerling et al., exh. cat. NRW-Forum, Düsseldorf, et al. (Cologne, 2015), p. 113.
7 Ibid.
8 Cited in Philip Tinari, "Free Indeed to Create Work Unburdened," in Smerling et al. 2015 (see note 6), p. 119.

Feng Mengbo

Interview: Kathleen Bühler

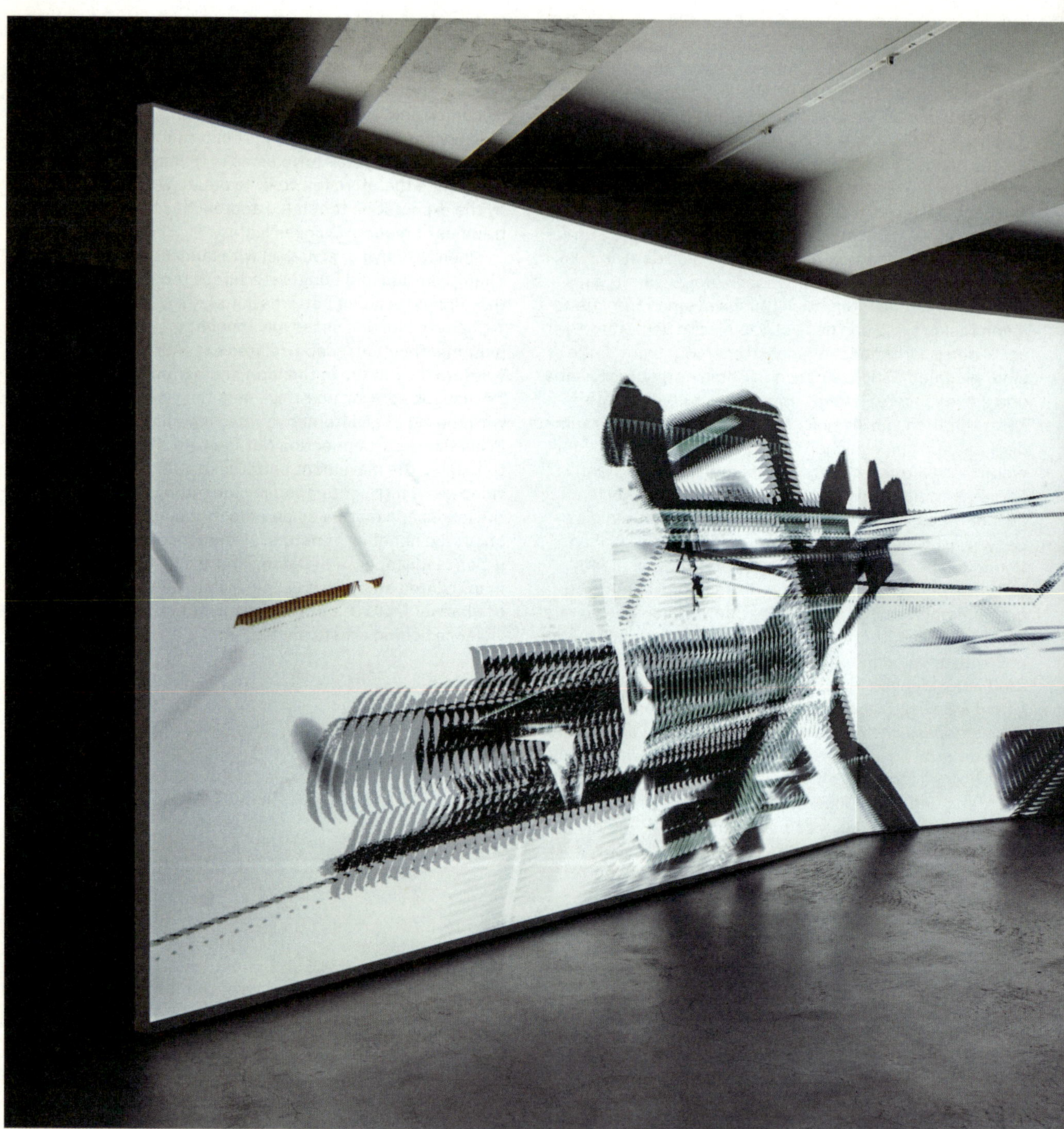

Der Medienkünstler Feng Mengbo wurde 1966 in Beijing geboren und absolvierte dort 1992 die Central Academy of Fine Arts. Er gilt als einer der erfolgreichsten Medienkünstler seines Landes. Seit 2005 widmet er sich zunehmend der Kalligrafie und Tuschmalerei. Seine Mehrkanal-Projektion *Not Too Late* (2010) basiert auf einem rasend schnell ablaufenden Massaker aus dem Computerspiel »Quake III Arena«. Feng verlangsamte die Geschwindigkeit und maskierte die Hintergrundelemente, sodass die Kämpfer mit ihren implantierten Waffen eine Art tanzender, abstrakter Bewegungsbilder zeichnen, die an Tuschmalerei und Kalligrafie erinnern. Feng lebt und arbeitet in Beijing.

The media artist Feng Mengbo was born in Beijing in 1966 and studied at the Central Academy of Fine Arts in Beijing until 1992. He thereafter became one of the most successful media artists in China. Since 2005 he has been increasingly dealing with calligraphy and ink painting. Feng lives and works in Beijing. His multichannel projection *Not Too Late (*2010) is based on the fast-paced, bloody massacres that take place in the computer game *Quake III Arena.* Feng decelerated the image sequences and masked out the background elements so that the warriors draw dance-like, abstract movement images with their prosthesis-like weapons that are reminiscent of calligraphy.

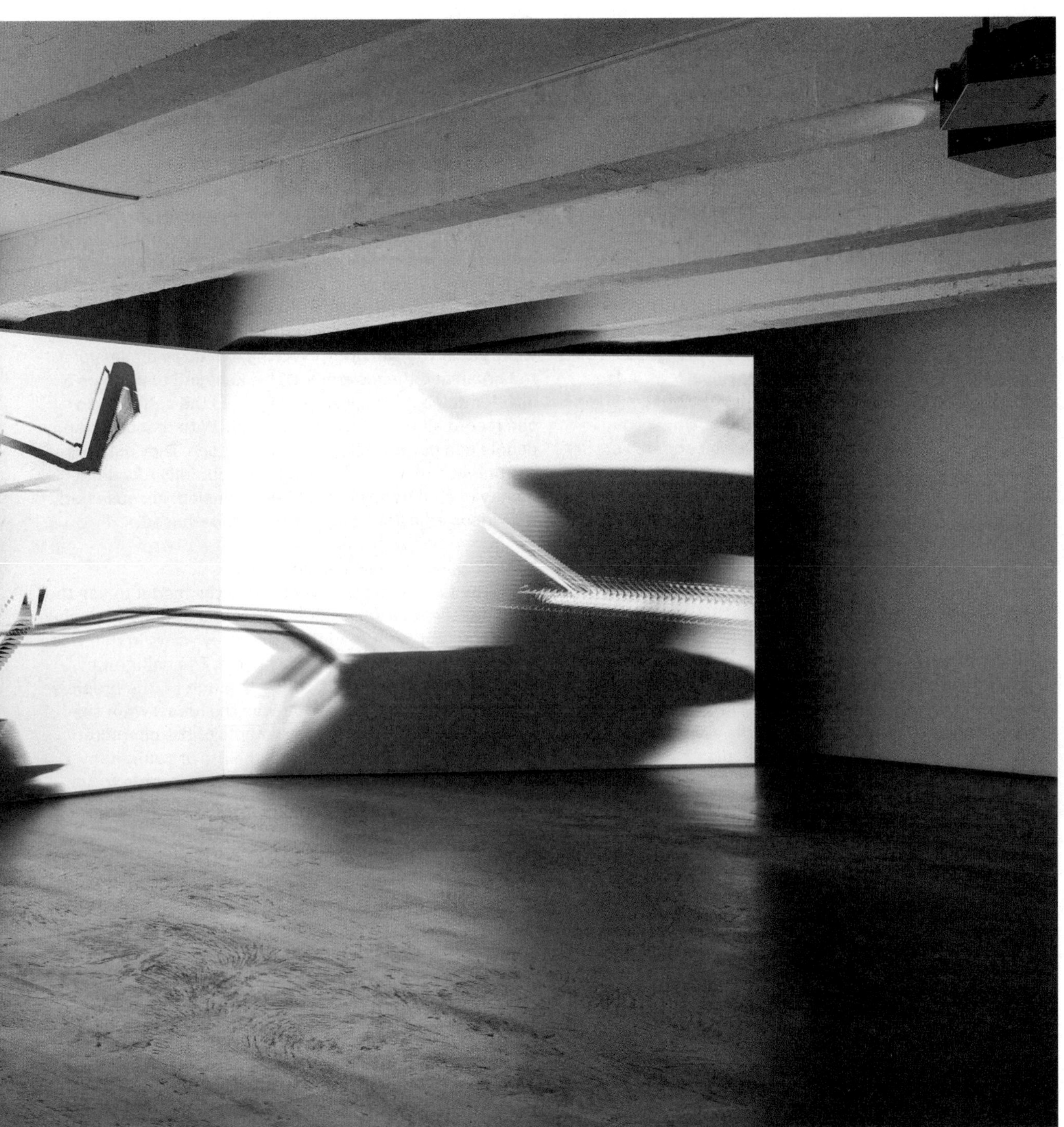

Worin besteht Ihr Interesse an Kalligrafie?

Ich habe bereits als kleines Kind Kalligrafie gelernt – noch bevor ich in die Schule kam, musste ich lernen, mit Tusche und Pinsel umzugehen. Vielleicht gehöre ich zur letzten Generation, die nach dem Mittagessen immer üben musste. In der Grundschule hatten wir mindestens zwei Stunden Unterricht in Tuschmalerei. Das blieb während der gesamten Schulzeit und auch an der Akademie so.

Es ging also nicht nur um das Schreiben, sondern auch um eine künstlerische Praxis?

Es war eine Form von Kunstunterricht. Darin bestand der Zweck, anders als heute. In den Kunstakademien gibt

What is your interest in calligraphy?

I started to study calligraphy at a very young age—even before primary school, I had to learn to deal with ink and the brush. I probably belong to the last generation who had to practice daily after lunchtime. Also during primary school, we had two hours or more a week to practice ink painting. That continued in high school and at the academy.

It was not just about learning to write, but actually an art practice?

It was an art training. That was the logic, not like today. In art school you don't have calligraphy training anymore.

es keinen Kalligrafieunterricht mehr. Das ist lange her, aber als ich 40 wurde, habe ich begonnen, mich zunehmend mit Kalligrafie zu beschäftigen. Ich kann jetzt die Schönheit fühlen, die in ihr steckt. In meiner Kindheit war ich dafür zu jung. Aufbauend auf dieser Beschäftigung entstand als erste Arbeit mit Bezug zu Kalligrafie *Not Too Late* (2010). Damit wollte ich meine Gedanken und meine Liebe zur Kalligrafie zum Ausdruck bringen, da sie beinahe ausgestorben ist. Sie ist nicht mehr Teil unseres täglichen Lebens. Wie kann man also etwas so präsentieren, dass es erhalten bleibt? Warum nicht in Form einer Videospielinstallation, da ich über dieses Medium etwas vermitteln kann? Ich habe also ein Videospiel gewählt, um Kalligrafien zu erzeugen, aber es blieb dennoch eine große Herausforderung. Ich habe mich für das 3-D-Spiel »Quake« entschieden, ein Ego-Shooter. Kalligrafie ist zweidimensional, das Videospiel dreidimensional. Wenn man Kalligrafie auf ein Videospiel überträgt, kann man alles in 3-D übertragen: den Pinsel und die Bewegung. Das erzeugt eine andere Vorstellung von Kalligrafie. Ich habe die Software so modifiziert, dass ich alle Bewegungsspuren des Pinsels aufzeichnen kann. Bei der echten Kalligrafie kann man nie sehen, wie sie eigentlich funktioniert. Man sieht nur das Endergebnis. Aber in 3-D kann ich hoffentlich die Schönheit der Kalligrafie in einer anderen Dimension aufzeigen, da Kalligrafie und das Videospiel zeitgebunden sind.

Wie haben Sie die Sequenz entwickelt?

Auf der technischen Ebene zeige ich das Vorbild, um die Symbole von Kalligrafie zu verwenden. Beispielsweise bewegen sich der Pinsel und die Tusche völlig frei, man kann nicht lesen, was sie schreiben. In dieser Videoarbeit habe ich das in ein Kampfspiel übertragen. Die kalligrafischen Bewegungen wurden zu Kämpfern, die Pinsel tanzen im Raum. Das war die Idee. Die Betrachter sollen die Symbole der Charaktere im Raum fühlen und sehen, zeitbasiert, das ist das Lebendige in der Kalligrafie. Ich habe bisher noch nichts Vergleichbares in der Kunst gesehen. Die Leute sollen sehen, dass Kalligrafie lebendig ist.

Wie hat es mit dem Ton auf sich?

Das ist klassische chinesische Musik mit einer ›Guqin‹ [eine chinesische Zither]. Ich suche immer das aus, was mir passend erscheint. Es ist aber nicht besonders wichtig.

Man könnte also sagen, dass Sie das neue Medium wie einen Pinsel benutzen? Es besteht für Sie kein großer Unterschied zwischen Kalligrafie und Videokunst?

Als ich das erste Mal westliche Künstler mit den Neuen Medien arbeiten sah, vor allem die jüngeren, unterschied sich das sehr stark von meiner künstlerischen Praxis. Sie haben die Neuen Medien einfach wie neue Medien benutzt. Für mich ist es anders, ich verknüpfe das immer mit Altem. Wenn ich mir traditionelle Kunstformen ansehe, finde ich immer etwas Neues.

Auffallend ist für mich, dass es sich bei dem verwendeten Videospiel um ein sehr gewalttätiges Spiel handelt. Wie passt das zur Schönheit der Kalligrafie?

Das Spiel ist ein Ego-Shooter und wirklich brutal. Überall Blut und Schießereien. Womit ich gerne arbeite, ist das

This was many years ago, but suddenly when I turned forty I started more and more doing research on calligraphy. I can feel the beauty of it now. In my childhood I was too young. So based on this research, the first piece I did was *Not Too Late.* At that time I wanted to present my ideas about and my love for calligraphy, because calligraphy is almost dead. It's not in our daily life anymore. So how can you present it in order to keep it alive? Why not use a video game installation for that, since video game is a medium I can get something across with? I decided to use a video game to produce calligraphy, but it was still a big challenge. I started out with the 3-D video game *Quake*—that's a shooting game from a first-person perspective. Calligraphy is 2-D and the video game is 3-D. When you transmit calligraphy in the video game you can bring everything in three dimensions: the brush and the movement. This is bound to produce a different idea of calligraphy. I modified the software so I can record all the traces of the brush. With real calligraphy people can never really see how it is done. They only see the finished result. But in 3-D I can hopefully recall the beauty of calligraphy in another dimension, because both the video game and calligraphy are time-based.

How did you compose the sequences?

On the technological level I reveal the model to use the symbols of calligraphy. For example the brush and the ink move freely, it's not readable what they write. In this video work I pulled it into the fighting game. The calligraphy movements became the fighting characters, the brushes are dancing in the space. That was the idea. I want the audience to feel and see the symbols of the characters in the space, time-based, that's the life of calligraphy. I haven't seen anything like it in art. I want people to see that calligraphy is alive.

What about the sound?

The sound is Chinese classical music: *guqin*. I always use whatever seems suitable. I never really care.

So you could say, that you use the new media like another brush? It's not really something different for you?

For example when I first saw Western artists who used new media especially the young ones, it was very different from my practice. They used new media just like new media. Not for me, I always drag it back. When I go back to traditional art forms I always find something new.

What strikes me is that the video game you are using is actually quite brutal. How does it go together with the beauty of calligraphy?

It's a shooting game and it's really violent. Blood and gunfire are everywhere. But it's the system I like to work with, not the content of the game. Because of its first-person perspective it feels as though you as viewer had a camera. You can dive in and fly, it's very active and the speed is incredible. For my work I decelerated it ten times slower than the original speed. As a consequence you can really enjoy the beauty of the moves.

As I understood in the act of calligraphy the writer is collecting his energy and then lets it suddenly explode into one fluent movement. Are there analogies to the shooting game?

System, nicht der Inhalt des Videospiels. Da es sich um ein Spiel aus der Perspektive der gesteuerten Spielfigur handelt, sieht es aus, als ob der Betrachter die ganze Zeit durch eine Kamera blicken würde. Man kann tauchen und fliegen, es passiert sehr viel und alles ist unglaublich schnell. Für meine Arbeit habe ich die Originalgeschwindigkeit um das Zehnfache reduziert. Eine Folge davon ist, dass man die Schönheit der Bewegungen genießen kann.

Wenn ich das richtig verstanden habe, sammelt der Kalligraf seine gesamte Energie, um ihr dann in einer einzigen, fließenden Bewegung freien Lauf zu lassen. Besteht da eine Ähnlichkeit zum Videospiel?

In meiner Videoarbeit handelt sich um ein Echtzeitspiel, bei dem die Bewegungen automatisch konfiguriert werden. Man kann es in meiner Videoarbeit also nicht spielen. Ich würde das Publikum auch nicht spielen lassen, da in dem Raum bereits so viele Charaktere gegeneinander kämpfen. Darin liegt die Energie und die Schönheit. Zusammen mit dem Sound liefert es ein so ruhiges und schönes Bild, dahinter steckt aber ein blutiger Kampf auf Leben und Tod – mit Pinseln.

Worauf bezieht sich der Titel, Not Too Late?

Chinesen gehen in der Regel sehr spät zu Bett. Ich habe mich schon immer gefragt, warum. Dann habe ich eines Tages den Song eines Freundes mit diesem Titel gehört und habe ihn einfach verwendet.

Sie wollten damit also nicht andeuten, dass es nicht zu spät ist, die Kalligrafie wiederzubeleben?

Nein! Aber ich überlasse den Betrachtern gerne die Interpretation. Ich nehme die Titel nicht so ernst.

Warum verwenden Sie vor allem Schwarz-Weiß und nur wenig Farbe?

Das sind die Farben aus dem Videospiel.

Fühlen sich traditionelle Kalligrafen von Ihrer Arbeit provoziert? Weil Sie eine traditionelle Technik verwenden, um sie in die Zukunft zu übertragen?

Ich kenne nur sehr wenige traditionelle Maler, aber einige davon finden die Arbeit sehr gut. Und ich übertrage auch nichts in die Zukunft. Ich gehe zurück, um in der Vergangenheit etwas Schönes zu finden, stelle es dann aber mit Neuen Medien dar. Es ist also kein Abklatsch von klassischer Kalligrafie. Ich übersetze es in eine für die Menschen verständliche Sprache, um es am Leben zu erhalten.

Because it's a real-time video game, it is automatically configuring the movements. This game can't be played. I won't let the audience play the game, because there are already so many characters in the space fighting each other. That's the energy and that's the beauty. Combined with the sound it's so quiet and beautiful but behind is a bloody fight about life and death—with brushes.

What is the title Not Too Late *referring to?*

Chinese people generally go to bed very late. This always made me wonder, then I heard a song from a friend of mine with the same title. I just used it.

So you didn't want to suggest that it's not too late to revive calligraphy?

No [laughing]! But I like people to have their own interpretation. I don't take the titles too seriously.

Why the color scheme with black and white and little color?

It's the colors from the video game that come through.

Are classically trained painters provoked by your work when you take something classical and bring it to the future?

I only know very few classical painters, but some of them like it very much. And also, I don't bring something to the future. I come back to find something beautiful in the past, but I present it with new media. So I don't fake classical calligraphy. I translate it into a language that people understand in order to keep it alive.

Jin Jiangbo

Interview: Li Qi

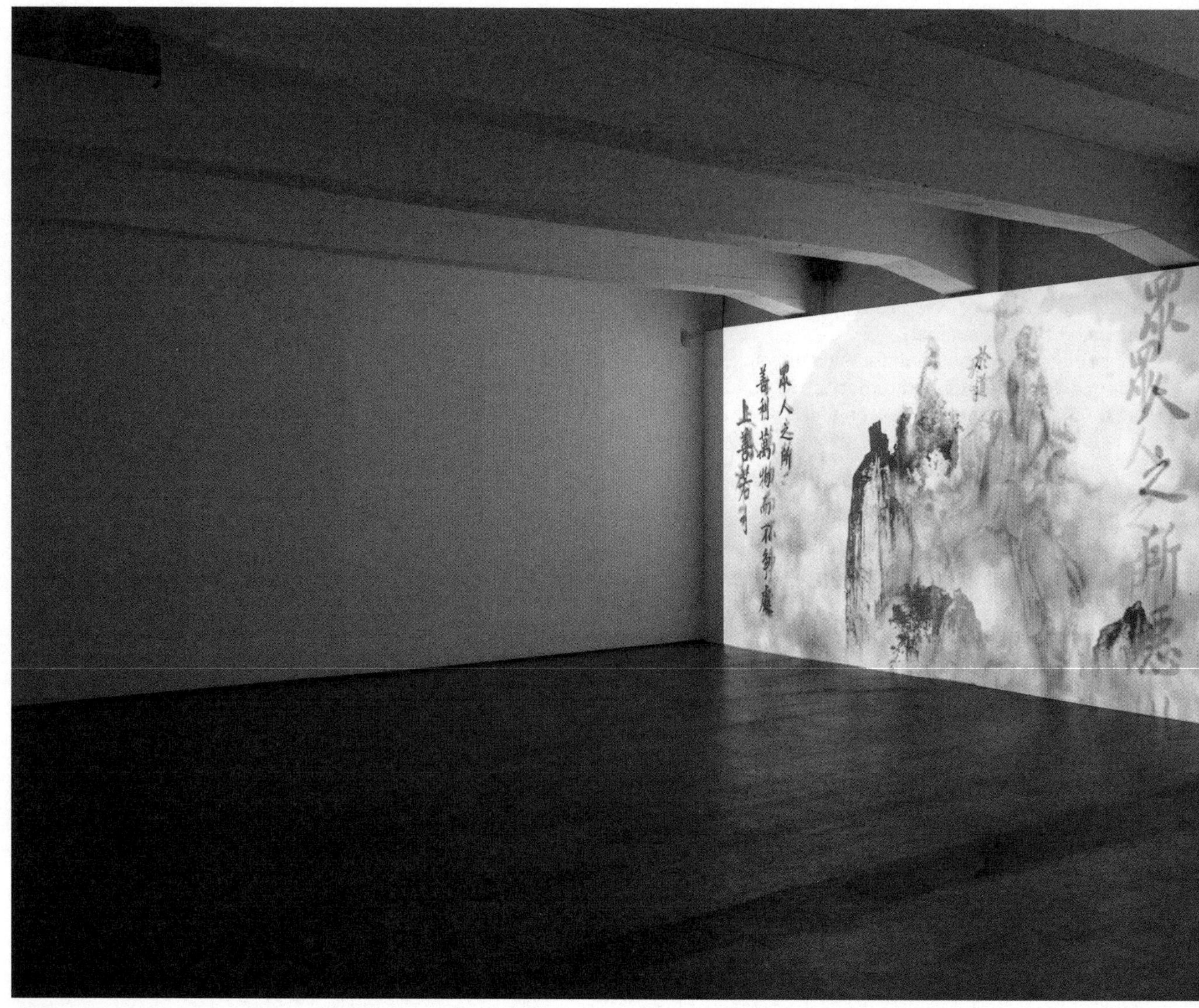

Der politische Konzeptkünstler Jin Jiangbo wurde 1972 in der Provinz Zhejiang geboren und schloss 1995 sein Studium traditioneller chinesischer Malerei an der Shanghai University ab. Seine interaktive Mehrkanal-Projektion *Poetic Writing for Nature* (2013) zeigt drei unterschiedliche Folgen klassischer chinesischer Tuschelandschaften mit Vögeln, Wolken, Wäldern und Figuren sowie kalligrafierten Schriftzeichen, die durch die Szenerie schweben. Über eine mitten in der Installation platzierte Videokamera betritt der Betrachter das Bild als Schattenfigur und integriert auf diese Weise die klassische Szene in die Gegenwart. Jin lehrt am College of Fine Arts der Shanghai University, wo er auch das Public Art Coordination Centre leitet. Er lebt und arbeitet in Shanghai und Beijing.

Wie ist die Arbeit Poetic Writing for Nature *(2013) aufgebaut? Aus welchen Teilen besteht sie?*

Die Arbeit besteht im Wesentlichen aus technischen Kompositionen. Bei der ersten handelt es sich um eine Videoanimation von Landschaftsmalereien, mit der die traditionellen Tuschmalereien in eine vorbeiziehende Landschaft verwandelt werden. Den zweiten Teil bildet die Interaktion zwischen Mensch und Computer. Eine

The political conceptual artist Jin Jiangbo was born in Zhejiang Province in 1972 and completed his study of traditional Chinese painting at Shanghai University in 1995. He is currently an associate professor at the College of Fine Arts at Shanghai University, where he directs the Public Art Coordination Center. His interactive multichannel projection *Poetic Writing for Nature* (2013) presents three different sequences of a classic Chinese tusche landscape with birds, clouds, woods, as well as ghost-like figures and calligraphic characters that float through the scenery. With the aid of a video camera placed centrally in the projection, the viewer also enters the picture as a shadow, and in doing so embeds the classic scene in the present. Jin lives and works in Shanghai and Beijing.

How did you organize the work Poetic Writing for Nature *(2013), what are the single parts of the work?*

There are three major technical compositions in this work. The first one is a video animation of landscape paintings, which translated traditional ink paintings into a dynamic scroll of landscape. The second part is the human-computer interaction. A smart camera is placed to capture the live actions of the audience and it tran-

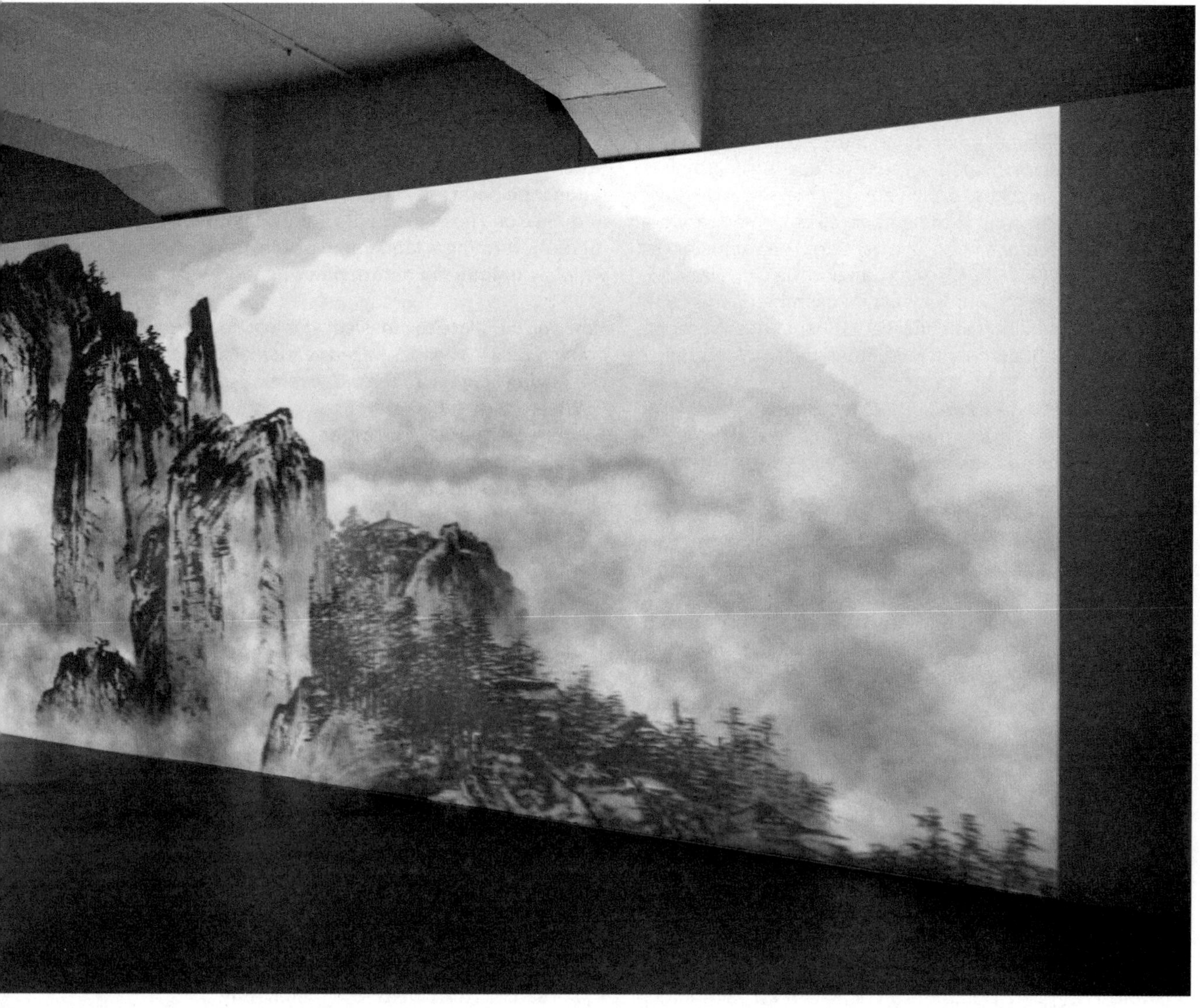

kleine Kamera nimmt das Publikum auf und projiziert diese Figuren und deren Bewegungen als simulierte Tuschefiguren in die Landschaft. Die Handlungen der Betrachter bewirken auch eine Reaktion der Projektion und das Verschieben der Landschaften. Der dritte Teil besteht aus einem System, das Kamera, Beamer, Soundtrack und die Bewegungen im Raum miteinander verknüpft. Das System verarbeitet die Anzeige der Tuschelandschaft und generiert abhängig vom Geschehen im Raum Abweichungen. Auch das Video selbst umfasst drei Teile. Der erste betont die natürliche Umgebung. Sie spiegelt die chinesische Philosophie der Harmonie von Mensch und Natur wider und die Auffassung, dass der Mensch ein untrennbarer Bestandteil des Universums ist. Der zweite Teil betont die Schönheit der chinesischen Landschaft. Die chinesische Landschaftsmalerei entspringt der ostasiatischen Ausdrucksweise und Ästhetik sowie den verwendeten Maltechniken. Sie erweist der Natur und dem Universum großen Respekt. Der dritte Teil beschäftigt sich mit den Wechselbeziehungen zwischen Mensch und Natur. Die Handlungen im Raum verändern die Projektion der Landschaft und werden in der Videoinstallation als Teil der bewegten Landschaft übersetzt.

scribes the figures and their actions into simulated ink characters in the landscape. The actions of the audience also manipulate and trigger the display and the shifting of the landscape. The third part is a system that connects the camera, the projectors, the soundtrack, and the live actions in the space. The system processes the display of the ink landscape and generates variations according to the participation on-site. There are three compositions in the video as well. The first part emphasizes the natural environment, which reflects the Chinese philosophy on the harmony of man and nature, and how human beings should consider themselves in a unified association with the universe. The second part focuses on the beauty of the Chinese landscape. Chinese landscape paintings derive from Eastern expressions and aesthetics, as well as painting techniques. It demonstrates great respect to nature and the universe. The third part deals with humans' interactions with nature. The on-site actions disturb the display of the landscape and are transcribed as part of the living landscape in the video installation.

Was the animated ink painting from yourself, or did you borrow parts from other landscape paintings?

Haben Sie die animierte Tuschmalerei selbst geschaffen oder haben Sie dafür vorhandene Landschaftsbilder verwendet?

An diesem Projekt war ein Team aus IT-Experten, Softwareentwicklern und Animatoren beteiligt. Ich habe als Regisseur des Teams fungiert und die Zusammenarbeit in den verschiedenen Phasen bis zur Endfassung koordiniert. Die animierten Tuschmalereien entstammen zwei Quellen: Einige Teile wurden mit Grafiksoftware konstruiert, andere sind den Arbeiten zweier berühmter Landschaftsmaler der Song-Dynastie (960–1279), Ma Yuan und Xia Gui, entnommen. Diese Elemente wurden digital zusammengefügt und bilden eine Landschaft, die mehrere Perspektiven vereint – das ist eine Besonderheit in der ostasiatischen Malerei.

Welcher Bezug besteht zur klassischen ›shanshui‹-Malerei? Präsentieren Sie uns eine moderne Form dieser ›Berg-Wasser‹-Malerei und stellt diese eine Hommage an die alten Meister dar?

Wir werden unweigerlich von der traditionellen Kultur und fernöstlichen Ästhetik beeinflusst. Die animierte digitale Landschaft zeigt ein klassisches Konzept der traditionellen Landschaftsmalerei. Die alten chinesischen Gelehrten sahen ihren Lebensstil als Sinnbild von Mensch und Natur an, sie verschmolzen ihr individuelles Dasein mit der Natur und brachten ihre eigenen Gefühle über die Darstellung von Naturszenerien zum Ausdruck. *Poetic Writing for Nature* folgt dieser klassischen Sichtweise, es sucht den Geist ostasiatischer Kultur und zollt der größeren Natur und dem Universum Respekt. Ich betrachte die Vereinigung von Mensch und Natur als diejenige Philosophie, auf die wir uns bei der Betrachtung unseres Verhältnisses zur übergeordneten Situation und dem großen Kosmos beziehen sollten. Die Interaktion mit dem Publikum und dem Galerieraum bietet Ersterem Zugang zur Ästhetik und den Wertvorstellungen des ostasiatischen Kulturraums. Diese liefern einen wichtigen Beitrag in der Entwicklung der menschlichen Zivilisation. Selbst in Zeiten der Modernisierung können diese kulturellen Werte anerkannt und respektiert werden. Und natürlich ist es eine Hommage an die Meister der traditionellen Landschaftsmalerei. Ich hoffe, ich kann deren Weg mithilfe neuer Medien und Technologien fortsetzen und auf diese Weise fernöstliche Vorstellungen und Philosophie weitertragen.

Wie haben Sie die Komposition aufgebaut und welche Musik haben Sie verwendet?

Der Soundtrack besteht aus bekannten, traditionellen chinesischen Liedern, vereinzelt mit Donner und Vogelgesang unterlegt. Sowohl die traditionelle Musik als auch die Landschaftsmalerei leiten sich aus der Natur ab. In der Postproduktion haben wir den Zauber der traditionellen Musik betont und diese für ein modernes Publikum ansprechender gestaltet.

Ist eine Hommage auf die klassische Landschaftsmalerei heutzutage ironisch, wo die Natur in China in keinem guten Zustand ist?

Ja, darauf will ich hinaus. Die traditionelle Landschaftsmalerei stellt die Vereinigung von Mensch und Natur dar, die Figuren und Architekturen in den Bildern waren sehr klein und kaum zu erkennen. Sie stand im Gegensatz zur

This project required the participation of a team of IT specialists, software developers, and animators. I acted as the director of this team and coordinated the collaboration across different stages until the final polish of the work. The animated ink painting has two resources. Some part of it was generated by graphic software, and some others were elements taken from the works of famous landscape painters in the Song dynasty, namely Ma Yuan and Xia Gui. These elements were assembled together digitally, forming a landscape of scattered perspectives, which is unique in Eastern painting.

How do you relate to classical shanshui paintings? Do you present us with a modernized version of shanshui, and are you paying homage to the old masters?

We are inevitably influenced by traditional culture and Eastern aesthetics. The digital display of the landscape scroll demonstrates a classical conception embedded in traditional landscape paintings. The traditional Chinese literati considered their lifestyle as a representation of man and nature, immersed their individual being with the natural landscape, and expressed their personal feelings via depictions of the natural environment. *Poetic Writing for Nature* is consistent with this classical perspective, looking for the spirit of Eastern culture, and paying respect to the greater nature and universe. I always consider the unification of man and nature should be the philosophy that we take reference of in the cognition of our relation with the overall situation and the grand cosmos. The interaction in the public sphere and in the gallery space provides the audience with access to Eastern aesthetics and values, which is a significant contribution to human civilization through the ages. Even in the days of modernization, its ideas in culture should be recognized and respected. I'm definitely paying homage to the masters of traditional landscape paintings. I hope I can continue on their path with new media and technologies to spread Eastern ideas and philosophy.

How did you build the composition and what kind of music did you use?

The soundtrack is made of some well-recognized and traditional Chinese compositions, with the occasional sound of thunder and birds singing. Both the traditional musical composition and the landscape painting are derived from nature. The postproduction enhanced the charm of the traditional composition and made it more appealing to the modern audience.

Is it ironic these days to pay homage to classical landscapes, when nature is in such bad shape in China?

Yes, that's what I'm suggesting. Traditional landscape paintings depicted the unification of man and nature, while the figures and architecture in the paintings were all small and almost insignificant. It posed a contrast to the Western paintings of the same era in which man and God were at the center of the vision. The acceleration of industrialization and urbanization led to the pollution of the natural environment and dramatic change of our inhabitancy, which is a global issue. This project attempts to make the point that nature remains the principal component of this planet, and that we should attend to and

westlichen Malerei aus der gleichen Zeit, die Mensch und Gott ins Zentrum gestellt hat. Die Beschleunigung von Industrialisierung und Urbanisierung führte zu Umweltverschmutzung und einem dramatischen Wandel unseres Lebensraums, das ist ein globales Problem. Dieses Projekt will darauf hinweisen, dass die Natur die wichtigste Komponente dieses Planeten darstellt und dass wir durch eine natürliche Lebensweise auf unser Verhältnis zur Natur achten und es verbessern sollten. Die Interaktion und die räumliche Darstellung der Tuschmalereien sollen diese Botschaft einem westlichen Publikum vermitteln und dieses für fernöstliche Ästhetik, Wertvorstellungen und Weltanschauung öffnen.

Welche Bedeutung besitzt diese Arbeit im Vergleich zu Ihren anderen Werken?

Meine bisherige Fotografie hat sich vor allem mit der Gesellschaft im heutigen China mit Blick auf die rasante Modernisierung und Urbanisierung befasst. Diese Videoinstallation lenkt unsere Aufmerksamkeit auf die Traditionen im Hintergrund der Industrialisierung, auf die Informationsrevolution und darauf, wie wir mit dem Westen und dem Publikum kommunizieren können. Ich habe mit einer neuen visuellen Sprache experimentiert und bin gespannt auf die Reaktionen westlicher Betrachter, damit ich mein Denken erweitern kann.

improve our relation with nature by considering a natural lifestyle. The live interaction and the spatial display of ink painting attempts to deliver this message to a Western audience, and make it more accessible to Eastern aesthetics, values, and worldviews.

What is the importance of this work compared with other works of yours?

My previous photography focused on the social scene in today's China in regards to its rapid modernization and urbanization. This video installation raises our attention to the traditions in the backdrop of industrialization and the revolution of information, and how we could communicate with the West and with the public. I experimented with a new visual language, and hope to gather feedback from the Western audience so that I can extend my thinking.

Li Dafang

Interview: Li Qi

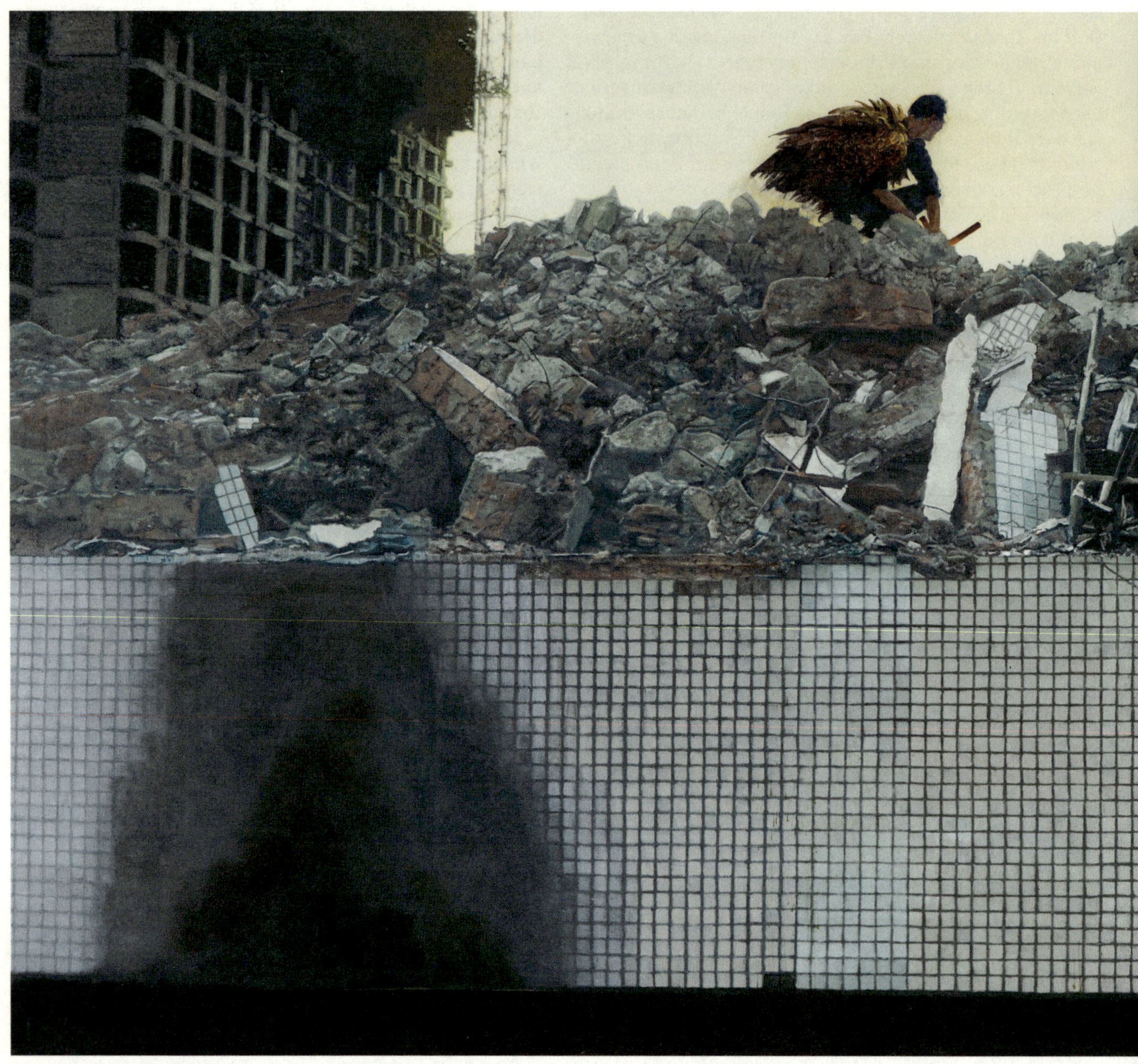

Der Maler Li Dafang wurde 1971 in Shenyang (Provinz Liaoning) geboren. Dem Abschluss am Shenyang Education College im Jahr 1993 folgte bis 2000 eine Ausbildung in Ölmalerei an der Lu Xun Academy of Fine Arts. Li Dafang widmet sich dem Medium der Ölmalerei mit ebenso großer Leidenschaft wie den Landschaften seiner Heimat Nordchina. Viele Arbeiten zeugen von Kindheitserinnerungen und der Umgebung, in der er aufwuchs – sie finden sich unter anderem in den Industriearealen und alten Fabrikgeländen in seinen Bildern wieder. Li Dafangs Werke werden weltweit ausgestellt. Er lebt und arbeitet in Beijing.

Was zeigen Ihre Bilder?

Sie spiegeln einander ähnliche Eindrücke und Gefühle wider, die sich auf die Jahre 2005 bis 2007 beziehen. Das städtische Treiben war Teil meines Alltags und hat mich dazu inspiriert, daraus ein eigenes Szenario zu erschaffen, wie ein Regisseur. Meine Gefühle bilden die Grundlage für den Aufbau eines Theaterstücks. *E Han in Armour* (2006) konzentriert sich

Painter Li Dafang was born in 1971 in Shenyang (Liaoning Province). He studied at the Shenyang Education College, graduating in 1993, and oil painting at the Lu Xun Academy of Fine Arts, graduating in 2000. Li Dafang is as cognizant of and dedicated to the medium of oil painting as he is to the scenery of northern China. Among many of Li Dafang's works, his inseparable relationship with childhood memories and the environment where he grew up are found in the industrial areas and defunct factories seen in his images. His works have been exhibited extensively throughout the world. He lives and works in Beijing.

What are your paintings depicting?

They reflect and depict similar emotions and sentiments of the years 2005 to 2007. I encountered this kind of urban spectacle in my everyday life. It inspired me to arrange a plot scenario around it, as if I were a director. My feelings are the foundation that helps to build some kind of theatrical play. In *E Han in Armour* (2006) I focused

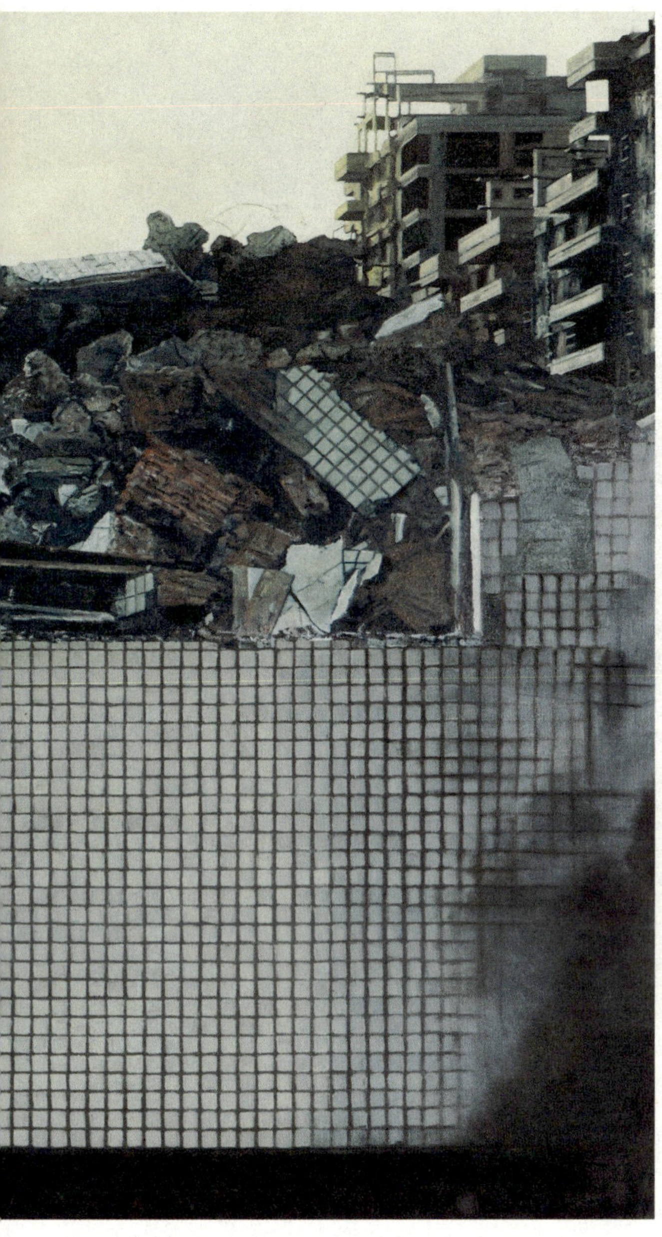

auf die zentrale Figur, die eine Art Vergöttlichung erfährt, als ob sie Flügel besäße, fliegen könnte, und dann schließlich mitten in diesem Durcheinander landet. Die ursprüngliche Figur war ein Wanderarbeiter, den ich auf einer Baustelle beobachtet habe. Seine Kleidung war völlig zerschlissen. Es regnete, alles war nass. Die ganze Szene hatte etwas sehr Theatralisches. Ich habe sie dann in ein Szenario umgewandelt, das in uns gemischte Gefühle auslöst. Bei *Coming Back* (2007) verhält es sich sehr ähnlich. Auch dieses Bild zeigt ein Szenario aus dem Prozess urbaner Entwicklung. Da war ein Bauarbeiter, der irgendetwas aushob. Diese Arbeiter ziehen mich immer wieder an, es sind Menschen mit Geschichten, mit Familien, die weit weg leben und für die sie verantwortlich sind. Die Situationen in meinen Bildern sind echt, aber gleichzeitig ziemlich surreal und theatralisch.

Sind Sie das auf dem Bild?

Nicht unbedingt. Es könnte jedermann sein. Ich benötigte lediglich eine Figur in dieser Szene.

on the central figure that I apotheosized, as if he were someone with wings, who could fly, but eventually landed on this messy surrounding. The original figure was some migrant worker whom I saw working in this kind of construction site. His outfit was ragged. It was a rainy day, everything was wet. The whole setting appeared very theatrical. And it occurred to me to arrange it into some staged scenery, which gives us mixed feelings. With *Coming Back* (2007) it was almost the same, again a scenario in the process of urban development. There was this migrant worker who was digging something. I'm always drawn to these workers, who are people with stories, with distant families and responsibilities. The situations in my paintings are real, but at the same time quite surreal and theatrical.

Is that you in the painting?

Not necessarily. It could be anybody. I just needed a figure in this setting.

What are the titles signifying?

E Han in Chinese means "ruffian." The "armour" added drama. Ruffians, in a way, are performative, because a common figure just wouldn't work in this piece. I sensed that the figure was somehow mysterious. Even while in reality he was doing something profane, the whole situation appeared to be out of a dream. *Coming Back*, on the other hand, was full of memories and emotions. The painting evokes memories about the old days, and time passing.

How do you proceed with your paintings?

As my paintings are quite realistic, I need to start with occasions that trigger an idea. I take a lot of photographs but sometimes I already have the image in my head. I just need to follow my vision and rearrange the visual reality according to my feelings. It's a process like editing and montage in film. But instead of staging and filming something, I just go and paint it.

Why these monumental formats?

These formats are also the expression of my "monumental" feelings. But basically I depict normality in life, and our daily lives have special and boring moments. Though many things appear normal, I want to give them a stage setting and magnify them with some exaggerations.

Is "life-size" adding to the realism?

I think so. I don't like to work with small canvases. A small size looks harmless and playful and suggests that the depicted situation is controllable. While when you work in "life-size" people immediately understand the scene and get emotionally involved.

Did you intend with this group of works a critique of the rapid social and urban change?

It wasn't my intention, because I'm mainly guided and driven by my feelings. I put my effort in evoking a certain mood that I won't enhance with subjective critique. But occasionally, it might slip in anyway. We have to face the present reality, but even a joke carries the special taste of the place where you are from. One cannot wipe it off. So my work reflects my northern origin.

Welche Bedeutung besitzen die Titel?

E Han bedeutet so viel wie »Rohling«. Die »Rüstung« *(Armour)* bringt Dramatik ins Spiel. Rohlinge sind gewissermaßen performativ, da eine gewöhnliche Figur in diesem Stück nicht funktionieren würde. Ich fühlte, dass diese Figur irgendetwas Rätselhaftes besaß. Obwohl sie in der Realität etwas sehr Profanes tat, erschien die ganze Situation wie ein Traum. *Coming Back* steckt dagegen voller Erinnerungen und Emotionen. Das Bild ruft Erinnerungen an alte Tage wach, an das Vergehen von Zeit.

Wie gehen Sie beim Malen vor?

Da meine Bilder sehr realistisch sind, benötige ich eine Situation, die eine Vorstellung auslöst. Ich mache viele Fotos, aber manchmal habe ich das Bild nur in meinem Kopf. Ich muss nur noch meiner Vision folgen und die visuelle Realität an meine Gefühlen anpassen. Es ist ein Verfahren wie beim Schnitt und der Montage eines Films. Aber anstatt etwas zu inszenieren und zu filmen, male ich es einfach.

Warum verwenden Sie diese monumentalen Formate?

Die Formate sind zugleich Ausdruck meiner ›monumentalen‹ Gefühle. Aber im Grunde male ich die Normalität im Leben und unser tägliches Leben besitzt besondere und langweilige Momente. Obwohl viele Dinge normal erscheinen, will ich diese inszenieren und sie durch Übertreibungen hervorheben.

Trägt die ›Lebensgröße‹ zum Realismus bei?

Ich denke schon. Ich arbeite nicht gerne mit kleinen Leinwänden. Ein kleines Format sieht harmlos und spielerisch aus und legt den Schluss nahe, dass die dargestellte Situation kontrollierbar ist. Wenn man aber in ›Lebensgröße‹ arbeitet, verstehen die Menschen die Szene sofort und stellen eine emotionale Verbindung her.

Bringen Sie mit dieser Werkgruppe eine Kritik an dem rasanten Wandel in der Gesellschaft und in den Städten zum Ausdruck?

Das war nicht meine Intention, da ich mich vor allem von meinen Gefühlen inspirieren und leiten lasse. Ich versuche, eine bestimmte Stimmung zu evozieren, die ich nicht mit subjektiver Kritik verstärken möchte. Aber gelegentlich kann diese dennoch durchdringen. Wir müssen uns der aktuellen Realität stellen, aber selbst ein Witz trägt den besonderen Ton der eigenen Heimat in sich. Das kann man nicht wegwischen. Meine Arbeit spiegelt also auch meine Herkunft aus dem Norden wider.

Gibt es einen spezifisch chinesischen Kontext, der für die Betrachter wichtig ist?

Nicht unbedingt. Ich schaffe keine Dokumentation, sondern eine subjektive, inszenierte Interpretation der Realität. Ausgangspunkt war mein allgemeines Verständnis von Malerei, vom Leben, daraus habe ich ein Bild entsprechend meiner eigenen Position und meines eigenen Verständnisses konstruiert. Alles in allem sind es Malereien, sie sind Fiktion. Vielleicht versteht ein chinesisches Publikum die Situation direkter beziehungsweise kennt die Orte, die denen im Bild ähneln. Aber ich spiele nicht auf diese Art chinesischer Identität an. Ich erschaffe als Maler diese Bilder für ein Publikum mit dem Mittel der Malerei.

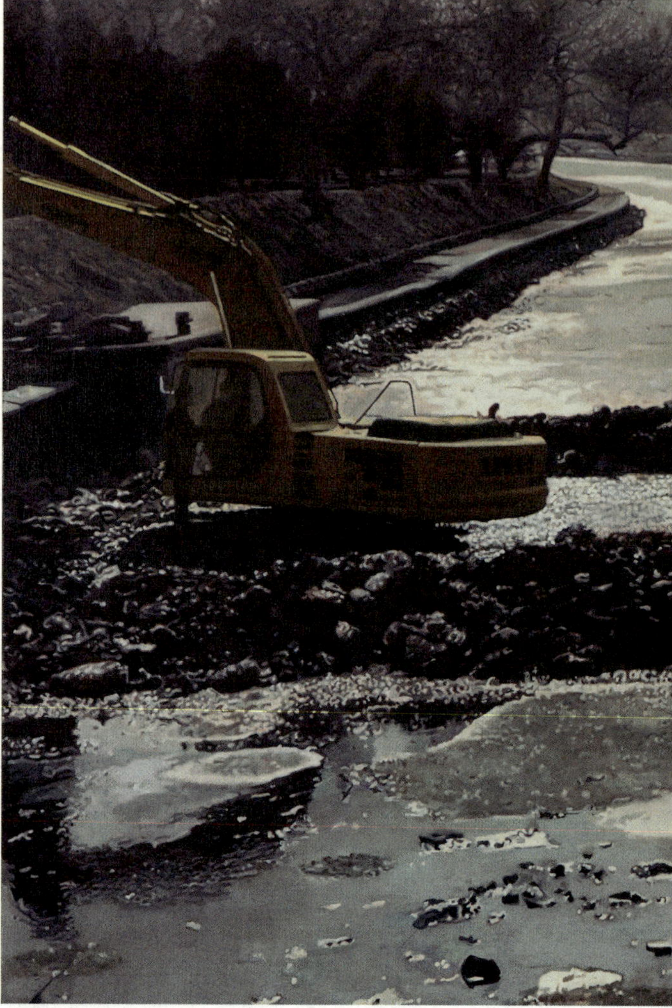

Is there a specific Chinese context we need to know as spectators?

Not necessarily. What I created are not documentaries, but a subjectively staged interpretation of reality. I started from my overall understanding of painting, of life, and I constructed an image according to my own position and understanding. After all, they are paintings, they are fiction. Maybe a Chinese audience more directly understands the situation or knows places like the ones depicted. But I'm not alluding to this kind of Chinese identity. I am a painter who creates these works for an audience by way of painting.

Why the sober colors?

This is quite important. By painting the reality that we see with our eyes, I'm trying to reflect and express the unreality that is beyond any verbal description. While some other artists may adapt the unreal appearance to express the unreality in their mind, I prefer using my kind of conservative way, adapting a real, specific, and sophisticated appearance to express the unreality that I understand and comprehend.

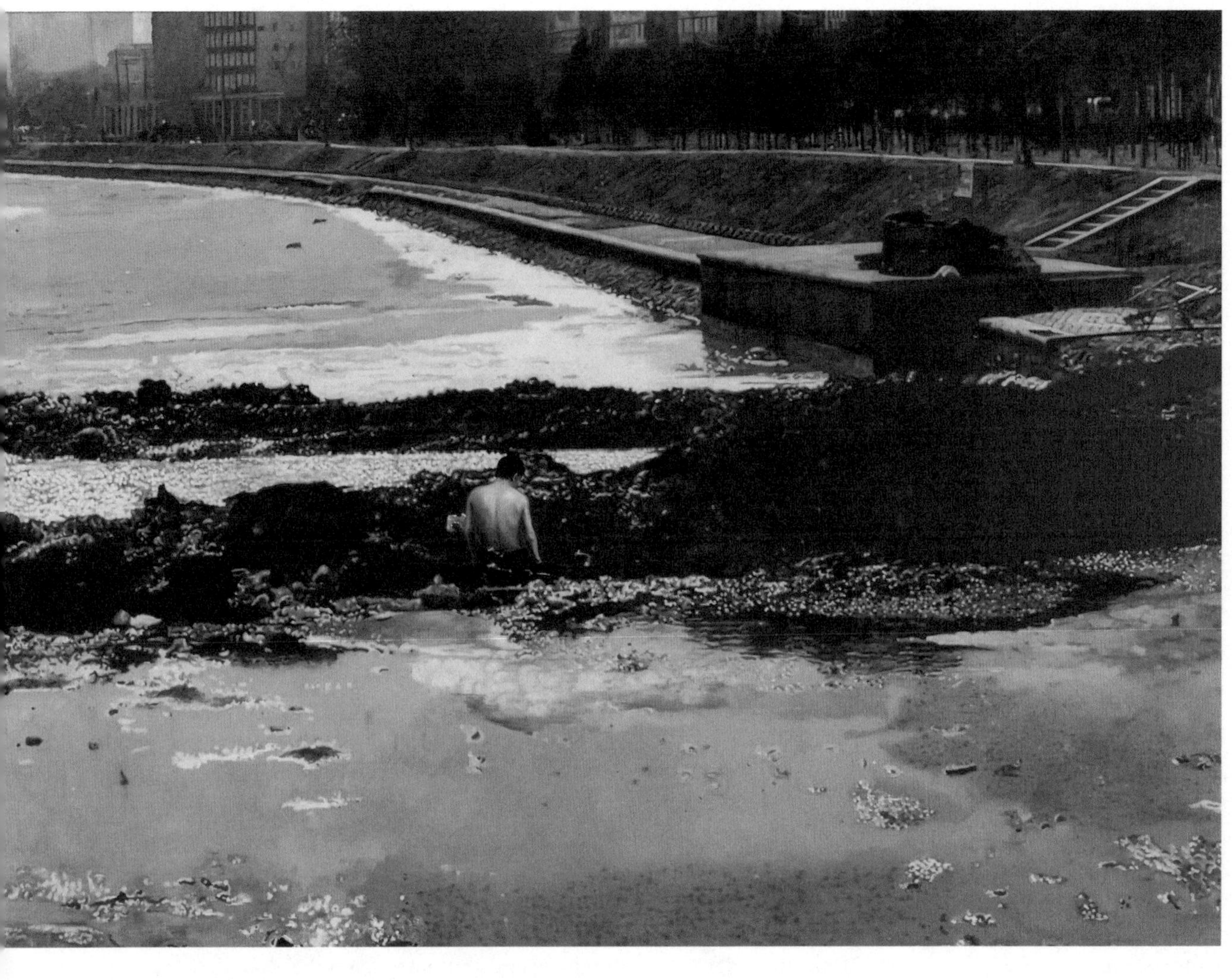

Warum verwenden Sie diese nüchternen Farben?

Sie sind sehr wichtig. Durch das Malen der Realität, die wir mit unseren Augen sehen, versuche ich die Irrealität widerzuspiegeln und auszudrücken, die jenseits jeder verbalen Beschreibung liegt. Während andere Künstler die nicht reale Erscheinung anpassen, um die Irrealität in ihrem Denken auszudrücken, wähle ich meinen eher konservativen Weg: Ich passe eine reale, spezifische und subtile Erscheinung so an, dass sie die Irrealität, die ich verstehe und wahrnehme, zum Ausdruck bringt.

Li Shan

Interview: Wu Mo

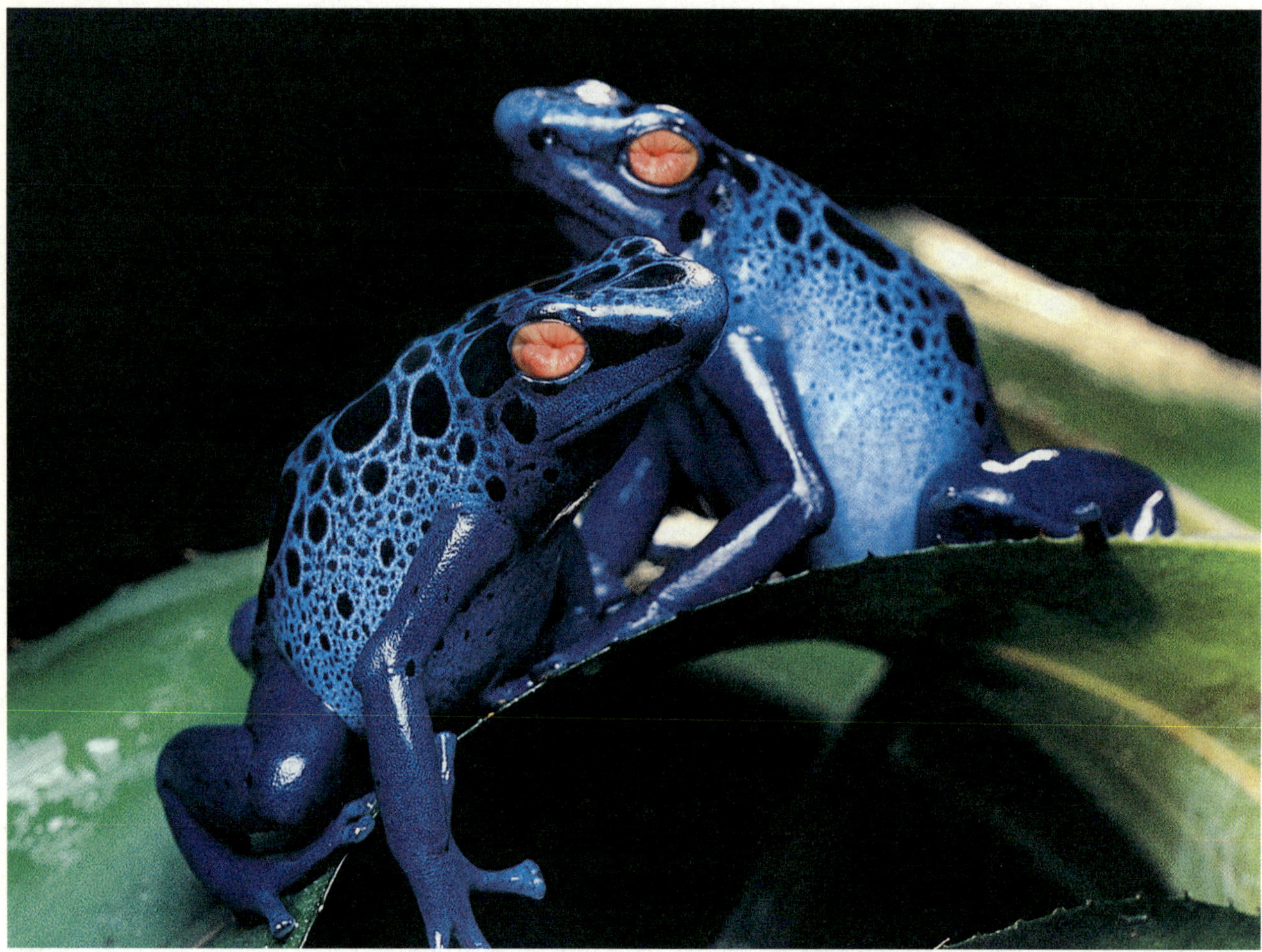

Li Shan wurde 1942 im Kreis Lanxi (Provinz Heilongjiang) geboren und schloss 1968 sein Studium an der Shanghai Academy of Drama ab. In seiner über vierzig Jahre währenden Karriere als Künstler widmete er sich der konsequenten Beobachtung, Erforschung und Reflexion des menschlichen Lebens und Wesens durch künstlerische Produktion. In den frühen 1980er-Jahren war Li Shan an der Entstehung der avantgardistischen Bewegung in China beteiligt. Damals entstand auch die Serie *Yan Zhi (Rouge)*, die ihn als einen Vertreter des ›political pop‹ (politischer Pop) auszeichnete. Mitte der 1990er-Jahre schuf Li Shan erste Arbeiten seiner ›bio-art‹, mit der er die chauvinistische Haltung der Menschen durchbrechen und eine Akzeptanz für das Leben kleiner und kleinster Lebewesen einfordern will. Li lebt und arbeitet in Shanghai.

Wie definieren Sie ›bio-art‹?

Als ich 1995 in New York mit meinen mikrobiologischen Arbeiten begann, habe ich ›bio-art‹ wie folgt definiert: »Indem sie Leben als Material zur Erschaffung von Kreaturen verwendet, liegt der Fokus dieser biologischen Studie auf der genetischen Intervention und dem artifiziellen Genom. Der Künstler entwirft Projekte entsprechend genetisch modifizierter Prinzipien und solchen der Genproduktion und erschafft daraus die künstlerische Kreation mit biologischen Charakteristika. Diese wird bio-art genannt.«

Li Shan was born in 1942 in Lanxi County (Heilongjiang Province) and graduated from the Shanghai Academy of Drama in 1968; In his four-decade-long artistic career, Li Shan has always insisted on constantly contemplating, exploring, and reflecting on life and human nature through artistic creation. In the early 1980s Li Shan participated in the promotion of the avant-garde art movement. At the end of the 1980s Li Shan created the *Yan Zhi (Rouge)* series, which led him to be regarded as the representative of Political Pop art. In the mid-1990s Li Shan began creating Bio Art, trying to break the chauvinist attitude of humans, and to accept the life of small organisms. Li lives and works in Shanghai.

What is your definition of Bio Art?

In 1995, when I was preparing for my microbiological art creation in New York, I had given the following definition: "Using lives as materials to construct creatures, the focus of the present biological study is on genetic intervention and the artificial genome. The artist makes projects according to genetically modified and gene manufacture principals, and then constructs the artistic creation with biological characteristics, which is called Bio Art."

When and why did you start the Restructuring Plan *(1996–2006) series?*

Every individual is supposedly unique. This uniqueness is not the result of a genetic difference, but rather the result

Wann haben Sie mit der Serie Restructuring Plan *(1996–2006) begonnen?*

Jedes Individuum gilt als einzigartig. Diese Einzigartigkeit ist aber nicht das Resultat genetischer Unterschiede, sondern vielmehr der intergenischen Region, also der Spur eines alten Gens. In der langen und monotonen DNA-Sequenz können sich leicht Fehler einschleichen und jedes menschliche Wesen ist daher mit einem völlig anderen genetischen Muster ausgestattet, wie ein Fingerabdruck. Wir haben erkannt, dass die Einzigartigkeit letztendlich auf einem Fehler und einer Reihe von ›Füllstoffen‹ oder ›Müll‹ beruht. Unser Schicksal wird von diesen und nicht von der makroskopischen Welt dominiert und beeinflusst. Was sind wir also wirklich? Das ist das Leben. Das bedeutet einen schweren Schlag für die menschliche Selbsterkenntnis. Ausgehend von diesen Tatsachen habe ich mich in meiner künstlerischen Arbeit 1993 Themen der Biowissenschaften zugewandt.

Wie haben Sie die Fotografien der Tiere ausgewählt?

Ich habe mich für Insekten und Reptilien entschieden, weil diese am Rande der biologischen Welt stehen und die Menschen ihnen nie die angemessene Aufmerksamkeit schenken.

Welche Schwierigkeiten mussten Sie im Vergleich zu früheren Gemälden bei der Serie Restructuring Plan *überwinden?*

Die Collagetechnik der digitalen Fotos hat keine Probleme bereitet, schwierig war dagegen, alte künstlerische Konzepte abzustreifen. Bio-art war die Chance für einen Neuanfang, es existiert keine Verbindung zwischen dieser Kunst und traditionellen Kunstkontexten. Sie kann als Teil der Kulturgeschichte angesehen werden, doch ist es ein ebenso bizarrer wie völlig neuer Begriff.

Wo liegt Ihrer Meinung nach die Verbindung zwischen Biologie und Kunst? Und in welcher Beziehung stehen diese zu Ihren Gedanken über das Leben?

Die Biologie ist Teil der Biowissenschaften, die Kunst ist Teil der Geisteswissenschaften. Bio-art leuchtet mit

of the intergenic region, which is the residue of an ancient gene. Errors are easy to blend in the long and monotonous region of DNA; as a result, every human being is endowed with a completely different genetic pattern, like their fingerprints. We have finally learned that the uniqueness of each of us is actually from an error and a bunch of fillers or garbage; our destiny is thus dominated and affected by them instead of the macroscopic universe. So what are we exactly? Life is just like this. This fact is a heavy blow to human self-recognition. In view of the facts, I turned my artistic thinking to subjects that related to life sciences in 1993.

How did you choose the animals in the photographs?

I chose these insects and reptiles because they are on the edge of the biological world and are never given adequate attention by us humans.

Compared with your previous paintings, what kind of obstacles did you have to overcome for the Restructuring Plan *series?*

There were no difficulties in the collaging technologies of the digital photos; however, it is difficult to discard the old artistic concepts. Bio Art was a chance to restart, and there were no connections between it and traditional artistic contexts. Bio Art may be included in cultural history, but after all, it is a weird but brand-new notion.

In your opinion, what is the relation between biology and art? And how are they related to your thoughts on life?

Biology belongs to the field of life sciences, and art is a part of the humanities. Bio Art shines a light of energy when it is exploring the world of dark matter within the genome. Bio Art and biology all focus on the most obscure parts of lives. Creating life was an enormous project of God, and it has just begun. Among the 160,000 genes in the genome, only less than 10,000 can be located now; the other 150,000 are still "silent." Decoding these and making them talk became the issues that I keep on thinking

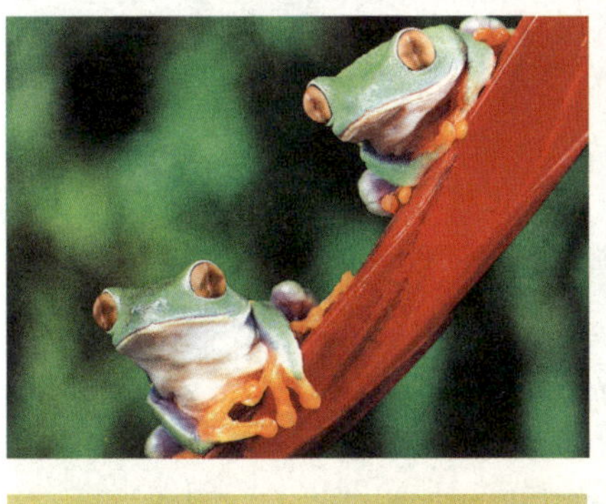
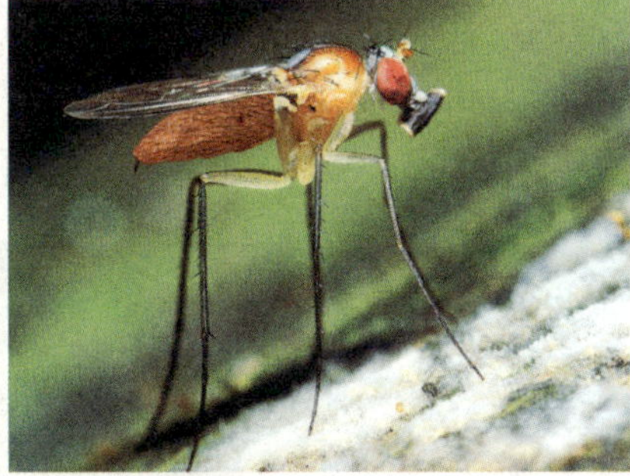
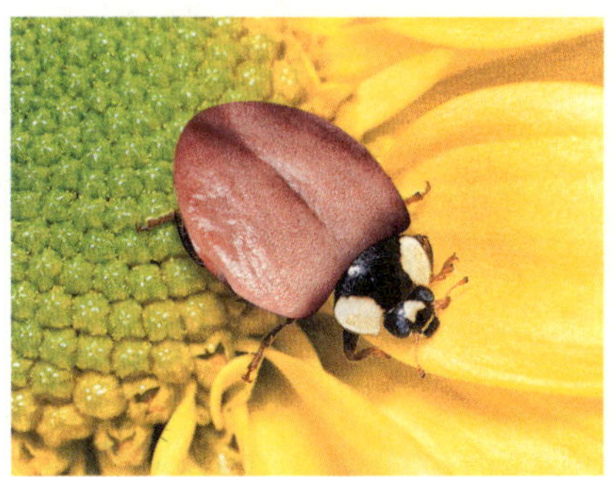
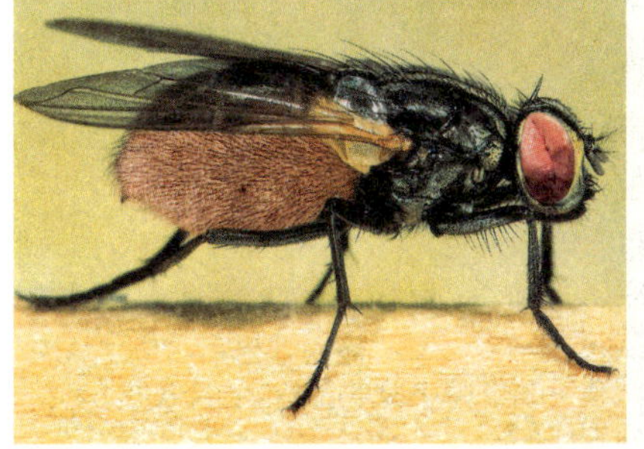
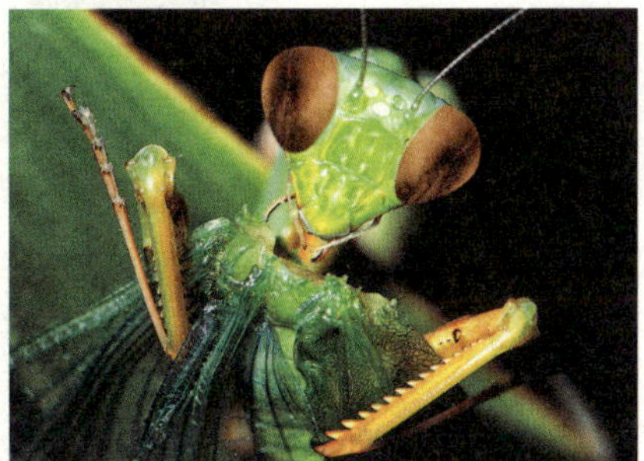
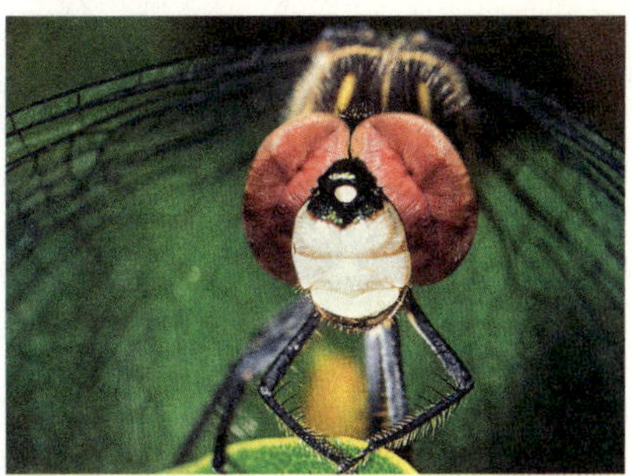

Energie, wenn sie die Welt der dunklen Materie im Genom erforscht. Bio-art und Biologie widmen sich den dunkelsten Bereichen von Leben. Die Erschaffung von Leben war für Gott ein riesiges Projekt und es steht erst am Anfang. Von den 160 000 Genen im Genom können derzeit nicht einmal 10 000 identifiziert werden, die übrigen 150 000 ›schweigen‹ immer noch. In den vergangenen Jahren habe ich mich vor allem damit beschäftigt, diese zu entschlüsseln und zum Sprechen zu bringen. Von der Entschlüsselung bis zum artifiziellen Genom: Das alles sind ungewöhnliche Wege, das Leben zu betrachten und zu erforschen.

Würden Sie die Serie Restructuring Plan *als eine politische Arbeit ansehen?*

Ein Künstler oder eine Künstlerin mit einem Standpunkt besitzt immer einen politischen Charakter.

about and dealing with all these years. From decoding to the artificial genome, they are all unusual ways for me to think about and explore lives.

Would you consider the Restructuring Plan *series as a political work?*

Any artist with a standpoint has his or her political nature.

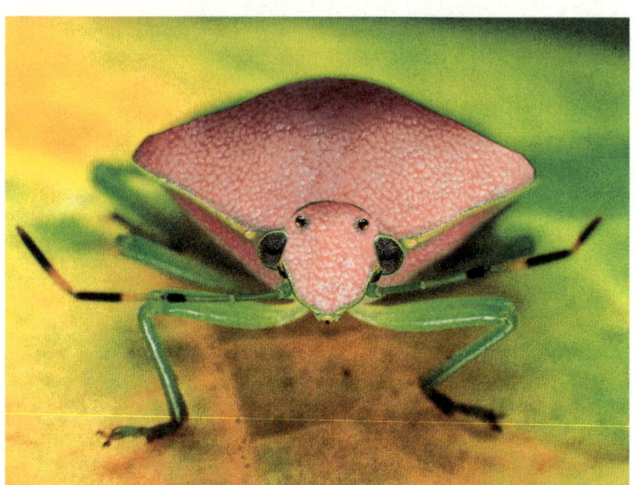

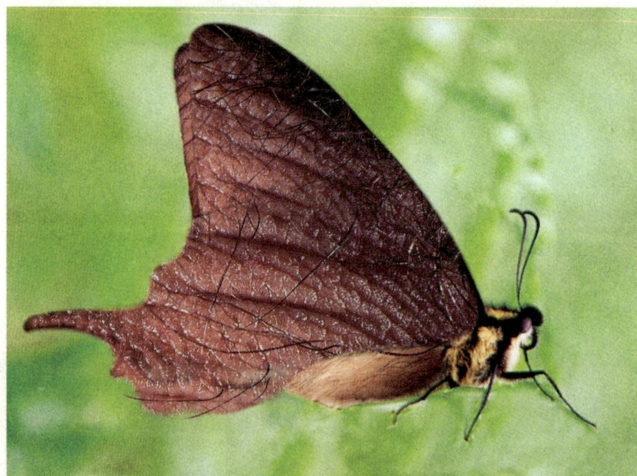

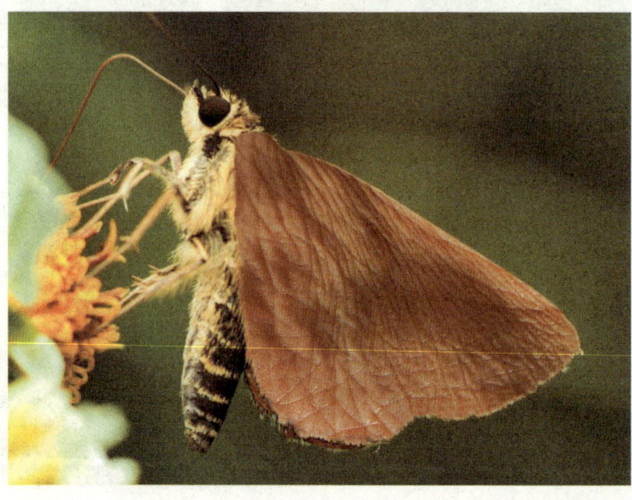

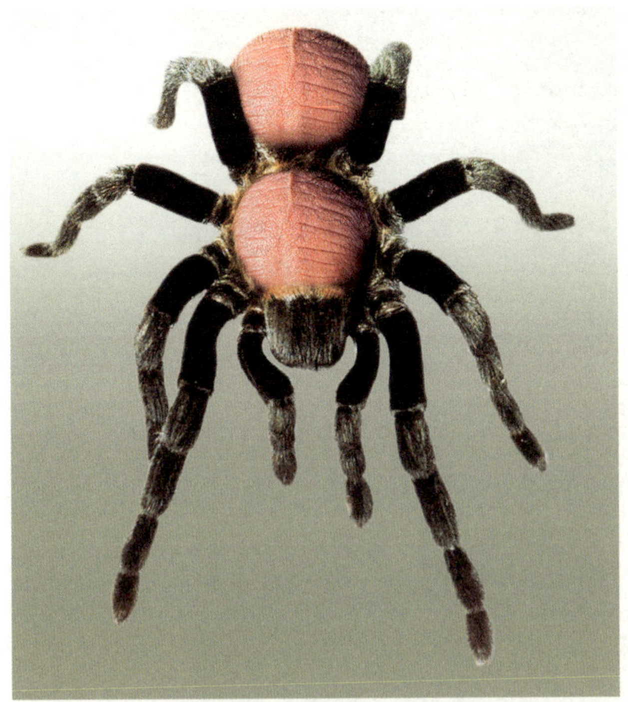

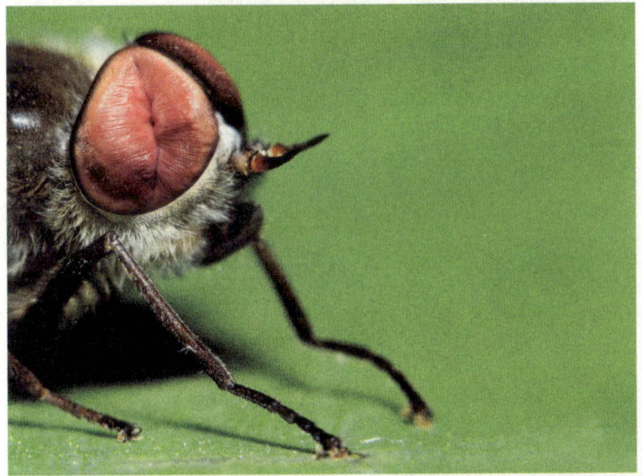

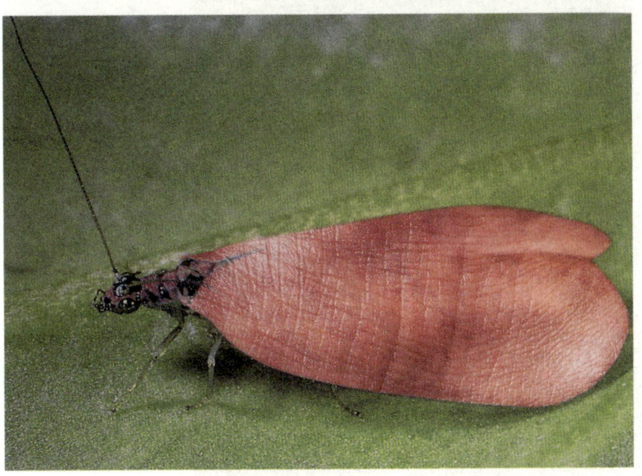

Li Xi

Interview: Wu Mo

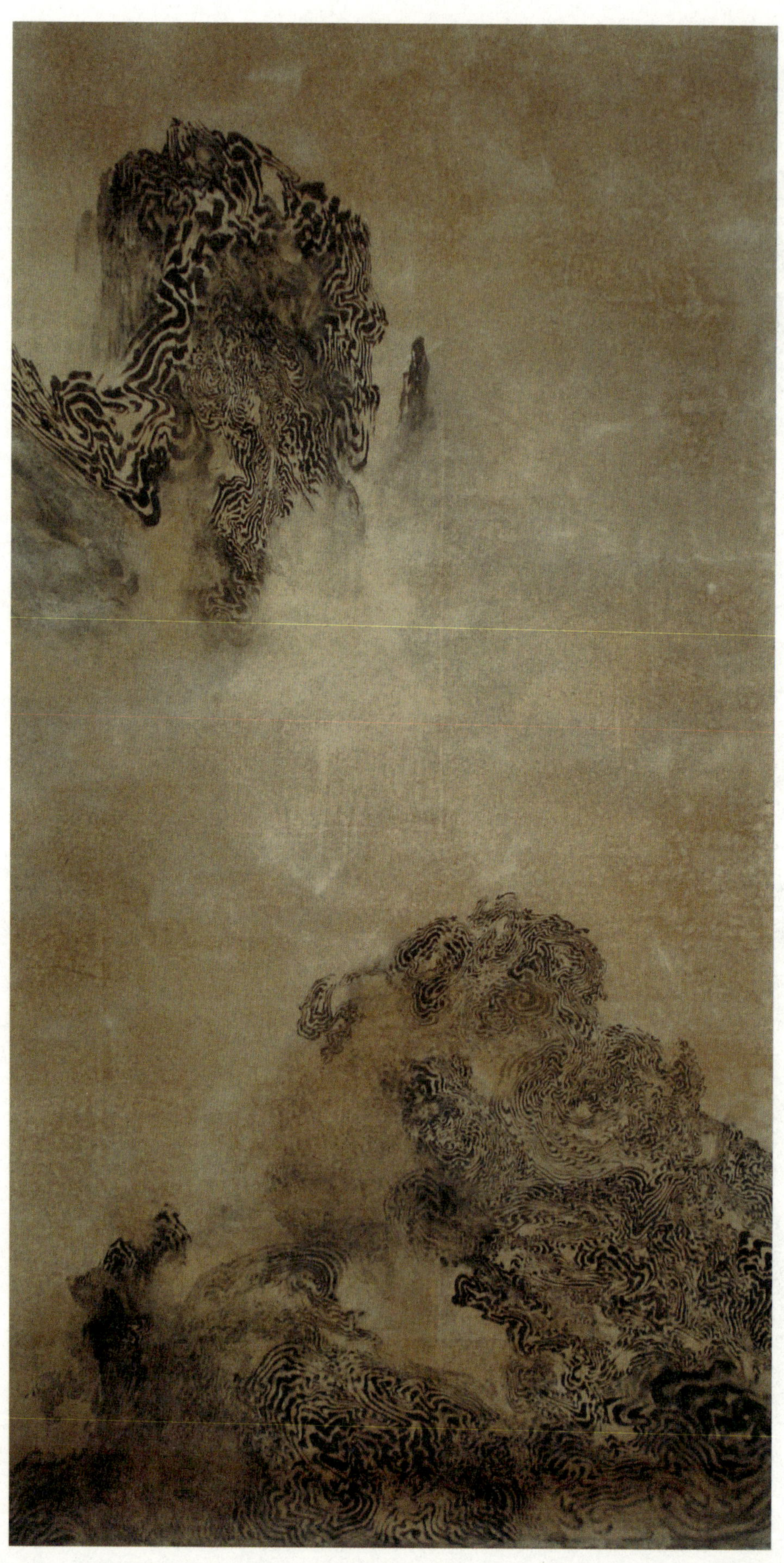

Li Xi wurde 1979 in der Provinz Liaoning geboren und absolvierte ein Master-Studium an der Central Academy of Fine Arts in Beijing. Die Künstlerin kombiniert Klassisches mit Zeitgenössischem, indem sie mit der traditionellen Tuschmalerei ein abstraktes Spiel der Formen in impressionistische Landschaften verwandelt. Um zu vermeiden, dass dabei vorbestimmte Formen oder Gestalten entstehen, versucht sie die Linien während des Malens nicht willentlich zu kontrollieren – in der traditionellen chinesischen Kunst wird dies als hohe Fähigkeit erachtet –, sondern erlaubt den Formen, aus sich selbst heraus zu entstehen. Li hat sich damit das wichtigste Prinzip der traditionellen ›shanshui‹-Malerei zu eigen gemacht: Das Ziel besteht nicht darin, eine realistische Darstellung einer natürlichen Szenerie zu liefern, sondern einem inneren Bild des Künstlers Ausdruck zu verleihen. Li lebt und arbeitet in Beijing.

Können Sie kurz etwas zu Ihrem akademischen Hintergrund und den künstlerischen Konzepten Ihrer Arbeiten sagen?

Die Entwicklung meines persönlichen Stils beruht auf zahlreichen Faktoren und diese lassen sich nicht so leicht anhand einer einzigen Arbeit aufzeigen. Ich habe damit begonnen, traditionelle chinesische und klassische westliche Techniken zu erforschen. Während meiner künstlerischen Ausbildung hatte ich das Glück, von Beginn meines Studiums an solide Kenntnisse in traditioneller chinesischer Kultur vermittelt zu bekommen. Mit unseren Lehrern haben wir oft im Freien gemalt und lokale Museen, bedeutende archäologische Stätten, alte Gräber, Tempel, Hallen, Dörfer und Höhlen besucht. Dabei haben wir viele Altertümer, alte Malereien, Skulpturen und antike Artefakte vor Ort kennengelernt, die auf mich frisch und eindrucksvoll wirkten. Diese Erfahrung hat meine Neugierde geweckt und mir einen neuen Horizont eröffnet, anstatt mich nur auf das westliche Kunstsystem zu stützen, das für mich zuvor so sakrosankt wie die Bibel war. In meinen ersten Arbeiten habe ich Öl und Acrylfarben auf Leinwand verwendet, doch schon bald habe ich herausgefunden, dass es mir mit diesen beiden Malmitteln unmöglich war, subtile Emotionen zu vermitteln, da sie zu unpräzise sind. Also habe ich Wasser, Tusche und Reispapier verwendet und mit Mischtechniken wie Wasser und Ölfarbe experimentiert und auch mit deren Verhältnis zu Wasser und Tusche. 2002 habe ich meinen persönlichen Stil mit Wasser und Tusche auf Papier sowie mit Mischtechniken auf Leinwand gefunden. Mein Stil war eine Kombination aus künstlerischer Intention, der Auseinandersetzung mit Raum, Komposition, Modellierung der Textur sowie der Suche nach Integrität und jugendlicher Intuition. 2003 wurde meine Mischtechnik-Arbeit mit dem ersten Preis der Abschlussarbeiten ausgezeichnet, das war für mich eine riesige Bestätigung. Nach dem Bachelor-Abschluss habe ich als Lehrerin gearbeitet und parallel weiter gemalt. 2005 habe ich dann mein Master-Studium in der Abteilung für Ölmalerei der Central Academy of Fine Arts begonnen. In dieser Phase habe ich die chinesische und die westliche Kunst und ihren unterschiedlichen Einsatz von Malmitteln untersucht. Das war mein Durchbruch und entsprach auch meinen vorherigen Fragen: Müssen Wasser und Tusche unbedingt auf Reispapier verwendet werden wie in der klassischen chinesischen Kunst oder können wir auch andere Medien verwenden, um chinesische Kunst zu

Li Xi was born in Liaoning Province in 1979. She received her bachelor's and master's degrees from the Central Academy of Fine Arts in Beijing. Li Xi combines the classical with the contemporary by using the ink painting method traditionally reserved for calligraphy to transform an abstract play of forms into impressionistic landscapes. To prevent any specific forms or shapes from emerging, she does not consciously control the flow of the line while she is painting, a skill regarded as paramount in traditional Chinese art, but instead allows the form to grow of its own accord. In this respect, the artist can be said to have appropriated the main principle of traditional shanshui painting: the aim is not to produce a realistic depiction of a scene from nature, but to lend expression to the picture inside the artist. Li lives and works in Beijing.

Could you make a brief introduction of your academic background and the artistic concepts of your works?

The formation of my personal style is based on many factors, and it is not easy to present them all in one piece of work. It started as an exploration of traditional Chinese and classical Western techniques. For my artistic education I was lucky to get a solid base in traditional Chinese culture already as an undergraduate. Together with our teachers we often used the chance of painting in the countryside to visit local museums, important archaeological sites, ancient tombs, temples, ancestral halls, ancient villages, and grottoes. We had the chance to see lots of historical relics, ancient paintings, sculptures, and antiquities, which seemed fresh and strong to me. Those experiences fed my curiosity and brought me a new horizon instead of only the Western art system, which once had been as inviolable as the Holy Bible in my mind. My work started out as oil and acrylic drawings on canvas. But soon enough I found it impossible for me to convey the subtlest emotion with these two sorts of materials for their lack of precision. I turned to using water, ink, and rice paper instead, and kept experimenting with mixed media such as water and oil, and their relations with water and ink in the meantime. In 2002 I found my personal artistic style with water and ink on paper, as well as mixed media on canvas. My style was a mixture of artistic intention, dealing with the space, composition, modeling the texture, seeking integrity and youthful intuition. In 2003 my mixed media work won the first prize among the graduation works, which was a huge encouragement to me. After graduation I worked as a teacher while I kept on painting. In 2005 I entered the oil painting department of the Central Academy of Fine Arts to pursue my master's degree. In this process, I started researching Chinese and Western art in their different use of media. This was my breakthrough, and also responded to my previous question: do water and ink have to be combined with rice paper as in classical Chinese art or can we use other media to create Chinese art? What is the relationship between the Chinese and Western media and related techniques, etc.? I didn't get an answer to all these questions until 2008, when I was working on my graduation works, which were about the physicalness of painting. I suddenly realized that the understanding of artistic media in China and in the West were actually based on their respective understanding of the material, and this was one of the import-

Li Xi, *Song Painting (Middle Country-Growing)*, 2011

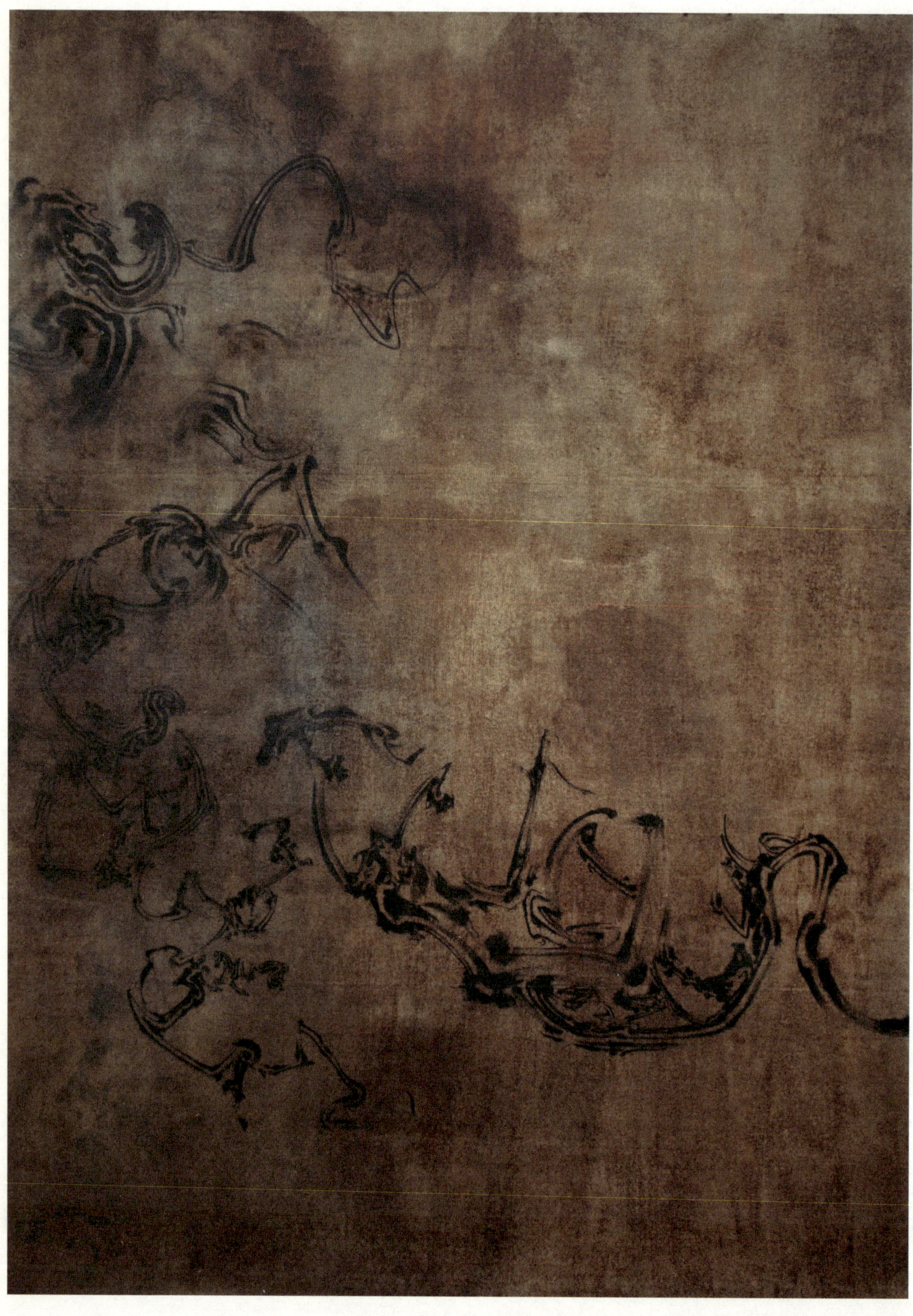

schaffen? Worin besteht die Beziehung zwischen den in China und im Westen eingesetzten Medien und den damit verbundenen Techniken? Eine Antwort auf diese Fragen habe ich erst 2008 erhalten, als meine Abschlussarbeiten entstanden. Diese beschäftigen sich mit der Körperhaftigkeit von Malerei. Ich habe plötzlich erkannt, dass das Verständnis künstlerischer Medien in China und im Westen tatsächlich auf dem jeweiligen Verständnis des Materials beruhte. Darin lag eine wichtige Grundlage der Auffassung von Kunst. Ich habe also alte Ziegelsteine und Mörtelbrocken von Baustellen gesammelt und diese mit westlicher Temperatechnik bemalt, sie stellen also eine Mischung aus alten chinesischen Techniken und Materialien sowie westlichen Mitteln dar. Auf diese Weise habe ich den Konflikt zwischen den Medien und Kulturen des Ostens und Westens dekonstruiert.

Woher nehmen Sie Ihre Inspiration?

Lesen inspiriert mich. Ich lese philosophische Texte aus der Zeit vor der Qin-Dynastie (221–206 v. u. Z.) sowie buddhistische Texte bis hin zu westlicher Wissenschaftsgeschichte oder der Bibel. Ich habe diese klassischen Vorstellungen durchgearbeitet und nach und nach haben sich die Gefühle der Menschen aus früheren Zeiten mit meinen eigenen vermischt. Ich habe daraufhin begonnen, mich der Natur und meiner Umwelt zuzuwenden, um deren Gültigkeit zu überprüfen und deren Wandel zu beobachten. Wir leben unseren Alltag im Betondschungel der Städte. Die Beziehung zwischen Städten und ihren Gebäuden scheint auf der Funktionalität und dem Nutzen zu beruhen, aber gleichzeitig verändern und begrenzen diese Betonformen unser Leben.

Können Sie uns etwas zu den Werken Untitled *(2007),* Bardo-Mind Landscape *(2009) und* Song Painting (Middle Country-Growing) *(2011) sagen?*

Meine Arbeiten sind im Allgemeinen nicht narrativ. *Untitled* ist ein Beispiel meines eigenen künstlerischen Stils und meiner erprobten Techniken, während *Bardo-Mind Landscape* zu einer Serie gehört, die sich mit dem tibetischen Begriff ›Bardo‹ beschäftigt. Dieser bezeichnet im Buddhismus den Zustand zwischen dem Ende eines Prozesses – sowohl räumlich, zeitlich oder geistig – und dem Beginn eines anderen. Wie bei Gedanken, die nacheinander in sehr kurzen Abständen in unserem Geist auftauchen, diese Zwischenzustände sind das Bardo. *Song Painting (Middle Country-Growing)* ist Teil einer anderen Serie zum Begriff der ›Mitte‹, der im Buddhismus, Taoismus und im frühen Christentum eine sehr tief gehende und weitreichende Bedeutung besitzt. Die buddhistische Interpretation von Mitte meint »gerecht«, aber auch »jetzt« im Sinne von »kein bestimmter Zeitpunkt«. Man kann nur gerecht und rechtschaffen sein, wenn man seine Vorstellungen loslässt – wenn man an nichts mehr haftet, kann man gerecht sein, mit großer Weisheit kann man rechtschaffen sein.

Mit welcher Technik sind diese Arbeiten entstanden?

Für mich ist das ein ganzer Prozess. Meine Auseinandersetzung basiert bei allen Aspekten meiner Arbeit auf meinem Verständnis der unterschiedlichen Medien. Wenn ich beispielsweise eine Leinwand nehme, dann entscheidet deren Textur, Gewicht und Dichte darüber, wie ich sie

ant foundations of their philosophy of art. Consequently I used old bricks and concrete that I collected from Chinese construction sites, and then painted them with Western tempera techniques, thus, they presented a mixture of Chinese ancient techniques and materials as well as Western marbles. So in that way, I deconstructed the conflict between the media and cultures of East and West.

From where did you get your inspiration?

Reading inspired me a lot. I read philosophical texts from the pre-Qin dynasty (221–206 BC) and Buddhism to the Western history of science as well as the Holy Bible. I worked through those classical ideas and the emotions of the ancients were gradually combined with mine. So I began to turn toward nature and my environment to test their validity and observe their changes. Since we live every day in the concrete jungle of cities. The relationship between cities and its buildings seems to be based on functionality and usefulness but at the same time these concrete forms reshape and limit our lives.

What can you tell us about Untitled *(2007),* Bardo-Mind Landscape *(2009), and* Song Painting (Middle Country-Growing) *(2011)?*

Generally speaking, my works are not narrative. *Untitled* is an example of my personal artistic style and my mature techniques, while *Bardo-Mind Landscape* belongs to a series about the Buddhist notion of bardo, which refers to the interval between the end of a process and the start of another, be it spatial, temporal, or mental. Like ideas that come out in our minds one after another with very short intervals in between, these intervals are bardo. *Song Painting (Middle Country-Growing)* belongs to another series reflecting on the term *middle*, which has a very profound and far-reaching significance in Buddhism, Daoism, and early Catholicism. The Buddhist interpretation of *middle* means "impartial," but also means "now," in the sense of "not a certain time point." One can be impartial and righteous only when one lets go of one's obsessions—with nothing attained one can be impartial, with highest wisdom one can be righteous.

How are these works done technically?

For me this is a whole process. The ways I deal with every aspect of my works are based on my understanding of different media. For example, when I get a piece of canvas, its texture, weight, and density will help me decide how to deal with it and how to make the base of my painting on it. It's not just to make it flat. On the contrary, I have been thinking about how to build up the base and the canvas, in fact, it has a three-dimensional shape in my mind that contains mineral colors, water, and ink I will use step by step. When the work is finished, it will be as complete as a human being. Painting is a sort of delicate visual art, and no technologies can be comparable to the complexities of a human being. I'm very sensitive to the features of different media and integrate them gradually into my works.

How did the experience of learning oil painting affect your art practice? Did this experience conflict with traditional Chinese painting?

behandle und wie ich meine Malerei darauf anlege. Es geht nicht nur darum, sie eben zu machen. Im Gegenteil, ich denke darüber nach, wie ich die Grundierung und die Malfläche aufbaue, in meiner Vorstellung besitzt sie tatsächlich eine dreidimensionale Gestalt aus Pigmenten, Wasser und Tusche, die ich nacheinander benutzen werde. Ist die Arbeit fertig, dann ist sie so vollendet wie ein menschliches Wesen. Malerei ist eine Art feiner visueller Kunst und keine Technologie ist mit der Komplexität eines menschlichen Wesens vergleichbar. Ich bin sehr empfindsam für die Eigenschaften der unterschiedlichen Medien und integriere diese nach und nach in meine Arbeit.

Wie hat die Auseinandersetzung mit Ölmalerei ihre künstlerische Praxis verändert? Steht diese im Konflikt zur traditionellen chinesischen Malerei?

Als ich die Ölmalerei erlernt habe, fühlte es sich für mich so an, als ob diese die kulturellen Konnotationen von Formen, Linien, Farbe, Raum und Kompositionen zum Ausdruck brachte. In Büchern über die Geschichte der Bibel habe ich gelesen, wie diese, objektiven Beweisen aus archäologischen Forschungen und dem Studium mündlicher Überlieferungen zufolge, entstanden ist. Ich vergleiche das gerne mit anderen Kulturen am gleichen Zeitpunkt, um herauszufinden, wie die Migration und Interaktion verschiedener Völker deren Kulturen beeinflusst. Manchmal ist es zu vereinfachend, duale Gegensätze wie Osten und Westen zu betonen. Meine Arbeit versucht dagegen, einen realen historischen Kontext wiederherzustellen und abzuleiten. Wenn unsere eigene Kultur klar und stabil ist, erweist sich der Einfluss anderer Kulturen als sehr vorteilhaft und fördert die Selbstbetrachtung und die Entwicklung unserer Kultur. Ich betone niemals bewusst den Einfluss einer bestimmten Kultur. Meine Absicht liegt darin, frei zu malen.

Traditionelle chinesische Maler haben immer die Beziehung zwischen Kalligrafie und Malerei unterstrichen. Ist die kalligrafische Pinseltechnik ein Schwerpunkt Ihrer täglichen Arbeit?

Ja, denn die chinesische Kalligrafie und Malerei besitzen dieselben Ursprünge und ich übe jeden Tag Kalligrafie. Und ich erforsche sie gerne in meiner künstlerischen Praxis. Ich lese auch alte Traktate über Kalligrafie. Das hat mich dazu angeregt, in der Verbotenen Stadt die Formen und Linien alter Bäume zu studieren. Meiner Ansicht nach entspringt der Geist der Kalligrafie der taoistischen Philosophie. ›Tao‹ steht für »die Beziehung zwischen Natur und Mensch« und hat viele Disziplinen beeinflusst – die traditionelle chinesische Medizin, Kung-Fu und die Zen-Meditation.

Würden Sie ihre Arbeiten als abstrakte Kunst einstufen?

›Abstrakte Kunst‹ ist ein Begriff der westlichen Kunstgeschichte, in der Ursprung, Standpunkt und Bedeutung ganz klar sind. Aber nach unserem Interpretationssystem ist der Begriff abstrakte Kunst recht vage. Für mich ist das Wesen der abstrakten Kunst eine Art Reinigungsprozess, in dem wir uns früherer Gedanken entledigen. Die Neuordnung und Neuklassifizierung eines Bildes ist nicht dessen endgültiger Ausdruck.

Besitzen Ihre Arbeiten einen Bezug zu Ihren persönlichen religiösen und philosophischen Auffassungen?

When I was learning oil painting, I felt like it represented the cultural connotations of the shapes, lines, color, space, and compositions. When I was once reading the history of the Holy Bible, I learned how the book was written through objective proofs from archaeological research and oral history study. I like comparing this with other cultures at the same time point, to find out how the migration and interaction of different ethnicities influence their cultures. Sometimes it is too oversimplified to emphasize dualities such as East and West. On the contrary, my research tends to restore and deduce a real historical context. If our own culture is clear and stable, the influence of other cultures will be very beneficial and will promote self-examination and development of our culture. I never emphasize the influence of a certain culture consciously; my intention is always to paint freely.

Traditional Chinese painters always emphasized the relationship between calligraphy and painting. Do you focus on the brushwork of calligraphy in your daily practice?

Yes, because Chinese calligraphy and painting have the same origins, and I practice calligraphy every day. I like to study calligraphy in my art practice. I also read ancient calligraphy theories, which inspired me to go to the Forbidden City to observe the shapes and lines of old trees. In fact, in my opinion, the spirit of calligraphy was from Daoism, our local philosophy. *Dao* means "the relationship between nature and human beings," and it has influenced many disciplines, such as traditional Chinese medical science, qigong, kung fu, and Zen meditation.

Would you classify your works as abstract art?

Abstract art is a notion from the history of Western art, in which its origin, standpoint, and meaning are very clear. But in our interpretation system, the notion of abstract art is quite vague. My view on it is that the essence of abstract art is a sort of cleaning process of our previous thoughts. The rearranging and reclassifying of an image is not the ultimate expression of it.

Is there any relationship between your works and your personal religious and philosophical concepts?

Yes, they are related. The important issues are always covered by the trivialities of daily life. However, I like to rediscover these issues, and face my life with them, to find opportunities to reexamine my life and adjust myself to the outside world. In recent years, I have read books about the ancient culture of South American Indians, about how they comprehend human beings, the world and the universe, about their time concepts, about how they live in the Spanish colonial period, and how they have built up their culture and so on. I'm very interested in these kinds of things.

Did you intend your paintings as homage, continuation, or new interpretation of traditional Chinese landscape paintings?

I held these thoughts during my early practice; however, along with the depth and expansion of my research and practice, they gradually disappeared. When I research Chinese ancient paintings, it is irresistible for me to trace their source to the paintings of more ancient eras.

Ja, dieser Bezug besteht. Die großen Probleme werden immer von den Trivialitäten des Alltags überdeckt. Ich widme mich aber gerne diesen Themen und konfrontiere mich mit diesen, um mein eigenes Leben zu hinterfragen und mich an die Außenwelt anzupassen. In den letzten Jahren habe ich Bücher über die präkolumbianische Kultur der südamerikanischen Indianer gelesen, zu deren Vorstellungen vom menschlichen Wesen, von der Welt und vom Universum, über ihren Zeitbegriff und wie sie die spanische Eroberung erlebt haben, wie sie ihre Kultur aufgebaut haben und so weiter. Ich interessiere mich sehr für diese Dinge.

Verstehen Sie Ihre Bilder als eine Hommage, eine Fortführung oder eine Neuinterpretation traditioneller chinesischer Landschaftsmalerei?

In meinen frühen Werken habe ich solche Gedanken verfolgt, doch mit der Vertiefung und Ausweitung meiner Forschungen und Arbeit sind sie immer mehr verblasst. Wenn ich mich mit alten chinesischen Malereien beschäftige, dann muss ich unweigerlich deren Quelle in noch älteren Malereien suchen. Malerei betrifft nicht nur den inneren Kontext, sie spiegelt auch ihre äußeren, historischen, politischen und philosophischen Kontexte wider. Ich spüre den kulturellen Phänomenen dieser Zeiten nach und vergleiche sie mit denen anderer Kulturen. Der am Anfang stehende Geist ist der vollkommenste Geist der wahren Erleuchtung und bewirkt wahre Freiheit.

Painting is not only about its internal context but also echoes its external historical, political, and philosophical contexts, which make me keep tracing the cultural phenomenon of those eras and comparing them to the ones of other cultures. So the very beginning mind itself is the most accomplished mind of true enlightenment and will bring real freedom.

Ni Youyu

Interview: Li Qi

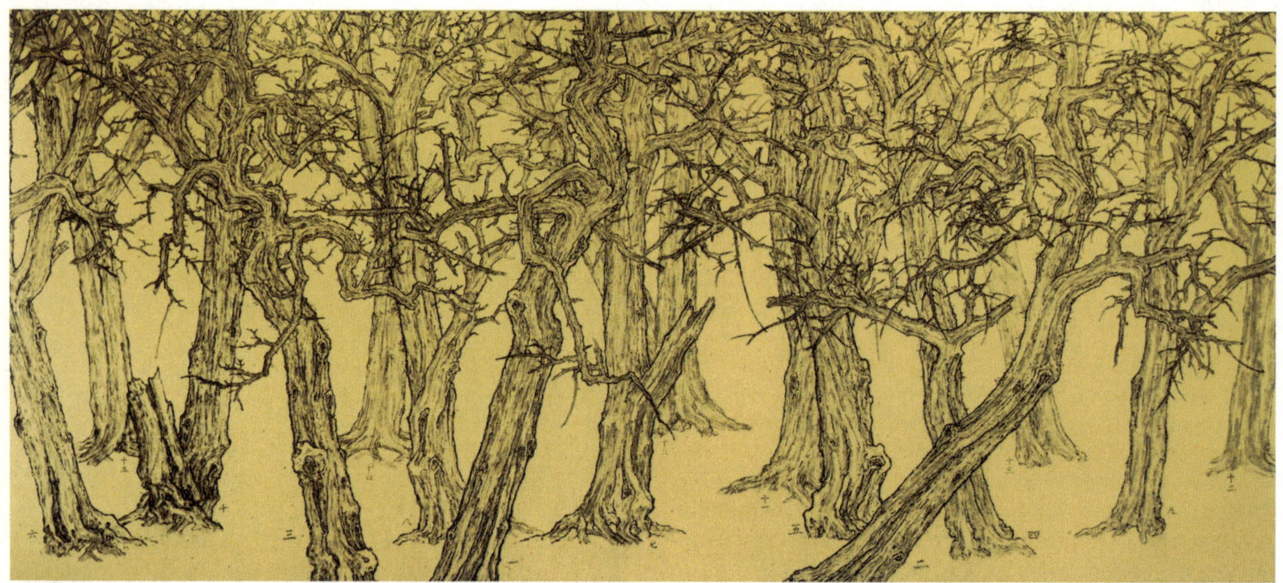

Der Maler Ni Youyu wurde 1984 in Ganzhou (Provinz Jiangxi) geboren und absolvierte das Fine Art College der Shanghai University. In seiner Kunst setzt er sich weder mit gesellschaftlichen noch aktuellen Themen auseinander. Wie die Gelehrten und Maler der späten Ming-Dynastie (1386–1644) behandelt Ni alltägliche Sujets, die Erforschung seiner eigenen künstlerischen Sprache und Gedanken zur Geschichte der bildenden Künste. Ausgangspunkt seiner Malereien und Installationen sind die Ergründung des ursprünglichen Wesens von Materialien, die Ontologie künstlerischer Sprache und das Wesen gewöhnlicher Dinge. Ni lebt und arbeitet in Shanghai.

Warum haben Sie in Ihren jüngsten Gemälden den Wald zum Thema gewählt?

Bei den Wäldern in meinen Malereien *Forest* (2013) und *Forest II* (2014) handelt es sich um kunstgeschichtliche Wälder. Meiner Meinung nach ist die Kunstgeschichte ein Ökosystem, das sich im Osten und im Westen unterscheidet. Kunstgeschichte gründet letztendlich auf einer persönlichen Geschichte. Dieser Wald ist das, was meine Augen sehen können.

Sind Forest *und* Forest II *als Pendants gedacht und besitzen sie in der chinesischen und westlichen Kultur eine unterschiedliche Bedeutung?*

Diese beiden Bilder laufen parallel zueinander. *Forest* stellt einen ›chinesischen‹ Wald dar. Es ist dunkel und die Bäume stehen in einer intimen und engen Beziehung zueinander, da ihre Wurzeln und Äste miteinander verwoben sind. In alten Zeiten liebten die Chinesen das Bild eines ›gefrorenen Walds‹. Im Gegensatz zu einem gepflegten Wald stellt ein gefrorener Wald eine leere, kalte und verlassene Umgebung dar. Er ist ein Reich der Askese. *Forest II* zeigt dagegen einen Wald in Nordeuropa. Er erscheint rational und realistisch. Bei genauerer Betrachtung sieht man jedoch, dass die Äste sich nicht gabeln. Dadurch wirkt das Bild in gewisser Weise abstrakt. Jeder Baum sieht aus wie ein Pfeiler, was zugleich ein phallomorphisches Bild impliziert.

Painter Ni Youyu was born in 1984 in Ganzhou (Jiangxi Province). He graduated from the Fine Art College of Shanghai University. In his art Ni Youyu is concerned about neither social topics nor current themes. Just like the scholars and painters of the late Ming dynasty (1386–1644), Ni's creations are focused on daily concerns, the exploration of his artistic language, and speculations on the history of fine art. His paintings and installations all start by exploring the original nature of materials and the ontology of artistic language, as well as the nature of ordinary things. Ni lives and works in Shanghai.

Why did you choose the forest as the topic of your recent paintings?

The forest in my paintings *Forest II* (2014) and *Forest* (2013) are actually art historical forests. In my opinion, art history is an ecosystem, and it differs from the East to the West. Eventually, art history goes back to a personal history. This forest is what my eyes can see.

Were Forest II *and* Forest *intended as a pair and do they mean different things in Chinese or Western culture?*

These two paintings are parallel to one another. *Forest* depicts a "Chinese" forest. It's dark and the trees share an intimate and close relation, as their roots and branches are all tangled. In ancient times Chinese people enjoyed the image of a "frozen forest." In contrast to timbered wood, a frozen forest represents a realm that is bleak, chilly, and desolated. It is a realm of asceticism. *Forest II* however depicts a forest in Northern Europe. It appears rational and realistic. But upon closer inspection, you'll see the branches don't furcate, which makes the painting somehow abstract. Each one of them looks like a pillar, which also implies a phallomorphic imaginary.

Why the different styles and color palettes in these two paintings?

In the language of painting, *Forest* adapts a unique method that I developed over the years and is consistent in my works. I use water to run over the canvas while the

Warum unterscheiden sich diese beiden Bilder in Stil und Farbpalette?

In der Sprache der Malerei setzt *Forest* eine einzige Methode ein, die ich über die Jahre entwickelt habe und in meinem Werk durchgehend verwende. Ich lasse etwas Wasser über die Leinwand laufen, solange die Farben noch feucht sind. Diese Methode stimmt in gewisser Weise mit der chinesischen Philosophie überein. Die Vorstellung von einer Kunstgeschichte ist in China recht neu. Früher haben lediglich Aufzeichnungen zu Malmethoden und Freundschaften zwischen Gelehrten existiert. Viele davon waren von der Geschichte überschattet oder, metaphorisch gesehen, vom Wasser zerstört. *Forest II* verwendet eine eher westliche malerische Sprache. Es impliziert das verborgene Unwirkliche in einem relativ realistischen Kontext. Philosophisch betrachtet besteht die Beziehung zwischen den Kulturen im Osten und im Westen im Gegensatz von Yin (Schatten) und Yang (Licht). *Forest* zeigt ein Bild von Yin vor dem Yang-Hintergrund, *Forest I* dagegen ein Bild von Yang vor dem Yin-Hintergrund.

Warum verwenden Sie die Farbe Gold in Ihrer Malerei?

Ich verwende die Farbe Gold bereits seit einigen Jahren, ungefähr seit 2009. Damals war es unter Malern keineswegs beliebt, beinahe eine Tabu-Farbe – ganz anders als heute. Ich habe Gold auch verwendet, weil man es damals nicht beachtet hat. Diese Farbe kann sowohl elegant als auch vulgär erscheinen, je nachdem, wie man sie anwendet. Ich lenke gerne die Aufmerksamkeit auf Dinge, die von anderen übersehen werden. Die Farbe Gold ist zugleich eine Signatur ostasiatischer Kultur. Sie verleiht die Textur alter Bücher oder vergilbter Malereien oder japanischer Wandschirmmalerei.

Ihre Gemälde sind ziemlich groß. Welche Bedeutung besitzt das Format für Sie?

Ich entscheide über die Größe, nachdem ich eine Reihe von Skizzen angefertigt habe. Für diese beiden Bilder habe ich über drei Jahre hinweg vier oder fünf kleine Skizzen

pigments are still wet. This method somehow is in concordance with Chinese philosophy. The idea of a history of art is a modern one in China. In ancient times, there were only specific records on painting methods and friendship among scholars. Many of them were shadowed by history or metaphorically washed away by the water. *Forest II* adapts a more Western language of painting. It implies the hidden unreal in a setting that is relatively realistic.

Philosophically, the relation between the cultures of the East and the West is the contrast of yin (shadow) and yang (light). *Forest* presents an image of yin on the backdrop of yang, while *Forest II* presents an image of yang on the backdrop of yin.

What made you decide to use gold in your painting?

I've been using golden color in my painting for quite a few years, approximately since 2009. Back then it was not popular among painters, even taboo, which is in sharp contrast to what we see nowadays. My idea of using gold was because it was overlooked back then. This color could either appear elegant or vulgar, depending on how you apply it. I like focusing on things overlooked by others. The golden color is also a signature of East Asian culture. It gives a texture of ancient volumes and gilded paintings, or Japanese screen paintings.

Your paintings are rather large. What is the significance of the format?

I eventually settle on their sizes based on a series of sketches. I spent three years preparing, and drafted four or five small sketches for the two paintings. They were scaled into larger dimensions based on the small sketches.

Does this painting pay homage to traditional Chinese landscape painting? What does it signify in a broader context for a global audience?

For many years I studied traditional Chinese landscape painting. On the one hand, I'm rather familiar with the

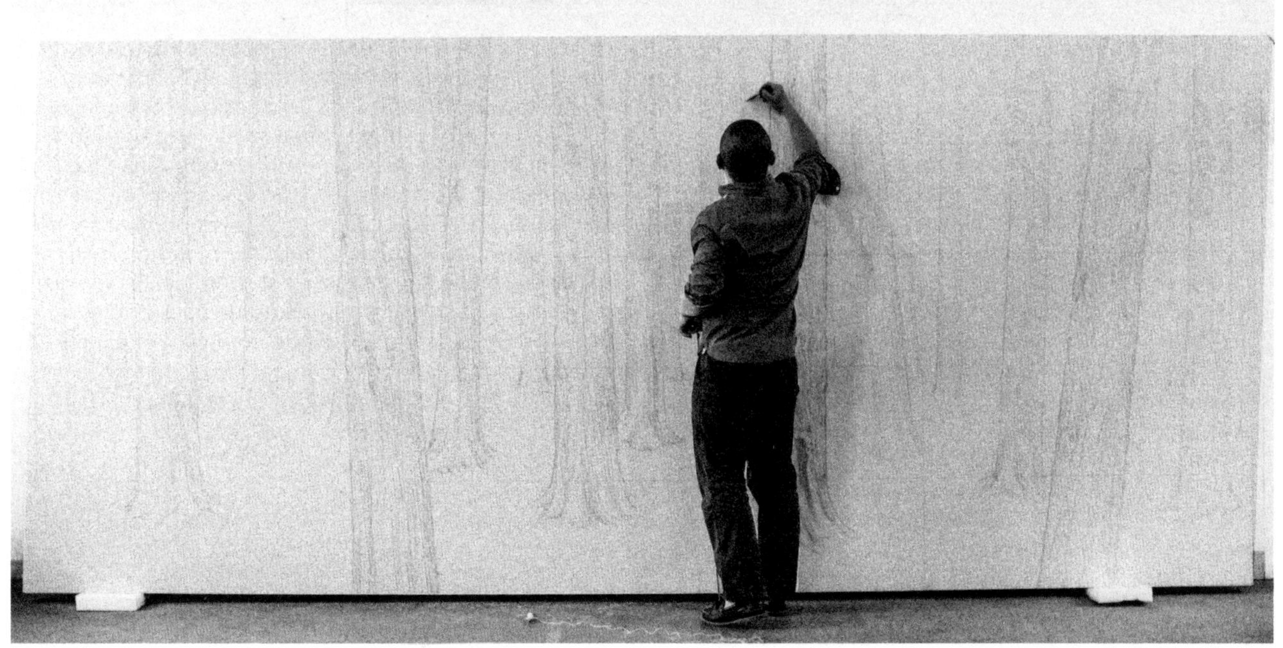

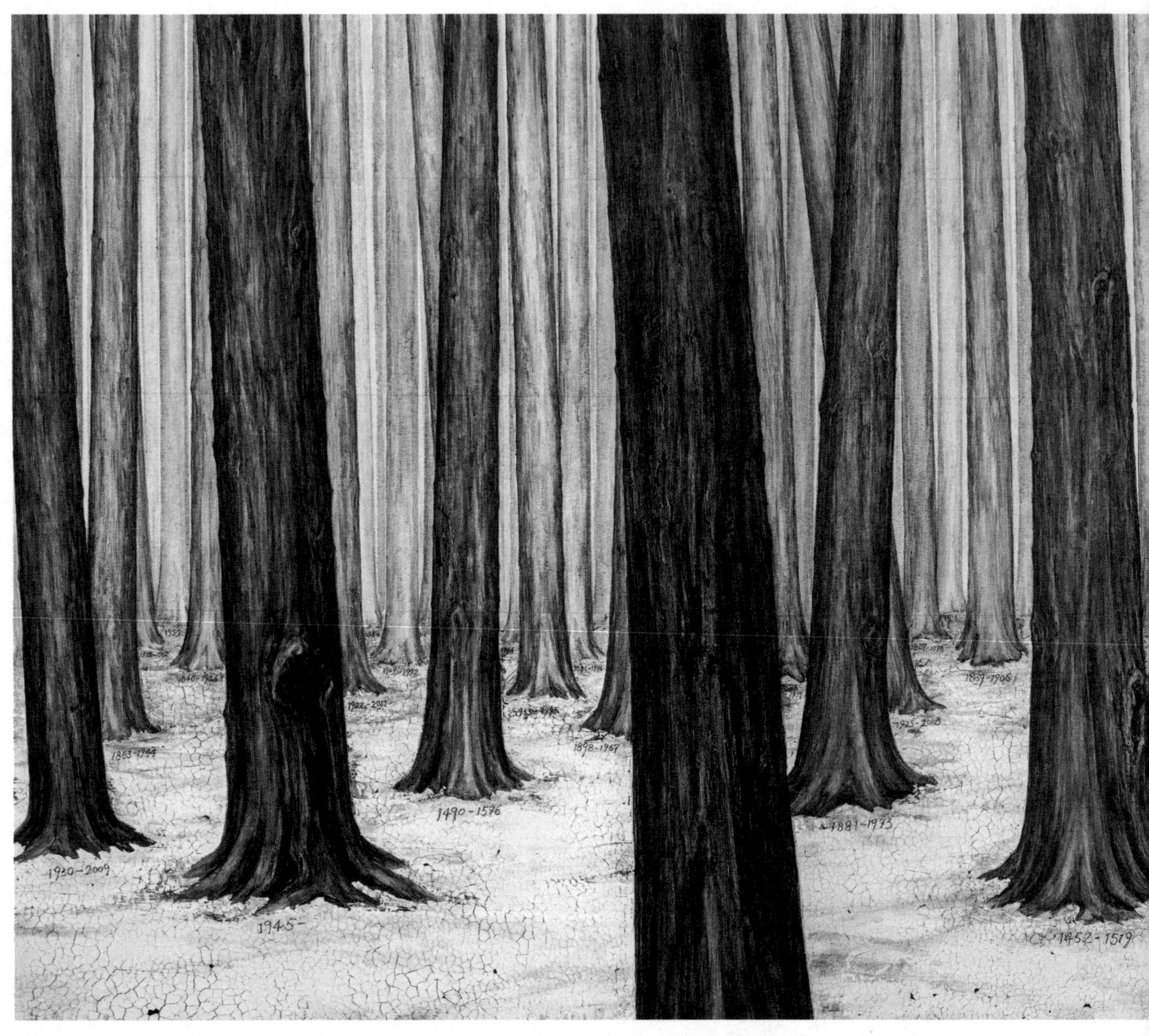

gezeichnet. Dann habe ich diese in einen größeren Maßstab übertragen.

Ist diese Malerei eine Hommage auf die traditionelle chinesische Landschaftsmalerei? Was bedeutet sie in einem breiteren Kontext für ein weltweites Publikum?

Ich habe viele Jahre lang traditionelle chinesische Landschaftsmalerei studiert. Auf der einen Seite bin ich recht vertraut mit der ästhetischen Struktur chinesischer Malerei und ihren Unterschieden zur westlichen Malerei. Auf der anderen Seite habe ich versucht, die Grenzen des Bildes zu durchbrechen und mich einer Herangehensweise auf der Grundlage von Methodik und logischem Denken zugewandt, indem ich diese mit einem internationalen visuellen Diskurs verknüpft habe. Das war harte Arbeit, aber äußerst interessant und voller Potenzial. Im Kern traditioneller chinesischer Kunst hat es keine ›chinesischen Elemente‹ gegeben, sondern absolute Fragen. Diese absoluten Fragen sind universal. Darüber hinaus erfordert die Offenheit der Malerei mehr Möglichkeiten. Ich sehe meine Arbeiten als Teil der Entwicklung des Expressionismus.

aesthetic structure of Chinese painting as well as its difference to Western painting. On the other hand, I've attempted to break through the boundaries of the image, and turn to an intervention based on methodology and logical thinking, bridging it to a more international visual discourse. It was a tough job to do, but very interesting and with great potential. In the core of traditional Chinese art, there were no "Chinese elements," but ultimate questions. These ultimate questions are universal. In addition, the openness of painting requires more possibilities. I reckon my works as part of the development of Expressionism.

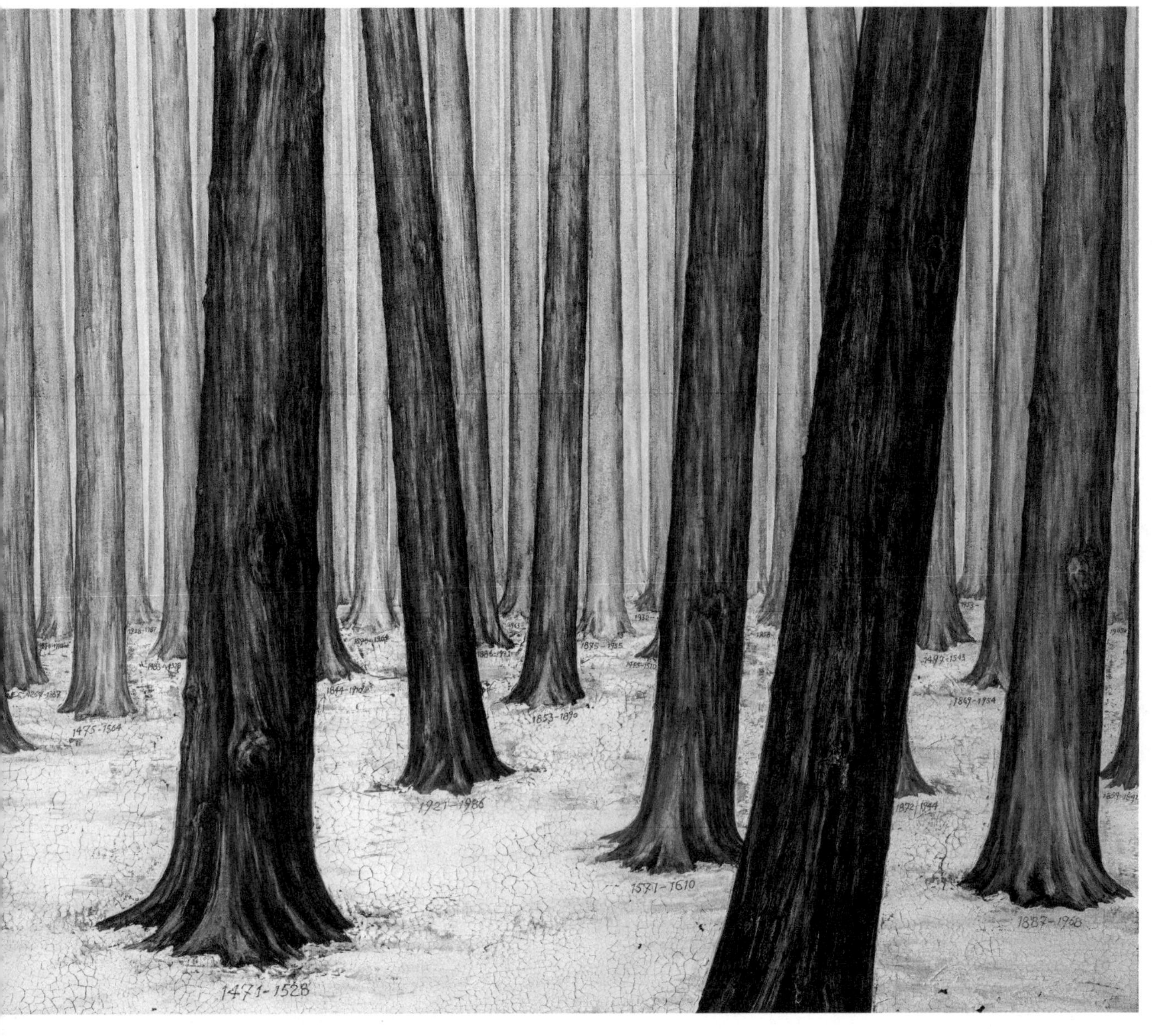
1475-1564
1844-1910
1853-1890
1497-1543
1869-1954
1921-1986
1872-1944
1571-1610
1887-1966
1471-1528

Peng Wei

Interview: Wu Mo

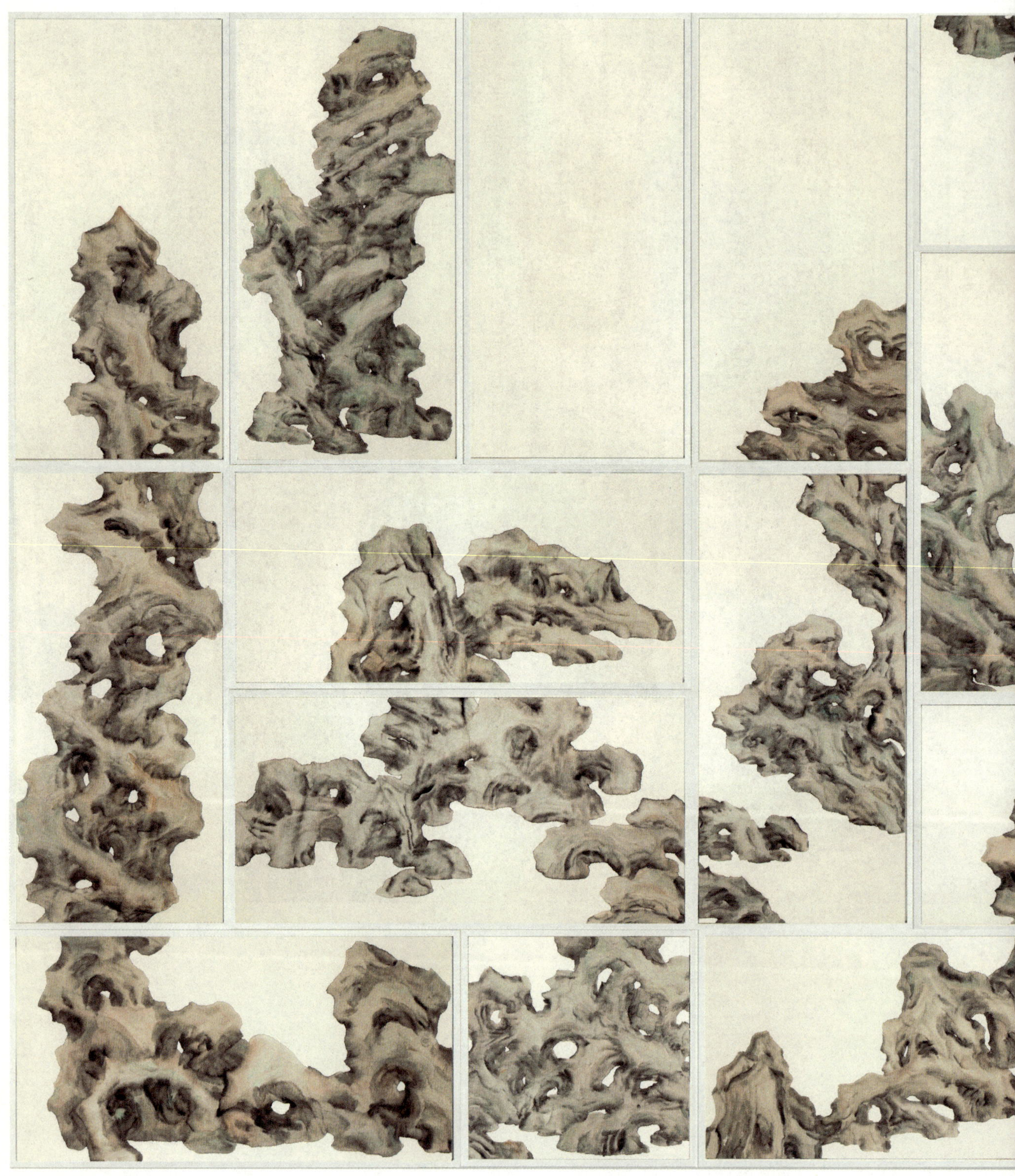

Die Malerin Peng Wei wurde 1974 in Chengdu (Provinz Sichuan) geboren und absolvierte ein Master-Studium in Philosophie und Östlicher Kunst an der Nankai University in Tianjin. Von 2000 bis 2006 war sie Herausgeberin der Zeitschrift *Art* in Beijing. Ihre Arbeiten reflektieren die Auswirkungen der Globalisierung auf das kulturelle Erbe Chinas, oft auch mit Motiven aus der Mode und Industrie. Peng lebt und arbeitet in Beijing.

Painter Peng Wei was born in 1974 in Chengdu (Sichuan Province). She received her bachelor's and master's degrees from Nankai University in philosophy and Oriental art. From 2000 to 2006 she served as editor of *Art* magazine in Beijing. Her work reflects on the impact of globalization upon China's cultural heritage, often also featuring motifs of fashion and production. Peng lives and works in Beijing.

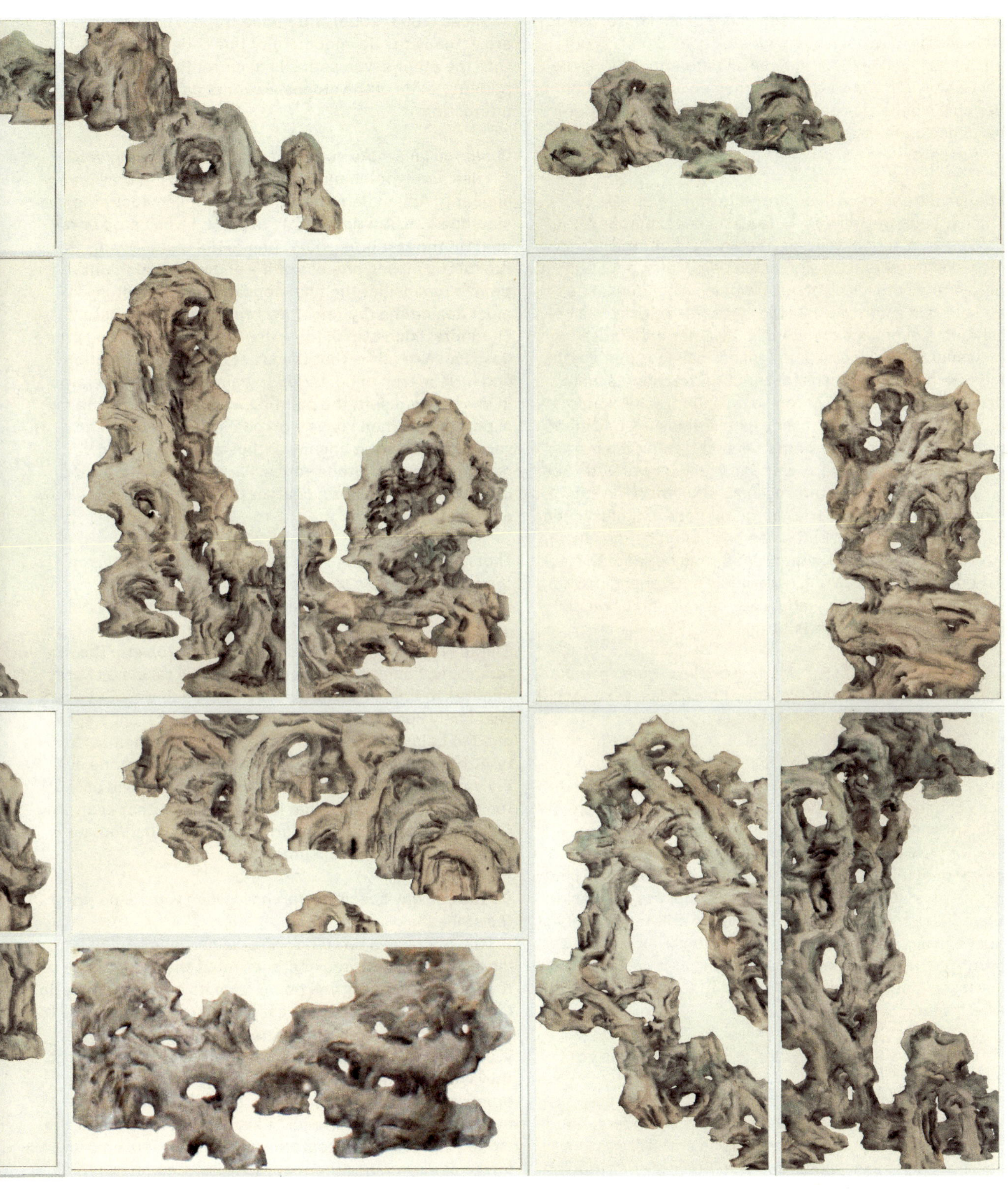

Wann haben Sie mit der Serie Lost Stone *begonnen und warum?*

Diese Serie habe ich im Jahr 2000 begonnen. Die Form des Steins scheint unveränderlich, aber er besitzt einen eigenen Charakter und unterliegt Veränderungen im Innern. Ich bin der Serie *Lost Stone* sehr dankbar, denn sie markiert den Beginn meiner anderen Serien und ist das Symbol für den zeitgenössischen Wert meines künstlerischen Schaffens. Sie wirkt wie ein Wendepunkt: Davor habe ich mich vor

When did you begin to paint the* Lost Stone *series and why?

I began this series in 2000. The shape of the stone seems steady, but it has its own character and various inner changes. I feel very grateful to the *Lost Stone* series for it marks the beginning of all my other series, and it is the symbol of the contemporary value of my artistic creation. This series is like a watershed: I mainly focused on painting vases and flowers before it, while the series

allem auf des Malen von Vasen und Blumen konzentriert, während die nachfolgenden Serien, *Shoes* (2003–2006) und *Robes* (2003–2012), eher eine Weiterentwicklung dieser Serie waren. Im Vergleich zu meinen anderen sieben Serien, an denen ich derzeit arbeite, sind die Herausforderungen beim Malen von Steinen ganz anders und sehr interessant.

Können Sie uns mehr über Ihre Maltechnik erzählen?

Ich arbeite frei mit dem Pinsel, das besitzt große Ähnlichkeit zum Action-Painting. Die Größe ist für mich jedoch nicht wichtig. Wenn ich einmal mit dem Malen angefangen habe, dann höre ich nicht auf, bevor ich nicht den letzten Pinselstrich getan habe. Da die in Wasser gelöste Tusche schnell trocknet, bleibt mir kaum Zeit, das endgültige Aussehen der Steine zu überdenken. Ich muss den Rhythmus meiner Pinselstriche immer unmittelbar entscheiden. Daher denke ich während des Malprozesses kaum nach. Das verlangt zudem eine gute Verfassung und einen wachen Geist. Ich habe einmal versucht, einen Stein zu malen, während ich krank war. Das Ergebnis war dann aber zu sanft, um meine Erwartungen zu erfüllen. Wenn ich lange genug an einer Serie gearbeitet habe, mit dieser sehr vertraut bin und mein Enthusiasmus abnimmt, dann kehre ich zur Serie *Lost Stone* zurück. Aufgrund der unterschiedlichen Anforderungen und der zufällig entstehenden Stile wirkt sie wie eine ›Energiedusche‹, die mir immer wieder neuen Enthusiasmus verleiht.

Das bedeutet, obwohl Sie ein traditionelles Thema gemalt haben, sind die Anforderungen nicht besonders traditionell?

Ich habe tatsächlich die Malereien von Gelehrtensteinen des Song-Kaisers Huizong (1082–1135), der Künstler Wu Bin (um 1573–1620) und Shitao (1642–1707) sowie anderen studiert. Der Unterschied zu diesen ist, dass ich viel schneller male. Ich benötige für ein zwei Meter langes Steinbild nur zwanzig Minuten. Aber jedes Jahr male ich nur etwa einen Monat lang Steine, da ich zwischen gewohnten Gefühlen und Unsicherheit ein Gleichgewicht finden muss. Obwohl innerhalb dieses Monats etwa acht Steinbilder pro Tag entstehen können, wähle ich schließlich nur zehn aus, mit denen ich zufrieden bin. Das Interessante daran ist, dass ich meine Entscheidung erst nach einer gewissen Zeit treffen kann: Das unmittelbare Urteil könnte falsch sein.

Verwenden Sie beim Malen der Steine irgendwelche bestimmten Vorbilder?

Ich beziehe mich beim Malen immer auf Beispiele – meist sind es Bilder von Steinen –, aber das Endergebnis ist immer sehr weit von seinem Vorbild entfernt. Warum kehre ich jedes Jahr wieder zur *Lost-Stone*-Serie zurück? Ich dachte, meine Steinbilder würden sich in all den Jahren nicht verändern – im Gegenteil, als ich sie geordnet habe, habe ich festgestellt, dass sie sich mit mir geändert hatten: die Gestalt, die Pinselführung und die Art der Inschriften. Am Ende habe ich erkannt, dass meine Steinbilder wie ich sind. Ich sehe Steine nicht als ein traditionelles Thema an. Für mich sind sie lediglich ein Bild oder ein Symbol ohne jegliche kulturelle Bedeutung. Ich glaube dieses Konzept entspricht ein wenig dem Grundkonzept der Pop-Art.

of *Shoes* (2003–2006) and *Robes* (2003–2012) afterward are actually the development of this series. Compared with the other seven series I am currently working on, the painting skills of the stones are quite different and very interesting.

Could you give more details of your painting technique?

I use purely freehand brushwork, which in a way is very similar to Action Painting. I don't care much about the size, however. Anytime I start to paint, I won't stop or repeat till the last brushwork. Due to the quick-drying feature of the mixing process of ink and water, I don't have time to reconsider the final appearance of the stones. I must decide the rhythm of my brushwork immediately. Therefore, I don't think too much during the painting process; it also requires that the artist be in good condition and have a keen mind. I tried to paint a stone when I was ill once. As a result, the painting was too soft to fulfill my expectation. When I have worked on a series until I am very familiar with it and my enthusiasm has waned, I return to the *Lost Stone* series. With different skills and casual styles, it is like a charger that always gives me new enthusiasm.

That is to say, although you painted a traditional theme, the skills are not so traditional?

I actually researched the ancient scholar stone paintings of Emperor Huizong of the Song dynasty (1082–1135), Shitao (1642–1707) and Wu Bin (1573–1620), etc. The difference is, I paint much faster. It will only take me twenty minutes to finish a 2-meter-long stone painting. But every year I only spend about one month painting stones, for I need to balance between familiar feelings and uncertainty. Although I can paint around eight pieces of stone every day in this one month, I will eventually choose only ten satisfactory ones. What is interesting is that I can only make my decision after a period of time: an immediate judgment might be inaccurate.

Do you use any specific references when you are painting the stones?

I always have a reference beside me when I am painting—most are pictures of stones—but the appearance of the finished painting will be far from its reference. Why do I insist on returning to the *Lost Stone* series every year? I thought my stone paintings never changed in all these years—however, when I was arranging them, I found that they were gradually changing with me: the shapes, the brushwork and inscription ways. In the end, I realized that my stone paintings were just like me. I never consider the stone as a traditional topic. Instead, for me it is only an image or a symbol without any cultural meanings. I think this kind of concept is a bit like the core concept of Pop Art.

Why did you elaborate the composition with different parts?

I once accompanied a friend to Beijing Beihai Park to visit the relic stones of Genyue. For the first time, I felt that one could imagine how enormous Genyue once was from its giant relic stones. That is why I entitled this painting *The Lost Stones* (2012), for this experience inspired me

Warum haben Sie die Komposition aus unterschiedlichen Teilen zusammengestellt?

Ich habe einmal einen Freund nach Beijing in den Beihai-Park begleitet, um dort die übrig gebliebenen Steine des künstlichen Genyue-Hügels zu besichtigen. Beim Anblick dieser Steine habe ich zum ersten Mal gefühlt, wie riesig der Genyue gewesen sein muss. Aus diesem Grund habe ich das Bild *The Lost Stones* (2012) genannt, da mich diese Erfahrung dazu inspiriert hat, eine ›Puzzle‹-Komposition zu verwenden. Damals hatte ich bereits zehn Jahre lang Steine gemalt und verfügte über eine große Zahl ungeordneter Steinbilder. Die Malereien in dieser Komposition sind also nicht alle in der gleichen Zeit entstanden; es handelt sich um ältere Bilder und Bilder aus der Zeit nach meinem Besuch im Beihai-Park. Sie können daher als Gruppe oder als Einzelwerke ausgestellt werden.

Was bedeutet diese Arbeit in einem breiteren Kontext für ein internationales Publikum?

Hier war mein Gespräch mit Uli Sigg von großer Bedeutung. Ich habe meine Steine als traditionell angesehen, ein westlicher Betrachter ist mit diesen jedoch überhaupt nicht vertraut und hält sie für zeitgenössisch. Bisher ist das die einzige Arbeit mit einer Puzzle-Komposition und von solcher Größe innerhalb der Serie *Lost Stone* und sie wird erstmals in Übersee gezeigt. Ich denke, sie eignet sich sehr gut für einen zeitgenössischen Ausstellungsraum und wird einem internationalen Publikum ungewöhnliche Konzepte aufzeigen, die bei diesem Neugier und Interesse auslösen.

to use a "jigsaw" composition. At that time, I had already painted stones for nearly ten years and had lots of unarranged stone paintings. Thus, the stone paintings included in this work were not painted in the same period of time; instead, it was composed together by my previous works and the ones painted after my visit to Genyue. So this artwork can be exhibited as a group or separately.

What does this work signify in a broader context for a global audience?

In this regard, my conversations with Uli Sigg were very important. I used to believe that my stone paintings were traditional, however, as a Westerner, they were completely unfamiliar and contemporary to him. Up to now, this work is the only one with a jigsaw composition and such a big size within the *Lost Stone* series, and it will be the first time of it will be shown abroad. I think this work is very suitable for a contemporary exhibition space, and it will convey unfamiliar concepts to the global audience that will make them feel curious and interested.

Qiu Qijing

Interview: Wu Mo

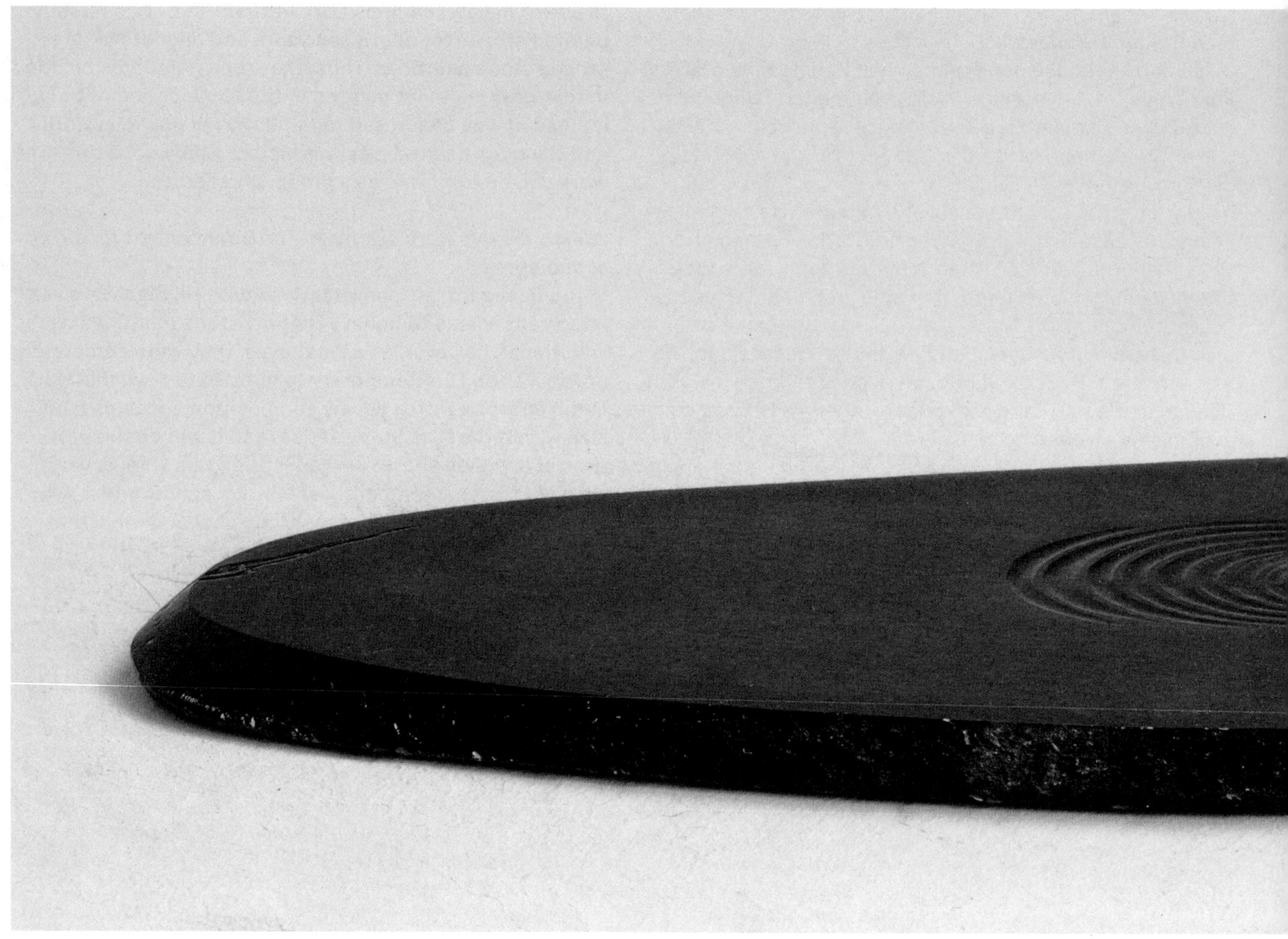

Qiu Qijing wurde 1979 in Fuzhou (Provinz Fujian) geboren. Nach einem Bachelor-Abschluss verließ er 1999 das Fuzhou Art and Design College und schloss 2005 ein Studium an der Central Academy of Fine Arts ab. Er ist Mitglied des Komitees für Skulptur der China Industrial Arts Association. Im Bewusstsein der zwiespältigen Persönlichkeit von Jugendlichen – hin- und hergerissen zwischen körperlichen, physiologischen Bedürfnissen und gesellschaftlich akzeptierten Normen – versucht Qiu Qijings Werk diese untrennbaren Elemente in einer surrealistischen Symbolik darzustellen und betont dabei stets die zupackende Energie und Körpersprache in ihrer reinen Form – ohne Kleidung, Requisiten oder Posen. Diese Arbeiten in unterschiedlichen Medien verkörpern seine Suche nach immer tieferen Reflexionen zum inneren Selbst, zum Leben und zur Existenz als Individuum sowie als Teil einer großen kollektiven Masse. Qiu lebt und arbeitet in Beijing.

Was zeigen die Skulpturen Water, Mountain *und* Wood *aus der Serie* Yao *(2011)?*

Diese drei Skulpturen zeigen je einen typischen Berg, eine typische Welle und einen typischen Baum.

Warum haben Sie gerade dieses Material für die drei Skulpturen gewählt?

Von den chinesischen Halbedelsteinen verwende ich in der Regel schwarze Hotan-Jade. Material, Farbe oder

Qiu Qijing was born in 1979 in Fuzhou (Fujian Province). He received his bachelor's degree from Fuzhou Art and Design College in 1999, and graduated from the Central Academy of Fine Arts in 2005. He is a member of the Sculpture Committee of the China Industrial Arts Association. Conscious of the dual nature of youth, looped between bodily, physiological desires and socially acceptable norms, Qiu Qijing's work attempts to present these inseparable elements in a surrealist symbolic manner, always paying attention to the grasping energy and body language in their raw forms without clothing, props, and posture. These works of many different media are Qiu's quest of ever deeper reflections on the inner self, life, and existence as individuals as well as part of a bigger collective mass.

What are the sculptures Yao-Water, Yao-Mountain, *and* Yao-Wood *(all 2011) showing?*

These three sculptures are showing a specific mountain, wave, and tree.

Why did you choose this kind of material to create these three sculptures?

I chose Hotan black jade, which I habitually use among Chinese precious stones. Actually there are no special meanings with the material, color, or size of my works. I usually choose them randomly, instead of obeying an existing concept.

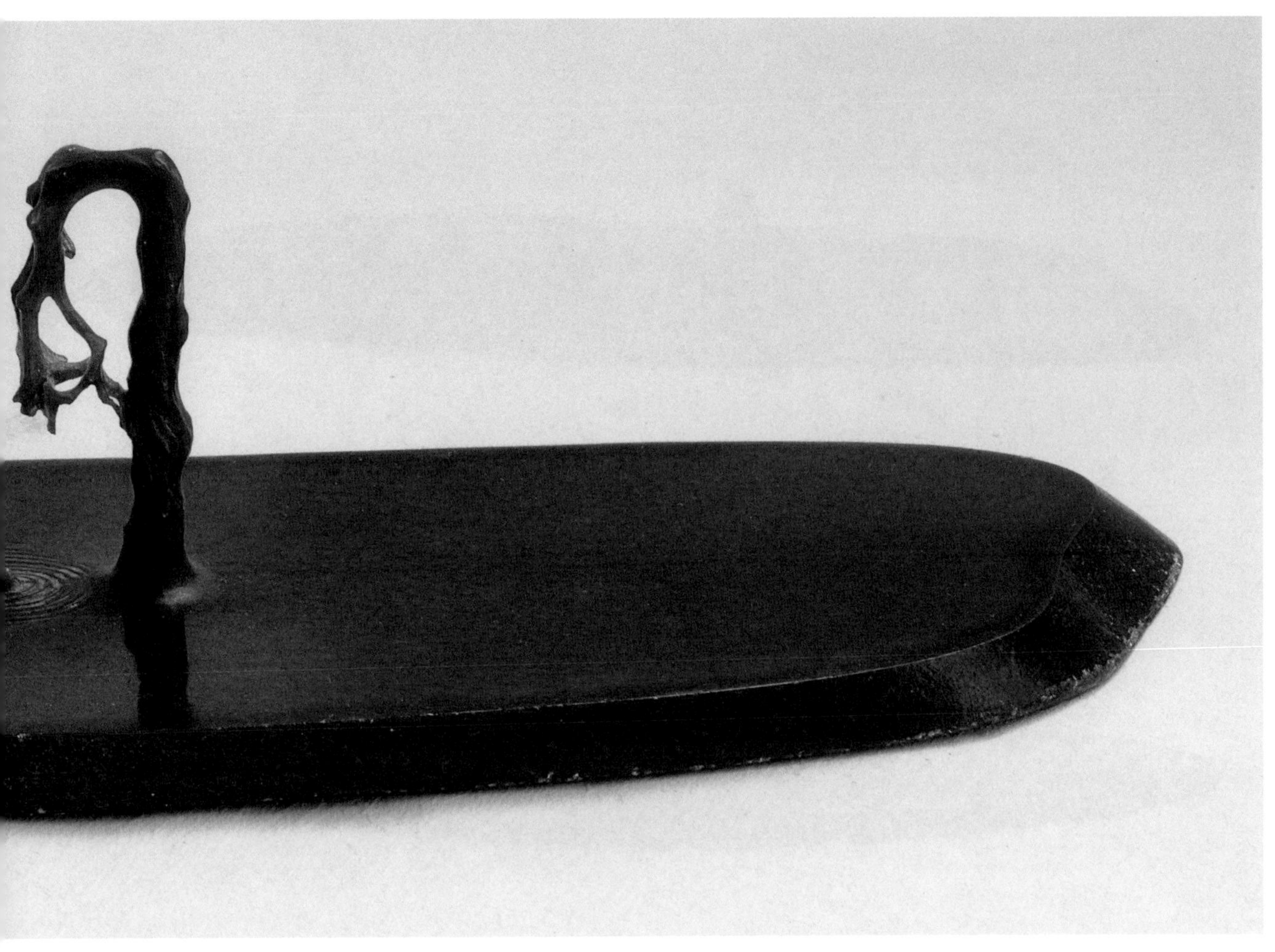

Größe besitzen in meinen Arbeiten keine besondere Bedeutung. Ich wähle sie eher zufällig aus, anstatt einem existierendem Konzept zu folgen.

Was implizieren Sie mit Ihrer Arbeit?

Wasser, Stein und Holz sind alles Elemente der Natur. Sie entstehen aus der Interaktion von Ruhe und Bewegung und lösen sich schließlich in Nichts auf. Die Bedeutung dieser drei Arbeiten verweist auf eine dialektische, zirkulare und zyklische Beziehung zwischen dem Sichtbaren und dem Unsichtbaren, Bewegung und Ruhe und dem Zyklus von Hervorbringung und Hemmung aller Dinge – das alles sind grundlegende Konzepte der taoistischen Philosophie in der traditionellen chinesischen Kultur.

Wie würden solche Objekte traditionellerweise präsentiert?

Traditionelle Objekte und Skulpturen gehören immer zu einem bestimmten Raum. Die Gelehrtensteine finden sich beispielsweise in Gärten, Antiken dagegen auf den Schreibtischen in Arbeitsräumen. Ich habe die alten Gelehrten als Vorbild genommen, um mich selbst vor den alten Einstellungen zu bewahren, die persönliche Gedanken und Gefühle in ein Kunstwerk projizieren würden.

Sehen Sie diese Serie als traditionelle Kunst an oder als zeitgenössisches Design?

What are you implying with your work?

The water, stone, and wood are all elements of nature; they appear from the interaction between calmness and movement, and eventually vanish into nothingness. The significance of these three works refers to a dialectical and cyclical relationship between the visible and the invisible, movement and calmness, and the mutual generation and restriction cycle of all things, all of which are the basic concepts of Taoist philosophy in traditional Chinese culture.

How would objects like these traditionally be shown?

Traditional objects and sculptures always have certain spaces that they belong to. For example, scholar stones are placed in gardens; antiques are placed on desks in studies. I take the ancient literati as models to keep warning and reminding myself of the ancient spirits that would project personal thoughts and feelings into artworks.

Do you consider this series as traditional art or contemporary design?

To answer this question, I think it is necessary to clarify the standpoints of both contemporary and traditional art. Nowadays there are only two types of contemporary artists in China: the ones who are even more "Western" than Western artists, and the ones who would choose, no matter what, new art symbols or traditional cultural sym-

Qiu Qijing, Series *Yao–Mountain*, 2011
Qiu Qijing, Series *Yao–Water*, 2011

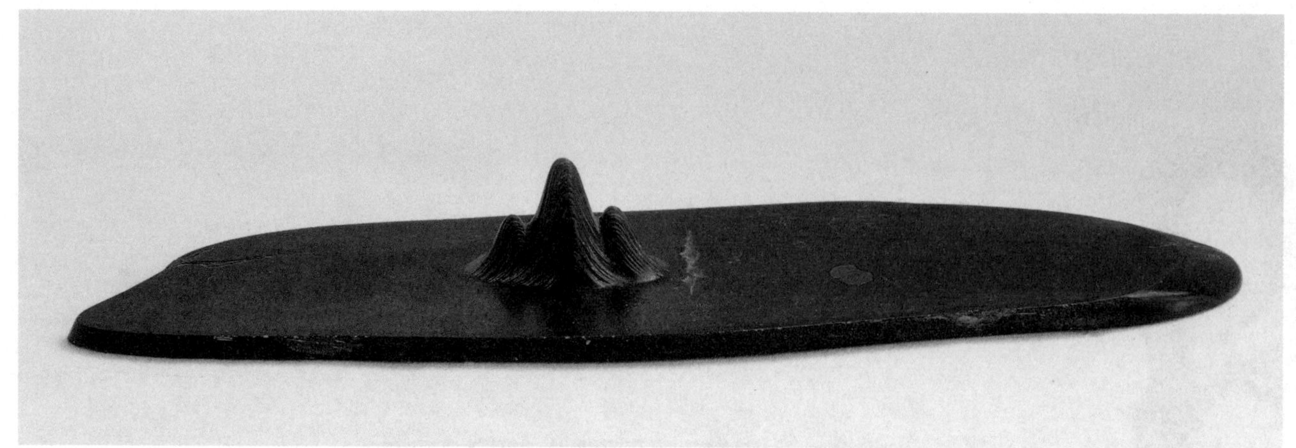

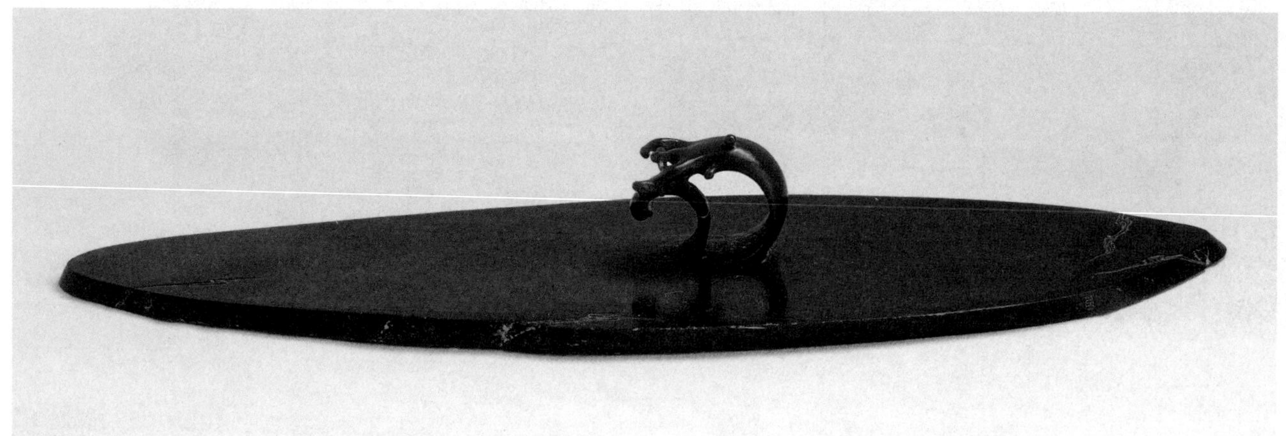

Um diese Frage zu beantworten, muss man zuerst die Standpunkte von zeitgenössischer und traditioneller Kunst klären. Heute existieren in China nur zwei Typen von zeitgenössischen Künstlern: diejenigen, die ›westlicher‹ als westliche Künstler sind, und diejenigen, die je nach Belieben neue Kunstsymbole oder traditionelle kulturelle Symbole verwenden. Doch ist die Ernsthaftigkeit dieser beiden Künstlertypen gleichermaßen fragwürdig. Der Erfolg der zeitgenössischen chinesischen Kunst basiert mehr auf den Leitlinien westlicher Kunst und westlichem Kapital, was keinerlei Bezug zu der Vorstellung von Kunst selbst besitzt, sondern mit Geschäften und Strategien zu tun hat. Daher produzieren die cleveren Künstler nur Kopien von leicht konsumierbaren Waren, die bereits durch westliche Werte und Märkte akzeptiert sind und die dann von unwissenden einheimischen Emporkömmlingen weiterverkauft und vermarktet werden. Globalisierung ist lediglich eine Illusion, Privatisierung ist die Realität. Wenn die Entwicklung zeitgenössischer chinesischer Kunst nicht dem Wiederaufbau von lokaler Kultur und traditioneller Strukturen dienen kann, dann wird sie vom westlichen Kultursystem vollständig zerstört werden. In der traditionellen chinesischen Kunst sind Reformen unbedingt notwendig, da der westliche Künstler beinahe dasselbe tut. Aus meiner Sicht wird ihr Austausch auf globaler Ebene allein vom Pluralismus und den Unterschieden zwischen Kulturen getragen. Im Gegensatz dazu hält die Universalisierung der westli-

bols casually. However, the sincerities of these two artist types are equally doubtful. The rise of contemporary Chinese art is more based on the guidance of Western art and capital, which is totally unrelated to the idea of art itself but is related to business, strategies, and deals. In such a way, those artists who are cleverer produce only their delicate art knockoffs, which are already accepted by Western values and markets, then are being sold back and consumed by indigenous vulgar upstarts. Globalization is only an illusion; instead, denationalization is the reality. If the development of contemporary Chinese art cannot be committed to the reconstruction of local culture and traditional structure, it will be completely shattered by the Western culture system in the future. The works and reforms that are established on the industry of traditional Chinese art will be extremely necessary, for the Western artist did almost the same thing. From my point of view, only pluralism and distinctions of different cultures make them worth being exchanged on a global scale. On the contrary, the universalization of Western culture only brings a single value system, just like it brings Coca-Cola to every corner of the world. Traditional Chinese culture has its infinite possibilities, which are very similar to the discoveries of Western medicine and Chinese medicine: the former discovered cells and blood vessels, and the latter discovered acupuncture points and meridians. To form an independent cultural system for contemporary

chen Kultur lediglich ein Ein-Wert-System bereit, so wie es Coca-Cola in jeden Winkel der Welt trägt. Die traditionelle chinesische Kultur verfügt über unendliche Möglichkeiten, das verhält sich sehr ähnlich zu den Entdeckungen in der westlichen und chinesischen Medizin: Erstere entdeckte die Zellen und Blutgefäße, Letztere die Akupunkturpunkte und Meridiane. Will man für die zeitgenössische chinesische Kunst ein unabhängiges kulturelles System errichten, dann ist es meiner Ansicht nach erforderlich, innerhalb der traditionellen chinesischen Kunst zu arbeiten und Reformen durchzuführen, anstatt in einer ersten Phase von Symbolaneignung und Kritik zu verharren. Nur auf diese Weise können wir die derzeitige Realität tatsächlich verändern. Ich würde meine Arbeiten daher eher als zeitgenössische chinesische Kunst ansehen.

Gehören diese drei Arbeiten zusammen? Und falls dem so ist, aus welchem Grund?

Die Originalversion dieser Serie umfasst sechs Arbeiten. Uli Sigg wählte diese drei Stücke als Gruppe aus. Alle sechs Stücke sind aus derselben Hotan-Jade geschlagen. Die Ursprünge und Bedeutungen meiner Arbeiten besitzen normalerweise keine Verbindung zu deren Themen, sie beziehen sich allein auf meine Auswahl und das Potenzial des Materials.

Wie würden Sie Ihr Werk einem westlichen Publikum erklären?

Für eine Erklärung würde ich zuerst die Beziehung zwischen der Verwendung chinesischer Jade und traditioneller chinesischer Kultur erläutern.

Chinese art, I think it is necessary to work and reform within traditional Chinese art rather than stay in a primary stage of symbol appropriation and criticism. Only in this way can we effectively transform the present reality. So I would rather consider my works as contemporary Chinese art.

Is it important—and if so, why—that the three pieces belong together?

The original version of this series is six pieces as a set. It was the collector Uli Sigg who selected these three pieces as a group. All six pieces were split from the same Hetian jade pebble. The reasons and meanings of my works are usually not related to their themes, but only related to my choice and potential of the carving materials.

How would you explain your works to a Western audience?

If I were to explain my works to a Western audience, I would start from the relationship between Chinese jade culture and traditional Chinese culture.

Shao Wenhuan

Interview: Li Qi

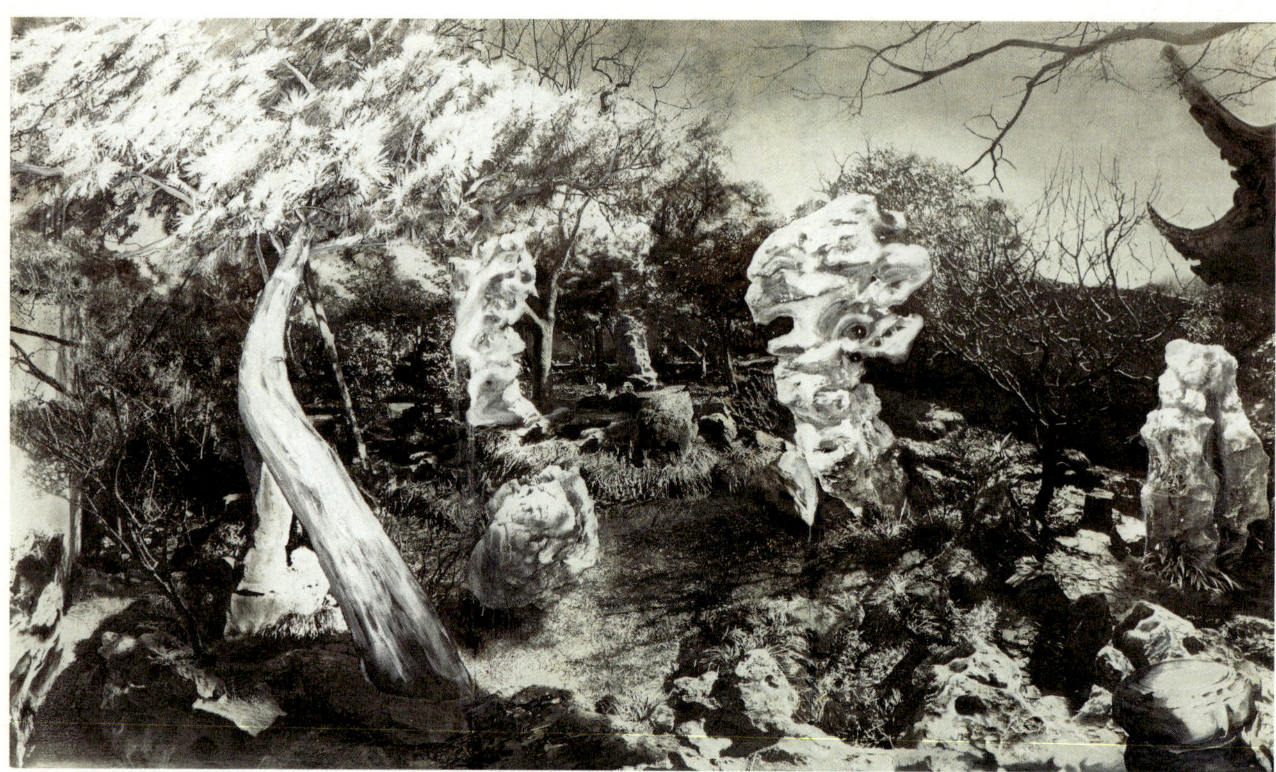

Der Fotograf Shao Wenhuan wurde 1971 in Xinjiang geboren. Von 1994 bis 1995 studierte er Ölmalerei an der China Academy of Art in Hangzhou, von 2002 bis 2004 absolvierte er einen Postgraduiertenkurs in Malerei an der China Academy of Art und der École nationale des beaux-arts in Dijon, 2010 schloss er an der China Academy of Art sein zweijähriges Masterstudium der bildenden Künste ab. Der Wunsch nach Beobachtung der objektiven Welt führte Shao Wenhuan von der Malerei zur Fotografie. Das Ziel seiner Fotografie besteht jedoch nicht darin, lediglich die Erscheinung der äußeren Welt festzuhalten, sondern zwischen dem Objektiven und Subjektiven durch ein Medium, das zwischen den beiden vermittelt, eine rationalere Dimension zu erkennen und festzuhalten – in diesem Fall, die Malerei. Wenhuan lebt und arbeitet in Hangzhou.

Wo und was ist Musheng Garden *(2011)?*

Musheng Garden ist eine fiktive Gartenanlage. Sie ist aus der Appropriation von Bildern echter Gärten in Suzhou entstanden, bei denen es sich gewissermaßen um die Kronjuwelen der traditionellen chinesischen Gärten handelt. Die Bilder sind in unterschiedlichen Dekaden entstanden: Das Erste stammt aus einer Filmaufnahme von 1999, die anderen meist aus den Jahren 2002 und 2003.

Welche Bedeutung besitzt ein Garten traditionell in der chinesischen Kultur?

Traditionell versuchte man bei der Gestaltung von Gärten, den Himmel und die Erde in einem kleinen Raum zu konzentrieren, ausgehend von dem menschlichen Verständnis von Kosmos und Natur. In Suzhou kann man keine Berge sehen, aber man kann in der Gartenkunst Steine und Wasser verwenden, um eine Miniaturausgabe von Schluchten und Flüssen zu erschaffen. Darin liegt die große Kraft

Photographer Shao Wenhuan was born in 1971 in Xinjiang. He studied oil painting from 1994 to 1995 at the oil painting department of China Academy of Art in Hangzhou and in 2004 completed a postgraduate painting course with the China Academy of Art and École national des Beaux-Arts in Dijon. From 2008 to 2010 he finished his MFA at the China Academy of Art. A desire to observe the objective world led Shao Wenhuan to turn from painting to photography. However, the purpose of his photography is clearly not simply in order to record the appearance of the outside world, but instead to find and grasp a more rational dimension between the objective and the subjective through a media which intervenes between the two, as in this case, painting.

Where and what is Musheng Garden *(2011)?*

Musheng Garden is a fictional garden with appropriation of images taken from real gardens in Suzhou, which are the crown jewels of Chinese traditional gardens. The images expanded for decades. The first was taken in 1999 on film, while the others were mostly from 2002 to 2003.

What meaning does a garden traditionally have in Chinese culture?

Traditionally, the creation of gardens was to concentrate the sky and the earth to a small square, infused with the human understanding of the cosmos and nature. There is no view of a mountain in Suzhou, but you can introduce stones and water into the garden, creating a miniature of ravines and rivers. It is a great power of creation. Today, the idea of gardens has become a faint pain of mine. I found its being among a chaotic situation and discourse, revealing a sense of decadence and dying. I can't

↙ Shao Wenhuan, *Musheng Garden 3*,
aus der Serie / from the series *Pictures of the Lost*, 2011

des Erschaffens. Heute ist die Vorstellung von Gärten für mich eher mit einem leichten Schmerz verbunden. Sie ist Teil einer chaotischen Situation und eines chaotischen Diskurses und offenbart etwas von Dekadenz und Untergang. Ich kann diesen Schmerz nicht genau bestimmen, aber es handelt sich um einen unausweichlichen Traum, eine Wurzel, zu der ich zurückkehren kann.

Warum handelt es sich um Pictures of the Lost, *wie der Serientitel besagt?*

Ich habe zu diesem Thema eine Reihe von Arbeiten geschaffen. Es gibt zwei Stränge, einer betrifft den internationalen Tourismus, der andere lokale Themen. Beide setzen sich mit der Identität von Reisenden beziehungsweise von Einwohnern auseinander. Die Serie *Musheng Garden. Pictures of the Lost* basiert auf meinem Verständnis der Realität und des Paradoxons Fotografie – trotz unserer Versuche, sie zu erhalten, wird sie eines Tages verschwinden. Sie verweist auf das Verschwinden der Objekte in der Realität und auf das Verschwinden von Fotoaufnahmen. Die Gärten werden in der Realität verschwinden und ihre Bilder werden verblassen. Eines Tages werden auch deren Bilder aus meinem Kopf verschwunden sein.

Welche Bedeutung besitzt der Titel?

Der Begriff ›musheng‹ [›mù‹ wie »Dämmerung«, ›shēng‹ wie »geboren«] bezeichnet im Chinesischen ein Kind, das nach dem Tod seines Vaters auf die Welt kam, ein posthumes Kind. Dieser Begriff bringt meine Sicht von traditionellen Gärten zum Ausdruck. Die Gärten, die wir heute sehen, sind nicht mehr authentisch. Teile ihrer Struktur wurden modernisiert, entfremdet oder missbraucht. Was erhalten geblieben ist, ist einzig die Idee des Gartens in unseren Vorstellungen. Beim Anblick von vertrauten Objekten werden alte Gefühle wach, aber die Realität wurde bereits verändert.

Mit welcher Technik sind die Bilder entstanden?

Als lichtempfindliches Material habe ich Silberhalogenid-Emulsion verwendet. Nach der Entwicklung in der Dunkelkammer wurden die Bilder in einem hellen Raum gemalt, *Musheng Garden 3* mit Acryl, *Musheng Garden 5* dagegen mit Acryl- und Ölfarbe.

Warum übermalen Sie Fotografien?

Malen ist ein Weg, unsere Erinnerungen und eigenen Gefühle auszudrücken, Fotografie ist dagegen besser geeignet, um etwas aufzuzeichnen. Da ich von der Malerei komme, reicht mir die rein objektive Aufzeichnung nicht aus und ich suche nach Interferenzen durch das Menschliche. Das Auftragen der Emulsion besitzt einige der Malerei ähnliche Charakteristika. Es war zugleich ein Versuch, den unerwünschten Inhalt zu übermalen. In diesem Sinne wird die Fotografie zu einem Mittel der Aufzeichnung, die Malerei zu einem Mittel der Beseitigung.

Was hat Sie in Ihren stilistischen Entscheidungen geleitet?

Das Schwarz-Weiß ist durch die Natur der Emulsion bedingt. Die Farbentwicklung ist viel komplizierter. Das Ergebnis ähnelt natürlich der traditionellen Landschaftsmalerei. Für mich ist es ein herrliches Spiel. Das Format der Arbeiten berücksichtigt die Größe eines Menschen. Aus einer angenehmen Entfernung deckt jedes der Bilder das

quite put a finger on this pain, but it's an indispensable reverie, a root that I can return to.

Why are they Pictures of the Lost *as mentioned in the subtitle?*

I produced a series of works on this subject. There are two trails, one is on international tourism, and the other is on local themes, focusing on the identity of travelers and local people respectively. It is based on my understanding of the reality and the paradox of photography—in spite of our attempt to maintain its being, it will inevitably disappear someday. *Musheng Garden, Pictures of the Lost* refers to the disappearance of the objects in reality, and the disappearance of the photographic images. Gardens are disappearing in reality, and the images of them are fading. One day, their image in my mind will be gone as well.

What does the title signify?

The term *Musheng* [*mù* as dusk, shēng as born] in Chinese refers to a child who was born after the death of its father, or a posthumous child. This term represents my opinion on traditional gardens. The gardens that we see today are no longer authentic. Parts of their structures have been modernized, alienated, or interfered with. What was really preserved was the idea of garden in our minds. Old sentiments are recalled at the sight of familiar objects, but the reality has already been modified.

How are the images technically done?

The light-sensitive material was photographic emulsion with silver halide. After being processed in the darkroom, they were taken to a bright room and painted. *Musheng Garden 3* was painted with acrylic paint, while *Musheng Garden 5* was painted with both acrylic and oil paints.

Why painting over photography?

Painting is a way to express our memories and subjective feelings, and by comparison, photography is more capable of keeping a record. Since I come from a painting background I'm not satisfied with a merely objective record, and look for the interference of the human touch. The application of the emulsion shares certain characteristics of painting. But it was also an attempt to paint off the undesirable contents. In this sense, photography becomes a way of recording, while painting becomes a means of disposal.

What guided you in your stylistic decisions?

The black and white was due to the nature of the emulsion. The processing of color is much more complicated. The result naturally coincides with traditional landscape paintings. I found it a delightful match. The dimension of the works adapted the height of a human figure. From a comfortable distance, it covers the whole vision and horizon of sight while keeping visible all the details.

Is this a continuation of traditional Chinese landscape painting?

Looking back, neither of these two pieces is traditional. My understanding of tradition primarily lands on the tradition of photography, which consists of mechanism and single-point perspective. However, my works usually are

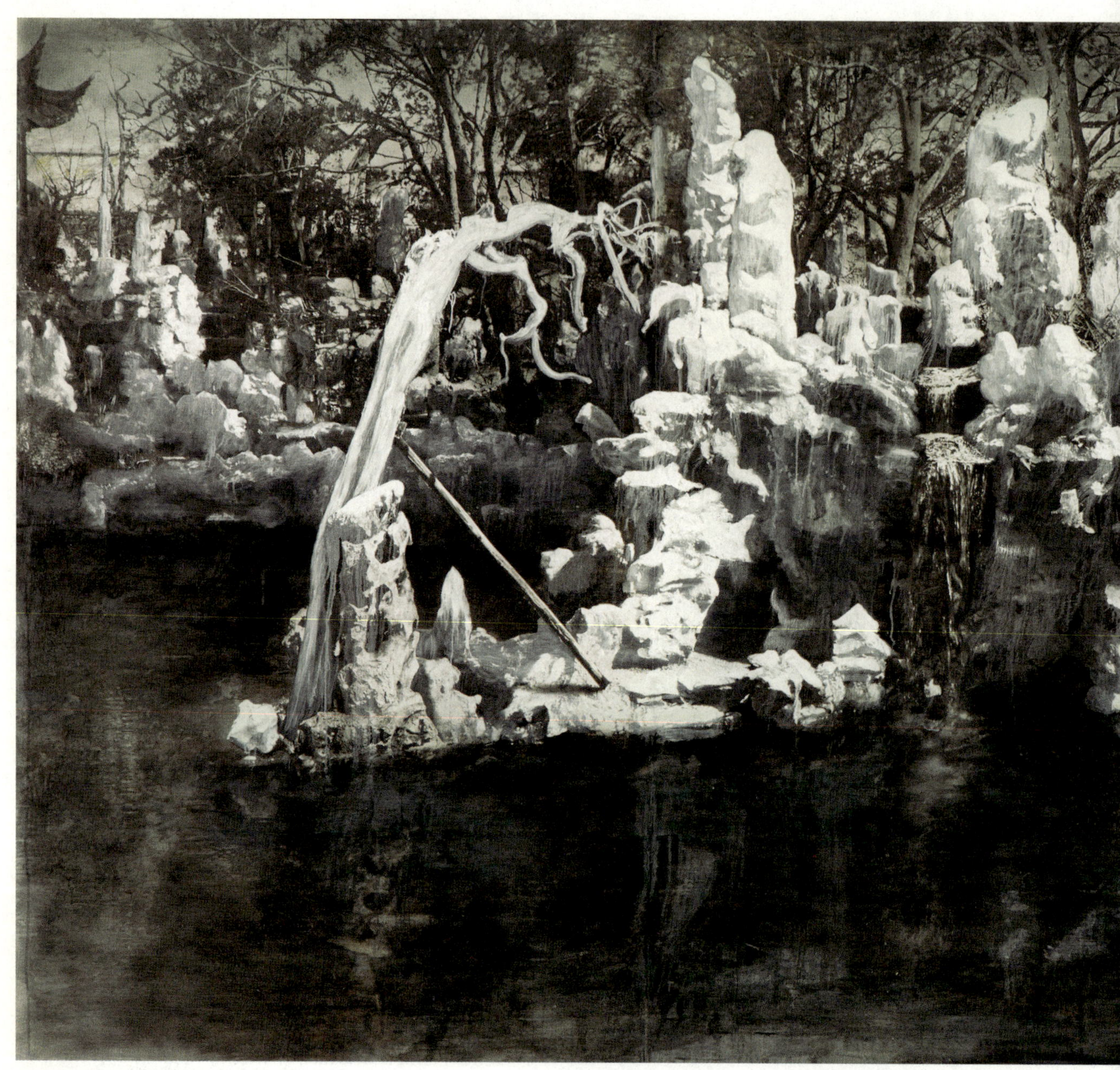

gesamte Blickfeld und den Blickhorizont ab, während alle Details sichtbar bleiben.

Handelt es sich um eine Fortführung der traditionellen chinesischen Landschaftsmalerei?

Rückblickend ist keines dieser beiden Bilder traditionell. Mein Verständnis von Tradition bezieht sich vor allem auf die Fotografie, die auf einem mechanischen Verfahren und auf Zentralperspektive beruht. Meine Arbeiten setzen sich für gewöhnlich aus mehreren Fotos zusammen, die unterschiedliche Perspektiven besitzen. Viele Betrachter bringen dies automatisch mit der Kavalierperspektive oder den wechselnden Perspektiven in traditionellen Rollbildern in Verbindung. Das entspricht der chinesischen Art des Sehens und einer Unterwanderung der fotografischen Tradition. Die Beziehungen mit und Assoziationen zur Tradition sind jedoch nicht nur Gefühle oder emotionale Reize. Sie erfordern eine visuelle Darstellung, die mich vor allem beschäftigt.

pieced together from multiple photos, which have multiple focuses. People would automatically associate it with the cavalier perspective or scattered perspective in traditional scroll paintings, which is a Chinese way of viewing and a subversion of the photographic tradition. However, the relations and associations with tradition are not just sentiments or emotional appeals. They require a visual representation, which matters more to me.

Shao Wenhuan, *Musheng Garden 5*,
aus der Serie / from the series *Pictures of the Lost*, 2011

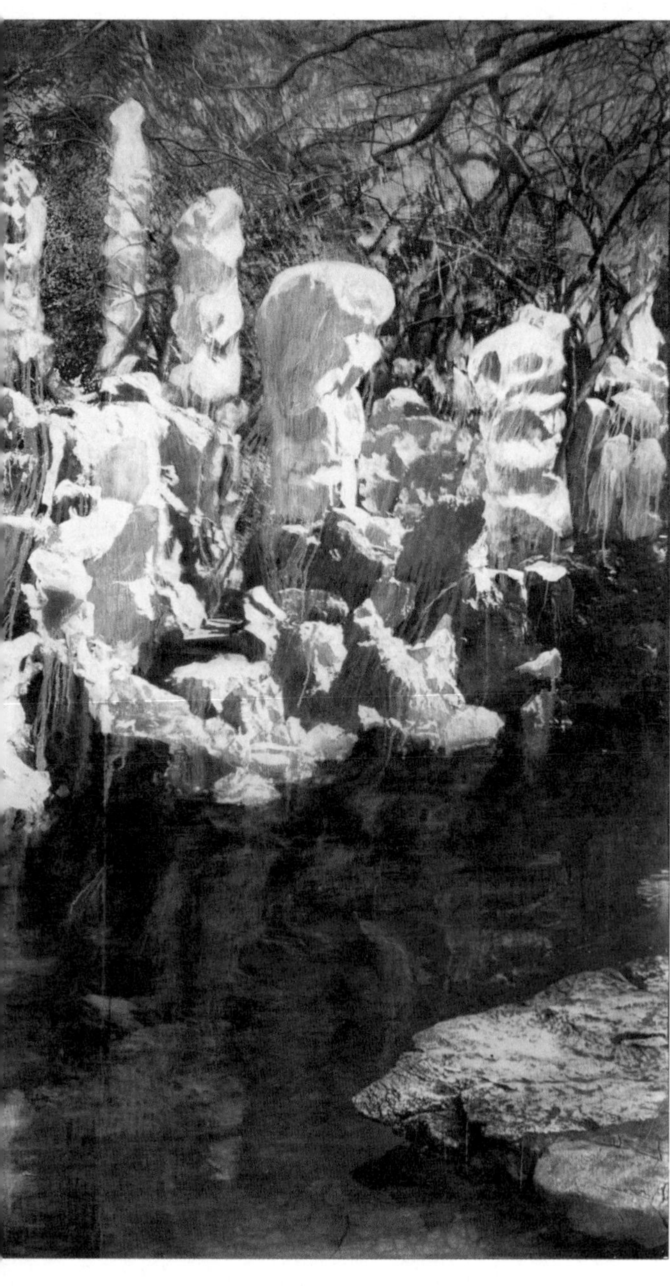

↙ Shen Shaomin, *Bonsai*, 2009

Shen Shaomin

Interview: Li Qi

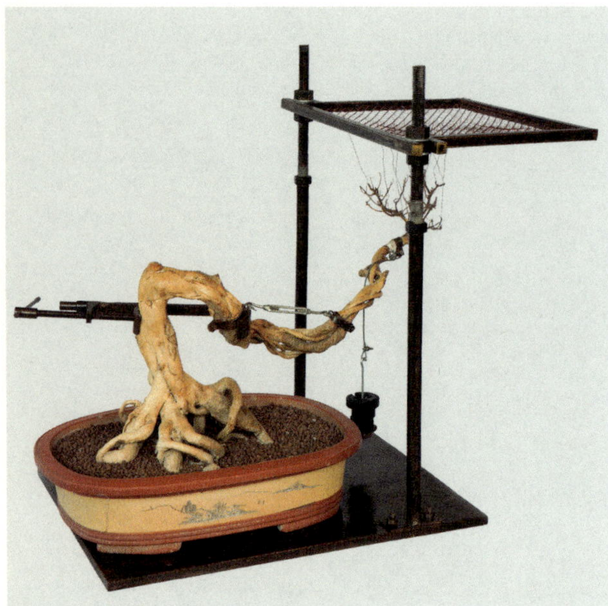

Der Konzeptkünstler Shen Shaomin wurde 1956 in der Provinz Heilongjiang geboren. Der gelernte Grafiker widmet sich in seinen Multimedia-Arbeiten der expliziten Brutalität des menschlichen Wesens. Seine hyperrealen, ›schlafenden‹ Plastiken von Menschen und Tieren reflektieren einen ständigen Dialog zwischen dem Realen und dem Imaginären. Angeregt von seiner kritischen Auseinandersetzung mit dem Anthropozän hat Shen außerdem experimentelle kinetische Skulpturen geschaffen, die von den Folgen der menschlichen Begierde und Künstlichkeit zeugen. Nach unterschiedlichen Phasen in seinem künstlerischen Werk entstehen heute hauptsächlich Objekte, Bonsais oder Installationen. Shen lebt und arbeitet in Sydney und Beijing.

Was zeigt die Plastik Bonsai *(2009)?*

Ein Bonsai ist ein vom Menschen manipulierter Teil der Natur. Die Bäume brauchen zum Wachsen über zehn Jahre. Viele wissen zwar einiges über Bonsais, doch nur wenige wissen, wie man sie aufzieht. Diese Plastik ist ein Standbild aus der Entstehung eines Bonsais. Es ist eine lebende Plastik.

Welche Bedeutung besitzt das Werk?

Bonsai ist eine Überprüfung der Idee von Manipulation. Manipulation kann sich auch als Missbrauch des menschlichen Körpers manifestieren oder als verquerer Geist und verzerrte Intelligenz. In der Eleganz des Bonsais ruht eine Spannung und Tragik, die einen Kern der menschlichen Zivilisation berührt.

Wie würden solche Objekte traditionellerweise präsentiert?

Ein Bonsai dient eigentlich als abwechslungsreiche oder reizvolle Dekoration. In der traditionellen Ästhetik wird ein Bonsai zusammen mit Pflanzen, Steinen, Wasser und Erde präsentiert. Als Produkt der Gartenkunst stellt er eine Miniaturausgabe der Natur dar. Dieses bescheidene Wesen erlaubt uns Einblick in etwas Großes und Spektakuläres.

Conceptual artist Shen Shaomin was born in 1956 in Heilongjiang Province. Originally a printmaker, Shen Shaomin studies the explicit brutality of human nature through constant evolution of his multimedia work. His hyperreal, "sleeping" sculptures of humans and animals reflect an ongoing dialogue between the real and the imaginary. Drawing from his innate conflict with the Anthropocene, Shen has also exhibited experimental, kinetic sculptures that illustrate the consequences of human desire and artificiality. After various phases, his work today focuses mainly on objects, bonsai, and installations. Shen lives and works in Sydney and Beijing.

What is the sculpture Bonsai *(2009) showing?*

A bonsai is a piece of nature manipulated by human hands. The trees took ten years or more to grow. Among the many of us who know about bonsai, only a few have the knowledge of its production. As a matter of fact, this sculpture is a freeze-frame of the making of a bonsai, and is presented in the exhibition. It is a living sculpture.

What significance does it have?

Bonsai is a reexamination of the idea of manipulation. Manipulation could be manifested as an abuse of the human body, or a twisted mind and distorted intelligence. There is tension and tragedy in its elegance, touching on one of the core levels in human civilization.

How would objects like these traditionally be shown?

Traditionally, a bonsai is a decoration for pleasure and appreciation. In the traditional aesthetic structure, a bonsai is made of some basic materials such as plants, stones, water, and soil. As an outcome of gardening, a bonsai is a miniature of nature. These modest beings give us a vision into something grand and spectacular.

Are they referring to a specific Chinese context?

Bonsai refers to Eastern philosophy and aesthetics. They are about the aesthetics of violence in Eastern philosophy. Something that looks so exquisite from the outside contains something cruel and hidden. It could be described as a tender violence.

How would you explain the works to a Western audience?

Foot binding and bonsai are both outcomes of traditional Chinese culture, turning natural and living beings into a twisted fetish according to human will. Bonsai turns the hidden and intangible violence into the visual object. This violence has been adapted as a kind of aesthetic in daily life, and as a parallel to nature itself. I hope this work can evoke the viewer's thinking about nature and life.

Is there a sarcastic attitude toward bonsai culture?

The work has certain allusions to bonsai culture. But I prefer leaving viewers with a bigger space of imagination. It makes people realize that this is not only a piece of manipulated nature, but also a manipulated life and individual. In life, everyone is manipulated.

What are your other areas of interest beside bonsai?

I'm interested in multiple fields and have worked with large-scale installations and documentaries. The

Beziehen Sie sich auf einen spezifisch chinesischen Kontext?

Bonsais haben mit asiatischer Philosophie und Ästhetik zu tun. Sie sind auch Ausdruck der Ästhetik von Gewalt in der östlichen Philosophie. Etwas, das von außen so bezaubernd aussieht, enthält etwas Grausames und Verborgenes. Man könnte es als zarte Gewalt beschreiben.

Wie würden Sie die Arbeiten einem westlichen Publikum erklären?

Eingeschnürte Füße und Bonsais entstammen der traditionellen chinesischen Kultur, natürliche und lebende Dinge und Wesen werden darin dem menschlichen Willen folgend in einen verzerrten Fetisch verwandelt. Bonsais verwandeln die verborgene und nicht fassbare Gewalt in ein sichtbares Objekt. Diese Gewalt wurde als eine Art Ästhetik in das tägliche Leben integriert und als eine Parallele zur Natur selbst. Ich hoffe, diese Arbeit kann bei den Betrachtern Gedanken zu Natur und Leben anregen.

Bringt die Arbeit eine sarkastische Einstellung gegenüber der Bonsaikultur zum Ausdruck?

Die Arbeit beinhaltet einige Anspielungen auf die Bonsaikultur. Aber ich ziehe es vor, dem Betrachter einen größeren Interpretationsspielraum zu lassen. Die Menschen erkennen, dass es sich nicht nur um ein Stück manipulierter Natur handelt, sondern auch um ein manipuliertes Leben und Individuum. Jeder wird in seinem Leben manipuliert.

Womit beschäftigen Sie sich neben den Bonsais noch?

Ich interessiere mich für viele Bereiche und habe auch mit großen Installationen und Dokumentationen gearbeitet. Die Sprache und das Material variieren in meinen Arbeiten und beziehen sich auf unterschiedliche Disziplinen. In meiner künstlerischen Karriere folge ich niemals anderen oder wiederhole mich. Wenn die Idee zu einem Projekt auftaucht, setze ich diese einfach um.

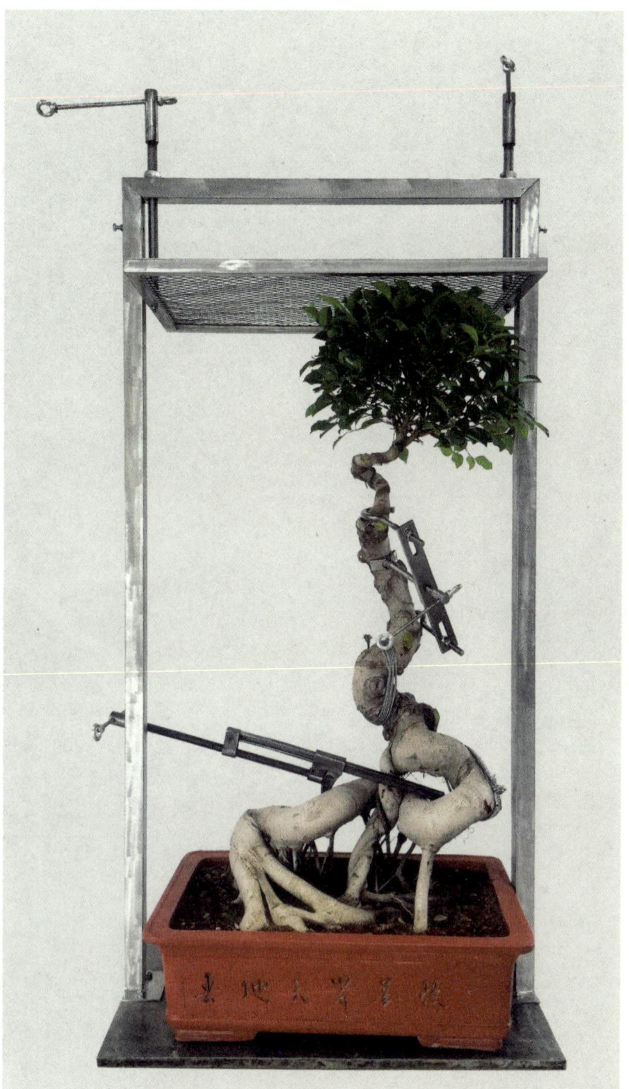

language and material varies in my works, and refers to multiple disciplines. In my artistic career, I never follow others nor repeat myself. When I have an idea for a project I just do it.

Shi Jinsong

Interview: Li Qi

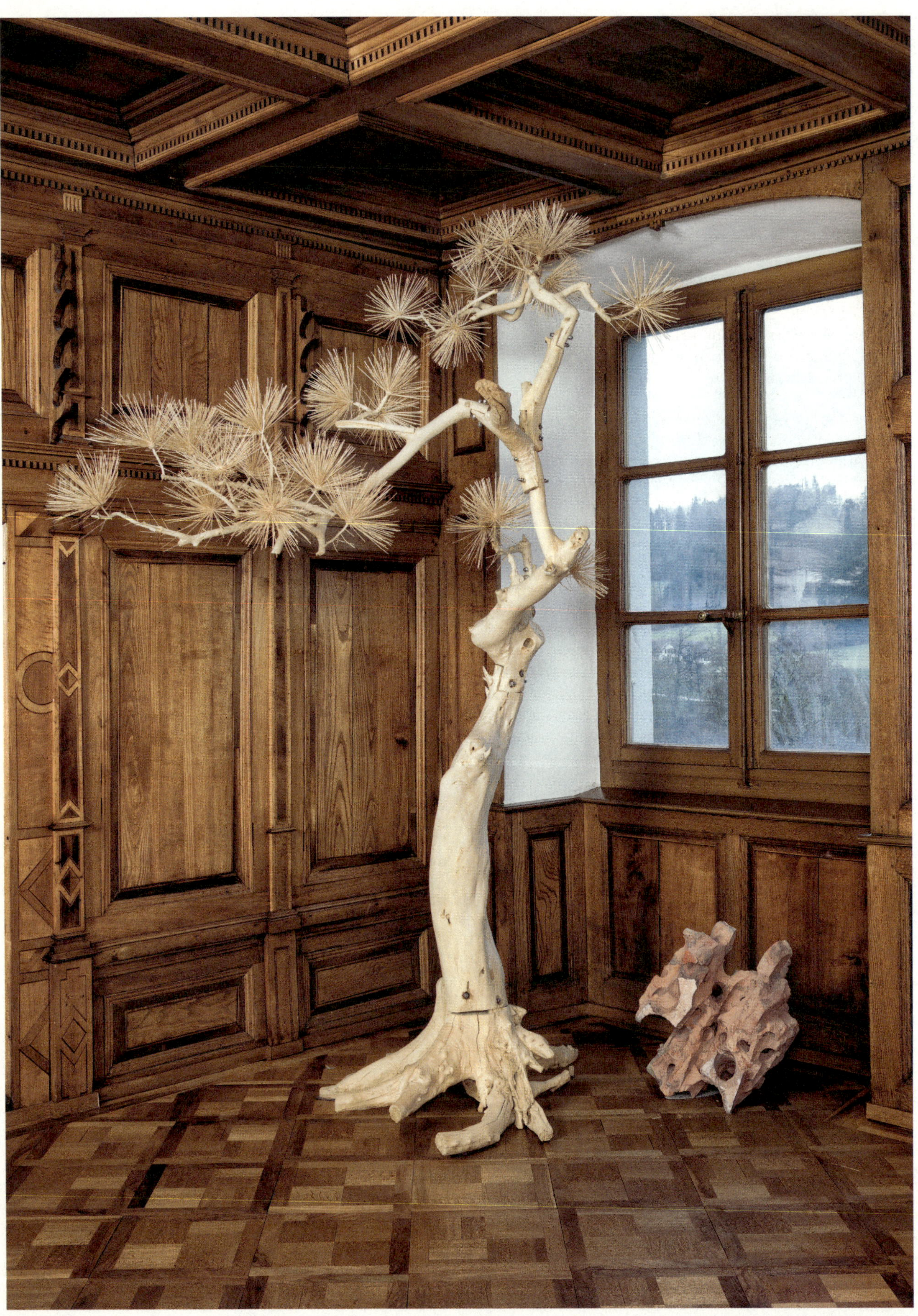

Shi Jinsong wurde 1969 in Dangyang (Provinz Hubei) geboren und schloss 1994 sein Studium am Hubei Institute of Fine Arts in Wuhan ab. Er arbeitet vor allem im Bereich der Plastik und setzt eine breite Palette traditioneller Techniken ein. Unter dem Einfluss tiefgreifender soziokultureller Wandel in China, der Lektüre von Michel Foucaults *Wahnsinn und Gesellschaft* und der Geburt seiner ersten Tochter wandte sich der Künstler den Konzepten von Transformation und Kontrolle zu. Shi lebt und arbeitet in Wuhan und Beijing.

Was zeigt die Plastik Lack Pine Tree *(2011)?*

Sie besteht aus den Resten dreier toter Bäume. Ich habe sie mit Nägeln und Schrauben in einen Baum verwandelt, der nur in meiner Vorstellungen existiert: Ein Baum in der geistigen Welt. Mich interessieren die Status- und Funktionwechsel von Bildern und Objekten. Ich erforsche unterschiedliche kulturelle Mythen, Hierarchien, soziale Identitäten und die Art und Weise, wie wir über Ästhetik nachdenken und mit ihr umgehen, und unterziehe diese einer kritischen Betrachtung.

Warum haben Sie gerade dieses Material verwendet und sich für diese Größe entschieden?

Als mein altes Atelier in Beigaocun [in Beijing] abgerissen und versetzt wurde, wurden die vielen Bäume um mein Atelier herum gefällt und aus unterschiedlichen Gründen in verschieden große Teile zerlegt. Ich wollte sie irgendwie nutzen und so habe ich die unterschiedlichsten Möglichkeiten ausprobiert, sie wieder zusammenzusetzen, um den Beginn einer anderen Bedeutung von Leben zu verwirklichen. Das Holz wurde entrindet und gründlich gesäubert, auch alle dunklen Stellen und Astlöcher wurden entfernt – so offenbarte es seine natürliche Farbe. Normalerweise lasse ich meine Arbeiten ›wachsen‹. Ich beginne beispielsweise mit einem Baumstumpf und füge dann nach und nach Äste hinzu. Das Werk ist erst dann vollendet, wenn ich es als reif erachte. Mein Stil bezieht sich vor allem auf Hybridität, Synthese und Symbolik. Ich liebe es, einen ganzen Kosmos voller literarischer und historischer Anspielungen zu erschaffen und versuche durch kryptische Stellungnahmen, durch Ironie und Satire zu provozieren.

Welche Bedeutung besitzt das Werk?

Seine Bedeutung liegt in seiner Existenz. Meine Kunst ist nicht besonders schwer zu verstehen, es geht mir dabei um eine Haltung. Ich bin der Meinung, dass die Sachen nicht zu schwer verständlich sein sollten. Man sollte eine eigene Meinung zu all den Dingen haben, die sich ereignen, und eine eigene Art, damit umzugehen. Andere geben diesem Werk vielleicht eine andere Bedeutung, aber das lag nicht in meiner Absicht. Sein geistiger Ursprung liegt in der Erinnerung an alte Malerei, an chinesische Landschaften und Gärten sowie an die chinesische Oper.

Reflektiert es ihre Beziehung zur Tradition?

Ich definiere meine Arbeit nicht mit solchen Begriffen. Ich reagiere dynamisch auf die Probleme und Fragen, denen ich gegenüberstehe. Diese Dynamik entwickelt sich einfach, sie besitzt einen Herzschlag und eine Körpertemperatur.

Shi Jinsong was born in 1969 in Dangyang (Hubei Province) and graduated in 1994 from the Hubei Academy of Fine Arts in Wuhan, majoring in sculpture and mastering a gamut of traditional techniques. Under the influence of three powerful stimuli—radical sociocultural change in China; a reading of Foucault's *Madness and Civilization*; and the birth of his first daughter—the artist began to investigate ideas of transformation and control. He lives and works in Wuhan and Beijing.

What is the sculpture Lack Pine Tree *(2011) showing?*

The sculpture is made from the remains of dead trees. I put them together with nails and screws into a tree that exists only in my consciousness: a tree in the spiritual world. I'm interested in challenging the status and function of images and objects. I like to investigate and critique various cultural mythologies, hierarchies, social identities, authorship, and the way we deal with and think about aesthetics.

Why did you use this special material and how did you decide on the size?

After my old studio was demolished in Beigaocun [in Beijing] and relocated, the many trees around my studio, for various reasons, were chopped into pieces of different sizes. I thought there might be another possibility for their use. So I tried all kinds of ways to reassemble them in order to achieve the beginning of an alternative significance of life. The pieces were decorticated and cleaned thoroughly, and the dark pigments deep inside were removed as well. The wood revealed its raw color. I usually prefer to form a piece of work by "growing" it. For example, I start with a stump, and gradually add branches to it. It is only finished when I feel that it has reached its maturity. My style is all about hybridity, synthesis, and symbolism. I love to create a cosmos saturated with literary and historical allusions, and I try to provoke using cryptic proclamations, irony, and satire.

What significance does it have?

Its significance lies with its being. My art is not particularly difficult to understand; I'm concerned with an attitude. I think things should not be too difficult to understand. You should have an opinion about everything that happens and a way to deal with it. Perhaps others would see some other significance in it, but that was not my intention. But its spiritual origin came from memories of ancient paintings, Chinese landscapes and gardens, and opera.

Would you say that it reflects a relation to tradition?

I'm not used to defining my work in such terms. I react dynamically to the issues and questions that I face. This dynamic is something happening, something that has a heartbeat and a body temperature.

You're from Hubei, home to some of China's most ancient places and mythological culture. Do you channel any historical or mythical references in your work?

I'm very much into Chinese mythology and love to create dialogues that are at once menacing and ironic, between the forms of mythical Chinese culture and

Sie stammen aus Hubei. In dieser Provinz liegen einige der ältesten Kulturstätten Chinas, gleichzeitig ist sie ein Zentrum chinesischer Mythologie. Vermitteln Sie in Ihrer Arbeit irgendwelche historischen oder mythologischen Bezüge?

Die chinesische Mythologie spielt für mich eine große Rolle und ich erschaffe zwischen den Formen der mythologischen chinesischen Kultur und der heutigen Globalisierung gerne Dialoge, die zugleich bedrohlich und ironisch wirken. Mein Werk wird durch die Spannung zwischen Tradition und Moderne angeregt, das bringt meine Kreativität in Wallung.

Sie sagten, der französische Philosoph Michel Foucault habe Ihr Denken beeinflusst. In welcher Weise?

Foucault wirft einen analytischen Blick auf die Beziehung zwischen Epistemologie, institutioneller Autorität und künstlerischer Authentizität. Er hat viel über Wahnsinn und Kunst geschrieben, zum Beispiel: »Geistige Behinderung bedeutet einen absoluten Bruch mit dem Kunstwerk, sie kennzeichnet den konstitutiven Moment der Aufhebung, in dem sich das Wesen dessen, was Kunst ist, auflöst.« Ich teile diese Herangehensweise an Kunst, Metaphysik, Kreativität und Kritik.

Wie würden Sie einem westlichen Publikum Ihre Kunstwerke erklären?

Meine Arbeit soll zu ihnen sprechen. Sie können alles sehen, was zu sehen ist: ihre Materialität, ihre Form und Farbe und ihren Ursprung ebenso wie ihre Größe und den Ansatz meiner Arbeitsweise.

modern-day globalization. It is the tension between the traditional and modern that informs my oeuvre and really gets my juices flowing.

You've mentioned that the French philosopher Michel Foucault has influenced your thinking. In what sense?

Foucault was all about looking analytically at the relationship between epistemology, institutional authority, and artistic authenticity. He talked a lot about madness and art. He said, "Madness is the absolute break with the work of art; it forms the constitutive moment of abolition, which dissolves in time the truth of the work of art." I share his approach to art, metaphysics, creativity, and critique.

How would you explain your works to a Western audience?

Let my work speak to them. It is all there for them to see, its materiality, its shape and color, and its origin, as well as its dimension and introduction to my way of working.

Charwei Tsai

Interview: Lesley Ma

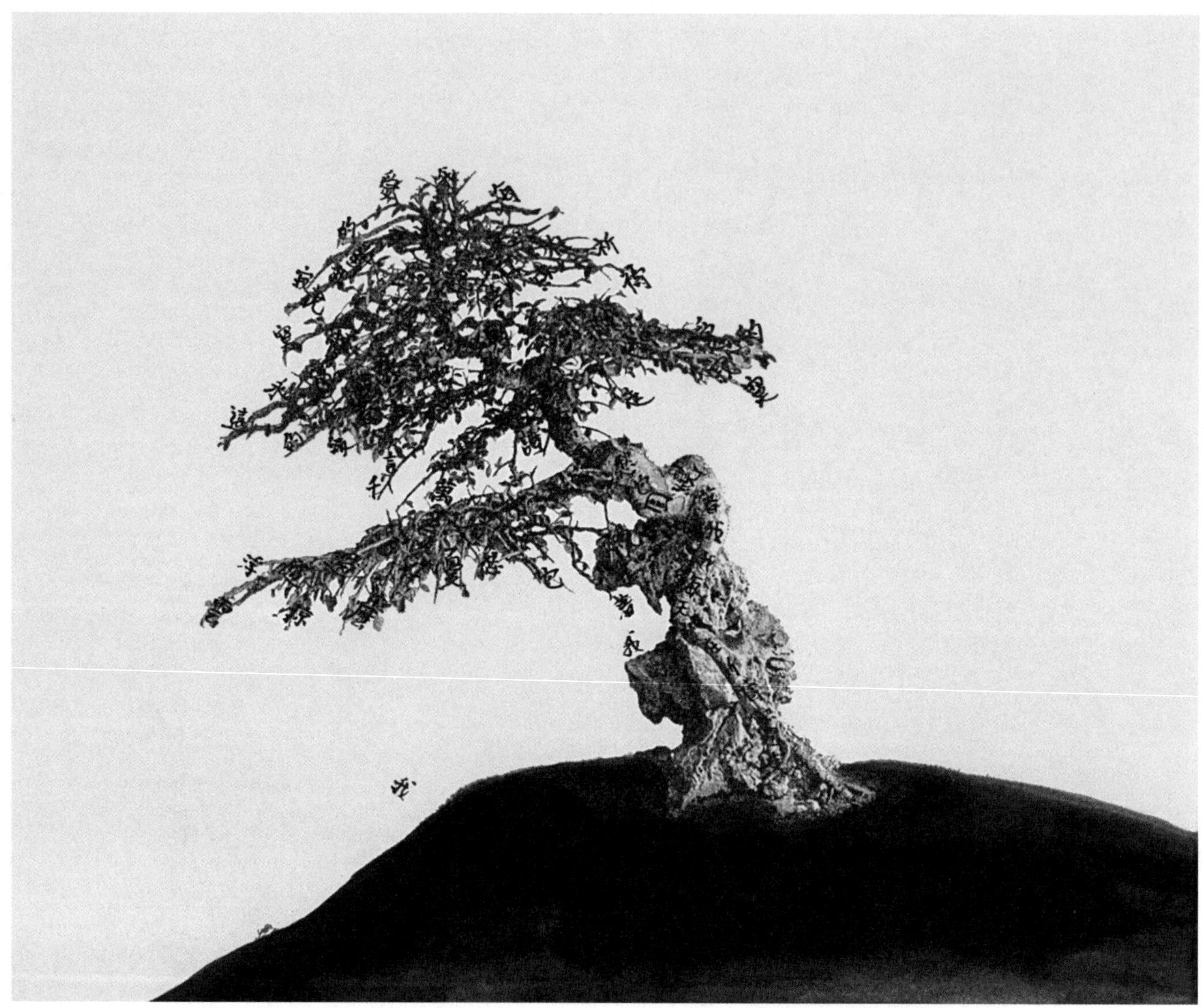

Charwei Tsai wurde 1980 in Taipeh (Taiwan) geboren. Sie erlangte ihren Bachelor of Fine Arts an der Rhode Island School of Design in Providence und absolvierte 2010 das Postgraduierten-Forschungsprogramm La Seine an der École nationale supérieure des beaux-arts in Paris. Neben ihren ortsspezifischen Installationen und Performances realisiert sie Objekte, Videos und Fotografien. Tsai lebt und arbeitet in Taipeh und Ho-Chi-Minh-Stadt (Vietnam).

Wie kam es zu der Bonsai-*Serie (2011)?*

Die *Bonsai*-Serie entstand für eine Einzelausstellung in der berühmten Pariser Tierpräparator-Werkstatt Deyrolle, die 1831 gegründet wurde. Sie wurde unglücklicherweise 2008 durch einen Brand zerstört. Der Besitzer, Louis Albert de Broglie, bat daraufhin eine Gruppe von Künstlern, darunter auch mich, aus dem wundervollen Material, das den Brand überlebt hatte, Kunstwerke zu kreieren. Diese sollten dann auf einer Benefizauktion zugunsten der Werkstatt verkauft werden. Louis Albert interessierte sich für meine Kunst, die sich vor allem auf die Natur bezieht, und lud mich ein, eine Ausstellung in seinen Räumen einzurichten. Es war eine seiner ersten Ausstellungen mit Gegenwartskunst. David Rosenberg, den ich als Kurator zu diesem Projekt eingeladen

The Taiwanese artist Charwei Tsai was born in Taipei in 1980. She received her BFA from the Rhode Island School of Design, and in 2010 she completed the Postgraduate Research Program La Seine at the École nationale supérieure des Beaux-Arts in Paris. Besides her site-specific installations and performances she produces objects, videos, and photographs. Charwei lives and works alternately in Taipei and Ho Chi Minh City.

How did the Bonsai Series *(2011) come about?*

The *Bonsai Series* was conceived for a solo exhibition at Deyrolle, the legendary taxidermy shop in Paris that was founded in 1831. The shop went through a tragic, accidental fire in 2008 and the current owner, Louis Albert de Broglie, invited a group of artists, including myself, to create works with the beautiful materials that survived the fire for a benefit auction to revive the shop. Louis Albert took interest in my work, which mostly stemmed from nature, and invited me to make an exhibition there. It was one of his first contemporary art exhibitions. David Rosenberg, the curator I invited to the project, introduced me to Idem, a historic print shop in Montparnasse since Picasso's time. He thought it would be exciting to bring

hatte, machte mich auf die Druckerei Idem in Montparnasse aufmerksam, die bereits seit dem späten 19. Jahrhundert besteht und mit vielen Künstlern, darunter auch Pablo Picasso, zusammengearbeitet hat. Rosenberg fand es spannend, mein Interesse an chinesischer Tusche mit der europäischen Lithografie-Tradition zu verbinden. Die Arbeit mit Idem eröffnete mir eine völlig neue Welt. Das Tageslicht, das durch die alten Holzdecken dringt, das Geräusch der manuell bedienten Druckpressen und die Gespräche mit einem wundervollen Team aus erfahrenen Druckern ließ mich dort viele Stunden verbringen und eine neue Serie erschaffen. Die *Bonsai*-Serie war das erste von vielen gemeinsamen Projekten mit Idem.

Die Bonsais, diese speziell gezüchteten Zwergbäume, werden in der chinesischen und japanischen Kultur als Kunstwerke angesehen. Sie unterscheiden sich von den Objekten, die sich für gewöhnlich in Ihrer Arbeit finden – lebende Bäume, Blumen, sogar Tofu, also alles kunstferne Materialien. Welche Bedeutung besitzen Bonsais für Sie? Haben Sie die Aufnahmen selbst gemacht? Und gibt es eine Verbindung zu späteren Arbeiten aus demselben Jahr, in der Sie einen buddhistischen Text auf Treibholz geschrieben haben?

Ich habe im Internet nach Bildern von Bonsais gesucht und diese dann digital bearbeitet. Dann wurden die Bilder von Idem auf eine Aluminiumplatte übertragen und von Hand gedruckt. Ich habe die Töpfe übermalt, um die Größe der Bonsais zu verunklären, und habe mit Tusche eine abstrakte Horizontlinie eingefügt. Die Äste und Blätter beschrieb ich dann mit Texten von populären taiwanesischen Liebesliedern aus den 1990er-Jahren, als ob die Bäume selbst diese Lieder singen würden. Ich wähle meine Materialien recht spontan. Die *Bonsai*-Serie entstand in Paris zu einer Zeit, als ich sehr traurig und einsam war. Vielleicht zogen mich die Zwergbäume an, weil sie ein Gefühl von Leid und Sehnsucht vermitteln, das ich nachempfinden konnte. Die Arbeiten mit Treibholz entstanden in einem völlig anderen Kontext.

Was bedeutet Größe für Sie? Sie arbeiten oft in der Natur, hier haben Sie mit Schrift auf Lithografien gearbeitet. Haben Sie sich geistig oder körperlich anders darauf vorbereitet?

Auch bei Arbeiten im Freien verwende ich lieber kleine Formate. Die *Bonsai*-Serie ist besonders kleinformatig, da Bonsais ja klein gezüchtet werden. Das Leben in Paris, das Studium an der École des beaux-arts, die Besichtigung der Ateliers alter Meister, die heute als Museen eingerichtet sind, und die Zusammenarbeit mit Idem haben mich inspiriert, mehr atelierbasierte Werke zu schaffen. Zuvor hatte ich auch Werke aus verderblichen Materialien wie Pilze, Tofu und Blumen gemacht, die ich vor Ort bearbeitete, in Paris habe ich dagegen traditionellere Medien wie Schwarz-Weiß-Fotografie und Lithografie eingesetzt. Ich habe mehr Zeit im Atelier verbracht. Die Gegenstände haben jedoch immer noch ihre Grundlage im Stillleben, beispielsweise Naturobjekte wie tote Schmetterlinge, Tierknochen oder Muscheln aus den Kuriositätenkabinetten bei Deyrolle oder die Bonsais aus traditionellen, handwerklich arbeitenden Blumenläden.

In Ihren Arbeiten verwenden Sie oft Materialien, die verrotten oder über die Zeit ihr Aussehen verändern. Stellt die Folge in der Bonsai-*Serie einen Zeitverlauf dar oder beinhaltet sie etwas Narratives? War die Reihenfolge der Fotografien festgelegt?*

together my interest in Chinese ink with the European tradition of lithography. Working with Idem opened up a whole new world for me. Seeing the natural light streaming in through the old wooden ceilings, hearing the sound of the manually operated printing machines, and chatting with the wonderful team of expert printmakers made me want to spend long hours there and to create a new body of work. The *Bonsai Series* was the first of many collaborations with Idem.

Bonsai, the manipulated, dwarfed plants, are treated as objects of art in Chinese and Japanese cultures. It is quite different from the usual objects in your practice: live trees, flowers, even tofu, all nonart material. Can you talk about the significance of bonsai to you? Did you take the photographs of the bonsai? Is there a connection to a work you made later that year, where you wrote Buddhist text on found driftwood?

I searched for images of bonsai on the Internet and manipulated them digitally. Then the images were transferred to an aluminum plate and printed manually by Idem. I painted over the planters to obscure the scale of the bonsai and created an abstract horizon line with ink. Then I wrote lyrics of popular Taiwanese love songs from the 1990s on the branches and leaves of the bonsai as if it were the tree that was singing these songs. I choose the objects that I work with quite spontaneously. I made the *Bonsai Series* at a time when I was experiencing a lot of sadness and loneliness while living in Paris. I was probably attracted to bonsai because it gives a feeling of torment and longing that I could relate to. The choice to work with driftwood was under a completely different context.

What does scale mean to you? Oftentimes you work in nature. Here, writing on lithographs, did you make different mental and physical preparations?

I tend to work on a small scale even when working outdoors. The *Bonsai Series* was especially small because bonsai are meant to be dwarfed. Living in Paris, studying at École des Beaux-Arts, visiting the old masters' studios, which are now museums, and working at Idem inspired me to make more studio-based works. Whereas previously I made works with perishables such as mushrooms, tofu, and flowers prepared on-site, in Paris I used more traditional media such as black-and-white photography and lithography. I spent more time in the studio. Even the subject matter I was dealing with were still life–based, for example, natural objects like dead butterflies, animal bones, or seashells from curiosity cabinets found at Deyrolle, or bonsai from traditional, artisanal floral shops.

In your work you often use materials that rot or transform their appearance over time. Does the sequence in the Bonsai Series *signify a passage of time or a narrative? Was the order of the photographs predetermined?*

The *Bonsai Series* has more to do with processing a passage of time internally than witnessing a physical change in an object. The text written on the lithographs are lyrics of 1990s love songs from Taiwan that I listened to in my teenage years. The songs have become classics; I hear them all the time in taxis and on television shows when I travel to Hong Kong, Shanghai, Singapore, and

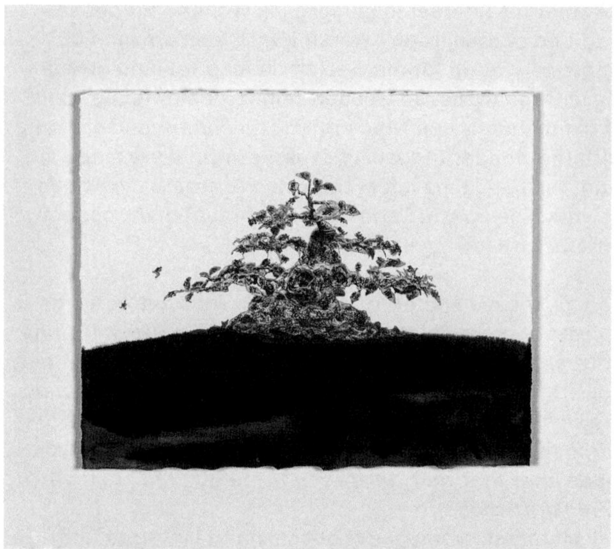

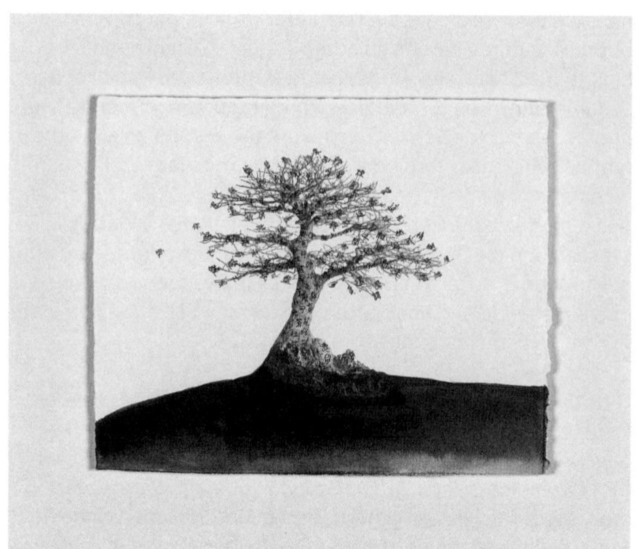

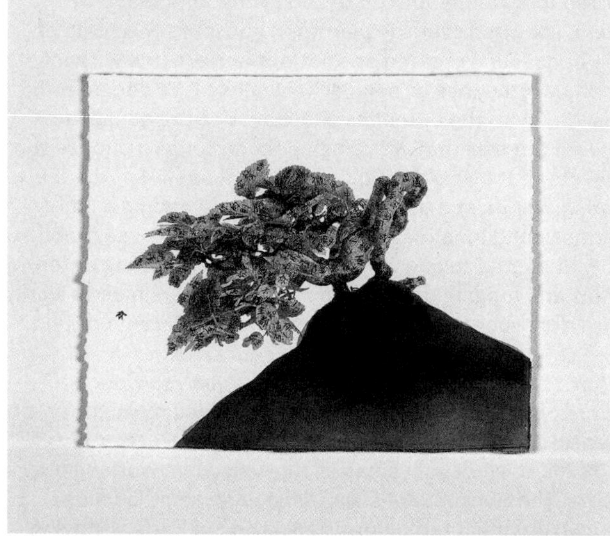

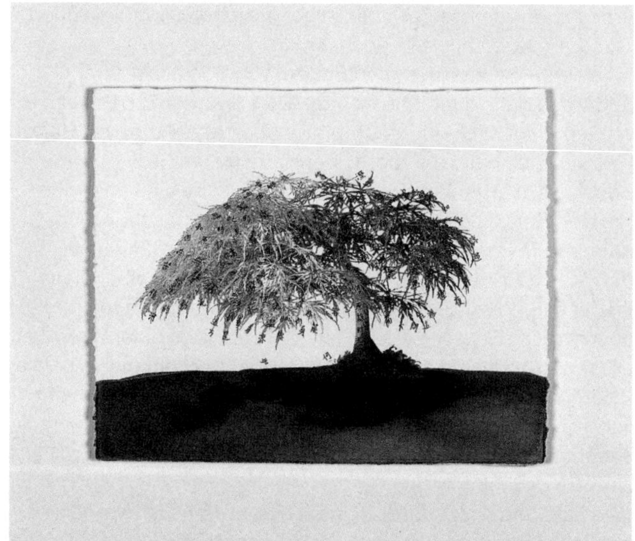

Die *Bonsai*-Serie hat mehr mit der inneren Verarbeitung eines Zeitabschnitts zu tun als mit der physischen Veränderung eines Objekts. Bei den Texten auf den Lithografien handelt es sich um taiwanesische Liebeslieder aus den 1990er-Jahren, die ich als Teenager gehört habe. Diese Lieder sind mittlerweile Klassiker. Ich höre sie immer noch in Taxis und in Fernsehshows, wenn ich in Hongkong, Shanghai, Singapur und Taipeh bin. Es sind melodramatische, ausschweifende Texte, die starke Emotionen erzeugen sollen. Sie stehen in Kontrast zum *Herz-Sutra*, einem buddhistischen Text über die Leere, den ich auf den Großteil meiner anderen Arbeiten schreibe. Für mich ist das Schreiben dieser populären Texte eine Art von Übung, um den Geist in aufregenden Momenten zur Ruhe zu bringen und all die beunruhigenden Gedanken, die hochkommen, zu beobachten, sie so, wie sie sind, zu akzeptieren und dann zuzusehen, wie sie sich von selbst auflösen, anstatt sie abzulehnen oder zu unterdrücken. Es bestehen keine besonderen narrativen Zusammenhänge oder sonstigen Beziehungen zwischen den Arbeiten. Die Reihenfolge basiert schlicht darauf, wie gut sie nebeneinanderpassen.

Taipei. The songs are melodramatic and self-indulgent and tend to evoke strong emotions. They are in sharp contrast to the *Heart Sutra*, a Buddhist text on emptiness that I write on most of my other works. I see writing the popular lyrics as another kind of exercise to calm the mind where one stirs up, observes, and accepts all the afflictive emotions that arise just as they are and watches them cease on their own instead of rejecting or repressing them. There is no particular narrative or relation between the works. The order is simply based on how they fit next to one another.

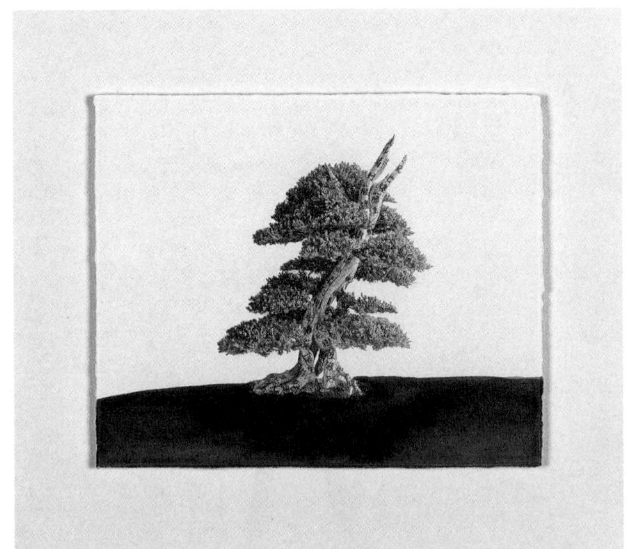

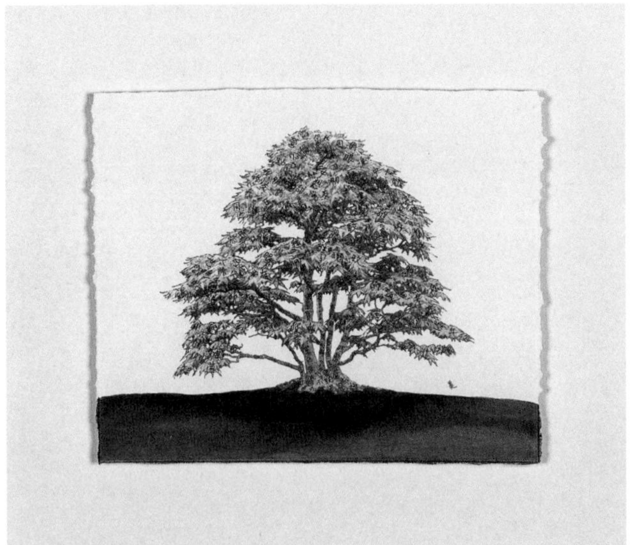

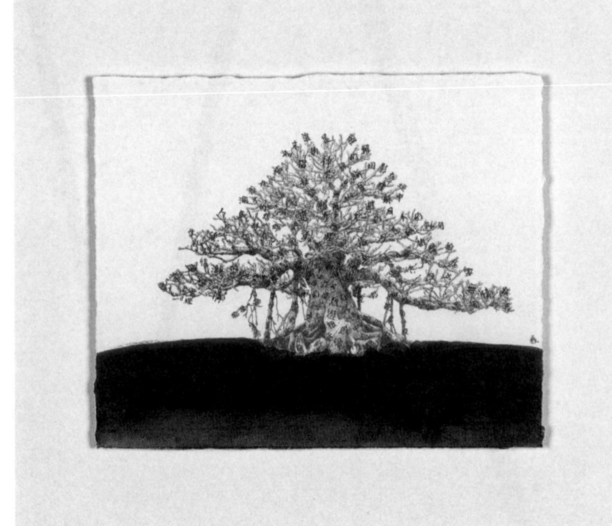

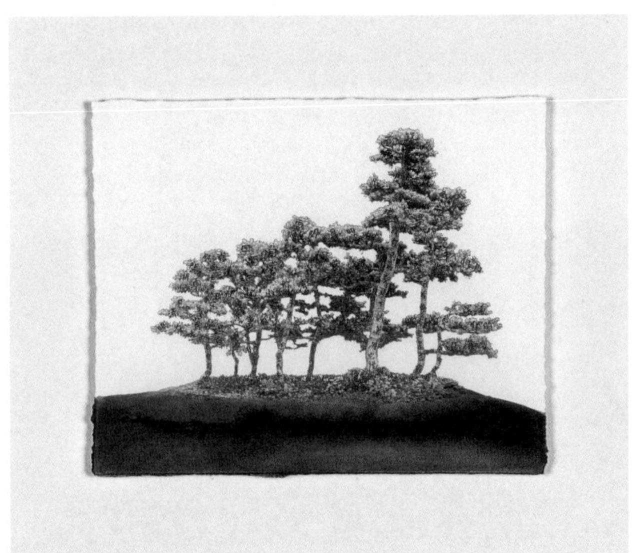

Xiao Yu

Interview: Li Qi

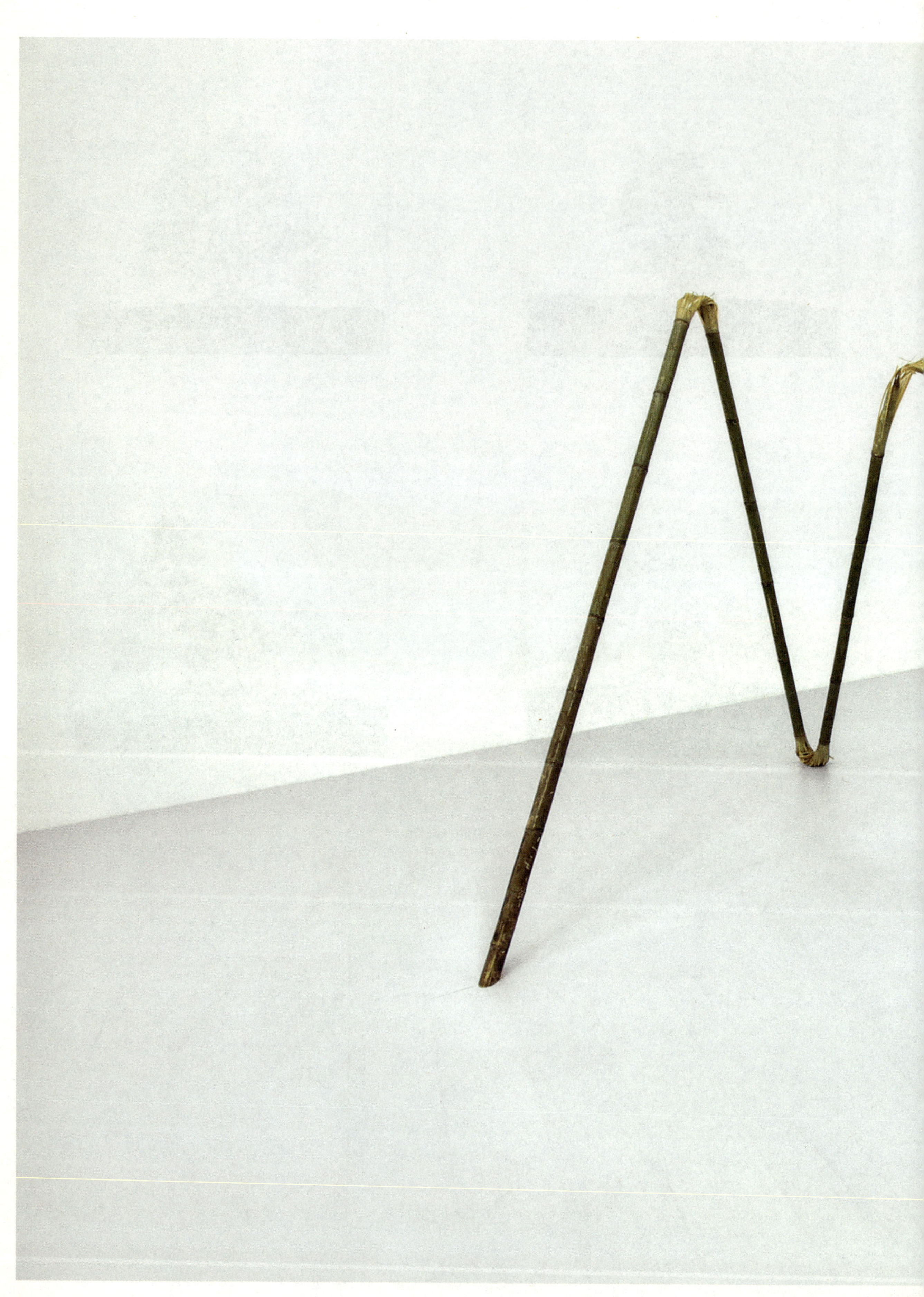

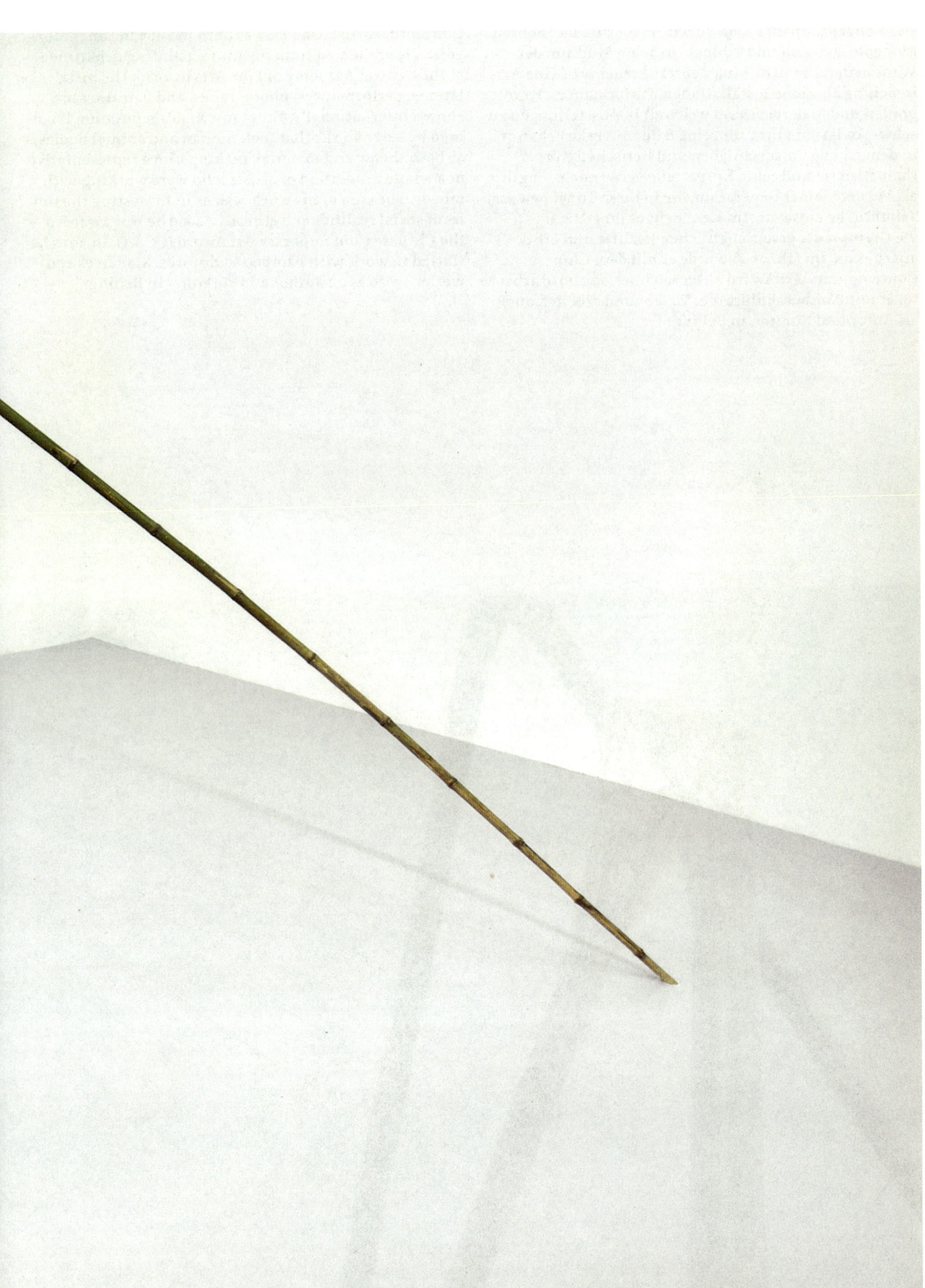

Xiao Yu, *Bamboo No. 5* (Detail / detail), 2010

Der Konzeptkünstler Xiao Yu wurde 1965 in der Inneren Mongolei geboren und schloss 1989 sein Studium der Wandmalerei an der China Central Academy of Fine Arts in Beijing ab. Seine Installationen, Performances, Fotografien und Malereien sind weltweit in Ausstellungen zu sehen. Yu ist vor allem für seine frühen Werke bekannt, in denen er den menschlichen und tierischen Körper thematisierte und echte Körperteile verwendete. Er gilt als Vertreter einer Generation, die in ihrer Kunst bewusst Tabubrüche einsetzte. Im Kern geht es ihm darum, die Grenzen der gesellschaftlichen Realität und Ethik auszuloten. Im Jahr 2000 wurde er mit dem Chinese Contemporary Art Award ausgezeichnet, seit 2010 arbeitet er mit Bambusskulpturen. Yu lebt und arbeitet, auch als Autor und Kurator, in Beijing.

Conceptual artist Xiao Yu was born in 1965 in Inner Mongolia. He graduated from the mural painting department at the Central Academy of Fine Arts in 1989. His installations, performances, photographs, and paintings are shown internationally. For many, Xiao's reputation is colored by early works that took human and animal bodies as both theme and material, making him a representative of a whole generation of artists who were working with taboos. The core of his work resides in his testing the limits of social realities and ethics. In 2000 he was awarded the Chinese Contemporary Art Award (CCAA). In 2010 he started to work with bamboo sculptures. Xiao lives and works—also as an author and curator—in Beijing.

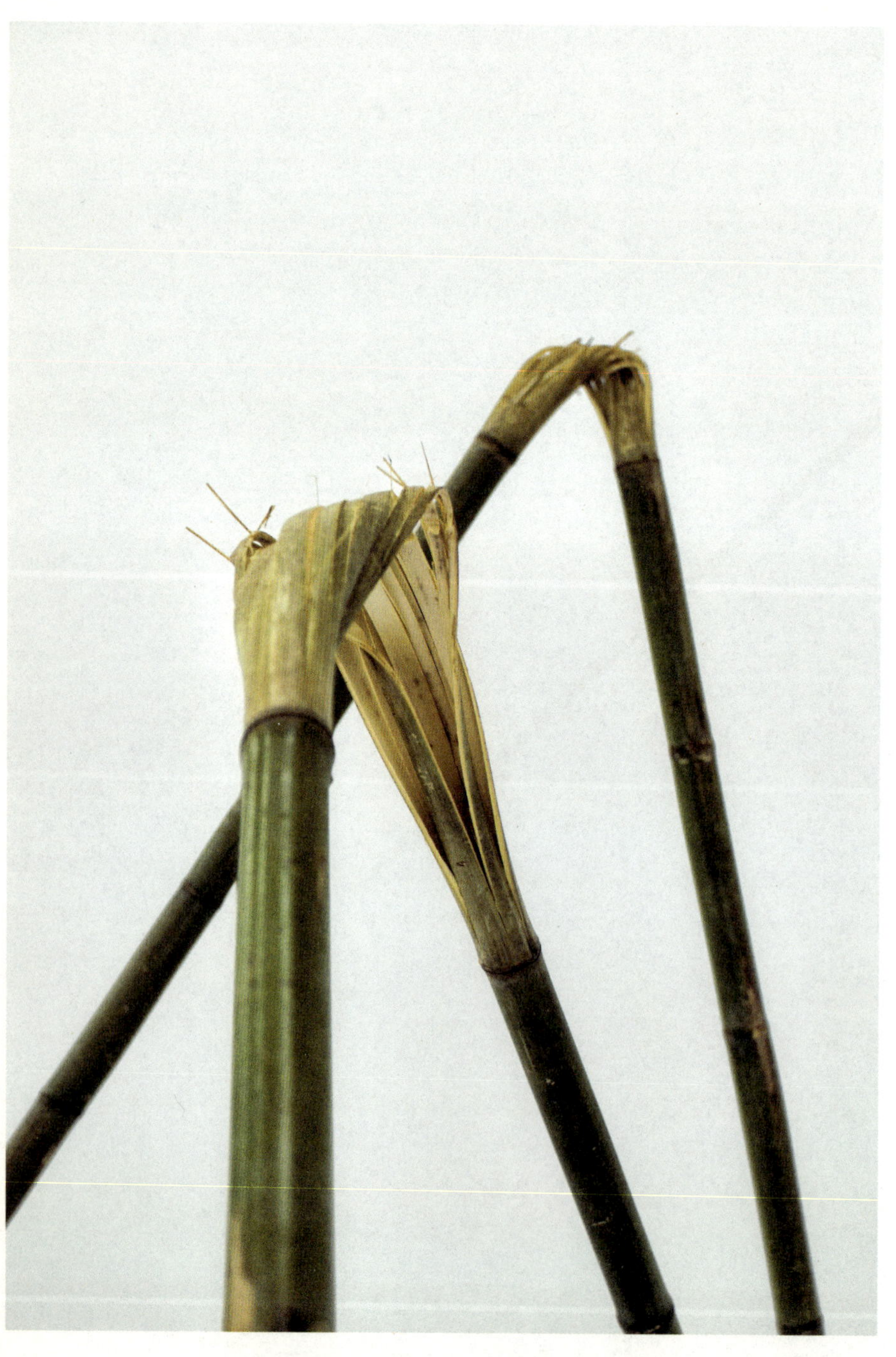

Wie ist die Skulptur Bamboo No. 5 *(2010) entstanden?*

Die Skulptur besteht aus Bambus. Ich habe ihn an drei Stellen gebrochen und zu drei Kurven gebogen – meiner Wahrnehmung des Bambus und der bestimmten Größe und Form, die ich ihm geben wollte, entsprechend. Diese drei Kurven sind das Ergebnis meiner Studien und Interpretation des Bambus als Linie.

Was ist das Besondere an diesem Material?

Viele chinesische Gelehrte haben sich in ihren Schriften auf den Bambus bezogen und er war ein sehr beliebtes Motiv in der traditionellen chinesischen Malerei und Dichtung. Sein Wachstum und seine Form dienten als Sinnbild der gesellschaftlichen Stellung und moralischen Integrität; das Interesse am Bambus spiegelte die eigene soziale Stellung wider. Seine Stärke – er verdankt sie seiner Hohlstruktur, die auch in der heutigen Mechanik eine wichtige Rolle spielt – entsprach der Einstellung chinesischer Gelehrter zum Handeln in der Gesellschaft und ihrem Bild einer starken Persönlichkeit.

Wie haben Sie die Form entworfen, die merkwürdigerweise an ein ›M‹ erinnert?

Den Bambus habe ich ausgewählt, weil ich mich für seine Form und Linie interessiere, ähnlich wie frühere chinesische Gelehrte. Diese haben ihre Persönlichkeit weiterentwickelt, indem sie sich in Dichtkunst, Kalligrafie, Malerei und im Siegelschneiden übten. Sie priesen die ›vier Edlen‹ der chinesischen Kunst – Pflaumenblüte, Orchidee, Bambus und Chrysantheme –, die zugleich eine Aufforderung an die Selbstverbesserung darstellten. Meine Arbeit ist aus dieser Tradition hervorgegangen. Durch die physische Bearbeitung des Bambus wollte ich die ihm eigene Kraft unterstreichen. Ich teile meine Erfahrungen mit der Stärke und Persönlichkeitssymbolik des Bambus mit den Betrachtern. Durch das Brechen des Bambus erhält das Publikum direkten Zugang zu dessen Geist und Stärke. Um dieses direkte Erleben durch den Betrachter zu erreichen, habe ich die Skulptur möglichst klar gehalten und alle anderen Interpretationen dieser Arbeit ausgeschlossen. Auch die Vorgehensweise war sehr direkt: das Brechen des Bambus und das Formen in einem kognitiven und ästhetischen Akt. Die Erschaffung dieser Arbeit war ein wunderbar sanftes und promptes Erlebnis, ohne Dissens oder Missverständnis, in dem ich meine eigene Wahrnehmung des Objekts vollständig zum Ausdruck bringen konnte. Kurz: Demut, Ausdauer, Stärke und Offenheit des Geistes sind die beabsichtigten Eigenschaften dieser Skulptur.

How was the sculpture Bamboo No. 5 *(2010) made?*

This sculpture was made of bamboo. I broke the bamboo into three curves, according to my recognition of bamboo, and my specific request of the size and shape. These three curves were the outcome of my study and interpretation of bamboo as a line.

What is special about the material?

Bamboo had been taken as a major reference by traditional Chinese intellectuals. The subject of bamboo was very popular among traditional Chinese painters and poets. From the growth and shape of bamboo, they sensed and abstracted the resemblance to their own social situation and moral integrity. Their interest in bamboo reflected their social stance. Bamboo's toughness is enabled by its hollow structure, which makes sense in modern mechanics, and coincided with traditional Chinese intellectuals' recognition of personality and attitude toward society.

How did you decide on the shape, which oddly resembles an M?

My choice of bamboo was based on my natural interest in its shape and line, of course, alongside the traditional custom of Chinese intellectuals. Traditional intellectuals improved themselves by practicing poetry, calligraphy, painting, and seal carving. They gave their praises to the Four Noble Ones in Chinese art—the plum blossom, orchid, bamboo, and chrysanthemum—which was also an endeavor of self-correction. My work was an outcome of this custom. I attempted to reveal its underlying power by physically processing the bamboo. I shared my experience of bamboo's tenacity and its representation of personality with viewers. By breaking the bamboo, viewers got a straightforward access to its spirit and strength. In order to provoke direct perception from viewers, I made this sculpture rather pure, ruling out any other possible interpretation of this work. The method I adapted was very straightforward as well: breaking the bamboo and rearranging it on a cognitive and aesthetic base. I enjoyed a smooth, swift experience making this piece, without any dissensus or misreading, expressing my own cognition toward the object to the maximum extent. In short, humility, perseverance, strength, and open-mindedness are the most intended qualities of this sculpture.

Ye Xianyan

Interview: Xu Sheng

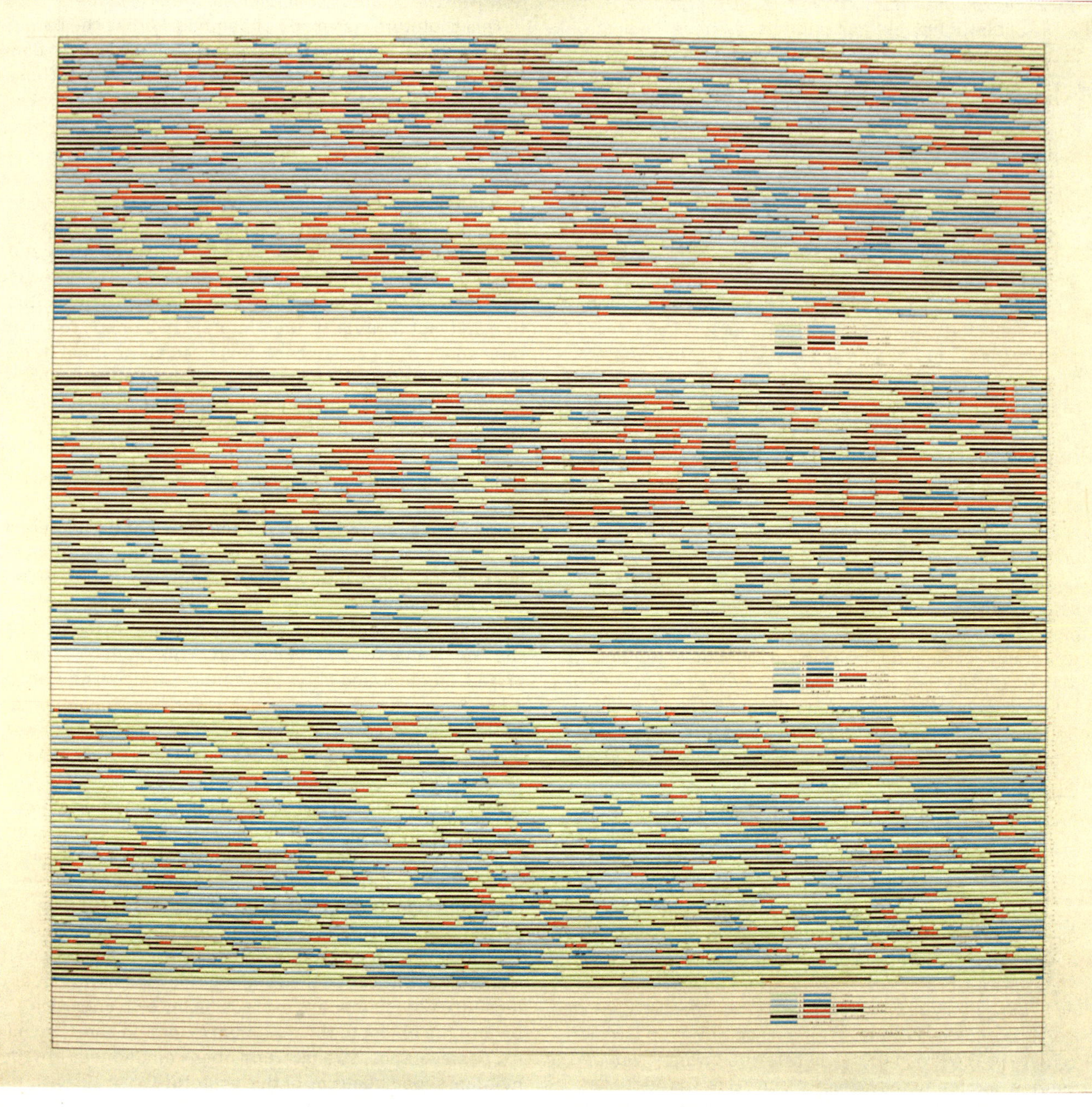

Die Malerin Ye Xianyan wurde 1985 in Chongqing geboren. Sie schloss ihr Studium im Jahr 2009 am dortigen Sichuan Fine Arts Institute ab. Ihre vier Arbeiten auf Papier sind sensible Diagramme, welche im weitesten Sinn ihre Umgebung, die Architektur und Landschaft sowie das Wetter abbilden. Ye lebt und arbeitet in Chongqing.

Wie haben Sie den Titel für Ihre abstrakte Arbeit The Great Wall *(2012) gewählt und welche Bedeutung besitzt dieser?*

Es gibt ein chinesisches Sprichwort, das besagt: »Ein Mann sollte die Große Mauer gesehen haben, um ein Mann zu sein.« Die Große Mauer ist nicht nur eine Architektur, sie ist auch ein Symbol im Herzen. Ich habe keine Ambitionen, ein Mann zu sein, aber mich hat die Ausdehnung der Mauer in Zeit und Raum angezogen. Dann hatte ich einen Traum, dass ich sie in irgendeiner Art und Weise messen müsse.

The painter Ye Xianyan was born in Chongqing in 1985. She studied at the Sichuan Fine Arts Institute, graduating in 2009. Her four works on paper are sensitive diagrams that in the broadest sense depict her environment, architecture, and landscape, as well as the weather. Ye lives and works in Chongqing.

How did you choose the title for your abstract work The Great Wall *(2012) and what does it signify?*

There is a Chinese saying that "a man should visit the Great Wall to be a man." The Great Wall is not only physical, but also a symbol in the heart. I didn't have the ambition to be a man, but I was attracted by its wide range through time and space. I then had a dream that I should measure it in some way. In 2012 I found an atlas and began my research on the Great Wall. I measured its length by

↙ Ye Xianyan, *LOG*, 2014
Ye Xianyan, *Son and a Cat*, 2013

2012 stieß ich auf einen Atlas und begann meine Forschungen zur Großen Mauer. Ich maß ihre Länge anhand detaillierter Karten in unterschiedlichen Maßstäben und stellte ihre Form durch kurze gerade Linien nach, anstatt ihre Kurven zu berücksichtigen. So ist das Werk entstanden. Der Titel kann viele Bedeutungen besitzen und lässt sich auf vielerlei Weise mit der Arbeit verbinden. Für mich sollte der Titel das Schmuckstück eines Werkes darstellen, wie eine Halskette für eine schöne Frau. Sie müssen aufeinander abgestimmt sein, ansonsten sehen sie komisch aus, egal wie schön das Schmuckstück selbst ist. In der Regel wähle ich den Titel ohne schockierende Wörter, damit er mit der Arbeit zusammenpasst.

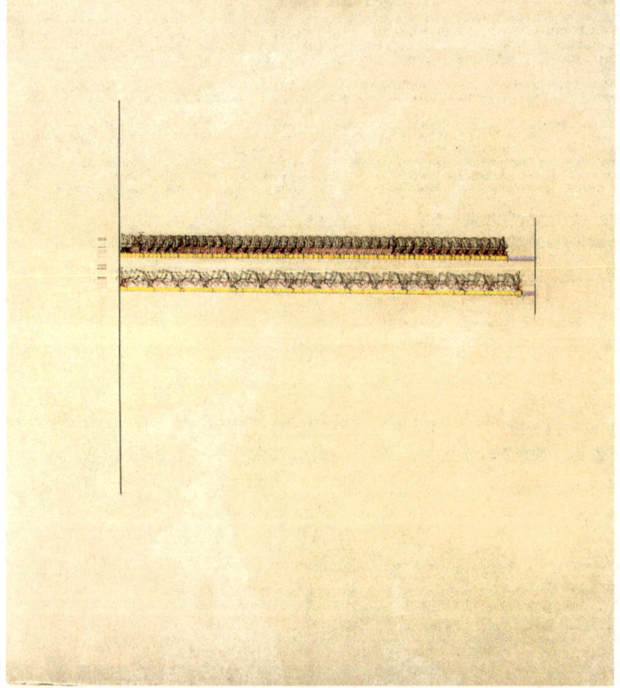

2013 schufen Sie Son and a Cat. *Auch hier verwirrt mich der Titel etwas, während die Komposition einfacher wirkt als früher. Was können Sie uns dazu sagen?*

Diese Arbeit zeigt ein Diagramm, das eine fiktive Person beschreibt. Es handelt sich um meinen künftigen Sohn. Ich habe die Angaben völlig frei erfunden, aber er wird vielleicht ein Normalbürger, ohne Existenzsorgen, der gesund aufwächst und die ideale Größe von 175 Zentimeter besitzt. Die Größe eines Menschen kann man durch folgende Formel berechnen: (Größe des Vaters + Größe der Mutter + 13) ÷ 2 ± a (7,5). Also wird er zwischen 161 und 176 Zentimeter groß. Die Katze in der Arbeit ist dagegen eine echte weiße Katze. Sie ist ungefähr acht Jahre alt und lebt bei mir und meinem Mann. Ich beobachte sie oft und weiß, wie sie reagiert. Während die Katze wirklich existiert, ist mein Sohn fiktiv. Aber ich stelle mir beide im selben Raum und in derselben Zeit vor und empfinde für beide echte Gefühle. Das ist die Grundidee hinter der Arbeit. Als sie entstand, war ich frisch verheiratet. Damals hatten wir kein Baby, jetzt bin ich schwanger.

Es scheint, als hätten sie von LOG *(2014) bis* Sunrise *(2013) mit verschiedenen Medien und Verfahren experimentiert.*

plotting scale in several detailed maps, and remade its shape by short straight lines instead of its original curves. This is how the work was done. The title can have many meanings and relate in many ways to the work. For me, the title should be the jewelry of the work, like a necklace for a beautiful woman. They should fit each other, or they'll look odd no matter how beautiful the jewelry itself is. I usually choose the title, without any shocking words, to make it go along with the work.

In 2013 you created Son and a Cat. *The title again intrigues me, while the composition looks simpler than before. What can you tell us about it?*

This work shows a diagram, which records a fictional person. It's supposed to be my future son, which I completely made up, but he will probably be a standard citizen, without existential worries, who grows up healthily and has the ideal height of 175 cm. The height of a person can be calculated by the formula: (father's height + mother's height + 13) ÷ 2 ± (7.5), so his height will be around 161–176 cm. The cat in the work, on the other hand, is a real, white cat, which is about eight years old. It lives with me and my husband. I often observe it and know its ways around. So while the cat is real, my son however is fictional, but I imagine both in the same time and space and I have real feeling for both. That's the basic idea behind the work. When I was doing the work, I was just married to my husband. At that time we didn't have a baby, and now I'm pregnant.

From LOG *(2014) to* Sunrise *(2013), it seems that you have been trying out different media and processes. How do you feel about these works, what do they mean to you?*

I like to try out different materials, because they offer more possibilities in the visual design. Its nature, material surface, its shapes, and expressive capacities give me more inspiration and open a wider range of expression. I created *LOG* during 2014. When I was young, I thought the technology of recording sound was magical. Later, digital technology became popular and the cassette was outdated, but I was still fascinated by the physical charm of the cassette. That's when I decided to make a work about the cassette and the sound. *Sunrise* was created a year before. There I tried to record the texture and the fragments of time by seconds. The red cotton lines in the work make textures. Through their "ravines" I tried to represent the flow of time.

Do you see your works as abstraction or documentation?

There is no doubt that my works seem to be abstract, even though I don't define them as abstractions. Since my visual language is based on recording a process, the abstract shapes and configurations are the consequence and result of the working procedure. Before I start a new work, I'll decide on the concept and then think it through. The process of working is the process of thinking. My visual work relies on a systematic conceptual approach. I basically work through my concept with visual forms. Sometimes I'll make mistakes, but they help me to find the right logic to represent my thoughts.

Your works in the M+ Sigg Collection are usually gray, except for some light reds. Does the color gray have a special meaning for you?

Ye Xianyan, *Sunrise*, 2013

Wie beurteilen Sie diese Arbeiten und was bedeuten sie für Sie?

Ich probiere gerne unterschiedliche Materialien aus, weil sie jeweils unterschiedliche Möglichkeiten für die visuelle Gestaltung besitzen. Ihre Beschaffenheit, ihre Oberfläche, ihre Formen und Ausdruckpotenziale liefern mir mehr Inspiration und bieten ein größeres Ausdrucksspektrum. *LOG* entstand 2014. Als Kind dachte ich, dass Tonaufnahmen etwas Magisches wären. Später wurden digitale Technologien immer beliebter und Kassetten kamen aus der Mode, der physische Charme der Kassette fasziniert mich aber immer noch. Also beschloss ich, eine Arbeit zur Kassette und zum Ton zu machen. *Sunrise* entstand ein Jahr zuvor. Darin habe ich versucht, die Textur und die Fragmente von Zeit in Sekunden festzuhalten. Die roten Baumwolllinien ergeben Texturen. Durch ihre ›Furchen‹ wollte ich den Fluss der Zeit darstellen.

For me, the color is less important in the work than its logic and order. Gray is simple and pure, so it helps to develop the thinking.

Is there anything particular about your art that a Western audience would need to know?

My works have strong relations with my personal and daily life. A Western audience doesn't need to recognize anything "Chinese" in it. I think the things I talk about are not culturally specific and can be understood by anyone.

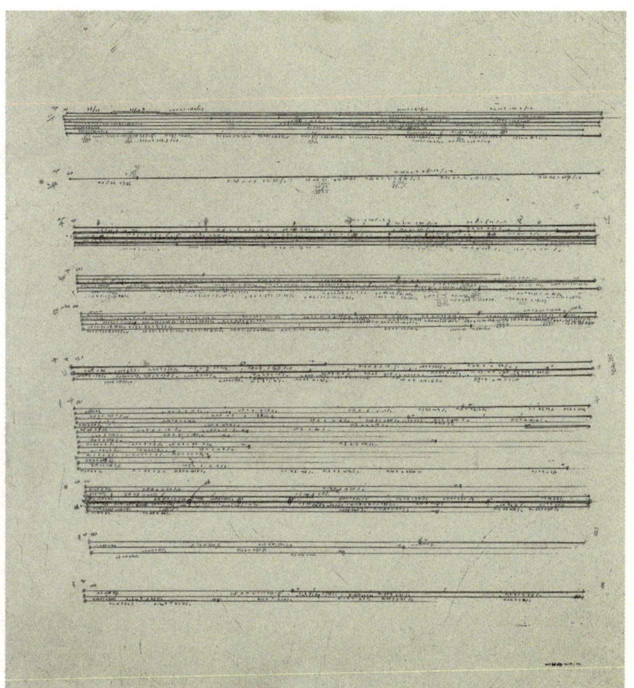

Sehen Sie Ihre Arbeiten als Abstraktion oder Dokumentation?

Meine Arbeiten scheinen zweifellos abstrakt, auch wenn ich sie nicht als Abstraktionen bezeichnen würde. Da meine visuelle Sprache auf dem Festhalten von Prozessen beruht, sind die abstrakten Formen und Konfigurationen die Folge und das Ergebnis meiner Arbeitsweise. Bevor ich eine neue Arbeit in Angriff nehme, lege ich das Konzept fest und denke es dann durch. Der Arbeitsprozess ist der Denkprozess. Meine visuelle Arbeit beruht auf einem systematischen konzeptuellen Ansatz. Im Grunde arbeite ich mein Konzept mit visuellen Formen durch. Manchmal unterlaufen mir dabei Fehler, aber sie helfen mir dabei, die richtige Logik zur Darstellung meiner Gedanken zu finden.

Ihre Arbeiten in der M+ Sigg Collection sind normalerweise in Grau gehalten, mit Ausnahme einiger heller Rottöne. Besitzt die Farbe Grau für Sie eine besondere Bedeutung?

Farbe ist für mich in einer Arbeit weniger bedeutend als deren Logik und Ordnung. Grau ist einfach und rein, das hilft, das Denken weiterzuentwickeln.

Gibt es in Ihrer Kunst irgendetwas Besonderes, das ein westliches Publikum wissen müsste?

Meine Arbeiten besitzen einen starken Bezug zu meinem persönlichen und alltäglichen Leben. Ein westliches Publikum muss darin nichts ›Chinesisches‹ entdecken. Die Dinge, die ich anspreche, sind nicht kulturspezifisch, jeder kann sie verstehen.

Zhang Jian Jun

Interview: Li Qi

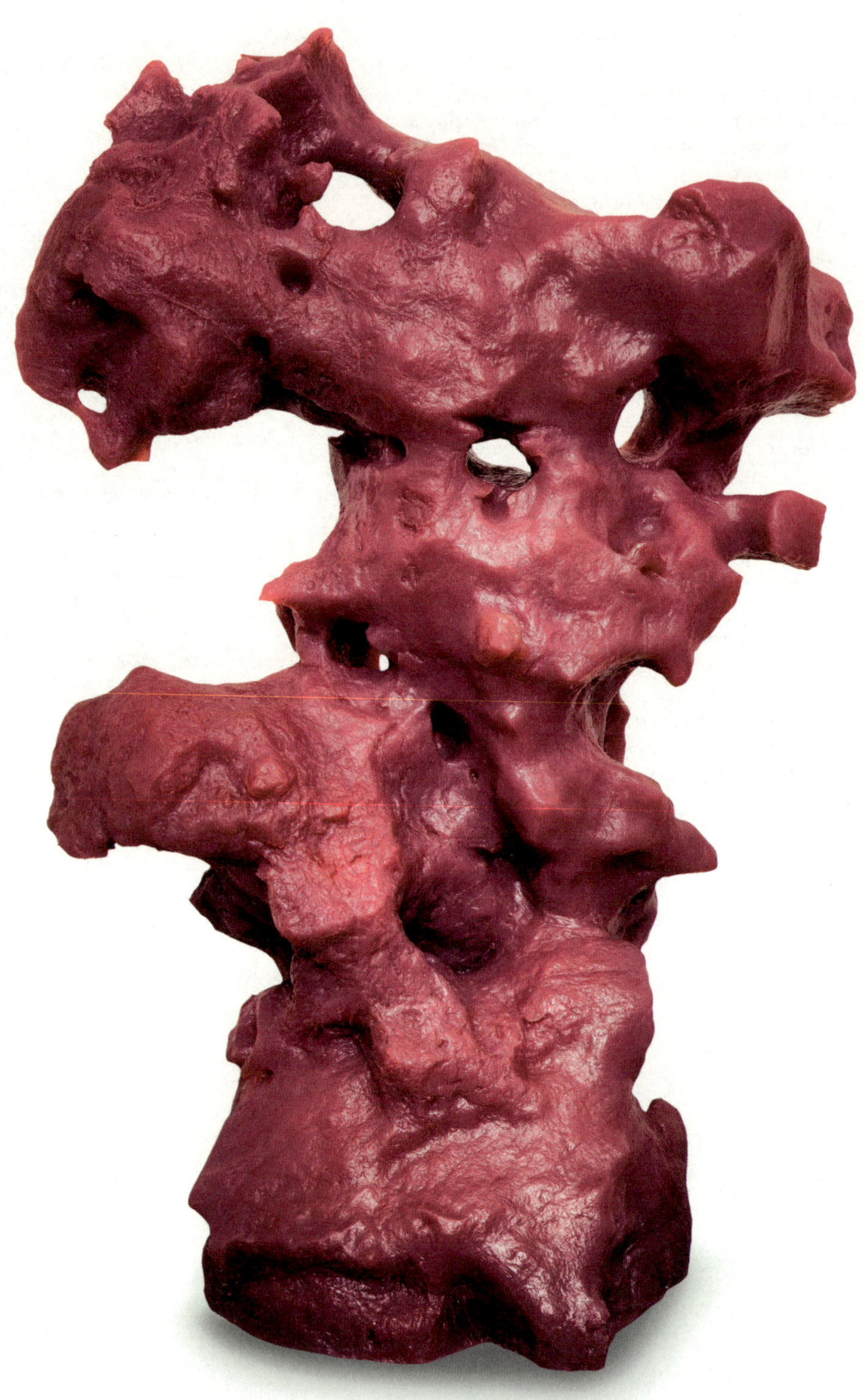

Zhang Jian Jun wurde 1955 in Shanghai geboren. Er schloss 1978 sein Studium am Fachbereich bildende Künste des Shanghai Drama Institute ab. 1987 wurde er Assistent des Direktors des Shanghai Art Museum und erhielt ein Stipendium des Asian Cultural Council für einen Aufenthalt in den USA. 1989 zog Zhang nach New York, 1997 begann seine Lehrtätigkeit an der dortigen Steinhardt School der New York University (NYU).
Aus den Erfahrungen seines Lebens in zwei Kulturen

Zhang Jian Jun was born in 1955 in Shanghai. He is an artist and professor in the department of art and art professions at New York University's (NYU) Steinhardt School and is also involved with the Shanghai Center of NYU's Shanghai campus. In 1978 Zhang graduated from the department of fine arts at the Shanghai Drama Institute. In 1987 he became an assistant to the director of the Shanghai Art Museum and received a fellowship from the Asian Cultural Council to visit the United States. Zhang

erschafft Zhang multimediale Kunstwerke, in denen er diesen einzigartigen Blick und die kulturellen Unterschiede verarbeitet. Er hat derzeit eine Professur im Department of Art and Art Professions an der Steinhardt School inne und unterrichtet außerdem an der NYU Shanghai. Seit 2007 lebt und arbeitet Zhang in New York und Shanghai.

In Mirage Garden *(2008) haben Sie ein traditionelles chinesisches Gartendekor aus einem ungewöhnlichen Material geschaffen, Silikonkautschuk. Können Sie einem westlichen Publikum erklären, welche Bedeutung der Gelehrtenstein in der chinesischen Gartengestaltung besitzt?*

Gelehrtensteine wie beispielsweise der Taihu-Stein besitzen für chinesische Intellektuelle eine ästhetische Symbolik. Ihr Material ist durchlässig und porös, zugleich sind sie schroff und schlank. Über tausend Jahre wurden sie in Gedichten als ›Stein der Geister‹ beschrieben und mit starken, mächtigen Bergen verglichen. In diesem Sinne hat sich der Taihu-Stein aus seiner literarischen Form zu einer Darstellung des menschlichen Geistes entwickelt.

Warum haben Sie für diese Plastik rosa Silikonkautschuk verwendet?

Pink war 2006 eine Modefarbe. Die ›Mode‹ bildet eine zentrale Komponente in dieser Werkserie. Der Silikonkautschuk dient als repräsentatives Material der postindustriellen Zivilisation, um den Begriff von ›Gegenwart‹ und ›Mode‹ zu verdeutlichen. Mit Silikonkautschuk lassen sich zudem sowohl die Oberflächentextur eines Taihu-Steins recht detailliert nachbilden als auch die traditionellen Eigenschaften von Form, Charakter und Symbolik in dessen zeitgenössischer Form vermitteln.

Handelt es sich um eine Hommage, eine Neuerfindung oder eine Unterwanderung chinesischer Tradition?

Es ist eine Mischung aus Hommage und Neuerfindung chinesischer Tradition, und auch ein Bild eines komplizierten Paradoxons.

Können Sie den kulturellen und persönlichen Hintergrund dieser Arbeit sowie ihre Bezüge erläutern?

Im Sommer 1989 bin ich von China nach New York gezogen. Sechs Jahre später bin ich für einen Besuch nach Shanghai zurückgekehrt. Diese Lücke von sechs Jahren bewirkte einen großen visuellen Schock. Die sozialen Umbrüche, die Bautätigkeit in den Städten, die kulturellen und ideologischen Verschiebungen, die Mischung aus Westen und Osten, das schnelle Verbinden von Altem und Neuem: All das war in dieser visuellen Erfahrung ›komprimiert‹. Die kollektive Anstrengung und der Enthusiasmus auf gesellschaftlicher Ebene hatten die Kraft von Erschaffen und Zerstören gleichzeitig geweckt. Meine Serie *Mirage Garden* behandelt dieses Phänomenon, indem Mode und Tradition in einer bizarren und beispiellosen Koexistenz zusammengeführt wurden, in der beide darum kämpften, ihre Identität zu finden. Es ist die ›soziale Landschaft‹ unserer Zeit.

moved to New York in 1989 and began teaching at NYU's Steinhardt School in 1997. Since 2007 he has been teaching at NYU's New York and Shanghai campuses. Zhang utilizes his experience living in Chinese and Western cultures to create multimedia artworks that integrate this unique outlook and negotiates cultural differences. Zhang lives and works in New York and Shanghai.

In Mirage Garden *(2008) you show a traditional Chinese garden element in an unexpected material, silicone rubber. Could you explain to a Western audience the significance of the scholar rock in the Chinese garden?*

Scholar rock garden stones, such as Taihu stone, are an aesthetic symbol for Chinese intellectuals. Visually, scholar rocks are permeable and porous, yet rugged and lean. For over a thousand years, traditional Chinese intellectuals have poeticized them as "stone of spirits," and likened them to strong, grand mountains. In this sense, Taihu stone has evolved from its literal form to a representation of the human spirit.

Why did you use pink silicone rubber for this sculpture?

Pink was a fashion trend in 2006. Fashion is a significant component in this series of sculptures. I chose silicone rubber as a representative material of postindustrial civilization to capture the notion of the present and fashion. Silicone rubber can also faithfully portray the detailed texture of a Taihu stone's surface, as well as carry its traditional shape, character, and symbolism in its contemporary form.

Is this a homage, reinvention, or subversion of Chinese tradition?

It is a composite of homage and reinvention of Chinese tradition, and also an image of a complicated paradox.

Please explain the cultural and personal background of this work and to what it refers.

In the summer of 1989 I left China for New York. Six years later, in 1995, I returned to Shanghai to visit. The six-year gap gave me a great visual shock. The social transitions; urban reconstructions; cultural and ideological shifts; the mix of West and East; the rushed complex of new and old—all were compressed into this visual experience. The collective eagerness and enthusiasm on a social scale had triggered the power of creation and demolition at the same time. My *Mirage Garden* series focuses on this phenomenon where fashion and tradition were brought together in a bizarre and unprecedented coexistence, where each struggled to find its identity at times. It is the social landscape of our time.

Spuren des Wandels / Traces of Change

Kathleen Bühler

Seit der ersten wirtschaftlichen Öffnung Chinas unter dem reformistischen Parteiführer Deng Xiaoping im Jahr 1978 erlebte China einen umwälzenden Wandel, der in der jüngeren Menschheitsgeschichte einmalig ist.[1] Nochmals verstärkt durch die ›Politik der offenen Tür‹ in den 1990er-Jahren wurde alles modernisiert, ganze Städte wie Beijing und Shanghai wurden umgestaltet und die Menschen so zu weitflächiger inländischer Migration getrieben. Im Gegenzug zum wachsenden Wohlstand, zu verbesserten Bildungs-, Arbeits- und Gesundheitsbedingungen wurden die Spuren des kommunistischen und des traditionellen China ausradiert und Familien entwurzelt.[2] Viele Kunstschaffende thematisieren diesen brutalen Umbruch in ihren Werken, wie auch die Frage, auf welche Weise sich die jüngste Geschichte im Spannungsverhältnis zwischen monopolisierter Volksparteimeinung und internationaler Öffnung darstellen lässt. Gleichzeitig wurde die chinesische Kunst in den 1990er-Jahren geprägt vom Einzug neuer Medien (Video, Fotografie, Performance), der Verwendung von ›kunstfremden‹ Materialien (Menschen- und Tierkörperteile) sowie neuen Kunstauffassungen, die sich im Begriff ›experimental art‹ niederschlugen.[3] Identitätsfragen rückten ins Zentrum und politische Kritik wurde manchmal ironisch verbrämt in der ›gaudy art‹ (so viel wie grelle Kunst) oder ätzend direkt im ›cynical realism‹ (zynischer Realismus) und ›political pop‹ (politischer Pop) geübt.[4] Die 2000er-Jahre waren weit weniger radikal und politisiert, wenngleich einige Kunstschaffende der oben genannten Richtungen im Westen nach wie vor Kapital schlagen konnten, da die chinesische Selbstkritik den Westen in seiner vermeintlichen ideologischen Überlegenheit bestätigte.[5] Dennoch stellte sich die Frage, wie sich der Alltag und die jüngste Geschichte der 2000er-Jahre in Bilder fassen lassen. Was sind die zentralen Ikonen einer Generation, die nun im fast gleichen Maße wie der Westen Zugang zu Internet und Informationen hat und zudem ebenfalls ohne große Einschränkungen reisen kann?

Bereits 1996 prognostizierte Hal Foster in seinem einflussreichen Buch *The Return of the Real* »das Ende der Avantgarde« im Westen und beschrieb in der Gegenwartskunst eine starke Tendenz weg von medienspezifischen Fragestellungen hin zu aktuellen politischen oder gesellschaftsbezogenen Debatten, in welchen Künstlerinnen und Künstler vermehrt wie Anthropologen oder Ethnografen agieren.[6] Während im Westen diese Optik meistens auf das kulturell, sozial oder ethnisch ›andere‹ angewendet wird, richten viele chinesische Künstlerinnen und Künstler ihren Blick auf die eigene Geschichte und ihre tägliche, durch den rasanten Wandel undurchdringlich gewordene Realität.

So untersuchte Song Ta die Stadtverwaltung seiner Heimatstadt Leizhou und interviewte alle Arbeiter im öffentlichen Dienst. Mithilfe von 692 Zeichnungen schafft er auf diese Weise ein Porträt des anonymen Apparats. Ding Xinhua hin-

Since China's first economic opening under the reformist party leader Deng Xiaoping in 1978, the country has experienced a revolutionary change unlike any other in recent human history.[1] Strengthened once more as the result of the "open-door policy" of the 1990s, everything was modernized, and entire cities, such as Beijing and Shanghai, were transformed, forcing people into widespread domestic migration. As a countermove to growing prosperity and improved educational, working, and health conditions, the traces of Communist and traditional China were erased and families uprooted.[2] Many artists address this brutal upheaval in their work, as well as the question concerning the way in which recent history can be represented in the relationship of tension between monopolized People's Party opinion and international openness. At the same time, in the 1990s Chinese art was influenced by the introduction of new media (video, photography, performance), the use of materials alien to art (parts of human and animal bodies), as well as new notions of art that found expression in the term *experimental art*.[3] Focus was placed on questions of identity, and political criticism was occasionally ironically veiled in Gaudy Art or caustically practiced directly in Cynical Realism and Political Pop.[4] The 2000s were far less radical and politicized, although several artists of the movements mentioned were able to capitalize in the West, as Chinese self-criticism confirmed the West in its ostensible ideological superiority.[5] The question was nevertheless raised as to how everyday life and the recent history of the 2000s could be captured in pictures. What are the main icons of a generation that now has access to the Internet and to information to nearly the same extent as the West, and can furthermore likewise travel without any major limitations?

As early as 1996, Hal Foster predicted in his influential book *The Return of the Real*, "the end of the avant-garde" in the West and described a strong tendency in contemporary art away from media-specific issues and toward political or societal debates in which artists increasingly operate as anthropologists or ethnographers.[6] While in the West this perspective is most often applied to the cultural, social, or ethnic "Other," many Chinese artists direct their gaze toward their own history and their day-to-day reality, which has become impenetrable as a result of the rapid change.

Song Ta, for example, examined the municipal administration of his hometown of Leizhou and interviewed all of the public service employees. In this way, with the aid of 692 drawings he creates a portrait of the anonymous apparatus. By contrast, Ding Xinhua captures his everyday life in snapshots on which he draws little monsters. *Crazy City* is the fitting title for a city that presents itself to the artist as a mysterious and inscrutable creature. The por-

[1] Vgl. Tobias ten Brink, *Chinas Kapitalismus. Entstehung, Verlauf, Paradoxien*, Frankfurt am Main 2013, insbesondere S. 311–338.

[2] Vgl. Henry Kissinger, Fareed Zakaria u. a., *Wird China das 21. Jahrhundert beherrschen? Eine Debatte*, München 2012.

[3] Britta Erickson, »The Reception in the West of Experimental Mainland Chinese Art of the 1990s« [2002], in: Wu Hung (Hrsg.), *Contemporary Chinese Art. Primary Documents*, New York und Durham 2010, S. 357–362.

[4] Zu einer detaillierten Darstellung der künstlerischen Entwicklung seit den 1990er-Jahren, vgl. Hung 2010 (wie Anm. 3), S. 152–379.

[5] Als kritische Stimme dazu vgl. Wang Lin, »Oliva Is Not the Savior of Chinese Art« [1993], in: Hung 2010 (wie Anm. 3), S. 366–371.

[6] Hal Foster, *The Return of the Real. The Avant-Garde at the End of the Century*, Cambridge (MA) und London 1996, S. xi, xii, 172.

gegen hält seinen Alltag auf Schnappschussfotografien fest, in die er kleine Monster hineinzeichnet. *Crazy City* ist der passende Titel für die Stadt, die sich dem Künstler als geheimnisvolles und abgründiges Wesen präsentiert. Eine Dokumentation des Machtapparates auf dörflichem Niveau sind die Porträts der magistralen Büros von Qu Yan. Er untersucht die Inszenierung der Machtinsignien in den abgelegenen Dörfern der Provinz Shanxi. Der monumentale Umbruch in China wird vor allem anhand der zeitgenössischen Architektur gut sichtbar, so fotografierte Shi Guorui mithilfe gigantischer Camerae obscurae das ›Vogelnest‹-Stadion und den Fernsehturm des Central China Television in Beijing. Shen Xuezhe hielt das Grenzland zum feindlichen Nordkorea am Fluss Tumen in düsteren Bildern fest und Zeng Han dokumentierte die jüngsten Bausünden in den Vergnügungsparks und neuen Wohnquartieren des provinziellen China. Städtische Monumente im Minimalformat versammelt Chu Yun und offenbart damit die Inhaltslosigkeit des rasanten Fortschritts, ebenso wie Wang Wei mit Hinweistafeln allgemein die Richtungslosigkeit der Entwicklung thematisiert.

Wie mit dem chinesischen kulturellen Erbe umgegangen wird, führt Ai Weiwei in seiner Installation *Fragments* aus dem Holz ehemaliger Tempelbauten vor und Mao Tongqiang mit 1300 veralteten ländlichen Besitzurkunden. Li Songsong malt die Absturzstelle eines Flugzeugs im mongolischen Undurkhan, wo der Politiker Lin Biao, früherer enger Weggefährte und designierter Nachfolger Mao Zedongs, 1969 ums Leben kam, während Chow Chun Fai den unbedachten Moment festhielt, in dem der spätere Bürgermeister von Hongkong, Leung Chun-Ying, vor laufender Kamera das Massaker am Platz des Himmlischen Friedens als »chinesische Tragödie« anerkannte. Jing Kewen imitiert Propagandabilder im Stil des sozialistischen Realismus und Cao Kai kompiliert historische Filmaufnahmen, während Künstler wie Zhao Bandi, Wang Qingsong, Sun Yuan und Peng Yu, Chen Wei, Song Dong, Cao Fei oder Chi Lei manchmal melancholische, manchmal beißende Allegorien auf die Gegenwart schaffen. Chen Chieh-Jen rekonstruiert in seiner sorgfältig gefilmten Folterszene eine Fotografie, welche den französischen Philosophen Georges Bataille zu einer Abhandlung über Gewalt inspirierte, während He Xiangyu mit seinem lakonischen Ganzkörperporträt von Ai Weiwei sowie einem aus Handschuhleder genähten Panzer die bedrohlichen Seiten des chinesischen Machtapparats vor Augen führt. Hu Xiangqian persifliert das politische System, indem er eine nicht ganz ernst gemeinte Kampagne für das Amt des Bürgermeister in Guangdong durchführt, während Li Songhua seinen vierjährigen Sohn die Versprechen, welche der ehemalige chinesische Präsident Hu Jintao 2005 auf dem Fortune Global Forum in Beijing gab, nachsprechen lässt und sie damit derjenigen Generation, welche am stärksten von der Rede betroffen sein wird, in den Mund legt.

traits of magisterial offices by Qu Yan are a documentation of the apparatus of power at the village level. He examines the staging of insignias of power in remote villages in the province of Shanxi. The monumental upheaval in China becomes clearly visible above all on the basis of contemporary architecture: with the aid of gigantic camera obscurae, Shi Guorui took pictures of the Bird's Nest stadium and Central China Television's TV tower in Beijing. Shen Xuezhe captured the frontier to enemy North Korea at the Tumen River in dismal images, and Zeng Han documented the most recent architectural eyesores in the amusement parks and new residential districts in provincial China. Chu Yun collects urban monuments in miniature format, revealing the emptiness of rapid progress, just as Wang Wei addresses the lack of direction of development in general with signs.

In his installation *Fragments,* made of the wood of former temple buildings, Ai Weiwei demonstrates how China's cultural legacy is dealt with, as does Mao Tongqiang with 1,300 outdated rural deeds of ownership. Li Songsong paints the crash site of an airplane in the Mongolian town of Undurkhan, where the politician Lin Biao, a one-time comrade and designated successor to Mao Zedong, lost his life, while Chow Chun Fai captures the unguarded moment in which Hong Kong's future mayor, Leung Chun-ying, acknowledged the massacre at Tiananmen Square as a "Chinese tragedy." Jing Kewen imitates propaganda images in the style of Socialist Realism, and Cao Kai compiles historical footage, while artists such as Zhao Bandi, Wang Qingsong, Sun Yuan and Peng Yu, Chen Wei, Song Dong, Cao Fei, or Chi Lei create sometimes melancholy, sometimes biting allegories of the world today. In his carefully shot torture scene, Chen Chieh-Jen reconstructs a photograph that inspired the French philosopher Georges Bataille to write a treatise on violence, while He Xiangyu brings home the threatening sides of the Chinese power apparatus with his laconic full-body portrait of Ai Weiwei as well as a tank sewn out of glove leather. Hu Xiangqian satirizes the political system by carrying out a tongue-in-cheek campaign for the office of mayor in Guangdong, while Li Songhua has his four-year-old son repeat the promise made by the former Chinese president Hu Jintao at the Fortune Global Forum in Beijing in 2005, and in doing so puts the words into the mouth of the generation most strongly affected by the speech.

[1] See Tobias ten Brink, *Chinas Kapitalismus: Entstehung, Verlauf, Paradoxien* (Frankfurt am Main, 2013), esp. pp. 311–338.

[2] See Henry Kissinger et al., *Does the Twenty-First Century Belong to China?* (Toronto, 2011).

[3] Britta Erickson, "The Reception in the West of Experimental Mainland Chinese Art of the 1990s" [2002], in *Contemporary Chinese Art: Primary Documents*, ed. Wu Hung (New York and Durham, NC, 2010), pp. 357–362.

[4] For a detailed portrayal of artistic development since the 1990s, see Wu Hung 2010 (see note 3), pp. 152–379.

[5] For a critical take on this, see Wang Lin, "Oliva Is Not the Savior of Chinese Art," [1993], in Wu Hung 2010 (see note 3), pp. 366–371.

[6] Hal Foster, *The Return of the Real: The Avant-Garde at the End of the Century* (Cambridge, MA, and London, 1996), pp. xi, xii, 172.

Ai Weiwei

Interview: Nataline Colonnello

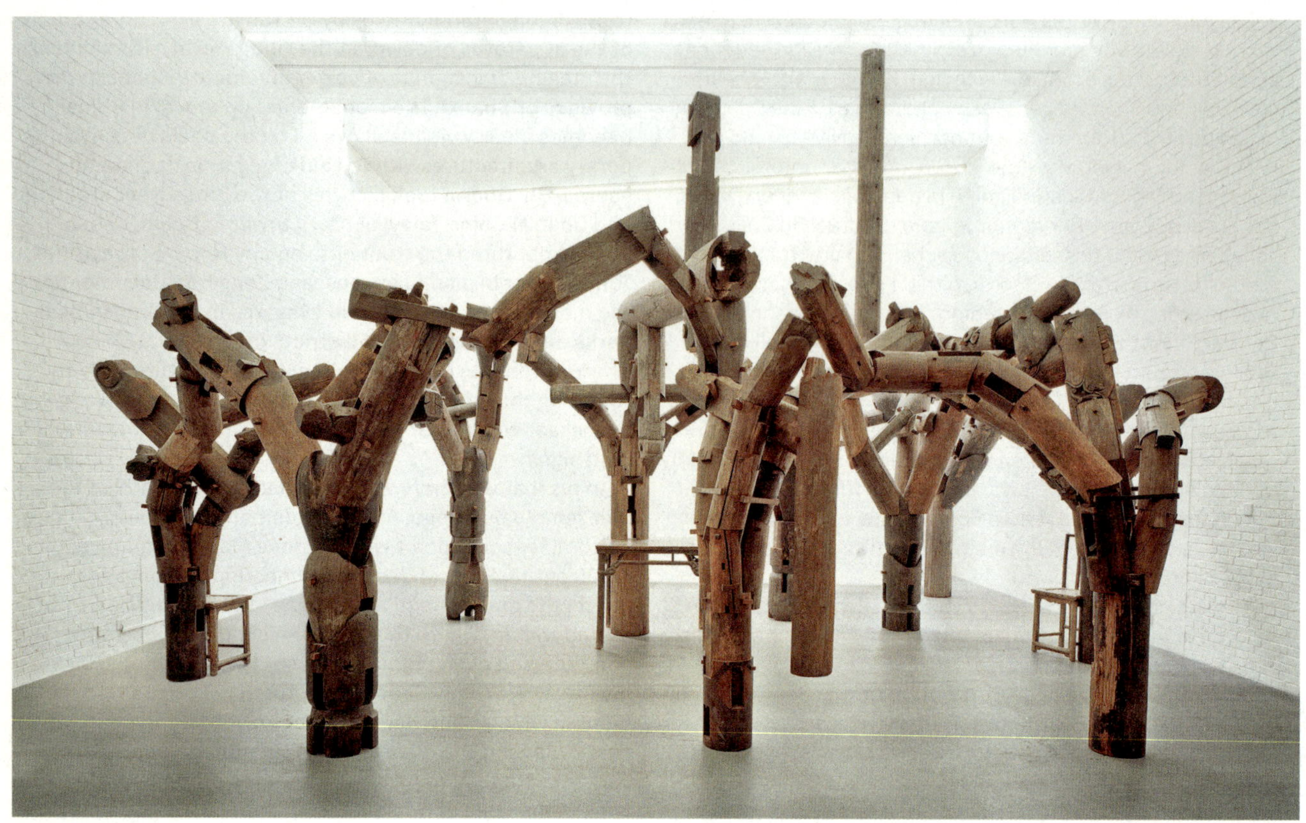

Ai Weiwei wurde 1957 in Beijing als Sohn eines dissidenten Schriftstellers geboren. Zunächst besuchte er die Beijing Film Academy (Abteilung für Animation), 1978 war er Mitbegründer der frühen avantgardistischen Künstlervereinigung Stars Group. Von 1981 bis 1993 lebte er in New York, besuchte zeitweilig die dortige Parsons School of Design und war Mitglied der Art Students League of New York. Inspiriert von Marcel Duchamp, Andy Warhol und Jasper Johns begann er, konzeptuell zu arbeiten und modifizierte bereits existierende Readymades, bevor er nach China zurückkehrte, wo er als Künstler, Architekt, Kurator und politischer Aktivist wirkte. Während er einerseits an prestigeträchtigen nationalen Objekten wie dem Bau des Nationalstadions in Beijing, dem sogenannten Vogelnest, beteiligt war, kritisierte er auch immer wieder die chinesische Regierung, wurde verhaftet und unter Hausarrest gestellt. Seit seiner Freilassung 2015 lebt und arbeitet Ai in Beijing und Berlin.

Die Installation Fragments *(2005) hängt mit Architektur, Urbanisierung, chinesischer Kultur, Tradition und Zeitgenossenschaft zusammen. Sie umfasst ein breites Spektrum an Themen, die mit Chinas eigentümlicher historischer, soziopolitischer und wirtschaftlicher Entwicklung zu tun haben.*

Ja, sie führt einen einzigartigen Dialog mit den derzeitigen Bedingungen in Beijing. Bei dem Holz, das ich für meine Installation verwendet habe, handelt es sich um Fragmente von Pfeilern und Balken von mehrere Hundert Jahre alten demontierten Tempeln, die ursprünglich im Süden Chinas standen. Ich habe diese Architekturbestandteile von einem Möbelhändler erworben. Sie sollten ursprünglich zu Möbelstücken weiterverarbeitet werden. Sie sind aus

Ai Weiwei was born in Beijing in 1957 to a dissident writer. He initially attended the Beijing Film Academy (department of animation), and in 1978 he cofounded the early avant-garde Star group of artists. He lived in New York from 1981 to 1993, temporarily attended the Parsons School of Design, and was a member of the Art Students League of New York. Inspired by Marcel Duchamp, Andy Warhol, and Jasper Johns, he began to work conceptually and modified existing ready-made objects before returning to China, where he was active as an artist, architect, curator, and political activist. Participating in prestigious national objects such as the construction of the Beijing National Stadium, the Bird's Nest, he also repeatedly criticizes the Chinese government, was taken into custody, and placed under house arrest. Following his release in 2015, he lives and works in Beijing and Berlin.

The installation Fragments *(2005) is associated with architecture, urbanization, Chinese culture, tradition, and contemporaneity. It covers a broad spectrum of topics linked to China's peculiar historical, sociopolitical, and economic development.*

Yes, they have a unique dialogue with Beijing's current conditions; the wood I employed for my installation is fragments of pillars and beams from hundreds-of-years-old dismantled temples originally located in the south of China. I bought these architectural components from a furniture dealer, they were originally intended to be recycled for furniture making. They are of an incredibly hard, weighty wood called ironwood (tieli). These pillars and beams were moved piece by piece from Guangdong Province to Beijing. Of course, many smaller pieces were left over from my pre-

einem unglaublich harten, schweren Holz, das als Eisenholz (›Tielimu‹) bezeichnet wird. Diese Pfeiler und Balken wurden Stück für Stück aus der Provinz Guangdong nach Beijing gebracht. Natürlich waren von meinen früheren Skulpturen viele kleinere Stücke übrig, sodass ich die verbleibenden Fragmente in dieser neuen Installation verwendet habe. Ich gab meinen Assistenten nur sehr vage Anweisungen: »Alle diese Teile müssen wieder miteinander verbunden werden.« Es war ein ziemlich schwammiges Programm, und acht meiner Zimmerleute haben unabhängig voneinander ein halbes Jahr lang gearbeitet, um die Installation in den jetzigen Zustand zu bringen. Dieses Werk hat vor mehr als hundert Jahren begonnen und ich glaube, es ist immer noch nicht komplett realisiert; es bleibt einfach in diesem Zustand. *Fragments* wurde nicht so sehr von mir gestaltet, vielmehr von den Zimmerleuten, die seit acht Jahren mit mir zusammenarbeiten. Sie haben sich überlegt, was ich wohl mit diesen zuvor unbenutzten Holzstücken hätte machen wollen, und das Ergebnis ist interessanter als das, was ich selbst gestaltet hätte; ich habe es ganz bewusst offengelassen, frei von zeitgenössischen Vorstellungen von Skulptur und Installation, ich habe den Zimmerleuten die Entscheidung überlassen. Als ich sie gefragt habe, was sie machen würden, haben sie mir geantwortet, dass sie einen Drachen machen würden. Ich habe mir gedacht: »Drachen interessieren mich eigentlich nicht so sehr.« Erst später habe ich festgestellt, dass sie ihn nach bestimmten verborgenen Regeln gemacht haben, wobei alle elf Pfosten des Gebildes an den Grenzen einer imaginären Chinakarte aufgestellt wurden. Es ist nicht offensichtlich, aber sie haben darauf beharrt, dass man das sehen kann, wenn man die Installation von oben betrachtet. Ich kann es mir nicht wirklich vorstellen, aber ich vertraue darauf, dass sie sehr präzise gearbeitet haben; sie haben eine große Karte gezeichnet und die elf Pfosten auf der Umrisslinie platziert. So wurde das Ganze in meinem Atelier neu zusammengebaut. Ich finde es sehr ironisch, dass mich die Zimmerleute, als sie versucht haben, vorherzusagen, was ich für passend halten könnte, von jeglicher künstlerischer Urteilskraft entbunden haben. Auf diese Weise war ich imstande, ihr unabhängiges Denken wertzuschätzen.

Fragments *sieht wie ein Resümee aus, eine Summe all der Werke, die Sie in der Vergangenheit mit Möbeln geschaffen haben, eine realisierte Installation, zu der Ihre Zimmerleute aktiver beigetragen haben, nicht nur mit ihrer manuellen Arbeit, sondern auch konzeptuell. Sie haben so viele Jahre lang alle Phasen Ihrer Werke verfolgt und sind so versiert in der traditionellen chinesischen Zimmermannstechnik. Sie wissen, wie man spezifische Probleme löst und mit dem Material umgeht, bei dem es sich normalerweise um Tieli-Holz und/oder alte Möbel handelt.* Fragments *ist ein architektonisches Meisterwerk, das auf Experimenten und Strenge beruht. Auf den ersten Blick wirkt es chaotisch und verwirrend, doch tatsächlich ist es extrem komplex. Einerseits ist* Fragments *eine Ansammlung ausrangierter Teile aus Ihren früheren Werken, andererseits sind darin alle Ihre ehemaligen Holzinstallationen enthalten. Das Werk ähnelt einer prähistorischen, improvisierten Konstruktion oder einem provisorischen Bau. Es ist eine sehr starke Arbeit und sie vermittelt in ihrer Solidität paradoxerweise auch ein Gefühl von Vergänglichkeit und Ungewissheit. Sie tritt gegen die gesamte Geschichte Chinas an.*

vious sculptures, so I used the remaining fragments in this recent installation. I gave my assistants very vague instructions, I told them, "I need all those pieces reconnected." It was a rather blurry program, and eight of my carpenters worked independently for half a year to bring the installation to the present condition. This work began more than 100 years ago, and I don't think it is fully realized yet, it is just resting in this stage. *Fragments* isn't exactly my design, but that of the carpenters who have been working with me for eight years. They considered what I would have liked to do with those previously unused wooden pieces, and the result is more interesting than what I would have designed myself. Of course, there's little artistic judgment in it, and I purposely left it open, free from contemporary ideas about sculpture and installation—I left it to the carpenters to decide. When I asked them what they were doing, they told me they were making a dragon. I thought to myself "I'm not so interested in dragons." And only later discovered they made it according to some hidden rules, where all of the structure's eleven poles are placed on the borders of a imaginary map of China. It's not apparent, but they insisted that if you could look at the installation from the top you would see it. I can't really imagine it, but I trust that they are very precise; they drew a big map and lined the eleven poles on the borders. That's how it was reconstructed in my studio. I find it very ironic that when the carpenters tried to predict or guess what I might find valid, they put me at a distance from any artistic judgment. In that way I was able to appreciate their independent thinking.

Fragments *looks like a kind of résumé, a sum of past works you created with furniture, a realized installation to which your carpenters contributed more actively to, not only with manual labor, but conceptually. They have followed all the stages of your works for so many years and are so well trained in traditional Chinese carpentry techniques. They know how to solve specific problems and how to handle the materials, which is usually tieli wood and/or ancient furniture. What is amazing is how their accumulated skills and the experiences gained through dealing with various technical difficulties, and these difficulties to which they are used to coping with, all culminate in this work.* Fragments *is an architectural masterpiece based on experimentation and rigor; at first glance it appears chaotic and puzzling, but it is actually extremely complex. On the one hand,* Fragments *is a gathering of discarded parts from your previous works; on the other, it includes all of your past wood installations. It is similar to a prehistoric, makeshift construction or a temporary building; it is a very strong work, and in its solidity it also paradoxically conveys a sense of transience and uncertainty. It takes on the whole history of China.*

It's interesting that you mention that. The original temple was built according to a very moral, very aesthetic and strict order. But now the same material is rearranged in a random and temporary way, in an irrational and illogical structure. It has this big, gaping wound; you don't know whether it's alive or not. I think the same thing about the video piece. You have a nation with two thousand years of feudalism, fifty years of communism, and then thirty years of materialist capitalism. We cannot really identify its history, or even make a simple guess at what it is, that's

Es ist interessant, dass Sie das erwähnen. Der ursprüngliche Tempel wurde gemäß einer sehr moralischen, sehr ästhetischen und strengen Ordnung errichtet. Doch dasselbe Material wird nun auf eine zufällige und provisorische Weise neu arrangiert, in einem irrationalen und widersprüchlichen Gefüge. Es hat diese große, klaffende Wunde. Man weiß nicht, ob es lebt oder nicht. Über die Videoarbeit denke ich genauso. Es gibt da eine Nation mit zweitausend Jahren Feudalismus, fünfzig Jahren Kommunismus und dann dreißig Jahren materialistischem Kapitalismus. Wir können ihre Geschichte nicht wirklich identifizieren oder auch nur eine schlichte Mutmaßung anstellen, worum es sich handelt; das ist unmöglich. Die Geschichte ist immer das fehlende Teil des Puzzles, bei allem, was wir tun. Ich glaube, dass es da nur eine flüchtige Wahrheit gibt, und das ist das Fragment, diese flüchtigen Teile. Jedes Teil ist auf andere Weise verbunden, jedes ist unterschiedlich groß, und jedes weist einen anderen Winkel auf. Bei keinem von ihnen besteht ein rationales Bedürfnis, untereinander verbunden zu sein, doch zugleich ist jedes so genau und erfordert große Kunstfertigkeit, um so eindeutig, so präzise und auf sogenannte korrekte Weise gestaltet zu sein.Jedermann weiß, dass jedes architektonische Element in einem Tempel einer genauen Ordnung folgt. Die Fragmente, die ich in meiner Installation verwendet habe, stammen aus drei oder vier Tempeln, sodass alles falsch zusammengefügt ist und nicht zusammenpasst. Die Fragmente erfüllen untereinander keinen Zweck und das Gefüge als Ganzes ebenfalls nicht.

War es für Ihre Zimmerleute eine Herausforderung, das Werk herzustellen?

Ganz am Anfang musste ich auf Leiharbeitskräfte zurückgreifen und viele meiner Zimmerleute haben gekündigt, obwohl ich sie wesentlich höher bezahlt und nie gedrängt habe. Sie haben aufgegeben, weil viele von ihnen nicht wussten, welchen Zweck ihr Job erfüllt hat. Es gibt eine ganz einfache Logik hinter jeder Arbeit, nämlich die Frage: Was soll damit erreicht werden? Man muss wissen, warum der Tisch auf eine bestimmte Weise zugeschnitten wird, warum ich solch eine perfekte Ausführung benötige, warum die Patina erhalten bleiben und die Gelenkstücke verborgen und unsichtbar sein sollen. Man muss verstehen, warum es auf diese spezifische Weise neu zusammengebaut werden muss. Später hatten viele der Zimmerleute dann Spaß an der Arbeit, weil sie eine Lebenshaltung wurde. Sie fingen an, diese Vollkommenheit selbst als eine Herausforderung zu begreifen. Sobald sie etwas Interessantes geschaffen hatten, musste man ihnen nicht mehr sagen, ›warum‹. Ihr Verhältnis zu ihrer Arbeit wurde synchronisiert; wie zwei Eiskunstläufer passten sie perfekt zusammen.

Wie Sie schon sagten, stellen Sie gerne einen gewissen Abstand zwischen sich und Ihren neueren Arbeiten her. Sie haben andere Menschen mit der Weiterentwicklung von Fragments *betraut. Warum machen Sie das derzeit so?*

Mir kam der Gedanke, dass ich, um ein Werk interessanter zu finden, nicht zu sehr darin involviert sein darf. Auf diese Weise kann ich mich immer von dem Ergebnis überraschen lassen. Aus diesem Grund habe ich begonnen, mit verschiedenen Formen von Facharbeitern und Meistern in traditionellen Techniken zu arbeiten, etwa bei

impossible. History is always the missing part of the puzzle in everything we do. I think that they only have a momentary truth, that's the fragment: those momentary pieces. Each piece is joined differently, each is a different size, and each has a different angle. None of them have any rational need to be connected to one another; but at the same time, each one is precise and requires craftsmanship to be shaped so definitely, so precisely, and so-called correctly.

Everybody knows, each architectural element in a temple has a precise order. The fragments I used in my installation are from three or four different temples, so everything is wrongly connected and misfit. The fragments serve no purpose to each other, and the whole structure serves no purpose at all.

Was it a kind of challenge for your carpenters to produce it?

At the very beginning I had to resort to hired help and many of my carpenters quit, despite the fact I paid them a much higher salary and I never rushed them. They quit because many of them didn't know what their job was for. There is a very simple logic driving everybody to work: What is it all for? You need to know why the table needs to be cut in a certain way, why I need such a perfect workmanship, why the patina should be kept and hidden joints should not be showing; you have to understand why it has to be reconstructed in that particular way. Later on, many of the carpenters started to enjoy the work because it became a lifestyle, they started to make that perfection in itself a challenge. Once they created something interesting you didn't have to tell them "why," their relationship to their work became synchronized like two people ice-skating, they perfectly matched each other.

As you said, you like to set a certain distance between yourself and your recent works. You entrusted other people with the further development of Fragments. *Why is that at the moment?*

I started to think that in order to make myself feel that a work is more interesting, I needed not to be too involved in it. In this way I can always be surprised by the result. For this reason I started working with different kinds of skilled labor and traditional technical masters, for example in the ceramic and the tea pieces, which are all crafted by very qualified Chinese traditional workers. To me, it's interesting to have very loose control or no control at all, to disappear somewhere and to see how far the work can go by itself. Of course, those pieces are going to be shown in cultural industries, museums, galleries, etc., and I think that distance makes my work challenging. It provides for more possible results and sets up a new status for artworks that can be reproduced or mass-produced. They could be factory-made—but they are made for a different reason and with a different kind of control.

But there is still a firm conceptual structure within these works, the whole installation has a framework, even if it seems illogical. It questions China and its transformation.

Nobody can avoid the signatures of the time, even if you're trying to. The only difference is that these works bear their own nature as well as my initial input. Even though I contributed very definite creative input, I tried to let each work's own nature develop. A carpenter knows better about the wood, the tea-maker knows more about the tea, it's

Ai Weiwei, *Fragments* (Konstruktionszeichnung / construction plan), 2005

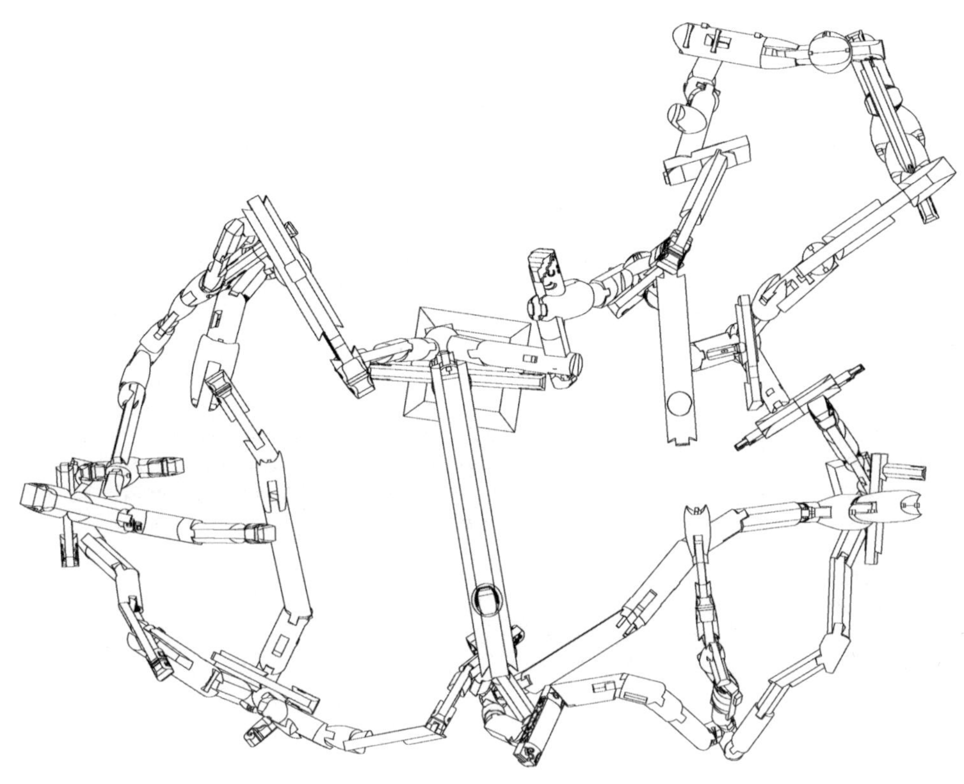

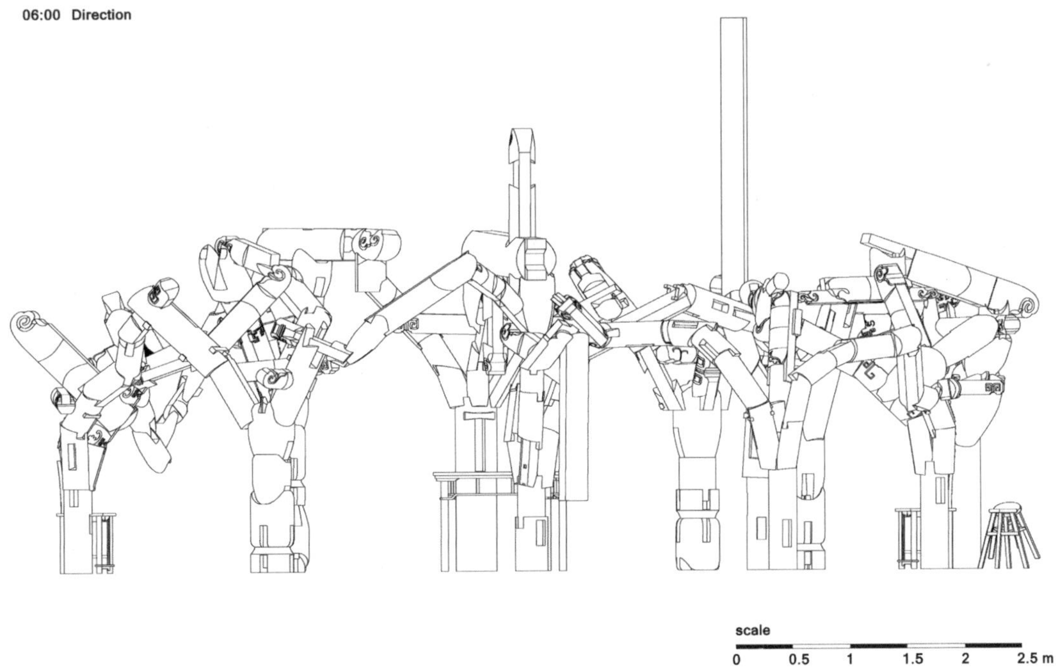

den Keramiken und Tee-Arbeiten, die alle von sehr qualifizierten, traditionellen chinesischen Arbeitern hergestellt wurden. Für mich ist es interessant, eine ganz lockere oder gar keine Kontrolle auszuüben, irgendwo zu verschwinden und zu sehen, wie weit sich das Werk von selbst entwickelt. Natürlich werden diese Werke dann an Veranstaltungsorten, Museen, Galerien und so weiter gezeigt werden, und ich glaube, dieser Abstand macht mein Werk so herausfordernd. Er sorgt dafür, dass mehr Resultate möglich sind und verleiht Kunstwerken, die sich reproduzieren oder in Massenproduktion herstellen lassen, einen neuen Status. Sie können fabrikmäßig gefertigt sein, doch sie wurden aus einem anderen Grund und mit einer anderen Art von Kontrolle hergestellt.

Trotzdem gibt es in diesen Werken noch eine klare konzeptuelle Struktur; die ganze Installation hat einen Rahmen, auch wenn sie unlogisch wirkt. Sie hinterfragt China und seine Verwandlung.

Niemand kann die Signaturen der Zeit vermeiden, selbst wenn man es versucht. Der einzige Unterschied ist der, dass es bei diesen Werken sowohl deren eigene Natur als auch meinen Input gibt. Obwohl ich einen sehr deutlichen kreativen Input beigesteuert habe, habe ich doch auch versucht, dafür zu sorgen, dass sich die eigene Natur des Werkes selbstständig entwickeln kann. Ein Zimmermann kennt sich beim Holz besser aus, der Teeproduzent weiß mehr über Tee; es ist eine kollektive Weisheit. Ich habe nur wenig Mühe darauf verwendet und das Projekt hat einen sehr starken Charakter.

Die Anordnung von Fragments *ähnelt Beijing, der sich ständig verändernden Stadt, in der Sie leben. Ich möchte Sie gerne fragen, was Sie von dieser Stadt halten?*

Wenn ich ein Soldat wäre, würde sich das Leben in Beijing so anfühlen, als würde ich ständig eine Burg oder einen riesigen Berg betrachten. Ich versuche, ihn für mich zu gewinnen, was aber unmöglich ist. Doch irgendwie ist die Stadt eher symbolisch für mich, sie ist ein großes Ungeheuer, ist gigantisch und hat ihre eigenen Gründe: politisch oder ökonomisch, Wahnsinn oder Liebe, Glück und Traurigkeit – alles zusammen. Tragödie, Geschichte, Ideologie, Dummheit und Fehlverhalten – es gibt dort alles und für mich ist Beijing ein großes, großes Ungeheuer. Ich glaube, dass wir einander, indem wir hier sind, spüren können, doch zugleich hat man, einfach indem man hier ist, auch Respekt vor der Stadt. Man kann nur mutmaßen, was passieren wird, und was immer passiert, wird einen überraschen. Das ist immer sehr interessant.

collective wisdom. I've put in a minimal effort and the project already shows a very strong character.

The setup of Fragments *resembles Beijing, the ever-changing city in which you live. What I would like to ask you is: what do you think about this city?*

If I were a soldier, life in Beijing would feel like I was always watching a castle or a giant mountain. I try to win it over, which is impossible. But, in a way, it's more symbolic to me, it's a big monster, gigantic and with its own reasons: political or economical; madness or love; happiness and sadness all together. Tragedy, history, ideology, stupidity, and wrongdoing: everything is in here, and for me Beijing is a big, big monster. I think that by being here we can feel each other, but at the same time, just by being here, you also have a respect for it. You can only guess what is going to happen, and whatever happens will always surprise you. This is always very interesting.

Cao Fei

Interview: Venus Lau

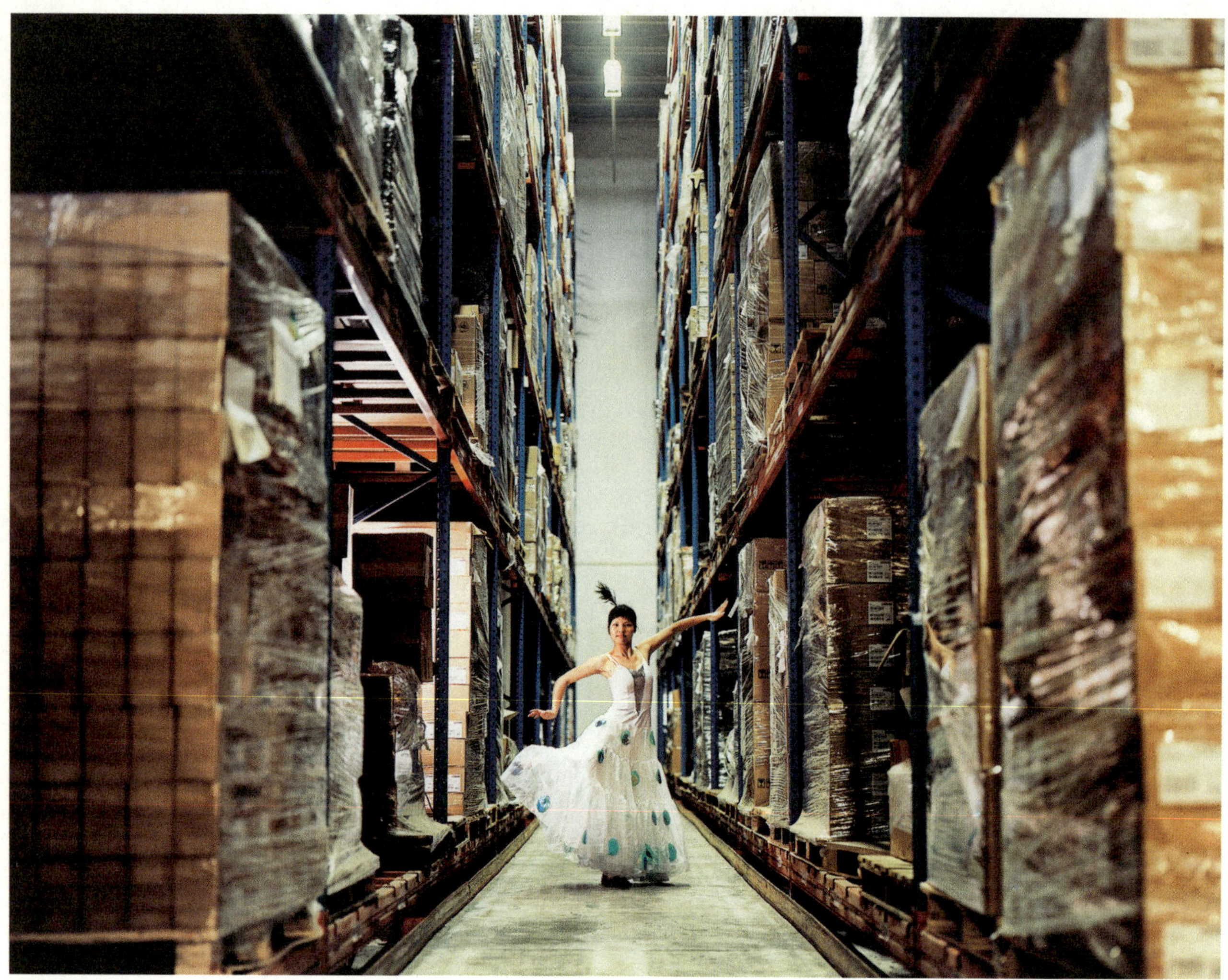

Anders als ihr Vater – Cao Chongen, ein ehemals erfolgreicher Staatsbildhauer – nimmt die Medienkünstlerin Cao Fei eine Vielzahl von Rollen ein: Filmemacherin, Drehbuchautorin, Fotografin, Komponistin, Bildhauerin und Videokünstlerin. 1978 in Guangzhou geboren, besuchte sie bis 2001 die Guangzhou Academy of Fine Arts. Cao Fei gehört zu den innovativsten und bedeutendsten Medienkünstlerinnen Chinas. Ihre Multimedia-Projekte untersuchen die verlorenen Träume ihrer Generation sowie deren Strategien der Weltflucht. In ihren Werken mischt sie sozialen Kommentar mit populärer Ästhetik, Referenzen an den Surrealismus mit dokumentarischen Bildern und reflektiert damit den umfassenden Wandel der chinesischen Gesellschaft. Cao Fei wurde 2010 für den Future Generation Art Prize und den Hugo Boss Prize nominiert. Sie bekam 2006 den Chinese Contemporary Art Award in der Kategorie »Best Young Artist«. Cao lebt und arbeitet in Beijing.

Whose Utopia? *(2006),* Haze and Fog *(2013) und* La Town *(2014) sind in extrem unterschiedlichen Landschaften angesiedelt – einer Fabrik in der Provinz Guangdong, einer Mittelschicht-Wohngegend in Beijing und einem fiktiven Ort, der auf einer zweit- oder drittrangigen Stadt in China basiert; doch allen gemeinsam ist ein dystopischer Zug. Können Sie uns etwas über den Hintergrund dieser drei Videos erzählen?*

Unlike her father—a successful state sculptor—the media artist Cao Fei assumes a variety of roles: filmmaker, screenwriter, photographer, composer, sculptor, and video artist. Born in Guangzhou in 1978, she attended the Guangzhou Academy of Fine Arts until 2001. Cao Fei is one of China's most innovative and prominent media artists. Her multimedia projects examine the lost dreams of her generation as well as their strategies for escaping reality. Her works blend social commentary with popular aesthetics, references to Surrealism with documentary images, and thus reflect the extensive transformation of Chinese society. In 2010 Cao Fei was nominated for the Future Generation Art Prize and the Hugo Boss Prize. She received the Chinese Contemporary Art Award in the category Best Young Artist in 2006. She lives and works in Beijing.

Whose Utopia? *(2006),* Haze and Fog *(2013), and* La Town *(2014) are set in in extremely different landscapes—a factory in Guangdong Province, a middle-class residential compound in Beijing, and a fictional town based on some second- or third-tier city in China—but they all share a dystopian tone. Can you tell us the background about these three videos?*

They stemmed from a multitude of emotions and feelings; they are an outcome of a displaced overlap of the

Sie gehen auf eine Vielzahl von Emotionen und Gefühlen zurück und sind das Ergebnis einer verschobenen Überschneidung der Ausdrucksweisen von Film und Popkultur. Sie sind ein Ergebnis der Interkontextualität und eines breiten Spektrums kultureller Disziplinen.

Wie haben Sie angefangen, diese Filme zu machen? Wie entwickeln Sie Ihre Filmsprache? Gab es irgendwelche Vorbilder, die die Form Ihrer Filme beeinflusst haben?

Die Filme begannen mit meinen Beobachtungen zum sozialen Raum, die von Gefühlskollisionen durchflochten sind. Die Geschichten meiner Filme sind häufig fragmentiert. Sie werden nicht auf lineare Weise erzählt, sondern handeln mehr von alltäglichen trivialen Ereignissen oder zufälligen Personen, die an uns vorüberhuschen. Die unerwartete Begegnung, die mit einem beiläufigen Blickkontakt beginnen kann, der sich dann zu Vorstellungen über einen Fremden und anschließend zu einer Begegnung mit einem zurückgelassenen Barockstuhl entwickeln kann und so weiter. Bei den Werken geht es um gesellschaftliche Beobachtungen, um den Künstler als Schriftsteller und Urheber. Sie beinhalten aber auch eine filmische Immersion und die Art und Weise, wie Menschen in Bilder eintauchen. Aufgrund seiner Schriften, und mehr noch aufgrund seiner Wahrnehmung der Welt, ist der italienische Regisseur Michelangelo Antonioni für mich so etwas wie ein kultureller Seelenverwandter. Seine Filme entfalten die visuellen Texturen und Temporalitäten, die das Publikum einladen einzutauchen. Letztlich erzählen seine Filme keine Geschichten, sondern zeigen einen magischen Winkel, um die Brechung der Welt erneut zu sehen. Ich bin eine Aussenseiterin, obwohl ich diese Identität nicht mag. Wenn ich durch das Labyrinth der Bilder navigiere, durch den Nebel der Zeit schreiten muss, dann muss ich ein Außenseiter sein und kann dann höher und weiter fliegen – wie China Tracy, mein Avatar in meinem Second-Life-Projekt *RMB City* (2007–2011). Ich kann die Welt in einem glasklaren, allgegenwärtigen Blick betrachten, da mein Körper im Computerfenster das Auge des ›Sich-Zurückziehenden‹ hat [bei Second Life kann man seinen eigenen Avatar nur sehen, wenn man den Standard-Blickwinkel verlässt, bei dem es sich um eine Ich-Perspektive handelt]. Meine Hände hinter der Kamera sind die unsichtbaren Hände, die am Schleier der Zeit herumfummeln und die Mythen zwischen Historien und Fiktionen durcheinanderbringen.

Woher stammt die Musik der Videos? Wurde sie vor oder nach der Fertigstellung der Filme produziert?

Für mich sind die Bilder die Musik, und Musik ist auch eine Erzählung. Die Beziehung zwischen Musik und Bildern ist ein interaktiver Rhythmus. Jedes Werk kann die Töne finden, die nahtlos zu ihm passen. Ich habe mit einer Reihe lokaler und internationaler Klangkünstler zusammengearbeitet: Rappern, DJs, Rockbands, Komponisten elektronischer Musik, einem Cellisten, ›Guqin‹-Spielern, Folkmusikern und so weiter. Mein Œuvre umfasst ein breites Spektrum an Musik; ich wähle die Musik oder kreiere sie von Fall zu Fall. Bevor die Musiker am Soundtrack der Filme arbeiten, zeige ich ihnen normalerweise die Drehbücher oder versuche, ihnen die jeweilige Handlung so gut es geht mit allen möglichen Details zu erklären oder ihnen Standbilder vom Anfang der Filmproduktion zu schicken,

expressive modes of film and pop cultures. They are a product of intercontexuality and a wide spectrum of cultural disciplines.

How did you start making the films? What is the process of developing your filmic language? Were there any role models who influenced the form of your films?

The films commenced with my observations on the social space that are interlaced with affective collisions. The stories of my films are often fragmented; they are not told in a linear manner, but are more about daily, trivial events or random people brushing past us. The unanticipated encounter that may start with casual eye contact, that then develops to imagining about a stranger, then to a rendezvous with an abandoned Baroque-style chair, etc. The works are about social observation, about the artist as an writer and author. It also involves cinematic immersion and how people dive into images. The Italian film director Michelangelo Antonioni is kind of my cultural soul mate for his writings—and more importantly, his perception on the world. His films unfold the visual textures and temporalities inviting the audience to immerse. In the end the films are not storytelling, but a magical angle to view again the refraction of the world. I am an outsider—although I don't like this identity. If I have to navigate through the labyrinth of images, to tread through the mist of time, I have to be an outsider, and hence I can fly higher and further—like China Tracy, my avatar in my *Second Life* project *RMB City (2007–2011)*. I can regard the world in a pellucid, omnipresent gaze as my body in the

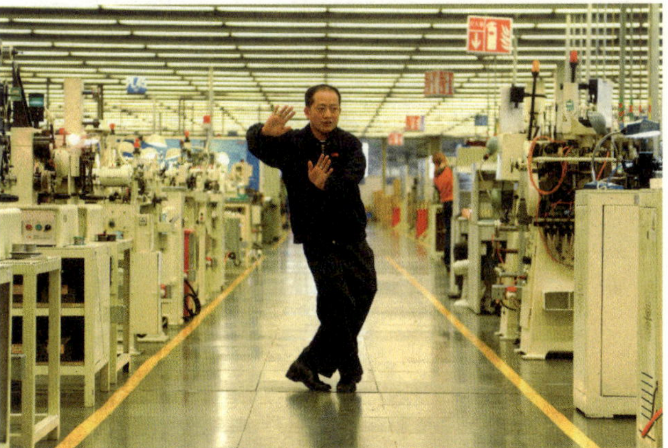

computer window bears the eye of "retreating" (in *Second Life*, you can only see your own avatar when you quit the default viewing mode, which is a first-person perspective). My hands behind the camera are the invisible hands fiddling with the haze of time, muddling the myths between histories and fictions.

Where is the music of the videos from? Were they produced prior to or after the completion of the films?

To me music are the images, and music is also a narration. The relationship between music and images is in an interactive rhythm. Every work can find the sounds that are a seamless fit to them. I have collaborated with a number of local and international sound artists: rappers, DJs, rock bands, electronic music composers, a cellist, *guqin* performers, folk musicians. . . . My oeuvre consti-

Cao Fei, *Haze and Fog*, 2013
Cao Fei, *La Town*, 2014

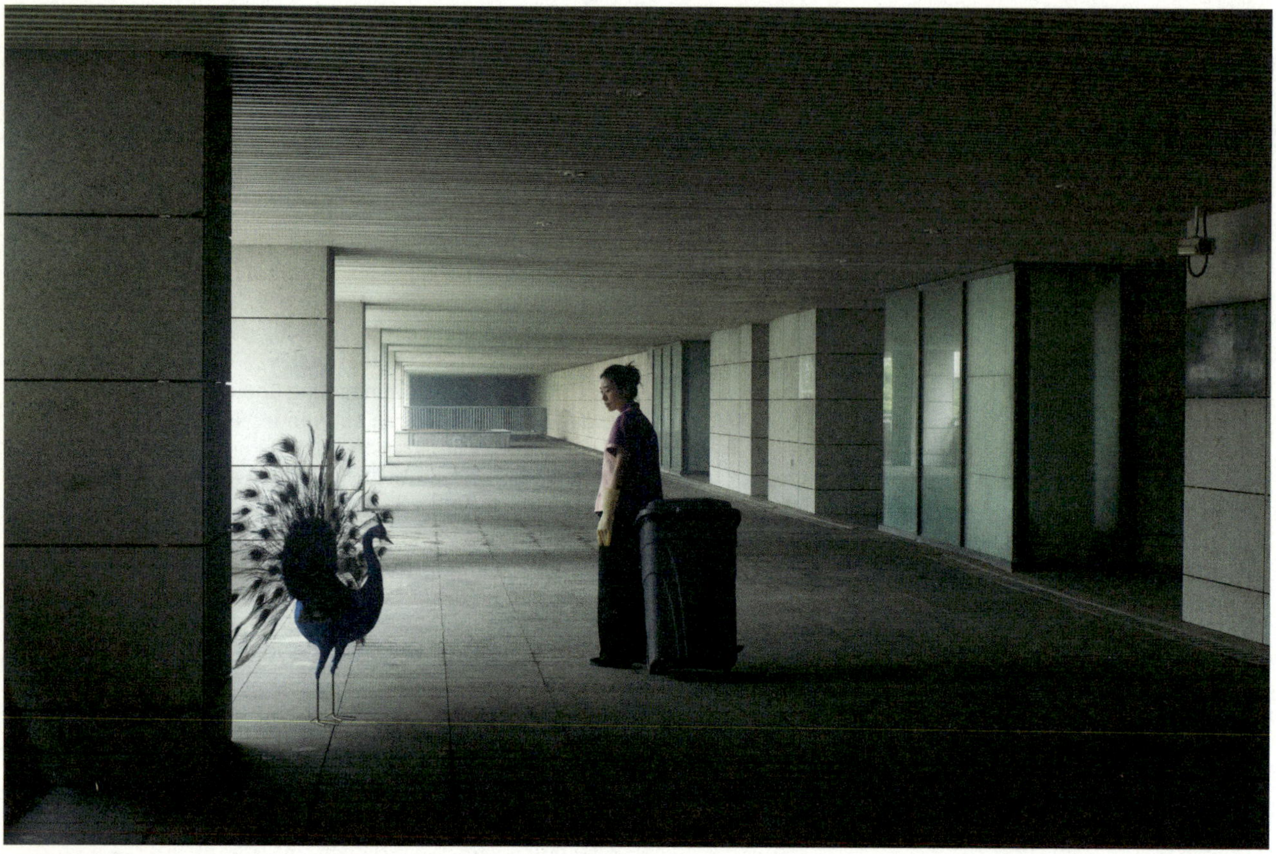

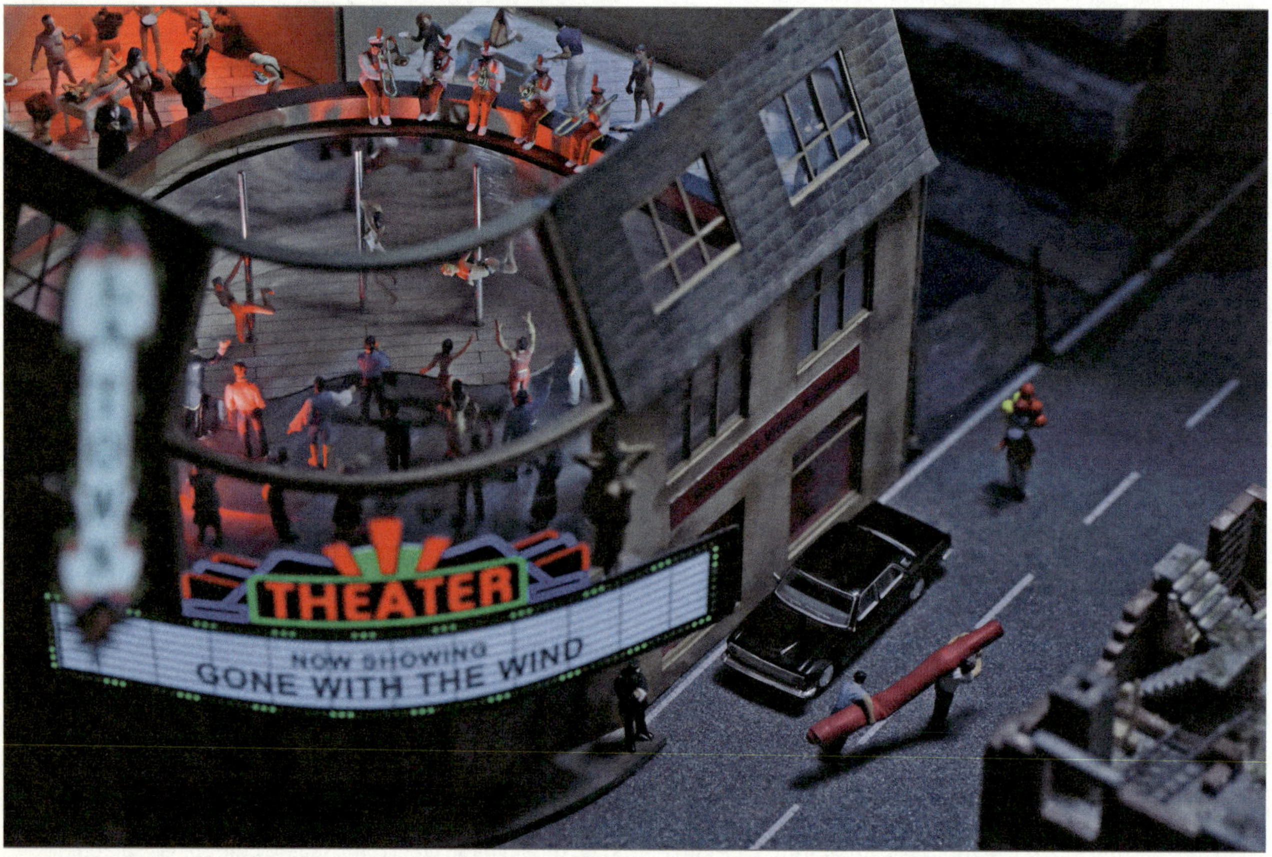

und dann beginnen wir eine lange Diskussion über den Zusammenhang zwischen den bewegten Bildern und der Musik. Das ist ein langwieriger Prozess mit ständigen Korrekturen und eine Möglichkeit, ein subtiles Gleichgewicht zu erreichen. In diesem Fall kann die Musik entweder vor oder nach dem Film fertig sein.

Gibt es in diesen Filmen einen spezifisch chinesischen Kontext?

Wenn es in diesen Filmen irgendeinen chinesischen Kontext gibt, dann würde ich sagen, dass es der Mangel an Gewissheit, Sicherheit und Empathie ist. Alle sind einander fremd und produzieren in rasanten Wellen Einsamkeit und Verstreuung.

Wann begann dieser zombiehafte, postapokalyptische tägliche Notzustand, der Ihre neuesten Filme kennzeichnet, in Ihren Werken aufzutauchen?

Ich habe 2011 mehrere Staffeln von *Walking Dead* gesehen, gefolgt von dem sogenannten Ende der Welt am 21. Dezember 2012, und 2013 begann ich mit der Arbeit an *Haze and Fog*.

tutes a broad spectrum of music: they are selected or made on a case-by-case basis. Before the musicians work on the audio part of the films, I usually show the scripts to them, or try my best to describe the plots to them with all possible details, or send them the film stills from the early stage of the filmic production, and then we will enter a long discussion about the linkage between the moving images and the music. This is a long process of ceaseless adjustments and a path to reach a subtle balance. In this case the music can be completed either before or after the film.

Is there any specific Chinese context involved in these films?

If there is any Chinese context in these films, I will say it is the lack of certainty, security, and empathy. Everyone is a stranger to each other, producing loneliness and diaspora in waves of velocity.

When did that zombie-ish, postapocalyptic, daily state of emergency which characterizes your recent films start to appear in your works?

I watched several seasons of *Walking Dead* in 2011, followed by the so-called end of the world on December 21, 2012, and in 2013 I started to make *Haze and Fog*.

Cao Kai

Interview: Li Qi

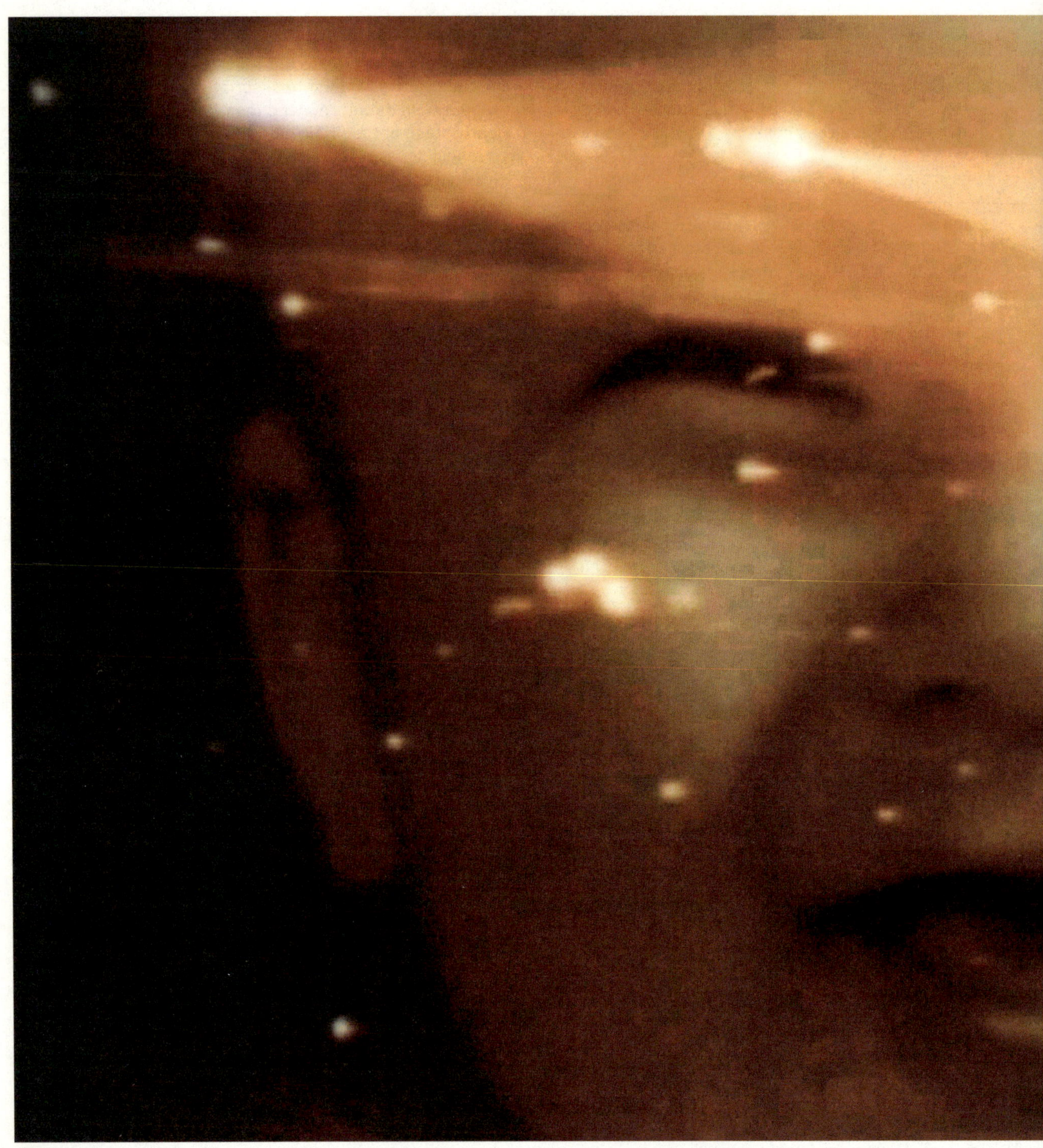

Cao Kai wurde 1969 in Changzhou (Provinz Jiangsu) geboren und schloss 1992 sein Studium an der Nanjing University of the Arts ab. Er ist neben seiner Arbeit als Künstler auch als freier Kurator tätig sowie Direktor des China Independent Film Festival (CIFF) und Direktor und Programmkurator des Asia Experimental Film and Video Art Forum (ExiN), beide in Nanjing. Seine künstlerische Praxis umfasst Experimentalfilm, Videokunst, Fotografie und Installationen. Er unterrichtet bis heute an verschiedenen Universitäten im Bereich Video und Film. Cao lebt und arbeitet in Nanjing.

Cao Kai was born in Changzhou (Jiangsu Province) in 1969 and graduated from Nanjing Arts Academy in 1992. He is an experimental filmmaker and video artist, independent curator, director of the CIFF (China Independent Film Festival in Nanjing) and director and program curator of the EXiN (Asia Experimental Film and Video Art Forum in Nanjing). He is currently based in Nanjing. His practice includes experimental film, video art, photography, and installations. He has taught extensively in universities on video and film. Cao lives and works in Nanjing.

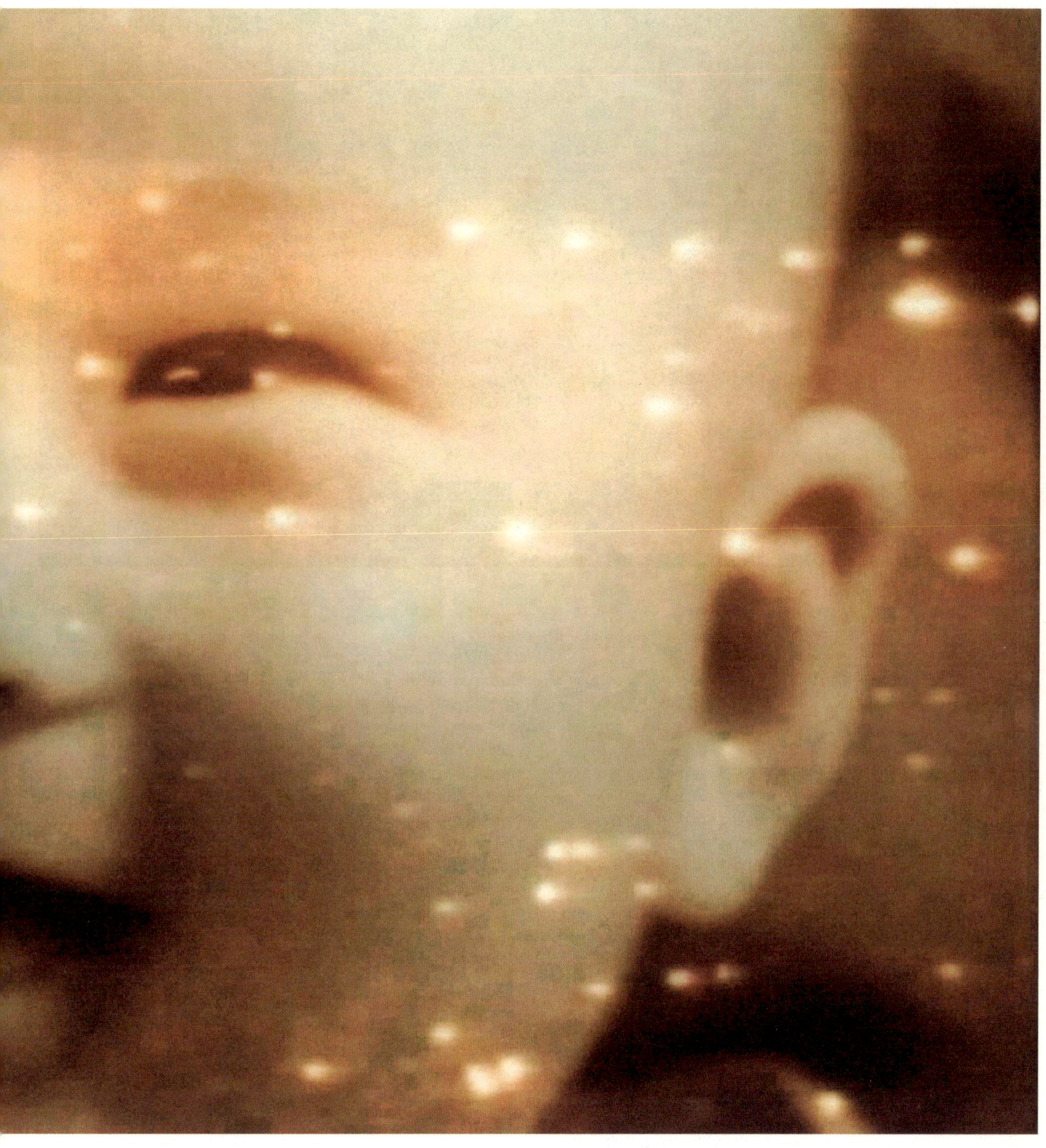

Welchen Hintergrund hat das Video Summer of 1969 *(2001–2011)?*

Das Konzept dieses Videos war es, zur frühen Kindheit eines Individuums zurückzukehren, zum Jahr seiner Geburt, und die historischen Erinnerungen Ende der 1960er-Jahre aus dessen Perspektive zu betrachten, so als erlebe man ein großartiges und globales Rock-and-Roll-Konzert. Auf der Bühne erschien eine historische Figur nach der anderen und hatte ihren Auftritt. Dabei konnten wir auch beobachten, dass das Land, in dem ich noch während der Regierungszeit Maos geboren wurde, sehr stark

What is the background of the video Summer of 1969 *(2001–2011)?*

The conception of this video was to go back to the infancy of an individual, to the year when he was born, and observe the historical memories at the end of 1960s from his perspective, as if he were watching a grand and global concert of rock and roll. The historical figures showed up on the stage one after another and performed. We could also observe that the country that I was born in under the regime of Mao was greatly influenced by his leadership and charisma. He made a significant impact on China and the world.

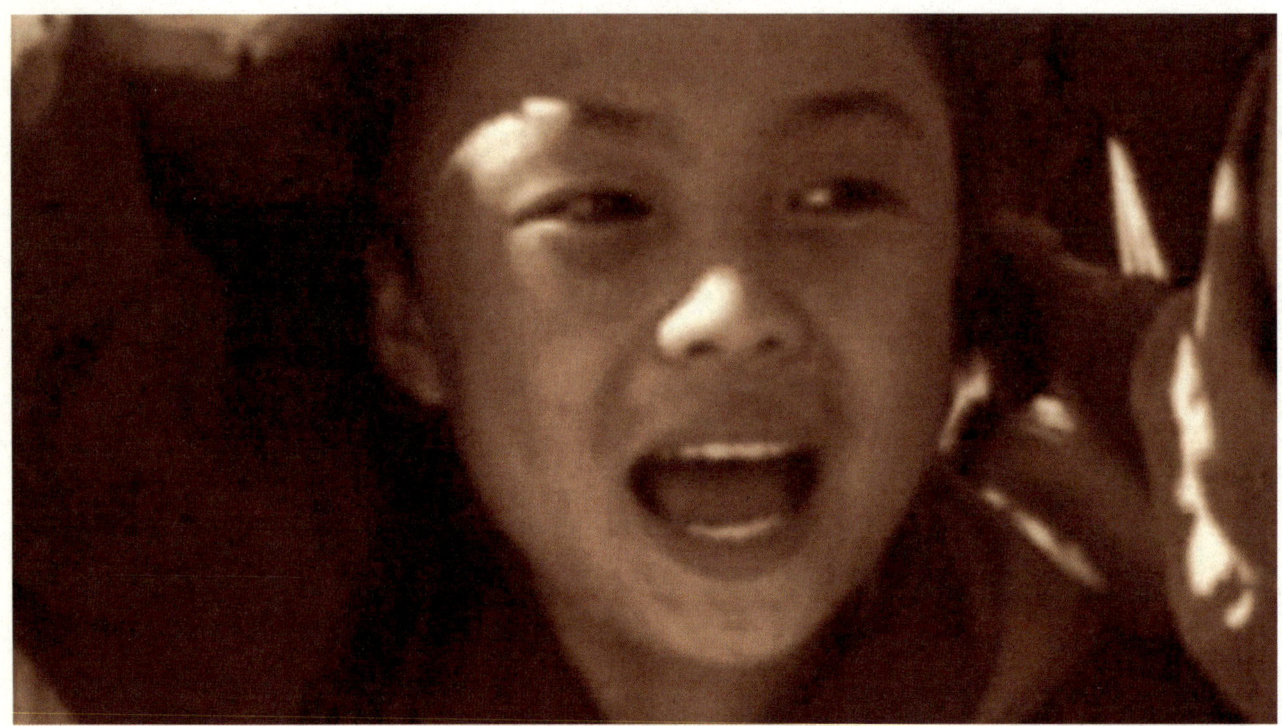

durch seine Führerschaft und sein Charisma beeinflusst wurde. Er hat China und die Welt nachhaltig beeinflusst.

Woraus besteht das Ausgangsmaterial und wie soll es präsentiert werden?

Ich habe eine Konzertversion von Bryan Adams' Song »Summer of '69« benutzt. Durch meine Neuinterpretation und Neubearbeitung hat dieses Lied in einem völlig anderen Video eine ganz neue Gestalt erhalten. Da es sich um ein Einkanalvideo handelt, bedarf es lediglich eines abgedunkelten Raums mit einer Theaterausstattung, um ihn zu betrachten. Natürlich habe ich alternativ daran gedacht, ihn auf eine riesige Leinwand zu projizieren und die explosive Wirkung eines Open-Air-Konzerts zu imitieren. Doch bislang wurde diese Form der Präsentation noch nicht realisiert. Die Idee zu diesem Werk kam mir etwa 2001, als ich den ersten Rohschnitt des Werkes gemacht und es bei einigen informellen Anlässen gezeigt habe. 2002 habe ich die erste ›offizielle‹ Version auf Video produziert. Es war eine Betacam SP Version und sie wurde in einigen Ausstellungen sowohl in China als auch international gezeigt. Zehn Jahre nach der ursprünglichen Motivation und der ersten Produktion, im Herbst 2011, habe ich die endgültige Fassung dieses Videos vollendet. Es ist eine Full-High-Definition-Version (HD), die auch auf einer großformatigen Leinwand in einem theaterartigen Raum gezeigt werden kann.

Wie sind Sie an das gefundene Filmmaterial gelangt und warum hat es so lange gedauert, das Werk abzuschließen?

Während der zehnjährigen Produktionszeit galten die Bemühungen vor allem der Aktualisierung des Filmmaterials. Ich habe nur zwei Jahre benötigt, um das Material für die SP-Version von 2002 zusammenzutragen. Es gab drei Hauptquellen: Zunächst einmal habe ich damals für einen Fernsehsender gearbeitet. Dadurch hatte ich Zugang zu offiziellen Aufzeichnungen und Betacam-Bändern,

What is the source material and how is it meant to be displayed?

I utilized a concert version of Bryan Adams's song "Summer of '69." Through my reinterpretation and reediting, this song was reincarnated in a completely different video work. Being a single-channel video, it only requires a dark space with a theatrical setting for viewing. Of course, alternatively, I thought about projecting it onto a giant screen, imitating the explosive effect of an outdoor rock-and-roll concert. But this way of displaying it has not been realized yet. The motivation for this work came about in 2001 when I made the first rough cut of the work, and showed it a few times on some informal occasions. In 2002 I produced the first formal version of the video. It was a Betacam SP version and was featured in some exhibitions both in China and internationally. Ten years since the first motivation and the primary production, in the fall of 2011, I finished an ultimate version of this video. It is a 1080p-standard HD version, and capable of large-screen display in a theater-level space.

How did you get the found footage and why did it take so long to finish the piece?

In the ten years of production, the major effort was put on updating the footage. It took me only two years to collect the footage for the 2002 SP version. There were three main resources: First of all, I used to work at a television station. That gave me access to official recordings and Betacam tapes which made parts of the footage. Second, I used some DVD resources from news and historical documentaries all around the world. Due to copyright regulations, I had to limit every clip from this resource to less than fifteen seconds. In the meantime, I also collected some 16 mm film clips from the 1960s and had them digitalized. But these kinds of footage were quite rare in the video. In addition, there was a very significant

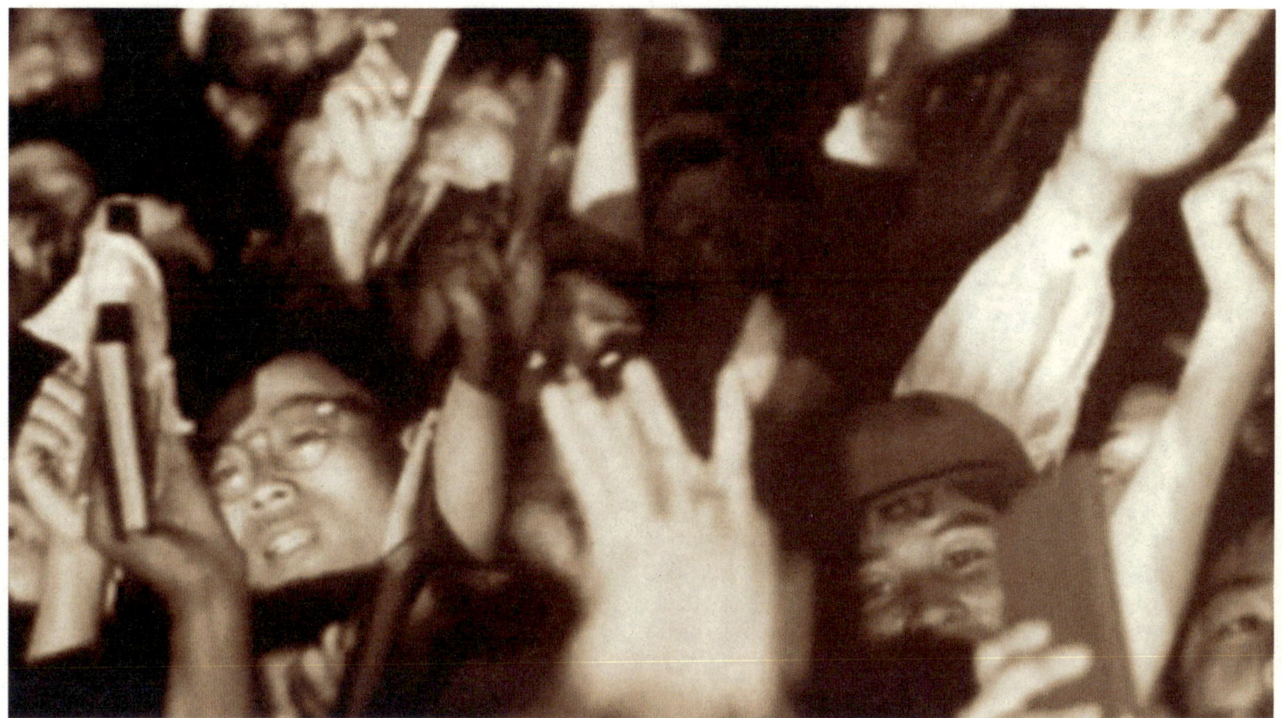

die einen Teil des Filmmaterials ausmachen. Zweitens habe ich einige DVD-Quellen von Nachrichtensendungen und historischen Dokumentarfilmen aus der ganzen Welt benutzt. Aufgrund urheberrechtlicher Bestimmungen musste ich jeden Clip aus dieser Quelle auf weniger als fünfzehn Sekunden begrenzen. In der Zwischenzeit habe ich auch einige 16-mm-Clips aus den Sechzigerjahren zusammengetragen und sie digitalisieren lassen. Doch solches Material kam in dem Video kaum vor. Außerdem gab es eine ganz wichtige Quelle, nämlich mein eigenes Foto aus dem Jahr 1969, das Foto am Anfang und Ende des Videos. Das kleine Kind auf dem Foto bin ich. Im Lauf von zehn Jahren ist es mir gelungen, Filmmaterial mit höherer Auflösung zu beschaffen, beispielsweise für die letzte Szene, die die Explosion der ersten chinesischen Wasserstoffbombe zeigt. Das Ausgangsmaterial war schwarz-weiß und grobkörnig. In der Endfassung wurde es durch farbiges Filmmaterial ersetzt. Schließlich habe ich den größten Teil der zehn Jahre damit verbracht, die Qualität des Werks zu verbessern. Jetzt ist die höchste Qualität erreicht, die mir möglich war. Diese HD-Fassung ist also die letzte.

Inwiefern handelt es sich um einen Kommentar zur aktuellen Lage im Jahr 2011?

Das gesellschaftliche Umfeld hat sich sehr verändert, seit ich die Arbeit an diesem Werk begonnen habe. Wir könnten einige neue historische Einsichten gewinnen, indem wir dieses Werk einer neuerlichen Betrachtung unterziehen. Es gab damals einen rapiden gesellschaftlichen Wandel und eine entsprechende Entwicklung. Es wäre wichtig und notwendig, dass wir uns im Auge der Geschichte wiedererkennen.

resource, which was my own photo from the year 1969, the photo at the beginning and the end of the video. The infant in the photo was me. During the course of ten years, I managed to discover footage of better definition—for example, the last scene showing the explosion of China's first hydrogen bomb. The primary footage was black and white and rough. It was replaced in the final version with color film footage. In conclusion, I spent the most of the ten years improving the quality of this work, and now it has achieved the best quality that I could manage. So this HD version has become the ultimate one.

In what sense is it a commentary for the current situation in 2011?

The social environment has changed a lot from the time I started this work. We could gain some new historical insights by reviewing this work. We were at a time of rapid social transformation and evolution. It would be significant and necessary to re-recognize ourselves in the gaze of history.

Chen Chieh-Jen

Interview: Li Qi

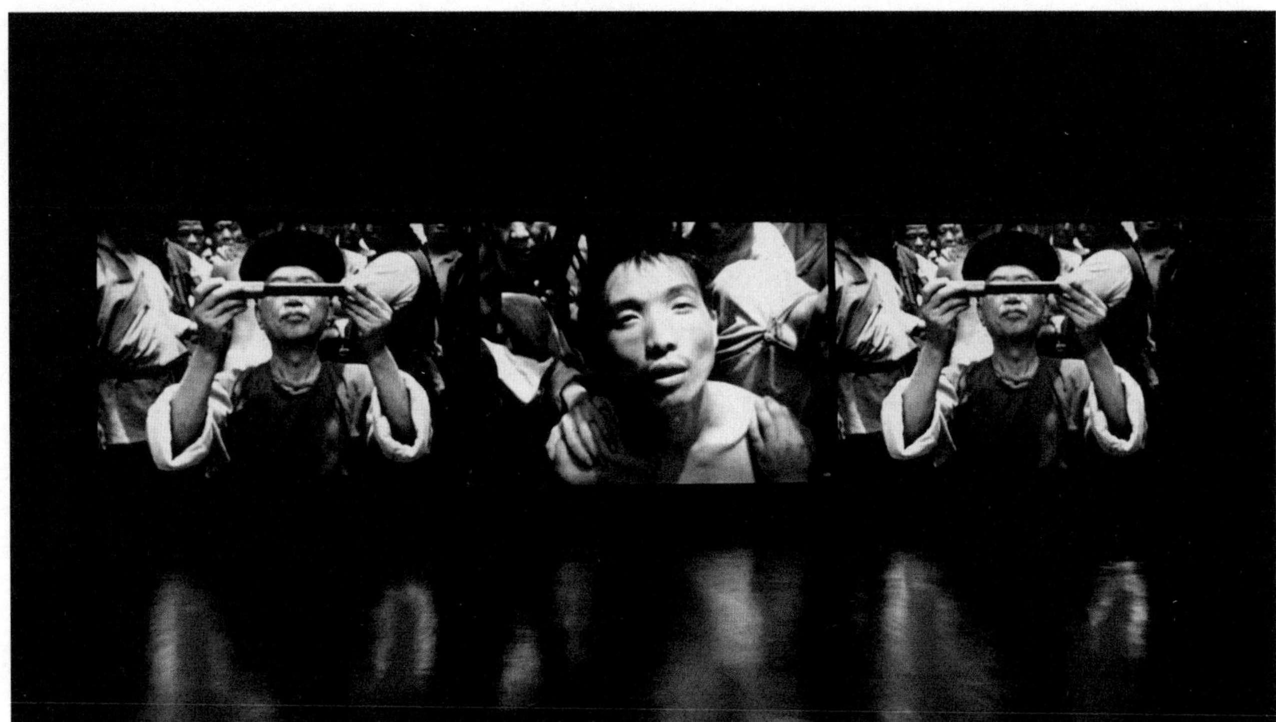

Chen Chieh-Jen wurde 1960 in Taiwan geboren. Von 1983 bis 1986 forderte Chen die Grenzen der freien Meinungsäußerung unter dem Kriegsrecht und das konservative Kunstestablishment mit guerrillaartiger Performancekunst und Ausstellungen im Untergrund heraus. Nachdem das Kriegsrecht 1987 aufgehoben worden war, stellte Chen die Kunstproduktion für etwa acht Jahre ein. In diesem Zeitraum begann er, sich mit der Geschichte seiner Familie auseinanderzusetzen sowie mit dem Umfeld und Verlauf der Geschichte Taiwans in der Moderne, von der Kolonialherrschaft über die Zeit des Kalten Krieges und des Kriegsrechts bis zur allmählichen Verwandlung des Landes in eine Konsumgesellschaft. Chen lebt und arbeitet in Taipeh.

Was ist der Hintergrund der Videoprojektion Lingchi – Echoes of a Historical Photograph *(2002)?*

›Lingchi‹, auch als »Folter und Tod durch tausend Schnitte« bezeichnet, war ursprünglich eine Strafe, die im feudalen China denjenigen auferlegt wurde, die besonders abscheuliche Verbrechen begangen hatten. In seiner heutigen Verwendung meint der Begriff endlose, unmenschliche repetitive Aufgaben oder unerträgliche Folter. Die Idee kam mir aufgrund einer Fotografie, die 1904 von einem französischen Soldaten in China aufgenommen wurde. Auf dieser blickt das Opfer in Richtung des Horizonts und lächelt dabei matt. Dieses verblüffende Lächeln hat zahllose Betrachter extrem irritiert und sie veranlasst, nach möglichen Deutungen zu suchen. Darüber hinaus steht das Lächeln in einem Zusammenhang mit Georges Batailles 1961 in seinem Buch *Die Tränen des Eros* entwickelten Idee, dass es beim ›Lingchi‹ zwei bedeutende Lebenserfahrungen gebe, nämlich die der christlichen Märtyrer, die stumm am Kreuz beten, und die der Anhänger Buddhas, die auf Knochenbergen meditieren. Beide suggerieren einen Frie-

Taiwanese artist Chen Chieh-Jen was born in 1960 in Taiwan. From 1983 to 1986 Chen challenged the limits of expression under the martial law system and the conservative art establishment with guerrilla-style performance art and underground exhibitions. After martial law was lifted in 1987 Chen stopped producing art for eight years. During this period he started to examine his family history, the surroundings and the trajectory of Taiwan's modern history, from colonial domination, through the Cold War/martial law period to its gradual transformation into a consumer society. Chen lives and works in Taipei.

What is the background of the video projection Lingchi – Echoes of a Historical Photograph *(2002)?*

Lingchi, also described as "torture and death by a thousand cuts," was originally a punishment meted out in feudal China to those who had committed the most heinous crimes. The contemporary use of the term indicates endless, inhumane, and repetitive tasks or unendurable torment. The idea came from a photograph by a French soldier in China in 1904. There the victim gazes at the horizon while faintly smiling. This perplexing smile has thrown countless viewers into a state of intense confusion, which has compelled them to seek possible interpretations. Furthermore, the smile relates to Georges Bataille's notion, developed in his 1961 book *The Tears of Eros,* that there exist two important life experiences in lingchi—that of Christian martyrs silently praying on the cross and followers of Buddha meditating on bone piles—both of which suggest a peace transcending joy that arises from intense suffering.

To what specific historical context does it refer?

Historically, three instances of lingchi have been photographed by different French soldiers in China, and have

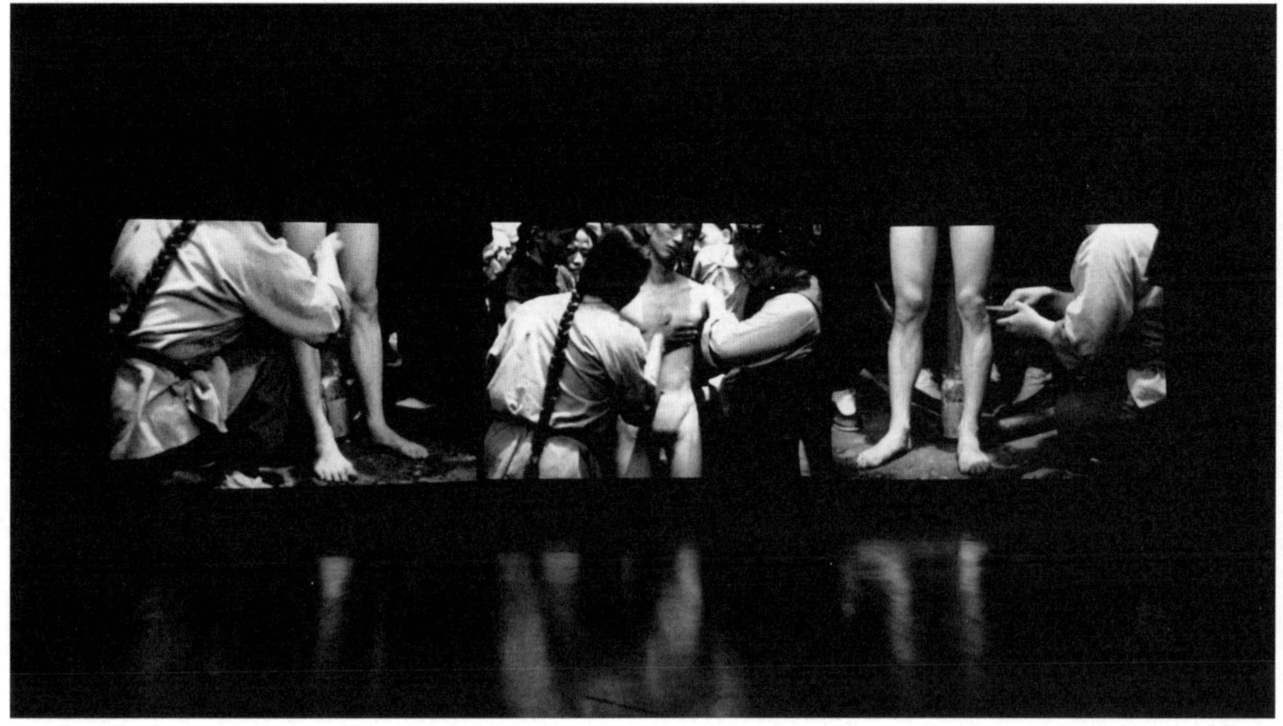

den, der über die Freude hinausgeht und aus intensivem Leiden entsteht.

Auf welchen spezifischen historischen Kontext bezieht sich die Arbeit?

In der Geschichte wurden drei Fälle von ›Lingchi‹ von verschiedenen französischen Soldaten in China fotografiert und als ›Beweis‹ für die Unmenschlichkeit der Chinesen verwendet. Diese für sensationshunrige Menschen attraktiven Bilder wurden in Europa als Postkarten vertrieben und galten einigen westlichen Beobachtern sogar als eine orientalische Fassung des Leidens Christi. Bataille entwickelte eine philosophische Erklärung der ›Lingchi‹-Folter, sodass diese Bilder einen hohen Bekanntheitsgrad erlangten. Dabei bedient er sich der Idee der erotischen Ekstase und beschreibt das Opfer als jemanden, der eine ›Grenzerfahrung‹ macht. Für mich sind die beiden dunklen Wunden in der Brust des ›Lingchi‹-Opfers Verbindungslinien zwischen Vergangenheit und Zukunft. Mit der Videokamera führe ich die Betrachter in die Welt innerhalb dieser Wunden, in denen verschiedene Bilder erscheinen: der alte Sommerpalast in Beijing, der zunächst von britischen und französischen Truppen (1860) und später noch einmal von der Acht-Nationen-Allianz (1900) zerstört wurde; Experimente an Menschen in Japans Einheit 731, die während des Zweiten Japanisch-Chinesischen Kriegs (1937–1945) und des Zweiten Weltkriegs in Harbin stationiert war; politische Gefangene in Taiwan während des Kalten Krieges; kontaminierte, von transnationalen Unternehmen hinterlassene Grundstücke in Taiwan sowie die Reste taiwanesischer Fabriken, die aufgelassen und ins Ausland verlagert wurden. Aus den Wunden herausblickend ziehen Szenen eines westlichen Fotografen der Qing-Dynastie (1644–1911) und Gruppen erwerbsloser Arbeiter vorüber.

been used to testify to the barbarity of the Chinese people. Appealing to novelty hunters, these photographs were made into postcards and distributed in Europe, and even considered by several Western observers to be an Oriental version of the suffering of Christ. Bataille develops a philosophical explanation of lingchi torture, thereby making these images widely known. Using the notion of erotic ecstasy, Bataille describes the victim as being in a condition of *limit experience*. I see the two dark wounds in the chest of the lingchi victim as conduits between the past and future. With the video camera, I bring viewers into the world within these wounds, where images appear of Beijing's Old Summer Palace being first destroyed by British and French forces (1860) and again by the Eight-Nation Alliance (1900), human experimentation at Japan's Unit 731 located in Harbin during the Second Sino-Japanese War and World War II, political prisoners in Taiwan during the Cold War era, contaminated sites in Taiwan left behind by transnational corporations, and the remains of Taiwanese factories abandoned due to industrial off-shoring. Looking out of the wounds, scenes of a Western photographer in Qing dynasty (1644–1911) China and groups of unemployed laborers drift past.

Why the focus on historical violence?

In 1996, using computer graphics technology, I embarked on a revision of the lingchi photographs that Georges Bataille discussed in his book. I brought to light the then yet-to-be-discussed history of the photographed concealed within the history of photography. In 2002 I continued to meticulously research and uncover with the aid of video. The moment of mutual regard between the lingchi victim and the camera held by a French soldier not only embodies the barbarity of feudal China's legal system but also foreshadows the non-Western world's experience

Chen Chieh-Jen, *Lingchi – Echoes of a Historical Photograph*, 2002

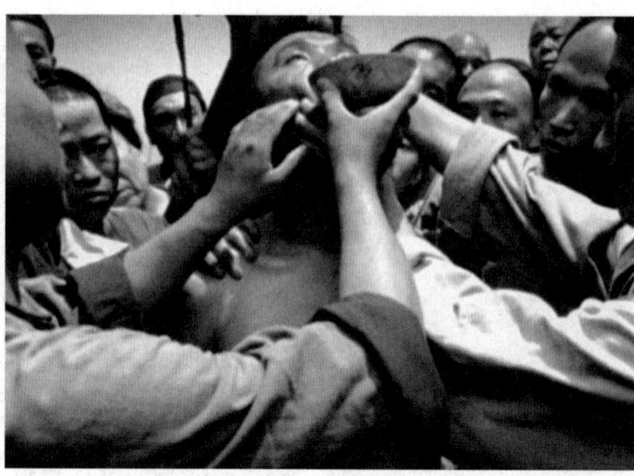

Warum die Konzentration auf historische Gewalt?

1996 unterzog ich die ›Lingchi‹-Fotografien, die Georges Bataille in seinem Buch diskutiert hat, mittels Computergrafik einer erneuten Betrachtung. Ich brachte die damals erst noch zu diskutierende Geschichte des – innerhalb der Geschichte der Fotografie verborgenen – Fotografierten ans Licht. Mithilfe von Videotechnik setzte ich 2002 meine akribischen Recherchen und Enthüllungen fort. Der Augenblick des wechselseitigen Blicks zwischen dem ›Lingchi‹-Opfer und der von einem französischen Soldaten gehaltenen Kamera verkörpert nicht nur die Barbarei des Rechtssystems im feudalistischen China, sondern lässt auch bereits die Modernisierungserfahrung der nicht-westlichen Welt erahnen. Denn im Namen der Modernisierung haben die Vertreter der imperialen und kolonialen Herrschaft den Kolonisierten und den Fotografierten sämtliche Formen der neuen Zerstückelungstechnologie zugefügt.

Warum besteht die Projektion aus drei Teilen?

Ein Dreikanalvideo vermittelt das Gefühl einer Umgebung, was sowohl mit der Menge der Zuschauer im Film als auch mit dem gegenwärtigen Publikum vor Ort zusammenhängt. Mit anderen Worten, die Zuschauer und das Publikum bilden die Zeitalter hindurch einen ›Kreis der Betrachtung‹. Im Mittelpunkt dieses Kreises steht das Opfer. Darüber hinaus erinnert das Dreikanalformat an das sowohl in westlichen als auch in östlichen Kulturen für religiöse Themen existierende Format des Triptychons. Doch im Mittelpunkt dieses Dreikanalfilms steht keine Gottheit und kein Gott mehr, sondern ein Sterblicher, der mehrmals zerstückelt wird.

Warum haben Sie sich für Schwarz-Weiß entschieden?

Das Bild, auf das ich mich beziehe, war eine Schwarz-Weiß-Aufnahme. Außerdem wollte ich das blutige Geschehen nicht durch Farbe überdramatisieren. Die Schwarz-Weiß-Bilder betonen die Details und die Stimmung statt der Ausübung von Folter.

In welchem Sinne ist das ein Kommentar zur aktuellen Lage?

In diesem Video weite ich die Bedeutung und Dynamik einer kleinen subversiven Aktion aus der Vergangenheit auf den heutigen politischen Kontext der Terrorismusbekämpfung, Biopolitik, Gesellschaft des Spektakels und des Neoliberalismus aus. Wenn wir in diese Wunden in der Brust des ›Lingchi‹-Opfers hineingehen, sehen wir die Ruinen, die sich im Lauf der Geschichte aus den Akten des Zerstückelns und Verlassens, und, wenn man herausblickt, den heutigen erwerbslosen Arbeitern ergeben. Insofern legt das Video nahe, dass ›Lingchi‹ eigentlich nie aufgehört hat zu existieren.

of modernization. This is because, in the name of modernization, agents of imperial and colonial domination have inflicted every form of new dismemberment technology on both the colonized and the photographed.

Why is the projection in three parts?

A three-channel video presents a sense of surrounding, which is associated with the crowd of onlookers in the film, as well as the present-day on-site audience. In other words, the onlookers and the audience form a "circle of view" through the ages. At the center of this circle lies the victim. In addition, the three-channel format recalls the triptych of religious subjects in both Eastern and Western cultures. However, the center of this three-channel film is no longer any deity or god. It is replaced by a mortal who's being dismembered repeatedly.

Why the choice of black and white?

The reference image was in black and white. In addition, it wasn't my desire to overdramatize the bloodiness with color. The black-and-white images emphasize the details and the mood instead of the execution of torture.

In what sense is it a commentary for the current situation?

In this video, I extend the meaning and dynamic of a small subversive action from the past in today's political context of counterterrorism, biopolitics, society of spectacle, and neoliberalism. Entering these wounds in the chest of the lingchi victim, we see the ruins resulting from acts of dismemberment and abandonment over the course of history, and when looking out, today's unemployed laborers. In this way, the video suggests that lingchi has never really ended.

Chen Wei

Interview: Li Qi

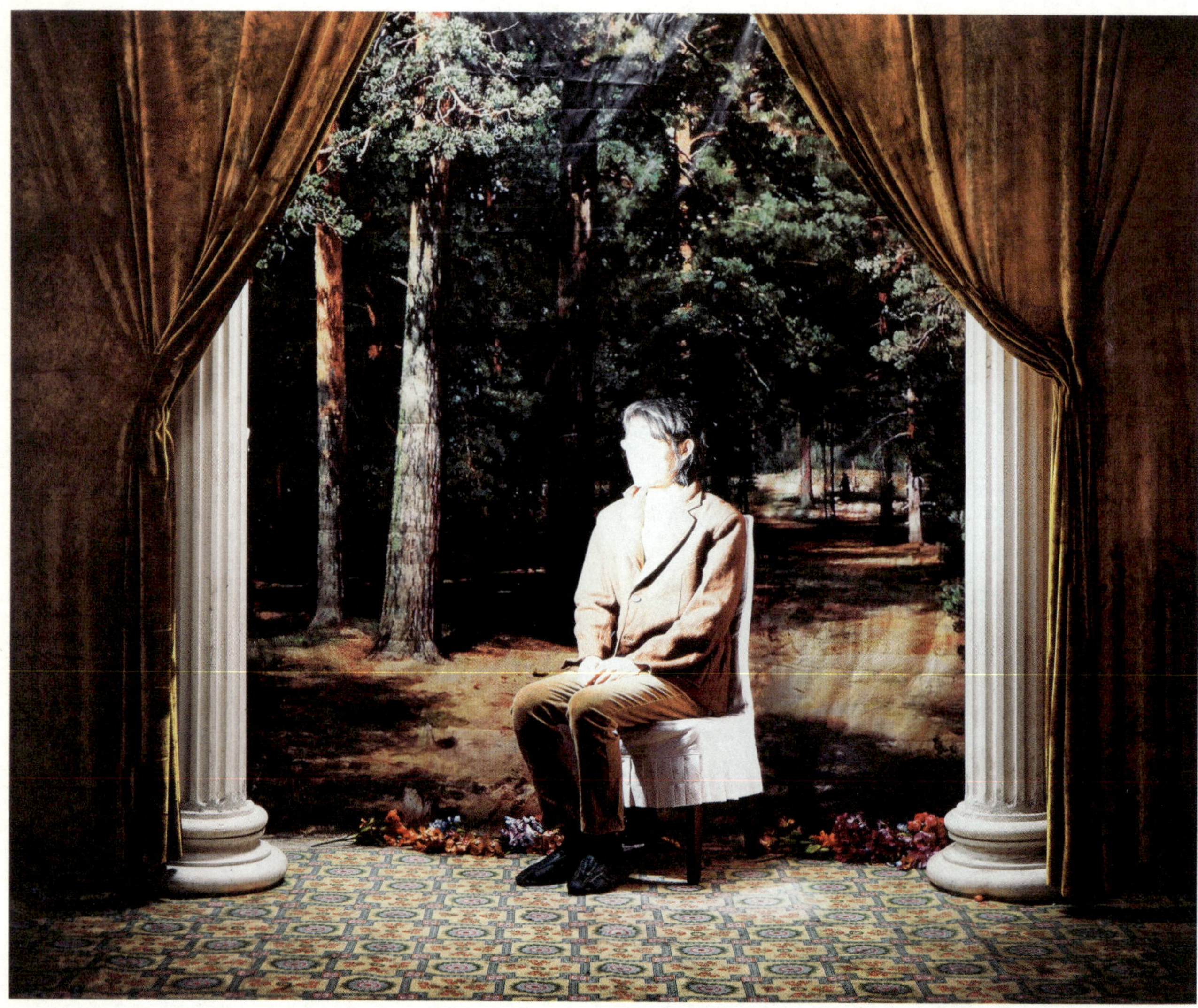

Der Künstler und konzeptuelle Fotograf Chen Wei wurde 1980 in der Provinz Zhejiang geboren. Der Künstler begann seine Laufbahn als Musiker und wandte sich dann der bildenden Kunst zu. In einer neuen Generation international ausgerichteter Künstler, die in China im Bereich Fotografie arbeiten, ist er eine herausragende Gestalt. Seine Fotografien bringen mit ihren filmischen Schauplätzen Traumlandschaften zum Vorschein, die eine im Alltagsleben unmögliche Bewegung und Spuren der Geschichte festhalten. Moderne und zeitgenössische Literatur dienen ihm als Bezugspunkt und Inspirationsquelle. Chen lebt und arbeitet in Beijing.

Worin besteht der Zusammenhang zwischen den drei Fotografien A Lighthouse Was Winking in the Distance, Some Dust *und* Takes a Powder Every Morning *(alle 2010)?*

Sie stammen alle aus derselben Arbeitsphase (2009–2011) und weisen denselben Stil auf. In allen drei gibt es ein theatralisches Umfeld, Figuren und Darsteller. Manchmal stelle ich sie gemeinsam aus, manchmal getrennt.

Was ist das Thema der Werke?

Es ging mir darum, die Beziehungen zwischen Gegenständen und Figuren in einem theatralischen Umfeld zu

Chinese fine arts and conceptual photographer Chen Wei was born in 1980 in Zhejiang Province. The artist started out as a musician and then turned to fine arts. He is a prominent figure in a new generation of internationally minded artists working within the realm of photography in China. With cinematic settings, his photographs reveal dreamscapes that capture impossible movement in everyday life and residues of histories. Modern and contemporary literature have served as his reference and inspiration. Chen Wei lives and works in Beijing.

What is the connection of these three photographs Lighthouse Was Winking in the Distance *(2010),* Some Dust *(2010), and* Takes a Powder Every Morning *(2010)?*

They are all from the same working period (2009–2011) and share the same style. They all have a theatrical setting, figures, and characters performing. Sometimes I show them together, sometimes separately.

What was the topic of the works?

My aim was to research the relations between objects and figures in theatrical settings. All the photographs were produced in my studio, with artificial settings. The person in *A Lighthouse Was Winking in the Distance*

erforschen. Alle Fotografien wurden in meinem Studio mit Kulissen produziert. Die Person in *A Lighthouse Was Winking in the Distance* bin ich selbst. Bei den anderen benutzte ich andere Leute oder sogar eine lebensgroße Puppe wie in *Some Dust*. Letztlich bezieht sich alles, was man fotografiert, auf eine Person oder Figur. Unabhängig davon, ob sie abstrakt oder figurativ sind, haben die Bilder mit unserem Leben zu tun, mit Dingen, die wir erkennen, und sie bringen unsere jeweilige Subjektivität zum Ausdruck. In diesem Sinne betrachte ich sie als Porträts.

Wer sind die Personen auf den Fotografien?

Die Personen auf den Bildern haben alle etwas mit meinem eigenen Leben zu tun, meinem Ich oder meinem Selbstbewusstsein. Man erkennt sich selbst, während man die anderen erkennt. Für mich sind sie alle miteinander verwandt und verbunden.

Worauf beziehen sich die Titel?

Die Titel dienen als Fußnote zum Werk und bieten dem Betrachter einen Zugang. Bei *Some Dust* etwa habe ich gehofft, dass der Betrachter seine Aufmerksamkeit auf den Staub statt auf die Lampe und die Figur im Bild konzentrieren kann. Und was *Takes a Powder Every Morning* betrifft, so spielt es keine Rolle, was für eine Droge oder Arznei ich gemeint habe. Puder ist immer nützlich und notwendig für die Leute, obwohl sich ›Powder‹ sowohl auf ein Heilmittel als auch auf ein Gift beziehen kann. Diese Fotografie stammt aus einer Reihe von Werken über Idole und beruht auf meiner frühen Erfahrung, dass ich mithilfe von Gipsabgüssen von David und anderen Idolen Skizzieren lernte. Diese Idole aus (Gips-)Pulver sind wie Drogen und Medizin für mich. *Lighthouse* entstand, als ich mit dreißig Jahren nach Beijing zog. Damals war ich eine Weile außerstande, etwas zu produzieren, und machte dann schließlich diese Experimente im meinem Atelier. Auch der Titel reflektiert über die Idee der Idole oder den scharfen Kontrast zwischen meinen Erwartungen und der Wirklichkeit. Wie Sie sehen, zeigt das Bild einen Passfotoautomaten, während sich dort jemand fotografieren lässt. Aus einer herkömmlichen fotografischen Perspektive betrachtet war das kein gutes Bild: Die Beleuchtung war völlig falsch, das Gesicht der Figur überbelichtet. Doch dieses Experiment führte mich woanders hin, irgendwo zwischen Kunst und Fotografie. Ich gab dem Bild diesen Titel, um mich selbst zu trösten. Ich wählte ganz bewusst einen einprägsamen und anregenden Titel wie bei einem Popsong. Bei der Arbeit *Chair and Bulb* (2010) geht es einfach um die Gegenstände in dem Bild.

Gibt es darin bewusste Bezüge zu den Romanen Franz Kafkas?

Kafka hat mich als Teenager stark beeinflusst. Seine Wirkung auf mich war sehr subtil und hat meine Weltsicht geprägt. Neben Jorge Luis Borges und Italo Calvino war er der populärste Schriftsteller für meine Generation und bildete die Grundlage meiner Weltanschauung. In meinen Werken kann man ihren Einfluss anhand der Art und Weise erkennen, wie ich die Sprache und Erkenntnis der Dinge sowie deren dialektischen Beziehungen strukturiere.

Auf welche chinesischen Kontexte beziehen Sie sich?

Mit Sicherheit gibt es etwas Chinesisches in meinen Werken, denn ich lebe hier in China. Daran führt kein Weg

was myself. For the others I used other people or even a dummy, as in *Some Dust*. Eventually, anything photographed relates to a person or figure. Whether they are abstract or figurative, they have to do with our life, with things that we recognize, and express our subjectivities. In that sense, I do reckon them as portraits.

Who are the persons in the photographs?

The persons in the images all have to do with my own life, my ego, or my self-awareness. One recognizes oneself while recognizing the others. For me, they are all related and connected.

To what do the titles refer?

The titles serve as a footnote to the work and offer access for the viewer. For instance, with *Some Dust*, I was hoping the viewer can focus on the dust instead of the lamp and the figure in the image. As for *Takes a Powder Every Morning* it doesn't matter what kind of drug or medicine I meant, it's always helpful and necessary to people, even though it can refer to either a cure or poison. This photograph comes from a unit of work on idols, based on my early experience of learning to sketch by drawing from a plaster cast of David and other idols. These powdered idols are like drugs and medicine to me. *Lighthouse* was created when I was moving to Beijing at the age of thirty. Back then, I was not able to produce anything for a while, and ended up doing this kind of experiment in my studio. The title also reflects on the idea of idols, or a sharp fall between my expectations and the reality. As you can see, it shows a photo booth, while someone's having his portrait taken. From a common photographical perspective, this was not a good image: the lighting was all wrong, the face of the figure was overexposed. But this experiment

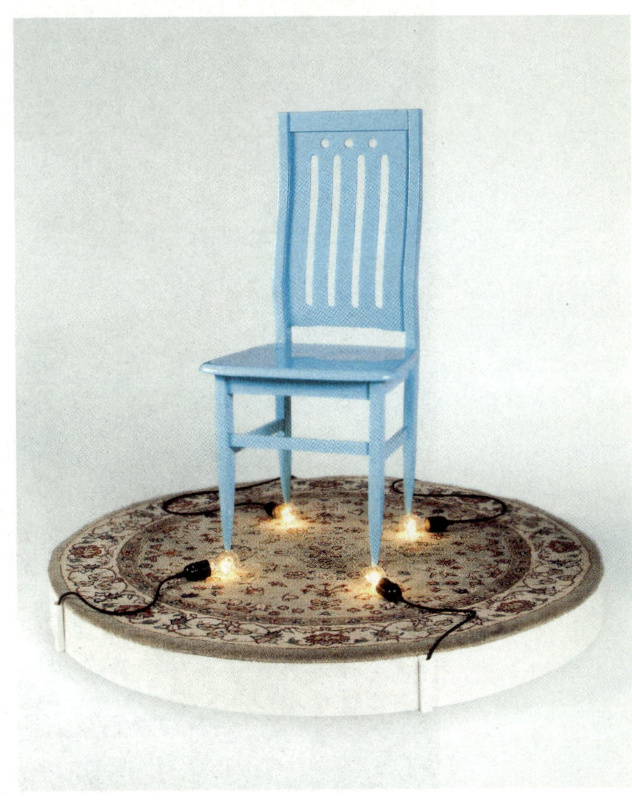

Chen Wei, *Some Dust*, 2010
Chen Wei, *Takes a Powder Every Morning*, 2010

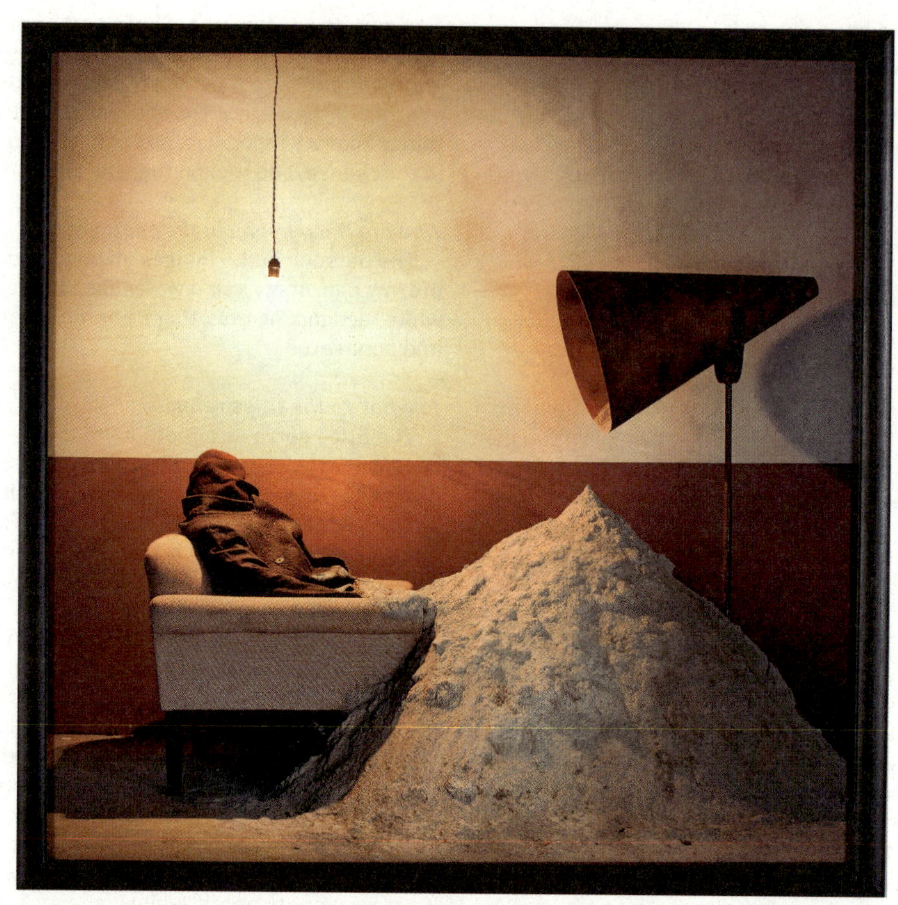

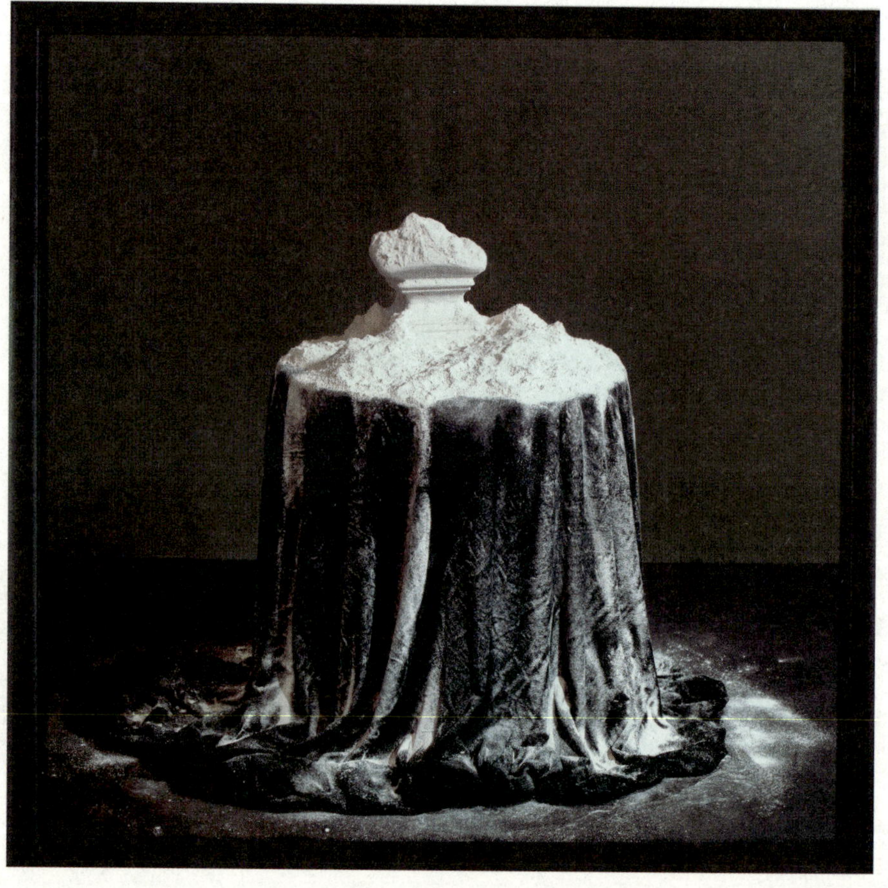

vorbei. Aber inzwischen sind die Ansichten und Erfahrungen aller Leute miteinander verwoben und haben sich vervielfacht. Ich reise überall in der Welt herum und werde von diesem und jenem inspiriert, doch letzten Endes kehre ich immer dorthin zurück, wo ich lebe, und dort arbeite ich. Sämtliche Erfahrungen beziehen sich letztlich auf den Ort, wo man lebt.

Für wen ist der Stuhl in Chair and Bulb?

Als ich diese Arbeit machte, dachte ich, sie wäre für jemanden, der nicht zwangsläufig reich, aber ein Hausherr ist, jemand an der Spitze einer Pyramide. Der Stuhl und die vier Glühbirnen erzeugen ein starkes Formgefühl und weisen darauf hin, dass da noch etwas passieren wird. Wie auf einer Bühne: Die Kulisse ist schon aufgebaut, aber die Vorstellung hat noch nicht begonnen. Der Stuhl ist zum Sitzen da, doch niemand kann wirklich darauf sitzen. Es hat etwas mit Prestige zu tun, mit Verwundbarkeit, und mit der Idee des Idols. Da Sie Kafka erwähnt haben: Bei ihm gibt es dieses steile Gefälle zwischen Erwartungen und Wirklichkeit. Dieses Gefälle ist meine Obsession. Es findet sich in allen meinen Werken.

Ist das Werk von Félix González-Torres inspiriert?

Man kann nicht jedes Mal, wenn man eine Glühbirne sieht, sagen, jemand sei von González-Torres inspiriert. Das Werk kann von vielen Leuten inspiriert worden sein, darunter auch González-Torres. Diese Menschen haben mir im Hinblick auf meine Werke neue Perspektiven vermittelt, aber man kann nicht sagen, sie hätten mich instruiert, wie ich meine Werke zu machen habe. Es gibt da keinen direkten Zusammenhang.

took me somewhere else, somewhere between art and photography. I gave it this title to console myself. I purposefully made it sound catchy and motivational as a title of a pop song. *Chair and Bulb* (2010) is simply about the objects in the image.

Are there conscious references to Franz Kafka's novels?

Kafka heavily influenced me as a teenager. His impact was very subtle, forming my view of the world. Together with Jorge Luis Borges, and Italo Calvino, he was the most popular writer in my time, and laid the foundation of my worldview. In my works, you might detect their influence in the way I structure the language and cognition of things, and certain kind of dialectics.

What Chinese contexts are you referring to?

There is certainly something Chinese in my works, for I live here in China. There is no way one can turn away from it. But now everybody's views and experiences are intertwined and multiplied. I travel everywhere in the world and get inspired here and there, but in the end, I always go back to where I live and make the work there. All the experiences eventually relate to where one lives.

For whom is the chair in Chair and Bulb?

I thought, when I was making this work, it was for someone who's not necessarily rich, but a host, someone at the top of a pyramid. The chair and four lightbulbs establish a strong sense of form, and signal that there are things yet to happen. Like on a stage: the set is ready, but the show hasn't started. The chair is for sitting, but no one can actually sit on it. It has to do with prestige, with vulnerability, and with the idea of an idol. As you brought up Kafka, there is this sharp drop between the expectations and reality. This drop is my obsession. It's consistent through all my works.

Is it inspired by Félix González-Torres?

You cannot say González-Torres influences one, every time you see a lightbulb. It might be inspired by many people, including González-Torres. They enable me with new perspectives looking at my works. But you can't say they instructed how I do my works. There's no direct connection.

Chi Lei

Interview: Li Qi

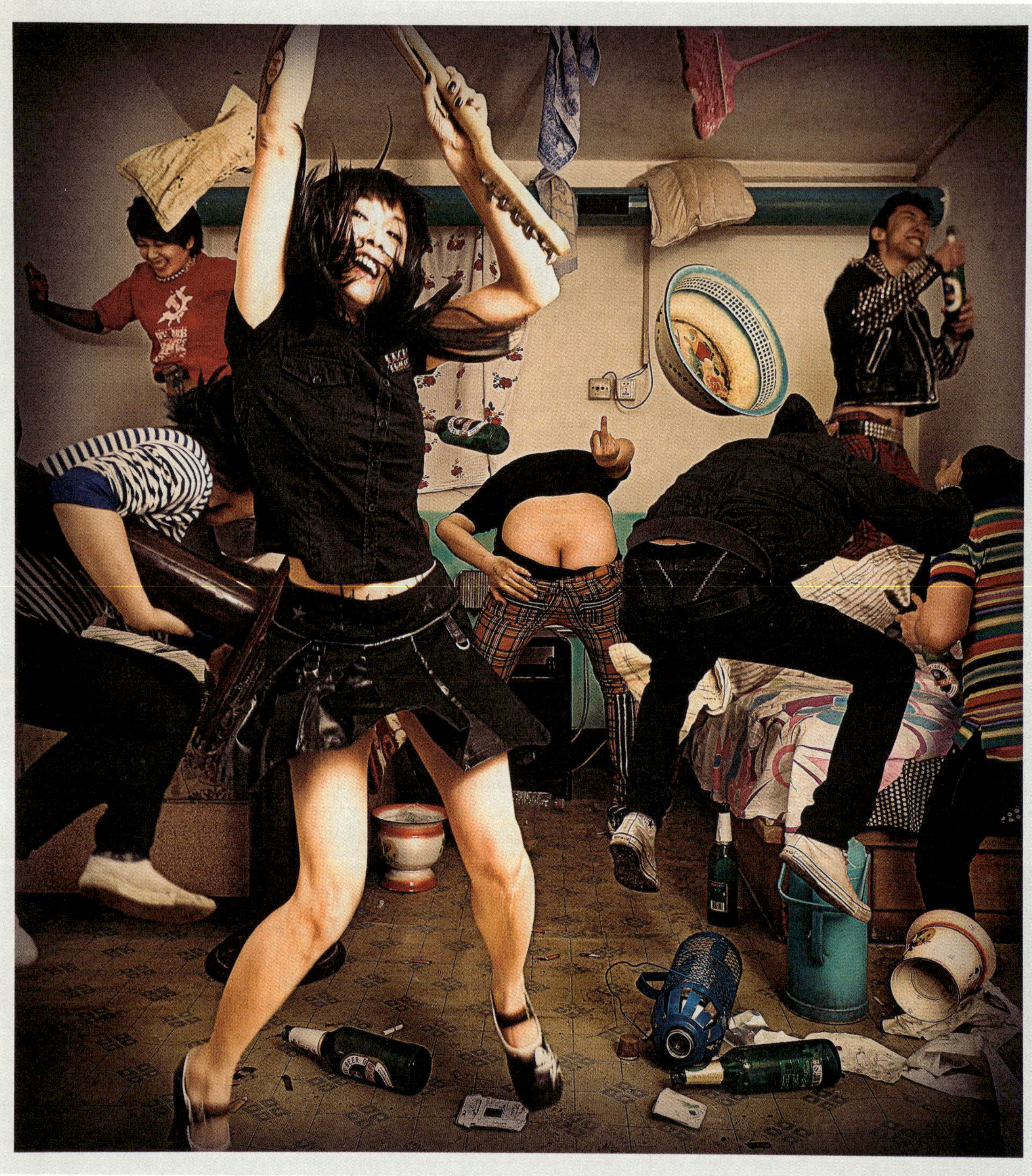

Der Fotograf Chi Lei, auch unter dem Namen Chili bekannt, wurde 1981 in der Provinz Hebei geboren. Er arbeitet als Künstler und Sänger und hat sich darauf spezialisiert, bizarre und ironische Bilder im Stil des Surrealismus und der Pop-Art zu schaffen, bei denen er Fotografie und Malerei miteinander kombiniert. Er folgt einem interdisziplinären Ansatz mit Elementen aus Malerei, Film, Installationskunst und Mode. Seine Arbeit *Red Star Motel* (2009) ist eine Serie von Schnappschuss-Szenen, die in identisch ausgestatteten Räumen eines billigen Motels in Beijing angesiedelt sind und von den Freunden des Künstlers gespielt wurden. Die Idee ging teilweise auf die Arbeit *Room 107* des

Photographer Chi Lei, also known as Chili, was born in 1981 in Hebei Province. He works as an artist and singer and specializes in producing bizarre and ironic images of surrealistic and pop style genre images with a mix of photography and painting. He works in an interdisciplinary approach with painting, film, installation, and fashion. His *Red Star Motel* (2009) is a series of snapshot scenes set in the identically furnished rooms of a cheap Beijing motel and acted out by the artist's friends. The idea came in part from American Lyndon Wade's *Room 107*, even though every detail of the motel is Chinese. The scenarios are interlinked via carefully placed visual clues. Chi lives and works in Beijing.

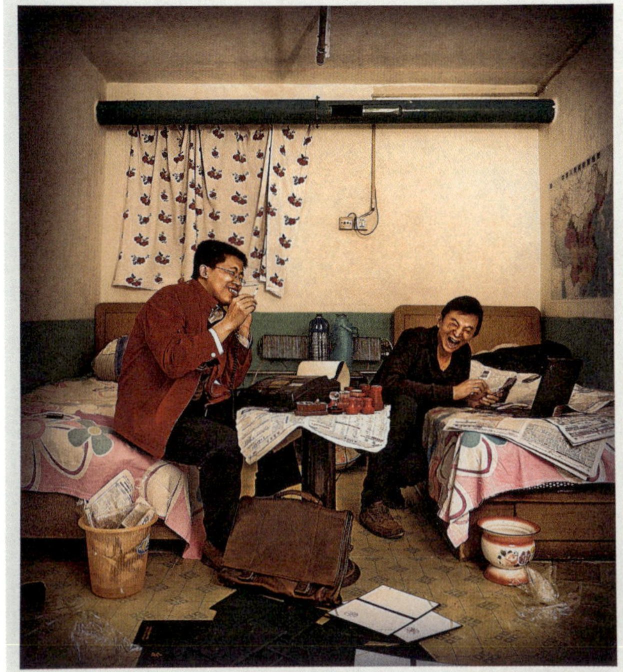

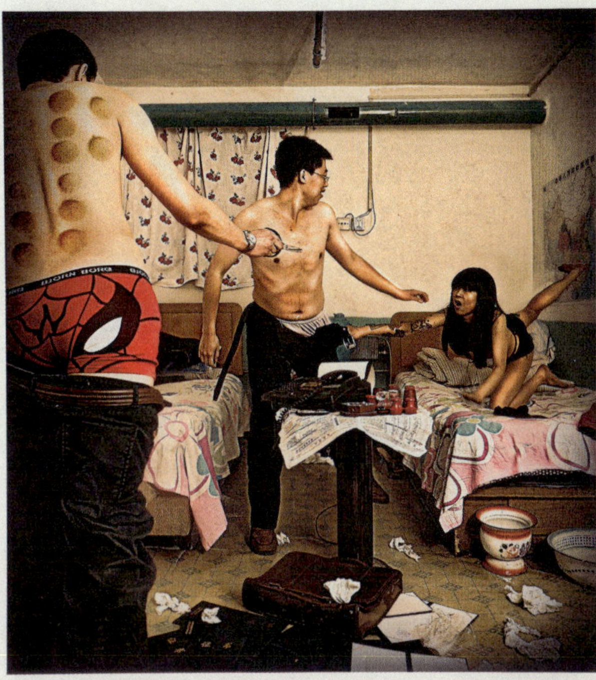

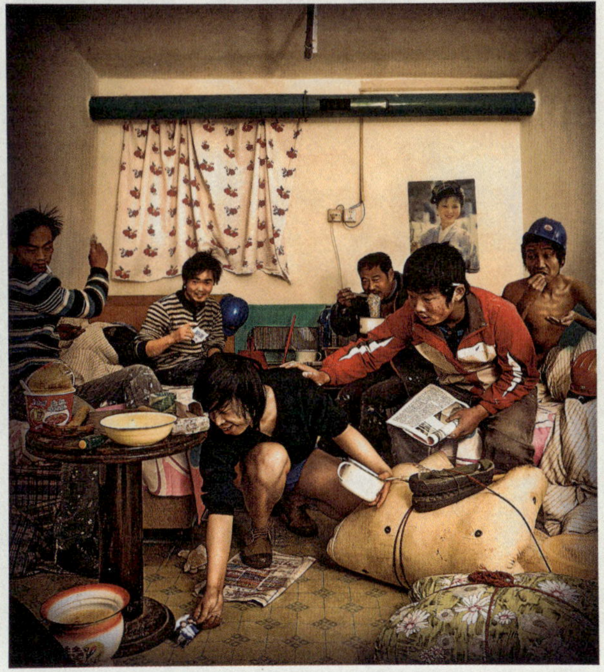

Amerikaners Lyndon Wade zurück, auch wenn alle Details des Motels chinesisch sind. Die einzelnen Szenarien sind durch sorgfältig platzierte visuelle Hinweise miteinander verknüpft. Chi lebt und arbeitet in Beijing.

Was für eine Geschichte liegt Ihrer Fotoserie Red Star Motel *(2009) zugrunde?*

Bei der Vorbereitung auf das Kunstexamen in Beijing wohnte meine Generation von Kunststudenten am liebsten in solchen halb unter der Erde gelegenen Herbergen. Diese gemeinsame Erfahrung und Unterkunft war eine Miniatur der chinesischen Wirklichkeit.

Wer sind die Darsteller?

Das sind alles meine Freunde, außer demjenigen, der einen Wanderarbeiter spielt; das ist ein echter Wanderarbeiter, den ich auf einer Baustelle kennengelernt habe. Er war sehr gut darin, sich selbst zu spielen. Die Figur im Hintergrund, die Melonensamen knackt, war ein Cameo-Auftritt von mir selbst.

Warum diese inszenierte Fotografie?

Alle meine Werke folgen einer vorher festgelegten Handlung. Ich arbeite am liebsten wie ein Regisseur, der die Kontrolle über die gesamte Situation hat. Die Schauspieler führen die Handlung auf der Grundlage meiner Vorgaben aus. Das ist eine von mir geschaffene Welt. Natürlich ist das eine Geschichte voller komplizierter Beziehungen zwischen all den Figuren. Sie sind wie diese Figuren in Guy Ritchies aus vielen Handlungssträngen bestehenden Geschichten.

Bestehen auch andere historischen Bezüge, etwa zu William Hogarths A Harlot's Progress (Die Karriere einer Prostituierten, *1731/32) und seiner Kritik an der zeitgenössischen Gesellschaft?*

Ich betrachte mich selbst als surrealistischer bildender Künstler, der widersprüchliche Bildergeschichten erzählt.

What is the background history of your photographic series Red Star Motel *(2009)?*

This kind of hostel, located in half-basements, was the common choice of residence by my generation of art students when preparing for the arts exams in Beijing. This shared experience and cohabitation was a miniature of the Chinese reality.

Who are the performers?

All of them are my friends except the one who plays a migrant worker, who is a real migrant worker I found at a construction site. He did a great job playing the character of

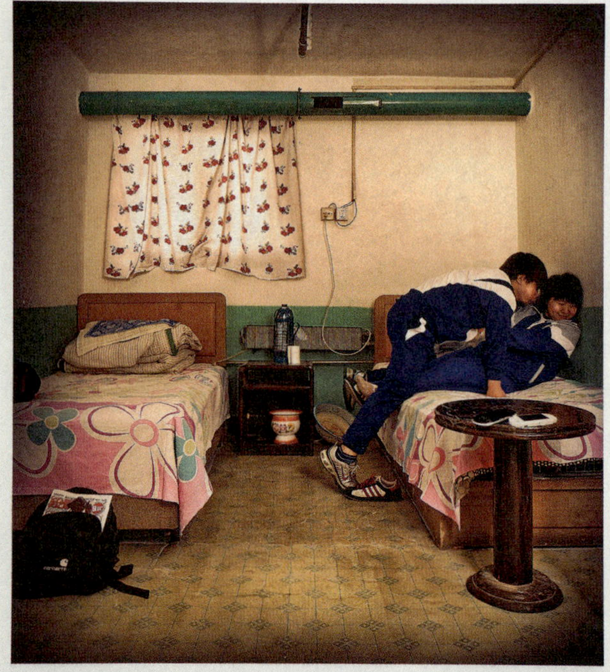

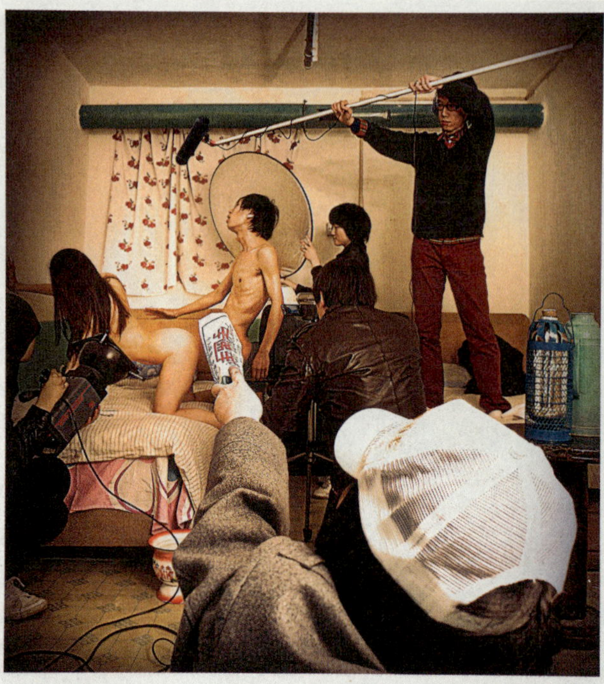

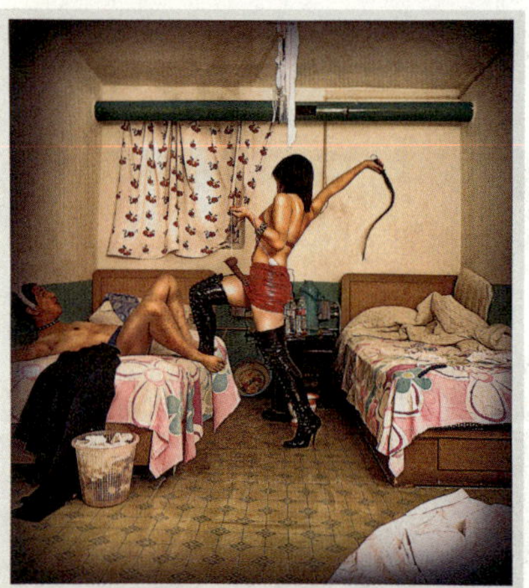

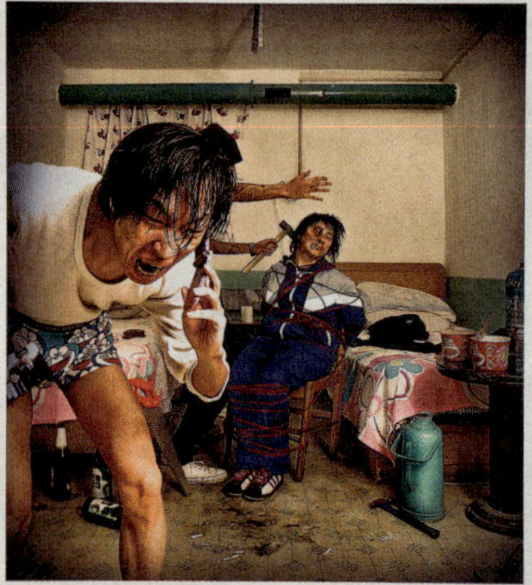

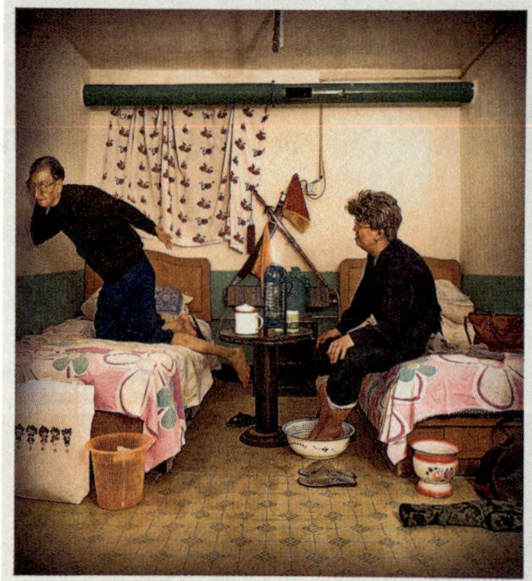

Alle meine Geschichten beruhen auf der Realität der chinesischen Gesellschaft. Wenn man sich einfach nur ein paar chinesische Nachrichtensendungen ansieht, dann entdeckt man, dass alles darin wie eine dramatische Geschichte in einem surrealistischen Land ist. Diese interessanten Geschichten und Ereignisse werden in meinen Werken erneut dramatisiert. Ich platziere die Figuren in bizarren Räumen und verleihe ihnen ein starkes Gefühl schwarzen Humors. Mir gefällt diese Art des entgeisterten Ausdrucks.

Stehen andere Werke in einer Beziehung zu dieser Arbeit?
Es ist ein unabhängiges Werk, auch wenn ich gerade dabei bin, daraus eine größere Serie und etwas Interessanteres zu machen.

Wie hat das Publikum reagiert?
Es gab alle möglichen Reaktionen, darunter auch der Ausdruck echten Vergnügens. Solange die Betrachter mit dem Werk etwas anfangen konnten, haben sie mir gratuliert und gesagt: »Sie sind lebendig und Sie leben wirklich!«

himself. The one in the back cracking melon seeds was a cameo of myself.

Why this kind of staged photography?
All of my works follow a preset storyline. I prefer working in the manner of a director, taking control of the overall situation. The actors carry out the storyline based on my designed routine. This is a world of my creation. Of course, this is a story full of complicated interconnections among all characters. They are like those characters in Guy Ritchie's multithreaded narratives.

Is it linked to other historical references like William Hogarth's A Harlot's Progress *(1731/32), critiquing contemporary society?*
I reckon myself as a surrealistic visual artist who produces contradictive stories in images. All my stories are based on the reality of Chinese society. If only you watch some news in China, you discover that every piece of it is like a dramatic story in a surrealist country. These interesting stories and events are dramatized once again in

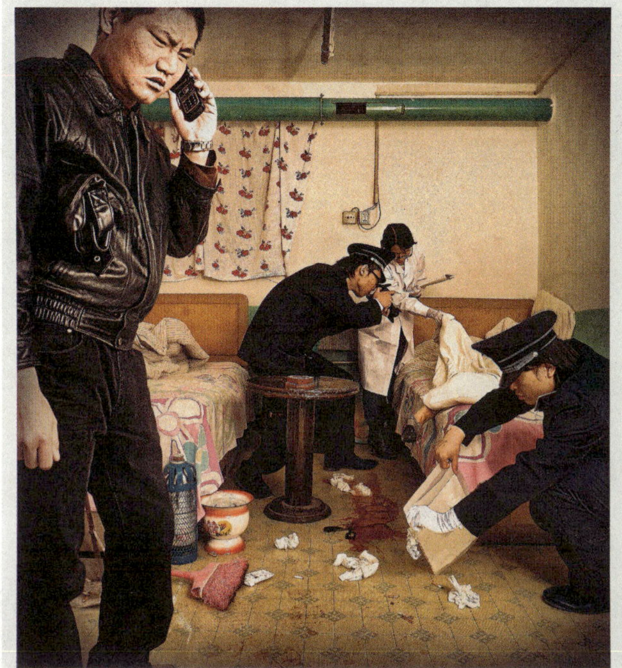

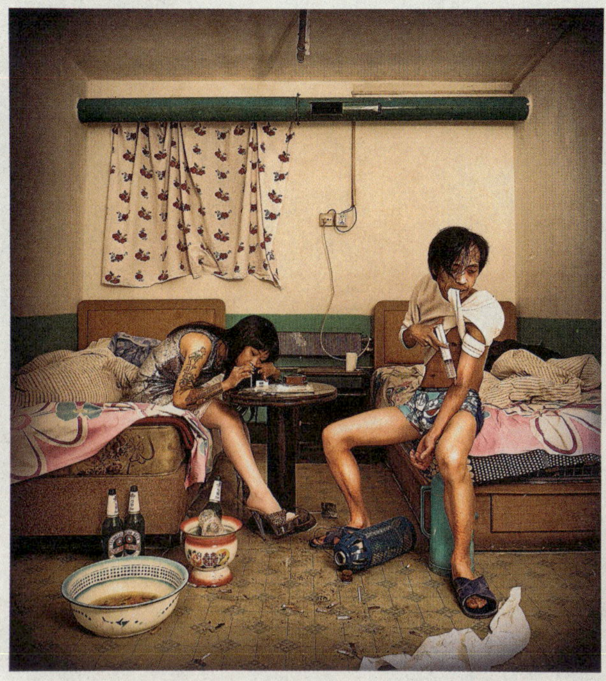

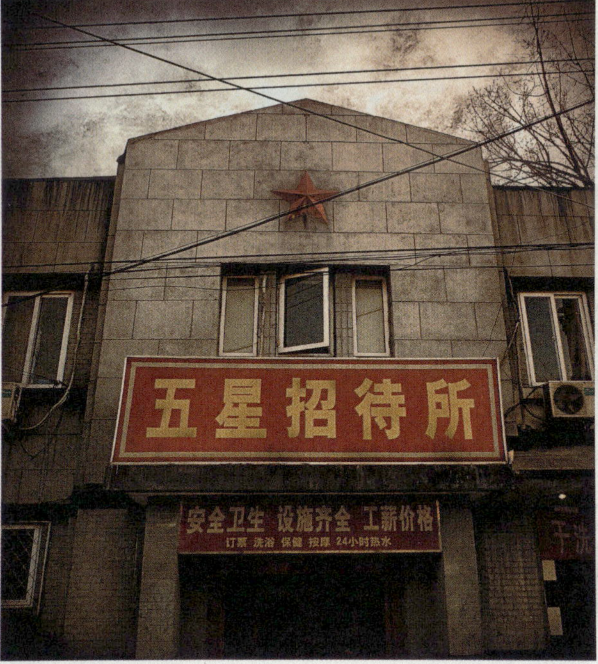

my works. I put the characters in bizarre spaces and give them a strong sense of dark humor. I enjoy this kind of dumbfounded expression.

Are there other works related to it?
This is an independent piece of work, even though I am preparing to develop this piece into a series and something more interesting.

What were the reactions of the public?
There were all kinds of reactions, among them also expressions of real fun. As long as the viewer could find some resonance in it, they would congratulate me, saying: "You are alive and really living!"

Where was it shown until recently?
Until now it has been shown in the US, Australia, South Korea, Hong Kong, and Mainland China.

Wo wurde die Arbeit bisher schon gezeigt?
Bis heute wurde sie in den USA, Australien, Südkorea, Hongkong und in Festlandchina gezeigt.

Chow Chun Fai

Interview: Venus Lau

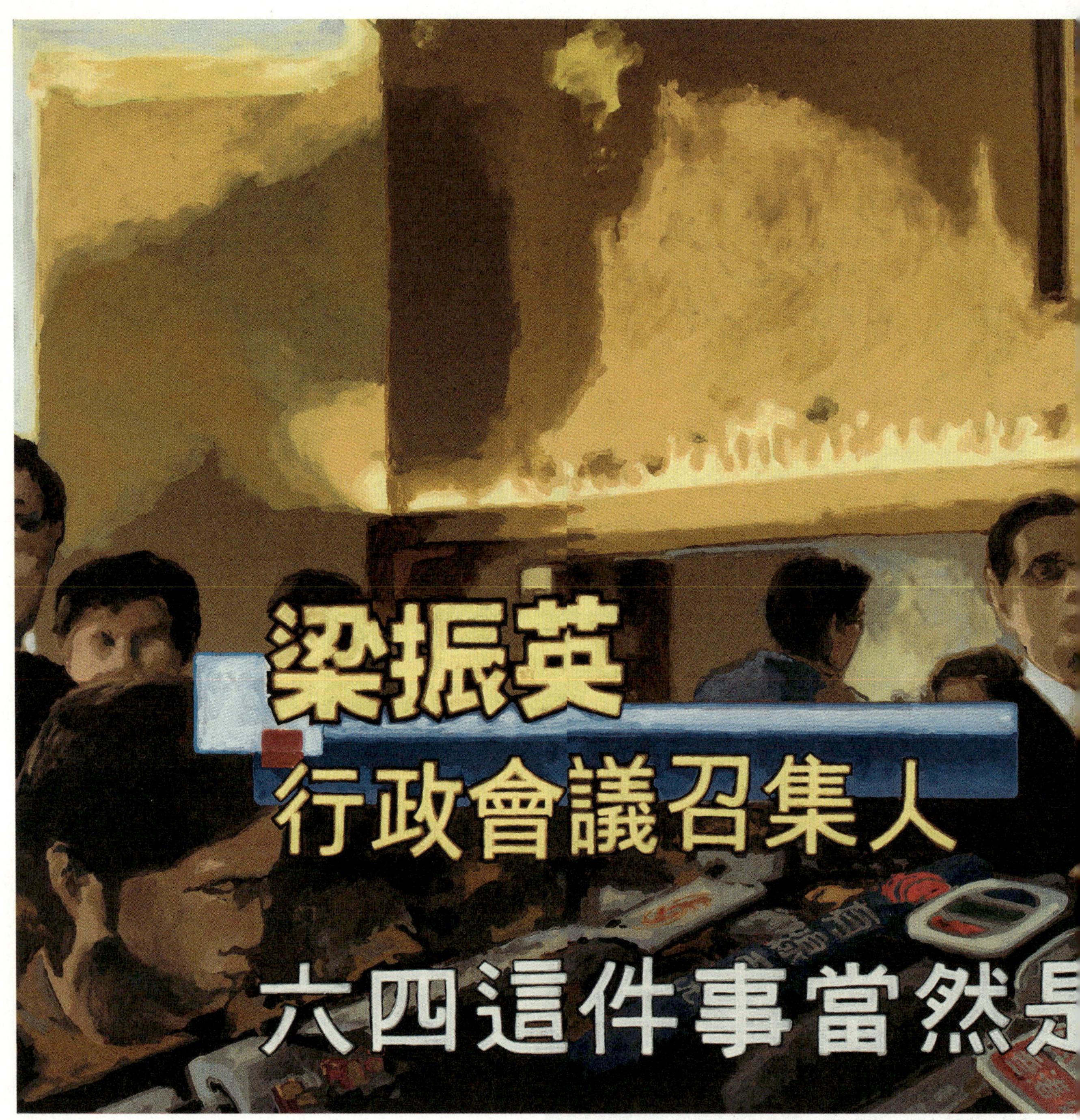

Der Maler Chow Chun Fai wurde 1980 in Hongkong geboren und absolvierte seine künstlerische Ausbildung am New Asia College der Chinese University of Hong Kong (Bachelor und Master of Fine Arts). 2001 bis 2007 war er gleichzeitig Taxifahrer und schuf eine Reihe von nächtlichen Hongkonger Stadtlandschaften, in denen die typischen roten Taxis vorkommen. Nachdem er zum Vorsitzenden des Fotanian Artist Village gewählt wurde, bewarb er sich 2012 ohne Erfolg um einen Sitz im Sports, Performing Arts, Culture and Publication Functional Constituency des Hong Kong Legislative Council. Chow lebt und arbeitet in Hongkong.

Kennzeichen Ihrer künstlerischen Praxis sind Gemälde, Fotoarbeiten, die Screenshots von Filmen kopieren, Videos

The painter Chow Chun Fai was born in Hong Kong in 1980 and trained as an artist at the New Asia College of the Chinese University of Hong Kong (B.A. and M.F.A.). Between 2001 and 2007 he also worked as a taxi driver and created a series of norturnal Hong Kong cityscapes that feature the typical red taxicabs. After he was named chairman of the Fotanian Artist Village, in 2012 he applied unsuccessfully for a position in Hong Kong's municipal council, which is responsible for sports, the performing arts, culture, and publications. Chow lives and works in Hong Kong.

Your artistic practice is characterized by paintings, photographic works copying screen shots of movies, videos

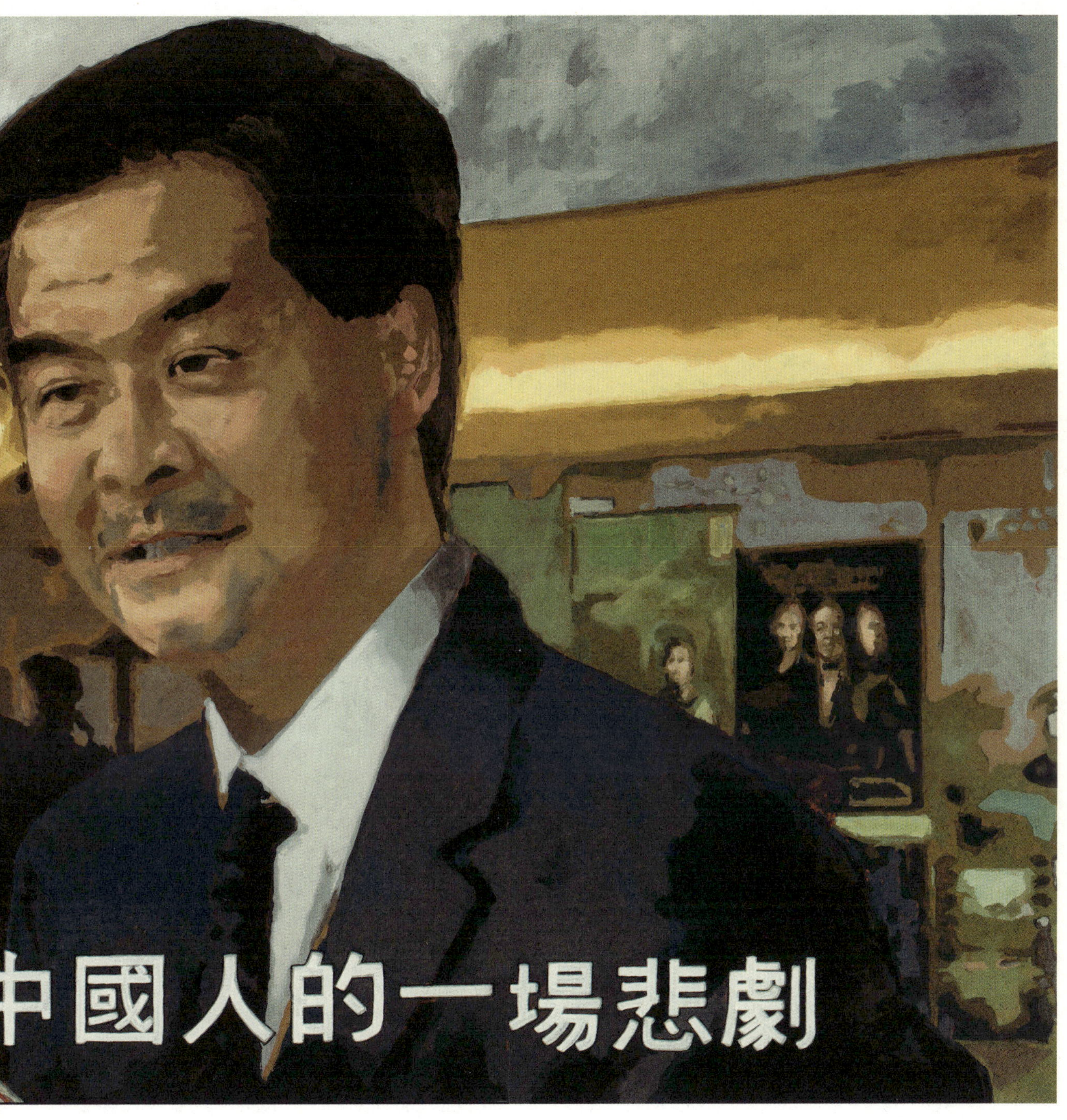

und neue Clips, und die Vielfalt Ihrer Verweise reicht von Hongkong-Filmklassikern bis zum Musikvideo für »Just Because You Are Here« (dem Titelsong, mit dem das zehnjährige Jubiläum der Übergabe der Sonderverwaltungszone Hongkong an China gefeiert wurde). A Better Tomorrow, 'I Didn't Notice the Beauty of Hong Kong at Night' *(2013) und* CY Leung, 'June 4 Incident for Sure Was a Tragedy for China' *(2012) sind zwei Beispiele für malerische Repliken. Können Sie mir mehr über den Hintergrund dieser Werke sagen? Was genau zeigen diese beiden Gemälde, und in welchem politischen und sozialen Kontext stehen sie, vor allem im Zeitraum ihrer Entstehung (2012/13)?*

A Better Tomorrow, 'I Didn't Notice the Beauty of Hong Kong at Night' ist ein Gemälde, das auf einem Standbild

and news clips, the variety of your reference spans from Hong Kong cinematic classics to the music video for "Just Because You Are Here" (the theme song celebrating the tenth anniversary of the handover of Hong Kong SAR). **A Better Tomorrow, 'I didn't notice the beauty of Hong Kong at night'** ***(2013) and*** **CY Leung, 'June 4 incident for sure was a tragedy for China'** ***(2012) are two examples of painterly replicas. Can you tell us more on the background stories of these two works? What exactly do these two paintings depict, and what is the political and social context they are connected to, especially in the period of time when the works were produced (2012–2013)?***

A Better Tomorrow, 'I didn't notice the beauty of Hong Kong at night' **(2013) is a painting based on a still cap-**

Chow Chun Fai, *A Better Tomorrow, 'I didn't notice the beauty of Hong Kong at night,'* 2013

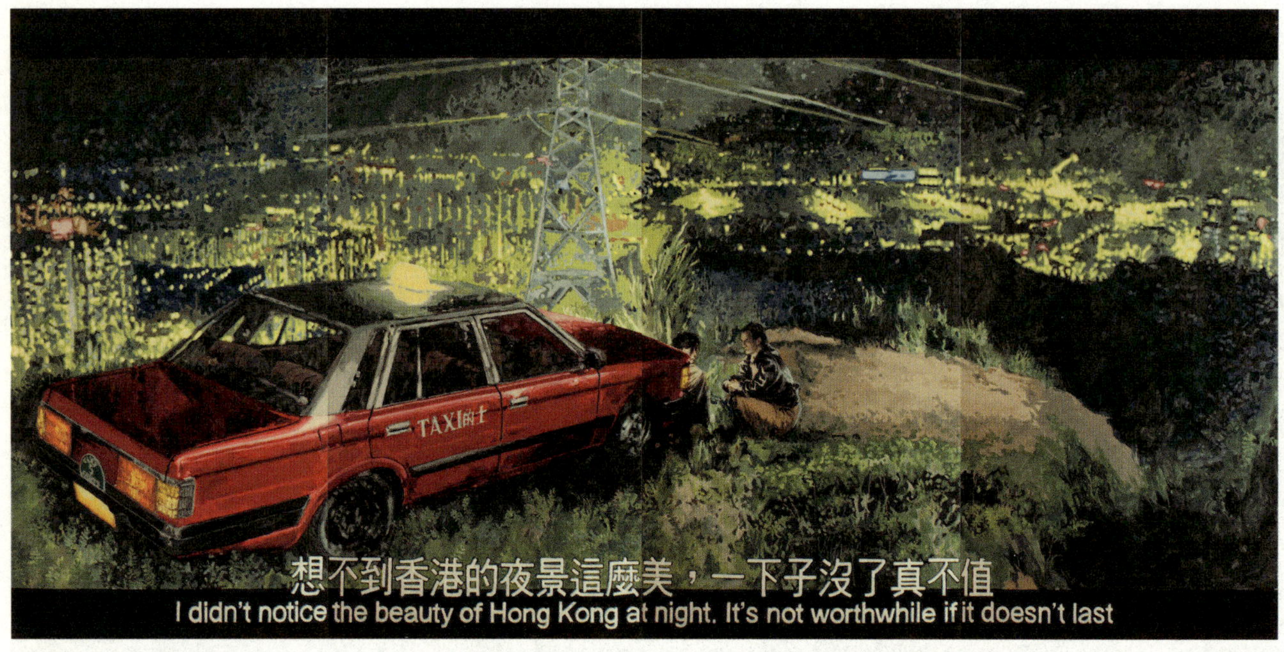

aus *A Better Tomorrow* (1986) beruht, einem klassischen Hongkong-Actionfilm, bei dem John Woo Regie führte und Chow Yun-Fat und Leslie Cheung die Hauptrollen spielen. In der dargestellten Szene geht es um einen freigelassenen Gefangenen und diesen Typen, die, nachdem sie eine Verfolgungsjagd mit Banden und der Polizei überstanden haben, in einem Taxi auf den Peak in Hongkong fahren. Vor der ikonischen Kulisse der nächtlichen Stadt sagt einer der beiden: »Mir war gar nicht aufgefallen, wie schön Hongkong bei Nacht ist. Aber das ist nicht von Dauer. Lohnt sich nicht.« Das ist der Hintergrund des ursprünglichen Bildes, mit dem ich bei *A Better Tomorrow* gearbeitet habe. *CY Leung, 'June 4 Incident for Sure Was a Tragedy for China'* ist ein Gemälde, das auf einem Standbild aus einer aufgezeichneten Nachrichtensendung vom 12. November 2010 über Leung Chun-ying (C. Y. Leung) stammt. Die Untertitel des Videos wurden in dem Gemälde übernommen. Leung ist der derzeitige Regierungschef der Sonderverwaltungszone Hongkong; er gewann die Wahlen am 25. März 2012 mit 689 von 1200 Stimmen. Nur achtzehn Monate vor seinem Amtsantritt äußerte sich Leung über Liu Xiaobo, den chinesischen Dissidenten und Friedensnobelpreisträger 2010. Leung schlug vor, den ehemaligen chinesischen Führer Deng Xiaoping mit dem Preis auszuzeichnen. Bei derselben Gelegenheit baten ihn die Journalisten um einen Kommentar zum Vorfall vom 4. Juni [gemeint ist das Massaker auf dem Platz des Himmlischen Friedens 1989] und seine Antwort lautete: »Der Vorfall vom 4. Juni war für China mit Sicherheit eine Tragödie.« Dieser Satz wurde als Interpretation der Situation von Hongkong 1989 verstanden, als die Übergabe der Stadt an die chinesische Regierung bestätigt wurde.

›Repräsentation‹ ist ein Schlüsselbegriff für Ihre Praxis, bei der Bilder wiederholt und unweigerlich in malerische Oberflächen und Fotocollagen verwandelt werden. Wie gelingt es Ihnen, bei diesen Wiederholungen Unterschiede zu präsentieren?

ture from the Hong Kong movie *A Better Tomorrow* (1986), part of a Hong Kong action classic directed by John Woo and starring Chow Yun-Fat and Leslie Cheung. The scene depicted in the painting is about a released prisoner and this fellow who drove a taxi to the Peak in Hong Kong after they escaped from a manhunt by the gangs and police. Using the iconic night view from the Peak as a backdrop, one of them said, "I didn't notice the beauty of Hong Kong at night. It's not worthwhile if it doesn't last." This is the background of the original image I worked with for *A Better Tomorrow, 'I didn't notice the beauty of Hong Kong at night.' CY Leung, 'June 4 incident for sure was a tragedy for China'* is a painting stemming from a captured news clip on November 12, 2010, of Leung Chun-ying (C. Y. Leung); the subtitles of the video were duplicated in the painting. Leung is the current Chief Executive of Hong Kong SAR, he won the election with 689 votes on March 25, 2012. Just eighteen months before the commencement of his term of office, on a forum at a university, Leung commented on Liu Xiaobo, the Chinese dissident and the winner of the 2010 Nobel Peace Prize. Leung suggested that former Chinese leader Deng Xiaoping should be awarded with the prize. On the same occasion the journalists asked for Leung's comment on the June 4 Incident, and his reply was, "June 4 Incident for sure is a tragedy for China." The line was seen as an interpretation on the situation of Hong Kong in 1986, when the city's handover to the Chinese government in 1997 was confirmed.

Representation *is a keyword to your practice in which images are repeated and inevitably transformed on painterly surfaces and photographic collage. How do you manage to present difference in these repetitions?*

Alienation. I make pretty honest copies of the original images, I don't change the wording or figures from the movie stills and their subtitles. However, when the images are isolated from the original context, the alienation kicks in and creates a totally different context.

Durch Verfremdung. Ich mache ziemlich originalgetreue Kopien der ursprünglichen Bilder, ich verändere den Wortlaut oder die Figuren aus den Filmstills und ihre Untertitel nicht. Doch wenn die Bilder von ihrem ursprünglichen Kontext isoliert werden, setzt die Entfremdung ein und erzeugt einen völlig anderen Kontext.

Sie haben mit sehr vielen sozialen Aspekten der Kunstszene in Hongkong zu tun. 2012 kandidierten sie für einen Sitz im Sports, Performing Arts, Culture and Publication Functional Constituency des Hong Kong Legislative Council, haben die Wahl aber letztlich gegen Ma Fung-kwok verloren, der vorher der Vorsitzende des Hong Kong Arts Development Council war. Hat die Erfahrung der Wahl Ihre Arbeit verändert?

Mich hat der Gegensatz zwischen Kunst und sozialer Wirklichkeit immer frustriert. In der Politik muss man direkt, klar und laut sein, während es in der Kunst um das Indirekte und Ungewisse geht. Im Moment versuche ich den Gegensatz zwischen Kunst und Politik mittels unterschiedlicher Methoden in einen Vorteil zu verwandeln. Der Prozess der Kunstproduktion ist viel zu lang und langsam, um effektiv auf soziale Vorkommnisse reagieren zu können, obwohl manchmal ein gewisser zeitlicher Abstand, wie bei der Verwendung alter Pressefotos, eine stärkere Wirkung erzielen kann.

Wie wählen Sie die Filmbilder aus, die Sie malen? Gibt es verschiedene Themen und Kategorien, die die endgültige Wahl beeinflussen? Was sind Ihre Lieblingsfilmregisseure, mit deren Werken Sie schon immer mal arbeiten wollten?

Die Auswahl betrifft mehr die Texte vor und im Anschluss an die Filme. Ich lese viele Kritiken und Interpretationen der Filme. Außerdem bevorzuge ich die Arbeit mit Filmen, bei denen es sich um ›Remakes‹ handelt und es beispielsweise einen Originalroman gibt, den man lesen kann.

Wie hat der High-Definition-Standard der Videos Ihre Praxis verändert?

Ein niedriges technologisches Niveau hat seine eigene Ästhetik. Ich bewahre die verschwommenen Untertitel von diesen Low-Definition-Video-CDs mit einem begrenzten Farbschema in meinen Bildern. Es ist sehr schade, dass wir von dem Lowtech-Umfeld fortgestoßen werden, und so muss ich nach einer anderen Möglichkeit suchen, um eine neue Ästhetik zu produzieren.

Woran arbeiten Sie momentan?

Ich habe eine große Anzahl von Bildern aus den Massen- und sozialen Medien wie Facebook, Whatsapp und Wechat gesammelt. Alle diese Bilder drehen sich um die Täuschung, der wir täglich begegnen.

You are involved in a lot of social aspects of the art community in Hong Kong. In 2012 you ran for a seat on the Sports, Performing Arts, Culture and Publication Functional Constituency in the Hong Kong Legislative Council, and ended up losing the position to Ma Fung-kwok, who is previously the chairman of Hong Kong Arts Development Council. Did the experience of the election change your practice?

I am always frustrated by the contradiction between art and social reality. In politics I have to be straightforward, clear, and loud, while in art it is indirect and uncertain. At present I am trying make the art-politics contradiction an advantage by different methods. The process of art-making is way too long and slow to effectively respond to social incidents, although sometimes a lagging between art and politics, like the use of obsolete press images, may generate a more powerful impact.

How do you select the shots of movies that you paint? Are there different topics and categories influencing the final choices? Who are your favorite film directors whose works you would always love to work with?

The selection is more about the texts prior and subsequent to the movies. I read a lot of criticism and interpretations of the movies. I also prefer working with movies that are "remakes," for which there is, for example, an original novel to read.

How does the High Definition standard of moving images change your practice?

Low level of technology owns its unique aesthetics. I preserve the blurred subtitles from those low-definition VCD with limited color scheme in my paintings. It is a pity that we are pushed away from the low-tech environment, and thus I have to discover another way of seeing to produce new aesthetics.

What are you working on lately?

I have collected an ample amount of images from mass media as well as social platforms such as Facebook, WhatsApp and WeChat. All of these images are revolving around deception that we encounter daily.

Chu Yun

Artist's statement, editiert von / edited by Kathleen Bühler und / and Venus Lau

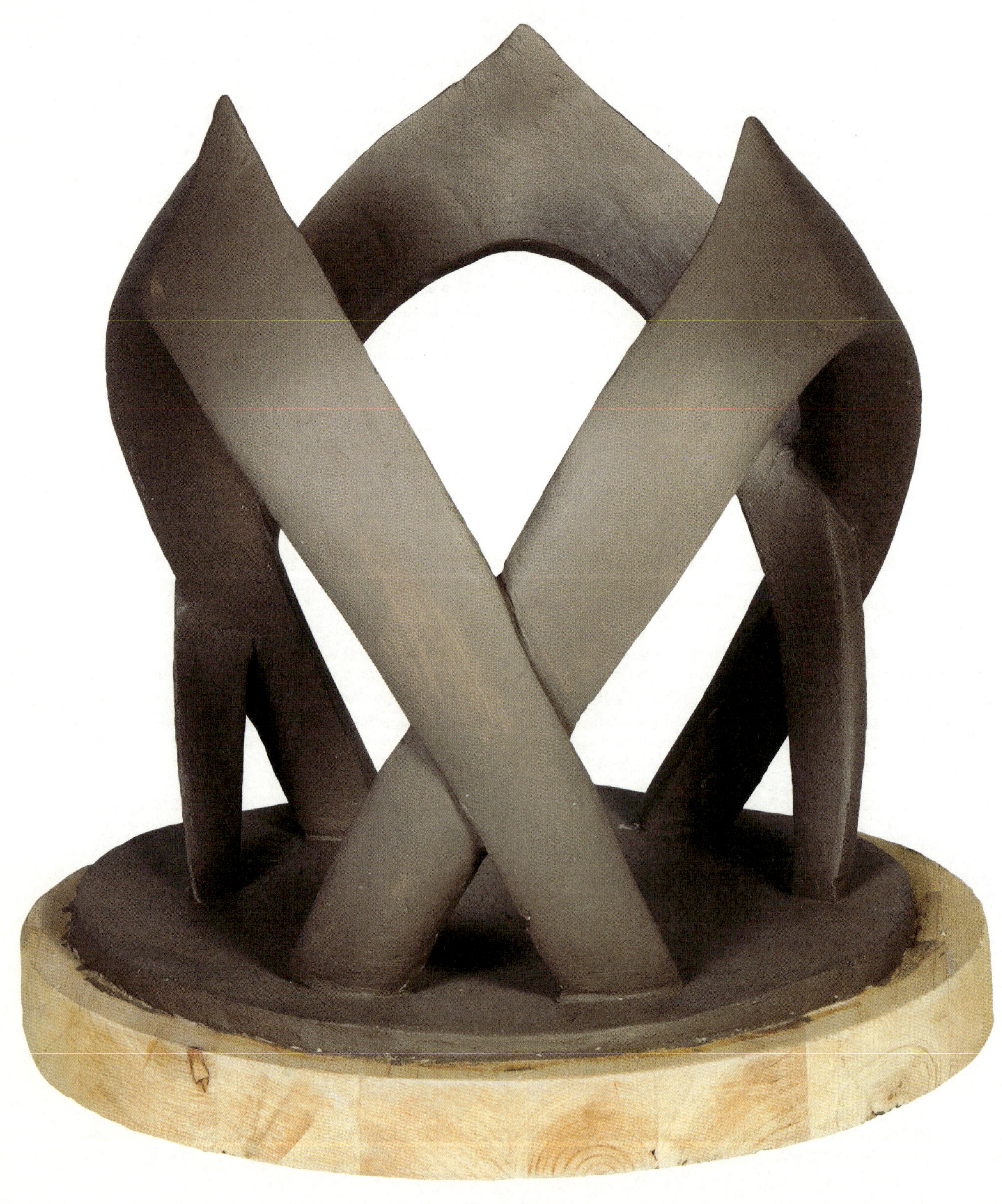

Chu Yun wurde 1977 in der Provinz Jiangxi geboren. Er erschafft primär auf Installationen basierende Werke, die sich direkt auf seine eigenen Erfahrungen beziehen. Häufig wird dabei der Produktionsprozess selbst als Teil des Kunstwerks betrachtet. Während Werke aus jüngerer Zeit in immer stärkerem Maße Beobachtungen gewidmet sind, die die strukturelle Organisation der Gesellschaft betreffen, beziehen sich frühere Werke häufig auf persönliche und alltägliche Erfahrungen. Seine Werke bewegen sich zwischen einer Erkundung der künstlerischen Produktion und der Dynamik des Rezeptionsprozesses. Chu Yuns künstlerisches Vokabular ist sehr klar und direkt, doch zugleich ist er imstande, auf poetische Weise verborgene Dinge offenzulegen und uns so einen flüchtigen Blick auf das Reale zu bieten. In einem Gespräch mit dem Kurator Hu Fang beschrieb Chu Yun seine Beschäftigung mit dem Alltäglichen folgendermaßen: »Tatsächlich ändern uns nicht zwangsläufig diejenigen Dinge, deren wir uns völlig bewusst sind, oder gar diejenigen, an die wir uns erinnern können. Ich meine, wir werden unbewusst von Dingen verändert, die wir nicht so leicht beobachten können, und das sogar auf raschere und drastischere Weise.« Das Werk *1607* (2003) etwa bezieht sich auf Chus frühere Lebensumstände. Anhand einer Auswahl von 1607 Fotos aus einem vorhandenen Archiv von etwa 6000 Dokumentaraufnahmen präsentiert er Situationen und Details aus seiner 20 Quadratmeter großen Wohnung. Bei *Who Stole Our Bodies?* (2003) schuf Chu eine Installation aus offenkundig benutzten verschiedenfarbigen Seifenstücken, die er bei seinen Freunden gesammelt hatte. Abgesehen von seinem Verweis auf die vergängliche Natur des Materials erzählt dieses Werk auch von der Flüchtigkeit des menschlichen Lebens. In seinem Werk bezieht sich Chu auf nachdenkliche und subtile Weise auf die soziale und politische Wirklichkeit seines Landes. Dies gilt auch dann, wenn das Thema seiner Werke offenkundig ist, etwa bei *Dongguan's Sculpture* (2009), sechs kleine Tonkopien monumentaler Skulpturen in der Stadt Dongguan. Chu lebt und arbeitet in Beijing.

Aus Chu Yuns Anmerkungen zu Dongguan's Sculpture, *2009*
»Unter Regierungsbeamten gibt es ein beliebtes Sprichwort, einen Witz, dem aber ein Fünkchen Wahrheit innewohnt: ›Man hat diese Position nicht inne, weil man kompetent ist, sondern man ist kompetent, weil man diese Position innehat.‹ Ebenso können wir sagen: ›Ich bin nicht wegen seiner/ihrer Tugenden mit ihm/ihr zusammen, sondern er/sie hat

Chu Yun was born in 1977 in Jiangxi Province. He makes primarily installation-based work that directly references his own experiences. Frequently the production process itself is seen as part of the artwork. While recent works might be dedicated more and more to observations concerning the structural organization of society, earlier works repeatedly reference highly personal and everyday experiences. In this realm of competing interests his works walk the line between exploring artistic production and the dynamics of the reception process. While Chu Yun's artistic vocabulary is very clear and direct, at the same time he is able to reveal what remains hidden in a poetic way, thus affording a glimpse of the real. In a conversation with the curator Hu Fang, Chu Yun described his preoccupation with the everyday as follows: "In fact, what changes us are not necessarily those things of which we are overtly conscious about, or even the things that we are able to remember. I mean, we are unconsciously changed by things we cannot easily observe, even in a more rapid and drastic manner." The work *1607* (2003), for example, references Chu Yun's former living situation. In a selection of 1,607 photos from an existing archive of nearly 6,000 documentary images, he presents situations and details from his 20-square-meter apartment. For *Who Stole Our Bodies?* (2003) Chu created an installation out of visibly used bars of soap in different colors that he had collected from his friends. Alongside referencing the perishable nature of the material, this work also recounts the individualized transitoriness of human life. In his work, Chu refers to the social and political reality of his country in a thoughtful and subtle way, even when the subject of his works is explicit, for example in *Dongguan's Sculpture* (2009), six small clay copies of monumental sculptures in the city of Dongguan. Chu currently lives and works in Beijing.

From Chu Yun's notes on Dongguan's Sculpture, *2009*
"There is a saying popular among government officials—a joke, but not without a touch of truth: 'You are not in this position because you are competent. Instead, you are competent because you are in this position.' In the same manner, we can also say that: 'I am not with him/her because of his/her virtues. Instead, he/she has such virtues because he/she is with me.' The world exists not because it's the best among all possibilities. Instead, because it exists, it's the best. Those sculptures in Dongguan[1] exist not because they boast any value (aesthetic or any other).

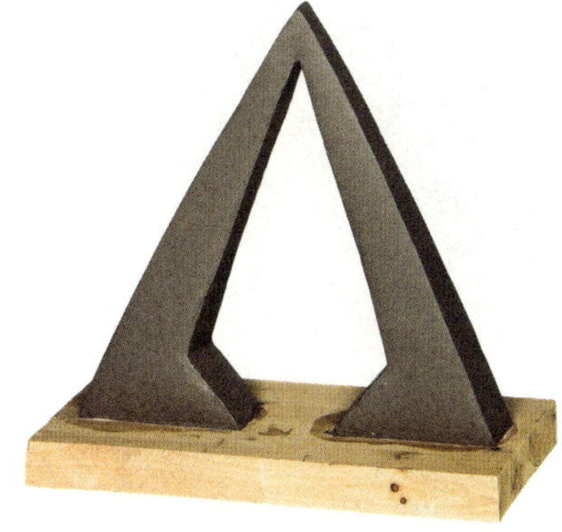

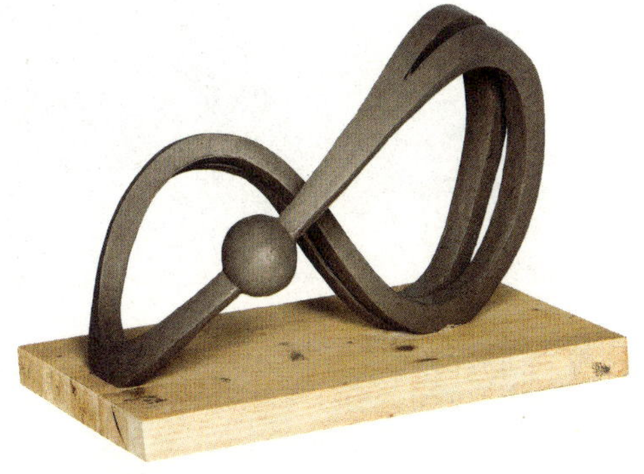

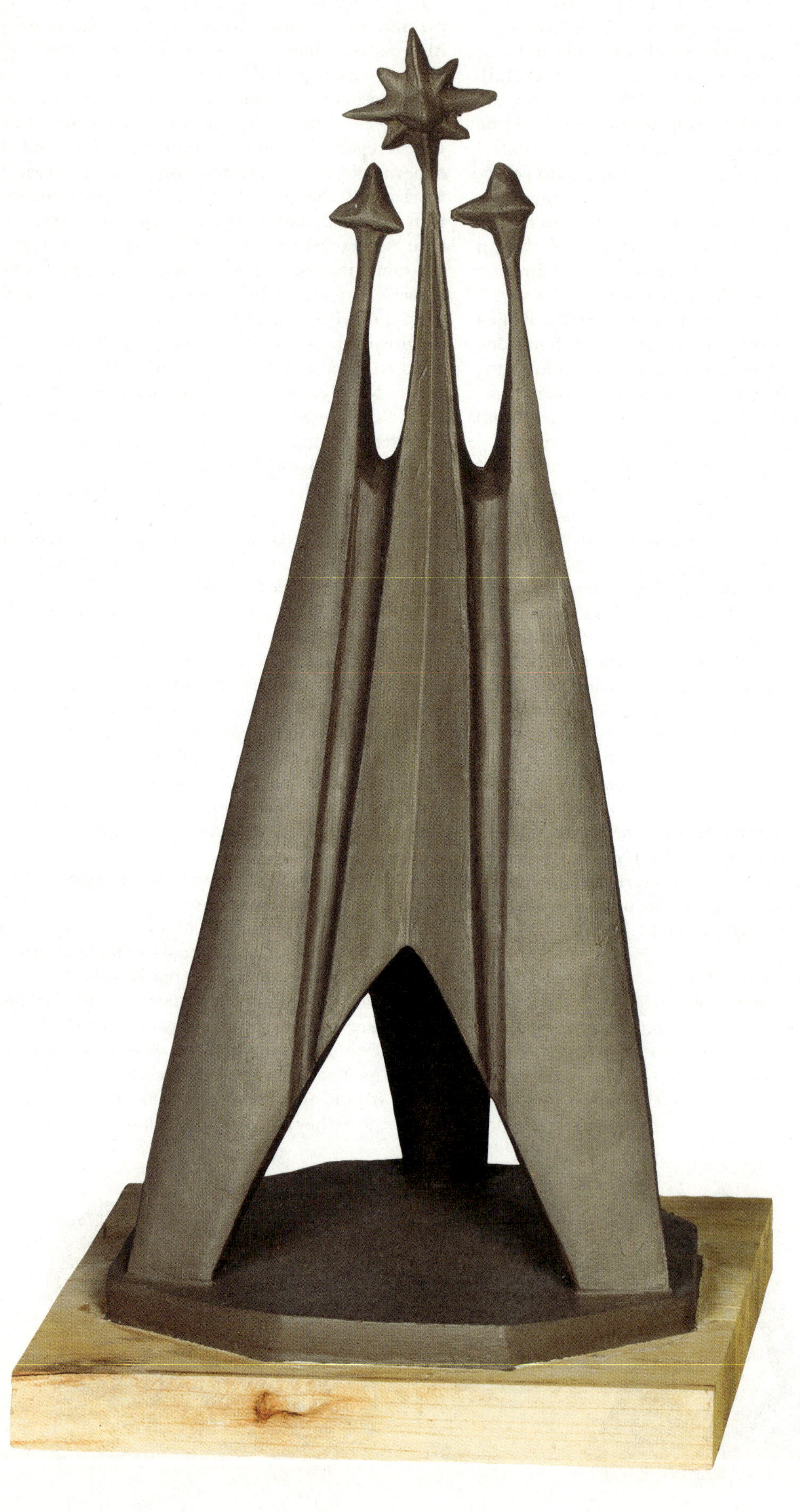

diese Tugenden, weil er/sie mit mir zusammen ist.‹ Die Welt existiert nicht, weil sie die beste aller möglichen Welten ist, sondern weil es sie gibt, ist sie die beste. Diese Skulpturen in Dongguan existieren nicht, weil sie sich irgendeines besonderen (ästhetischen oder anderen) Wertes rühmen können, sondern ihr (ästhetischer oder anderer) Wert verdankt sich der Tatsache, dass es sie gibt. Die diese Skulpturen definierenden Elemente sind also ihr Standort, ihr Massstab und ihre Funktion und nicht Ästhetik, Bedeutung oder Imagination. Als Überbau über der wirtschaftlichen Basis kann und wird der technische Fortschritt daher nur solch eine Gestalt annehmen. Sobald also eine Wirklichkeit sich zusammen mit dem Grund, auf dem sie gedeiht, verändert, ist sie zum Untergang verdammt und dient nur noch als historisches Muster einer Ideologie ohne Geschichte.«

[1] Dongguan ist eine bedeutende Industriestadt, die im Pearl River Delta liegt. Was das Anwerben ausländischer Direktinvestionen angeht, gilt ihre Stadtverwaltung als besonders fortschrittlich. In den drei Nachbargemeinden Guangzhou, Dongguan und Shenzen leben mehr als fünfundzwanzig Millionen Menschen, die einen Großteil der Bevölkerung der Region des Pearl River Delta ausmachen (https://de.wikipedia.org/wiki/Dongguan [15.11.2015]).

They gain value (aesthetic or any other) because they exist. Thus, the defining elements of those sculptures are their location, scale, and function instead of aesthetics, meaning, or imagination. Thus, as a superstructure above the economic base, technological progress can and will only take such a form. Thus, once a reality changes along with the ground it thrives on, it is doomed to extinction, only serving as a historical specimen of an ideology without history."

[1] Dongguan: An important industrial city located in the Pearl River Delta. Its city administration is considered especially progressive in seeking foreign direct investment. The three neighboring municipalities of Guangzhou, Dongguan, and Shenzhen are home to more than twenty-five million residents, accounting for a large proportion of the Pearl River Delta region's population. (http://en.wikipedia.org/wiki/Dongguan, accessed November 15, 2015.)

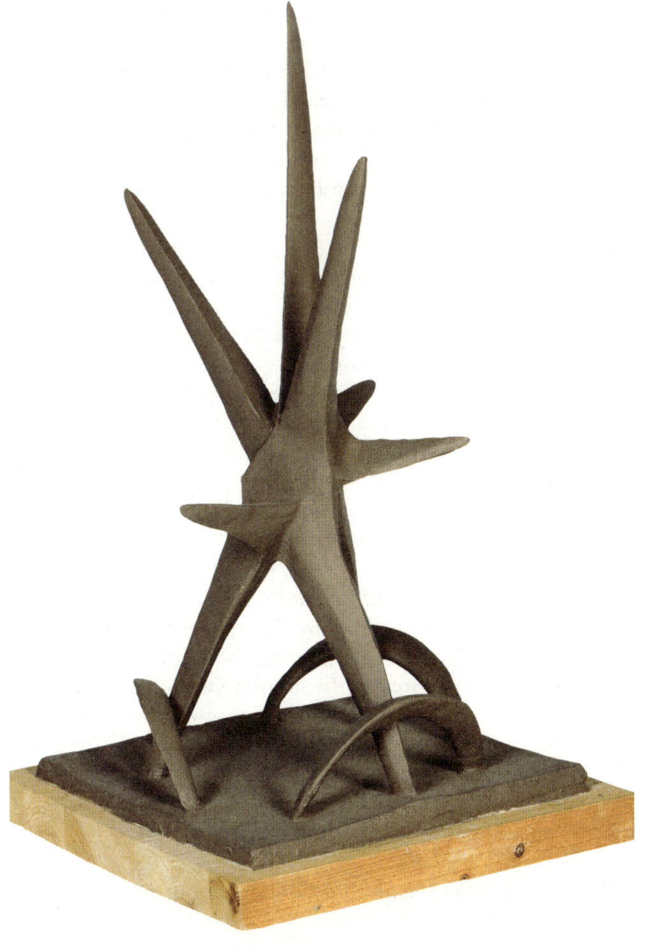

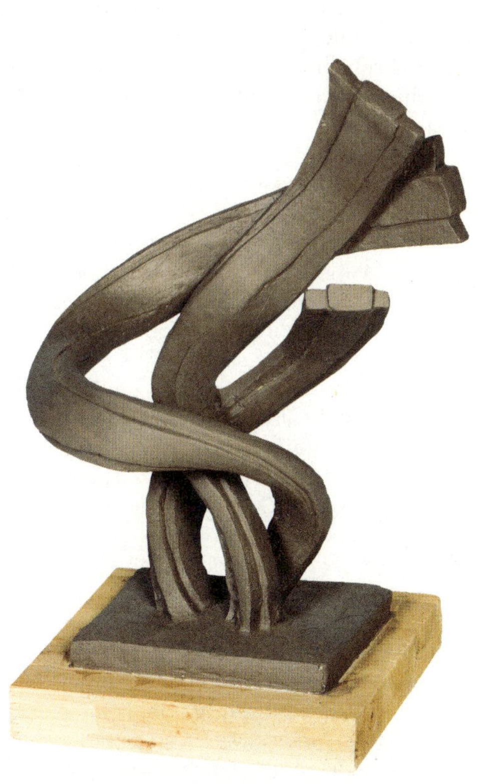

Ding Xinhua

Interview: Gu Zhenqing

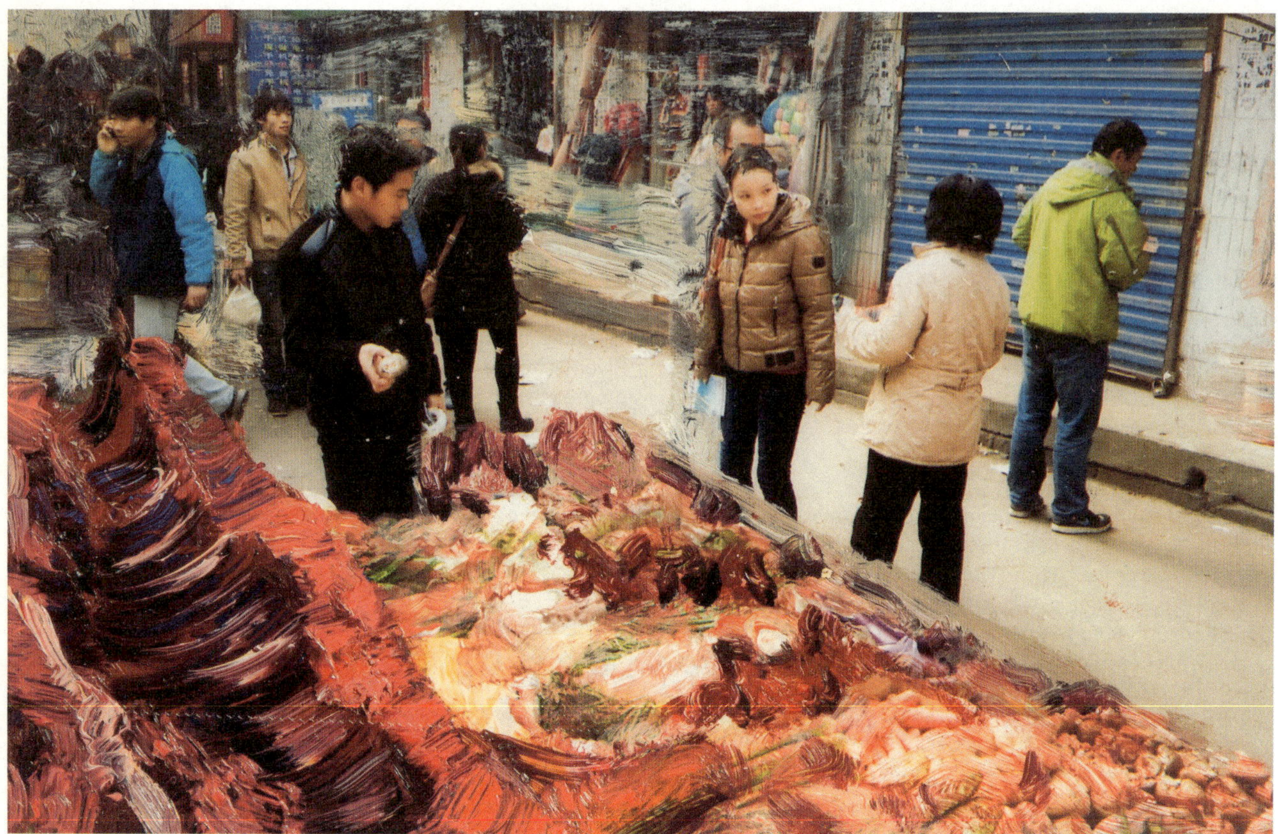

Ding Xinhua wurde 1964 in Yichuan (Provinz Shaanxi) geboren. 1987 machte er seinen Studienabschluss an der Xi'an Academy of Fine Arts. Seither hat Ding Xinhua kontinuierlich im nördlichen Teil der Provinz Shaanxi gemalt und die Urbanisierungsbestrebungen als eine endgültige Lösung für die in der Landwirtschaft, ländlichen Gegenden und der Bauernschaft seit Langem vorhandenen Probleme dokumentiert. Ding lebt und arbeitet in einer kleinen Stadt auf dem Huangtu-Plateau (Lössplateau).

Welche Geschichten liegen Ihrem Werk Crazy City *(2013/14) zugrunde?*

Es geht darin um die westchinesische Stadt Yan'an und ihr Alltagsleben. Da ich als Grundschullehrer damals schon mehr als zehn Jahre lang in Yan'an gelebt habe, einer kleinen Stadt auf Präfekturebene in der Region Shanbei der Provinz Shaanxi, war mir sehr bewusst, was sich im Alltagsleben ihrer Bewohner abspielte. Die Tatsache, dass ich mich in Yan'an niederließ, hat mir wirklich dabei geholfen, diese Werke zu schaffen, da es in ihnen auch um mein Leben geht, egal, ob es schmerzlich oder glücklich ist; das ist mein wahres Selbst.

Wo sind die Fotografien entstanden?

Acht Jahre lang durchquerte ich auf dem Weg zur Arbeit die Innenstadt. Ich wollte alles ausdrücken, was ich empfand, und daher habe ich jedes Mal Bilder gemacht, wenn ich mithilfe meiner Kamera von Leben erfüllte Szenen entdeckte: im Einkaufszentrum, auf dem Markt, Straßensänger, Schulklassen und so weiter. Viele Bilder sind im Bus entstanden. Die Bilder sind keine fotografischen Werke im

Ding Xinhua was born in 1964 in Yichuan (Shaanxi Province). In 1987 he graduated from Xi'an Academy of Fine Arts. Since then Ding Xinhua has continually painted in the northern part of Shaanxi Province, documenting the urbanization movement as a final solution to the long-standing problems around agriculture, rural areas, and peasantry. Ding lives and works in a small city on the Huangtu (Loess) Plateau.

What are the background stories of your work Crazy City *(2013/14)?*

They are all about the city of Yan'an, in western China, and its daily life. Since I lived in Yan'an—a small prefecture-level city in the Shanbei region of Shaanxi Province—for more than ten years as teacher in a primary school, I was very aware of what's happening in the daily lives of its residents. My settlement in Yan'an really helped me create these works, since it's also about my life, no matter if it's painful or happy, that's my true self.

Where were the photographs taken?

For eight years I crossed downtown every day on my way to work. I wanted to express all that I felt, so I took pictures whenever I found life scenes through my camera: at the plaza, at the market, street singers, school classes, etc. Many pictures were taken on the bus. The pictures are not works of photography in a narrow sense. I just wanted to record life as much as I could and took these photographs as a starting point for a future work.

Was it easy to take the pictures, or did people dislike being photographed?

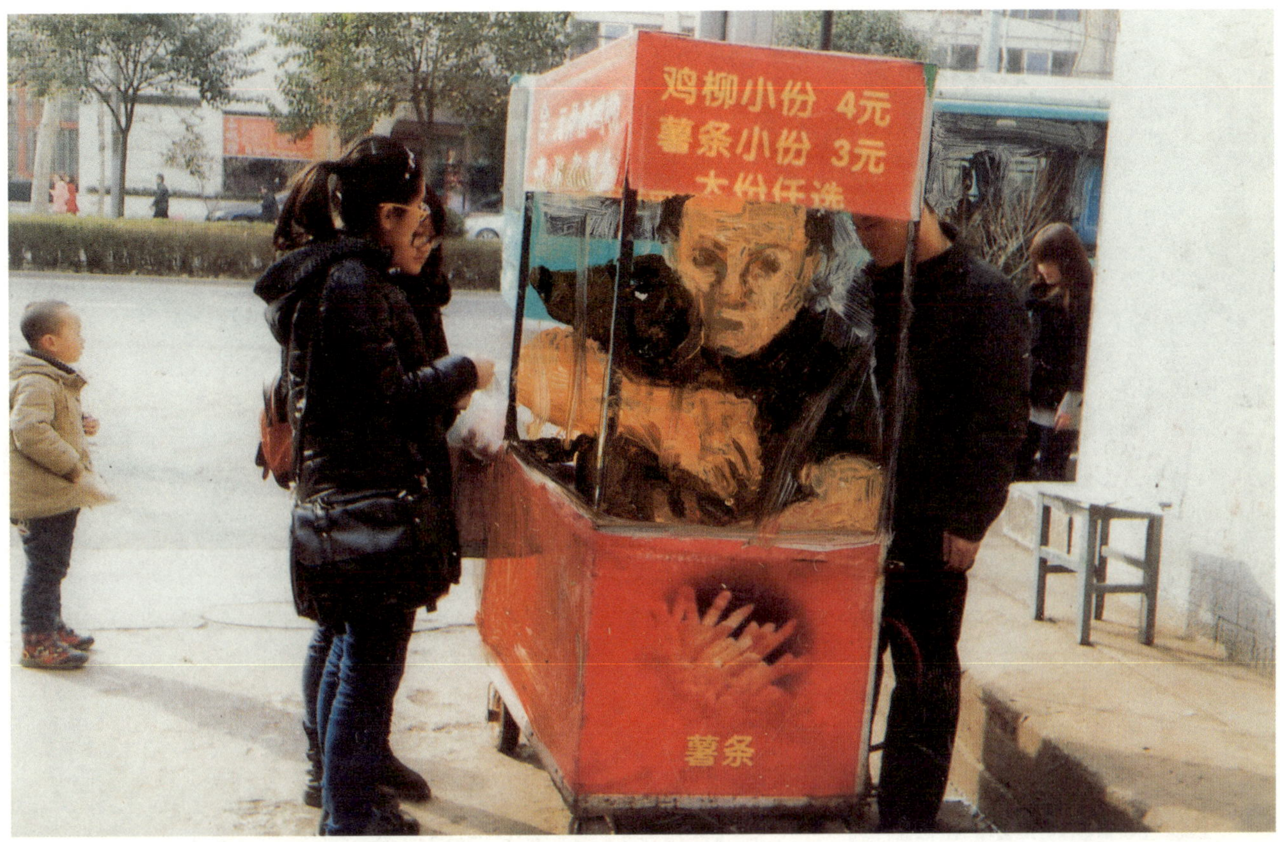

engeren Sinne. Ich wollte einfach so viel vom Leben aufzeichnen, wie ich konnte, und habe diese Aufnahmen als Ausgangspunkt für eine zukünftige Arbeit verwendet.

War es leicht, die Bilder zu machen, oder hatten es die Leute nicht gern, fotografiert zu werden?

In einer kleinen Stadt wie Yan'an ist es leichter. Normalerweise ist es den Leuten egal. Wenn jemand nicht fotografiert werden wollte, erklärte ich, dass ich die Bilder übermalen würde, und dann akzeptieren sie das und ließen mich machen.

Warum haben Sie die Fotografien auf diese naive oder folkloristische Weise übermalt?

Ich habe nach einer Ausdrucksweise gesucht, die im Einklang mit meinen inneren Bedürfnissen stand. Damals hatte ich einfach nur die Absicht, die Fotos durchzureiben, um so eine Skizze für ein Ölgemälde zu machen. Doch dann kam ich auf diese Lösung. Was Ausdruck und Stil angeht, wurde ich von Liu Xiaodong, Eric Fischl, Jörg Immendorff und ähnlichen Künstlern beeinflusst. Aber ich dachte nicht so viel über den Stil nach, sondern mehr darüber, wie sich die Gefühle ausdrücken ließen, die die Wirklichkeit in mir hervorrief.

Inwiefern handelt es sich um einen Kommentar zum chinesischen Alltagsleben?

Jedes einzelne Werk hat während des Prozesses einen Namen in meinem Herzen, denn es sind alles echte Erfahrungen und Gefühle, die sich dem Leben selbst verdanken.

Wenn Sie auf Fotografien malen, dann decken Sie unweigerlich einen Teil des Bildes ab, während ein anderer sichtbar

It's easier in small city like Yan'an. Usually no one would care. Whenever someone objected, I explained that I would paint over the images, and they would accept it and let me.

Why did you paint over the photographs in this naïve or folkloristic way?

I had been searching for a kind of expression, which is in accordance with my inner needs. At that time I just intended to rub the photos so as to make a sketch for an oil painting. But then I came up with the present solution. By way of expression and style I was influenced by Liu Xiaodong, Eric Fischl, Jörg Immendorff, and the like. But I wasn't thinking so much about style, more about how to express the emotions that reality was inspiring.

In what sense is it a commentary on everyday life in China?

Every single work has a name in my heart during the process, for they are all real experiences and feelings from life itself.

When you paint on photographs, you inevitably end up covering a part of the image while preserving another part of it. Do you do this randomly, or is there an underlying order?

There is no order; I do it however I want, according to my demands. Sometimes it is truly random, which can lead to unpredictable results. There is no essential difference between the parts of the image that are covered and those that are preserved. I simply cover over the photographic content that feels unnecessary and superfluous at that moment.

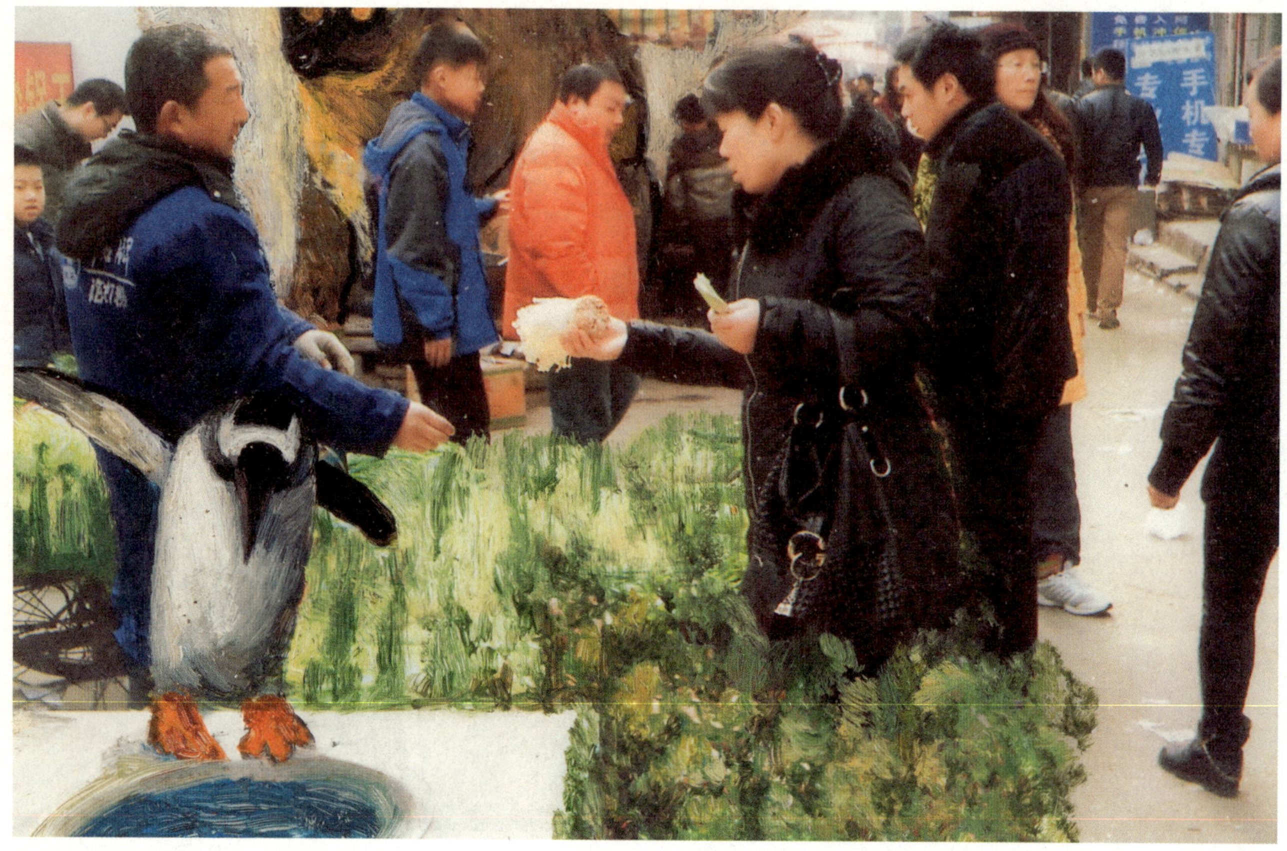

bleibt. Machen Sie das willkürlich oder liegt dem eine Ordnung zugrunde?

Es gibt da keine Ordnung. Ich mache es wie ich will, ganz nach meinen Bedürfnissen. Manchmal ist es purer Zufall, was zu unvorhersehbaren Ergebnissen führen kann. Es gibt keinen wesentlichen Unterschied zwischen den abgedeckten und den sichtbaren Teiles eines Bildes. Ich decke einfach denjenigen Teil des Fotos ab, der in diesem Moment unnötig und überflüssig scheint.

Es gibt einen erheblichen Kontrast zwischen den fotografischen Bildern und Ihren gemalten expressiven Motiven. Planen Sie das im Voraus?

Die expressiven Motive plane ich nicht im Voraus. Wenn ich mit einer Fotografie konfrontiert bin, dann stelle ich mir das Konzept auf der Grundlage der vorhandenen Motive vor und überlege mir, wie ich sie mit einer neuen Form und einem neuen Inhalt füllen kann. Die expressiven Motive sind mit dem Material verbunden, aber wichtiger ist, dass mir solche Motive immer gefallen haben und ich sie lange Zeit eingeübt habe.

In Ihren Werken erscheinen häufig tierartige und monströse Geschöpfe. Sind das Vehikel für eine Satire der Wirklichkeit?

Sie sind nicht nur satirisch. Tiere werden von Menschen geschlachtet, eingesperrt und gehalten. Sie leben sie in einem Zustand der Behauptung, der Harmonie oder der Gleichgültigkeit gegenüber dem Menschen, und das ist ein Lebenszustand. Menschen glauben, sie würden über alle Dinge herrschen, aber warum leben sie nicht wie Tiere? Menschen und Tiere kämpfen, vertragen sich und ringen miteinander im selben Raum. Ich spüre, dass das Schicksal

There is a stark contrast between the photographic images and your painted expressive imagery. Is this something you plan in advance?

The expressive imagery is not planned in advance. When I face a photograph, I imagine the concept based on the existing imagery, considering how to imbue it with new form and content. The expressive imagery is connected to the material, but more importantly, I have always enjoyed such imagery and trained in it for a long time.

Animal-like and monster-like creatures often appear in your works. Are they a vehicle for a satire of reality?

They are not entirely satire. Animals are slaughtered, confined, and kept by humans. They live in a state of contention, harmony, or indifference vis-à-vis humans, and this is a state of life. Humans believe they rule over all things, but why do they not live like animals? Humans and animals fight, get along, and struggle within the same space. I feel that the fate of a person in society is not so different from that of an animal. Sometimes the animals vaguely resemble myself.

At the grassroots level of China's society in today's period of transition, the law of the jungle still prevails. Dark news from this jungle society constantly floats to the surface on various forms of social media to shocking effect. Is there a certain pertinence or criticism of reality in your artwork?

There is. Every one of these shocking situations shakes me to my core. For a while, I felt that art was powerless. Some say that pessimism is a personality trait. I do tend to see the suffering and sadness of people in society, and these perceptions appear more often in my work.

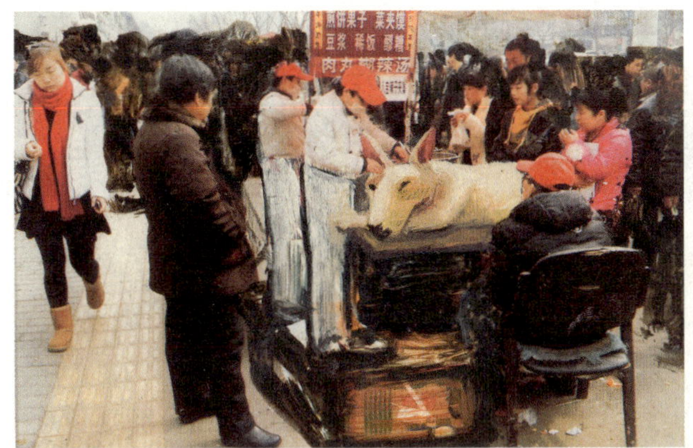

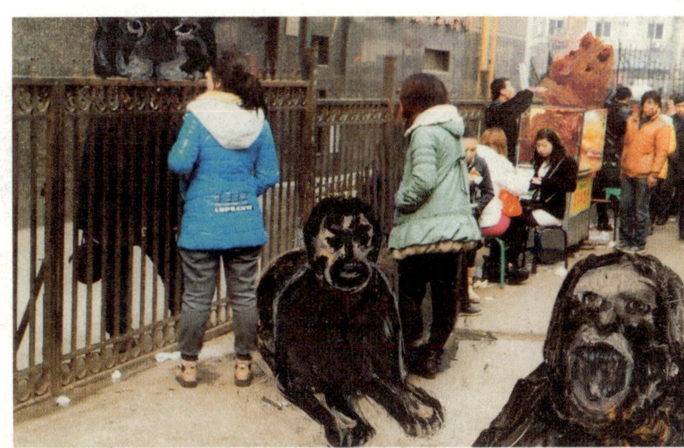

einer Person in der Gesellschaft sich nicht so sehr von dem eines Tieres unterscheidet. Manchmal ähneln mir die Tiere auf unbestimmte Weise.

Auf der grundlegenden Ebene der chinesischen Gesellschaft gilt in der heutigen Übergangsperiode nach wie vor das Gesetz des Dschungels. Immer wieder dringen dunkle Nachrichten aus dieser Dschungelgesellschaft über verschiedene Formen sozialer Medien an die Oberfläche und rufen dort schockierende Wirkungen hervor. Gibt es in Ihren Kunstwerken ein gewisse Relevanz oder Kritik der Wirklichkeit?

Ja, die gibt es. Jede einzelne dieser schockierenden Situationen erschüttert mich im Kern. Eine Weile hatte ich das Gefühl, dass Kunst machtlos sei. Manche Leute sagen, Pessimismus sei ein Charakterzug. Ich neige dazu, das Leiden und die Traurigkeit der Menschen in der Gesellschaft zu sehen, und diese Wahrnehmung erscheint häufiger in meinem Werk.

He Xiangyu

Interview: Li Qi

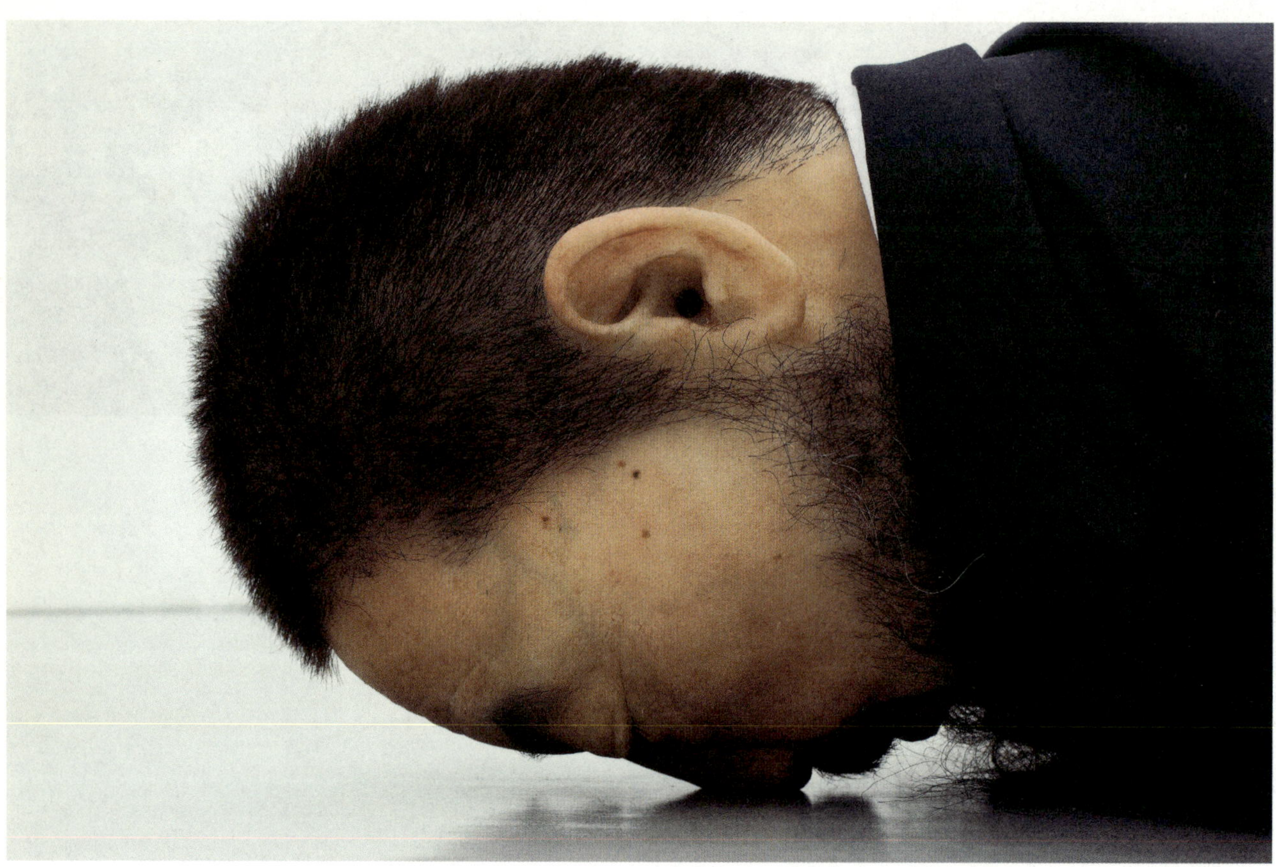

Der Konzeptkünstler He Xiangyu wurde 1986 in Kuandian (Provinz Liaoning) geboren. Er schloss sein Studium 2008 am Fachbereich für Ölmalerei der Shenyang Normal University mit einem Bachelor ab. Als Teil einer neuen Generation von chinesischen Konzeptkünstlern, die eine große Bandbreite von Medien verwendet, um kulturelle und soziale Anliegen zum Ausdruck zu bringen, ist He Xiangyu für seine provozierenden und ehrgeizigen Installationen bekannt. Am berühmtesten ist der Künstler wohl für seine schlagzeilenträchtige Arbeit *Death of Marat* (2011), bei der es sich um eine lebensechte Harzskulptur des Leichnams des chinesischen Künstlers und Dissidenten Ai Weiwei handelt. He lebt und arbeitet in Bejing und Berlin.

Was ist der Hintergrund der Skulpturen Death of Marat *(2011) und* The Tank Project *(2011–2013)?*

Man kann nicht sagen, dass es Skulpturen sind, sie sind vielmehr ein Schauplatz oder eine Szene. Ich war in Berlin, als mir die Idee zu *Death of Marat* kam. Das war die Zeit, als der ehemalige Ministerpräsident Wen Jiabao 2011 Deutschland besuchte. Damals befand sich Ai Weiwei noch im Gefängnis. Der Ort, wo die Deutschen die Zusammenkunft mit Wen organisiert hatten, war die Villa des Künstlers Max Liebermann am Ufer des idyllischen Berliner Wannsees. Ich sah das Treffen in den Nachrichten, und es gab auch eine glückliche Katze auf dem Podium, wo die Reden gehalten wurden. Ich habe keine Ahnung, wie die Katze dort hingekommen war, doch danach kamen mir die ersten Ideen, ein Werk über Ai Weiwei zu machen. Ich hatte eine klare Vorstellung – manchmal betrachte ich das nicht mal als ein Werk. Es war wie eine Szene: Ai war im Gefängnis, war sich nicht sicher, wann er

Conceptual artist He Xiangyu was born in 1986 in Kuandian (Liaoning Province). He graduated from the oil painting department of Shenyang Normal University in 2008 with a bachelor degree. Part of a new generation of conceptual artists in China using a range of media to articulate cultural and social concerns, He Xiangyu is known for his provocative and ambitious installations. The artist is perhaps best known for his headline-grabbing work *Death of Marat* (2011), which features a life-like resin sculpture of the corpse of Chinese dissident artist Ai Weiwei. The title nods to the famous Neoclassical painting of French revolutionary Jean-Paul Marat by Jacques-Louis David, thereby elevating Ai to the status of a tragic hero. He lives and works in Beijing and Berlin.

What is the background of these two sculptures, Death of Marat *(2011) and* The Tank Project *(2011–2013)?*

You can say it's a sculpture, or rather a site or scene. I was in Berlin when I came up with the idea for *Death of Marat*. It was the time when the former Prime Minister Wen Jiabao visited Germany in 2011. Back then, Ai Weiwei was still in prison. The place where the Germans arranged the meeting with Wen was in the villa of the artist Max Liebermann on the shores of Berlin's idyllic Lake Wannsee. I saw the meeting on the news, and there was also a lucky cat on the podium where the speeches were made. I have no idea why they placed the cat there, but afterward, the first ideas to do a piece on Ai Weiwei came to me. I had a clear vision—sometimes I don't even see this as a piece of work. It was like a scene: Ai was in prison, not sure when he was coming out, or whether he would be released

herauskommen würde oder ob man ihn überhaupt freilassen würde. Dadurch kam mir die Idee, ein lebensgroßes Porträt des schlafenden oder toten Ai Weiwei als Kunstwerk zu schaffen. Auf diese Weise würde ich mich für ihn einsetzen. Die Details seines Gesichtes beruhten auf Bildern, die ich online fand. Bei der Lederskulptur *The Tank Project* verhielt es sich anders, und es gibt da keinen großen Hintergrund. Ich sprach mit einem Gerber, und ich sagte, ich möchte etwas Großes mit Leder machen. Die Idee zu dem Motiv kam mir erst später. Ich dachte mir, wie wäre es mit einer Hülle für einen Panzer? So einfach war das. Von da an machte ich rasche Fortschritte und konnte es ziemlich schnell produzieren. Wir heuerten etwa dreißig Leute an, die daran arbeiteten und das Werk zusammennähten. Der Gerber erklärte ihnen, wie sie es machen sollten, denn er war der Freund eines Freundes. Wir hingen einfach bei ihm rum und lernten einander kennen.

Was steckt hinter den Titeln der Werke?

Death of Marat ergab sich als Verweis auf das berühmte Historiengemälde von Jacques-Louis David, denn ich dachte, Ai sei jemand, der ähnlich umstritten ist wie es Jean-Paul Marat in der Französischen Revolution war. Ich mag nicht alle Werke von Jacques-Louis David. Aber ich nahm Marat als eine bekannte kontroverse Gestalt und benutzte das Gemälde als Bezugspunkt, indem ich Beziehungen zwischen heute und damals, Ai Weiwei und dem französischen Revolutionär herstellte. Es ist ein ganz einfaches und direktes Projekt.

Warum ist Ai Weiwei so etwas wie ein Revolutionär für Sie?

Er ist insofern revolutionär, als er mit einigen anderen Künstlern einen Marsch vor dem Platz des Himmlischen

eventually. This gave me the idea of making a life-size Ai Weiwei portrait, sleeping or dead, as an artwork. In that way I would make an effort for him. The details on his face were based on the images I found online. With the leather sculpture *The Tank Project* it was different and doesn't have much background. I was talking to a tanner, and I said I wanted to make something big with leather. The idea for the motif only came later to me. I wondered what about a coat for a tank? It was as simple as that. From that point on I proceeded quickly and had it produced rather fast. We hired around thirty people to work on it and to sew the piece. The tanner taught them how to do it, because he was a friend of a friend. We just hung out at his place and got acquainted.

What is behind the titles of the works?

Death of Marat came as a reference to the famous history painting by Jacques-Louis David, because I thought Ai was someone as controversial as Jean-Paul Marat in the French Revolution. I don't like all the works by Jacques-Louis David. But I took Marat as a well-known controversial figure, and used the painting as a reference, establishing connections between now and then, Ai Weiwei and the French revolutionary. It's a quite simple and straightforward project.

Why is Ai Weiwei like a revolutionary for you?

He is revolutionary in a sense, because he took some other artists on a march in front of Tiananmen Square. I didn't quite reckon it was a decent way to do it, neither was it a decent work. Some of those artists involved were not aware of the agenda, and they would have adapted

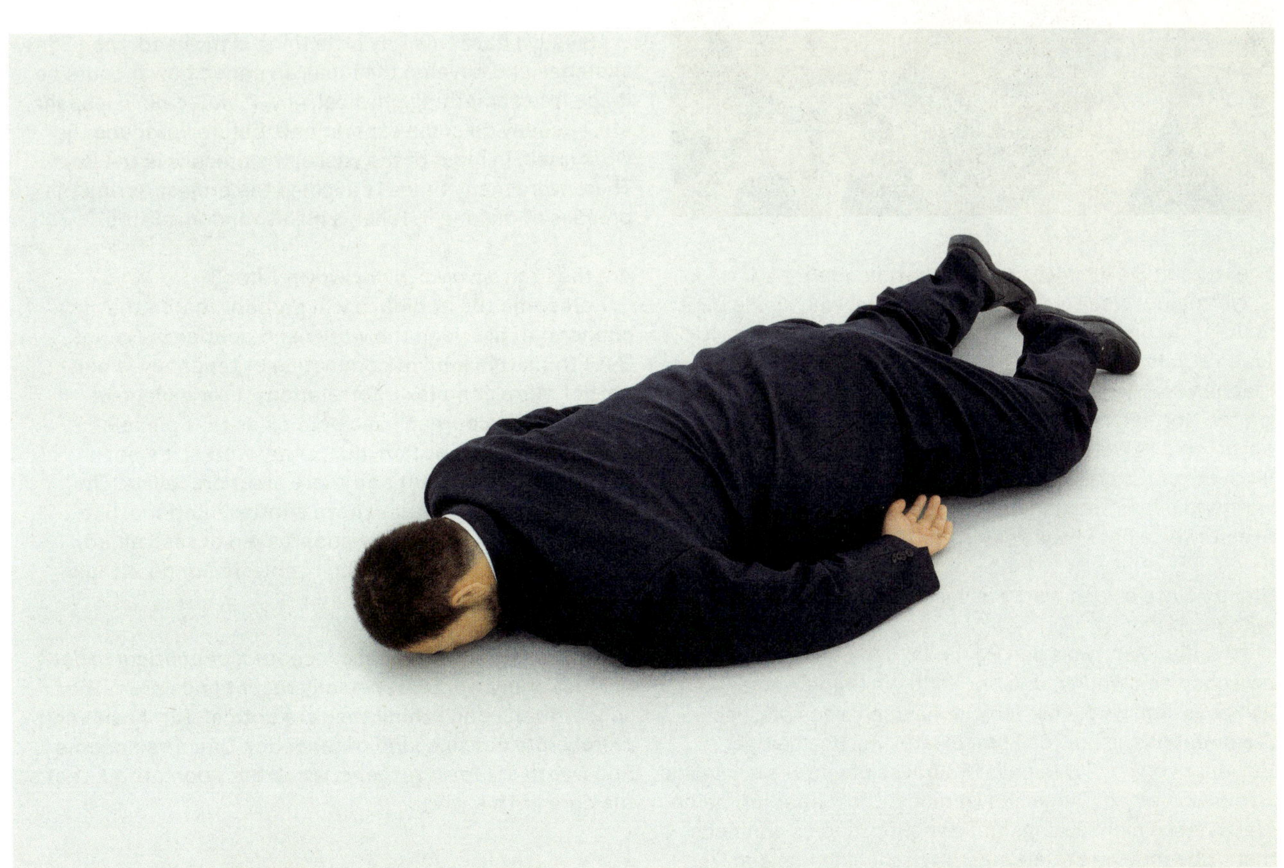

Friedens unternahm [dort, wo am 4. Juni 1989 die brutale Niederschlagung des Volksaufstandes stattfand]. Ich fand weder, dass das eine wirklich angemessene Weise war, das zu tun, noch, dass es sich um ein angemessenes Werk handelte. Einige der beteiligten Künstler waren sich gar nicht ganz klar darüber, was da eigentlich auf der Tagesordnung stand, und sie wären auf andere Weise damit umgegangen, hätten sie es gewusst. Ai zwang anderen Künstlern seine Methode auf. Das werde ich nicht tun. Ich fand das keine gute Art, aber immerhin.

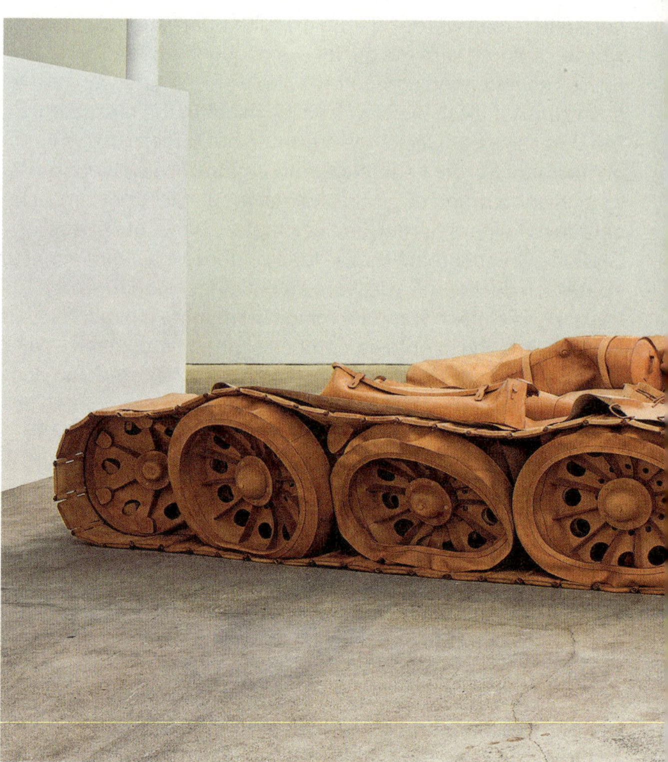

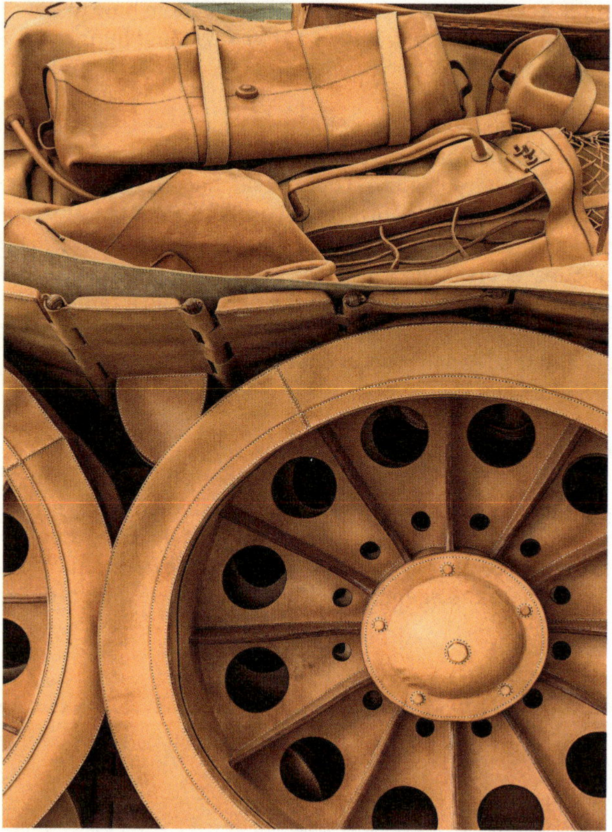

Wie würden Sie Ihre Arbeitsweise beschreiben?

Normalerweise schwebt mir dieses winzige kleine Ding im Kopf herum, dann mache ich Skizzen und entwickele die Ideen auf dem Papier. Wie man etwas Physisches daraus machen könnte, wie es sich im Weltraum verhielte und so weiter. Normalerweise mache ich ein paar Experimente, bevor ich das Werk selbst herstelle. In den meisten Fällen ist der Prozess der Schlüssel. Häufig habe ich Projekte während des Entstehungsprozesses abgebrochen. Meine Arbeitsweise hat etwas sehr Zufälliges.

Stehen diese beiden Werke in irgendeinem Zusammenhang miteinander?

Ich nehme an, dass das Publikum den Zusammenhang zwischen den Werken und der Politik in China wahrscheinlich begreifen wird. Aber ich glaube auch, dass dieser Zusammenhang nur Teil komplexerer wechselseitiger Beziehungen ist. Für mich ist Politik so etwas wie ein Stück Gemüse in einem Burger. Es ist eine Option, aber für meine Werke ist es nicht zwangsläufig wichtig, und es gibt noch mehr Ebenen. Die Beziehungen zwischen den beiden frag-

different ways of doing it. He forced his own method on other artists. I won't do that. I don't think it was a good way, but still.

How would you describe your working method?

Usually I have this tiny little thing in my head, then I draw sketches and develop the ideas on paper: how it could be made into something physical, how it would be in a space, etc. I usually do some experiments before I produce the work itself. In most of the cases, the process is the key. There were many times I canceled the project during the process of making it. It has a highly random status.

Are these two works in any way related?

I presume the audience will probably catch the connection between the works and politics in China. But I think this kind of connection or tendency is only part of more complex interrelations. Like a piece of vegetable in a burger, I see politics as that piece of vegetable. It's an option, but for my works, it's not necessarily important and there are more levels. The two artworks in question have subtler relations, like the atmosphere of feeling suppressed or restrained, but nothing specific like a confrontation or an attack. This is not my intention.

Do you consider yourself a conceptual or political artist?

Most of my works, especially recent ones are rather conceptual. I don't think they are critical. But I can't completely rule out this kind of tendency. Of course people find *Death of Marat* rather critical, but I don't think that's the core of this work.

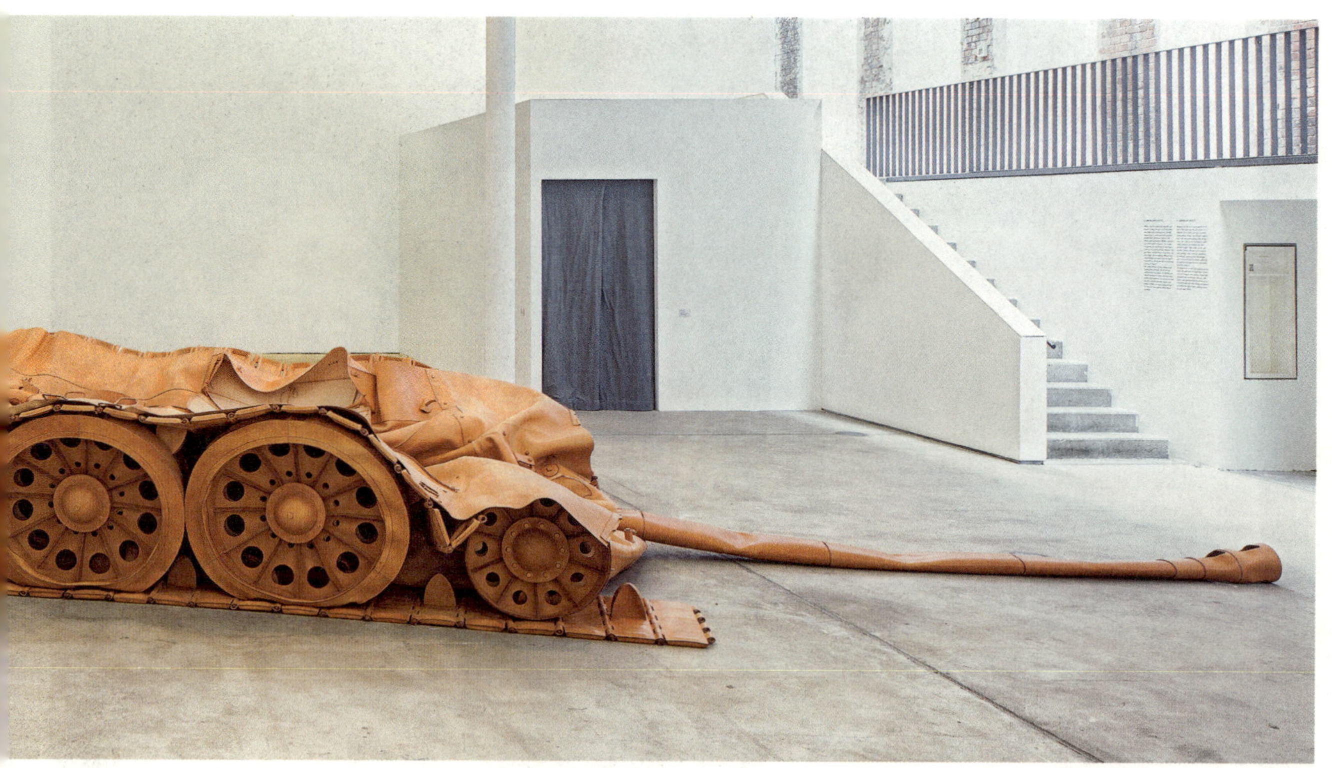

lichen Kunstwerken sind subtiler, wie etwa die Atmosphäre des Sich-unterdrückt-Fühlens oder Eingeschränkt-Werdens, aber nichts Spezifisches wie eine Konfrontation oder ein Angriff. Das ist nicht meine Absicht.

Begreifen Sie sich selbst als konzeptuellen oder politischen Künstler?

Die meisten meiner Werke, vor allem solche jüngeren Datums, sind eher konzeptuell. Ich glaube nicht, dass sie kritisch sind. Aber ich kann eine solche Tendenz nicht völlig ausschließen. Natürlich finden die Leute *Death of Marat* ziemlich kritisch, aber ich glaube nicht, dass das der Kern dieses Werkes ist.

Was ist Ihrer Meinung nach der Kern des Ai-Weiwei-Porträts?

Es drückt einfach meine Haltung oder meine Emotionen aus. Für mich ist es ganz einfach. Ich begreife mich nicht als politischen Künstler, da ich keine Vorstellung davon habe, was Politik ist.

In your opinion, what is the core of the Ai Weiwei portrait?

It simply expresses my attitude or emotions. It's very simple to me. I don't see myself as a political artist, since I have no idea what politics is.

Hu Xiangqian

Interview: Venus Lau

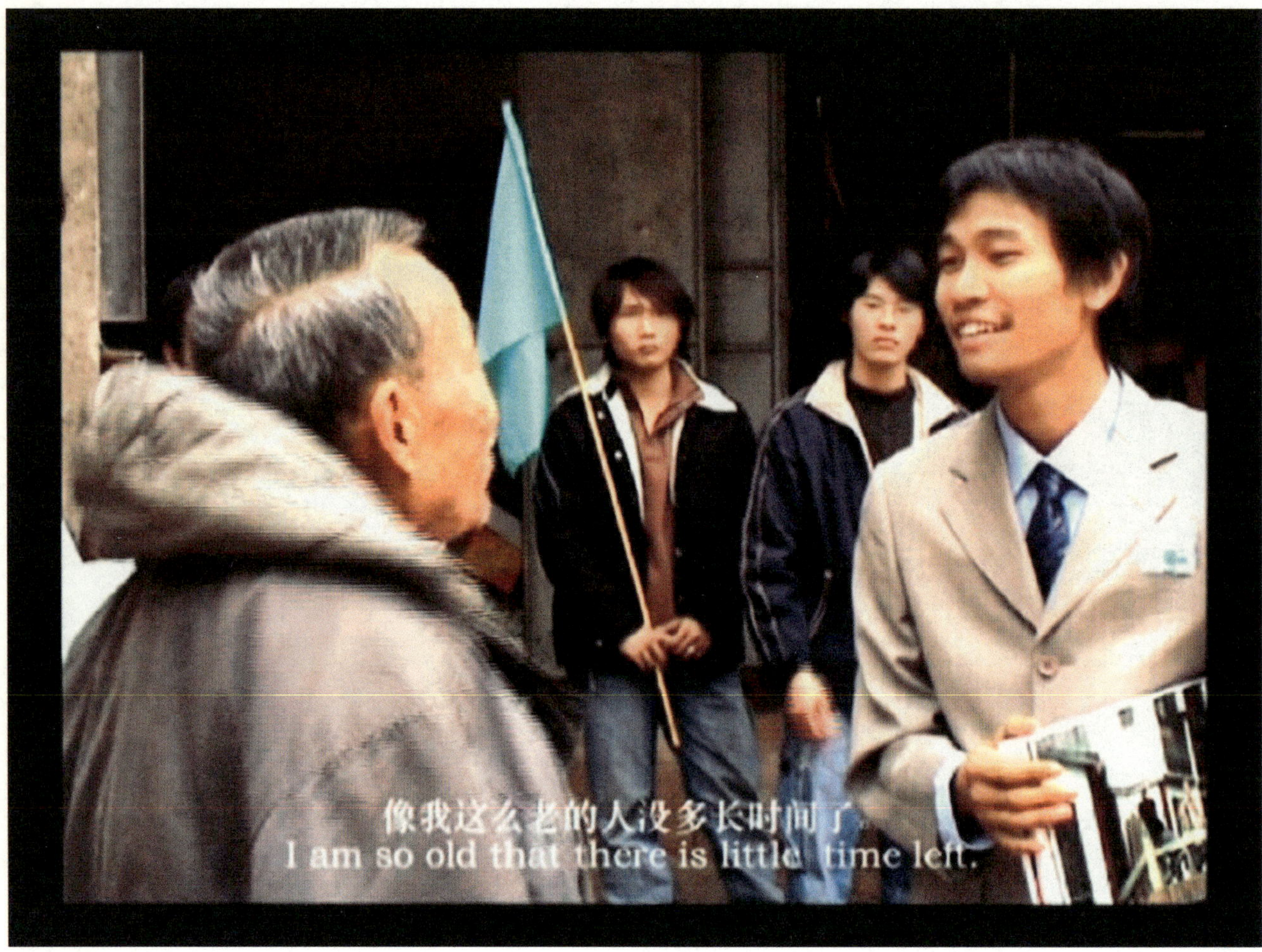

Hu Xiangqian wurde 1983 in Leizhou (Provinz Guangdong) geboren und schloss 2007 sein Studium an der Guangzhou Academy of Fine Arts ab. Seine Arbeit tendiert zu Performance- und Videokunst, die von aktuellen Ereignissen und seiner eigenen Umgebung inspiriert ist. Mit einem scharfen Blick für das Absurde hebt er geschickt die Kontraste in der chinesischen Gesellschaft hervor und verstärkt geringfügige Vorfälle so, dass sie zu bedeutsamen gesellschaftlichen Signifikanten werden. Eine seiner bekanntesten Videoarbeiten, *Flying Blue Flag* (2006), dokumentiert seinen humorvollen, aber ernst gemeinten Versuch, sich im Alter von 21 Jahren um das Amt des Bürgermeisters eines kleinen Dorfes zu bewerben. Sein bevorzugtes Medium ist meist die Performance, weil er glaubt, mit dieser eine direktere körperliche und perzeptorische Erfahrung machen zu können. Einige seiner Handlungen zielen wahrscheinlich weniger auf das Publikum als auf den Darsteller selbst ab. Er selbst sagt hierzu: »Ich möchte mittels der Kunst meine eigene Denkweise kennenlernen.« Hu lebt und arbeitet in Beijing.

Sehen Sie sich selbst als Konzeptkünstler oder als politischen Künstler?

Natürlich sehe ich mich selbst als Konzeptkünstler, aber, Moment mal, sind die politischen Künstler heute nicht ebenfalls Konzeptkünstler?

Hu Xiangqian was born in 1983 in Leizhou (Guangdong Province) and graduated from the Guangzhou Academy of Fine Arts in 2007. His artistic practice tends toward performance and video inspired by current events and his own surroundings. With a keen eye for the absurd, he skillfully highlights the contrasts in China's society and amplifies minor incidents into major social signifiers. One of his best-known video works, *Flying Blue Flag* (2006), documents a humorous but earnest attempt to run for mayor of a small village at the age of twenty-one. For the most part, his medium of choice is performance art—the better to achieve a more direct bodily and perceptive experience; some of what he does perhaps targets not the audience but rather the performer himself. As he himself says, "I want to understand my mind through art." He lives and works in Beijing.

Do you see yourself as a conceptual artist or a political artist?

Of course I see myself a conceptual artist—but wait, aren't the political artists nowadays conceptual artists, too?

What is the concept behind your video work Flying Blue Flag *(2006)? It was produced in your hometown. Would the connotations of the work be totally different if it took place elsewhere?*

There is not much "concept" embedded in the video—the superficial reason of the work is what truly matters:

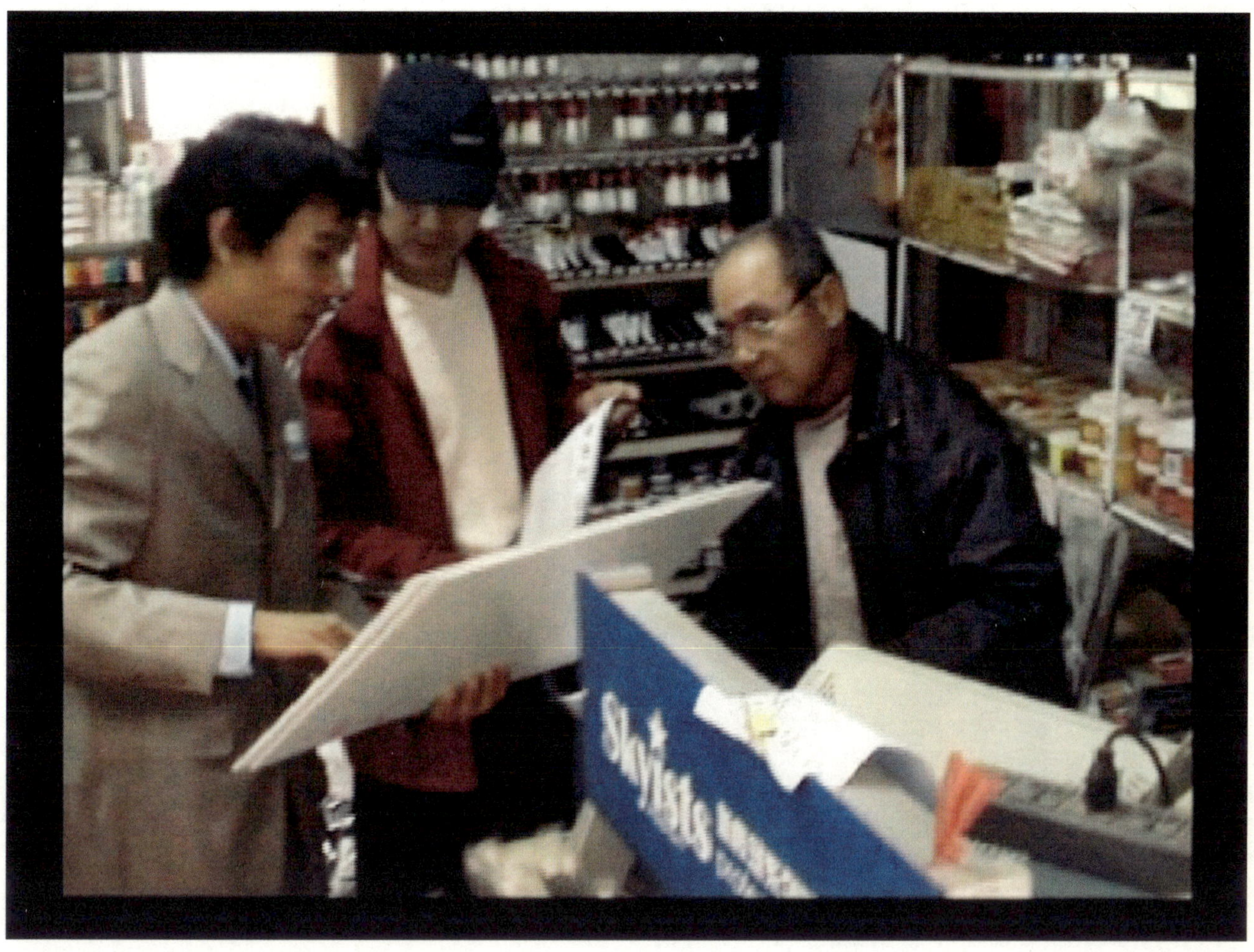

Welches Konzept liegt Ihrer Videoarbeit Flying Blue Flag *(2006) zugrunde? Sie wurde in Ihrer Heimatstadt produziert. Wären die Konnotationen des Werks völlig andere, wenn es irgendwo anders spielen würde?*

In diesem Video steckt kein besonderes ›Konzept‹. Der äußerliche Grund für das Werk ist das, was wirklich zählt: In dem Dorf, in dem ich gelebt habe, sollte ein Bürgermeister gewählt werden. Tatsächlich ist der Schauplatz von *Flying Blue Flag* nicht meine Heimatstadt, sondern ein Dorf, in dem ich zeitweise meinen Wohnsitz hatte.

Warum haben Sie für Flying Blue Flag *die Form eines künstlichen Wahlkampfs gewählt? Welche Art von Mechanismen versucht das Werk offenzulegen oder zu erzählen?*

Als ich das Wahlsystem dieses Dorfes untersucht habe, war ich überrascht davon, dass die Dorfbewohner es nicht kannten, sodass es mir als perfekter Schauplatz für einen künstlichen Wahlkampf erschien.

Können Sie beschreiben, wie Sie bei diesem Projekt vorgegangen sind? Wie haben die Dorfbewohner auf Sie reagiert?

Zunächst gab es einen langen Recherecheprozess, der es mir erlaubt hat, mich gründlich mit der Vergangenheit und der Gegenwart des Dorfes zu befassen. Außerdem habe ich sehr viel Zeit damit verbracht, mir einen Überblick über die Meinung der Dorfbewohner zum Wahlvorgang zu verschaffen. Nach all diesen Recherchen im Vorfeld der Wahl habe

the village I lived in was going to have an election for village head. Actually *Flying Blue Flag* didn't take place in my hometown but a village that was my temporary residence.

Why did you choose the form of a fake election campaign for Flying Blue Flag*? What kind of mechanisms does it attempt to reveal and narrate?*

When I researched the election system of that village, I was surprised by the villagers' unfamiliarity with it, hence I found this is a perfect setting for a fake campaign.

Can you describe the process of making this project? What was the villagers' response to you?

The first stage was a long process of research that allowed me to dig into the past and present of the village. I also spent a remarkable amount of time surveying the villagers' opinions on the voting. After all these preliminary researches, I started to build my team to carry out the campaign in different parts of the village. There were three aspects regarding the villagers' response: (1) they believed that I was working on a real campaign; (2) they thought that I was an eligible candidate; (3) they thought that I was a filmmaker, as the entire process was documented.

Is this a satire or an attempt to direct democracy?

There is nothing satiric in this work; it is not an attempt to direct democracy, either. It stemmed from my curiosity

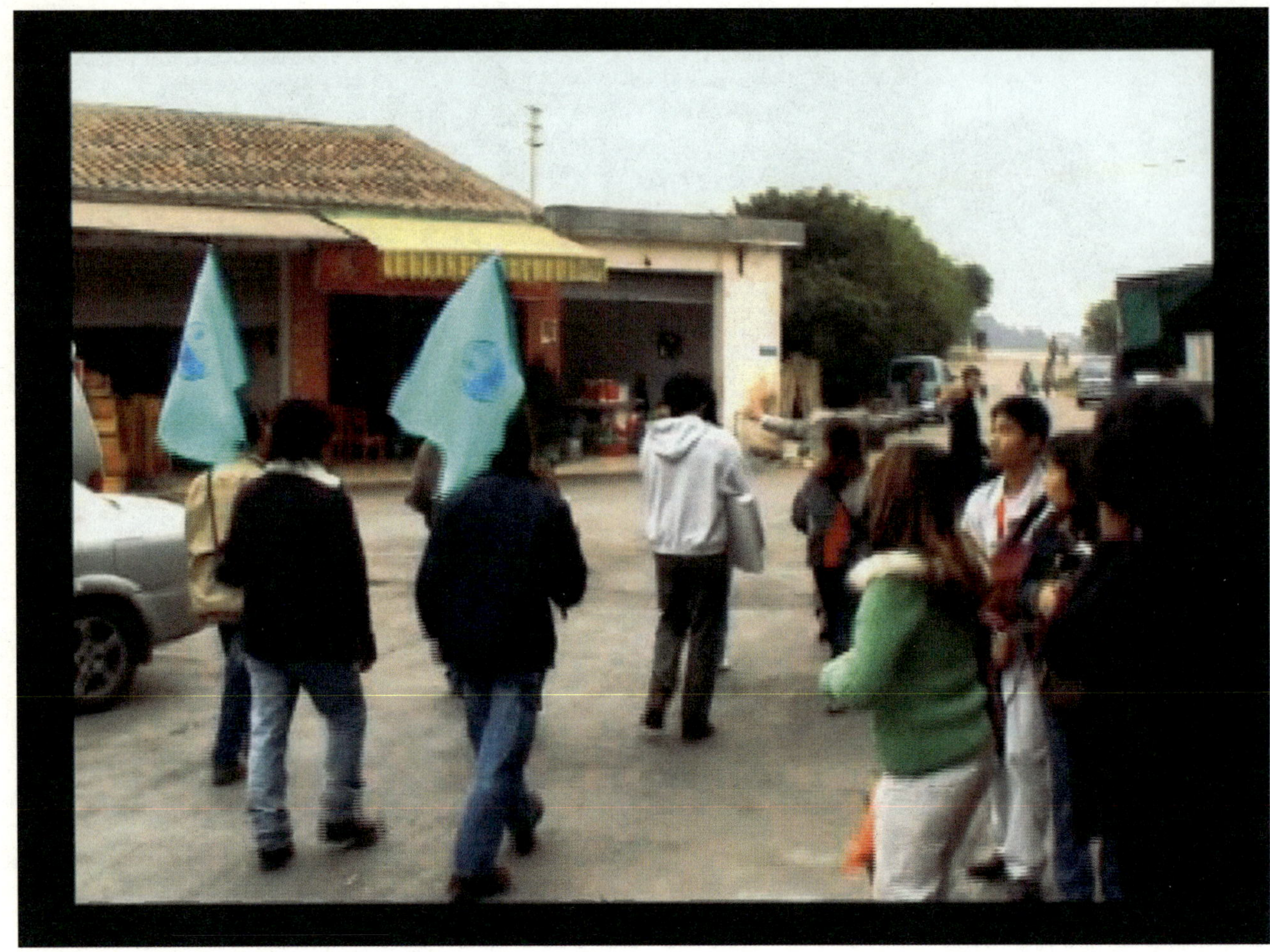

ich angefangen, mein Team zusammenzustellen, um den Wahlkampf in verschiedenen Teilen des Dorfes durchzuführen. Die Dorfbewohner haben auf drei verschiedene Weisen reagiert: 1. Sie glaubten, dass ich einen wirklichen Wahlkampf vorbereite. 2. Sie dachten, dass ich ein zur Teilnahme an der Wahl berechtigter Kandidat sei. 3. Sie hielten mich für einen Filmemacher, da der gesamte Prozess dokumentiert wurde.

Ist das Satire oder ein Versuch direkter Demokratie?

Das Werk hat nichts Satirisches, es ist aber auch kein Versuch direkter Demokratie. Es geht auf meine Neugier hinsichtlich des Systems zurück, da es so unwahrscheinlich klang, dass das in meinem täglichen Leben passieren könnte.

Zielt dieses Video auf die Forderung der jüngeren Generation nach stärkerer politischer Teilhabe ab?

Ich kann lediglich sagen, dass ich daran interessiert bin, mich an unterschiedlichen Angelegenheiten zu beteiligen. Aber ich kann nicht für andere sprechen.

Gibt es irgendeinen chinesischen Kontext, den Sie dem nicht-chinesischen Publikum eigens erklären müssen?

Verstehen ist die Vorbedingung für Teilnahme. Politik ist zu schwierig für mich, es handelt sich um eine Vielfalt von Themen, die sich nicht auf politische Begriffe wie ›Demokratie‹ beschränken lassen.

about the system, as it sounded so impossible to happen in my daily life.

Is this video targeting the younger generation's plea for political participation?

The only thing I can say is that I am interested in participating in different matters. But I cannot represent others.

Is there any Chinese context that you need to particularly explain to the non-Chinese audience?

Understanding is the precondition of participation. Politics is too complicated to me, it is a multitude of issues that can't be reduced to political terms like *democracy*.

What is the connection between this work and the rest of your practice—for instance, your other video works—how did it shape your artistic practice?

The connection between my works is my persistence in turning every place into a stage of mine. I scan my surroundings like a radar.

Can you describe the relationship between your performance and video, as the latter is not merely a documentation of the former in your practice?

A video is never solely documentation, as every video comes from an invisible framework—such as the director, screenwriter, or cinematographer—that manipulates the

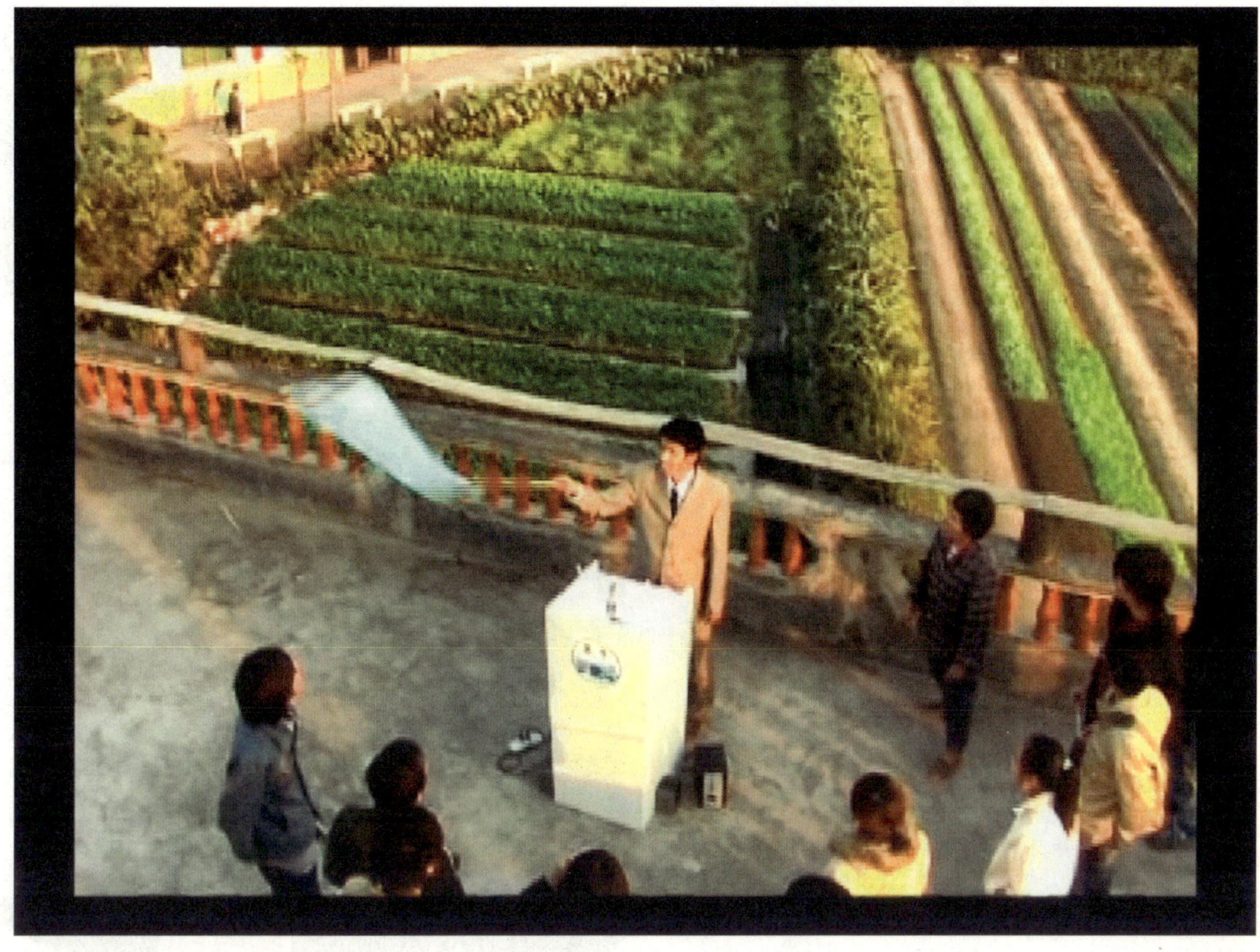

Welcher Zusammenhang besteht zwischen diesem Werk und Ihrem übrigen Œuvre – etwa Ihren anderen Videoarbeiten; wie hat es Ihre künstlerische Praxis geprägt?

Der Zusammenhang zu meinen Werken ist mein Beharren darauf, jeden Ort in eine Bühne für mich zu verwandeln. Ich scanne meine Umgebung wie ein Radar.

Können Sie die Beziehung zwischen Ihrer Performance und dem Video beschreiben, da Letzteres ja nicht nur eine Dokumentation des Ersteren darstellt?

Ein Video ist nie einfach nur eine Dokumentation, da jedes Video unsichtbare Rahmenbedingungen hat, so wie den Regisseur, Drehbuchautor oder Kameramann. Das beeinflusst die bewegten Bilder, nur sind sich die Zuschauer dessen nicht bewusst. In meinen Videos bin ich zugleich Regisseur, Drehbuchautor, Kameramann und Schauspieler; daher gelte ich in der Kunstwelt als Einzelfall.

Verweisen all die Details in Flying Blue Flag –, von Ihrem Tonfall beim Sprechen zu den Gebärden und Requisiten (wie etwa die 3-D-Darstellung vom zukünftigen Plan des Dorfes) – auf bestimmte Vorbilder im echten Leben?

Alle diese Details beziehen sich auf die Wirklichkeit, aber sie gehen nicht auf einen bestimmten Film oder historischen Vorfall zurück. Das Ganze basiert auf konzeptuellen Archetypen.

moving images; viewers are just not aware of it. I am the director, screenwriter, cinematographer, and actor in my videos, so I am regarded as a unique case in the art world.

In Flying Blue Flag, *do all the details—from your tone of speech to gestures and props (such as the 3-D rendering of the future village plan)—point to certain models in real life?*

All these details are referencing reality, but they didn't come from a specific film or historical incident. It is based on conceptual archetypes.

Jing Kewen

Interview: Wu Mo

Der Maler Jing Kewen wurde 1965 in Xining (Provinz Qinghai) geboren. 1982 begann er am Oil Painting Department der Xi'an Fine Arts Academy zu studieren. Seit seinem Studienabschluss 1986 ist er Professor an dieser Abteilung und Direktor derselben. Jings künstlerisches Vokabular geht häufig auf alte Fotografien, Zeitschriftenillustrationen und private Fotoalben zurück, die er auf Flohmärkten gefunden oder getauscht hat. Indem er Erinnerung in Kunst verwandelt, schildert er von einem individuellen Standpunkt aus die stilistische Darstellung kultureller Erinnerungen – die Ruhmestaten und Träume von ›Rotchina‹, wie sie in seiner Erinnerung und Fantasie bewahrt werden. Diese Sorge um das Leben und die Empfindungen von Individuen vor dem Hintergrund der historischen Wirklichkeit jener Zeit ruft sowohl nostalgische als auch melancholische Gefühle hervor. Jing lebt und arbeitet in Beijing.

Welche Geschichten bilden den Hintergrund Ihrer Gemälde Dream 2007, No. 1 *(2007) und* Dream 2008, No. 1 (Nurses) *(2008)?*

Das sind Auftragswerke von Uli Sigg. Er wählte sie aus dem Quellenmaterial aus, das ich als nächstes malen wollte.

Was stellen die Bilder dar?

Das eine zeigt eine als Krankenschwester gekleidete Soldatin, die auf einem Schlachtfeld an Notfallübungen teilnimmt, das andere ist das Foto eines arbeitenden soldatischen Fahrers im Dienst. Er sitzt in einem grünen Geländewagen und lächelt.

Woraus besteht das Quellenmaterial dieser Bilder?

Die historischen Fotos, die ich verwendet habe, stammen alle vom Flohmarkt. Als ich klein war, ging ich nie raus, um zu spielen oder rumzurennen, sondern blieb mit meinen Büchern zu Hause. In den 1970er -Jahren erwarb mein Vater eine kleinformatige Serie dünner weißer Bücher über Ägypten, Iran, Kuba und Amerika, und ich las sie alle. Außerdem übte meine Familie einen wirklich großen Einfluss auf mich aus und förderte mein Interesse an Politik.

Hat dieses Bildmaterial etwas mit Ihrem früheren Leben oder Ihren früheren visuellen Erfahrungen zu tun?

Ja, sie stehen in einem Zusammenhang damit. Damals war Soldat der edelste Beruf. Die meisten meiner Geschwister sind Soldaten, und mit dem Militärfahrzeug auf meinem Gemälde wurde mein Vater herumgefahren. Mein Vater hat mich am meisten beeindruckt. Er war ein Funktionär im Zweiten Japanisch-Chinesischen Krieg (1937–1945) und außerdem einst Chefredakteur der Zeitung *Ma Lan Daily* im regionalen Parteikomitee von Guanzhong. Mein Vater unterrichtete auch an der regionalen Normal University. Wenn jemand so früh dem Leben und dem Tod ausgesetzt ist, dann ist es nur natürlich, dass er gegenüber dem Leben aufgeschlossen ist.

Sind diese beiden Gemälde Teile einer umfassenderen Serie? Wann haben Sie mit dieser Reihe begonnen?

Ja, sie gehören alle zur *Dream*-Serie, die ich 2003 begonnen habe.

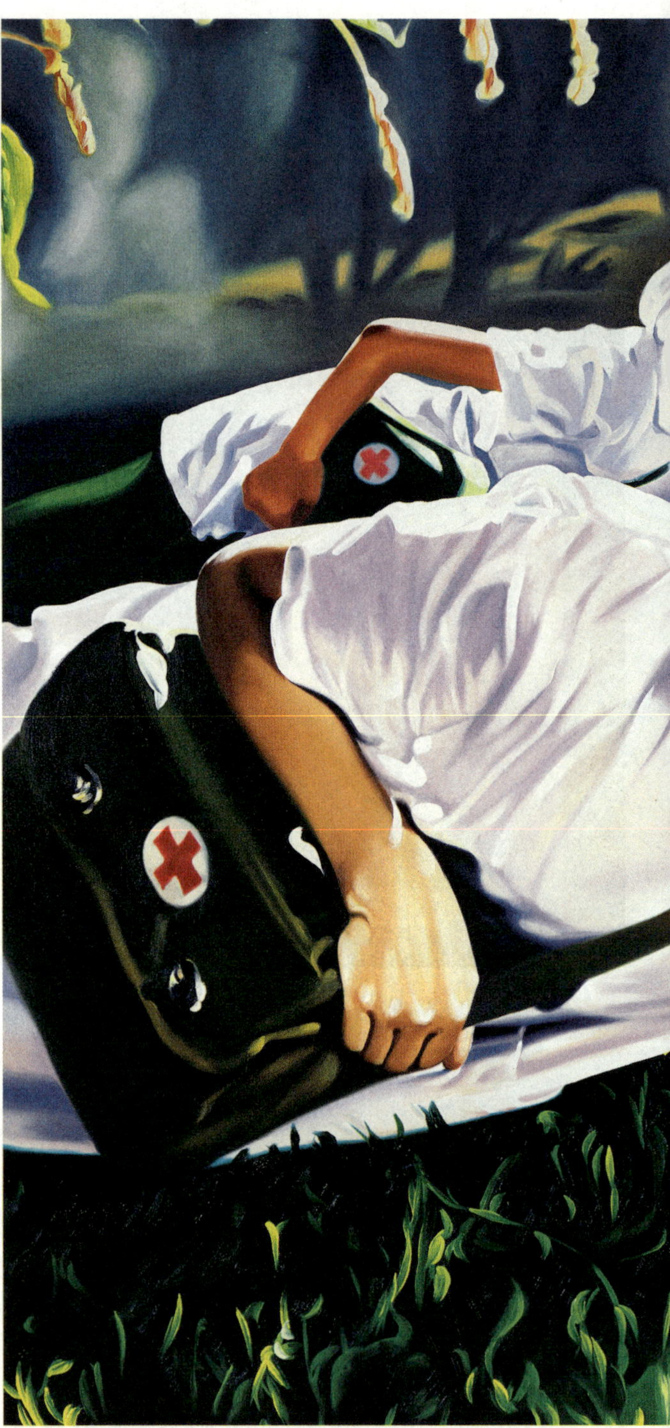

Painter Jing Kewen was born in 1965 in Xining (Qinghai Province). In 1982 he began to study in the oil painting department of Xi'an Fine Arts Academy. Since his graduation in 1986, he has been a professor and the director of the oil painting department at Xi'an Fine Arts Academy. Jing's artistic vocabulary often derives from old photographs, magazine illustrations, and private photograph albums that he has found or exchanged at flea markets. In transforming memory to art, he depicts from an individual viewpoint the stylistic representation of cultural memories—the glories and dreams of "Red China" as preserved in his memory and imagination. This concern

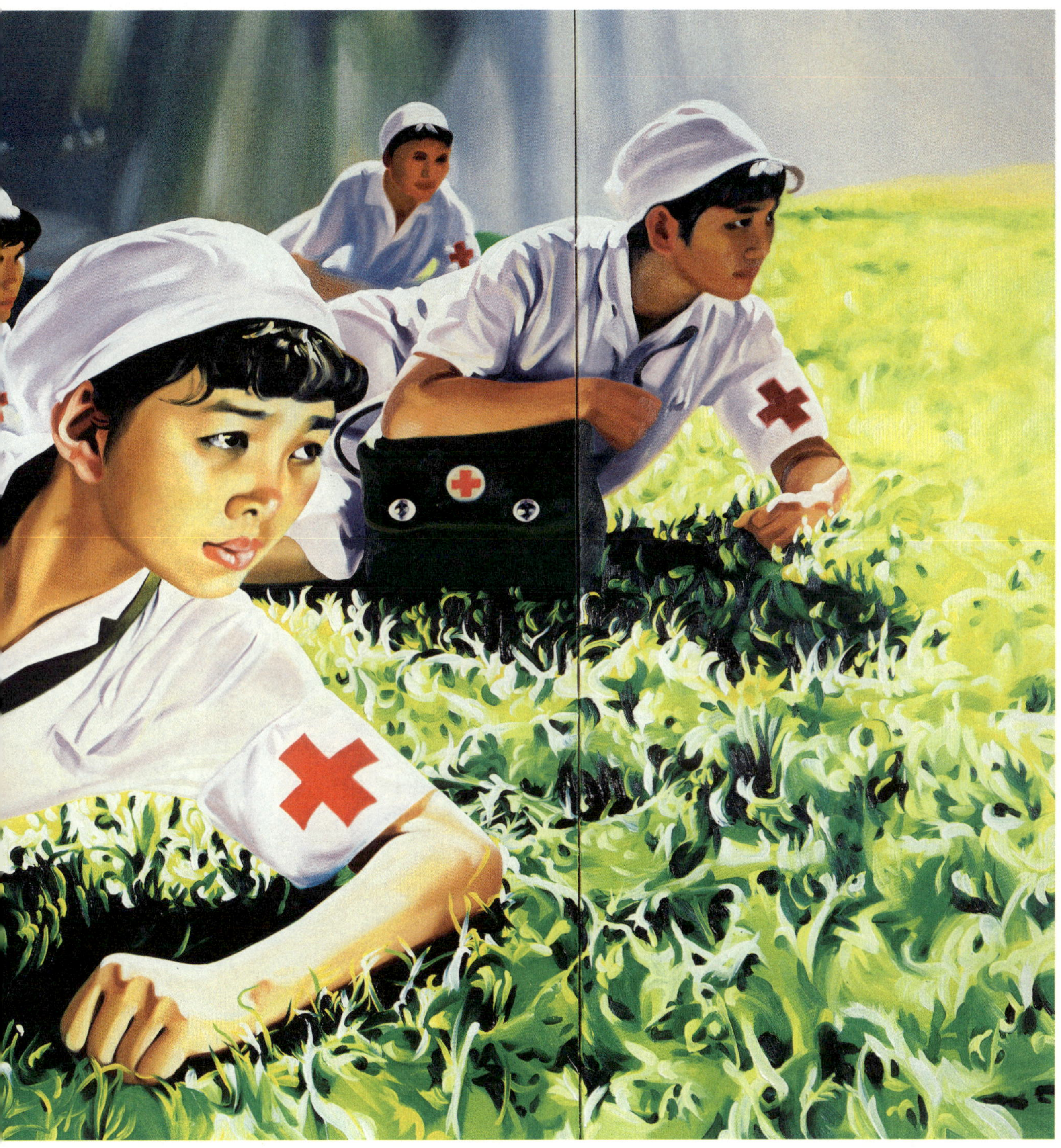

Die Komposition Ihrer Werke erinnert oft an Nachrichtenfotos. Welche Überlegungen liegen diesem Stil zugrunde?

Diese Art Komposition ist die direkteste. Denn die in meinen Werken benutzten Originalmaterialien waren größtenteils kleine, nur etwa 8 mal 11 Zentimeter große Schwarz-Weiß-Fotografien; durch die Erfahrung des Skizzierens von Landschaften lernte ich, wie man Farbe frei aufträgt.

Beide Werke haben monumentale Ausmaße. Warum?

Die monumentalen Ausmaße machen die beiden Werke kraftvoller.

for the lives and sentiments of individuals against the background of the historical realities of the time evoke a sense of both nostalgia and melancholy. Jing Kewen lives and works in Beijing.

What are the background stories of your paintings Dream 2008, No. 1 *(2008) and* Dream 2007, No. 1 *(2007)?*

They are commissioned works by Swiss collector Uli Sigg. He selected them from the source materials I was about to paint.

What are they depicting?

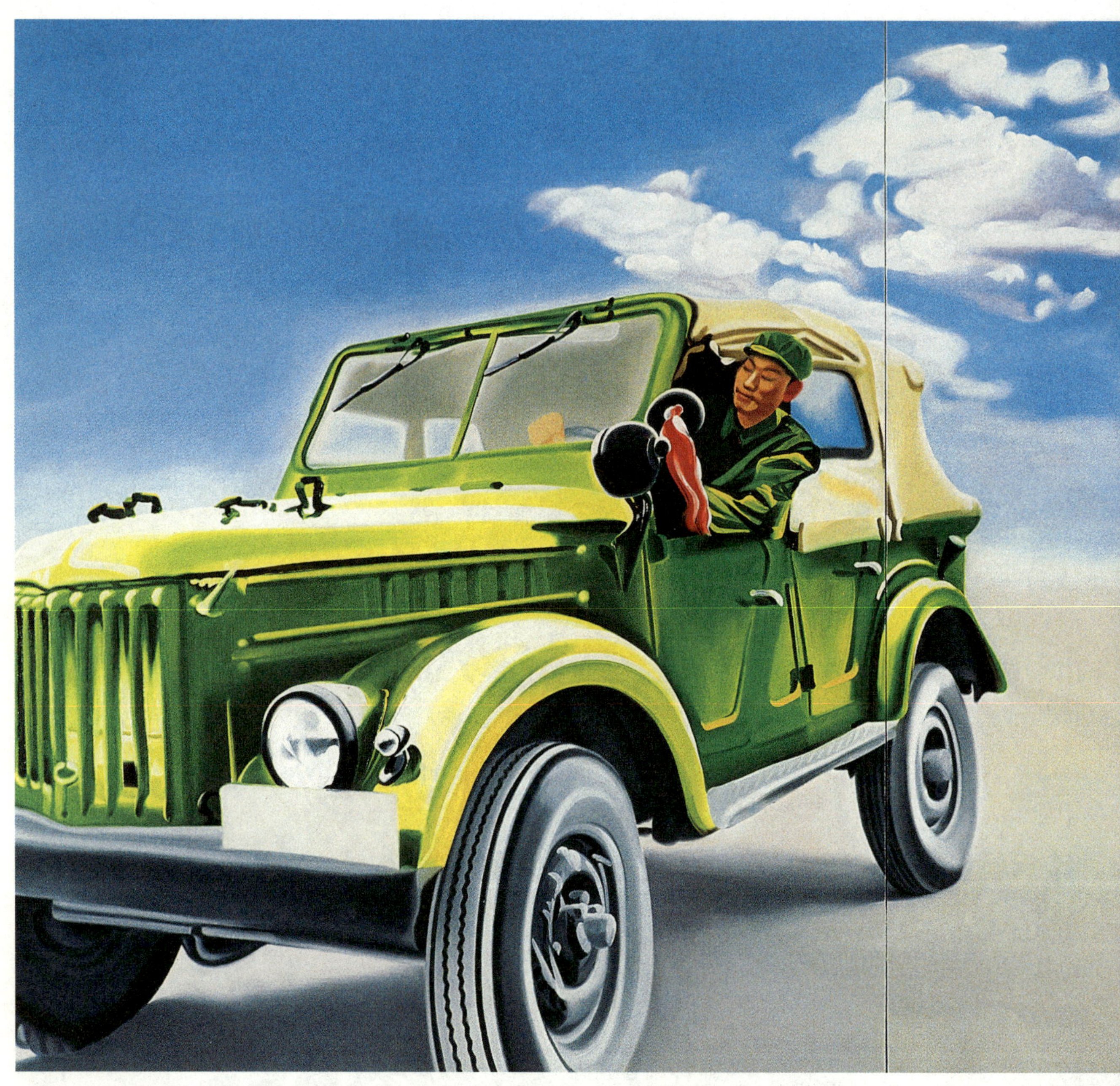

Die Farben, die sie in diesen Werken verwenden, sind so leuchtend, dass sie wie altmodische handkolorierte Fotos aussehen. Warum haben Sie diese unwirklichen Farben gewählt?

Ich möchte in meinen Gemälden sowohl ein Gefühl des Echten als auch des Falschen erzeugen. Ein Sammler fragte mich mal: »Wie, meinen Sie, wird sich Ihre Zeichnung in Zukunft entwickeln?« Ich sagte, ich wolle das beste Gefühl zeichnen, das Chinesen haben sollten, die beste Architektur und Landschaft. Wie blau der Himmel in meinem Werk ist! Ich möchte das Beste zeigen, meine Leidenschaft für die Gesellschaft für immer fortleben lassen.

Die Figuren in Ihren Werken lächeln meist oder sind ernst und erwartungsvoll. Möchten Sie den Kontrast zwischen der sozialen Wirklichkeit und diesem falschen Gesichtsausdruck in jener Zeit aufzeigen?

One is a female soldier dressed as a nurse who is in casualty exercises on the battlefield, the other is a photo of a working soldier driver. The driver sits in a green jeep and smiles.

What is the source material of these images?

The historical photos I used all came from flea markets. When I was small, I never went out to play or run around, I stayed at home with my books. In the 1970s my father obtained a series of small, thin, white books introducing Egypt, Iran, Cuba, and America and I read them all. In addition to my family, they really had a big influence on me and spurred my interest in politics.

Did these image materials relate to your previous life or visual experiences?

Yes, they related. At that time, soldier was the noblest profession. Most of my siblings are soldiers, and the mil-

itary jeep in my painting was used to serve my father. My father impressed me the most. He was a cadre in the Second Sino-Japanese War and was also once the editor-in-chief of the *Ma Lan Daily* in the Guanzhong regional party committee. My father also taught at the regional Normal University. When someone is exposed so early to life and death it's natural that they have a broad-minded understanding of life.

Are these two paintings part of a bigger series? And when did you start this series?

Yes, they are all belong to the *Dream* series. I started it in 2003.

The composition of your work often looks like news photos. What are the considerations behind this style?

This kind of composition is the most straightforward one. Because the original materials used in my works were mostly small black-and-white photographs of only about eight to eleven centimeters, the experience of sketching scenery taught me how to apply color freely.

The sizes of these two works are both monumental. Why?

The monumental size makes the painting more powerful.

The colors you use in these works are so bright that they look like old-fashioned hand-colored photos. Why do you choose these unreal colors?

I want to create a sense both real and fake in my paintings. A collector once asked me, "What do you expect your drawing to be like in the future?" I said I wanted to draw the best feeling Chinese people should have, the best architecture and scenery. What a blue sky there is in my work! I want to show the best, to let my passion for society live on forever.

The figures of your works are usually smiling or earnest with anticipation. Do you intend to reveal the contrast between social realities and these fake expressions at that time?

The social realities were both complex and simple at that time. When I think back on the old times in "Red China," I always feel desperate. I want to convey equality and humanity through my works.

Why do you use the title Dream? *In what sense do the depicted scenes allude to a dream? Is it a collective dream, an individual dream, or a nightmare?*

The dreams are the realities we can never go back to. They are collective dreams, individual dreams, youth dreams, happy dreams, and also nightmares at the same time. One critic once said my work is connected with the seriousness and humorous attitudes of Chinese society.

Die soziale Wirklichkeit damals war komplex und einfach zugleich. Wenn ich an die alten Zeiten in ›Rotchina‹ zurückdenke, dann bin ich immer verzweifelt. Ich möchte durch meine Werke Gleichheit und Menschlichkeit vermitteln.

Warum verwenden Sie den Titel Dream? *In welchem Sinne spielen die geschilderten Szenen auf einen Traum an? Handelt es sich um einen kollektiven Traum, einen individuellen Traum oder einen Albtraum?*

Die Träume sind jene Wirklichkeit, zu der wir nie zurückkehren können. Es sind kollektive Träume, individuelle Träume, Jugendträume, glückliche Träume und zugleich auch Albträume. Ein Kritiker hat mal gesagt, mein Werk habe mit der Ernsthaftigkeit und der humorvollen Einstellung der chinesischen Gesellschaft zu tun.

Li Songhua

Interview: Gu Zhenqing

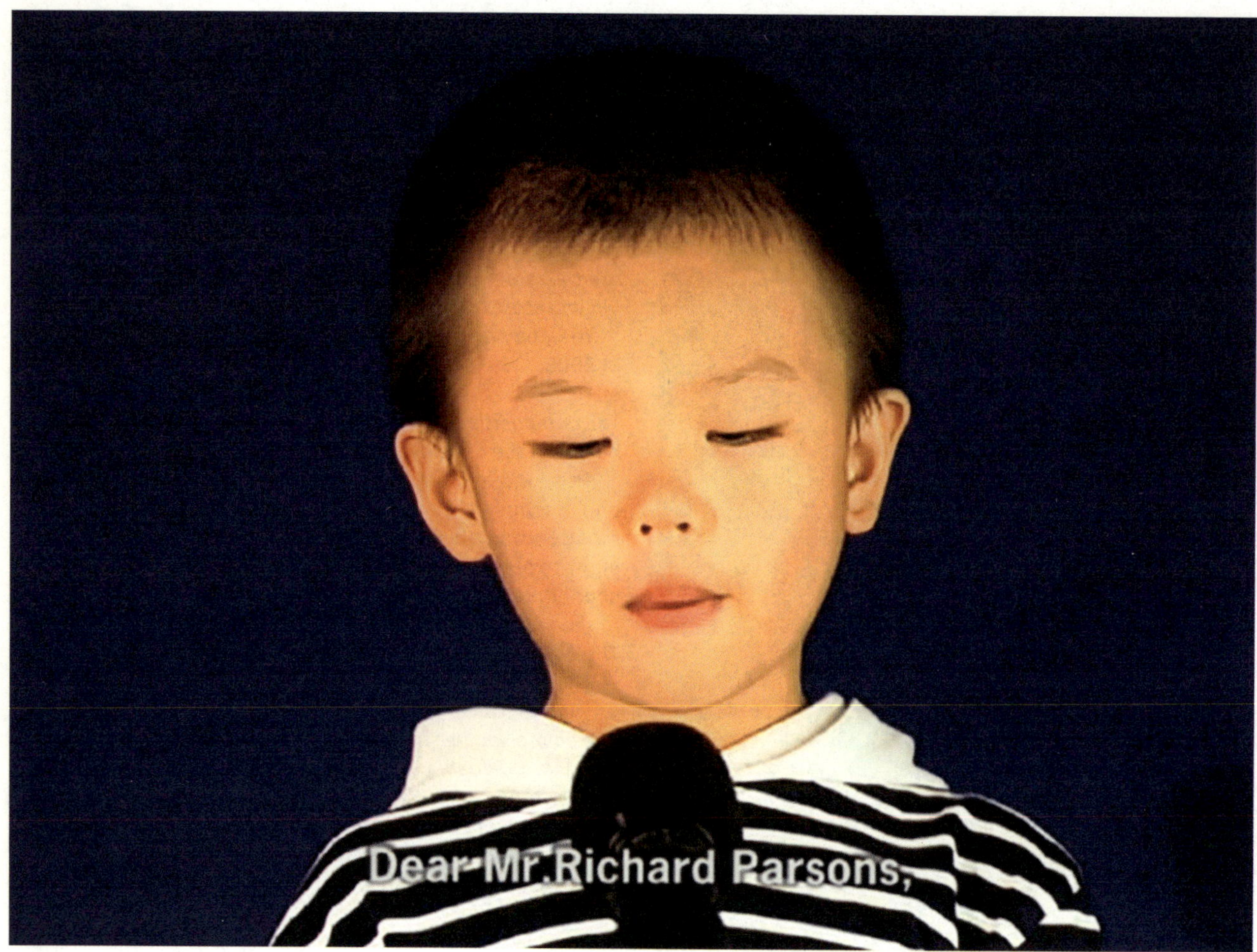

Li Songhua wurde 1969 in Beijing geboren. Sein Œuvre ist von großer thematischer und medialer Vielfalt. Seine Werke zeichnen sich durch ein gemeinsames Interesse an der Erkundung der Kluft zwischen Signifikant und Signifikat aus. Durch das Sichtbarmachen dieser Trennung hinterfragt und beschreibt Lis Werk die Auswirkung neuer Technologien auf die Kultur und Kunstproduktion sowie die Unbeständigkeit von Chinas kultureller und nationaler Identität. Li lebt und arbeitet in Beijing.

Was ist der spezifische Hintergrund der Rede in Keynote Speech *(2005)?*

Zu der Zeit, als das Werk entstand, wurde China von Hu Jintao geführt und entwickelte eine neue Dynamik. Als Künstler fiel mir das sofort auf und ich fand eine einzigartige Möglichkeit und Perspektive, die mir angemessen schien, um die Kraft des neuen Zeitalters zu erfassen.

Warum ließen Sie Ihren Sohn die Rede halten? Wie alt war er?

Vier Jahre und acht Monate. Es liegt daran, dass Kinder immer eine saubere, naive und reine Perspektive haben, die unsere Aufmerksamkeit auf die komplizierte, indifferente und ungewöhnlich massive Wirklichkeit lenkt. Ich meine, dass es seine Perspektive ist, die das Werk so reizend macht.

Artist Li Songhua was born in 1969 in Beijing. He lives and works in Beijing. His oeuvre varies widely in theme and in medium, therefore Li's work shares a common interest in exploring this same divide between the signifier and the signified. By manifesting this disconnection, Li's work questions and describes the impact of new technologies on culture and art production, and the volatility of China's cultural and national identity.

What is the specific background of the speech in Keynote Speech *(2005)?*

At the time when the work was created, China was led by Hu Jintao and showed fresh potential momentum. As an artist, I noticed it right away and found a unique way and perspective I thought appropriate to catch the power of the new era.

Why did you let your son deliver the speech? How old was he?

Four years and eight months. It's because children always have a clean, naïve, and pure perspective that draws our attention to the complicated, indifferent, and unusually massive reality. I believe it is his perspective that makes the work utterly charming.

In your work, in the innocent tone of a child, what your child cited was a kind of extremely severe official discourse as

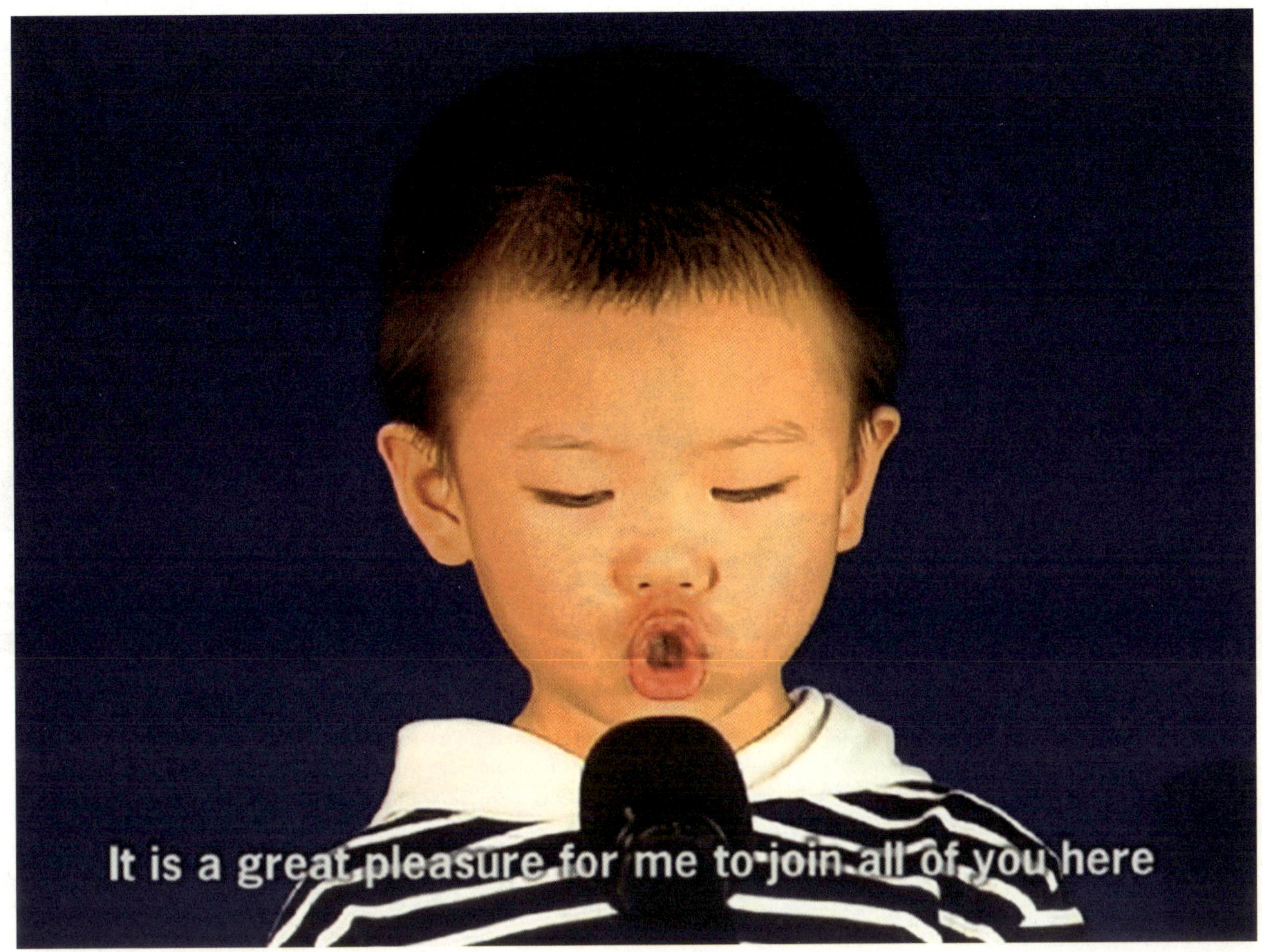

Das, was Ihr Sohn in Ihrem Werk im unschuldigen Tonfall eines Kindes rezitiert, war eine äußerst strenge offizielle Rede und außerdem waren es feierlich-starke Worte von ideologischer Bedeutung. Ihr Sohn war erst vier Jahre und acht Monate alt, doch trotz seines Alters hat er die ganze politische Rede vorgetragen. Wie haben Sie ihn ermutigt, das zu tun? Haben Sie mit ihm geübt?

Es stimmt, dass mein Sohn erst einige wenige chinesische Schriftzeichen kannte, bevor ich dieses Video gemacht habe. Ich habe einen ganzen Monat damit zugebracht, ihm beizubringen, wie man eine solche hoch professionelle und politische Rede Hu Jintaos vorträgt.

In China gilt das Nachahmen und Porträtieren nationaler Führer auf eine propagandistische Weise, die nicht positiv ist, als Missachtung und Parodie. Wenn die semantische Ironie eines solchen Werks nicht im Voraus geklärt, sondern auf natürliche Weise erzeugt wurde, wie bewerten sie dann seine praktische Bedeutung?

Beim Dreh war all das, was ich in der Planungsphase erwartet habe oder nicht vermuten konnte, da. Obwohl dem so war, konnte ich das Endergebnis noch nicht bestätigen, bevor die Dreharbeiten wirklich abgeschlossen waren; diese Offenheit ist der Reiz der Kreativität. Aber aus Sicht des Urhebers ist nicht zu leugnen, dass die endgültige Form des Werks in einem gewissen Sinne klargemacht worden war. Allerdings hatte ich zu diesem Zeitpunkt noch kein Urteil in

well as solemnly strong words of ideological significance. Your child was just four years and eight months old, yet in spite of his age, a political speech was finished as a whole. How did you encourage him to make it? Did you ever train him?

It's true that my son had only known a few Chinese characters before I made this video. I had to spend a whole month to teach him how to read such a highly professional and political speech by Hu Jintao.

In China, imitating national leaders in a nonpositive propaganda way and portraying the leaders are viewed as a kind of disrespect and parody. If the semantic irony of such a work was not settled in advance but was naturally generated, how do you evaluate its practical significance?

In the process of shooting, what I had expected or not supposed at the planning stage were all present. Even though it was so, I could not confirm the final result of it before the shooting was finally finished, that's the appeal of creativity. But there's no denying, from a creator's perspective, the final form of the work had been made clear in a sense. However, I hadn't added any judgment from a moral or ideological sense at that stage. Because as a self-taught artist I instinctively sensed the disadvantage of the addition to the judgment of value during the planning phase, especially the early days. I had known the art language and its forms such as irony, though. But when I

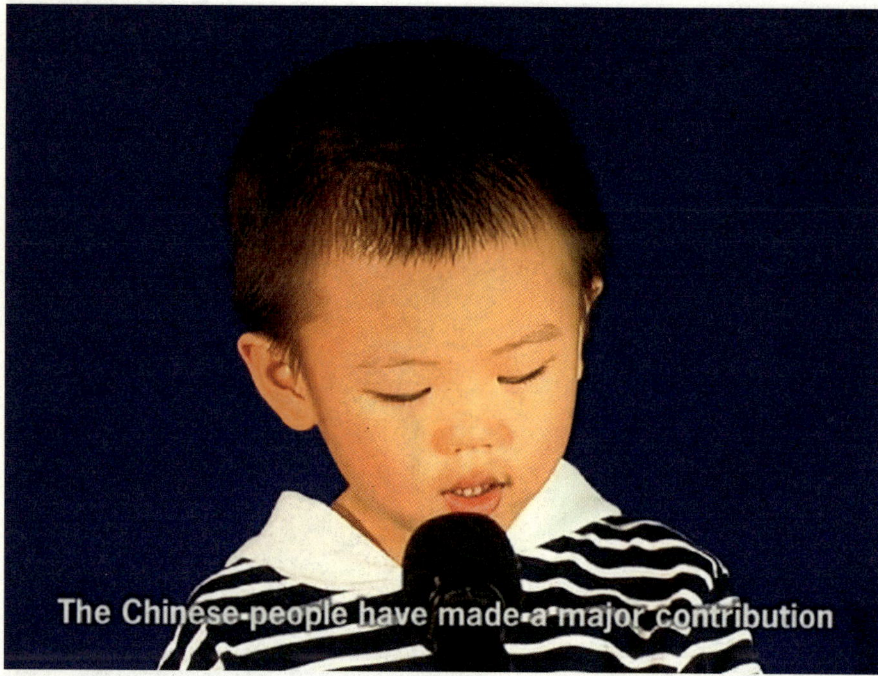

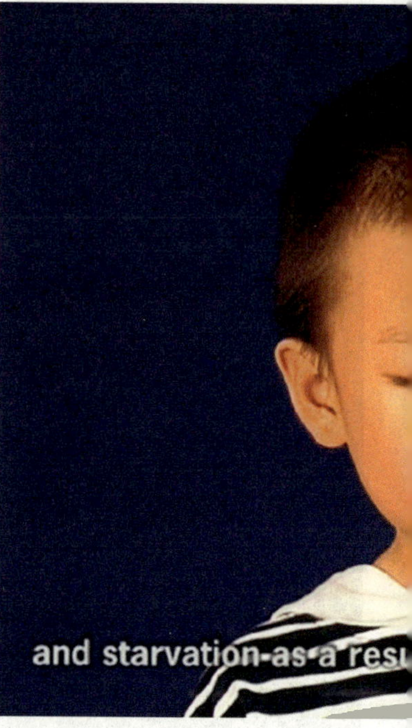

einem moralischen oder ideologischen Sinne hinzugefügt. Denn als ›autodidaktischer‹ Künstler spürte ich während der Planungsphase, und zwar besonders zu Beginn derselben, instinktiv den Nachteil, bereits ein Werturteil hinzuzufügen. Aber ich kannte die Sprache der Kunst und ihre Formen wie etwa Ironie. Doch als ich das Werk schuf, betrachtete ich diese Sprache und Form nicht als meine methodische Richtschnur. Tatsächlich hatte ich während der Dreharbeiten kaum Zeit, über andere Ideen nachzudenken.

Wie viele Einstellungen gab es? Wie haben Sie das Material aufgenommen und geschnitten?

Die Aufnahmen verliefen ganz glatt und mein Sohn machte seine Sache so gut, dass wir mit einer einzigen Einstellung auskamen.

Könnten Sie erklären, inwiefern das Werk ironisch oder metaphorisch ist?

Ein gutes Werk ist nicht immer ironisch oder metaphorisch, wie das bei politischen und kommerziellen Kunstwerken üblich ist. Ein gutes Werk ist selbst eine ›vollständige Welt‹, bei der sich die Leute nehmen können, was sie wollen, und ich als der Urheber mache nichts, außer Lächeln und Nicken.

Sind Sie nicht bereit, sich auf die Zensur oder politisch heikle Bereiche einzulassen, da Sie die praktische Bedeutung von Ironie und Metapher in Ihrem Werk nicht vorgegeben haben?

Grundsätzlich sollten Künstler Liberale sein. Sie müssen aus tiefstem Herzen alle Formen von Zensur oder politischen Tabus ablehnen, abgesehen von ihren eigenen moralischen Standards und Werten. Mit einer solchen Überzeugung und indem er sich klug verhält, kann ein Künstler immer eine Möglichkeit finden, um mit einer Einschränkung zu kämpfen oder sie zu überwinden. In gewissem Sinne sind gesellschaftliche Tabus und Eingriffe in die Kunst die Mutter der Kunst, wie der Widerstand in der Physik.

created it, I didn't suppose such language and form as my methodological guide. In the process of shooting, I actually didn't have much spare time to think of other ideas.

How many takes were involved? How did you record and cut the material?

The shooting went very smoothly with my son doing a perfect job in one take.

Could you explain in what way it is ironic or metaphorical?

A good work does not always have an irony or metaphor, which is common for political and commercial artwork. A good work is itself a complete world, where people can take whatever they want and I, as the creator, will do nothing but smile and nod.

Are you unwilling to get involved in censorship or politically sensitive zones as you didn't preset the practical significance of irony and metaphor in your work?

Fundamentally, artists should be liberals. From the bottom of their hearts, they must despise all sorts of censorship or political taboos, except for their own moral standard and values. With the support of such belief, taking good advantage of wisdom, an artist can always find a way to strive for or break the constraint. In a sense, social taboos and interference with art is the mother of art form, just like resistance in physics.

What do children stand for in China?

Children represent a positive image, so my starting point is definitely a positive view on values, life, and the world.

In traditional Chinese folk opera, there are some scenes in which old men are acted by little boys. Did this traditional way of art inspire you?

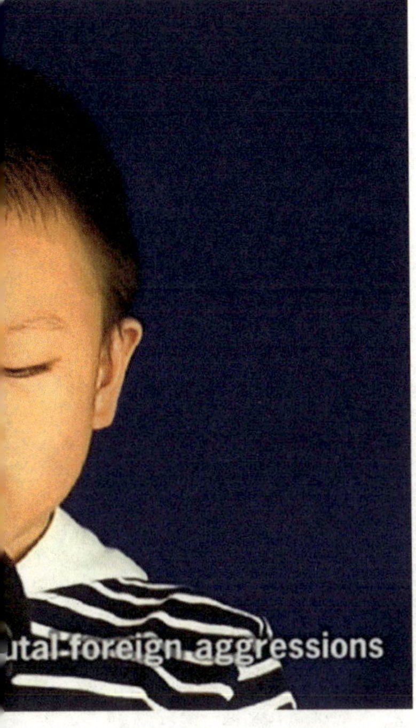

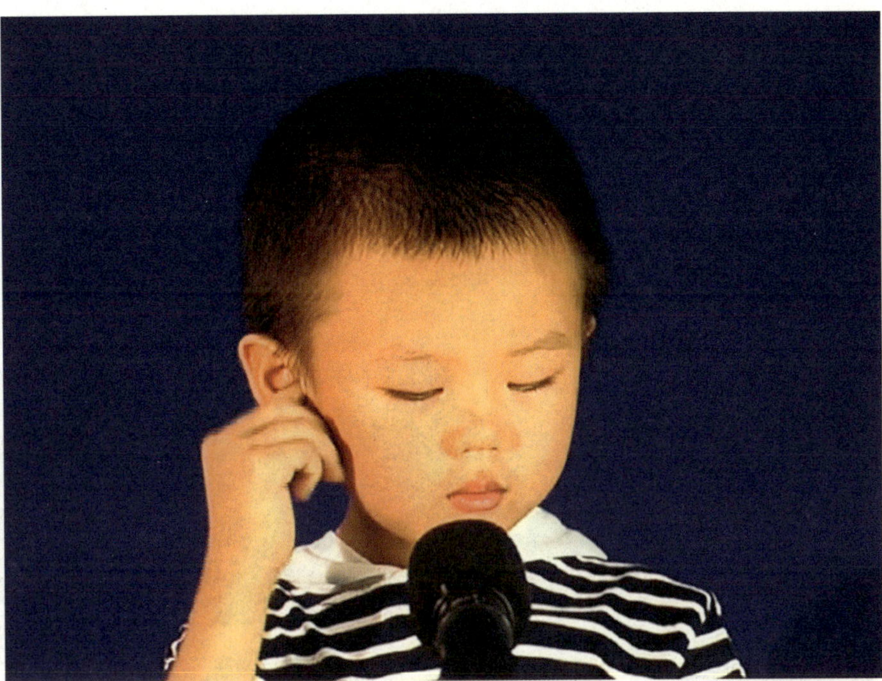

Wofür stehen Kinder in China?

Kinder stehen für ein positives Bild, sodass mein Ausgangspunkt definitiv eine positive Sicht von Werten, des Lebens und der Welt ist.

In der traditionellen chinesischen Volksoper gibt es einige Szenen, in denen alte Männer von kleinen Jungen gespielt werden. Wurden Sie von dieser traditionellen Kunstform inspiriert?

Nein. Mich hat eine Fernsehaufzeichnung der Rede des chinesischen Präsidenten Hu Jintao auf dem Fortune Global Forum inspiriert. Nach dieser Rede kam mir die Idee. Die Volksopern kannte ich gar nicht. In dieser Zeit, in der man gerade Vater geworden ist, ist die Welt der Kinder unschuldig rein, und auch die Äußerungen der Kinder sind direkt. Aus meiner eigenen Perspektive bewahre ich mir stets eine kindliche Neugier hinsichtlich der gesellschaftlichen Veränderungen um uns herum. Darin unterscheide ich mich von anderen Künstlern. Die Verwandlung der chinesischen Gesellschaft geht abrupt und gewaltsam vor sich, doch meine ursprüngliche Wahrnehmung der Welt bleibt dieselbe. Für mich ist das Erschaffen dieses Werks in jeder Hinsicht etwas wirklich Natürliches.

In welchem Zusammenhang steht dieses Video mit dem Rest Ihres Werks?

Natürlich gibt es bei allen meinen Werken irgendwelche Gemeinsamkeiten. Doch als Kinder verschiedener Mütter weisen die Werke gewisse Unterschiede auf, je nachdem, wer sie zur Welt gebracht hat.

Betrachten Sie sich als politischen, als Konzept- oder als kritischen Künstler?

Ich möchte einfach nur ein zuversichtlicher Künstler sein. Das Verpassen von Etiketten überlasse ich anderen.

No. My inspiration came from a recording of Chinese president Hu Jintao's speech at the Fortune Global Forum on TV. After the speech was over, I came up with my idea. I knew nothing about these folk operas at all. During that time, as a new father, the world of children is innocently pure and their expressions are straightforward as well. From my own point of view, I always maintain a child-like curiosity about the social changes around us, that's why I differ from other artists. The transformation of Chinese society is going on abruptly and violently, however, my original perception of the world remains the same. To me, creating this work is something really natural in all aspects.

How does this video relate to the rest of your work?

Of course all my works have something in common in some way. But as children born by different mothers, the work will bear certain differences, and it depends on who gave birth to them.

Do you see yourself as a political, a conceptual, or a critical artist?

I just want to be a confident artist. As for those labels, it's up to others.

Li Songsong

Interview: Li Qi

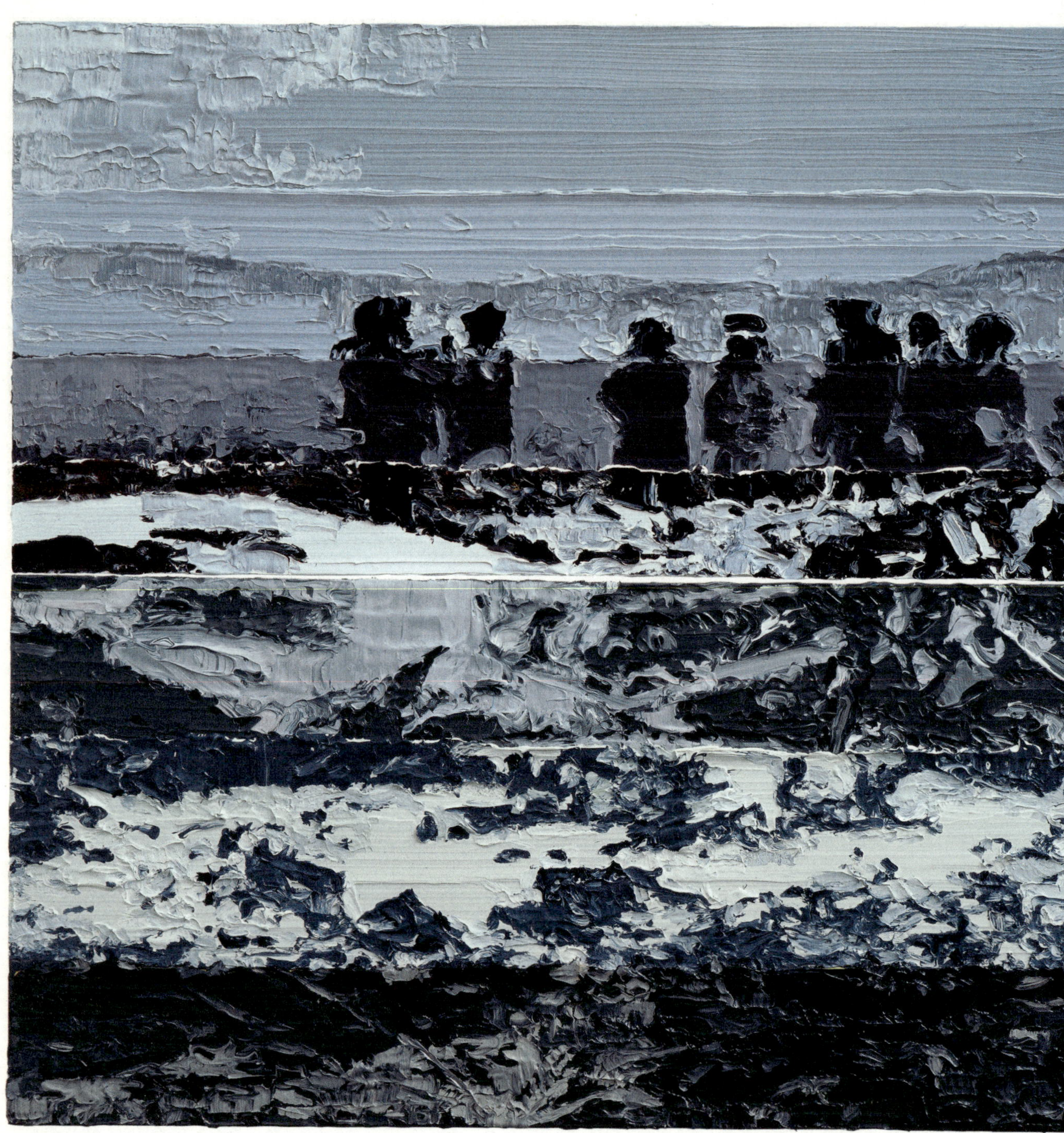

Der Maler Li Songsong wurde 1973 in Beijing geboren und machte 1992 einen Abschluss an der Subsidiary School der Central Academy of Fine Arts in Beijing, bevor er 1996 seinen Bachelor of Fine Arts in Ölmalerei von derselben Hochschule erhielt. Li Songsongs Gemälde sind mit Ölfarbe gemalte Repliken Copyright-freier Bilder der modernen chinesischen Geschichte auf großformatigen Leinwänden. Er verwendet vor allem Bilder aus Zeitungen, Zeitschriften, dem Internet und Büchern sowie Standbilder aus Filmen. Trotz seines intensiven Einsatzes politischer Bilder betrachtet Li sich nicht als politischer Künstler, da sein Werk durch den Kontrast zwischen seiner distanzierten Darstellung der Ereignisse und sei-

Painter Li Songsong was born in 1973 in Beijing and graduated from the Subsidiary School of the Central Academy of Fine Arts in Beijing in 1992 before going on to receive his BFA in oil painting from the Central Academy of Fine Arts in 1996. Li Songsong's paintings re-create public resource images of modern Chinese history on large-scale canvases with oil paint. He uses images primarily from newspapers, magazines, the Internet, books, and film stills. Despite this heavy use of political images, Li does not consider himself a political artist, because his work is characterized by the contrast between his removed portrayal of events and expressive emotional technique. His painting style is unique in that he warps and reconstructs

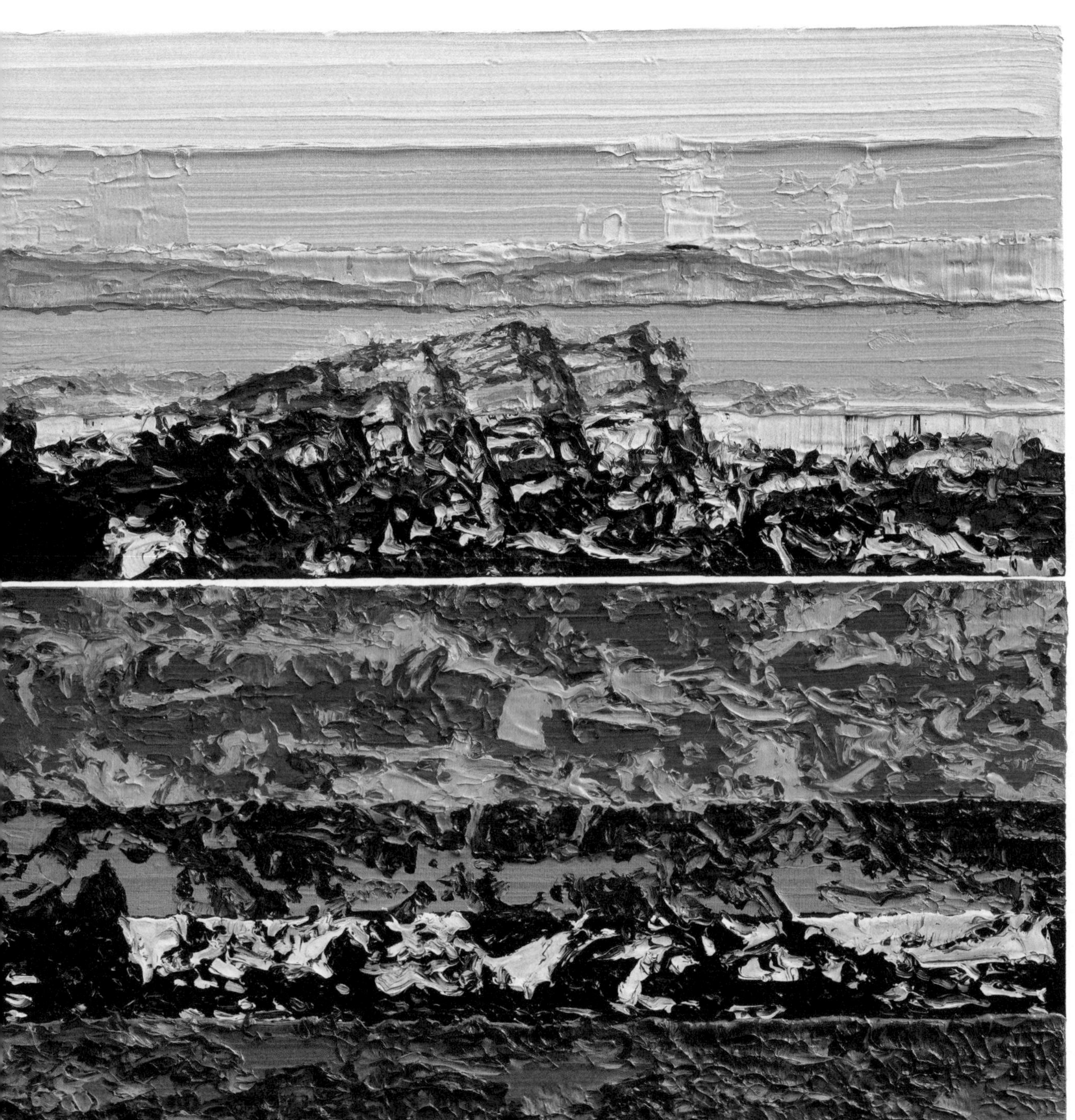

ner expressiven, emotionalen Technik gekennzeichnet ist. Sein Malstil ist insofern einzigartig, als er seine Bilder Abschnitt um Abschnitt mit mehreren Farbschichten verzerrt und wiederaufbaut, was dem fertigen Werk einen abstrakten und mehrdeutigen Charakter verleiht. Die Details der ursprünglichen Fotografien sind ausradiert, während die Figuren betont werden, sodass die Gemälde als entweder auftauchende oder verschwindende erscheinen können. Li verwendet bei der Herstellung seiner Kunstwerke ausschließlich Pinsel, auch wenn viele seiner Gemälde eine Vielzahl von Texturen und Techniken aufweisen, die fast die Oberfläche aufbrechen. Li lebt und arbeitet in Beijing.

his images with layers of paint often section by section in an array of colors, giving the final work an abstract and ambiguous message. The details of the original photograph are erased while the figures are emphasized, allowing the painting to appear as either emerging or disappearing. Li uses strictly brushes to create his artwork, though many of his paintings display a variety of textures and techniques almost bursting off the surface. Li lives and works in Beijing.

What is the background story of Undurkhan *(2005)?*

The background was the incident that happened on September 13, 1971, when a plane carrying Lin Biao

Welche Geschichte bildet den Hintergrund von Undurkhan *(2005)?*

Der Hintergrund ist der Flugzeugabsturz vom 13. September 1971 in der Nähe von Undurkhan in der Mongolei, bei dem Lin Biao starb. In China wird dieser Unfall normalerweise als »913-Vorfall« bezeichnet. Der offiziellen Fassung zufolge war Lin, der damals zweitmächtigste chinesische Politiker und designierte Nachfolger Maos, mit einem Coup gegen diesen gescheitert und wollte anschließend in die Sowjetunion fliehen. Doch sein Flugzeug stürzte in der mongolischen Wüste ab. Alle neun Insassen kamen beim dem Unfall, ums Leben, darunter auch Lins Frau und sein Sohn.

Gibt es eine spezifische Fotografie, auf die sich das Gemälde bezieht?

Ich habe eine bestimmte Aufnahme als Vorlage für dieses Bild verwendet. Diese Fotografie soll drei Tage nach dem Absturz von Mitgliedern der chinesischen Botschaft in der Mongolei gemacht worden sein und chinesische und mongolische Funktionäre an der Absturzstelle zeigen. Diese Fotografie wurde üblicherweise zur Illustration des 913-Vorfalls verwendet.

Woher rührt Ihr Interesse an diesem konkreten historischen Ereignis?

Der 913-Vorfall ist in China nach wie vor ein ungelöstes Rätsel. Da die Mehrheit der offiziellen Archive noch nicht zugänglich ist und die Dokumente geheim gehalten werden, hat sich die offizielle Version in den letzten gut vierzig Jahren nicht verändert. Tatsächlich hat sie mit der finstersten Seite der chinesischen Geschichte zu tun. Heute könnte man zahlreiche inoffizielle Narrative und Publikationen zu dem Unfall finden, doch eine Schlussfolgerung muss erst noch gezogen werden. Offenkundig kann man den langlebigen offiziellen Erklärungen aus historischer Sicht nicht trauen. Doch die Folge des Unfalls war deutlich. Er markierte den Beginn des Scheiterns von Maos größter politischer Bewegung.

Warum haben Sie damit begonnen, nach Fotografien zu malen?

Ursprünglich wollte ich etwas malen, das einen gewissen Abstand zur Wirklichkeit hatte. Ich dachte daran, in einem Gemälde eine Szene zu konstruieren. Die Darstellung von Dingen oder einer gewissen Empfindung aus dem wirklichen Leben war nicht so interessant. Mich zog der Prozess des Betrachtens von Fotografien an. Wenn wir uns Bilder in einem Buch ansehen, dann blättern wir normalerweise dann um, wenn wir die Bedeutung des Bildes verstanden haben.

Interessiert es Sie nicht, nach der Wirklichkeit zu malen?

Ich finde es unnötig. Es gibt bessere Ansätze – Fotografie und Video zum Beispiel. Die reine Betrachtung lebendiger Dinge macht einfach mehr Spaß. Ich habe das Gefühl, dass die Malerei, wenn es um diese Seite der Darstellung von Wirklichkeit geht, ziemlich machtlos ist.

crashed around Undurkhan in Mongolia. In China, this incident is usually referred to as the 913 Incident. In the official narrative, Lin, who was the second top politician back then in China and the future successor to Mao, failed in planning a coup against Mao and subsequently fled to the Soviet Union. His plane crashed in the Mongolian Desert. Everyone on board, totaling nine, including Lin's wife and son, was killed in the crash.

Is there a specific photograph it refers to?

I used a specific photograph as the reference for this painting. This photograph is believed to have been taken three days after the crash by members of the Chinese Embassy in Mongolia, showing the officials from both China and Mongolia on the site of the crash. This photograph was commonly adapted as the illustration to the 913 Incident.

Why your interest in this specific historical event?

The 913 Incident remains an unresolved myth in China. Since the majority of the official archives and documents are still undisclosed, the official narrative has not changed in the last forty-some years. It was indeed associated with the darkest page in China's history. Today, one could find numerous unofficial narratives and publications on the incident, but a conclusion is yet to be drawn. Obviously the long-enduring official explanations could hardly be trusted by history. The consequence of the incident was apparent, however. It marked the beginning of the bankruptcy of Mao's greatest political movement.

Why did you start painting from photographs?

Originally I wanted to paint something that had a certain distance from reality. I thought to construct a scene in painting; representing things or a certain sentiment from real life was not so interesting. I felt attracted to the process of looking at photographs. When we look at pictures in a book, we usually turn them over when we understand the meaning in them.

Are you not interested in painting from reality?

I find it unnecessary. There are better approaches—photography and video, for example. Just looking at live things is simply more fun. I feel that when it comes to this aspect of representing reality, painting is rather powerless.

Mao Tongqiang

Interview: Kathleen Bühler

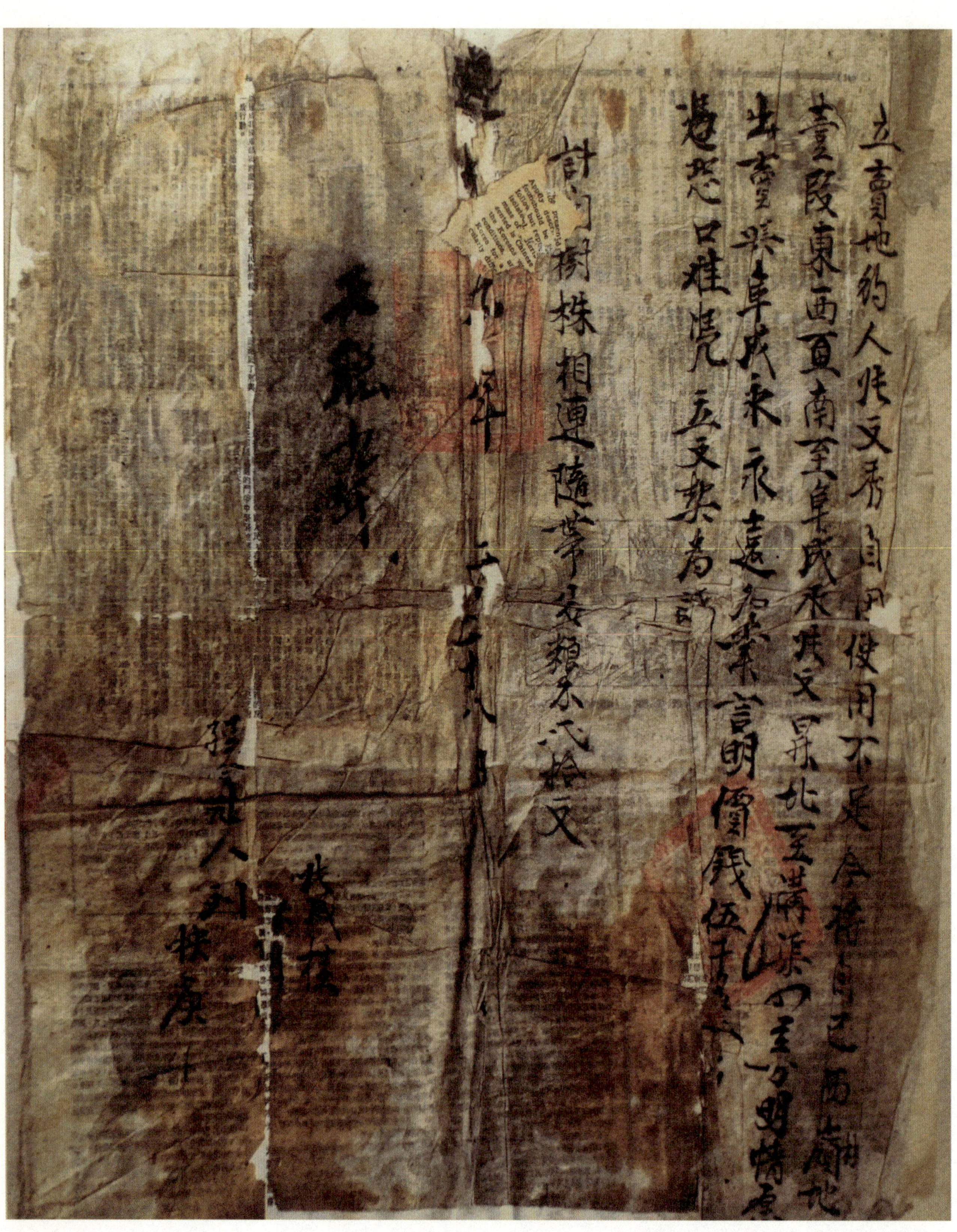

Mao Tongqiang wurde 1960 in Yinchuan (Provinz Nigxia) geboren. 1980 absolvierte er ein Kunststudium an der Ningxia University und studierte von 1980 bis 1984 Ölmalerei an der China Academy of Art in Hangzhou. Seine seit 2000 entstandenen materialreichen Rauminstallationen versammeln historische Artefakte und

The artist Mao Tongqiang was born in Yinchuan (Nigxia Province) in 1960. He completed his studies in the department of fine arts of Ningxia University in 1980 and studied oil painting at the China Academy of Art in Hangzhou from 1980 to 1984. The spatial installations he has been creating since 2000, which include a wealth of material,

beschäftigen sich mit gesellschaftspolitischen Themen. Mao lebt und arbeitet in Yinchuan.

Können Sie mir etwas über Ihre Installation Leasehold *(2009) erzählen?*

Leasehold besteht aus 1300 Pachtdokumenten, die ich im Lauf von drei Jahren gesammelt habe. Pachtverträge dokumentieren Landbesitz und waren vor der Kulturrevolution die Schätze der Familien. Dann wurde das Privateigentum abgeschafft. Als man die Landbesitzer enteignete, veränderte sich nicht nur die Sozialpolitik, sondern auch die chinesische Kultur und eine jahrhundertealte Tradition.

Warum und wann haben Sie begonnen, diese Pachtverträge zu sammeln? Und was war der Auslöser hierfür?

Das kam mir nicht spontan in den Sinn. Im Gegenteil war ich ziemlich überrascht, diese Dokumente auf Antiquitätenmärkten zu finden. Aber natürlich waren sie nach der Kulturrevolution nichts mehr wert und wurden ausgemustert. Doch sie erinnern uns auch daran, dass der Übergang von der kommunistischen Idee des allen gemeinsamen Besitzes zum Privateigentum, wie es heute existiert, wahrscheinlich zu rasch erfolgt ist. Man muss sich nur daran erinnern, dass vor 1978 alle in Mietshäusern wohnten und ein kleines Einkommen erhielten. Man hatte ein Zuhause, in dem man mit seiner Familie lebte. Nach den Reformen Deng Xiaopings veränderten sich die alten Besitzverhältnisse plötzlich, und Eigentum gab es nur noch für bestimmte Leute. Einige von ihnen wurden rasch reich, häuften viel Besitz und große Häuser an. Als gewöhnliche Leute können wir uns das nicht leisten und jetzt müssen wir uns unsere eigene Wohnung kaufen, um einen Ort zu haben, wo wir wohnen können. Das betraf alle, auch mich und meine Familie, und hat mich lange umgetrieben. Und dann besuchte ich etwa 2005 einen Antiquitätenmarkt, entdeckte dort einen Pachtvertrag aus der Qing-Dynastie (1644–1911) und begriff, dass sich das Land ursprünglich in Privatbesitz befand. Endlich hatte ich einen Beweis dafür, dass auch einzelne Personen Land und Eigentum besessen hatten.

assemble historical artifacts and deal with sociopolitical issues. Mao lives and works in Yinchuan.

Can you tell me about your installation Leasehold *(2009)?*

Leasehold consists of 1,300 leasehold documents that I collected over three years. Leaseholds document land ownership and were the treasures of each family before the Cultural Revolution. During that time private ownership was abolished. When they expropriated the landowners, not only did social policy change, but also Chinese culture and a tradition of hundreds of years.

Why and when did you start to collect these? And what triggered you?

It's not something that suddenly occurred to my mind. On the contrary I was rather surprised to find these documents at antiques markets. But of course after the Cultural Revolution they were worthless and got discarded. But they also remind us that it probably too quickly changed from a Communist idea of owning everything together to private ownership as it exists today, again. Just remember, before 1978 everybody lived in a rented house and everyone got a small pay. You had your home, where you lived with your family. After Deng Xiaoping's reformation the old way of having property changed suddenly and was only available to certain people. Some of them turned quickly rich, amassing big properties and big houses. As ordinary people we can't afford that, and now we have to buy our own apartment, in order to have some place to live in. This affected everyone, including me and my family, and bothered me for a long time. And then around 2005 I visited a market for antiques, discovered a leasehold from the Qing dynasty (1644–1911), and realized that land was once actually owned by private people. I finally had a proof that individuals also owned land and property.

When did it occur to you to make a work out of it?

When I found the first leasehold I put it in my bathroom and looked at it every day for almost three years. The document in my bathroom puzzled everybody. I realized that I needed to do some research, since the document

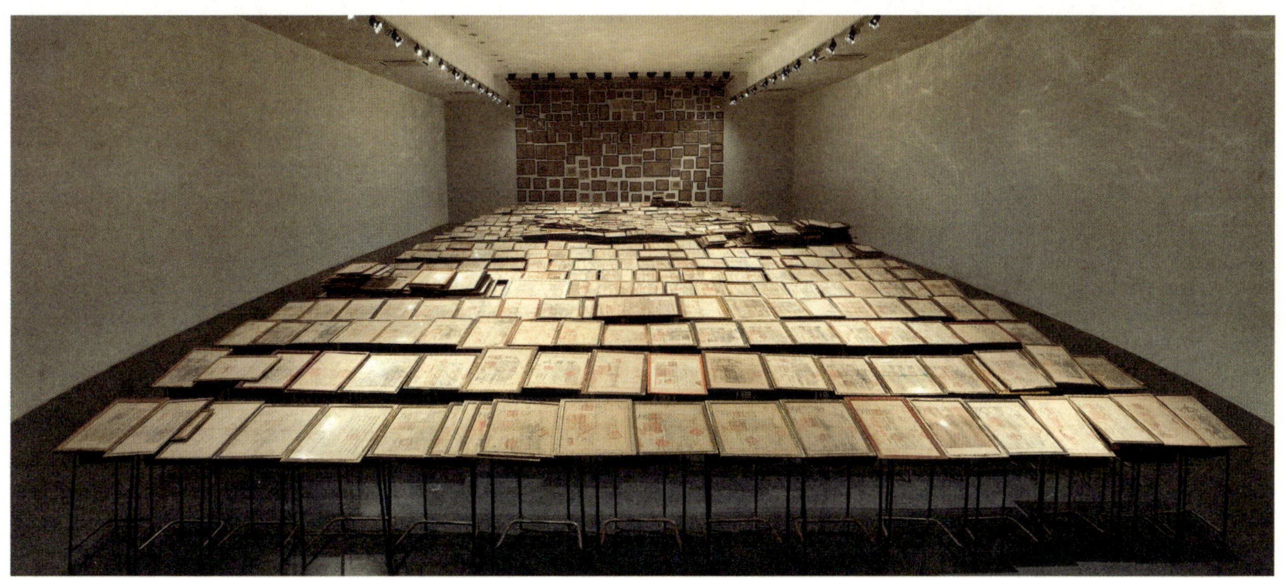

Wann kam Ihnen die Idee, ein Kunstwerk daraus zu machen?

Als ich den ersten Pachtvertrag fand, hängte ich ihn in mein Badezimmer und schaute ihn mir fast drei Jahre lang an. Dieses Dokument bei mir im Bad machte alle stutzig. Ich begriff, dass ich ein paar Nachforschungen anstellen musste, da das Dokument die Geschichte unserer Landreformen widerspiegelt. So fand ich heraus, dass bei der Revolution der Kommunistischen Partei, als den Grund-

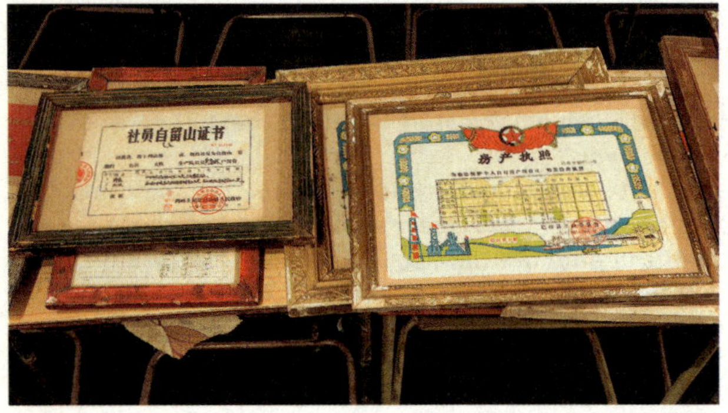

stücksbesitzern alles weggenommen wurde, auch etwas geopfert wurde, das ein integraler Bestandteil unserer Kultur ist, da Eigentümer und Grundstücksbesitzer sich auch um die Kultur gekümmert haben.

Wann haben Sie beschlossen, dass das Werk aus 1300 Dokumenten bestehen würde?

Die Zahl 1300 symbolisiert die 1,3 Milliarden Menschen zählende chinesische Bevölkerung. Die Dokumente reichen von der Qing-Dynastie bis heute und stammen aus allen Teilen des Landes, denn nach der Qing-Dynastie veränderten sich die Dokumente und das Konzept des Eigentums. Außerdem sollten die Verträge alle Regionen Chinas repräsentieren und die Betrachter daran erinnern, dass die neue Veränderung, dass nur einige wenige wieder etwas Land besitzen, in ganz China vor sich geht.

Wann haben Sie beschlossen, die Pachtverträge zu rahmen und an die Wand zu hängen, statt Stapel zu machen oder sie auf den Boden zu legen wie bei anderen Installationen von Ihnen?

Chinesen pflegten ihre Pachtverträge zu verstecken und sie zur Seite zu legen wie ein Bankguthaben. Sie wollten nicht, dass andere Leute sie sehen und von ihrem Eigentum erfahren. In der Installation hingegen wollte ich, dass alle sie sehen und sich über die Menge dieser Verträge klar werden können. Das ist solch ein ernstes Thema, dass die Leute sie sich ganz genau ansehen müssen.

Gibt es bei den Dokumenten eine bestimmte Ordnung?

Nein, aber dadurch, dass ich sie direkt nebeneinander an der Wand und auf den Tischen anordne, ergibt sich eine ernsthafte und noble Präsentationsweise. Sie verströmen Würde und repräsentieren den Wert, der ihnen entsprach.

Könnten Sie versuchen, einem westlichen Publikum zu erklären, was Landbesitz in China meint? Geht es nur um Eigentum oder auch um Identität und darum, Teil einer größeren Gemeinschaft zu sein?

reflects the history of our land reforms. So I found out that in the revolution of the Communist Party, when they took everything from the landlords, they sacrificed something intrinsic in our culture, because owners and landlords were also caretakers of the culture.

When did you decide that the work would consist of 1,300 documents?

The number 1,300 symbolizes the population of 1.3 billion Chinese. The documents stem from the Qing dynasty until today, from all parts of the country, because after the Qing dynasty the documents and concept of ownership changed. Also I wanted the documents to represent all regions of China and to remind the viewer that the new change—that only a few possess again some land—is happening all over China.

When did you decide to frame them and put them on the wall and not make piles or lay them down on the floor as in other of your installations?

Chinese people would hide their leasehold and put it away like a bank deposit. They didn't want other people to see them and know about their property. So instead, for the installation I wanted everybody to see it and to take notice of the amount of it. This is such a serious issue, I need people to have a sharp look at them.

Is there a certain order to the documents?

No, but in putting them one by one on the wall and on tables, we have a serious and noble way to present them. They exude dignity and represent the value attached to them.

Could you try to explain to a Western public what owning land means in China? Is this just about property or is it also about identity and being part of a larger community?

Owning land is proof of the valuable existence of a human being. If you own and take care of land it means you are capable of taking responsibility for yourself and your family. Therefore it builds the success of the whole family. As I understand it, at the heart of the Communist reformation people who didn't own land had to kill people who owned land. Nowadays, people who own land and have property are the people with power.

You collect old objects with specific cultural and historical meanings and make huge installations with them. Would you say that you work in an anthropological way?

My artistic practice is so different from other artists here in China that I'm quite isolated. And because my installations are so big and crowded people don't like to show my works. With the exception of M+ in Hong Kong no other museum collects my work. My works are time-consuming to assemble and research. Also, it may look as though my works are about the notion of ready-mades—which is a Western concept—but I think their significance relates to their history and their power to symbolize a human experience.

For me they are not ready-mades, because they are not industrially produced, but historical artifacts: they kind of talk for themselves.

Land zu besitzen ist der Beweis dafür, dass die Existenz eines Menschen etwas wert ist. Wenn man Land besitzt und sich darum kümmert, bedeutet dies, dass man imstande ist, Verantwortung für sich selbst und seine Familie zu übernehmen. Darauf baut also der Erfolg der ganzen Familie auf. Nach meinem Verständnis ging es im Kern der kommunistischen Reformen darum, dass Leute, die kein Land besaßen, Leute, die Land besaßen, töten mussten. Heute besitzen diejenigen die Macht, denen Land gehört und die Eigentum haben.

Sie sammeln alte Objekte mit einer spezifischen kulturellen und historischen Bedeutung und machen riesige Installationen daraus. Würden Sie sagen, dass Sie nach Art eines Anthropologen arbeiten?

Meine künstlerische Praxis unterscheidet sich so sehr von der anderer chinesischer Künstler, dass ich ziemlich isoliert bin. Und weil meine Installationen so groß und dicht gedrängt sind, stellen die Leute meine Werke nicht gerne aus. Mit Ausnahme des M+ in Hongkong sammelt kein anderes Museum meine Werke. Das Zusammenfügen und Recherchieren meiner Werke ist zeitaufwendig. Außerdem könnte es so aussehen, als ginge es in meinen Werken um die Idee des Readymade, ein westliches Konzept, aber ich meine, ihre Bedeutung hat etwas mit ihrer Geschichte und ihrer Macht zu tun, eine menschliche Erfahrung zu symbolisieren.

Für mich sind das keine Readymades, da sie nicht industriell hergestellt wurden, sondern historische Artefakte: Sie sprechen gewissermaßen für sich selbst.

Vielleicht ist meine Methode einzigartig, doch meine Motivation als chinesischer Künstler ist meine Sorge im Hinblick auf unsere Gesellschaft und das in ihr herrschende Chaos. Ich benutze meine Gefühle, um die Grenzen der Kunst herauszufordern.

Wie bewerten Sie die Neigung junger Künstler, zur Malerei zurückzukehren?

Ich muss zugeben, dass es für sie einfacher ist, davon zu leben, weil Gemälde für Sammler und Galerien einfacher sind als der Umgang mit Installationen.

Maybe my methodology is singular; however, my motivation as a Chinese artist lies in my worries about our society and its chaos. I use my sensations to challenge the boundaries of art.

How do you evaluate the tendency of younger artists to go back to painting?

I have to say that it's easier for them to make a living, because it's easier for collectors and galleries than dealing with installations.

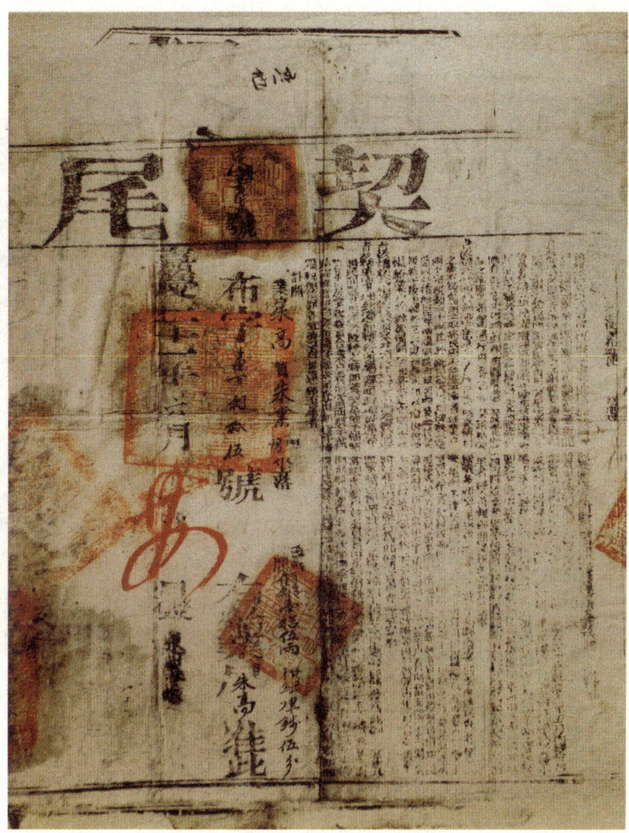

Qu Yan

Interview: Xu Sheng

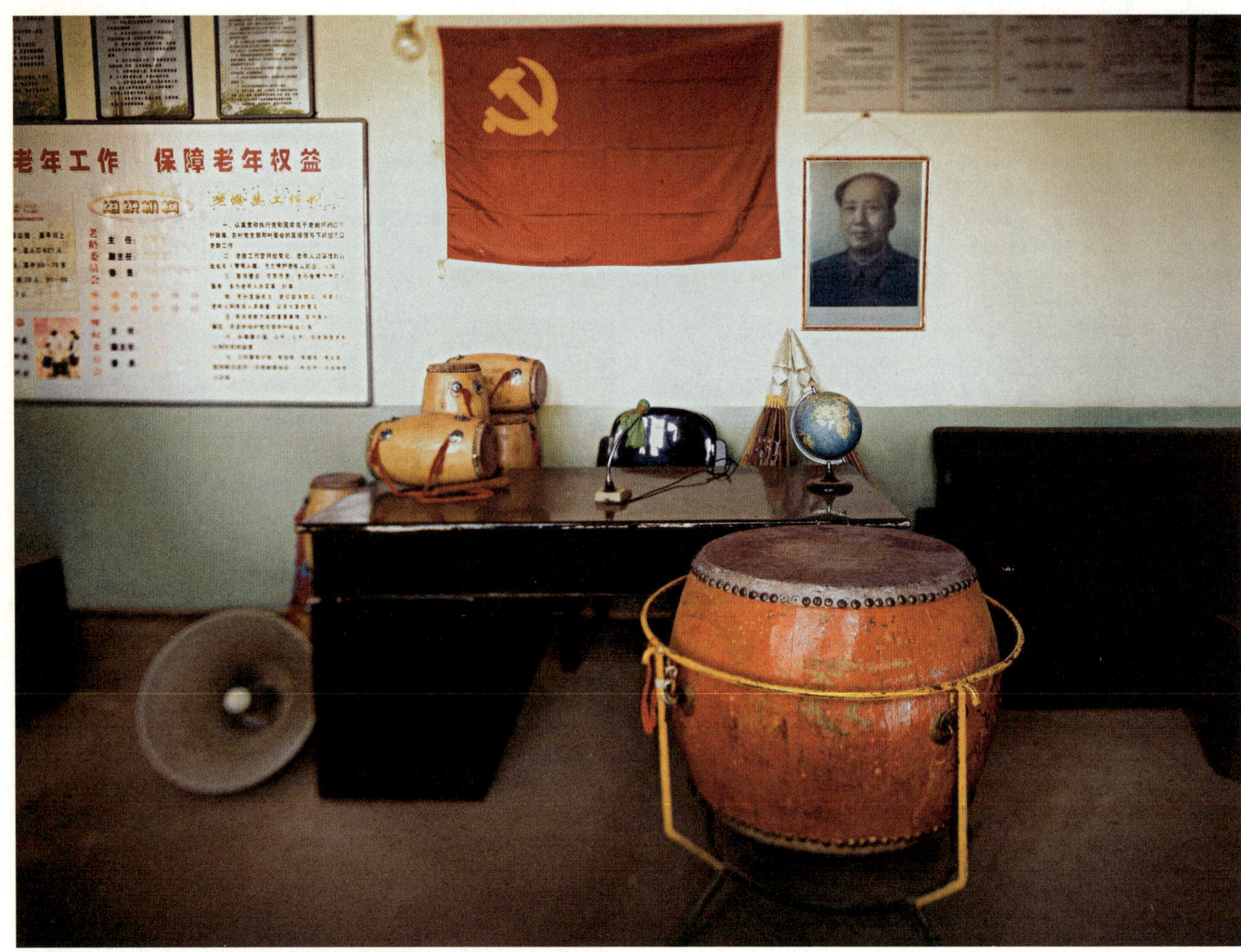

Der Konzeptkünstler Qu Yan wurde 1955 in Xuzhou (Provinz Jiangsu) geboren. Er machte seinen Abschluss am Department of Fine Arts an der Shanxi University in Taiyuan. Qu verwendet in seiner künstlerischen Praxis viele Medien und war einer der ersten chinesischen Avantgardekünstler, der in den 1980er-Jahren Teil dieser neuen Bewegung wurde. Zwischen 1992 und 1997 ging er nach Osteuropa, um zu studieren und Projekte zu entwickeln. Qu lebt und arbeitet in Beijing.

Was können Sie uns über Power Space—Village Series *(2005–2007) erzählen? Was zeigt diese Werkgruppe?*

Ich fing 2005 mit dieser Werkgruppe an. Eines der zehn Bilder ist *The Office of the Village Leader of Yun Tou Village, Chang Ping County, Gu Jiao City, Shan Xi Province*. Es zeigt ein normales Büro eines Bürgermeisters oder Dorfführers in der Kleinstadt Yun Tou, in der Provinz Shanxi. Auf dem Bild lassen sich alle politischen Attribute erkennen wie etwa die Flagge der Kommunistischen Partei Chinas, das Porträt des Vorsitzenden Mao und verschiedene politische Parolen. Man muss wissen, dass alle das Dorf betreffenden Fragen von den Männern in diesem Raum beschlossen werden. Die Bandbreite ihrer Entscheidungen reicht von Produktionsstrategien bis zur Unterhaltung. Dieses Bild zeigt also eine Szene, in der grundlegende politische Macht ausgeübt wird. Man kann auch sehen, dass die Mittel der Verwaltung hier sehr einfach sind, da die wirtschaftliche

Conceptual artist Qu Yan was born in 1955 in Xuzhou (Jiangsu Province). He graduated from the department of fine arts at Shanxi University and uses many media in his artistic practice. He was also one of the first Chinese avant-garde artists who threw himself into the new movement in the 1980s. Between 1992 and 1997 he went to Eastern Europe to study and develop projects. He lives and works in Beijing.

What can you tell us about Power Space—Village Series *(2005–2007)? What is the group of works showing?*

I started this group of work in 2006. One of the ten images is *The Office of the Village Leader of Yun Tou Village, Chang Ping County, Gu Jiao City, Shan Xi Province.* It depicts a normal mayor's or village leader's office in the small village Yun Tou, in Shanxi Province. In the image you can recognize all the political attributes like, for example, the flag of the Communist Party of China (CPC), the portrait of Chairman Mao, and several political slogans. You must know that all issues of the village will be decided by the men inside that room. Their decisions range from production strategies to entertainment. So this picture represents a scene where basic political powers are being practiced. We can also see that the administrative devices are very simple here, as the economic situation in many villages is very bad. Even the administrators often try to find work in the cities, so the administration offices are

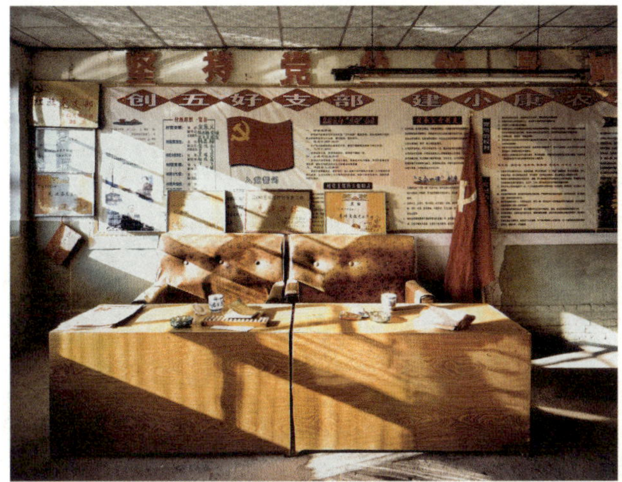

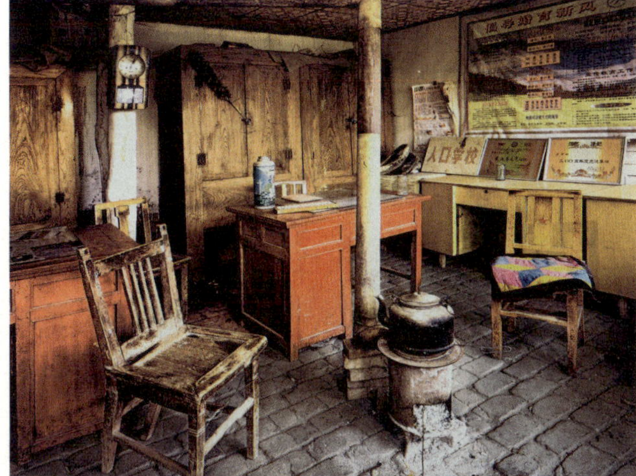

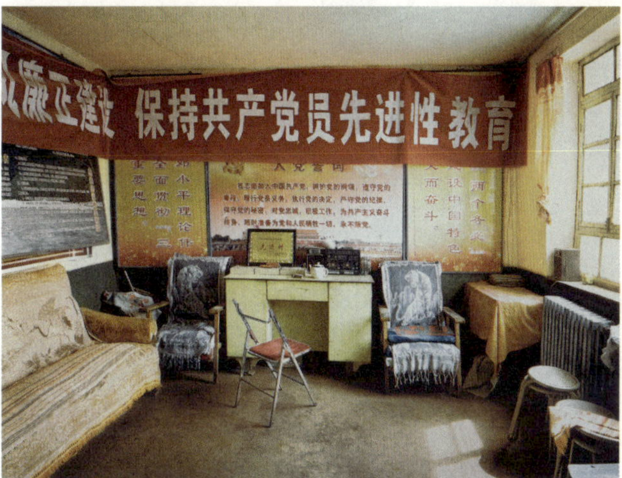

Lage in vielen Dörfern sehr schlecht ist. Selbst die Verwalter versuchen häufig, Arbeit in den Städten zu finden, sodass die Verwaltungsbüros oft leer und unbenutzt sind. Eines Tages gab es eine offizielle Anordnung, alle Verwaltungen auf Vordermann zu bringen und zu modernisieren. Man stellte also Computer auf, obwohl es noch keine fähigen Mitarbeiter gab, die das Büro hätten leiten können. Diese Szene ist extrem absurd.

Was ist der Hintergrund dieses Werks und dieser Serie?
Viele Probleme in China haben mit politischer Macht zu tun, da diese Macht nicht vom Volk ausgeht. Und in Dörfern haben wir den Mikrokosmos, um diese Probleme im Detail zu studieren. Hier findet sich auch die Wurzel des Problems, das von Anfang an im Kern der Machtstruktur liegt. Die Dorfgemeinschaft wird normalerweise von der Regierung geführt, die angeblich das Volk repräsentiert. Sie hat die Macht und leitet jedes Dorf in China. Meine Bilder porträtieren die Büros der verschiedenen Gemeinschaften und repräsentativen Räume. Sie zeigen meine Gedanken zu diesen Räumen der Macht, da jedes Dorf, jede Stadt, jede Provinz und jeder Landkreis mit demselben Dilemma konfrontiert ist. Ihre jeweilige Situation unterscheidet sich lediglich in wirtschaftlicher Hinsicht. Der Raum ist insofern typisch, als er sowohl öffentlich als auch privat ist. Das Büro als Machtraum verkörpert und repräsentiert die Idee der Macht und den kulturellen Hintergrund der Herrschenden sowie ihren persönlichen Geschmack. Ich glaube daher, dass es sehr aussagekräftig ist, wenn man diese Räume zeigt. Kurzum, meine Fotografien basieren auf meinen Forschungen über die Situation der politischen Macht in Dörfern. Aber ich muss zugeben, dass der fotografische Prozess wesentlich schwieriger und komplizierter war als erwartet.

Wie sind Sie vorgegangen?
Das Thema der Macht und ihrer Orchestrierung oder Inszenierung interessierte mich bereits einige Zeit, und ich habe auch schon lange Zeit im Inneren des Systems gearbeitet. Da ich auch als Verwalter gearbeitet habe, bin ich mit der Situation vertraut und beschloss, mein Insiderwissen auf die Art und Weise zu nutzen, in der ich mich den Bildern näherte. Seit dem Frühjahr 2005 besuchte ich mit einem Geländewagen verschiedene Dörfer – sie sind teils

often empty and unused. Then an official order demanded that all administrations must be upgraded and modernized. So they put up computers, even though they still have no capable staff to run the office. This scene is very absurd.

What's the background of this work and this series?
Many problems in China are related to political power, since that power doesn't come from the people. And in villages we have the microcosm to study these problems in detail. You also find here the root of the problem, which lies from the very beginning at the heart of the power structure. The community of the village usually is led by the government, which supposedly represents the people. They have the power and run every village in China. My images portray the offices of different communities and different representative rooms. They show my thoughts on these spaces of power, since every village, every city, every province, and every county face the same dilemma. Their situations differ only depending on their economic situations. The room in this image is typical in the sense that it's both public and private. The office as space of power embodies and represents the notion of power and cultural background of the ruling people, and their personal tastes as well. Therefore I think it's very meaningful to expose these spaces. In short, my photographs are based on my research on the situation of political power in villages. But

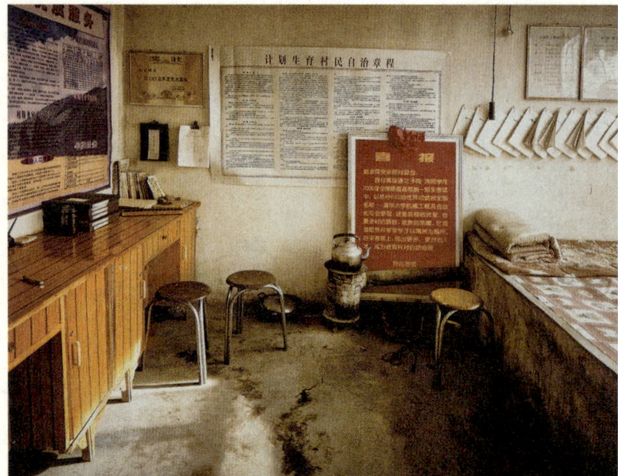

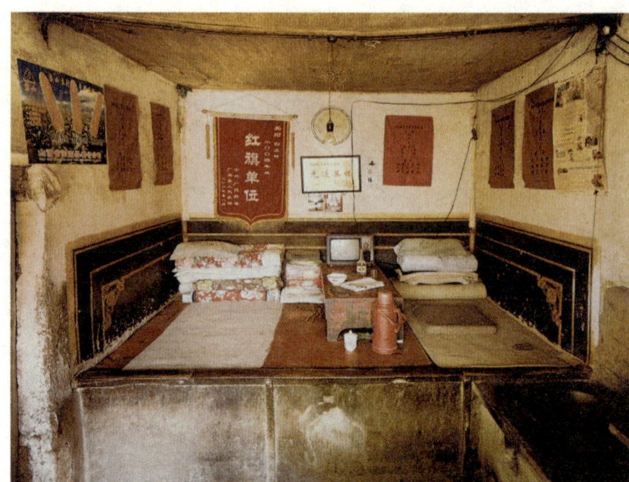

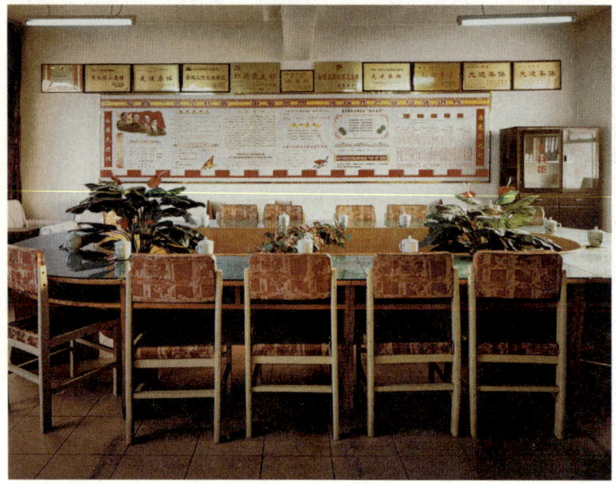

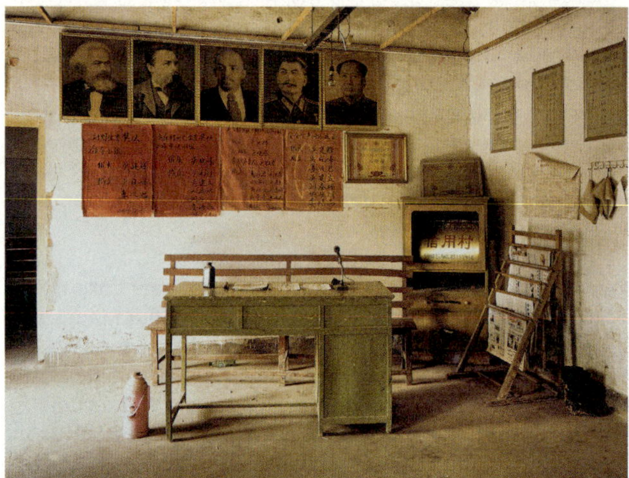

schwer zu erreichen – und machte Bilder verschiedener Wirklichkeiten an verschiedenen Orten. Ich hatte ein sehr klares Konzept der Serie und konzentrierte mich auf das gewaltige und menschenleere Land der Provinz Shanxi, vor allem östlich des Gelben Flusses und der Berge von Tai Hang. Mein Ansatz ähnelt einer soziologischen oder anthropologischen Studie, da meine Fotografien auf gründlichen Untersuchungen und Recherchen beruhen.

Wie haben Sie die zehn unterschiedlichen Dörfer ausgewählt? Was ist das Besondere an ihnen?

Ihre Gemeinsamkeit besteht darin, dass sie alle auf dieselbe Weise geleitet werden. Der einzige Unterschied ist ihre besondere geografische Lage und wirtschaftliche Situation, die einen deutlich sicht- und spürbaren Einfluss auf das Leben der Leute in diesen verschiedenen Dörfern hat. Während des Fotografierens und Aufzeichnens der Räume versuche ich, objektiv zu bleiben. Dank meiner neutralen Haltung können sich die Szenen in einen stummen Spiegel verwandeln. Auch wenn die Räume auf den ersten Blick alltäglich und vertraut erscheinen, geben sie Schritt um Schritt ihre philosophische Bedeutung preis, denn die profanen Dinge sind das, was uns mit der Alltagswirklichkeit konfrontiert. Ohne großen Enthusiasmus und ohne unvernünftig sein zu wollen, präsentiere ich diese unbemerkten stummen Erinnerungen. Obwohl sie immer schon da waren,

I must admit that the photographic process is far more difficult and complicated than I anticipated.

How did you proceed?

The topic of power and its orchestration or staging interested me already for quite some time and I've also worked inside the system for a long time. Since I also worked as administrator, I'm familiar with the situation and decided to use my inside knowledge in the way I approached the images. From the spring of 2005 I visited different villages in a jeep—they sometimes are difficult to reach—and took pictures of different realities in different places. I had a very clear concept of the series and concentrated on the vast and deserted land of Shanxi Province, mainly east of the Yellow River and the mountains of Tai Hang. My approach is similar to a sociological or anthropological study, because my photographs are based on thorough investigations and research.

How did you choose the ten different villages? What's special about them?

They have something in common, as they are all run in the same way. The only difference is their particular location and economic situation, which has very visible and tangible influences on the lives of people in these different villages. I try to stay objective during the shooting

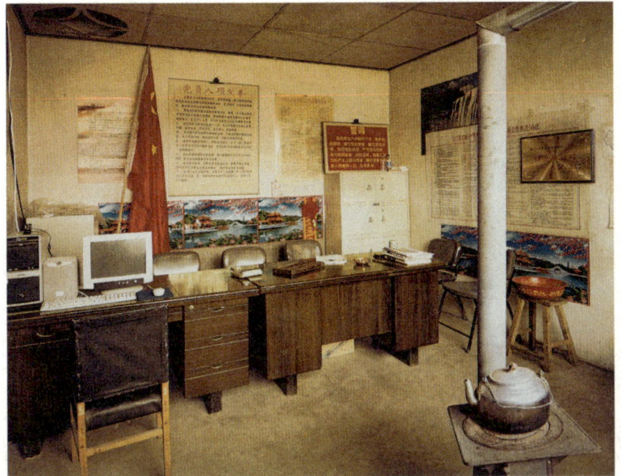

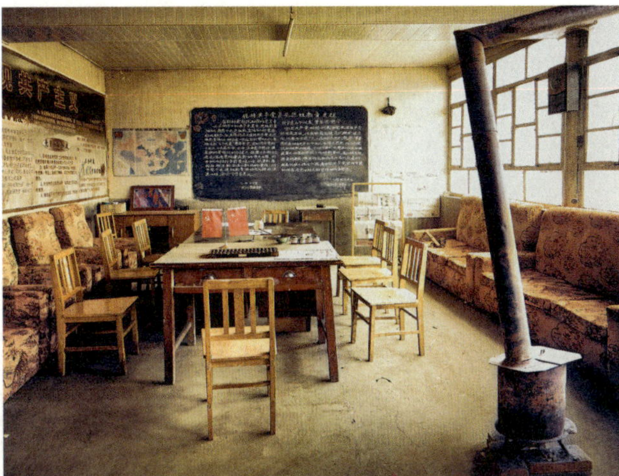

sehe ich sie mir jetzt näher an und präsentiere sie in ihrer alltäglichen Gewöhnlichkeit. Ich möchte gleichzeitig die Wirklichkeit schildern und auf das Dilemma hinweisen sowie die Struktur und die Ordnung untersuchen. Anders formuliert, ich liefere der Öffentlichkeit Bilder aus den mächtigsten Räumen der Welt und messe die Bedeutung der Wirklichkeit an ihnen. Die Bilder enthüllen die Machtstruktur hinter der Situation und verwandeln jede Szene in eine Fabel des Lebens.

Was halten Sie von der zeitgenössischen Kunst in China?

Seit den 1990er-Jahren hat die zeitgenössische chinesische Kunst ihre eigenen Maßstäbe verloren und ist zu einem Werkzeug der westlichen Welt geworden. Einige Künstler gelten als erfolgreich, aber sie haben vergessen, warum sie überhaupt einmal Kunst gemacht haben. Das ist nur möglich, indem man sich der Wirklichkeit stellt und unsere Kunstgeschichte ernsthaft studiert. Heute können wir immer noch die Beziehung zwischen Kunst und Gesellschaft erkennen, aber die Konfrontation zwischen ihnen ist härter als zuvor. Wir müssen es positiv sehen und eine starke Tradition von Theorie und Praxis in der zeitgenössischen chinesischen Kunst aufbauen. Und eine wichtige Tendenz dabei ist die Interaktion der Kunst mit gesellschaftlichen Problemen.

and recording of the rooms. Thanks to my neutral stance, the scenes can turn into a silent mirror. Even though the spaces look quotidian and familiar at first glance, they reveal their philosophical meaning step by step, because it's the profane things that confront us with everyday reality. Without much enthusiasm or being unreasonable I present these unseen silent memories. Although they were always there, I now take a closer look and present them in their ordinary usualness. I want to at the same time depict the reality and hint at the dilemma, research the structure and the order. Put another way, I provide the public with images from the most powerful spaces in the world and measure the meaning of reality from them. The images unveil the power structure behind the situation and turn every scene into a fable of life.

What's your opinion on contemporary art in China?

Since the 1990s Chinese contemporary art has lost its own standards and has become a tool of the Western world. Some artists are considered successful, but they have forgotten the reason they practiced art in the first place. This is only possible by facing reality and studying our art history sincerely. Today, we can still see the relationship between art and society, but their confrontations are bigger than before. We need to see it positively and need to build a strong tradition of theory and practice in Chinese contemporary art. And as one important tendency you'll find the interaction of art with social problems.

Shen Xuezhe

Interview: Xu Sheng

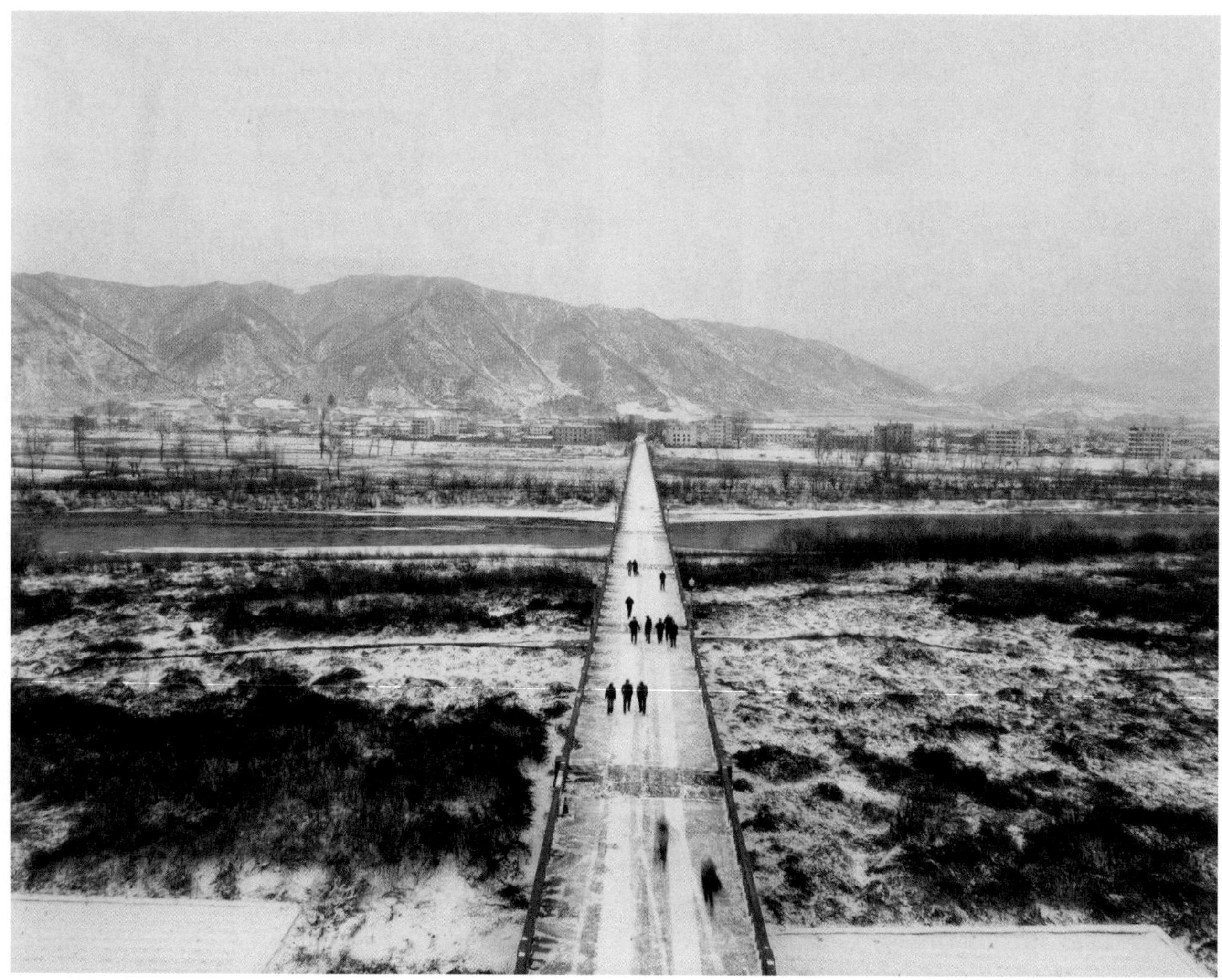

Shen Xuezhe (der koreanische Name lautet Shim Hak-cheol) ist koreanisch-chinesischer Herkunft. Er wurde 1973 in Yanbian geboren und wuchs ebendort auf, in der autonomen Präfektur in der Provinz Jilin im Nordosten von China, unmittelbar nördlich der Grenze zu Nordkorea. Bei der ethnisch koreanischen Bevölkerung dort handelt es sich um Nachkommen von Koreanern, die während der japanischen Besatzungszeit im Zweiten Weltkrieg vertrieben wurden. *Tumen River on the Border* (2010/11) schildert die Landschaft am Ufer des Flusses Tumen, so wie sie der Künstler sieht. Das koreanische Ufer ist so karg, dass es ans Surreale grenzt. Zugleich hat das Ganze etwas Melancholisches, wie eine Szene aus einer alten Erinnerung, an die Heimat der Kindheit. Shen arbeitet als Kameramann für Korea Doosan Encyclopedia Photographers. Er lebt und arbeitet in Yanbian.

Was ist auf den Schwarz-Weiß-Fotografien Ihrer Serie Tumen River on the Border *(2010/11) zu sehen?*

Ich wurde in Yanbian geboren und verbrachte dort als Koreaner meine Kindheit. Auf der anderen Seite des Tumen befindet sich Nordkorea, wo meine Vorfahren gelebt haben. Und jetzt ist der Fluss die Grenze zwischen den beiden Ländern geworden. Ich schaue häufig auf das andere Ufer des Tumen, das mit komplizierten Beziehungen der Nati-

Shen Xuezhe (Korean name Shim Hak-cheol) is Korean-Chinese, born in 1973 and raised in Yanbian, the autonomous prefecture in northeastern Jilin Province in China, just north of the border with North Korea. The ethnic Korean population there are descendants of Koreans who were displaced from their homes during the Japanese occupation in World War II. *Tumen River on the Border* (2010/11) depicts the actual scenery of the Tumen riverbanks as seen through the eyes of the artist. The riverbank seen from the Chinese side is so barren it verges on the point of the surreal. At the same time there is an air of melancholy to it, like a scene from an old memory, from a childhood home. Shen works as a cameraman for Korea Doosan Encyclopedia Photographers. He lives and works in Yanbian.

What are the black-and-white photographs in your series Tumen River on the Border *(2010/11) showing?*

I was born and spent my childhood in Yanbian as a Korean. The other side of the Tumen River is North Korea, where my ancestors lived. And now the river has become the border of two countries. I often look at the other side of the Tumen River, which is mixed with complicated relations of nationalities, families, societies, and cultures. The story reflects my own story: I'm Korean-Chinese because my grandparents fled North Korea and ended up in China

onalitäten, Familien, Gesellschaften und Kulturen durchsetzt ist. Diese Geschichte spiegelt meine eigene: Ich bin koreanisch-chinesischer Herkunft, weil meine Großeltern während des Zweiten Weltkriegs aus Nordkorea nach China geflohen sind. Sie ließen sich in einem kleinen Dorf in der Nähe des Grenzflusses in Nordchina nieder, wo auch ich geboren wurde. Wir sind bis heute von Teilen meiner Familie getrennt, da meine Tante und mein Onkel immer noch in Nordkorea leben und wir uns weder treffen noch miteinander kommunizieren können. Daher habe ich eine Serie von Fotografien des berühmten Flusses gemacht, der Nordkorea und China sowie Teile meiner Familie voneinander trennt. Der Fluss wird zu einem Symbol all dieser Dinge.

Unter welchen spezifischen Bedingungen wurden diese Fotos gemacht? Sind Sie dabei auf irgendwelche Schwierigkeiten gestoßen?

Manchmal konnte ich keine Nahaufnahme machen oder aus geringerer Entfernung fotografieren, da dies die Soldaten an der Grenze nicht zugelassen haben. Manchmal hatte ich das Gefühl, als würde mich eine unsichtbare Macht dazu drängen, eine Nahaufnahme zu machen oder einfach aus einiger Entfernung hinüberzuschauen. Hier und da wollte ich in den Bildern etwas nicht zu direkt zeigen, dem berühmten Diktum entsprechend, dass man nur dann ein wirklich guter Fotograf ist, wenn man Dinge gleichzeitig sichtbar und unsichtbar macht. Auf manchen Aufnahmen wirkt der Fluss schmal, obwohl es in Wirklichkeit unmöglich ist, ihn zu überqueren. Als Kind habe ich mit anderen Kindern in genau diesem Fluss gespielt, doch heute wäre das wegen des chinesisch-koreanischen Grenzzauns gar nicht möglich. Deshalb kann man auf einigen Fotografien nordkoreanische Soldaten sehen. Solche Aufnahmen zu machen war manchmal sehr gefährlich, sodass ich im Allgemeinen viel Zeit damit zugebracht habe, den Ort auszuspähen, bevor ich dann sehr schnell ein paar Fotos gemacht habe. Auf einer anderen Aufnahme sind am Ufer Essen und eine

during World War II. They settled down in a small village near the frontier river in North China, where I also was born, but we are still separated from parts of my family since my aunt and uncle still live in North Korea, but we can neither meet nor communicate. So I took a series of photographs of the famous river that divides North Korea and China and also my family. The river becomes a symbol of all these things.

Under what specific conditions have these photos been taken? Did you encounter any difficulties?

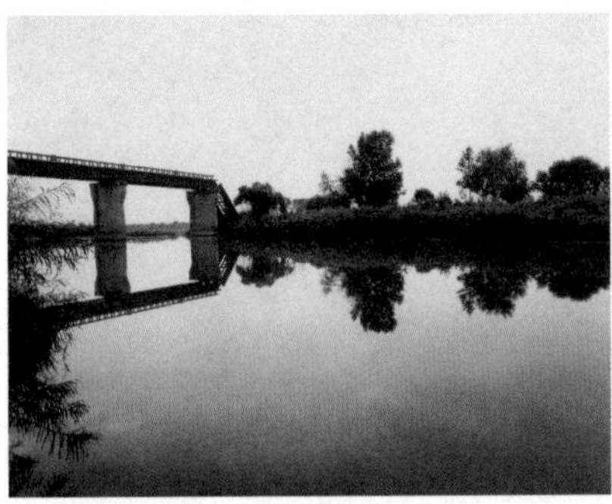

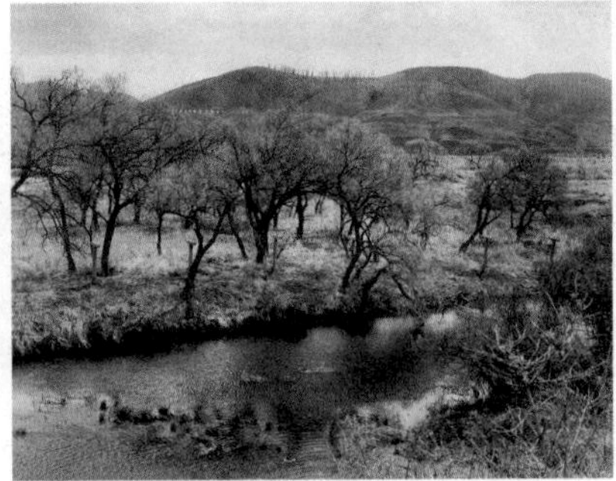

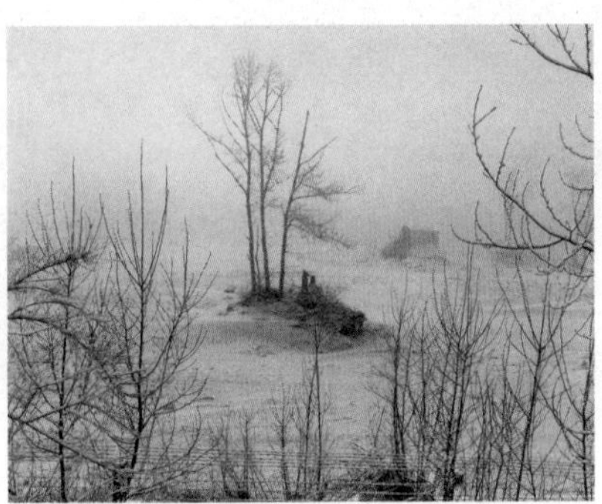

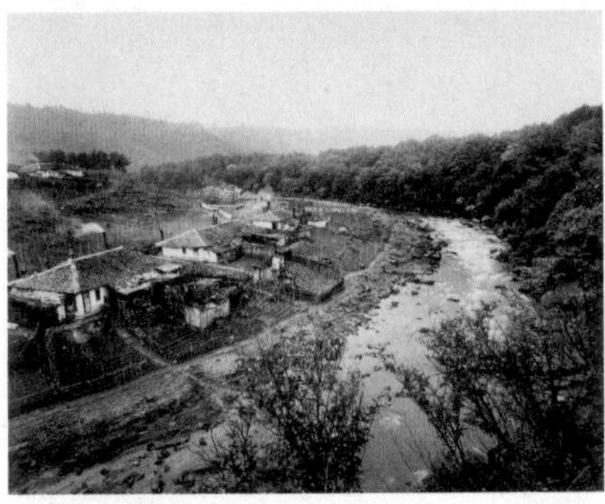

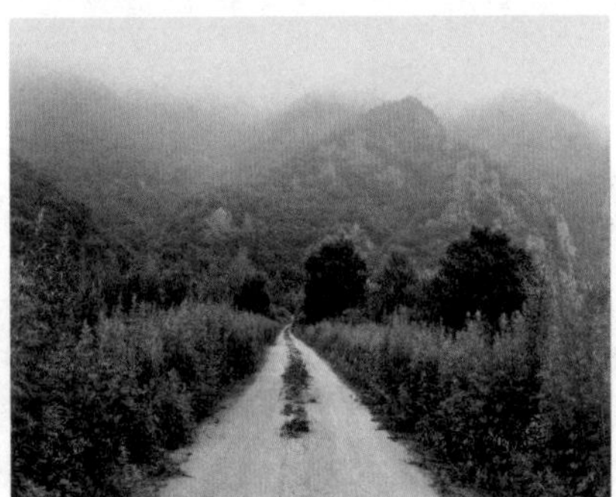

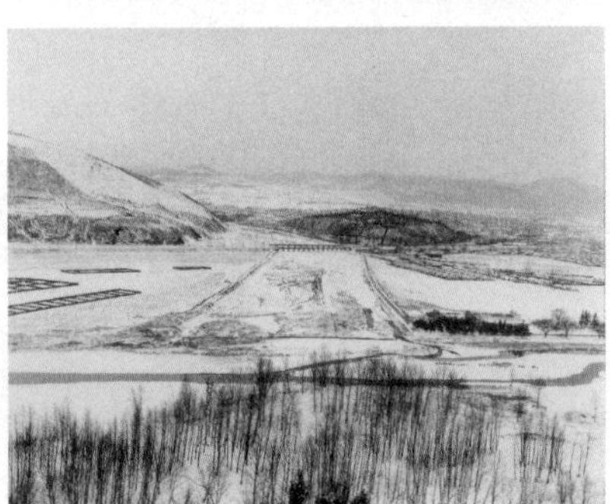

Sometimes I couldn't take a close-up or a photo at a shorter distance, as the soldiers at the borders didn't allow me to. Sometimes I felt that I was being pushed by an invisible power to take a close-up, or just look over from a distance. Sometimes I didn't want to show something too directly in the pictures, as in the famous saying that you're only a really good photographer when you make things visible and invisible at the same time. In some photographs the river seems narrow but it is actually impossible to cross. As a child, I used to play with other children in this very river; but nowadays it would be impossible to do that because of the Chinese-Korean border fence. This is why you can see North Korean soldiers in some photographs. Taking such photographs was quite dangerous sometimes; so in general I would first spend a lot of time scouting the location before shooting very quickly. In another photograph you can see food and a bottle of wine on the riverbank. It is because at that time someone I knew died in North Korea; since I was not allowed to go there, it was the only way I could pay tribute to this person.

Why did you photograph in black and white and not in color? Would you say that your works are rather documentary or landscapes?

Compared to fresh colors, black-and-white photos represent better my emotions when I see the Tumen River.

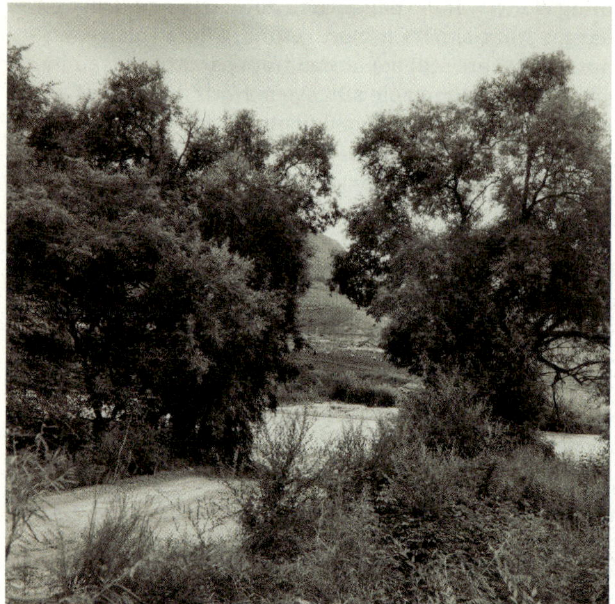

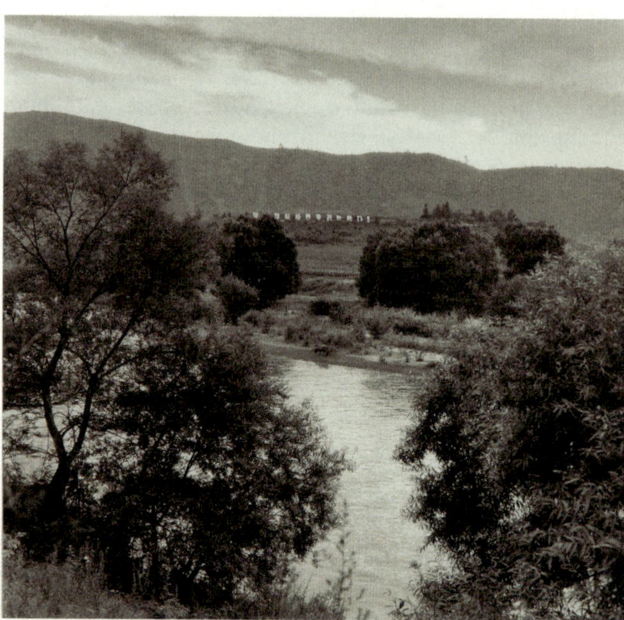

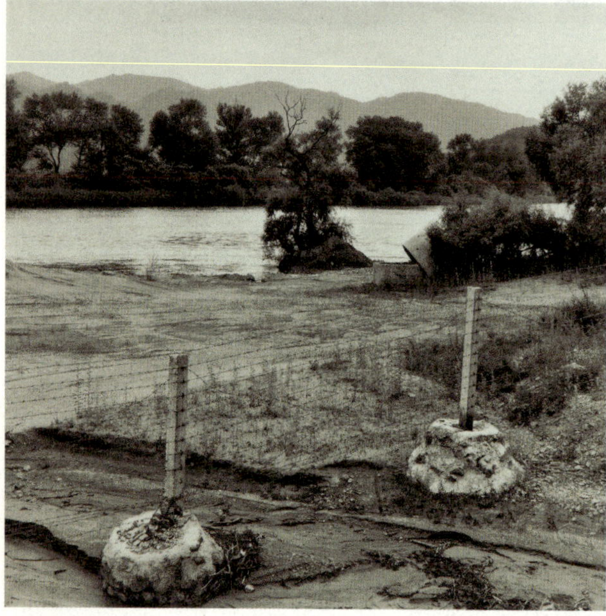

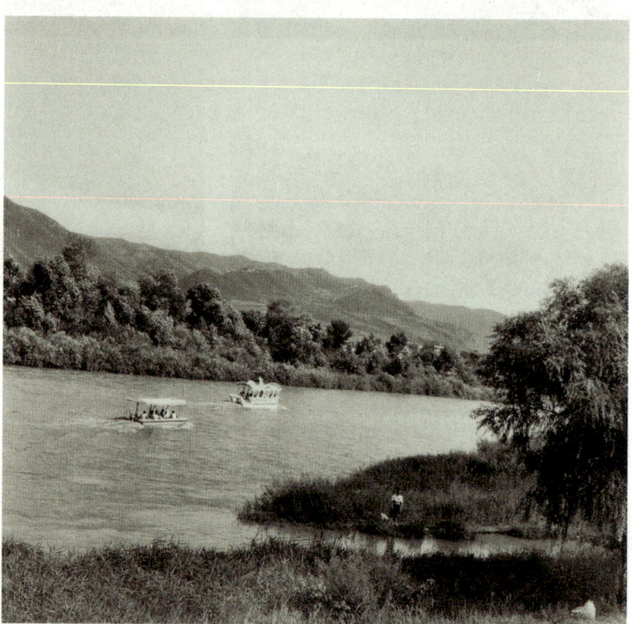

Flasche Wein zu sehen. Der Hintergrund ist, dass damals jemand, den ich kannte, in Nordkorea gestorben war. Weil ich dort nicht hindurfte, war das die einzige Art, wie ich diesem Menschen meine Achtung bezeugen konnte.

Warum haben Sie in Schwarz-Weiß fotografiert und nicht in Farbe? Würden Sie sagen, dass Ihre Werke eher Dokumentaraufnahmen oder Landschaftsbilder sind?

Im Vergleich zu frischen Farben repräsentieren Schwarz-Weiß-Fotos meine Gefühle beim Anblick des Tumen besser. Formal würde ich diese Serie als genauen Blick auf die Textur der Landschaft bezeichnen. Es war mir wichtig, dass diese Landschaften wenig mit Politik zu tun haben; stattdessen sind sie mit Emotionen gefüllt und setzen sich mit persönlichen Anliegen auseinander. Auch wenn das allgemeine Erscheinungsbild der Fotografien romantisch wirken mag, als seien sie reine Landschaftsdarstellungen um ihrer selbst willen, ändert sich die Art, wie man sie betrachtet,

This series as a formal genre is a precise look at the texture of the landscape. It was important for me that these landscapes have little to do with politics; instead they are filled with emotions and tackle personal concerns. Even though the general appearance of the photographs may seem romantic, as if they were pure representations of landscape for their own sake, once you know the story it changes the way you look at them. You feel profound sadness.

How did you choose your points of view for the subject? How did you decide where to look at the landscape?

Because my ancestors lived on the other side of the river, it was an emotional topic from the beginning. But the landscape there is very calm, with beautiful shaped rivers and woods, urging me to feel a kind of longing and nostalgia. When the audience feels sad it is not coming from my work but from the knowledge about North Korea that

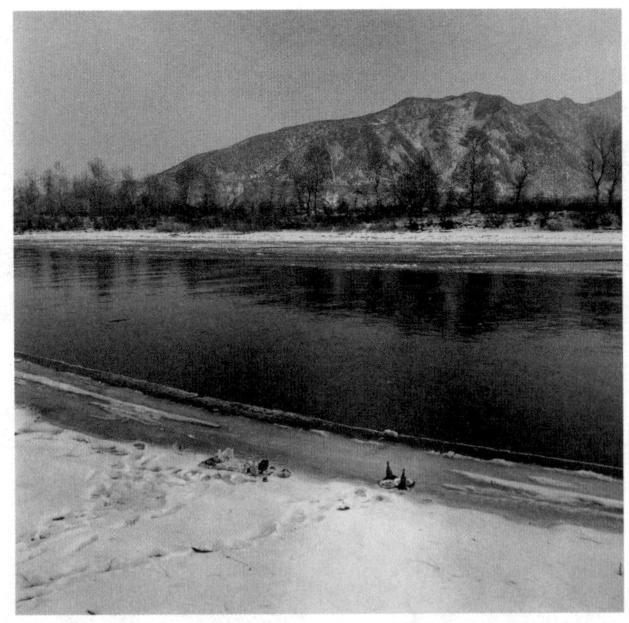

sobald man die Geschichte kennt. Man empfindet dann eine tiefe Traurigkeit.

Wie haben Sie die Perspektiven gewählt, wie haben Sie entschieden, wo Sie auf die Landschaft schauen?

Weil meine Vorfahren auf der anderen Seite des Flusses gelebt haben, war es von Anfang an ein emotionales Thema. Aber die nordkoreanische Landschaft ist sehr ruhig, mit schön geschwungenen Flüssen und Wäldern, die in mir eine Art Sehnsucht und Nostalgie ausgelöst haben. Die Traurigkeit, die die Betrachter fühlen, hat ihren Ursprung nicht in meinem Werk, sondern im üblichen Wissen über Nordkorea. Wenn ich meine eigenen Werke betrachte, habe ich andere Gefühle als das Publikum. Als Fotograf erinnere ich mich an meine Erfahrungen, während ich diese Aufnahmen gemacht habe, zufällige Depressionen, Gefühle, sogar Überraschung und Neugier.

Gab es irgendwelche bestimmten Ereignisse, die Sie dazu veranlasst haben, diese Serie zu machen? Stehen die Bilder in einem Zusammenhang mit irgendeinem spezifisch chinesischen Kontext?

Die Landschaft dort ähnelt derjenigen an vielen anderen Flüssen in China, doch sie repräsentiert die Grenze zwischen zwei Nationen und hat eine ungeheure politische und gesellschaftliche Bedeutung. Die normalen Ansichten dort sind de facto überhaupt nicht normal; ich habe also versucht, die inneren Gefühle zu übermitteln. Neben den menschlichen Figuren und Häusern kann man die Propagandasprüche auf der anderen Seite des Flusses sehen. Man kann anhand ganz kleiner Details deutliche Unterschiede erkennen. Trotz dieser offenkundigen Details muss das Publikum ihnen mittels seiner eigenen kulturellen Codes eine Bedeutung geben.

Welchen Platz nimmt diese Serie in Ihrem Gesamtwerk ein?

Sie ist nichts Spezielles, sondern einfach ein Teil der Werke, die im Lauf meines Lebens geschaffen werden.

common people have. When I see my own works, I have different feelings than the rest of the audience. As photographer, I can recall my experiences during the process of taking these photos, including accidental depressions, sensations, even surprises and curiosity.

Were there any specific events that pushed you to make the series? Are they related with any special Chinese context?

The landscape there is similar to those along many other rivers in China, but it carries the border of the nations with huge political and social importance. The normal views there are in fact not normal after all, so I tried to transmit these inner feelings. We can see the slogans at the other side of the river, along with the human figures and houses. We can see obvious differences in very small details. Despite these obvious details, the audience needs to give them meaning by their own cultural codes.

How do you regard the position of this series in your whole carrier as an artist?

They are nothing special, just a part of the works that will be created during my life.

Shi Guorui

Interview: Xu Sheng

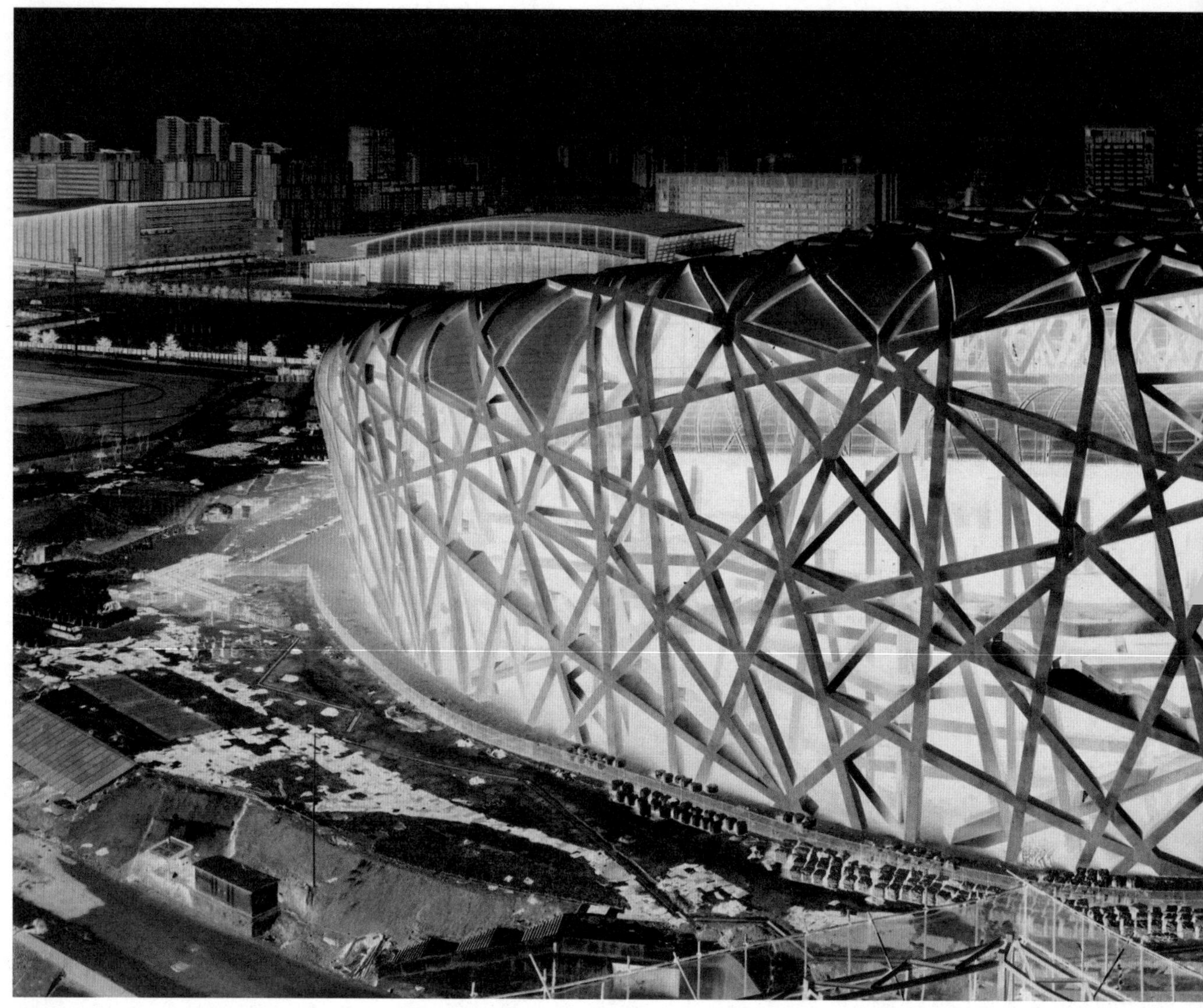

Der Fotograf Shi Guorui wurde 1964 in der Provinz Shanxi geboren und studierte an der Nanjing Normal University Fotografie (Abschluss 1992). Als einer der bekanntesten Fotografen Chinas arbeitet er hauptsächlich mit der Camera obscura, um monumentale Landschaften oder Stadtansichten aufzunehmen. Mit den großformatigen Schwarz-Weiß-Fotografien verfremdet er bekannte Stadtbilder und lädt zum genaueren Hinsehen ein. Gleichzeitig führt der langsame Herstellungsprozess zu einer meditativen Sicht auf die sich unglaublich schnell verändernden chinesischen Städte. Shi lebt und arbeitet in Beijing.

Warum haben Sie im Titel Ihrer Fotografien Bird's Nest Stadium 15 Jan 2008 *(2008) und* New CCTV 16 April 2007 *(2007) ein spezifisches Datum erwähnt? Gibt es dafür einen besonderen Grund?*

Diese beiden Werke entstanden 2007/08, vor der Eröffnung der Olympischen Spiele in Beijing. Ganz China wurde, von innen nach außen, in Politik, Stadtentwicklung, Kultur und Diplomatie optimistisch betrachtet. Es gab einen allgemeinen Optimismus und gesteigerte Hoffnungen auf eine glückliche, von Wohlstand gekennzeichnete Zukunft. Die

The photographer Shi Guorui was born in Shanxi Province in 1964 and studied photography at Nanjing Normal University, where he received a degree in 1992. One of China's most well-known photographers, Shi Gourui works primarily with the camera obscura to take pictures of monumental landscapes or cityscapes. With his large-format black-and-white photographs he alienates familiar views of the city and invites viewers to take a closer look. At the same time, the slow production process leads to a meditative view of China's rapidly changing environment. He lives and works in Beijing.

Why did you mention a specific date in the title of your photographs Bird's Nest Stadium 15 Jan 2008 *(2008) and* New CCTV 16 April 2007*(2007)? Is there a special reason?*

These two works were done in 2007 and 2008, before the Olympic Games opened in Beijing. All of China, from inside to outside, in politics, city development, culture, and diplomacy, was regarded optimistically. There was a general feeling of optimism and raised hopes for a prosperous future. The government hoped to change Beijing from an old city to an international city. And the city became the preferred playground for foreign architects.

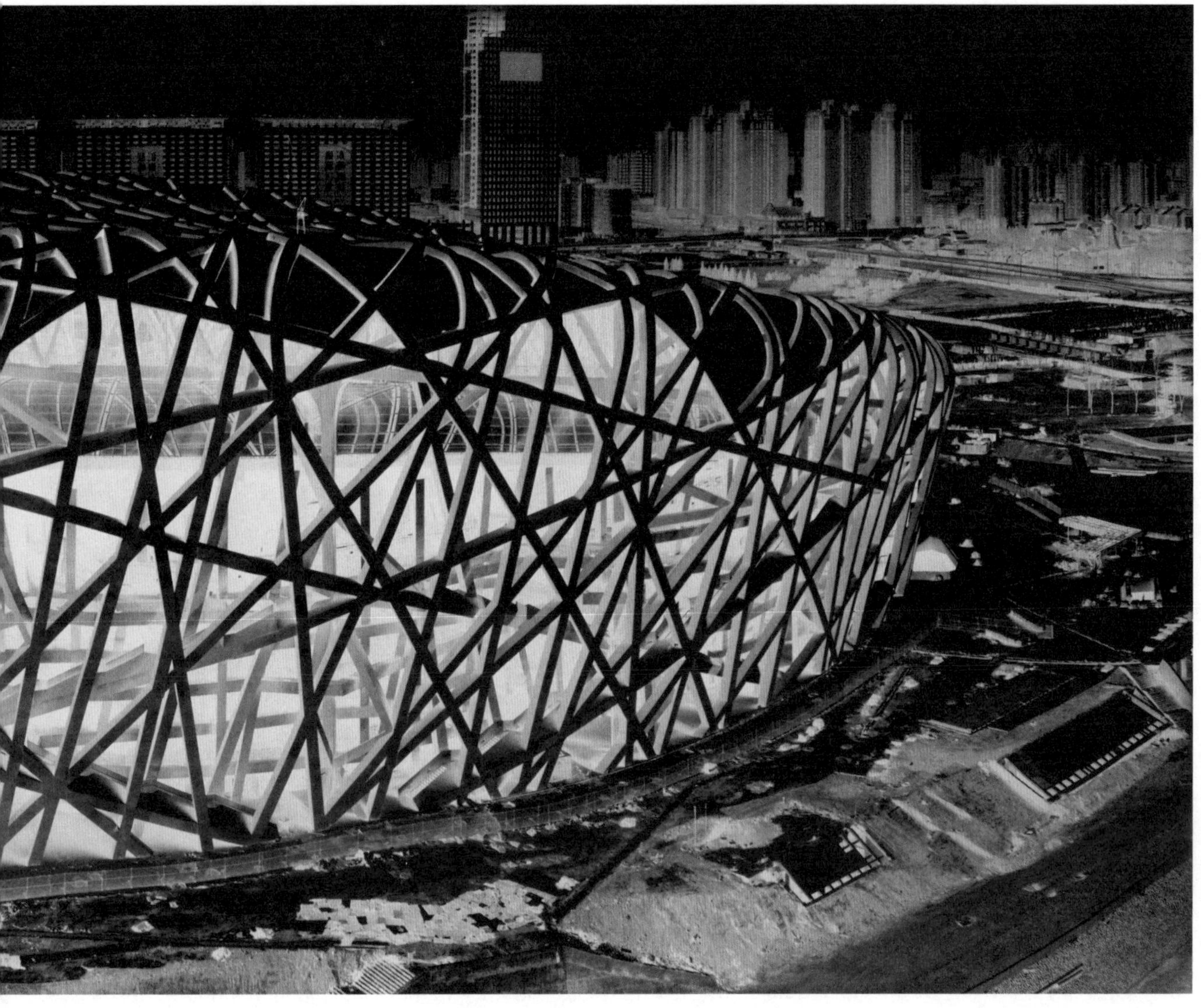

Regierung hoffte, Beijing von einer alten in eine internationale Stadt verwandeln zu können. Und die Stadt wurde zum bevorzugten Spielplatz für ausländische Architekten. Das Olympiastadion ›Vogelnest‹ *(Bird's Nest)* ebenso wie das Hochhaus für den Hauptsitz von Central China Television *(CCTV)* vom Architekturbüro OMA standen im Mittelpunkt dieser Phase des beschleunigten Urbanismus. Alles in allem ist dies mehr als bloße Stadtentwicklung, denn in diesen Tagen spielten auch Politik, Wirtschaft und sogar kulturelle Strategien eine große Rolle und wurden debattiert.

Man könnte also sagen, die Gebäude in Ihrem Werk stehen für die Situation in Beijing und China während der Zeit der Olympischen Spiele 2008 und ihrer Vorbereitung, die ganze sozioökonomische Spannung und Aufregung und Konfrontation, vermischt mit Debatten?

Ja.

Ist dieser Punkt wichtig für Ihren Arbeitsprozess?

Einer der Punkte, auf den ich mich am stärksten konzentriere, ist die schnelle Entwicklung der chinesischen Städte und das Problem, dass eines Tages alle Städte in der Welt gleich aussehen werden.

The Olympic stadium Bird's Nest as well as the tower for the headquarters of Central China Television (CCTV) by OMA was in the center of that phase of accelerated urbanism. All in all it's definitely more than just city development, because during those days politics, economics, and even cultural strategies were involved and debated.

So you could say that the buildings in your work signify the situation of Beijing and China during the Olympics period of 2008—the whole socioeconomic thrill and excitement, and confrontation mixed with debate?

Yes.

Is this point important for your working process?

One of my major concentrations is the fast development of Chinese cities and the problem that all cities eventually look the same around the world.

What's the relationship between these two works and the rest of your work?

During the many years of my research on history and the comparison of cultures of the East and West, I've become sensitive about influences from the Third World or

Shi Guorui, *New CCTV 16 April 2007*, 2007

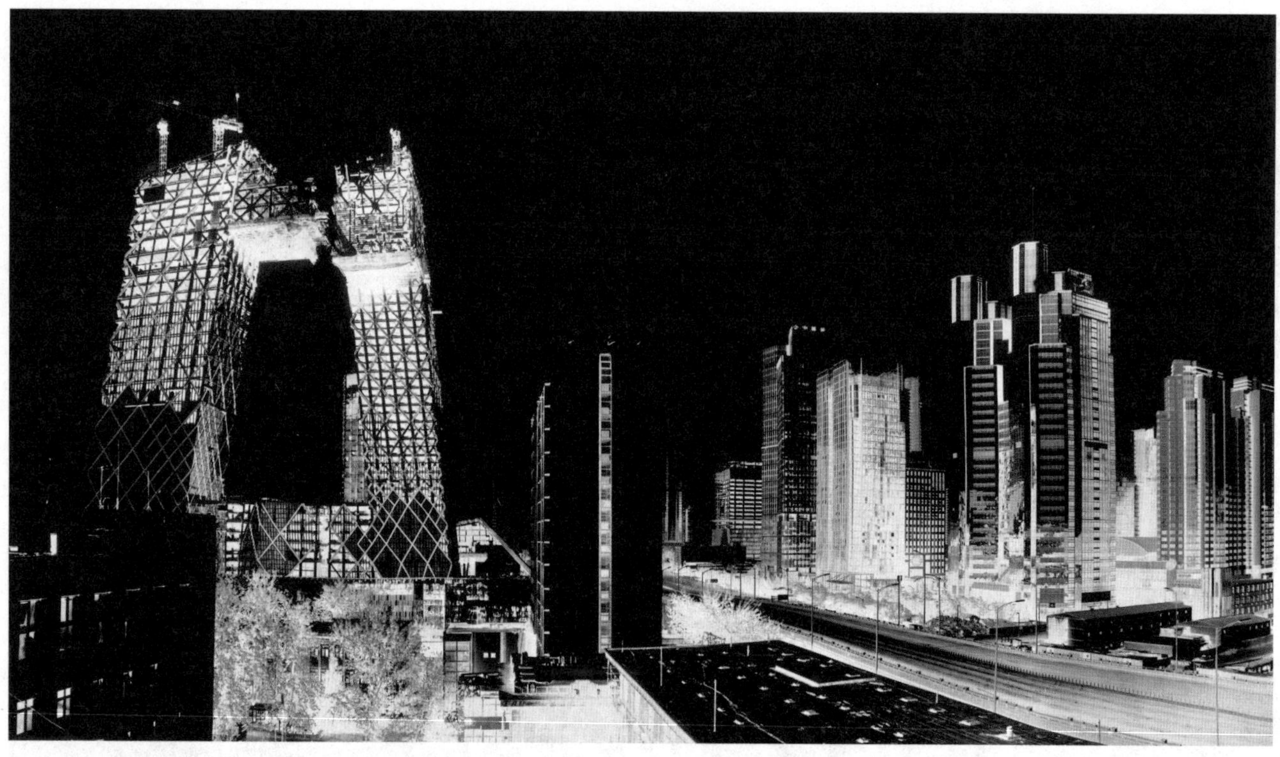

Was ist die Beziehung zwischen diesen beiden Arbeiten und dem Rest Ihres Werks?

Während der vielen Jahre meiner Recherchen zur Geschichte und dem Vergleich der Kulturen des Ostens und des Westens bin ich sensibel für den Einfluss der ›Dritten Welt‹ oder der Schwellenländer auf die globale Wirtschaft, Kultur und andere Bereiche geworden. Als Künstler möchte ich in meinem Arbeitsprozess meine Sorgen im Hinblick auf die heutige Gesellschaft und die derzeitigen menschlichen Bedingungen thematisieren und zugleich an einer unabhängigen Bildsprache arbeiten. Diese beiden Werke sind also einfach Teil meiner allgemeinen Strategie. 2004 habe ich mit der *New-Shanghai*-Serie begonnen, 2007 dann mit der *New-Beijing*-Serie. Mein aktuelles Projekt ist die *Hong-Kong*-Serie.

Warum haben Sie sich dafür entschieden, bei diesen monumentalen Formaten mit der Camera obscura zu arbeiten? Wie würden Sie Ihre Arbeitsweise beschreiben?

Wenn Sie in diesem Maßstab mit der Camera obscura arbeiten, dann müssen Sie einen geschlossenen Raum mit einem Loch bauen, durch das das Licht einfällt, und in dem das Bild auf einem Film aufgezeichnet wird. Bei meinen Landschaftsbildern oder Fotos von Stadtlandschaften arbeite ich zunächst wie ein Bauarbeiter und baue den Raum der Camera obscura. Es ist wie eine Installationsarbeit und sie muss vor Sonnenaufgang geschehen. Dann befestige ich innen ein Fotopapier, auf dem das Licht seine Spuren hinterlässt und das fotografische Bild erzeugt. Das Sonnenlicht vollführt und vollendet den Aufnahmeprozess. Das ist die Technik der Camera obscura. Da es immer erst einen solchen Kasten geben muss, fühlt es sich manchmal so an, als würde ich mich darin verstecken.

Sie haben das Foto also nicht aus einem Hubschrauber oder von einem anderen Gebäude aus gemacht? Sie haben einfach erst mal einen Kasten gebaut?

emerging states on the global economy, culture, and other domains. As an artist, I want to address my concerns about current society and human conditions in my working process, while at the same time working on an independent visual language. So these two works are just part of my general strategy. In 2004 I started the *New Shanghai* series, then the *New Beijing* series in 2007. My ongoing project at the moment is the *Hong Kong* series.

Why did you choose to work with the camera obscura in black and white in these monumental formats? How would you describe your working method?

When you work with camera obscura on that scale you need to build a closed space with one hole, where the light goes in and the image will be recorded on film. For my landscape photographs or cityscapes I first work like a construction worker, building the space of the camera obscura. It's like an installation work and has to happen before sunrise. Then I fix a piece of photographic paper inside, where the light will leave its traces to produce the photographic image. The sunlight accomplishes and finishes the shooting process. This is the technique of camera obscura. Since there always needs to be a cabin first, it sometimes feels as though I would hide myself in there.

So you didn't take the photograph in a helicopter or from another building? You just built a cabin first?

For *CCTV* I built a whole room on the roof of another building that I could use as camera obscura.

What is the most difficult part of photographing buildings? Are these photographs more like a record or a visual sculpture for you?

The most difficult part is uncertainty. During the recording there is a constant intervention by social and

Für *New CCTV 16 April 2007* habe ich einen ganzen Raum auf dem Dach eines anderen Gebäudes gebaut, den ich als Camera obscura benutzen konnte.

Was ist das Schwierigste am Fotografieren von Gebäuden? Sind diese Fotografien eher wie eine Aufnahme oder eher wie eine visuelle Skulptur für Sie?

Der schwierigste Teil ist die Ungewissheit. Während der Aufnahme sind ständig gesellschaftliche und natürliche oder objektive und subjektive Mächte mit im Spiel: Wetterumschwünge, Regen verjagt das Sonnenlicht, Leute bewegen sich und so weiter. Man kann meine Werke nicht kontrollieren oder im Voraus sagen, wie sie aussehen werden. Das ist schwer zu begreifen, zu akzeptieren, aber genau darin liegt der Reiz des Unbekannten. Ich bin kein professioneller Architekturfotograf, sondern ich bin Künstler, sodass man meine Bilder eventuell nicht als Architekturaufnahmen bezeichnen kann. Obwohl die Objekte in meinen Werken Gebäude und Meilensteine der Architektur sind, sehen sie nicht genau wie in der Wirklichkeit aus. In Schwarz-Weiß und mit den Effekten des Lichts und des Formats werden sie eine Illusion, konzentrieren sich auf die Substanz ihrer Existenz. Die Camera obscura hilft mir also dabei, mich auf die Substanz zu konzentrieren, die fahrenden Autos und herumlaufenden Leute zu ignorieren, die normalerweise auch da sind, allerdings nicht, wenn man sich meine Bilder ansieht.

natural powers, or objective and subjective powers: changes in the weather, rain chases away the sunlight, people move, etc. You can't control my works or tell beforehand how they will be. It's hard to grasp, to accept, but it's where the charm of the unknown can be found. I'm not a professional photographer of architecture; I'm an artist, so you probably can't call my images a record of architecture. Although the objects in my works are buildings and landmarks of architecture, they are not really looking like they do in reality. In black and white, and with the effects of light and format, they become an illusion, focusing on the essence of their existence. So camera obscura helps me to focus on the essence, to ignore the moving cars and people that are normally around, though not when you look at my images.

Song Dong

Interview: Wu Mo

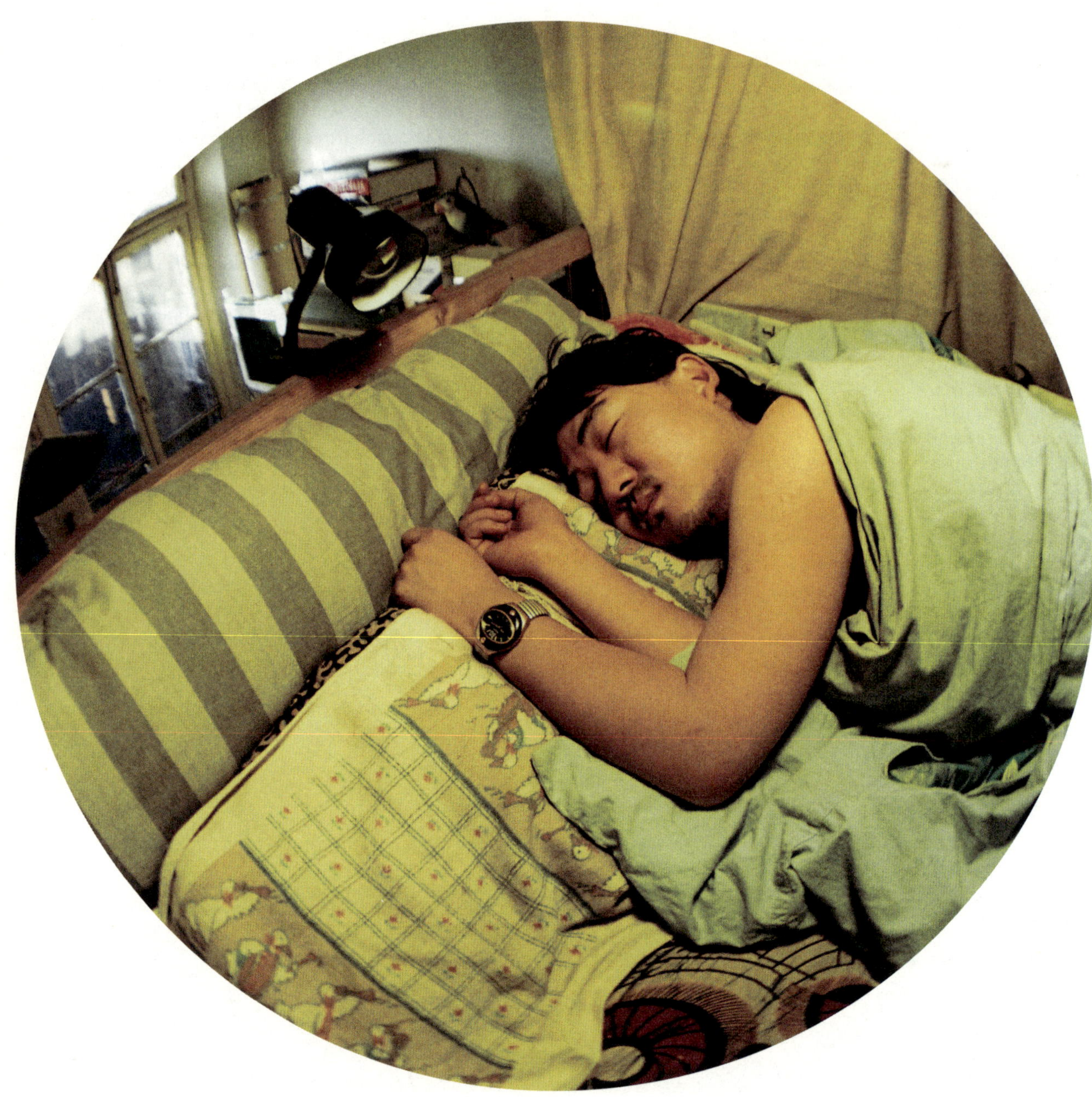

Song Dong wurde 1966 in Beijing geboren. Sein Werk ist aus einer starken avantgardistischen Performancekunst-Szene in China hervorgegangen und er hat sich sich im Verlauf der chinesischen Konzeptkunst zu einem bedeutenden Vertreter der zeitgenössischen Kunst entwickelt. 1989 machte Song seinen Abschluss am Fine Arts Department der Capital Normal University in Beijing. Seine Werke, die häufig in Zusammenarbeit mit seiner Frau und chinesischen Künstlerkollegin, Yin Xiuzhen, entstehen, reichen von Performance und Video bis zu Fotografie und Skulptur. Song erkundet Ideen wie Unbeständigkeit und die Flüchtigkeit menschlichen Strebens. Er lebt und arbeitet in Beijing.

Was für Geschichten bilden den Hintergrund der Werkgruppe Eating Drinking Shitting Pissing Sleeping, *die Sie 1995 geschaffen haben?*

Song Dong was born in 1966 in Beijing and has emerged from a strong Chinese avant-garde performing arts community and developed into a significant contemporary art figure in the progression of Chinese conceptual art. Song graduated from the fine arts department of Capital Normal University in Beijing in 1989. His work, which is often in collaboration with his wife and fellow artist, Yin Xiuzhen, ranges from performance and video to photography and sculpture. Song explores notions of impermanence and the transience of human endeavor.
He lives and works in Beijing.

What are the background stories of this group of works Eating Drinking Shitting Pissing Sleeping *that you produced in 1995?*

Life—art—life, in fact, this is an indivisible cycle.

Leben – Kunst – Leben; tatsächlich ist das ein unteilbarer Kreislauf.

Handelt es sich um eine Performance-Dokumentation oder die Dokumentation eines bestimmten Tages in Ihrem Leben?
Es geht einfach um einen normalen Tag in meinem Alltagsleben.

Warum haben Sie das runde Format gewählt? Wollten Sie die unbehagliche Atmosphäre erzeugen, heimlich angeschaut zu werden?
Ja. Normalerweise leben wir in einer Position, in der wir von anderen angeschaut, analysiert oder sogar kontrolliert werden. Tatsächlich leben wir dasselbe Leben.

Is it a performance-documentation or the documentation of a specific day in your life?
It is just from one normal day of my daily life.

Why did you choose the round format? Did you intend to create the uncomfortable atmosphere of being peeped at?
Yes. We usually live in a position of being seen, being analyzed, or even being monitored by others. In fact, we are living the same life.

Does this artwork refer to a specific work or Chinese context?
No specific meaning. Actually it indicates a sort of universal value.

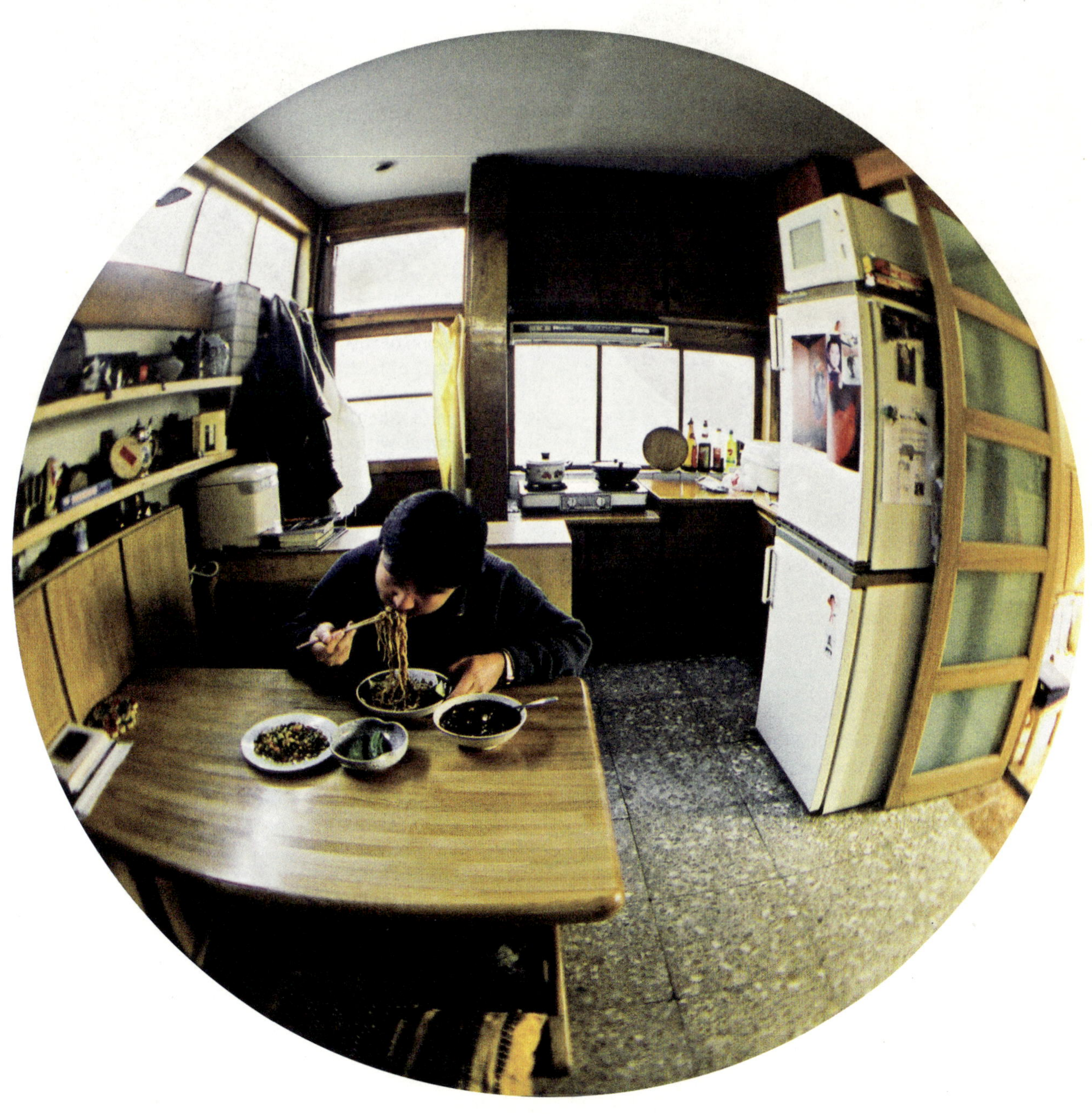

Bezieht sich dieses Kunstwerk auf ein spezifisches Werk oder chinesischen Kontext?

Es gibt keine spezifische Bedeutung. Eigentlich verweist es auf eine Art allgemeinen Wert.

Warum haben Sie einen solch prosaischen und direkten Titel für dieses Werk gewählt?

Essen, Trinken, Scheißen, Pissen, Schlafen sind grundlegende Bestandteile des menschlichen Alltagslebens. Die prosaische tägliche Routine ist nicht nur mein persönliches Verhalten, sondern auch das tägliche Verhalten aller anderen.

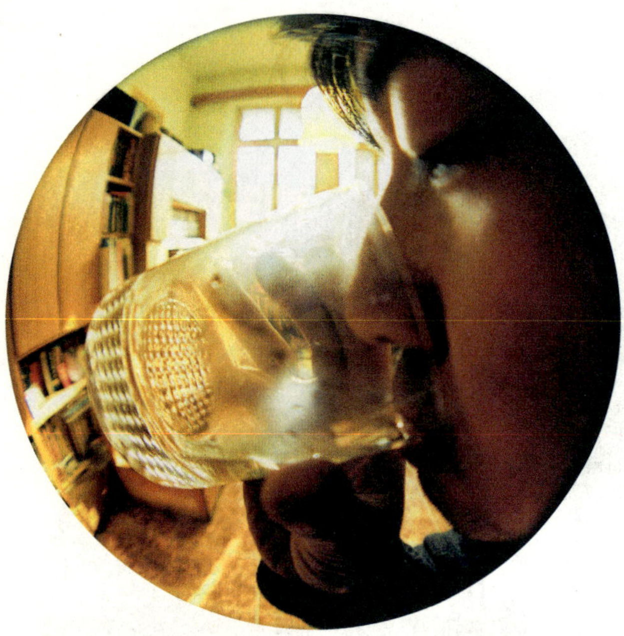

Geht es Ihnen bei diesem Kunstwerk auch darum, zu provozieren?

In der Tat enthüllt dieses Werk unsere tägliche Schreib- und Lebensweise, auch wenn wir diese häufig lieber ignorieren. Wir lassen uns dazu herab, uns diesen alltäglichen Verhaltensweisen zu stellen, weil sie uns ständig begleiten. Unsere Leben werden sogar analysiert, und es werden Mutmaßungen über sie angestellt. Essen, Trinken, Scheißen, Pissen, Schlafen, hier im Kameraobjektiv, vergrößern die grundlegende Lebensweise im Alltags. Doch so sehr diese Lebensweise auch vergrößert wird, sie behält doch die Gewöhnlichkeit des Alltagslebens. Insofern geht es in diesem Werk um eine Art Lebenshaltung.

Gibt es einen Bezug zu anderen Werken?

Nein. Aber fiktive Figuren wie der ›Big Brother‹ aus George Orwells *1984* haben mich sehr beeindruckt.

Why did you choose such a prosaic and direct title for this work?

Eating, drinking, shitting, pissing, sleeping, they are fundamental elements of human beings' daily lives. The prosaic daily routine is not only my personal behavior, but also the daily behavior of everyone.

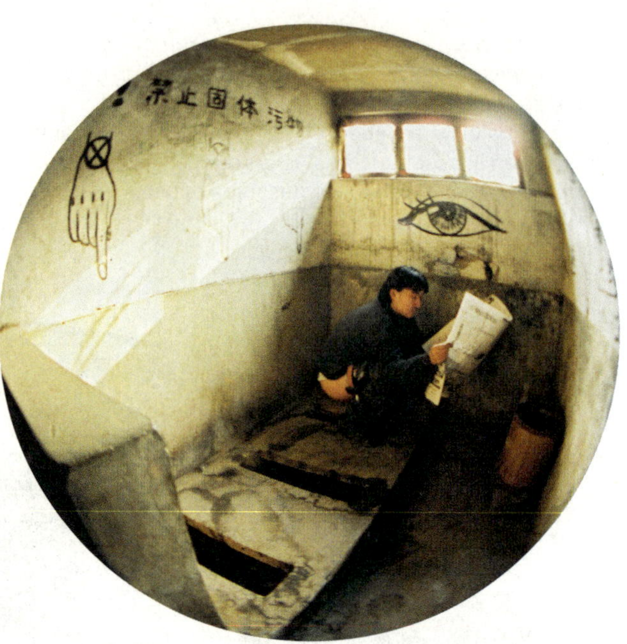

Is the intention of this artwork also provoking?

As a matter of fact, this work reveals our daily way of writing and existing . . . although we often choose to ignore it. We deign to face these everyday behaviors because they are always with us. Our lives are even being analyzed and surmised. Eating, drinking, shitting, pissing, sleeping here in the camera lens magnifies the most basic living state of everyday life. However, even this living state is magnified—it still maintains the ordinariness of daily life. In this sense, this work is about a sort of living attitude.

Are there any references to other works?

No. But fictional figures like Big Brother of George Orwell's *1984* have greatly impressed me.

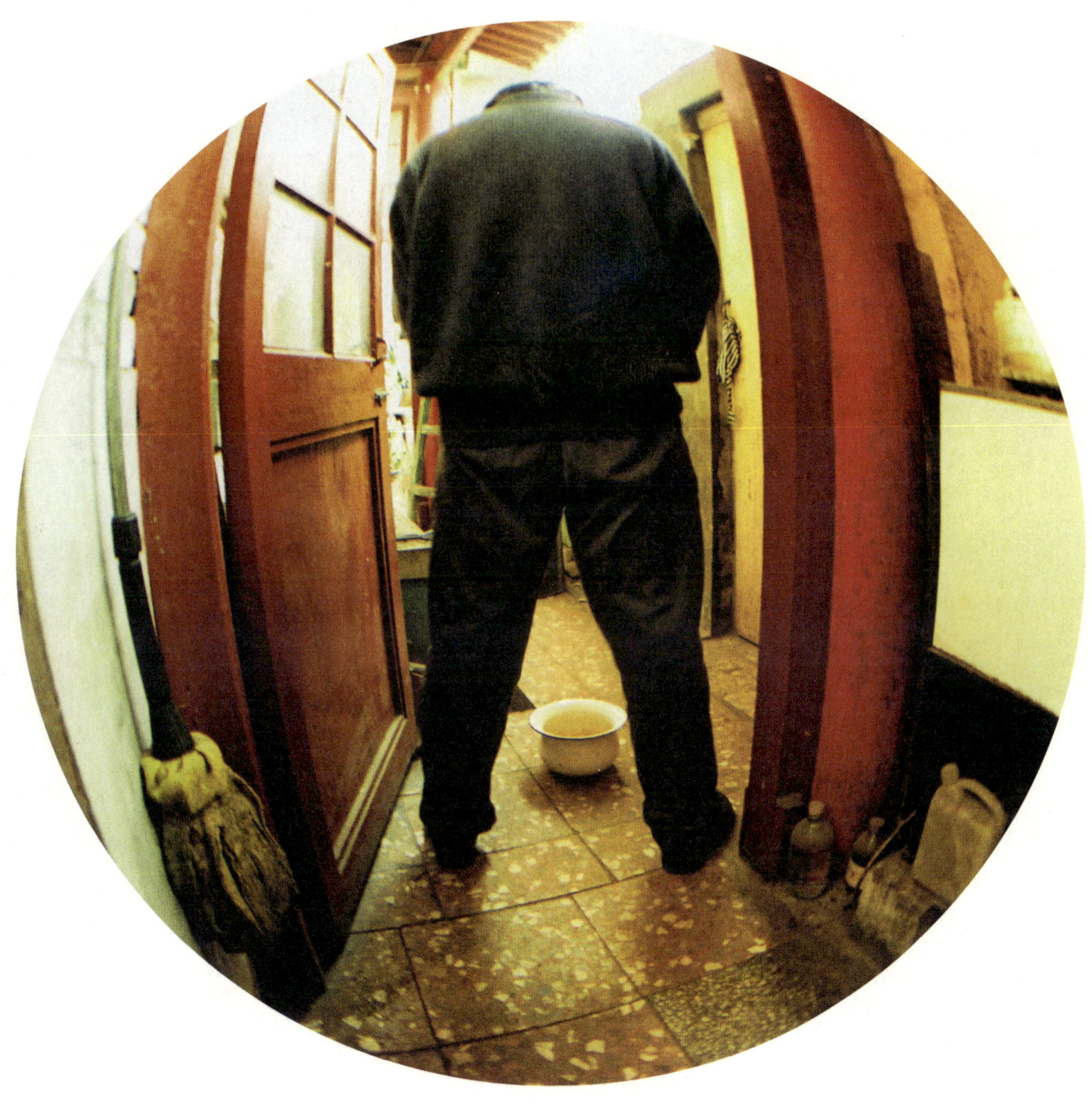

Song Ta

Interview: Venus Lau

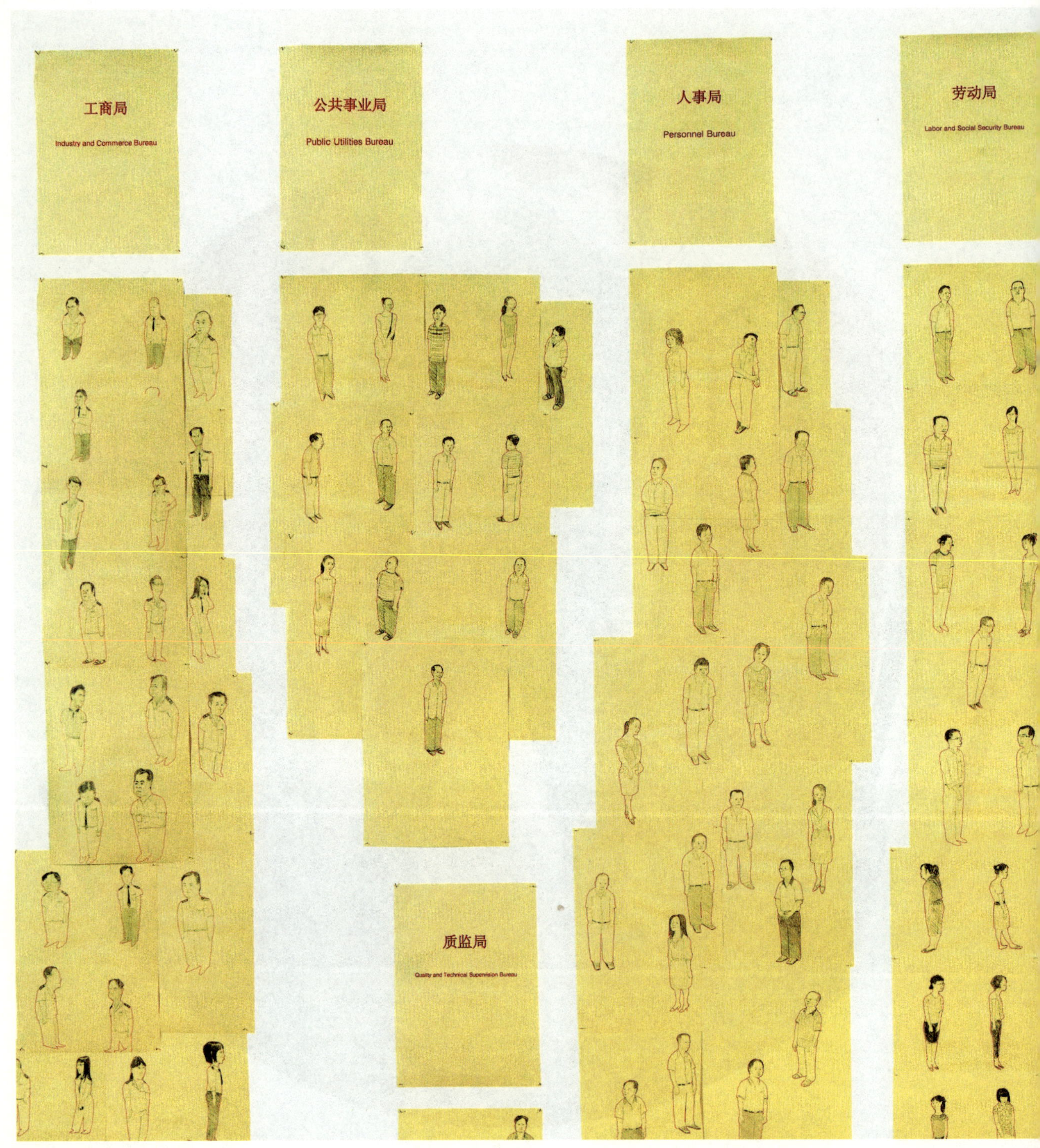

Der Konzeptkünstler Song Ta wurde 1988 in Leizhou (Provinz Guangdong) geboren und studierte Malerei an der Guangzhou Academy of Fine Arts. Er arbeitet mit Zeichnung, Performance, Installation und Video. Häufig untersucht er in seinen großräumigen Installationen die anonymen bürokratischen Systeme von Stadtverwaltungen, um diese einerseits transparenter zu machen und andererseits kommerzielle Vorstellungen von Kunst auf den Kopf zu stellen. Song lebt und arbeitet in Guangzhou.

The conceptual artist Song Ta was born in Leizhou (Guangdong Province) in 1988 and studied painting at the Guangzhou Academy of Fine Arts. He works with drawing, performance, installation, and video. In his extensive installations he likes to examine the anonymous bureaucratic systems of city governments, on the one hand for the purpose of making them more transparent, and on the other in order to turn commercial notions of art upside down. He lives and works in Guangzhou.

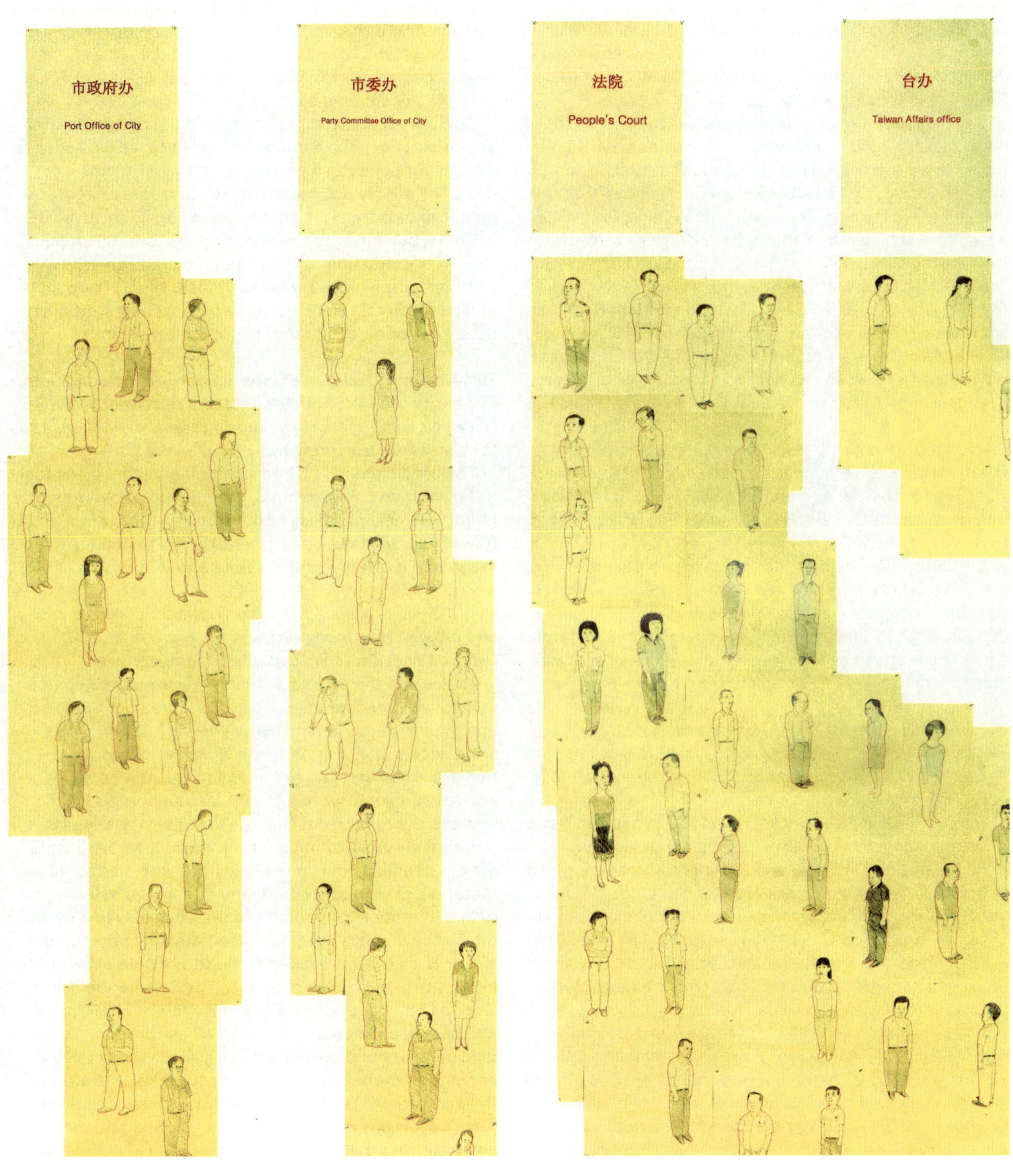

Können Sie den Hintergrund des Projekts Civil Servants *(2009) ein wenig erläutern?*

Ich habe während eines Urlaubs daran zu arbeiten begonnen, als ich noch im College war. Zunächst dachte ich, das sei eine harmlose Art, während der Ferien meine Fähigkeit im Umrisszeichnen zu trainieren; so begann das Projekt. Es fing als zwangloses Experiment an, aber am Ende war ich von der großen Zahl an Zeichnungen überrascht.

Can you explain a bit the background of the project Civil Servants *(2009)?*

I started working on it during a vacation when I was still in college. At first I just thought it was a harmless way to practice my line drawing during the holiday—that's how the project began. It started as a casual experiment, but in the end I was surprised by the ample amount of drawings.

Was versucht das Projekt zu illustrieren? Wer sind diese »Staatsbeamten«? Stammen sie aus einer bestimmten Region, etwa Ihrer Heimatstadt Leizhou, die sich auf einer der größten Halbinseln in China befindet, oder sind sie das Ergebnis eines abstrakten geopolitischen Konzepts?

Civil Servants versucht, den realen oder sagen wir den tatsächlichen Zustand jedes Subjekts einzufangen. Die Serie konzentriert sich nicht auf eine spezifische Region, sondern verweist auf eine besondere Gemeinschaft, eine besondere Klasse oder einen besonderen Rang. Die in *Civil Servants* geschilderten Menschen sind Regierungsvertreter aus den chinesischen Verwaltungsstädten auf Landkreisebene, die den Sektionen direkt unterhalb des Zentralkomitees der Kommunischen Partei Chinas angegliedert sind. Ich habe keine Staatsbeamten in das Projekt einbezogen, die für Städte und Dörfer arbeiten. Die Personen, die in diesem Werk illustriert werden, reichen von leitenden Mitarbeitern, Sektionschefs bis zu den ›Kadern‹ der niedrigeren Ränge.

Dieses Werk ist mit sehr viel Interaktion mit der chinesischen Verwaltung verbunden und sein Inhalt ist relativ sensibel. Sind Sie bei der Ausführung dieses Werks auf irgendwelche Widerstände gestoßen oder mit Herausforderungen konfrontiert worden?

Die Schwierigkeiten, mit denen ich bei der Realisierung dieses Projekts konfrontiert war, waren unterschiedlicher Natur. In ein Regierungsgebäude zu gelangen, ist niemals einfach. Doch in einigen Abteilungen der Regionalregierungen gibt es zahlreiche Schwachstellen, und das bietet mir eine Flexibilität, mit der ich spielen kann.

Wie sind Sie vorgegangen? Es gibt verschiedene Versionen dieses Projekts. Wie viele Fassungen gibt es insgesamt? Konzentrieren sich diese auf spezifische soziale Aspekte oder Perspektiven?

Um das Projekt zu entwickeln, wandte ich mich an Regierungsabteilungen mit einem Empfang, etwa das Bureau of Commerce and Industry and Administrative Service Center; das ist zugänglicher. Ich begann mit Skizzen der Personen am Empfang. Danach arbeitete ich mich zu den Büros im Inneren vor und bat die Leute, die dort arbeiteten, um Erlaubnis, sie porträtieren zu dürfen. Das ist eine lange Reise und außerdem überraschenderweise eine großartige Übung für mein visuelles Gedächtnis (glücklicherweise haben viele derjenigen, die ich porträtiert habe, sehr charakteristische Gesichtszüge). Schließlich gelang es mir fast, zu einem ›visuellen Diktat‹ der Gesichtszüge von Menschen zu arbeiten. Glück spielte dabei auch eine gewisse Rolle. Nachdem ich die Leute von ein oder zwei Regierungsabteilungen gezeichnet hatte, zeigte ich diese Bilder anderen Staatsbeamten. Das Projekt fand in einer Stadt von bescheidenem Ausmaß statt; die sozialen Verbindungen sind dort sehr intim, und die Leute kennen sich alle. Als sie die realistischen Porträts ihrer Freunde in meinen Skizzenbüchern sahen, waren sie ganz begeistert und luden mich ein, Porträts ihrer Kollegen zu machen. Manchmal gingen die Einladungen sogar mit Versprechen einher. So gab es beispielsweise einen Typen, der zu mir sagte: »Haben Sie keine Angst. Zeichnen Sie einfach, und ich werde Sie beschützen.« Diese Leute sind nur allzu bereit, Zeuge unerwarteter Ereignisse in ihrem Alltagsleben zu werden, sprich sie langweilt die nervtötende Routine.

What does the project try to illustrate? Who are these "civil servants"? Are they from a specific region—for instance, your hometown, Leizhou, which is located in one of the largest peninsulas in China—or are they a product of an abstract geopolitical concept?

Civil Servants attempts to capture the real or, say, the actual state of each subject. It doesn't focus on a specific region, but points to a particular community, class, or rank. The people delineated in *Civil Servants* are government officials from the county-level administrative cities in China, belonging to the departments directly under the CPC Central Committee. I didn't include civil servants working for towns and villages in the project. The people illustrated in this work are ranked from chief staff members, section chiefs, to the "cadre" of lower ranks.

This work involved a lot of interaction with the administrative entity in China, and its content is relatively sensitive. Have you come across any confrontations or challenges in the process of executing this piece?

The predicaments I faced when making this piece took different forms. For example, getting into a government building is never an easy task. However, there are a lot of flaws in some of the departments in the regional government, and it offers flexibility for me to play with.

How did you proceed? There are a number of versions of this project. How many versions are there in total? Do they focus on specific social aspects or perspectives?

To develop the project, I went to government departments with a reception, such as the Bureau of Commerce and Industry and Administrative Service Center—it is more accessible. I started with sketches of the receptionists. After that I forged ahead to the offices inside and asked people working there for an approval for me to make their portraits. This is a long journey and also a surprisingly great training for my visual memory (luckily a lot of people whom I portrayed have very distinct facial features). Eventually I could almost manage to work on "visual dictation" of people's faces. Luck played a certain role in the process. After I finished drawing people from one or two government departments, I would show those images to other civil servants. The project happens in a city of a humble scale; social circles are intimate there, and people all knew one another. When they saw the realistic portraits of their friends in my sketchbooks, they became so excited and invited me to make portraits for their coworkers. Sometimes invitations even came with promises. There was for example a guy who told me: "Don't be afraid: just draw, and I will protect you." These people are more than willing to witness unanticipated events in their everyday life, which mean they are bored of the tedious routines.

Has the project undergone any form of censorship?

In the past few years, the project has been exhibited in official art museums in China, and they were covered by a lot of local media—not only the art press but also the state-owned papers. This is amusing. The project was censored once last year. I don't know if that is an aftermath of the anticorruption campaign inaugurated several years ago.

War das Projekt irgendeiner Form der Zensur unterworfen?

In den letzten Jahren wurde das Projekt in offiziellen Kunstmuseen in China ausgestellt und in zahlreichen lokalen Medien besprochen, nicht nur in der Kunstpresse, sondern auch in den in Staatsbesitz befindlichen Zeitungen. Das ist amüsant. Das Projekt wurde einmal letztes Jahr zensiert. Ich weiß nicht, ob das eine Nachwirkung der Antikorruptionskampagne war, die vor mehreren Jahren eingeleitet wurde.

Wie haben die Staatsbeamten auf dieses Projekt reagiert?

Sie freuen sich stärker darüber zu sehen, dass andere Leute porträtiert werden. Tatsächlich sind sie aber auch erfreut, selbst das Sujet der Zeichnung zu sein. Sie alle baten um eine ›verschönerte Version‹ ihrer eigenen Bilder als Souvenir.

Gibt es bei diesem Projekt – abgesehen davon, dass das Thema chinesische Staatsbeamte sind – irgendeinen chinesischen Kontext?

Das Ausgangsmaterial dieses Projekts sind Porträts von Staatsbeamten und Bussen. Außerdem habe ich einen ›Stammbaum‹ des chinesischen Verwaltungssystems skizziert, der teilweise ein Erbe der traditionellen chinesischen Hierarchie der ›wenguan‹ (Staatsbeamten) im Gegensatz zu den ›wuguan‹ (Kriegsbeamten) ist, aber natürlich ist auch meine Imagination eine weitere Komponente, die diesen Stammbaum konstruiert.

In welcher Verbindung steht dieses Werk zum Rest Ihres Œuvres?

Mich faszinieren immer die enormen Mechanismen und die aussprechbaren komplizierten Beziehungen darin. Das ist eine Verbindung zwischen meinen Werken. *Civil Servants* ähnelt meiner übrigen Praxis aufgrund des Widerstands und der Spannungen, die in die Herstellung der Arbeit eingeflochten sind. Das macht Spaß, da es immer nahelegt, dass es sich unmöglich vollenden lässt.

Steht dieses Werk in einer Verbindung zur Politik?

Es ist extrem politisch, da die Regierung ihr Gegenstand ist. Es gibt eine metaphorische Konnotation darin, da ich die Regierung als eine lebendige Person betrachte und die Körperlichkeit des politischen Systems betone.

Ihre Werke befinden sich immer in einem Grenzbereich, zwischen Erfolg und Scheitern, zwischen dem Kollektiven und dem Individuellen und so weiter. Es handelt sich um eine Schwelle, die ein vollkommenes Gleichgewicht erfordert; andernfalls wird es sich als zwecklos erweisen oder zu einem ›Vorfall‹ versteinern. Es gelingt Ihnen immer wieder, die Situation im Fluss zu halten.

Das ist ein großartiger Kommentar zu meiner künstlerischen Praxis. Ich weiß nicht, wie ich die Situation dazwischen kontrollieren soll, sie wird einfach von meinem Interesse angetrieben. Es gefällt mir, wenn die Dinge unentschieden bleiben, gemäß der kantonesischen Redewendung ›liang tou bu dao an‹, die bedeutet, dass man sich treiben lassen und nie am Ufer niederlassen soll.

How did civil servants respond to this project?

They are more pleased to see other people being portrayed. Actually they are delighted being the subject of the drawing, too. Every one of them would ask for a "beautified version" of their own images as a souvenir.

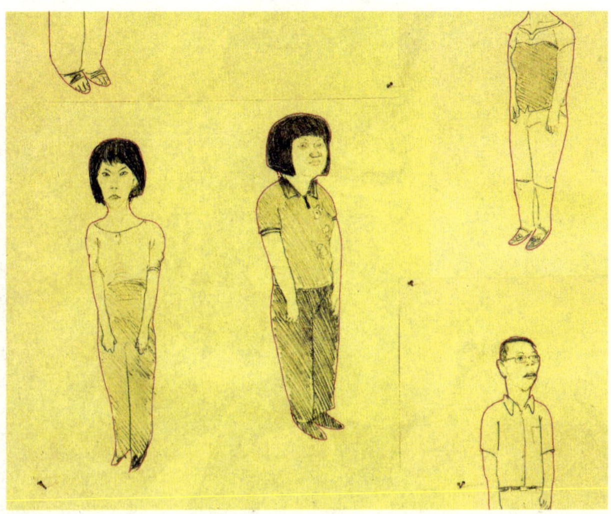

Apart from making Chinese civil servants its theme, is this project related to any Chinese context?

Portraits of civil servants and buses are the staple of this project. In addition I demarcated a "family tree" of the administrative system in China, which is partly a heritage of the traditional Chinese *wenguan* (civilian officials, as opposed to *wuguan*, the martial officials) hierarchy, but of course my imagination is also another component constructing this family tree.

How does this work connect to the rest of your oeuvre?

I am always fascinated by vast mechanisms and the effable, complicated relations in them. This is a linkage between my works. *Civil Servants* resembles the rest of my practice for the resistance and frictions interwoven in its making. It is fun, as it always suggests an impossibility of completion.

Is this work related to politics?

It is extremely political as the government is its subject. There is a metaphorical connotation in it as I regard the government as a living person, emphasizing the corporeality of the political system.

Your works are always in a liminal space: between success and failure, between the collective and individual, etc. It is a threshold requiring perfect balance, or else it will turn out to be futile or be fossilized into an "incident." You always manage to keep fluidity of the situation.

It is great comment about my practice. I don't know how to control the in-between situation, it is just driven by my interest. I like having things remain undecided, just like the Cantonese saying, "liang tou bu dao an"—that means to stay adrift and never settle on the shore.

Sun Yuan & Peng Yu

Interview: Kathleen Bühler

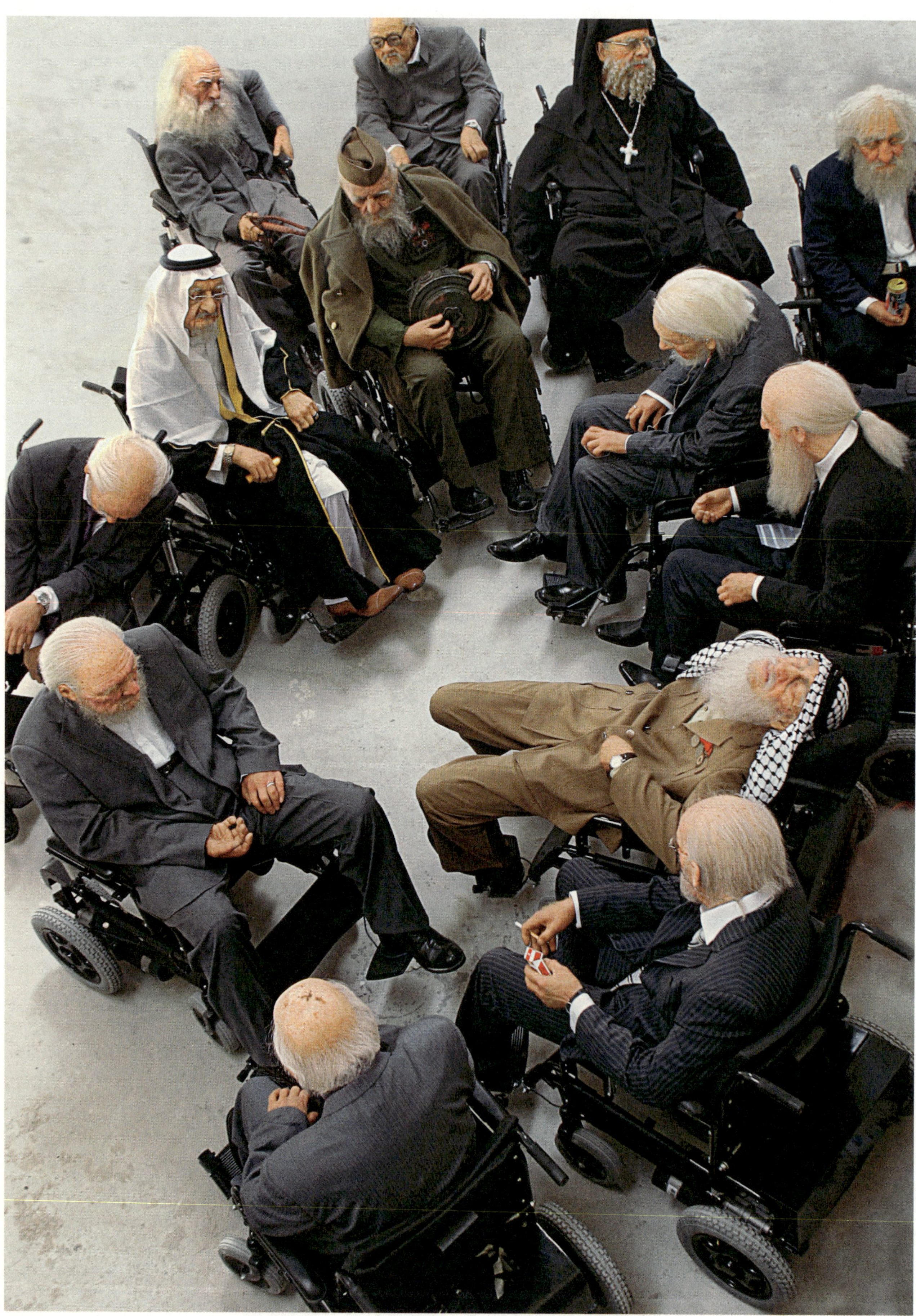

Das Künstlerpaar Peng Yu und Sun Yuan arbeitet seit 1998 zusammen. Peng Yu wurde 1974 in der Provinz Heilongjiang geboren und erlangte 1998 ihren Abschluss in Ölmalerei von der Central Academy of Fine Arts in Beijing. Sun Yuan wurde 1972 in Beijing geboren und graduierte 1995 in Ölmalerei an derselben Akademie. Als Konzeptkünstler arbeiten sie mit unterschiedlichen Medien, wurden jedoch vor allem für ihre konfrontative Arbeit, die auch Körperteile von Menschen und Tieren beinhaltet, bekannt. Im Jahr 2002 bekamen sie den Chinese Contemporary Art Award als »Best Young Artists«. Ihr Kunstwerk *Old People's Home* (2007) besteht aus dreizehn lebensechten Puppen von betagten militärischen, religiösen und politischen Führungspersönlichkeiten aus unterschiedlichen Nationen. Diese tragen formale Kleidung und sitzen in motorisierten Rollstühlen, die die Personen ziellos herumfahren. Die hyperrealistischen menschlichen Figuren starren entweder vor sich hin, nicken mit dem Kopf oder scheinen zu schlafen. So sind die ›Weltenlenker‹ in konstanter planloser Bewegung, welche im krassen Widerspruch steht zu ihrer früheren bedeutenden und richtungsweisenden Tätigkeit. Peng und Sun leben und arbeiten in Beijing.

Das folgende Interview wurde mit Peng Yu geführt.

Könnten Sie die Idee erklären, die Old People's Home *(2007) zugrunde liegt? Warum gibt es dort nur alte Männer?*

Weil wir bis dahin nur alte Männer, aber keine alten Frauen kennengelernt hatten, die Macht besaßen. Wenn man sich in der Welt umsieht, stellt man fest, dass Frauen nicht über dieselbe Macht verfügen wie Männer. Wenn ich die mächtigsten lebenden Menschen auswählen sollte, dann wären selbstverständlich keine Frauen darunter. Das ging mir auch auf dem Gebiet der Kunst so, als ich ein Jurymitglied für den Hugo Boss Art Prize war. Als wir schließlich einen Künstler auswählen mussten, standen sechs Männer auf der Shortlist, aber keine Frau. Wir entschieden, dass das so nicht geht.

Neulich habe ich gehört, der Kurator Hou Hanru habe gesagt, 90 Prozent der chinesischen Kunstszene bestehe aus Männern. Was meinen Sie dazu?

Ich stimme mit Hou Hanru überein, dass 90 Prozent der wichtigen und erfolgreichen chinesischen Künstler Männer sind. Wenn es in China mehr Künstlerinnen gäbe, würde das für mich wirklich die Demokratie und Redefreiheit in dieser Nation widerspiegeln. Wenn es uns gelänge, dass mehr Frauen wichtige Positionen innehaben, wäre das endlich ein Machtgleichgewicht.

Was mir an dem Werk gefällt ist, dass Sie zeigen, wie diese ehemals mächtigen Männer jetzt völlig hilflos sind und von einer mechanischen Macht angetrieben werden. Sie wissen nicht, wohin es geht, und können dem, was sie antreibt, nicht widerstehen. Was ist die Quintessenz dieses Werks?

Das spielt eigentlich keine Rolle, Sie können es betrachten, wie Sie mögen. Es ist uns wichtig, dass Sie es nach Ihrem eigenen Gutdünken interpretieren können.

Wie sind die Rollstühle programmiert? Wie bewegen sie sich?

The artist duo Peng Yu and Sun Yuan have been working together since 1998. Peng Yu was born in Heilongjiang Province in 1974 and received a degree in oil painting from the Central Academy of Fine Arts in Beijing. Sun Yuan was born in Beijing in 1972 and graduated in oil painting from the same academy in 1995. As conceptual artists they work with a variety of media, yet they became well known for their confrontational work, which also includes parts of the bodies of people and animals. In 2002 they received the Chinese Contemporary Art Award in the category Best Young Artists. Their work *Old People's Home* (2007) consists of thirteen life-size dolls, elderly military, religious, and political leaders from various nations. They wear formal clothing and sit in motorized wheelchairs that cruise around aimlessly. The hyperrealistic human figures either stare dead ahead, nod their heads, or seem to be asleep. They are "world leaders" in constant desultory motion, which stands in stark contrast to their former important activity. Peng and Sun live and work in Beijing.

The following interview was conducted with Peng Yu.

Could you explain the idea behind Old People's Home *(2007)? Why are there only old men?*

Because until then we had only met old men but not old women with power. If you look around worldwide, you'll see that women actually do not held power like men do. If I choose the most powerful living people, there would of course be no women. This also happened to me in the art

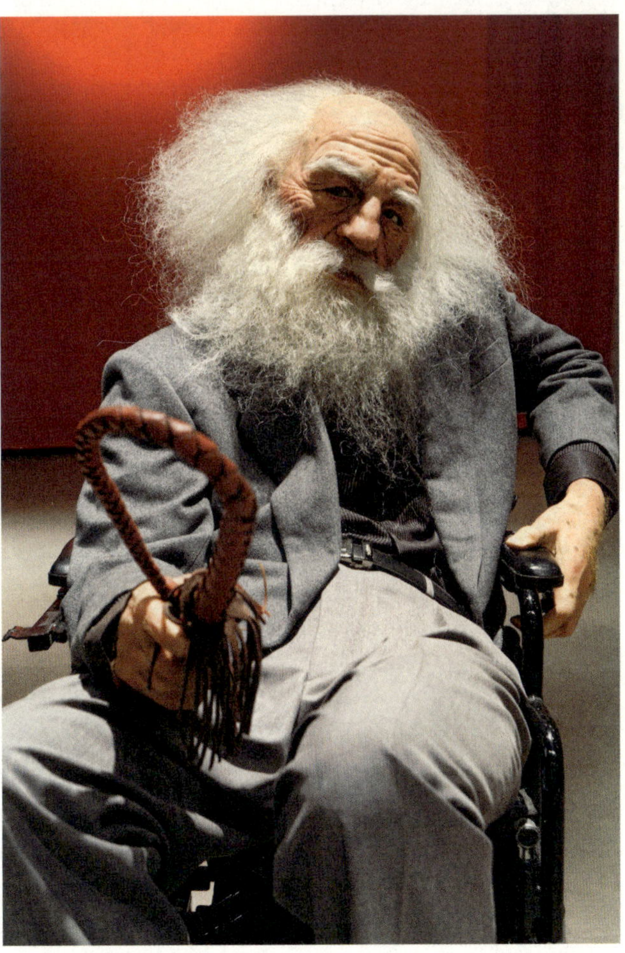

Sun Yuan & Peng Yu, *Old People's Home*, 2007

Tatsächlich sind die Räder computergesteuert. Sie haben Sensoren, die prüfen, ob es Hindernisse gibt, und im Zweifel dafür sorgen, dass diese umfahren werden. Die Rollstühle sollen nicht gegeneinander oder an die Wand fahren.

Dieses Werk wurde in der ganzen Welt gezeigt. Gab es unterschiedliche Reaktionen oder reagieren die Leute überall auf dieselbe Weise darauf?

Die Reaktionen sind überall sehr ähnlich, da es in diesem Werk um Alter, Tod und Krankheit geht. Es wurde auch in China ausgestellt. Aber auch hier waren die Reaktionen dieselben, wenn auch mit dem kleinen Unterschied, dass das Publikum sehr jung war.

Wie man hört, werden alte Menschen in China traditionell sehr geachtet?

Ganz im Gegenteil. Während der Kulturrevolution, und, wie ich mich erinnere, noch im Jahr 1994, mussten wir die ›vier alten Dinge‹ zerstören. Wir lernten, ›alte Bräuche‹, ›alte Kultur‹, ›alte Gewohnheiten‹ und ›alte Ideen‹ zu zerbrechen oder niederzureißen. Auch die traditionelle Achtung älteren Menschen, ihren Gewohnheiten und ihren Dingen gegenüber, wurde damit zerstört. Wir wurden von unseren kulturellen Wurzeln abgeschnitten.

Welche Rolle spielt Provokation in Ihrem Werk?

Tatsächlich sollten die besten Werke die Öffentlichkeit provozieren. Sie sollten das Publikum treffen. Man kann das als Provokation bezeichnen, aber man kann auch sagen, dass die Werke die Leute bewegt haben. Manchmal weinen Leute auch in unseren Ausstellungen.

Es gibt ja auch Humor in Ihren Werken – vielleicht können die Leute sie deswegen annehmen. Könnten Sie beschreiben, was für Sie gute Kunst ist?

Als guter Künstler müssen Sie zunächst ihre eigenen Fragen finden und mit ihnen arbeiten. Diese Fragen müssen nicht die Erwartungen des Publikums erfüllen. Wenn wir die Rolle des Künstlers betrachten, dann sollte es in seinem oder ihrem Werk auch darum gehen, sich den Problemen der Welt zu stellen. Die Leute denken immer, *Old*

field, when I was a member of the committee for the Hugo Boss Art Prize. When we finally had to choose an artist there were six men on the short list, but no women. We decided we can't do that.

Recently I heard curator Hou Hanru saying that 90 percent of the Chinese art scene is masculine. How does that strike you?

I agree with Hou Hanru that 90 percent of the important and successful Chinese artists are men. For me if China had more women artists that would truly reflect the democracy and freedom of expression in this nation. If we could get more women in important positions, there would finally be a balance of power.

What I like about the work is that you show these once powerful men now totally helpless and driven by a mechanical power. They don't know where they're going and can't resist what's driving them. What is the bottom line of this work?

It doesn't matter really, you can see it how you like. It is important to us that you can have your own interpretation.

How are the wheelchairs programmed? How do they move?

Actually the wheels are computer-controlled. They have sensors which check if there are obstacles ahead, and they eventually turn away. They are not supposed to bump into one another or drive into the wall.

This work has been shown around the world. Do reactions differ, or do people respond everywhere in the same way?

The reactions are very similar everywhere, since the work is about age, death, and illness. The work was also shown in China. Even here the reactions were the same but with a minor difference, that it attracted a very young public.

I understand that in China you traditionally respect old people very much?

Quite the contrary. During the Cultural Revolution—and as I remember it still was in the year 1994—we had to destroy the "four old things." We learned to break or tear

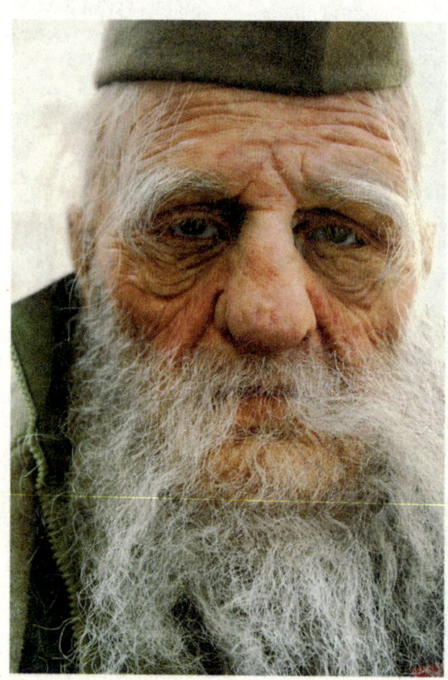

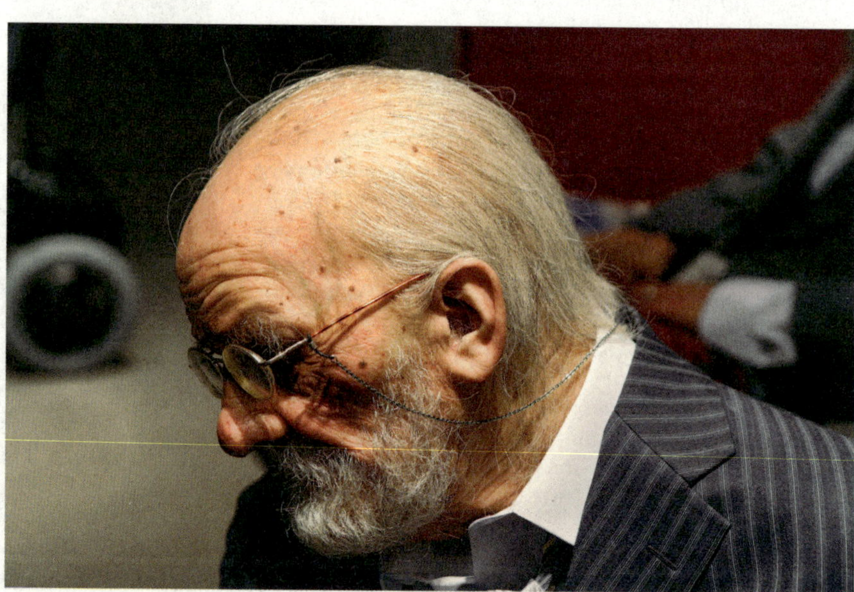

People's Home sei repräsentativ für unsere Werke, aber für uns ist es nur eine Möglichkeit, Fragen zu lösen, wenn wir der Welt entgegentreten. Wenn ein Künstler ein ernsthafter und guter Künstler ist, dann versucht er oder sie, sich den Problemen der Welt zu stellen und sich in einem künstlerischen Sinne mit ihnen auseinanderzusetzen. Normalerweise wählen Kuratoren die besten Werke aus, um sie in Museumssammlungen zu zeigen. Aber manchmal sind es nicht die berühmten oder sogenannten besten Werke, die die Absichten des Künstlers am besten repräsentieren.

Kunst ist für Sie also im Grunde ein Werkzeug, um über die Welt nachzudenken?

Kunst ist ein Mittel, um mit der Welt in Berührung zu kommen und in Verbindung zu treten. Sie ist eine Möglichkeit, mit der Welt zusammen zu sein. Denken ist einfach nur Denken. Ich sehe keinen Unterschied zwischen gewöhnlichem Denken und ›künstlerischem Denken‹.

Da Sie als Paar arbeiten: Wer ist im Prozess der Kunstproduktion wofür verantwortlich?

Als Künstlerpaar arbeiten wir bereits seit siebzehn Jahren zusammen, sodass es sehr schwer ist zu sagen, wer im Prozess der Kunstproduktion welche Rolle spielt. Wir denken und arbeiten wie eine einzige Person. Selbst wenn ich Sun Yuan anschaue, habe ich das Gefühl, mich selbst anzusehen.

down "old customs," "old culture," "old habits," and "old ideas." All the traditional respect for older people, their habits, and their things were destroyed with that, too. We were cut off from our cultural roots.

How would you describe the role of provocation in your work?

Actually all the best works should provoke the public. They should strike the audience. You can describe the effects as provocation, but you could also describe it as moving them. Sometimes people weep in our exhibitions.

There's also humor in your work, that's maybe why people can accept them. Could you describe what good art is for you?

As a good artist you first have to find your own questions and work with them. These questions don't need to serve the expectations of the audience. When we consider the role of the artist, the issue of his/her work should also be to face the problems of the world. People always think that *Old People's Home* is representative of our work, but for us it's just one way to solve questions when we face the world. When an artist is a serious and good artist, s/he tries to face the problems of the world and address them in an artistic sense. Usually curators choose the best works to show in museum collections. But sometimes it's not the famous or so-called best works that best represent the artist's intentions.

So art for you is basically a tool to think about the world?

Art is a means to touch and connect with the world. It's one way to be with the world. Thinking is just thinking. I see no difference between ordinary thinking and "artistic thinking."

Since you work as a couple, who is responsible for what in the art-making process?

As an artist couple we have already worked together for seventeen years, so it's very hard to say who plays what part in the art-making process. We think and work like one person. Even when I look at Sun Yuan, I get the feeling that I look at myself.

Wang Qingsong

Interview: Li Qi

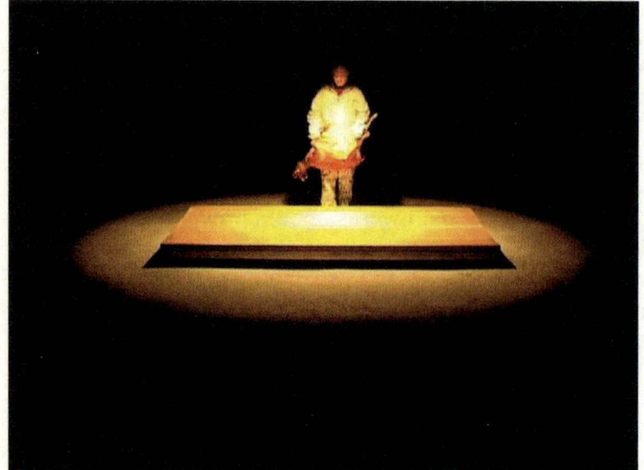

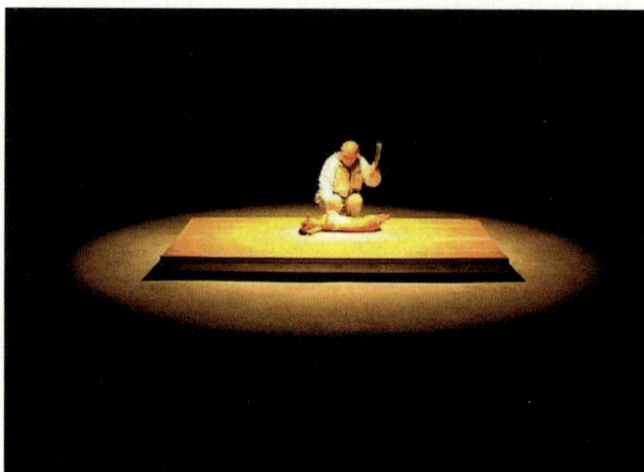

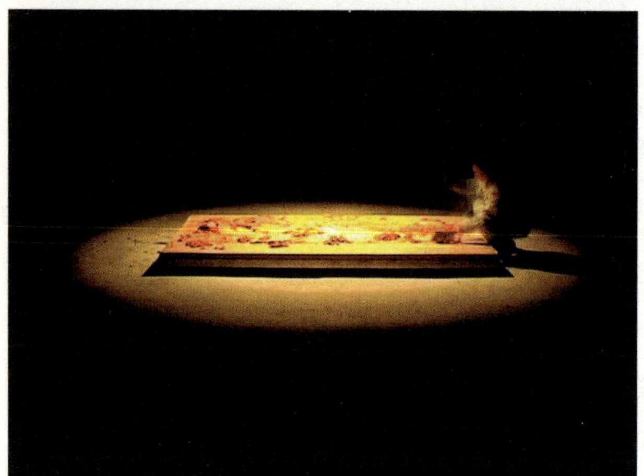

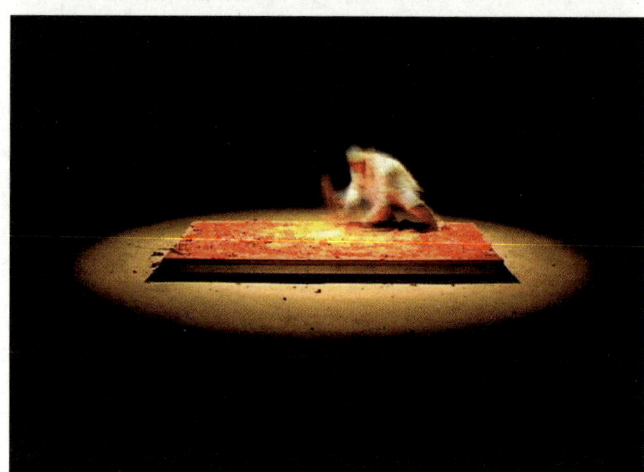

Wang Qingsong wurde 1966 in Daqing (Provinz Heilongjiang) geboren und schloss 1993 sein Studium am Sichuan Fine Arts Institute in Chongqing ab. In den späten 1990er-Jahren ging Wang von einem Malstil der ›gaudy art‹ zu großformatiger Farbfotografie über, die sich auf die klassische chinesische Kunst bezieht. Wang Qingsong ist vor allem für seine humorvollen und ironischen Fotografien der Konsumkultur in China bekannt. Seine Arbeiten, die Ausdruck seiner Kritik an der Ausbreitung des westlichen Konsumismus in China sind, verwenden manchmal die Logos westlicher Marken oder kommerzieller Produkte, um die überwältigende Präsenz des westlichen Materialismus zu attackieren. In jüngerer Zeit hat Wang mit Video- und Performancekunst gearbeitet, darunter sein Video *Iron Man* (2008), in dem Fäuste zu sehen sind, die den Künstler ins Gesicht boxen, und das die Fortdauer sozialer und persönlicher Hindernisse versinnbildlicht. Wang lebt und arbeitet in Beijing.

Wie haben Sie Iron Man *und* 123456 Chops *(beide 2008) gefilmt? Stehen diese Werke in einem Zusammenhang, da sie beide im selben Jahr entstanden und sehr brutal sind?*

123456 Chops ist mit der billigsten Digital-Video-Kamera entstanden, *Iron Man* hingegen ist ein 35-mm-Film. Gemeinsam ist beiden Filmen, dass sie mit einer feststehenden Kamera gedreht wurden, als ob wir die jeweilige Handlung aus einer ruhigen und objektiven Perspektive betrachten würden. Beide Filme sind mit Gewalt assoziiert.

Wang Qingsong was born in 1966 in Daqing (Heilongjiang Province) and completed his studies at the Sichuan Academy of Fine Arts in 1993. By the late 1990s, Wang transitioned from a Gaudy Art style of painting to large-scale color photography that references classical Chinese art. Wang Qingsong is best known for his humorous and ironic photographs of consumer culture in China. Critical of the proliferation of Western consumerism in China, Wang's photographs sometimes use Western brand logos or commercial products to attack the overwhelming presence of Western materialism. More recently, Wang has worked in video and performance art, including his *Iron Man* (2008), which shows fists punching the artist's face and symbolizes the endurance of social and personal obstacles. Wang lives and works in Beijing.

How did you film Iron Man *and* 123456 Chops *(both 2008)? Are these works related, since they were both made in the same year and are very violent?*

123456 Chops was made with the cheapest DV camera, while *Iron Man* was made with 35 mm film. What they have in common is that the two films were conducted with a fixed-position camera, as if we are watching the action taking place from a calm and objective perspective. Both of the films are associated with violence. Actually, I made three of them in 2008. The other one was titled *Skyscraper* and was about the forced construction of a building. *Skyscraper* showed the process of construction without any

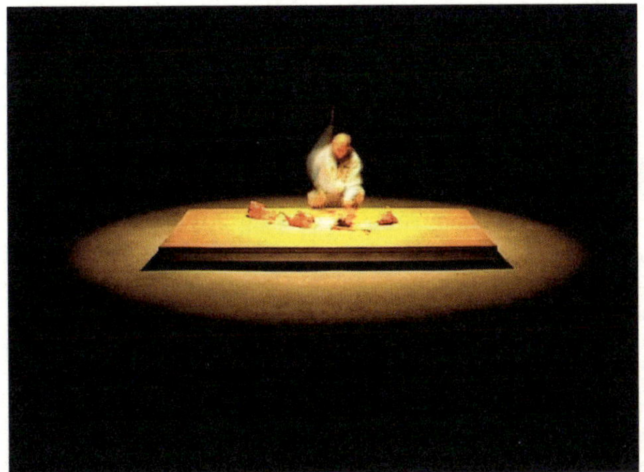

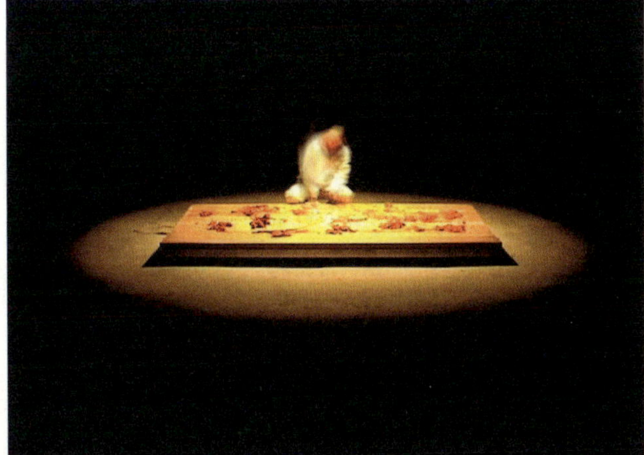

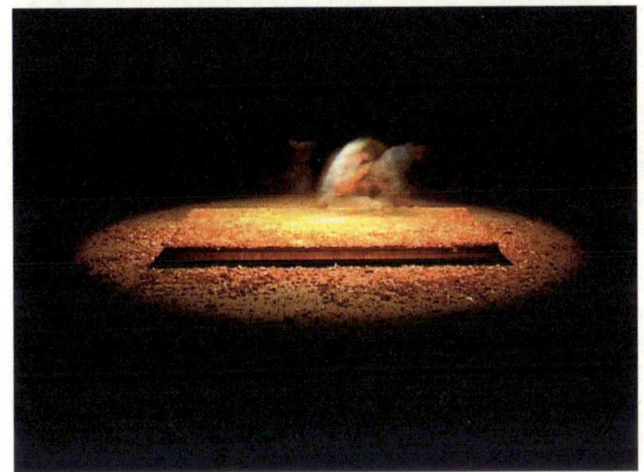

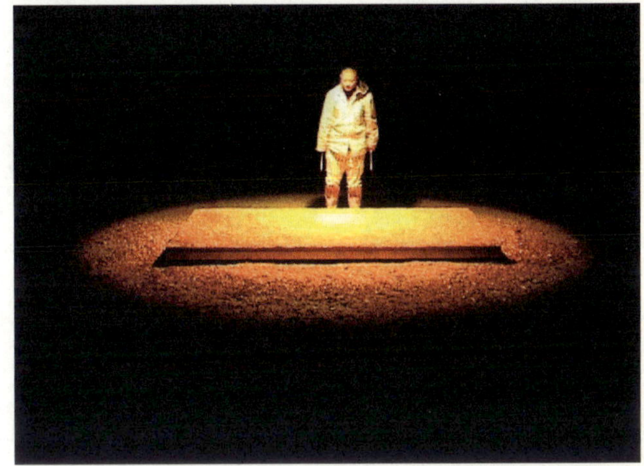

Tatsächlich habe ich 2008 drei solche Filme gedreht. Der dritte trägt den Titel *Skyscraper*; es geht um die zwangsweise Errichtung eines Gebäudes. *Skyscraper* zeigt den Bauprozess, ohne dass irgendwelche Bauarbeiter oder andere Menschen zu sehen sind. Bei *Iron Man* geht mein Interesse auf eine lokale Geschichte über den Bohrarbeiter Wang Jinxi zurück, der aufgrund seiner Leistung in Daqing, wo ich aufgewachsen bin, zu einem nationalen Helden wurde. Man kannte und feierte ihn als den ›Eisenmann‹. 1959 hat der ›Eisenmann‹ Wang eine wesentliche Rolle bei der Entdeckung der Ölfelder von Daqing gespielt, durch die Chinas wirtschaftliche Unabhängigkeit vom Öl anderer Staaten gewährleistet wurde. Der ›Eisenmann‹ Wang musste hart kämpfen und erlitt manche Niederlage, was aber als typisch für den Zeitgeist galt. Im Film kommt dies dadurch zum Ausdruck, dass ihm immer wieder ins Gesicht geschlagen wird und er trotz aller Verletzungen am Ende milde lächelt, was jedoch ebenfalls einen Zustand der Hilflosigkeit nahelegt. *123456 Chops* hingegen schildert ein alltägliches Szenario, nämlich das Kleinhacken von Gemüse und Fleisch, was hier fast wie ein spielerischer Prozess wirkt. Es endet damit, dass das Fleisch so zurechtgehackt wird, dass es wie eine Blume aussieht, wodurch unser Bewusstsein für das Verschwinden von etwas geweckt wird.

Wer ist der Schauspieler und wer ist der Performer in den beiden Filmen?

sight of construction workers or other individuals. For *Iron Man*, my interest goes back to a local story about a drilling worker, Wang Jinxi, who became a national hero for his contribution in Daqing, where I grew up. He was praised and known as the "Iron Man." In 1959 he was instrumental in discovering the Daqing oil fields that guaranteed China's self-sufficiency in oil. "Iron Man" Wang underwent all kinds of struggles and defeats, which was reckoned as representative of the zeitgeist. The film shows this as continuous punches at his face and ends despite all the hurting with a mild smile, which also suggested a state of helplessness. *123456 Chops*, on the other hand, depicts a daily scenario, chopping vegetables and meat, which almost looks like a gaming process. It ends with the meat chopped into the semblance of a flower, which makes us aware of the disappearance of something.

Who is the actor and who is the performer in both films?

It was myself in *Iron Man*, but someone else in *123456 Chops*. I originally planed to film myself as the performer in the latter. The weather was quite hot on the shooting day, and the lamb that I bought the previous day became smelly. I attempted a few chops before getting really sick to my stomach, and I threw up eventually. To continue the shooting, I asked my brother to fill as the performer in a hospital gown. It took us ten hours in total to finish the film: five days, two hours per day. It was very tiring, as we had to finish chopping the very last bit of the lamb.

In *Iron Man* war ich das selbst, aber in *123456 Chops* war es jemand anderes. Ursprünglich hatte ich geplant, mich selbst als Performer in Letzerem zu filmen. Am Drehtag war es sehr heiß und das Lamm, das ich am Vortag gekauft hatte, begann auffällig zu riechen. Ich probierte ein paar Happen, dann wurde mir richtig schlecht und schließlich musste ich mich übergeben. Um die Dreharbeiten fortzusetzen, habe ich meinen Bruder gebeten, als Darsteller im Krankenhaushemd einzuspringen. Insgesamt haben wir zehn Stunden gedreht: fünf Tage, zwei Stunden pro Tag. Es war sehr anstrengend, da wir das Lamm komplett in kleinste Stücke zerhacken mussten.

Sind diese Werke ein Kommentar zur Gewalt im heutigen China?

Ja, im heutigen China ist fast alles ein Gewaltakt. Aber die Gewalt hier bezieht sich nicht nur auf physische Gewalt, sondern auch auf die Gewalt hinsichtlich der Werte. Das Werk legt folglich nahe, dass alles auf eine plumpe Art und Weise durchgeführt und gehandhabt wird. Wie bei *Iron Man,* wo jeder Stoß und Schlag, den der ›Eisenmann‹ in dem Film erhält, den Prozess der Gewalt repräsentiert.

Gibt es einen spezifisch chinesischen Kontext, den das westliche Publikum verstehen muss?

Die verschiedenen Kontexte bei einem westlichen Publikum habe ich nicht berücksichtigt. Die Filme gehen auf meine persönlichen Gefühle zurück. Sie handeln von einem Individuum, das aus einer Kleinstadt in eine Großstadt kommt und von der Situation, mit der dieser Mensch dort konfrontiert ist, seinen Gefühlen und Emotionen. Es ist alles sehr persönlich.

Welche Bedeutung hat dieses Werk im Vergleich zu anderen Ihrer Werke?

Im Vergleich zu meinen früheren Werken, etwa einigen meiner Fotoarbeiten, wurden die Filme auf eine einfache, ruhige, direkte und sogar minimalistische Weise gehandhabt. Die Sujets und der Inhalt waren verrückt, aber minimalistisch. Sie vermitteln ein Gefühl der Gleichgültigkeit und Apathie. So hat der Darsteller die Szene stumm verlassen, nachdem er das Lamm kleingehackt hatte. Und so war es auch beim ›Eisenmann‹, der während des gesamten Prozesses einen Ausdruck von Stärke und Gleichgültigkeit aufrechterhielt, und zum Schluss einfach nur lächelte. Ich glaube, die Filme haben den gemeinsamen Status des Einzelnen in unserer Zeit erfasst. Ich habe versucht, einen Status anzutasten.

Are these works a comment on violence in today's China?

Yes, in today's China almost everything is an act of violence. But the violence here does not merely refer to the physical violence, but also the violence in values. It suggests that, as a consequence, everything is conducted and handled in a blunt manner. Just like "Iron Man," every blow and strike he took in the film represented the process of violence.

Is there a specific Chinese context that a Western audience needs to understand?

I didn't take into account the different contexts in a Western audience. The films derived from my personal feelings. They were about an individual who came from a small town into a big city, and the situation that he faced, as well as his feelings and emotions. It was all personal.

What is the importance of this work compared with other works of yours?

Compared to my previous works, like some of my photography works, the films were handled in a simple, calm, straightforward, and even minimalistic manner. The subjects and content were crazy but minimalistic. They delivered a feeling of indifference and apathy. For instance, the performer left the scene quietly when he finished chopping the lamb. So it was with "Iron Man," who maintained an expression of firmness and indifference throughout the whole process, and smiled it off at the end. I think the films captured the common status of individuals in our time. It was a status that I attempted to touch on.

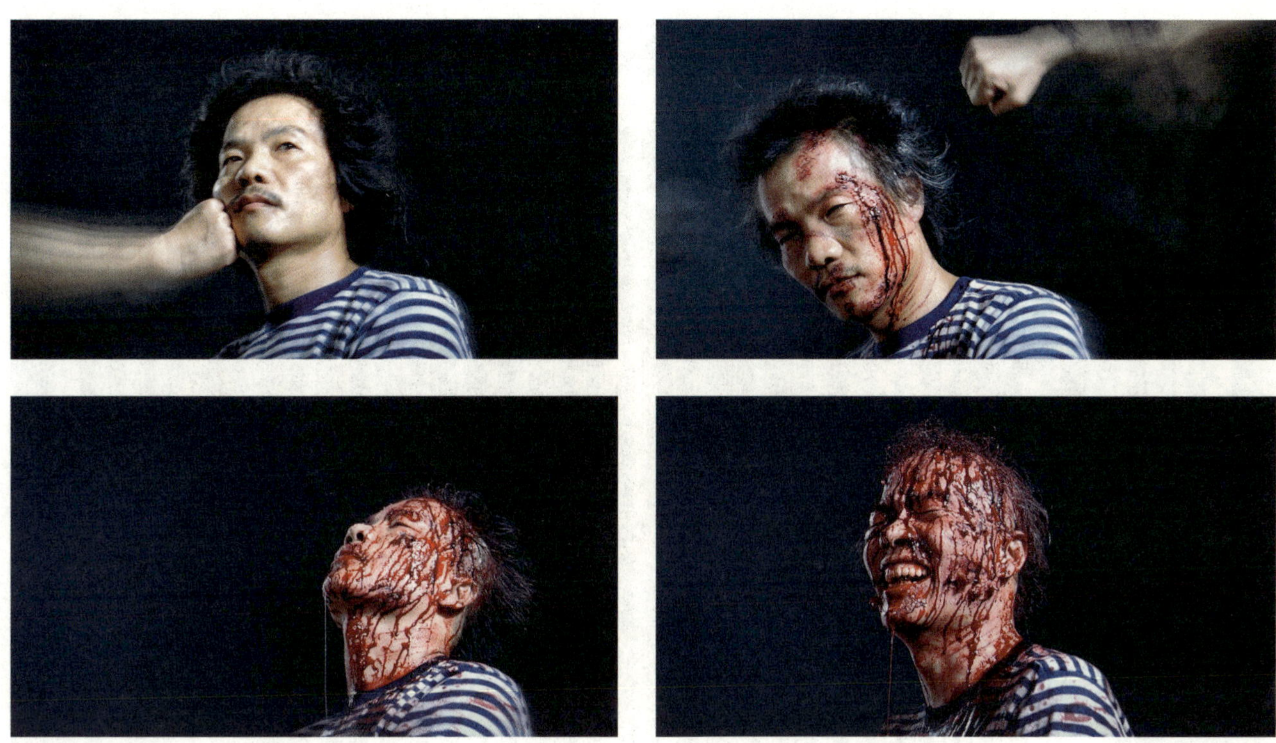

Wang Wei

Interview: Venus Lau

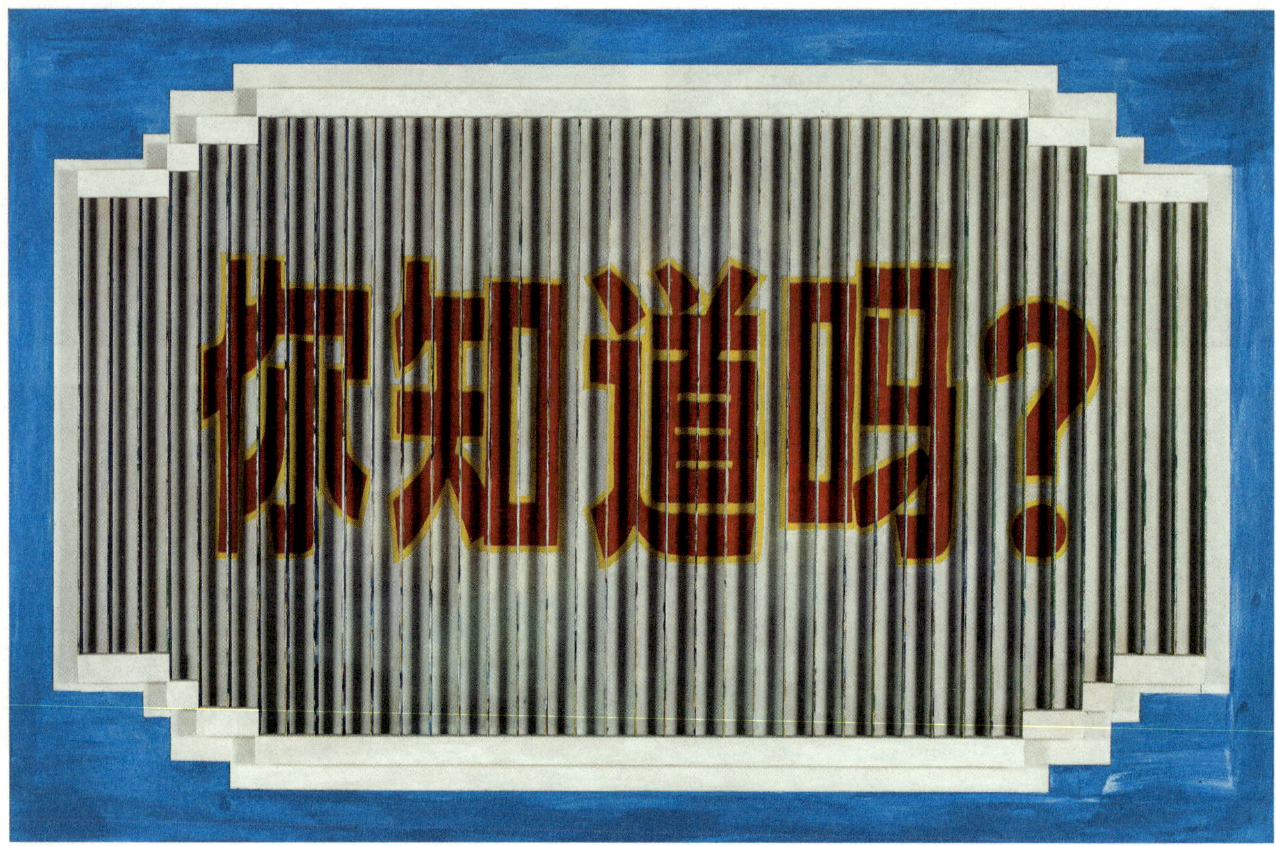

Der Installationskünstler Wang Wei wurde 1972 in Beijing geboren und schloss 1996 seine Studien an der Fakultät für Wandmalerei der Central Academy of Fine Arts in Beijing ab. Als Teil der ›Post-Sense-Sensibility‹-Bewegung befasste er sich vermehrt mit Wahrnehmungs- und Raumfragen sowie der Interaktion mit dem Publikum. Seit 2007 beschäftigte ihn wiederholt der Zoo in Beijing; so besonders die Hinweisschilder, bei denen er sich fragte, ob sie eher für die Besucher oder die Tiere hergestellt worden sind. Wang lebt und arbeitet in Beijing.

Was bedeuten die chinesischen Schriftzeichen in Do You Know? *(2011) und* Helpful Hints *(2011)? Gehen diese Texte auf einen spezifischen Kontext oder eine bestimmte Situation zurück?*

Diese Werke kopieren die (wissenschaftlichen) Hinweisschilder im Zoo von Beijing, einem zoologischen Garten, der 1906 auf dem Gelände eines ehemaligen Herrenhauses aus der späten Qing-Dynastie (1644–1911) entstand. Der Inhalt dieser Schilder ist normalerweise eine Kombination aus einfachen Texten und Bildern von Tieren. Da die meisten Zoobesucher jung sind, werden die Informationen normalerweise in einem kindgerechten Ton vermittelt, sodass sich auf den Schildern häufig Formulierungen wie ›ni zhi dao ma‹ (»weißt du?«), ›xiao zhi shi‹ (»nützliche Hinweise«) und wie ›shen me‹ (»warum?«) finden.

Sind Helpful Hints *und* Do You Know? *wahrheitsgetreue Reproduktionen der Zooschilder? Inwieweit haben Sie deren physische Eigenschaften inspiriert?*

Ja, die Werke sind, von ihrer Form bis zu ihrem Inhalt, genaue Nachbildungen der Schilder im Zoo von Beijing,

The installation artist Wang Wei was born in Beijing in 1972 and completed his studies in the mural painting department of the Central Academy of Fine Arts in Beijing. As part of the Post-Sense-Sensibility movement he concerned himself increasingly with questions of perception and space as well as interaction with the public. Since 2007, he has repeatedly dealt with the zoo in Beijing, in particular with the signs there—he asks himself whether they were made more for visitors or for the animals. Wang lives and works in Beijing.

What is the meaning of the Chinese characters in Do You Know? *(2011) and* Helpful Hints *(2011)? Are these texts derived from a specific context or situation?*

These works copy the (scientific) information signs at the Beijing Zoo, a zoological garden founded in 1906 on the grounds of what was once an imperial manor in late Qing dynasty. The contents of those placards are usually a combination of simple texts and images of animals. As most visitors to the zoo are of a young age, the information on them is usually conveyed in a child-like tone, so phrases like "ni zhi dao ma" (do you know), "xiao zhi shi" (helpful hints), and "wei shen me" (why) are often seen on them.

Are Helpful Hints *and* Do You Know? *an honest reproduction of the zoo placards? How did their physical qualities inspire you?*

Yes, the works are—from their form to their content—a straightforward facsimile of the signboards found in the Beijing Zoo that were produced in the 1960s and '70s, and that's why they carry a noticeable aesthetic from that

die in den 1960er- und 1970er-Jahren produziert wurden und daher eine bemerkenswerte Ästhetik aus dieser spezifischen Periode des modernen China aufweisen. Sie sind eine Manifestation des Pragmatismus und der Gestaltung in Chinas sozialistischer Phase. Die damaligen Gestalter benutzten einen 3-D-Effekt, der so grob und schlicht ist, dass ich ihn als primitiv beschreiben würde. Das war damals eine kostengünstige Lösung, hat aber eine faszinierende Wirkung. Es ist so, als würde man zwei Fliegen mit einer Klappe schlagen.

Wie haben Sie die Schilder, die Sie in dem zoologischen Garten fanden, verändert und reproduziert?

Diese Zooschilder weisen bereits eine verblüffende Ähnlichkeit mit zeitgenössischen Kunstwerken auf. Ich empfand nicht das Bedürfnis, sie auf drastische Weise zu verändern. Woran ich tatsächlich gearbeitet habe, war einfach nur die Verortung der Zeichen in einem neuen Kontext. Ihre kontextuelle Ent- beziehungsweise Verortung verleiht diesen Zeichen, die früher einmal belehrend waren, ein Gefühl der Mehrdeutigkeit und Skepsis.

Bei Helpful Hints *und* Do You Know? *wird der Inhalt, der in Form chinesischer Schriftzeichen auf den Gemälden steht, in ihren Titeln wiederholt. Welche Absicht steckt hinter diesem benennenden oder gar tautologischen Arrangement?*

In diesen Werken ist der Text eine Art selbstreferenzielle Äußerung. Ich habe mir die Texte aus den Zooschildern angeeignet und sie als Readymades behandelt. Meine Absicht ist es, durch Wiederholung Absurdität zu erzeugen.

Gibt es, abgesehen davon, dass diese Werke bereits vorhandene visuelle Elemente aus einem alten Zoo in der Hauptstadt Chinas entlehnen, irgendeinen spezifisch chinesischen Kontext darin?

Nein, es gibt keinen spezifisch chinesischen Kontext darin. Tatsächlich bewegen die Arbeiten sich in einer Fülle unterschiedlicher Kontexte.

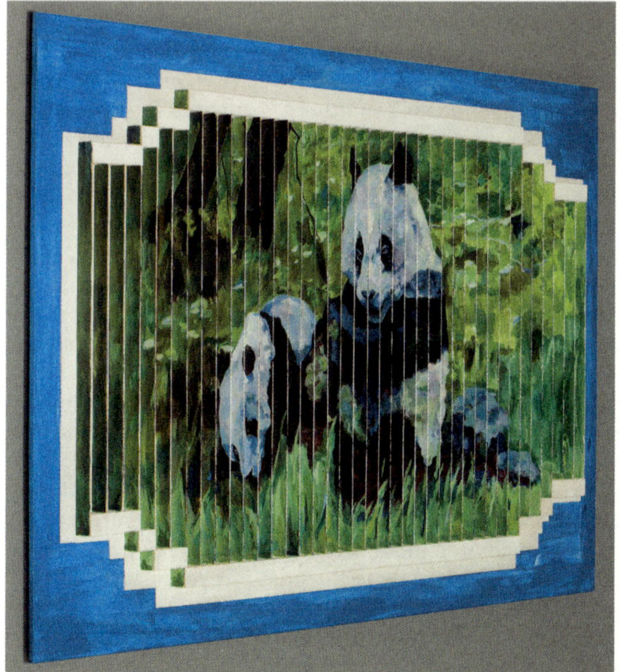

specific period of modern China: they are a manifestation of pragmatism and decoration in China's Socialist period. Their designers applied a three-dimensional effect that is so crude and simple that I would describe it as primitive. It was a low-budget solution in those days, but it provides a fascinating effect. It is a situation of killing two birds with one stone.

How did you modify and reproduce the placards you found in the zoological garden?

These zoo signboards already bear a striking resemblance to contemporary artworks. I didn't feel the urge to transform them drastically. What I actually worked on is just situating the signs in a new context. The contextual (dis-)placement endows those signs—which were once instructive—with a sense of ambiguity and skepticism.

In Helpful Hints *and* Do You Know? *the contents in the form of Chinese characters on the paintings are repeated in their titles. What is the intention of this titular or even tautological arrangement?*

In these works, the text is a form of self-referential enunciation. I appropriated the texts from the zoo sign-

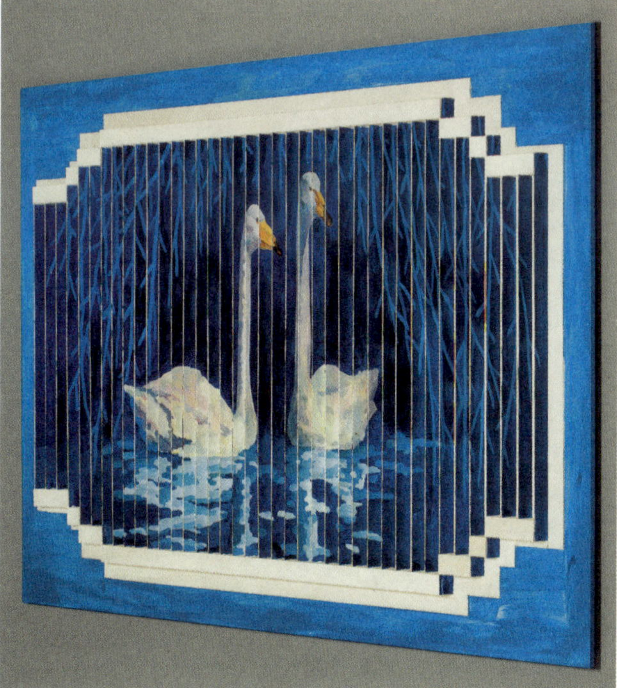

boards and treat them as ready-mades. My purpose is to create an absurdity by reiteration.

Apart from the fact that these works borrow existing visual elements from an old zoo in the capital of China, is there any specific Chinese context in these works?

There is no specific Chinese context in them. In fact, they are cruising in a multitude of different contexts.

In any sense are they metaphorical, political, critical, historical, or ironic?

These works are not related to anything ironic, political, or critical. My concern is the basic qualities of humanity

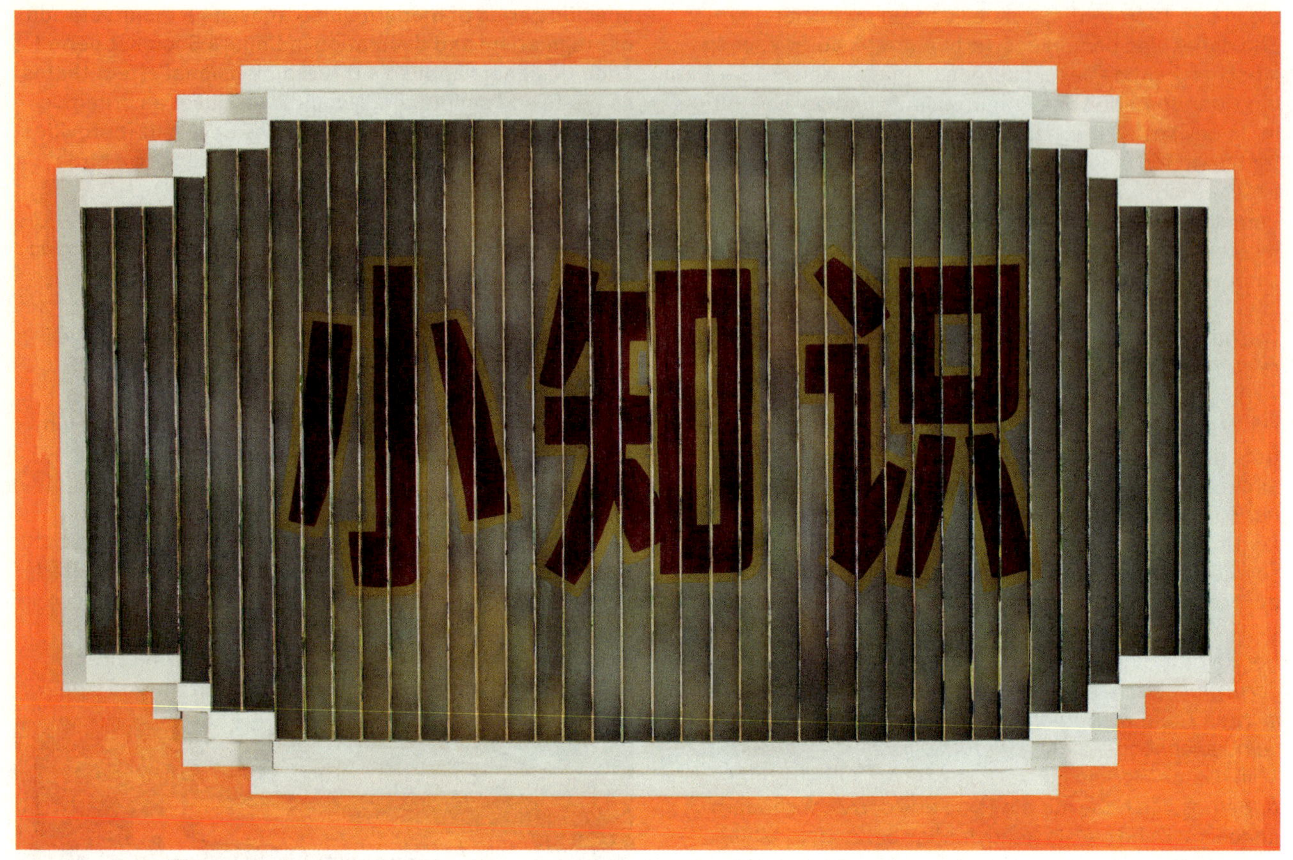

Sind sie in irgendeinem Sinne metaphorisch, politisch, kritisch, historisch oder ironisch?

Diese Werke sind nicht mit irgendetwas Ironischem, Politischem oder Kritischem verbunden. Ich interessiere mich für die Grundeigenschaften des Menschseins, wie sie in der Form und dem Inhalt der Informationstafeln im Zoo zum Ausdruck kommen.

Diese Werke stehen in einem engen Zusammenhang mit der Geschichte des Designs im modernen China und werden, wenn sie im Westen ausgestellt werden, aus verschiedenen Perspektiven und mittels unterschiedlicher visueller Geschichten interpretiert werden. Wie sehen Sie diese Veränderung im Kontext?

Ich glaube, sie werden sich nicht sehr verändern, da es mir in diesen Werken nicht darum ging, etwas über China oder chinesische Zoos auszusagen. Es geht mir darum, die allgemeinen Eigenschaften von Menschen zu erkunden, indem ich mir eine vorhandene Ausdrucksform aneigne. Außerdem erwarte ich Offenheit in meinen Werken, in denen ein Prisma verschiedener Perspektiven und Interpretationen möglich ist. In einem gewissen Maße sind diese ›Zeichen‹ und die Wahrnehmungen, zu denen sie führen, mehr wie eine Gruppe von Spiegeln.

In Ihren neueren Arbeiten neigen Sie zu einem ausgiebigen Gebrauch von sich für eine bestimmte Situation eignenden Wand- und Bodenflächen – die grundsätzliche Flachheit, die die Räumlichkeit der Orte bildet, in denen wir leben und arbeiten. Hat dieses spezifische Arrangement etwas damit zu tun, dass Sie als Wandmaler ausgebildet sind?

unfolded by the forms and contents of the information signs in the zoo.

These works have a strong tie with the history of design in modern China and will be interpreted by different perspectives and visual histories when being exhibited in the West. How do you see this change in context?

I think they will not change much, as in these works I did not intend to represent anything about China or Chinese zoos. I aim at exploring the universal qualities of people through annexing an existing form of expression. In addition, openness is something I expected for my works, in which a prism of different perspectives and interpretations is possible. To a certain extent, these "signs" and the perceptions they induce are more like a group of mirrors.

Your recent practice tends to an extensive use of wall and floor surfaces—the basic flatness that forms the spatiality of places we live and work in—that are disposed to a situation. Is this particular arrangement related to your background of being trained as a mural painter?

To talk about my latest body of works, I have to admit that there are a lot of examples in which I constructed a very specific surrounding through the appropriation of walls and floors, but there is no close connection with my education of mural painting. This part of my practice is indeed associated more with my interior design projects of bars and restaurants in the past few years. Working on these commercial tasks means a lot of discussions on specific architectural materials, colors, and styles. Decisions in the field of interior design are made on the

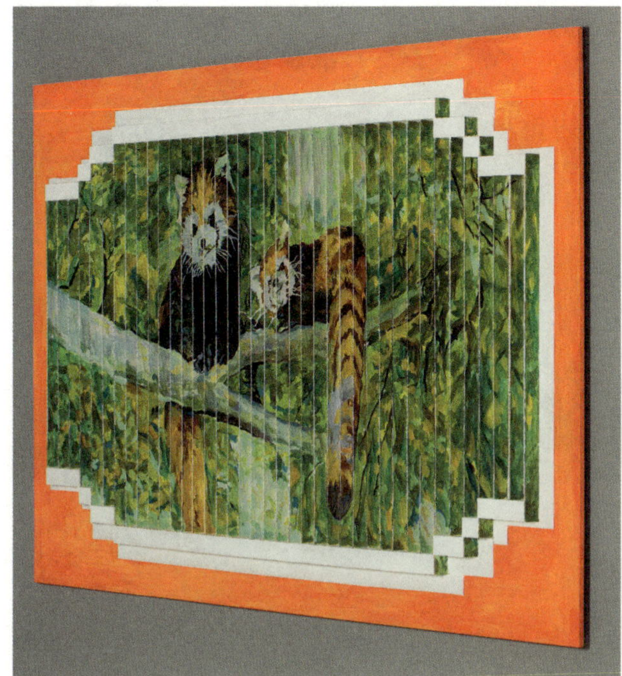

Wenn ich über meine letzte Werkgruppe spreche, dann muss ich zugeben, dass es da viele Beispiele gibt, bei denen ich durch die Aneignung von Wänden und Böden eine sehr spezifische Umgebung konstruiert habe, aber es gibt keinen engen Zusammenhang mit meiner Ausbildung in Wandmalerei. Dieser Teil meiner Praxis hat tatsächlich mehr mit meinen Inneneinrichtungsprojekten für Bars und Restaurants aus den letzten Jahren zu tun. Die Arbeit an diesen kommerziellen Aufgaben bedeutet zahlreiche Diskussionen über spezifische architektonische Materialien, Farben und Stile. Entscheidungen auf dem Gebiet der Innenraumgestaltung werden auf der Grundlage einer pragmatischen Geisteshaltung der Designer und Nutzer getroffen. Diese Erfahrung aus der Arbeit an Designprojekten weckte meine Aufmerksamkeit für die ornamentalen Details von Alltagsgegenständen und, wichtiger noch, meine Betrachtung der Ästhetik und Imagination, die diese Schmuckelemente erzeugte. Mit diesen Gedanken habe ich eine Methode entwickelt, um in einen anderen Kontext eine Ästhetik eines ›anderen‹ zu importieren, um eine alternative sogenannte Realität zu konstruieren, eine Realität, die als Kunstwerk betrachtet werden kann.

basis of pragmatic mind-sets of designers and users. The experience of working on design projects ignites my attention to the ornamental details of daily objects, and more importantly my contemplation on the aesthetics and imagination generating these decorative elements. With these thoughts I have developed a methodology to import

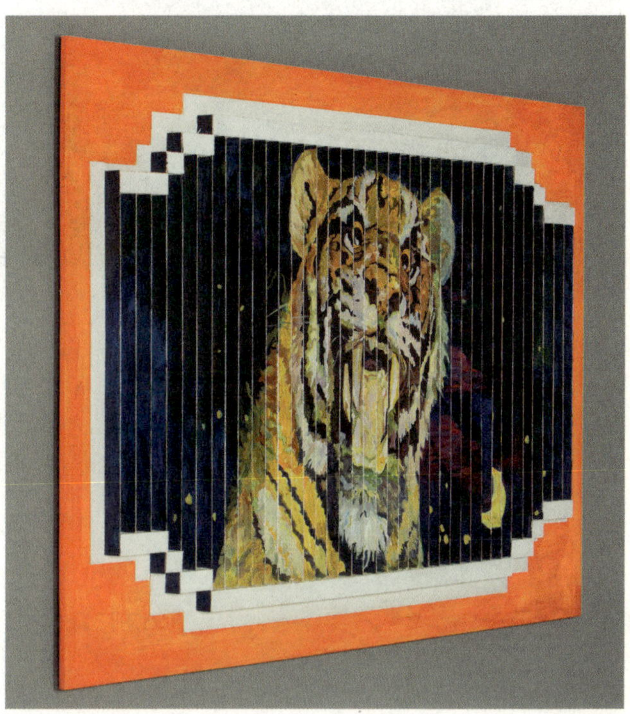

an aesthetic of an "other" into a different context to construct an alternative so-called reality, a reality that can be regarded as an artwork.

Zeng Han

Interview: Venus Lau

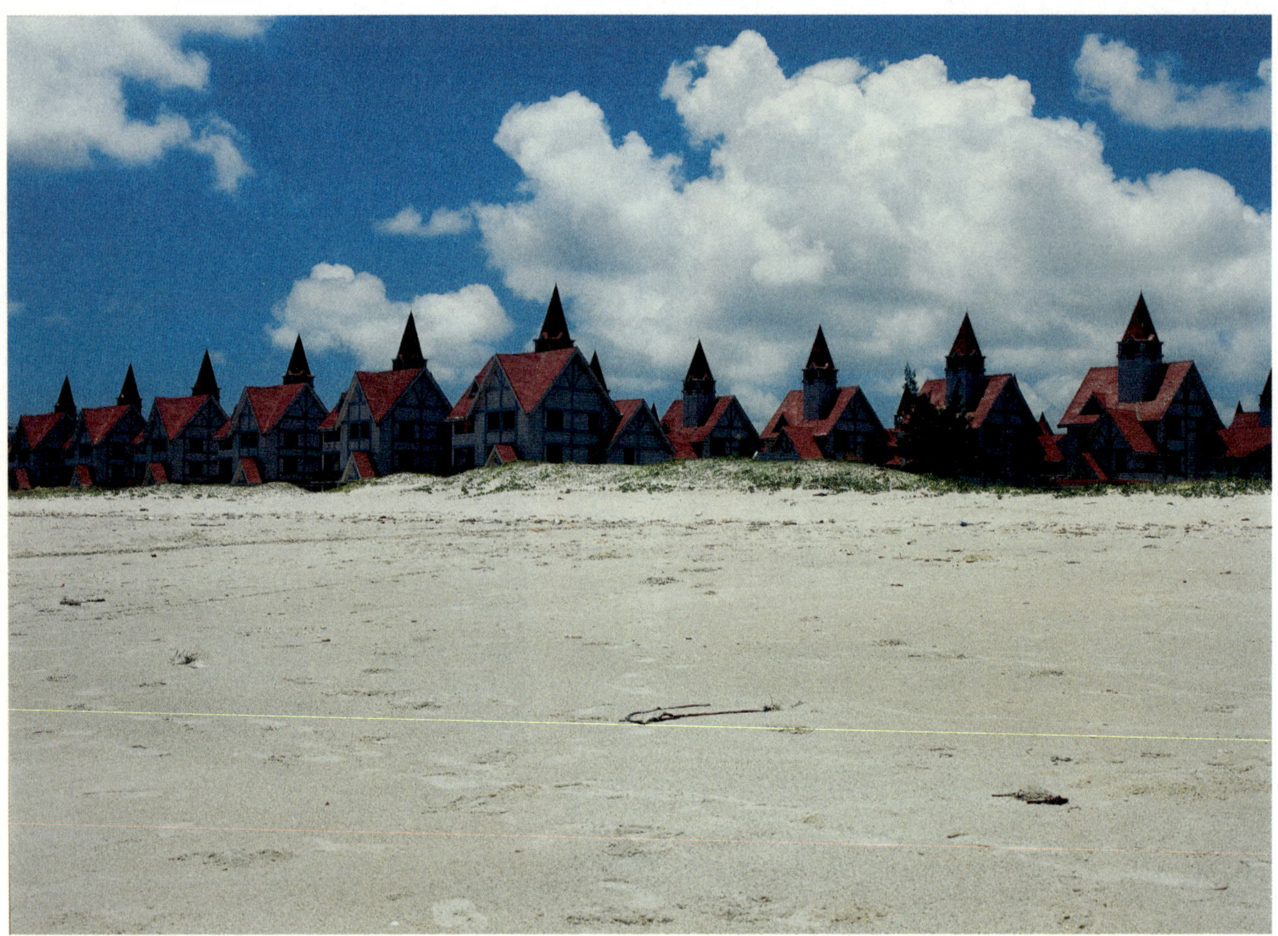

Zeng Han wurde 1974 in der Provinz Guangdong geboren. 1997 machte er seinen Studienabschluss an der Jinan University in Guangzhou in den Fächern internationaler Journalismus und Kommunikation. Nach weiterem Studium an der New Yorker School of Visual Arts wurde er 2008 Photography Director der Zeitschrift *City Pictorial.* Zeng lebt und arbeitet als Fotograf und freier Kurator in Guangzhou und Shenzhen.

Welche besonderen Eigenschaften haben die Themenparks und Wohnkomplexe in China? Warum haben Sie sie zum Gegenstand Ihrer Arbeit gemacht?

In den 1990er-Jahren hat die Vetternwirtschaft in China rapide zugenommen. Daher wurden im ganzen Land, vor allem in den Küstenregionen, zahlreiche Themenparks und Wohnanlagen errichtet. Die meisten dieser Bauten kopieren den Stil architektonischer Wahrzeichen im Westen, um dadurch zum Ausdruck zu bringen, dass man es gerne international, elegant und kostspielig hat. Sie sind ein Zeichen für das chinesische Streben nach Wohlstand und Luxus. Doch aufgrund ineffizienter Politik und geplatzter Wirtschaftsblasen sind in den beiden darauffolgenden Jahrzehnten viele dieser Themenparks und Wohnprojekte pleitegegangen und zu surrealistischen Ruinen geworden. Daher habe ich beschlossen, diese Architektur zum Hauptthema meiner fotografischen Arbeit in *World & Relic* und *Theme Park* (beide 2005) zu machen. China ist nach und nach zur wahnwitzigsten Gesellschaft des Spekta-

Zeng Han was born in Guangdong Province in 1974. In 1997 he graduated from Jinan University, majoring in international journalism and communication. From 2001 to 2008 he was the photography director at City Pictorial. In 2008–2009, he participated in PhotoGlobal at the School of Visual Arts in New York. Zeng lives and works as a photographer and independent curator in Guangzhou.

What are the unique qualities of theme parks and residential complexes in China? Why did you choose them as the theme for your practice?

China experienced a rapid expansion of crony capitalism in the 1990s; hence, numerous theme parks and residential compounds were built across the entire country—especially in its coastal regions. Most of these constructions copied the architectural styles of landmarks in the West as a statement of being international, upscale, and sumptuous. They are a sign of the zeal for wealth and luxury in China. However, in the two decades after that, a lot of these theme parks and residential projects failed due to inefficient policies and burst economic bubbles, and they became surreal ruins. Thus I decided to make this architecture the main theme of my photographic practice in *World & Relic* and *Theme Park* (both 2005). China has gradually become the most delirious society of spectacle, generated by the urbanization progress based on an affinity of globalized capital and power. Photography has an ambiguous relationship with reality, and this

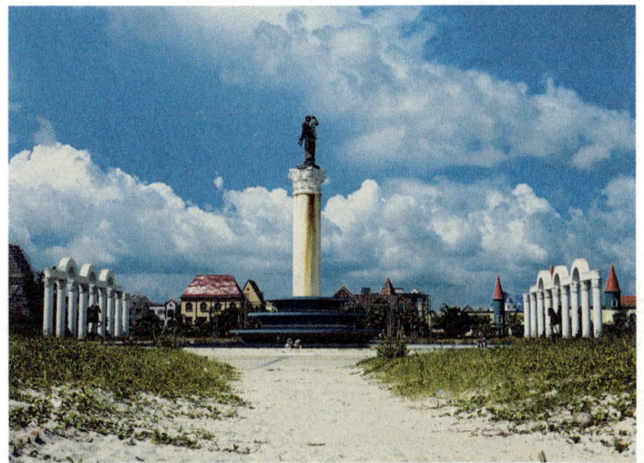

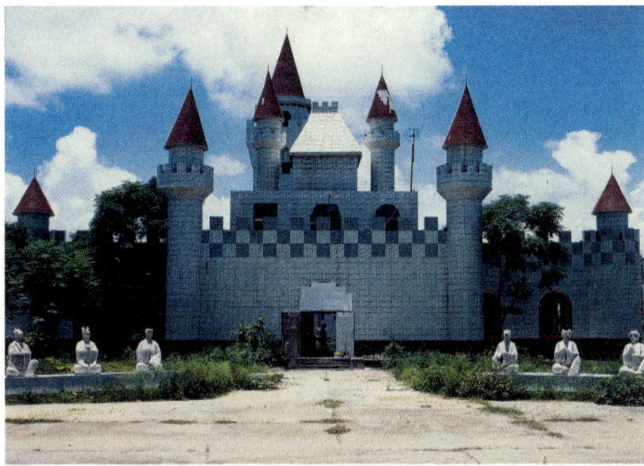

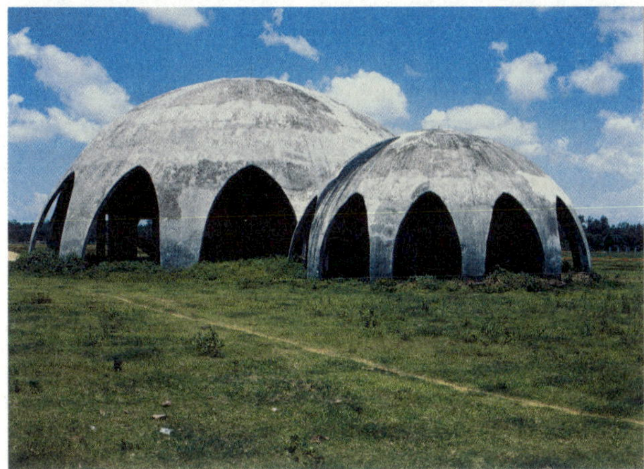

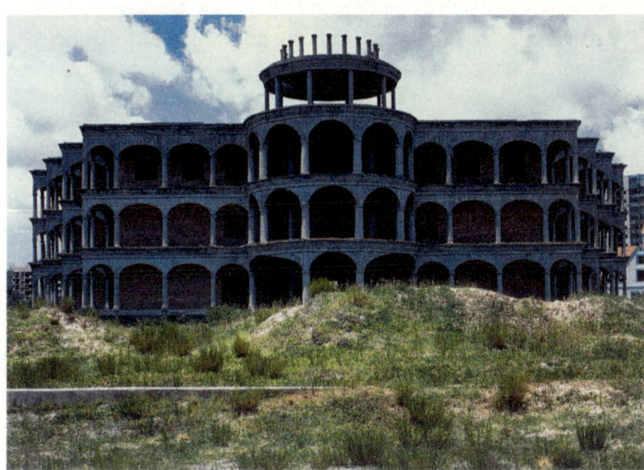

kels geworden, die durch den Urbanisierungsfortschritt entstanden ist, der wiederum auf einer Affinität von globalisiertem Kapital und Macht beruht. Fotografie steht in einem doppeldeutigen Verhältnis zur Realität und diese Eigenschaft macht sie zu einem idealen Medium, um die Vorgänge in der Gesellschaft des Spektakels zu zeigen und zu vermitteln. Mittels meiner Fotografien überprüfe und verstehe ich mein Heimatland, das sich auf dem Weg in die Absurdität befindet.

Stammen diese Konstruktionen aus dem gesamten Land oder einer spezifischen Region?

Die Architektur auf meinen Fotos wurde in chinesischen Küstenstädten wie Shanghai, Guangzhou, Shenzhen und Beihai aufgenommen.

Beziehen sich die Werke auf irgendeinen bestimmten historischen Kontext?

Zusammen mit dem Opium wurde die Fotografie vor einem Jahrhundert von den Missionaren nach China importiert. Sie wurde damals als ›xi yang jing‹ (»Westliche Szenerie«) bezeichnet; es war der Beginn einer Verschmelzung Chinas mit westlichen Kulturen und Zivilisationen. ›Westliche Szenerie‹ ist zu einem metaphorischen Ideal geworden, das China dazu veranlasst hat, sich einer utopischen Imagination zuzuwenden. Die Themenparks und Villen, die in den Neunzigerjahren errichtet wurden, entstammen diesem Hintergrund, einem Zustand der realen Virtualität, der ein

quality makes it an ideal medium to express and convey the scenes in the society of spectacles. Through my photographic images I scrutinize and understand my motherland, which is on its way to absurdity.

Are these constructions from all across the country or a specific region?

The architecture in my photos are shot in Chinese coastal cities including Shanghai, Guangzhou, Shenzhen, and Beihai.

Do the works refer to any specific historical context?

Photography was imported to China along with opium by the missionaries a century ago; it was known as *xi yang jing* (Western scenery)—it was the beginning of China's merging with Western cultures and civilizations. "Western scenery" has become a metaphorical ideal, turning China to a utopian imagination. The theme parks and villas built in the 1990s were born from this background—a state of real virtuality which is a symbol or even symptom of a pursuit for modernization and globalization progress in China.

How did you choose the places to photograph? What were the aesthetic reasons to position the buildings in this way?

I live and work in Guangzhou and Shenzhen—both started their urbanization in the early stage of the economic reform, and they are the first Chinese cities with

Symbol oder sogar ein Symptom eines Strebens nach Modernisierungs- und Globalisierungsfortschritt in China ist.

Wie haben Sie die fotografierten Orte ausgesucht? Welche ästhetischen Gründe hatten Sie, die Gebäude so aufzunehmen?

Ich lebe und arbeite in Guangzhou und Shenzhen. Die Urbanisierung hat in beiden Orten in der Frühphase der Wirtschaftsreform begonnen und sie sind die ersten chinesischen Städte mit Immobilienprojekten und Themenparks. Als Teenager hat mich das städtische Spektakel angelockt, lange bevor ich diese Städte als Journalist fotografiert und meine Recherchen zu dieser Architektur begonnen habe. Ich habe wie ein Archäologe gearbeitet, der von antiken Gräbern fasziniert ist und mir anhand trivialer Spuren so meine Gedanken über historische Narrative gemacht. Ich bin so gefangen von den Spuren unseres Zeitalters; es wird in rasantem Tempo entsorgt, vernichtet, verhüllt und entwurzelt. Ich versuche, diese ›Spuren‹ zu verdichten und sie durch die lange Belichtungszeit des mechanischen Kameraauges in eine Aura zu verwandeln. Das ist ein Versuch, im Prozess des Wiederherstellens und Wiederholens des Realen in Form der Fotografie eine historische und soziale Wirklichkeit zu bewahren. Ich besuche Guangzhou, Shenzhen und Shanghai auf der Suche nach Themenparks und fange sie mit einem Objektiv unermüdlich ein. Ich bin nicht auf der Jagd nach schönen Kompositionen. Die Resultate dieser Projekte weisen, vielleicht nur in dieser Form der Präsentation, gemeinsame Züge auf. Eine realistische, doch surreale Welt – in der man anwesend und abwesend zugleich ist, ein Ort, wo zeitweilige Räume verdreht und miteinander verwoben werden – wird enthüllt. Das beabsichtige ich mit meiner künstlerischen Praxis. Diese ›Welt‹ mag eine gegenwärtige Realität sein, aber ist das Reale? Niemand vermag, diese Frage zu beantworten.

Welche Rolle spielt das Wetter in Ihren Kunstwerken?

Das Wetter ist ein bedeutender Faktor in meinen Werken. Die Wetterschwankungen beeinflussen die Licht- und die Farbtemperatur, verändern also die Atmosphäre und die Emotionen, die in den Bildern präsentiert werden. Ich habe beschlossen, die Ruinen eines Hotels am Strand an einem sonnigen Tag zu fotografieren, die aufgegebenen Themenparks im Frühling, wenn alle Blumen blühen, und damit eine traumartige, einem surrealistischen Gemälde ähnliche Komposition angestrebt.

Sind die Orte in Ihren Fotografien auch aus nicht-ästhetischen Gründen interessant?

Abgesehen von ihrer eigentümlichen Ästhetik ist ihr Schicksal des schnellen Gebaut-Werdens und noch schnelleren Aufgegeben-Werdens wichtig. Das ist solch ein weitverbreiteter Vorgang im modernen China, dass er wichtig genug ist, um in den Massenmedien ausgiebig diskutiert zu werden. Da diese Orte Repliken internationaler Wahrzeichen sind, besuchen sie unzählige Gruppen von Chinesen, die das Land nie verlassen, um Fotos zu machen, und so ihren Durst danach zu stillen, in der Welt herumzureisen.

Begreifen Sie sich selbst als Dokumentarist, Befürworter oder Kritiker der Entwicklung der neueren Wohnungsbauprojekte in China?

Eine Dokumentation oder Kritik der neueren Entwicklung ist für mich nicht der Hauptgrund für meine Fotografie,

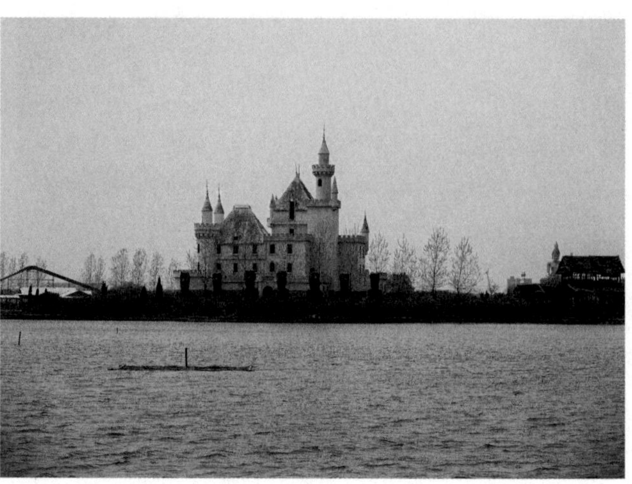

real estate projects and theme parks. I was allured by the urban spectacles in my teenage years, long before I photographed these cities as a journalist and commenced my research on that architecture. I work like an archaeologist fascinated by ancient tombs, speculating on historical narratives based on trivial traces. I am so engrossed in the vestiges of the era I am living in—it is disposed, devastated, covered, and uprooted at a fast pace. I try to condense these traces and turn them into an aura through the long exposure of the mechanical eye of the camera. This is an attempt to reserve a historical and social reality in the process of restoring and repeating the real in the form of photography. I visit Guangzhou, Shenzhen, and Shanghai in search of theme parks, I capture them with a lens in a tireless manner; I am not chasing after beautiful compositions. The outcomes of these projects share similar traits, perhaps only in this form of presentation: a realistic yet surreal world—in which you are there and not there, a place where temporal spaces are twisted and interwoven—is uncloaked; this is the intention of my practice. This world may be a reality of the present, yet is that the real? Nobody is able to answer this question.

What role does weather play in your artworks?

Weather is a significant factor in my works. The variations in weather influence the light and color temperature, thus it changes the atmosphere and emotions presented in the images. I decided to photograph the ruins of a hotel on the beach on a sunny day, or the abandoned theme parks in the spring when every flower blooms, aiming at a dreamy composition similar to a Surrealist painting.

Are the places in your photographs significant for nonaesthetic reasons?

Apart from their idiosyncratic aesthetics, their fate of fast construction and even faster abandonment are important; it is such a scene in modern China that it is important enough to be widely discussed in mass media. As these places are replicas of international landmarks, groups and groups of Chinese people who never leave the country visit these places to take photos in order to alleviate their thirst to travel around the world.

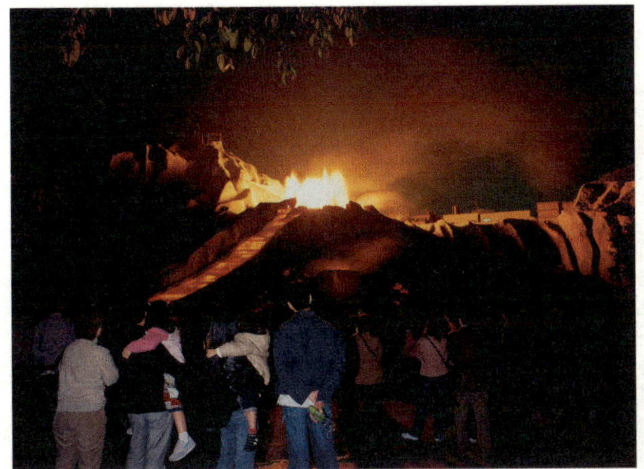

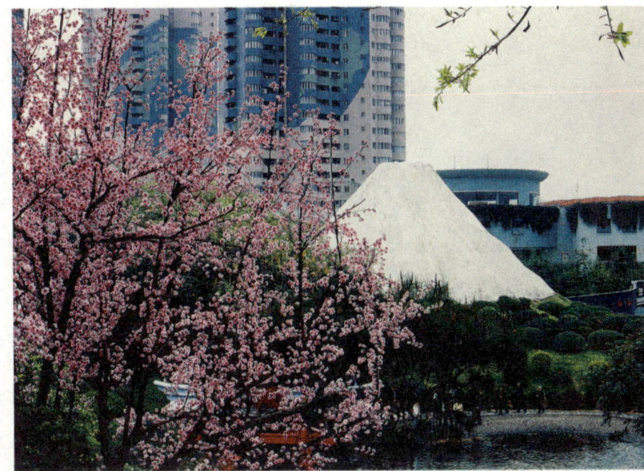

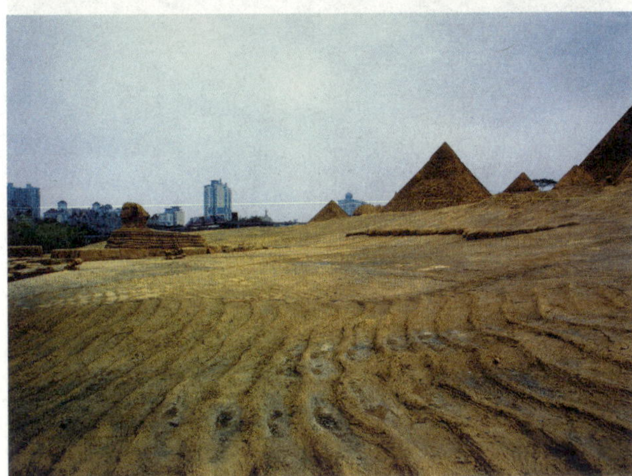

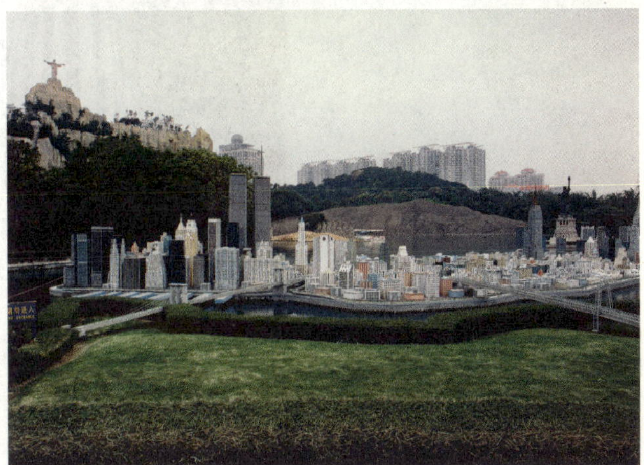

und natürlich befürworte ich sie überhaupt nicht. Ich bin jemand, der dieses Stück Land beobachtet, befragt und darüber nachdenkt.

Do you see yourself as a documentarist, a promoter, or a critic of recent housing development in China?

Documentation or criticism of recent development is not the main reason for my photography, and of course I am in no way a promoter. I am an observer, questioner, and ponderer of this piece of land.

Zhao Bandi

Interview: Kathleen Bühler

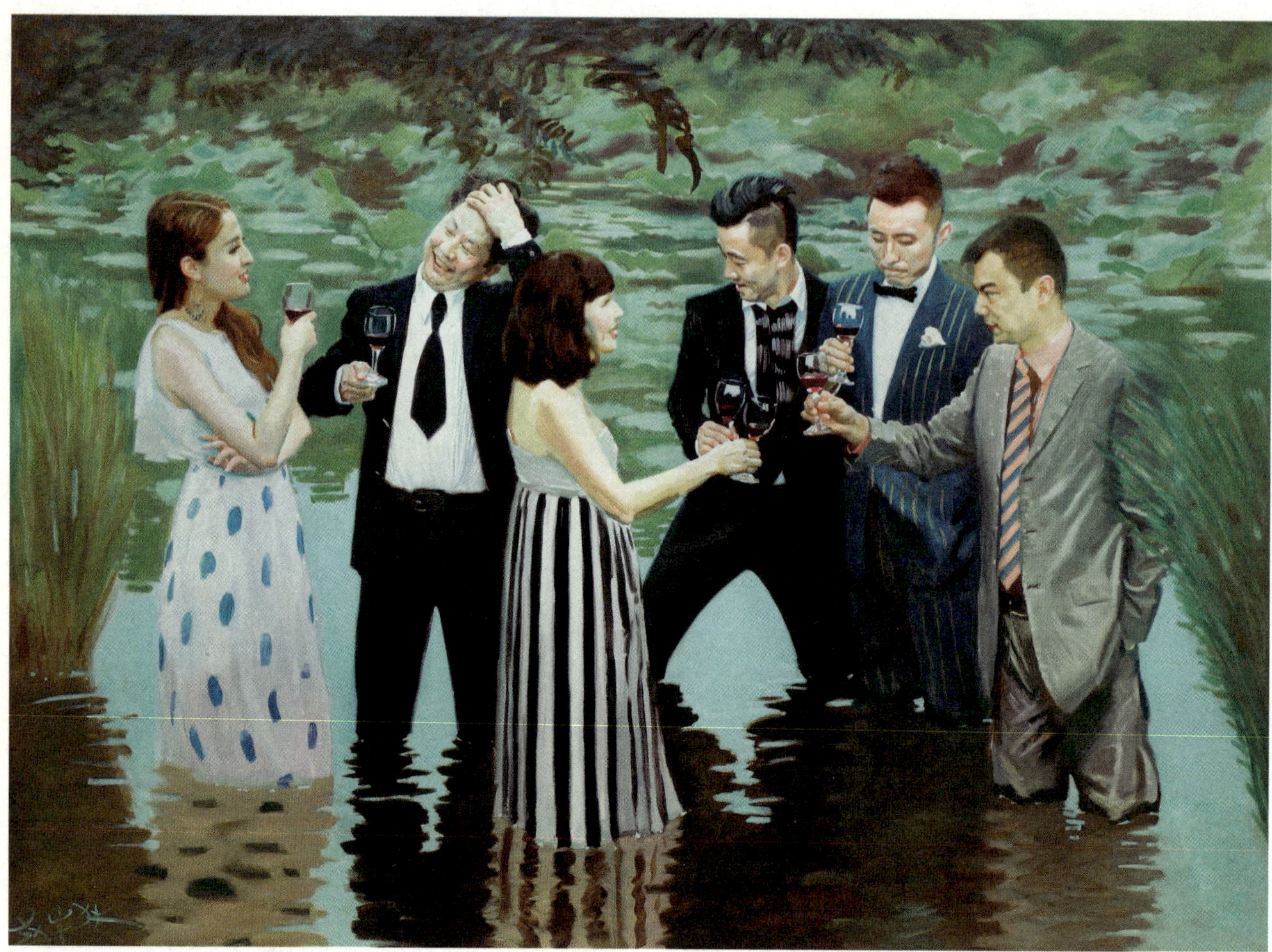

Zhao Bandi wurde 1966 in Beijing geboren und schloss 1988 sein Studium der Ölmalerei an der Central Academy of Fine Arts in Beijing ab. Er hatte gleich von Beginn an großen Erfolg als realistischer Maler, seine künstlerische Praxis umfasst jedoch auch Fotografie, Video und Performance. Mitte der 1990er-Jahre wandte er sich von der Malerei ab und begann mit einem Pandabär aus Plüsch subversive Performances durchzuführen und Fotografien aufzunehmen, die Plakate der Kommunistischen Partei nachahmen. Zhao nutzte seinen Humor sowie die Beliebtheit des chinesischen Bärs, um schwierige zeitgenössische Gesellschaftsthemen anzusprechen. In den letzten drei Jahren hat er, gesellschaftskritisch wie eh und je, wieder das Malen in Öl aufgenommen. Zhao lebt und arbeitet in Beijing.

Haben Sie immer gemalt?

Nein, ich habe über zehn Jahre lang nicht gemalt. Ich habe verschiedene Medien benutzt, aber jetzt kehre ich wohl wirklich zu meinem klassischen Hintergrund zurück. Ich habe einen Kreis geschlossen, denn als Student habe ich an der Academy of Fine Arts mit Ölmalerei und klassischer Malerei als meinen Hauptfächern begonnen, was das Pendant zum sozialistischen Realismus ist. Und vor fast fünfzehn Jahren habe ich die Malerei dann aufgegeben, weil ich andere Kunstformen erkunden wollte.

Was hat Sie veranlasst, zur Malerei zurückzukehren?

Zhao Bandi was born in Beijing in 1966 and completed his study of oil painting at the Central Academy of Fine Arts in Beijing in 1988. He enjoyed major success as a realistic painter from the very beginning. However, his artistic practice also includes photography, video, and performance. In the mid-1990s he turned away from painting and began carrying out subversive performances and producing photographs with a panda bear that imitate People's Party advertising campaigns. Zhao uses his sense of humor as well as the popularity of the Chinese bear to address difficult contemporary social issues. Over the past three years, Zhao, as critical of society as ever, returned to painting in oil. Zhao lives and works in Beijing.

Did you always paint?

No, I almost stopped for more than ten years. I was using different media, but now I think I'm really coming back to my classical background. I took a round you know, since I started as a student in the Academy of Fine Arts with oil painting and classical painting as a major, which is the equivalent of socialist realism. And then almost fifteen years ago I gave up painting, because I wanted to explore other ways of art.

What made you come back to painting?

I came back because I lost my illusions and grew emotionally tired. But there are limits for me to return to classical painting. So what I'm doing now is probably different

Ich bin zur Malerei zurückgekehrt, weil ich meine Illusionen verloren habe und emotional müde geworden bin. Aber es gibt für mich Grenzen bei der Rückkehr zur klassischen Malerei. Was ich jetzt mache, unterscheidet sich wahrscheinlich von der klassischen Malerei, auch wenn es auf den ersten Blick ähnlich aussehen mag. Trotzdem bin ich sehr, sehr enttäuscht von diesen Werken. Ich bin von China enttäuscht, und ich bin von der Welt enttäuscht. Ich male also manche Bilder, die sich von meiner früheren Praxis unterscheiden und dadurch auch meine Gefühle über China zum Ausdruck bringen.

Sind diese Bilder aus der Erinnerung gemalt oder nach einer Fotografie?

Der Wert der Schönheit kommt aus meiner Erinnerung. Ich habe versucht, mit diesen Gemälden den Wert der Schönheit auszudrücken und mich an ihn zu erinnern. Bei *China Lake C* (2015) habe ich sogar Menschen zu einer Party eingeladen, damit sie dort etwas trinken und sich unterhalten können, während sie im Wasser stehen.

Warum stehen sie im Wasser? Bedeutet das Wasser das Verstreichen der Zeit?

Nein, es steht für meinen Eindruck vom heutigen China. Alles sieht glücklich aus, aber es ist unsicher. Man kann untergehen. Es gibt Glück, Schönheit und Wohlstand, aber keine Sicherheit. Ich habe die Leute also zu einer Party eingeladen, um sie zu beobachten, sie zu dokumentieren und die Situation dann danach zu malen.

Wussten die Leute im Voraus, dass sie im Wasser stehen müssen?

Vielleicht haben sie es geahnt, denn der Ort, wo die Party stattfand, war in der Nähe des Wassers und außerdem kannten sie mich. Aber trotzdem trugen sie schöne, teure Kleidung, denn alle sind erfolgreiche Personen. Als sie kamen und ich sie bat, sich ins Wasser zu stellen, dachten sie einfach nur »Okay, du bist der Künstler«, und machten es. Ich gab ihnen die Gelegenheit, sich im Hinblick auf China absurd zu fühlen. Vielleicht können sie die Schönheit und Unsicherheit sehen und fühlen, wenn das Gemälde vollendet ist. Alles ist unsicher. Natürlich mag ich diese Art kodierter Gemälde nicht, zumal sie zugleich hyperreal wirken, ich male aber eine neue Wirklichkeit.

Es ist eine symbolische Sicht Chinas. Empfinden Sie diesbezüglich Melancholie oder sehen Sie noch Schönheit in China?

Für mich sind das mehr die letzten Erinnerungen an die Schönheit und die Verheißung, die einmal damit verbunden waren. Heute ist alles krank. Auch wenn sich die Leute nach wie vor amüsieren.

Mich verblüffen die lebensgroßen Figuren. Das Bild ist wie ein Spiegel. Ging es Ihnen um diesen Effekt?

Deshalb ist es eine Party. Jeder Chinese kann auf eine Party gehen. Und das Werk heißt *China Lake C*. Es gibt keinen See mit diesem Namen. Aber für mich schildert die ganze Szene China als einen See.

Aber Sie zeigen nur junge Erwachsene. Es ist also kein allegorisches Porträt Chinas, mit allen Altersgruppen?

from classical painting, even though it may look similar on first sight. But still I'm very, very disappointed about the work. I'm disappointed by China and also I'm disappointed about the world. So I paint some paintings which are different from my earlier practice and thereby also express my feelings about China.

Are these painted from memory or from a photograph?

The value of beauty is coming from my memory. I tried to express and to remember the value of beauty with these paintings. Of course I also use photographs to remember the details. For *China Lake C* (2015) I even invited people to a party, to have a drink and entertain themselves while they are standing in water.

Why are they standing in water? Is the water signifying the passing of time?

No, it signifies my impression of today's China. Everything looks happy, but it's not safe. You can sink. There's happiness, beauty, and wealth, but not safety. So I invited them to a party to observe them, document them, and paint the situation after.

Did people know beforehand they had to stand in water?

Maybe they thought so, because the place of the party was near water and they also knew me. But still they wore beautiful, expensive clothes, since all of them are successful persons. So when they came and I asked them to stand in the water, they just thought, Okay, you're the artist and obeyed. I tried to give them the opportunity to feel absurd about China. Maybe, after, when the painting is finished, they can see and feel the beauty and insecurity. Everything is unsure. Of course I don't like this way of coded paintings, since they are also superrealistic, but I'm painting a new reality.

It's a symbolic view of China. Do you feel melancholic about it or do you still see beauty in China?

For me it's more like the last memories of the beauty and promise it once had. Today everything is sick. Even though people still are having fun.

I'm amazed by the life-size figures. It's like a mirror. Was that the effect you went for?

That's why it is a party. Every Chinese can go to a party. And it's called *China Lake C*. There is no such lake with such a name. But to me the whole scene depicts China as a lake.

But you only show young adult people. So it's not an allegorical portrait of China, with all age groups?

That's a coincidence. At another party there were also older people.

It's a melancholic painting. Your other painting has the title Night View. *What does this signify?*

Night View is referring to the vision of a Chinese dream that Chinese president Xi Jinping expressed at the end of 2012. In his forward-looking speech he wants us to achieve prosperity for the country, renewal of the nation, and happiness for all citizens. The billboards will not be about the advertisement, but about a new type of landscape with neon light. It's the new reality. So my way of painting may be traditional, but the landscape is not.

↙ Zhao Bandi, *Scenery with Monitors*, 2015
Zhao Bandi, *Night View*, 2015

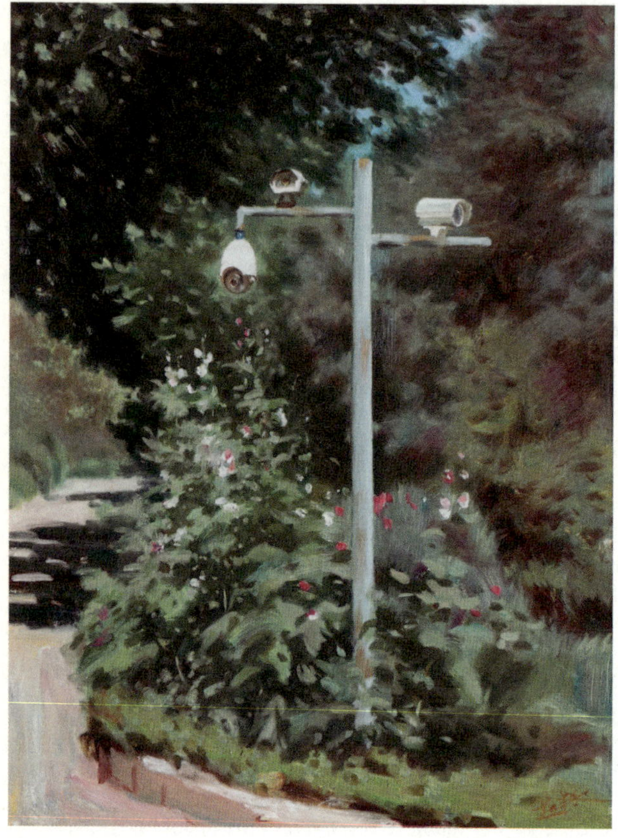

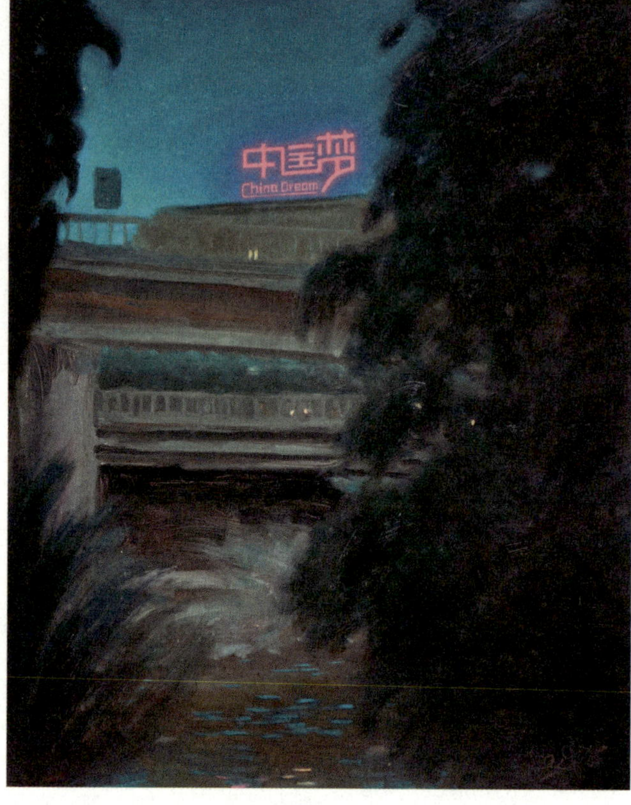

Das ist ein Zufall. Bei einer anderen Party gab es auch ältere Leute.

China Lake C *ist ein melancholisches Gemälde. Ein anderes Bild trägt den Titel* Night View. *Was bedeutet das?*

Night View bezieht sich auf die Vision des ›chinesischen Traums‹, die der chinesische Präsident Xi Jinping Ende 2012 zum Ausdruck brachte. In seiner zukunftsorientierten Rede erklärte er, er wolle, dass wir Wohlstand für das Land, Erneuerung für die Nation und Glück für alle Bürger erreichen. In den Reklametafeln wird es nicht um die Werbung gehen, sondern um einen neuen Landschaftstyp mit Neonlicht. Es ist die neue Wirklichkeit. Meine Malweise mag also traditionell sein, aber die Landschaft ist es nicht.

In welcher Beziehung stehen Night View *und* China Lake C *zueinander?*

Sie stehen in einer extrem engen Beziehung zueinander, da sie unsere Wirklichkeit in einem symbolischen Umfeld schildern. In meiner Schulzeit war ich von sozialistischen Bildern umgeben, bei denen es sich um pathetische Darstellungen der nahen Zukunft handelte. Wir mussten unsere Aufmerksamkeit auf diese großen Führerschaft-Themen richten.

Ist es problematisch, zum Stil des (sozialistischen) Realismus zurückzukehren?

Ich glaube nicht. Aber natürlich gibt es immer Leute, die meinen, es sei trendig, zu älteren Stilen zurückzukehren. Außerdem verwende ich zwar die Fotografie, aber auch meine Erinnerung, denn Fotografien können nicht alle Farben erfassen. Und ich erinnere mich anhand von Farben an Personen. In meinem Arbeitsprozess mache ich einige

How are Night Vision *and* China Lake C *related?*

They are totally related, since they depict our reality in an emblematic setting. When I was at school, we were surrounded by socialist paintings, which were declamatory depictions of the near future. We had to focus on these big subjects about leadership.

Is it problematic to go back to (social) realism as a style?

I don't think so. But of course there are always people who think it's trendy to go back to older styles. Besides that, I use photography but also my memory, because photos can't catch all the colors. And I remember people by their colors. In my working process I take some photos, make a careful sketch, and correct the composition until I'm satisfied.

Many times you mentioned beauty in your explanations. What does it mean to you?

Contemporary art and contemporary painting for me are generally not beautiful enough. So I must find a way to evoke beauty like when I was a student.

Is beauty here the same thing as in the West?

Of course we have different ideas. We can't make a conclusion about what beauty is. But it is not just missing in contemporary art but in the whole world. I'm not happy about this, because I still believe in values. Maybe it's a dream: I still remember beauty in my heart. Compared to that, the whole society is ugly. I'm not happy about the situation in China in general, the value of life. So I have to go back to find something beautiful and work from there.

Fotos, fertige eine sorgfältige Skizze an und korrigiere die Komposition so lange, bis ich zufrieden bin.

In Ihren Erklärungen haben Sie häufig die Schönheit erwähnt. Was bedeutet sie ihnen?

Im Allgemeinen finde ich die zeitgenössische Kunst und Malerei nicht schön genug. Daher muss ich eine Möglichkeit finden, Schönheit heraufzubeschwören, wie damals, als ich noch Student war.

Ist Schönheit in China dasselbe wie im Westen?

Natürlich haben wir unterschiedliche Vorstellungen. Wir können nicht abschließend bestimmen, was Schönheit ist. Aber es fehlt an ihr nicht nur in der zeitgenössischen Kunst, sondern in der ganzen Welt. Ich bin nicht glücklich darüber, denn ich glaube noch an Werte. Vielleicht ist es ein Traum: Ich erinnere mich in meinem Herzen noch an Schönheit. Verglichen damit ist die ganze Gesellschaft hässlich. Ich bin nicht glücklich mit der Situation in China im Allgemeinen, dem Wert des Lebens. Ich muss also zurückgehen, um etwas Schönes zu finden, und von dort aus arbeiten.

Wie sehen Sie Ihre Rolle als Künstler in der Gesellschaft?

In China reden alle von Kunstmessen. Aber für mich sind sie nicht wichtig, denn es sind kommerzielle Messen, so wie der Pariser Salon im 19. Jahrhundert. Außerdem wird über Künstler wie über Popstars geredet. Ein guter Künstler spielt in der Welt und in der Gesellschaft eine große Rolle. Vor fünfzehn Jahren träumte ich davon, starke öffentliche Kunst zu machen. Meine Panda-Arbeiten im Bahnhof oder im Flughafen waren sehr populär. Ich versuchte, mein Bewusstsein zu öffnen, um eine neue Rolle als Künstler zu finden und lieferte einen großen Kommentar zur chinesischen Gesellschaft. Es war wie eine Bewegung oder eine Revolution. Einige Leute forderten mich sogar auf, eine politische Panda-Partei zu gründen. Nach der Panda-Phase versuchte ich, stiller zu sein, zur Malerei zurückzukehren. Aber ich meine immer noch, dass die Leute merken, was ich kritisiere, selbst wenn ich male, und ich meine, dass ich etwas ändern kann.

How do you see your role as an artist in society?

Everybody in China is talking about art fairs. But for me they are not important, since they are commercial shows just like the Salon in Paris in the nineteenth century. Also they talk about artists like pop stars. The good artist takes a strong role in the world and in society. Fifteen years ago I dreamed of making strong public art. My panda work in the railway station or at the airport was very popular. I tried to open my mind to find a new role as artist. I made a big comment about Chinese society. It was like a movement or a revolution. Some people even asked me to make a political Panda party. After the Panda phase, I tried to be more silent, to go back to painting. But I still think, even when I paint, people realize what I criticize, and that I can change something.

Zwischen Konsumwahn und Spiritualität / Between Consumer Mania and Spirituality

Kathleen Bühler

Der umfangreiche Wandel, welcher China seit 1978 erfasste und die kommunistisch geprägte in eine kapitalistische Gesellschaft katapultierte,[1] wurde ab 2012 von der Volkspartei erneut als ›chinesischer Traum‹ beschworen. Der amtierende chinesische Parteisekretär Xi Jinping propagierte »nationale Verjüngung, Verbesserung der Lebensbedingungen, Wohlstand, Aufbau einer besseren Gesellschaft und Stärkung des Militärs«[2] als offizielle Parteiziele und hielt vor allem junge Menschen dazu an, zu »träumen, hart für die Verwirklichung der Träume zu arbeiten und damit zur Belebung der Nation beizutragen«.[3] Dabei ging es dem Parteisekretär offenbar um den Versuch, den drohenden Integritäts- und Vertrauensverlust der Regierung durch die grassierende Korruption in China aufzufangen. Denn es vergeht kaum ein Tag, an dem nicht landesweit über »Korruption, Bestechung, Amtsmissbrauch oder irgendwelche Lebensmittelskandale im Land berichtet wird«.[4]

Die Veränderung der gesellschaftlichen Werte von konfuzianisch geprägter Bescheidenheit, friedlichem Zusammenleben und aufs Gemeinwohl ausgerichtetem Denken wurde mit Einführung des Kapitalismus über den Haufen geworfen. Stattdessen dominiere die »Gier nach Geld, teuren Uhren und großen Autos«.[5] Die Konsequenz sei eine »geistige Leere vieler Chinesinnen und Chinesen«, obwohl Nächstenliebe wenigstens noch in der Familie und im engeren Freundeskreis einen hohen Stellenwert habe. Doch darüber hinaus denke jeder nur an seinen eigenen Vorteil und das Misstrauen, ständig irgendwo betrogen zu werden, sei groß. In diesem Klima sozialer Unverbindlichkeit und erodierender Verlässlichkeit wenden sich viele Chinesinnen und Chinesen wieder der Religion zu. Der neue Wohlstand, der Konsumwahn, die geistige Leere, die Einsamkeit der Einzelkinder sowie die neue Mobilität und Selbstbestimmung hinterlassen auch in der Kunst ihre Spuren.

An der Waren- und Konsumwelt orientiert haben sich Zhuang Hui mit seinen auf Seide gedruckten Werbeannoncen für potenzsteigernde Medikamente, Zhang Xiaodong mit seinen kindlichen Comiczeichnungen sowie Jiang Zhi, in dessen Regenbogen Markennamen von Luxusartikeln strahlen. Diese Künstler zelebrieren die Verführung durch Shopping und den gesteigerten Konsumgenuss, während Cao Fei im Video *Haze and Fog* die Zombies in den gesichtslosen Vorstädten Beijings ihre Kreise ziehen lässt. Inspiriert von der US-amerikanischen Fernsehserie *The Walking Dead*, erscheint *Haze and Fog* wie eine Parabel auf den symbolischen Überlebenskampf gegen die soziale Isolation in den anonymen Trabantenstädten Chinas. Die Fotografien von Xu Di und Yan Lei widmen sich dagegen dem Bemühen um (weibliche) Schönheit und stehen im Kontrast zu den

Beginning in 2012, the enormous change that had seized China since 1978 and catapulted a society shaped by communism into a capitalist one[1] was again trumpeted by the People's Party as the "Chinese Dream" or "China Dream." The acting Chinese Party Secretary Xi Jinping propagated "national rejuvenation, improvement of people's livelihoods, prosperity, construction of a better society and military strengthening"[2] as official party objectives and urged young people in particular to "dare to dream, work assiduously to fulfill the dreams, and contribute to the revitalization of the nation."[3] This was evidently an attempt by Xi Jinping to avert the impending loss of the government's integrity and people's trust due to the rampant corruption in China. Because hardly a day goes by without a nationwide news story about "corruption, bribery, abuse of authority, or one or the other food scandal."[4]

The social values of modesty, peaceful coexistence, and thought geared toward the common welfare that were informed by Confucianism were abandoned with the introduction of capitalism. What dominates instead is "greed for money, expensive watches, and big cars."[5] The consequence is the "mental vacuum of many Chinese," although charity still plays an important role, at least in the family and in one's narrow circle of friends. Yet beyond that, everyone thinks only about his or her own advantage, and the mistrust of constantly being deceived is great. Many Chinese are turning to religion in this climate of a lack of social commitment and eroding reliability. The new prosperity, consumer mania, the mental vacuum, the loneliness of only children, as well the new mobility and self-determination also leave their traces on art.

Zhuang Hui oriented himself toward the consumer world with his advertisements for potency-enhancing drugs printed on silk, as did Zhang Xiaodong with his childlike cartoons and Jiang Zhi, in whose rainbows radiate the brand names of luxury articles. These artists celebrate the temptation to shop and the heightened indulgence in consumption, while Cao Fei has the zombies in her video *Haze and Fog* make their way through the faceless suburbs of Beijing. Inspired by the American television series *The Walking Dead, Haze and Fog* seems like a parable of the symbolic fight for survival against social isolation in the anonymous satellite towns of China. By contrast, the photographs by Xu Di and Yan Lei are devoted to the quest for (female) beauty and contradict the women's emancipation movement in Chinese society. The bold video by Yang Meiyan, for instance, documents a discussion among women about sexuality, while Kan Xuan stages herself as a moody garden statue, and Pei Li has

1 »Die zeitgenössische Entwicklung in China beruht wesentlich auf Triebkräften des Kapitalismus, die auch in anderen Modernisierungsprozessen beobachtet werden können: Ein maß- und endloser Akkumulationszwang, der mit utopischen Verheißungen, individuellen Aufstiegsmotivationen und Profitorientierungen verknüpft ist [...]. Diese Momente haben die chinesische Sozialordnung permanent destabilisiert und verändert«, in: Tobias ten Brink, *Chinas Kapitalismus. Entstehung, Verlauf, Paradoxien*, Frankfurt am Main 2013, S. 311.

2 Vgl. http://www.newyorker.com/news/letter-from-china/can-china-deliver-the-china-dreams (14.09.2015).

3 Vgl. http://news.xinhuanet.com/english/china/2013-05/04/c_132359537.htm (14.09.2015).

4 http://blog.zeit.de/china/2013/10/01/auf-der-suche-nach-tugend-und-moral (14.09.2015).

5 Ebd.

Emanzipationsbewegung der Frauen in der chinesischen Gesellschaft. Das freche Video von Yang Meiyan etwa dokumentiert eine Unterredung unter Frauen über Sexualität, während Kan Xuan sich selbst als launische Gartenstatue inszeniert und Pei Li eine maskierte Frau symbolisch zwischen verschiedenen emotionalen Zuständen schaukeln lässt.

Xin Yunpeng schlägt in seiner Referenz an Andy Warhols Suppendosen den kunsthistorischen Bogen zur Pop-Art und deren Verehrung der Konsumwelt in den 1960er-Jahren. Die Gemälde von Fang Lijun, Li Tianbing und Chen Ke sowie die Fotoserie von O Zhang widmen sich der Einsamkeit und Isolation der Ein-Kind-Generation, während die Ton- und Videoinstallation von Cong Lingqi sich der ultimativen Abgeschiedenheit einer blinden Person annähert. Isolation oder Gefühle des Abgetrennt-Seins können auch auf kulturelle Schockerfahrungen zurückgehen, wie Jun Yangs Videofilm zeigt. Sein *Paris Syndrome* verweist auf die gleichnamige psychische Störung, welche zumeist japanische Touristen erfasst, wenn sie die tatsächliche Stadt erleben und diese ihren hohen Erwartungen nicht entspricht. Ming Wong hingegen drehte ein Remake des Films *Angst essen Seele auf* von Rainer Werner Fassbinder, um das chinesische Publikum mit seinen rassistischen Vorurteilen zu konfrontieren.

Eine generelle Atmosphäre von Entfremdung verbreiten die Gemälde von Xie Qi, welche verzerrte Gesichter zeigen, die sich in Farbnebeln auflösen. Yan Lei präsentiert in seinem Gemälde eine zufällige Komposition von Farbdosen im Atelier, abstrakten Streifen und einem Buddha-Kopf und leitet damit zum neuen religiösen Interesse in der chinesischen Kunst über. Lu Yang etwa untersucht anhand der Wut die unerwarteten Parallelen zwischen Gottesdarstellungen und neurologischen Erkenntnissen. Zheng Guogu hingegen hat sich ganz der Religion zugewandt, was sich im abrupten Motivwechsel von Markenlogos und kommerziellen Neonschriftzügen zu Anlehnungen an buddhistische Tangka-Gemälde und Mandalas äußert. Zheng beabsichtigt dabei, die Essenz der Ikonografie als spirituelle Energie ins Bild zu transformieren, welche eine persönliche Suche nach Wahrheit eröffnen soll. Den Schlusspunkt dieser religiösen Suche bildet Tsang Kin-Wahs raumfüllende Video- und Toninstallation *The Second Seal*, die eine Auseinandersetzung mit der christlichen Apokalypse gemäß der Prophezeiung des Johannes von Patmos bildet. Nur mit sich schneller oder langsamer bewegenden, in Rot getauchten Sätzen, größer und kleiner werdenden Buchstaben erzeugt der Künstler den Eindruck eines sich in glühender Lava öffnenden Himmels, der das Publikum verschlingt.

a masked woman symbolically swing back and forth between different emotional states.

In his reference to Andy Warhol's soup cans, Xin Yunpeng strikes an art historical arc to Pop Art and its adoration of the consumer world in the 1960s. The paintings by Fang Lijun, Li Tianbing, and Chen Ke as well as the photo series by O Zhang address loneliness and isolation in the only-child generation, while the sound-and-video installation by Cong Lingqi approaches the ultimate solitude of a blind individual. Isolation and feelings of being cut off can be traced back to cultural experiences of shock, as demonstrated by Jun Yang's video. His *Paris Syndrome* points out the emotional disorder of the same name that mostly afflicts Japanese tourists when they experience the actual city and discover that it does not match their high expectations. By contrast, Ming Wong shot a remake of Rainer Werner Fassbinder's film *Ali: Fear Eats the Soul* for the purpose of confronting the Chinese public with its racist biases.

The paintings by Xie Qi, which feature distorted faces that dissolve into a colored fog, radiate a general atmosphere of alienation. In his painting, Yan Lei presents a random composition of paint tins in his studio, abstract stripes, and the head of a Buddha and thus leads over to Chinese art's new religious interest. Based on rage, Lu Yang, for instance, examines the unexpected parallels between depictions of God and neurological findings. By contrast, Zheng Guogu has turned completely toward religion, which expresses itself in the abrupt change of motifs, from brand logos and commercial neon lettering to borrowing from Buddhist thangka paintings and mandalas. Zheng's aim is to transform the essence of iconography as a spiritual energy into an image that is meant to initiate a personal search for truth. Tsang Kin-Wah's expansive video-and-sound installation *The Second Seal*, which deals with the Christian apocalypse according to the prophecy of Saint John of Patmos, concludes this religious quest. With the aid of nothing more than rapidly or slowly moving strings of words drenched in red and letters that become larger and smaller, the artist generates the impression of a sky that opens up in molten lava and devours the public.

[1] "The current development in China is essentially based on the driving forces of capitalism, which can also be observed in other modernization processes: a boundless and endless compulsion to accumulate that is linked with utopian promises, individual motivation for advancement, and profit orientation. . . . These elements have permanently destabilized and transformed the Chinese social order." Tobias ten Brink, *Chinas Kapitalismus: Entstehung, Verlauf, Paradoxien* (Frankfurt am Main, 2013), p. 311.

[2] See Evan Osnos, "Can China Deliver the China Dream(s)?" *The New Yorker*, March 26, 2013, http://www.newyorker.com/news/letter-from-china/can-china-deliver-the-china-dreams, accessed September 14, 2015.

[3] See "Youth Urged to Contribute to Realization of 'Chinese Dream,'" *Xinhuanet*, May 4, 2013, http://news.xinhuanet.com/english/china/2013-05/04/c_132359537.htm, accessed September 14, 2015.

[4] Felix Lee, "Auf der Suche nach Tugend und Moral," *Zeit Online*, October 1, 2013, http://blog.zeit.de/china/2013/10/01/auf-der-suche-nach-tugend-und-moral, accessed September 14, 2015.

[5] Ibid.

Chen Ke

Interview: Wu Mo

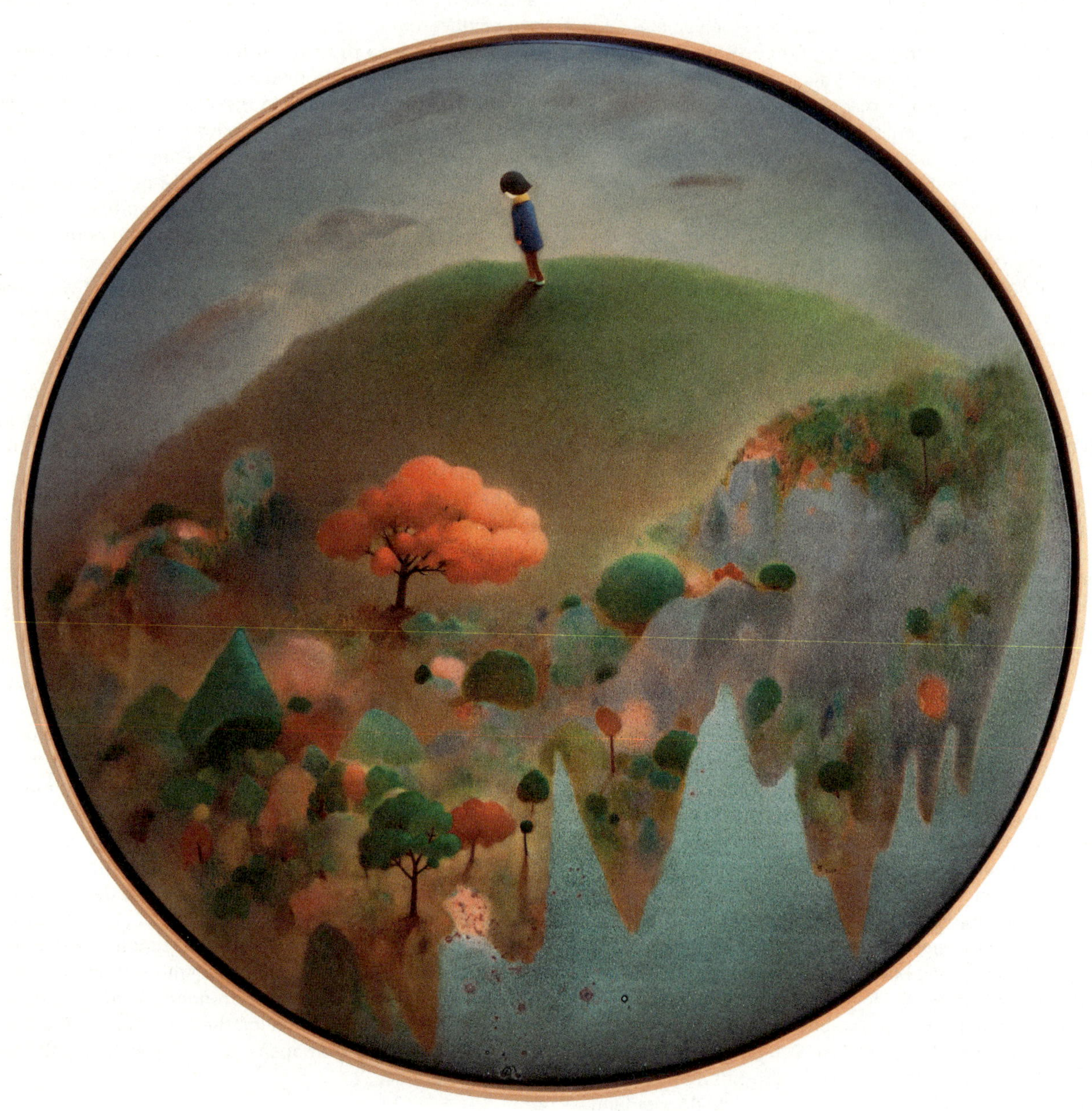

Chen Ke wurde 1978 im Kreis Tongjiang (Provinz Sichuan) geboren und absolvierte ein Master-Studium an der Sichuan Academy of Fine Arts in Chongqing. In beinahe allen Gemälden der Künstlerin ist ein stupsnasiges Mädchen zu sehen; es wirkt depressiv, introvertiert und scheint in diesem imaginären, außerweltlichen Raum eine naive Existenz zu fristen. Für Chen verleiht die Umkehrung der Realität der Figur einen wahren Sinn von Wirklichkeit, und wenn Betrachter dieses besorgt blickende Mädchen in ihren Bildern sehen, werden sie plötzlich von einem sentimentalen Gefühl angesteckt. Chen projiziert sich selbst in ihre Kunst: Wenn sie auch nur einen einzigen Tag nicht malt, umgibt sie ein Gefühl der Leere. Chen lebt und arbeitet in Beijing.

Chen Ke was born in Tongjiang County (Sichuan Province) in 1978. She graduated with an MFA from the Sichuan Academy of Fine Arts. Almost every one of Chen Ke's paintings features a button-nosed girl; she is depressed, introverted, living a naïve existence in this illusory, otherworldly space. For Chen, inverting reality gives her a true sense of reality, and seeing the worried little girl in her paintings, viewers are suddenly infected with a sense of sentimentality. Chen projects herself into her art, and says that if even one day passes without painting, she is enveloped with a feeling of emptiness. Chen lives and works in Beijing.

How did you develop your distinctive style of painting?

I studied in Europe for half a year, where I learned various painting styles from classical to contemporary.

Wie haben Sie Ihren unverwechselbaren Malstil entwickelt?

Ich habe ein halbes Jahr in Europa studiert und dort verschiedene klassische bis zeitgenössische Malstile kennengelernt. Bei meiner Rückkehr nach China 2004 habe ich erkannt, dass ich zu meiner eigene Ausdrucksweise kommen musste. Ich fand die sehr fantasievollen und direkten Mittel von Comic und Graffiti für mich sehr geeignet und so wurden diese zum Ursprung meines eigenen Stils, mit dem ich meine Gefühle als Teenager ausdrücke. Nach dem Abschluss an der Sichuan Academy of Fine Arts im Jahr darauf ging ich nach Beijing, um hier eine Karriere als professionelle Künstlerin zu starten. Der Wechsel von Umgebung und Identität hat einen großen Wandel in meiner Gefühlswelt und in meinem Verständnis von Kunst bewirkt, der sich direkt auf die Emotionen in meinen Werken und meiner Erforschung der visuellen Sprache der Malerei niedergeschlagen hat.

Was können Sie uns zu Little Road *(2009),* Diego in Blue *und* Frida in Green *(beide 2012) sagen?*

Little Road wurde in meiner Einzelausstellung *Hard-Boiled Wonderland and the End of the World* (Star Gallery, Beijing) 2010 gezeigt. Damals habe ich mich auf die Kombination von künstlerischem Material und Figuren konzentriert. In diesem Bild zeigen die kleinen Löcher und Risse die Spuren des sich bewegenden Materials: zerbrochene Gegenstände faszinieren mich, da sie ein ›Kondensat‹ der Zeit darstellen, und das Mädchen auf dem Weg transportiert starke Emotionen. *Diego in Blue* und *Frida in Green* sind in der gleichen Phase entstanden, sie sind Teil eines Zyklus, den ich nach Fotografien von Frida Kahlo gemalt habe. Sie wurden 2013 in meiner Einzelausstellung *Frida. A Woman* auf der ersten Ausgabe der Art Basel Hong Kong gezeigt, zusammen mit Arbeiten zu meinem eigenen Leben als Künstlerin.

Warum haben Sie Little Road *als Tondo gemalt?*

Das hat mit dem Konzept der erwähnten Einzelausstellung zu tun, deren Titel sich von meinem Lieblingsroman ableitet, *Hard-boiled Wonderland und das Ende der Welt* von Haruki Murakami. In meiner Vorstellung hingen diese runden Bilder wie Löcher unterschiedlicher Größe an den dunkelfarbigen Wänden des Ausstellungsraums. Durch sie hat der Betrachter einen Einblick in eine andere Welt oder in die Innenwelt einer Person bekommen.

Stellt die einsame Figur in Little Road *jemanden dar, den Sie kennen, oder gar Sie selbst?*

Als Kind bin ich immer gerne auf den Hügel hinter dem Haus meiner Großmutter gestiegen. Ich saß dort oben und habe auf die grauen Dächer der kleinen Stadt geblickt. Als ich älter wurde, habe ich mich öfters so gefühlt, als ginge ich allein umher, einem unbestimmten Ziel entgegen. Vielleicht ist das Ziel auch nicht von Bedeutung, ich habe einfach das Gefühl des Unbekannten genossen, das Gefühl, immer unterwegs zu sein. So gesehen ist dieses Bild tatsächlich ein Selbstporträt.

Warum haben Sie Diego Rivera und Frida Kahlo porträtiert? Sind diese Künstler für Sie von besonderer Bedeutung?

Ich habe mir zufällig ein Fotoalbum von Frida Kahlo angesehen, das auch Fotos enthielt, die sie als Mädchen mit ihrer Familie und mit Freunden zeigten. Sie war eine

After I came back to China in 2004, I realized that I had to come to my own language. I thought that the imaginative and straightforward ways of comics and graffiti are very suitable for me, and thus that became the origin of my own style to express my feelings during my teenage years. After graduating from the Sichuan Academy of Fine Arts in 2005, I came to Beijing to start my life there as a professional artist. The transformation of both the environment and my identity brought about great changes in my personal emotions and understanding of art, which directly affect the emotions of my works and my exploration of the visual language of painting.

What can you tell us about Little Road *(2009),* Diego in Blue, *and* Frida in Green *(both 2012)?*

Little Road was shown in my solo exhibition in 2010. At that time, I was focusing on the combination of artistic materials and figures. So in this painting, the small holes and cracks show the moving trails of materials: broken objects always fascinate me, for they are "condensations" of time, and the girl walking on the little road conveys strong emotions. *Diego in Blue* and *Frida in Green* were created in the same period, they belong to a series that

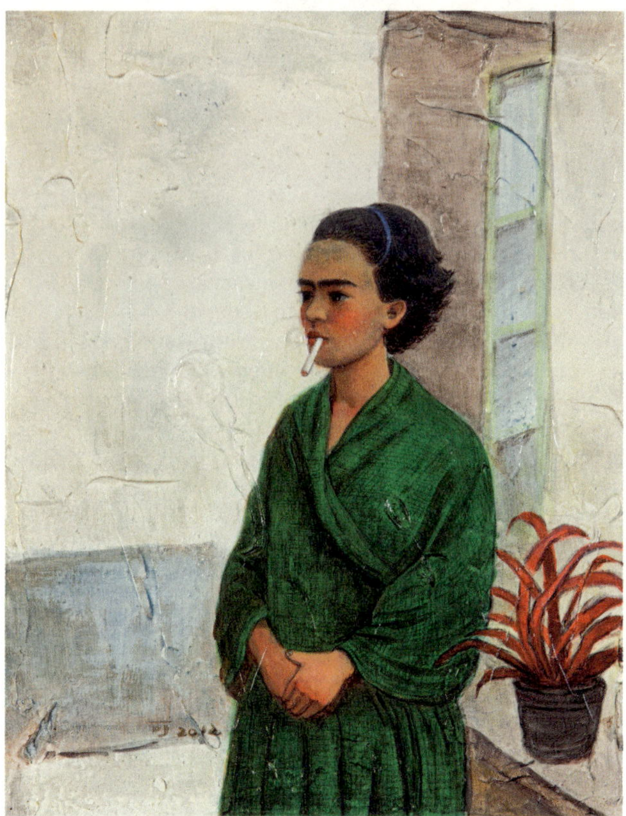

I painted according to some reference photos of Frida Kahlo. They were shown in my solo exhibition *Frida—A Woman* at the first edition of Art Basel Hong Kong in 2013, which also included works that represented my personal life as a female artist.

Why did you use the round shape in Little Road?

It was related to the concept of my solo exhibition, the title of which was from my favorite novel, *Hard-Boiled*

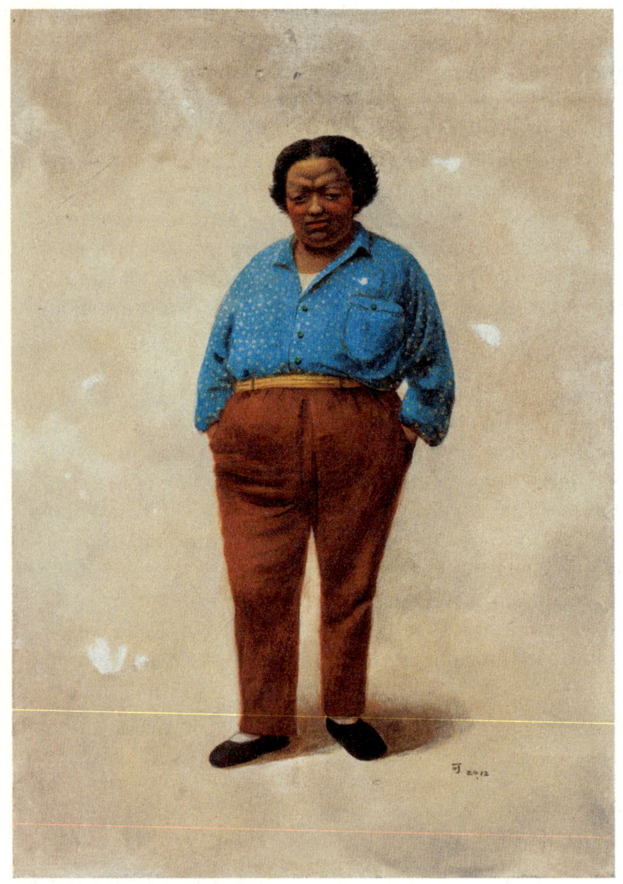

↙ Chen Ke, *Diego in Blue*, 2012

Künstlerin, die intensive autobiografische Malereien schuf; ihre Kunst ist eng mit ihrem Leben verknüpft und hat ihr geholfen, Todesangst und Schicksalsschläge zu überstehen. Frida Kahlos Verständnis von Kunst deckt sich mit dem meinen und hat mich zu dieser Porträtserie inspiriert, so wie Künstler Porträts für ihre Kunden gemalt haben, bevor die Fotografie erfunden wurde. Und Rivera hatte als Kahlos Ehemann, Mentor und künstlerischer Partner einen langen und entscheidenden Einfluss; auch er spielt in dieser Serie eine wichtige Rolle.

Welchen Grund hat die starke Betonung der Farbe der Kleidung in Diego in Blue *und* Frida in Green?

Bei den Fotos, die ich als Vorlagen verwendet habe, handelt es sich ausschließlich um Schwarz-Weiß-Fotos, die Farben ihrer Kleidung sind also reine Erfindung. Grün lässt Frida Kahlo wie einen kräftigen Kaktus aussehen. In meinem Bild hat sie eine Zigarette im Mund und schaut düster drein, ungehemmt und charmant. Für Rivera habe ich ein Meerblau gewählt – einerseits ist das eine sehr ›mexikanische‹ Farbe, andererseits passt sie zu seiner zügellosen Persönlichkeit.

Sind die beiden aus Ihrer Sicht inspirierende Vorbilder für Maler oder Liebende?

Beides. Sie sind ein besonderes Paar, das sich sowohl über künstlerische Konzepte als auch Motivationen ausgetauscht hat. Vielleicht verstehe ich das Verhältnis dieser beiden so gut, weil mein Mann ebenfalls Künstler ist. Ich empfinde große Sympathie für ihre Beziehung.

Wonderland and the End of the World, by Haruki Murakami. In my imagination, these round-shaped paintings were hanging on the dark-colored walls of the exhibition space like different sizes of holes; through them viewers could get a glimpse of another world or one's inner world.

Is the lonely figure in Little Road *someone you know or maybe even yourself?*

When I was a child, I liked climbing up a hill behind my grandmother's home, sitting at the top of it and overlooking gray roofs of the small city. In the process of growing up, I often experienced the feeling of walking alone to pursue an uncertain destination. Or perhaps the destination is not important, I just enjoyed the feeling of the unknown, the feeling that I was always being on the road. In this regard, this work is indeed a self-portrait.

Why did you portray Diego Rivera and Frida Kahlo? Are they special to you?

I had looked through a photo album of Frida accidentally, including her photos as a young girl, her family and friends. As an artist who created intensely autobiographical paintings, art is bound up with her personal life and helped her to overcome ensuing agony and misfortunes. Frida's understanding of art matched mine and inspired me to create this portrait series, just like artists painted portraits for their customers before the invention of photography. In addition, as Frida's husband, mentor, and artistic partner, Rivera had a long and profound influence on her; he also played an important role in this painting series.

Why did you especially emphasize the color of the clothes, as in Diego in Blue *and* Frida in Green?

Actually the reference photos I used were black-and-white, so the colors of their clothing were pure imagination. Green makes Frida look like a tough cactus of South America. In my painting, she is frowning with a cigarette between her lips, uninhibited and charming. I chose lake blue for Diego—on the one hand, it is a very "Mexican" color; on the other hand, this color fits very much his libertine personality.

From your perspective, are they inspiring role models as painters or lovers?

Both. They are a special couple who interacted with each other both on artistic concepts and motivations. Maybe because my husband is an artist as well, I can understand how these two artists got along with each other, and I had a deep sympathy with their relationship.

To what specific Chinese context do the paintings refer?

My works are not directly related to specific social events or contexts, and I don't like expressing my attitude toward China through my works. However, social changes would definitely imprint on my works, after all, I live in this country. In fact, my works are more directly related to my personal experiences and feelings of certain time periods, thus they are mixtures of my personal life, changing times, age, and my changing understanding of art.

Auf welchen spezifisch chinesischen Kontext beziehen sich diese Bilder?

Meine Arbeiten beziehen sich nicht auf spezifische soziale Ereignisse oder Kontexte und ich drücke meine Einstellung zu China nicht in meiner Kunst aus. Dennoch schlagen sich soziale Veränderungen in meinen Werken nieder, schließlich lebe ich in diesem Land. Sie beziehen sich jedoch direkt auf meine persönlichen Erfahrungen und Gefühle zu bestimmten Zeiten. Sie sind eine Mischung aus meinem eigenen Leben, sich ändernden Zeiten und Epochen und meinem sich wandelndem Verständnis von Kunst.

Wie ordnen Sie sich selbst in der internationalen und in der chinesischen zeitgenössischen Malerei ein?

Die meiste Zeit achte ich eigentlich nur auf das, was ich gerade tue. Ich könnte mich auch für die Arbeiten von anderen Künstlern um mich herum interessieren, aber ich weiß, dass ihre Stile und Methoden sich für mich nicht unbedingt eignen. Mir kommt es so vor, als ob ich einen individuellen narrativen Malstil repräsentiere, da Malen für mich wie ein Tagebuch ist, in dem ich meine persönliche und künstlerische Entwicklung aufzeichne und mit der Welt um mich herum kommuniziere. In der internationalen Malerei findet sich eine ganze Reihe ähnlicher Beispiele: Der Unterschied bei mir ist, dass ich eine in China lebende Künstlerin bin. Meine Gefühle sind also sicherlich ganz anders als die einer New Yorkerin.

How do you situate yourself in relation to contemporary global painting and to contemporary Chinese painting?

Actually, most of the time, I only pay attention to what I am doing. I would be interested in works created by other artists around me, but I know their styles or methods are not necessarily suitable for me. It seemed to me that I probably represent an individual narrative painting style, for painting is like my diary, through which I keep records of my personal and artistic growth and changes, and communicate with the world around me. Quite a number of similar examples can be found in contemporary global painting; the difference between me and others is that I am a female artist living in China, so my feelings are certainly quite different from a female living in New York.

Cong Lingqi

Interview: Wu Mo

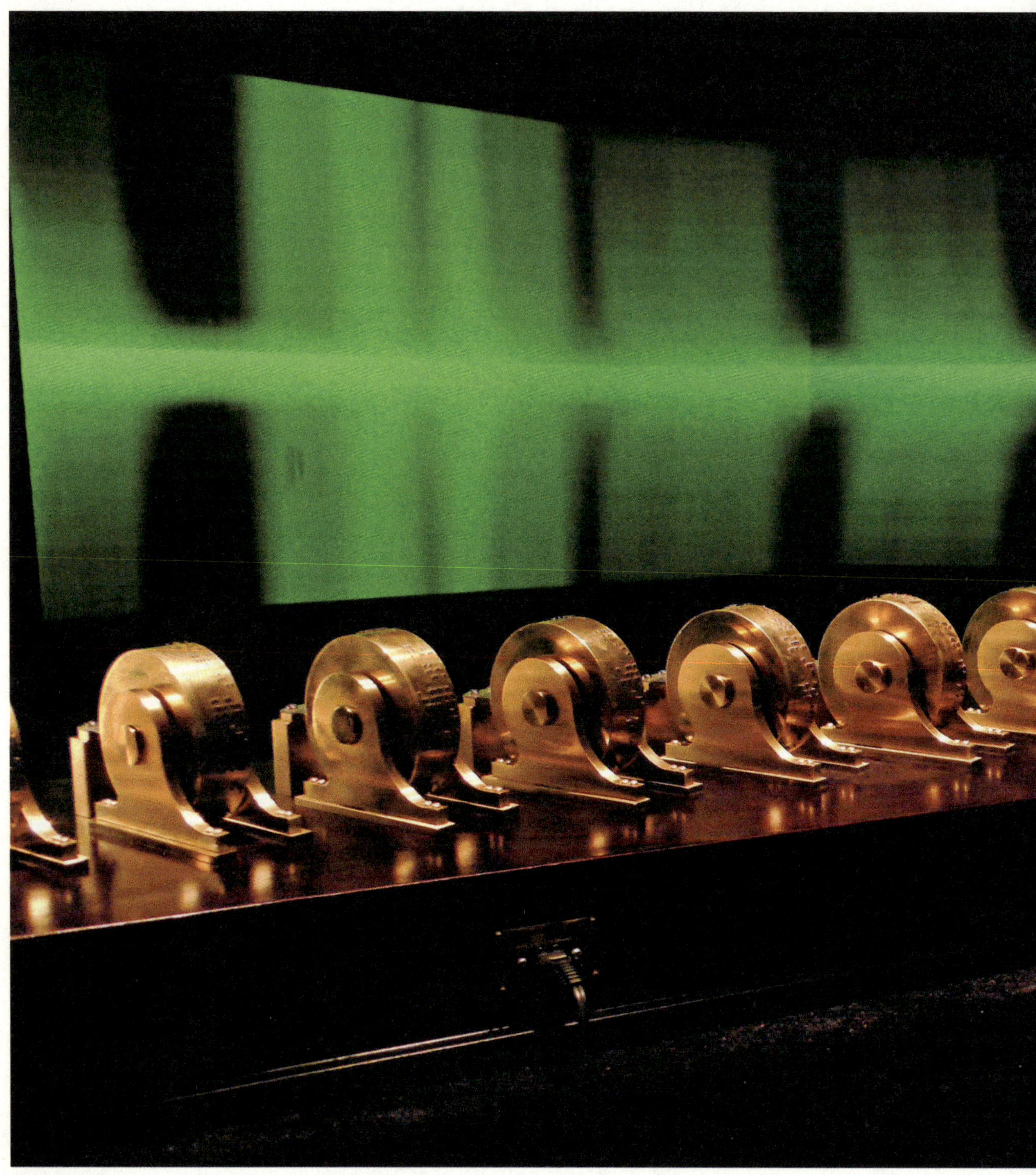

Cong Lingqi wurde 1982 in Shenyang (Provinz Liaoning) geboren und schloss 2005 ihr Studium an der Lu Xun Academy of Fine Arts ab. Ihr Vater war Elektriker und Kesselflicker und als Kind hatte sie mehr Spaß daran, ihm bei Handwerksarbeiten zu helfen als am Spielen mit ihren Freunden. Dieser vertraute Umgang mit Werkzeug und diversen Materialien zeigt sich auch in ihren Kunstwerken, die oft eine mechanische Note besitzen. Cong lebt und arbeitet in Beijing.

Cong Lingqi was born in 1982 in Shenyang (Liaoning Province). She graduated from Lu Xun Academy of Fine Arts in 2005. Cong Lingqi's father was an electrician and a habitual tinkerer, and she recalls being happier helping him with handyman jobs than playing with her friends. That familiarity with tools and hardware shows in her works, which often have a mechanical twist. Conq lives and works in Beijing.

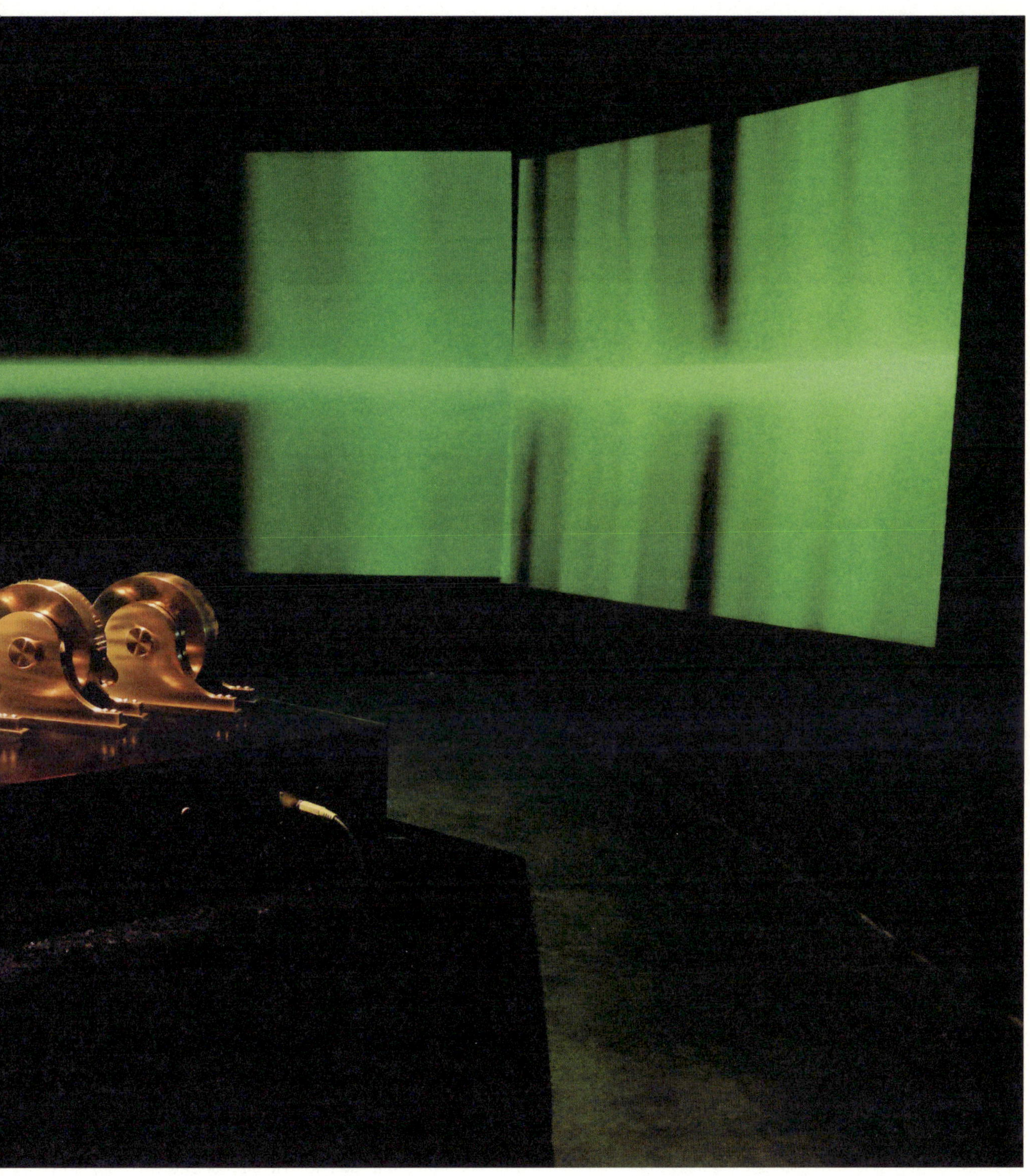

Wann haben Sie mit In Order to Prevent the Loss of Vision—My Roommate *(2008) begonnen? Welche Idee stand am Beginn dieser Arbeit?*

Die ersten Überlegungen dazu stammen aus dem Jahr 2007, beendet habe ich das Werk dann schließlich 2008. Da ich dazu mit einer blinden Person zusammenarbeiten musste und die Unterstützung von Programmierern benötigte, kann man durchaus von einer Gemeinschaftsarbeit sprechen. Die Idee bestand darin, die Wahrnehmungen der

When did you begin to create In Order to Prevent the Loss of Vision—My Roommate *(2008)? And what was your idea to start this work?*

The first idea of this artwork came in 2007 and I finally finished it in 2008. Since I needed the cooperation of a blind person and help from scientific programmers you could call it a collaborative work. The idea was to transform a blind person's perceptions of her surroundings first to music and then to a visual form. In that way, the

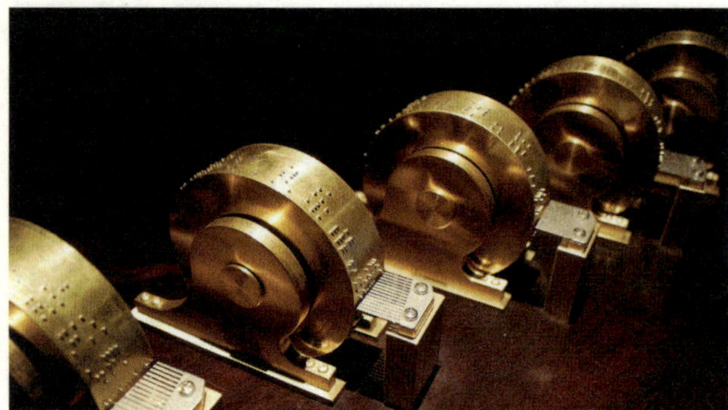

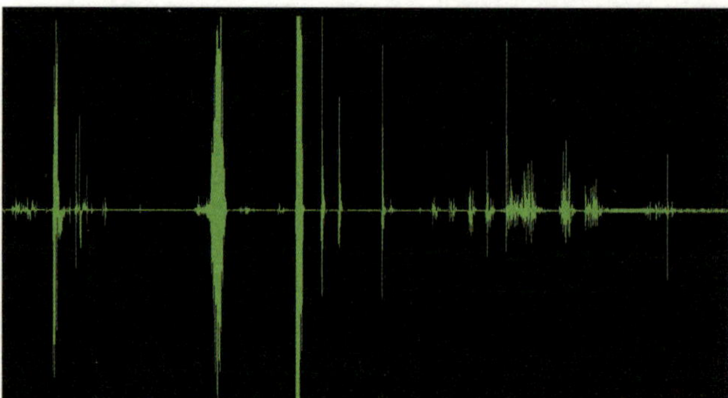

Umwelt durch eine blinde Person erst in Musik und dann in eine visuelle Form zu übertragen. Auf diese Weise wurde die von mir gemalte Landschaft schließlich zu einer rein fiktiven und geistigen Vision.

Wie haben Sie die geeignete Person gefunden? Um wen handelt es sich?

Der Sehsinn ist für die Menschen der wichtigste Sinn, weil sie 83 Prozent ihrer Umgebungsinformationen über die Augen erhalten. Als ich mit einer blinden Person sprach, hörten sich ihre Beschreibungen für mich wie ein wunderschöner Traum an. Ich fragte mich, ob die Beschreibungen von Blinden generell unverfälschter und spiritueller sind. Und als Künstlerin, deren Hauptaufgabe darin besteht, Erfahrungen und Gedanken zu visualisieren, fragte ich mich auch, ob meine Arbeiten für blinde Menschen eine Bedeutung besitzen können. Die blinde Li Feng hat mich bei dieser Arbeit unterstützt: Wir besuchten zusammen den Xiangshan (wörtlich »Duftberg«) und ich bat sie, ihre Gefühle in diesem Moment mit einfachen Worten zu beschreiben. Ich musste lediglich bei ihr sein und aufnehmen, was sie sagte. Meine Anwesenheit und meine Ansichten habe ich in dieser Arbeit bewusst ausgeblendet. Alles wurde direkt aufgezeichnet, wie bei einem wissenschaftlichen Experiment.

Warum haben Sie gerade den Xiangshan-Park gewählt?

Landschaften besitzen in der chinesischen Kultur eine lange ästhetische Tradition. Bereits im alten China spielte das *I Ging (Buch der Wandlungen)* auf die Beziehungen und spirituellen Wechselwirkungen zwischen Himmel, Bergen, Flüssen und Menschen an. Chinesische Gelehrte sahen in Bergen oft die Träger von Gefühlen und Gedanken, daher ist die Landschaftsmalerei ein so wichtiges Genre der chinesischen Kunst. Der ›Duftberg‹ in Beijing befand sich in kaiserlichem Besitz und besaß ab der Jin-Dynastie (1115–1234) einen wichtigen kulturellen und historischen Status. Er war in erster Linie ein Repräsentationssymbol.

Wie haben sie die Wahrnehmung der blinden Person in eine ästhetische Erfahrung übertragen? Welchen ästhetischen Leitlinien und Grundsätzen sind Sie gefolgt?

Ein wichtiger Faktor bestand darin, dass Li Feng seit ihrer Geburt blind ist. Für sie sind Licht, Farbe, Form, Raum und Entfernung reine Vorstellungen und virtuelle Begriffe. In meiner künstlerischen Herangehensweise übersetzte ich diese Vorstellungen und virtuellen Konzepte in visuelle und hörbare Erfahrungen erfundener Szenen, die aus Noten, Melodien und Bildern bestehen. Die Bilder entstanden

landscape I ultimately depicted in my artwork became a pure, fictional, and spiritual vision.

How did you find the blind person? Who is it?

The visual is the most important sense because humans obtain 83 percent of their information from the visual. When I was chatting with one blind person, I found that her descriptions sounded like a beautiful dream. This experience made me wonder whether the descriptions of a blind person are in general more pure and spiritual? And as an artist whose main job is to visualize my experiences and thoughts, I wondered if my works could also be meaningful to the blind? I found Li Feng to help me: we climbed the Fragrant Hill together and I asked her to use simple words to describe her true feelings at that moment. All I had to do was assist her and record everything she said. I deliberately concealed my own presence and my points of view in this work. I recorded everything truthfully. It was like a scientific experiment.

Why did you choose to go to the Fragrant Hill?

Landscape has a long aesthetic tradition in Chinese culture. In ancient times the I Ching (Book of Changes) already hinted at interlinked relations and spiritual interactions between heaven, mountains, rivers, and human beings. Chinese literati tended to consider hills as carriers of feelings and thoughts, therefore landscape painting became a very important Chinese genre. Fragrant Hill is a royal property located in Beijing that has had a significant cultural and historical status since the Jin dynasty (1115–1234). It was a representative symbol to start with.

How did you translate the blind person's experience in an aesthetic experience? What were the guidelines and aesthetic principles you were following?

Important was the fact that Li Feng has been blind since birth. To her, light, color, shape, space, and distance are imaginations and virtual concepts. Through my artistic treatment, I translated these imaginations and virtual concepts into visual and aural experiences of fictional scenes that are composed by notes, melodies, and images. It was the rhythms of her voice that produced the images like a visual spectrogram, which were very similar to the rolling mountain landscapes.

Is the effect of this transformation process predictable or random? What were the technical challenges?

It was completely random. I respected Li Feng's feelings and did not interfere. I really wanted her pure sen-

aus dem Rhythmus ihrer Stimme wie ein visuelles Spektrogramm; sie besitzen große Ähnlichkeit mit den sanft wogenden Hügellandschaften.

Ist das Ergebnis dieses Transformationsprozesses vorhersehbar oder zufällig? Worin lagen die technischen Herausforderungen?

Es war absolut zufällig. Ich habe Li Fengs Gefühle respektiert, ohne mich einzumischen. Ich wollte wirklich ihre reine sensorische Beschreibung der Landschaft einfangen, die musikalischen Faktoren legten die Wirkung ihrer Erzählung fest. Während der Entstehung dieses Werkes musste ich auch das Musikmaterial berücksichtigen, die Gestaltung des Metallrads und die Programmierung des Audio-Video-Converters. All das musste getestet und synchronisiert werden.

Gibt es in Ihrer Installation besondere philosophische Bezüge zur Hierarchie der Sinne?

Es gibt kulturelle Unterschiede. Meiner Meinung nach ist der Westen vor allem auf den Sehsinn und das Gehör fokussiert, während im Osten das Hauptaugenmerk auf Geruchs- und Geschmackssinn liegt. In der westlichen Malerei werden Ölbilder mit Zentralperspektive konstruiert, mit klar definiertem Blickwinkel und Lichtverhältnissen, während die traditionelle chinesische Malerei die Kavalierperspektive bevorzugt, die Maler gehen in die Natur und nehmen unterschiedliche Blickwinkel ein, um das Bild zu komponieren. Der Fokus liegt vor allem auf der Harmonie zwischen der Natur und den Menschen. Die Menschen nehmen die Welt durch ihre Sinne wahr und bringen ihre Gefühle durch Kunstwerke zum Ausdruck. Aristoteles war der Meinung, dass die Existenz der objektiven Welt real sei und dass das menschliche Wissen von den Sinnen ausgehe. Platon behauptete hingegen, dass alle Tugenden und Eigenschaften, die der Mensch durch seine Sinne wahrnimmt, relativ und keineswegs vollkommen seien. Ich habe daher versucht, diese Arbeit zur Beschreibung einer utopischen Vorstellung zu nutzen.

Handelt es sich um eine metaphorische Arbeit, die sich mit der allgemeinen Einstellung im heutigen Alltag beschäftigt?

Individuen werden im heutigen Leben durch die wissenschaftliche Entwicklung und die Popularität mobiler Netzwerke zu Medien. Informationen werden innerhalb von Sekunden übertragen und werfen Probleme wie die Übersättigung mit Bildern und Geräuschen und unnötigen Mitteilungen auf. Mit dem technischen Fortschritt werden unsere Sinne aber auch immer stumpfer. Darüber hinaus hängen die Menschen heute eher von elektronischen Geräten und virtuellen Netzwerken ab als von dem Verstehen der Umwelt durch ihr Gehirn. Unsere Sinne werden so zunehmend geschwächt. Das Wischen mit dem Finger auf dem Smartphone hilft uns, die Welt zu verstehen, lässt dabei aber unsere vielfältigen Sinneserfahrungen außer Acht. Bedeutet diese Realität für die menschliche Zivilisation einen Fortschritt oder einen Rückschritt?

sory descriptions of landscapes and the musical factors determined the effect of her narrative. In the realization of this work, I needed to deal with the musical material, the design of the metal wheel, and the programming of the audio-to-video converter. They had all to be tested and synchronized.

Are there any specific philosophical references to the hierarchy of the senses in your installation?

There are cultural differences. In my opinion the West is mainly focused on the visual and hearing sense, while in the East it's mainly smell and touch. In terms of painting, Western oil painting takes a fixed-point perspective, with definite point-of-view and light conditions, while traditional Chinese painting takes a cavalier perspective, where painters walk into the landscape and take various views to compose the painting, which focuses on the harmony between nature and human beings. Humans experience the world through their senses, and express their feelings through artworks. The Greek philosopher Aristotle believed that the existence of the objective world was real, and human knowledge comes from the senses. However, Plato claimed that all the virtues and qualities that humans experience through their senses are relative and imperfect. Therefore I tried to use this work to depict a utopian imagination.

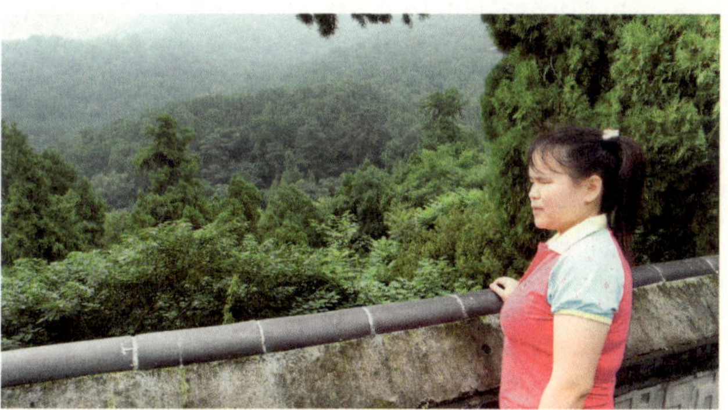

Is this work metaphorical in a sense that it is about a general orientation in contemporary life?

Individuals become media in contemporary life by means of scientific development and the popularity of mobile networks. Information is transmitted within seconds and brings problems such as image saturation, audio or video flooding, and junk information. Thus, our senses are getting more numb with the progress of technologies. Besides, people nowadays depend on electronic equipment and virtual networks rather than their brains to understand the world around them. To some extent, our senses are increasingly weakened. Finger swipes on smartphones help us to understand the world and ignore our multilevel sensory experiences. Is that reality a kind of progress or the regress of human civilization?

Fang Lijun

Interview: Wu Mo

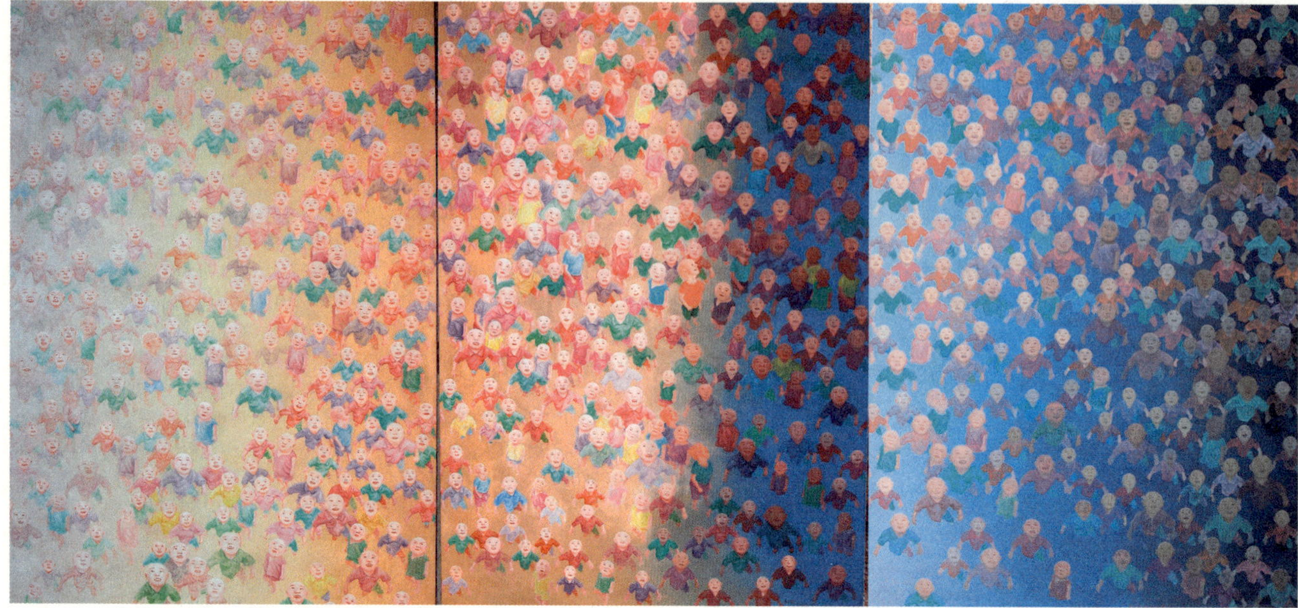

Fang Lijun wurde 1963 in Handan (Provinz Hebei) geboren. Seine Kindheits- und Jugenderinnerungen sind daher von der Kulturrevolution und deren Nachwirkungen bis in die späten 1970er-Jahre geprägt. Lijun studierte Keramik an der Hebei Light Industry Technology School und später Holzschnitt und Malerei an der Central Academy of Fine Arts in Beijing. Dieses Studium schloss er 1989 ab. Seine künstlerische Karriere begann in den 1990er-Jahren mit Ausstellungen außerhalb Chinas und seiner zweimaligen Teilnahme an der Biennale von Venedig (1993 und 1999). Fang Lijuns Kunst zeichnet sich durch wiederkehrende Motive wie glatzköpfige Männer, Wasser, Wolken und Himmel aus. Er gilt zudem als ein wichtiger Vertreter des ›cynical realism‹ (zynischer Realismus). Fang lebt und arbeitet in Beijing.

Wann und warum sind Kinder als Thema in Ihren Kunstwerken aufgetaucht?

Das war im Jahr 2000. Ende der 1980er-Jahre habe ich mir als professioneller Künstler eine strenge Regel gesetzt: Male niemals ein Porträt für einen bestimmten Menschen, denn unsere Gesellschaft respektiert niemals den Einzelnen. Als Künstler darf ich die historische Realität nicht verzerren, nur um meine künstlerischen Fähigkeiten zu beweisen, die Figuren in meinen Bildern müssen ihre eigenen Ursprünge und Eigenschaften besitzen. Die Betrachter neigen immer dazu, in den Figuren meiner Bilder eine bestimmte Person zu sehen. Um dem zu entgehen, habe ich mich entschlossen, Kinder zu malen: Kinder stellen die erste Phase des menschlichen Daseins dar. Die Figuren im Gemälde *Untitled* (2007) sind einem Zeitungsbild mit einzeln stehenden Figuren entnommen, die in den Himmel blicken.

Welche Bedeutung hat Ihr Bild Untitled?

Dieses Bild enthält verschiedene Schlüsselelemente: Erstens ist es kein Porträt einer bestimmten Person; zweitens zeigt es viele Personen; drittens erhält der Betrachter einen erhöhten Blickwinkel; viertens wechseln die leicht

Fang Lijun was born in 1963 in Handan (Hebei Province). Thus his memories as a child and youth were marked by the years of the Cultural Revolution and its aftermath, which lasted until roughly the late 1970s. Fang Lijun studied ceramics at the Hebei Light Industry Technology school, and later woodblock printing and painting at the Central Academy of Fine Arts in Beijing, from which he graduated in 1989. His career began in the 1990s, when he exhibited outside China and even participated twice in the Venice Biennale (1993, 1999). The art of Fang Lijun is characterized by recurring motifs including bald-headed men, water, clouds, and the sky. He is also regarded as a major representative of Cynical Realism. He lives and works in Beijing.

When and why did you begin to use children as the theme of your artworks?

It began in 2000. When I was living and working as a professional artist at the end of the 1980s, I made mandatory rules for myself: never draw a portrait for every Tom, Dick and Harry, because our society never respects the individual. As an artist, I don't allow myself to distort historical reality to show my artistic skills, but the figures of my painting must have their sources and features. Since viewers always tend to consider that the figures of my paintings are specific persons, I decided to focus on painting children: they mark the beginning phase of human beings, in order to minimize their surmises. The figures in *Untitled* (2007) were originally from a picture in the newspaper that was composed of a few single figures who were looking up at the sky.

What does your painting Untitled *signify?*

There are several key elements in this painting: first, it is not a portrait of a specific person; second, there is a large number of figures; third, the viewers will have an overlooking angle; fourth, the light tones of this painting go from light to dark, so it doesn't represent a moment. In a word, the meaning of this work echoed my

changierenden Töne in diesem Bild von Hell zu Dunkel, es stellt also keinen bestimmten Moment dar. Kurz, die Bedeutung dieser Arbeit hat mit meiner Antwort auf die erste Frage zu tun und ich habe dabei auch die nicht improvisierten Gefühle betont.

Warum haben Sie sich für dieses riesige Format entschieden?
Nach meiner malerischen Erfahrung handelt es sich eher um ein mittleres Format und die groß angelegte Komposition ist für mich ein relativ effektiver Weg, das Hauptthema zu bekräftigen.

In welchem Zusammenhang steht die Arbeit zu früheren Darstellungen von Einzelfiguren?
Meine Serie mit einzelnen Figuren habe ich 1988 begonnen, eigentlich noch früher, wenn man meine Skizzen berücksichtigt. Ich verwende diese Methode häufig, da ich es vermeiden möchte, Porträts spezifischer Personen zu malen.

Besteht ein Bezug zur Ein-Kind-Politik in China oder einem anderen chinesischen Kontext?
Nein. Meine Werke beziehen sich selten auf einen bestimmten Kontext oder ein bestimmtes Ereignis. So arbeite ich nicht.

Drückt diese Malerei einen zeitgenössischen Zustand aus, wie die Einsamkeit von Kindern oder die Spannung zwischen Individuum und Masse?
Genau genommen spiegelt diese Arbeit meinen und unseren derzeitigen Zustand wider. Obwohl der Zustand durch spezifische Geschichten unterstützt werden muss, besitzt diese Arbeit keine direkte Verbindung zu spezifischen Ereignissen.

answers to the first question, and I also emphasized the nonimprovisational feelings.

Why did you choose the immense and large format?
According to my painting experiences, this format is not large but actually a medium one, and for me the immense composition is a relatively effective way to strengthen the main theme.

How does the work connect to your former works with single figures?
I started my work series with single figures in 1988, and it was much earlier than that, taking my sketches into consideration. This is a method that I would often use, for I don't want to draw portraits of specific persons.

Is it referring to the one-child policy, or another Chinese context?
No. I rarely create works that would refer to a certain context or event. It is not my way.

Is this painting expressing a contemporary state of mind, like the loneliness of only children or the tension between the individual and the mass?
To be precise, this work reflects my and our existing status. Although the status must be supported by specific stories, this work does not have a direct correspondence to specific events.

Jiang Zhi

Interview: Venus Lau

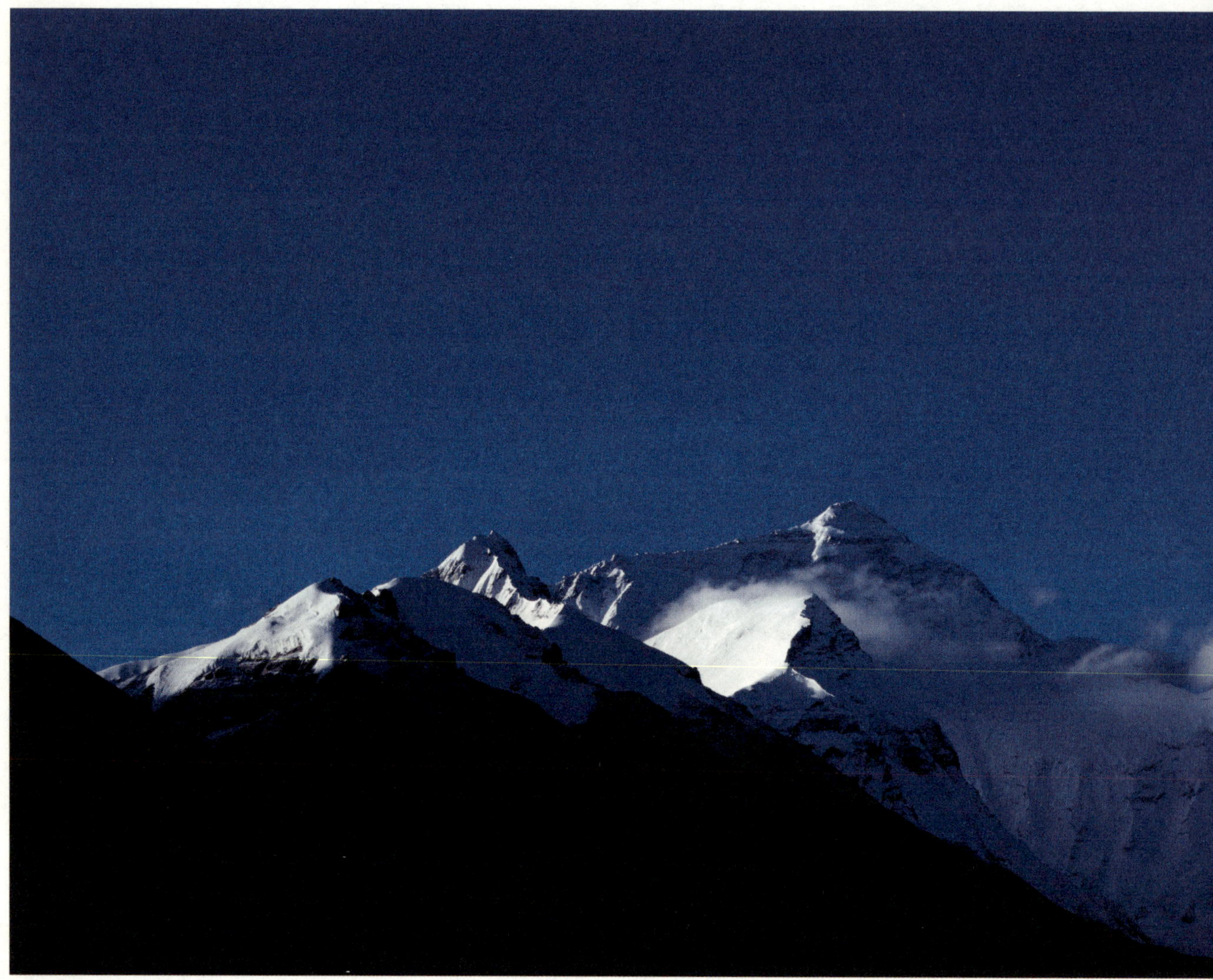

Der Konzeptkünstler Jiang Zhi wurde 1971 in Yuanjiang (Provinz Hunan) geboren und schloss 1995 sein Studium an der China Academy of Art in Hangzhou ab. In seiner Fotografie *Rainbow—Out of Service 4* (2008) hat er einen Regenbogen aus Neonleuchtreklamen in die Postkartenaufnahme eines kommerziellen Landschaftsfotografen vom höchsten Himalajagipfel hineinmontiert. Jiang lebt und arbeitet in Shenzhen und Beijing.

Der Regenbogen galt lange Zeit als ein ›Geschenk‹ der Natur und seine Bogenform als Brücke zwischen zwei getrennten Bereichen: zwischen Erde und Himmel (griechische Mythologie), zwischen Sterblichen und Göttern (nordische Mythologie), zwischen Gegenwart und dem messianischen Zeitalter (Christentum). Warum ist der Regenbogen in Ihrer Arbeit »außer Betrieb« (Out of Service)? Was verbindet seine beiden Enden?

Die Serie *Rainbow* (2005/06) befasst sich mit kommerziellen Stadtansichten, auf Postkarten, in der heutigen Welt. Es ist Sarkasmus in der Form eines modernen Märchens: Ein überwältigender Regenbogen überspannt die Skyline einer Stadt. Hier ist der Regenbogen aus einer Vielzahl von Neonleuchtreklamen komponiert, in denen künstliche Gebilde die Naturerscheinung ersetzen und einen einzigartigen Blick auf die Konsumgesellschaft ermöglichen, in der wir

The conceptual artist Jiang Zhi was born in Yuanjiang (Hunan Province) in 1971 and completed his studies at the China Academy of Art in Hangzhou. In his photograph *Rainbow—Out of Service 4* (2008) he inserted a rainbow made up of neon signs into the postcard picture of the highest peak in the Himalayas taken by a commercial landscape photographer. Jiang lives and works in Shenzhen and Beijing.

The rainbow has long been seen as a gift from nature, and with its arced shape it is also regarded as a bridge between two separate realms: between the Earth and Heaven (Greek mythology), between mortals and gods (Norse mythology), between the present and the messianic moment (Christianity). Why is the rainbow "out of service" in your work? What does it connect between its two ends?

Rainbow (2005/06) is a project delineating commercial urban spectacles in the contemporary world. It is sarcasm in the form of a modern fairy tale: a dazzling rainbow stretches across the city's skyline. Here the rainbow is composed of a lot of images of neon signs, in which artificial spectacles replace the natural phenomenon, offering a unique view on the consumerist society we are living in. *Rainbow—Out of Service* is a sequel to the *Rainbow*

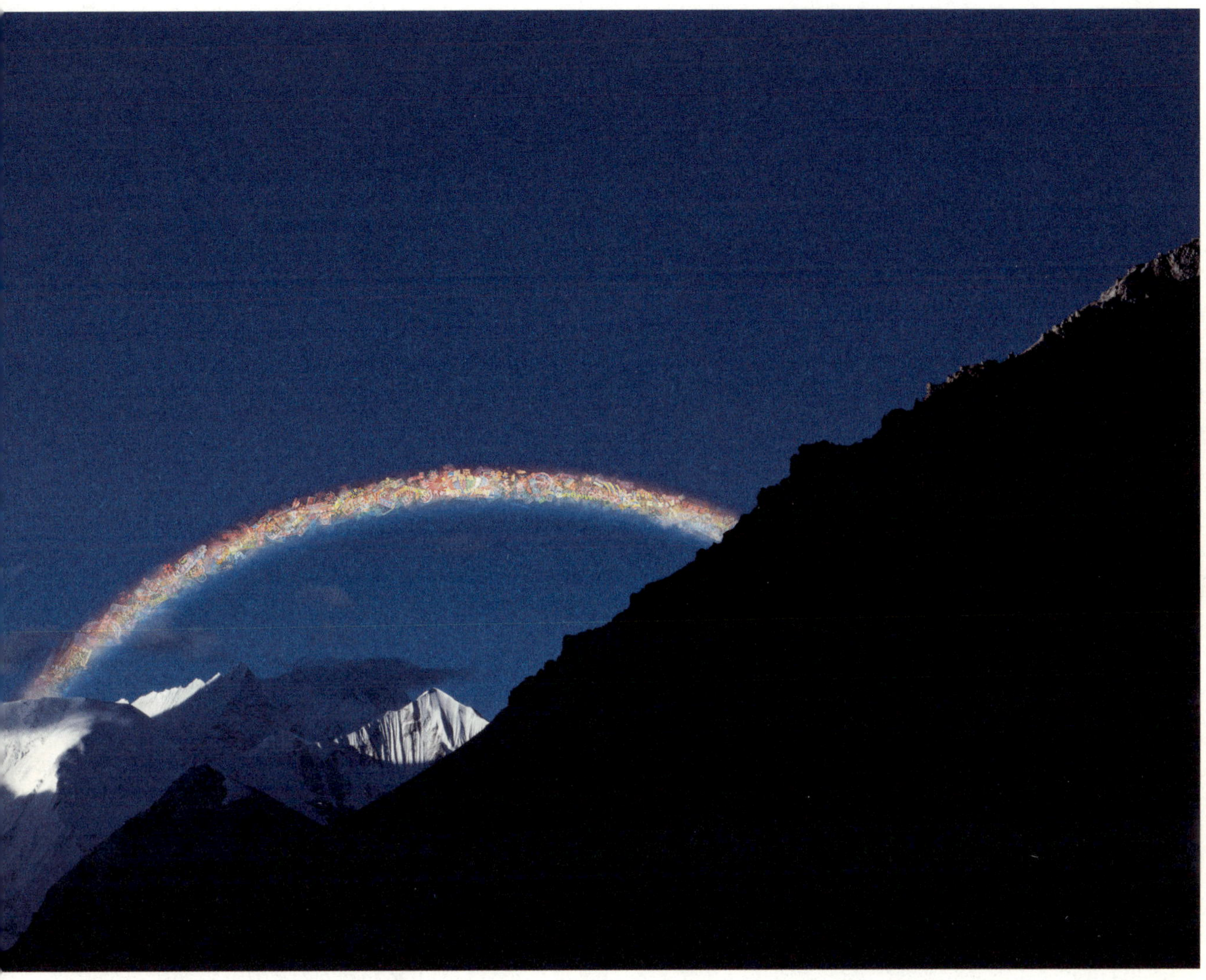

leben. *Rainbow – Out of Service* (2008) ist eine Weiterführung des Projekts *Rainbow*. Beide Arbeiten teilen dieselbe Ebene visueller Monumentalität, weisen jedoch einen sehr großen Unterschied auf: Anstatt den Hintergrund urbaner Landschaften zu bilden, setzt *Rainbow – Out of Service* einen Regenbogen über endlose Ozeane, über Ruinen nach einem Atomtest oder über das unberührte ›Dach der Welt‹ (der Himalaja in Tibet). Der Regenbogen, einst ein Träger materialistischer Wünsche, ist von den Objekten der Begierde losgelöst, oder besser gesagt, er wurde plötzlich seines Zieles beraubt.

Enthält Rainbow – Out of Service 4 *Bilder von bestimmten Luxusprodukten oder Luxusmarken?*

Im Regenbogen sind zahlreiche Neonreklamen von Luxusmarken enthalten.

Warum haben sie den Regenbogen als visuellen Kommentar zu Kapitalismus und Konsumgesellschaft ausgewählt?

Neonlichter galten in China einst als Symptom kapitalistischer Dekadenz. 1964 kam beispielsweise ein Kinofilm mit dem Titel *Ni hong deng xia de shao bing* [etwa »Patrouille im Neonlicht«] heraus, in dem ein Zug der Volksbefreiungsarmee gegen »imperialistische« und »reaktionäre« Kräfte kämpfen muss. Spione versuchen, die kommunistische

project. They share the same level of visual magnificence; however, there is a huge difference between them: instead of being positioned on the backdrop of urban landscapes, *Rainbow—Out of Service* stages a rainbow arching over vast oceans, in desolate ruins after a nuclear test, or on the untrodden “roof of the world” (the Himalayas in Tibet). The rainbow, once a signifier of materialist desires, is detached from the objects of desire—or, say, has all of a sudden been deprived of its target.

Are there any images of specific luxury products or brands in this work?

In the rainbow there are numerous neon signs of luxury brands.

Why was the rainbow chosen as a visual commentary to capitalism and consumerist culture?

Neon lights were formerly seen as a symptom of capitalist decadence in China. There was for example a Chinese movie entitled *Ni hong deng xia de shao bing* (A Sentinel under the Neon Lights) released in 1964, where a platoon of the People’s Liberation Army has to fight “imperialist” and “reactionary” forces. Spies attempt to defile and disintegrate the Communist army with the

Armee mit dem »Wohlgeruch« kapitalistischer Gefräßigkeit zu unterwandern und zu spalten. Der ganze Film endet mit einem politisch korrekten ›Happy End‹. Er ist eine Kriegserklärung an die kapitalistische ›Erosion‹ der Menschheit. Nach der Gründung der Volksrepublik China wurden Neonlichter lediglich als Propagandawerkzeug zugunsten des Sozialismus präsentiert. In den 1980er-Jahren zog die rasante Entwicklung von Kapitalismus und Konsum in China einen drastischen Wandel im sozialen Bewusstsein der Chinesen nach sich. Sie veränderten ihre Ansichten zu Kapitalismus und Neonreklamen. Der Regenbogen galt schon immer als ein Wunder, er ist ein Symbol für Glück. Er projiziert die Wünsche der Menschen; die Veränderungen der Form dieser Wünsche verleihen dem Regenbogen ein breites Bedeutungsspektrum in unterschiedlichen Bereichen. In einem älteren Text zum *Rainbow*-Projekt schrieb ich: »Mit dem Zusammenstoß von Sehnsüchten werden Weltstädte mehr und mehr zu einer Ansammlung derselben Fragmente. Sehnsüchte selbst können niemals abnehmen oder zunehmen, aber sie werden immer schneller miteinander verbunden, bilden eine riesige Brücke aus elektrischem Licht. Wir können von einem Ende zum anderen gehen, nur um herauszufinden, dass es auf beiden Seiten gleich ist.«

Newton und Goethe vertraten gegensätzliche Ansichten zum Regenbogen. Verantwortlich dafür war ihr unterschiedliches Verständnis von Licht. Licht, ein Element, das die sichtbare Welt öffnet, ist ein durchgehender Schlüssel zu Ihren Arbeiten, so wie Fotografie und Video – das Schreiben mit Licht – die Klammern Ihrer Praxis bilden und die Erforschung des Konzepts und der Objekthaftigkeit von Licht wiederkehrende Themen Ihrer Arbeiten darstellen. Licht ist eine universelle, physische Präsenz ebenso wie ein abstraktes Konzept. Wie materialisieren Sie Licht in Ihren Werken in unterschiedlichen Medien?

Es gibt in meinen Arbeiten einen großen Bereich, der eine direkte Verbindung mit Lichtern besitzt: *Things Would Turn Unbelievable Once They Happened* (seit 2006) lenkt die Aufmerksamkeit auf die libidinöse Funktion von Licht. In der Serie *Elegy* (2010) habe ich die Beziehung zwischen den physischen, körperlichen und psychologischen Beziehungen (aus der Kunstgeschichte übertragen) erforscht, die aus dem Licht entstehen, indem ich Licht neue Formen verliehen habe. Licht ist das Element, das über die Sichtbarkeit der Dinge entscheidet. Die Analyse von Licht in meiner Arbeit versucht die Vektoren und Mechanismen hinter dem Machtstreben der Menschen aufzuzeigen und die Beziehung zwischen Wünschen und Gewünschtem. Die große Bedeutung von Licht im modernen Leben ist proportional zur Bevölkerungsdichte der Städte. Meine Kunst versucht die Wege zu enthüllen, mit denen Sehnsüchte im Kontext der Lichter einer Stadt produziert und geteilt werden. Manchmal versucht sie aus den unterschiedlichen Lichtarten in meinen Werken (beispielsweise Neonlichter und Scheinwerfer) semantische Bezüge herzustellen; während des Schaffensprozesses verändern Lichter ihre Formen. In *Rainbow* betone ich den semiotischen Wandel von Neonlichtern und Regenbogen im Kontext der Urbanisierung.

"fragrant breeze" stemming from capitalist gluttony. The whole film is wrapped up by a politically correct "happy" ending. This is a cinematic work declaring war on the capitalist "erosion" of humanity. After the establishment of the People's Republic of China, the hues of neon lights were presented solely as a propaganda tool for socialism. However, in the 1980s, the rapid development of capital and consumerism in China resulted in drastic changes in the social consciousness of the Chinese people; they started to shift their perspectives on capitalism and neon signs. The rainbow has always been known as a wonder, it is a symbol of bliss. It projects people's desire in themselves; the mutations in the form of desires in people give rainbows a wide range of meanings throughout different eras. I quote from an older text of mine, which is an artist statement of the *Rainbow* project: "With the collusion of desires, world cities are more and more like an aggregation of the same fragments. Desires may never decrease or increase themselves, but they are interconnected more and more rapidly, constructing a huge bridge of electronic light. We can walk from this end to the other, only to find out it is the same on the other side."

Newton and Goethe had opposite views on rainbows; the discrepancies came from their different understanding of light. Light, an element opening the visible world, is a consistent clue linking your works, as on the one hand photography and video—the writings of light—are the staple of your practice, and on the other hand, the exploration into the concept and objecthood of light is a recurring theme in your works. Light is a universal, physical presence as well as an abstract concept. How do you substantialize it in your works with various art forms?

There is a large section of my works with direct relations to lights: The project *Things Would Turn Unbelievable Once They Happened* (2006–) calls attention to the libidinal function of light. In the *Elegy* (2010) series I explore the relationships between the physical, corporeal, and psychological relations (adapted from art histories) stemming from light, endorsing light with new forms. Light is the primary element that decides the visibility of objects. The analysis of light in my practice tries to reveal the vectors and mechanisms behind people's lust for power, and the relationship between the desiring and desired. The substantiality of light in modern life is proportionate to the population density of cities. My art attempts to divulge the ways in which desires are produced and imparted in the context of urban lights. Sometimes it tries to engender semantics based on the different sorts of light presented in my works (such as neon lights and spotlights); throughout the process of making art, lights shift their forms. In *Rainbow*, I accentuate the semiotic changes of neon lights and rainbows in the context of urbanization.

Jun Yang

Interview: Li Qi

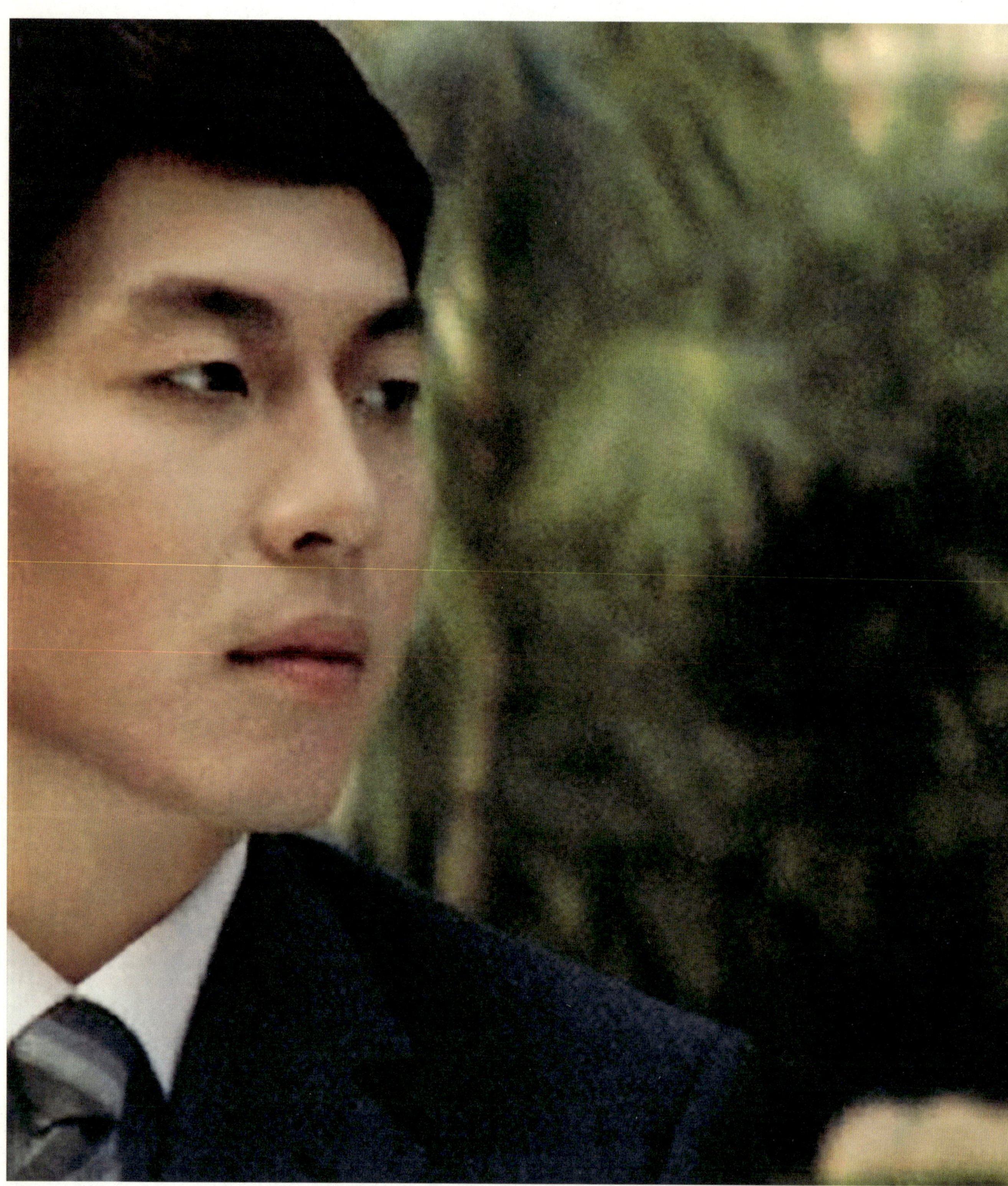

Jun Yang wurde 1975 in Qingtian (Provinz Zhejiang) geboren. Juns Verwandte leben sowohl in Festlandchina wie in Taiwan – seine Großeltern kämpften in der Armee der Kuomintang, die sich 1949 nach Taiwan zurückzog. Vor diesem Hintergrund verließen seine Eltern die Volksrepublik China, als er vier Jahre alt war, und wanderten nach Österreich aus. 1995 schloss er nach einem Auslandsjahr an der Gerrit Rietveld Academie in Amsterdam sein Stu-

Jun Yang was born in 1975 in Qingtian (Zhejiang Province). With the background of having family on both sides of the Taiwan straits—his grandparents were part of the Kuomingtang army who retreated to Taiwan in 1949—his family left China for Austria when he was four. In 1995, after one year at the Gerrit Rietveld Akademie in Amsterdam he concluded his studies at the Academy of Fine Arts in Vienna. His works encompass various

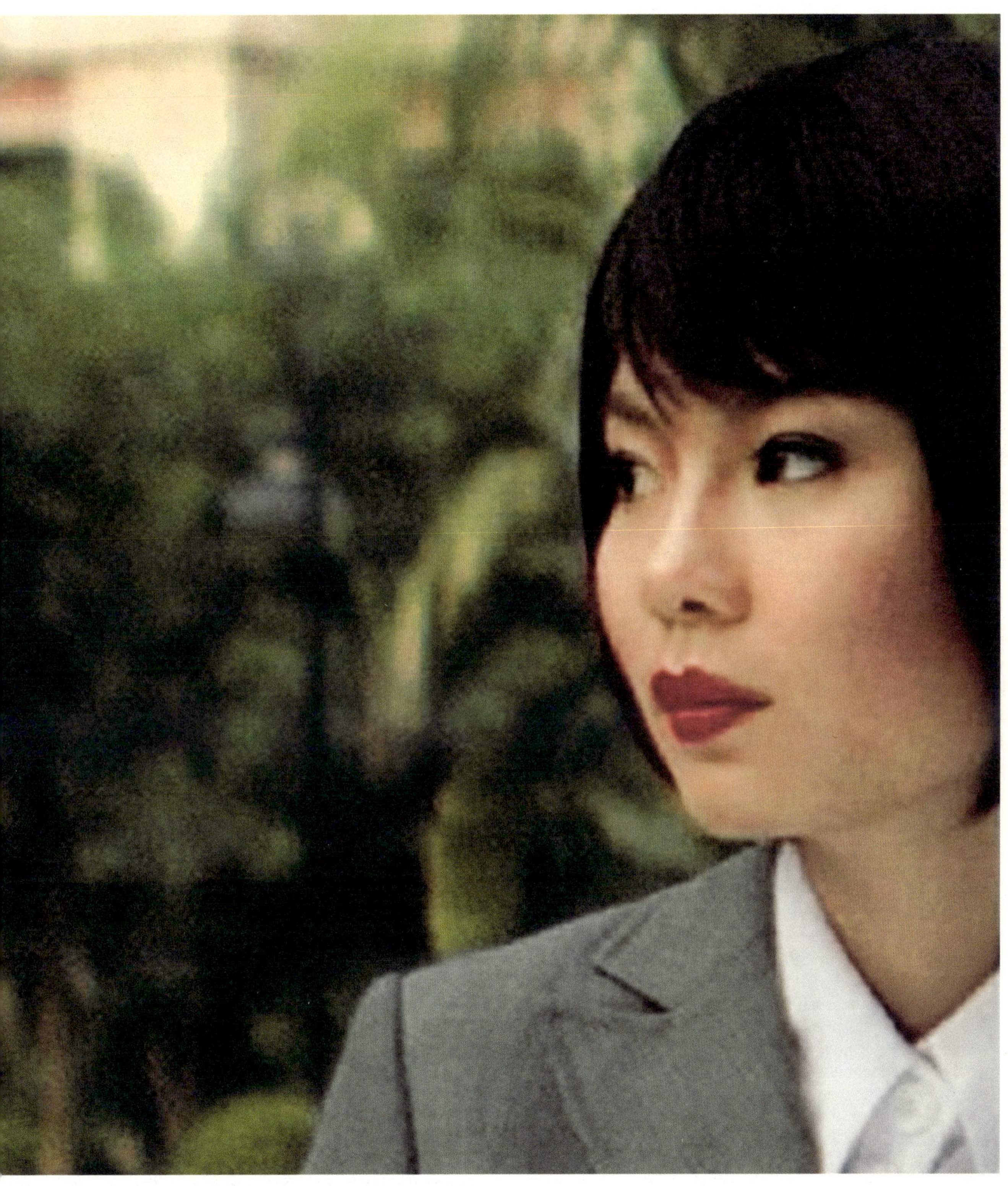

dium an der Wiener Akademie der bildenden Künste ab. Seine Arbeiten verwenden verschiedene Medien wie Film, Installation, Performance sowie Projekte im öffentlichen Raum – in Institutionen, Unternehmen und auf öffentlichen Plätzen. Jun ist in zwei unterschiedlichen Kulturen zu Hause und untersucht in seiner Kunst den Einfluss von Klischees und Medienbildern auf die Identitätspolitik. Jun lebt und arbeitet in Wien, Taipeh und Yokohama.

media—including film, installation, performance, and projects in public spaces while addressing institutions, societies, and audiences. Having grown up and lived in various different cultural contexts, in his artistic work Jun examines the influence of clichés and media images on identity politics. He lives and works in Vienna, Taipei, and Yokohama.

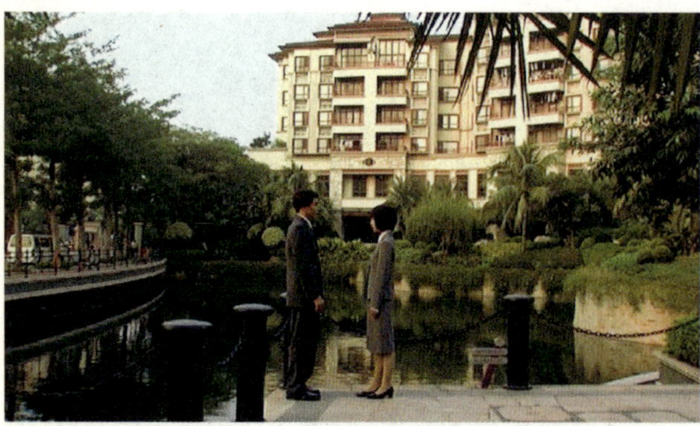

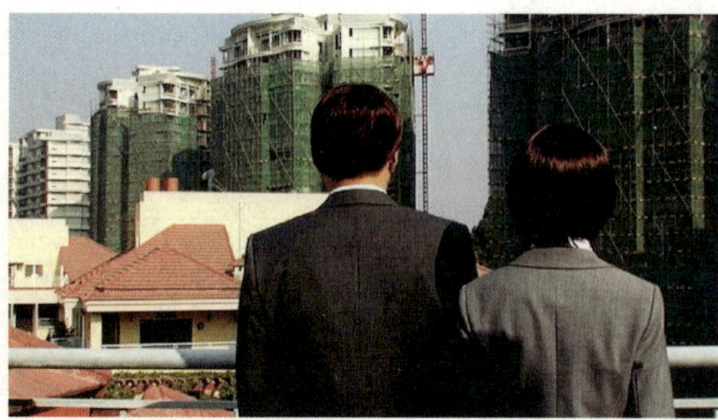

Können Sie uns Ihr Video Paris Syndrome *(2007/08) erläutern?*

Paris Syndrome ist eine psychische Störung, die bei einigen japanischen Touristen nach einem Besuch der französischen Hauptstadt diagnostiziert wurde. Meist handelt es sich um Frauen, die zwischen dreißig und vierzig Jahre alt sind und Frankreich zum ersten Mal besuchen. Sie reisen mit einem Bild von Paris als Stadt der Liebe dorthin und stellen sich die Männer und Orte dort ganz so vor, als ob sie Teil eines Liebesfilms wären. Bei ihrer Ankunft stehen sie dann der harten Realität gegenüber, was bei ihnen eine traumatische Reaktion auslöst, eine Art schweren Kulturschock. Er wird durch ein Bild, durch Träume hervorgerufen, die der Realität nicht standhalten: Je größer der Unterschied, desto größer der Schock. Für mich ist besonders diese Kluft interessant. 2007 habe ich mit einer Reihe von Arbeiten begonnen, die den Titel *Paris Syndrome* tragen. Sie umfassen Videos, Plastiken, einige Installationen, aber auch ein Café und ein Hotelzimmer. Alles unter dem gleichen Titel.

Warum haben Sie dieses Thema gewählt?

Ausgangspunkt des Projekts war ein Aufenthalt in Guangzhou, wo ich die neuen Wohnviertel und den jüngsten Wohnungsboom in China studiert habe. Zuerst dachte ich, man könnte dieses Phänomen visuell betrachten, ausgehend von seiner Rezeption in den westlichen Medien, also unter dem Gesichtspunkt, wie diese Bauten westliche Architektur kopieren und nachahmen – zum Beispiel Wohnhäuser, die wie in Paris aussehen. Für mich ist jedoch die Frage interessanter, warum die Menschen diese Architektur ›kopieren‹ und sich aneignen. Ich habe über die anfangs erwähnte Idee wie über eine Form von ›Sehnsucht‹ nach etwas nachgedacht. Ich glaube, dass diese Wohnanlagen gebaute Versionen dieser Kluft darstellen, zwischen dem, was man sich erträumt hat, und dem, was tatsächlich daraus geworden ist. Es ist vergleichbar mit einem Nachbarn, der sich als Haus ein rosa Schloss baut: Wenn wir es als Ausdruck von Träumen und Wünschen betrachten, anstatt es als ein visuelles oder architektonisches Statement anzusehen, dann besteht kein Unterschied zu einem Nachbarn, der in einem sehr modernen Haus lebt. Vielleicht spielt es auch keine Rolle, wie die Häuser aussehen, wenn wir diese als Inbegriff eines materialisierten Wunsches ansehen, als einen Weg, die Kluft zwischen Realität und Traum zu überwinden. Und wenn wir dieses Streben aus einem solchen Blickwinkel betrachten, wird es menschlich und es gibt keinen Grund mehr, es als schlechten Geschmack zu verur-

Could you explain your video film Paris Syndrome *(2007/08)?*

Paris Syndrome is a psychological disorder diagnosed with some Japanese tourists when visiting Paris. Most of them are women in their thirties who visit France for the first time. They go there with an image of Paris as the city of love; they look at men and sights comparable to watching romantic movies. Yet when they are there, they face and meet the harsh reality, and that puts them in a traumatic situation, a kind of a severe cultural shock. It results from an image, from dreams, which do not bear up to reality: the bigger the gap is, the more shock is created. To me this gap is particularly interesting. From 2007 I started to produce a series of works that were all called *Paris Syndrome*; they include a video, sculptures, and several installations but also a café and a hotel all under the same title.

Why this topic?

The project took its starting point from research in Guangzhou, where I was interested in its new residential areas and the recent apartment boom in China. At first, I thought one could look at these phenomena visually, from their reception in many Western media as to how they are a copy and mimicking of Western architecture—for instance, apartments that look like Parisian buildings. For me it is more interesting to ask why people like to copy and appropriate this architecture. So I started to think of that idea I mentioned in the beginning of longing for something. I think these residential areas are built versions of that gap, between what was dreamt about and what it actually became. It is comparable to a neighbor who builds a pink castle to live in. If we look at it as an expression of dreams and desires instead of looking at it as a visual or an architectural statement, then there is no difference to a neighbor who lives in a very contemporary, modern building. Perhaps it doesn't really matter what their houses look like if we understand them in terms of a materialized desire, a way to bridge the gap between reality and dream. And if we look at this endeavor from such a point of view, it becomes humane, and there is no need to judge misguided taste. In short: In the video *Paris Syndrome*, I am interested in those situations but the film criticizes neither the types of buildings nor people's desire to live in, for instance, a faux Venice.

How did you organize and produce the film?

Vitamin Creative Space put a small team together. We didn't have any official permission to film in those

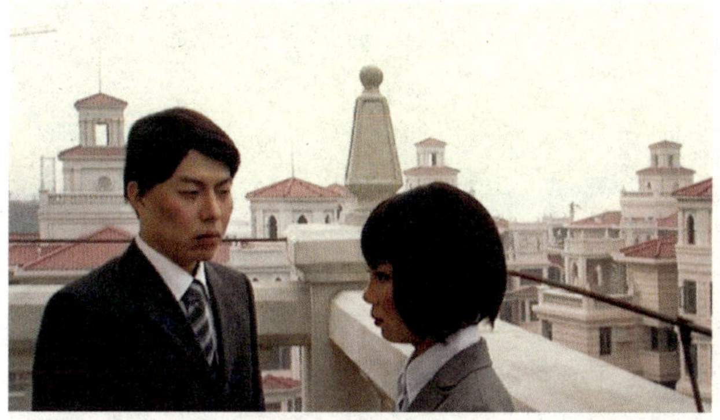

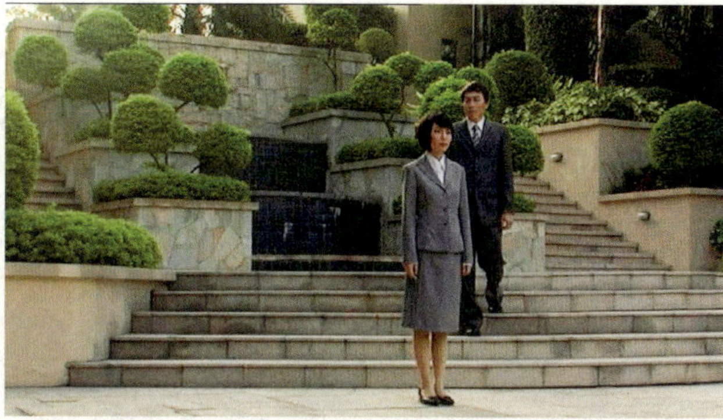

teilen. Kurz: In dem Video *Paris Syndrome* interessiere ich mich für solche Situationen, aber der Film kritisiert weder die Arten der Gebäude noch den Wunsch, darin zu leben, beispielsweise in einem nachgebauten Venedig.

Wie haben Sie den Film gedreht und produziert?

Vitamin Creative Space hat ein kleines Team zusammengestellt. Wir hatten keine offizielle Dreherlaubnis für diese Wohnviertel. Es war schon schizophren – diese Orte, die andere Orte nachahmen, haben Angst davor, gefilmt zu werden, als ob wir sie kopieren wollten oder sie etwas zu verbergen hätten. Also mussten wir uns einen Grund ausdenken, warum wir dort gefilmt haben. Zuerst einmal mussten wir aber reinkommen, denn bei diesen Vierteln handelt es sich um geschlossene Wohnanlagen. Wir mussten also immer jemanden finden, der einen der Bewohner kannte. Dann gibt es dort überall Überwachungskameras – schon nach fünf Minuten ist die Security aufgetaucht. Wir mussten also eine Art Guerillataktik anwenden, das heißt, die Schauspieler mussten sich im Minivan vorbereiten, während ich mit dem Kameramann die Einstellung besprochen habe. Wenn wir dann mit unserer Ausrüstung rausgegangen sind, musste alles sehr schnell gehen, das Sicherheitspersonal konnte ja jeden Augenblick auftauchen. Wenn sie Wachleute dann kamen, standen schon mehrere Produktionsassistenten mit verschiedenen Erklärungen bereit. Diese Zeit haben wir dann genutzt, um weiterzudrehen. In einigen Situationen hat das ausgereicht, wir konnten dann aufhören und zum nächsten Drehort fahren. In anderen Situationen haben wir gesagt, es sei eine Art Hochzeitsgeschenk für unsere ›Freunde‹, die dort leben; oder wir haben uns als Studenten ausgegeben, die eine Arbeit für die Universität anfertigen. Die Schauspieler waren Bekannte und hatten beide keinerlei Dreherfahrung. Ich habe Personen gesucht, die mein Bild eines ›gutaussehenden‹ Paares erfüllten, wie zwei Schwiegermütterträume.

Welche Anweisungen haben Sie den beteiligten Schauspielern gegeben?

Ich habe ihnen erklärt, dass es sich in gewisser Weise um einen Liebesfilm handelt. Sie waren ein Paar, aber irgendwie waren beide Charaktere gefangen; wie die Umgebung, in der sie gefilmt wurden, waren sie in Zeit und Raum gefangen. In einigen Szenen scheinen sie sich bewegen zu wollen, können es aber nicht. Beide haben Perücken und Make-up getragen. Ich wollte ihnen etwas Artifizielles verleihen – wie die Gebäude, die versuchen, etwas anderes zu sein.

residential areas. It is schizophrenic—these places that mimic other places were afraid of being filmed, as if we wanted to copy them or as if they had something to hide. So because of that we had to come up with some explanation why we were filming. First we had to find ways to enter since all of them are gated communities; so we had in each of these locations somebody who knew somebody that lived in there. Another thing is there are surveillance cameras all over these places—it took less than five minutes for us to film and their security guards would arrive. We kind of had to work with guerrilla tactics, that is, doing all preparation of the actors in the minivan while I would discuss with the cameraman the shot on the location; then everything had to go very fast once we took out our equipment and started to prepare the shot, as security would arrive any moment. As soon as they did arrive, we had a whole group of production assistants who would engage in various explanations to them while we would use the time to continue filming. In some situations this was all we needed and we would oblige them and stop filming just to move to another location to do another shot. In other situations we explained that we were doing this for our "friend" who lived there as their wedding present; or in another location we pretended to be students who were doing an assignment for university. The actors were friend's friends, both had no experience in acting. I wanted two people who fulfilled the image of a good-looking couple, like mother-in-law's darling.

What were the instructions for the actors?

I explained to them it is in a way a love film. They were a couple but somehow both characters were trapped; like the environment they were filmed in, they were stuck in time and space. In some scenes they seem to want to move, but they can't. Both actors wore wigs and makeup. I wanted to add a layer of artificialness to them, like the buildings trying to be something else.

Kan Xuan

Interview: Venus Lau

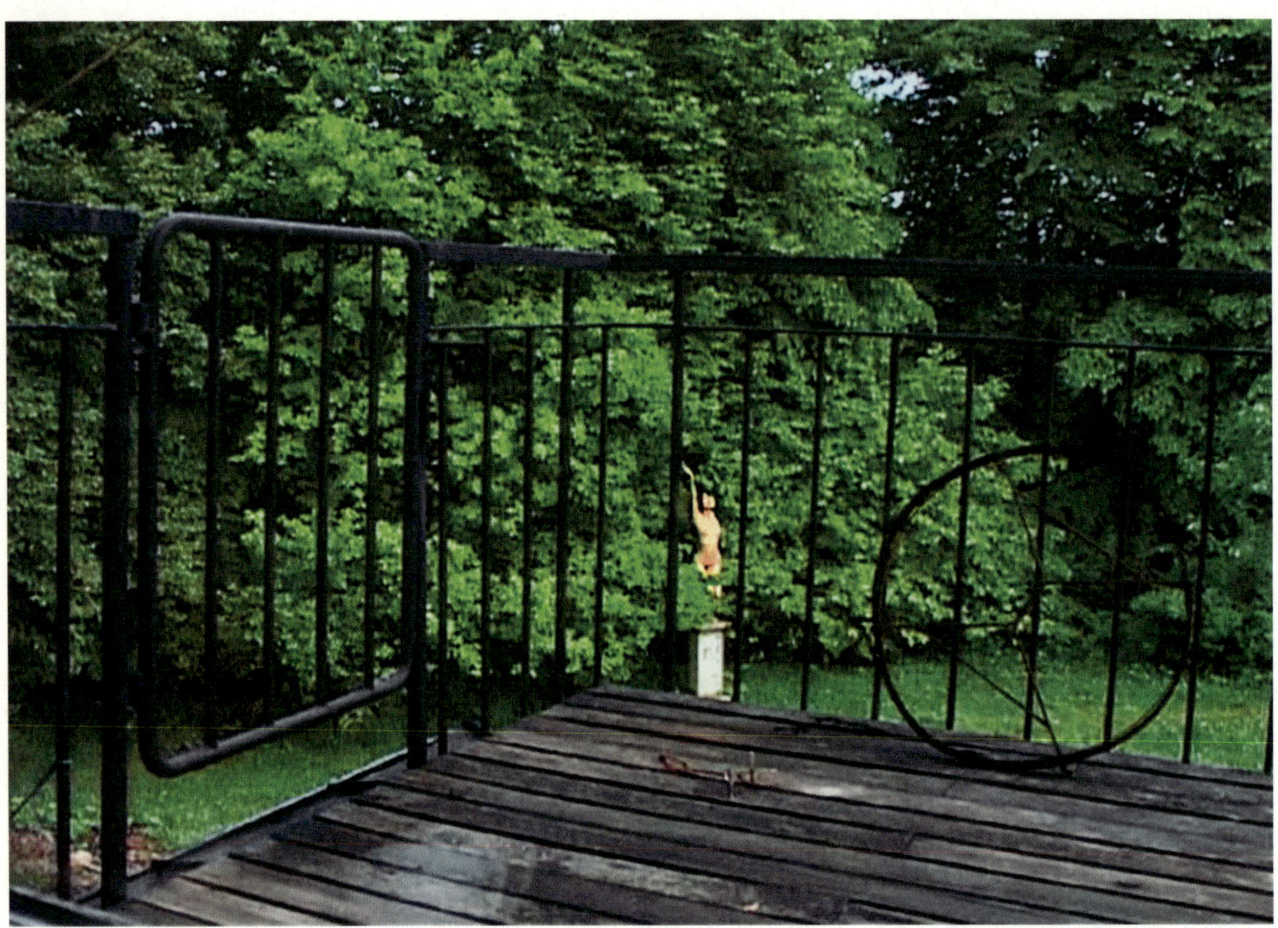

Die Videokünstlerin Kan Xuan wurde 1972 in Xuancheng (Provinz Anhui) geboren und studierte von 1993 bis 1997 an der China Academy of Art in Hangzhou. Obwohl sie auch mit Fotografie und Installation arbeitet, gehört Video zu ihren Hauptmedien. 2002 kam sie mit einem Künstleraustausch-Programm an die Rijksakademie van beeldende kunsten nach Amsterdam, 2014 wurde ihr der Chinese Contemporary Art Award in der Kategorie »Best Artist« verliehen. Kan lebt und arbeitet und Amsterdam und Beijing.

Wer ist das ›glückliche Mädchen‹ im Werk A Happy Girl *(2002)? Ist der Titel ironisch gemeint? Und falls ja, warum?*

Das glückliche Mädchen bezieht sich auch auf unser ›Selbst‹, das innere Selbst. Der Titel ist sehr direkt und positiv gemeint; er ist nicht ironisch.

Was macht die Person in dem Video?

Die Figur tanzt vor Bäumen auf einem Stein und ahmt eine Skulptur nach.

Und wer spielt diese Figur?

Das bin ich.

Wie und wo haben Sie dieses Video gedreht?

Es entstand 2002. Ich wohnte damals allein in einem kleinen Holzhaus in Schweden (das Ferienhaus eines Freundes). Ich habe zwei Monate in diesem Haus verbracht, habe geschrieben und Filme bearbeitet. Während der Com-

The video artist Kan Xuan was born in Xuan Cheng (Anhui Province) and studied at the China Art Academy in Hangzhou from 1993 to 1997. Although she also works with photography and installations, video is her main medium. Since going to Amsterdam within the scope of an artists' exchange program at the Rijksakademie van Beeldende Kunsten in 2002, she has been living alternately in Amsterdam and Beijing. She received the Chinese Contemporary-Art Award in the category Best Artist in 2014.

Who is the "happy girl" in the work A Happy Girl *(2002)? Is the title ironic? And if so, why?*

The happy girl refers to one's self, the inner self. The title is very straightforward and positive, it is not ironic.

What is the person doing in the video?

The character is dancing on a rock in front of trees, imitating a sculpture.

Who is the performer?

Me.

How and where did you film this video piece?

It was shot in 2002, when I was living alone in a small wooden cottage (it was my friend's vacation house) in Sweden. I stayed there for two months, spending my time there writing and editing film. When I waited for the computer to finish the rendering process, I often took a rest and read a book—and through the windows I always saw

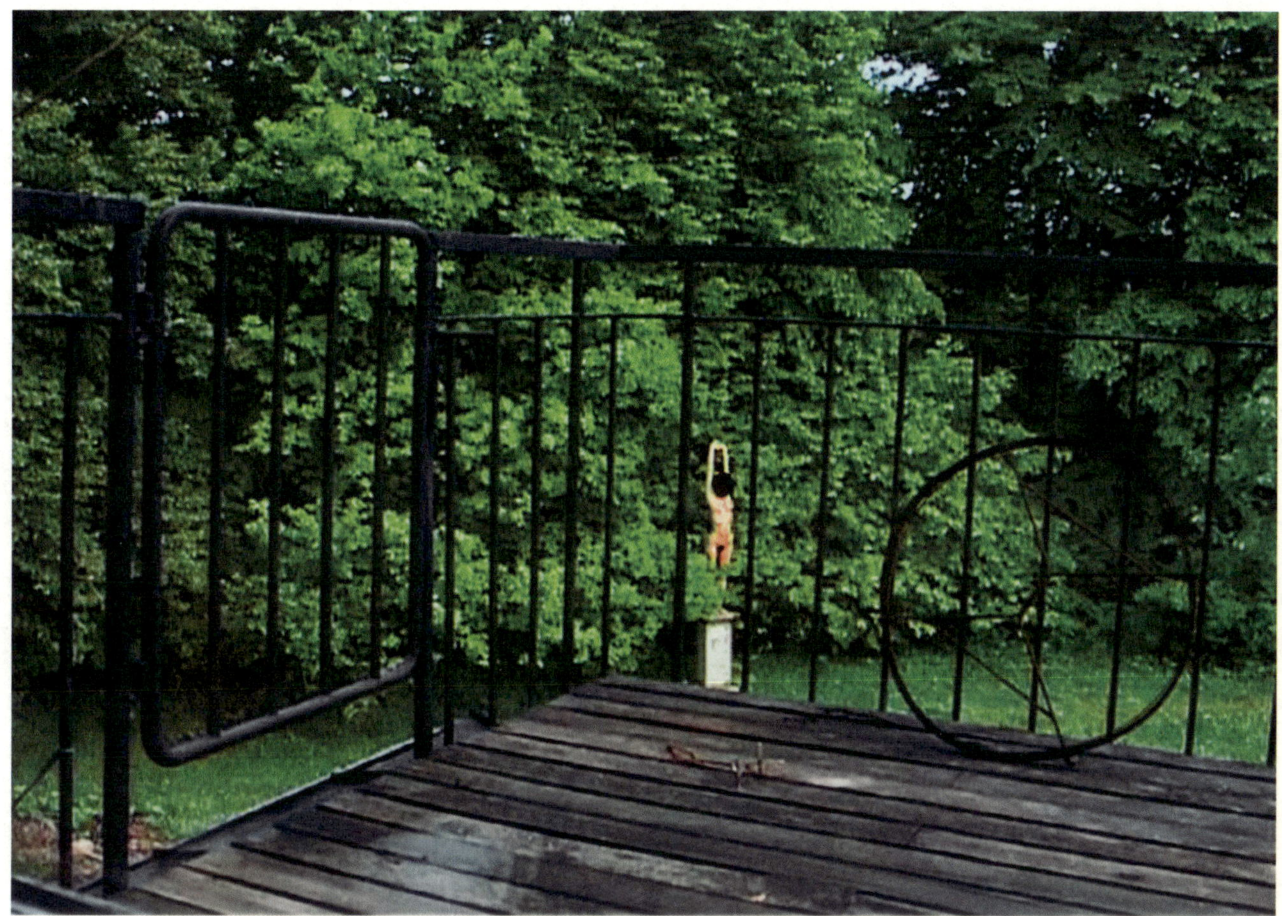

puter mit dem Rendering beschäftigt war, habe ich oft eine Pause eingelegt und ein Buch gelesen. Durch das Fenster sah ich dann immer diesen weißen Stein vor einer Reihe von großen Eichen und dachte mir: »Eigentlich müsste auf diesem Stein eine kleine tanzende Figur stehen.« Es war Frühjahr und ich hatte den Stein seit zwei Monaten ständig im Blick. Der Wald war so ruhig und es kamen kaum Menschen vorbei. Bevor ich aus Schweden abgereist bin, habe ich meinen Wunsch in die Tat umgesetzt und auf diesem Stein getanzt, wie eine Skulptur.

Welche Verbindung besteht zwischen dieser Arbeit und Ihren übrigen Werken?

Sie sind durch einen Ausdruck von Unschuld, Klarheit und Humor miteinander verbunden.

Wenn sich die Performance auf eine Skulptur bezieht, was bedeutet die Skulptur dann?

Die Skulptur besitzt keine spezifische Bedeutung. Ich habe lediglich versucht, den nicht präsenten Teil des Steins zu ersetzen, während ich mir einen Wunsch erfüllt habe.

Gibt es einen spezifisch chinesischen Kontext?

Es geht nicht um einen chinesischen Kontext ... Glück ist ein vergänglicher Moment, der immer zufällig auftritt. Das ist in China genauso wie in allen anderen Ländern der Erde.

Der wirkungslose Diskurs ist ein Merkmal Ihrer Arbeiten, in denen die Diskurse im Moment ihrer Auflösung erscheinen,

a piece of white rock backed by a line of tall oak trees, and I thought "there should be a tiny sculpture dancing on that rock." It was spring, and the rock had been exposed to my gaze from a distance for two months. The forest was so serene, and I rarely saw other people there. Before I left Sweden I realized my wish, which is dancing on that specific piece of rock like a sculpture.

What is the connection between this work and the rest of your oeuvre?

They are connected by an expression that is innocent, straightforward, and humorous.

If the performance refers to a sculpture, what would the sculpture signify?

There is no specific signification in the sculpture, I just tried to compensate for the half of the rock that was absent, while making one of my wishes come true.

Is there a specific Chinese context involved?

It is not about Chinese context. . . . Happiness is a fleeting moment that always appears in randomness. It works the same way in China as in other countries.

*Inefficient discourse is one of the traits of your works, in which discourses appear with their dissolution, for example, the description of colors in a monochrome video (*Object, 2003*), the fragmented monologue without an expectation for answers and texts that fall into the cycle of being written*

Kan Xuan, *A Happy Girl*, 2002

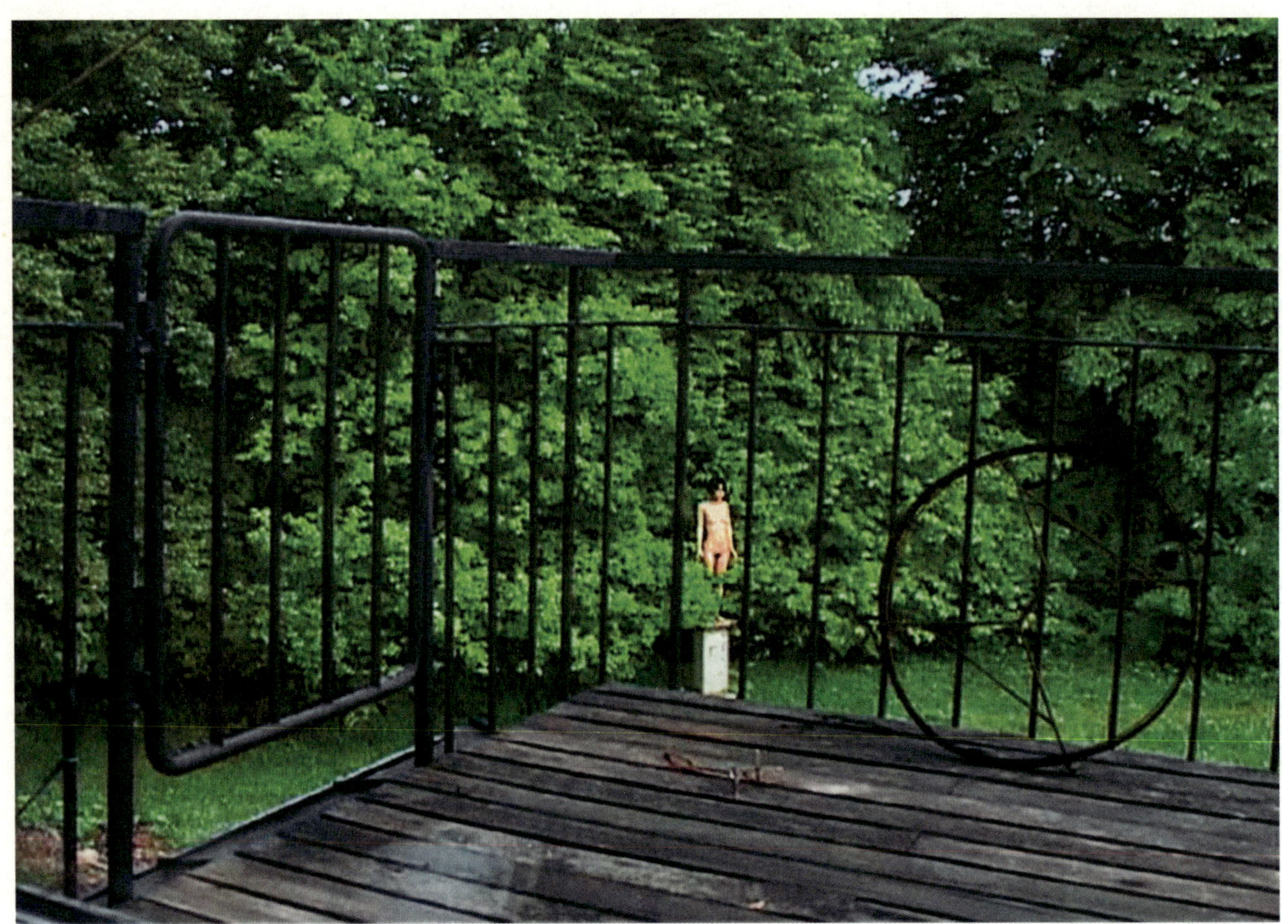

*zum Beispiel die Beschreibung von Farben in einem monochromen Video (*Object, *2003), der fragmentierte Monolog ohne die Erwartung einer Antwort und die Texte unterliegen dem ständigen Kreislauf Schreiben–Löschen–Schreiben (*Sutra of Perfect Enlightenment, *2009). In diesen Arbeiten stehen verbale und visuelle Erzählung nicht in einer komplementären Beziehung, sie sind durch Distanz oder Konflikt miteinander verbunden. Lassen sich diese beiden einander annähern?*

Diese Erzählungen stehen manchmal im Konflikt zueinander, manchmal überlappen sie sich. Gleichzeitig überlagern sie sich, wie zwei zerbrechliche Glasscheiben, zwischen denen sich Wasser befindet, und die so aufeinanderkleben. Unsere Urteile, Erfahrungen und Erinnerungen hängen voneinander ab und verstärken sich gegenseitig. Wo es zu Zusammenstößen und Überlagerungen kommt, gibt es leere Räume, die mit Erinnerungen gefüllt werden können. Ich denke, dass die Überlagerungen und Konflikte aus einer Parallaxe von Gedanken im täglichen Leben herrühren; sie sind keine Fertigkeit, sondern ein natürlicher Zustand.

Sie haben Video bereits an der Kunsthochschule als wichtigstes Medium gewählt. Diese damals noch neue Kunstform in China hat sich mittlerweile zu einem ausgereiften System von visueller Sprache und Konzepten entwickelt. Was war der Grund für diese Entscheidung?

Die Wahl war zufällig, aber unausweichlich. Nach meinem Abschluss habe ich für eine Filmproduktionsfirma

*and erased (*Sutra of Perfect Enlightenment, *2009). In these works the verbal and visual narratives are not in a complementary relationship, they are knotted by detachment or conflict. What do you think about moderating the two?*

These narratives sometimes conflict and sometimes overlap each other; at the same time they are superimposed on each other, they become something like two fragile glass panes stuck together by water. Our judgment, experience, and memory are dependent on and reinforce one another. Where there are signs of collision and superimposition, there are voids to be filled with memories. I think the superimposition and conflicts come from a parallax of thoughts in daily life; they are not a skill but a natural state.

You chose video as a primary medium when you were still in art school. It was a new art form in China then and has by now been developed to a mature system of visual language and concepts. So why did you choose video as primary medium for your artistic practice?

The choice was accidental but inevitable. After my graduation I worked for a film production company, which allowed me to accumulate the experience of editing and shooting film. The choice of using video is inevitable, as I always think that media of art should be multifaceted. My attention is always driven to the dissemination mode of images in the contemporary world, such as the change in the dimensions and formats of images, or the rise of video viewing on social media. When I am working, choices are made based on the specific concepts of the works.

gearbeitet und dabei viel Erfahrung mit dem Bearbeiten und dem Drehen von Filmen gesammelt. Der Einsatz von Video ist zwingend, da für mich ein Kunstmedium viele Facetten aufweisen muss. Mir geht es immer um die Art und Weise der Verbreitung von Bildern in unserer Welt, zum Beispiel die Veränderung von Bildmaßen und Bildformaten oder die steigende Bedeutung von Videos in den sozialen Netzwerken. Bei meiner Arbeit basiert die Entscheidung auf den spezifischen Konzepten der Werke.

Li Tianbing

Interview: Xu Sheng

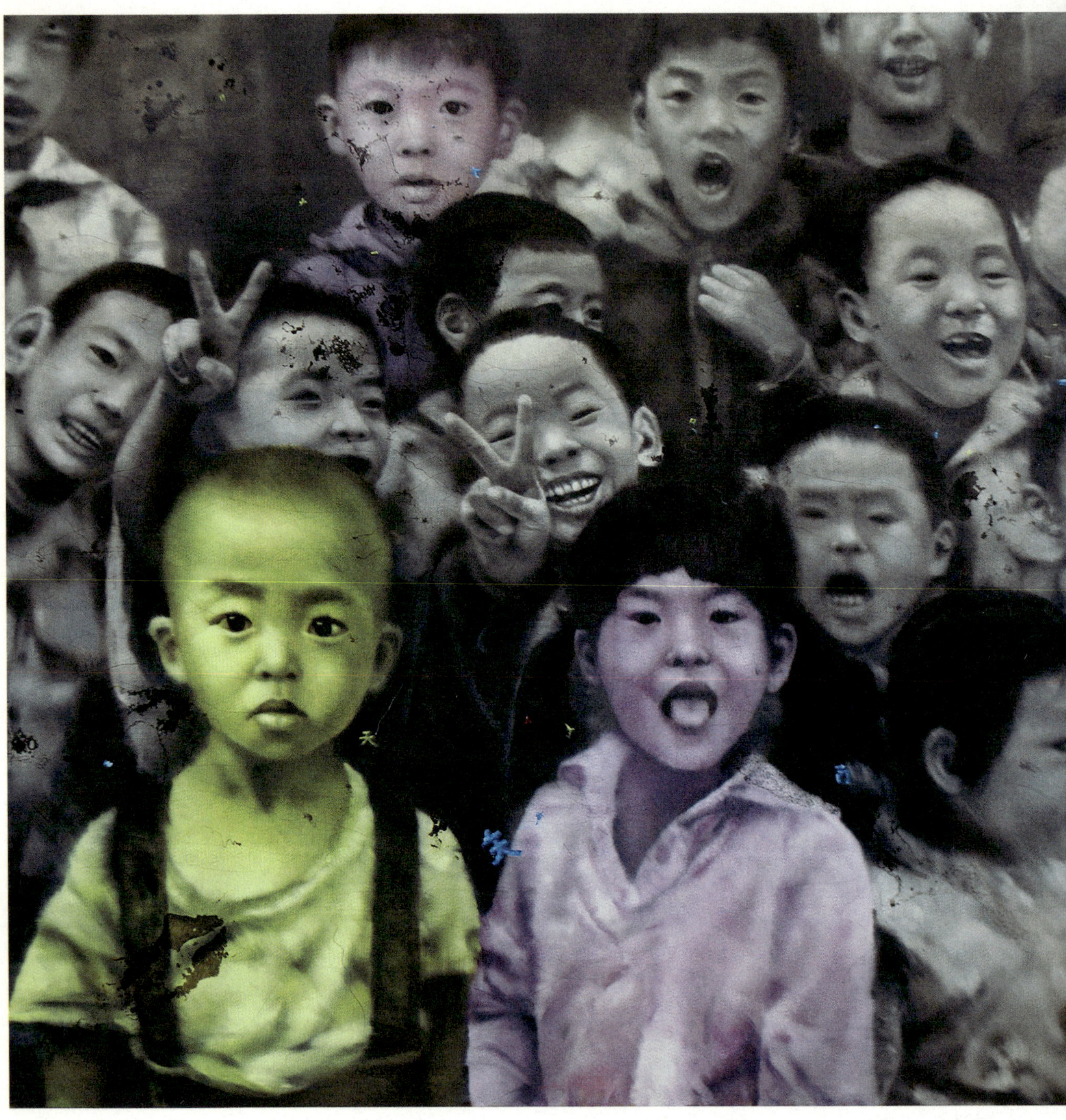

Der realistische Maler Li Tianbing wurde 1974 in Guilin (Provinz Guangxi) geboren. Seine künstlerische Ausbildung absolvierte er von 1997 bis 2002 an der École nationale supérieure des beaux-arts in Paris. Er gilt als Brückenbauer zwischen den chinesischen und europäischen Malereitraditionen, die er abwechelnd benutzt und kombiniert. Li lebt und arbeitet in Paris und Beijing.

Wie kamen Sie auf den Titel Ensemble #1 + 2 *(2008)?*

›Ensemble‹ ist Französisch und bedeutet »zusammen sein«, »ein Ganzes sein«.

Wer sind diese Kinder? Gibt es einen Grund dafür, dass die gelben und violetten hervorgehoben sind?

The realistic painter Li Tianbing was born in Guilin (Guangxi Province) in 1974. He atudied art at the Ecole nationale supérieure des Beaux-Arts de Paris from 1997 to 2002. He is regarded as a bridge builder between the Chinese and European traditions of painting, which he uses alternately as well as combines. Li lives and works in Paris and Beijing.

Why did you choose the title Ensemble # 1 + 2 *(2008)?*

Ensemble is French and means "to be together, a whole."

Who are these children? Is there a reason to have the yellow and purple ones singled out?

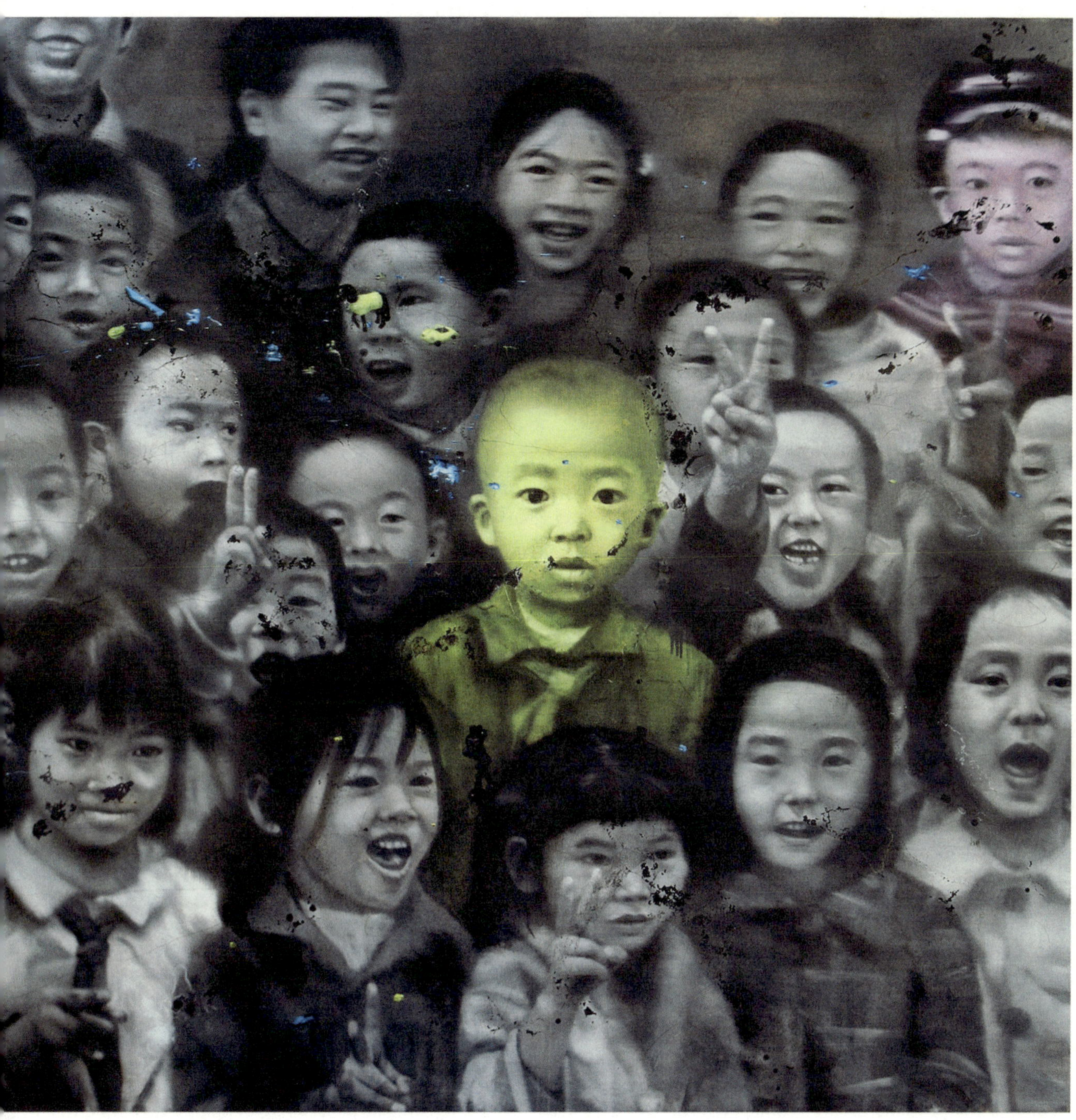

Die Kinder in Schwarz-Weiß ist einer Fotografie entnommen, die ich von Schülern in Guangxi gemacht habe. Die gelben und violetten Jungen wirken auf mich, als ob sie unterschiedlichen Alters wären, während die violetten Mädchen meiner Frau als Kind ähneln. Die gleichzeitige Existenz der Kinder in dieser Fotografie ist eine Fiktion, vor allem weil die unterschiedlichen Versionen meiner Person wie virtuelle Brüder scheinen.

Welche Intention steckt hinter dem Werk?
Die Arbeit stellt mich als Einzelkind der 1970er- und 1980er-Jahre einem Einzelkind der heutigen Zeit gegenüber.

The children in black and white in the painting is from a photograph I took of a local pupil in Guangxi. The yellow and purple boys look like me at different ages, whereas the purple girl looks like my wife in her childhood. The parallel existence of the children in this photograph is a fiction, especially since the different versions of me seem to be like virtual brothers.

What's the idea or intention behind the work?
This work offers an encounter between a present-day only child and me as an only child in the 1970s and '80s.

So, "Ensemble" means putting children from different times together?

›Ensemble‹ bedeutet hier demnach, Kinder aus unterschiedlichen Zeiten zusammenzubringen?
Genau. Zeiten und Räume können in einem Bild zusammengebracht werden. Da ich aus meiner Kindheit keine Fotografien zusammen mit anderen Kindern besitze und mich an keines ihrer Gesichter mehr erinnern kann, fülle ich die Leerstellen mit den Gesichtern heutiger Kinder.

Sprechen Sie in dieser Arbeit auch soziale und politische Themen an, beispielsweise die Ein-Kind-Politik?
Durch das Motiv des virtuellen oder fiktiven Bruders kann ich die Hilflosigkeit der Ein-Kind-Generation zum Ausdruck bringen. Das Opfer jeder einzelnen Familie ist stets der allgemeinen politischen Entscheidung untergeordnet. Das war in der Vergangenheit so, geschieht aber auch im heutigen China.

Sind Sie durch die Ein-Kind-Politik traumatisiert?
Ich denke, in meiner Persönlichkeit existiert eine Lücke, da ich recht selbstbezogen und einsam bin. Als ich westliche Länder besuchte, beschlich mich das Gefühl, dass ich keine wirklich gute Kindheit hatte. Auf diesen Gedanken war ich in China nicht gekommen, da beinahe alle Familien in derselben Situation sind. Und noch eine andere Sache: Wenn man älter wird, muss man sich um seine alten und manchmal kranken Eltern kümmern. Als Einzelkind ist es viel schwieriger, eine angemessene Pflege zu ermöglichen, da ich ja auch noch arbeiten muss. Die Familienstruktur in China ist derzeit sehr fragil.

Wie sehr spiegelt diese Arbeit Ihre eigenen Erfahrungen und Erinnerungen wider?
In den 1970er- und 1980er-Jahren gab es kaum Familienfotografien, das war damals noch nicht so üblich. Ich habe aus meiner Kindheit also nur meine Erinnerungen und einige wenige Schwarz-Weiß-Fotografien. Malen ermöglicht mir, diese weißen Flecken zu füllen, meine Vergangenheit zu verbildlichen. Dieser Prozess ist ein Aufholen und eine Therapie der Defizite in meiner Kindheit.

Die Farbkomposition in diesem Gemälde ist recht ungewöhnlich. Erinnern Sie sich, wie es dazu kam?
In dieser Werkserie zeigt das Schwarz-Weiß die Realität, während die farbigen Elemente eine Fiktion beschreiben. Gleichzeitig ist das Schwarz-Weiß depressiv und wird allein durch die kolorierten erfundenen Figuren ausgeglichen. Damit die chinesische Gesellschaft der Zukunft überleben kann, benötigen wir eine bunte und positive Einstellung, auch wenn das nur ausgedacht ist.

Es handelt sich also um eine recht kritische Arbeit?
Unser politisches System ändert sich nicht, ganz gleich, ob man es kritisiert oder nicht. Und die Kunst hat nicht sehr viel Einfluss. Um inneren Frieden zu finden und unangenehme Gefühle auszugleichen, kann ich nur meine eigenen Emotionen ordnen. Vielleicht kann man von einer Art passiver Kritik sprechen.

Wie stehen Sie zur zeitgenössischen Malerei in China?
In den vergangenen Jahren war die zeitgenössische Malerei in China von Angst und Utilitarismus geprägt. Die Malerei als Technik oder Ausdrucksmittel hat kaum Fort-

Yes indeed. The times and spaces can be put together in one painting. Since I don't possess any photographs with other children from my childhood and I can't remember any of their faces, I fill the blanks with current children's faces.

Do you also reflect social and political issues in this work, like, for example, the one-child policy?
Through the virtual or fictitious brother motif I can express the helplessness of the only-child generation. The sacrifice of each family comes always second after the general political decision. This happened in the past but it's also happening today in China.

Has the one-child policy traumatized you in any way?
I think something is missing in my personality, as I'm rather self-centered and lonely. When I visited Western countries, I got the feeling that my childhood wasn't that good. It didn't occur to me while I was in China, as every family is almost in the same situation. The other thing is that when you grow old, you'll need to take care of your aged and sometimes sick parents. This is much harder for an only child to offer excellent care, as I also have to work. The family structure in China is now very fragile.

How does this work resonate with your own experiences and memories?
You didn't have any family photographs in the 1970s and '80s, it was not a popular habit yet. So I have only my memories and very few black-and-white part photographs from my childhood. Painting allows me to fill in the blanks, to imagine my past. This process is at the same time a recovery and a therapy for the shortcomings in my childhood.

The color composition is quite special in this painting. Can you talk about how you planned it?
In this series of works, the black-and-white parts show the reality, while the colored parts depict a fiction. At the same time, the black-and-white part is depressive and only balanced out through the colorful imagined figures. For Chinese society to survive in the future, we need colorful and positive spirits, even if it's just made-up.

So one could say that this work is quite critical?
Our political system doesn't change, whether you criticize it or not; art especially hasn't got much influence. I can only adjust my own emotions to find peace of mind and even out hard feelings. So maybe you could say that it's a kind of passive criticism.

How do you review contemporary painting in China?
Chinese contemporary painting in the past years was full of anxiety and utilitarianism. Painting as technique or way of expression made no big progress. Most artists were eagerly following trends and tendencies. But now some trends are over and you need to find your own visual language and concept of image. Only the artists who really love painting will now enjoy the current situation. At this particular moment, it is time and there is opportunity for Chinese contemporary painting to grow up.

schritte gemacht. Viele Künstler sind willig den Trends und Strömungen gefolgt. Einige sind nun vorbei und es geht darum, eine eigene visuelle Sprache und eigene Bildkonzepte zu finden. Nur Künstler, die wirklich gerne malen, werden die derzeitige Situation genießen. Jetzt ist es an der Zeit und es besteht die Chance, dass sich die zeitgenössische chinesische Malerei weiterentwickelt.

Was bedeutet Malerei für Sie selbst?

Ich habe die Serie mit dem Einzelkind vor etwa zwei Jahren unterbrochen und bin dabei, andere Themen und Arbeitsweisen zu finden. Wenn man eine Tür schließt, eröffnen sich einem immer viele andere Möglichkeiten. Und jede könnte eine echte Option darstellen. Das malerische Schaffen muss über einen langen Zeitraum betrachtet werden. Wenn ich meinen fünfjährigen Sohn oder meine dreijährige Tochter sehe, dann merke ich tief in mir, wie die Malerei instinktiv zu mir kommt und beinahe ein physisches Bedürfnis darstellt. Wie sie an unterschiedlichen Bildern aus unterschiedlichen Epochen der Kunstgeschichte erkennen können, braucht exzellente Malerei Talent, Energie und Zeit.

What importance has painting for you personally?

At the moment I quit painting the series about the only child for two years and try to find different themes and ways. It's like always, when you close a door, you will find many other possibilities in front of you. And any of it could become a real option. Painting is to be considered in the long time span. So, when I watch my five-year-old son or my three-year-old daughter, I realize deep inside me how painting comes instinctively to me and almost is a physical need. As you can see in diverse paintings in different phases of art history, it needs talent, effort, and time for excellent painting.

Lu Yang

Interview: Li Qi

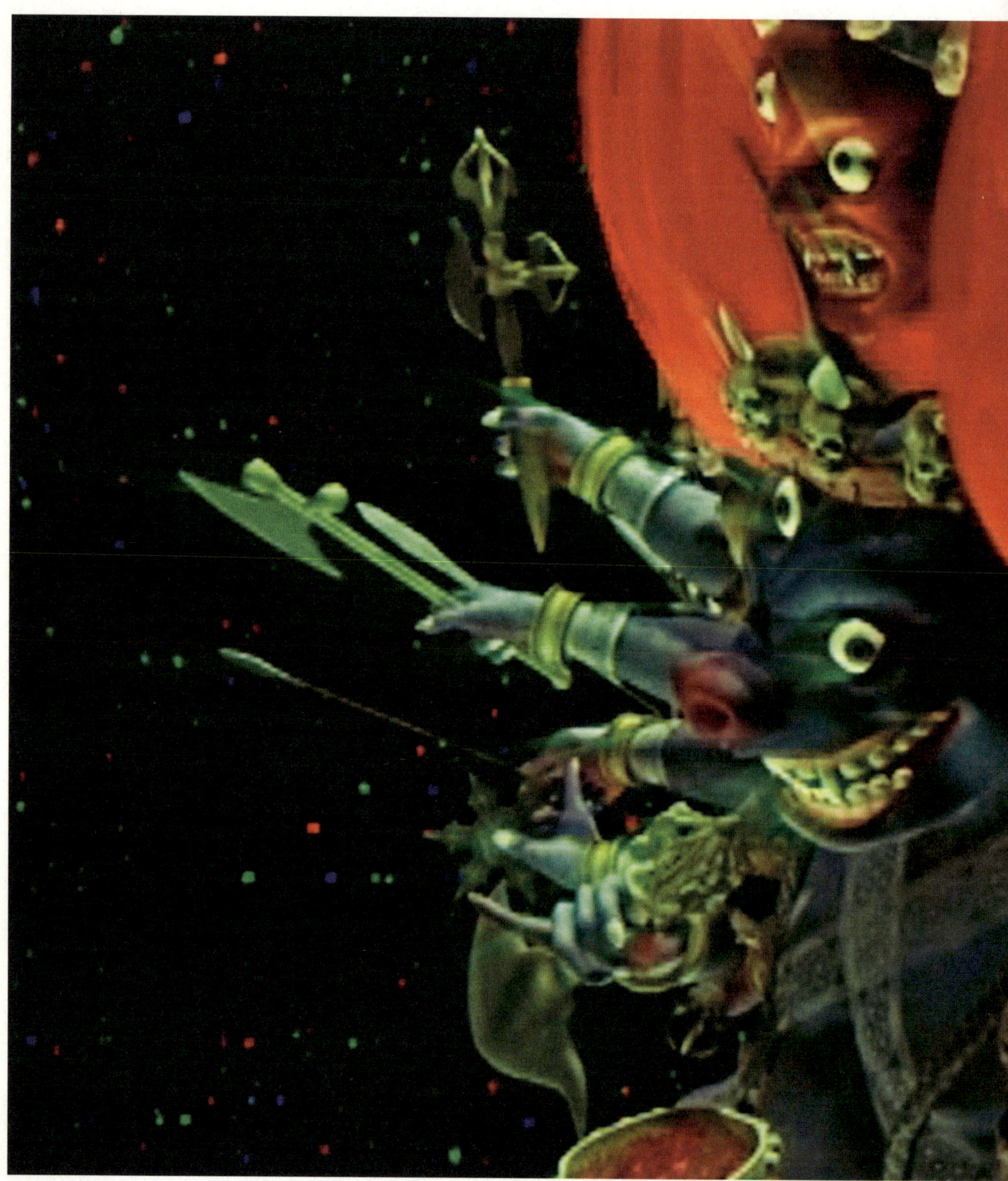

Die Videokünstlerin Lu Yang wurde 1984 in Shanghai geboren. 2010 schloss sie ihr Masterstudium am Fachbereich Neue Medien der China Academy of Art in Hangzhou ab. In Ihrer Kunst behandelt sie vor allem die Themen Medizin, Technologie, Religion, Psychologie und Volkskultur. Dabei arbeitet Lu immer wieder mit Ingenieuren, experimentellen Musikern und Psychoanalytikern zusammen. Häufig verbindet sie Videoclips und Musik,

Video artist Lu Yang was born in 1984 in Shanghai. In 2010 she completed her master of arts in the new media art department at the China Academy of Art in Hangzhou. Lu's work touches on medicine, technology, religion, psychology, and popular culture, and entails collaborations with engineers, experimental musicians, and psychoanalysts. She frequently uses the form of the music video to package and transmit her ideas, which

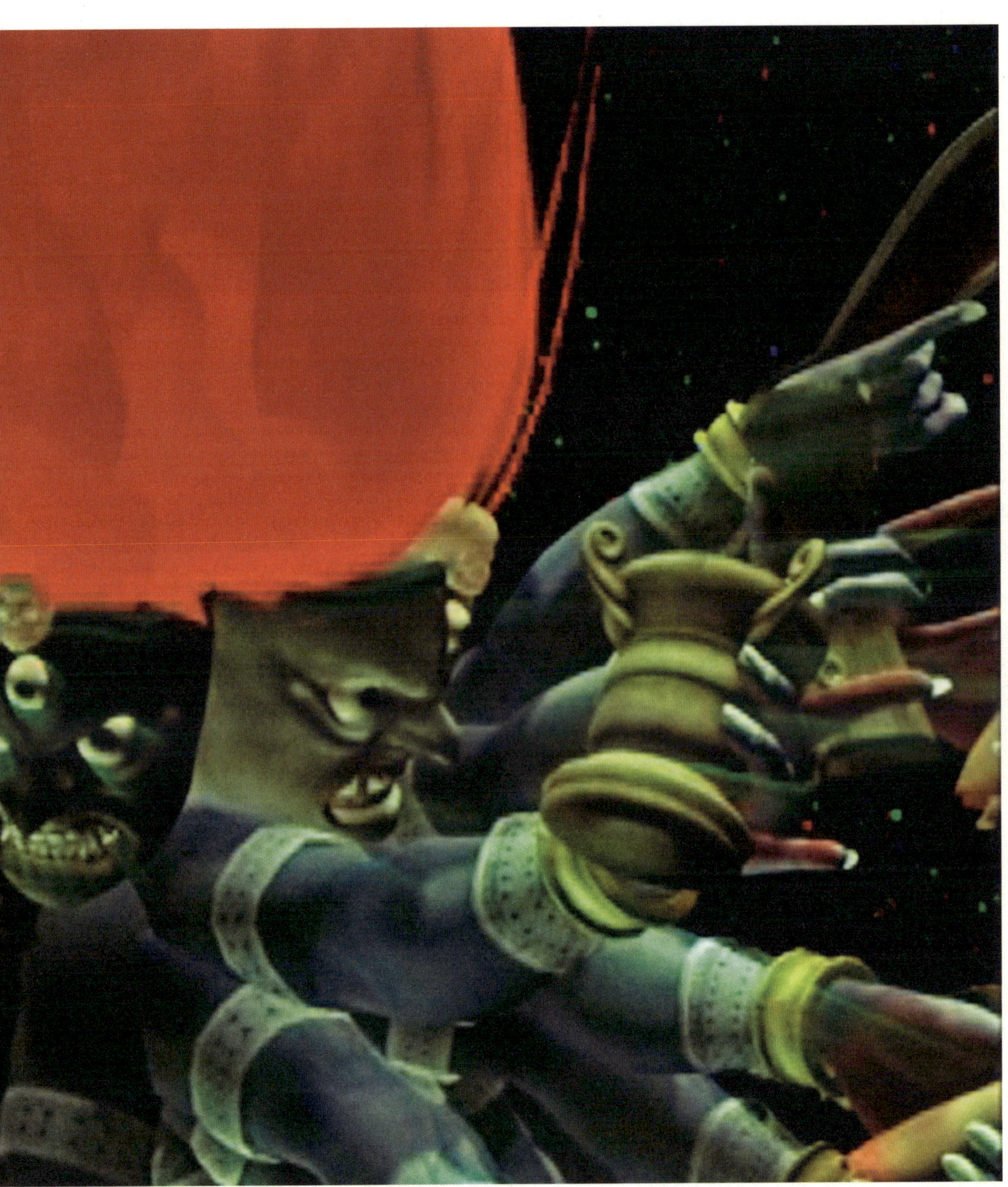

um ihre Ideen zu verpacken und transportieren. Da ihre Arbeiten eine dunklere Seite der Realität berühren, regen sie immer wieder auch zu ethischen Diskussionen an. Lu lebt und arbeitet in Shanghai.

Was zeigt die Animation Wrathful King Kong Core *(2011)?*

Wrathful King Kong Core ist eine Kombination aus Religion und Wissenschaft. Das Werk stellt die religiöse

often spark moral debates as they touch on darker sides of reality. Lu lives and works in Shanghai.

What is the animation Wrathful King Kong Core *(2011) showing?*

The *Wrathful Kong Kong Core* is a combination of religion and science. It depicts the religious interpretation of wrath alongside the medical and scientific interpretation of

Interpretation von Zorn zusammen mit der medizinischen und wissenschaftlichen Interpretation von Wut dar sowie den Unterschied zwischen diesen beiden Interpretationen. Diese beiden miteinander zu vereinen war ein ziemlicher Kraftakt. Die Hauptfigur ist Yamantaka (Vajrabhairava), eine der mächtigsten zornvollen Yidam-Gottheiten [Meditations-Gottheiten]. Er besitzt den Kopf eines Stiers und das Gesicht eines Yaksha [Naturgeistes]. Ich interessiere mich für Religion und Wissenschaft und für deren Interpretation von identischen Themen. Durch die Kombination von beiden will ich die zwei unterschiedlichen Blickweisen von Zorn und Wut darstellen. Der erste Teil der Animation zeigt die Werkzeuge, die der Yidam hält. Dann erfolgt ein Schwenk in sein Gehirn. Ich habe mit einem Psychologen zusammengearbeitet, um die Bahnen aufzuzeigen, die die Stimmungen im Gehirn des Yidam nehmen. Man sieht die verschiedenen Bereiche, die bei Wut aktiviert werden.

Wie funktioniert Wut?

Wut ist lediglich eine Stimmung, die in einigen bestimmten Bereichen des Gehirns erzeugt wird. Aber sie folgt immer wieder unterschiedlichen Bahnen und aktiviert unterschiedliche Bereiche. Diesen komplizierten Mechanismus erkläre ich in der Animation. Das wichtigste Organ bei der Erzeugung von Wut ist die Amygdala – sie produziert schreckliche Vorstellungen, die Ängste hervorrufen. Wut

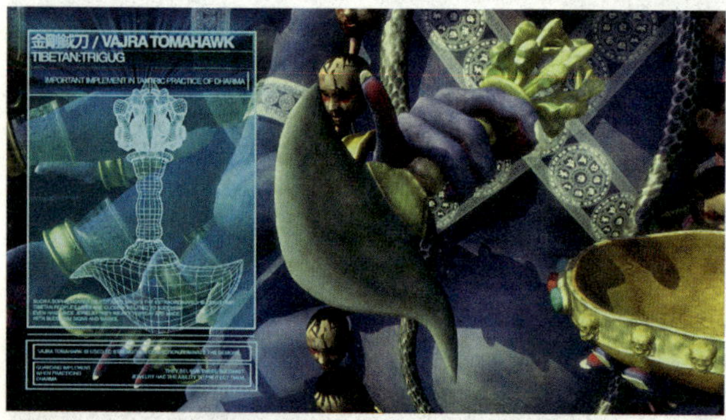

hängt darüber hinaus vom präfrontalen Cortex und dem Hippocampus ab. Wenn man bei einer Person ein MRT [Magnetresonanztomogramm] macht, sieht man, wie jede Stimmung unterschiedliche Bereiche aktiviert.

Warum haben Sie zur Darstellung eine Gottheit ausgewählt?

Gottheiten besitzen keinen leiblichen Körper wie Menschen, die zornige Figur ist daher nichts weiter als ein visueller Wutausbrauch, der ein Bild des Körpers im ›mofa‹ zeigt [im letzten der drei buddhistischen Zeitalter]. Gottheiten sind jedoch gnädig und besitzen nicht die Emotionen von Sterblichen. Ich kombiniere das mit der menschlichen Wut, die eine völlig andere Sache ist.

Was bedeutet der Titel?

Das Video war eine Auftragsarbeit für die Ausstellung *The Anatomy of Rage* 2011 im Ullens Center for Contemporary Art (UCCA) in Beijing. Man hat mich gebeten, den Titel unter einem religiösen Aspekt darzustellen. Sie müssen wissen, dass das zweisilbige ›jīn gang‹ im chinesischen Titel aufgrund seiner phonetischen Ähnlichkeit die gleiche Bedeutung besitzt wie die chinesische Übersetzung des Namens ›King Kong‹ [›gam gong‹] – es umschreibt ein

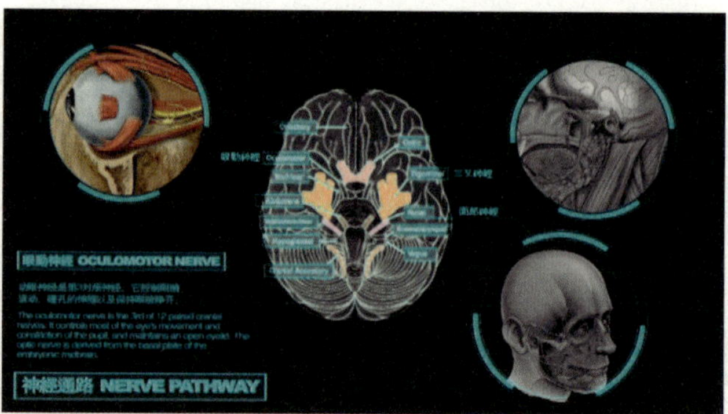

rage, and the difference between the two interpretations. It was a forceful effort to combine the two. The main character is Yamantaka (Vajrabhairava), one of the most representative wrathful deities of the yidams (iṣṭadevatās). His features were made significant by the head of an ox and the face of a yaksha. I'm simultaneously interested in religion and science, as well as the same issues that are interpreted in both fields. By combining the two, I attempted to present two different perspectives toward the subjects of wrath and rage. The first part of the animation shows the instruments that the yidam is holding. Then it turns into his brain. For that I collaborated with a psychologist to demonstrate the pathways of moods in the yidam's brain, showing the related areas activated when raging.

How does rage function?

Rage is nothing but the mood generated by a few specific areas of the brain. But rage takes different pathways from one time to another, and it activates different areas. I explain this complicated mechanism in the animation. The most important organ that generates rage is the brain—especially the amygdalae, which produce horrifying impressions that lead to fears. Rage also has to do with the prefrontal cortex and the hippocampus. If one takes an MRI, you'll see every strike of mood activates different components.

Why your decision to demonstrate this with a deity?

Religiously, the deities don't have a flesh body like humans, so the wrathful figure is only visually berating, representing an image of all flesh in *mofa* (the Age of Dharma Decline). But actually, the deities are merciful, and they don't have the emotions of the mortals. I combine it with human rage, which is totally different.

What does the title mean?

The video was a commission for the exhibition *An Anatomy of Rage* at the Ullens Center for Contemporary Art (UCCA) in Beijing in 2011. I was advised that I should translate the title in religious terms. Here you need to know that the Chinese title, which is pronounced "jīn gang," has the same two-character phrase as the Chinese translation of the name "King Kong," due to the phonetic similarity, and as a paraphrase that described a powerful and wrathful being. So I inserted "King Kong" in the work's title. I just made the decision randomly as I didn't want to give it any significance. One could get the idea from the Chinese title, but the English one is rather weird. And

mächtiges und zorniges Wesen. Deshalb habe ich ›King Kong‹ in den Werktitel aufgenommen. Die Entscheidung war eher zufällig, da ich ihm keine besondere Bedeutung beimessen wollte. Man könnte das auch aus dem chinesischen Titel schließen, aber der englische klingt sehr bizarr. ›Core‹ verweist auf die Amygdala, die für viele negative Gefühle verantwortlich ist. Und es verweist auch auf den Kern oder des Zentrum von Zorn. Außerdem wollte ich Missverständnisse in Bezug auf meinen Titel. Das Publikum wird denken, dass ich etwas durcheinandergebracht habe und durch Zufall auf den Namen des Gorillas im Film gekommen bin. Aber für mich soll der Titel möglichst bedeutungslos sein. Den Zusatz ›wrathful‹ [zornerfüllt] habe ich als einen Ausdruck religiösen Zorns beibehalten.

Wie ist der Film technisch entstanden?

Ich habe viel Software eingesetzt, 3-D-Rendering und Realfilm. Der Soundtrack stammt vom Soundkünstler Dajuin Yao. Er ist außerdem ein Experte für Buddhismus und äußerst gebildet. Auf der Tonspur gibt es eine wichtige Komponente: Vom Beginn bis zu dessen Ende hört man ein durchgehendes ›om‹. ›Om‹ ist im Buddhismus von großer Bedeutung, es ist der Klang des Kosmos. Wenn man es summt, spürt man ein Vibrieren der Organe. Im Buddhismus gibt es viele solcher Mantras, einschließlich des Summens der Lamas. Man spürt, wie die tiefen Töne in der Umgebung eine Resonanz erzeugen. Dieses Mantra steckt voller Kraft und Energie. Normalerweise summt man es durchgehend bis zum Ende des Ausatmens; bevor die nächste Silbe folgt, muss man erst wieder einatmen. Dajuin Yao hat diesen ›Om‹-Sound elektronisch nachgebildet, sodass es ein einziges durchgehendes Summen ergibt. Es unterlegt den gesamten Soundtrack.

Warum haben Sie heute dieses Thema gewählt?

Ich habe mich schon immer für Religion und Wissenschaft interessiert. Als Kind war ich ziemlich religiös und buddhistische Glaubensvorstellungen haben mir durch viele schwierige Situationen in meinem Leben geholfen. Später, mit zunehmendem Wissen, habe ich diese dann hinterfragt und hatte Zweifel – diese sind aber heute nicht mehr so stark. Ich lese viele Bücher aus beiden Bereichen und glaube, dass Religion in vielen Dingen wissenschaftlich erklärt werden kann. Wissenschaft und Technik erklären uns die Dinge auf einer menschlichen Ebene, Religion hingegen erklärt Dinge jenseits unserer Wahrnehmung, Dinge, die man nicht einfach als nicht-existent ansehen kann.

the “core” indicates the amygdala, which is a component responsible for many negative emotions. Overall, the “core” in the title also indicates the core or center of wrath. And I want some misunderstandings with my title, that's exactly what I intended. The audience would presume that I got it all messed up and landed on the name of that gorilla in the film by accident. But I intended the title to be as meaningless as possible. Yet I kept the term “wrathful” as a religious rage.

How is it technically done?

I employed all kinds of software. There are 3-D renderings and live-action filming. The soundtrack was made by Dajuin Yao (sound artist) who is also an expert on Buddhism and highly sophisticated. There was this quite significant component in the soundtrack. From the very beginning to the very end of the soundtrack, you could hear the humming of a continuous *om*. *Om* is very important in Buddhism, as it's the sound of the cosmos. One can feel the vibration of the organs while humming it. There are many mantras like this in Buddhism, including the humming sound made by the Lamas. One can sense the bass reaching a resonance with the surroundings. This mantra has great power and energy. Usually one hums it with one complete exhalation, till running out of breath. One needs to inhale again to go on to another syllable. Dajuin Yao generated this *om* sound electronically, so it was a continuous hum without any break. He laid this hum as the base of the whole soundtrack.

Why choose this topic today?

I'm always interested in religion and science. I was quite religious, Buddhism, when I was little. Religious beliefs helped me through many difficulties in life. As I became more knowledgeable, I started to have questions and doubts, but not so much anymore nowadays. I read comprehensively in both fields, religion and science, and I think, in many occasions, religion can be explained by science. Science and technology explains things to us on the level of human beings, but religion explains things beyond our cognition, things that can't be reckoned as nonexistent.

Ming Wong

Interview: Venus Lau

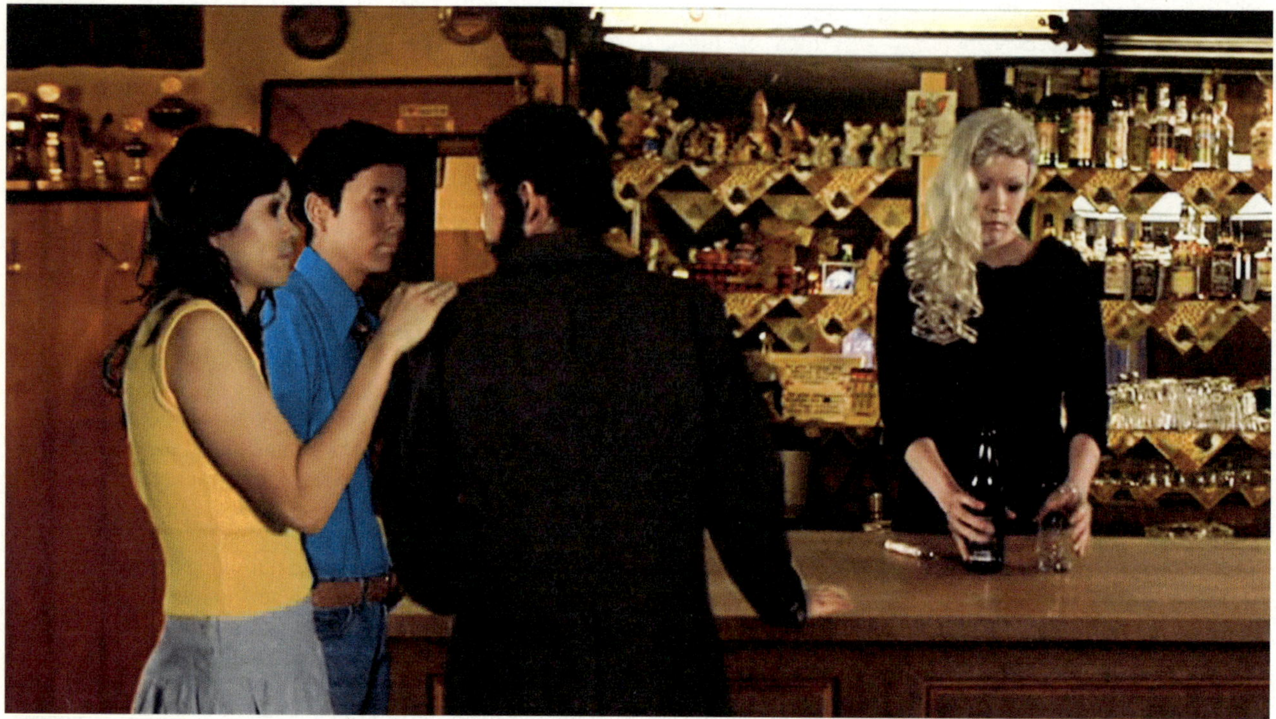

Der Medienkünstler Ming Wong wurde 1971 in Singapur geboren. Nach ersten Erfahrungen mit dem Theater erlangte er einen Master of Fine Arts von der Slade School of Fine Art am Londoner University College. Ming Wong ist bekannt für seine ideenreichen ›Remakes‹ von Filmklassikern, in denen er als Schauspieler alle Rollen übernimmt und gleichzeitig die Kamera und Regie führt. Ming lebt und arbeitet in Berlin und Singapur.

Angst essen / Eat Fear *(2008) basiert auf Rainer Werner Fassbinders Film* Angst essen Seele auf *(1974). Aus welchem Grund haben Sie diesen direkten Bezug gewählt?*

Mich faszinieren Filmemacher, die am Rand stehen, und Fassbinder gehörte zu diesen. Er war in deutschen Filmkreisen niemals akzeptiert, ein Außenseiter, den man belächelte. Er war Deutschland ›peinlich‹ und im Ausland anerkannter als in seiner Heimat. Er sezierte das Nachkriegsdeutschland und die deutsche Identität, kehrte das Innere nach außen und untersuchte ganz genau, was Deutschsein bedeutete. *Angst essen Seele auf* ist ein starker Film, war aber im Vergleich zu Fassbinders größeren Produktionen eher als ›kleiner‹ Film gedacht. Doch seine Themen – einschließlich der Fremdenfeindlichkeit in den 1970er-Jahren – sind unheimlich stark. Sie sind auch heute noch genauso brisant. Heute wirkt *Angst essen Seele auf* weit über die Grenzen Deutschlands hinaus. Außerdem lebte Fassbinder während der Dreharbeiten in Kreuzberg, dem Berliner Stadtteil mit der größten türkischen Bevölkerungsgruppe, voller Künstler und Punks, die Heimat der Ausgestoßenen, der Freaks – der anderen innerhalb Deutschlands. Andere Outsider-Filmemacher, deren Arbeit mich anzieht, sind unter anderem Douglas Sirk und Pier Paolo Pasolini.

Sie haben alle Rollen in Ihren Filmen gespielt. Besitzt diese Form der Partizipation eine besondere Bedeutung?

The media artist Ming Wong was born in Singapore in 1971. After his first experiences with theater, he received an MFA from the Slade School of Art at University College in London. Ming Wong is known for his imaginative remakes of classic movies in which he plays all of the roles himself. He furthermore directs them and does all the camera work. Ming lives and works in Berlin and Singapore.

Angst essen / Eat Fear *(2008) is based on Rainer Werner Fassbinder's* Ali: Fear Eats the Soul / Angst essen Seele auf *(1974). What is the reason for this specific reference?*

I am attracted to outsider film directors, and Fassbinder was one of them. He was never accepted in German film circles, he was an outcast, derided, was an "embarrassment" to Germany; he was more renowned outside his home country than within. He dissected postwar Germany and German identity, tearing it out from within and inspecting closely what German-ness was about. *Angst essen Seele auf* is a powerful film, although it was meant as a "small" film among Fassbinder's more elaborate productions, but the themes—including xenophobia in the 1970s—of this cinematic work are so powerful. The issues brought up in this film are equally fresh today. Today *Angst essen Seele auf* continues to resonate beyond the borders of Germany. Moreover, I was living in Kreuzberg in Berlin at the time, home to the biggest Turkish population, artists and punks, home to the outcasts, the freaks—the Others in Germany. Other outsider film directors whose work I have been drawn to include Douglas Sirk and Pier Paolo Pasolini.

You have acted a lot in your films. Does this form of participation signify anything?

It was a way to deal with a society of a certain culture as a whole. I was trying to embody Germans and not sep-

Es war ein Weg, mich mit der Gesellschaft einer bestimmten Kultur als Ganzes zu befassen. Ich habe versucht, Deutsche zu verkörpern, und das ohne Trennung oder Aufteilung nach Geschlecht, Alter, sexueller Orientierung, ethnischer Zugehörigkeit und so weiter. Ich stelle ein ganzes Spektrum von Menschen dar, die gewissermaßen ›Teil‹ einer bestimmten Gesellschaft sind.

Wie wird Ihrer Ansicht nach ein chinesisches Publikum eine Geschichte verstehen, die auf einem deutschen Kunstfilm basiert?

Das chinesische Publikum hat noch viel über kulturelle Vielfalt und Anderssein zu lernen. Sie haben gelernt zu

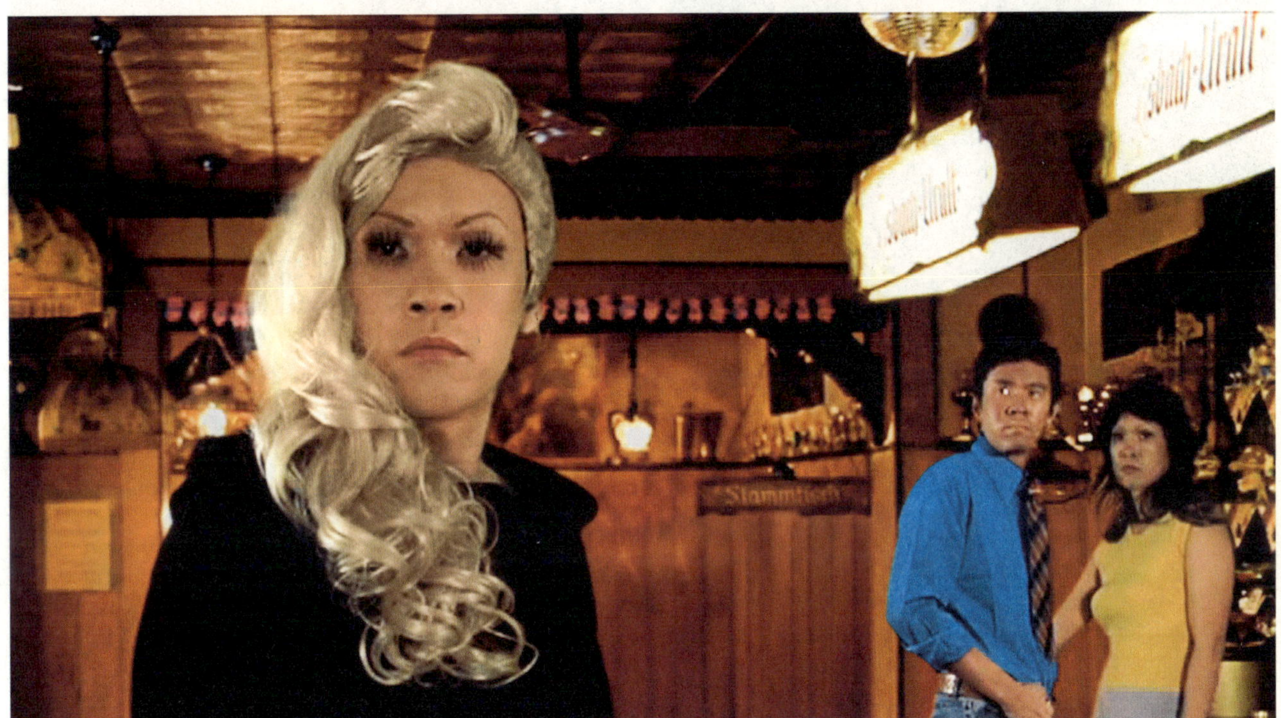

sagen: »In China gibt es keinen Rassismus, weil es hier keine Schwarzen gibt.«

Und wie denken Sie, wird ein westliches Publikum den Film wahrnehmen?

In deutschsprachigen Ländern (und darüber hinaus im übrigen Europa und den USA) ist Fassbinders Film bekannt: Eine einfache, universelle Liebesgeschichte, die aufgrund rassistischer Vorurteile nicht sein darf. Er entwickelt sich wie im Original zwischen Weißsein und Schwarzsein, ich habe allerdings einen Teil Chinesischsein eingefügt. In diesem Kontext von Sino-versalität wirft er wieder alte Probleme auf, die niemals wirklich gelöst wurden und deren Komplexität in unserer Zeit und in der Zukunft zunimmt.

Ihre Arbeit ist für die Reminiszenzen an das Erbe des Weltkinos bekannt. In den letzten Jahren haben Sie sich vor allem mit der Modernisierung in der Kanton-Oper beschäftigt. Können Sie diesen Interessenwandel von modernen bewegten Bildern hin zu einer traditionellen Kunstform kurz begründen?

Derzeit wird sehr viel im Bereich der Geschichte des kantonesischen Opernfilms geforscht und diese ist beinahe

arate it from or break it down by gender, age, sexuality, ethnicity, etc. I represent a whole spectrum of people who sort of belong to a certain society.

How do you expect a Chinese audience to understand the story based on a German art film?

The Chinese public has a lot to learn about cultural diversity and otherness. They have been known to declare, "We have no racism in China because there are no black people here."

How do you expect the Western public to relate to the film?

The original film is well known in German-speaking countries: A simple, universal story of love forbidden by racial prejudice, it played out in the original situation between whiteness and blackness, but I introduced Chinese-ness into it. In this era of Sino-versalism, it throws up old issues that never really went away and are gaining in complexity in our time and in the time to come.

Your practice is renowned for its reference to the heritage of world cinema. In the past few years you have focused your research on the modernization of Cantonese opera. Can you explain about your shift in interest from modern moving images to a traditional art form?

Actually the research into Cantonese opera film history is very rich, and it is synonymous with the history of Chinese cinema. It all started in Shanghai, with major players who were Cantonese. The crossover between theater and cinema—from stage to screen to stage again—during the 1930s and 1940s was very rich, with the major players Sit Kok-sin and Ma Si-tsang, who were both opera actors and film directors. They were extremely active on both screen and stage. They were the movers and shakers of the modernization of Cantonese opera. Cantonese cinema history

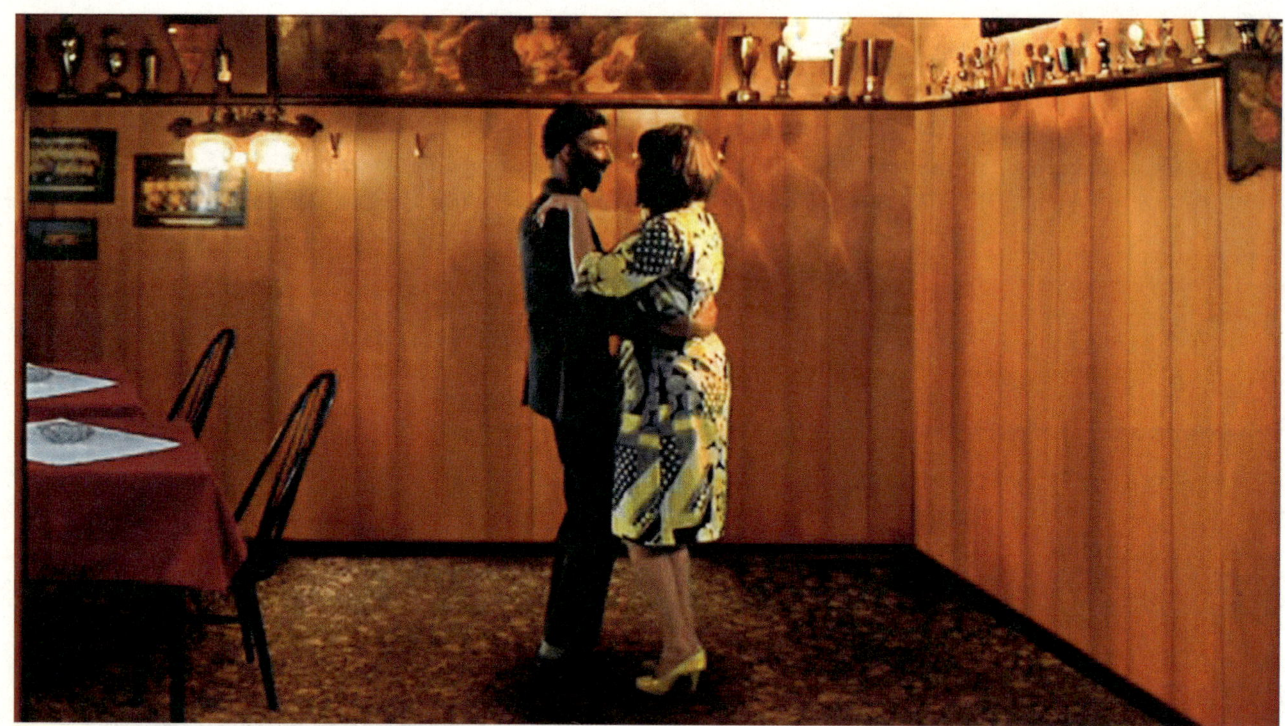

synonym zur Geschichte des chinesischen Films. Es begann alles in Shanghai, die Hauptdarsteller waren Kantonesen. Während der 1930er- und 1940er-Jahre kam es zu zahlreichen Überschneidungen von Theater und Film, von Bühne und Leinwand. Wichtige Namen sind Sit Koksin und Ma Sitsang, beides Opernschauspieler und Filmregisseure. Sie waren sowohl auf der Bühne als auch auf der Leinwand sehr aktiv und waren die Triebfedern zur Modernisierung der Kanton-Oper. Die Geschichte des kantonesischen Films setzt sich in Hongkong fort. In der britischen Kolonie erfuhr sie eine Blüte, in Festlandchina wurden hingegen viele Filme während der Kulturrevolution zerstört.

Neben Ihren Forschungen zur Kanton-Oper und deren Modernisierung interessieren Sie sich auch für die Geschichte von Science-Fiction. Auf der einen Seite suchen Sie nach der Innovation in einer alten visuellen Darstellungsform, auf der anderen denken Sie über eine Archäologie der Zukunft nach. Das sind zahlreiche Zeitebenen. Wie stehen Sie zu den Konzepten von Geschichte und Zeit?

Meine Forschungen zur Kanton-Oper – die sich als die anpassungsfähigste, flexibelste Kunstform erwiesen hat – bringen mich dazu, auch die Zukunft zu betrachten. Daher rührt mein Interesse für Science-Fiction; beide teilen einen interessanten Aspekt von Nicht-Geschichtlichkeit. Sie haben sich niemals so sehr entfaltet wie jetzt, in der Gegenwart. Daher ist das Vermischen so faszinierend.

Können Sie uns noch etwas über Ihren Film Next Year / L'Année prochaine *(2015) erzählen, der diesen Sommer in Ihrer Einzelausstellung in Beijing vorgestellt wurde?*

Es ist eine Neuinterpretation des französischen Klassikers *L'Année dernière à Marienbad (Letztes Jahr in Marienbad)* (Regie von Alain Resnais, Drehbuch von Alain Robbe-Grillet). Mein Film wurde in der ehemaligen französischen Konzession in Shanghai gedreht. Anders als im

continued in Hong Kong; it blossomed in the colonial city, whereas in mainland China a lot of films were destroyed during the Cultural Revolution.

Your research on Cantonese opera and its modernization is juxtaposed with your interest in the history of science fiction. On the one hand, you are looking at the innovation of an old visual form while, on the other, you are speculating on an archaeology of the future. It is a multitude of temporalities. What do you think about the concepts of history and time?

My research into Cantonese opera—which has proven to be the most adaptive, flexible form, is a motivation for me to look at the future. Therefore my interest in science fiction comes along; they both share an interesting aspect of nonhistory. They never really took off until now, the present. That's why mingling both of them is so fascinating.

Can you tell us more about your film Next Year / L'Année prochaine *(2015), which was debuted at your Beijing solo exhibition this summer?*

It is a reinterpretation of the French classic *Last Year at Marienbad* (directed by Alain Resnais, with a script by Alain Robbe-Grillet). The film was shot in the French Concession in Shanghai. Unlike the temporal narrative in the original movie, instead of speaking about the past, the characters in the remake speak about the future. This is why I came up with the title *Next Year / L'Année prochaine*.

This movie is about time that is out of joint, a situation that characterizes the ghostly appearance in Hamlet. *Would you say time in* Next Year / L'Année prochaine *is a spectral one?*

Yes, it is spectral because there is "ghosting" from the ashes of cinema. It is revisiting the ghosts from the

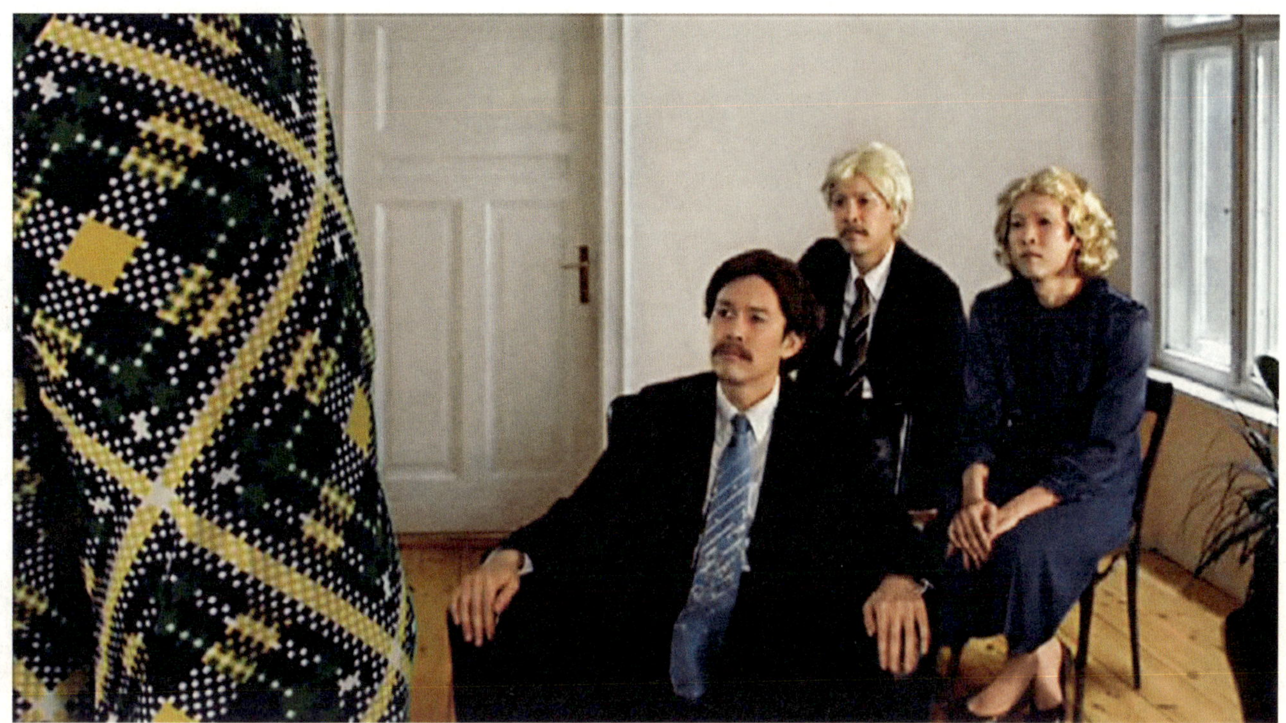

Original sprechen die Darsteller im Remake nicht über die Vergangenheit, sondern über die Zukunft. Daher gab ich dem Film auch den Titel *Next Year / L'Année prochaine*.

In diesem Film geht es um zeitlose Zeit, eine Situation, die auch die Geistererscheinung in Hamlet *kennzeichnet. Würden Sie die Zeit in* Next Year / L'Année prochaine *als ›geisterhaft‹ bezeichnen?*

Ja, sie hat schon etwas ›Geisterhaftes‹, da hier ›Geister‹ aus der Asche des Kinos aufsteigen. Man begegnet den Geistern einer cineastischen Vergangenheit. Darüber hinaus ist die Architektur im Film voller historischer Bezüge: Die Zeit ist hier zeitlos; eine Auflösung sowohl der Zeit als auch des Ortes.

cinematic past. In addition, the architecture in the film is loaded with historical settings: time is out of joint here; it is in the dissolution of both time as well as place.

O Zhang

Interview: Gu Zhenqing

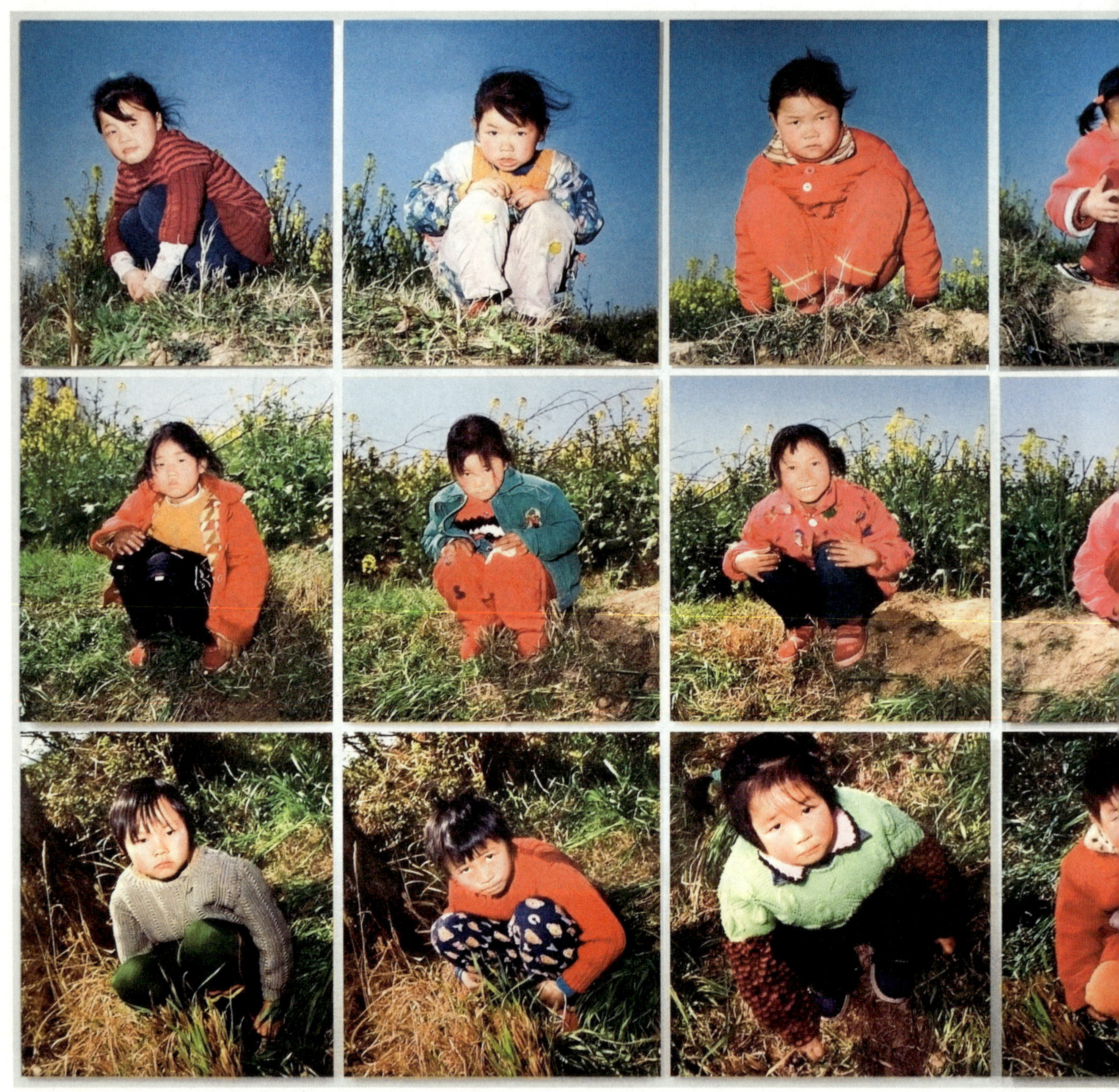

O Zhang wurde 1976 in Guangzhou (Provinz Guangdong) geboren und hat Abschlüsse sowohl vom Royal College of Art in London wie der Central Academy of Fine Arts in Beijing. Sie setzt in ihrer Kunst vor allem Fotografie und Mixed Media ein. Seit 2004 lebt und arbeitet O in New York und Beijing.

Warum haben Sie den Titel Horizon *gewählt?*

Der Titel hat zwei Bedeutungen. Zum einen heißt das Werk *Horizon*, weil Kinder die Zukunft bedeuten, wie die symbolische Horizontlinie. Zum anderen sind die Blickwinkel und die Horizontlinien der Landschaft in den Fotos wichtig. Diese Installation umfasst ein Raster aus drei Reihen (drei Horizontlinien): in der oberen Reihe blicken die Mädchen vom Hügel auf die Betrachter herab; in der mittleren Reihe sind die Augen der Mädchen auf Augenhöhe der Betrachter; in der unteren Reihe sitzen die Mädchen

O Zhang was born in 1976 in Guangzhou (Guangdong Province). She is an artist working in photography and mixed media. A graduate of the Royal College of Art in London and the Central Academy of Art in Beijing, she moved to New York in 2004. Since then she lives, works, and travels between New York and Beijing.

Why the title Horizon?

There are two meanings. First, it is called *Horizon* because children represent the future, like the symbolic horizon line. Second, the viewpoints and the landscape horizon lines in the photos are important. This installation comprises a grid of three rows (three horizon lines): in the top row, the girls squat on the hill looking down to the viewers; in the middle row, the girls' eyes are at your eye level; in the bottom row, the girls are placed in a field of grass and look up to the viewers. The viewpoint of the girls

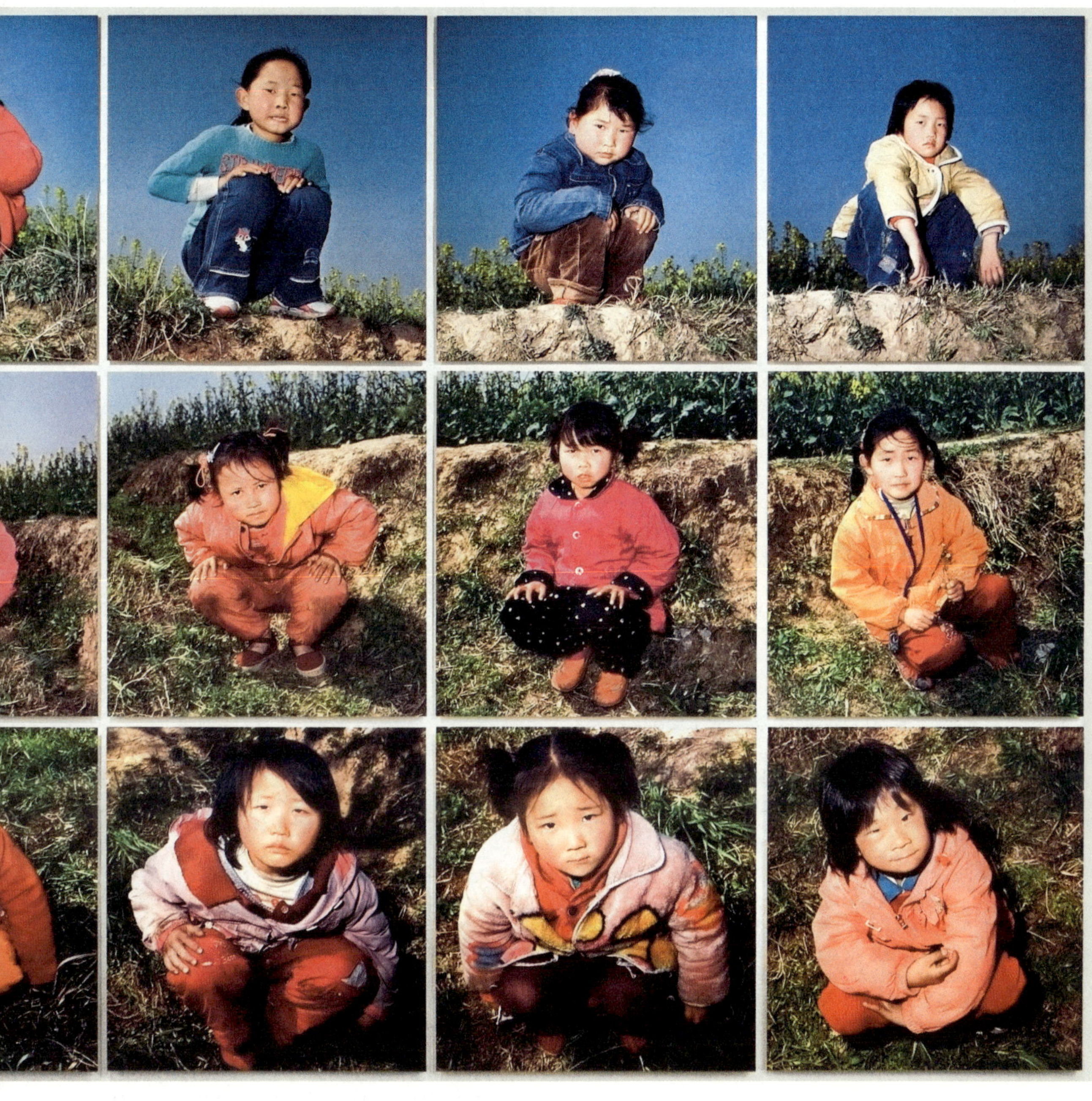

auf einer Wiese und blicken zu den Betrachtern hinauf. Der Blickwinkel der Mädchen im Verhältnis zur Kamera (oder den Betrachtern) verändert sich, ganz so wie die Horizontlinie. Man hat beispielsweise den Eindruck, dass das Kind oben rechts im Foto weiter entfernt ist als das Kind in der Mitte der Installation. Der Landschaftshorizont bleibt in jeder Reihe gleich: Obwohl man einzelne Fotos betrachtet, hat man dennoch eine größere Landschaft vor sich. Auf diese Weise begibt man sich in einen Bildraum und man steht den Mädchen gleichzeitig einzeln und gemeinsam gegenüber.

Wer sind diese Kinder? Warum nehmen sie diese besonderen Körperhaltungen ein?

Ich habe 21 Kinder im Alter von vier bis sechs Jahren aus einem entlegenen Dorf in Zentralchina ausgewählt. Viele davon hatten noch nie zuvor eine Kamera gesehen. Ich

in relation to the camera (or viewers) changes in each row, as does the horizon line. For example, you will feel the child in the top right photo is more distant from you than the child in the center of the installation. The landscape horizon is consistent throughout each row, so although you are looking at individual photos, you are in fact looking at a larger landscape. This way, you enter a pictorial space and you also encounter the young girls individually and collectively at the same time.

Who are these children? Why their special positions?

I chose twenty-one children between the ages of four and six from a remote village in central China. Many of them had never seen a camera before. I wanted to capture children's innocent yet strong and penetrating gaze. They are all village girls, one of the most repressed groups in China. I photographed them individually and enlarged

wollte den unschuldigen und doch so starken und durchdringenden Blick dieser Kinder einfangen. Es sind alles Dorfmädchen, die wohl am stärksten unterdrückte Gruppe in China. Ich habe sie einzeln fotografiert und die Fotos dann vergrößert. Durch die Anzahl der Kinder und durch das riesige Format der Installation (4 mal 8 Meter) wollte ich den überlebensgroßen Charakter dieser Mädchen unterstreichen. Sie sitzen da wie eine Gruppe von Theaterkritikerinnen, blicken dem Publikum aus Betrachtern entgegen (meist Erwachsene) und verleihen den Betrachtern etwas Verletzliches.

Welche Anweisungen haben Sie für die Aufnahmen gegeben?

Ich habe die echte Landschaft mit einem Raster versehen: sieben Mädchen auf dem Hügel, sieben am Hang und sieben am Fuß. Ich habe ihnen kleine Zettel gegeben und habe sie aufgestellt. Dann bin ich mit der Kamera herumgegangen und habe die Aufnahmen gemacht. Ich habe sie einfach gebeten, sich hinzusetzen und in die Kamera zu blicken. Da viele noch nie eine Kamera gesehen hatten, hat ihr Blick etwas ganz Besonderes. Nur eines der Mädchen lächelt, wie es Kinder in der Stadt für gewöhnlich beim Fotografieren tun.

In welcher Weise haben Sie soziopolitische Aspekte verarbeitet?

Horizon ist in der Tat sehr politisch. Wichtig ist, dass es sich bei allen Kindern um Mädchen handelt. Das spiegelt die Ein-Kind-Politik wider [beziehungsweise zeigt die Ausnahmen für ländliche Regionen und Minderheiten, etwas wenn das erste Kind ein Mädchen war]. Für mich gehören Mädchen zu den am meisten unterdrückten und vernachlässigten Gruppen in China. Ich will zeitlose Archetypen chinesischer Mädchen porträtieren. Ich will, dass diese Kinder eine eigene Stimme erhalten. Ihre Porträts sollen so groß sein, dass die Menschen sie nicht mehr übersehen können. Mädchen in einer Gruppe besitzen eine unheimlich kraftvolle Energie. Natürlich werden die Betrachter diese Fotografien unterschiedlich interpretieren. Es gibt nicht nur eine einzige Erklärung. Meine Aufgabe bestand darin, die Mädchen zusammenzubringen und einfache, direkte Bilder von ihnen aufzunehmen.

Spielen persönliche Erfahrungen eine Rolle?

Ich bin in einem kleinen Dorf in der Provinz Hunan aufgewachsen, war also selbst ein solches Dorfmädchen, bis meine Familie in die große Stadt, nach Guangzhou, gezogen ist.

Aus welchen Verhältnissen stammen diese Kinder?

Alle stammen aus Bauernfamilien aus einem entlegenen Winkel in der Provinz Hubei. Ich war auf der Suche nach Kindern, die noch nie zuvor eine Kamera gesehen hatten, damit ich ihren besonderen Blick einfangen konnte.

In welcher Beziehung steht diese Arbeit zum Rest ihres Werks?

Kurz nach der Vollendung von *Horizon* entstand meine Fotoserie *Daddy & I* (2005/06) mit Porträts von adoptierten chinesischen Mädchen mit ihren westlichen Adoptivvätern. Das ist ein anderer Blick auf die Ein-Kind-Politik. Wie finden diese verlassenen Mädchen ein neues Leben in einem

the photos. By the girls' sheer number and the size of the installation (4 × 8 meters), I wanted to bring out the girls' larger-than-life characters. They sit like a tiered group of theater critics, looking out to the audience of viewers (mostly adults), thus leaving the viewers vulnerable.

What were the instructions for the portraits?

I drew grids in the real landscape: seven girls on top of the slope, seven on the slope, and seven on the ground. I gave them little tickets and put them into place. I then moved my camera to shoot the portraits. I simply asked them to all squat down and look at the camera. Because many of them had never seen a camera before, their gaze at the camera was very special. Only one of them smiled toward the camera like city kids do.

In what way are sociopolitical considerations involved?

Horizon is very political, of course. It is important to know the models are all girls. It does reflect on the one-child policy. I feel female children are among the most repressed and neglected groups in China. I want to portray timeless archetypes of Chinese female children. I want to let the girls have their own voices. I want their portraits to be seen in large sizes so people can't ignore them. When female children are together, their energy is very powerful. Of course, viewers can have multiple readings of the photographs. I don't believe there is just one explanation. My job was to gather the girls together and take a simple, straight-up picture of them.

What biographical experiences are involved?

I grew up in a small village in Hunan Province. I myself was a village girl for seven years before my family relocated to Guangzhou, the big city.

What is the specific background of these children?

They are all children of farmers, from a remote area in Hubei Province. I wanted to find children who had never seen a camera before so I could capture their special gaze.

How does this work relate to the rest of your work?

Soon after I made *Horizon*, I made the *Daddy & I (2005/06)* photo series—portraits of adopted Chinese girls with their Western fathers. It is another angle to exam the one-child policy. How do abandoned girls find their new lives in a foreign country? What is it like to be "transplanted" into a different culture? What is the meaning of *family* in a modern society? Again, I want to simply present these portraits and let viewers have their own thinking. I took many pictures of eighty families. The models chose their own clothes and poses. I chose the locations. So far, many viewers have many different responses to this photo series, some political, some personal. I am pleased.

How would you explain your work to a Western audience?

My work is about opposites: male and female, childhood and adulthood, domination and submission. The girls represent the new generation: the future challenge to the established power.

fremden Land? Wie fühlt es sich an, wenn man in eine andere Kultur ›verpflanzt‹ wird? Was bedeutet Familie in einer modernen Gesellschaft? Auch in dieser Arbeit will ich die Porträts einfach präsentieren und den Betrachtern ihre eigenen Gedanken ermöglichen. Für die Serie sind zahlreiche Fotos von insgesamt achtzig Familien entstanden. Die Modelle haben ihre Kleidung und Pose selbst ausgewählt, ich den Ort. Die Betrachter haben ganz unterschiedliche Reaktionen auf diese Fotos – einige eher politisch, einige eher persönlich geprägt. Das finde ich gut.

Wie würden Sie Ihr Werk einem westlichen Publikum erklären?

In meiner Arbeit geht es um die Gegensätze von männlich und weiblich, Erwachsensein und Kindsein sowie Dominanz und Unterwerfung. Die Mädchen repräsentieren die neue Generation: die zukünftige Herausforderung der etablierten Macht.

Pei Li

Interview: Li Qi

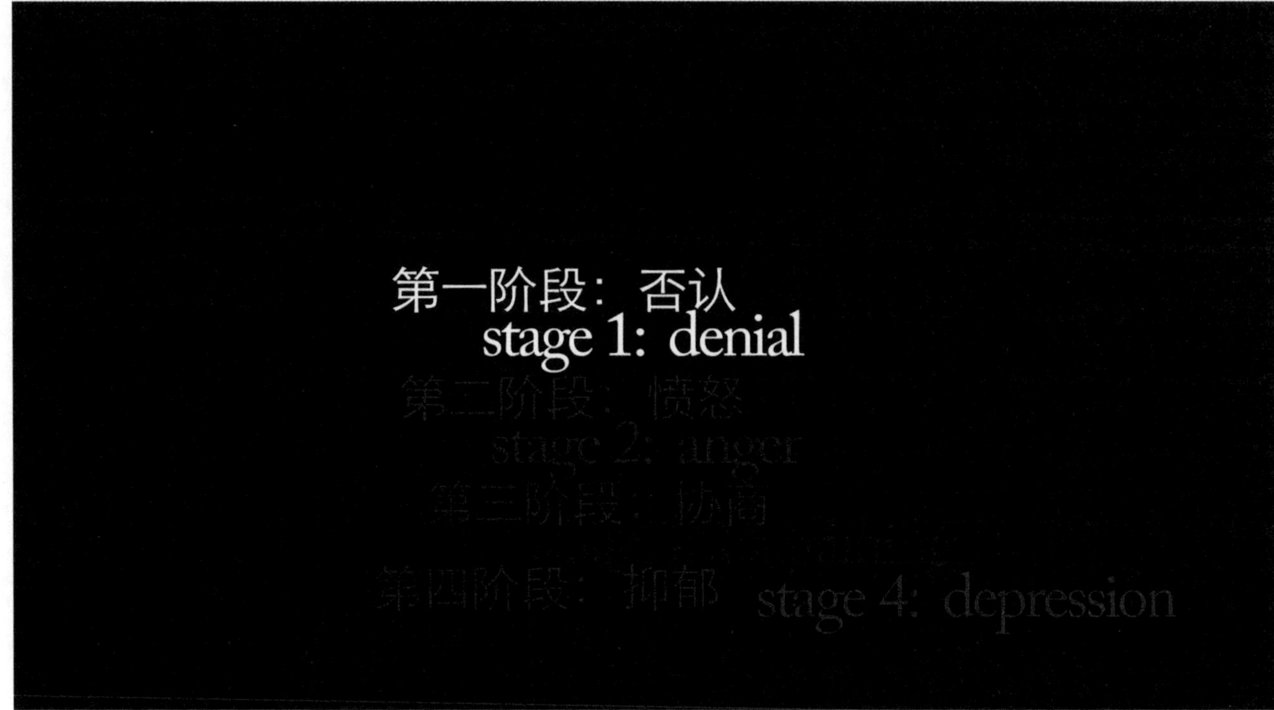

Die Videokünstlerin Pei Li wurde 1985 in Changzhou (Provinz Jiangsu) geboren. 2008 schloss sie ihr Studium am Fachbereich Neue Medien der China Academy of Art in Hangzhou ab. Ihre Videoinstallationen und Performances berühren auf einfühlsame Weise die Themen ›Leben‹ und ›Tod‹ sowie die individuellen Werte der sie umgebenden Realität. Dabei behandelt sie vor allem die Auswirkungen der unterschiedlichen Emotionen, die in ihrem alltäglichen Leben auftauchen, sowie den Status von Künstlerinnen. Pei lebt und arbeitet in Beijing.

Was zeigt das Video Five Stages of Grief *(2013) und was hat es mit den ›fünf Phasen‹ auf sich?*

Mein Video *Five Stages of Grief* zeigt eine Frau mit einer Maske auf einer Schaukel, die von hinten penetriert wird. Während die Geschichte in fünf Phasen unterteilt ist, wirkt das Schaukeln des Körpers beim Sex als durchgängiges Element. Die Geschichte basiert auf dem gleichnamigen Modell der Schweizer Psychiaterin Elisabeth Kübler-Ross (1926–2004) [»fünf Phasen des Sterbens«], nach dem Menschen die Zeit bis zum Tod und die damit verbundene Trauer in fünf Phasen erleben: von der Phase des »Nicht-Wahrhaben-Wollens« über »Zorn« und eine Phase des »Verhandelns« bis hin zu »Depression« und schließlich »Akzeptanz«. In dem 25 Minuten langen Video scheint der Inhalt in jeder Minute derselbe, aber jede Minute bezieht sich auf die unterschiedlichen Phasen des Sterbens. Es handelt sich um eine Auftragsarbeit für eine Ausstellung zu Frauen, um die mich Kuratoren und Organisatoren gebeten hatten. Als mir diese Idee durch den Kopf ging, habe ich sie sofort umgesetzt.

Stellt es eine normale Situation dar oder wurde die Frau im Video zum Sex gezwungen?

Es ist ein normales Szenario. Die Frau trägt lediglich eine SM-Latexmaske in Form eines Hundekopfes. Man sieht

Video artist Pei Li was born in 1985 in Changzhou (Jiangsu Province). In 2008 she completed her studies in the New Media Department at China National Academy (China Academy of Art) in Hangzhou. With her video installations and performative works, Pei sensitively touches on the subjects of life and death, and individual values in the reality that she lives in. She focuses on the effects of various emotions encountered in her daily life, as well as the status of women as artists. Pei lives and works in Beijing.

What is depicted in the video Five Stages of Grief *(2013) and what has it to do with five stages?*

My video *Five Stages of Grief* shows a masked woman on a swing being penetrated from behind. While the story develops in five stages, the swinging is consistent. The story is based on the theory by Swiss psychiatrist Elisabeth Kübler-Ross (1926–2004) saying that people usually handle grief by going through five stages. During the first stage, one is resisting and bargaining. Then it leads to depression, followed by acceptance, etc. In this five-minute video, the contents of every minute look rather similar, but they are associated with every stage of grief respectively. This work was a commissioned piece for an exhibition on women. The curators and organizers asked me for a new work. I just happened to have this idea, and carried it out immediately.

Was it a normal scenario or was the woman in the video forced?

It was a normal scenario, just showing a woman wearing a S&M rubber mask in the shape of a dog head. You can see in the video that she's swinging which leads you to thinking what exactly is she doing? But I don't think anyone would come up with any other possibilities.

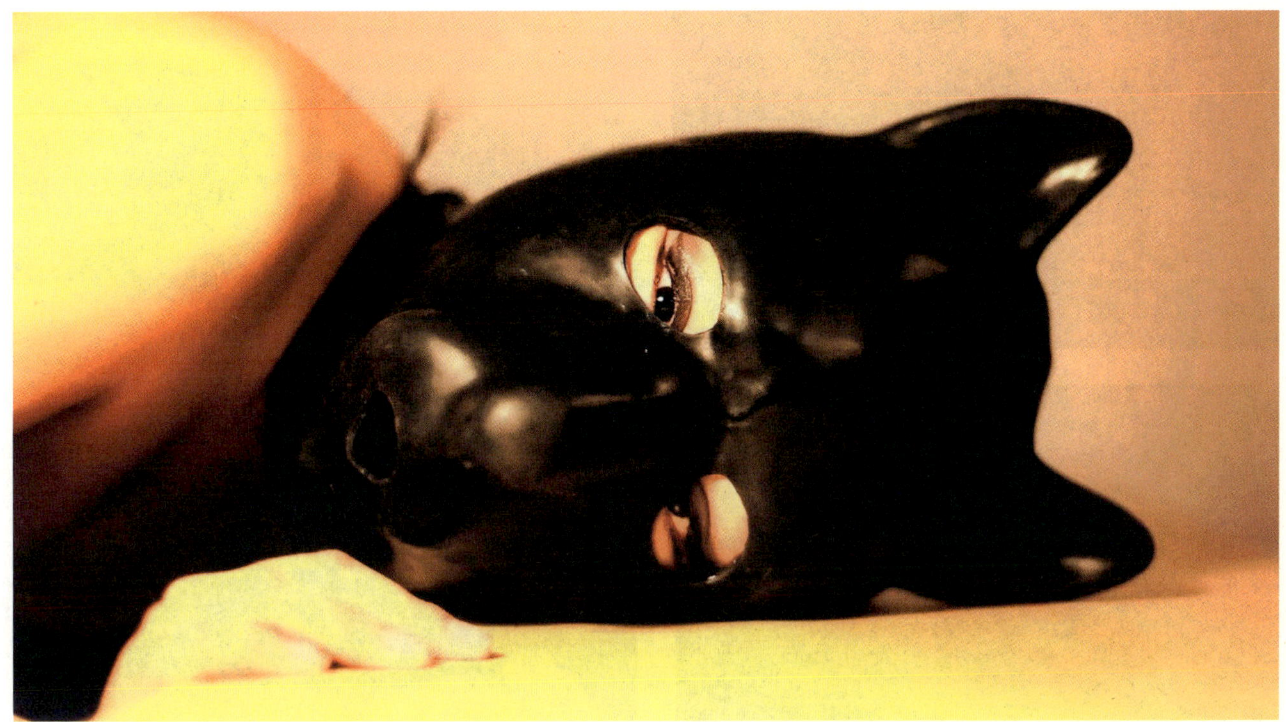

im Video, dass sie schaukelt. Dies führt zur Frage, was sie denn genau tut? Ich glaube allerdings kaum, dass jemand an etwas anderes denken wird.

Wer ist diese Frau?

Das bin ich. Einige Leute halten mich für etwas narzisstisch, aber es hat eher praktische Gründe: Es ist billiger und ich habe alles unter Kontrolle, wenn ich die Szene selbst spiele. Die Beziehung zwischen Publikum und meiner Person spielt dabei keine Rolle; es sieht mich in meinen Arbeiten gar nicht. Das Wichtigste ist die Beziehung zwischen der Arbeit und dem Publikum; den Menschen ein Gefühl meiner Arbeit zu vermitteln.

Wie wurde das Video aufgenommen?

Es wurde bei mir zu Hause aufgenommen. Ich habe das, was ich sagen wollte, in diesem Video in einer sehr einfachen und direkten Weise zum Ausdruck gebracht. Mein Mann hat mich dabei unterstützt. Ich mag diese Maske und wollte sie im Video benutzen. Mit der Maske ist es fast egal, um wen es sich handelt. Es muss nicht ich sein. Es könnte eine Frau oder auch ein Mann sein; das Geschlecht spielt keine Rolle, einfach jemand, der von hinten penetriert wird. Wäre es ein Mann, dann würde man denken, dass er Analsex hat.

Wie kamen Sie dazu, das Thema der Trauer auszuwählen?

Mir fiel kein besseres Schlagwort ein und natürlich kam ich durch die Theorie von Kübler-Ross, die ich hier umsetze, darauf. Viele meiner früheren Arbeiten behandeln den Schmerz. Im Chinesischen klingt das Wort für ›Schmerz‹ ähnlich wie mein Nachname ›Pei‹ und ich interessiere mich besonders für Schmerz. Schmerz verletzt mich nicht. Aber Trauer ist etwas, das durch einen anderen und von außen erzeugt wird. Diese beiden Begriffe sind klar unterscheidbar.

Who is that woman?

That's me. Some people think that I am a bit narcissistic, but usually it's simply more practical: it's cheaper and I have more control if I am the actor. The relationship between the audience and me doesn't really matter; they don't really see me in the works. The most important thing is the relationship between the work and the audience, to give people a feeling from my work.

How was the video made?

I was at home when I made this. I put what I wanted to say in this video in a very simple and straightforward way. My husband helped me with this. This mask is one of my favorites, and I wanted it in this video. With the mask on, the figure doesn't necessarily have to be anyone. It doesn't have to be me. It could either be a woman or a man, no specific gender, just someone being penetrated. If it's a man, then you would perceive that he's having anal sex.

Why did you choose the topic of grief?

I couldn't think of any phrase better than that. And of course it came with the theory of Kübler-Ross that I applied here. Many of my previous works were about pain. The sound of the word *pain* is close to my name, Pei, in Chinese, and I have a particular interest in pain. Pain doesn't hurt me. But grief is something caused by someone else and by the external world. These two terms are very distinguishable. The latter is the pain forced on you by the outside. For instance, something happens to the person you love, and it puts you in grief. Under these circumstances, it's completely different from being in pain. I'd rather show grief as this kind of psychological pain in my work. I have a dual personality: sometimes I am cheerful and optimistic, and sometimes I fall into deep depressions. When I was a little girl I had infantile autism;

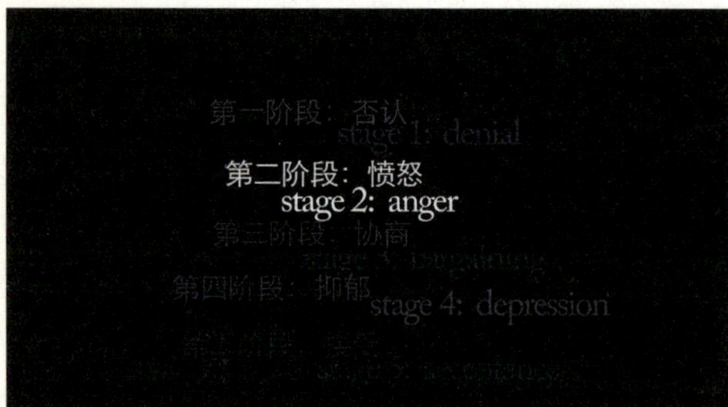

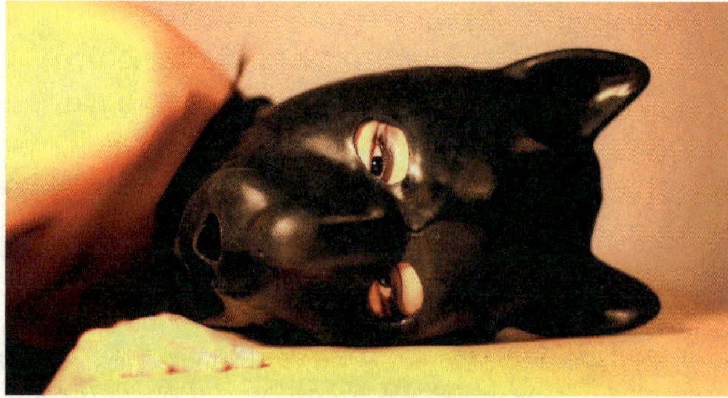

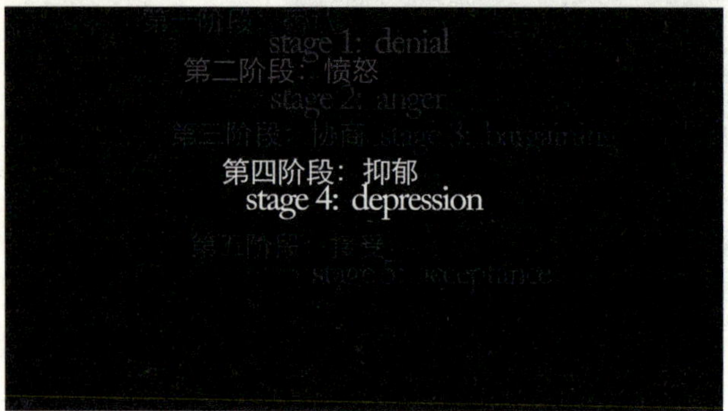

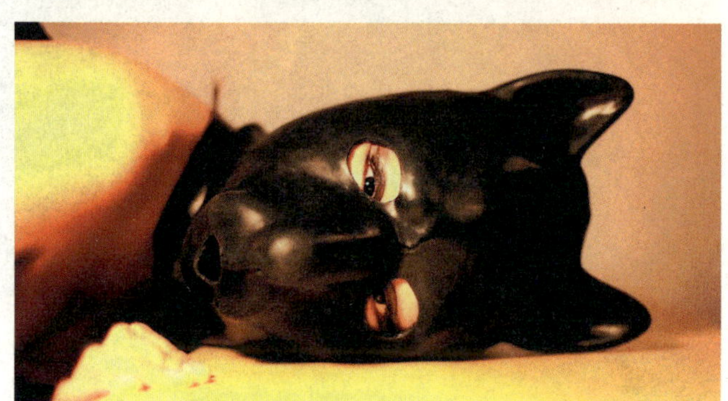

Trauer ist der Schmerz, der dir von außen zugefügt wird. Wenn zum Beispiel dem Menschen, den du liebst, etwas zustößt, löst das bei dir Trauer aus. So gesehen ist Trauer etwas völlig anderes als Schmerz. Ich zeige Trauer in meiner Arbeit eher als diese Art psychologischer ›Schmerz‹. Ich habe eine gespaltene Persönlichkeit: Manchmal bin ich fröhlich und optimistisch und manchmal verfalle ich in eine tiefe Depression. Als kleines Mädchen litt ich unter frühkindlichem Autismus. Anscheinend stand ich ganze Tage lang direkt vor einer Wand, und das viele Tage hintereinander. Und ich kann mich kaum an meine Kindheit vor meinem 14. Lebensjahr erinnern. Was ich darüber weiß, hat mir meine Familie erzählt. Als Teenager habe ich mich öfter selbst geschnitten – nicht aufgrund irgendwelcher schlimmer Erlebnisse, sondern allein wegen des Schmerzes. Körperliche Schmerzen sind aber gar nichts. Den echten Schmerz spürst du im Herzen; ein Schmerz, den du nicht sehen kannst.

Behandeln weitere Videos andere Gefühle? Warum und welche sind das?

Bei dem Großteil meiner Arbeiten handelt es sich um Videoinstallationen. Und die Gefühle, die man in diesen Arbeiten findet, haben miteinander zu tun. Es geht um Trauer, um Schmerz und darum, dass man jemanden vermisst oder sich nach jemandem sehnt. Eine meiner ersten Videoarbeiten trug den Titel *Isn't Something Missing?* (2009). Das war mein Debüt. Es gibt auch Arbeiten über die Sorge. Jedes Stück, das ich geschaffen habe, stellt eine bestimmte Emotion dar. Ich folge einer durchgehenden Linie, nämlich meinen eigenen Erfahrungen.

Gibt es einen spezifisch chinesischen Kontext, der für ein westliches Publikum von Bedeutung wäre?

Nein. Ich beziehe mich niemals ausdrücklich auf einen chinesischen Kontext. Ich mag solche ›chinesischen Ele-

apparently I would stand face-to-face in front of a wall, for the whole day, day after day. Actually, up until the age of fourteen, I don't have much memory of my childhood; my family told me all about this. When I was a teenager, I used to cut myself—not because of any bad experiences, just because of the pain itself. But I think pain on the body is really nothing. The real pain is the one you feel in your heart, a pain you cannot see.

Are there other videos about other feelings? Why and what?

Most of my works are video installations. And the feelings you find in these works are consistent. They are about grief, about pain, and about missing someone or longing for someone. One of my first video works was called *Isn't Something Missing?* (2009). It was my debut. There were also works about sorrow. Every piece I that produced represented a certain emotion. I'm following a continuous line which is my own life experience.

Is there any specific Chinese context the Western audience would need to know?

No. I never referred specifically to a Chinese context. I'm quite fond of the so-called Chinese elements, but I refuse using any in my works. If I ever did use any, I have to be sure that I've completely mastered it.

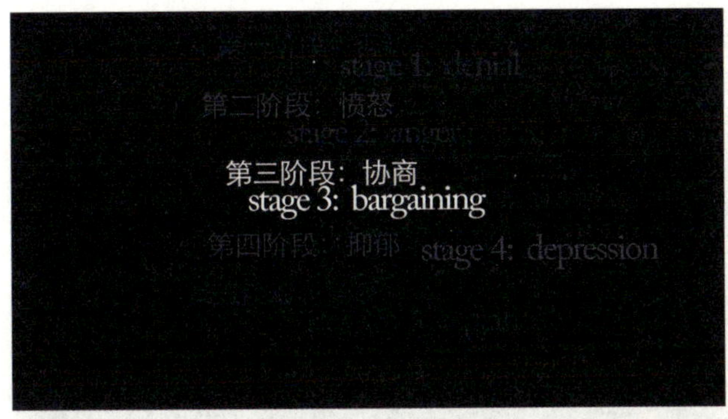

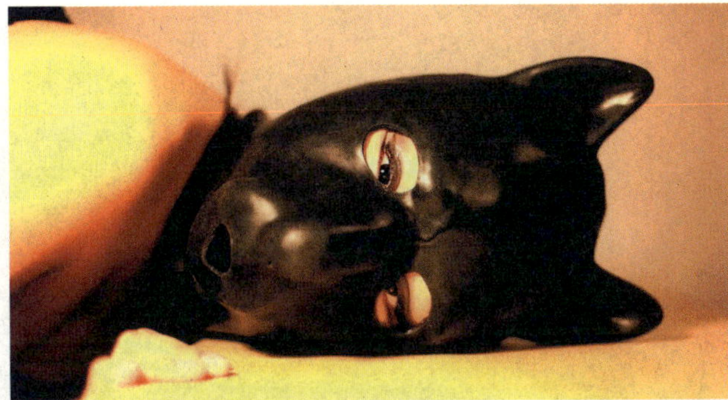

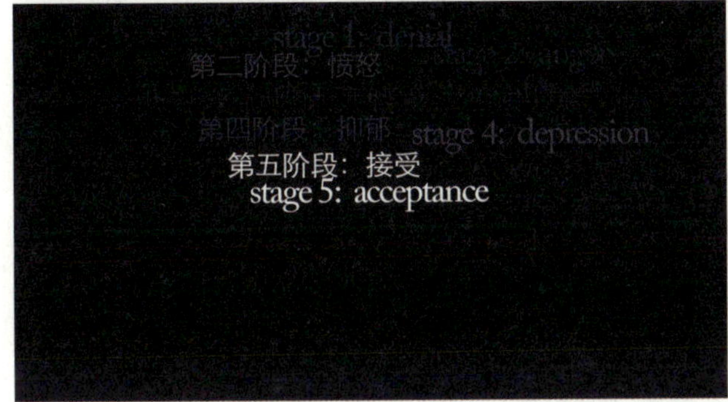

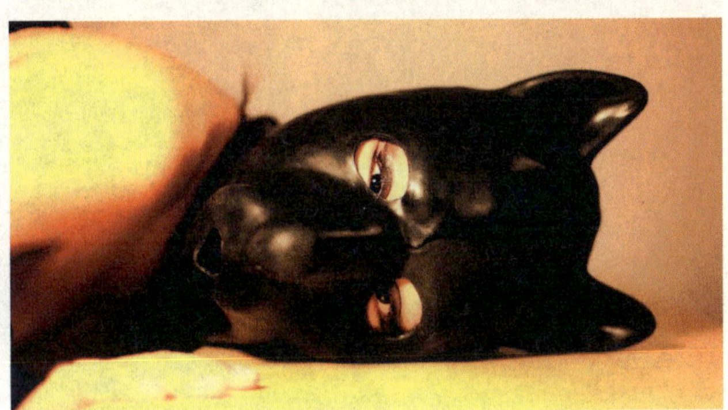

mente‹, aber ich würde sie nicht in meinen Arbeiten verwenden. Wenn ich es tun würde, dann müsste ich hundertprozentig sicher sein, dass ich diese wirklich beherrsche.

Tsang Kin-Wah

Interview: Venus Lau

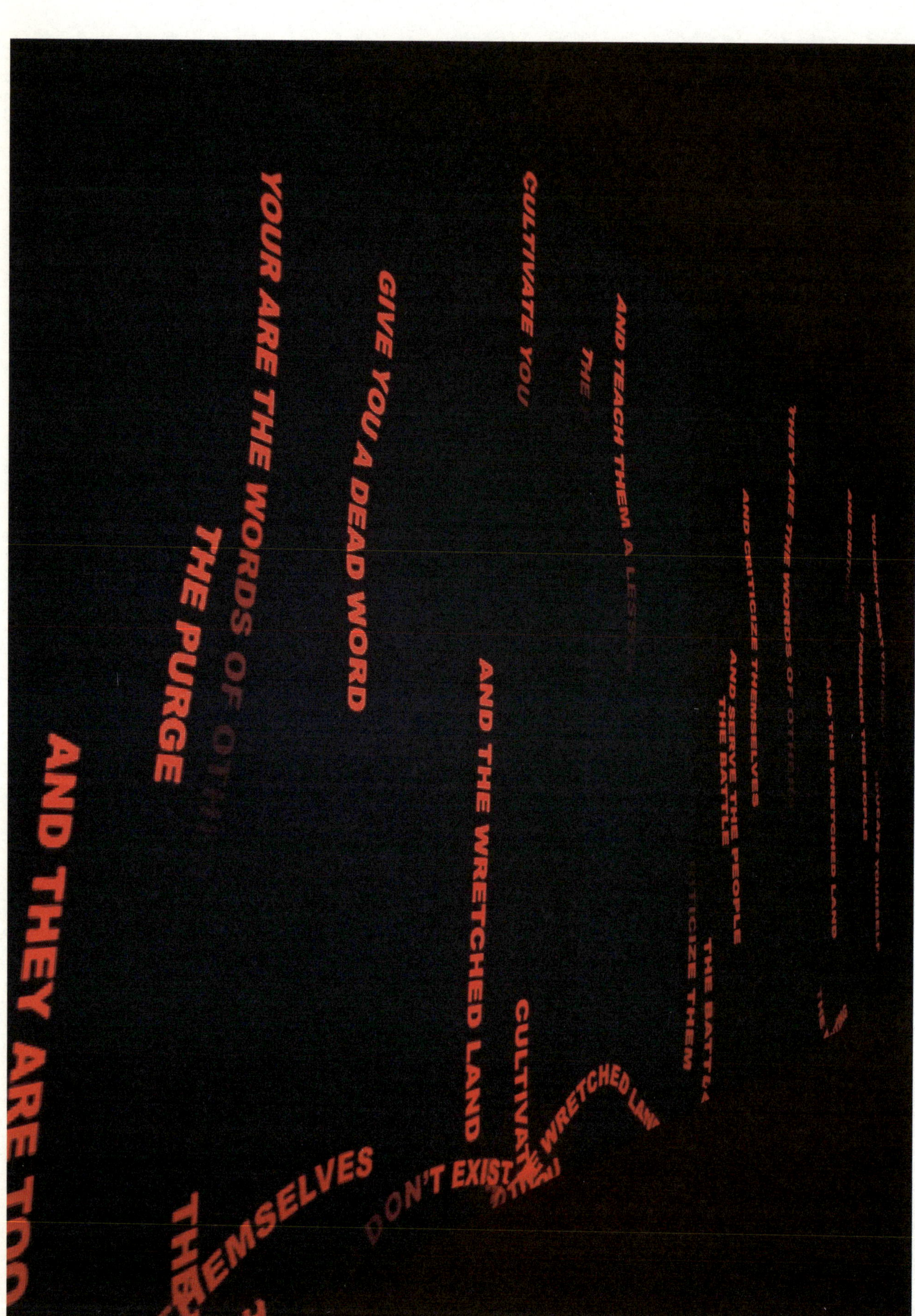

Der Medienkünstler Tsang Kin-Wah wurde 1976 in Shantou (Provinz Guangdong) geboren. Er studierte bildende Kunst an der Chinese University of Hong Kong und Buchkunst am Camberwell College of Arts in London. Sein Werk ist bekannt für seinen innovativen Umgang mit Text und Sprache, die der Künstler mithilfe von Videotechnologie zu immersiven Installationen ausbaut. Tsang lebt und arbeitet in Hongkong.

Was bedeutet der Titel The Second Seal—Every Being That Opposes Progress Should Be Food for You *(2009)? Sprache und geschriebener Text (in Bildform) spielen in Ihrer Arbeit eine wichtige Rolle, von wem stammen diese Texte?*

Der Titel ist der Bibel entnommen. Allerdings habe ich den Satz verändert, um ein Nachdenken über das Konzept vom Kampf zwischen Mächten und zwischen Klassen anzuregen. Während meiner Forschungen zu diesem Thema bin ich auf zahlreiche Artikel und Texte gestoßen, die mich inspiriert haben und aus denen ich einige Passagen, Sätze und Schlüsselwörter ausgewählt habe. Nach der Phase des Materialsammelns habe ich das Textmaterial bearbeitet und arrangiert – in einer dichterischen Herangehensweise, oder besser gesagt, indem ich eine Methode des Gedichteschreibens verwendet habe. Diese Texte besitzen also einen Ursprung, aber viele sind mit Ergänzungen und Überarbeitungen versehen.

Warum benutzen Sie in ihrer künstlerischen Arbeit die englische Sprache?

Der Grund für die Verwendung des Englischen liegt darin, dass ich die Arbeit einfach halten und gleichzeitig in der gesamten Serie der *Seven Seals* (seit 2009) eine Konsistenz bewahren möchte. Daher habe ich mich für eine einzige Sprache entschieden. Chinesisch ist für mich zu nah, zu persönlich, als dass ich darin arbeiten könnte. Englisch ist meine zweite Sprache und doch besteht eine gewisse Distanz, was ich nutze, um die Themen meiner Kunst zu bearbeiten.

Wie verlief die Entstehung dieser Arbeit?

Sie ist die zweite Arbeit in meinem Zyklus *Seven Seals*. Die Serie habe ich 2009 begonnen, das für mich ein schwieriges Jahr war. Damals war alles durcheinander und mir ging es schlecht; ich war sehr verwirrt. In diesem Zustand begann ich, mehr über den Sinn des Lebens und das menschliche Wesen nachzudenken. Schließlich kamen mir die Bilder von Judas und die Vorstellung von den sieben Siegeln in den Sinn; das war der Ausgangspunkt des Zyklus.

Umfasst er sieben Siegel?

Ja. Es sind insgesamt sieben Siegel. Das Letzte ist gerade im Entstehen.

Welche Rolle spielen religiöser Glaube und die katholische Religion derzeit für Sie?

Religion und Glaube spielen immer noch eine gewisse Rolle, aber ich denke, sie sind mehr oder weniger mit unserer Suche nach dem Sinn des Lebens verbunden. Der Katholizismus ist für einige Gesellschaften immer noch wichtig, aber es bleibt dennoch nur eine Religion von vielen in der Welt – und eine mit, wie ich meine, immer geringerer Bedeutung.

The media artist Tsang Kin-Wah was born in Shantou (Guangdong Province) in 1976. He studied visual art at the Chinese University of Hong Kong and book art at the Camberwell College of Arts in London. His oeuvre is known for its innovative treatment of text and language, which the artist develops into immersive installations with the aid of video technology. Tsang lives and works in Hong Kong.

What does the title The Second Seal—Every Being That Opposes Progress Should Be Food for You *(2009) signify? Language and written text (as images) play an important role in your practice; whose text are these?*

The title comes from the Bible, but I made certain changes to create a contemplation on the concept of a struggle between powers and classes. In the process of my research on this theme, I encountered a number of articles and materials that inspired me and from which I chose some sentences, phrases, and keywords. After the stage of material collection, I edited and arranged the textual materials in a poetic manner, or, say, using a methodology of making a poem. So those texts came from somewhere but most of them appear with amendments and edits.

Why did you choose English as the language in your practice?

My reason for using English is that I would like to have the work simpler while keeping a sense of consistency throughout the whole series of *Seven Seals* (since 2009). Hence I decided to adopt one single language for it. Chinese is a language appearing too close, too intimate for me to actually work in, and English is my second language, thus there is a certain distance from me, which is favorable for me to explore the themes of my practice with it.

How did you come up with and compose this work?

This work is the second piece of my *Seven Seals* series. The commencement of this series was in 2009, a year when I was going through a low tide of my life. I remember in those days everything was in chaos and I was in a mess, being very confused. Being in the low ebb I started to think more about the meaning of life and human nature. This was the time when the images of Judas and the idea of the seven seals came to my mind, which was the starting point of the whole series of work.

Are there seven seals in total?

Yes, there will be seven in total, the last one is still in progress.

What role do religious belief and the Catholic religion play at present?

Religion and belief still play certain roles in some sense, however I think they all are more or less related to our pursuit of the meaning of life. Catholicism is still important to certain communities, but it's just one of the many religions in the world, and it is a fading one, I guess.

Is there a specific Chinese/Asian context in your work that may be new to the Western public? Is there a specific religious context in the work? And how does theology take place in your practice?

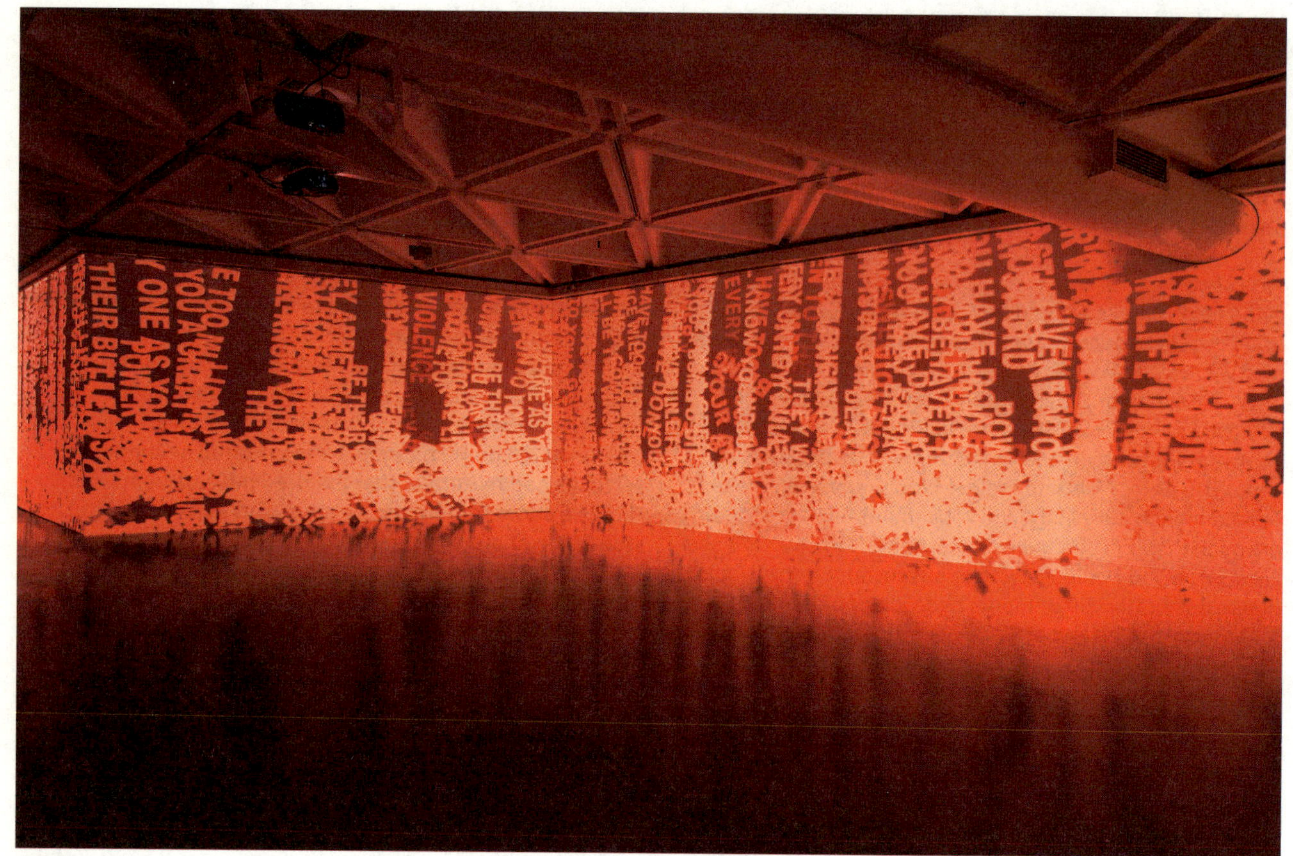

Gibt es in Ihrer Arbeit einen spezifisch chinesischen oder asiatischen Kontext, der für das westliche Publikum neu sein könnte? Gibt es einen spezifisch religiösen Kontext? Und welche Rolle spielt Theologie in ihrer Arbeit?

Ich denke nicht, dass sie einen spezifisch chinesischen oder asiatischen Kontext hat, oder mit anderen Worten, etwas, das für das westliche Publikum neu oder ungewohnt ist. Die Arbeit basiert im Wesentlichen auf der Idee der sieben Siegel und besitzt Bezüge zu anderen Konzepten wie Gewalt, Tod, Machtkampf, Klassenkampf und Kommunismus. Theologie ist ein zentrales Thema in meiner Kunst. Ich stelle in meinen Arbeiten oft Bezüge zum Christentum und anderen Auffassungen über das menschliche Sein her, da ich selbst ja Christ bin. Allerdings glaube ich nicht mehr an Religion.

Warum haben Sie für dieses Werk rote Farbe verwendet?

Rot wird im Buch der Offenbarung in Verbindung mit dem zweiten Siegel als Farbe genannt. Es war ebenfalls der Ausgangspunkt für meine Recherchen zu Texten und Inhalten der Videoarbeit *Second Seal*.

Welche Rolle besitzt die Tonspur der Arbeit? Wie wurde sie produziert?

Es ist eine Mischung aus Regen-, Umgebungs- und anderen Geräuschen. Ich hatte eine gewisse Vorstellung, wie es klingen sollte, bevor ich mit der Arbeit begonnen habe. Auf der Grundlage dieser vagen Idee habe ich Stücke aus meiner Musikbibliothek, von CDs und DVDs ausgewählt und diese dann zusammengemischt.

I think it doesn't contain any Chinese or Asian context, or in other words, something that's new or unfamiliar to the Western public. The work is mainly based on the framework of the seven seals and extended to other related ideas such as violence, death, power struggle, class struggle, and communism. Theology is often a main theme in my work. I like to make reference to Christianity and other ideas related to human nature in my practice as I used to be a Christian though I don't believe in religion anymore.

Why do you use the color red for this piece?

It's the color mentioned with the second seal in the book of Revelation, which is also the starting point for my research on the texts and content for the video work *Second Seal*.

What role does sound play in the work? How was it produced?

It is a mixture of the sound of rain with some ambient sounds and noises. I had a brief idea on what the work would sound like before I started actually working on it. So then I sorted for some clips from my music library, CDs and DVDs based on this vague idea, then I just mixed them together.

The idea of absolute, especially a theological/ontological absolute, is a main theme in your work—like the nihilist absolute in your Venice project—yet your works also involve a lot of fragments of mundane life. How do you merge the two extremes?

Tsang Kin-Wah, *The Second Seal—Every Being That Opposes Progress Should Be Food for You*, 2009

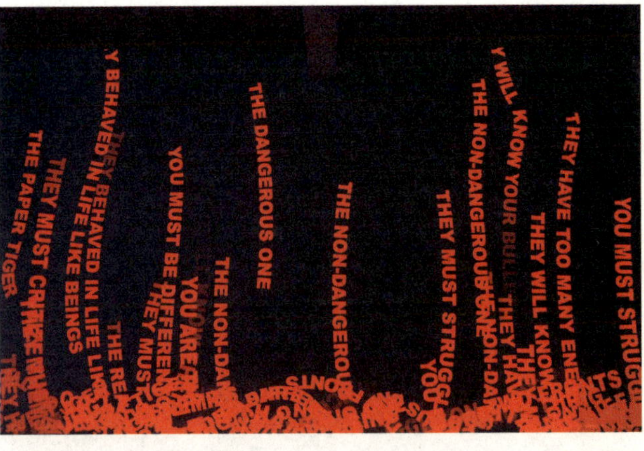

Die Idee des ›Absoluten‹, vor allem des theologischen oder ontologischen Absoluten, ist ein Hauptthema Ihrer Arbeit – so wie das nihilistische Absolute in Ihrem Venedig-Projekt. Doch Ihre Arbeiten enthalten auch zahlreiche Fragmente des weltlichen Lebens. Wie verbinden Sie diese beiden Extreme?

Ich glaube, das liegt in meiner Natur. Mein Interesse an der Idee des ›Absoluten‹, oder des ›nihilistischen Absoluten‹, das Sie in Bezug auf mein Venedig-Projekt angesprochen haben, ist vor allem mit meinem frühen Leben als Christ verknüpft, und damit, wie ich diese persönliche Geschichte nach meiner Nietzsche-Lektüre bearbeitet und hinterfragt habe. Letztendlich geht es um meine Suche nach dem Sinn des Lebens und das, was ich als menschliches Wesen in dieser Welt mit einer begrenzten Zahl an Auswahlmöglichkeiten sehe und fühle.

Wie hat Ihre Erfahrung der Buchgestaltung Ihre Verwendung von Textinhalten beeinflusst? Worin besteht der größte Unterschied zwischen der Anordnung der Texte und dem Text-als-Bild auf einer Buchseite, einer Malfläche oder einem Bildschirm? Worin besteht die Herausforderung zwischen diesen unterschiedlichen Oberflächenräumen?

Die Verwendung von Textinhalten hat eher wenig mit meinen Erfahrungen im Bücher-Machen zu tun. Sie hängt viel mehr mit meinem Interesse an chinesischer Kalligrafie und Kalligrammen zusammen. Wenn ich Texte auf Bildschirmen oder einer Malfläche arrangiere, ist es so, als würde ich mich mit der Beziehung zwischen Raum und Pinselstrich auseinandersetzen. Das gleiche Gefühl habe ich bei der Kalligrafie oder bei freihändigen Pinselzeichnungen in der chinesischen Malerei. Die Herausforderung bei der Arbeit mit unterschiedlichen Räumen besteht in dem Bemühen, den Raum in die Arbeit und gleichzeitig die Arbeit in den Raum zu integrieren, darin, diese so zu koordinieren, dass sie untrennbar werden.

I guess it is something very natural to me. My interest in the idea of absolute, or the nihilist absolute you mentioned in my Venice project, is mainly related to my early life as a Christian, and how I would like to challenge and question this personal history after my interest in texts by Nietzsche. In the end, it's about my search for the meaning of life and what I see and feel as a human living in this world with a limited amount of choices.

How did your experience of book-making influence your extensive use of textual content? What is the main difference between the disposition of text and text-as-an-image on book pages and painterly surfaces or video screens? What is the challenge when you face the different surface spaces?

My use of textual content doesn't really relate much to my book-making experience. It is connected more closely to my interest in Chinese calligraphy and calligrams. When I arrange and place the texts on video screens or painterly surfaces, I feel like I'm acting on how to deal with the relationship between space and stroke. I have the same feeling when I practice calligraphy and freehand brushwork in Chinese painting. The challenge in dealing with different spaces is the struggle to incorporate space into the work while incorporating the work into the space, to coordinate them to the extent that they become inseparable.

Xie Qi

Interview: Gu Zhenqing

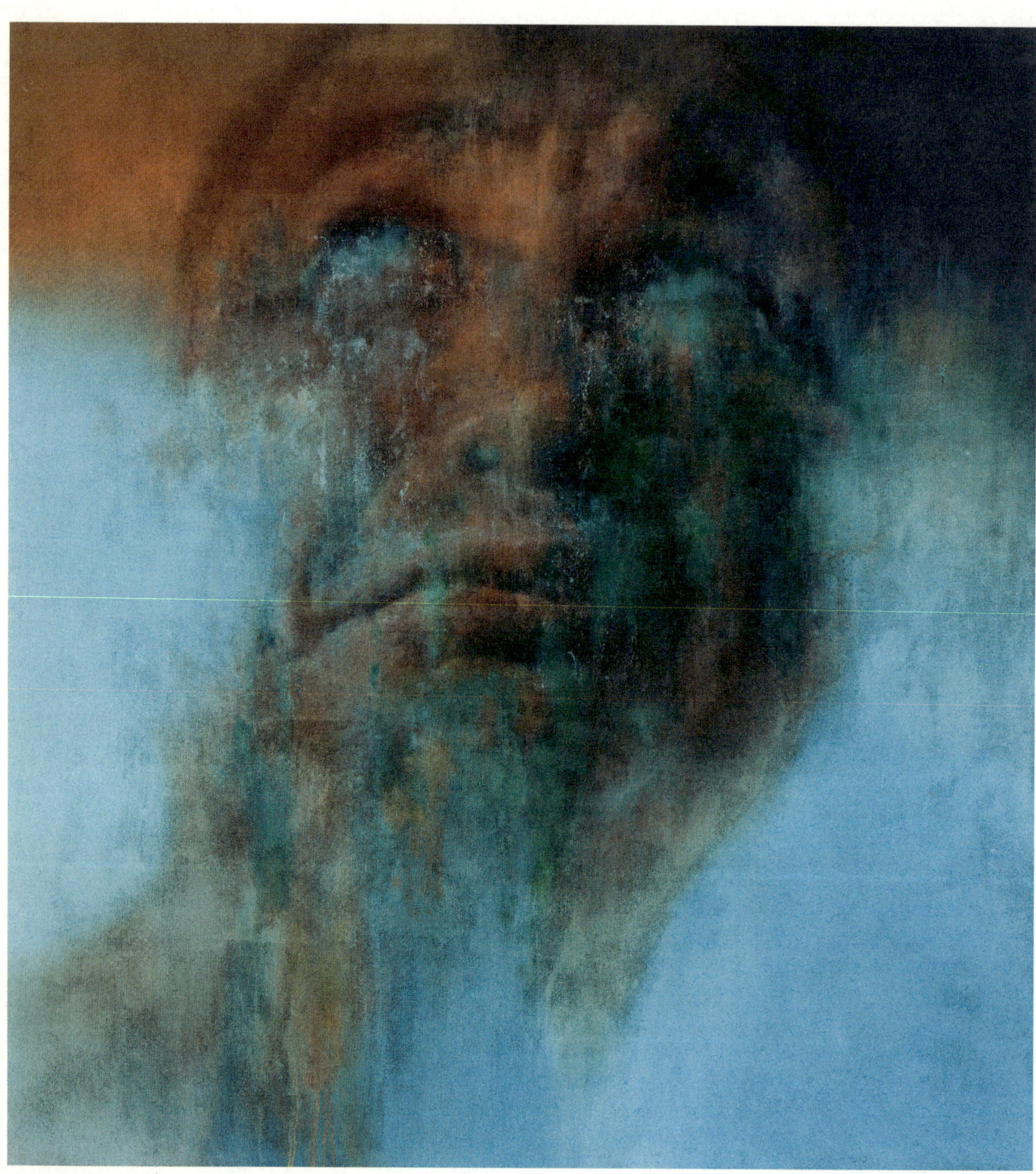

Xie Qi wurde 1974 in Chongqing geboren und schloss 1998 ihr Studium an der Central Academy of Fine Arts in Beijing ab. Die Künstlerin malt ihre expressiven und fantasievollen Bilder auf intuitive Weise. In ihren Serien taucht sie in die vielfältige Welt des Selbst ein, ohne dabei vor sexuellen oder körperlichen Tabus zurückzuschrecken. So form sie aus den sensiblen Themen rebellische Figuren und Bilder. Ihre eigenwillige Ausdrucks- und Malweise betont Kontrollverlust, Erregung und das Ringen der Seele. Xie lebt und arbeitet in Beijing.

Xie Qi was born in 1974 in Chongqing. She graduated from the Central Academy of Art and Design in Beijing in 1998. Xie is an independent artist, and starts her expressive and imaginative paintings intuitively. She works in series and indulges herself in the exuberant world of the self, never shying away from sexual or physical taboos. Addressing sensitive topics, she creates rebellious figures and images. In her paintings, she employs unique expression and strokes to emphasize spasm, excitement, and the struggles of the soul. Xie lives and works in Beijing.

Was beschreibt das Bild Wellaway! *(2010)?*

Das Bild stellt ein Porträt eines Gelehrten aus dem alten Sichuan dar, der sich intensiv mit dem Lebensstil während der Wei- (220–265) und Jin-Dynastie (266–420) auseinandergesetzt hat und sich in seinen Anekdoten oft auf die Bandenkultur in Sichuan bezogen hat. Es folgt der Dramatik und der Farbgebung von Barockmalern wie Caravaggio und Rubens.

Können Sie etwas zu dem besonderen Stil, der Bedeutung und den expressiven Eigenschaften sagen?

Es ist das allererste Bild meiner Farbporträtserie. In den düsteren monochromen und in den freundlichen mehrfarbigen Bildern verwende ich Text unter den Farben, um die Illusion in der Realität zu trennen, zu analysieren und um unser Denken neu zu ordnen.

Offenbaren diese so innere emotionale Realitäten?

Die Schwere, die sich in der malerischen Sprache widerspiegelt, ist eines der Themen, die mich aktuell beschäftigen. Die Überlappung, der gegenseitige Ausgleich und das Betonen mehrerer Farben durchdringen die Struktur und den Ausdruck des Gesichts. In einigen Momenten wirken sie als Ausgleich zur Trägheit und Vulgarität der Realität.

Haben Sie besondere Techniken, Materialien oder Farben verwendet?

Die Überlappung der Farbe dient dazu, immer wieder Bilder zu erschaffen und zu brechen. Die Farbe fließt unkon-

What does the painting Wellaway! *(2010) depict?*

The painting is a portrait of an intellectual from remote Sichuan. He is very much into the manner of the Wei (220–265) and Jin (266–420) dynasties and often includes in his anecdotes the Sichuan country gangsta culture. This painting inherits dramatic properties and coloring from Baroque painters such as Caravaggio and Rubens.

Could you explain the special style and its significance and expressive qualities?

This painting is the very first one of my color portrait series. From gloomy monochromes to charming multichromes, I have been trying to use the text under colors to separate and analyze the illusion in the reality and reorder our minds.

In what way are they revealing inner emotional realities?

The heaviness reflected in the painting language is one of my current pursuits. The overlapping, mutual offset, and strengthening of multiple colors intensively invade the structure and expression of the face. In certain degrees they are balancing the laziness and vulgarity of the reality.

Did you use any special technical skills, materials, or colors?

Color overlapping is employed so that images are constantly created and broken. Pigment flows uncontrollably, and then their tracks are removed intentionally, resulting in clearness in the process of paradoxical coloring.

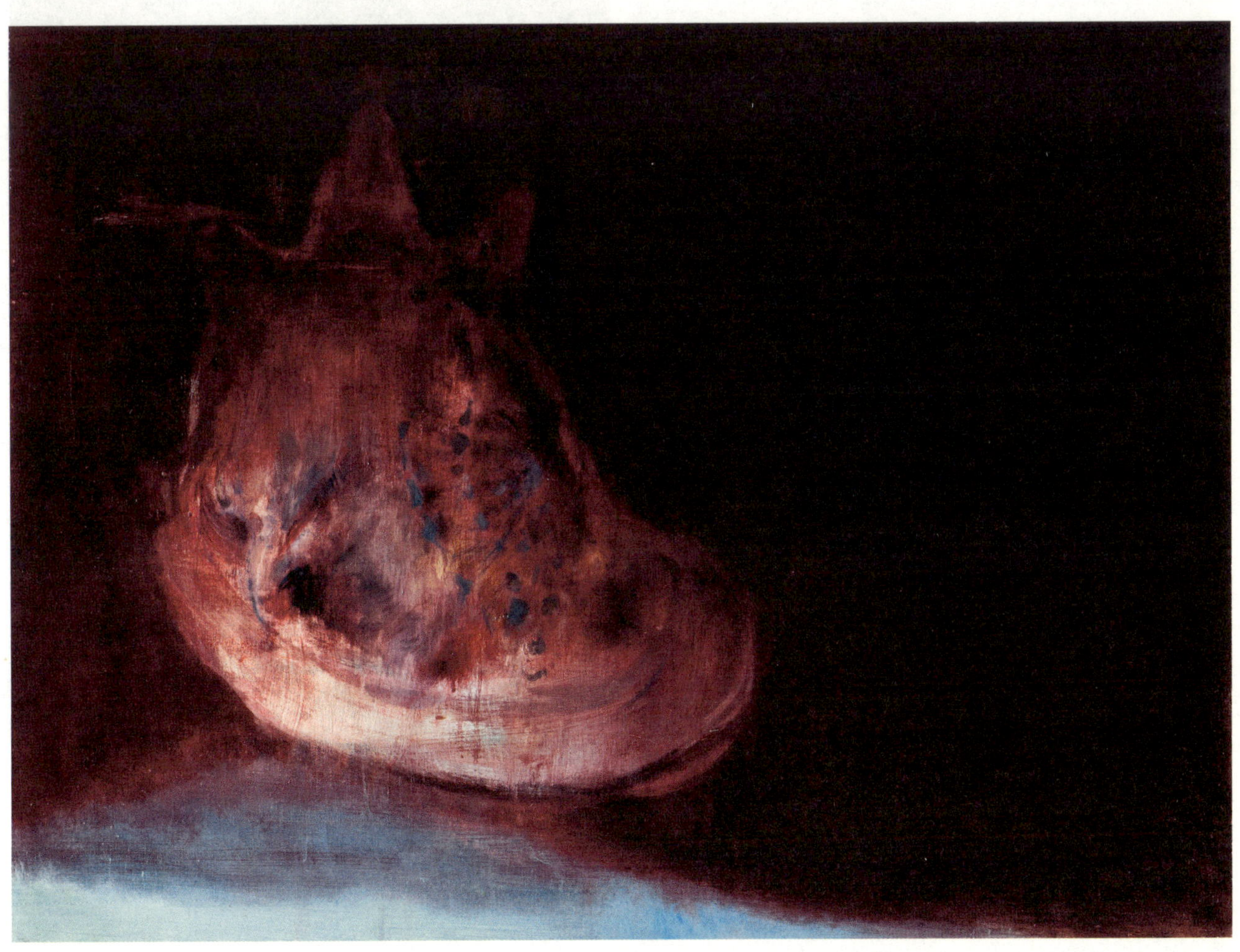

trolliert, dann werden ihre Spuren bewusst entfernt. Auf diese Weise wird der Prozess der paradoxen Farbgebung deutlich.

In welcher Beziehung stehen die Arbeiten Wellaway! *(2010) und* The Bad and the Alien *(2014) zueinander?*

Ich arbeite immer an zwei oder drei Serien gleichzeitig. Ihre Stile und Themen sind immer sehr unterschiedlich.

Sie porträtierten Ai Weiwei und Uli Sigg in The Bad and the Alien. *Aus welchem Grund?*

Ich suchte nach Gesichtern, die gleichzeitig anziehend und weltgewandt sind. Und dann kombinierte ich die Porträts mit einem Stillleben für ein absurdes Szenario. Der hohe Bekanntheitsgrad von Ai Weiwei und Uli Sigg in der Kunstszene garantierte mir die Aufmerksamkeit des Publikums.

Wie würden Sie Ihre Arbeiten einem westlichen Publikum erklären?

Die Werke sollten für sich selbst stehen und nicht durch den Künstler interpretiert werden müssen. Ich versuche mein Bestes, damit meine Arbeiten ohne allzu viele Erklärungen für sich selbst sprechen. Die Geschichte dient manchmal als Ursprung, aber auch als Entschuldigung, die die Künstler für ihre Arbeiten erfinden. Die Betrachter können sich auf das Himmelblau oder das Orange eines Sonnenuntergangs im Gesicht konzentrieren und dabei den wilden Ausdruck entdecken, der darunterliegt.

How do the works Wellaway! *and* The Bad and the Alien *(2014) relate to each other?*

I always create two or three series of works at the same time, and their styles and themes are quite different.

You painted Ai Weiwei and Uli Sigg in The Bad and the Alien. *How come?*

I tried to find faces, which are appealing and sophisticated at the same time. And then I put the portraits alongside a still life to create an absurd scenario. The high profile of Ai Weiwei and Uli Sigg in art guaranteed people's attention.

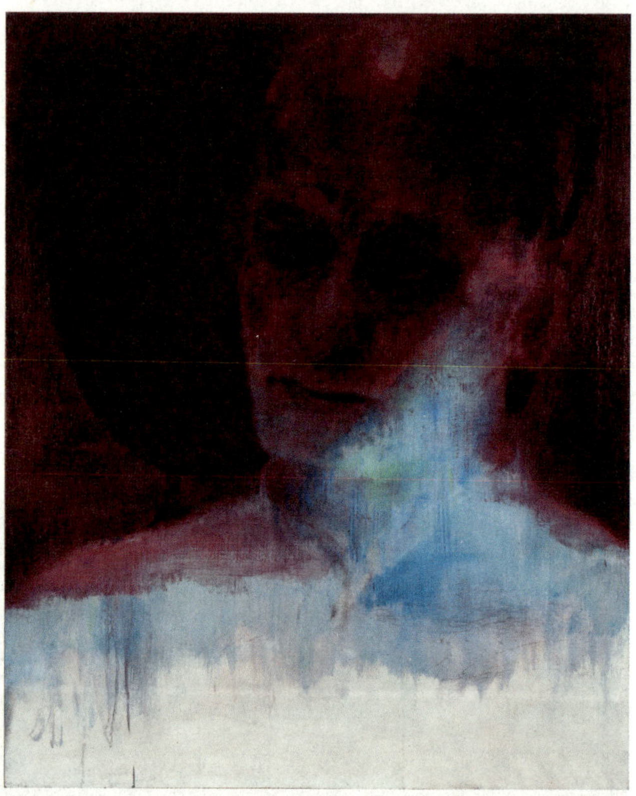

How would you explain your work to a Western audience?

I want the works to talk for themselves instead of having the artists interpret their works. Actually, I've tried my best to enable my works to fully talk for themselves without too much explanation. The story behind them is sometimes a source and even an excuse that the artists create for their works. Viewers are free to focus on sky blue and sunset orange in the face, discovering the wild expression underneath.

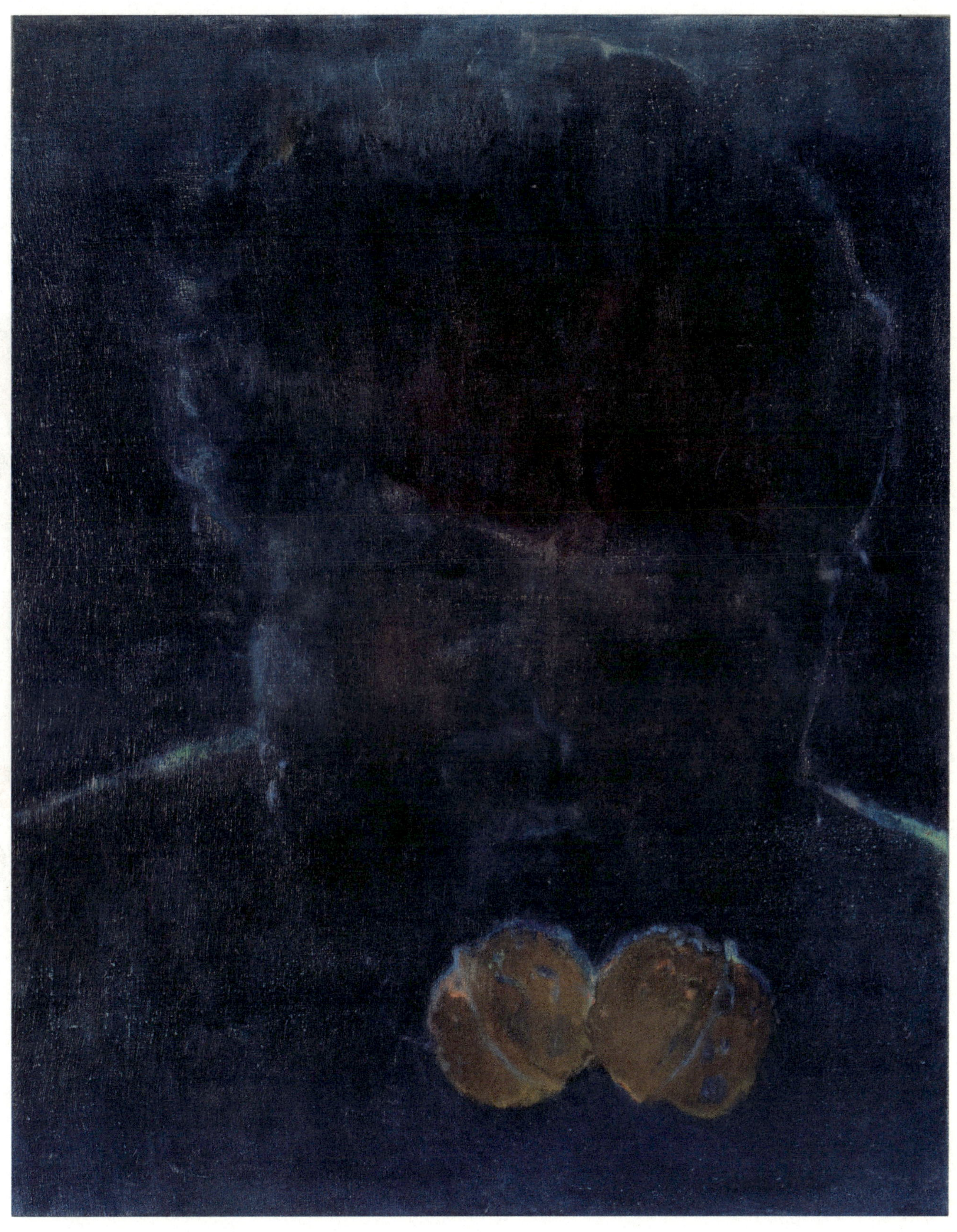

Xin Yunpeng

Interview: Li Qi

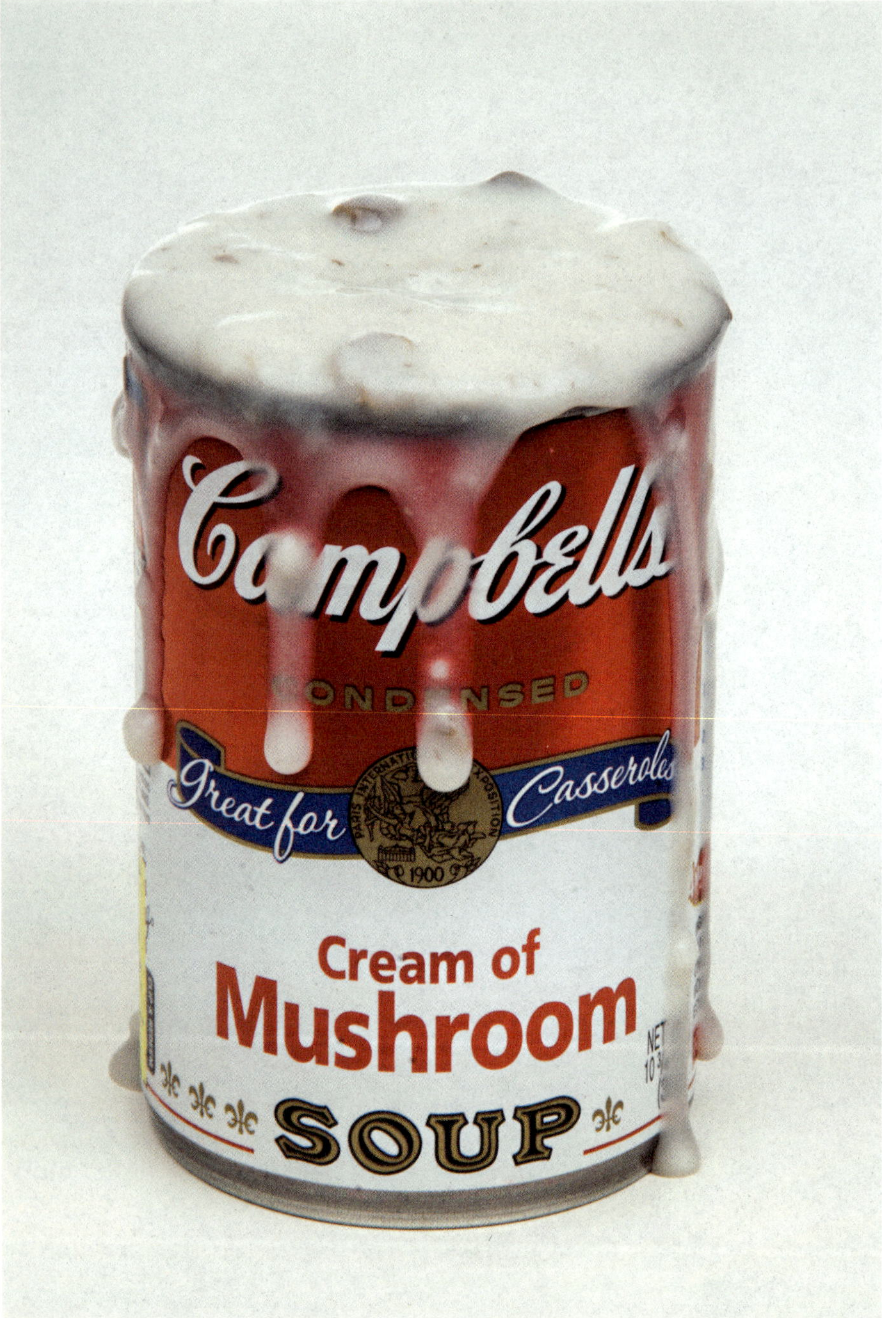

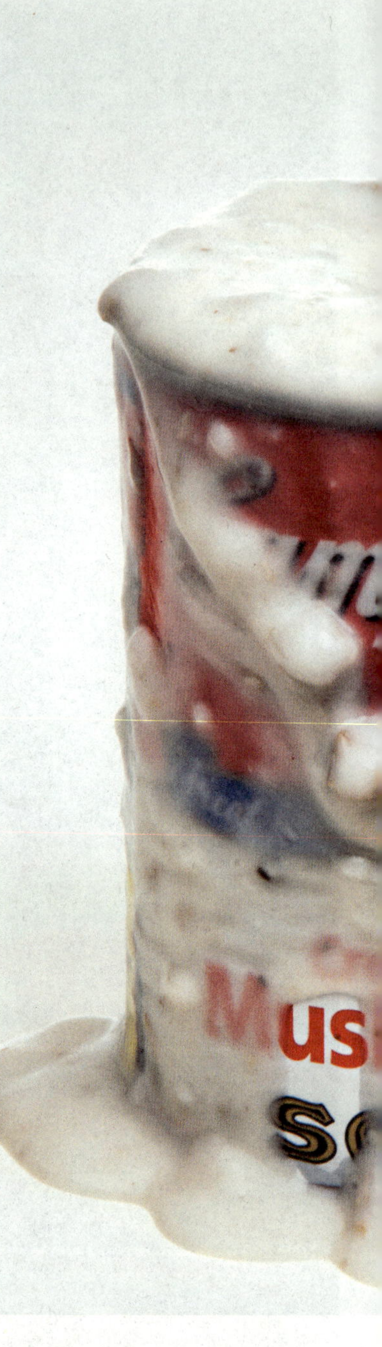

Der Konzeptkünstler Xin Yunpeng wurde 1982 in Beijing geboren und absolvierte 2007 sein Studium der Bildhauerei an der dortigen Central Academy of Fine Arts. Xins Multimedia-Praxis umfasst Performance, Video und Installationen, mit denen er institutionelle Strukturen, Machtverhältnisse und standardisierte Verhaltensmuster satirisch bearbeitet, meist durch die Abänderung von Regeln und Vorschriften, eine verdrehte Logik und manipulierte Erwartungen. Xin lebt und arbeitet in Beijing.

Können Sie den Hintergrund der Installation aus Brillo-Kartons mit dem Titel Broken Boxes *(2007) sowie des Videos* The Cream of Mushroom Soup *(2008) erläutern? Welche Bedeutung besitzt die Brillo-Box für Sie?*

Conceptual artist Xin Yunpeng was born in 1982 in Beijing. He graduated from the sculpture department of the Central Academy of Fine Arts, Beijing, in 2007. Xin's multimedia practice incorporates performance, video, and installation to create mischievous satires of institutional structures, power relations, and standardized behaviors, most often by diligently resetting rules and regulations, twisting logic, and manipulating expectations. Xin lives and works in Beijing.

What are the background of the installation with Brillo cardboard boxes Broken Boxes *(2007) and the video* The Cream of Mushroom Soup *(2008)? What significance has the Brillo box for you?*

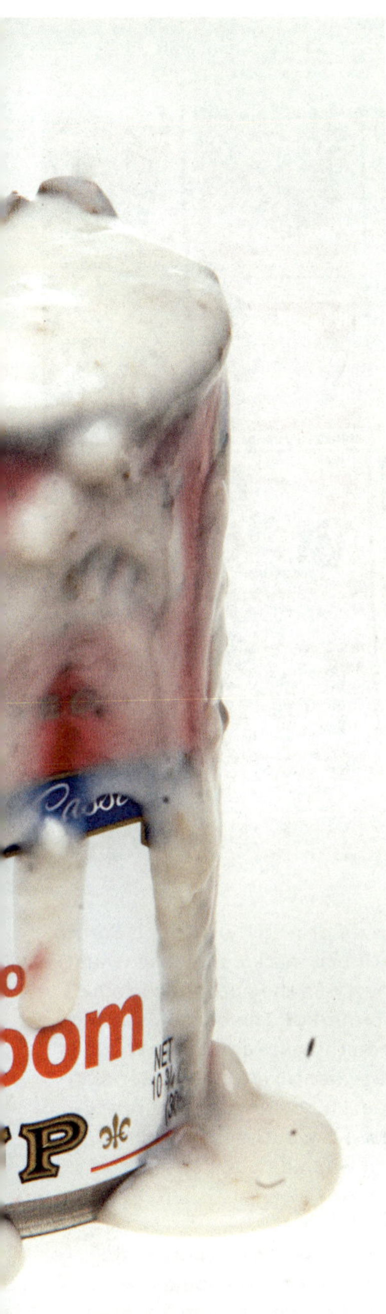

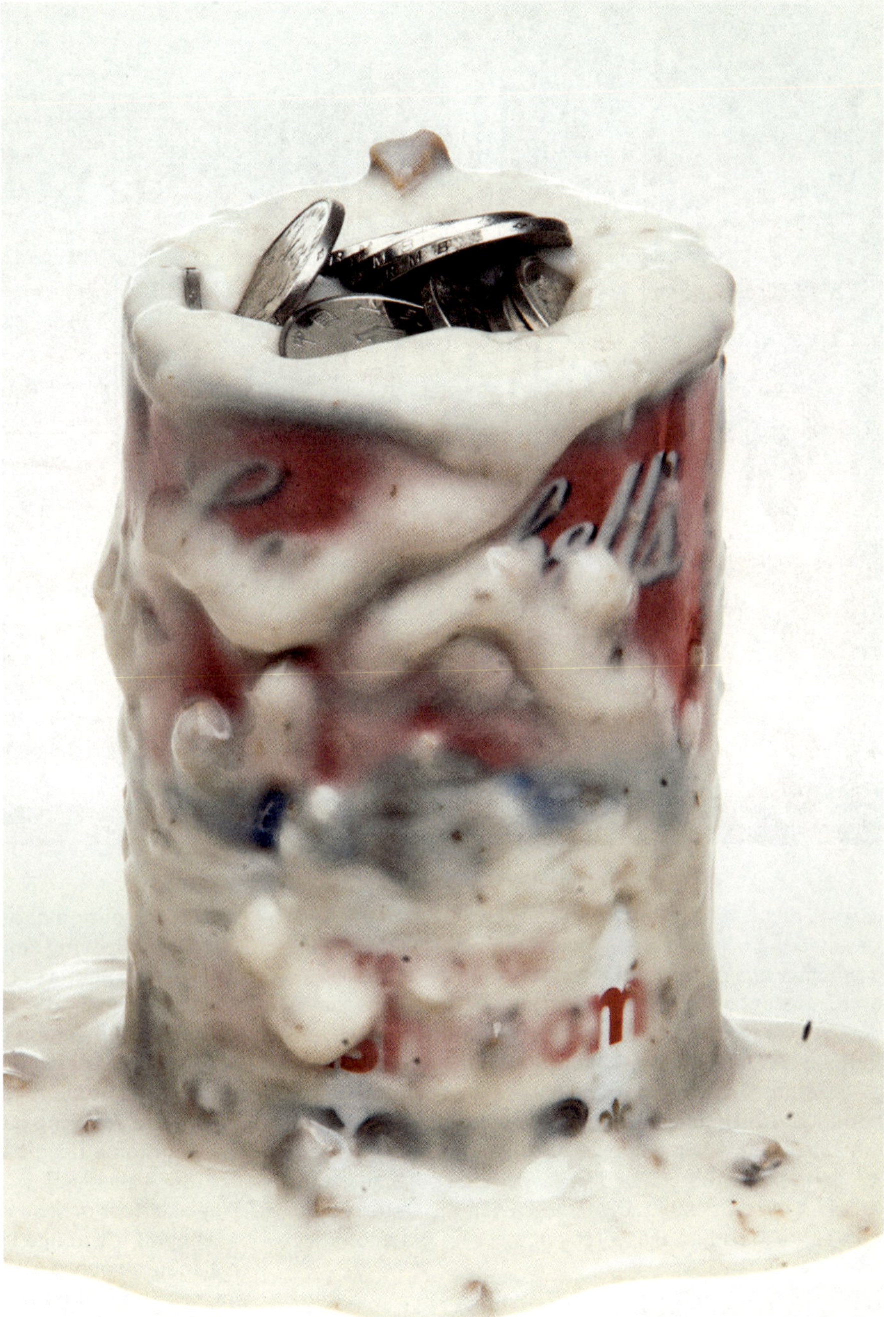

Diese beiden Arbeiten sind in den Jahren 2007 und 2008 entstanden. Ich habe mich damals mit der Kunstgeschichte und diesen Produktverpackungen auseinandergesetzt, die Andy Warhol auf so berühmte Weise verwendet hat. Ich habe versucht, sie als Symbole und als Bestandteile von Aktionen einzusetzen. Ich kannte diese Produkte nicht und wusste nichts über deren Inhalt, als ich Kunstgeschichte und die damit verbundenen Bilder studiert habe. In einem Supermarkt für Importprodukte – damals gab es nicht viele davon – habe ich erstmals einige Dosen von Campbell's Pilzcremesuppe *(Cream of Mushroom Soup)* gekauft. Ich habe die Dose geöffnet und diese dicke Suppe darin gesehen und mich gefragt, wie es wohl aussähe, wenn ich die Suppe über die Verpackung gießen würde. Die Brillo-Box war für mich nichts weiter als Verpackung und Bild. Ich

These two works were created in 2007 and 2008. Back then I was interested in art history and these product packages, which were also famously used by Andy Warhol. I intended to use these symbols as well and carry out some actions on them. I never came across any of those products and had no idea about their contents when I was studying art history and its related images. It was in a supermarket of imported products—there weren't so many of those back then—that I bought some cans of Campbell's mushroom soup. I opened one up and saw there was this kind of thick soup. I wondered how it would look like if I spilled the soup over the package. The Brillo box used to be just package and image. I had no idea what was in it. Until I bought some of those and found out they were actually scouring pads. So I scrubbed the boxes

Xin Yunpeng, *Broken Boxes*, 2007

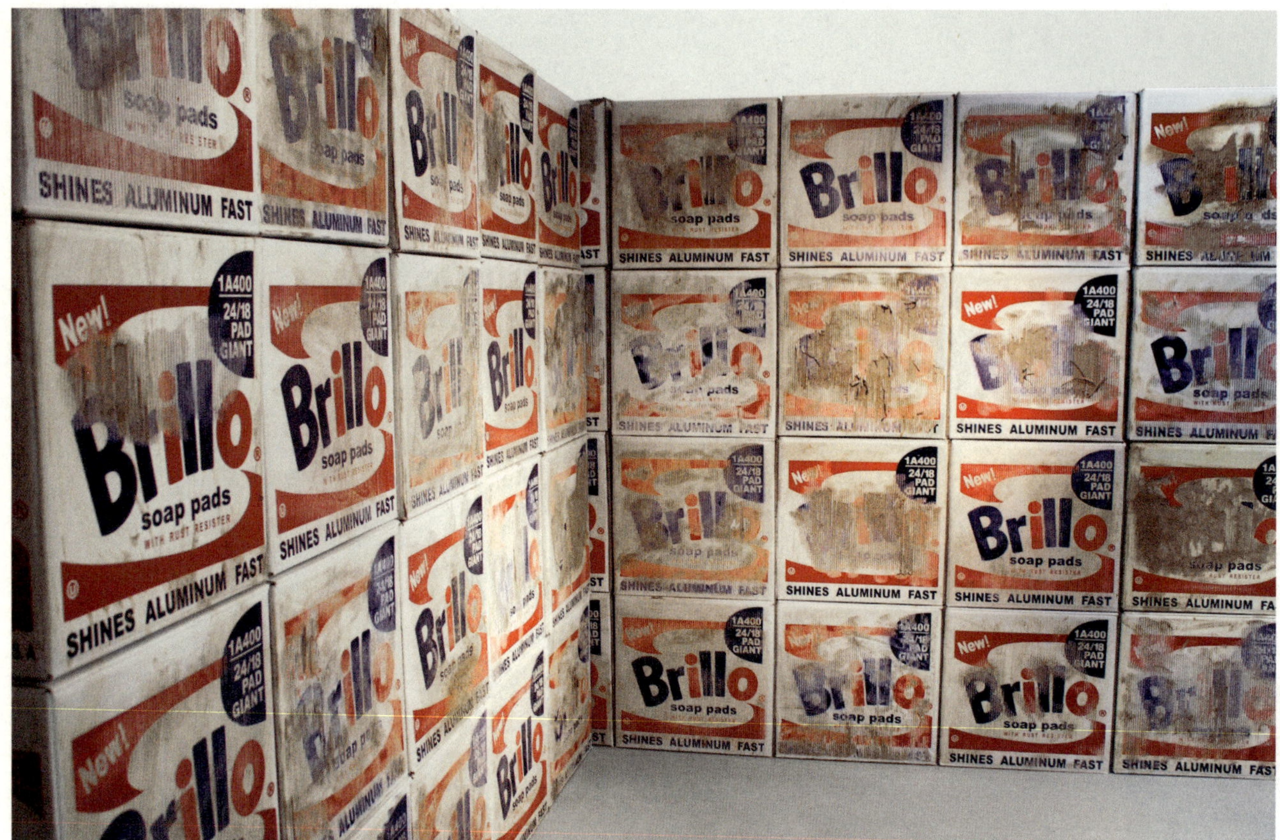

wusste nicht, was darin steckte, bis ich eine gekauft und gesehen habe, dass sie Putzschwämme enthielt. Ich habe dann die Kartons mit dem Putzschwamm geschrubbt und das Symbol zerstört. Es ging um das Schrubben und darum, einige artifizielle Zeichen zu hinterlassen. Die Suppen waren echte Produkte, die ich im Supermarkt gekauft hatte, bei den Kartons handelt es sich um Nachbildungen. Sie sind aus Wellpappe gefertigt – dasselbe Material wie die originalen Verpackungen –, diese habe ich dann mit Siebdruck bedruckt. Ich habe ein artifizielles Readymade hergestellt. Die Putzschwämme waren ebenfalls echte Produkte. Sie waren mit einer Art Scheuerpulver versehen.

Warum haben Sie diese Dinge für Kunstwerke verwendet?

Ich hatte gehofft, dass ich mit dem so geschaffenen Bild einen Diskurs über Kunstgeschichte auslösen und gleichzeitig eine neue Darstellung und eine neue visuelle Erfahrung vermitteln könnte. Meine anfängliche Motivation bestand in meiner Neugier bezüglich des Inhalts dieser Verpackungen. Ich wollte sie mit etwas überschütten, um etwas zu erschaffen, was uns widerfährt, wenn wir sie benutzen, und sie mit etablierten Symbolen vermischen.

Was zeigt der Film und wie ist er entstanden?

Ich habe Münzen in die Suppendose hineingeworfen, irgendwann lief sie dann über. Die Idee mit den Münzen war interessant. Früher musste man an einem Spielautomaten Geld einwerfen, damit man spielen konnte. Was das Video zeigt, war wie ein Spiel, das ebenfalls durch das Einwerfen der Münzen begann.

with the scouring pads, and destroyed the symbol. Scrubbing it and leaving some artificial marks, that was what I intended to achieve. The soup was the authentic product which I purchased in a supermarket. The boxes were replicates. I used screen print on the package boxes made of corrugated paper which were identical to the material in the original product package. I made an artificial readymade. The scouring pads were the authentic product. They contained some kind of washing powder.

Why use it for art?

I hoped the image I created could bring people into a discourse about art history, while giving some new impression and visual experience. My primary intention was my curiosity about the contents in these packages. I wanted it to spill over in order to create something that we actually encounter while using it in daily life, mixing it up with the established symbols.

What is the film depicting? How was it made?

I threw coins into the soup can, and gradually it overflowed. The idea of coins was interesting. In the old days, you had to insert coins to get started on a gaming machine. What the video captured was like a game. By inserting coins, the game gradually started.

Do you specifically reference Andy Warhol and American Pop Art?

It was one of the references. Some of the audience reckoned it was some kind of a process. Some thick liquid gradually overflowed a clean image. This sticky stuff made

Beziehen Sie sich dabei auf Andy Warhol und die amerikanische Pop-Art?

Das war einer von mehreren Bezügen. Manche Betrachter meinen, dass es eine Art Prozess sei. Eine dicke Flüssigkeit überschwemmt nach und nach ein sauberes Bild. Beim Anblick dieses klebrigen Zeugs wird einigen Leuten richtig schlecht. Das war ein ganz anderes Gefühl. Einige, die sich in der Kunstgeschichte auskannten, schätzten die Aneignung von Andy Warhols bekanntem Bild. Jemand anderes sah in der Pilzcremesuppe sogar einen Ausdruck von Sexualität. Das hat mich total überrascht und lag nicht in meiner ursprünglichen Intention. Jeder sieht darin etwas anderes.

Ist es ein Statement zur Konsumgesellschaft?

In gewisser Weise. Ich dachte, die Desymbolisierung wäre in diesem Prozess der Bilderschaffung notwendig. Symbole haben sich zu einem effizienten Mittel entwickelt, das im Kontext des Warenaustausches entstanden ist. Durch die Beschädigung und das Wegschrubben habe ich die Herausforderung und Provokation gegenüber dem etablierten Marketing und kommerziellen Format erschaffen.

Gibt es einen spezifisch chinesischen Kontext?

Ich spreche nicht so gerne von chinesischem Kontext. Aber wenn Sie mich fragen, dann gibt es vielleicht einen – ich lebe in Beijing und habe diese Produkte in dortigen Supermärkten gekauft. Vorher konnte man diese Dinge hier gar nicht kaufen und so habe ich mich natürlich gefragt, was eigentlich in diesen Verpackungen enthalten ist. Als ich sie dann gekauft habe, war das ganz neu für mich. Ist das ein chinesischer Kontext? Ich denke ja, nur kein ideologischer Kontext.

people sick. That was quite an alternative feeling. Some of those who knew about art history would appreciate the appropriation of Andy Warhol's established image. Even someone referred to the cream soup as an expression of sexuality, which was totally to my surprise and sidestepped my original conception. Everyone got a different sense out of it.

Is it a statement about consumer culture?

A bit. I was thinking that de-symbolization should be necessary in the process of image production. Symbols have become an effective way made by the environment of commercial exchanges. By violating and scrubbing it, I generated this challenge and provocation against the acclaimed marketing and commercial format.

Any specific Chinese context intended?

I try to avoid talking about this. If you have to ask me, then I guess there is—I am living in Beijing, and I purchased these products in supermarkets in Beijing. There was a time when you could not buy any of these things here, so I naturally wondered what was actually in these packages. When I finally bought them, it was quite new and fresh to me. Is that a Chinese context? I think so. Only it was not an ideological context.

Xu Di

Interview: Xu Sheng

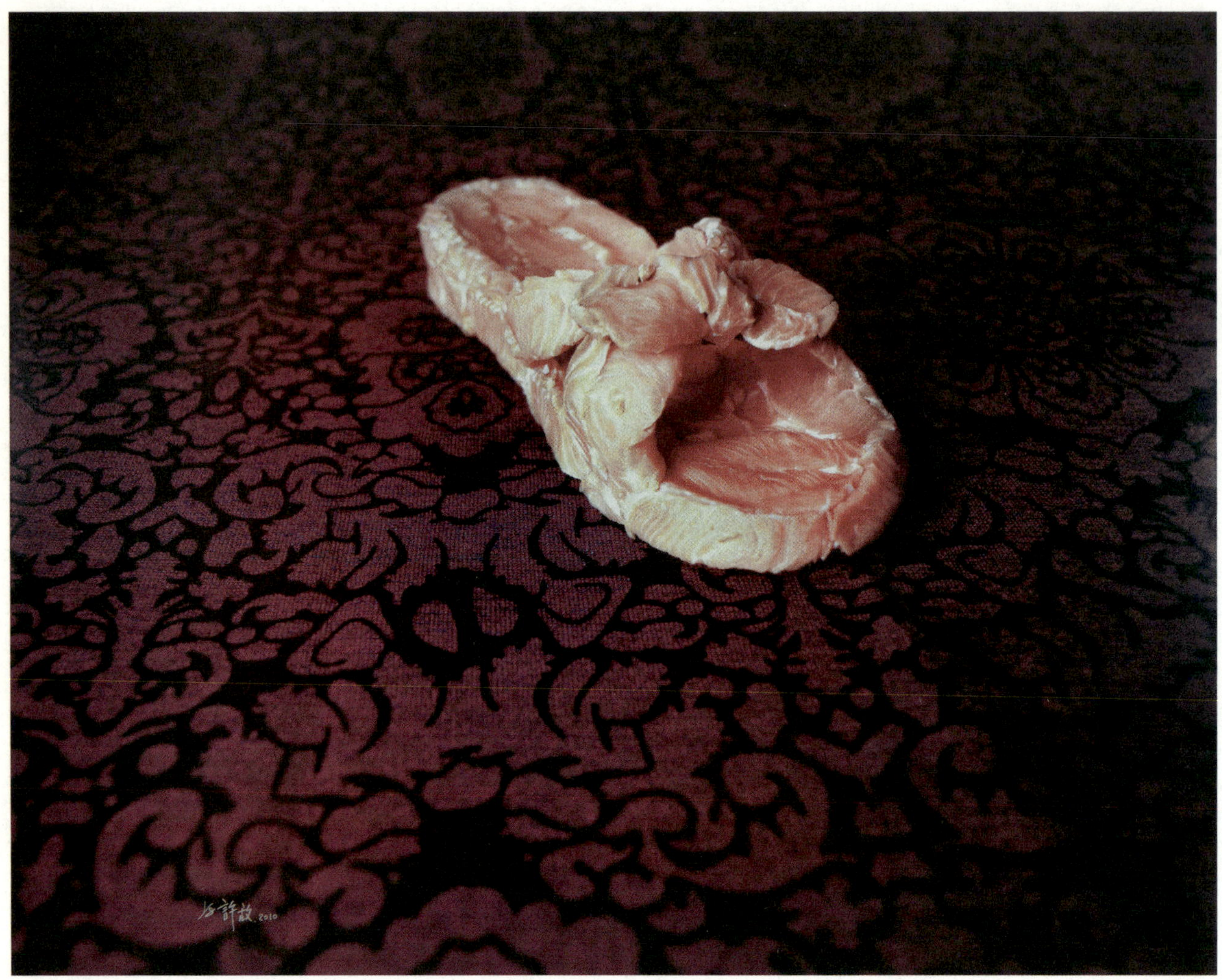

Der Medienkünstler Xu Di wurde 1982 in Shenyang (Provinz Liaoning) geboren und absolvierte 2005 sein Studium an der dortigen Lu Xun Academy of Fine Arts. In seiner Kunst setzt er vor allem Fotografie und Video ein. Xu lebt und arbeitet in Shenyang und Beijing.

Welche Bedeutung besitzt der Titel Lure of the Body?

Die Werkserie *Lure of the Body—What I Have Done Is All for Love* stellt eine Fortsetzung älterer Arbeiten dar. All die unbewegten Objekte, Pflanzen und Körper in den Bildern sind aus Meeresfrüchten geschaffen. Jedes Objekt besteht also aus einst lebenden Organismen und verfügt somit wortwörtlich über einen Körper und eine Seele. Erst durch den Akt des Tötens werden diese Körper entstellt und auseinandergenommen, werden sie zu Körpern voller Wunden, die von Viren und Bakterien befallen sind. Diese Verletzungen und Krankheiten kommen in der Textur der Meeresfrüchte zum Ausdruck, derzeit ein sehr beliebtes und hoch geschätztes Nahrungsmittel. Meeresfrüchte sind normalerweise nur sehr kurze Zeit haltbar, ihr Preis kann stündlich variieren und sie müssen schnell verzehrt werden – sie besitzen also alle Eigenschaften für eine beliebte und begehrte Ware. Gleichzeitig bringt diese Arbeit die vielen unterschiedlichen Erscheinungsformen und die Ausbreitung vor Krankheiten zum Ausdruck. Mit *Lure of the*

The media artist Xu Di was born in Shenyang (Liaoning Province) in 1982 and trained at the Xun Academy of Fine Arts. He graduated in 2005 and works primarily in the media of photography and video. Xu lives and works in Shenyang and Beijing.

What do you mean by the work's title, Lure of the Body?

The series of work titled *Lure of the Body—What I Have Done Is All for Love* is a continuation of my older works. All the still objects, plants, and bodies in the pictures were made of seafood. So each object consists of formerly living organisms; they literally contain bodies and souls. Only after the bodies were disfigured and decomposed through the act of killing, they became corpses with wounds, populated by viruses and bacteria. All the wounds and the diseases are expressed through the texture of seafood, which is currently one of the most popular and prestigious foods. Seafood characteristically can only be kept fresh for a short time, its price varies hourly, and it needs to be consumed quickly, so it has all the hallmarks of a popular and desired item. At the same time this work expresses the varied appearance and spread of diseases. So with *Lure of the Body* I address aspects of life, beauty, death and decay, but also of consumer attitudes and policies.

Body behandle ich also die Themen Leben, Schönheit, Tod und Verfall ebenso wie Konsumverhalten und -politik.

Wie sind diese Arbeiten entstanden?

Die Serie besteht aus inszenierten Fotografien von Objekten, die aus echten Meeresfrüchten geschaffen wurden. Ich habe zuerst die Meeresfrüchte gekauft, dann die Objekte hergestellt und arrangiert und anschließend fotografiert.

Was zeigen diese Bilder und welcher Bezug besteht zum Leben in China?

Die Serie bezieht sich weniger auf einen chinesischen Hintergrund oder auf soziale Probleme in China. Es ist eher eine abstrakte Form, Gefühle auszudrücken. Beispielsweise der Hausschuh in einem Hotelzimmer in der Fotografie *Lure of the Body No. 16* (2011): Er stellt ein Symbol für den emotionalen Zustand von Menschen dar, die einen Hausschuh anziehen. Ihre Emotionen und Stimmungen sind ebenso kurzlebig wie der Haltbarkeitszeitraum von Meeresfrüchten. Das ganze Set-up und diese Unbewegtheit folgen der neuen Ausdrucksweise von Gefühlen, die sich in China zu einer allgemeinen Tendenz entwickelt hat. Die Göttin Venus in *Lure of the Body No. 031* (2010) zeigt dagegen ein altes westliches Konzept von Schönheit. Im heutigen China ist das Konzept von Schönheit, das über Tausende von Jahren Bestand hatte, einem rasanten Wandel unterworfen und dabei, sich zahlreichen unterschiedlichen Vorstellungen zu öffnen. Man könnte sagen, dass die ästhetische Tradition und deren Wertvorstellungen hinterfragt werden. In meinen Arbeiten geht es also um Schönheit und deren Kraft als veränderbares Element im Kontext einer Konsumkultur.

Wie denken Sie über physische Schönheit oder einen schönen Körper? Werden weibliche und männliche Körper im heutigen China auf die gleiche Weise betrachtet oder bewundert? Hat sich im Vergleich zu traditionellen Rollenvorstellungen etwas geändert?

Während die physische Schönheit dem persönlichen Geschmack unterliegt, ändert sich das Konzept von Ästhetik fortlaufend. Und ja, ich würde sagen, dass zwischen den Geschlechtern eine gewisse Gleichheit besteht, berücksichtigt man die Bedeutung und Häufigkeit der Darstellungen. Mir scheint, dass man in Kunstwerken wie in pornografischen Bildern gleich viele männliche wie weibliche Körper sieht.

Welche Bedeutung besitzt für Sie dieser Wandel in Bezug auf eine Konsumkultur?

Meine Arbeiten werfen Fragen auf und regen Diskussion zu allgemeinen Einstellungen bezüglich Schönheit und deren emotionalen Auswirkungen an. Sie behandeln die Politik der Schönheit ebenso wie den Konsum von Schönheit in einer Konsumkultur. Die Wertvorstellungen der Menschen ändern sich heute so schnell wie alle Wünsche, die sich heutzutage sofort befriedigen lassen. Was und wie viel man konsumieren kann, hängt natürlich vom eigenen Erfolg ab oder vom Erfolg, den andere vermuten.

Sie stellen einen Damenhausschuh und eine Gottheit dar: Glauben Sie, dass Eitelkeit eine weibliche Eigenschaft ist? Oder wofür steht dieser Hausschuh?

How did you proceed with this work?

The series consists of staged photographs of soft sculptures which are made of real seafood. So first I bought the seafood, then I built the scenery and took photographs.

What are the images depicting and how does this relate to life in China?

The series is not so much about a Chinese background, or social problems in China. It's more an abstract way of expressing feelings. For example the slipper in a hotel room in the photograph *Lure of the Body No. 16* (2010) is a symbol for the emotional state of the people who use the slipper. Their emotions and moods are as short-lived as the time span to keep seafood fresh. The whole setup and deadpan representation follows a new style of expressing emotions that has become a general tendency here in China. On the other hand, Venus in *Lure of the Body No. 31* (2011) represents the old Western idea of extreme beauty. In today's China the concept of beauty, which had lasted thousands of years, is quickly changing and opening up to many different notions. You could say that the aesthetic tradition is questioned and its values put to the test. So my works speak about beauty and its power as a changing element in the context of a consumerist culture.

How do you think about physical beauty or the beautiful body? Are female and male bodies equally considered or admired in today's China? Compared to traditional role models, has anything changed?

While physical beauty follows personal tastes, the concept of aesthetics changes all the time. And yes, I would say that between genders there is a certain equality, considering the importance and frequency of representations. No matter whether you look at artworks or pornographic images, it seems to me that you find an equal amount of male and female bodies.

How do you think of these changes in relation to consumerist culture?

My works keep raising questions and stirring discussions about general beliefs concerning beauty, about the emotional effects it has. They address the politics of beauty as well as the consumption of beauty in a consumerist culture. Today people's values change as rapidly as any kind of desire, which these days can be satisfied immediately. What and how much you consume of course depends very much on the amount of success you have or that people think you have.

Since you show a female slipper and a goddess, do you think vanity is a female trait? Or what does the slipper signify?

Everyone is vain, it's not gender-related. Or could you imagine a rich man not driven by vanity? As I mentioned before, the slipper in the hotel is a symbol of the ephemerality of people's attitudes and opinions today. Their feelings and beliefs are as short-lived as fresh seafood. The slipper is an ambiguous motif, since it also relates to the domestic sphere. In a hotel you only use it for a short time, so its comfort is only temporary.

Xu Di, *Lure of the Body No. 31*, 2010

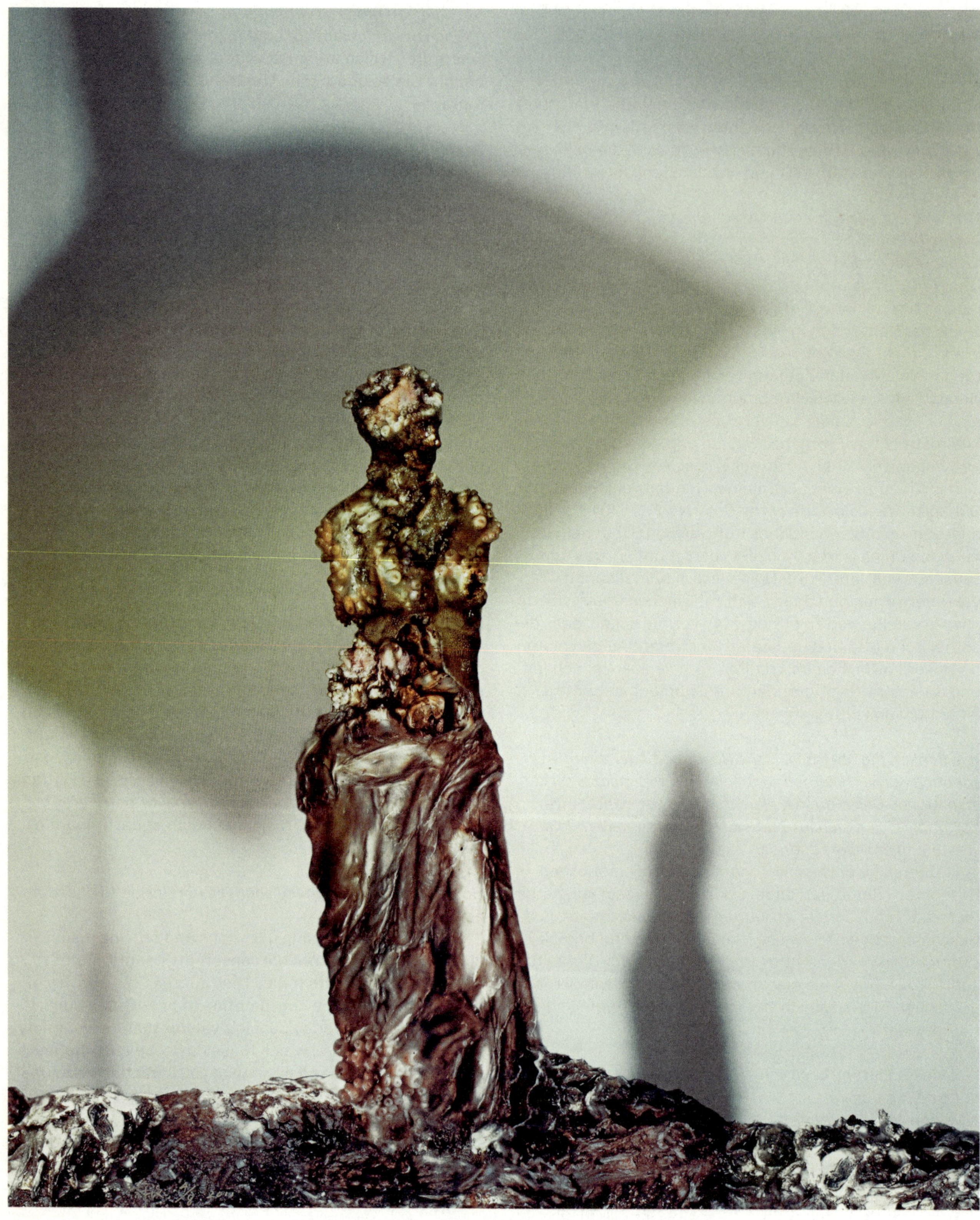

Jeder ist eitel, das ist nicht geschlechtsspezifisch. Oder können Sie sich einen reichen Mann vorstellen, der nicht von Eitelkeit getrieben wird? Wie ich bereits sagte, ist der Hausschuh im Hotelzimmer ein Symbol für das Ephemere im Verhalten und den Ansichten der Menschen heutzutage. Ihre Gefühle und Haltungen sind so kurzlebig wie Meeresfrüchte. Der Hausschuh ist ein zweideutiges Motiv, da er auch den häuslichen Bereich berührt. In einem Hotel werden Sie ihn nur kurz benutzen, sein Komfort ist also nur temporär.

Existieren verborgene Symbols oder Bezüge, die ein westliches Publikum nicht automatisch erkennen würde?

Die Arbeiten beinhalten keine verborgenen Symbole oder Anspielungen, da meiner Meinung nach überall ähnliche Probleme existieren. Heute sind es die Nachrichten, die mächtige Legenden und Mythen erschaffen. Da in China jetzt so viele seltsame Dinge geschehen, habe ich den Eindruck, dass man die neuen Legenden oder Märchen in den Nachrichten findet.

Are there any hidden symbols or references that a Western audience would not automatically know?

There are no hidden symbols or allusions because I think there are similar problems anywhere; and these days it's the news that presents the powerful legends and myths. Since there are so many strange things happening in China today, it seems to me that you find the new legends or fairy tales in the news.

Yan Lei

Interview: Li Qi

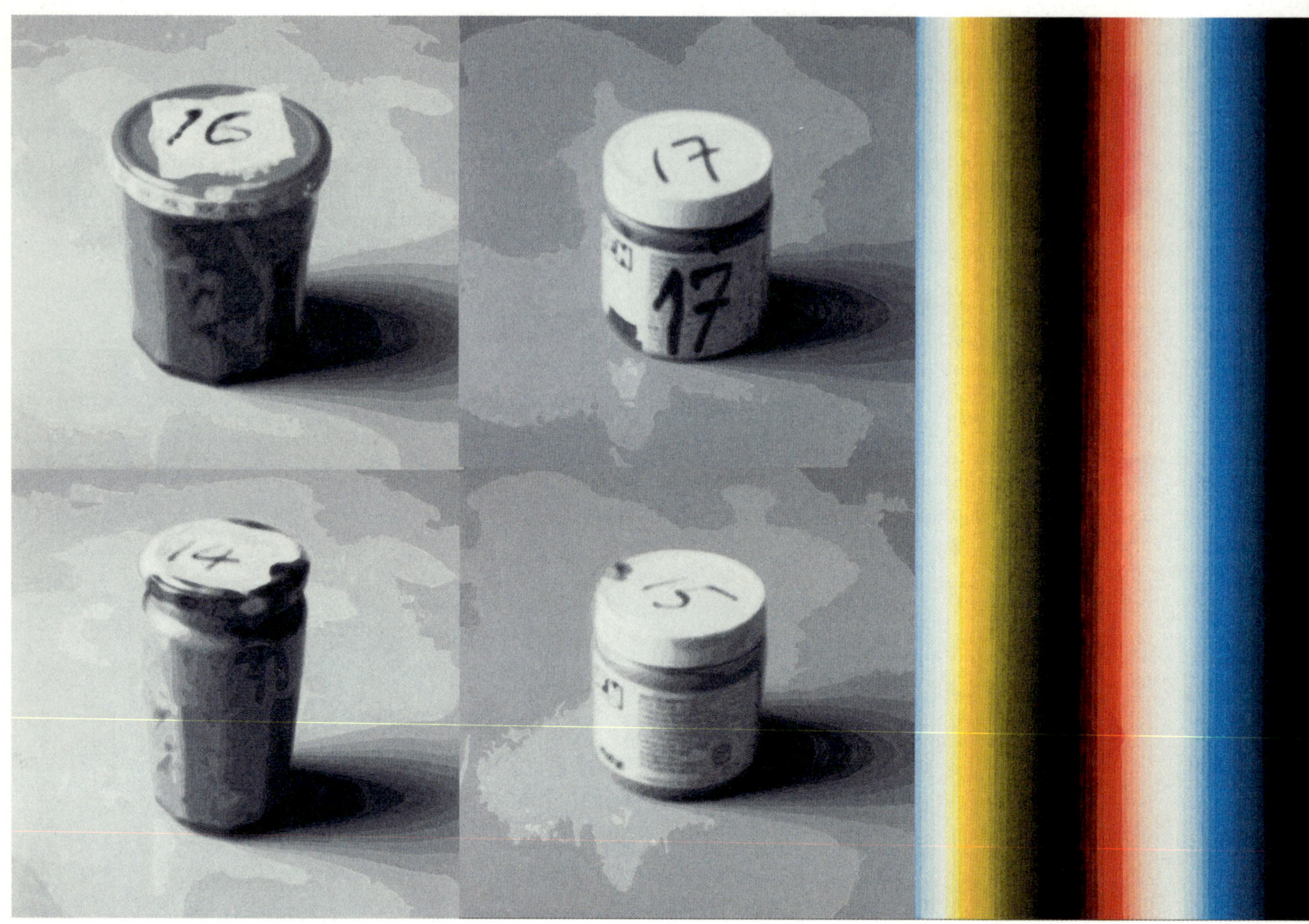

Yan Lei wurde 1965 in Langfang (Provinz Hebei) geboren. 1982 erhielt er einen Abschluss der Hebei School for Arts and Crafts, 1991 schloss er sein Studium an der Zhejiang Academy of Fine Arts in Hangzhou ab. Seine Malereien und Fotografien widmen sich der Betrachtung und Erklärung seiner eigenen Interpretation der grundlegenden Beziehungen zwischen Kultur, Malpraxis und Ausdruck. Yan lebt und arbeitet in Beijing.

Was beschreiben Ihre in der Ausstellung gezeigten Arbeiten Internet Star (Panton Chair) *(2007) und* Triptych *(2005)?*

In *Internet Star* habe ich ein Bild aus dem Internet verwendet. Ich habe aber auch eine ganze Reihe von Bildern gemalt. Es geht vor allem um Menschen, die bei mir einen Eindruck hinterlassen haben oder im Allgemeinen um Bilder, die ich zu Gesicht bekomme. Auf dieses Bild bin ich zufällig gestoßen, was auch eine Eigenschaft meiner Arbeitsweise ist. Als einzelnes Bild scheint es nichts auszudrücken, aber da es mir begegnet und aufgefallen ist, besitzt es eine Bedeutung. Bei meiner Arbeit suche ich nichts aus, ich stoße auf etwas.

Die Bedeutung dieses Bildes liegt also in seiner ursprünglichen Natur oder in seiner Gewöhnlichkeit, nicht in seiner Besonderheit?

Genau. Diese Serie nennt sich *UAP—Unlimited Art Project* oder *Unlimited Art Factory* (2007). Sie basiert vor allem auf der Bearbeitung dieser Bilder in meinem Atelier – Bilder, denen ich begegnet bin. Bei dem monumentalen

Yan Lei was born in 1965 in Langfang (Hebei Province). In 1982 he graduated from Hebei School for Arts and Crafts, and in 1991 from the Zhejiang Academy of Fine Arts, Hangzhou City. While he works in different media (painting and photography), Yan's artworks have been continuously concerned with contemplating and explicating the artist's interpretations of the fundamental relationships between culture, painterly action, and expression. Yan lives and works in Beijing.

What are your works Internet Star (Panton Chair) *(2007) and* Triptych *(2005) in the exhibition depicting?*

In *Internet Star* I used an image from the Internet. But I also paint a lot of images. It's mostly about people who left an impression on me, or generally images that catch my sight. This image was encountered randomly, which also corresponds to my way of working. As a single image it doesn't mean to express anything. But as an image that I come across, that I happen to see, it is significant. My way of working is not choosing anything, but coming across something.

So the significance of this image lies in its generic nature or in its commonness, instead of its special nature?

Exactly. This series is called *UAP—Unlimited Art Project*, or *Unlimited Art Factory* (2007). This series focuses on processing these images in my studio, images that I encountered. With the monumental *Triptych* painting it was different. This was made in 2005, when I was tidying

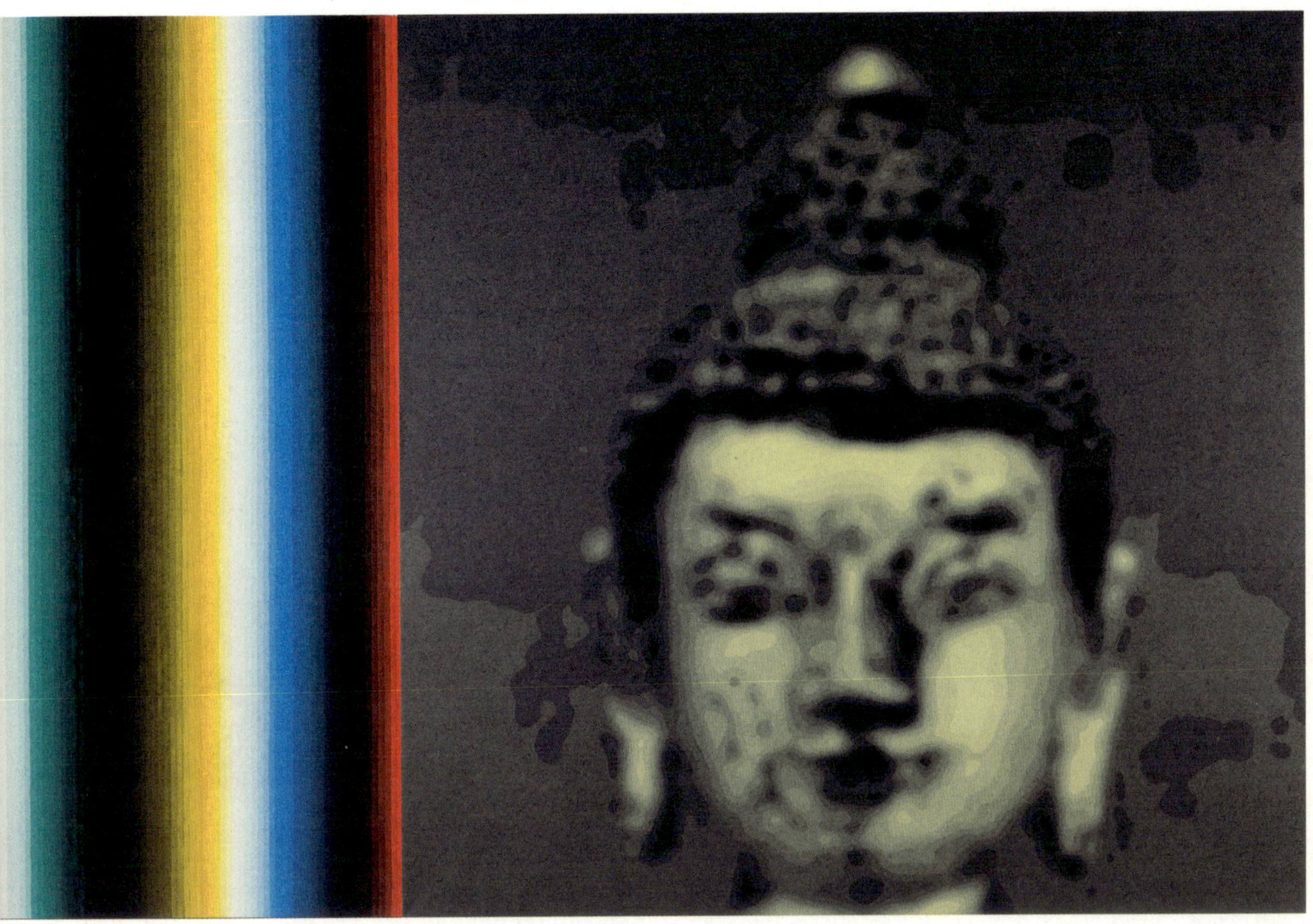

dreiteiligen Gemälde *Triptych* war es anders. Es ist 2005 entstanden, als ich mein Atelier aufgeräumt habe. Dabei sind diese Farbbehälter aufgetaucht, die man im linken Teil des Bildes sieht. Für meine Gemälde verwende ich eine Farbpalette aus 360 Pigmenten; sie bilden einen vollständigen Farbkreis. Ich habe all diese Farbbehälter gemalt und die vier links bilden ein Set. Das Bild präsentiert und erklärt meine Arbeitsweise.

Wie erklären Sie das Spektrum aus Primärfarben in der Mitte und den Buddha in Ihrem Gemälde?

Es sind Farben meines 360-Pigmente-Systems. Ich habe bestimmte Farben aus diesem System benutzt. Der Buddha ist ein Motiv, das ich bereits seit einiger Zeit verwende. Bisher sind rund zwanzig Buddhas entstanden, das ist einer davon. Ich habe ihn mit dem Rest kombiniert.

Wann und warum haben Sie beschlossen, diese drei Tafeln zu kombinieren?

Es war mehr ein Zufall und beruht auf einer Idee, die mir ganz natürlich kam. Ich wollte mit diesen Bildern nichts Bestimmtes ausdrücken. Keines der Bilder oder deren Kombination besitzt eine bestimmte Bedeutung. Alle meine Arbeiten sind als nicht-expressive Werke gedacht. Viele Menschen halten mich für einen Maler, aber in Wirklichkeit entscheidet die Einstellung. Es ist die Einstellung innerhalb der Art und Weise, mit der ich Dinge behandle, meine Einstellung zur Malerei. Ich erschaffe nicht gewissenhaft eine Figur und ich nutze die Malerei

up my studio, and these paint cans, that you can see in the left section of the painting, just turned up. For my painting I use a color palette system which consists of 360 pigments, forming a complete circle. I painted all the paint cans, and these four in the left part were one set of them. So the painting was about presenting and explaining my working method.

How do you explain the spectrum of pure color stripes in the middle and the Buddha part in your painting?

They are colors from the 360-pigment system. I painted colors selected from the system. Buddha is a motif that I have worked with for quite some time. I had already painted around twenty Buddhas. This was one of them. I arranged it together with the rest.

When and why did you decide to combine these three panels?

It was actually a coincidence and in a way naturally turned up as an idea. I didn't intend to express anything through these images. There was no expression in either the images or their combination. All the works that I show are supposed to be nonexpressive. Many people think of me as a painter, but really, it's the attitude that matters. It is the attitude embedded in the way I handle things, my attitude toward painting. I don't painstakingly create a figure or use the brushstrokes as a way of telling. They are just things that I encountered.

Yan Lei, *Internet Star (Panton Chair)*, 2007

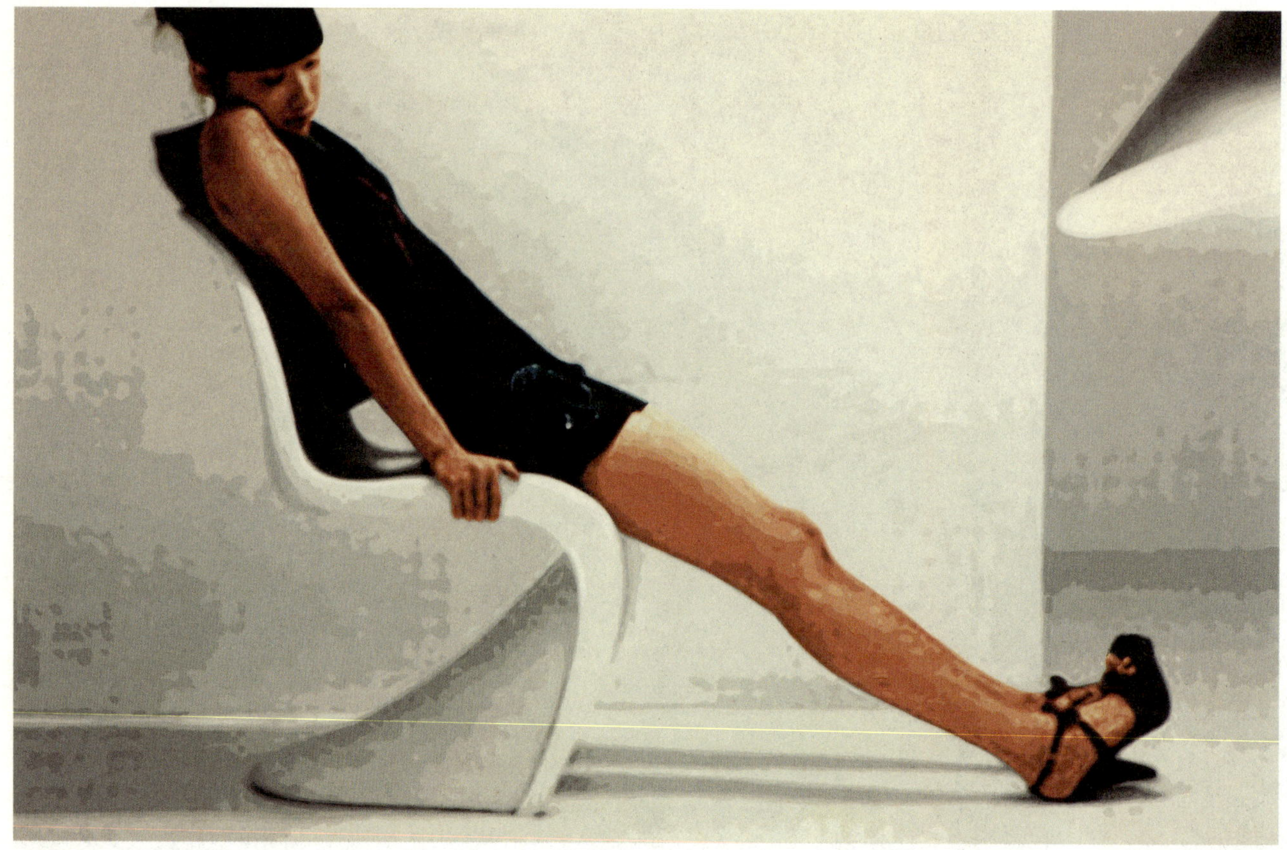

nicht als narratives Mittel. Es sind einfach Dinge, denen ich begegne.

Beziehen sich Ihre Arbeiten auf einen spezifisch chinesischen Kontext?

Das war nicht meine Absicht. Viele dieser Bilder stammen aus dem Internet. Früher habe ich selbst fotografiert, aber da heute so viele Bilder online sind, verwende ich einfach diese.

Wie kommt es zu dem Buddha-Motiv in Triptych? *Wenn es nicht um Buddha geht, auf was zielen Sie dann ab?*

Lassen Sie es mich so formulieren: Meditation ist für mich das Gleiche wie Kunst erschaffen. Das Ziel beider besteht darin, eine gewisse Stufe des Bewusstseins zu erreichen.

Das wäre eine Erklärung dafür, warum Sie Buddha in die Arbeit integriert haben?

Ja. Genau das tue ich. Es ist auch ein Beweggrund, warum ich Kunst mache.

Was bedeutet Religion für Sie?

Es ist lediglich ein persönlicher Bezug. Wie Zen hat das mit einem spirituellen Bereich zu tun.

Wie sieht der Bezug zur Konsumkultur aus?

Das ist nicht mein Ansatz. Der Bezug zur Konsumkultur spielt für mich kaum eine Rolle.

Are your works referring to a specific Chinese context?

It wasn't my intention. Many of the images are from the Internet. I used to take photos by myself. But since nowadays there are so many images online, I just pick some and use them.

How do you explain then the Buddha motif in Triptych? *If it's not about Buddha, then what are you aiming at?*

Let me put it in this way. I think meditation is the same as practicing art. The purpose of both of them is to reach a certain level of consciousness.

So this would explain why you included that part as one of the panels?

Yes. This is what I do. It's also one of the materials that has to do with me practicing art.

What does religion signify for you today?

It's merely a personal preference. Like Zen, it has to do with a spiritual realm.

How is it in relation to consumerist culture?

I didn't think of it in that way. I never gave much thought on its relation to consumerism.

What are other backgrounds of these works?

At that time, when I made these works, I applied a technique designed by myself. This triptych somehow had to do with this technique, and how I perceive art.

Existieren weitere Hintergründe zu dieser Arbeit?

Als ich diese Arbeiten geschaffen habe, habe ich eine von mir selbst entwickelte Technik verwendet. Das Triptychon hat auf gewisse Weise mit dieser Technik zu tun und damit, wie ich Kunst wahrnehme.

Yang Meiyan

Interview: Xu Sheng

你们觉得在做爱当中，有得到性高潮吗？

Do you reach your climax in the course of making love?

Die sozial engagierte Konzeptkünstlerin Yang Meiyan wurde 1983 in Guangzhou (Provinz Guangdong) geboren und studierte an der Guangzhou Academy of Fine Arts. In ihrer Kunst verwendet sie verschiedene Medien wie Video, Installation, Malerei und Text. Yang lebt und arbeitet in Guangzhou.

Was können Sie uns zu Ihrer Arbeit Sexual Declaration of Women *(2006) sagen?*

2006 habe ich mehrere Gespräche mit Frauen über ihr Sexualleben und ihre sexuellen Praktiken geführt. Den meisten dieser Frauen bin ich dabei zum ersten Mal begegnet, nur einige kannte ich persönlich. Es ist ein sehr heikles Thema, da chinesische Frauen in der Regel nur sehr wenig über Sexualität wissen und in ihrer Entscheidungsfreiheit unterdrückt werden. Daher besitzt die Arbeit sowohl eine sozialen als auch einen privaten Aspekt.

Wie typisch ist diese Arbeit für Ihr Kunstschaffen?

Ich denke sie ist untypisch, da ich zuvor noch nichts derart Unverblümtes zu einem heiklen Thema geschaffen hatte. Aber in gewisser Weise ist es eine direkte Reaktion auf die besondere Situation in China: Auf der einen Seite verhalten sich die Menschen so, als würden sie in einer in sexuellen Fragen toleranten und freizügigen Gesellschaft leben, auf der anderen Seite folgen sie aber immer noch den alten, manchmal unausgesprochenen Regeln. Da ich mehr Klarheit

The socially active conceptual artist Yang Meiyan was born in Guangzhou (Guangdong Province) in 1983 and graduated from the Guangzhou Academy of Fine Arts. She works with various media, which have previously included videos, installations, painting, and texts. Yang lives and works in Guangzhou.

What can you say about your work Sexual Declaration of Women *(2006)?*

In 2006 I arranged several conversations with different women about sexual practices. They were mostly unknown people to me, I knew only some of them personally. And also it's quite a sensitive topic, because women in China usually don't know much about it and are oppressed in their freedom of choice. So the topic is at the same time social and private.

How typical is this work for your general art practice?

I think it's atypical, since until then I hadn't done anything quite this frank about a delicate topic. But in a way it's a direct reaction to this special situation in China that on the one hand people act as though they were in a sexually tolerant and permissive society, but on the other hand they still follow many old, sometimes unspoken rules. Because I wanted to have more clarity on this matter, I chose a confrontational way. Maybe it's also because of my age: I like to do some bold things. Or maybe I just

你觉得性高潮是怎么样的？
How is orgasm in your opinion?

zu diesem Thema haben wollte, habe ich eine konfrontative Herangehensweise gewählt. Möglicherweise liegt es auch an meinem Alter: Ich mache gerne auffallende Sachen. Vielleicht wollte ich auch eine sexuelle Revolution auslösen, die Frauen befreien, um ihnen zu ermöglichen, mehr über Sex zu erfahren, anstatt diesen hinter traditionellen moralischen Regeln zu verbergen. Mein Video dient der sexuellen Erziehung der Gesellschaft. Das ist wichtig für uns, da Sex mit dem Fortbestehen der Menschheit zu tun hat. Die Menschen sollten ihn daher lernen wie sie Geschichte oder Politik lernen, mit einer ernsthaften Einstellung. Sie sollten Sex erlernen, um Missverständnisse zu vermeiden.

Würden Sie dieses Video als feministisches Kunstwerk bezeichnen?

Ich hoffe, dass diese Arbeit Frauen inspiriert, da unsere Umgebung die nächste Generation auf die eine oder andere Art beeinflussen wird. Da ich in einer relativ konservativen Umgebung lebe, greife ich die Tradition an. Da ich aber Frauen dazu überreden will, ihr sexuelles Leben zu befreien, werde ich vielleicht schnell als Feministin angesehen. Feminismus ist in meinem Fall ein Weg zur Überwindung einer patriarchalen Gesellschaft. Obwohl Frauen in China heute in der Gesellschaft über eine gewisse Macht und Einfluss verfügen, gibt es viele Politikbereiche, in denen sie nicht ernst genommen oder schlicht und einfach diskriminiert werden. Das steht im totalen Widerspruch zu

wanted to start a sexual revolution, liberate women, and give them the right to know about sex, instead of hiding it from them under the cover of traditional moral rules. My video piece helps the education of society in sexual matters. And that is crucial for us, since sex is about the continuation of humankind. Therefore people should learn it just like they learn history or politics, with a serious attitude. They should learn in order to prevent mistakes.

Would you consider this piece a feminist artwork?

This work will hopefully inspire women, because our environment will influence the next generation one way or another. Because I'm in a relatively conservative setting, I need to attack tradition. But since I really want to persuade women to liberate their sexual life, I'm probably easily targeted as a feminist. Feminism in my case is a way to conquer a patriarchal society. Even though today women in China have a certain power and influence in society, there are many policies where women are not taken seriously or are downright discriminated against. This is in total contradiction to everything that I hope for in the future, so I need to observe the situation. I think many women today are like me. They can't accept the tradition or the present situation, but neither can they go with that seemingly tolerant attitude. It seems to be meaningless to make an effort for change.

但是我不知道这样叫自慰！
But I didn't know it was called masturbation.

allem, was ich mir für die Zukunft erhoffe, also muss ich die Situation beobachten. Ich glaube, vielen Frauen geht es heute wie mir: Sie können die Tradition oder die derzeitige Situation nicht ertragen, kommen aber auch mit dieser scheinbar toleranten Haltung nicht zurecht. Jeder Versuch, etwas zu verändern, scheint sinnlos zu sein.

Wie ist diese Videoarbeit entstanden?

Als Erstes habe ich Plakate gestaltet, um Teilnehmerinnen für die Gespräche zu finden. Die Interviews habe ich aufgezeichnet und anschließend bearbeitet. Es ist ein Hörstück, das ein wenig wie ein Buch funktioniert, ein Manifest aus Stimmen und Bildern. Den Kern meiner Arbeit oder meiner Inspirationen bilden persönliche Erfahrungen, ich achte also sehr auf meine Emotionen und das, was in meinem Alltag geschieht. All das hat meine Recherchen zur Sexualität beeinflusst. Anfangs habe ich mehrere Familien und deren Alltag beobachtet, Menschen zwischen 20 und 25 Jahren – eine Zeit, in der das Erforschen der Sexualität normal ist. Dabei ist mir aufgefallen, dass viele Frauen innerhalb ihrer Partnerschaften zu sexuellen Sklavinnen wurden. Dagegen will ich kämpfen, gegen Sex ohne Liebe. Natürlich mit Ausnahme von Frauen, die als professionelle Sexarbeiterinnen tätig sind.

Was ist das Besondere an der Situation chinesischer Frauen?

Ich glaube, dass die meisten chinesischen Frauen in Sachen Sex auch heute noch sehr konservativ sind. Wie ich

How did you proceed with this video work?

First I made posters to announce the conversations and find participants. Then I recorded and edited the conversations. It's an audio piece that works a bit like a book, a manifesto of voices and images. At the core of my work or my inspirations are personal experiences, so I very much try to pay attention to my emotions and my daily life. All this influenced me in my research about sex. I began to observe different families and their daily lives, with people between twenty to twenty-five years of age, where the period of sexual exploration normally is. It occurred to me that many women have been turned into sexual slaves within their partnerships. I want to fight against that, against sex without love, except of course for those women who are professional sex workers.

What is special about the situation of Chinese women?

I think most women in China are very conservative about sex even today. As I already mentioned, sexual education here is very traditional, the social atmosphere is conservative, and in general women don't know much about it. Many women don't even know how to protect themselves. The idealized image of the virgin has been abandoned by many Chinese, but women are still submissive to men in their sexual habits and they often don't enjoy the act. This means that Chinese women are still restricted in a passive role. And it still goes without saying

我也是那种很想抛开一切去行动的人！
That's true! The more I want to go off the rails, doing some crazy things, the harder it seems for me to do that.

bereits sagte, ist ihre sexuelle Erziehung sehr traditionell, die soziale Umgebung ist konservativ und im Allgemeinen wissen Frauen nicht sehr viel darüber. Viele wissen nicht einmal, wie sie verhüten können. Das Idealbild der Jungfrau haben viele Chinesen zwar aufgegeben, aber die Frauen sind in ihren sexuellen Praktiken den Männern gegenüber immer noch unterwürfig und oft genießen sie den Sex nicht. Das bedeutet, dass chinesische Frauen immer noch in einer passiven Rolle gefangen sind. Und natürlich ist es so, dass ein Mann, der seine Frau betrügt, als erfolgreich gilt; eine Frau, die ihren Mann betrügt, gilt dagegen als ›Schlampe‹.

Wie beurteilen Sie allgemein die Bedeutung von Videokunst in der heutigen Kunstszene?

Videokunst sollte mit dem Internet verknüpft sein. Ohne Internet bleibt es starr, aber es sollte wie ein Virus verbreitet werden und die Computer der Menschen befallen. Das gute an Videos ist, dass sie eine Person regelrecht hypnotisieren und ihr Unterbewusstsein beeinflussen können. Das ist ein guter Anfang für das Verbreiten von Wissen und für Erziehung. Der Nachteil ist heute, dass man überall Informationen finden kann und man schnell von einer Sache zur nächsten springt oder aber von nur einer Meinung geprägt wird. Alles in allem ist es keine gute Zeit für Arbeiten, die Informationen liefern und zur Bewusstseinsbildung beitragen wollen.

that in real life, when a man cheats on his wife, it means he's successful; but when a woman cheats on her husband, it means she's a slut.

Since you work with video, how do you see its particularity in today's art scene globally speaking?

Video should be connected to the Internet. Without Internet, it's only a disc; but it should be spread like a virus and infiltrate people's computers. The good thing for video is that it can mesmerize a person and influence her or him even on a subconscious level. This is a good start for spreading knowledge and education. The disadvantage today is that you can find information everywhere and people quickly swing from one thing to the next, or else are burdened by just one opinion. So all in all it is not a good time for informative and consciousness-raising works.

Zhang Xiaodong

Interview: Xu Sheng

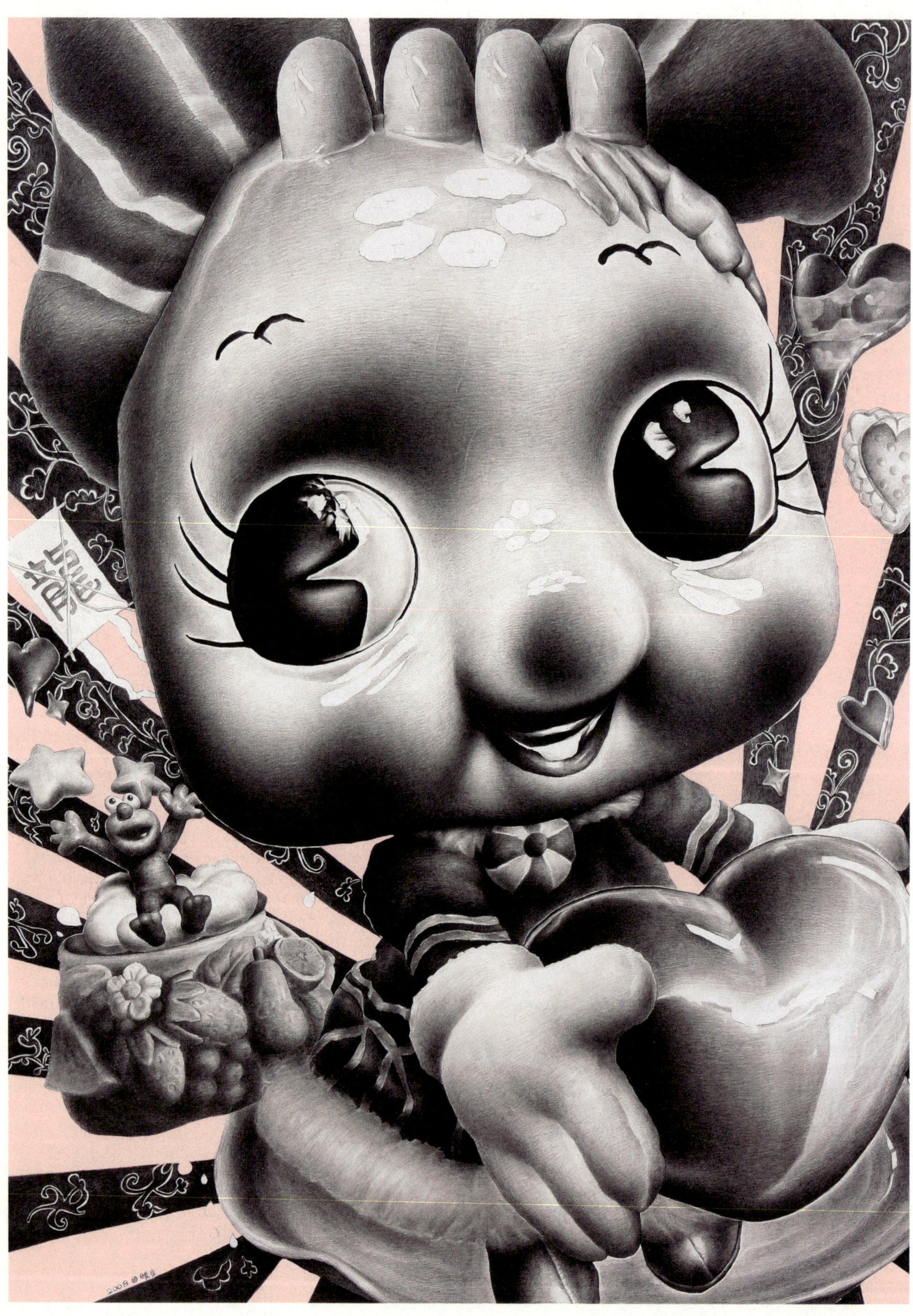

Der Maler und Zeichner Zhang Xiaodong wurde 1968 in Tangshan (Provinz Hebei) geboren. Nach einer ersten künstlerischen Ausbildung an der Capital Normal University in Beijing wechselte er an die Aichi Prefectural University of Fine Arts and Music im japanischen Nagakute, wo er 1999 sein Master-Studium abschloss. 2003 promovierte er an der China Academy of Art in Hangzhou. Seit 2005 lehrt er als stellvertretender Dekan und Professor für Malerei an der Jishou University in Zhangjiajie. Er verwendet seit dem Jahr 2006 als zentrales Motiv seiner Arbeit eine dickliche Kinderfigur, die er zur Kritik am Materialismus in China einsetzt. Zhang lebt und arbeitet in Beijing.

Warum verwenden Sie in Dream *und* Morning *(beide 2008) Cartoonfiguren? Welche Bedeutung besitzen Cartoons für Sie?*

Cartoons sind ein weltweit verbreitetes Phänomen des 20. Jahrhunderts. Und sie sind Teil des Internets, da man dort öfters Emoticons oder Symbole für bestimmte Stimmungen verwendet. Eine Studie in Japan hat gezeigt, dass 70 bis 80 Prozent der Japaner Cartoons mögen. Manche Menschen besitzen ungewöhnliche Beziehungen zu Cartoonfiguren und können von diesen Charakteren regelrecht abhängig werden. Sie nutzen diese Figuren als Ersatz für echte Beziehungen zu realen Menschen. Dieses Phänomen ist nicht nur für eine gewisse egozentrische Situation heutiger Menschen typisch, sie spiegelt auch die heilsame emotionale Funktion von Cartoons wider, die in gewisser Weise magisch ist. Die Forschung zu Cartoons verfolgt eine globale Perspektive und vergleicht unterschiedliche Kulturen auf der ganzen Welt. Die weitverbreitete Ansicht, dass Cartoonliebhaber einen kindlichen Charakter besitzen, ist selbst kindlich. Aufgrund des großen Interesses an Cartoons ist es nur folgerichtig, diese auch in die Kunst zu integrieren. Sie passen gut zur aktuellen Kultur und Ästhetik unserer Gesellschaft. Auf der anderen Seite hat die Entwicklung der figurativen Kunst dem Cartoon eine breite Palette an Ausdrucksformen und Konzepten eröffnet. Aus dieser Sicht sind Cartoons weder klassisch noch überholt oder etwa abstrakt. Sie sind sowohl subjektiv als auch objektiv, emotional und narrativ und sie sprechen Gefühle auf natürliche Weise an. Aus diesem Grund besitzen Cartoons oft eine heilsame Wirkung. Sie konzentrieren sich auf Gefühle anstatt auf den Verstand; Und somit bilden sie einen guten Gegenpol zu konzeptueller Kunst.

Warum zeichnen Sie mit Bleistift auf Papier? Haben diese Zeichenmittel für Sie eine besondere Bedeutung?

Es gibt zwei Gründe für meine Verwendung des Bleistifts. Der eine geht auf die Wurzeln von Kunst zurück. In der zeitgenössischen Kunst geht es vor allem um die Erneuerung von Material und Formen. Die Grundlogik besteht darin, etwas nach außen zu entwickeln. Ich will in die andere Richtung gehen, zurück zum Anfang. Bei der Suche nach Wegen, das Empfinden in meinem Herzen auszudrücken, versuche ich sehr grundsätzlichen und sehr ursprünglichen Ambitionen und Antrieben zu folgen. Der andere Grund liegt darin, dass der Bleistift etwas mit Schwarz und Weiß zu tun hat, also nichts mit irgendwelchen anderen Farben, und dass er unabhängig existiert, wie die Essenz der Dinge. Für mich ist es wie die Offenbarung der Essenz eines scheinbar komplizierten Lebens. Natürlich verwende ich auch

The painter and draftsman Zhang Xiaodong was born in Tangshan City (Hebei Province) in 1968. He began his artistic training at the Capital Normal University of China, ultimately transfering to the Aichi Prefectural University of Fine Arts and Music in Japan, where he received his master's degree in 1999. In 2003 he earned his PhD at the Chinese National Academy of Arts, and he has been assistant dean and professor of painting at the Jishou University of Zhangjiajie since 2005. Since 2006, his primary motif is that of a fat child, which he employs to criticize the materialism in China. Zhang lives and works in Beijing.

Why do you use cartoon figures in Dream *and* Morning *(both 2008)? What do cartoons signify for you?*

Cartoon culture is a very common phenomenon in the world of the twenty-first century. It also goes along well with the Internet, since there you use emoticons or emotional symbols frequently. A research study done in Japan shows that 70 to 80 percent of Japanese people like cartoons. People in real life and cartoon persons sometimes have very astonishing relationships, such that real people literally grow dependent on cartoon characters. They use them as surrogates for real relationships with real people. This phenomenon is not just typical of a certain self-centered situation of contemporary people, but also reflects the emotional healing function of cartoons, which is quite magical. Research on cartoons has a global perspective and compares different cultures around the world. The general opinion that if you like cartoons that you must have a childish character is childish in itself. So since there is so much interest in cartoons, it is just logical to integrate them in art as well. It goes well with the current culture and aesthetics of our society. On the other hand, the development of figurative art has also given the cartoon a broader variety of possible expressions and notions. In this view, cartoons are neither classic nor outdated nor are they abstract in any way. It is both subjective and objective, emotional and narrative, addressing feelings naturally. That's why cartoons are often healing. They concentrate on emotions instead of intellect; therefore, it's a very good counterpart for conceptual artwork.

Why do you use pencil on paper? Do these materials mean anything special for you?

There are two reasons for me to use a pencil. One is to go back to the roots of art. Contemporary art is mainly about innovations of materials and forms. Its basic logic is to develop outward. I want to go against that, back to the beginning. I try to use very basic and very original ambitions and passions to find my way of expressing my heart's experiences. The other reason is that pencil talks about black and white, which are not about any colors and exist independently, just like the essence of things. For me it's like revealing the essence of an apparently complicated life. Of course I also use colors sometimes, but I see them as the other side of black and white. And they mean totally different things for me, representing my different perceptions and feelings toward the world.

manchmal Farbe, aber ich sehe diese als die andere Seite von Schwarz-Weiß. Und sie bedeuten für mich etwas völlig anderes, sie repräsentieren meine unterschiedlichen Wahrnehmungen und Gefühle gegenüber der Welt.

Sind die beiden Zeichnungen Teil einer Serie?

Diese Arbeit entstand gleichzeitig mit dem Beginn meiner Serie *Pang Pang* (»Dickerchen«), in der ich die Figur eines Schweins wie ein Sparschwein einsetze. Ich hatte den Eindruck, dass die Menschen in der modernen Gesellschaft sich vollkommen in eine Art ökonomisches Tier verwandelt haben. Die Menschen ähneln heute einer Sparbüchse, ständig dabei, zu sparen und zu konsumieren. Natürlich wollte ich die allgemeine Vorstellung von der menschlichen Existenz zum Ausdruck bringen, nicht speziell Geld oder Leben. Ich habe versucht, das ewige und diffuse Thema ›Glück‹ anzuschneiden. Der Name des Schweins ist Pang Pang, und es ist ein Cartoon, aber für mich ist es der direkteste Weg, mich selbst mit der Welt zu verbinden. Es ist mehr wie eine Fabel oder ein Symbol meiner eigenen Erzählung.

Wie beurteilen Sie die Konsumkultur?

Die Konsumkultur ist lediglich der Zustand und die kulturelle Eigenart der modernen Gesellschaft. Man kann auch sagen, dass die moderne Gesellschaft ein System aus Konsumentenexistenzen ist, da jeder in enger Beziehung zu Gütern lebt. Sie verhilft Menschen, ihre Freiheit zu genießen und generiert gleichzeitig weitere Wünsche. Aus diesem Grund wächst die Konsumkultur so rasant – das hat mit den Wünschen zu tun, die ihr zugrunde liegen. Daher empfinde ich moderne Menschen wie eine Sparbüchse: Sie werden von Wünschen angetrieben und folgen daher dem Prozess aus Anhäufen und Konsum.

Welchen spezifisch chinesischen Kontext sollte ein westliches Publikum kennen, damit es diese Arbeiten besser versteht?

Ich glaube, die westliche Kunst betont mehr den Verstand, während die chinesische Kunst sich mehr auf den emotionalen Ausdruck konzentriert. Die Ziele und Formen der Ästhetik sind unterschiedlich. Chinesische Kunst besitzt ein lange Geschichte und kulturelle Tradition, daher sind die Symbole und Fabeln den Chinesen so gut bekannt. Ich glaube, in einer bestimmten Periode wurden westliche Kunststile oder Konzepte wie Realismus, Konzeptkunst oder abstrakte Kunst in China wiederholt, aber am Ende werden die chinesischen Künstler und das chinesische Publikum wieder zur östlichen Ästhetik mit den Bildern des Herzens zurückkehren. Der Begriff ›Cartoon‹ ist ein Fremdwort, aber Cartoons als solche sind in China keineswegs neu. Traditionelle Bildwelten wie Symbole, Drachen, Phönixe und so weiter können ebenfalls als Cartoons angesehen werden. Sie sind zugleich ein spezifischer Ausdruck chinesischer Kultur. Ich habe versucht, dies zu thematisieren, indem ich den Cartoon nutze und meine Vorstellungen von Kunst ausgehend von westlichen Kunsttheorien entwickle, um so etwas Neues in den chinesischen Kulturtraditionen zu finden.

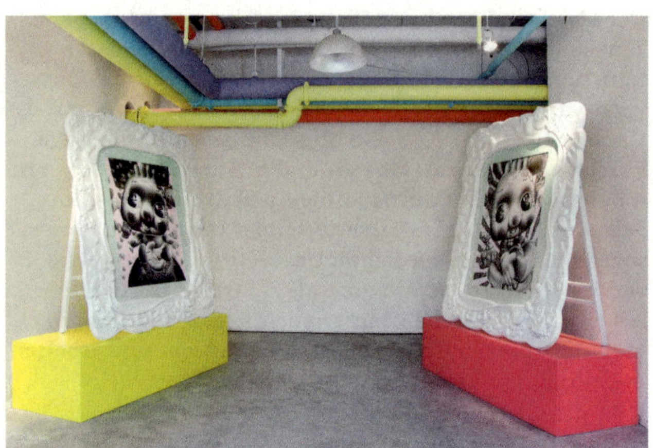

Are the two drawings part of any series?

This work was realized simultaneously with the beginning of my *Pang Pang* (Fat Fat) series, where I used the figure of a pig as in the piggy bank. I felt that people had been totally turned into a kind of economical animal in modern society. People are more like a saving pot these days, constantly engaged in a process of saving and consuming. Of course I wanted to express the general idea about human existence, not particularly money or life. I tried to figure out the eternal and misty theme of happiness. The pig's name is Pang Pang, and it's a cartoon, but for me it's the most direct way to link myself to the world. It's more like a fable, or a symbol, of my own narration.

What's your opinion on consumerist culture?

Consumerist culture is just modern society's condition and cultural particularity. We can also say that modern society is a system of consumers' existences, as everyone lives in close relationship to goods. Consumerism helps people to enjoy their freedom and at the same time develop more desires. That's why consumerist culture is growing so fast, it has to do with the desires that are at the core of it. That's why I feel that modern people are like a saving pot—they are driven by desires and therefore follow the process of accumulation and consumption.

What does a Western audience need to know particularly about China to better understand this work?

I think Western art enhances reason, while Chinese art concentrates more on emotional expressions. The goals and forms of aesthetics are different. Chinese art has a long history and cultural tradition, so symbols and fables in images are well known by Chinese people. I think in a certain period, art styles or notions of art from the West such as realism, conceptual art, or abstract art were repeated in China, but eventually Chinese artists and the Chinese audience will go back to Eastern aesthetics with images of the heart. The term *cartoon* is a foreign word, but cartoons as such are not new at all in China. Traditional imageries like symbols, dragons, phoenixes, etc. can be seen as cartoons, too. They are also a specific expression of Chinese culture. I tried to explore this using the cartoon and developing my ideas of art from modern art's theories of the West, in order to find something new in Chinese cultural traditions.

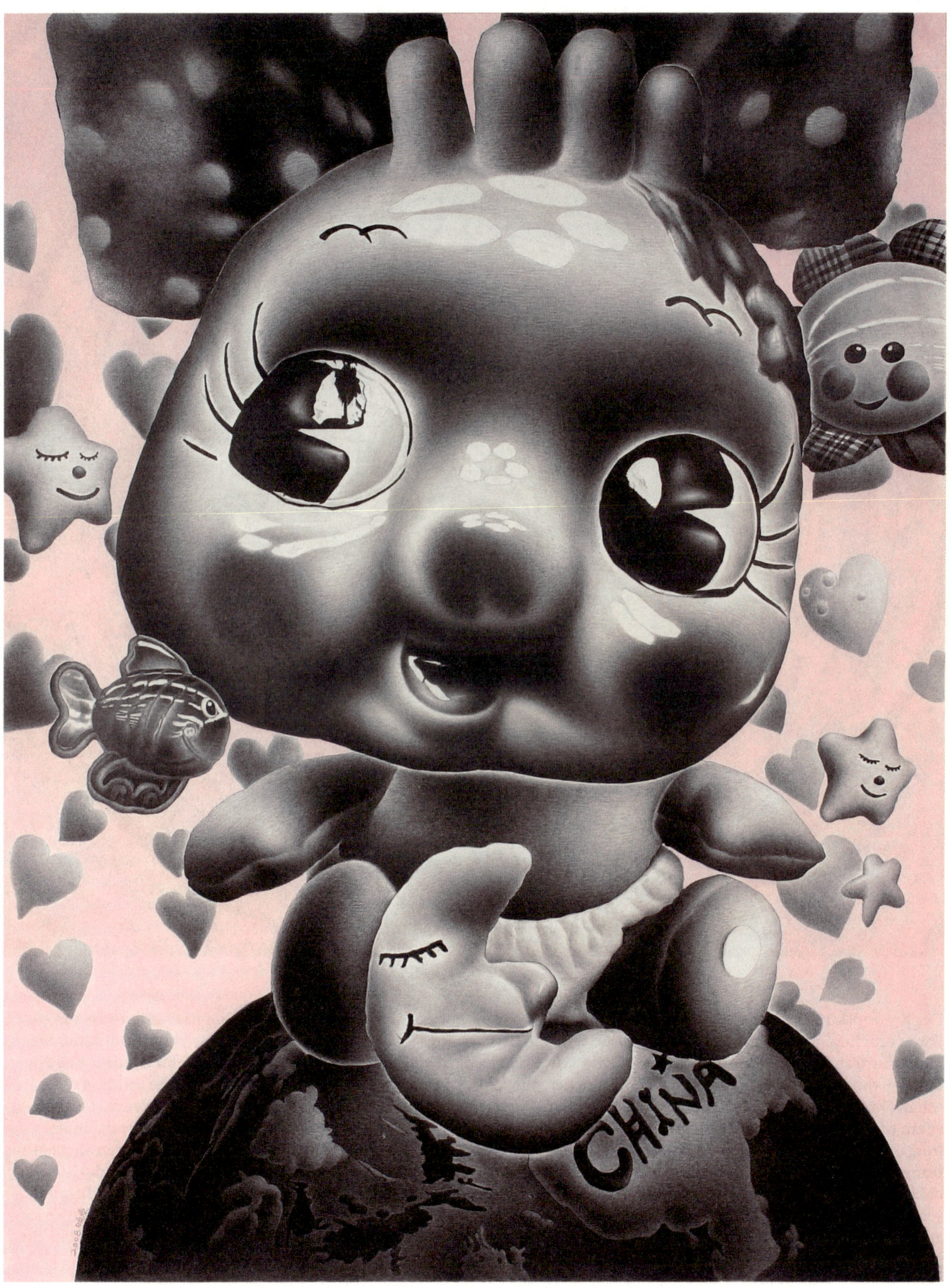
CHINA

Zheng Guogu

Interview: Venus Lau

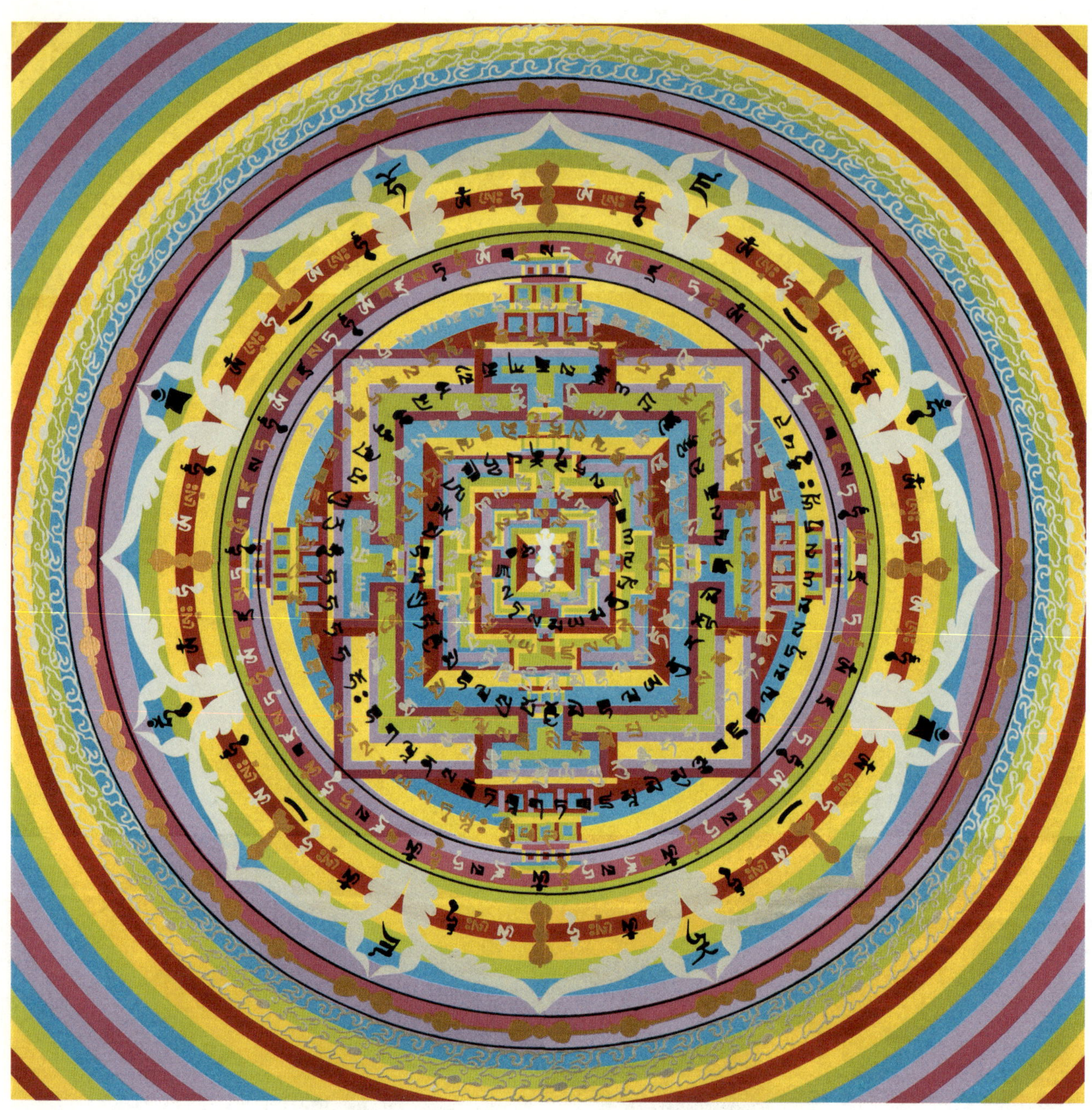

Der Konzeptkünstler Zheng Guogu wurde 1970 in Yangjiang (Provinz Guangdong) geboren und absolvierte ein Grafikstudium an der Guangzhou Academy of Fine Arts. Er lebt in einer von ihm im Jahr 2000 gegründeten Künstlergemeinschaft (Yangjiang Group) auf dem Land nahe Yangjiang, wo er ein unabhängiges, interdisziplinäres Kunst- und Ausstellungszentrum betreibt. Sein Werk reflektiert die enge Beziehung von zeitgenössischer Kunst und Medien und bezieht dabei Zhengs profundes Wissen zur traditionellen chinesischen Kunst sowie zu Buddhismus und Taoismus mit ein. 2006 wurde er mit dem Chinese Contemporary Art Award in der Kategorie »Best Artist« ausgezeichnet.

The Great Visionary Transformation *(2011/12) hat seine visuelle Sprache ganz offensichtlich der Thangka-Malerei entlehnt. Warum?*

The conceptual artist Zheng Guogu was born in Yangjiang (Guangdong Province) in 1970 and completed his study of graphic arts at the Guangzhou Academy of Fine Arts. He lives in an artists' commune he established himself (Yangjiang Group, since 2000) in rural Yangjiang, where he operates an independent, interdisciplinary production and exhibition center. His oeuvre reflects the relatedness of contemporary works to the media, just as it incorporates a profound knowledge of traditional Chinese art as well as of Buddhism and Taoism. In 2006 he received the Chinese Contemporary Art Award in the category Best Artist.

The Great Visionary Transformation *(2011/12) obviously borrowed its visual language from thangka. Why?*

2010 hatte ich das Glück, eine Vielzahl unterschiedlicher Thangkas zu sehen – Rollbilder mit Gottheiten des tibetischen Buddhismus – und mehr über deren Geschichte zu erfahren. Ich war über die verschiedenen Thangka-Schulen überrascht und die Stile, die sich über die Jahrhunderte herausgebildet hatten. Die Geschichte der religiösen Malerei verlief parallel zu der anderer kunstgeschichtlicher Bereiche wie der westlichen Malerei, auch wenn sich ihre Wege niemals gekreuzt haben. Allerdings ist unser Wissen darüber sehr begrenzt. Die Praxis des Thangka dient als Weg zur Erleuchtung und zur Sublimation des Weltlichen. Es ist wie ein Erwachen und Sich-Lösen von der säkularen Dimension der Welt. Die in den Thangkas sichtbare Weisheit brachte mich dazu, die religiöse Kunstform in die zeitgenössische Kunst zu integrieren. Das war der Beginn der Serie *The Great Visionary Transformation.*

Ziehen Sie einen bestimmten Stil bei den Thangkas vor oder entscheiden Sie sich eher zufällig?

Von den unterschiedlichen Thangka-Schulen fasziniert mich vor allem die nepalesische Schule durch ihre Variationen von Unveränderlichkeit: Dieselben Stile, Muster, Themen und Farben wurden in den letzten zweihundert Jahren auf unterschiedliche Bildträger übertragen. Mich berührt, wie eine ursprüngliche Intention in einer Kunst selbst dann erhalten blieb, als sich in der modernen Welt alles immer mehr beschleunigte. Die tibetischen Thangka-Schulen haben zudem ihre religiösen Themen bewahrt. Und dennoch sind Erneuerungen auch hier von großer Bedeutung: Experimente mit neuen mineralischen Pigmenten, die Verwendung von Sprühfarben anstelle von Pinseln. Die tibetische Schule hat im Zuge des sozialen Wandels und bei der Suche nach neuen Mitteln für eine verbesserte Thangka-Produktion unermessliche Umwandlungen durchgemacht.

Wie kamen Sie zu den Motiven dieser Serie?

Thangkas zeichnen sich durch eine einförmige Kontinuität aus, da sie auf einen spezifischen thematischen Inhalt fixiert sind. Doch bergen sie eine spirituelle Erhöhung. In *The Great Visionary Transformation* zeige ich einen Fluss veränderlicher Visionen, die mit den psychologischen Veränderungen im Menschen zu tun haben. Ich wollte die Bewegungen in der Fluidität zwischen Licht und Schatten festhalten, indem ich im Computer verschiedene Thangkas übereinandergelegt habe, bevor ich mit dem Malen dieser Bilder begonnen habe.

The Great Visionary Transformation *enthält zahlreiche visuelle Elemente, die eng mit der Symbolik des tibetischen Buddhismus verbunden sind. Wählen Sie diese Elemente nach deren Bedeutung aus?*

Die Symbole sind für mich nicht wichtig, auch wenn es sich dabei um einen ikonografischen Schatz handelt, mit dem ich arbeiten könnte. In den Malereien bedeutet die ›Transformation‹ das Eintreten eines bestimmten Zustands der Dinge. Die Transformation in meinen Malereien beruht auf keinem externen System, sie ist eine Transformation ihrer selbst. Es sind vor allem die Wechsel des Lichts, die ich zur Darstellung von ›wuchang‹ verwende [Vergänglichkeit, ein wichtiges Element der buddhistischen Lehre]. Ich hoffe, das Publikum kann direkt mit den Bildern interagieren,

In 2010 I had a chance to see a wide variety of thangka—Tibetan Buddhist paintings with deities' images on them—and got to know more about its history. I was surprised to learn about the schools of thangka whose styles have been enriched over the past centuries. The history of religious painting is parallel to other art histories—for example that of Western painting—yet they never crossed paths. Thus we have very limited knowledge about it. Thangka artists' practice serves as a path to enlightenment and sublimation from the worldly mandate; it is like waking up and detaching from the secular dimension of the world. It is the wisdom visualized in thangka that convinced me to introduce the religious art form into contemporary art. This is the starting point of the series *The Great Visionary Transformation*.

Are you interested in any particular styles, or do you just adopt the styles by chance?

Yes there are different schools of thangka. I am fascinated by the Nepalese school for its variations of non-change: the same styles, icons, themes, and colors have been passed on different painterly surfaces in the past two thousand years. I am moved by how a primary intention has been preserved by an art form even when time lapsed faster and faster in the modern world. The Tibetan schools of thangka also retain religious themes throughout its history; however, innovations are also vital for them: experiments on new mineral pigments, introducing spray-painting and the use of printing. The Tibetan school experienced immeasurable conversion in the course of social changes and people's need for new means to improve the efficiency of thangka production.

How did you come up with the images in the painting series?

Thangka is marked by a certain inflexibility because of its fixation on specific thematic content; however, it suggests a spiritual exaltation. Through *The Great Visionary Transformation* I am presenting a flow of mutational visions resonating with the psychological alteration in humans. I endeavored to seize the movements in the fluidity between light and shadow when I superimposed the images of different thangka on my computer screen, and then I started to paint those images.

There are a lot of visual elements in The Great Visionary Transformation *closely related to the symbolic system of Tibetan Buddhism. Do you choose these elements based on their meanings?*

To me symbols are not important, even when there is an iconographic treasure that I can work with. In the paintings, by "transformation" they mean the appearance of a certain state of things. The transformation in my paintings does not rely on an external system, it is a transformation in itself. It is mainly the changes of optic light that I use to represent wuchang (impermanence, an essential Buddhist doctrine). I hope the audience will be able to interact with the paintings directly when they see *The Great Visionary Transformation*—unlike normal contemporary artworks where too many concepts and thoughts become obstacles for understanding and viewers are led into a hide-and-seek game of dualist meanings.

↙ Zheng Guogu, *The Great Visionary Transformation—Tranquility of Heart*, 2011/12

Zheng Guogu, *The Great Visionary Transformation—Kaleidoscope of Wisdom*, 2011/12

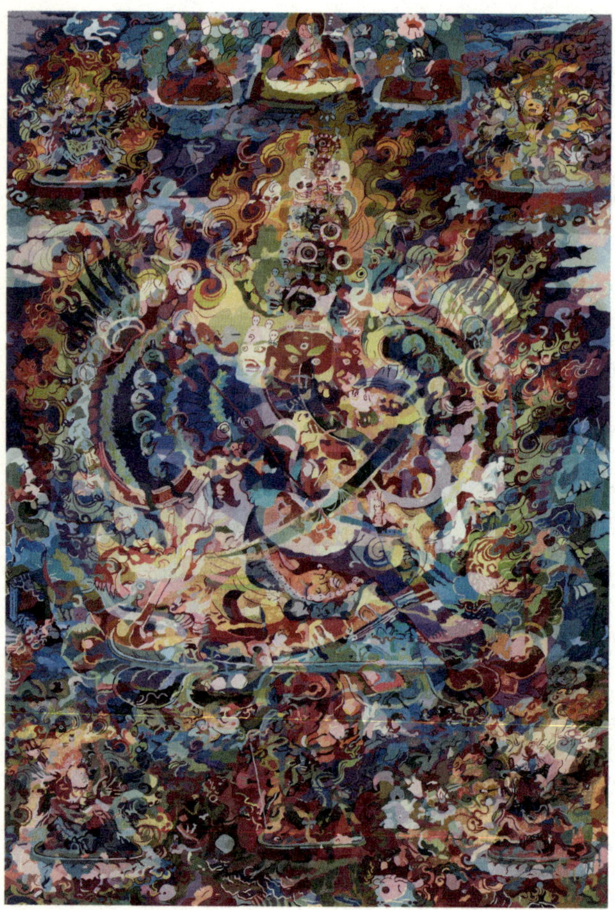

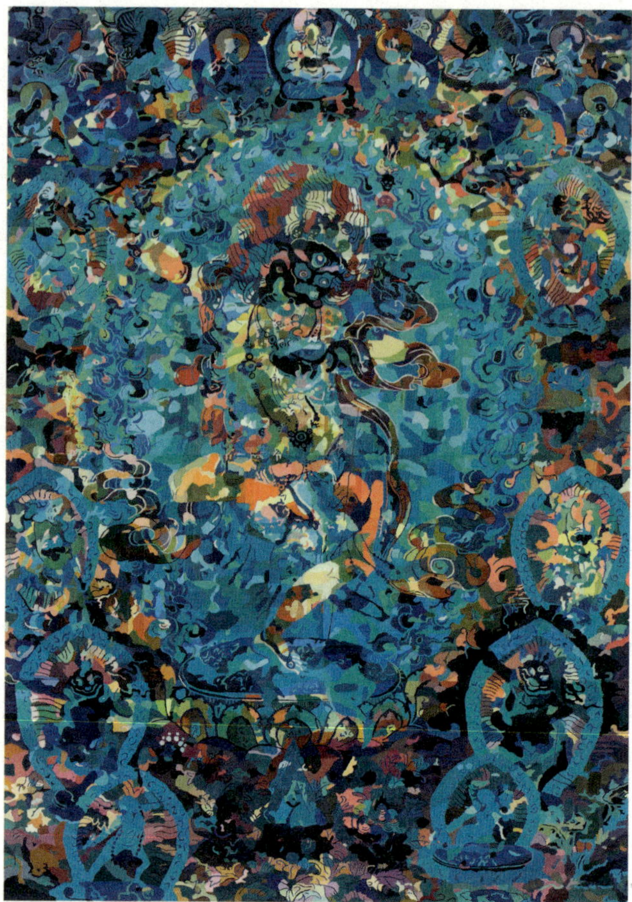

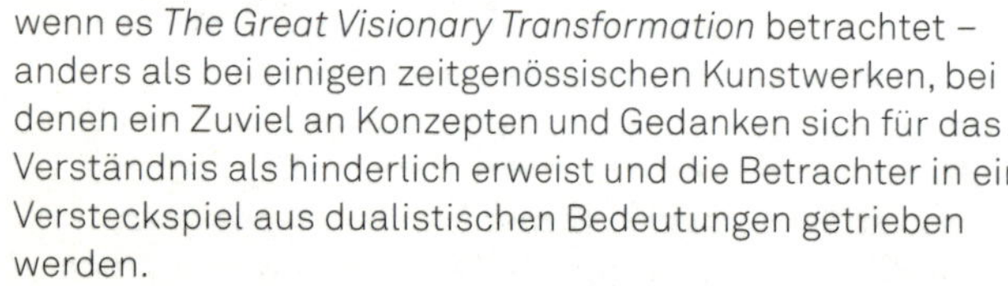

wenn es *The Great Visionary Transformation* betrachtet – anders als bei einigen zeitgenössischen Kunstwerken, bei denen ein Zuviel an Konzepten und Gedanken sich für das Verständnis als hinderlich erweist und die Betrachter in ein Versteckspiel aus dualistischen Bedeutungen getrieben werden.

Die Transformation von Licht spielt in diesen Malereien eine wichtige Rolle. Licht ist eine Form von Energie, der Wandel von Licht ein Wandel der Energieformen. Besteht ein Bezug zu Ihrem jüngsten Interesse an Energie?

Bei den Thangka-Malern handelt es sich um Mönche. Sie folgen mit den Bildern ihrer eigenen spirituellen Entwicklung. Wenn sie den Zustand absoluter Klarheit erreicht haben, erkennen sie, dass es höhere Dimensionen der Welt zu entdecken gibt und sie widmen sich diesen sowie dem Erwachen aus einer vergänglichen ›Realität‹. Für uns ist das Erwachen aus einem Traum keine leichte Sache; wie können wir wieder aus der Realität erwachen, die wir leben? Genau das tun die Thangka-Maler. Für Physik und Naturwissenschaft ist Licht eine Form elektromagnetischer Wellen. Manchmal denke ich, es ist Antimaterie; es ist nicht fassbar (manchmal allerdings sichtbar), es hat mit Intensität zu tun. Im Buddhismus ist Licht ›rulai‹, wörtlich bedeutet dies »der so Gekommene, der Vollendete«, der alle vergänglichen Wesen transzendiert. Beide Definitionen von Licht aus extrem unterschiedlichen Disziplinen basieren auf einer Wahrheit der Welt. Im Universum existieren Galaxien und Sternbilder aus Licht: Sie sind wie Zentren von Energie und alles andere ist schwarze Materie. In der

The transformation of light plays a major role in these paintings. Light is a form of energy; changes in light are changes in energy forms. Is this related to your recent interest in energetics?

The thangka painters are monks. They cultivate themselves spiritually; when they reach the state of absolute serenity they realize that there are higher dimensions of the world to be discovered, and they are reflecting these higher dimensions of the world, and how to wake up from fleeting "reality." For us, waking up from our dreams is not an easy thing; how do we wake up again from the reality we are living? This is what these thangka painters are doing. In physics and science light is an electromagnetic radiation. Sometimes I think it is antimatter; it is not really tangible (though sometimes visible), it is all about intensities. In Buddhism lights are *rulai* (Tathāgata), which literally means the "one who has thus come" that transcends all transient beings. Both definitions from the extremely different disciplines are based on a truth of the world. In the universe there are galaxies and constellations of lights: they are like cores of energy and everything else is dark matter. In science or religion—different narrative systems on universal laws—worlds are represented by lights, they are fountains of energies: the sun, the moon, galaxies, the Milky Way, and yes light is like *rulai*. In Buddhism bodies of humans or gods are sometimes represented with images of light; this kind of body is one of immateriality, that people call *fashen*. It is a body of energy.

Wissenschaft oder in der Religion – zwei unterschiedliche Beschreibungen der universalen Gesetze – werden die Welten durch Lichter dargestellt, als Energiequellen: die Sonne, der Mond, Galaxien, die Milchstraße, und ja, Licht ist wie ›rulai‹. Im Buddhismus werden die Körper von Menschen oder Göttern mitunter als Bilder von Licht dargestellt. Diese Art Körper ist ein immaterieller Körper, den man ›fashen‹ nennt. Er ist ein Körper aus Energie.

Welche speziellen malerischen Methoden haben Sie bei The Great Visionary Transformation *angewandt?*

Bei der Arbeit an diesen Bildern habe ich einfach verschiedene Techniken und Stile ausgewählt, so wie ich es für notwendig empfand. Natürlich gibt es da eine Menge, womit ich gerne experimentieren würde, aber tatsächlich gibt es eine Beschränkung: Beispielsweise sind einige der mineralischen Pigmente für die Thangkas schwer zu bekommen, also habe ich mit dem gearbeitet, was mir zur Verfügung stand. Ehrlich gesagt denke ich bei *The Great Visionary Transformation* nicht viel über die technische Komponente nach. Ich vermische verschiedene Techniken, mit denen ich vertraut bin. Für diese Serie habe ich die Bilder am Computer konstruiert und dann auf der Grundlage dieser Grafiken Entwürfe und Skizzen angefertigt. Ich habe alle Details der Bilder ausgedruckt und das Licht auf dem

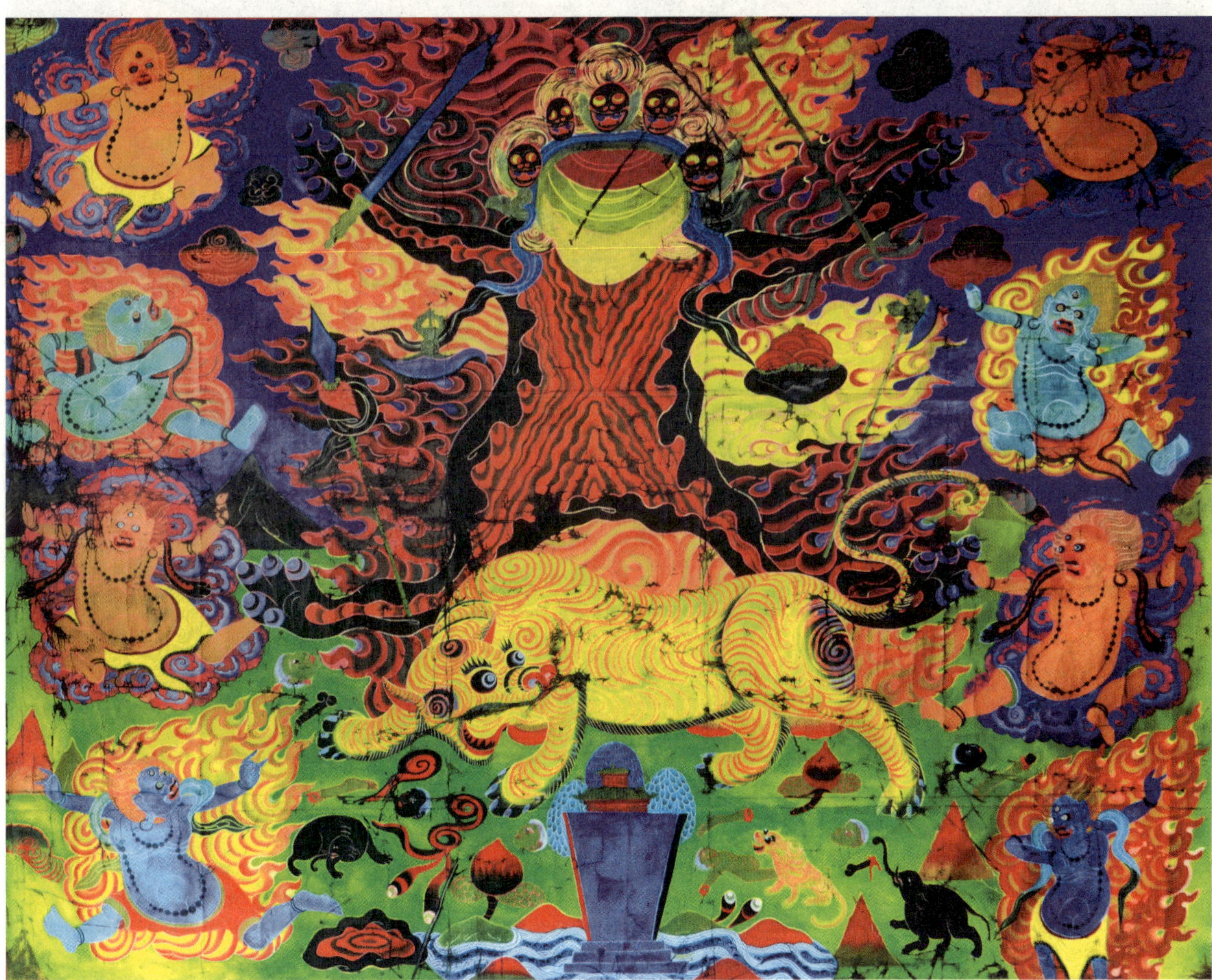

What kind of painting skills did you specifically adopt for The Great Visionary Transformation?

When I worked on these paintings, I just picked the different skills and styles to my convenience. Of course there are a lot that I would like to experiment with, but in reality there is confinement: for example, some of the minerals used for the pigments in thangka are difficult to source, so I just worked with the skills and materials that I had on hand. To be honest, I didn't think much about the technical component when working on *The Great Visionary Transformation*; I just mingled various skills that I am comfortable with. To make *The Great Visionary Transformation*, I constructed the images on the computer, then produced drafts and sketches based on those graphics. I printed out the details of the images while observing the lights on the monitor. I attempted to reconstruct the lights onto the canvas—it is like transferring the light from one surface to another.

Thangka, a religious art form with a unique history, demonstrates a lot of difference from contemporary art. How do you moderate the gap between the two?

Through these works I think there should be a tremendous change in art of the twenty-first century. It should be something that is directly interacting with the human

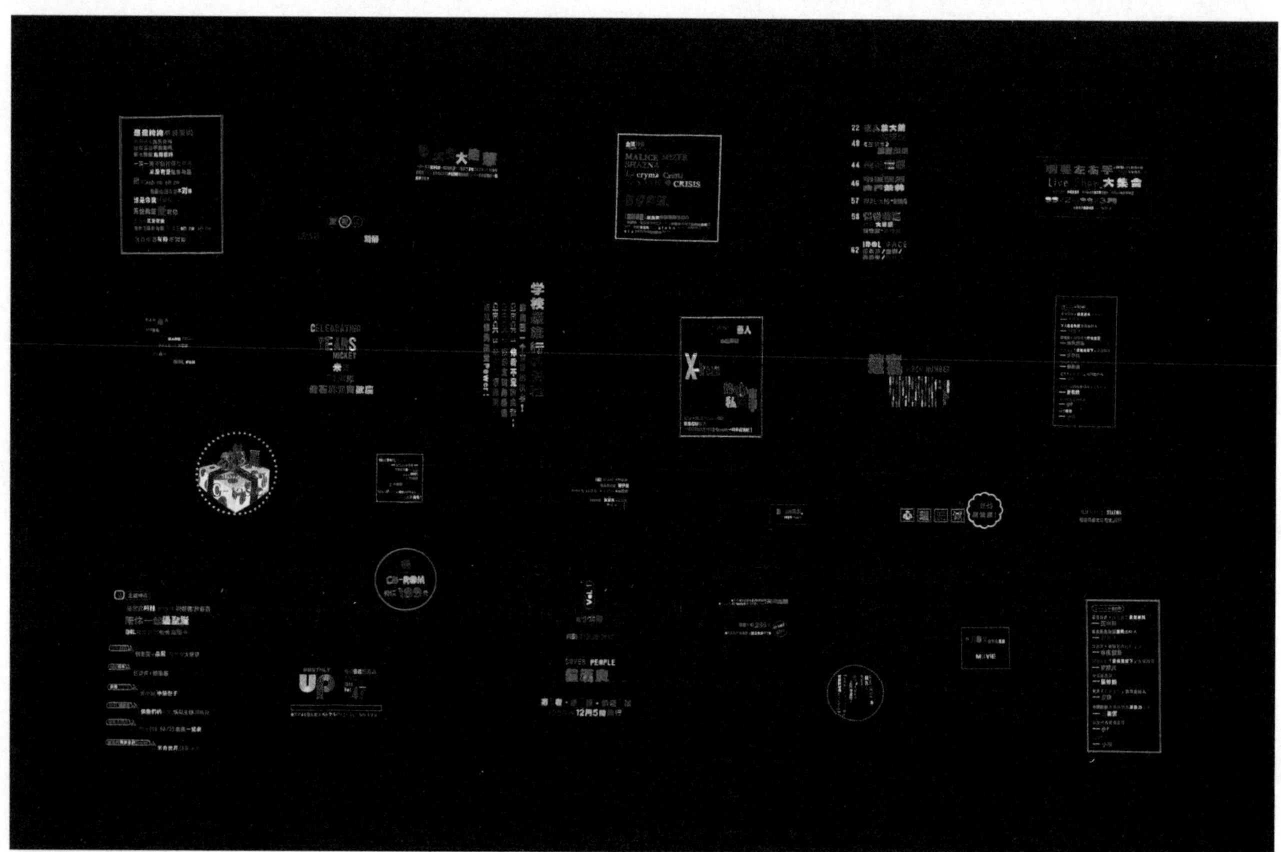

Zheng Guogu, *Computer Is Controlled by Pig's Brain No. 17*, 2006

Bildschirm berücksichtigt. Ich habe versucht, dieses Licht auf der Leinwand zu rekonstruieren – es ist wie das Übertragen von Licht von einer Fläche auf eine andere.

Die Thangkas, eine religiöse Kunstform mit einer besonderen Geschichte, weisen zahlreiche Unterschiede zur zeitgenössischen Kunst auf. Wie gehen Sie mit dieser Kluft zwischen den beiden um?

Diese Arbeiten könnten einen erstaunlichen Wandel in der Kunst des 21. Jahrhunderts herbeiführen. Sie sollten direkt mit dem menschlichen Körper interagieren. Ein Großteil der Kunst des 20. Jahrhunderts ist Teil des semiotischen Gebäudes – vor allem die Pop-Art, indem sie die Universalität und Bekanntheit von Bildern in der Konsumgesellschaft nutzt, um bei den Betrachtern eine Erinnerung auszulösen oder gar zu erzwingen. Wir sollten von der Semiotik zur Energie übergehen – ein Sprung weg von der Denkweise, die Erinnerung als Verbindung zwischen einem Kunstwerk und dem sozialen Kontext des Betrachters einsetzt, hin zu einem Stadium, in dem ein Kunstwerk das Innere des Betrachters erreichen kann, das heißt den Quell körperlicher und geistiger Energie, das Zentrum, das alle Energie lenkt. Die Malereien sollten diese Knotenpunkte erreichen, in denen sich die körperlichen Vektorkräfte überschneiden. Dadurch kann der Betrachter seinen inneren Kern feststellen. Er kann seinen Körper im Innern betrachten und feststellen, dass die Malereien und Betrachter ontologisch gleichberechtigt sind: Es sind verbundene Körper und ein und dasselbe. Wenn wir ein Symbol betrachten, basieren unsere Gedanken darüber auf einer ›flachen‹ Denkweise, die Welt sollte aber in einer dreidimensionalen

body. A lot of art in the twentieth century is part of the semiotic edifice: numerous symbols have been appropriated in contemporary art—especially Pop Art—using the universality and familiarity of icons in the consumerist world to ignite a memory or even muscle memory of the audience. Now we should transcend from semiotics to energetics, taking a leap from the mind-set of using memory as a connection between an artwork and a viewer's social experience to a stage in which an artwork can reach the audience's inner core, which is the reservoir of corporeal and spiritual energies, the hub channeling all the energies. Paintings should be able to reach these knots where bodily vectors are intersecting, and through them the audience can view their inner cores, they can look at their bodies in themselves, and discover that the paintings and the audience are ontological equals: they are connected bodies and they are the same. When we look at a symbol, our contemplation about it is based on a "flat" mind-set; however, the world should be cogitated in a three-dimensional perspective, a state correlating to your body and elating your mood. It is like how thangka, in a spiritual sense, transfer a being to another dimension and become the figures in the religious paintings.

Talking about transformation from semiotics to energetics, from the flatness to a higher dimension, the painting series Computer Is Controlled by Pig's Brain *(2006) presents an exchange of two biological systems, and it also involves Hong Kong tabloid culture that needs to be interpreted when it is transplanted to a mainland Chinese context. How do you see these vectors and lines flowing in your works?*

Perspektive gedacht werden – ein Zustand, der mit dem Körper übereinstimmt und sich positiv auf den Gemütszustand auswirkt. So wie Thangkas, im spirituellen Sinne, ein Wesen in eine andere Dimension überführen und zu den Figuren der religiösen Malereien werden.

Mit Blick auf die Transformation von Semiotik hin zu Energie, vom Flachen hin zu einer höheren Dimension zeigt die Serie Computer Is Controlled by Pig's Brain *(2006) einen Dialog zweier biologischer Systeme. Und sie bezieht die Popkultur Hongkongs mit ein, die bei der Übertragung in den Kontext Festlandchinas einer Interpretation bedarf. Wie verhalten sich diese Vektoren und Linien in Ihren Arbeiten?*

Ich habe diese Serie 1999 begonnen. Da ich die Popkultur in Hongkong und die Entwicklung ihrer Sprache aufmerksam beobachte – beispielsweise das Nebeneinander von zwei sprachlichen Formen eines einzigen Begriffes, was in der ehemaligen britischen Kolonie natürlich Sinn ergibt. Es ist interessant zu sehen, wie zweisprachige Ausdrücke nach Festlandchina importiert wurden. Vielleicht ist die Verbreitung des Sprachstils einer kommunikativen Effizienz geschuldet: Einige Begriffe lassen sich im Englischen besser ausdrücken und daher sprechen die Leute aus Hongkong nicht nur Chinesisch – ein chinesisch-englisches Gemisch ist flüssiger und flexibler. Ein Computer ist durch seine mechanische Starrheit definiert, was ihn von einem verformbaren Ausdruck abgrenzt. Lebende Wesen zeichnen sich dagegen durch eine Elastizität aus, die man nicht ›beschreiben‹ kann. Ich versuche diese Fluidität mit einem Titel im ›moleitou‹- [Nonsens]-Stil auf paradoxe Weise auszudrücken.

In Ihrer Kunst taucht eine breite Palette an Erkenntnissystemen und Methoden auf, von der Architektur über buddhistische Kunst bis zur Popkultur. Wie gehen Sie mit den epistemologischen Unterschieden dieser Bereiche um?

Ich vermische meine künstlerische Arbeit mit meinem Leben, entwickle einen Dauerzustand mit dem Zeitmaß des Alltags. Es gibt keinen angenommenen Punkt der Vollendung. Wenn wir die wichtigen Ereignisse in der Kunstwelt betrachten – vor allem Biennalen und Triennalen oder die Documenta – präsentieren diese all einen Zeitrahmen, ein Verfallsdatum. Das Fehlen eines festen Zeitrahmens bedeutet die Emanzipation eines Künstlers von einem an die Zeit geketteten Ausdruck. Diese Serie entfaltet die verschiedenen Phasen meines Schaffens, die Manifestation meines Lebens, auf langen oder kurzen Zeitabschnitten basierend. Neben den sichtbaren Elementen offenbart sie eine unsichtbare Komponente meines Seins: Atem und Qi [Lebensenergie].

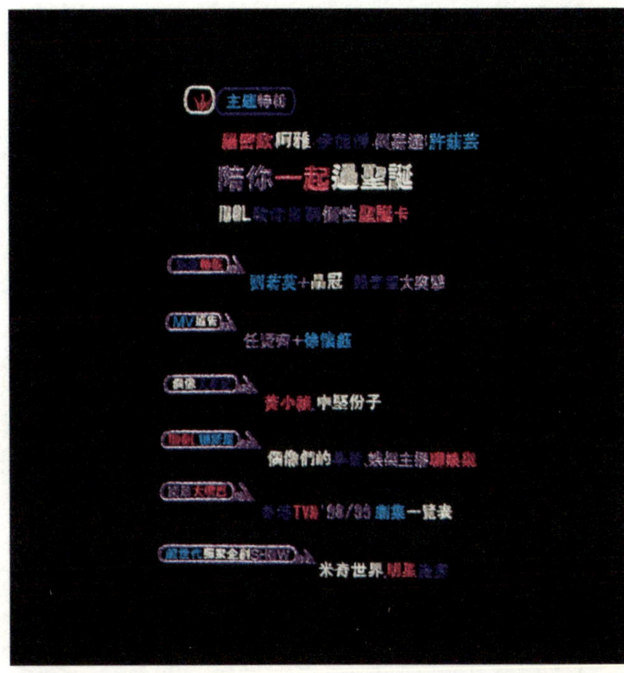

The series commenced in 1999. I always pay close attention to Hong Kong pop culture and am curious about the production of its language system—for instance, the bilingual juxtaposition of a single concept, which makes total sense for Hong Kong as it was formerly a British colony. It is interesting to explore how bilingual expression was imported to mainland China. Perhaps the spread of the linguistic style is on account of communicative efficiency: some concepts may be more easily expressed in English, and this is why Hong Kong people sometimes choose not to use one hundred percent Chinese, perhaps a Chinese-English hybrid is more fluid and flexible. A computer is defined by its mechanical rigidity, which limits it from malleable expression. In contrast, living beings are characterized by a resilience impossible to be written. I am trying to paradoxically express this fluidity with a title in moleitou style.

There is a wide range of knowledge systems and methodologies in your practice, from architecture to Buddhist art to pop culture. How do you moderate the epistemological difference in these realms?

I merge my artistic practice into my life, building a permanency with the time scale of everyday life. There is no presupposed point of completion. When we look at the important events in the art world—biennials and triennials in particular, with documenta as an example—they all represent a time frame, an expiry date. A lack of fixed timeframe emancipates an artist from an expression chained in time. These series unfold the different stages of my practice, the manifestation of my life, based on either long or short periods of life. Apart from the visible elements, the series reveals the invisible components of mine: breath and qi.

Zhuang Hui

Interview: Wu Mo

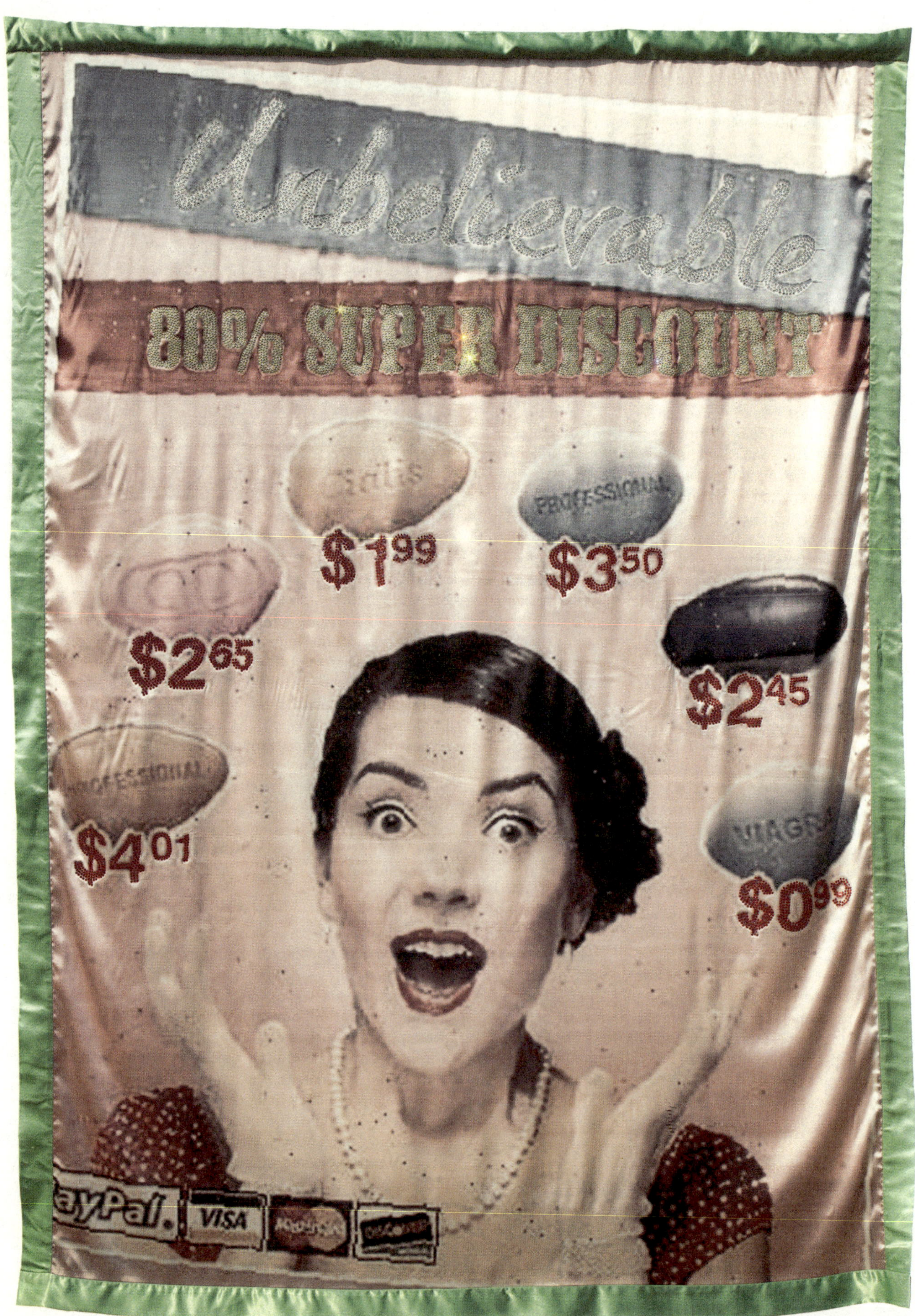

↙ Zhuang Hui (in Zusammenarbeit mit / in collaboration with Dan'er), *My Junk Mails No. 01*, 2010

Zhuang Hui (in Zusammenarbeit mit / in collaboration with Dan'er), *My Junk Mails No. 04*, 2010

Zhuang Hui wurde 1963 in Yumen (Provinz Gansu) geboren. Der Künstler besitzt eine besondere Verbindung zur Wüste Gobi und war vor seiner Karriere als Künstler zwanzig Jahre als Fabrikarbeiter tätig. Viele Arbeiten entstehen aus seiner scharfen Beobachtung und eigenen Emotionen, die auch zur Ausdruckskraft seiner Werke beitragen. Zhuang lebt und arbeitet in Beijing.

Zhuang Hui was born in 1963 in Yumen (Gansu Province). The artist has a special connection to the Gobi Desert, and before his career as an artist was a factory worker for twenty years. Many of Zhang's works are developed from his meticulous observations and genuine emotions, which also contribute to the impact of his works. Zhuang lives and works in Beijing.

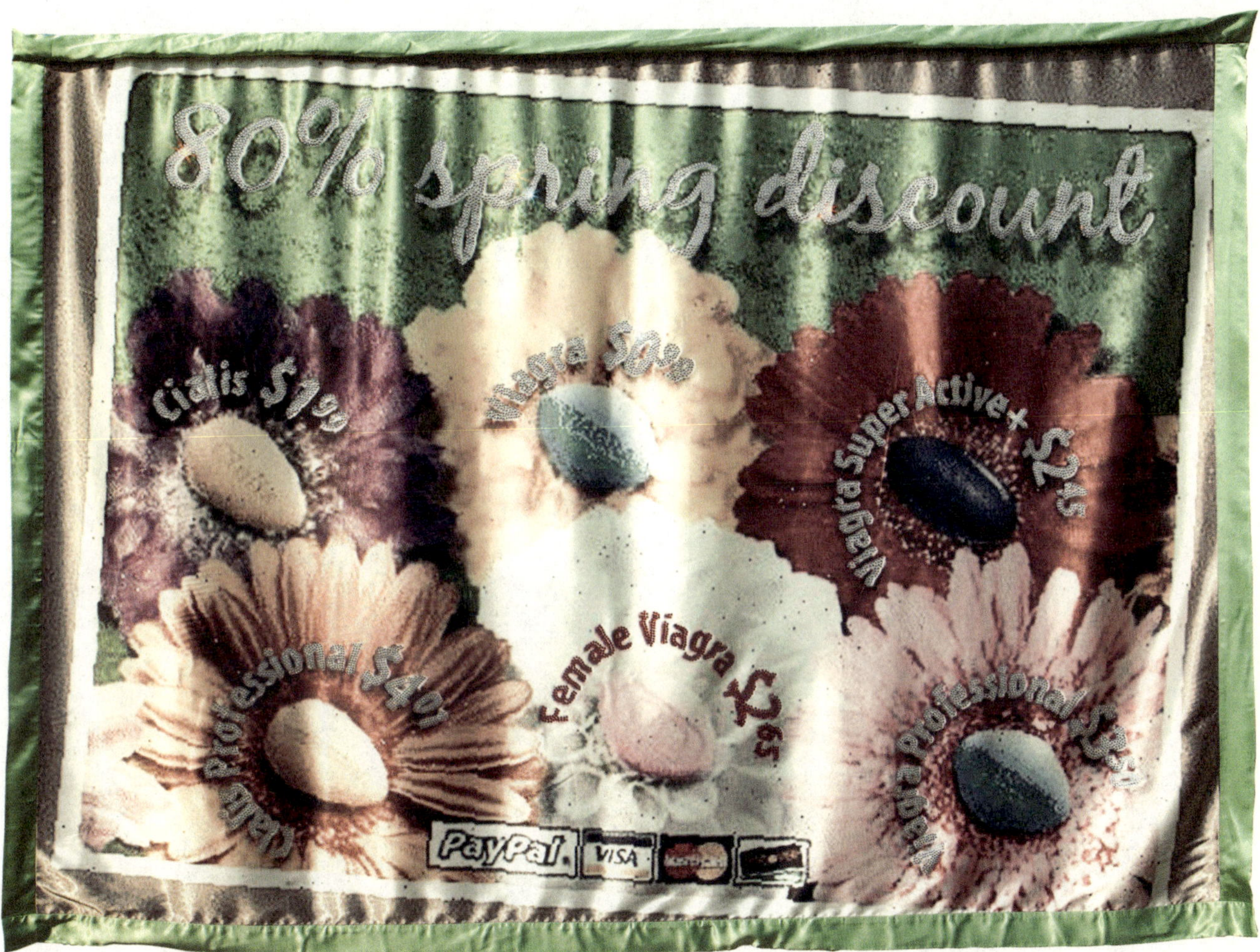

Sind My Junk Mails No. 01, 04 *und* 08 *(alle 2010) Teil einer umfangreicheren Serie?*

Ja. Die Serie umfasst insgesamt zehn Arbeiten, alle mit unterschiedlichen Bildern und Formaten, jedoch alle aus demselben Material.

Welchen Hintergrund besitzen unserer Arbeiten? Warum verwenden Sie auf Seide gedruckte Bilder statt Fotografien, wie bei früheren Arbeiten?

2010 habe ich zusammen mit dem Künstler Dan'er zehn Werbebilder aus den Spam-Ordnern unserer E-Mail-Postfächer ausgewählt. Diese haben wir dann in Thermotransferverfahren vergrößert, auf Seide gedruckt und einige Details mit künstlichen Diamanten beklebt. Seide ist weich und lässt sich leicht aufhängen. Die Kombination aus Seide und künstlichen Diamanten sieht gleichzeitig billig und edel aus.

Warum haben Sie sich für diese Größe entschieden? Worin lagen die technischen Herausforderungen dieses Prozesses?

Are My Junk Mails Nos. 01, 04, *and* 08 *(all 2010) part of a bigger series?*

Yes. This series includes ten pieces in total, with different images and sizes, but all the same materials.

What are the background stories of these pieces? Why did you print images on silk instead of photography, like you frequently have in the past?

In 2010 I selected, together with Dan'er, ten advertising images from our junk mail box, then we enlarged them with thermal transfer technology, printed them on silk, and pasted synthetic diamonds on the details of the images. Silk is soft and is easy to hang. The combination of silk and synthetic diamonds looks both cheesy and gorgeous at the same time.

Why did you choose this size? Were there any technical challenges in this process?

This size made the digital images sent by e-mail very

Zhuang Hui (in Zusammenarbeit mit / in collaboration with Dan'er), *My Junk Mails No. 08*, 2010

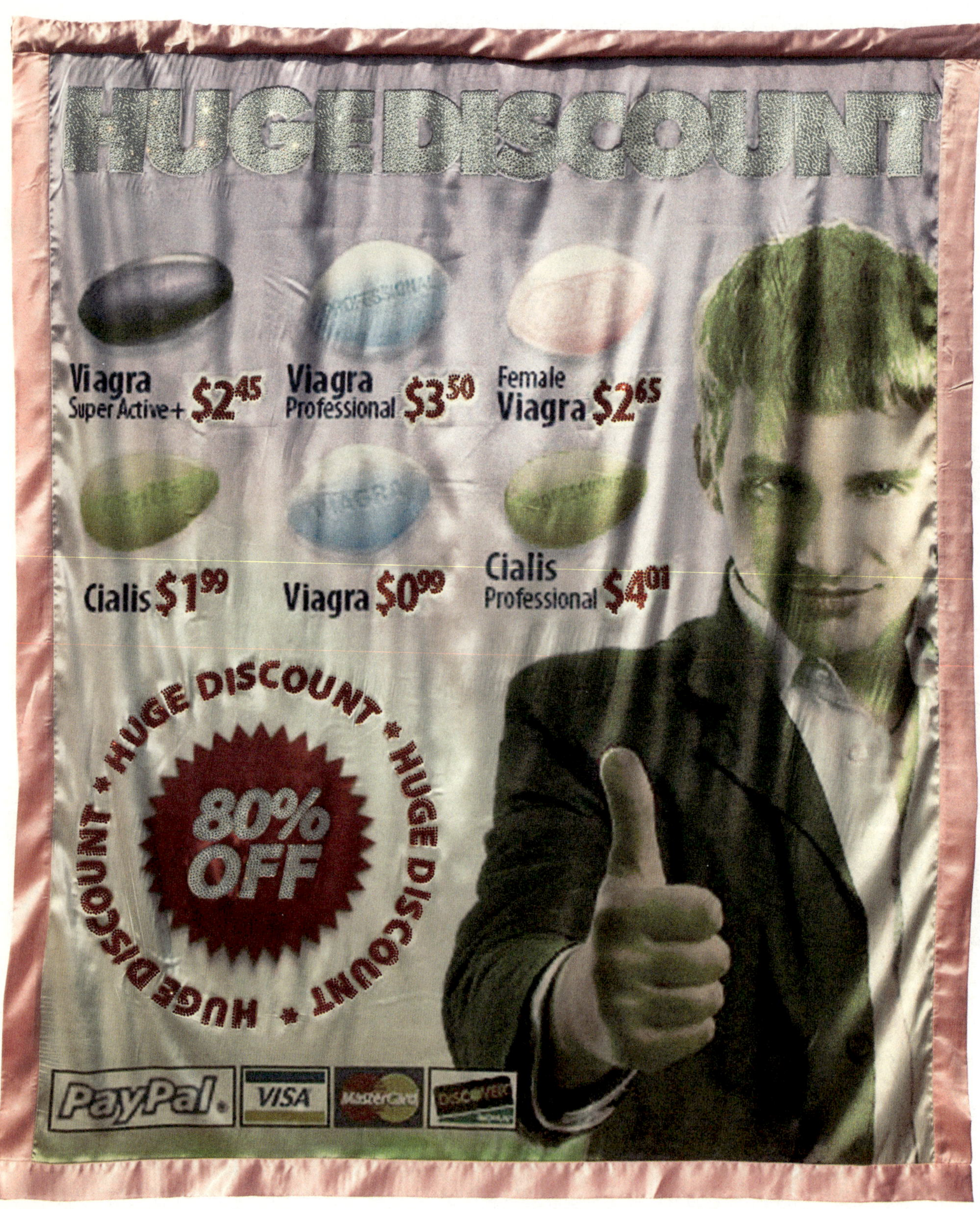

Durch die Größe werden die digitalen Bilder aus den E-Mails beinahe entstellt. Technisch war das alles nicht besonders aufwendig.

Wie haben Sie die Motive ausgewählt? Haben Sie spezielle Bildquellen verwendet?

close to distortion. Technically speaking, it was not so difficult.

How did you choose the motifs? Did you use special image sources?

All ten images were from Viagra advertisements. I wrote a short text about this series: Every day I opened

Alle zehn Bilder stammen aus Viagra-Werbungen. Ich habe einen kurzen Text zu dieser Serie verfasst: Jeden Tag springt mir beim Öffnen meines Postfachs eine Masse von Junk-Mails ins Auge. Auch Sperren und Filter haben sie nicht stoppen können. Unter diesen E-Mails war eine besonders hartnäckig, eine Viagra-Werbung. Jeden Tag kam sie von einem anderen Absender, alle zwei Wochen mit einem neuen Bild. Diese Nachrichten haben mich lange Zeit verrückt gemacht.Wenn ich mein Haus verlasse und in den Aufzug steige, sind selbst die drei Stahlwände in diesem engen Raum mit Plakaten von Autos, Finanzierungsangeboten oder attraktiven Finanzanlagen und so weiter beklebt. Wenn ich dann durch die Haustür nach draußen gehe, durch das Viertel zum Bus, in die U-Bahn umsteige, durch die Straßen gehe ... Den ganzen Tag lang füttern diese Geister der Kunst meine Augen mit Werbeplakaten. Überall sind wir von Airbrush-Bildern umgeben, werden wir von ästhetischen Mythen angezogen und ringen mit den Lügen von Schönheit.

Wie stehen Sie zur Konsumkultur?

Die Konsumkultur ist ein Merkmal der Globalisierung des Kapitals – und ein Vorreiter einer neuen imperialistischen Propaganda.

Gibt es einen spezifisch chinesischen Kontext, der für ein westliches Publikum von Bedeutung wäre?

Die Besonderheiten unserer Zeit sind zeitgebunden. Tatsächlich stehen wir (im Westen wie im Osten) recht ähnlichen Problemen gegenüber.

my e-mail box, and a mass of junk mails imprinted into my eyes. Even rejection and filters couldn't stop them. Among all these e-mail advertisements, there was a most stubborn one: a Viagra ad. It sent posters with different addressers to my mailbox every day, with a new picture almost every two weeks. They drove me crazy for a long time. Every day I walked out of my house, got into the elevator, and even there in the narrow space the three stainless steel walls were covered with posters of cars, financing, attractive investments, and so on. I walked through the gate of the building, went into the neighborhood, got on the bus, transferred to subway, walked on the streets. . . . During the whole day, those geniuses of art feast my eyes with prepared advertising posters. We are already surrounded with airbrushed pictures, attracted by aesthetical myth, and struggling with lies of beauty.

What is your opinion of consumerist culture?

Consumerist culture is one feature of the globalization of capital—and also the pioneer of new imperialists' ballyhoo.

Is there a specific Chinese context the Western audience needs to know?

The particularities of this era are temporary. In fact the problems we have encountered (no matter the West or the East) are quite similar.

Chinesische Kunst in der nacholympischen Zeit / Chinese Art in the Post-Olympics Era

Pi Li

Fast in der gesamten Forschung wird die zeitgenössische chinesische Kunst als Fortsetzung der chinesischen Aufklärung der 1980er-Jahre betrachtet. Vor den Turbulenzen der Kunstbewegung dieses Jahrzehnts gab es eine Phase in der Geschichte des chinesischen Denkens, in der man versuchte, ganz ähnlich wie im Aufklärungsdiskurs im Europa des 18. Jahrhunderts, Individualität, soziale Ethik und Werte zu etablieren. Innerhalb dieses Diskurses galt der kreative Akt der Kunstproduktion als wesentlich für die Verwirklichung der Selbstbefreiung und ihre Gegner waren der autoritäre Staat und seine Ideologie. Die Studentenbewegung von 1989 kann unter zwei Aspekten betrachtet werden: als einer der letzten Akte des Kalten Krieges und als Impuls, die Wirtschaft zu öffnen – als Reaktion auf die Forderungen der Bewegung nach Gleichheit und Gedankenfreiheit. In China endeten die Proteste mit Blutvergießen und dem Verlust von Studentenleben, im globalen Maßstab wurden sie von der unerwarteten politischen Auflösung der Sowjetunion und des Ostblocks begleitet. Beide Ereignisse haben der zeitgenössischen chinesischen Kunst eine jüngere, von Tragik und viel Ideologie gefärbte Geschichte geliefert, auf die man zurückgreifen kann und die die Kunst bis ins 21. Jahrhundert beeinflusst hat.

Aufgrund dieser Geschichte und dieses ideologischen Vermächtnisses diente die zeitgenössische chinesische Kunst für die Außenwelt stets als ›politische Projektion‹ aus dem Landesinneren. Und es überrascht nicht, dass die Kunst sowohl in den Medien als auch in diversen Kunstausstellungen allgemein als das Erzeugnis politischer Unterdrückung und Marginalisierung gedeutet wurde. Wie man beispielsweise an den jüngsten Werken Ai Weiweis sehen kann, sind ›cynical realism‹ (zynischer Realismus) und ›political pop‹ (politischer Pop) seit den 1990er-Jahren tragende Säulen der chinesischen Kunst. Der Westen ist bis heute der Auffassung, ein chinesische Künstler sei zwangsläufig ein für die Demokratie streitender Ausgestoßener, eine Wahrnehmung, die unweigerlich auch den Kunstmarkt beeinflusst und die Verkäufe ankurbelt. Doch solche kurzzeitigen Trends dauern nur so lange, bis der Markt aussteigt, die Preise fallen und die Suche nach dem ›wahren‹ Künstler wieder von vorn beginnt. Dieser Kreislauf hat sich die letzten zwanzig Jahre ständig wiederholt und der Kunstmarkt scheint seiner nicht müde zu werden. Das letzte Phänomen, das von der intellektuellen Elite bis zur Erschöpfung recycelt wird, ist die traditionelle chinesische Kunst. Im Anschluss an die Olympischen Spiele 2008 sowie die globale Finanzkrise brach der Kunstmarkt ein und verlor dabei massiv an internationalem Ansehen. In den Augen der westlichen intellektuellen Elite ist die ehemals gefeierte chinesische Kunst jetzt einfach nur eine Serie von Übungen in durch Umweltverschmutzung ausgehöhltem Utilitarismus, Zynismus und Aufsässigkeit.

Der Wendepunkt 1989

Tatsächlich hat sich die Logik hinter der zeitgenössischen chinesischen Kunst auf einzigartige Weise entwickelt. In der Vergangenheit wie in der Gegenwart haben Kritiker die Tatsache ignoriert, dass China nach 1989 nicht an der westlichen Vorstellung eines ›sozialistischen politischen Systems‹ festhielt. Bereits zu diesem Zeitpunkt war das politische, wirtschaftliche und soziale Verhalten Chinas von einer engen Wechselwirkung mit dem Kapital und den

Nearly all research on China regards contemporary Chinese art as the continuation of the Chinese Enlightenment of the 1980s. Prior to the turbulence of the 1980s art movement, there was an era in China's history of thought in which the establishment of individuality, social ethics, and values—much like the discourse of the Enlightenment of eighteenth-century Europe—was attempted. Within that discourse, the creative act of making art was considered an integral component to realizing self-liberation, and its opponent was the authoritarian state and its ideology. The 1989 student movement can be considered in two lights: as one of the final acts of the Cold War; and as the impetus for opening up the economy in response to the movement's demands for equality and freedom of thought. The protests ended in bloodshed and the loss of student lives within China, and on a global scale, they were accompanied by the unexpected political dissolution of the Soviet Union and Eastern Bloc. Both events have provided contemporary Chinese art with a recent history to draw from, one colored with tragedy and rich ideology, which has continued to impact art well into the twenty-first century.

Because of this deep history and legacy of ideology, contemporary Chinese art has always served as the outside world's "political projection" from within the country. And not surprisingly, art has been popularly interpreted as the product of political oppression and marginalization, both in the media and in various art exhibitions. Cynical Realism and Political Pop art have been mainstays in Chinese art since the 1990s, as can be seen in the most recent work of Ai Weiwei. The West has this unending impression of the Chinese artist as the democratic castaway, a perception that inevitably filters into the art market and boosts sales. Fads like that last only until the prices drop out and the market falls, and the search for the next true artist begins anew. This cycle has been continually repeated over the past twenty years, and the art market seems to revel in it without tiring. The latest to be cycled through and exhausted by the intellectual elite is traditional Chinese art. Following the 2008 Olympics and the global financial crisis, the art market buckled under the pressure, and its international regard plummeted. In the eyes of the Western intellectual elite, the once revered Chinese art is now just a series of exercises in utilitarianism, cynicism, and rebelliousness, eroded by pollution.

The Turning Point 1989

The logic that fuels Chinese contemporary art, in fact, has had a unique development. Critics both past and present ignore the fact that after 1989, China did not adhere to the Western conception of a socialist political system. China's political, economic, and social behavior at that point already had a high degree of correlation with globalism's capital and markets. The 1989 protests were the essence of Chinese urban social movements. They were the direct result of government-driven markets and economic reforms that caused inflation and paved the way for rent-seeking urban residents. Intellectuals and students thus became the opposing voice, calling for freedom and equality. The movement caused a stalemate in the controversy over politics and democracy, and there was a complete shift toward capitalism and neoliberalism. In

globalisierten Märkten geprägt. Die Proteste im Jahr 1989 waren der Kern der sozialen Bewegungen in chinesischen Städten. Sie waren die direkte Folge der von der Regierung vorangetriebenen Öffnung der Märkte und Wirtschaftsreformen, die eine Inflation verursachten und den Weg ebneten für auf Mieteinnahmen spekulierende Stadtbewohner. Intellektuelle und Studenten wurden so zur Stimme der Opposition, die Freiheit und Gleichheit forderte. Die Bewegung verursachte einen Stillstand in der Kontroverse um Politik und Demokratie und es gab eine völlige Verschiebung hin zu Kapitalismus und Neoliberalismus. Um die Effizienz der Zentralregierung zu steigern, begann China im Jahr 1990, das westliche System der föderalen Aufteilung der Steuereinnahmen zu propagieren und zu popularisieren. Die Zentralregierung profitierte von der stabilen Grundlage der Steuereinnahmen und behielt den Löwenanteil für sich, bevor sie die Einkünfte an die lokale Ebene weitergab. Mit wachsendem Steueraufkommen konnte China sämtliche mit den Sparten Energie, Transport und Kommunikation zusammenhängenden Unternehmen des Landes zentralisieren und leiten, womit es eine unglaublich starke Zentralregierung schuf. Aufgrund ihrer Stabilität konnte die Regierung die Olympischen Spiele 2008 unterstützen und blieb von dem globalen wirtschaftlichen Abschwung relativ unberührt.

Die Zentralregierung behielt ihren Reichtum und ihre Machtposition, häufig zum Nachteil der auf einer niedrigeren Ebene angesiedelten Behörden. Als Folge hiervon waren die Regierungen auf der lokalen Ebene gezwungen, andere wirtschaftliche Pfade zu beschreiten. Regionalregierungen gründeten eigene – öffentliche und private – Unternehmen, um so zu Einkünften zu gelangen. Firmen, die sich im regionalen Besitz befanden und defizitär arbeiteten, wurden zu einem geringen Preis verkauft und der Erlös wurde auf private Bankkonten umgelenkt, während jegliche Verantwortung für das Wohlergehen der Arbeiter abgelehnt wurde. Überdies verkauften offizielle Regierungsvertreter Land an Bauunternehmer, um sich persönlich zu bereichern. Diese grassierende Korruption verursachte eine unbeschreibliche soziale Ungerechtigkeit und führte im gesamten Land zu zahllosen Auseinandersetzungen und Korruptionsfällen.

Chinas moderner Markt war nicht das Ergebnis einer spontanen Entwicklung, sondern vielmehr eine erzwungene Intervention und Durchsetzung einer Regierungsentscheidung. Seit den 1990er-Jahren setzten sich intellektuelle Kreise mit dem Neoliberalismus auseinander. Begeistert propagierten und förderten sie globale wirtschaftliche Beziehungen, um die Entstehung eines freieren Marktes zu unterstützen. Dies geschah häufig in der Hoffnung, China könne so dazu veranlasst werden, in den globalen Wirtschaftskreislauf einzutreten und damit die letzten Reste der Revolution und der früheren Wirtschaftsideologie über Bord zu werfen. Chinas moderner Markt gilt gemeinhin als eine Errungenschaft der Studentenbewegung von 1989, doch eigentlich hatten die Studenten gegen Korruption, Schmuggel und die unfaire Verteilung des Wohlstands protestiert. Obwohl die Neoliberalen häufig die Rolle des politischen Kritikers und öffentlichen Intellektuellen spielen, geht es ihnen in Wirklichkeit um eine nicht regulierte, freie Privatisierung des Marktes. Aufgrund dieses Leitprinzips sind sie gegenüber den Anforderungen des Staates

1990, as a way to strengthen the central government's effectiveness, China began to promote and popularize the Western system of federal revenue sharing. The central government benefited from the stable source of taxes and kept a large share before sending revenue along to local levels. As tax revenue increased, China was able to centralize and manage all energy-, transport-, and communication-related business in the country, creating an incredibly strong centralized government. Its stability allowed the government to support the 2008 Olympic Games as well as remain fairly unaffected by the global economic downturn that followed.

The federal government guarded their wealth and powerful position, often to the detriment of its lower-level authorities, and as a result, government at the local level was forced to pursue ulterior economic paths. Regional governments launched their own businesses for revenue, both public and private. Regionally owned businesses that operated at a deficit were sold at low cost, with proceeds from the sale siphoned into personal bank accounts, while any responsibility for workers' welfare was avoided. Government officials would also sell regional land to real estate developers for personal profit. This rampant corruption caused an untold amount of social injustices and produced a great deal of controversy and corruption across the country.

China's modern market was not the product of spontaneous development, but rather a forced intervention and implementation by the government. Since the 1990s, neoliberalism has been a topic of debate within intellectual circles; they have enthusiastically promoted and introduced global economic relationships to help form a freer market. It is often with the hope that China will be induced to enter the global economic circle, and thus, finally topple any remnants of the revolution and previous economic ideology. China's modern market is commonly thought to be the achievement of the 1989 student movement, when in fact, students were protesting corruption, smuggling, and the unfair distribution of wealth. Although the neoliberals often play the role of political critic and public intellectual, they actually seek an unregulated and free privatization of the market, and with that as their guiding principle, often express impatience with the requirements of the State, as they put into effect marketization. The swift movement toward China's accession to the WTO and the blanket reforms since 1990 were both carried out to strengthen the economics and market in China. But the student protests of 1989 did not solve the issues they were protesting, and the government was only emboldened further by the sweeping changes of the 1990s, whereby many of the conditions students were protesting only intensified. Perhaps the most regrettable outcome is that none of this is reflected upon by the intellectuals of our time.

Neoliberalism and Contemporary Art

Although, at its core, contemporary Chinese art sees itself as a cultural extension of the 1980s social movement, it is simultaneously steeped in the camouflaged rhetoric of neoliberalism. At the beginning of the 1990s, artists made the argument that by using the market, they were developing independence and separating art from the

bezüglich der Stärkung des Marktes häufig ungeduldig. Der rasche Beitritt Chinas zur Welthandelsorganisation (WTO) und die umfassenden Reformen seit 1990 dienten beide dem Zweck, die Wirtschaft und den Markt in China zu stärken. Doch die Studentenproteste des Jahres 1989 haben die Probleme, gegen die sie sich richteten, nicht gelöst. Die Regierung fühlte sich durch die dramatischen Veränderungen der 1990er-Jahre vielmehr in ihrem Handeln bestätigt und viele der von den Studenten kritisierten Bedingungen verschlimmerten sich sogar. Vielleicht ist das bedauerlichste Ergebnis des Ganzen aber, dass nichts hiervon zum Gegenstand der Überlegungen unserer heutigen Intellektuellen geworden ist.

Neoliberalismus und zeitgenössische Kunst

Obwohl die zeitgenössische chinesische Kunst sich im Kern als eine kulturelle Erweiterung der sozialen Bewegung der 1980er-Jahre begreift, ist sie doch zugleich von der camouflierten Rhetorik des Neoliberalismus durchtränkt. Zu Beginn der 1990er-Jahre argumentierten die Künstler, durch die Nutzung des Marktes würden sie Unabhängigkeit erlangen und zugleich die Kunst von der staatlichen Maschinerie befreien. Der Markt spielte in den 1990er-Jahren eine wichtige Rolle und ermöglichte Künstlern wirtschaftliche Unabhängigkeit und Meinungsfreiheit. Ohne Rücksicht darauf, ob es sich bei der Kunst um ›political pop‹, ›cynical realism‹ oder später ›gaudy art‹ (so viel wie grelle Kunst) handelte, führten ihre Ideologien und Arbeitspraktiken sowohl im Handel als auch bezüglich des Marktgeschehens zu einer Öffnung. Im Anschluss an die Postmoderne machten sich die Künstler den Gewinn der Massenkultur zu eigen, sprich Fertigung im großen Stil und Massenproduktion, die sämtlichen Wünschen und Bedürfnissen der Menschen dienten. Der Konsumismus, so wie ihn der Kapitalismus definiert, wurde als die extremste Form des Widerstands gegen die nationale Ideologie betrachtet. Und so, durch den Einsatz dieser Konsumhaltung und der ›Ideologie des Kommerzialismus‹, gewann die Kunst Legitimität. Sie zerstörte die Position der Sozialkritik der 1980er-Jahre und beseitigte ebenso viel von der neuen Kunst wie von ihrer eigenen, inhärent fehlerhaften Entwicklung. Die Avantgardekunst in China bildete sich selbst auf der Grundlage der Aufklärung des 18. Jahrhunderts, der Reformation und der klassischen Philosophie, häufig in einem verblendeten Streben nach dem Wesenskern des Individuums und einer Art optimistischer Moderne. In den 1980er-Jahren wurden die Werke Friedrich Nietzsches und Jean-Paul Sartres ins Chinesische übersetzt. Doch aufgrund der vor der ›Vermarktlichung‹ herrschenden Abgeschlossenheit dieses Jahrzehnts fanden diese Werke kaum Anklang bei der chinesischen Elite. Für diese bezogen sich jene Werke vor allem auf den Einzelnen und den Widerstand gegenüber der Autorität und sie betrachtete sie als eine Reflexion über die Moderne und die kommerzielle Gesellschaft. Interessanterweise bestand der Geburtsfehler der Umarmung des Neoliberalismus durch die chinesische Kunst in den 1990er-Jahren in deren Unfähigkeit, über die Zeitumstände nachzudenken und der Zerstreuung durch jene Heiterkeit zu widerstehen, von der sie umgeben war. Die gravierendste Krise, die die chinesische Gesellschaft in den 1990er-Jahren traf, war die Steuerreform und die Erneuerung verstaatlichter und im Staatsbesitz

state-run machine. The market served an important role in the 1990s, allowing artists to gain economic independence and freedom of expression. Regardless of whether the art was Political Pop art, Cynical Realism, or the later Gaudy Art, its ideologies and working practices realized an opening up in both commerce and the market. Following Postmodernism, artists appropriated the prize of mass culture—large-scale manufacturing and mass production that served the people's every want and need. Marketization, as defined by capitalism, was regarded as the utmost form of resistance to national ideology. And thus, by using consumerism and the "ideology of commercialism," art gained legitimacy. It destroyed the position of 1980s social criticism, toppling as much from the new art as from its own inherently flawed development. Avant-garde art in China formed itself on the fundamentals of the eighteenth-century Enlightenment, Reformation, and classical philosophy, often in a deluded pursuit for the core essence of the individual and some kind of optimistic modernity. In the 1980s, the literary works of Friedrich Nietzsche and Jean-Paul Sartre were translated into Chinese. But because of the closed-off nature of the 1980s prior to marketization, it was difficult for these works to resonate with the Chinese elite. They largely understand them as relating to the individual and to the resistance of authority, and they considered them a reflection on modernity and commercial society. Interestingly, the innate flaw in Chinese art's embrace of neoliberalism in the 1990s was its inability to reflect on the times and resist the distraction of merriment with which it was surrounded. The deepest crisis to hit Chinese society in the 1990s was the tax reform and renewal of nationalized and state-owned business. Increased authority to collect taxes, its unjust distribution, and the all-time high of unemployment rates brought the forfeiture of cultural energy and drive to the forefront. The most regrettable of all, however, was that Chinese artists were not commenting on these deep-seated issues. After all, their origins were rooted in neoliberalism and globalization, not comprehensive opening-up and restrictive policies. Artists were talking about marketization and globalization, but it was always with an obvious optimism.

New Trends after the Millennium

This optimism quickly changed at the turn of the twenty-first century. China entered the WTO in 2000, and sanctions on China, imposed by the West since 1989, were lifted. It was then that the real globalization of China began. Beijing was awarded the 2008 Olympic Games soon after, bringing about one of the world's most dense and widespread action of urbanization to a single population thus seen. In 2008, when Beijing hosted the Olympic Games, China had already become the third largest economy in the world. Accompanying that process was a growing population of urban middle-class citizens. Blogs appeared in 2005 and Weibo, a Twitter-like service, appeared in 2009; the rise of social media broke the long history of government control over news outlets, and a mainstream ideology outside the platform of general civic opinion began to take shape, little by little. This new type of platform for emerging ideology strengthened both the middle class and the intellectual elite. Social media plat-

befindlicher Unternehmen. Erweiterte Befugnisse, Steuern einzutreiben, deren ungerechte Verteilung sowie Arbeitslosenraten in noch nie dagewesener Höhe ließen den Verlust der kulturellen Energie und des kulturellen Tatendrangs deutlich werden. Am bedauerlichsten von allem aber war, dass die chinesischen Künstler diese tief sitzenden Probleme nicht kommentierten. Denn schließlich wurzelten ihre Ursachen im Neoliberalismus und in der Globalisierung, einem unzureichenden Sich-Öffnen und einer restriktiven Politik. Künstler sprachen über ›Vermarktlichung‹ und Globalisierung, doch sie taten dies stets mit offenkundigem Optimismus.

Neue Entwicklungen seit der Jahrtausendwende

Doch an der Wende zum 21. Jahrhundert veränderte sich dieser Optimismus rasch. Im Jahr 2000 trat China der WTO bei und die 1989 vom Westen verhängten Sanktionen gegen das Land wurden aufgehoben. Damit begann die tatsächliche Globalisierung Chinas. Kurz darauf erhielt Beijing den Zuschlag für die Olympischen Spiele 2008 und vollbrachte eine der bis dahin weltweit dichtesten und weitreichendsten Urbanisierungsleistungen. Als Beijing 2008 dann tatsächlich als Gastgeber der Olympischen Spiele fungierte, war China bereits zur drittgrößten Wirtschaftnation der Welt geworden. Dieser Prozess ging damit einher, dass die Zahl der zur urbanen Mittelschicht gehörenden Chinesen stark zunahm. 2005 gab es die ersten Blogs und 2008 trat Weibo, ein Internetdienst im Stil von Twitter, auf den Plan. Der Aufstieg der sozialen Medien führte zum Bruch mit der langen Geschichte der Regierungskontrolle von Nachrichtenkanälen und jenseits der allgemeinen staatsbürgerlichen Meinung begann, Schritt für Schritt, eine Mainstream-ideologie Gestalt anzunehmen. Diese neue Plattform für eine im Entstehen begriffene Ideologie stärkte sowohl die Mittelschicht als auch die intellektuelle Elite. Die sozialen Medien wurden zu einer Quelle für ›negative Nachrichten‹ und abweichende Meinungen und unterzogen so das Selbstbewusstsein der intellektuellen Elite im Verlauf des Globalisierungs- und Urbanisierungsprozesses einer kritischen Prüfung. Konfrontiert mit der Illusion der neoliberalen Marktpolitik blickten die chinesischen Künstler einer hässlichen Wirklichkeit ins Auge. Die Olympischen Spiele 2008 verdeutlichten den endgültigen Sieg des Neoliberalismus in China. Dies war ein bedeutender Einschnitt. Im selben Jahr, vor dem großen Erdbeben in Sichuan und unmittelbar nach der weltweiten Finanzkrise, wandten sich die Mittelschicht und die intellektuelle Elite von den erbärmlichen Arbeitsbedingungen ab, die nur einhundert Kilometer außerhalb der Stadt herrschten. Niemand scherte sich darum, ob die Globalisierung deren Ursache war oder nicht: Schließlich war die Globalisierung in China ja bereits Realität geworden.

Im Vergleich zu früher ist China ein höchst komplexes Land geworden. Einerseits assimiliert es sich aktiv an die globale Gemeinschaft und hat jene Tönung von Wohlstand und Macht erlangt, die der Kapitalismus bereitstellt. Doch andererseits versucht China die aktuellen grundlegenden Werte der Politik anzumahnen, um sich selbst vor der äußeren kapitalistischen Kultur und politischen Logik zu schützen. Dieser geteilte Staat trägt auch zur sehr vielschichtigen chinesischen Gegenwartskunst bei. Seit den 1980er-Jahren folgen wir bei chinesischer Kunst

forms became a source for "negative news" and divergent opinions, thereby bringing the self-confidence of the intellectual elite throughout the process of globalization and urbanization under scrutiny. Confronted with the illusion of neoliberal marketization, Chinese artists faced an ugly reality. The 2008 Olympic Games showed neoliberalism's total victory in China; it was an important watershed. During that same year, prior to the Great Sichuan Earthquake and just after the global financial crisis, the middle class and intellectual elite turned away from the miserable working conditions found just 100 kilometers outside of the city. No one cared that globalization may or may not have been causing it: China was already globalized after all.

Compared with before, China has become a deeply complex country. On the one hand, it is actively assimilating with the global community and has acquired the tint of wealth and power that capitalism provides. But on the other hand, it tries to admonish the current fundamental values of politics in order to safeguard itself from the outside capitalist culture and political logic. This divided state also contributes to the deeply complex artwork of its artists. Since the 1980s we have regularly followed two kinds of so-called logic to arrive at an interpretation of Chinese art. The first is to believe that contemporary Chinese art is the response to the impact of Western culture; the second is a kind of mode in which contemporary Chinese art is perceived as the product of a contemporary transformation of traditional culture. Both methods take the pioneer of the globalization process, Western Modernity, as the core value from which to orient both interpretations. The common consequence of both is that we only use the dualistic terms of "underground," "confrontation," and "freedom of expression" to explain the value of Chinese art. But by China's deep involvement with globalization and neoliberalism, contemporary art has become a universal representation of its gained value. Resistance to this logic by the Chinese government has thus far failed. Its heterogeneity in artwork production, well-established since the neoliberalist atmosphere of the 1990s, has reconciled the organic nature of production in society with the globalized age of the Internet, and production of the plastic arts has only increased. The sole purpose of the artist and critic in this atmosphere, however, has been diverted into the multifaceted system of the market, the media, and the Internet. Consequently, the former unity and unidirectional path toward explicit resistance, once felt in contemporary Chinese art, has gradually split apart since 2005, piece by piece, into its now watered-down state, nearly disappeared. One of the more notable divergences between artists in recent years was in 2008 when Ai Weiwei investigated the casualties of school children during the Great Sichuan Earthquake, while on the other side, Wang Guangyi and a few other artists publicly withdrew their artwork from French exhibitions, because of the French "indulgence" in Tibetan independence and their subsequent protests of the Olympic torch relay passing through Tibet. Because of the failure to explain the trajectory of Chinese art, the international community took the antagonism of Chinese art as understandable, regarding it as a swan song of heroism, and the other parts they didn't understand, as commercialism, cynicism, or possibly nationalism. This deep misunderstanding

regelmäßig zwei verschiedenen Arten einer sogenannten Deutungslogik. Die erste ist der Glaube daran, dass zeitgenössische chinesische Kunst eine Antwort auf die Auswirkungen der westlichen Kultur sei, und die zweite eine bestimmte Betrachtungsweise, der zufolge chinesische Kunst als das Ergebnis einer zeitgenössischen Transformation der traditionellen Kultur zu verstehen sei. Beide Methoden betrachten den Pionier des Globalisierungsprozesses, die westliche Moderne, als den entscheidenden Wert, an dem sich beide Deutungen auszurichten haben. Die gemeinsame Konsequenz aus beiden besteht darin, dass lediglich die dualistischen Begriffe ›Untergrund‹, ›Konfrontation‹ und ›Meinungsfreiheit‹ zur Verfügung stehen, um den Wert der chinesischen Kunst zu erläutern. Doch weil China so intensiv in die Globalisierung und den Neoliberalismus eingebunden ist, ist die zeitgenössische Kunst zu einer universellen Repräsentation von China geworden. Der Widerstand der chinesischen Regierung gegenüber dieser Logik trug bislang keine Früchte. Die Heterogenität seines seit den neoliberalen 1990er-Jahren fest etablierten Kunstsystems hat die organische Natur der Produktion in der Gesellschaft mit dem globalisierten Zeitalter des Internets versöhnt, und die Menge an Kunstwerken hat weiter zugenommen. Jedoch wurde in dieser Atmosphäre der einzige Zweck des Künstlers und des Kritikers in die verschiedenen Facetten des Marktes, der Medien und des Internets aufgespalten. Folglich hat sich die frühere Einheit und der nur einer einzigen Richtung folgende ausdrückliche Widerstand, der früher in der zeitgenössischen chinesischen Kunst zu spüren war, seit 2005 allmählich aufgesplittert und ist in seinem jetzigen verwässerten Zustand fast verschwunden. Zu einer der bemerkenswerteren Divergenzen zwischen Künstlern kam es im Jahr 2008, als Ai Weiwei den Fall der bei dem großen Erdbeben in Sichuan ums Leben gekommenen Schulkinder untersuchte, während andererseits Wang Guangyi und einige weitere Künstler ihre Kunstwerke öffentlich aus französischen Ausstellungen abzogen, weil die Franzosen ›Nachsicht‹ gegenüber der Unabhängigkeit Tibets geübt und in der Folge dagegen protestiert hatten, dass der Weg der Olympischen Fackel auch durch Tibet führte. Aufgrund des Versäumnisses, den Verlauf der chinesischen Kunst zu erklären, empfand die internationale Gemeinschaft den Antagonismus der chinesischen Kunst als verständlich und betrachtete ihn als Schwanengesang des Heroismus und empfand die anderen Teile, die sie nicht verstand, als Kommerzialisierung, Zynismus oder möglicherweise Nationalismus. Diese gravierende Fehleinschätzung Chinas seitens der Außenwelt verstimmte die chinesischen Künstler sehr und verstärkte noch die Entfremdung zwischen der chinesischen Kunstwelt und ihrer Außenwahrnehmung.

Globalisierung und zeitgenössische Kunst

Natürlich ist es schwierig, sich lediglich einer einzigen kulturellen Logik zu bedienen, um die chinesische Kunst heute zu begreifen. Schon jetzt hat die chinesische Kunstwelt keinerlei Ähnlichkeit mehr mit derjenigen der letzten zwanzig Jahre des 20. Jahrhunderts, einer Zeit, in der sie mit einer gemeinsamen Menge von Kernwerten arbeitete. Neoliberalismus und Globalisierung haben diese Natur der Gemeinsamkeit entzweigeschnitten und dafür gesorgt, dass in den Beziehungen zwischen den verschiedenen Ver-

of China by the outside world greatly upset the Chinese practitioners, only deepening the estrangement of the Chinese art world from its external perception.

Globalization and Contemporary Art

Clearly it is difficult to use just a single cultural logic to understand Chinese art today. The Chinese art world already resembles nothing like it did during the last twenty years of the twentieth century—a time when it was working together with a common set of core values. Neoliberalism and globalization have cut apart this nature of similarity, causing tension to develop in the relationships between the different people of the art world as they follow different cultural logics. It has created a lot of noise and confusion, but has also created a great deal of energy. As we try to understand contemporary Chinese art, we must seek to better understand the tension within its cultural logic.

The driving force of this tension is the globalization of contemporary art both within the digital and physical sphere. In Europe and the Americas, "Contemporary Art" itself is considered as just the result of external culture shock and the product of globalization. Comparing Chinese art in the first decade of the twenty-first century with that of the twenty years prior, the biggest difference is that contemporary Chinese art is sustaining itself within the Internet era of globalism. Interaction with the international stage during the 1980s and 1990s, although wide in scope, was largely a result of serendipity. Now with the Internet, biennials, art fairs, and even galleries exist online, in spite of the fact that they in and of themselves do not resemble that kind of free and open system. Their cultural capital is in operations, continually producing and colonizing, and being colonized by, the next big thing. Each year identical artists emerge from different biennials, appearing to be art's savior, when in fact they are just the domestication of globalized capital. At the same time, the system of global and neoliberal capital, operating from within the succinct and definitive structure of the Internet, has had an enormous influence on art criticism. It has now cast off its former role of informed cultural critic, to serve as a simplistic mouthpiece constructed from media releases and reported news. Art has begun to rely on these art critics to gain moral capital, and moral capital is merely used to improve business. It is safe to say that the global reach of the Internet has brought a "two-dimensional flatness" to the visual vocabulary of art and criticism, forming a sharp confrontation between the complex state of society and local nationalism.

Since 2000, work in traditional media such as ceramic and ink, in the style of landscape painting, Zen Buddhist brushwork, meditations, and so on, has increased in Chinese art. This emerging phenomenon is thought to be the new face of "Chinese." But if reconsidered against the backdrop of globalism, it can be seen as a conscientious cultural tactic to re-establish such an identity, deliberately peddled by consumer culture, and perhaps by artists too? Since 2012, the Chinese government's new slogan has been to pursue the "China Dream," but using contemporary art as an example has presented the authorities with a major dilemma. Even though it is pursuing a neoliberal state, the government's political stance is to be

tretern der Kunstwelt Spannungen aufgetreten sind, da sie einer unterschiedlichen kulturellen Logik folgen. Das Ganze hat viel Lärm und Durcheinander, aber auch ein hohes Maß an Energie erzeugt. Bei unserem Versuch, die zeitgenössische chinesische Kunst besser zu verstehen, müssen wir uns auch um ein besseres Verständnis der Spannung innerhalb ihrer kulturellen Logik bemühen.

Die treibende Kraft dieser Spannung ist die Globalisierung der zeitgenössischen Kunst sowohl im digitalen als auch im physischen Bereich. In Europa sowie in Nord- und Südamerika wird die ›zeitgenössische chinesische Kunst‹ selbst lediglich als das Ergebnis des äußeren Kulturschocks und als Produkt der Globalisierung betrachtet. Vergleicht man chinesische Kunst aus dem ersten Jahrzehnt des 21. Jahrhunderts mit derjenigen vom Ende des 20. Jahrhunderts, so besteht der größte Unterschied darin, dass sich die zeitgenössische chinesische Kunst selbst innerhalb des globalisierten Internetzeitalters aufrechterhält. Während der 1980er- und 1990er-Jahre war die Interaktion mit der internationalen Bühne vor allem das Ergebnis einer Reihe glücklicher Zufälle. Doch jetzt, aufgrund des Internets, existieren Biennalen, Kunstmessen und selbst Galerien online, ungeachtet der Tatsache, dass sie dieser Art von freiem und offenem System an und für sich nicht ähneln. Ihr kulturelles Kapital besteht in Operationen, im ständigen Produzieren und Kolonisieren der nächsten großen Sache und im Von-dieser-kolonisiert-Werden. Jedes Jahr tauchen auf verschiedenen Biennalen identische Künstler auf und scheinen die Erlöser der Kunst zu sein, obwohl sie faktisch doch lediglich die Domestizierung des globalisierten Kapitals sind. Gleichzeitig hatte das System des globalen und neoliberalen Kapitals, das aus dem Inneren der prägnanten und definitiven Struktur des Internets heraus operiert, einen gewaltigen Einfluss auf die Kunstkritik. Sie hat nun ihre frühere Rolle einer informierten Kulturkritik abgestreift und dient als simples Sprachrohr aus Presseerklärungen und Nachrichtenmeldungen. Kunst hat begonnen, sich auf diese Kunstkritiker zu verlassen, um daraus moralisches Kapital zu schlagen, und dieses wird lediglich dazu benutzt, das Geschäft anzukurbeln. Man kann mit Sicherheit sagen, dass die globale Reichweite des Internets dem visuellen Vokabular von Kunst und Kritik eine ›zweidimensionale Flachheit‹ verliehen hat, die einen scharfen Gegensatz zwischen dem komplexen Zustand der Gesellschaft und örtlichem Nationalismus bildet.

Seit der Jahrtausendwende hat die Zahl der Werke in traditionellen Medien wie Keramik und Tusche, im Stil der Landschaftsmalerei, des zenbuddhistischen Pinselstrichs, der Meditationen et cetera in der chinesischen Kunst zugenommen. Dieses sich deutlich abzeichnende Phänomen gilt als das neue Antlitz ›Chinas‹. Doch vor dem Hintergrund der Globalisierung betrachtet, kann man es als eine gewiefte kulturelle Identitätstaktik begreifen, die von der Konsumkultur und vielleicht sogar von den Künstlern ganz bewusst angewandt wird? Seit 2012 lautet der neue Slogan der chinesischen Regierung, es gelte, den ›chinesischen Traum‹ zu verfolgen, doch durch die Verwendung zeitgenössischer Kunst als Beispiel hierfür gerieten die Behörden in ein erhebliches Dilemma. Denn obwohl die Regierung einen neoliberalen Staat anstrebt, entspricht es ihrer politischen Grundhaltung, wachsam gegenüber den ›universellen Werten‹ des Westens zu sein. Sie betont den einzigartigen

vigilant against the "universal values" of the West. They emphasize the unique nature of Chinese society and the charm of its traditional culture as the reason to maintain local autonomy. Within this atmosphere, if Chinese artists want to pursue an international and global style, they run the risk of being misunderstood and of practicing cultural nihilism, commercialization, or utilitarianism. But if they want to reflect on globalism and universal values in culture, then it is distinctly possible they would be safeguarding the exploitation of the government's ideology, while also avoiding the tension of state criticism. In the West, contemporary art has had a culture of unceasing self-negation from the classical period until now. Its cultural ecology possesses a complete system of production, exhibition, and research. Consequently, its production of art and discourse is relatively steady. In contrast, the system in China is severely abnormal; the public's lack of free speech makes it difficult to produce much discourse. Chinese artists rely on the art market's support to survive, but they have no way to address the simplicity and greed the art market causes. Thus it is difficult for contemporary Chinese art to determine a system of value for itself and it is instead forced to draw support from the outside world. But the outside world is permeated with the righteousness fed to them by the media, and the result is a simplistic determination of value. Contemporary Chinese art is like an adolescent teen, brimming with vitality, seemingly a mess, and full of disdain for self-explanation. Its inner soul forever seeking the outside world's approval, all the while, incapable of convincing itself that its actions are indeed legitimate.

The Influence of the Political System on the Arts

The tension between the legacy of socialism and its capitalist critique has put localization and globalism at odds with each other. Compared to the West, and to the majority of developing countries worldwide, socialism is China's greatest legacy of the twentieth century. The rationale behind the political reality of socialism, although attacked by neoliberalism at the end of the 1990s, cannot be dismissed; socialism was a program that could solve the problems of modernism. Its artistic product, Socialist Realism, was part of the colonization of China's cultural history, and it played an exceptionally significant role in the character of the revolution. Even the modern art of the 1980s can be regarded as a radical evolution of the country's socialist movement. In the 1990s, China's legacy of socialism seemed to fade with Tiananmen and its leaders, and became just a short movement, soon abandoned, in the nation's long history. Now in the twenty-first century, China has become the global factory. Admittedly, it is largely because China supplies an enormous workforce of cheap labor. But more significantly, it is because the government politically refuses democracy and organized religion, neglects justice and ideas, and lacks any and all reverence for the people's simple pursuit of fundamental abundance that provokes the people. China's anti–human rights, anti-welfare approach has become its advantage, its "competitiveness," and the free market and wealthier countries are unable to match it. This superior advantage, at the cost of fundamental human rights, causes a great amount of global capital to flow into China. And

Charakter der chinesischen Gesellschaft und den Reiz ihrer traditionellen Kultur als Grund dafür, die lokale Autonomie aufrechtzuerhalten. Wenn chinesische Künstler innerhalb dieser Atmosphäre einen internationalen und globalen Stil pflegen wollen, dann laufen sie Gefahr, missverstanden zu werden und dem Vorwurf begegnen zu müssen, kulturellen Nihilismus, Kommerzialisierung oder Utilitarismus zu betreiben. Doch wenn sie über Globalisierung und universelle Werte in der Kultur nachdenken wollen, dann ist es durchaus möglich, dass sie die Instrumentalisierung der Regierungsideologie gewährleisten und zugleich die Spannung staatlicher Kritik vermeiden wollen. Im Westen gab es in der zeitgenössischen Kunst eine Kultur der unablässigen Selbstverleugnung, die von der klassischen Moderne bis heute reicht. Ihre kulturelle Ökologie besitzt ein vollkommenes System von Produktion, Ausstellung und Forschung, sodass ihre Kunst- und Diskursproduktion relativ beständig sind. Im Gegensatz hierzu ist das System in China entschieden anormal, denn da es kein uneingeschränktes Recht auf freie Meinungsäußerung gibt, lässt sich auch nicht viel Diskurs produzieren. Um zu überleben, verlassen chinesische Künstler sich auf die Unterstützung des Kunstmarktes, doch sie haben keine Möglichkeit, die durch diesen verursachte Einfachheit und Gier zu thematisieren. Daher ist es für die zeitgenössische chinesische Kunst schwer, für sich selbst ein Wertsystem zu bestimmen, und sie ist gezwungen, auf Unterstützung seitens der Außenwelt zurückzugreifen. Doch diese ist von der Selbstgerechtigkeit durchdrungen, mit der sie von den Medien gefüttert wird, was eine allzu simple Wertbestimmung zur Folge hat. Die zeitgenössische chinesische Kunst erinnert an einen Teenager: Sie ist von überbordender Vitalität, augenscheinlicher Chaotik und voller Verachtung für jegliches Ansinnen, sich selbst zu erklären. Während sie mit ganzer Seele unablässig den Zuspruch der Außenwelt sucht, ist sie zugleich nicht in der Lage, diese von der Legitimität des eigenen Handelns zu überzeugen.

Der Einfluss des politischen Systems auf die Kunst

Die Spannung zwischen dem Vermächtnis des Sozialismus und seiner kapitalistischen Kritik hat nationale Verortung und Globalisierung in einen Gegensatz zueinander treten lassen. Im Unterschied zum Westen und zur Mehrheit der Entwicklungsländer ist der Sozialismus Chinas bedeutendstes Vermächtnis des 20. Jahrhunderts. Das Grundprinzip hinter der politischen Realität des Sozialismus lässt sich nicht einfach abtun, auch wenn dieser Ende der 1990er-Jahre vom Neoliberalismus angegriffen wurde; der Sozialismus war ein Programm, das die Probleme des Modernismus lösen konnte. Sein künstlerisches Produkt, der sozialistische Realismus, war ein Teil der Kolonisierung von Chinas Kulturgeschichte und hat für den Charakter der Revolution eine außergewöhnlich bedeutende Rolle gespielt. Selbst die moderne Kunst der 1980er-Jahre kann als eine radikale Entwicklung der sozialistischen Bewegung des Landes betrachtet werden. In den 1990er-Jahren schien Chinas sozialistisches Vermächtnis mit den Ereignissen auf dem Platz des Himmlischen Friedens und seinen Führern dahinzuschwinden und wurde zu einer kurzen, bald aufgegebenen Episode in der langen Geschichte dieser Nation. Im 21. Jahrhundert ist China zur ›Werkbank der Welt‹ geworden. Zugegebenermaßen liegt das vor allem

as a result, China needs not pay attention to the General Assembly, to environmental protection laws, or to government regulation. The victory of China's economy is the victory of globalism's economy. The effect, however, is that other developing countries will be more compelled to look at this anti–human rights model as well. This particular phenomenon is tantamount to China's slogan to "unswervingly adhere to the socialist road"—the exquisite irony of it all.

No matter how we regard China's economic success, it is undeniable that it has contributed to the degree of attention contemporary Chinese art receives. The economic success and tremendous weight of the Chinese economy are carried with artists when they emerge onto the international stage as their original sin. By its position at the very core of the global factory, the question of how contemporary Chinese art can criticize the flow of global capital becomes more pressing. This, in effect, triggers us to reflect again on how the legacy of socialism should be confronted. In this era of globalism, the legacy of socialism does not comply with the tides of popular politics, it is available for sale and as an exotic commodity to be trafficked. But while this happens, it should also be reconsidered as a source for artistic reflection. Over the past ten years, artists like Cao Fei (see pp. 142–145) and Chen Jieren have produced artwork that observes and investigates the life of the industrial worker in both mainland China and Taiwan, as does the more recent work by Li Liao, *Consumption*, a piece produced while he worked at Foxconn, Apple's supplier factory. In spite of these recent examples, contemporary art focusing on such themes is clearly lacking. Or perhaps, reflection can only be said to have begun with the radical philosophy of post-politics, introduced by Jacques Rancière, Alain Badiou, and Slavoj Žižek in 2012.

The question of how to confront this blend of neoliberalism and state-controlled capitalism will be a long-term challenge for Chinese artists. Over the past ten years, contemporary art in China was frequently produced with incredibly large dimensions, and that production relies upon the concentration of cheap labor and exploitation of the relaxed laws and morals on the care of the environment, animals, and cultural ethics. These factors shape the visual force that separates Chinese art from that of the West, and it gains exceptional amounts of international attention. But we must come to a clear awareness that this gain directly profits from China's environment of immoral cheap labor and anti–human rights policies. In order for artists to fight against globalization, emphasize the individualism of art, and challenge its commodification, they must ultimately draw support from the Internet, media, commercial galleries, and foundations to carry out their work. These works are in and of themselves a product of the Internet's neoliberalism. In short, the success of contemporary Chinese art is itself just the capital of neoliberalism and the achievement of globalization. How can it present an effective critique of these things?

Ultimately, the same is true for the traditional elitism in the Chinese art world. The tradition of elitism under socialism was meticulously cut out, and by the vicious "atonement" inflicted by the masses, intellectuals and artists developed a deep reservoir of experience and emo-

daran, dass das Land eine gewaltige Zahl billiger Arbeitskräfte bereitstellt. Doch der bedeutsamere Grund ist, dass die Regierung auf politischer Ebene Demokratie und institutionalisierte Religion verweigert, Gerechtigkeit und Ideen vernachlässigt und jegliche Achtung für das Streben der Leute nach grundlegendem Wohlstand vermissen lässt und sie damit provoziert. Chinas ›Anti-Menschenrechte-, Anti-Wohlfahrtsstaat-Ansatz‹ ist sein Vorteil, seine ›Wettbewerbsstärke‹ geworden, und der freie Markt und die wohlhabenderen Länder haben dem nichts entgegenzusetzen. Dieser erhebliche Vorteil, der auf Kosten der Menschenrechte geht, ist die Ursache dafür, dass sehr viel globales Kapital nach China fließt. Und als Folge hiervon muss China der Generalversammlung der Vereinten Nationen, den Umweltschutzgesetzen oder der Regulierung der Regierung keine Beachtung schenken. Der Sieg der chinesischen Wirtschaft ist der Sieg der globalisierten Wirtschaft. Doch die Folge hiervon wird sein, dass auch andere Entwicklungsländer gezwungen sein werden, diesem ›Anti-Menschenrechte‹-Modell Beachtung zu schenken. Diesem spezifischen Phänomen entspricht Chinas Slogan, es werde »unbeirrt auf dem Weg des Sozialismus weiterschreiten« – ein Gipfel der Ironie.

Doch ganz unabhängig davon, wie wir Chinas Wirtschaftserfolg betrachten, es lässt sich nicht leugnen, dass er zu dem hohen Grad an Aufmerksamkeit beigetragen hat, der der zeitgenössischen chinesischen Kunst zuteilwird. Den ökonomischen Erfolg und das immense Gewicht der chinesischen Wirtschaft führen Künstler, wenn sie auf der internationalen Bühne erscheinen, als ihre ›Ursünde‹ mit sich. Weil sie sich im Herzen der globalen Fabrik befindet, wird die Frage danach, wie die zeitgenössische chinesische Kunst den Fluss des globalen Kapitals kritisieren kann, dringlicher. Denn dies veranlasst uns einmal mehr dazu, darüber nachzudenken, wie wir uns dem sozialistischen Erbe stellen sollen. In diesem Zeitalter der Globalisierung steht das Vermächtnis des Sozialismus nicht im Einklang mit den Trends der populären Politik, sondern es steht zum Verkauf und kann als exotische Ware gehandelt werden. Doch während dies geschieht, sollte es auch erneut als eine Quelle der künstlerischen Reflexion betrachtet werden. Im Verlauf der letzten zehn Jahre haben Künstler wie Cao Fei (siehe S. 142–145) und Chen Jieren Kunstwerke produziert, die das Leben von Industriearbeitern in Festlandchina und Taiwan beobachten und untersuchen. Dasselbe gilt für *Consumption* (2012) von Li Liao, das dieser schuf, während er für Foxconn, den Zulieferer von Apple, tätig war. Trotz dieser neueren Beispiele fehlt es eindeutig an zeitgenössischer Kunst, die sich auf solche Themen konzentriert. Oder vielleicht begann das Nachdenken hierüber erst mit der radikalen Philosophie der Post-Politik von Alain Badiou, Jacques Rancière und Slavoj Žižek, die 2012 in China eingeführt wurde.

Die Frage, wie sie sich dieser Mischung aus Neoliberalismus und staatlich kontrolliertem Kapitalismus stellen sollen, wird für chinesische Künstler eine langfristige Herausforderung bleiben. In den letzten zehn Jahren wurde zeitgenössische Kunst in China häufig in unglaublich großen Dimensionen produziert, und diese Produktion beruht auf der Konzentration billiger Arbeit und der Ausnutzung der laxen Gesetzgebung und Moral hinsichtlich des Umwelt- und Tierschutzes sowie der kulturellen Ethik. Diese Fak-

tion from which to later draw upon. Since the turn of the twenty-first century, intellectuals and artists often well understand, perhaps more than the ordinary citizen, this natural resource. They now freely and frequently leave and reenter China and know how to jump China's Great Firewall on the Internet, but this kind of resource opens up the possibility of again inciting the isolated masses of society to act in the name of nationalism and populism. This actual "elitism" that has emerged has caused both the popular masses and the intellectual elite, existing on entirely different planes of time-space and dimension, to all sense the very different state of China today. And thus the crucial questions for the capitalist critique to address are how should actual elitism be transcended? How should societal estrangement be transcended? And how can it be done while still maintaining the idea of independence?

Current Conflicts and Prospects

Neither the traditional right wing nor the neoliberalists can comprehend the legacy of socialism and its pursuit of social equality in contemporary Chinese art. The Left is unable to accept the fact that contemporary art from developing countries must draw support from globalism's network of commerce in order to freely express itself. This is the plight of Chinese art today, and it is also the plight of the traditional left- and right-wing parties today. Seen on a macroscale, the two most recent movements in the Chinese scope of existence have been the Sunflower Student Movement of Taiwan and Hong Kong's Occupy Central. Both movements expressed opposition toward globalism and called in a unified voice for liberty, but the outcomes were instead the emergence of an extreme right wing. This political swing can be traced back to the 1989 student movement and its struggle for equality; its outcome was the marketization and neoliberal opening up of China. The fundamental fact is that twenty-first-century leftist ideologies did not provide effective enough strategies to support these theoretical innovations. The moral superiority and traditional leftist discourse was thus quickly exploited by neoliberalists and the right wing with the result that the political right has effectively mastered the art of cloaking itself in the rhetoric of the left.

It is precisely this larger backdrop that has buried Chinese artists in layers upon layers of contradiction, but it has also created an experimental ground for the art of tomorrow, brimming with unbounded possibility and fascination. The success of Chinese art over the past thirty years is essentially the result of identity politics and the trafficking of its "Other" status across the consumer culture of globalism. The turning point today, however, is whether or not we are still able to take the first step, to create something new, a new system of production and site for art. In this brief moment, we perhaps do not have a solution, but the beauty of art is its ability to express a feeling when words cannot. Although it will possibly be manifested as a mere momentary semblance of an idea or as a faintly discernible image, art will now and then contain within it something that surpasses even the artist's intent and point of view, somehow serving as an omen of transformation for a new age of art to come.

toren prägen die visuelle Kraft, die chinesische Kunst von der des Westens trennt und ihr ein außergewöhnliches Maß an internationaler Aufmerksamkeit beschert. Doch wir müssen uns ganz klar werden darüber, dass diese Aufmerksamkeit auch ganz unmittelbar auf das in China herrschende unmoralische Umfeld billiger Arbeitskräfte und seine ›Anti-Menschenrechte‹-Politik zurückzuführen ist. Damit Künstler gegen Globalisierung kämpfen, den Individualismus der Kunst betonen und ihre Kommerzialisierung infrage stellen, müssen sie letztlich Unterstützung aus dem Internet und seitens der Medien, kommerzieller Galerien und Stiftungen erhalten, um arbeiten zu können. Diese Werke sind an und für sich Erzeugnisse des Neoliberalismus des Internets. Kurzum, der Erfolg der zeitgenössischen chinesischen Kunst ist selbst einfach nur das Kapital des Neoliberalismus und eine Errungenschaft der Globalisierung. Wie kann sie da eine effektive Kritik dieser Dinge präsentieren?

Letztlich gilt dasselbe für das traditionelle Elitedenken in der chinesischen Kunstwelt. Im Sozialismus wurde die Tradition des Elitismus akribisch genau herausgearbeitet und durch die ihnen von den Massen zugefügte grausame ›Sühne‹ entwickelten Intellektuelle und Künstler einen reichen Vorrat an Erfahrungen und Emotionen, aus dem sie später schöpfen konnten. Seit der Wende zum 21. Jahrhundert haben Intellektuelle und Künstler, vielleicht mehr als der gewöhnliche Bürger, diese natürliche Quelle verstanden. Sie verlassen China nun ebenso ungehindert und häufig wie sie nach China einreisen und wissen, wie sie ›China's Great Firewall‹ im Internet umgehen können, doch auch diese Quelle eröffnet wieder die Möglichkeit, die isolierten gesellschaftlichen Massen aufzuwiegeln, im Namen von Nationalismus und Populismus zu handeln. Dieser tatsächliche ›Elitismus‹, der zum Vorschein gekommen ist, hat sowohl die Masse der Bevölkerung als auch die intellektuelle Elite, die beide sowohl in puncto Zeit und Raum als auch hinsichtlich der Dimensionen auf ganz unterschiedlichen Ebenen existieren, den ganz anders gearteten Zustand Chinas heute spüren lassen. Und so lauten die entscheidenden Fragen, mit denen sich die Kritik des Kapitalismus befassen muss, wie der tatsächliche Elitismus und die gesellschaftliche Entfremdung überwunden werden sollen. Und: Wie kann dies geschehen, während man zugleich an der Idee der Unabhängigkeit festhält?

Aktuelle Widersprüche und Ausblick

Weder der traditionelle rechte Flügel noch die Neoliberalen können das Vermächtnis des Sozialismus und seines Strebens nach sozialer Gleichheit in der zeitgenössischen chinesischen Kunst verstehen. Die Linke vermag die Tatsache nicht zu akzeptieren, dass die zeitgenössische Kunst aus Entwicklungsländern aus dem kommerziellen Netz der Globalisierung Unterstützung erfahren muss, um sich frei ausdrücken zu können. Das ist die schwierige Lage der chinesischen Kunst heute, und es ist auch das Dilemma der traditionellen linken und rechten Parteien. Im großen Maßstab betrachtet waren die beiden jüngsten Bewegungen im existenziellen Einzugsbereich Chinas die Sonnenblumen-Studentenbewegung in Taiwan und Hongkongs Occupy Central. Beide Bewegungen brachten Widerstand gegen die Globalisierung zum Ausdruck und verlangten vereint Freiheit, doch war das Ergebnis stattdessen die

Entstehung einer extremen Rechten. Dieser politische Umschwung lässt sich bis zur Studentenbewegung von 1989 und ihrem Kampf für Gleichheit zurückverfolgen, die in der ›Vermarktlichung‹ und neoliberalen Öffnung Chinas mündeten. Es ist eine fundamentale Tatsache, dass die linken Ideologien des 21. Jahrhunderts keine hinreichend effektiven Strategien bereitgestellt haben, um diese theoretischen Neuerungen zu unterstützen. Die moralische Überlegenheit und der traditionelle linke Diskurs wurden so rasch von Neoliberalen und dem rechten Flügel instrumentalisiert, dass die politische Rechte als Folge mittlerweile die Kunst beherrscht, sich in das Gewand linker Rhetorik zu hüllen.

Ebendieser umfassendere Hintergrund hat chinesische Künstler unter zahlreichen Schichten von Widersprüchen begraben, doch hat er auch ein Experimentierfeld für die Kunst von morgen geschaffen, deren unbegrenzte Möglichkeiten eine große Faszination ausüben. Der Erfolg der chinesischen Kunst in den letzten dreißig Jahren ist im Wesentlichen der Erfolg der Identitätspolitik und des Handels mit ihrem Status des ›anderen‹ in der globalisierten Konsumkultur. Die entscheidende Frage ist heute ist allerdings, ob wir noch in der Lage sind, etwas Neues zu erschaffen, ein neues System der Produktion von Kunst und einen Standort für sie. Im Moment haben wir vielleicht noch keine Lösung, doch die Schönheit der Kunst besteht gerade in ihrer Fähigkeit, ein Gefühl auszudrücken, wo Worte versagen. Obwohl sie sich möglicherweise als der bloße momentane Anschein einer Idee oder als ein kaum zu erkennendes Bild manifestiert, wird die Kunst dann und wann etwas enthalten, das über die Absicht und den Blickpunkt des Künstlers hinausgeht, etwas, das als Omen der Verwandlung für ein neues, zukünftiges Kunstzeitalter dient.

Von der Angst vor internationaler Beteiligung zum Prozess der ›De-Internationalisierung‹ / From the Anxiety of International Participation to the Process of Deinternationalization

Carol Yinghua Lu

Die Globalisierung des zeitgenössischen Kunstsystems in China geht mit dem Verschwinden des Internationalen als angestrebtes Ziel und als Horizont chinesischer Künstler einher. Vor noch nicht allzu langer Zeit, sprich während der gesamten 1980er- und während eines Großteils der 1990er-Jahre, stand die Praxis des westlichen Kunstsystems im Mittelpunkt des Interesses und der Nachahmungsbestrebungen dieser Künstler. Es begann damit, dass ab den 1980er-Jahren eine beträchtliche Zahl westlicher philosophischer Schriften und Gedanken sowie moderner Kunstwerke begierig in China eingeführt wurden. Diesem etwas einseitigen ›Austausch‹ lag die Dichotomie China und Westen, Tradition und Modernismus zugrunde. Die intellektuelle Szene Chinas der 1980er-Jahre, der Zeit nach Mao, wurde von einem fortschrittlichen Narrativ von Tradition und Moderne beherrscht, laut dem der Westen den modernen Standard setzte, demgegenüber China aufzuholen hatte. Viele Künstler, die in dieser Zeit erstmals in Erscheinung traten, sprechen oft davon, wie viel sie in dieser Zeit von westlichen Philosophen und Künstlern gelernt hätten. Shi Chong, ein Künstler und Professor an der Academy of Art der Tsinghua University in Beijing sagte 2012: »In den 1980er-Jahren waren wir noch in einer Lernphase, sowohl in puncto klassische als auch moderne Kunst des Westens. Wir haben uns in der Mitte zweier einander durchdringender Prozesse befunden. Tatsächlich geht es bei der künstlerischen Arbeit seit den 1990er-Jahren unabhängig davon, ob sie auf westliche klassische oder moderne Kunstformen Bezug nimmt, um das Erkunden der besten Möglichkeit.«[1]

Wirtschaftlicher Aufstieg und ›De-Internationalisierung‹

Doch der Prozess der ›De-Internationalisierung‹, der in den 1990er-Jahren einsetzte, war durch Chinas raschen Aufstieg in der Hierarchie der Weltwirtschaft gekennzeichnet. Diese Veränderung trat mit der Weltwirtschaftskrise um 2008 deutlicher zutage, als die Regierung die intellektuellen und künstlerischen Gemeinschaften allmählich aus dem Epizentrum der politischen Diskussionen und Bewegungen Chinas herausdrängte. Tatsächlich war die Marginalisierung von Intellektuellen und Künstlern bereits während der Kulturrevolution (1966–1976) an höchster Stelle ersonnen und in die Wege geleitet worden, als Mao Zedong das Recht, die Staatsideologie zu interpretieren, massiv einschränkte. Das, was der künstlerischen Gemeinschaft und intellektuellen Kreisen in den 1990er-Jahren widerfuhr – sprich die Abwendung vom Westen als der eigentlichen Vision der Modernität und das Vertrauen darauf, dass der Markt die Rolle des modernisierenden und fortschrittlichen Akteurs spielen würde, während die Künstler ihre eigene kritische Perspektive auf politische Fragen aufgaben –, könnte als Fortsetzung von Maos bis in die 1950er-Jahre zurückreichendem ›Masterplan‹ betrachtet werden.

Die ›De-Internationalisierung‹ entwickelte sich zu einem neuen historischen Zustand, der die Mentalität und Emotion chinesischer Kunstschaffender, vor allem in den nach 1980 geborenen Generationen, bis heute prägt. Wie ihre Altersgenossen in anderen Teilen der Gesellschaft schlossen viele jüngere Künstler und Kritiker, durch die Verbreitung von durch multinationale Unternehmen angebotenem Englischunterricht, schon in jungen Jahren Bekanntschaft mit der westlichen Kultur – ein Geschenk der Globalisierung. Sie haben solche Abendkurse seit den 1990er-Jahren besucht.

The globalization of the contemporary art system in China is accompanied by the disappearing of the international, as an aspiration and as a horizon, for Chinese artists. It was not before long that the practice of the Western art system was once a subject of focus and emulation throughout the 1980s and a large part of the 1990s. It started with a considerable amount of Western philosophical writings and thoughts, and artworks of modernism being introduced into China avidly during the 1980s. Underlying this one-way exchange was the dichotomy of China and West, tradition and modernism. The post-Mao Chinese intellectual scene of the 1980s was dominated by a progressive narrative of tradition and modernity in which the West was the modern standard and China was forced to catch up. Many artists who emerged in the 1980s frequently talk about their experience of learning, especially from Western philosophical and artistic resources, at that time. Shi Chong, an artist and professor at the Qinghua Academy of Art in Beijing, said, "In the 1980s we were still in a learning process, both Western classical and modern art. We were in the middle of the two processes interweaving with each other. Actually, artistic practice since the 1990s, whether originating from Western classical art forms or referencing Western modernist art forms, is all about exploring the biggest possibility."[1]

Economic Rise and Deinternationalization

Yet the process of deinternationalization set in motion in the 1990s was marked by China's rapid rise in the global economy's hierarchy. This shift surfaced more perceptibly alongside the worldwide economic downturn around 2008, emerging as the government gradually removed the intellectual and artistic communities from the epicenter of China's political discussion and movements. Actually, the marginalization of intellectuals and artists had already been masterminded and mobilized during the Cultural Revolution (1966–1976) as Mao tightened his control over the right to interpret state ideology. What happened to the artistic community and intellectual circle in the 1990s, turning away from the West as the ultimate vision for modernity and trusting the market to play the role of a modernizing and progressive agent while relinquishing their own critical perspective on political issues, could be seen as a continuation of Mao's master plan since the 1950s.

Deinternationalization evolved into a new historical condition that continues to shape the mentality and emotion of Chinese art practitioners to the present day, especially among the generations born after 1980. Like their peers in society, many younger artists and critics have been exposed to Western culture at a young age through the proliferation of English-language training programs offered by multinational companies: a gift of globalization. They have been attending such after-school programs since the 1990s. The consumer society they have grown up in is full of Western marketing schemes, concepts, and products. After high school, many were sent to North America and Europe for higher education. Having lived in both worlds and contexts, it's a matter of choice that they would become less interested in the international realm and tend to claim the equality of China and the West with greater certainty than their predecessors.

Die Konsumgesellschaft, in der sie aufgewachsen sind, ist voll von westlichen Vermarktungsplänen, -konzepten und Produkten. Nach dem Schulabschluss wurden viele von ihnen für ein Hochschulstudium nach Nordamerika und Europa geschickt. Da sie in beiden Welten und Kontexten gelebt haben, verwundert es nicht, dass sie weniger stark an Internationalität interessiert sind und dazu neigen, die Gleichwertigkeit Chinas und des Westens mit größerer Selbstgewissheit vorauszusetzen als ihre Vorgänger. In sozialer und politischer Hinsicht herrscht in China eine beispiellose Zuversicht und Selbstgewissheit. Im Gegensatz hierzu gerät der Westen allmählich in Vergessenheit und steht nicht mehr für Ideen wie Fortschritt, Modernität oder eine verheißungsvolle Zukunft. Genauer gesagt ist dieser Prozess der ›De-Internationalisierung‹ einer der ›Ent-Westlichung‹. Es ist kein Zufall, dass die staatliche Medienmaschine immer wieder Berichte produziert, die die politischen Spannungen zwischen China und entwickelten Staaten wie den USA hervorheben. Während China das zweite wirtschaftliche Machtzentrum der Welt wird, werden der Westen und seine demokratischen Werte allgemein als im Niedergang begriffenes Modell dargestellt und akzeptiert.

Entwicklungen seit der Weltwirtschaftskrise 2008

Mit der Konjunkturflaute des Jahres 2008 ließ die Nachfrage nach Kunst, vor allem im Ausland, deutlich nach. Allerdings war das viel besprochene ›Platzen der Kunstmarktblase‹ schon bald eine Sache der Vergangenheit. Innerhalb weniger Jahre nahm das heimische Marktgeschehen wieder an Fahrt auf und machte nicht nur das nachlassende Interesse internationaler Käufer wett, sondern wurde auch eine kritische Größe hinsichtlich des Konsums zeitgenössischer Kunst und ihrer Unterstützung. Heute setzt sich eine relativ konstante Zahl heimischer Privatsammler mit Rückendeckung der Regierung für die zeitgenössische Kunst ein. Einige Sammler haben eigene Museen eröffnet und in manchen Fällen erhebliche Mietnachlässe und Investitionen der lokalen Regierungen erhalten. So überließ etwa die Stadt Shanghai einige der Schauplätze der Expo 2010 Personen, die es sich leisten können, daraus Museen oder Ausstellungsräume für Kunst zu machen und die Gebäude zu erhalten. Außerdem unterstützt die Regierung die Kultur der Kunstmessen, sodass in Shanghai in einem Jahr drei Messen veranstaltet wurden. Andererseits ist Shanghai wahrscheinlich eine der strengsten Städte, was inhaltliche Zensur und ideologische Kontrolle betrifft, denn die dort stattfindende Biennale wird vor der Eröffnung von Regierungsbeamten gründlich inspiziert, und dasselbe gilt für die Werke, die auf den besagten Kunstmessen zum Verkauf angeboten werden.

Dieses allmähliche Abstreifen des westlichen Einflusses ist allerdings nur schwer zu erkennen, da wir zugleich Zeugen einer größeren Teilnahme chinesischer Künstler am globalen Kunstgeschehen werden. So wurden 2013 auf der Biennale von Venedig ein Dutzend Ausstellungen mit Künstlern und Kuratoren aus China von chinesischen Institutionen, Sponsoren und Künstlern organisiert. Immer mehr chinesische Galerien nehmen an den wichtigen Kunstmessen in London, New York, Basel, Madrid, Singapur, Taipeh und Hongkong teil. Die Bewerbung für alle diese Messen und ihr Besuch sind zu einem festen Bestandteil des Tagesgeschäfts von Galerien geworden. Seit 2005, als China beschloss, sich mit einem Länderpavillon an der Biennale von

There is a sense of unprecedented optimism and conviction in what is happening in China socially and politically. In turn, the West fades into memory and no longer relates the idea of progress, modernity, or a promising future. This process of deinternationalization is more precisely one of de-Westernization. It is no coincidence that the state media machine keeps generating reports that heighten political tensions between China and such developed countries as the US. With China becoming the second economic powerhouse of the world, the West and its democratic values are generally portrayed and accepted as a declining model.

Developments since the World Economic Crisis, 2008

The 2008 economic slowdown brought a noticeable reduction of market demand for art, especially overseas. However, the much-talked-about burst of the art market bubble quickly became a thing of the past. In a few years the domestic market picked up, not only to take up the slack of international buyers, but also to become a critical force of consumption for and support of contemporary art. Today a relatively steady pool of private domestic collectors, with a fair amount of government backing, provides support for contemporary art. Collectors have opened their own museums, in some cases receiving substantial rent reduction and investment from local governments. For example, the City of Shanghai has offered a number of venues from the 2010 World Expo to individuals who can afford turn them into museum and art venues and maintain the buildings. The government is also committed to supporting the booming art fair culture in the city, with three fairs operating within one year. In the meantime, this city is probably one of the strictest in terms of content censorship and ideological control. The Shanghai Biennale is subject to thorough inspection by government officials prior to its opening; so are works presented in these art fairs.

This gradual course of casting off Western influence is hard to detect when we are simultaneously witnessing greater participation of Chinese artists in the global realm. At the 2013 Venice Biennale, a dozen exhibitions featuring artists and curators from China were organized by Chinese institutions, funders, and artists. More and more galleries from China have taken part in art fairs in such prime locations as London, New York, Basel, Madrid, Singapore, Taipei, and Hong Kong. It has become an integral part of a gallery's daily operation to make applications and travel to all these fairs. Since 2005, when China decided to make a national representation at the Venice Biennale but did not fully realize the project due to the SARS outbreak, there has been a conscious effort to promote Chinese contemporary art on the international circuit. There have been government-supported survey exhibitions of contemporary Chinese art mounted at museums or temporary venues outside China, but none could compare to the event *China8* in Germany in the summer of 2015. Eight exhibitions were opened simultaneously in 9 museums in 8 German cities, featuring 500 works of 120 contemporary artists from China. Codirected by Walter Smerling, director of the Museum Küppersmühle, and Fan Di'an, director of the Central Academy of Fine Arts in Beijing, this event was the biggest state-level exhibition of

Venedig zu beteiligen, das Projekt jedoch wegen des Ausbruchs von SARS (schweres akutes respiratorisches Syndrom) nicht vollständig realisieren konnte, wurden bewusste Anstrengungen unternommen, chinesische Kunst im internationalen Maßstab zu fördern. Zwar gab es mehrere von der Regierung unterstützte Überblicksausstellungen zeitgenössischer Kunst, die in Museen oder zeitlich begrenzt in anderen Veranstaltungsorten außerhalb Chinas ausgerichtet wurden, doch keine von ihnen reichte an das Event *China 8* heran, das im Sommer 2015 in Deutschland stattfand. Acht Ausstellungen wurden zeitgleich in neun Museen in acht deutschen Städten gezeigt und umfassten 500 Werke von 120 zeitgenössischen chinesischen Künstlern. Dieses Event, das unter der gemeinsamen Regie von Walter Smerling, Direktor des Museums Küppersmühle in Duisburg, und von Fan Di'an, dem Direktor der Central Academy of Fine Arts in Beijing, stand, war die größte staatlich organisierte Ausstellung chinesischer Kunst in Deutschland. Die Teilnehmer waren sowohl nicht-offizielle als auch offizielle Künstler, darunter etwa Xu Jiang, der Direktor der China Academy of Art in Hangzhou. Eine der entscheidenden Botschaften, die dieses Event vermitteln sollte, war die, die chinesische Regierung sei aufgeschlossen genug, um zeitgenössische Kunst zu billigen und auszustellen. Gegenüber der chinesischen Kunstgemeinschaft hat die Regierung bewiesen, dass sie ein vielversprechender Förderer und Repräsentant ist, der die benötigten Plattformen und Gelegenheiten zur Verfügung stellen kann. Was jedoch nicht thematisiert wird, ist die Frage, inwiefern diese Beziehung die Ausrichtung der künstlerischen Praxis beeinflussen wird, etwa durch die Auswahl der Kunst, für deren Präsentation die Regierung sich entscheidet.

Aufgreifen westlicher Ansätze

Die ›De-Internationalisierung‹ der zeitgenössischen Kunstwelt in China wird aber auch etwas durch die Veränderung des Kunstsystems selbst verschleiert, das ständig Begriffe und Bezüge seines westlichen Pendants aufgreift und ihnen zugleich eine chinesische Deutung gibt. Im Jahr 2001 wurde an der China Academy of Art eine neue Abteilung für Medienkunst eingerichtet und viele andere Akademien folgten. Künstler und Lehrer, die auf diese Veränderung gedrängt hatten, betrachteten dies als eine Chance und einen Vorwand, um sich von der konservativen und stagnierenden Atmosphäre der existierenden Strukturen zu lösen und fortschrittlichere Lehrpläne zu entwickeln. Der geistige Ursprung dieses Schritts wurde mit der Radikalität des Auftauchens der Neuen Medien im Europa der späten 1980er-Jahre verknüpft, doch erforderlich wurde er nicht zuletzt aufgrund des massiven gesellschaftlichen Interesses an neuen Technologien im China jener Zeit.

2005 wurde experimentelle Kunst erstmals als Studienfach an der Central Academy of Fine Arts (CAFA) in Beijing angeboten und zwei Jahre später ein eigener Fachbereich dafür eingerichtet. 2014 wurde dieser dann sogar in den Rang einer Schule für experimentelle Kunst innerhalb der Akademie erhoben. Gleichzeitig begannen fünfzehn Kunstakademien im ganzen Land, Kurse in experimenteller Kunst in ihr Curriculum aufzunehmen. So heißt es auf der Website der CAFA School of Experimental Art: »Experimentelle Kunst war eine wirkungsvolle intellektuelle Herangehensweise und Methodik, die seinerzeit mit der

Chinese art in Germany. The participants were both non-official and official artists, including the likes of Xu Jiang, the director of the China Academy of Art in Hangzhou. One of the key messages this event communicated is that the Chinese government is open-minded enough to endorse and present contemporary art. To the Chinese art community, the government has proven itself to be a promising promoter and agent that can offer needed platforms and opportunities. What is not discussed is how much this relationship will shape the direction of artistic practice, for example, by what art the government chooses to present.

Addressing Western Approaches

The deinternationalization of the contemporary art world in China is somewhat concealed by the transformation of the art system itself, which continuously adopts terms and references from its Western counterpart while giving them a Chinese interpretation. In 2001 a new media art department was established in the China Academy of Art, with many other art academies following suit. Artists and teachers who pushed for this change considered it an opportunity and a disguise to break away from the existing structure's conservative and stagnant atmosphere and to generate more progressive teaching programs. This move linked its spiritual origin to the radicality associated with new media's emergence in Europe in the late 1980s, yet it was solicited by societal obsession with new technology in China at that time.

In 2005 experimental art was first offered as a major at the Central Academy of Fine Arts (CAFA) in Beijing and was established as a department two years later. In 2014 it was elevated to the status of a school of experimental art within the academy. At the same time, about fifteen art academies around the country began to offer courses in experimental art. As the webpage of the CAFA School of Experimental Art explains:

"Experimental art was an effective intellectual approach and methodology that once broke through tradition and boosted the creation of new art in the West. It is a universalized experience that promotes diversity of international art and renovation in art. It is deeply imbedded in the teaching structure of most high-level fine art academies in Europe and America. The integration of experimental art in the curriculum of Chinese art academies over the last decade is an inevitable step in cultural development since the implementation of the reform and open door policy of the last three decades. It is exemplary of the academies taking a leap from the singular realist model toward embracing a more diverse landscape of practice and training, and will help prepare Chinese art education for a more advanced international level. The three missions of the experimental art school in the Central Academy of Fine Arts are firstly to sort through international experiences in the theory and practice of modern and contemporary art, secondly to establish an academic structure for experimental art in contemporary academic art education, and thirdly to explore a feasible route of launching an international modern art trend that is rooted in Chinese characteristics. To fulfill such a vision, the teaching of the experimental art college directs their students to focus on three aspects: traditional language

Tradition brach und die Erzeugung neuer Kunst im Westen voranbrachte. Sie ist eine universelle Erfahrung, die der Vielfalt der internationalen Kunst und Erneuerung in der Kunst förderlich ist. Sie ist ein integraler Bestandteil der Lehre der meisten bedeutenden Kunstakademien in Europa und Amerika. Die Einbeziehung experimenteller Kunst in die Lehrpläne chinesischer Kunstakademien während des letzten Jahrzehnts ist ein unvermeidlicher Schritt innerhalb der kulturellen Entwicklung seit der Umsetzung der Reformen und der Politik der offenen Tür der letzten drei Jahrzehnte. Sie steht exemplarisch dafür, dass sich die Akademien von dem alleinigen realistischen Vorbild verabschieden und eine vielfältigere Landschaft künstlerischer Praxis und Ausbildung begrüßen und dazu beitragen werden, die chinesische Kunstausbildung auf ein fortschrittlicheres internationales Niveau zu heben. Die drei Hauptaufgaben der School of Experimental Art der Central Academy of Fine Arts sind erstens die Klassifizierung internationaler Erfahrungen in Theorie und Praxis moderner und zeitgenössischer Kunst, zweitens die Bereitstellung einer akademischen Struktur für experimentelle Kunst innerhalb der zeitgenössischen akademischen Kunstausbildung und drittens das Erkunden einer gangbaren Möglichkeit, eine internationale moderne Kunstrichtung auf den Weg zu bringen, die in typischen chinesischen Merkmalen wurzelt. Um dieser Vision gerecht zu werden, soll die Lehre der School of Experimental Art die Studierenden dazu bringen, sich auf drei Aspekte zu konzentrieren: die Umwandlung der traditionellen Sprache, Forschungen zur experimentellen Kunst sowie Ausdruck mittels einer materiellen Sprache.«

Als Beleg für ihre akademischen Errungenschaften führt die Fakultät für experimentelle Kunst der CAFA Forschungspublikationen auf, die von Hochschulabsolventen und Professoren realisiert wurden und sich mit Volkskunsttraditionen befassen, darunter chinesische Schrift, traditionelle bäuerliche Werkzeuge oder Fertigkeiten wie Papierschneiden und Schattenspiele. Bei der Wahl der Themen, die meist mit Traditionen der Volkskunst zu tun haben, werden Fragen von sozialer, politischer und intellektueller Relevanz konsequent ausgeklammert. Dieses Bedürfnis, sich auf Traditionen der chinesischen Volkskunst zu berufen, insbesondere in Programmen, die starre akademische Lehrmethoden aktualisieren sollen, welche auf sowjetischen Modellen aus den 1950er-Jahren beruhen, bekundet der Inhalt der Zeitschrift *Fine Arts*, die von 1954 bis zum Beginn der Kulturrevolution 1966 erschien. Die wichtigsten akademischen Organe setzen heute auf Volkskunst und zeigen sich damit immer noch vom Geist einer Rede Maos durchweht, in der er 1942 in Yan'an die Volkskunst als legitim und für eine breite Öffentlichkeit geeignet bezeichnet hatte, im Gegensatz zu künstlerischen und intellektuellen Praktiken, die auf einen kleinen bürgerlichen Kreis beschränkt seien. Doch wiewohl die Volkskunsttraditionen auch bei der zeitgenössischen Kunst heute im Zentrum der akademischen Ausbildung stehen, wohnt den in der Volkskunst aufscheinenden Inhalten keine klare politische Position mehr inne. Zu Zeiten Maos hingegen waren Formen der Volkskunst wichtige Vehikel mit großer Breitenwirkung, um politische Botschaften zu vermitteln und Unterstützung für die Kommunistische Partei einzufordern, also ein politisches Instrument.

conversion, research on experimental art, and material language expression."

As proof of its academic achievements, CAFA's experimental art college listed publications of research carried out by graduates and professors on folk art traditions, among them Chinese language writing, traditional farm tools, crafts such as paper cutting, and shadow plays. The choice of subjects mostly related to folk art traditions consistently sidesteps issues of social, political, and intellectual relevance. This need to evoke Chinese folk art traditions, especially in programs intended to update rigid academic teaching methods rooted in Soviet models from the 1950s, evinces the editorial content of *Fine Arts* magazine, which was published from 1954 to the onset of the Cultural Revolution in 1966. Haunted by Mao Zedong's 1942 Yan'an speech, the academic staple today continues to lean toward folk art forms endorsed by Mao as legitimate and able to reach a wide public, as opposed to artistic and intellectual practices limited to a small bourgeois circle. In keeping folk art traditions as the focus of academic training in contemporary art today, there is however no longer any distinctive political position embedded in the content appearing in the folk artworks. In Mao's era, however, folk art forms were important channels with a broad appeal to communicate political messages and to lobby support for the Communist Party, a political instrument.

Contradictory Attitude toward the West

China's process of globalization continuously unfolds mostly on its own terms, while consistently referring to Western vocabulary to evoke empathy and familiarity. Through the agency of terms and references from Western discourses, China gives out an image of integrating itself into the international world and situating its own development in the Western art historical narrative, while insisting on developing and proving the legitimacy of its own model. The process is filled with contradictory emotions and ambitions. The West is at times a system to emulate, and at others, a bully wielding the power of the art world through its inclusion or exclusion of Chinese artists in their programs, collections, and art historical narratives. The fluctuation of the Chinese art community's feelings about the West has to do with an anxiety of self-definition and self-perception. The unspoken wish is actually to fully develop a self-defined Chinese model, comparable in relevance and in effect to the Western ones.

Since 1989, when the *Magiciens de la Terre* exhibition was held in the Centre Pompidou in Paris, Chinese contemporary art appeared more and more frequently in exhibitions organized by Western art institutions as a distinct canon, riding the emerging wave of globalization in the art world. In the 1990s Chinese artists, curators, critics, and dealers actively participated in promoting Chinese contemporary art abroad, while constructing a domestic system based on their knowledge and understanding of the Western art system. They often attributed problems at home to the lack of a well-developed art system consisting of commercial operations and academic practice. In this frequent exchange with the international art world, they lamented the fact that Chinese art was just like an entrée of spring rolls in a buffet of interna-

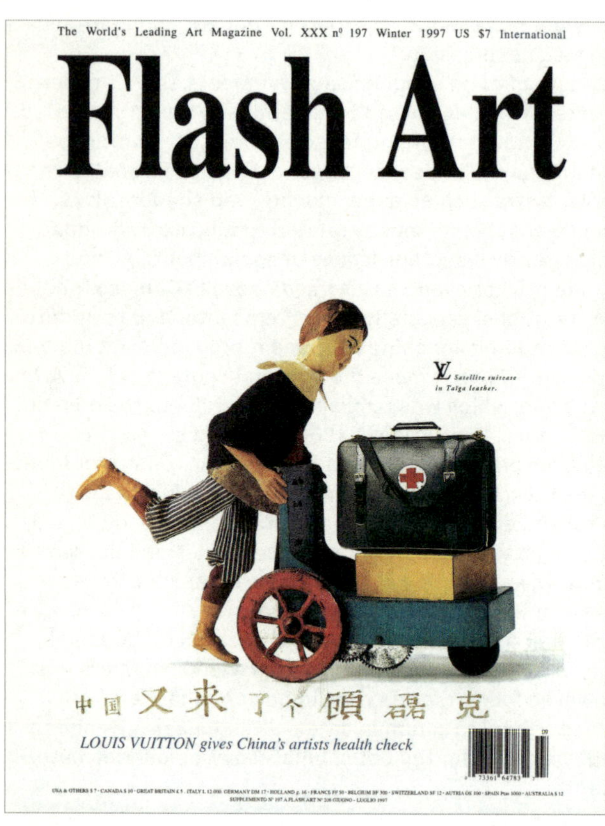
The World's Leading Art Magazine Vol. XXX n° 197 Winter 1997 US $7 International
Flash Art
Satellite suitcase in Taiga leather.
LOUIS VUITTON gives China's artists health check

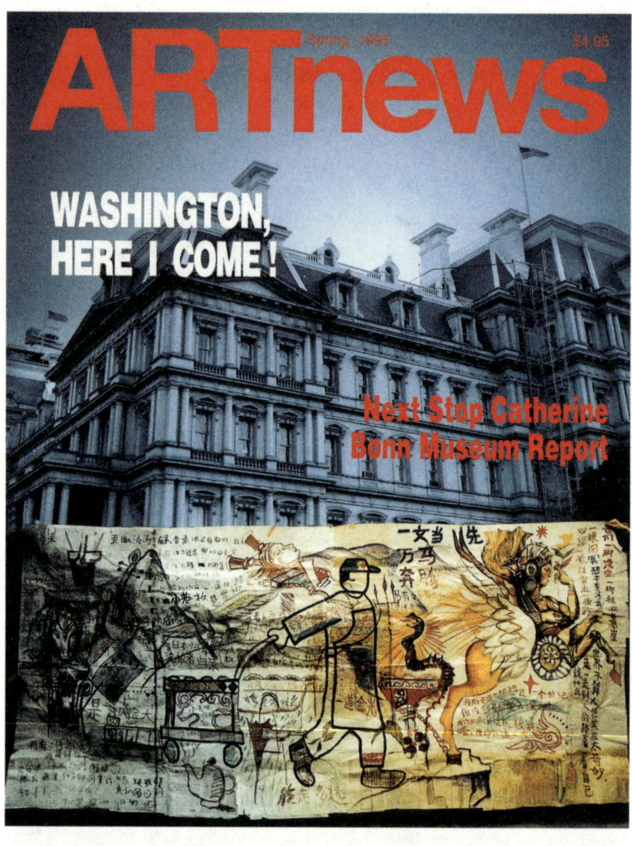
ARTnews
Spring 1995
$4.95
WASHINGTON, HERE I COME!
Next Stop Catherine
Bonn Museum Report

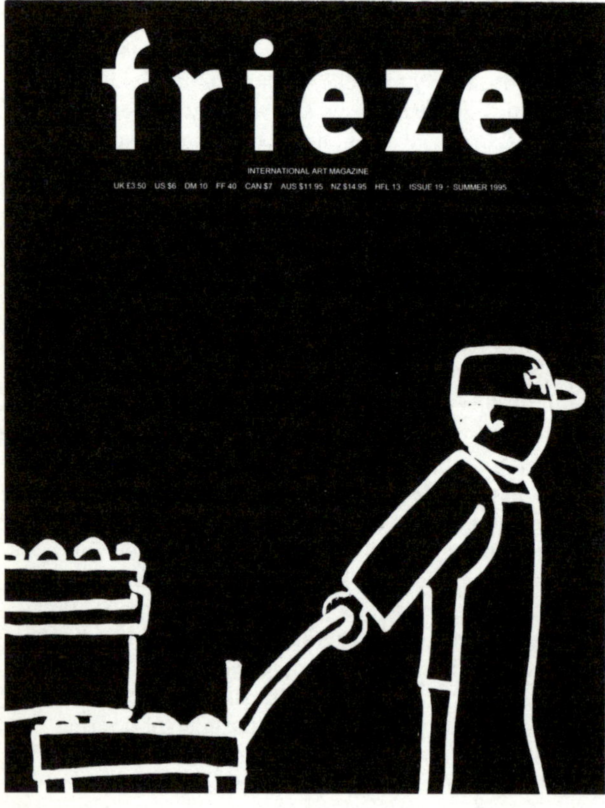
frieze
INTERNATIONAL ART MAGAZINE
UK £3.50 US $6 DM 10 FF 40 CAN $7 AUS $11.95 NZ $14.95 HFL 13 ISSUE 19 · SUMMER 1995

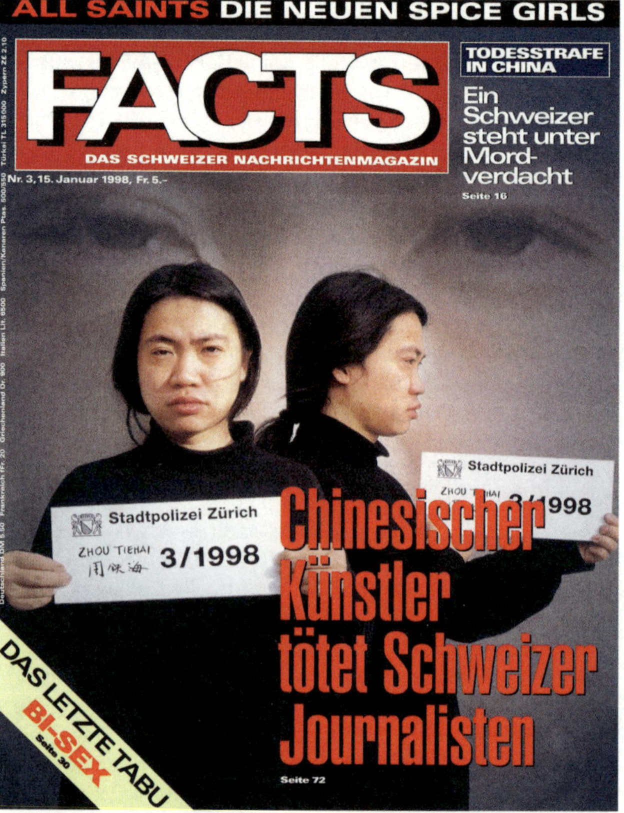
ALL SAINTS DIE NEUEN SPICE GIRLS
FACTS
DAS SCHWEIZER NACHRICHTENMAGAZIN
Nr. 3, 15. Januar 1998, Fr. 5.-
TODESSTRAFE IN CHINA
Ein Schweizer steht unter Mord-verdacht
Seite 16
Stadtpolizei Zürich
ZHOU TIEHAI
3/1998
Chinesischer Künstler tötet Schweizer Journalisten
Seite 72
DAS LETZTE TABU
BI-SEX
Seite 30

↙ Zhou Tiehai
Flash Art, 1997, Druck / Print, 27 × 20,5 cm
ARTnews, 1995, Druck / Print, 27,6 × 21 cm
Frieze, 1995, Druck / Print, 30 × 23 cm
Facts, 1998, Druck / Print, 27,7 × 21 cm
Art in America, 1997, Druck / Print, 27 × 23 cm
The New York Times Magazine, 1997, Druck / Print, 29 × 24,5 cm
Newsweek, 1995, Druck / Print, 27,6 × 21 cm

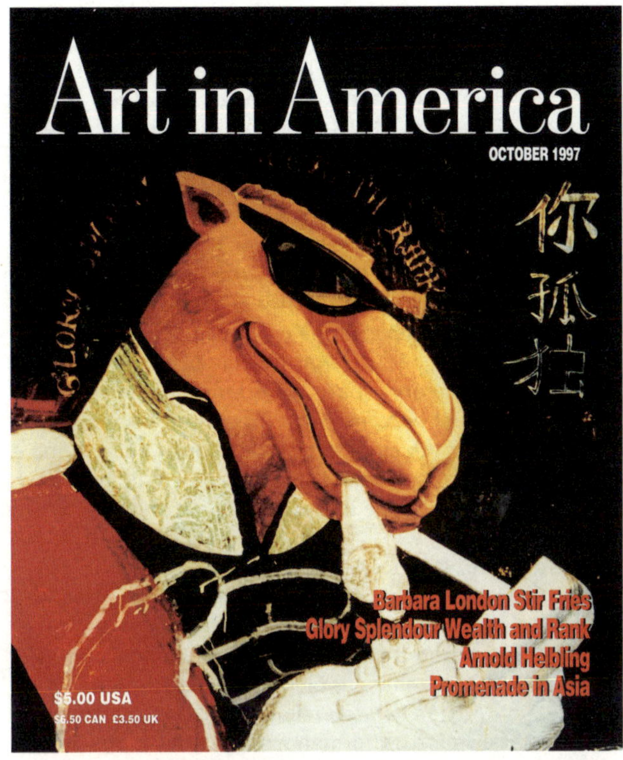

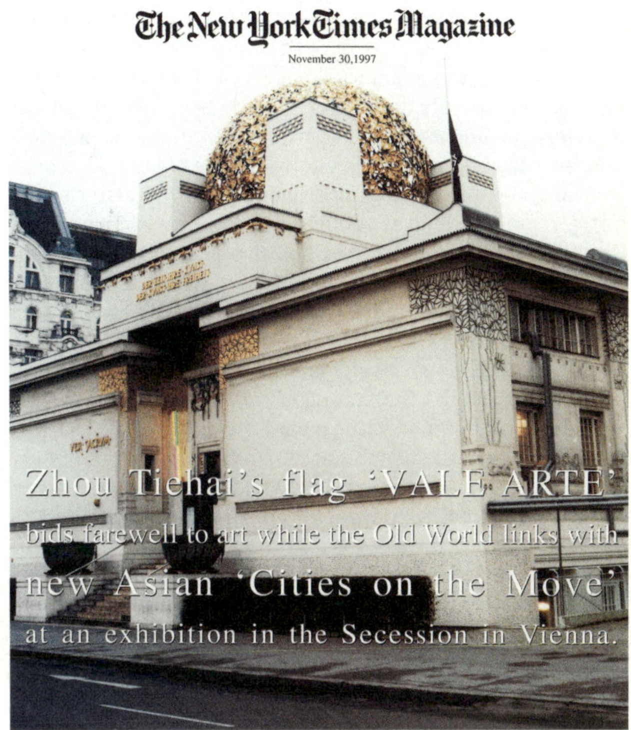

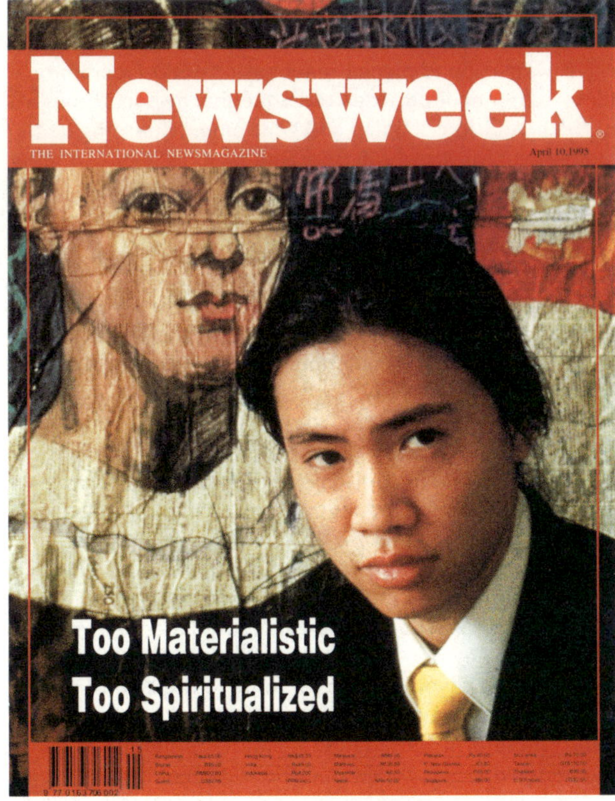

Widersprüchliche Haltung gegenüber dem Westen

Chinas Globalisierungsprozess entfaltet sich kontinuierlich nach seinen eigenen Spielregeln, bezieht sich dabei aber konsequent auf westliches Vokabular, um Empathie und Vertrautheit heraufzubeschwören. Mithilfe von Begriffen und Bezügen aus westlichen Diskursen vermittelt China das Bild, es integriere sich in die internationale Welt und füge seine eigene Entwicklung in das westliche kunsthistorische Narrativ ein, während es zugleich auf der Entwicklung und Bestätigung der Legitimität seines eigenen Modells beharrt. Dieser Prozess steckt voller widersprüchlicher Emotionen und Ambitionen. Manchmal ist der Westen ein System, dem es nachzueifern gilt, dann wieder ein Tyrann, der die Muskeln der Kunstwelt spielen lässt, indem er chinesische Künstler in seine Programme, Sammlungen und kunsthistorischen Narrative aufnimmt oder aus diesen ausschließt. Diese Gefühlsschwankungen der chinesischen Kunstwelt gegenüber dem Westen haben etwas mit der Angst davor zu tun, sich selbst zu definieren und wahrzunehmen. Tatsächlich lautet der unausgesprochene Wunsch, ein selbst definiertes chinesisches Modell zu entwickeln, das in puncto Relevanz und Wirkung mit den westlichen konkurrieren kann.

Seit 1989, als die Ausstellung *Magiciens de la terre* im Pariser Centre Pompidou zu sehen war, tauchte chinesische Kunst immer häufiger in Ausstellungen auf, die von westlichen Kunstinstitutionen organisiert wurden, um einen Kanon der chinesischen Gegenwartskunst zu etablieren, womit sie auf der in der Kunstwelt damals gerade aufkommenden Globalisierungswelle ritten. In den 1990er-Jahren nahmen chinesische Künstler, Kuratoren, Kritiker und Händler aktiv an der Propagierung chinesischer Kunst im Ausland teil, schufen aber zugleich ein System in China, das auf ihrem Wissen und Verständnis des westlichen Kunstsystems beruhte. Probleme bei sich zu Hause erklärten sie häufig mit dem Fehlen eines gut entwickelten, aus einem kommerziellen Kunstmarkt und einer akademischen Kritik bestehenden Kunstsystems. Bei diesen zahlreichen Dialogen mit der internationalen Kunstwelt beklagten sie die Tatsache, auf dem Buffet internationaler zeitgenössischer Kunst sei chinesische Kunst nur wie eine aus Frühlingsrollen bestehende Vorspeise – etwas, das es zwar auch gibt, das aber nie eine zentrale Rolle spielt. Alle waren begierig nach größerer Aufmerksamkeit. Im Zeitraum von 1995 bis 1998 schuf der in Shanghai ansässige Künstler Zhou Tiehai eine Serie von sieben fiktiven Titelseiten internationaler Kunstzeitschriften wie *Newsweek*, *Flash Art*, *FACTS* und *Art in America*, wobei er jeweils ein Bild von sich selbst oder Bilder seiner Kunstwerke benutzte (Abb. S. 334–335). Er erkannte die Notwendigkeit, als Künstler auf einer bestimmten Liste internationaler Künstler zu stehen, um in Museen und Galerien willkommen geheißen und in der Kunstkritik und den Medien ins Rampenlicht gerückt zu werden. Der Auslöser für dieses Gefühl der Dringlichkeit war ein Vorfall, dessen Zeuge er im Atelier eines anderen Künstlers geworden war: Während seines Besuches war er einem französischen Fotografen begegnet, der an einem Sonderheft über zeitgenössische chinesische Künstler arbeitete, Zhou jedoch nicht kannte. Da wurde diesem klar, dass ein Künstler Teil des internationalen Kunstmarkts werden und Eingang in den vollständigen Kreislauf von Ausstellungen, Museumssammlungen und Medien finden muss, um in der Kunstwelt irgendeine Form von Anerkennung zu erhalten.

tional contemporary art, present as a sidekick but never central. They were eager for more attention. From 1995 to 1998 Shanghai artist Zhou Tiehai created a series of seven fake covers of international magazines such as *Newsweek*, *Flash Art*, *FACTS*, and *Art in America*, placing his own image or images of his artworks on the cover (pp. 334–345). He foresaw the necessity for an artist to be on a certain list of international artists in order to be welcomed into museums and galleries and spotlighted in art criticism and the media. What had prompted such a sense of urgency was an incident he witnessed in another artist's studio. During this visit, he found himself unknown to a French photographer who was doing a special feature on Chinese contemporary artists. It became evident to him that an artist must become part of the international art market and enter the complete circulation of exhibitions, museum collections, and media before he could have any form of recognition in the art world.

The Influence of Politics on Art after 1989

This anxiety of self-positioning in a globalized context was aggravated by the marginalized treatment of contemporary art practice and the tightening of ideological control after the 1989 Tiananmen demonstrations. There was a great deal of tension between the authorities and contemporary artists whose performances and exhibitions were often censored and forced to end prematurely. These twofold anxieties underlined artistic practice and thinking of this period. In 1996 Zhou Tiehai created a work titled *Airport*. It was a sound piece broadcasting announcements of international departures the Shanghai airport throughout the exhibition. "Ladies and gentlemen, boarding has commenced for flight 949 from Shanghai to Tokyo." Among the flights being broadcast, the one bound for Kassel was announced as being delayed as documenta was to take place the next year. This work vividly described the desire of Chinese artists to participate internationally. The surge of new biennials during this period opened new platforms for Chinese artists that could go well beyond existing structures of national museums and art institutions in the Western arena.

The 1990s witnessed the gradual transition of the domestic art world from a mixed community of idealistic intellects, radical conceptualists, pragmatic revolutionaries, and naïve entrepreneurs to one of market believers, operators, and disciples. As the government launched market and economic growth as the new state ideology, its preaching was mistakenly taken to heart by intellectuals and artists, who initially considered it a means to arrive at a more open society. Many believed that the marketization of art would prove its value to the government, which would then provide it with a legitimate status in China. The reform-period liberalism that emerged at the time imagined this process as a liberation of society from the state, with the freedom of the market determining the measure of that liberation.

Many intellectuals, technocrats, and artists shared the government's commitment to establishing an economic society. The government found it a welcome diversion from the political tension of 1989 and eventually implicated a great number of intellectuals and educated elites into economic activities supported by a degree of polit-

Einfluss der Politik auf die Kunst nach 1989

Die Angst vor der eigenen Positionierung in einem globalisierten Kontext vergrößerte sich durch die stiefmütterliche Behandlung der zeitgenössischen Kunst und die verschärfte ideologische Kontrolle nach den Protesten auf dem Platz des Himmlischen Friedens 1989. Es gab zahlreiche Spannungen zwischen den Behörden und zeitgenössischen Künstlern, deren Performances und Ausstellungen häufig zensiert wurden oder vorzeitig abgebrochen werden mussten. Diese doppelte Angst war Grundlage für die Arbeit und das Denken der Künstler jener Zeit. 1996 schuf Zhou Tiehai ein Werk mit dem Titel *Airport*. Es handelt sich um eine Klangarbeit, bei der Aufrufe zum Boarding internationaler Flüge auf dem Flughafen von Shanghai ertönen: »Meine Damen und Herren, Flug 949 von Shanghai nach Tokio steht nun zum Einsteigen bereit.« Unter den angekündigten Flügen hieß es bei demjenigen mit Reiseziel Kassel, der Flug verspäte sich, da die Documenta erst im nächsten Jahr stattfinde. Dieses Werk brachte auf lebhafte Weise den Wunsch chinesischer Künstler zum Ausdruck, international mit von der Partie zu sein. Eine Fülle in dieser Zeit erst gegründeter Biennalen bot neue Plattformen für chinesische Künstler, die weit über vorhandene Strukturen nationaler Museen und Kunstinstitution auf dem westlichen Schauplatz hinausgehen konnten.

Die 1990er-Jahre erlebten den allmählichen Übergang der chinesischen Kunstwelt von einer gemischten Gemeinschaft idealistischer Intellektueller, radikaler Konzeptualisten, pragmatischer Revolutionäre und naiver Unternehmer zu einer der Marktgläubigen, Vermittler und Jünger. Während die Regierung den Markt und das Wirtschaftswachstum zur neuen Staatsideologie erhob, nahmen Intellektuelle und Künstler diese Predigten allzu wörtlich und missverstanden sie zunächst als Mittel, zu einer offeneren Gesellschaft zu gelangen. Viele meinten, durch ihre ›Vermarktlichung‹ würde die Kunst ihren Wert für die Regierung erweisen und diese ihr dann in China einen legitimen Status verleihen. Der damals zutage tretende Liberalismus der Reformzeit stellte sich diesen Prozess als eine Befreiung der Gesellschaft vom Staat vor, wobei die Freiheit des Marktes das Ausmaß dieser Befreiung bestimmen würde.

Viele Intellektuelle, Technokraten und Künstler teilten den Ehrgeiz der Regierung, eine ökonomische Gesellschaft zu etablieren. Die Regierung empfand es als eine willkommene Abwechslung von der politischen Spannung des Jahres 1989 und band letztlich eine große Zahl von Intellektuellen und gebildeten Eliten in Wirtschaftsaktivitäten ein, die von einem gewissen Maß an politischer Teilhabe und Privilegien gestützt wurden. Dadurch wurden sie Teil der bestehenden Ordnung. Desillusioniert von der demokratischen Revolte auf dem Platz des Himmlischen Friedens hatten viele bereits den leidenschaftlichen Idealismus und die metaphorische Diskussion der 1980er-Jahren ad acta gelegt. Stattdessen neigten sie dazu, die Vision eines rationalen, analytischen und ordentlichen Systems von künstlerischen Ansätzen und damit einer offeneren Gesellschaft mit der Bildung einer wirtschaftlichen Grundlage zu verbinden. Sowohl im öffentlichen als auch im privaten Bereich herrscht in China die Bürokratie und folgt dabei einer gemeinsamen Logik von politischer Befriedung, Wirtschaftswachstum und den eng gefassten Interessen einer besitzenden Klasse. Während der 1990er-Jahre gab es unter Liberalen die Hoffnung, dass Chinas neue Unternehmer eine demokratische Speerspitze

ical access and privileges. Thus they became part of the existing order. Disillusioned by the Tiananmen democratic uprising, many had already discarded the passionate idealism and metaphorical discussion of the 1980s. In its place, they tended to link the vision of a rational, analytical, and orderly system of approaches and thus a more open society to establishing an economic base. In both public and private arenas in China, bureaucracy rules, according to a shared logic of political pacification, economic growth and the narrow interests of a propertied class. During the 1990s, there was a liberal hope that China's new entrepreneurs would create a democratic vanguard. But they forgot that the new business elite was fully dependent on the one-party state and above all its exploitation of labor.

At this time, state-run art magazines gave considerable space to new regulations for art fairs, reports of art fairs, and pages of auction prices, as well as meetings that the association of art critics held to determine a market price for art critical writing. Former translators of Western art history books and emerging art critics set out to organize a biennial, which was supposed to emulate the Venice Biennale, especially its origins as a trading platform. They also attempted to launch an art magazine entitled *Art Market*, with a core mission to promote the discourse of the market in the art world. Some of these ideas seemed a far-fetched misreading of the Western art system, but they were put into practice nonetheless and had a profound impact. There was a sense of excitement about the word and concept *business*, which evoked a kind of formality, something regulated, orderly, and efficient that can be taken seriously and could yield a livelihood, rather than a cultural and idealistic pursuit. Business activities became exceptionally present in the art world.

The Central Importance of Market Success

The general perception and historical narrative of this period is thus dominated by accounts of market success and international recognition of a limited number of art movements coined and heavily promoted by art critics and traders of this time. With this rise of participation, another kind of unease would soon cast its shadow over the Chinese art community. Artist Zhang Peili once articulated such a heart-felt concern in a conference organized in Holland:

"I envy those Chinese painters prior to the Ming dynasty. They were more or less free. There was not so much contact between Chinese culture and the West. The infiltration of Western culture into China was very slow then. After the Ming dynasty, there were more and more missionaries. Many artists were court painters previously. Then Western paintings started to come in. Artists who worked in China before the Ming dynasty might not have to worry about what was Chinese. Like many artists in the West they believed that 'what is me' is the most important thing, instead of thinking about 'what is Chinese, what is French.'"[2]

Many artists experienced uneasiness in encounters between China and the global art world, the intensified clashes with Western culture as a result of frequent contact, as well as the onset of consumption culture. Zhang Xiaogang once talked about his difficulty making art after returning from an extended visit to museums in Europe:

bilden würden. Doch dabei vergaß man, dass die neue unternehmerische Elite vollständig von dem Einparteienstaat und vor allem von seiner Ausbeutung der Arbeit abhängig war.

Damals fanden sich in vom Staat herausgegebenen Kunstzeitschriften zahlreiche Seiten mit neuen Regeln für Kunstmessen, Berichte über diese, Listen mit Auktionsergebnissen sowie Reportagen über Zusammenkünfte des Verbands der Kunstkritiker, die dieser abhielt, um einen Marktpreis für kunstkritische Texte festzulegen. Ehemalige Übersetzer kunsthistorischer Bücher aus dem Westen und aufstrebende Kunstkritiker begannen, eine Biennale zu organisieren, die der von Venedig und dabei insbesondere ihren Ursprüngen als Handelsplattform nacheifern sollte. Außerdem versuchten sie, ein Kunstmagazin mit dem Titel *Art Market* ins Leben zu rufen, dessen Hauptaufgabe die Propagierung des Marktdiskurses in der Kunstwelt sein sollte. Einige dieser Ideen wirkten wie eine weit hergeholte Fehlinterpretation des westlichen Kunstsystems, was aber nicht verhinderte, dass sie dennoch in die Praxis umgesetzt wurden und eine nachhaltige Wirkung erzielten. Das Wort und Konzept ›Business‹ rief eine gewisse Begeisterung hervor; man verband damit etwas Förmliches, Reguliertes, Ordentliches und Effizientes, das man ernst nehmen und mittels dessen man sich seinen Lebensunterhalt verdienen konnte, nicht aber eine kulturelle und idealistische Betätigung. Geschäftliche Aktivitäten waren in der Kunstwelt außergewöhnlich präsent.

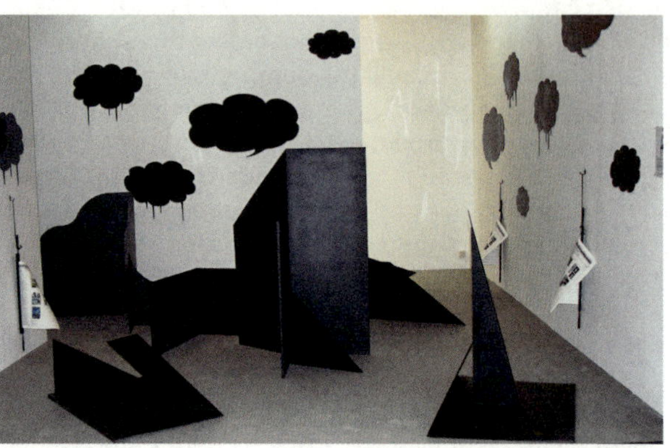

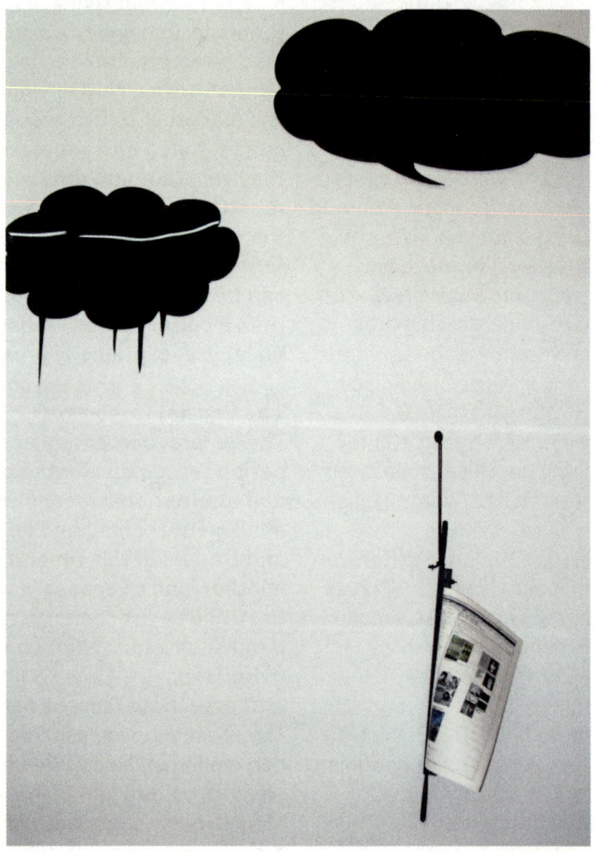

Die zentrale Bedeutung des Markterfolgs

Die allgemeine Wahrnehmung und das historische Narrativ dieser Zeit wurden also von Schilderungen des Markterfolges und der internationalen Anerkennung einer begrenzten Zahl künstlerischer Bewegungen beherrscht, die von Kunstkritikern und -händlern geprägt und massiv gefördert wurden. Doch diese zunehmende Teilhabe löste schon bald eine andere Art von Unbehagen in der chinesischen Kunstszene aus. Der Künstler Zhang Peili formulierte seine tief empfundene Sorge auf einer Konferenz in den Niederlanden einmal folgendermaßen: »Ich beneide die chinesischen Maler vor der Ming-Dynastie [1368–1644]. Sie waren mehr oder weniger frei. Es gab wenig Kontakt

"I was not so interested in what was happening in China then. My whole brain was awash with the West. I kept thinking that China could not reach the same level, and was only at the very beginning. I did not pay any attention to what was happening here. My focal point then was to look for my own position, even to think about whether I should continue to paint or not."[3]

Some artists felt so ill-fitted that they decided to make an exit entirely. This dire feeling of restlessness did not just come from an inability to deal with the increasing pressure of participating in the international art world, it also came from the weight of an art system that was quickly coming into shape in China thanks to the progress of the art market. As Shanghai-based artist Qian Weikang observed:

"Artists all changed, they were eager to participate in European exhibitions. International exchanges became a kind of vanity fair. One would not pay attention to Shanghai, only to New York. Whatever art events were taking place in New York were immediately known in Shanghai. As to what was happening in Shanghai, no one really cared. I also ran into another issue. I had to accept the concept of the curator or otherwise they would not give you [the opportunity] to show. I felt that artists had become actors. If I participate in an exhibition I am supposed to represent your subject. My work was working for you, working for the exhibition. I was slow in adjusting myself to it and could not live up [to it]."[4]

In 1996 Qian made his last video work, *Breathing, Breathing*, before abandoning the art world in an extreme fashion. Since then, he has not made any work in the sense of visual art or participated in any exhibitions or art events. Even when we have approached him for instructions to re-create his works, mostly site-specific installations, which he destroyed after exhibitions in 1990s due to a lack of storage space, he insisted on having no part in revisiting his practice. In *Breathing, Breathing*, the sound of a toilet flushing is a reoccurring element that breaks up footage Qian shot of artist friends gathering for parties

↙ Liu Ding, *Gravestone for Rumour Monger* (Detail / detail), 2008, Stahl, Acryl, Papier / Steel, acrylic, paper, Dimensionen variabel / Dimensions variable

zwischen der chinesischen Kultur und dem Westen. Das Eindringen der westlichen Kultur nach China verlief damals sehr langsam. Nach der Ming-Dynastie gab es immer mehr Missionare. Viele Künstler waren vorher Hofmaler; dann kamen allmähliche westliche Gemälde ins Land. Künstler, die in China vor der Ming-Dynastie gearbeitet haben, mussten sich wahrscheinlich keine Gedanken darüber machen, was chinesisch war. Wie viele Künstler im Westen glaubten sie, dass das, ›was ich bin‹, das Wichtigste ist, statt darüber nachzudenken, ›was chinesisch ist, was französisch ist‹.«[2] Viele Künstler verspürten bei den Begegnungen zwischen China und der globalen Kunstwelt, den intensiver werdenden Zusammenstößе mit der westlichen Kultur infolge des häufigen Kontakts und dem Aufkommen der Konsumkultur ein Unbehagen. Zhang Xiaogang sprach einmal über die eigene Schwierigkeit, Kunst zu machen, wenn er von seinen ausgedehnten Besuchen in europäischen Museen zurückkehrte: »Ich habe mich damals nicht so sehr dafür interessiert, was in China geschah. Mein Kopf war völlig von Europa überflutet. Ich dachte immer wieder, China könne nicht dasselbe Niveau erreichen und stünde erst ganz am Anfang. Ich habe dem, was hier geschah, keine Aufmerksamkeit geschenkt. Damals habe ich mich ganz darauf konzentriert, nach meiner eigenen Position zu suchen, ja selbst darüber nachzudenken, ob ich weiter malen sollte oder nicht.«[3]

Einige Künstler empfanden sich als derart deplatziert, dass sie beschlossen, sich ganz von der Kunst zu verabschieden. Dieses grässliche Gefühl der Ruhelosigkeit rührte nicht nur von einer Unfähigkeit her, mit dem zunehmenden Druck durch die Beteiligung an der internationalen Kunstwelt umzugehen, sondern auch vom Gewicht eines Kunstsystems, das dank dem Fortschritt des Kunstmarkts in China zunehmend Gestalt annahm. Der in Shanghai ansässige Künstler Qian Weikang bemerkte hierzu Folgendes: »Die Künstler haben sich alle verändert; sie wollten an europäischen Ausstellungen teilnehmen. Der internationale Austausch wurde eine Art Jahrmarkt der Eitelkeiten. Man hat Shanghai keine Aufmerksamkeit mehr geschenkt, sondern nur noch New York. In Shanghai wusste man immer sofort, welches Kunstevent gerade in New York stattfand. Was in Shanghai geschah, kümmerte dagegen fast niemanden. Ich bin aber auch noch auf ein anderes Phänomen gestoßen. Man musste das Konzept des Kurators akzeptieren oder man bekam [keine Gelegenheit], seine Sachen zu zeigen. Ich hatte das Gefühl, Künstler seien zu Schauspielern geworden. Wenn ich an einer Ausstellung teilnehme, erwartet man, dass ich das Thema des Kurators repräsentiere. Meine Arbeit hat für den Kurator gearbeitet, statt für die Ausstellung. Daran konnte ich mich nur langsam anpassen und konnte [dem] auch nicht wirklich gerecht werden.«[4]

1996 machte Qian seine letzte Videoarbeit, *Breathing, Breathing*, bevor er der Kunstwelt radikal den Rücken kehrte. Seither hat er kein Werk im Sinne der bildenden Kunst mehr geschaffen und an keinerlei Ausstellung oder Kunstereignis teilgenommen. Selbst als er um Anweisungen für die Rekonstruktion seiner Werke gebeten wurde – bei denen es sich größtenteils um ortsspezifische Installationen handelt, die er in den 1990er-Jahren in Ermangelung von Lagerraum zerstört hatte –, beharrte er darauf, nicht an einer erneuten Auseinandersetzung mit seinem Werk teilnehmen zu wollen. In *Breathing, Breathing* ist das Geräusch einer Toilettenspülung ein wiederkehrendes Element, das Filmmaterial,

and social events, TV commercials, and street scenes full of advertisements. The footage was seen in an eye that closed every time there was the sound of flushing. This work was both a critique of consumerism and that of the formation of the art industry.

In the meantime, with China's soaring economy and increasing presence in international society, China as a subject for exhibition making in the contemporary art field in Europe became more prevalent. The emergence of a discourse about global art in the last decade responds to the shifting geopolitical climate in which the non-Western sphere, including countries and regions such as China and the Middle East, are wielding more and more economic and political power. There were survey exhibitions that treated a nation as subject matter—think of the series of nation-specific survey shows cocurated by Hans Ulrich Obrist, Julia Peyton-Jones, and Gunnar B. Kvaran. *China Power Station* and *Indian Highway*, packaged exhibitions of that kind, toured throughout Europe. Similar exhibitions were initiated by many institutions in Western Europe prior to the economic downturn. By singling out China as a social, political, and cultural phenomenon to study and exhibit, individual practitioners inevitably felt both canonized and imprisoned by China's collective identity.

Fear of International Influence

With the deepening of globalization, members of China's art community became perplexed by the anxiety of influence, particularly international influence. There was a tendency to liken artworks to those of foreign artists. The most common rhetoric was to say that a work of a Chinese artist looked like that of a foreign and better known artist, without examining their motivations and differences. This widespread symptom reflected a deep-rooted distrust in our own cultural production as well as an inability and simultaneous hesitation to adapt to a new historical condition of artistic production characterized by a flow of information and frequent exchanges beyond both national boundaries and the assumed inferiority of the East in relation to the West.

One of the most extreme manifestations of such an anxiety was an anonymous Internet attack on Liu Ding, which lasted for nearly four months in 2008 (see pp. 30–33). On a website run by a small group of artists in Shanghai, a post accusing Liu Ding of plagiarizing was published. Liu Ding, whose name frequently appeared in international exhibitions, had started to direct an art center in Beijing that attracted much attention. In this blog entry, the author juxtaposed each of Liu Ding's works with an existing work of another artist, pointing out the formal resemblance of every couple of two works, be it the use of material such as neon light, or that of the subject matter. In most cases, the comparison was far-fetched and forced. A mischief driven by a fellow artist's professional rivalry escalated into a malicious attack that was unethical and harmful to the artist's personal life and reputation. Liu Ding did not make any direct response to the accusations but made a room-size installation titled *Gravestone for Rumour Mongers*, consisting of a group of black tombstone-shaped steel plates, with pointed tops, accompanied by newspaper-size printouts carrying the complete content of the Internet attacks bound into several copies with newspaper clips. (see p. 338). The

das Qian bei Treffen mit Künstlerfreunden auf Partys und gesellschaftlichen Anlässen gedreht hatte, Fernsehwerbespots und Straßenszenen voller Reklame unterbricht. Dieses Material sah man in einem Auge, das sich jedes Mal schloss, wenn das Rauschen der Toilettenspülung zu hören war. Dieses Werk kritisierte sowohl das Konsumverhalten als auch die Entwicklung der Kunstindustrie.

In der Zwischenzeit wurde China, wegen seiner boomenden Wirtschaft und zunehmenden Präsenz in der internationalen Gesellschaft, ein bestimmendes Thema für europäische Ausstellungen mit zeitgenössischer Kunst. Die Entstehung eines Diskurses über globale Kunst im letzten Jahrzehnt ist eine Reaktion auf ein sich wandelndes geopolitisches Klima, in dem die nicht-westliche Sphäre einschließlich Länder und Regionen wie China und der Mittlere Osten immer mehr wirtschaftliche und politische Macht ausüben. Es gab Themenausstellungen, die die Nation zum Gegenstand hatten. Man denke nur an die Überblicksschauen zu einzelnen Ländern, die gemeinsam von Hans Ulrich Obrist, Julia Peyton-Jones und Gunnar B. Kvaran kuratiert wurden. *China Power Station* und *Indian Highway*, gebündelte Ausstellungen dieser Art, tourten durch Europa. Ähnliche Ausstellungen wurden vor dem wirtschaftlichen Abschwung von vielen Institutionen in Westeuropa initiiert. Indem China als ein soziales, politisches und kulturelles Phänomen herausgegriffen, untersucht und ausgestellt wurde, fühlten sich die Künstler als Individuen von Chinas kollektiver Identität zwangsläufig zugleich kanonisiert und in Sippenhaft genommen.

Angst vor internationalem Einfluss

Mit der zunehmenden Globalisierung irritierte die Mitglieder der chinesischen Kunstwelt ihre Angst vor Beeinflussung und zwar besonders die Angst vor internationalem Einfluss. Es gab eine Tendenz, Kunstwerke mit denjenigen ausländischer Künstler zu vergleichen. Die am weitesten verbreitete Formulierung lautete, ein Werk eines chinesischen Künstlers sehe aus wie das eines bekannteren ausländischen Künstlers, ohne dass man die jeweiligen Motivationen und die Unterschiede zwischen ihnen näher untersucht hätte. Dieses weitverbreitete Symptom spiegelte ein tief verwurzeltes Misstrauen gegen die eigene chinesische Kulturproduktion wider, aber auch die Unfähigkeit und ein zeitgleiches Zögern, sich an eine neue historische Bedingung der Kunstproduktion anzupassen, die durch den Informationsfluss, häufigen Austausch über nationale Grenzen und die mutmaßliche Unterlegenheit des Ostens gegenüber dem Westen hinweg gekennzeichnet ist.

Eine der extremsten Äußerungen einer solchen Angst war ein anonymer, fast vier Monate dauernder Internetangriff auf Liu Ding im Jahr 2008 (vgl. S. 30–33). Auf die Website einer kleinen Künstlergruppe in Shanghai wurde ein Beitrag gestellt, in dem man Liu Ding vorwarf, er sei ein Plagiator. Liu Ding, dessen Name häufig in internationalen Ausstellungen auftauchte, hatte begonnen, ein Kunstzentrum in Beijing zu leiten, dem große Aufmerksamkeit zuteilwurde. In diesem Blogeintrag stellte der Autor jedem der Werke Liu Dings das Werk eines anderen Künstlers gegenüber und wies auf die formalen Ähnlichkeiten zwischen den einzelnen Werken der jeweiligen Paare hin, sei es hinsichtlich des Materials, etwa Neonlicht, oder des Themas. In den meisten Fällen war der Vergleich weit hergeholt und bemüht. Ein durch die berufliche Rivalität eines Künstlerkollegen motivierter Unfug

audience was invited to read the false claims. Liu Ding's head-on confrontation of this incident through this work silenced his attackers and made apparent the shared anxiety of the time.

The fact that Chinese contemporary art has suffered from anxiety and feels the need to claim its independence from Western art speaks volumes about a prevalent mentality in China. In this perception, contemporary art is tantamount to an historical event. Its evolution is considered a product of changing social conditions. Many people take part to turn it into a great achievement or a failing business. In the ups and downs of the contemporary art field, the individual is insignificant. Only the cause of art itself is worth paying attention to.

Once breaking from tradition meant converging with the West in the dichotomy of China/West. Today, China no longer views the international arena as an agent and destination for progressive thinking and practice. Many feel that that journey has been taken and its destination reached, and now China is also one of these global destinations. Along with the growing sense of de-Westernization, both the art world and Chinese society have been subject to the process of dehistoricization and depoliticization since 1989.

The removal from public life and the silent state of the art community in the political sphere is one of the most distinctive features of artistic and cultural production and discourse in China. The growing indifference toward political, social, and historical conditions for contemporary art production among participants in China has partly come from the emergence of a more affluent economic and assertive political context and the government's growing involvement in supporting the art market and exporting Chinese art exhibitions. In China, the basic political institutions are monopolized by capital and power. This political phenomenon was generated by the political and legal reforms undertaken by the government to comply with the conditions of a market economy. Seen from its recent behaviors and rhetoric, the government makes no commitment to develop a responsible model that can be championed and promoted to the rest of the world, or could be carried into the future. The Chinese government determines its extent of contact with the rest of the world according to a purely functionalist perspective and its own benefits. In the same way, practices in the Chinese art community today carry no vision into the future. For the government, there is more at stake in terms of consolidating its absolute rule through economic promise than to further participate in the global world. The impenetrable iron walls surrounding Internet access within and outside of China is testimony to the government's everlasting commitment to protect China from the infection of a contagious disease called globalization. As in the past, the logic of the contemporary art world in China has not managed to break free of the state's political vision and has again fallen hostage to a new historical condition of self-isolation and arrogance.

wuchs sich zu einer bösartigen Attacke aus, die unethisch war und dem Privatleben und dem Ruf des Künstlers schadete. Liu Ding reagierte nicht direkt auf die Anschuldigungen, sondern schuf eine raumgroße Installation mit dem Titel *Gravestone for Rumour Mongers* (2008), die aus einer Gruppe schwarzer grabsteinförmiger Stahlplatten besteht, die oben spitz zulaufen. Begleitet werden diese von zeitungsgroßen Ausdrucken mit dem vollständigen Inhalt der Internetangriffe, die zu mehreren Bänden mit Zeitungsausschnitten zusammengebunden wurden (Abb. S. 338). Das Publikum wurde eingeladen, die falschen Behauptungen zu lesen. Die Tatsache, dass Liu Ding mit diesem Werk den Vorfall direkt aufgriff, ließ die Angreifer verstummen und verdeutlichte die damals von vielen geteilte Angst.

Der Umstand, dass die zeitgenössische chinesische Kunst Angst hat und das Bedürfnis verspürt, ihre Unabhängigkeit von der westlichen Kunst geltend zu machen, spricht Bände über eine in China vorherrschende Mentalität. Dieser Wahrnehmung zufolge entspricht die zeitgenössische Kunst einem historischen Ereignis. Ihre Entwicklung gilt als Ergebnis sich verändernder sozialer Bedingungen. Viele Menschen sind an ihr beteiligt und verwandeln sie in eine große Errungenschaft oder eine scheiternde Unternehmung. Im Auf und Ab der zeitgenössischen Kunst spielt das Individuum keine Rolle. Nur die (Ur-)Sache der Kunst verdient Aufmerksamkeit.

Ein eigener chinesischer Weg

Früher bedeutete der Bruch mit der Tradition in der Dichotomie von China und dem Westen eine Konvergenz mit dem Westen. Doch heute betrachtet China den internationalen Schauplatz nicht mehr als Quelle und Ziel fortschrittlichen Denkens oder einer progressiven künstlerischen Praxis. Viele haben das Gefühl, dass diese Reise vorüber, das Ziel erreicht und mittlerweile auch China eines der globalen Reiseziele sei. Zusammen mit dem zunehmenden Gefühl der ›Ent-Westlichung‹ sind sowohl die Kunstwelt als auch die chinesische Gesellschaft seit 1989 dem Prozess der Ent-Historisierung und Ent-Politisierung unterworfen.
Die Entfernung aus dem öffentlichen Leben und das Schweigen der Kunstgemeinschaft in der Sphäre des Politischen sind charakteristische Merkmale der künstlerischen und kulturellen Produktion und des entsprechenden Diskurses in China. Die zunehmende Gleichgültigkeit gegenüber den politischen, sozialen und historischen Bedingungen für die Produktion zeitgenössischer Kunst in China ist teilweise auf die Entstehung eines wohlhabenderen wirtschaftlichen und eines affirmativeren politischen Kontextes zurückzuführen, sowie darauf, dass die Regierung sich zunehmend an der Unterstützung des Kunstmarkts und dem Export chinesischer Kunstausstellungen beteiligt. In China haben das Kapital und die Macht das Monopol über die grundlegenden politischen Institutionen inne. Dieses politische Phänomen entstand durch die politischen und rechtlichen Reformen, die die Regierung in Angriff genommen hatte, um die Bedingungen einer Marktwirtschaft zu erfüllen. Betrachtet man ihr Verhalten und ihre Rhetorik der letzten Zeit, so ist es der Regierung nicht darum zu tun, ein verantwortungsvolles Modell zu entwickeln, das man verfechten und gegenüber dem Rest der Welt propagieren oder in Zukunft so weiterführen könnte. Die chinesische Regierung bestimmt das Ausmaß ihres Kontaktes mit dem Rest der Welt aus einer rein funktionalistischen

Perspektive und im Hinblick auf ihren eigenen Vorteil. Und auch das Vorgehen der chinesischen Kunstgemeinschaft heute bietet keine Vision für die Zukunft. Für die Regierung geht es mehr um die Festigung ihrer absoluten Herrschaft durch wirtschaftliche Verheißungen als um eine weitere Teilhabe an der globalen Welt. Die undurchdringlichen Eisenwände, die die chinesischen Internetzugänge umgeben, bezeugen die feste Entschlossenheit der Regierung, China davor zu schützen, sich mit einer ansteckenden Krankheit namens Globalisierung zu infizieren. Wie in der Vergangenheit ist es der Logik der zeitgenössischen Kunstwelt in China nicht gelungen, sich von der politischen Vision des Staates zu lösen, und sie ist damit abermals zur Geisel eines neuen historischen Zustands der Selbstisolierung und Arroganz geworden.

[1] Liu Ding, Carol Yinghua Lu und Su Wie, Interview mit Shi Chong, 12. Januar 2012.
[2] Dies., »Self-Conscious Work. An Interview with Zhang Peili«, in: *Individual Experience. Conversations and Narratives of Contemporary Art Practice in China from 1989 to 2000*, Guangzhou 2013, S. 83.
[3] Dies., »An Artist Should First Be a Weak Person. An Interview with Zhang Xiaogang«, in: ebd., S. 100.
[4] Dies., »I Am Afraid to Lose My Own Way Too. An Interview with Qian Weikang«, in: ebd., S. 49.

[1] Liu Ding, Carol Yinghua Lu, and Su Wei, interview with Shi Chong, January 12, 2012.
[2] Liu Ding, Carol Yinghua Lu, and Su Wei, "Self-Conscious Work: An Interview with Zhang Peili," in *Individual Experience: Conversations and Narratives of Contemporary Art Practice in China from 1989 to 2000* (Guangzhou, 2013), 83.
[3] Liu Ding, Carol Yinghua Lu, and Su Wei, "An Artist Should First Be a Weak Person: An Interview with Zhang Xiaogang," in ibid., 100.
[4] Liu Ding, Carol Yinghua Lu, and Su Wei, "I Am Afraid to Lose My Own Way Too: An Interview with Qian Weikang," in ibid., 49.

»Für mich ist Kunst Urlaub im Kopf« / "For me, art is vacationing in my head"

Uli Sigg im Gespräch mit / in conversation with Kathleen Bühler, Peter Fischer, Matthias Frehner und / and Christoph Thun-Hohenstein

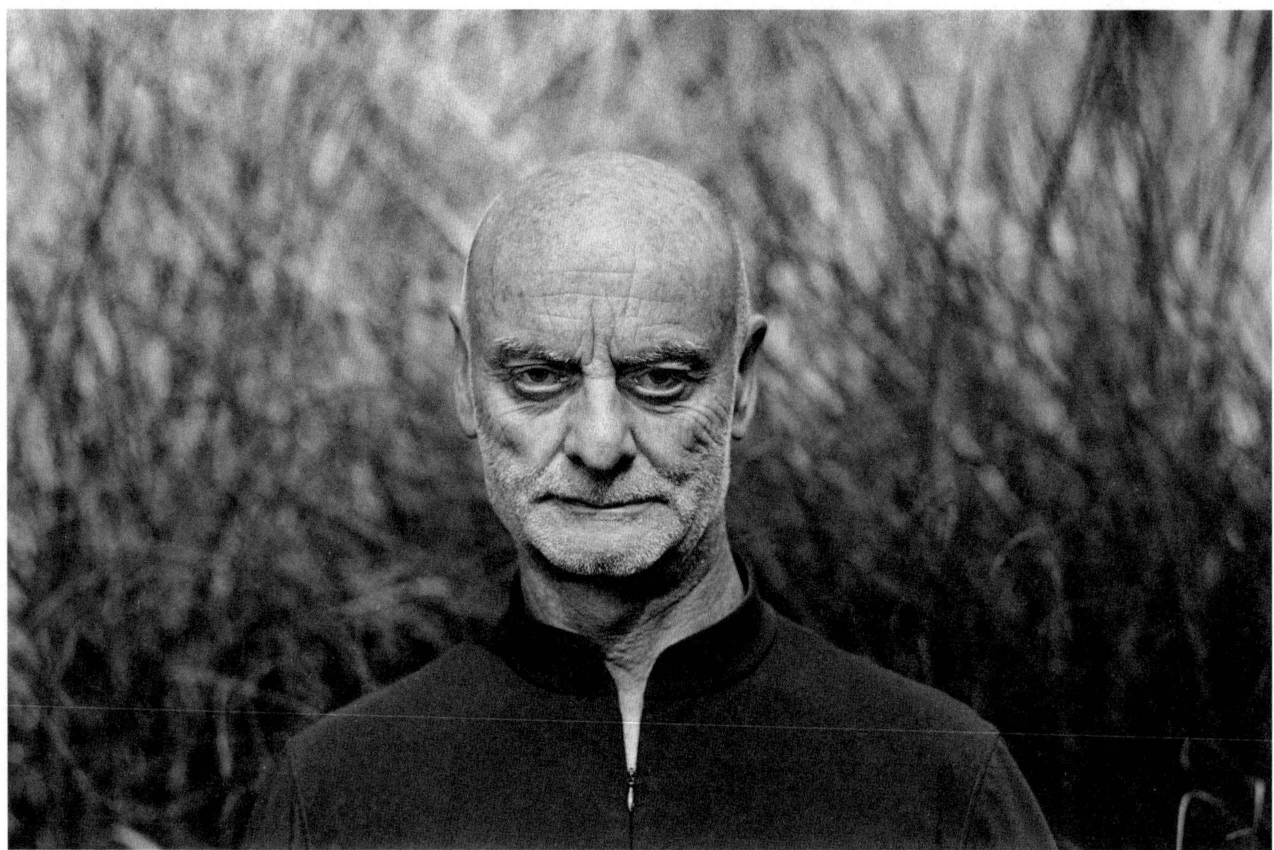

Die Anfänge des Sammelns

Wenn Sie sich zurückerinnern an die Anfänge Ihres Kunstsammelns, wurde diese Leidenschaft erst in China entfacht oder haben Sie schon immer Kunst gesammelt?

Ich habe schon sehr früh Kunstwerke erworben – nach meiner Typologie des Sammelns zunächst in der »I like art«-Phase: Man trägt Kunst nach seinen eigenen Vorlieben zusammen und Ratgeber ist zunächst einzig der eigene Geschmack oder was wir dafür halten. Konsequenterweise habe ich mich deshalb selbst sehr lange nicht als Sammler wahrgenommen. Um Sammler zu sein, braucht es mehr – das, was ich einen Fokus nenne. Ein Fokus ist eine Kernidee, ein Konzept, eine Logik, die die Werke in einen Sinnzusammenhang bringt. Ihr Beisammensein hebt sie auf eine neue Bedeutungsebene. Dies im Unterschied zu den Anhäufungen, wo die Werke eine zufällige und disparate Koexistenz eingehen. China hat sich mir zu diesem Fokus gemacht. Bald bin ich indes noch einen Schritt weitergegangen: Mir wurde klar, dass niemand – weder Individuum noch Institution – die chinesische Gegenwartskunst systematisch sammelt. Ich habe mich dann Mitte der 1990er-Jahre entschieden, eine Sammlung auf institutionelle Weise anzulegen, losgelöst vom persönlichen Geschmack, eine Vernetzung von wichtigen Werken, welche die chinesische Gegenwartskunst in einer hohen Dichte illustrieren. Dann vermögen die Werke sich gegenseitig in einer Weise aufzuladen, die in einem andern Kontext verwehrt bliebe. Und, ganz wichtig, es geht dabei nicht etwa darum, ›Meisterwerke‹ wie Perlen auf einer Kette aufzureihen: Diese Zuschreibungen kommen und gehen in

The Beginnings of Collecting

When you think back to the beginnings of your collecting art, was this passion first sparked in China or have you always collected art?

I began acquiring works of art very early—according to my typology of collecting, initially in the "I like art" phase: one accumulates art according to one's own preferences and is guided solely by one's own taste or what we think is taste. Consequently, I therefore didn't see myself as a collector for a long time. It takes more to be a collector—what I call a focus. A focus is a core idea, a concept, a logic that places the works in a context. It leverages single works to create additional meaning through their togetherness. This is in contrast to accumulations, where the works lead a coincidental and disparate coexistence. China brought me to this focus. However, I soon went a step further: it became clear to me that no one—neither individual nor institution—systematically collected Chinese contemporary art. In the mid-1990s I then decided to assemble a collection as an institution would, detached from my personal taste, to web a net of important works that can illustrate contemporary Chinese art in high density. Thus works are charging each other up, in ways they could not have when isolated from this context. And very importantly, it is not simply about lining up masterpieces like a string of pearls. Masterpieces indeed, but in contemporary art attributions as such come and go; there is nothing older or more outdated than an auction catalog of fifteen years of age. My collecting was just as much about finding the pieces which may go unattended, or ascribed

der zeitgenössischen Kunst – es gibt nichts Veralteteres als etwa einen fünfzehn Jahre alten Auktionskatalog. Bei meinem Sammeln ging es ebenso sehr darum, diejenigen Arbeiten ausfindig zu machen, die unbeachtet geblieben sind – etwa, weil sie von Künstlern stammen, die ein zeitgeistiger Mainstream zunächst als zweite Wahl abgestempelt hat. Denn oftmals sind gerade dies die Stücke, die Lücken in der Perzeption zu schließen und die zunächst verborgenen Subtexte zu erzählen vermögen.

Was war das erste bedeutende Werk für Sie, nachdem Sie begonnen hatten, ›institutionell‹ zu sammeln?

Das dürfte dann wohl das erste Werk gewesen sein, das mir persönlich nicht gefallen hat.

Hat für Sie das Sammeln selbst etwas Künstlerisches? Ist es die Möglichkeit, den eigenen künstlerischen Impulsen nachzugehen?

Sollten Sie dies meinen: Ich glaube nicht, dass ich selbst künstlerisches Talent habe. Aber die Künstler, mit denen ich auf die eine oder andere Art in den kreativen Prozess involviert war, halten mich für einen Künstler. Es stimmt, dass ich des Öfteren die besseren Ideen hatte. Nur gibt es diesen einen, tiefen Graben zwischen Künstlern und Nichtkünstlern: Sie tun es – wir tun es nicht! Daher rührt auch mein Respekt vor ihnen. Statt als Künstler nehme ich mich als Forscher wahr. Gut zu sammeln ist zweifellos eine Fertigkeit. Sie zwingt zu vertiefter Auseinandersetzung. Aber für mich ist Kunst einfach Urlaub im Kopf.

China gestern und heute

Zunächst agierten Sie als Brückenbauer zwischen China und dem Westen, indem Sie nicht nur Kunst aus China sammelten, sondern auch Kuratoren nach China einluden, um sie mit der dortigen Kunstszene bekannt zu machen. War Ihnen denn immer klar, dass Ihre Sammlung in China bleiben sollte?

Ich versuchte es schon bald einmal im Westen und in China: Nicht nur versuchte ich, dem Westen diese Entdeckungen zu zeigen, sondern gleichzeitig auch den Diskurs in China selbst breiter anzustoßen. Denn den Chinesen war ihre Gegenwartskunst weitgehend unbekannt und als ich mich entschied, eine Sammlung auf institutionelle Weise aufzubauen, weil es sie so eben nicht gab, wurde mir auch klar, dass diese Sammlung dereinst China gehören muss.

Was hat sich heute in der Kunstwelt im Vergleich zu Ihren ersten Besuchen in China verändert?

Man kann ja bekanntlich nie zweimal in denselben Fluss steigen. Heute gibt es nahezu einen Überfluss an Informationen zu China. Damals gab es indes nur Unwissen, weil China noch total abgeschottet war. Man war auf sich alleine gestellt und musste die Informationen zusammensuchen. Für mich war die zeitgenössische Kunst eine Möglichkeit, um mir über die beruflichen Einsichten hinaus einen weiteren Zugang zum Land zu verschaffen. Gegenwartskunst ist ohnehin immer ein höchst interessanter Zugang; er ist unmittelbar und überwindet auch die hinderlichen Sprachbarrieren.

to artists considered second tier—which in itself is subject to change over time—to fill the perception gaps, to narrate the underlying subtexts.

What was the first important work for you after you had begun collecting "institutionally"?

That was probably the first work that really didn't appeal to me personally.

For you, is collecting itself something artistic? Is it an opportunity to pursue your own artistic impulses?

Should you mean this: No, I don't believe that I have any artistic talent myself. But the artists in whose creative processes I was involved in one way or another think I'm an artist. It's true that I often had the better ideas. Only there is a deep rift between artists and nonartists: they do it—we don't do it! That's the source of my respect for them. I see myself more as a researcher than as a collector. Good collecting is no doubt a skill. It forces you to examine things in more depth. But for me, art is simply vacationing in my head.

China Yesterday and Today

You initially served as a bridge builder between China and the West, not only by collecting art from China but by also inviting curators to China in order to introduce them to the art scene there. Was it always clear to you that your collection should stay in China?

I tried it simultaneously in the West and in China: not only to present these discoveries in the West but at the same time to initiate a broader discourse in China itself. Because the Chinese were to a large extent unfamiliar with their own contemporary art, and when I decided to build up a collection in an institutional way, because there wasn't one like it, it also became clear to me that this collection had to belong to China one day.

What has changed in the art world today in comparison to your first visits to China?

As you know you can't step twice into the same river. Today, there is almost excess information about China. However, at the time there was an utter lack of knowledge about the country, because it was totally isolated. You were left to your own devices and had to gather information yourself. For me, contemporary art was an opportunity to gain further access to the country beyond my professional insights. Besides, contemporary art is a highly interesting entryway; it is immediate and also breaks through obstructive language barriers.

How did you approach the artists?

I had to look for them in the beginning. They were introduced to me by acquaintances, and these artists in turn introduced me to other artists. And then at some point the artists began to seek me out, because I was a real exotic in China: Who was willing to pay money for contemporary art back then? For pictures that were "illegible" and didn't give a hoot about traditional art?

Are discoveries like those in the 1980s and '90s still possible today?

Wie sind Sie an die Künstler herangekommen?

Am Anfang musste ich sie suchen. Sie wurden mir von Bekannten vorgestellt und diese Künstler pflegten mich dann wiederum anderen zuzuführen. Und irgendwann begannen die Künstler mich zu suchen, weil ich ein echter Exot in China war: Denn wer gab damals schon Geld für zeitgenössische Kunst aus? Für Bilder, die ›unlesbar‹ waren und mit der traditionellen Kunst nichts am Hut hatten?

Sind heute noch Entdeckungen wie in den 1980er- und 1990er-Jahren möglich?

Ich hatte Glück, per Zufall eine großartige Gelegenheit bekommen zu haben, die so nicht wiederkommen wird. Mittlerweile kam das Internet hinzu, das die hintersten Winkel ausleuchtet, und da ist der unstillbare Hunger des internationalen Kunstmarktes nach ›Frischfleisch‹. Dies bewirkt, dass selbst wenig bedeutende Künstler mit großer Aufmerksamkeit bedacht werden. Entdeckungen sind rar geworden, da die Werke für alle fast gleichzeitig auf dem Tisch liegen. Auf diese Weise werden sehr junge Künstler viel zu früh ›entdeckt‹ und damit überfordert. Früher blieben die Künstler im Untergrund und wenige beachteten ihr Œuvre. Einige Jahre lang war ich wohl der Einzige, der systematisch die Ateliers besuchte und sich ›durchackerte‹. Das war harte Arbeit, weil es kaum aktuelle Publikationen gab. Außerdem war das Reisen sehr erschwert: Chinesen konnten lange nicht ohne behördliche Genehmigung reisen, auch im Inland nicht. Also musste ich oftmals selbst die Künstler ausfindig machen. Alle diese Hürden sind heute verschwunden.

Wie überlebten die Künstler vor dem Kunstboom?

In den 1980er-Jahren hat ganz einfach niemand Kunst gemacht mit dem Gedanken zu verkaufen. Das war schlicht kein Impuls, um Kunst zu machen. Viele Künstler organisierten sich in den 1980er- und 1990er-Jahren so, dass sie eine kleine Anstellung an der Kunstakademie hatten, beispielsweise einige Stunden pro Woche Zeichenunterricht gaben. Das verschaffte ihnen eine kleine Wohnung mit Sozialleistungen und daneben Freiheit und Zeit für ihre Kunst. Dann gab es die autodidaktischen Künstler, die keinen Zugang zu den Akademien hatten, weil diese während der Kulturrevolution geschlossen waren, und die sich dementsprechend allein durchschlagen mussten. Heute überwiegen bei Weitem akademisch ausgebildete Künstler. In den letzten Jahren hat sich für viele der Zugang zur Kunstakademie als einfacherer Weg zu einem akademischen Titel erwiesen als andere universitäre Studien mit ihren hohen Anforderungen an naturwissenschaftliche Kenntnisse. Dies führte zu einem enormen Zulauf an den Kunstakademien, denn in der Ein-Kind-Familie ist der Druck auf den einen Sprössling enorm, ein Hochschulstudium vorzuweisen.

Die Bedeutung der Sammlung

Welche Rolle haben Sie innerhalb der neuen Sammlergeneration?

Der Katalog der Ausstellung *Mahjong* von 2005 wurde viele Jahre als die ›Bibel‹ bezeichnet und wurde zum wohl wichtigsten Referenzwerk für Sammler. Ich werde weiterhin sehr sorgfältig beobachtet, wie und was ich sammle,

I was lucky to have happened to have a great opportunity that won't come again in that form. In the meantime, the Internet appeared on the scene, which illuminates the darkest corners, and then there is this insatiable hunger of the international art market for "fresh meat." This means that even less significant artists receive a great deal of attention. Discoveries have become rare, since the works lie on the table for everyone to see at almost the same time. In this day, very young artists are "discovered" much too early and thus overwhelmed. It used to be that artists stayed underground, and few people took notice of their oeuvres. For several years I may have been the only one who systematically visited artists' studios and "plowed through" them. It was hard work, because there were hardly any current publications. In addition, traveling was complicated: for a long time, Chinese people couldn't travel without official permission, even within the country. And so I often had to locate the artists myself. All of these obstacles have disappeared today.

How did artists survive before the art boom?

In the 1980s, no one made art with the thought of selling it. That was simply no motive to make art. In the 1980s and '90s, many artists organized themselves so that they had a small job at an art academy, for example, giving drawing lessons for a few hours a week. That provided them with a small apartment and employee benefits, in addition to freedom to produce their art. There were also self-taught artists who had no access to the academies, because these were closed during the Cultural Revolution, and they had to fend for themselves accordingly. Today, the major share of artists is academically trained. For many, access to the art academy in recent years has proved to be an easier means of getting an academic title than acquiring it at other universities, which have high requirements in regard to natural sciences. This led to an enormous throng to the art academies, because in the one-child family, there is a huge amount of pressure on the offspring to boast an academic education.

The Importance of the Collection

What is your role within the new generation of collectors?

For many years, the catalogue accompanying the exhibition *Mahjong* from 2005 was referred to as the "bible" and became the most important reference work for collectors. I continue to be watched very carefully with respect to how and what I collect, although my focus has shifted in the meantime. Following my bequest, I no longer aspire to completely mirror the creation of art in this epoch. There are meanwhile above all Chinese collectors—numerous founders of private museums—who buy extensively. Then there are numerous funds in which private financiers join forces to invest in art. However, since the flattening of the price curve in the broad market, the desire to invest has cooled off somewhat. Yet in China, the idea of art as an object of speculation is always at the back of one's mind.

What is missing in your collection?

No collection is ever complete. Mine—or the M+ Sigg Collection—is no exception, it is simply the only one that allows people to read the story of Chinese contemporary

obschon sich mein Fokus ja mittlerweile wieder geändert hat. Ich habe nach meiner Schenkung nicht mehr den Anspruch, das Kunstschaffen dieser Epoche vollständig abbilden zu wollen. Es gibt mittlerweile vor allem chinesische Sammler – viele Gründer von Privatmuseen –, die ausgiebig kaufen. Dann gibt es viele Fonds, bei denen Privatfinanciers gemeinsam Kunst ankaufen. Doch seit der Abflachung der Preiskurve im breiten Markt hat sich die Investitionslust etwas abgekühlt. Dennoch ist in China die Idee des Spekulationsobjekts Kunst immer im Hinterkopf.

Was fehlt in Ihrer Sammlung?

Keine Sammlung ist je vollständig. Meine – oder nun die M+ Sigg Collection – ist einfach die einzige, die die Geschichte der chinesischen Gegenwartskunst kohärent zu erzählen erlaubt. Das M+-Ankaufskomitee, dem ich auch angehöre, kauft noch Werke von einigen wenigen Künstlern hinzu und hat noch die eine oder andere Lücke zu schließen, wie etwa die der Kunstrichtung ›scar art‹ (Narben-Kunst) aus den frühen 1980er-Jahren. Das war eine Art sozialkritischer Realismus, der erstmals die Wirklichkeit abbildete wie sie eben war und nicht, wie sie aus der Sicht der staatlichen Propaganda zu sein hatte. Ich habe diese Kunst damals zu wenig beachtet, weil sie für mich formal völlig banal war. Die Arbeiten waren mir zu epigonal, weil ich seinerzeit nach einer global gültigen zeitgenössischen Sprache Ausschau hielt. Erst später begann ich, auch rückwärts zu sammeln. Dann nämlich, als ich den Fokus nicht mehr nur auf Arbeiten legte, die zum globalen Kunstdiskurs beitragen können, sondern auch auf Werke, die für die chinesische Kunstgeschichte bedeutsam sind. Das wurde für mich die entscheidende Frage.

Deshalb ist das M+ Museum for Visual Culture in Hongkong ein idealer Ort für Ihre Sammlung, weil jetzt die Referenzwerke dort sind, die Sammlung punktuell ergänzt werden sowie mit der Ausstrahlung, die das Museum jetzt schon hat, sinnvoll vermittelt werden kann?

Das M+ Museum for Visual Culture kann eine Sammlung zeigen, wie sie nirgends mehr zusammengetragen werden kann. Es gibt zwar mittlerweile einige chinesische Großsammler, welche die Auktionen für Riesensummen leerkaufen, um sich verbleibende Schlüsselwerke zu sichern. Doch haben sie bis vor Kurzem nur Malerei gesammelt und sind erst in den allerletzten Jahren auch auf Installationen, Fotografie und Neue Medien gekommen. Schon deshalb sind ihre Sammlungen nicht mit meiner zu vergleichen. Das Bewusstsein ist gestiegen, dass das Zusammenkaufen von Mengen nicht zu einer bedeutenden Sammlung führt. Weil auch in China das Reservoir an Spitzenwerken begrenzt ist, haben viele chinesische Sammler mittlerweile gar begonnen, international zu kaufen. Doch ist die Einfuhr von Kunst aus dem Ausland aufwendig, der Importauflagen und Zölle wegen.

Ihre Sammlung ist sehr stark im Bereich ›cynical realism‹ (zynischer Realismus), ›political pop‹ (politischer Pop) und ›gaudy art‹ (so viel wie grelle Kunst). Eine solche Vorliebe wird heute in China kritisiert, weil diese Art von politischer Kunst den Westen in seiner vermeintlich ideologischen Überlegenheit bestärke. Wie gehen Sie mit solcher Kritik um?

art in a coherent way. The M+ acquisition committee, to which I also belong, still has to buy works from a few artists and still has some gaps to fill, for instance the one in the Scar Art movement from the early 1980s. It was a kind of sociocritical realism that depicted reality for the first time as it was and not how it had to be from the point of view of government propaganda. I paid too little attention to this kind of art at the time, because in terms of form it was completely commonplace. The works seemed too unoriginal to me, because at the time I was looking out for the edge of global contemporary art . It wasn't until later that I also began to collect backward. Namely when I no longer focused on works that contribute to the then current global art discourse but also on works that were simply important for Chinese art history. That became the decisive question for me.

Is that why the M+ Museum for Visual Culture in Hong Kong is the ideal venue for your collection, because the reference works are now there, the collection can be expanded here and there, together with the appeal that the museum already has, and be meaningfully communicated?

The M+ Museum for Visual Culture can present a collection as it can no longer be assembled anywhere else. There are meanwhile several major Chinese collectors who empty auctions for enormous sums of money in order to secure any remaining major works. However, until recently they only collected painting, and only recently turned to acquiring installations, photography, and new media. That's why their collections can't be compared with mine. The awareness has grown that buying up quantities of art does not lead to an important collection. Because the reservoir of top works is also limited in China many Chinese collectors have begun to buy art on the international market. However, due to import requirements and duties, the import of art from abroad is costly.

Your collection is very strong in the area of Cynical Realism, Political Pop, and Gaudy Art. This preference is criticized in China, because this type of political art reinforces the West in its ostensibly ideological superiority. How do you deal with such criticism?

These three art movements informed the 1990s. At the time, this weighting automatically came about when you wanted to mirror the artistic production of this period. But the collection also includes much more that is less loud and catchy and therefore attracts less notice in the West. The first twenty-five years, Western conceptual art fueled art production in China; only a few artists continued to devote themselves to Chinese tradition. These are also included in the collection, yet their works presuppose a specific knowledge of context that Western curators lack. And because only snatchings from the collection have been exhibited up to now—approximately a fourth of it—many things have never even been caught sight of.

If one takes a look at the Chinese museum landscape, numerous private museums have been founded. Was that ever an option for you?

No, at no time. For me, public museums are the venues where cultural memory ideally should be preserved. They are most likely to still maintain their responsibility even in

Diese drei Kunstrichtungen haben die 1990er-Jahre geprägt. Wenn man damals das Kunstschaffen abbilden wollte, kam automatisch diese Gewichtung zustande. Die Sammlung enthält aber auch viel anderes, was weniger laut und eingängig ist und deshalb im Westen weniger beachtet wird. Die ersten fünfundzwanzig Jahre hatte die westliche Konzeptkunst die Kunstproduktion in China befeuert; es gab nur wenige, die sich nach wie vor der chinesischen Tradition widmeten. Diese kommen in der Sammlung genauso vor, doch setzen ihre Arbeiten ein bestimmtes Kontextwissen voraus, was westlichen Kuratoren oftmals abgeht. Und da die Sammlung bisher nur in Bruchstücken ausgestellt worden ist – etwa zu einem Viertel – hat man vieles noch gar nicht zu Gesicht bekommen.

Wenn man die chinesische Museumslandschaft betrachtet, dann gibt es viele private Museumsgründungen. War das nie eine Option für Sie?

Nein, zu keiner Zeit. Für mich sind die öffentlichen Museen die zukunftsweisenden Orte, wo das kulturelle Gedächtnis aufbewahrt werden soll. Bei ihnen ist am ehesten gewährt, dass sie ihre Aufgabe auch in hundert Jahren noch wahrnehmen werden. In Privatmuseen ist man Geisel des Geschmacks einer Privatperson. Gerade in China können sich die Vorlieben jederzeit ändern oder kann das Interesse an Kunst gar ganz verloren gehen – oder sich auch mal ein Bankrott einstellen. All das konnte man schon beobachten. Außerdem muss irgendwann mal jemand damit beginnen, die öffentlichen Häuser zu unterstützen.

Der Chinese Contemporary Art Award

Wann entstand die Idee, auch einen Kunstpreis und einen Kunstkritikerpreis, den Chinese Contemporary Art Award, zu stiften?

Sie entstand Mitte der 1990er-Jahre während meiner Zeit als Schweizer Botschafter in China. Meine Analyse des Betriebssystems Kunst in China zeigte mir diverse Mängel auf. Dann schnürte ich mein Maßnahmenpaket: Sammeln, um die Werke später China zurückzugeben, einen Diskurs innerhalb von China zu fördern sowie im Ausland Kenntnisse über die chinesische Gegenwartskunst zu vermitteln. Gleichzeitig wurde mir auch klar, dass ein Privatmuseum dann wenig Sinn ergibt. Mir schien es sinnvoller, das Geld für eine umfangreiche Sammlung auszugeben.

Ihr Kunstpreis erfreut sich großer Lebendigkeit, es gibt ihn mittlerweile schon seit achtzehn Jahren. Wie viele solcher Kunstpreise gibt es in China?

Lange gab es keinen anderen, heute gibt es indessen eine ganze Zahl von Firmen gesponserter Kunstpreise. Doch ist der Chinese Contemporary Art Award der einzige, der strikt nach akademischen Kriterien vergeben wird und völlig unabhängig von Firmeninteressen ist. Die Künstler haben auch keine Verpflichtungen gegenüber dem Organisator. Sie müssen beispielsweise im Gegenzug kein Werk schenken oder ähnliches, wie bei anderen Preisen.

Sie nehmen in der chinesischen Kunstlandschaft verschiedene Funktionen gleichzeitig wahr. Wurde das auch schon kritisiert?

a hundred years. In private museums, one is hostage to a private individual's taste. Especially in China, such preferences can change at any time, or interest in art can even be lost completely—or someone may simply go bankrupt. All of this has happened before. . . . In addition, at some point someone has to make a beginning in supporting public museums.

The Chinese Contemporary Art Award

When did the idea develop to institute an art award and an art critic award, the Chinese Contemporary Art Award?

It came up in the mid-1990s during my period as Swiss ambassador to China. My analysis of the Chinese art operating system revealed various flaws to me. Then I put together my package of measures: to collect for the purpose of later returning the works to China, to promote a discourse within China, as well as to communicate knowledge about Chinese contemporary art abroad. At the same time it became clear to me that a private museum then makes little sense. It seemed more sensible to me to spend money for an extensive collection.

Your art award enjoys enormous vitality; in the meantime, it has existed for eighteen years. How many art awards of this kind are there in China?

There were no others for a long time. Today, however, there is any number of corporate-sponsored art awards. Yet the Chinese Contemporary Art Award is the only one based on strictly academic criteria and fully independent of any corporate and branding interests. Neither do the artists have any obligations toward the organizer. For example, they don't have to contribute a work or anything like it in return, as is the case for other awards.

You simultaneously perform various functions in the Chinese cultural landscape. Has that been criticized?

Especially in the beginning, I was accused of having too much power, and the question was floated whether this strange foreigner was entitled to the prerogative of interpreting what is more or less meaningful art in China. I had to face up to this discussion and let my knowledge in this field, and in general about China, be scrutinized. Yet because I've been accompanying Chinese contemporary art since its beginnings and was also able to integrate it into an international context, critics have largely become silent. In addition, the majority of the artists always solidly united with me.

Globalization and Tradition

In the exhibition Mahjong *we attempted to illustrate "Chineseness." In your opinion, where is the specifically Chinese in contemporary Chinese art today?*

The question isn't any easier to answer today, yet it no longer plays the same role. In my opinion, it has something to do with the much further advanced globalization of art and of the world. Today, China is integrated into the world much more intensely than it used to be. Artistic work also reflects this. Some artists want to immerse themselves in the global mainstream. Others react to its dominance by Western conceptual art by turning to Chinese tradition

Vor allem in den Anfängen wurde mir eine übergroße Machtfülle vorgeworfen und die Frage in den Raum gestellt, ob einem fremden Sonderling die Deutungshoheit darüber zusteht, was mehr und was minder bedeutsame Kunst in China ist. Dieser Diskussion musste ich mich stellen und mein Wissen in diesem Feld und generell zu China prüfen lassen. Doch da ich die chinesische Gegenwartskunst seit ihren Anfängen begleite und sie auch im internationalen Kontext einordnen konnte, sind die Kritiker weitestgehend verstummt. Zudem war die Mehrheit der Künstlerinnen und Künstler stets solidarisch mit mir.

Globalisierung und Tradition

In der Ausstellung Mahjong *haben wir uns bemüht, ›Chineseness‹ aufzuzeigen. Wo liegt für Sie heute das ›spezifisch Chinesische‹ in der chinesischen Gegenwartskunst?*

Die Frage ist heute nicht etwa einfacher zu beantworten, hat jedoch nicht mehr den gleichen Stellenwert. Das hat meiner Meinung nach mit der viel weiter fortgeschrittenen Globalisierung der Kunst und der Welt zu tun. Heute ist China ganz anders in die Welt eingebunden als früher. Das reflektiert auch das Kunstschaffen. Die einen wollen in den globalen Mainstream eintauchen. Die anderen reagieren auf dessen Dominanz durch die westliche Konzeptkunst mit einer Hinwendung zur chinesischen Tradition und deren Wurzeln. Einen gelegentlich monierten Artenschutz für chinesische Kunst und chinesische Künstlerinnen und Künstler gibt es jedenfalls nicht mehr.

Wie beurteilen Sie in dieser Hinsicht die Rolle von Ai Weiwei?

Der Gegenstand, an dem er sich stetig abarbeitet, ist und bleibt China: Das ist sein Land, seine Nation, seine Kultur, mit allen Stärken und Schwächen (Abb. S. 136–140). Dafür nutzt er alle Sprachen, die dem zeitgenössischen Künstler zur Verfügung stehen: vom duchampschen Readymade über Dokumentation, Installation, Konzeptkunst, Fotografie zu Film, Performance, Blog et cetera. In diesem Sinne ist er ein Künstler, der sich immer auf eine hochgradig künstlerische Weise mit der chinesischen Realität befasst – selbst in seinem Hardcore-Aktivismus. Es gibt unter den chinesischen Gegenwartskünstlern zwei Tendenzen unter denjenigen, die sich mit ihrer Gesellschaft befassen: Die einen sind unzufrieden mit dem real existierenden China und legen dessen Schwächen bloß, ganz wenige tun das allerdings so radikal wie Ai Weiwei. Die anderen sind genauso unzufrieden mit der Situation, doch suchen sie die Lösung in einer Aussöhnung mit den traditionellen Werten Chinas, um damit die chinesische Gesellschaft einem Heilungsprozess zu unterziehen.

Was bedeutet der ›chinesische Traum‹ für chinesische Künstler?

Der ›chinesische Traum‹ ist in den Reden des chinesischen Präsidenten Xi Jinping als Gegenstück zum amerikanischen Traum intendiert. Er soll das bestehende Wertevakuum innerhalb der Gesellschaft mit Bedeutung füllen und fordert die Wiederherstellung der einstigen Position als dominante Weltmacht. Im Unterschied zum amerikanischen Traum ist er als Traum einer Nation konzipiert: Für das Individuum hält er jedoch nichts bereit, was fassbar wäre – außer vermehrtem nationalem Wohlstand. Künstler kommentieren dies mit Sarkasmus.

and its roots. In any case, there is no longer any of this occasionally claimed species protection for Chinese art or Chinese artists.

In this respect, how do you gauge the role of Ai Weiwei?

The subject he continually handles is and remains China. It is his country, his nation, his culture, with all its strengths and weaknesses (see pp. 136–140). He uses all the languages available to the contemporary artist: from Duchamp's ready-made, documentation, installation, conceptual art and photography to film, performance, blogs, and so on. And he is an artist who always deals with Chinese reality in an extremely artistic way: many artists are dissatisfied with the actual state of China and expose its weaknesses, yet only very few will do it as radically as Ai Weiwei. Others are just as dissatisfied with the situation but seek solutions in a reconciliation with China's traditional values for the purpose of subjecting Chinese society to a healing process.

What does the "Chinese Dream" mean for Chinese artists?

In the speech given by the Chinese president Xi Jinping, the "Chinese Dream" is intended to be a counterpart to the American Dream. It is meant to fill the existing vacuum of values within society and promote the restoration of China's former position as a dominant world power. Unlike the American Dream, it is conceived as the dream of a nation: however, it doesn't hold anything ready for the individual that might be identifiable—except increased national prosperity. Artists comment on this with sarcasm.

The two tendencies you mentioned above are demonstrated in the exhibition Chinese Whispers. *They are primarily works by a younger generation. What fascinates you about this generation?*

My ultimate object of study is still China, which is the reason I'm also interested in the perspective of the youngest artists. They didn't experience the traumata of the Cultural Revolution or the events that took place at Tiananmen Square in 1989. All the same, they live in a tremendous field of tension with countless asynchronies and inequalities—and they're familiar with the international art discourse. In addition, statistically speaking, a nation of that size has to produce exciting artists, be it within or outside the system. We can therefore continue to expect committed art from China.

While our worlds have moved closer together today, in your opinion, what is the challenge that remains in dealing with contemporary Chinese art?

Today, Western knowledge about China is altogether much greater than ten years ago. Chinese products permeate our lifeworld. China has become a world power. All Chinese artists quite matter-of-factly avail themselves of all of the articulation possibilities in global contemporary art. We are therefore better able to do justice to them with our Western standards. But we still have a blind spot that we can only shed light on with deeper contextual knowledge.

In der Ausstellung Chinese Whispers *werden diese zwei Tendenzen, die Sie oben genannt haben, vorgeführt. Es sind vor allem Werke jüngerer Künstler. Was fasziniert Sie an dieser Generation?*

Mein ultimatives Studienobjekt ist noch immer China, deshalb interessiert mich auch die Sicht der jüngsten Künstler. Sie sind nicht durch die Traumata der Kulturrevolution und der Ereignisse am Platz des Himmlischen Friedens 1989 gegangen. Gleichwohl leben sie in einem ungeheuren Spannungsfeld von zahllosen Ungleichzeitigkeiten und Ungleichheiten – und kennen den internationalen Kunstdiskurs. Ferner muss eine derart große Nation schon rein statistisch spannende Künstlerinnen und Künstler hervorbringen, sei es innerhalb oder außerhalb des Systems. Deshalb können wir weiterhin engagierte Kunst von dort erwarten.

Heute sind unsere Welten zwar näher zusammengerückt, doch was bleibt Ihrer Meinung nach die Herausforderung in der Beschäftigung mit chinesischer Gegenwartskunst?

Das westliche Wissen über China ist heute insgesamt viel größer als vor zehn Jahren. Unsere Lebenswelt ist durchdrungen von chinesischen Produkten. China ist eine Weltmacht geworden. Chinesische Künstlerinnen und Künstler bedienen sich ganz selbstverständlich aller in der globalen Gegenwartskunst verwendeten Artikulationsmöglichkeiten. Wir können ihnen also mit unseren westlich geprägten Maßstäben schon besser gerecht werden. Aber weiterhin verbleibt bei uns ein blinder Fleck, den wir uns nur mit vertieftem Kontextwissen erhellen können.

Ist das Verfügen über globale Ausdrucksmöglichkeiten Zeichen einer Emanzipation von oder einer Angleichung an westliche Vorstellungen?

Das kommt auf den einzelnen Künstler und das einzelne Werk an. Und dabei mögen Kalkül und Koketterie eine Rolle spielen. Wenn auch die Schnittmengen zunehmen: Viele chinesische Grundwerte und Denkweisen bleiben fundamental anders als die unseren. An den einen oder anderen könnten wir durchaus gesunden.

Ist für Sie die chinesische Gegenwartskunst also nicht nur ein Weg, China besser zu verstehen, sondern auch eine Chance, etwas über uns selbst zu erfahren?

Diese Hoffnung treibt mich weiter.

Is having command of global means of expression a sign of an emancipation from or an assimilation with Western ideas?

That depends on the individual artist and on the individual work. And at the same time, calculation and coquetry may play a role. Even if the overlaps are on the increase: many fundamental Chinese values and modes of thought remain fundamentally different than ours. In some of them we may in fact find healing for ourselves as well.

For you, is contemporary Chinese art therefore not only a way to better understand China but also a chance for us to learn something about ourselves?

This hope spurs me on.

Werkindex / Index of Works

Ai Weiwei

S. / pp. 136–140

Fragments, 2005
Eisenholz (›Tielimu‹), Tisch, Stühle, Teile von Balken und Pfeilern von rückgebauten Tempelanlagen der Qing-Dynastie (1644–1911) / Ironwood (tieli wood), table, chairs, parts of beams and pillars from dismantled temples of the Qing dynasty (1644–1911), 500 × 850 × 700 cm
M+ Sigg Collection, Hong Kong. By donation

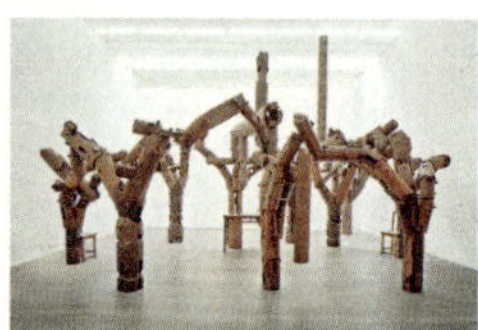

Cao Fei

S. / pp. 142–145

Whose Utopia?, 2006
Video, Farbe, Ton, 20 Min. / Video, color, sound, 20 min.
M+ Sigg Collection, Hong Kong. By donation

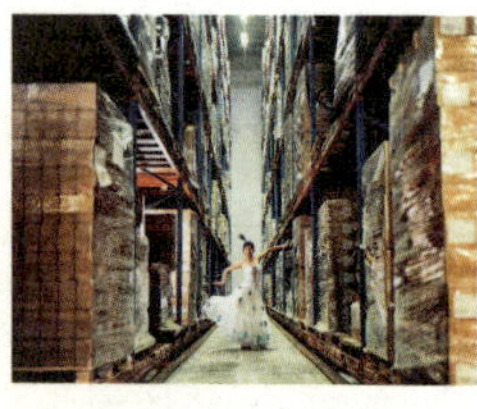

La Town, 2014
Video, Farbe, Ton, 42 Min. / Video, color, sound, 42 min.
Sigg Collection

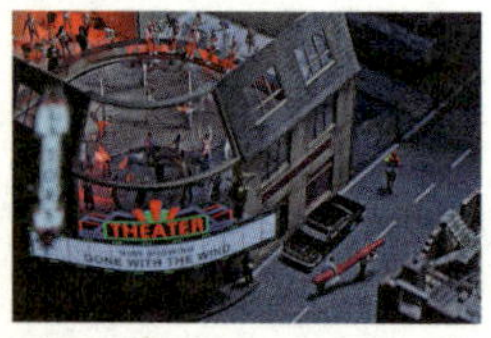

Haze and Fog, 2013
Video, Farbe, Ton, 46:30 Min. / Video, color, sound, 46:30 min.
Sigg Collection

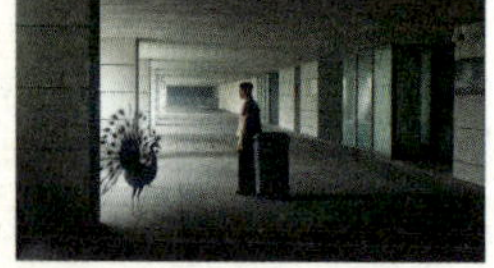

Cao Kai

S. / pp. 146–149

Summer of 1969, 2001–2011
Video, Schwarz-Weiß und Farbe, Ton, 8 Min. / Video, black-and-white and color, sound, 8 min.
M+ Sigg Collection, Hong Kong. By donation

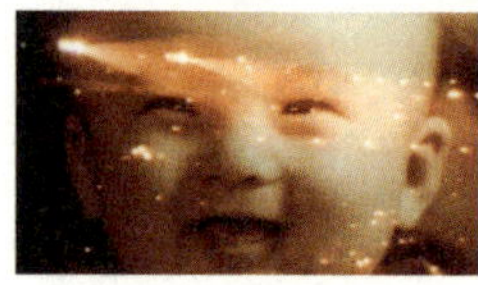

Chen Chieh-Jen

S. / pp. 150–152

Lingchi – Echoes of a Historical Photograph, 2002
3-Kanal-Videoinstallation, Schwarz-Weiß, 21:04 Min. / 3-channel video installation, black-and-white, 21:04 min.
M+ Sigg Collection, Hong Kong. By donation

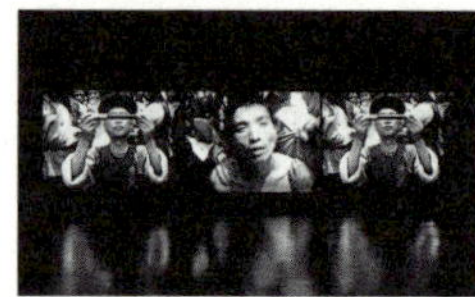

Chen Ke

S. / pp. 240–243

Little Road, 2009
Öl auf Leinwand / Oil on canvas, Durchmesser / Diameter 150 cm
Sigg Collection

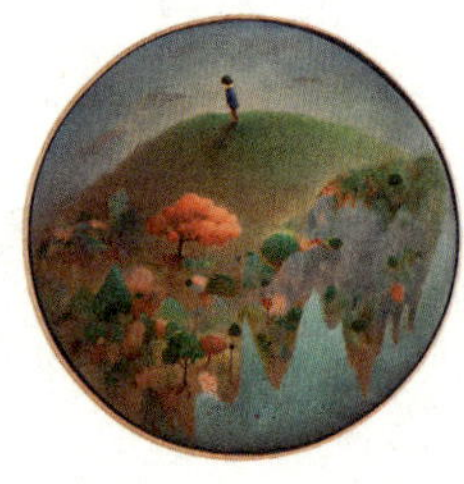

Frida in Green, 2012
Acryl auf Karton / Acrylic on cardboard
35 × 27 cm
Sigg Collection

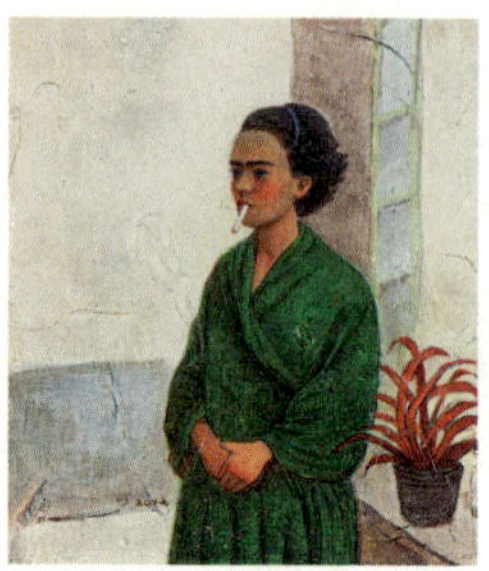

Diego in Blue, 2012
Acryl auf Leinwand / Acrylic on canvas, 100 × 70 cm
Sigg Collection

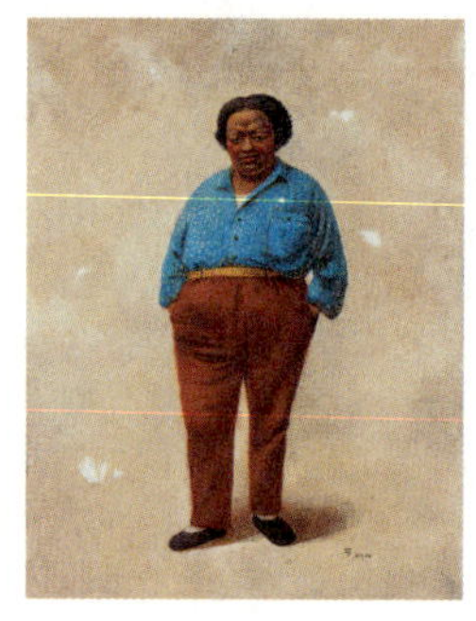

Chen Wei

S. / pp. 154–157

A Lighthouse Was Winking in the Distance, 2010
Inkjet-Print / Ink-jet print, 100 × 120 cm
M+ Sigg Collection, Hong Kong. By donation

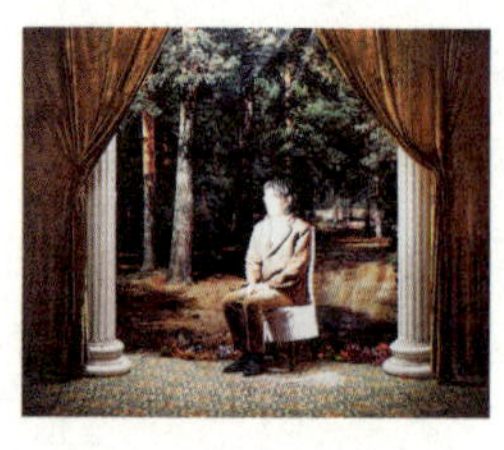

Chair and Bulb, 2010
Holzstuhl, Glühbirnen, Teppich, Kabel / Wooden chair, bulb, rug, electric wires, 120 × 120 × 90 cm
M+ Sigg Collection, Hong Kong. By donation

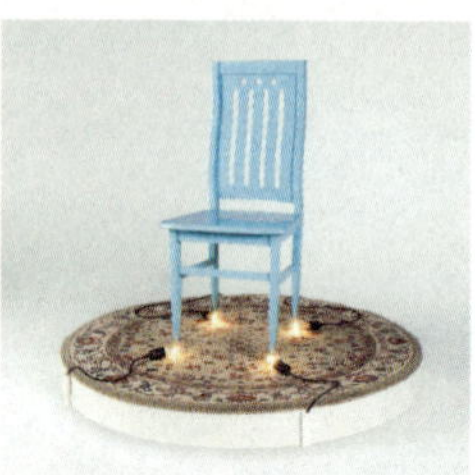

Some Dust, 2010
Inkjet-Print / Ink-jet print, 100 × 100 cm
Sigg Collection

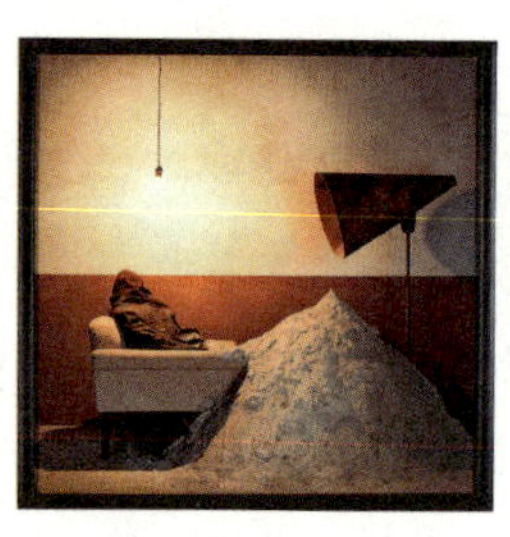

Takes a Powder Every Morning, 2010
Inkjet-Print / Ink-jet print, 100 × 100 cm
Sigg Collection

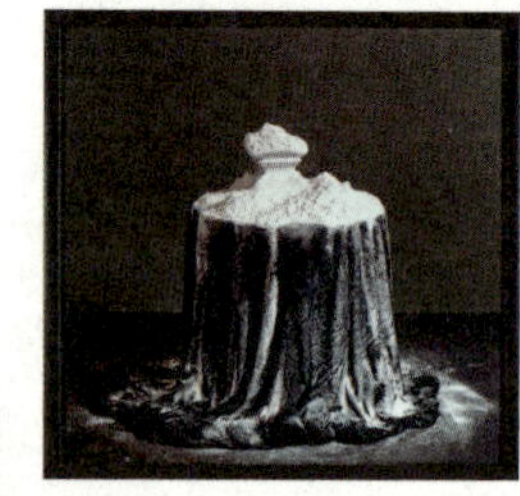

Chi Lei

S. / pp. 158–161

Red Star Motel, 2009
C-Print / C-print, 12-teilig / 12 parts, je / each 93 × 84 cm
M+ Sigg Collection, Hong Kong. By donation

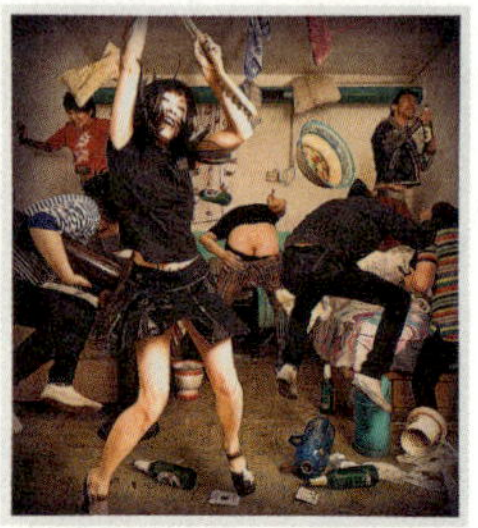

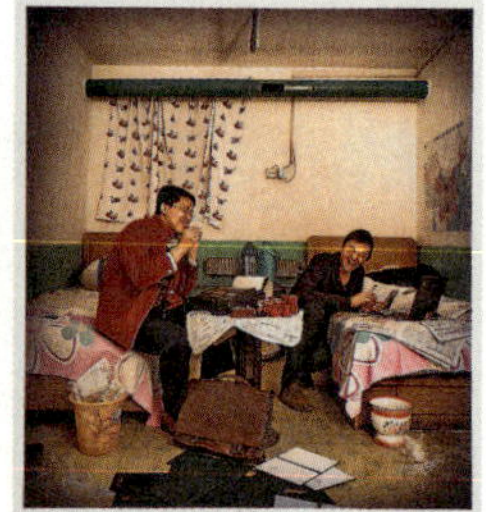

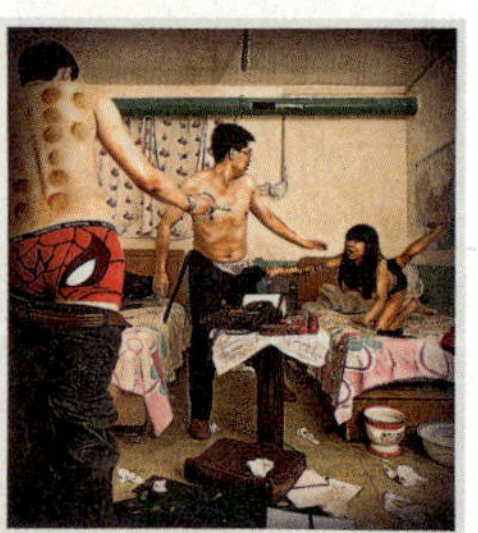

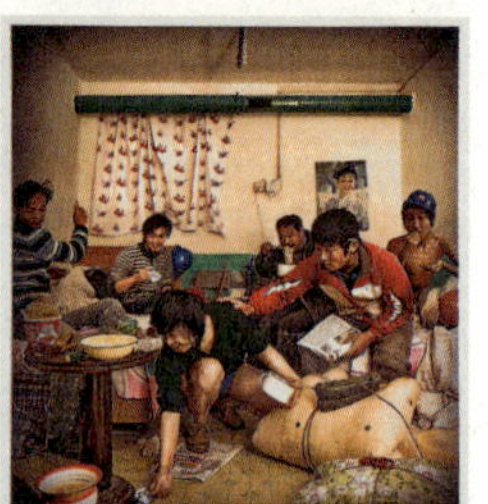

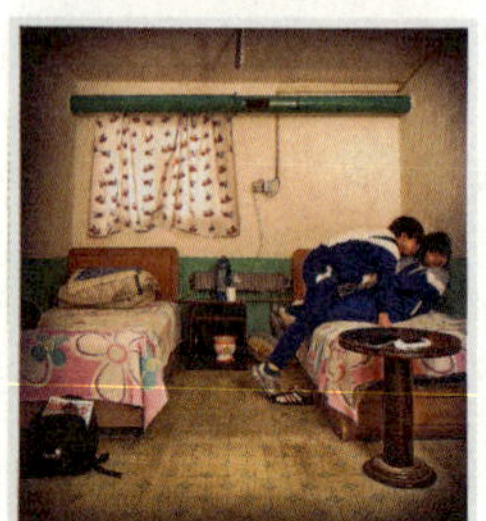

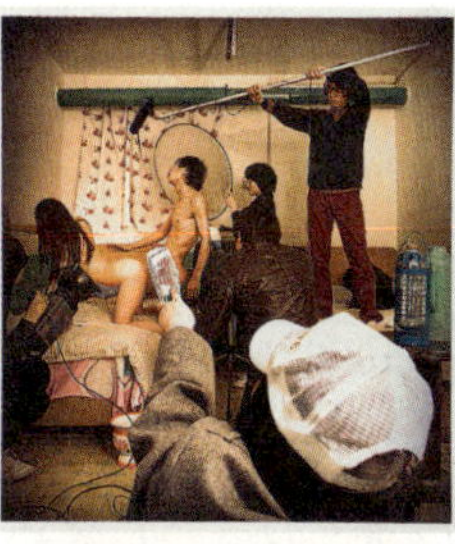

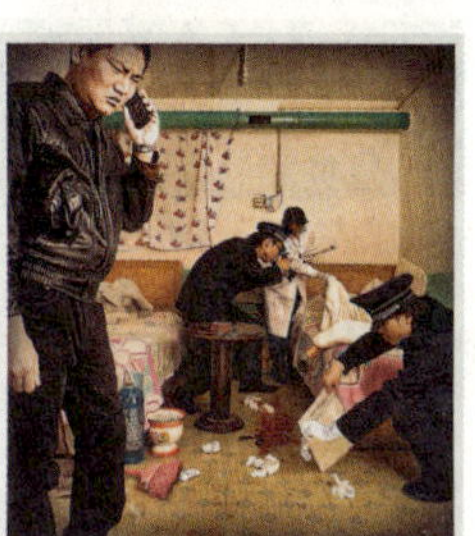

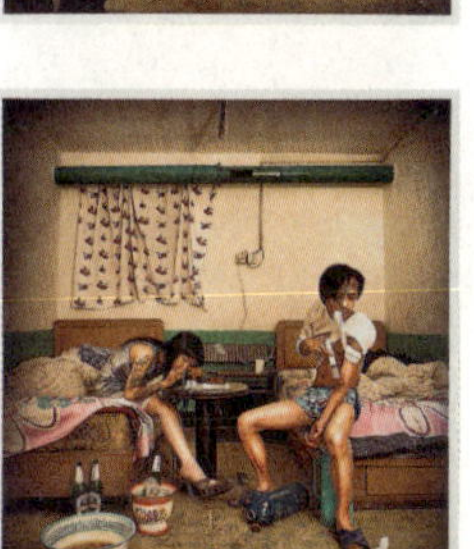

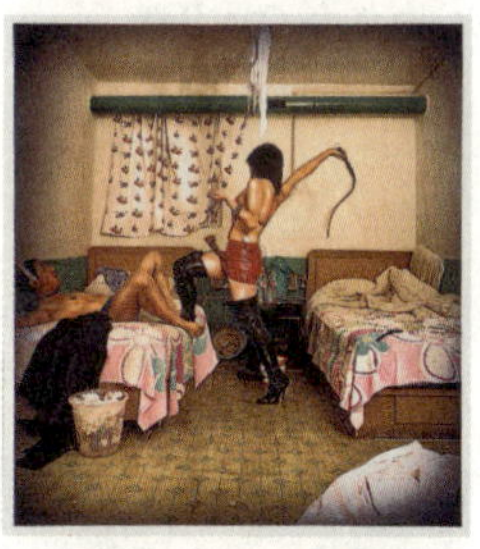

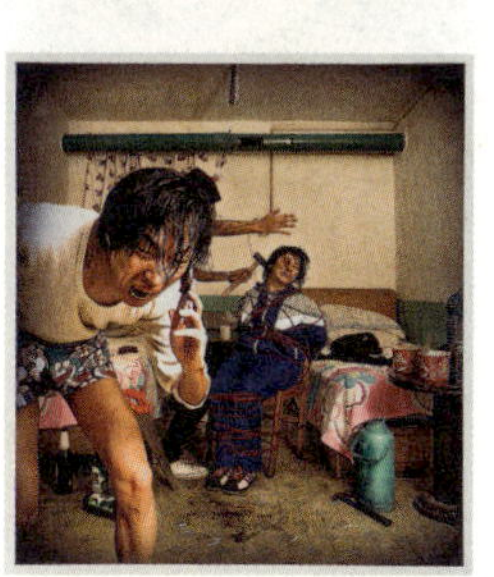

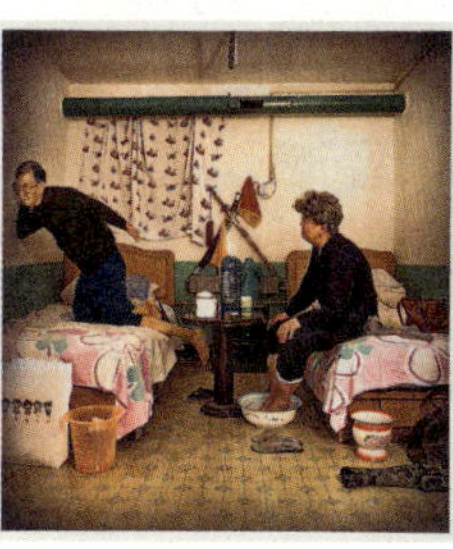

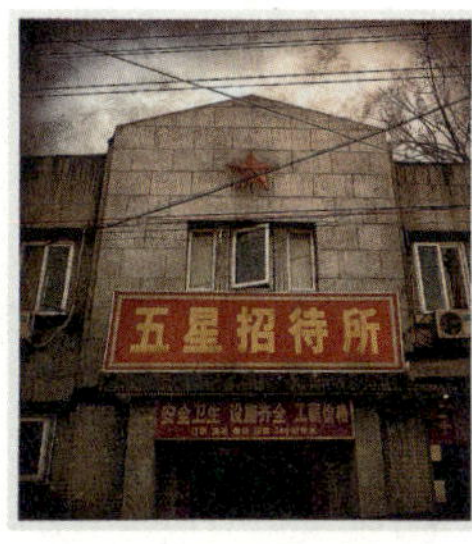

Chow Chun Fai

S. / pp. 162–165

CY Leung, 'June 4 Incident for sure was a tragedy for China,' 2012
Lack auf Leinwand / Enamel paint on canvas, 244 × 488 cm
Sigg Collection

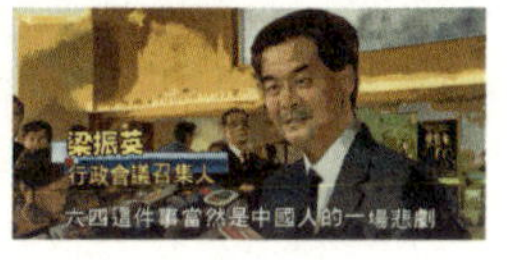

A Better Tomorrow, 'I didn't notice the beauty of Hong Kong at night,' 2013
Lack auf Leinwand / Enamel paint on canvas, 244 × 488 cm
Sigg Collection

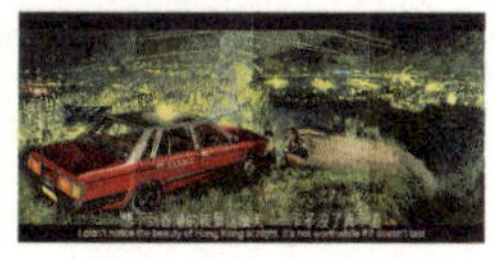

Chu Yun

S. / pp. 166–169

Dongguan's Sculpture, 2009
Stahl / Steel, 6-teilig / 6 parts, Dimensionen variabel / Dimensions variable
M+ Sigg Collection, Hong Kong. By donation

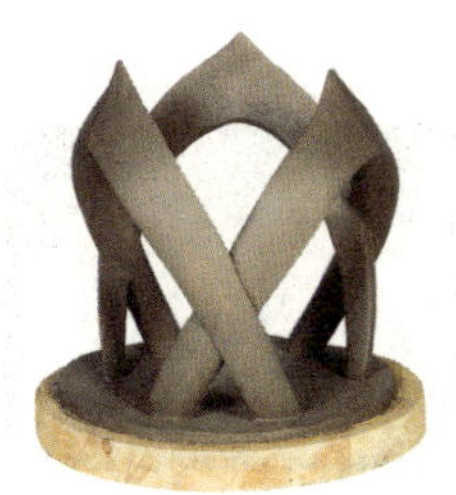

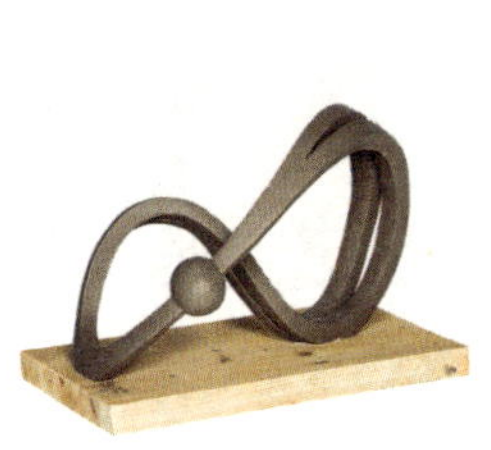

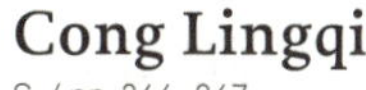

Cong Lingqi

S. / pp. 244–247

In Order to Prevent the Loss of Vision—My Roommate, 2008
Ton- und Videoinstallation / Video and audio installation, 140 × 35 × 35 cm
Sigg Collection

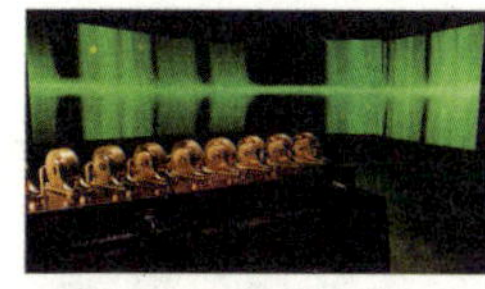

Ding Xinhua

S. / pp. 170–173

Crazy City, 2013/14
Fotografien, bemalt / Photographs, painted
59-teilig / 59 parts, 10 × 15 cm; 18,5 × 14 cm; 20 × 24,5 cm; 28 × 37 cm
Sigg Collection

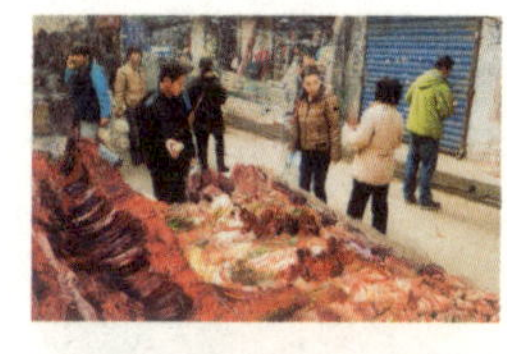

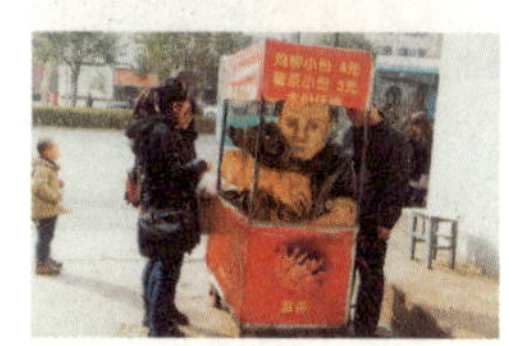

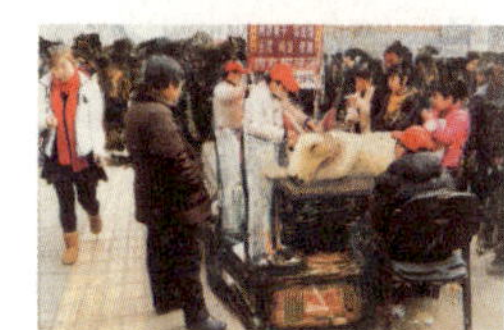

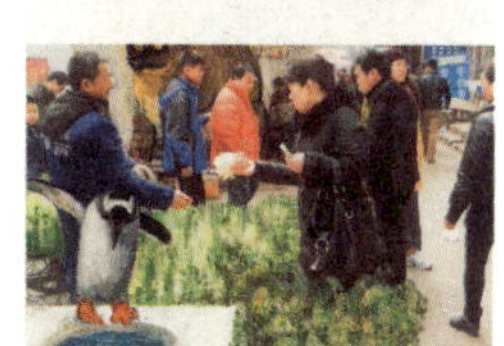

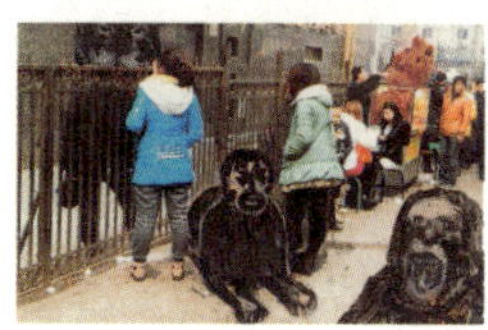

Duan Jianyu

S. / pp. 18–23

Sister No. 4, 2005
Öl auf Leinwand / Oil on canvas, 182 × 217 cm
M+ Sigg Collection, Hong Kong. By donation

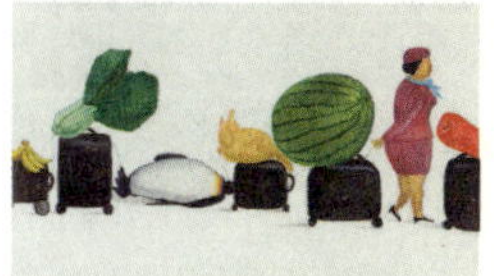

How to Relax on the Plateau – Milk an Ewe, 2007
Öl auf Leinwand / Oil on canvas, 181 × 217 cm
M+ Sigg Collection, Hong Kong. By donation

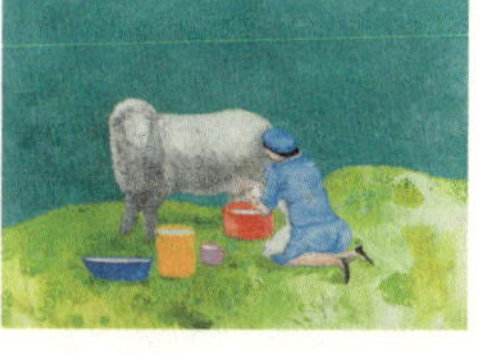

Add Blue to Green, Feeling Serious and Seasoned, 2008
Öl auf Leinwand / Oil on canvas, 29 × 61 cm
M+ Sigg Collection, Hong Kong. By donation

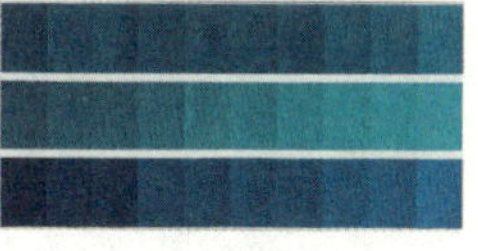

Add White to Green, Feeling Fresh and Clean, 2008
Öl auf Leinwand / Oil on canvas, 29 × 61 cm
M+ Sigg Collection, Hong Kong. By donation

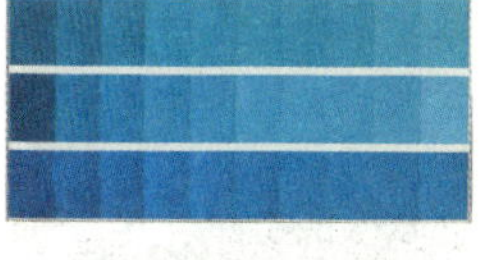

Add Yellow to Green, Feeling Lively and Friendly, 2008
Öl auf Leinwand / Oil on canvas, 29 × 61 cm
M+ Sigg Collection, Hong Kong. By donation

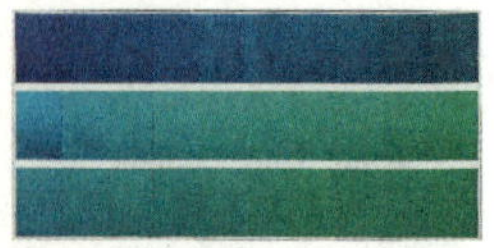

Complicated Graphic Change No. 1, 2008
Öl auf Leinwand / Oil on canvas, 80 × 80 cm
M+ Sigg Collection, Hong Kong. By donation

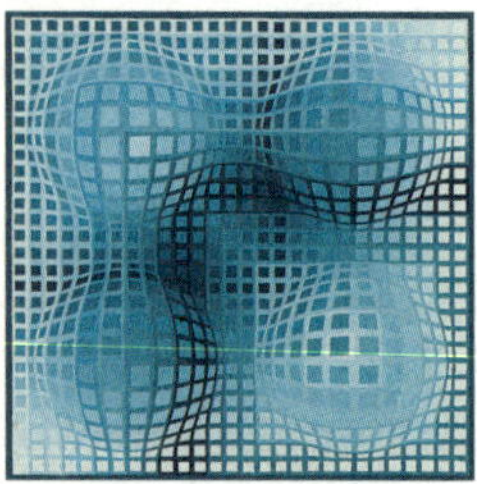

Complicated Graphic Change No. 3, 2008
Öl auf Leinwand / Oil on canvas, 168 × 160 cm
M+ Sigg Collection, Hong Kong. By donation

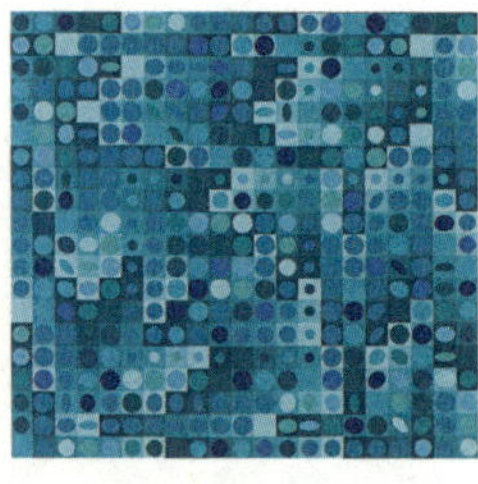

Sister No. 13, 2008
Öl auf Leinwand / Oil on canvas, 182 × 218 cm
M+ Sigg Collection, Hong Kong. By donation

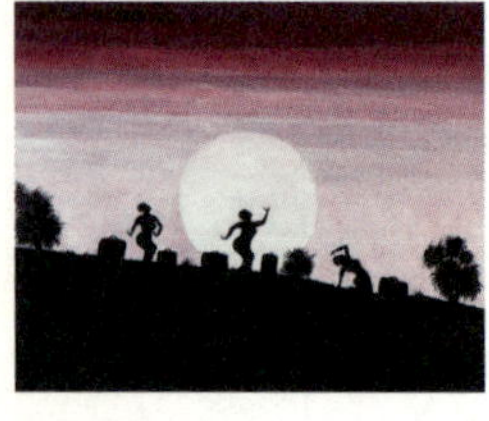

The Story of an Art Lover, No. 1, 2008
Öl auf Leinwand / Oil on canvas, 80 × 150 cm
M+ Sigg Collection, Hong Kong. By donation

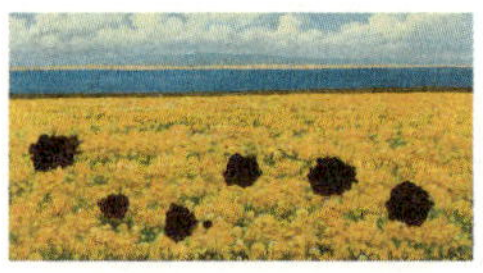

The Story of an Art Lover, No. 3, 2008
Öl auf Leinwand / Oil on canvas, 80 × 80 cm
M+ Sigg Collection, Hong Kong. By donation

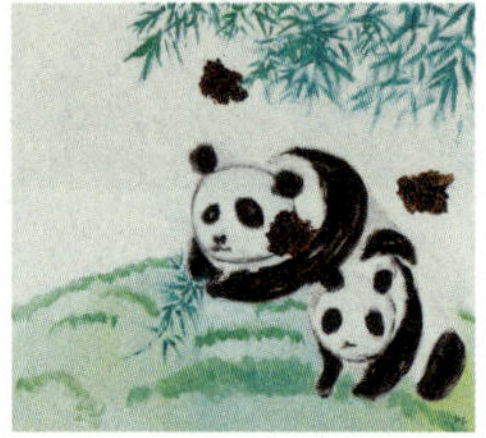

The Story of an Art Lover, No. 4, 2008
Öl auf Leinwand / Oil on canvas, 50 × 60 cm
M+ Sigg Collection, Hong Kong. By donation

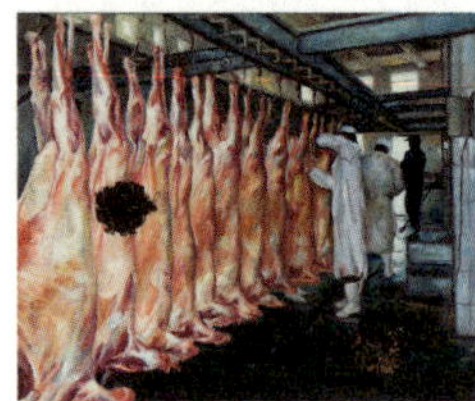

The Story of an Art Lover No. 5, 2008
Öl auf Leinwand / Oil on canvas, 60 × 50 cm
M+ Sigg Collection, Hong Kong. By donation

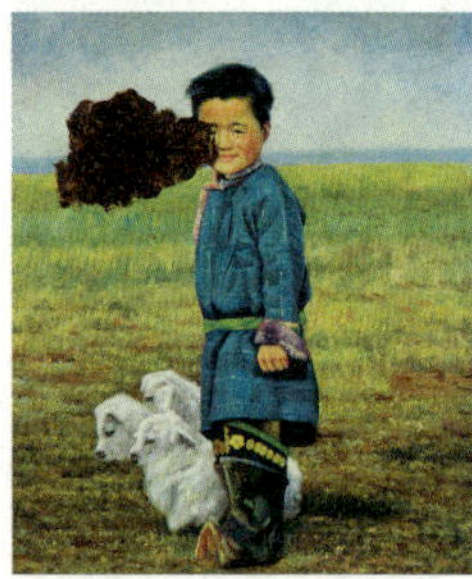

The Story of an Art Lover, No. 6, 2008
Öl auf Leinwand / Oil on canvas, 60 × 50 cm
M+ Sigg Collection, Hong Kong. By donation

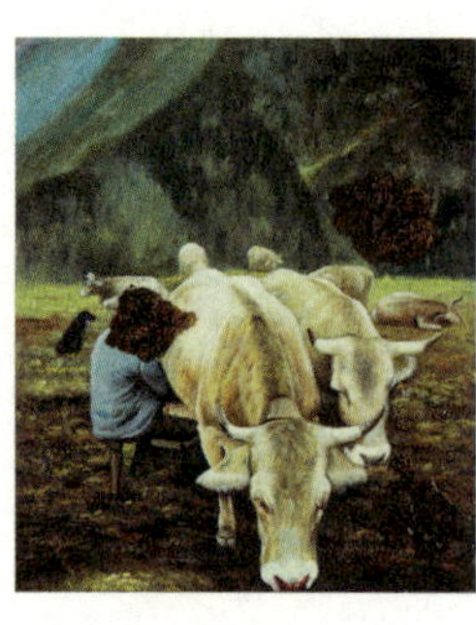

The Story of an Art Lover, No. 7, 2008
Öl auf Leinwand / Oil on canvas, 100 × 70 cm
M+ Sigg Collection, Hong Kong. By donation

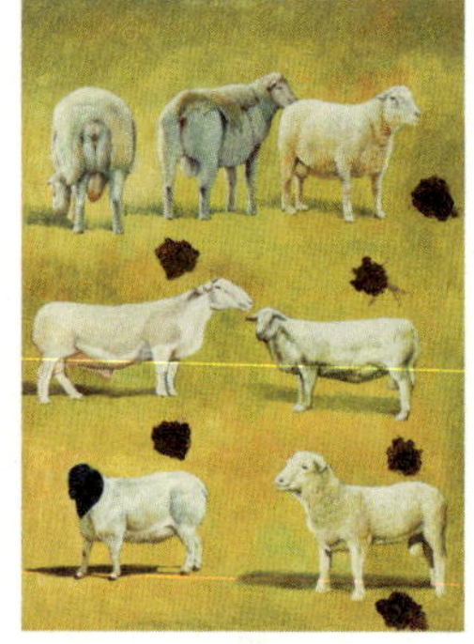

Homesickness No. 1, 2012
Öl auf Leinwand / Oil on canvas, 140 × 180 cm
Sigg Collection

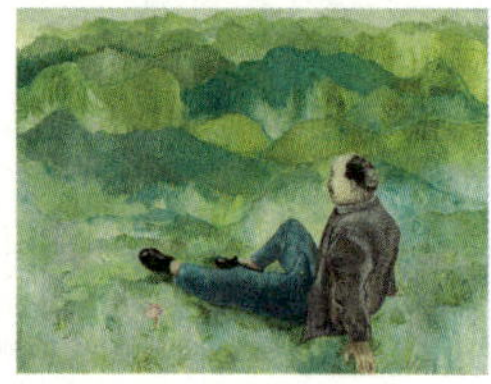

Fang Lijun
S. / pp. 248–249

Untitled, 2007
Öl auf Leinwand / Oil on canvas, 3 Tafeln / 3 panels, 360 × 750 cm
M+ Sigg Collection, Hong Kong. By donation

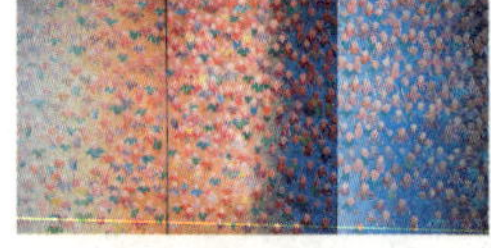

Feng Mengbo
S. / pp. 76–79

Not Too Late, 2010
Mehrkanal-Videoprojektion / Multichannel video installation, Dimensionen variabel / Dimensions variable
Sigg Collection

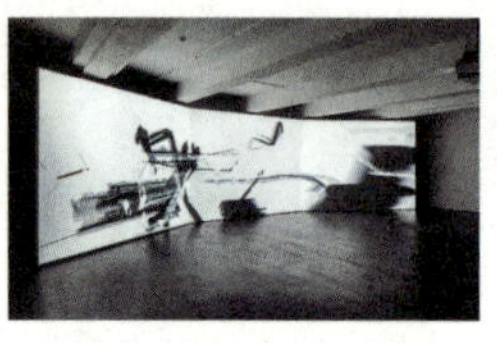

He Xiangyu
S. / pp. 174–177

Death of Marat, 2011
Glasfasern, Silikagel, Textil, Haare / Fiberglass, silica gel, clothes, hair, 175 × 50 × 35 cm
Sigg Collection

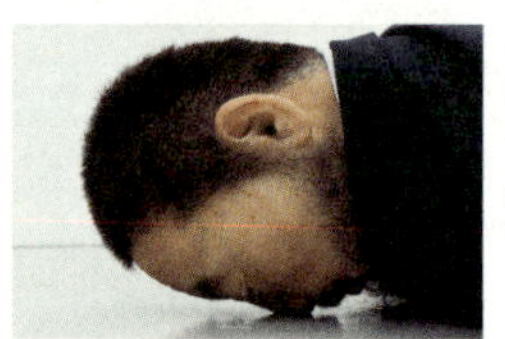

The Tank Project, 2011–2013
Pflanzlich gegerbtes Leder / Plant-based-tanned leather, 890 × 450–500 × 100–150 cm
Sigg Collection

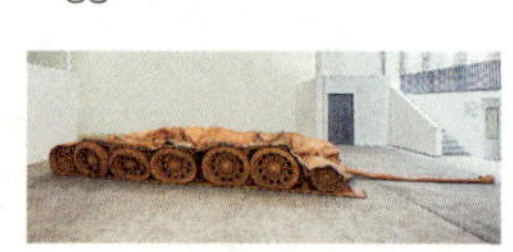

Hu Xiangqian
S. / pp. 178–181

Flying Blue Flag, 2006
Video, Farbe, Ton, 18:33 Min. / Video, color, sound, 18:33 min.
M+ Sigg Collection, Hong Kong. By donation

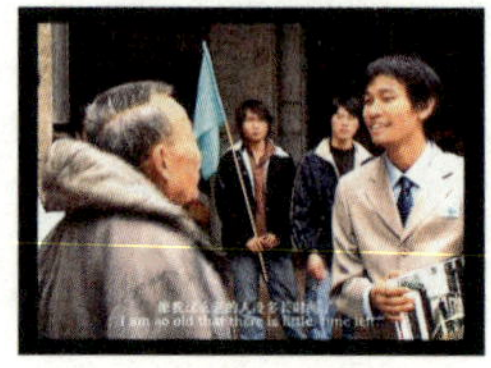

Jiang Zhi
S. / pp. 250–252

Rainbow—Out of Service 4, 2008
C-Print / C-print, 2 Tafeln / 2 panels, 180 × 466 cm
M+ Sigg Collection, Hong Kong. By donation

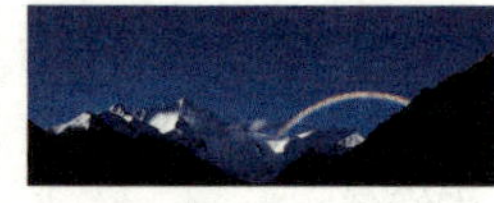

Jin Jiangbo
S. / pp. 80–83

Poetic Writing for Nature, 2013
Interaktive Video-installation / Interactive video installation, Dimensionen variabel / Dimensions variable
Sigg Collection

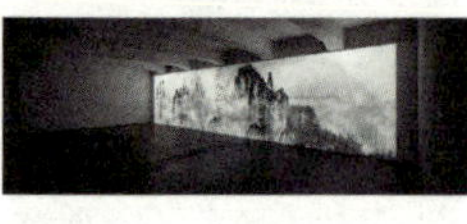

Jing Kewen
S. / pp.182–185

Dream 2007, No. 1, 2007
Öl auf Leinwand / Oil on canvas, 200 × 300 cm
M+ Sigg Collection, Hong Kong. By donation

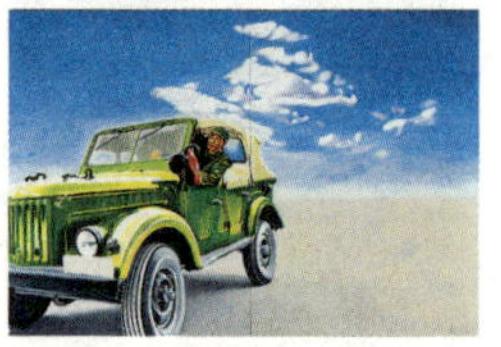

Dream 2008, No. 1 (Nurses), 2008
Öl auf Leinwand / Oil on canvas, 250 × 350 cm
M+ Sigg Collection, Hong Kong. By donation

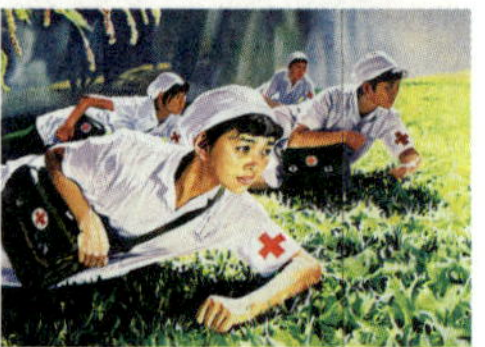

Jun Yang
S. / pp. 254–257

Paris Syndrome, 2007/08
Video, 16:9, Farbe, Ton, 10 Min. / Video, 16:9, color, sound, 10 min.
M+ Sigg Collection, Hong Kong. By donation

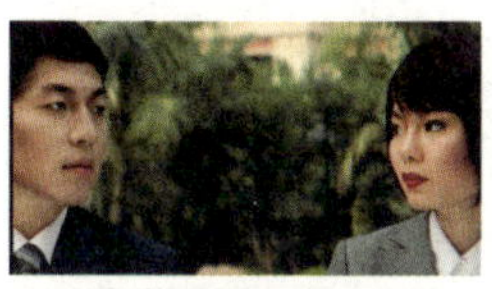

Kan Xuan
S. / pp. 258–261

A Happy Girl, 2002
Video, Farbe, Ton, 1:39 Min. / Video, color, sound, 1:39 min.
M+ Sigg Collection, Hong Kong. By donation

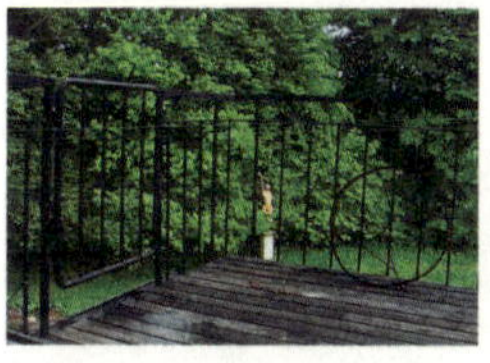

Li Dafang
S. / pp. 84–87

Letter, 2005
Öl auf Leinwand / Oil on canvas, 150 × 300 cm
M+ Sigg Collection, Hong Kong. By donation

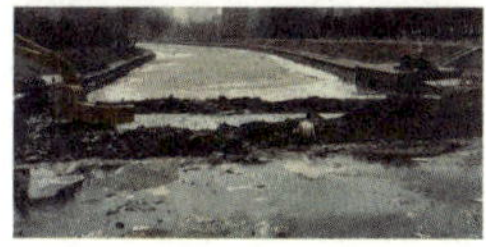

E Han in Armour, 2006
Öl auf Leinwand / Oil on canvas, 190 × 320 cm
M+ Sigg Collection, Hong Kong. By donation

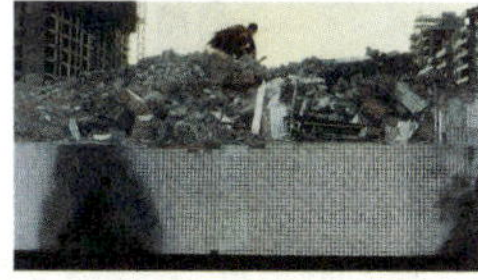

Li Shan
S. / pp. 88–91

Restructuring Plan, 1996–2006
C-Print, Leuchtkasten / C-print, light box, 13-teilig / 13 parts, je / each 60 × 80 cm
Sigg Collection

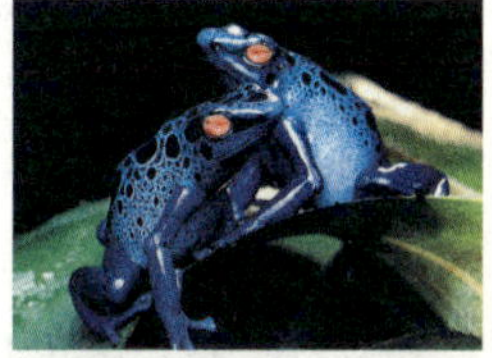

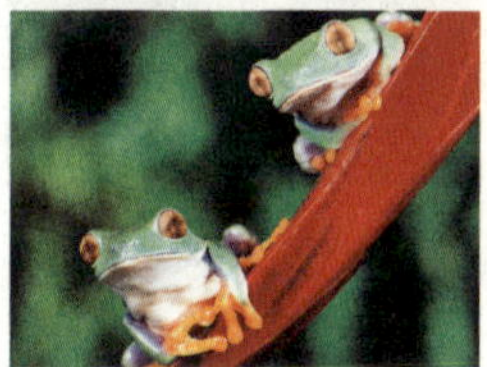

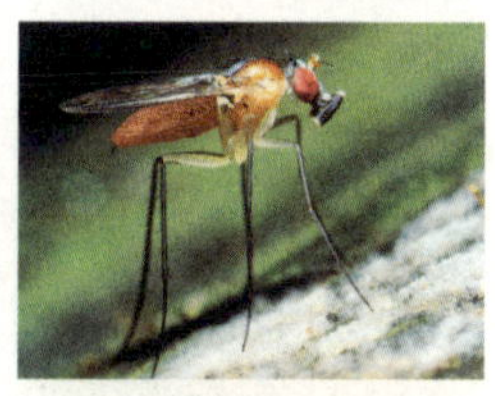

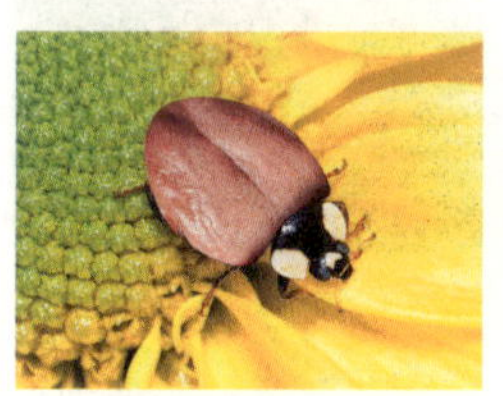

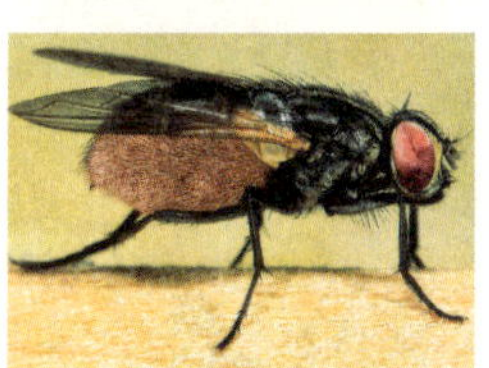

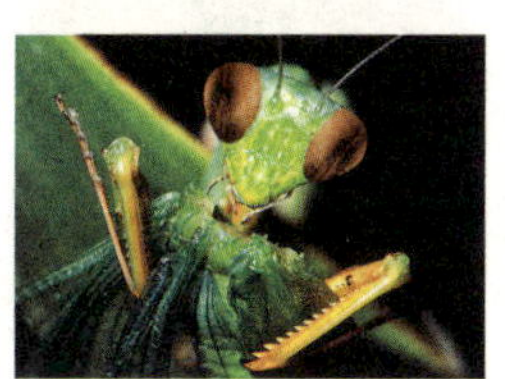

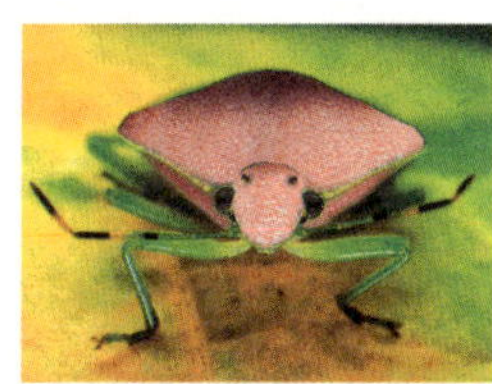

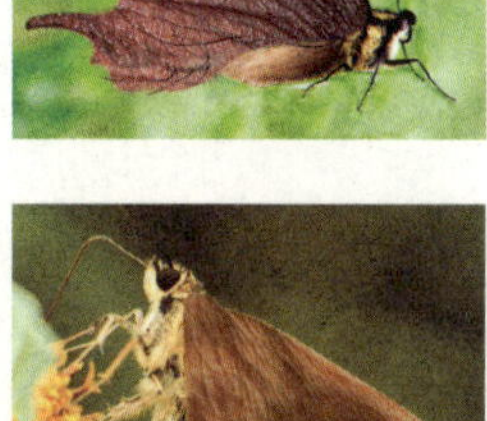

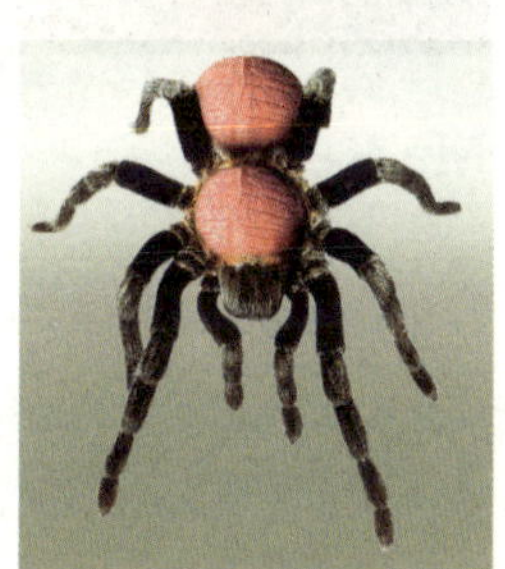

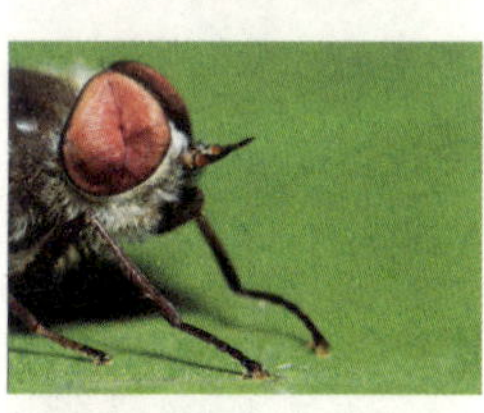

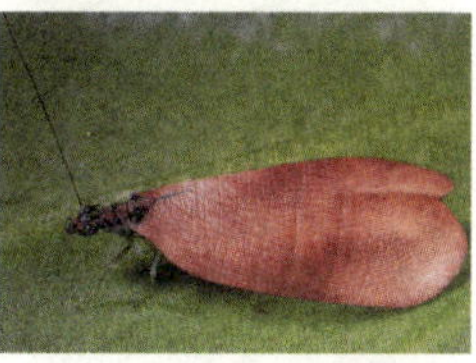

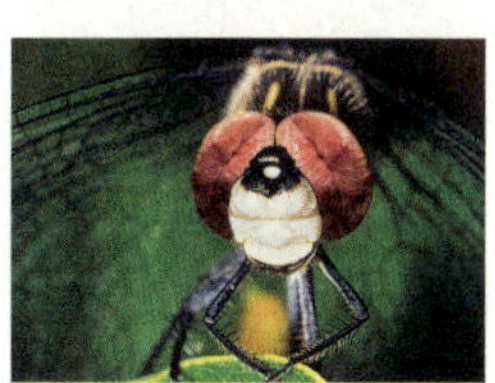

Li Songhua
S. / pp. 186–189

Keynote Speech, 2005
Video, Farbe, Ton, 23:12 Min. / Video, color, sound, 23:12 min.
M+ Sigg Collection, Hong Kong. By donation

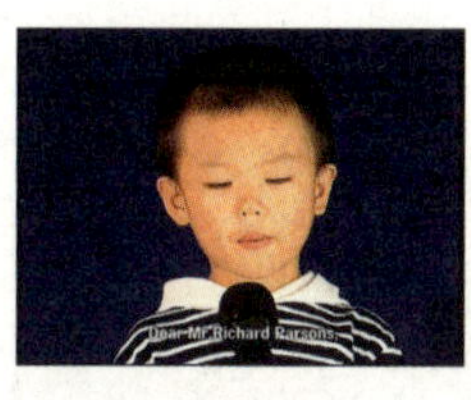

Li Songsong
S. / pp. 190–192

Undurkhan, 2005
Acryl auf Leinwand / Acrylic on canvas, 4-teilig / 4 parts, 200 × 400 cm
M+ Sigg Collection, Hong Kong. By donation

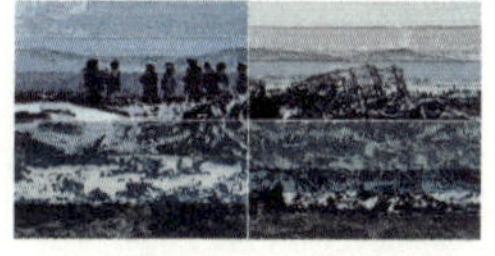

Li Tianbing
S. / pp. 262–265

Ensemble # 1 + 2, 2008
Öl auf Leinwand / Oil on canvas, 2 Tafeln / 2 panels, 200 × 400 cm
M+ Sigg Collection, Hong Kong. By donation

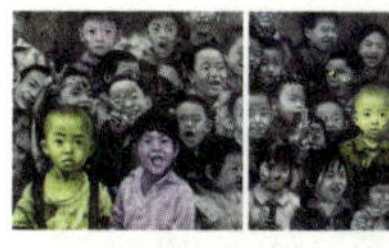

Li Xi
S. / pp. 92–97

Untitled, 2007
Tusche auf Papier / Ink on paper, 94 × 92 cm
Sigg Collection

Bardo-Mind Landscape, 2009
Mischtechnik auf Leinwand / Mixed media on canvas, 320 × 170 cm
Sigg Collection

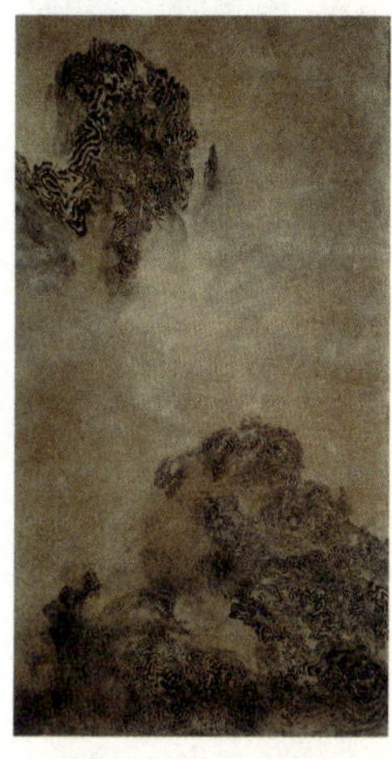

Song Painting (Middle Country-Growing), 2011
Mischtechnik auf Leinwand / Mixed media on canvas, 250 × 170 cm
Sigg Collection

Liang Yuanwei
S. / pp. 24–29

Piece of Life, 2007
Öl auf Leinwand / Oil on canvas, 140 × 120 cm
Sigg Collection

Piece of Life, 2007
Öl auf Leinwand / Oil on canvas, 140 × 120 cm
M+ Sigg Collection, Hong Kong. By donation

Piece of Life, 2007
Öl auf Leinwand / Oil on canvas, 140 × 120 cm
M+ Sigg Collection, Hong Kong. By donation

Piece of Life, 2007
Öl auf Leinwand / Oil on canvas, 140 × 120 cm
M+ Sigg Collection, Hong Kong. By donation

Piece of Life, 2007
Öl auf Leinwand / Oil on canvas, 140 × 120 cm
M+ Sigg Collection, Hong Kong. By donation

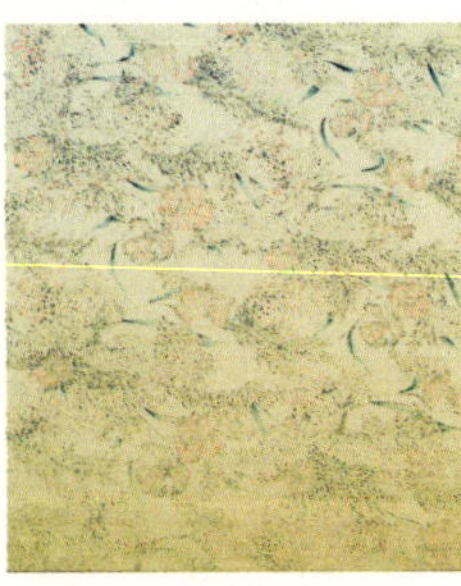

Liu Ding

S. / pp. 30–33

Products, 2005
40 Gemälde, Möbel, Teppich / 40 tableaus, furniture, carpet, Dimensionen variabel / Dimensions variable
M+ Sigg Collection, Hong Kong. By donation

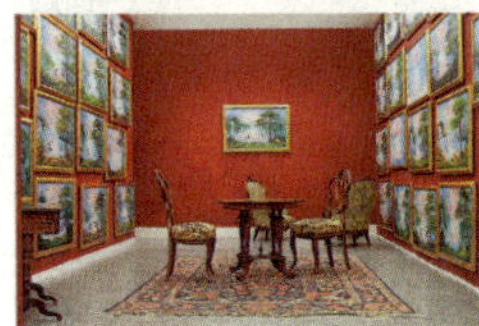

Liu Wei

S. / pp. 34–37

Yes. That's All!-1, 2009
Öl auf Leinwand / Oil on canvas, 180 × 220 cm
M+ Sigg Collection, Hong Kong. By donation

Yes. That's All!-9, 2009
Installation (10 Fernseher / TV screens), 288 × 400 × 120 cm
M+ Sigg Collection, Hong Kong. By donation

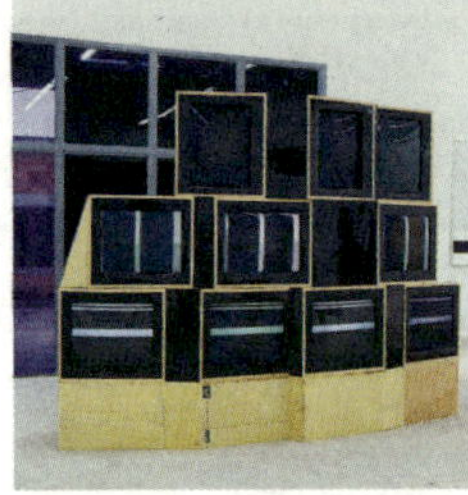

Eastward, 2010
Öl auf Leinwand / Oil on canvas, 180 × 440 cm
Sigg Collection

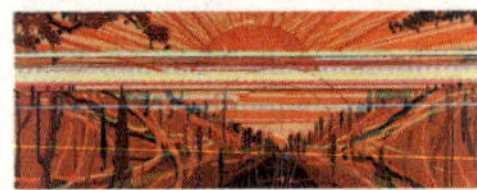

Westward, 2010
Öl auf Leinwand / Oil on canvas, 180 × 440 cm
Sigg Collection

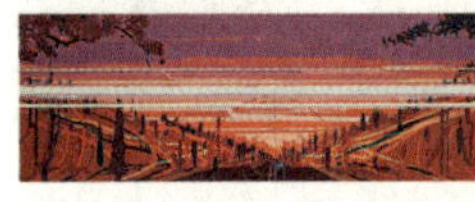

Lu Yang

S. / pp. 266–269

Wrathful King Kong Core, 2011
Video, Farbe, Ton, 14:47 Min. / Video, color, sound, 14:47 min.
Sigg Collection

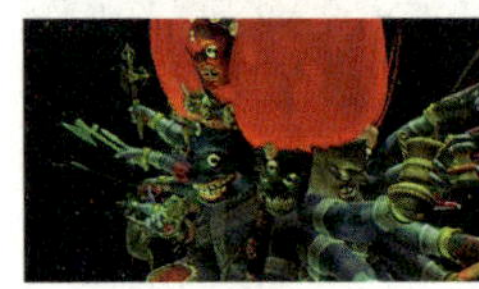

Ma Ke

S. / pp. 38–43

Under the Light, 2008
Öl auf Leinwand / Oil on canvas, 254 × 200 cm
Sigg Collection

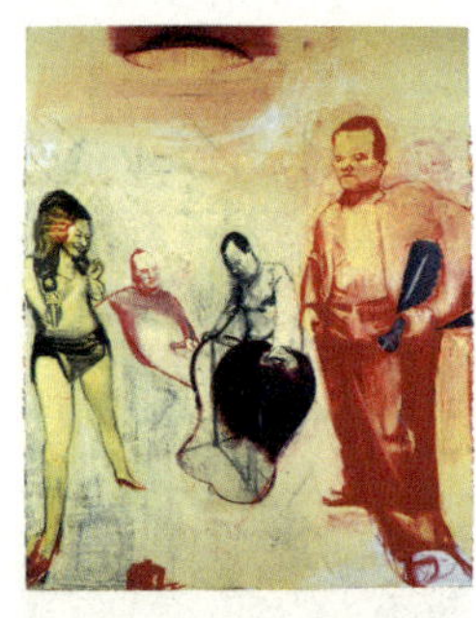

Mark the Boat to Locate the Sword, 2010
Öl auf Leinwand / Oil on canvas, 254 × 200 cm
Sigg Collection

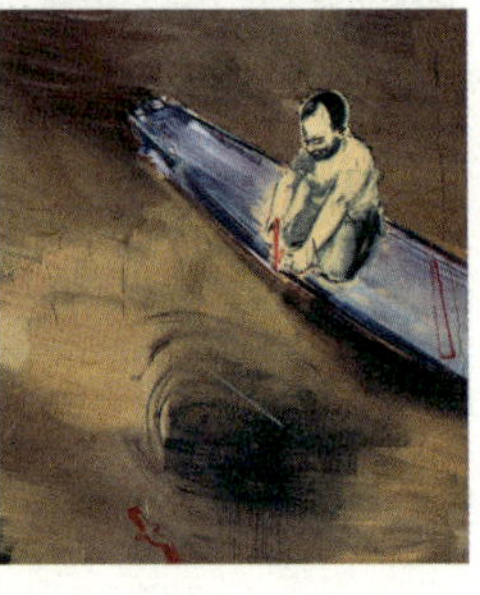

Dawn, 2012
Öl auf Leinwand / Oil on canvas, 133 × 236 cm
Sigg Collection

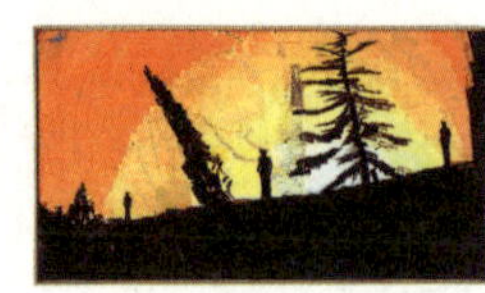

Embrace, 2012
Öl auf Leinwand / Oil on canvas, 212 × 318 cm
Sigg Collection

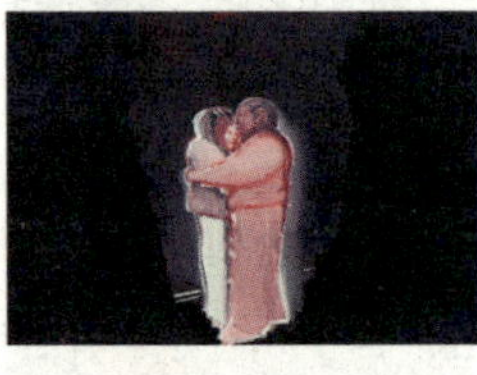

Walloping, 2012
Öl auf Leinwand / Oil on canvas, 300 × 245 cm
Sigg Collection

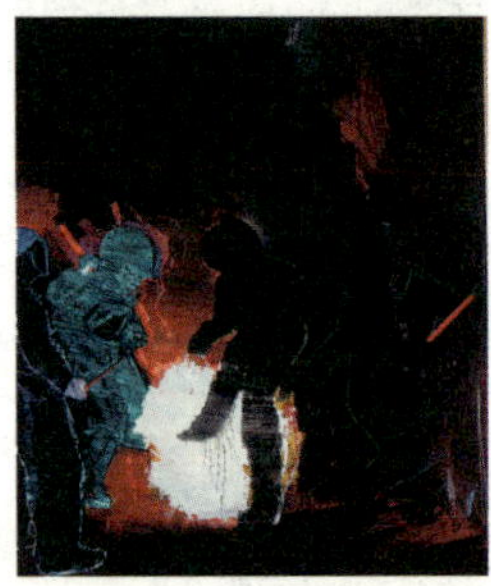

Heavy Curtain, 2013
Öl auf Leinwand / Oil on canvas, 254 × 200 cm
Sigg Collection

MadeIn Company / Xu Zhen

S. / pp. 44–48

Changqi Village, Chishui Town, Guizhou Province, China, 2011
Öl auf Leinwand, Blattgold, antiker Bilderrahmen / Oil on canvas, gold leaf, classic frame, 126 × 190 cm
Sigg Collection

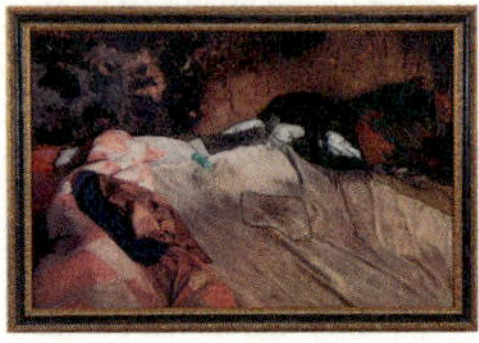

Miao Residence, Malin Village, Xishui District, Guizhou Province, China, 2011
Öl auf Leinwand, Blattgold, antiker Bilderrahmen / Oil on canvas, gold leaf, classic frame, 190 × 126 cm
Sigg Collection

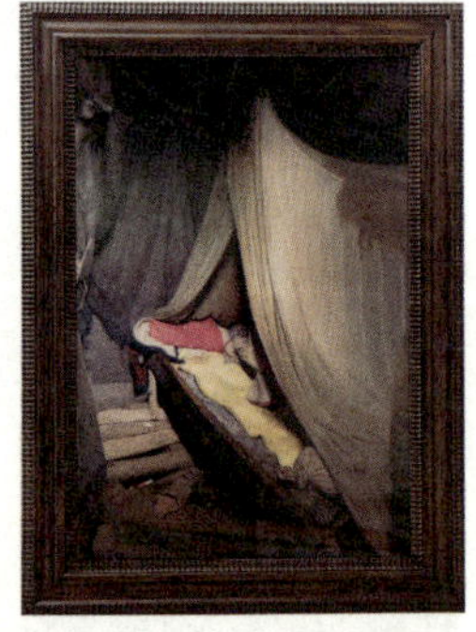

Sponge Piano, 2011
Schaumstoff, Wachs / Foam, wax, 260 × 210 × 255 cm
Sigg Collection

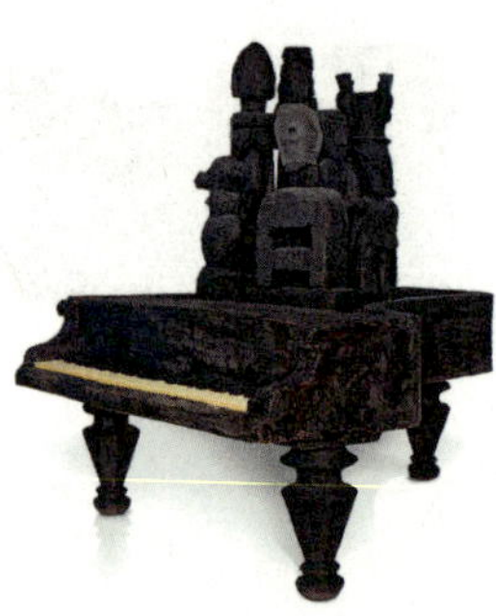

Mao Tongqiang
S. / pp. 194–197

Leasehold, 2009
1300 gerahmte Pachtdokumente / 1300 framed leasehold documents, Dimensionen variabel / Dimensions variable
M+ Sigg Collection, Hong Kong. By donation

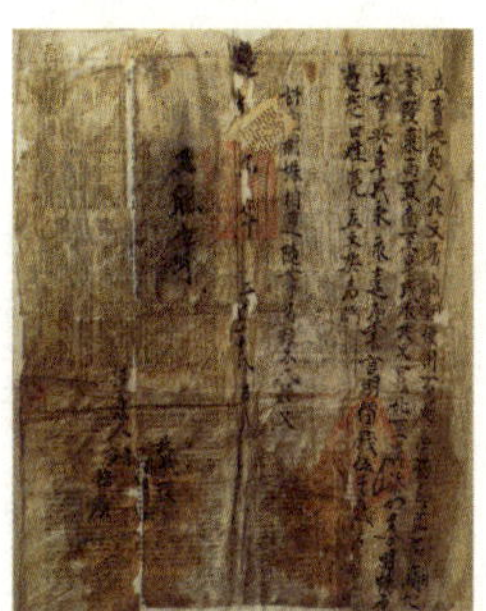

Ming Wong
S. / pp. 270–273

Angst essen / Eat Fear, 2008
Video, Farbe, Ton, 27 Min. / Video, color, sound, 27 min.
Sigg Collection

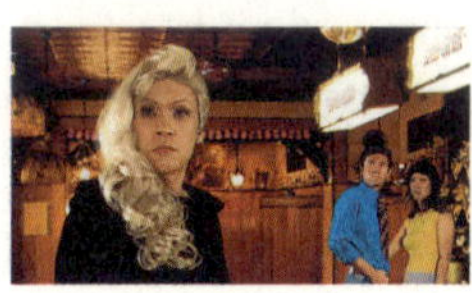

Ni Youyu
S. / pp. 98–101

Forest, 2013
Öl auf Leinwand / Oil on canvas, 200 × 440 cm
Sigg Collection

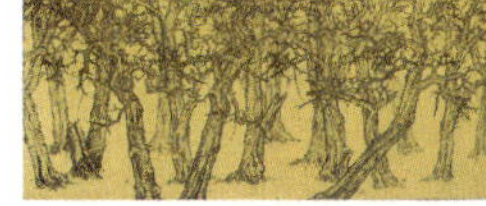

Forest II, 2014
Öl auf Leinwand / Oil on canvas, 200 × 440 cm
Sigg Collection

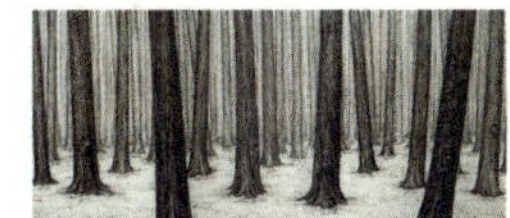

O Zhang
S. / pp. 274–277

Horizon, 2006
Lightjet-Print / Lightjet print, 21-teilig / 21 parts, je / each 103 × 85 cm
M+ Sigg Collection, Hong Kong. By donation

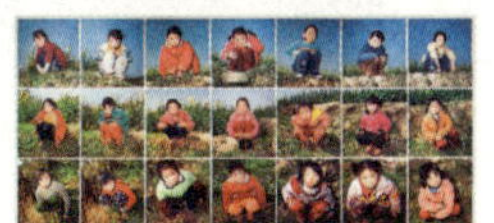

Pei Li
S. / pp. 278–281

Five Stages of Grief, 2013
Video, Farbe, Ton, 5 Min. / Video, color, sound, 5 min.
Sigg Collection

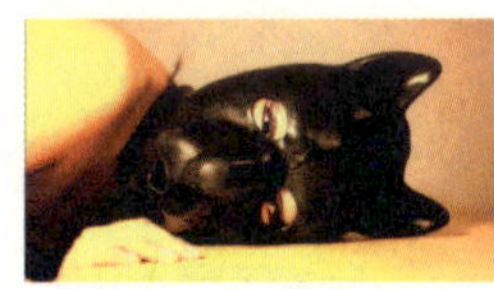

Peng Wei
S. / pp. 102–105

The Lost Stones, 2012
Tusche auf Papier / Ink on paper, mehrteilig / multipart, 355 × 637 cm
Sigg Collection

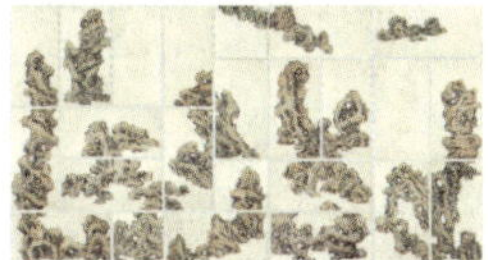

Qiu Qijing
S. / pp. 106–109

Aus der Serie / From the series: *Yao*, 2011
Schwarze Hotan-Jade / Hotan black jade
Sigg Collection

Wood
27,5 × 8 × 7 cm

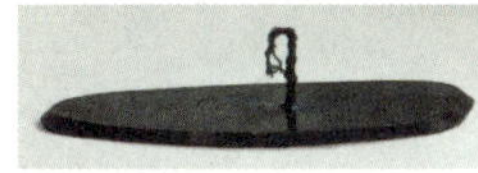

Mountain
32 × 8,5 × 5 cm

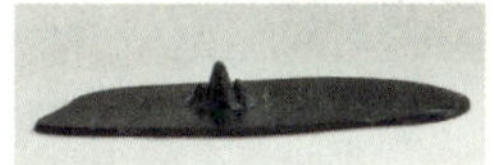

Water
30 × 9 × 4,5 cm

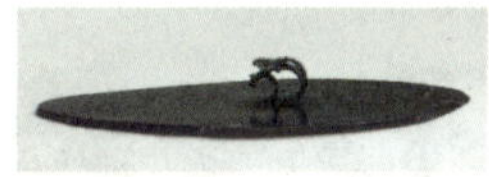

Qu Yan
S. / pp. 198–201

Power Space—Village Series, 2005–2007
Farbfotografie / Color photograph, 10-teilig / 10 parts, je / each 100 × 130 cm
M+ Sigg Collection, Hong Kong. By donation.

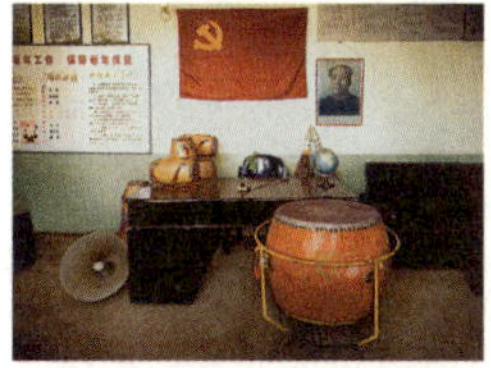

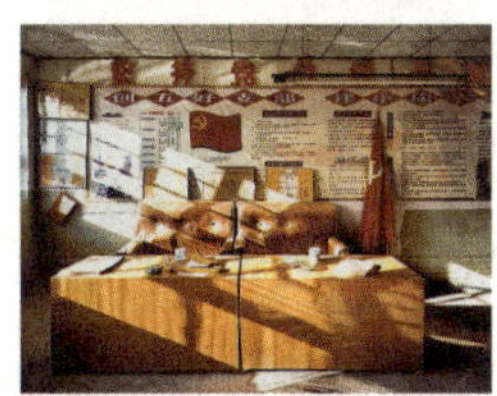

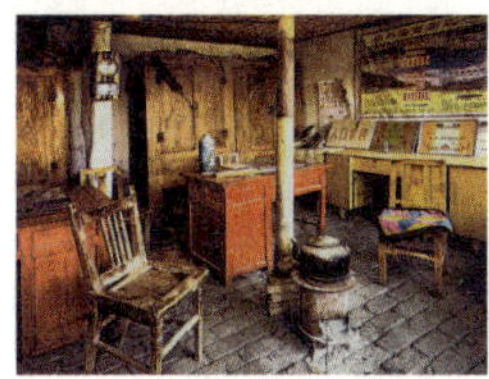

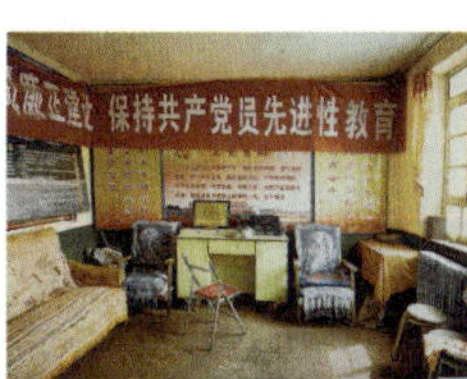

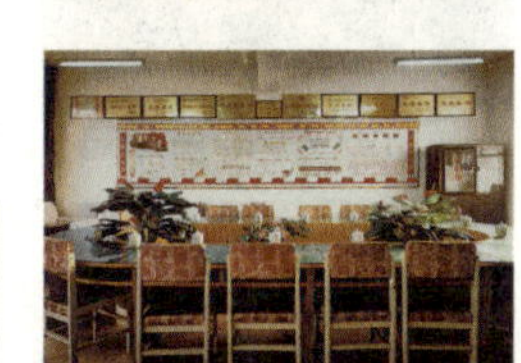

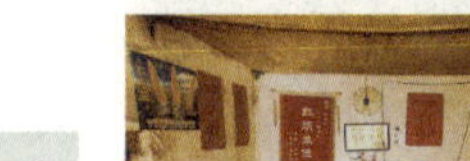

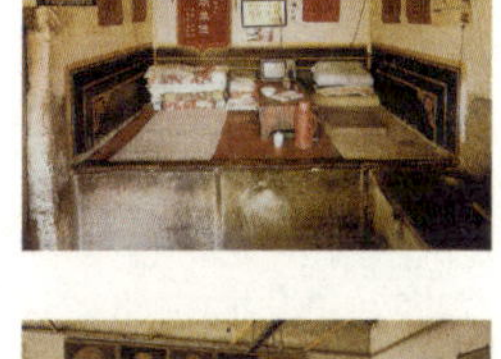

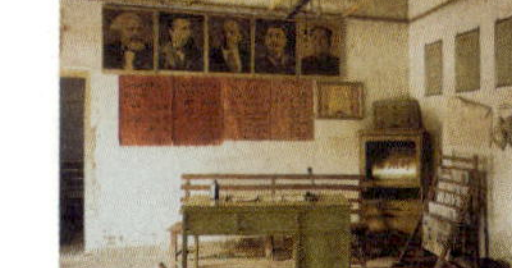

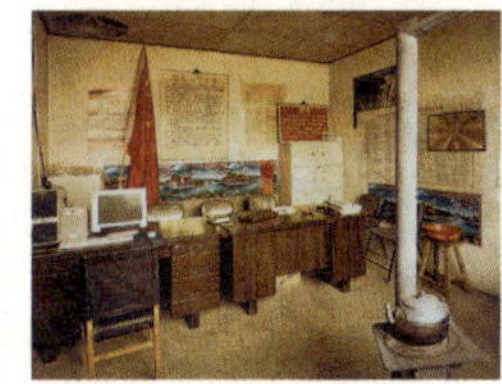

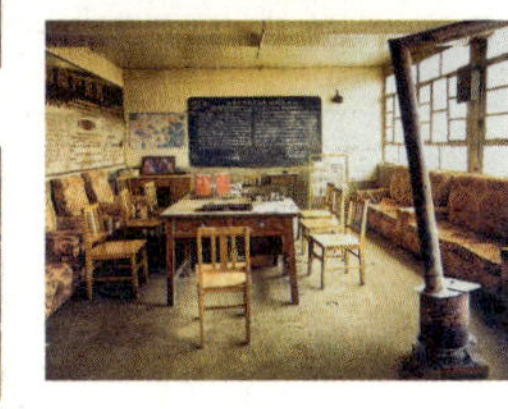

Shao Fan
S. / pp. 50–55

Project No. 1 of Year 2004, 2004/05
Ulmenholz, Plexiglas / Elm wood, acrylic glass, 150 × 100 × 100 cm
Sigg Collection

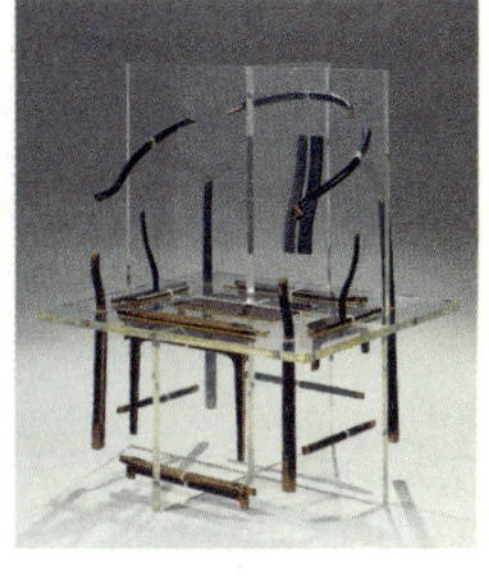

Project No. 1, 2006
Ulmenholz, Acryl / Elm wood, acrylic, 200 × 100 × 99 cm
Sigg Collection

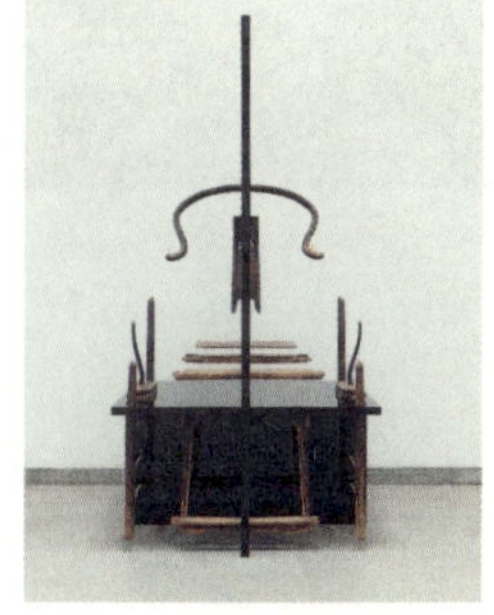

Moon Rabbit, 2010
Öl auf Leinwand / Oil on canvas, Durchmesser / diameter 220 cm
Sigg Collection

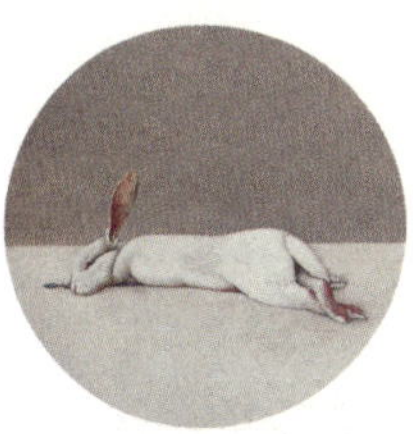

You, 2011
Öl auf Leinwand / Oil on canvas, 210 × 170 cm
M+ Sigg Collection, Hong Kong. By donation

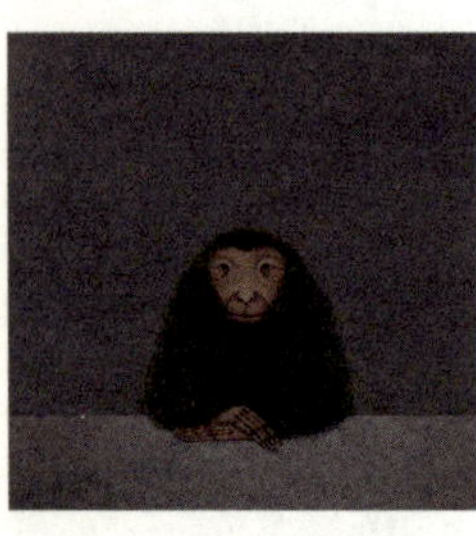

Grandmother Rabbit, 2012
Öl auf Leinwand / Oil on canvas, 50 × 60 cm
Sigg Collection

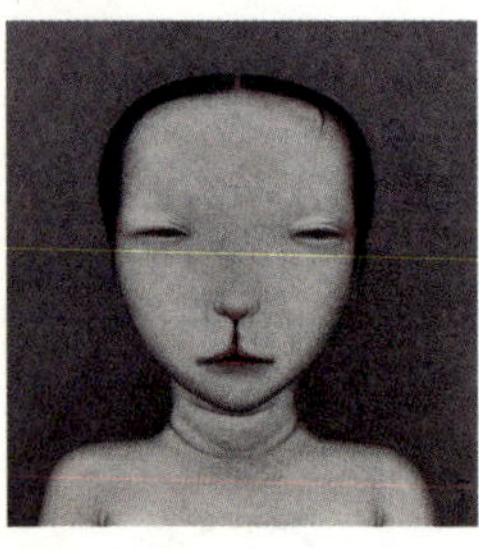

Rabbit Portrait Jiawu1, 2014
Tusche auf Papier / Ink on paper, 302 × 140 cm
Sigg Collection

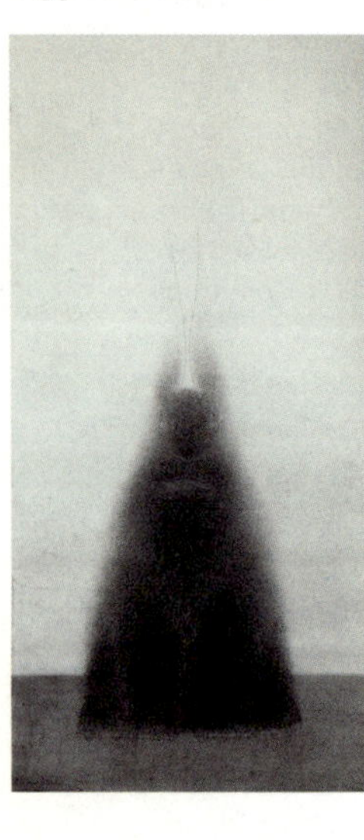

Shao Wenhuan

S. / pp. 110–113

Aus der Serie / From the series: *Pictures of the Lost*, 2011
Mischtechnik / Mixed media
Sigg Collection

Musheng Garden 3
180 x 300 cm

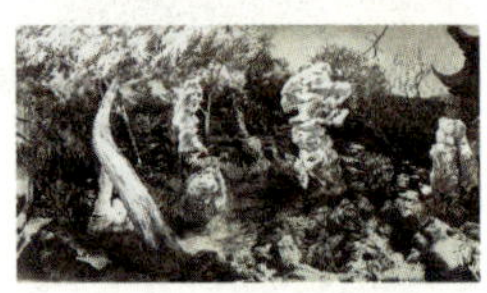

Musheng Garden 5
180 x 300 cm

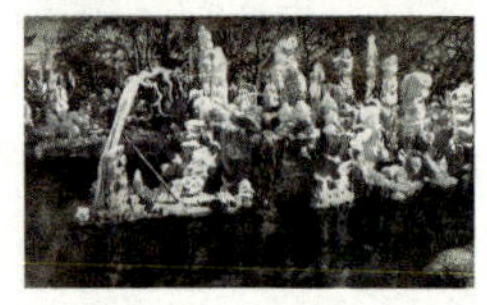

Shen Shaomin

S. / pp. 114–115

Bonsai, 2009
Mischtechnik / Mixed media, 80 × 30 × 30 cm
M+ Sigg Collection, Hong Kong. By donation

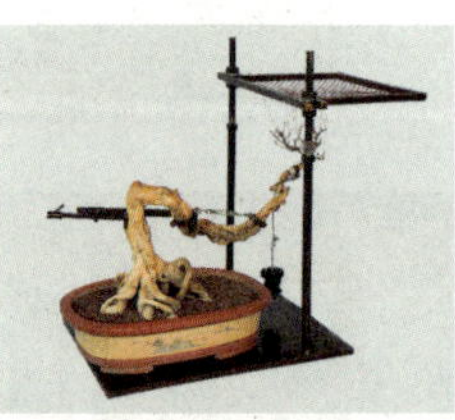

Bonsai No.19, 2015
Mischtechnik / Mixed media, 184 × 83 × 52 cm
Sigg Collection

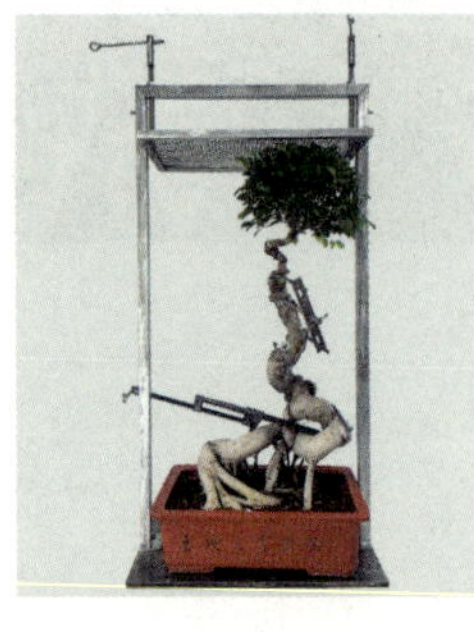

Shen Xuezhe

S. / pp. 202–205

Aus der Serie / From the series: *Tumen River on the Border*, 2010/11
Silbergelatineabzug / Gelatin silver print
Sigg Collection

Tourist Group on Tumen Customs Bridge, 2010
44,2 × 54,7 cm

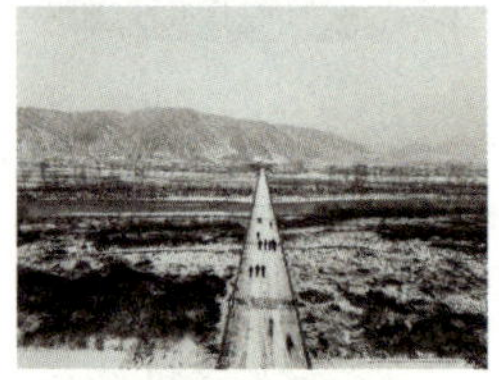

Dooman River Broken Bridge, 2010
44,2 × 54,7 cm

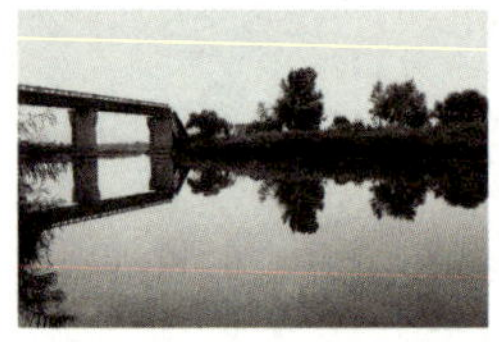

Jiandao, 2010
44,2 × 54,7 cm

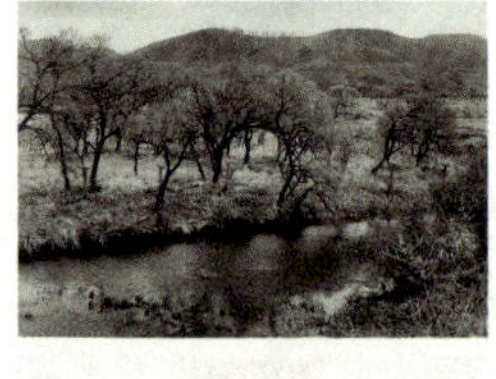

Wisps of Smoke Rising from the Kitchen Chimneys of North Korean Village, 2010
44,2 × 54,7 cm

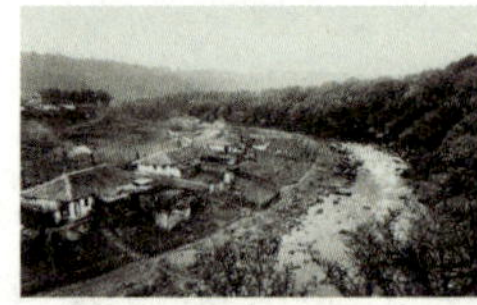

Patrol Way, 2010
44,2 × 54,7 cm

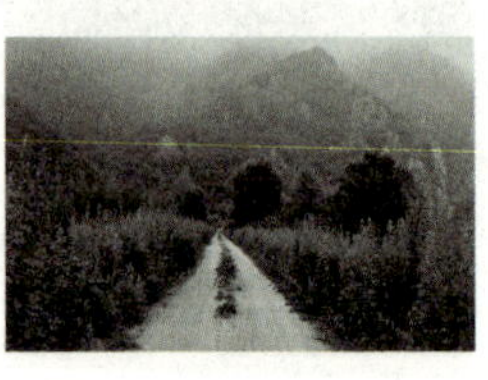

Owl on the Tree, 2010
44,2 × 54,7 cm

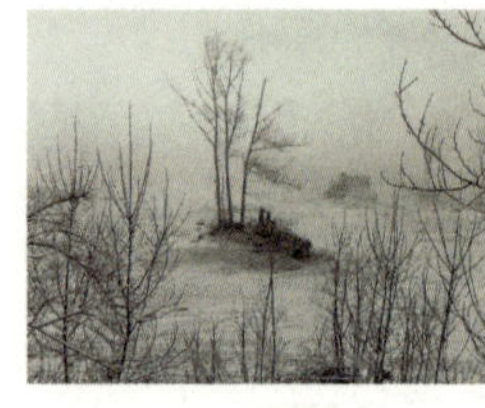

Huining, 2010
44,2 × 54,7 cm

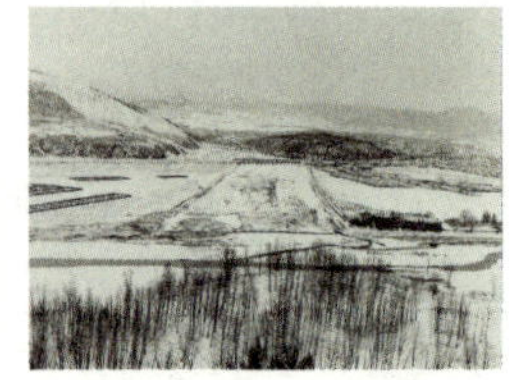

North Korean Farmers Doing Farm Work, 2010
42,2 × 42,2 cm

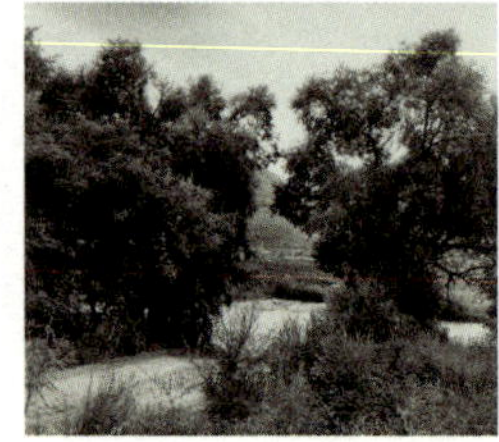

Korean Cattle on the Riverside, 2010
44,2 × 44,2 cm

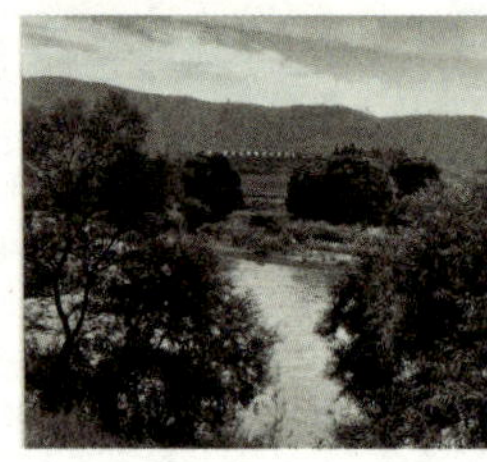

Barbed Wire in the Border Line, 2010
44,2 × 44,2 cm

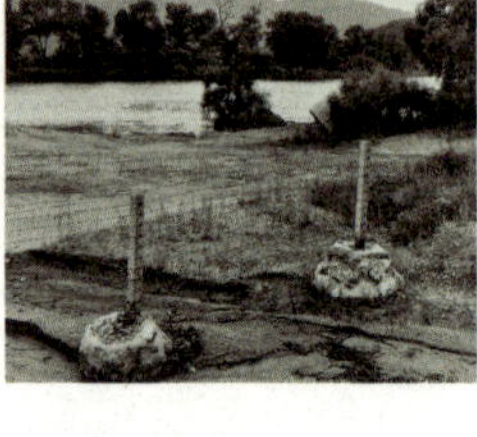

South Korean Tour Group on Yacht, 2010
44,2 × 44,2 cm

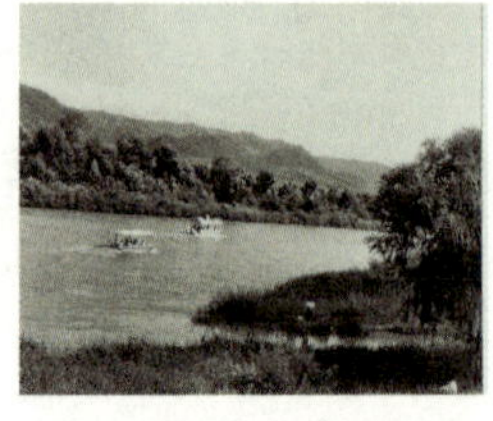

Immolation, 2011
44,2 × 44,2 cm

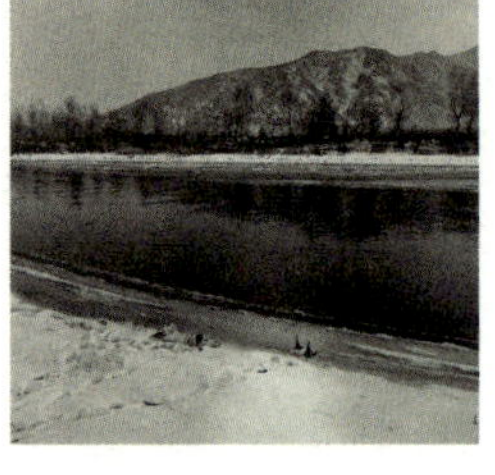

Shi Guorui

S. / pp. 206–209

Bird's Nest Stadium 15 Jan 2008, 2008
Silbergelatineabzug / Gelatin silver print, 137 × 343 cm
M+ Sigg Collection, Hong Kong. By donation

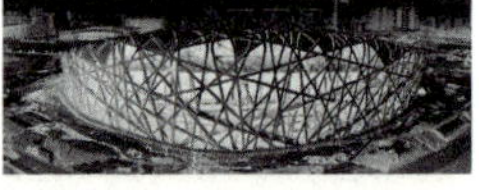

New CCTV 16 April 2007, 2007
Silbergelatineabzug / Gelatin silver print, 126 × 245 cm
M+ Sigg Collection, Hong Kong. By donation

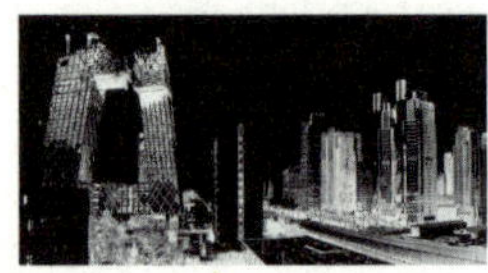

Shi Jinsong

S. / pp. 116–118

Lack Pine Tree, 2011
Holz / Wood,
200 × 180 × 120 cm
Sigg Collection

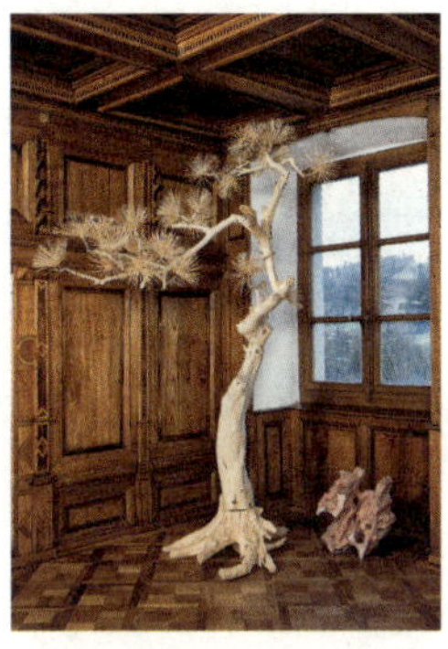

Song Dong

S. / pp. 210–213

Eating Drinking Shitting Pissing Sleeping, 1995
C-Print / C-print,
5-teilig / 5 parts, je Durchmesser / each in diameter 77 cm
M+ Sigg Collection, Hong Kong. By donation

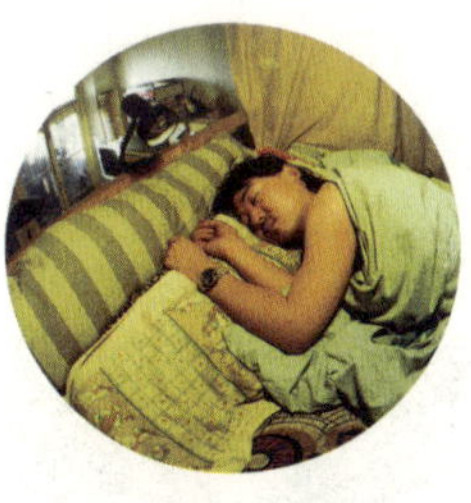

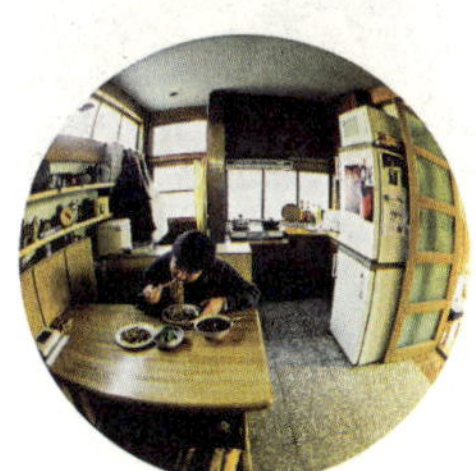

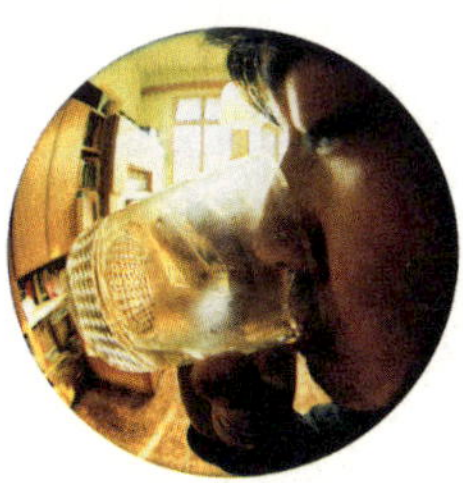

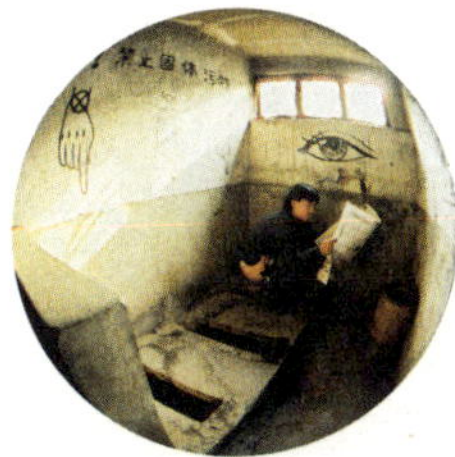

Song Ta

S. / pp. 214–217

Civil Servants, 2009
Installation mit 692 Zeichnungen / Installation with 692 drawings, je / each 29,7 x 21 cm,
Dimensionen variabel / Dimensions variable
Sigg Collection

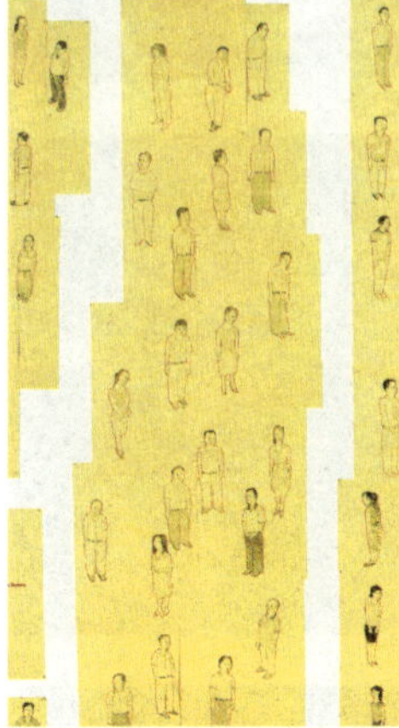

Sun Yuan & Peng Yu

S. / pp. 218–221

Old People's Home, 2007
Installation mit 13 lebensgroßen Kunstharzfiguren auf motorisierten, fahrenden Rollstühlen / Installation with 13 life-size puppets on motorized wheelchairs, Dimensionen variabel / Dimensions variable
M+ Sigg Collection, Hong Kong. By donation

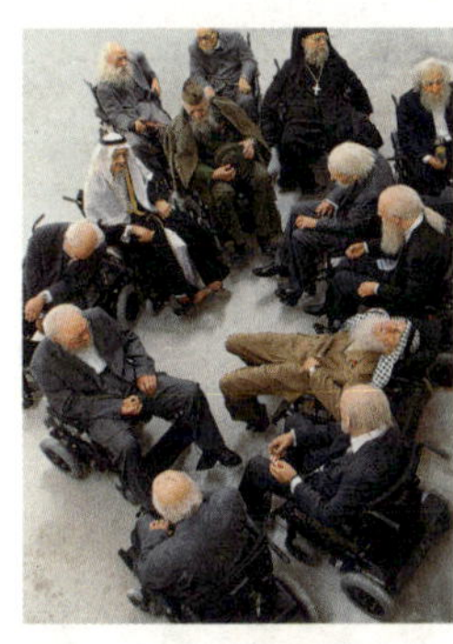

Tian Wei

S. / pp. 56–59

Sex, 2004
Acryl auf Leinwand / Acrylic on canvas,
176 × 260 cm
Sigg Collection

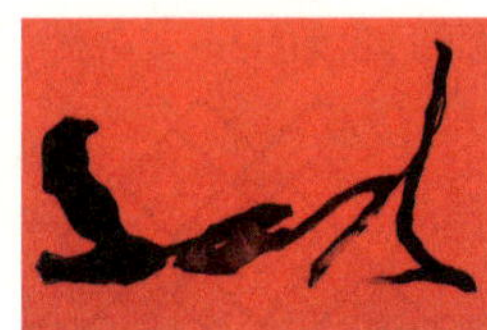

Dream, 2006
Acryl auf Leinwand / Acrylic on canvas,
220 × 370 × 7 cm
M+ Sigg Collection, Hong Kong. By donation

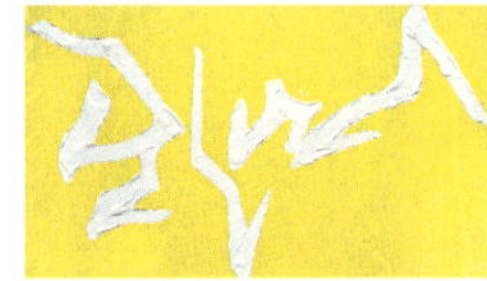

Mind, 2006
Acryl auf Leinwand / Acrylic on canvas,
220 × 370 cm
M+ Sigg Collection, Hong Kong. By donation

Money, 2009
Acryl auf Leinwand / Acrylic on canvas,
177 × 298 cm
Sigg Collection

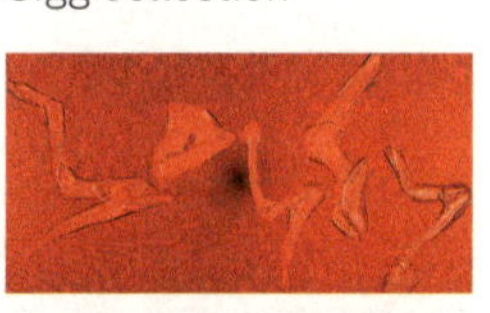

Charwei Tsai

S. / pp. 120–123

Bonsai Series IV, 2011
Schwarze Tusche auf Lithografie / Black ink on lithographs, 9-teilig / 9 parts, je / each 26 × 31 cm
Sigg Collection

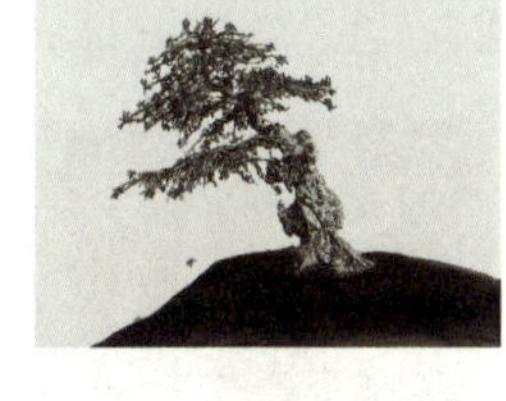

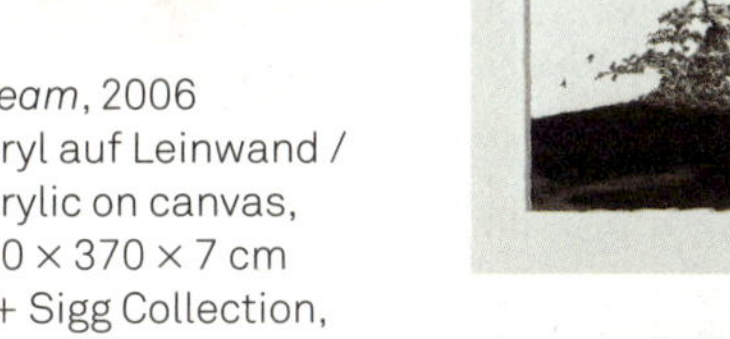

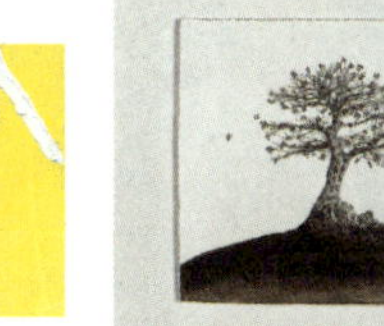

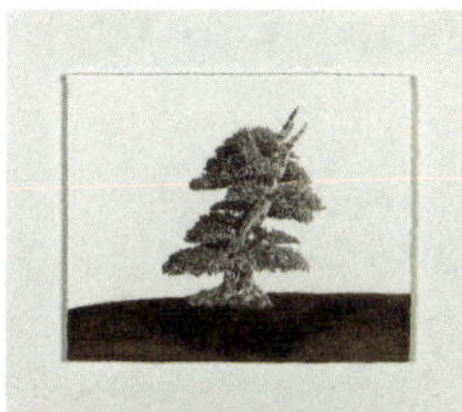

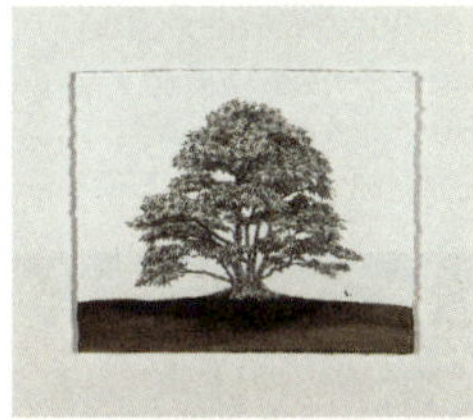

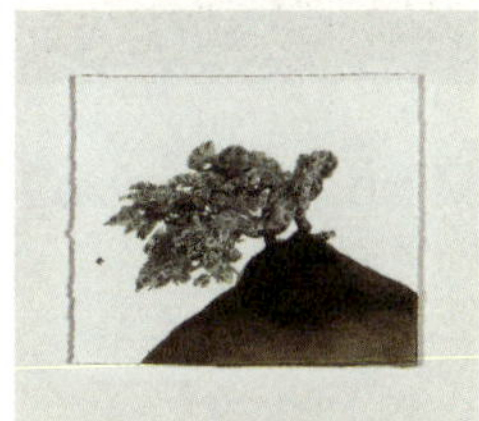

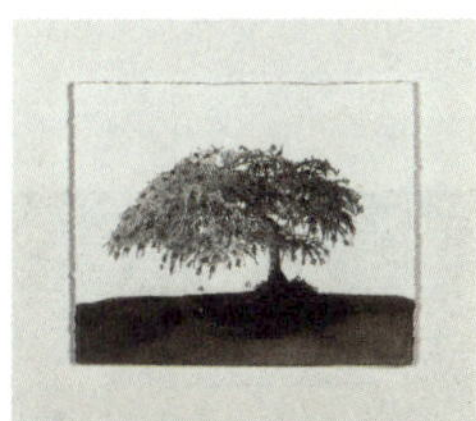

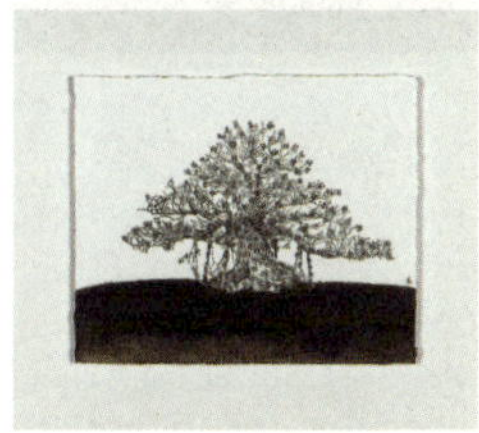

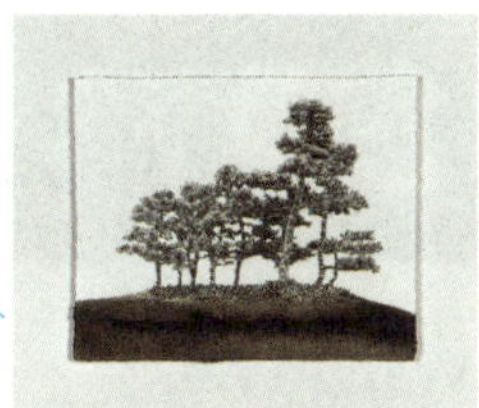

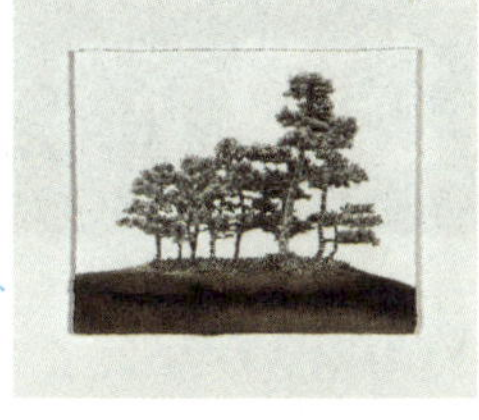

Tsang Kin-Wah
S. / pp. 282–285

The Second Seal—Every Being That Opposes Progress Should Be Food for You, 2009
Raumfüllende Videoinstallation, Farbe, Ton / Space-filling video installation, color, sound
Sigg Collection

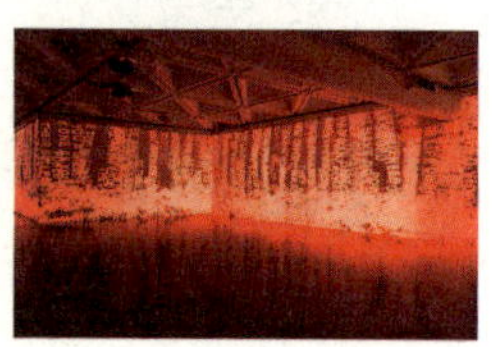

Wang Qingsong
S. / pp. 222–225

123456 Chops, 2008
Video, Farbe, Ton, 4 Min. / Video, color, sound, 4 min.
M+ Sigg Collection, Hong Kong. By donation

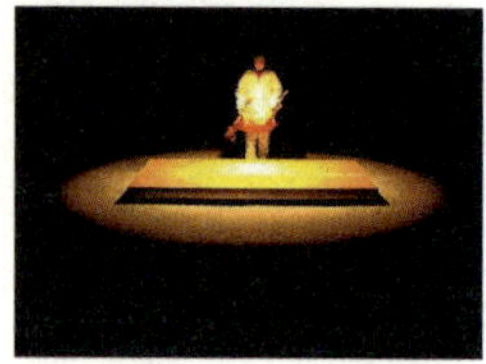

Iron Man, 2008
35-mm-Film, Farbe, Ton, 4:35 Min. / 35 mm film, color, sound, 4:35 min.
M+ Sigg Collection, Hong Kong. By donation

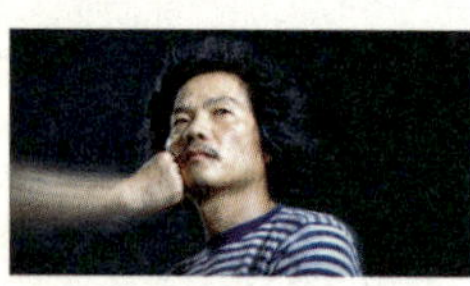

Wang Wei
S. / pp. 226–229

Do You Know?, 2011
Acryl auf Holz / Acrylic on wood, 122 × 185 × 7,5 cm
M+ Sigg Collection, Hong Kong. By donation

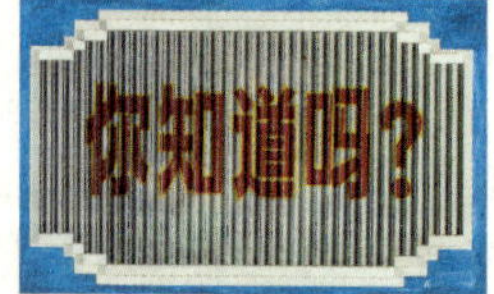

Helpful Hints, 2011
Acryl auf Holz / Acrylic on wood, 122 × 185 × 7,5 cm
M+ Sigg Collection, Hong Kong. By donation

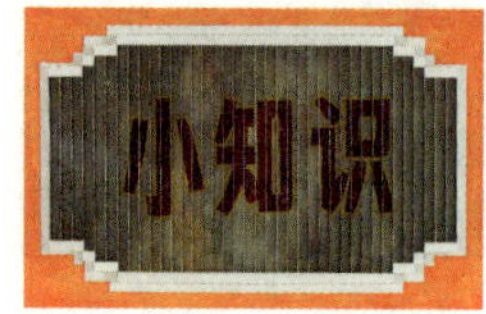

Wang Xingwei
S. / pp. 60–65

Untitled (Large Rowboat), 2006
Öl auf Leinwand / Oil on canvas, 200 × 260 cm
M+ Sigg Collection, Hong Kong. By donation

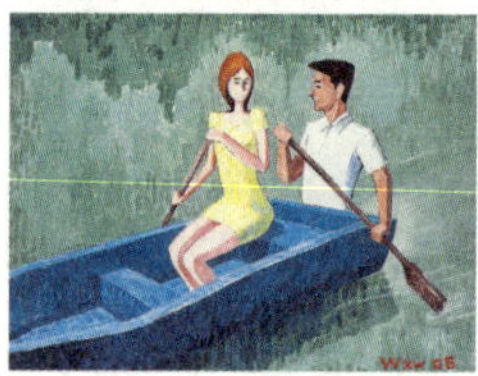

Leda and the Swan, 2007
Öl auf Leinwand / Oil on canvas, 300 × 400 cm
M+ Sigg Collection, Hong Kong. By donation

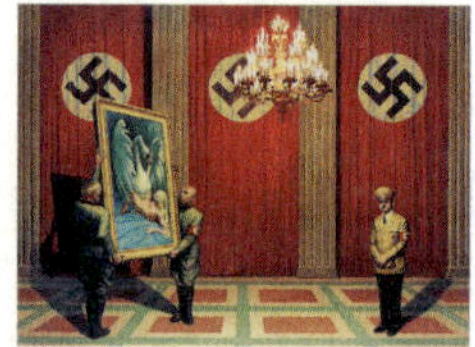

Untitled (Spittoon), 2008
Öl auf Leinwand / Oil on canvas, 168 × 138 cm
M+ Sigg Collection, Hong Kong. By donation

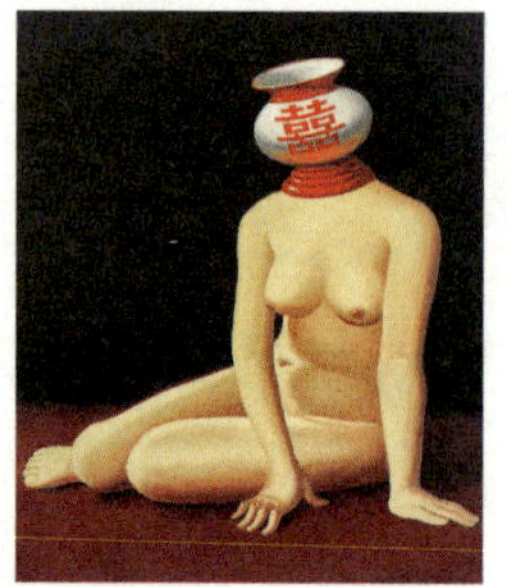

A Sunday Afternoon in the Youth Park, 2009
Öl auf Leinwand / Oil on canvas, 165 × 300 cm
M+ Sigg Collection, Hong Kong. By donation

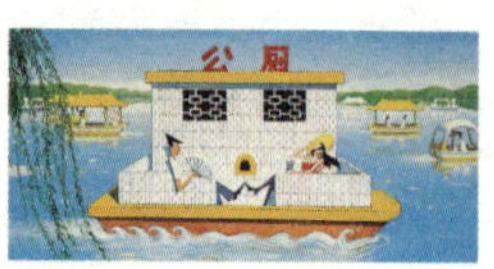

Adrian Wong
S. / pp. 66–69

Gilbert's Downward Gaze, 2012
Eichenholz, Laminat, Plastikpflanze, Kunstleder, Vinyl, Schaumstoff / Oak wood, laminate, artificial plant, artificial leather, vinyl, foam, 7-teilig / 7 parts, Dimensionen variabel / Dimensions variable
Sigg Collection

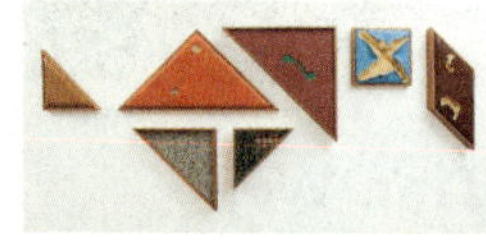

The Irrevocable Sadness of Colette's Thank You, 2012
Latex auf Sperrholz / Latex on plywood, 137 × 134 cm
Sigg Collection

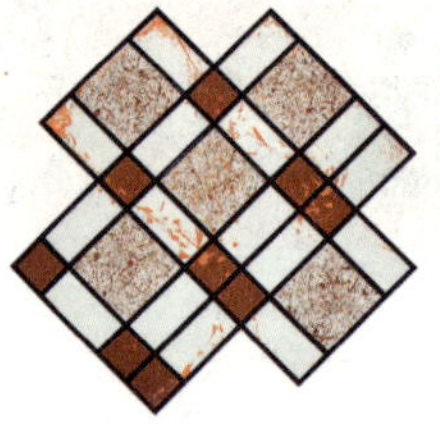

Xiao Yu
S. / pp. 124–127

Bamboo No. 5, 2010
Bambus /Bamboo, 283 × 294 × 206 cm
Sigg Collection

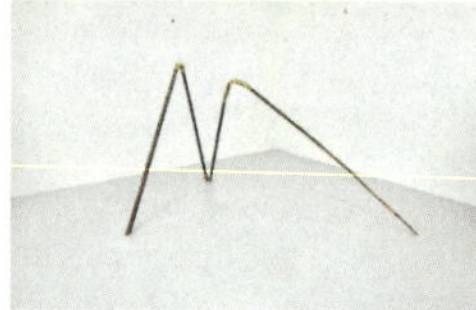

Xie Qi
S. / pp. 286–289

Wellaway!, 2010
Öl auf Leinwand / Oil on canvas, 200 × 180 cm
M+ Sigg Collection, Hong Kong. By donation

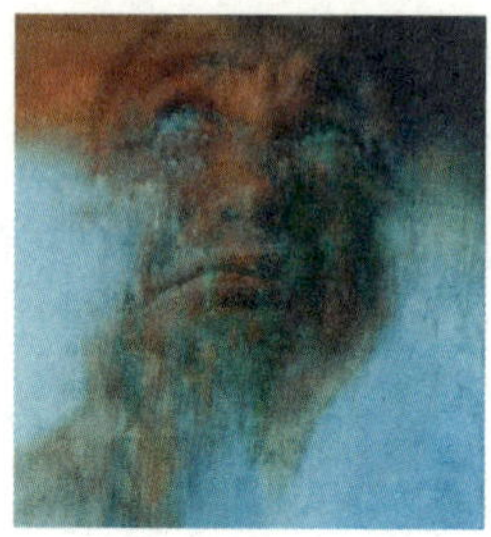

The Bad and the Alien, 2014
Öl auf Leinwand / Oil on canvas, 3-teilig / 3 parts, 117 × 91 cm, 80 × 100 cm, 100 × 80 cm
Sigg Collection

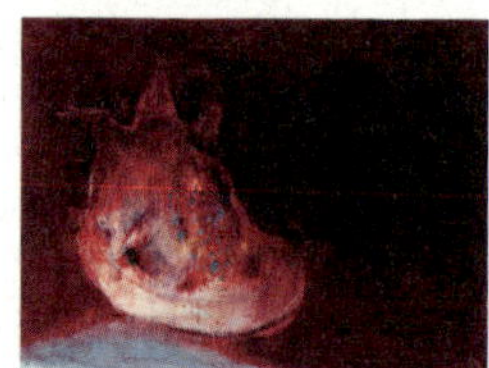

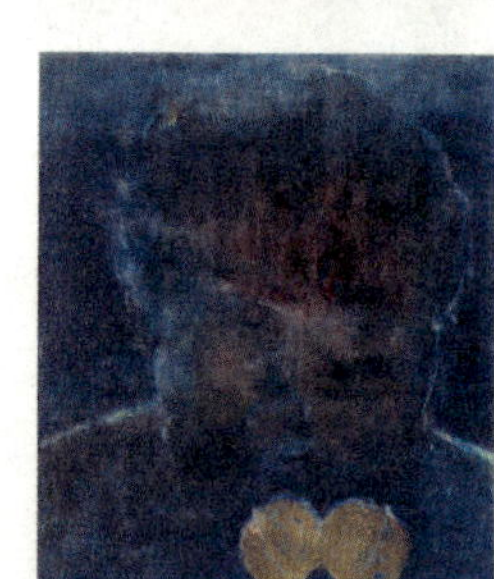

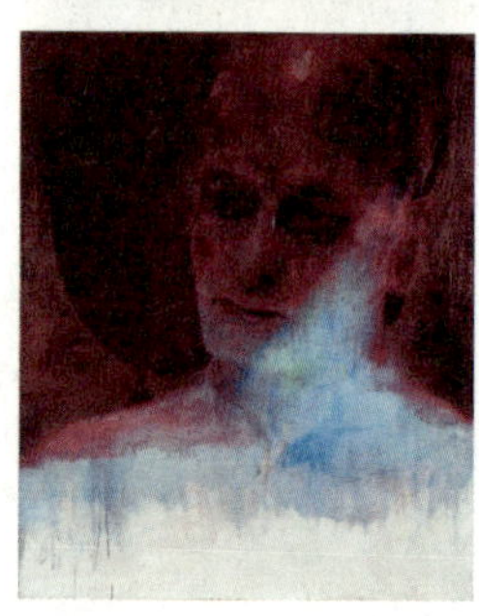

Xin Yunpeng
S. / pp. 290–293

Broken Boxes, 2007
Siebdruck auf Wellkarton / Screen print on corrugated carton, 74 Boxen / 74 boxes, je / each 50 × 50 × 43 cm
Sigg Collection

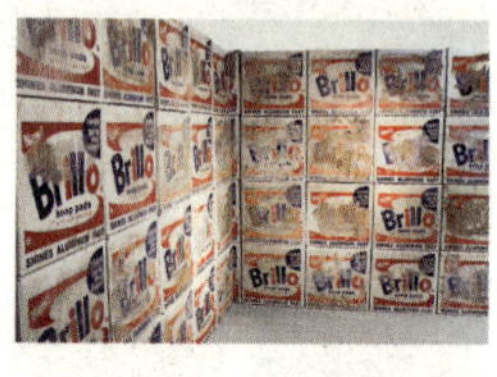

The Cream of Mushroom Soup, 2008
Video, Farbe, 4:04 Min. / Video, color, 4:04 min.
M+ Sigg Collection, Hong Kong. By donation

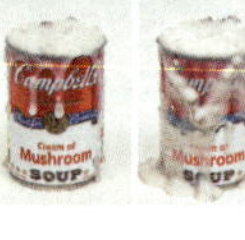

Xu Di
S. / pp. 294–297

Lure of the Body No. 16, 2011
C-Print / C-print, 127 × 156 cm
Sigg Collection

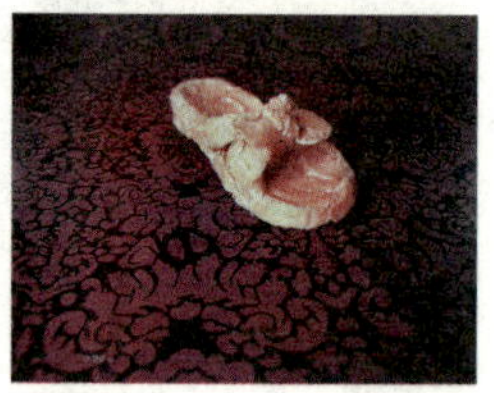

Lure of the Body No. 31, 2010
C-Print / C-print, 112 × 91 cm
Sigg Collection

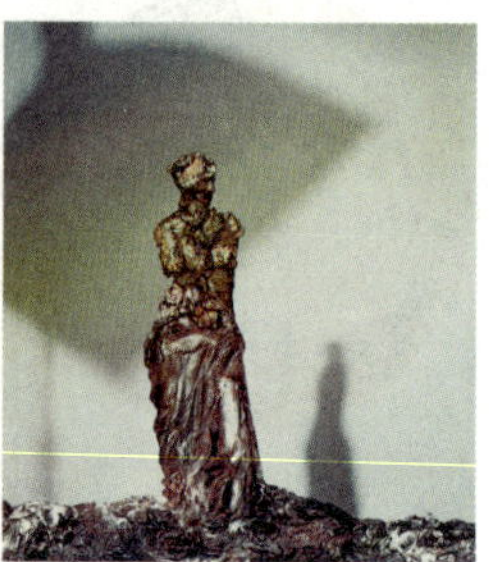

Xue Feng

S. / pp. 70–73

Background 1, 2011
Öl auf Leinwand / Oil on canvas, 160 × 200 cm
Sigg Collection

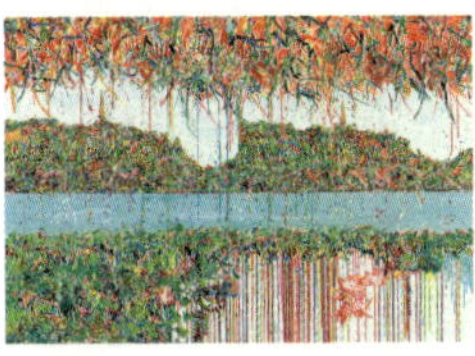

Background 19, 2012
Öl auf Leinwand / Oil on canvas, 279 × 380 cm
Sigg Collection

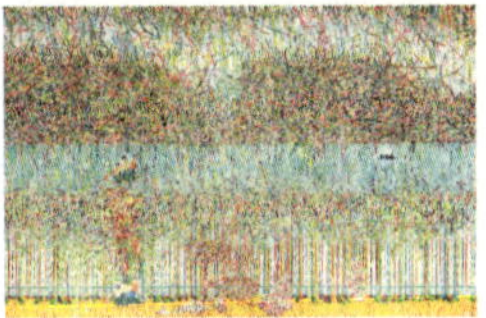

Flashback 27, 2012
Öl auf Leinwand / Oil on canvas, 255 × 375 cm
Sigg Collection

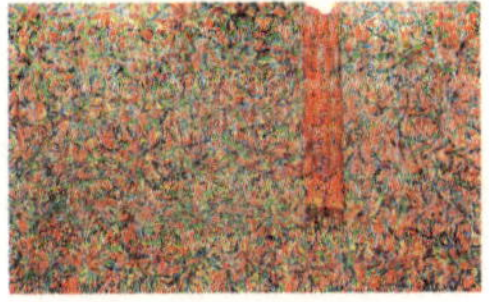

Transform 5, 2011
Öl auf Leinwand / Oil on canvas, 160 × 200 cm
Sigg Collection

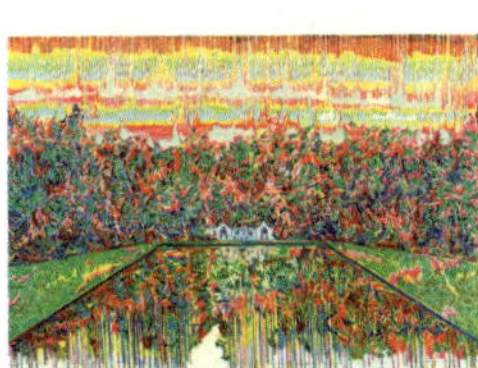

Yan Lei

S. / pp. 298–301

Triptych, 2005
Acryl auf Leinwand / Acrylic on canvas, 6-teilig / 6 parts, 300 × 900 cm
M+ Sigg Collection, Hong Kong. By donation

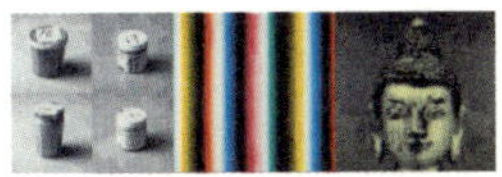

Internet Star (Panton Chair), 2007
Acryl auf Leinwand / Acrylic on canvas, 149 × 220 cm
Sigg Collection

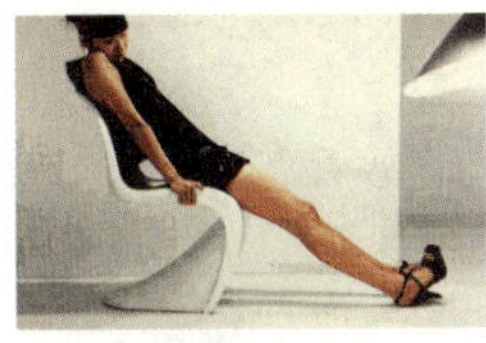

Yang Meiyan

S. / pp. 302–305

Sexual Declaration of Women, 2006
Video, Farbe, Ton, 30:27 Min. / Video, color, sound, 30:27 min.
M+ Sigg Collection, Hong Kong. By donation

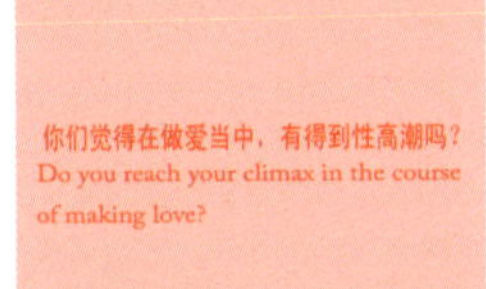

Ye Xianyan

S. / pp. 128–131

The Great Wall, 2012
Mischtechnik / Mixed media, 110 x 100 cm
Sigg Collection

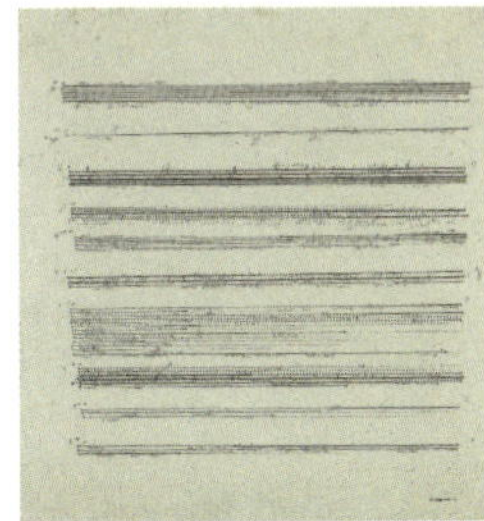

Son and a Cat, 2013
Lithophone, Zeichenstift / drawing pencil, 180 × 150 cm
Sigg Collection

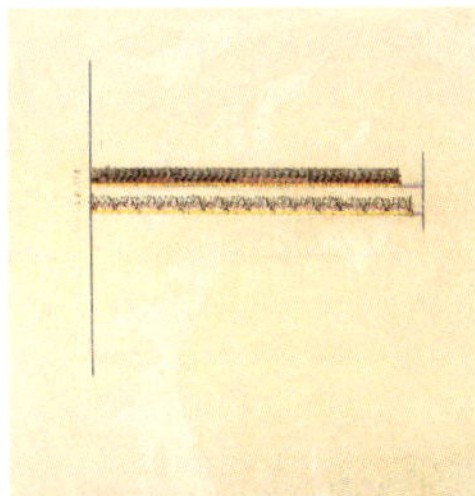

Sunrise, 2013
Lithophon, Schnur / Lithophone, string, 100 × 100 cm
Sigg Collection

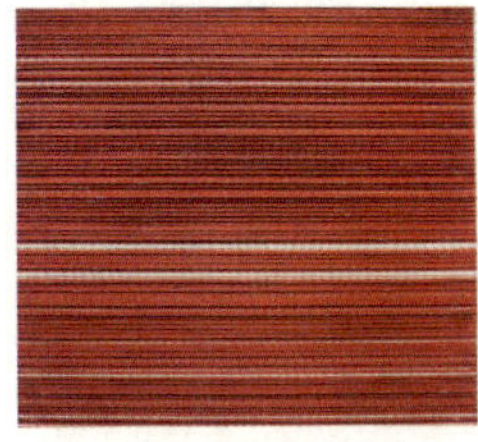

LOG, 2014
Tonband, Papier / Tape, paper, 200 × 200 cm
Sigg Collection

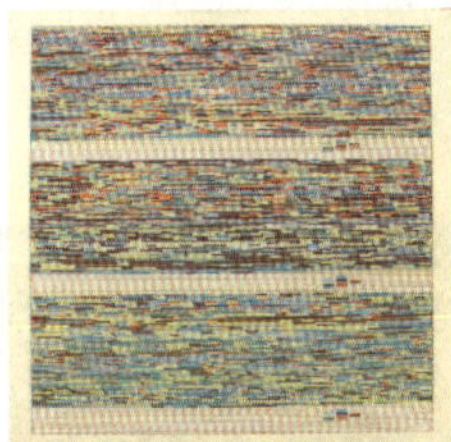

Zeng Han

S. / pp. 230–233

World & Relic, 2005
Inkjet-Print /Ink-jet print, 5-teilig / 5 parts, je / each 130 × 150 cm
M+ Sigg Collection, Hong Kong. By donation

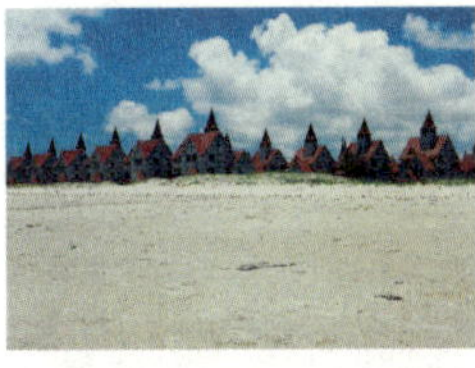

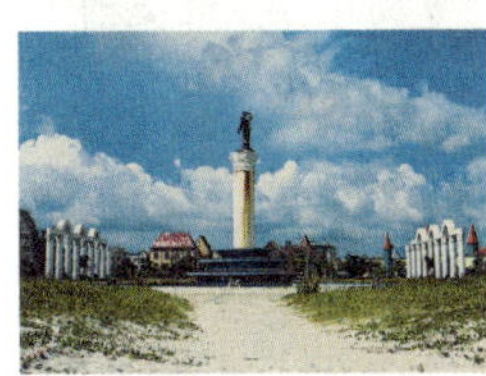

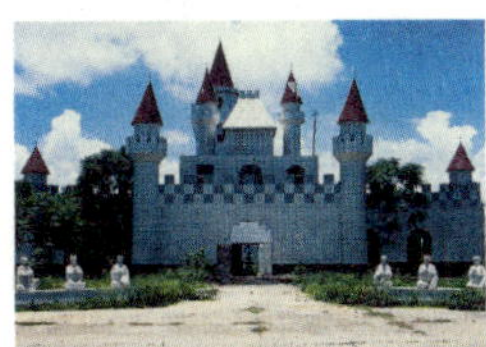

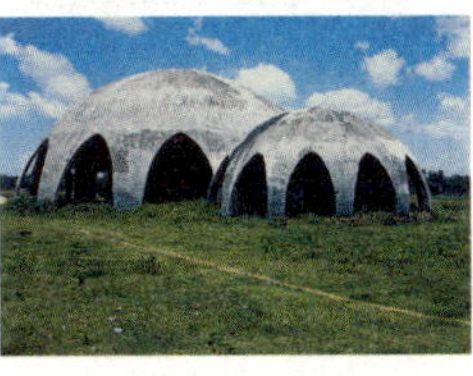

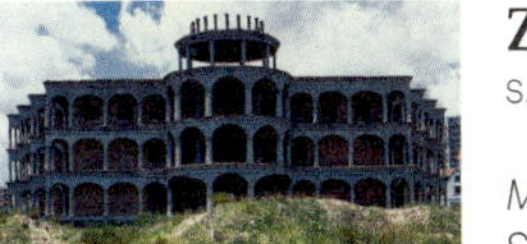

Theme Park, 2005
Inkjet-Print / Ink-jet print, 5-teilig / 5 parts, je / each 130 × 150 cm
M+ Sigg Collection, Hong Kong. By donation.

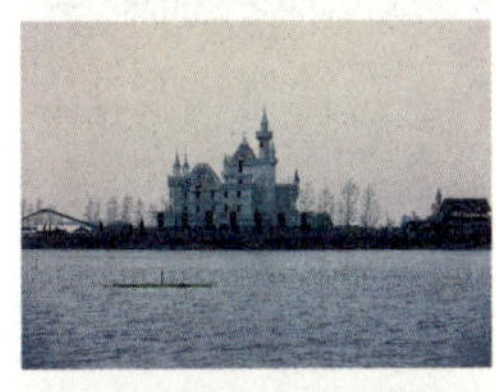

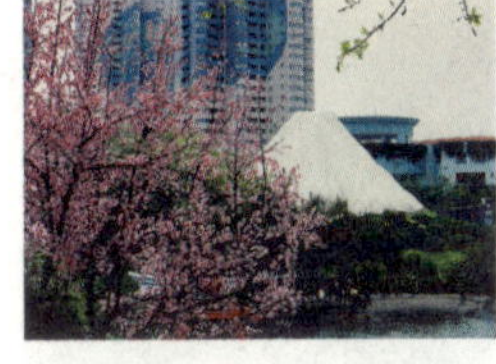

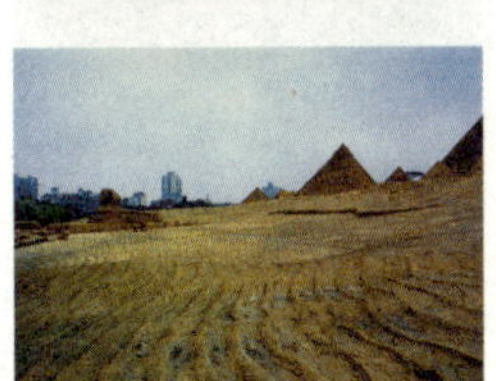

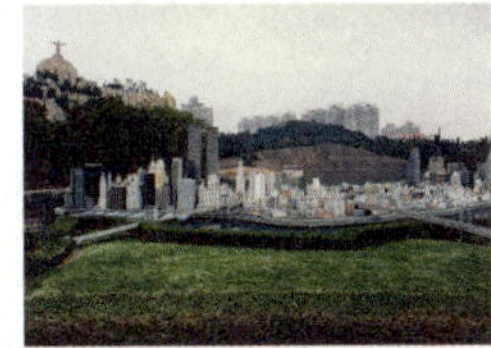

Zhang Jian Jun

S. / pp. 132–133

Mirage Garden, 2008
Silikon / Silicone rubber, 196 × 135 × 87 cm
Sigg Collection

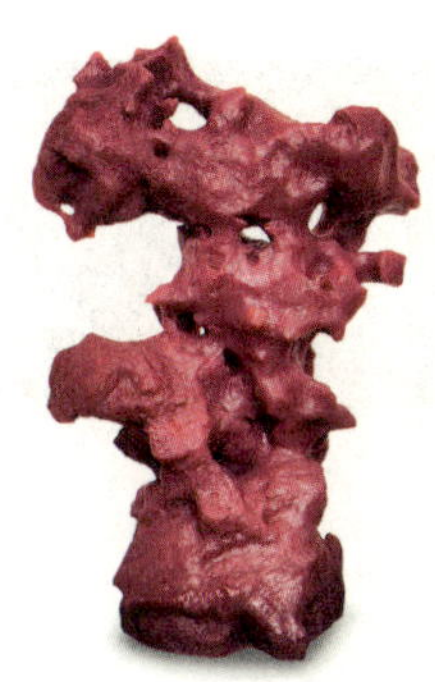

Zhang Xiaodong

S. / pp. 306–309

Dream, 2008
Bleistift auf Papier / Pencil on paper, 110 × 78,5 cm
M+ Sigg Collection, Hong Kong. By donation

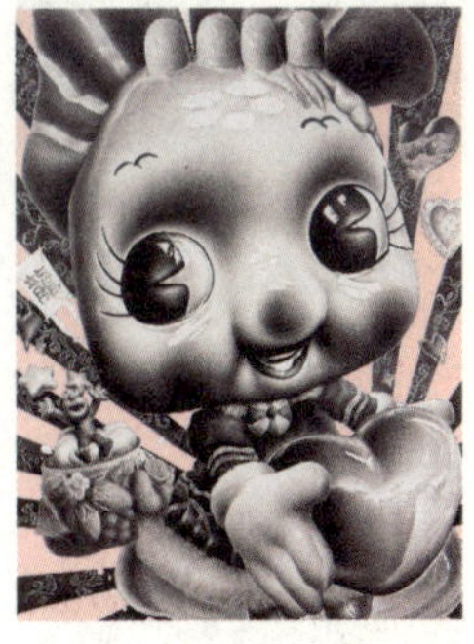

Morning, 2008
Bleistift auf Papier / Pencil on paper, 110 × 78,5 cm
Foundation for Chinese Contemporary Art

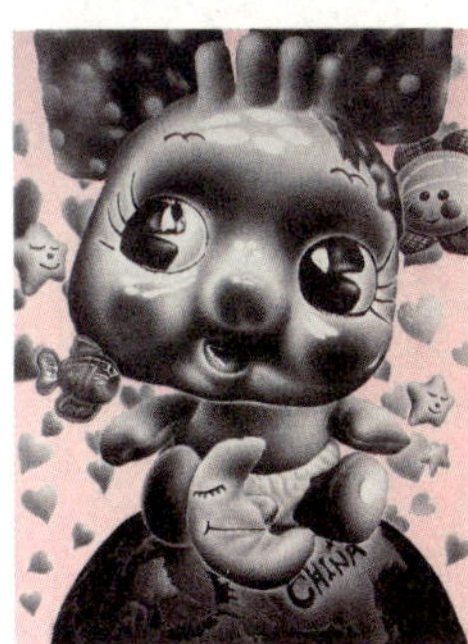

Zhao Bandi

S. / pp. 234–237

China Lake C, 2015
Acryl auf Leinwand / Acrylic on canvas, 210 × 280 cm
Sigg Collection

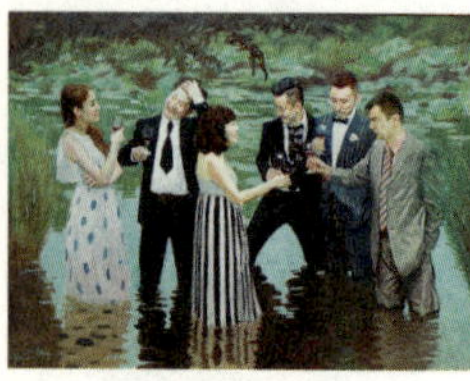

Night View, 2015
Acryl auf Leinwand / Acrylic on canvas, 75 × 100 cm
Sigg Collection

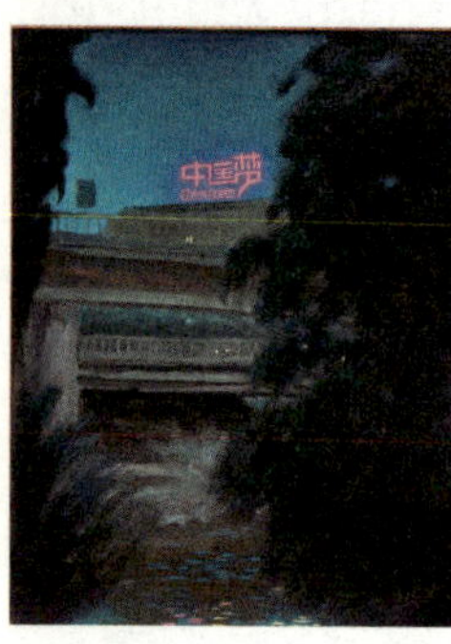

Scenery With Monitors, 2015
Acryl auf Leinwand / Acrylic on canvas, 75 × 100 cm
Sigg Collection

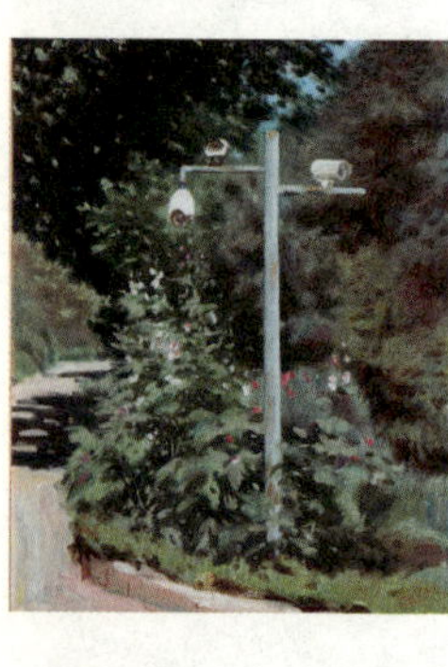

Zheng Guogu

S. / pp. 310–315

Computer Is Controlled by Pig's Brain No. 17, 2006
Stickerei auf Filz / Embroidery on felt, 200 × 300 cm
M+ Sigg Collection, Hong Kong. By donation

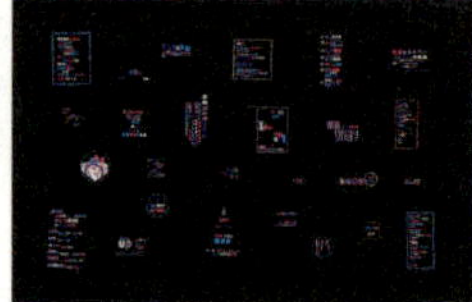

The Great Visionary Transformation—Kaleidoscope of Wisdom, 2011/12
Öl auf Leinwand / Oil on canvas, 203 × 139 cm
Sigg Collection

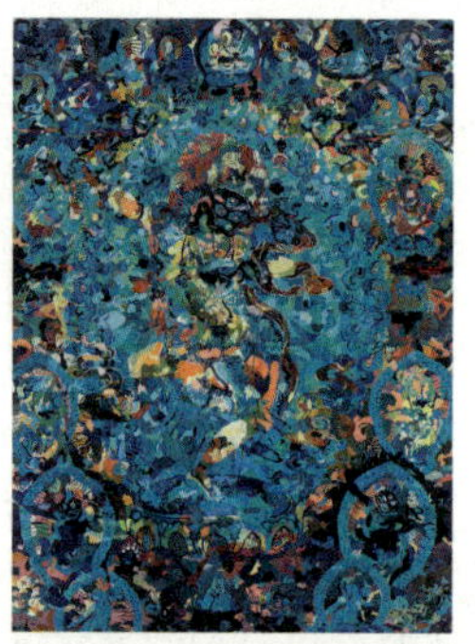

The Great Visionary Transformation—Tranquility of Heart, 2011/12
Öl auf Leinwand / Oil on canvas, 207 × 139 cm
Sigg Collection

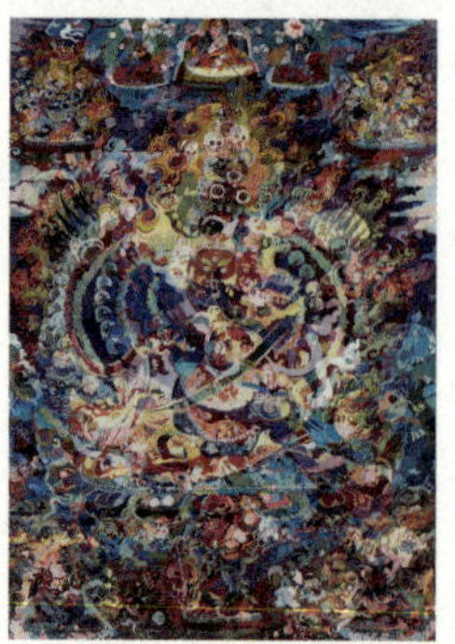

The Great Visionary Transformation of Mandala, 2012
Öl auf Leinwand / Oil on canvas, 200 × 200 cm
Sigg Collection

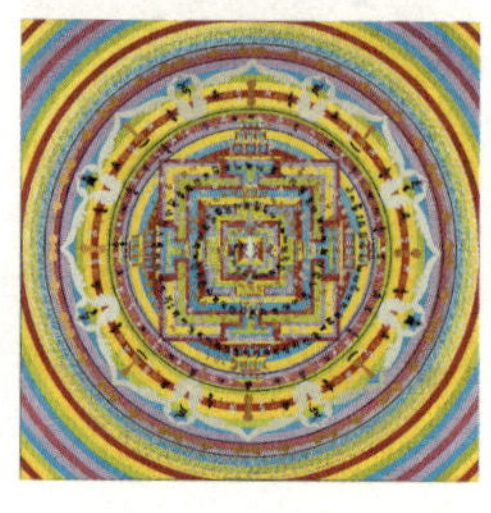

One Manipulates into Two, Two Integrates into One, No. 3, 2013
Öl auf Leinwand / Oil on canvas, 226 × 283 cm
Sigg Collection

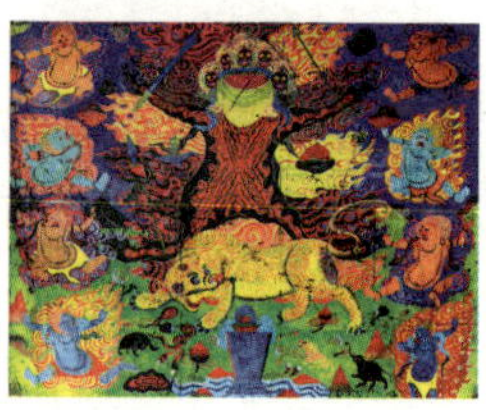

Zhuang Hui

S. / pp. 316–319

My Junk Mails No. 01, 2010
Seide / Silk, 218 × 150 cm
Sigg Collection

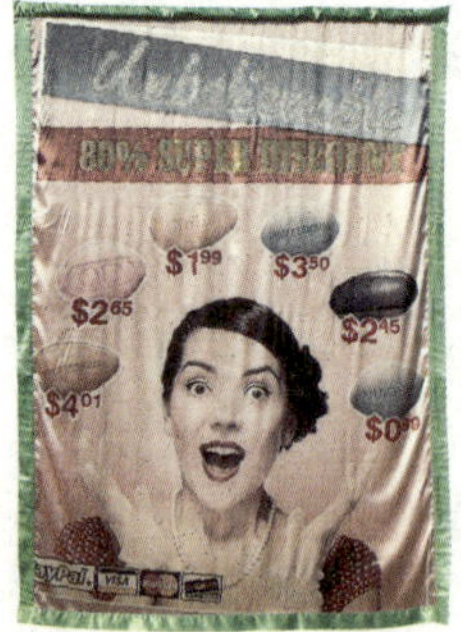

My Junk Mails No. 04, 2010
Seide, Glaskristall / Silk, crystal, 156 × 206 cm
M+ Sigg Collection, Hong Kong. By donation

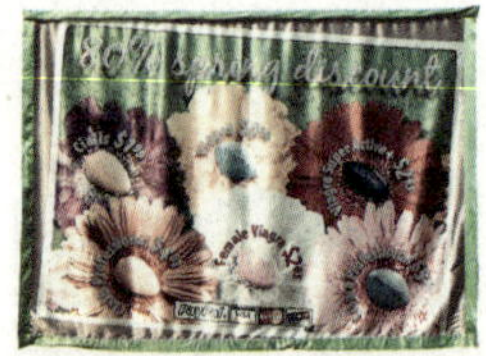

My Junk Mails No. 08, 2010
Seide, Glaskristall / Silk, crystal, 182 × 150 cm
M+ Sigg Collection, Hong Kong. By donation

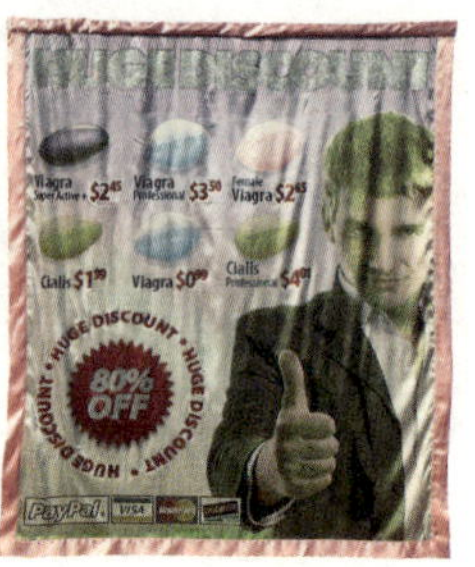

Biografien der Autorinnen und Autoren / Authors' Biographies

Kathleen Bühler

Kuratorin und Filmwissenschaftlerin. Seit 2008 ist Kathleen Bühler Leiterin der Abteilung für Gegenwartskunst am Kunstmuseum Bern. Sie promovierte mit einer Studie über das Experimentalfilmschaffen von Carolee Schneemann (*Autobiografie als Performance. Die Experimentalfilme Carolee Schneemanns*, Marburg 2009) und verfasst regelmäßig Beiträge zu internationaler Gegenwartskunst in Zeitungen, Zeitschriften und Katalogen. Sie hat in Bern unter anderem Einzelausstellungen zu folgenden Künstlern kuratiert: Tracey Emin (2009), Yves Netzhammer (2010), Thomas Hirschhorn (2011), Berlinde De Bruyckere (2011), Zarina Bhimji (2012), Bill Viola (2014), Bethan Huws (2014) und Silvia Gertsch/Xerxes Ach (2015). / **Curator and film scholar, wrote her doctoral thesis on the experimental films of Carolee Schneemann (Marburg 2009). Since 2008, she has been head of the contemporary department at the Kunstmuseum Bern. She writes regularly on international contemporary art for journals, newspapers, and catalogues. Exhibitions with Tracey Emin (2009), Yves Netzhammer (2010), Thomas Hirschhorn (2011), Berlinde De Bruyckere (2011), Zarina Bhimji (2012), Bill Viola (2014), Bethan Huws (2014), and Silvia Gertsch/ Xerxes Ach (2015).**

Nataline Colonnello

Expertin, Kuratorin und Kritikerin für zeitgenössische Kunst. Nataline Colonnello ist Sinologin mit einem Magisterabschluss in zeitgenössischer Kunst von der Universität Venedig. In Beijing war sie ein Jahrzehnt lang die künstlerische Leiterin der Galerie Urs Meile. Während ihrer gesamten Karriere hat sie mit internationalen Kunstinstitutionen, -organisationen und -sammlungen zusammengearbeitet und an internationalen Gremien, Beratungs- und Forschungsprogrammen teilgenommen. Colonnellos Artikel und Interviews sind weltweit in zahlreichen Zeitschriften sowie in Ausstellungskatalogen und Monografien erschienen. Seit 2001 lebt Nataline Colonnello in Beijing, derzeit ist sie Direktorin von Ink Studio, Beijing, einem experimentellen, auf zeitgenössische chinesische Tuschekunst spezialisierten Kunstraum. Ihr Interview mit Ai Weiwei wurde erstmals auf Englisch veröffentlicht, »A Dialogue Between Nataline Colonnello and Ai Weiwei About the Exhibition Fragments«, in: *Ai Weiwei. Fragments,* hrsg. von Galerie Urs Meile, Beijing und Luzern 2006. Es wurde für diese Publikation ins Deutsche übersetzt, bearbeitet und gekürzt. / **Contemporary art professional, curator, and critic based in Beijing since 2001. Colonnello is a sinologist with a master's degree in Chinese contemporary art from the University of Venice, Italy. For a decade she was the Beijing artistic director of Galerie Urs Meile, Beijing-Lucerne. Throughout her career she has collaborated with international art institutions, organizations, and art collections. She has participated in international panels, consulting, and research programs, and her articles and interviews have appeared in numerous magazines worldwide, as well as in exhibition catalogues and monographs. Currently she is director of Ink Studio, Beijing, an experimental art space focused on Chinese contemporary ink art. Her interview with Ai Weiwei was first published as: "A Dialogue Between Nataline Colonnello and Ai Weiwei About the Exhibition *Fragments*," in: *Ai Weiwei. Fragments*, ed. Galerie Urs Meile, Beijing and Luzern, 2006. It has been edited and shortened for this publication.**

Peter Fischer

Literatur- und Musikwissenschaftler. Peter Fischer ist seit 2011 und noch bis Frühjahr 2016 Direktor des Zentrum Paul Klee in Bern. Er begann seine Laufbahn als Direktionsassistent am Schweizerischen Institut für Kunstwissenschaft. Von 1995 bis 2001 war er verantwortlicher Kurator für die Daros Collection, von 2001 bis 2011 leitete er das Kunstmuseum Luzern, wo er eine Vielzahl von Ausstellungen im historischen und im zeitgenössischen Bereich kuratierte, unter anderem: *Shanshui. Poesie ohne Worte. Landschaft in der chinesischen Gegenwartskunst* (2011). Während er in Luzern neue Ansätze der Kunstvermittlung entwickelte, widmete er sich am Zentrum Paul Klee außerdem der Verschränkung verschiedener Kunstsparten. / **Peter Fischer has been the director of the Zentrum Paul Klee in Bern since 2011. He has announced his resignation come spring 2016. The art historian, literary scholar, and musicologist began his career as assistant director at the Swiss Institute of Art Research. He was executive curator of the Daros Collection from 1995 to 2001. He directed the Kunstmuseum Luzern from 2001 to 2011, where he curated a large number of exhibitions in the historical and contemporary sections, including *Shanshui: Poetry Without Sound? Landscape in Chinese Contemporary Art* in 2011. Whereas he developed new approaches to the communication of art in Lucerne, at the Zentrum Paul Klee he furthermore devoted himself to the interconnection of the various areas of art.**

Matthias Frehner

Kunsthistoriker. Matthias Frehner ist seit 2002 Direktor des Kunstmuseum Bern. Er studierte Kunstgeschichte, Deutsche Literatur und Klassische Archäologie an der Universität Zürich und war von 1986 bis 1988 Assistent am Kunsthistorischen Seminar der Universität Zürich. 1990 promovierte er mit einer Arbeit über die Geschichte der Schweizer Eisenplastik. 1988 bis 1996 war Frehner Konservator der Sammlung Oskar Reinhart »Am Römerholz« in Winterthur und von 1990 bis 1996 Sekretär der Gottfried Keller-Stiftung. 1996 bis 2002 arbeitete Frehner als Kunstredakteur der *Neuen Zürcher Zeitung*. / **Art historian, director of the Kunstmuseum Bern since 2002. He studied art history, German literature, and classical archaeology at the University of Zurich. From 1986 to 1988 he was an assistant at the Art History Seminar of the University of Zurich. In 1990 he completed his PhD with a dissertation on the history of Swiss iron sculpture. From 1988 to 1996 he was curator of the collection Oskar Reinhart "Am Römerholz" in Winterthur. From 1990 to 1996 he was secretary of the Gottfried Keller-Stiftung and from 1996 to 2002, art journalist for the *Neue Zürcher Zeitung*.**

Gu Zhenqing

Freier Kurator. Gu Zhenqing machte einen Abschluss an der Fudan University, Shanghai. 2001 kuratierte er die Chengdu Biennale, 2006 den chinesischen Pavillon für die Liverpool Biennial und 2008 die Mediation International Art Biennale in Poznán. Außerdem arbeitete Gu Zhenqing von 2003 bis 2007 als Chief Curator am Shanghai Duolun Museum of Modern Art, 2004 als Direktor der Chinese Contemporary Art Awards, von 2009 bis 2011 als künstlerischer Direktor des White Box Museum of Art, Beijing, und als Gastprofessor an der Xi'an Academy of Fine Arts, von 2011 bis 2014 als künstlerischer Direktor des Li-space Culture and Arts Center, Beijing, sowie von 2014 bis 2015 als akademischer Direktor des Jia Pingwa Museum of Culture and Arts, Xi'an. / **Graduated from the history department of Fudan University, Shanghai. Currently lives in Beijing as an independent curator. Curated the 2001 Chengdu Biennale; the China Pavilion for the 2006 Liverpool Biennial; and the 2008 Mediation**

International Art Biennale, Poznan. In addition, from 2003 to 2007 Gu Zhenqing worked as the chief curator of the Shanghai Duolun Museum of Modern Art; in 2004, as director of Chinese Contemporary Art Awards; from 2009 to 2011 as artistic director of White Box Museum of Art, Beijing, and as guest professor of Xi'an Academy of Fine Arts, Xi'an, Shaanxi Province; from 2011 to 2014 as artistic director of Li-space Culture and Arts Center, Beijing; and from 2014 to 2015 as academic director of Jia Pingwa Museum of Culture and Arts Center, Xi'an.

Venus Lau

Kuratorin und Autorin. Venus Lau ist künstlerische Leiterin des OCT Contemporary Art Terminal in Shenzhen und beratende Kuratorin am Ullens Center for Contemporary Art (UCCA) in Beijing. Sie gewann 2011 den Chinese Contemporary Art Critic Runner Up Award des Chinese Contemporary Art Award für ihren Vorschlag, Strategien der Institutionskritik in einem chinesischen Kontext zu überdenken und dabei die Verbindungen zwischen Ontologie und Objekthaftigkeit in der Kunst zu erkunden. Sie ist zudem Kuratorin der *Secret Timezones Trilogy* am UCCA, einer Ausstellungsserie, die aus Einzelpräsentationen von Korakrit Arunanondchai, Ming Wong und Haegue Yang besteht und alternative Temporalitäten erkundet. Außerdem war Lau zusammen mit Cosmin Costinas Ko-Kuratorin der Ausstellung *Rites, Thoughts, Notes, Sparks, Swings, Strikes. A Hong Kong Spring* bei Para Site. Lau ist Herausgeberin diverser Publikationen, darunter *Cao Fei. Splendid River(2015)* und *Certain Pleasures. Zhang Peili Retrospective* (2011). / **Curator and writer based in Shenzhen, where she is artistic director of OCT Contemporary Art Terminal, and Beijing, where she is consulting curator of Ullens Center for Contemporary Art. She won the Chinese Contemporary Art Award jury prize with her proposal to rethink strategies of institutional critique within a Chinese context while exploring the links between ontology and objecthood in art. She is the curator of the *Secret Timezones Trilogy* at UCCA, an exhibition series comprised of solo presentations by Korakrit Arunanondchai, Ming Wong, and Haegue Yang, exploring alternative temporalities. Lau also cocurated *Rites, Thoughts, Notes, Sparks, Swings, Strikes: A Hong Kong Spring* with Cosmin Costinas at Para Site, Hong Kong. She is the editor of publications including *Cao Fei: Splendid River* and *Certain Pleasures: Zhang Peili Retrospective*.**

Li Qi

Senior Curator am Rockbund Art Museum (RAM), Shanghai. Li Qi studierte an der Central Academy of Fine Arts (CAFA) in Beijing und am Chelsea College of Art and Design in London. Er arbeitete an Institutionen wie dem Ullens Center for Contemporary Art (UCCA) in Beijing und dem British Film Institute (BFI) in London. Er war Opinions Editor des *Art Newspaper* China und Senior Editor der Zeitschrift *LEAP*, wo er derzeit als Contributing Editor tätig ist. Am RAM organisierte er 2015 den Hugo Boss Asia Art Award for Emerging Asian Artists und kuratierte *Ifs, Ands, or Buts* (2016), eine Einzelausstellung von Heman Chong. Er ist der Produzent des Dokumentarfilms *Chen Zhen* (2015) und Herausgeber von *Chen Zhen. Without Going to New York and Paris, Life Could Be Internationalized* (2015). Für Hans Ulrich Obrists *The Future Will Be ... China Edition* (2012) fungierte er als Projektmanager. / **Senior curator at Rockbund Art Museum (RAM), Shanghai. He was opinions editor at the *Art Newspaper China* and Senior Editor at *LEAP*, where he currently serves as a contributing editor. At RAM, he organized the 2015 Hugo Boss Asia Art: Award for Emerging Asian Artists, and curated *Ifs, Ands, or Buts* (2016), a solo exhibition of Heman Chong. He is the producer of documentary film *Chen Zhen* (2015), and editor of *Chen Zhen: Without Going to New York and Paris, Life Could Be Internationalized* (2015). Li Qi graduated from Beijing's Central Academy of Fine Arts (CAFA), and from London's Chelsea College of Art and Design. He has worked at institutions such as the Ullens Center for Contemporary Art (UCCA) in Beijing and the British Film Institute (BFI) in London. He acted as project manager for Hans Ulrich Obrist's *The future will be ... China Edition* (2012).**

Carol Yinghua Lu

Kuratorin und Autorin. Carol Yinghua Lu war Teilnehmerin des Critical Studies Program an der Malmö Art Academy in Schweden und Contributing Editor für *Frieze*. Außerdem publiziert sie regelmäßig im *E-flux Journal, The Exhibitionist, Yishu* und *Tate Etc*. Außerdem betreibt sie eine Kolumne zu bildender Kunst in China auf der Website der *New York Times*. Von 2005 bis 2007 war sie China-Forscherin des Asia Art Archive und 2011 Mitglied der Jury für den Goldenen Löwen der Biennale von Venedig. Sie initiierte und kuratierte zusammen mit Liu Ding das Forschungsprojekt »Little Movements. Self-Practices in Contemporary Art«. Sie ko-kuratierte die 7. Shenzhen Sculpture Biennale (2012) mit dem Titel *Accidental Message. Art Is Not a System, Not a World*. Außerdem war Lu Ko-Direktorin der 9. Gwangju Biennale 2012. Lu ist Mitglied der Jury des Future Generation Art Prize 2012. / **Curator and author, lives in Beijing. Lu participated in the Critical Studies Program at the Malmö Art Academy in Sweden. Contributing editor for *Frieze*, regularly publishes in the *E-flux Journal, The Exhibitionist, Yishu,* and *Tate Etc.* She furthermore has a column on visual art in China on the website of the *New York Times*. From 2005 to 2007 she served as a China researcher at the Asia Art Archive. In 2011 Lu was a member of the jury for the Golden Lion Award at the Venice Biennale. *Little Movements: Self-Practices in Contemporary Art* was a research project that she curated and initiated in collaboration with Liu Ding (presented at the OCT Contemporary Art Terminal, Shenzhen, in 2011). She cocurated the 7th Shenzhen Sculpture Biennale (2012) with the title *Accidental Message: Art Is Not a System, Not a World*. Lu also codirected the 9th Gwangju Biennale in 2012. She was a member of the jury of the Future Generation Art Prize 2012.**

Lesley Ma

Kuratorin von Ink Art am Museum M+, Hongkong. Von 2013 bis 2015 war Lesley Ma Managing Editor des Kunstzentrums Para Site, Hongkong. Dort war sie 2013 Ko-Kuratorin der Ausstellung *Great Crescent. Art and Agitation in the 1960s. Japan, South Korea, and Taiwan* und betreute diese auch 2015 im Mori Art Museum, Tokio. Von 2005 bis 2009 war Ma Projektleiterin im New Yorker Studio von Cai Guo-Qiang und von 2011 bis 2012 Curatorial Coordinator am Museum of Contemporary Art, Los Angeles. Derzeit ist Ma Doktorandin (PhD) in Kunstgeschichte, -theorie und -kritik an der University of California, San Diego. / **Curator of Ink Art at M+, Hong Kong. She was the managing editor for Para Site, Hong Kong, from 2013 to 2015, for which she cocurated *Great Crescent: Art and Agitation in the 1960s—Japan, South Korea, and Taiwan* in 2013 and its tour to the Mori Art Museum, Tokyo, in 2015. From 2005 to 2009 Ma was project director at Cai Guo-Qiang Studio in New York and was curatorial**

coordinator at the Museum of Contemporary Art, Los Angeles, from 2011 to 2012. Ma is currently a PhD candidate in art history, theory, and criticism at the University of California, San Diego.

Pi Li

Kritiker, Kurator und Pädagoge. 2012 wurde Pi Li zum Senior Curator des Museums M+ in Hongkong ernannt. Seine letzte Ausstellung war *Right Is Wrong. Four Decades of Chinese Art from M+ Sigg Collection*, deren letzte Version *(The M+ Sigg Collection. Chinese Art from the 1970s to Now)* im Juli 2015 in der Whitworth Art Gallery in Manchester eröffnet wurde. 2009 erhielt Pi Li von der Central Academy of Fine Arts in Beijing seinen PhD in Kunstgeschichte und -kritik. / **Pi Li was appointed senior curator of M+ in 2012, and previously worked as a critic, curator, and educator in Mainland China. His most recent exhibition was *Right Is Wrong: Four Decades of Chinese Art from M+ Sigg Collection*, which opened its latest iteration (*The M+ Sigg Collection: Chinese Art from the 1970s to Now*) in Manchester's Whitworth Gallery in July 2015. Pi Li received his PhD in art history and criticism from the Central Academy of Fine Arts in 2009.**

Christoph Thun-Hohenstein

Jurist, Diplomat, Kunstmanager und Publizist. Seit September 2011 Direktor des MAK – Österreichisches Museum für angewandte Kunst / Gegenwartskunst. Für das Bundesministerium für auswärtige Angelegenheiten der Republik Österreich hatte er Auslandsposten in Abidjan (Elfenbeinküste), Genf und Bonn inne. Von 1999 bis 2007 war er Direktor des Austrian Cultural Forum New York, danach fungierte er als Geschäftsführer von departure, der Kreativagentur der Stadt Wien. Christoph Thun-Hohenstein publizierte insbesondere zur europäischen Integration sowie zu Themen zeitgenössischer Kultur und Kunst und hielt in diesen Bereichen auch zahlreiche Vorträge. Er hat viele Ausstellungen zeitgenössischer Kunst kuratiert und ist regelmäßig Mitglied verschiedener Jurys. / **Director of the MAK – Austrian Museum of Applied Arts / Contemporary Art since September 2011. While working for the Austrian Foreign Ministry he held posts in Abidjan, Geneva, and Bonn. He was director of the Austrian Cultural Forum New York from 1999 to 2007, after which he served as managing director of departure, the Creative Agency of the City of Vienna, until August 2011. Christoph Thun-Hohenstein has published on topics dealing above all with European integration and with contemporary culture and art, and has held numerous lectures on these topics. He has also curated exhibitions of contemporary art, and he regularly serves on selection juries.**

Wu Mo

Kunsthistorikerin und Autorin. Wu Mo machte ihren Master-Abschluss in Kunstverwaltung an der China Central Academy of Fine Arts in Beijing und erhielt hierfür 2012 den Award of Outstanding Graduation Thesis. Derzeit ist sie Doktorandin (PhD) im Fachbereich Geschichte der chinesischen Kunst an der Chinese University of Hong Kong. Ihr Forschungsinteresse gilt insbesondere der chinesischen Kunst und Curatorial Studies. Sie schreibt für *Art Newspaper* China, *LEAP*, *Artforum* China und *Randian*. / **Wu Mo received her master's degree in art administration at the China Central Academy of Fine Arts, for which she obtained the Award of Outstanding Graduation Thesis in 2012. She is currently a PhD candidate in the history of Chinese art at the Chinese University of Hong Kong. Her research focuses on contemporary Chinese art and curatorial studies. She is a contributing writer of the *Art Newspaper China*, *LEAP*, *Artforum China*, and *Randian*.**

Xu Sheng

Freier Kurator und Autor. Xu Sheng studierte Kunsttheorie und Archäologie und ist Berater des Longmen Museums, Luoyang (in den Bereichen Ästhetik und Archäologie). 2005 machte er mit dem Hauptfach Französisch einen Bachelor-Abschluss an der China Foreign Affairs University in Beijing und 2007 er einen Master-Abschluss im Rahmen des Erasmus-Mundus-Programms »Crossways in European Humanities«, mit den Hauptfächern Geisteswissenschaften, Philosophie und Künste (an den Universitäten von St Andrews, Perpignan und Bergamo). / **Currently lives and works in Chengdu as an independent curator and writer, studying art theory and archeology, and consultant to the Longmen Museum, Luoyang (aesthetics and archaeology). Graduated with a bachelor's degree in 2005 from China Foreign Affairs University, major in French language, and in 2007 with a master's degree from Erasmus Mundus "Crossways in European Humanities" program, major in human science, philosophy, and arts (University of St Andrews, University of Perpignan, University of Bergamo).**

Impressum / Colophon

Ausstellung / Exhibition

Chinese Whispers. Neue Kunst aus den Sigg und M+ Sigg Collections / Chinese Whispers: Recent Art from the Sigg and M+ Sigg Collections
19.02.–19.06.2016 /
February 19–June 19, 2016

Eine Ausstellung organisiert von Kunstmuseum Bern und Zentrum Paul Klee im Dialog mit M+, West Kowloon Cultural District, Hongkong, und Dr. Uli Sigg, in Kooperation mit dem MAK Wien / Exhibition organized by Kunstmuseum Bern and Zentrum Paul Klee in dialogue with M+, West Kowloon Cultural District, Hong Kong, and Dr. Uli Sigg, in cooperation with the MAK Vienna

Patronat / Patronage
Johann Schneider-Ammann, Bundespräsident / President of the Confederation; Bernhard Pulver, Regierungsrat des Kantons Bern / State Councillor of Canton Bern; Alexander Tschäppät, Stadtpräsident Bern / Mayor of Bern; Rolf Dähler, Präsident der / President of Burgergemeinde Bern

Kunstmuseum Bern
Hodlerstraße 8–12
3000 Bern 7, Schweiz / Switzerland
Tel. +41 (0) 31- 328 09 44
Fax +41 (0) 31-328 09 55
www.kunstmuseumbern.ch

Zentrum Paul Klee
Monument im Fruchtland 3
3000 Bern 31, Schweiz / Switzerland
Tel. +41 (0) 31-359 01 01
Fax +41 (0) 31-359 01 02
www.zpk.org

Direktoren / Directors
Peter Fischer, Matthias Frehner

Kuratorin / Curator
Kathleen Bühler

Kuratorische Assistenz / Assistants to the Curator
Kai-Inga Dost, Sarah Merten

Restaurierung / Conservators
Nathalie Bäschlin, Katja Friese, Agathe Jarczyk, Katharina Sautter, Barbara Scheibli, Myriam Weber, Patrizia Zeppetella

Leihverkehr / Registrars
Kai-Inga Dost, Jessica Skolovski, Franziska Vassella

Ausstellungsaufbau / Exhibition Installation
Martin Blatter, David Brühlmann, Mike Carol, Claudia Dähler, Marco Eberle, Christian Frei, Raphael Frey, Wilfried von Gunten, Markus Ingold, Andres Meschter, Ernesto Nicolai, Hansruedi Pauli, Nelson Platoni, Leandra Rey, Martin Schnidrig, Simon Stalder, Roman Studer, Volker Thies, Peter Thöni, René Wochner

Kunstvermittlung / Education Program
Anina Büschlen, Maria-Teresa Cano, Rosalita Giorgetti, Dominik Imhof, Magdalena Schindler, Beat Schüpbach

Marketing, Kommunikation / Marketing, Communication
Eva Pauline Bossow, Magali Cirasa, Katrin Diem, Maria Horst, Nadja Imhof, Stefania Mazzamuto, David Oester, Anna Raulf, Séverine Spillmann, Marie Louise Suter, Eva Schürmann

Sponsoring, External Relations
Birgit Achatz, Maria-Teresa Cano

Finanzen und Besucherdienste / Finance and Visitor Services
Jean-Michel Auvray, Tanja Klopfstein, Martin Plüss, Hanna Pulver, Andrea Zimmermann

Ausstellung MAK Wien / Exhibition MAK Vienna:
Chinese Whispers. Neue Kunst aus den Sigg und M+ Sigg Collections / Chinese Whispers: Recent Art from the Sigg and M+ Sigg Collections
18.01.–16.04.2017 / January 18–April 16, 2017

MAK – Österreichisches Museum für angewandte Kunst / Gegenwartskunst / MAK – Austrian Museum of Applied Arts / Contemporary Art
Stubenring 5,
1010 Wien / Vienna, Österreich / Austria
Tel. + 43 (0)1 711 360
Fax +43 (0) 1-713 10 26
www.MAK.at

Direktor / Director
Christoph Thun-Hohenstein

Stellvertretende Direktorin / Deputy Director
Martina Kandeler-Fritsch

Kuratorin / Curator
Marlies Wirth

Ausstellungsorganisation / Exhibition Management
Sabrina Handler

Das Kunstmuseum Bern, das Zentrum Paul Klee und das MAK Wien danken den Künstlerinnen und den Künstlern, den Autorinnen und Autoren, den Mitarbeiterinnen und Mitarbeitern des M+ und der Sigg Collection, Dr. Uli und Rita Sigg sowie den folgenden Stiftungen und Donatoren für ihre großzügige Unterstützung / The Kunstmuseum Bern, Zentrum Paul Klee, and the MAK Vienna would like to thank all artists, the employees of M+ and the Sigg Collections, Dr. Uli and Rita Sigg, and all of the following foundations and donors for their generous support:

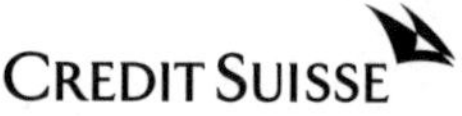

Partner Kunstmuseum Bern

Die **Mobiliar**
Versicherungen & Vorsorge

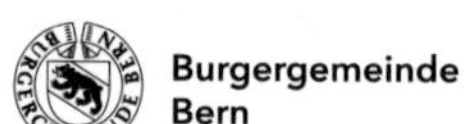

Stiftung GegenwART
Dr. h.c. Hansjörg Wyss

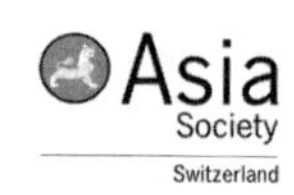

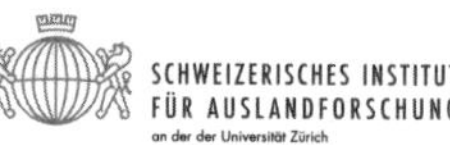

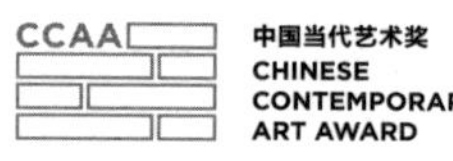

FOUNDATION OF CHINESE CONTEMPORARY ART

Das Kunstmuseum Bern, das Zentrum Paul Klee sowie das MAK Wien danken den folgenden Personen für ihre großzügige Unterstützung in allen Belangen / Kunstmuseum Bern, Zentrum Paul Klee, and the MAK Vienna would like to thank the following persons for their generous support in all matters: Sandra Aebersold, Michael Baumgartner, Marianne Burki, Veronica Castillo, Elisabeth Danuser, Haco De Ridder, Birgit Donker, Marc Egger, Galerie Urs Meile Beijing Lucerne, Gabriel Häussler, Marianne Heller, Karina Jagudina, Franz Krähenbühl, Li Zhenhua, Liu Ding, Anna Li Liu, Carol Yinghua Lu, Lorenz Meyer, Martin Meyer, Mondriaan Fonds, Caroline Nicod, Lars Nittve, Christiane Ostertag, Pi Li, Katarina Pierre, Barbara Preisig, Prince Claus Fund for Culture and Development, Pro Helvetia Schweizer Kulturstiftung, Erwin Schenk, Michael Schmidhelm, Karin Seiz, Dorothea Strauss und / and Paula van den Bosch.

Katalog / Catalogue

Diese Publikation erscheint anlässlich der Ausstellung / This book is published on the occasion of the exhibition

Chinese Whispers. Neue Kunst aus den Sigg und M+ Sigg Collections / Chinese Whispers: Recent Art from the Sigg and M+ Sigg Collections
Kunstmuseum Bern, Zentrum Paul Klee: 19.02.–19.06.2016 / February 19–June 19, 2016
MAK Wien / Vienna: 18.01.–16.04.2017 / January 18–April 16, 2017

Herausgeber / Editor
Kathleen Bühler, Kunstmuseum Bern, Zentrum Paul Klee, und / and MAK Wien / Vienna

Projektausschuss / Committee
Peter Fischer, Matthias Frehner, Pi Li, Uli Sigg

Redaktion / Editing
Kathleen Bühler, Sarah Merten

Umschlagabbildung / Cover picture
Fang Lijun, *Untitled*, 2007 (Detail / detail)
© Fang Lijun, courtesy M+ Sigg Collection, Hong Kong. By donation.

Prestel Verlag, Munich
A member of Verlagsgruppe Random House GmbH
Neumarkter Straße 28
81673 Munich, Germany
Tel. +49 (0)89 4136-0
Fax +49 (0)89 4136-2335
www.prestel.de

Prestel Publishing Ltd.
14–17 Wells Street
London W1T 3PD, UK
Tel. +44 (0)20 7323-5004
Fax +44 (0)20 7323-0271

Prestel Publishing
900 Broadway, Suite 603
New York, NY 10003, USA
Tel. +1 (212) 995-2720
Fax +1 (212) 995-2733
www.prestel.com

Die Deutsche Nationalbibliothek verzeichnet diese Publikation in der Deutschen Nationalbibliografie; detaillierte bibliografische Daten sind im Internet über http://www.dnb.de abrufbar. / The Library of Congress Control Number is available; British Library Cataloguing-in-Publication Data: a catalogue record for this book is available from the British Library; Deutsche Nationalbibliothek holds a record of this publication in the Deutsche Nationalbibliografie; detailed bibliographical data can be found under: http://www.dnb.de

Lektorat / Copyediting
Kathleen Bühler, Sarah Merten, Clemens von Lucius (Deutsch / German), Keonaona Peterson (Englisch / English)

Übersetzungen / Translations
Englisch–Deutsch / English–German: Nikolaus G. Schneider (Seite / pp. 18–73, 136–237, 320–329, 364–367), Bernd Weiß (Seiten / pp. 76–133, 240–319)
Deutsch–Englisch / German–English: Rebecca van Dyck (Seite / pp. 8–17, 74–75, 134–135, 238–239, 344–350, 364–367)
Chinesisch-Englisch / Chinese-English: Joy Bloser (Seite / pp. 320–329)

Projektleitung / Editorial direction
Constanze Holler

Herstellung / Production
Cilly Klotz

Gestaltung / Design
Marie Louise Suter, Kunstmuseum Bern

Satz / Typesetting
Wolfram Söll, München / Munich

Lithografie / Lithography
Reproline Mediateam, München-Unterföhring / Munich-Unterföhring

Druck und Bindung / Printing and binding
Kösel GmbH & Co. KG, Altusried-Krugzell

Schrift / Typeface
Akkurat, Proforma

Papier / Paper
80 g/m^2 Munken Print Cream 1,5 f.

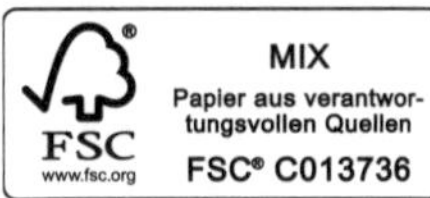

Verlagsgruppe Random House FSC^R N001967

Printed in Germany
ISBN 978-3-7913-5525-2 (Buchhandelsausgabe / trade edition)
ISBN 978-3-7913-6665-4 (Museumsausgabe / museum edition)

Fotonachweis / Photo Credits

M+ Sigg Collection, Hong Kong. By donation (für die Werke der / for the works belonging to the M+ Sigg Collection, Hong Kong, S. / pp. 18–23, 25–27, 30, 32, 36, 52, 56, 58, 60–62, 65–67, 86–89, 114, 124–126, 136, 142, 146–152, 154–155, 158–161, 166–169, 178–191, 194–201, 206–208, 210–213, 218–220, 222–223, 225–233, 248, 250–251, 254–260, 262–263, 274–275, 286, 290–291, 298–299, 302–306, 314–315, 317–318)

Sigg Collection, Mauensee (für die Werke der / for the works belonging to the Sigg Collection, Mauensee, S. / pp. 24, 34, 37–42, 44, 47–48, 50–51, 53–55, 57, 59, 68, 70–73, 76–77, 80–81, 88–92, 94–95, 98, 100–103, 106–108, 110, 112–113, 115–116, 120, 122–123, 128–132, 144, 156, 162–164, 170–177, 202–205, 214–215, 217, 234, 236, 240–242, 244–246, 266–268, 270–273, 278–282, 284–285, 287–289, 292, 294, 296, 300, 310, 312–313, 316)

Foundation for Chinese Contemporary Art (für das Werk der / for the work belonging to the Foundation for Chinese Contemporary Art, S. / p. 309)

Yangwei Photo Studio (für das Werk von / for the artwork of He Xiangyu, S. / pp. 174–175)

KW Institute for Contemporary Art, Berlin: Timo Oehler (für das Werk von / for the artwork of He Xiangyu, S. / pp. 176/177)

Roman März (für das Werk von / for the artwork of He Xiangyu, S. / p. 176)

Courtesy White Cube (für das Werk von / for the artwork of He Xiangyu, S. / pp. 174–177)

Courtesy of Cao Fei and Vitamin Creative Space (für die Werke von / for the artworks of Cao Fei, S. / pp. 142–144)

Christoph Scholz (Porträt von / portrait of Uli Sigg, S. / p. 344)

Die Herausgeberschaft dankt den Künstlerinnen und Künstlern sowie deren Galerien für die großzügige Unterstützung bei der Bildbeschaffung und die Zurverfügungstellung von Abbildungen unbekannter Fotografinnen und Fotografen. / The publishers gratefully acknowledge the contribution of images by unnamed photographers from a number of artists and their galleries.